Heinrich Wuttke

Städtebuch des Landes Posen

Heinrich Wuttke

Städtebuch des Landes Posen

ISBN/EAN: 9783743316843

Hergestellt in Europa, USA, Kanada, Australien, Japan

Cover: Foto ©ninafisch / pixelio.de

STÄDTEBUCH

DES

LANDES POSEN

VON

HEINRICH WUTTKE.

CODEX DIPLOMATICUS. ALLGEMEINE GESCHICHTE DER STÄDTE IM LANDE POSEN. GESCHICHTLICHE NACHRICHTEN VON 149 EINZELNEN STÄDTEN.

LEIPZIG.

AUF KOSTEN DES VERFASSERS.

IN COMMISSION BEI HERMANN FRIES.

1864.

HERRN

D[R.] JOHANN FERDINAND NEIGEBAUR,

DER DEN GRUND ZU DIESEM WERKE LEGTE

GEWIDMET.

Mit diesem Buche wird der Grundstein zu einer Geschichte des Landes Posen gelegt, die bis jetzt nicht geschrieben worden ist. Wird man in ähnlicher Weise sowohl die Geschichte der Dorfanlagen als die der adlichen Geschlechter und der Geistlichkeit (für welche letztere bereits einige Vorarbeiten vorhanden sind) behandelt haben, so wird es alsdann möglich sein, die Vergangenheit dieses Landstriches in ihren Hauptzügen klar darzulegen. Bis dahin vertritt der in diesem Werke hingestellte allgemeine Theil die Landesgeschichte Posens.

Die Verhältnisse, unter denen die Ausbreitung der Deutschen im Osten erfolgte, sind hier für einen beschränkten Raum erörtert und innerhalb desselben die Zustände der vom Mutterlande losgerissenen Niederlassungen verfolgt.

Die Grundansicht, welche die Städtegeschichte Posens durchführt, ist heute nicht mehr neu; vor ungefähr 20 Jahren habe ich sie ausgesprochen: damals war sie überraschend, seitdem ward sie von Verschiedenen wiederholt ausgesprochen und damit bestätigt. Ausgeführt wird sie hier zum erstenmale. Von der Berücksichtigung dieses Umstandes hing die Anlage des Buches ab: die Urkunden mussten ausgebreitet, vorangestellt werden.

Stenzel glaubte, weil er wenig vorfand, versichern zu dürfen: „ausserhalb Schlesiens wird des deutschen Rechtes bei Anlage der Dörfer und Städte seltener gedacht.“ Die hier gegebene Sammlung bereichert unser geschichtliches Wissen; auch wer da weiss, wie niedrig die Gesammtzahl der gedruckten Urkunden Polens ist, wird sie nicht gering schätzen. Im Codex diplomaticus und in den Anmerkungen zu den Städtegeschichten sind 159 Urkunden im vollen Wortlaut, mehr als die Hälfte zum erstenmale, und ein paarhundert im Inhaltsausauszuge, fast deren Hälfte zum erstenmale, mitgetheilt. Die aus 15 Werken wieder abgedruckten wird man gern vereinigt finden, weil diese Werke, bis auf wenige, selten, theils sehr kostspielig, theils sehr klein sind. Um die mannichfachen Verhältnisse dem Verständnisse näher zu bringen, wurden einige Huldigungsbriefe, Rechtserkenntnisse, Urkunden von Dorfschaften, welche an Städte kamen, Eintragungen in Akten und Bestätigungen aus verschiedenen Zeitaltern mitabgedruckt. Dass ausserdem ein paar, die Städte nicht betreffende Urkunden, welche ungedruckt waren, eine Stelle erhielten, dürfte um so eher verziehen werden, da sich unter diesen die älteste in Polen geschriebene Urkunde befindet, welche erhalten ist. Die ersten 52 Urkunden wurden 1860 und 1861 in drei leipziger Universitätsprogrammen von mir als Dekan der filosofischen Fakultät herausgegeben; das damals vorangeschickte Vorwort ist im Codex beibehalten. Die Sammlung vollständig zu machen, habe ich Mühe und Aufwand, soweit in meinen Kräften stand, nicht gescheut; verstrichen doch fast zwei Jahrzehnte vom Plane dieses Buches bis zu seinem Abschluss, zu dem ich 1859 mich anschickte, als ich neuen Bewegungen im Posenschen entgegensah, ohne die nachherige Wendung, die sie ungefährlich machte, ahnen zu können. Sind werthvolle Urkunden, welche noch in den städtischen Archiven liegen, ungeachtet meiner wiederholten Aufforderung mir nicht mitgetheilt worden, so steht zu hoffen, dass nun die Herausgabe dieses Buches den Anstoss zu ihrer nachträglichen Veröffentlichung gibt. Zwei Sammlungen blieben mir unzugänglich: die eine, in Händen des Hrn. K. Adler in Bromberg, zu deren Mitabdruck ich mich erbot, die andere in dem 1564 von Sebastian Mielecki veranstaltete Rejestr terminat, welches namentlich Abschriften von Urkunden über Moschin und Pudewitz enthält. Dasselbe befand sich 1840 unter der Hut des Generallandschaftsdirektors Grabowski. Um zu seiner Benutzung zu gelangen habe ich den dermaligen Generallandschaftsdirektor Herrn von Brodowski wiederholt durch eine Mittelsperson, aber vergebens, dann selbst in einem Schreiben am 8. Januar 1862 angegangen. Herr v. Brodowski hat aber über gemeine Höflichkeit sich hinaussetzend meine Zuschrift unbeantwortet gelassen. — Aus der Urschrift konnte ich leider nur eine geringe Zahl entnehmen. Kaum dürfte jemand eine Vorstellung von der Mühe haben, welche es gekostet hat, den Wortlaut vieler Urkunden aus Abschriften von Männern, welche des alten Schriftzugs und der Abkürzungen, mitunter sogar der lateinischen Sprache unkundig waren, zurechtzurücken, zumal einem Historiker, der die gangbare filologische Leichtfertigkeit im Konjekturiren von sich fern hält. Getrost darf sich der Leser auf den Wortlaut insofern verlassen, als er vor meiner Willkür sicher ist. Wenn (um ein Beispiel zu geben) in der Abschrift von Nr. CLXI, S. 118 Z. 5 v. u. ich plenarii markirt geschrieben las, so wurde nicht etwa plenarie gedruckt. In einer Deutung mag ich gleichwohl geirrt haben, als ich bei Angabe von Leistungen per für Abkürzung von perpetuo hielt (S. 25); es kann Nachahmung des polnischen Sprachgebrauches (zahlen zu, po, so und so viel) sein. Vorkommende Fehler fallen mir schwerlich zur Last.

Die Dürftigkeit der geschichtlichen Nachrichten von den einzelnen Städten wird in Staunen setzen. Gleichwohl werfe ich mit einigem Selbstgefühl das Auge auf das, was ich hier biete. Denn was wusste man vor dem Erscheinen dieses Buches von den vergangenen Zuständen und Schicksalen dieser Städte? Nicht nach dem, was man in einem Orte von ihm selbst weiss, sondern nach den Kunden, die man dort von den übrigen Städten besitzt, urtheile man. Auch darf ich fragen, welches andere Land die urkundliche Geschichte seiner sämmtlichen Städte in einem Werke zusammengefasst besitzt? Selbstverständlich ist, dass ich an alle Stadtobrigkeiten die Bitte um Auskunft gerichtet habe; gar wenige Beiträge empfing ich! Jetzt wird es leicht sein, die geschaffene Unterlage durch Zusätze zu bereichern. Möge es geschehen. — Den Stand der Handwerke sowohl als die Ausbreitung der Juden war ich bedacht anzugeben. Die Einwohnerzahl an gewissen Entscheidungsjahren zu bestimmen, war ich ausser Stande. Volkszählungen aus der polnischen Zeit kenne ich nicht. Die der Städte des Netzdistriktes gab ich von 1788 (nach Holsche), die der übrigen Städte von 1800 (nach den 1803 erschienenen Beiträgen zur Beschreibung von Süd- und Neuost-Preuszen), dann für die Zeit des zweiten Eintrittes der preussischen Herrschaft die Zählung von 1816 (nach Demian's 1818 erschienenem Handbuch der neuesten Geographie des Preuszischen Staates, dessen Angaben mir den Vorzug zu verdienen scheinen vor denen, welche das statistische Amt zu Berlin 1862 machte), endlich die der Gegenwart und, um an einem Durchschnitt des langen letzten Zeitraumes die Bewegung der Bevölkerung zu zeigen, noch dazwischen die der Zählungen von 1837 und 1843. An zahlreichen Irrthümern wird es trotz meines Strebens nach Genauigkeit nicht fehlen. Wo die Urkunden mich verliessen, konnte ich nur gewissenhaft sammeln, nicht allemal prüfen.

Ueberhaupt habe ich bei dieser Arbeit die grossen Schwierigkeiten schwer gefühlt, die ein Fernstehender zu überwinden hat. Manches, was der Eingeborne sofort richtig bestimmt haben würde, musste ich, zumal bei dem vorhandenen Mangel an Hülfsmitteln, mit saurer Mühe und vielem Zeitverlust mir erst klar zu machen suchen. Und wie weit mehr hätte ein Landeskind mit Leichtigkeit beibringen können! Darum habe ich auch lange gezaudert. Allein es unternahm nun einmal kein Landeskind die Geschichte Posens oder seiner Städte. Nachdem auch K. Adler in Bromberg 1851 erklärt hatte, dass er „bei dem Mangel an Hülfsmitteln den Plan einer Geschichte der Städte des Netzdistrikts während der polnischen Herrschaft aufgeben musste," wollte ich die Rücksicht auf das mögliche Bessere dem hier gewonnenen Guten nicht hinderlich werden lassen und das versuchen, was eben kein posener Gelehrter that. Nicht mehr Zeit, als blos der Briefverkehr und das Herbeischaffen von Büchern (denn äusserst wenige boten die leipziger Büchereien) erforderte, hätte die Abfassung eines ganzen Buches auf einem Gebiete erheischt, wo nicht zuerst Urwald zu roden und in der Wildniss ein Weg zu hauen, sondern auf schon gebahnter Strasse zu wandeln war.

Mit freudigem Danke rühme ich vielseitige Unterstützung. Zuerst nenne ich Herrn Geheimerath Neigebaur, dem ich ausser Urkunden viele Urkundenauszüge und Angaben verdanke, dann Herrn Dr. Caro, der namentlich bei Durchsicht der Druckbogen schätzbare Bemerkungen hinzufügte, die ich, so weit sich noch thun liess (leider nicht alle) einfügte, dann Herrn E. Kattner, der Vieles mir besorgte, ferner die Herren K. und Ad. Adler, Dr. Benseler, L. v. Bentkowski, Dr. Bisenthal, Bürgermeister von Foller, Dr. Jänicke, Dr. Strehlke, sowie die Stadtobrigkeiten von Nakel, Bromberg, Dolzig, Fordon, Franstadt, Kopnitz, Polnisch Krone, Meseritz, Rogasen, Schneidemühl, Wissek. Berichtige und tadle man nun — sei aber so gefällig, die Nachträge und Ausstellungen zu meiner Kenntniss kommen zu lassen.

Da in der Gegenwart ernste geschichtliche Arbeiten spärliche Theilnahme finden und minderen Absatz haben als ehedem, wo noch Klosterbibliotheken bestanden und die Gelehrten noch nicht durch die Vertheuerung der Lebensbedürfnisse ausser Stand gesetzt wurden Bücher zu erwerben, so befremdete es mich nicht, dass mehrere namhafte Verleger, obschon ihnen nicht nur keine Zahlung an mich, sondern sogar unentgeltliche Lieferung mehrerer Druckbogen angeboten wurde, den Verlag dieses Werkes zu übernehmen scheueten. Eher wäre Ursache zum Verwundern, dass von den vielen Städten Posens blos drei auf Bestellung eines Exemplares sich einliessen. Die voraussichtliche Geringfügigkeit des Absatzes nöthigt mich nun, um wenigstens einen Theil der Herstellungskosten zu retten, den Preis höher zu stellen, als ich gewünscht hätte. Indessen ist das Buch nicht theuerer berechnet, als ähnliche Werke. Der Satz ist so eng, dass eine Seite grade soviel enthält, als zwei Seiten des Codex diplomaticus Poloniae oder des Codex majoris Poloniae. Jener, den 3 Gelehrte besorgten, bietet 936 Urkunden und kostet in Leipzig 33⅓ Thaler, dieser fasst 170 Urkunden und kostet 10 Thlr. Der soeben erschienene, auf Staatskosten gearbeitete und hergestellte Codex saxonicus, Band I, dessen Satz ungefähr ⅔ dieses Werkes austragen würde, kostet 8 Thlr. —

Die Hand auf dies Städtebuch Posens legend dürfen die posener Deutschen die Rede: „sie seien Eindringlinge in dem Lande, das sie bewohnen“ entschieden zurückweisen. Sie haben ein altes Recht an diesem Boden und sollen es wahren, da nöthig, mit der Gewalt der Waffen. Aber sie dürfen ebenso wenig vergessen, dass Posen ein Land gemischter Bevölkerung ist, an dem der Pole gleichfalls ein altes Recht besitzt.

Leipzig, im Frühjahr 1864.

INHALT.

---

[1] Nach Mosbach gilt diese Urkunde nicht von Jungleslau (worauf sie Voigt, Rzyszczewski, Morzkowski und Caro bezogen haben), sondern von Wloclawek.

Zusätze. S. 198: Zu den Belegen (Anm. 1.) für die Ansiedlung von Deutschen auf ödem Boden siehe Gembitz S. 311. A. 1. — S. 201 Z. 23: Bielieze (jetzt Belitz). — S. 204 Z. 6 v. u.: Dr. Caro bemerkt jedoch, die Kleidung der polnischen Juden sei rein slawisch, dagegen die sogenannte polnische Nationaltracht (nach Haxthausen's Gewähr) den Tataren abgeborgt. — S. 223. Zur Schilderung der Städte unmittelbar vor der Theilung Polens Holsche's Urtheil: „Die meisten Städte verdienen angesteckt zu werden, damit aus der Asche neue Häuser hervorkommen. Die Einwohner verlieren dadurch wenig, denn die meisten Häuser sind Chaluppen und das Mobiliarvermögen, welches meistens gerettet wird, ist nicht von Bedeutung. Es wäre ein königliches und fürstliches Vergnügen solche Städte anzünden zu lassen, eine landesväterliche Wohlthat und die Nachkommen würden den Fürsten segnen." — S. 224: Der Netzdistrikt. Friedrich II. zog die Besitzungen des gnesener Kapitels und des Bischofs ein; er baute Kasernen in Bartschin, Bromberg, Filehne, Jungleslau, Lobsens, Nakel, Schneidemühl, Tscharnikau, Usch. Ungerechnet Beamte und Soldaten zogen von 1773 bis 1793 in die Städte des Netzdistriktes 506 deutsche Bürger an, die mit ihren Familien 1478 Köpfe zählten. — S. 234: Zu den in der Anm. gegebenen Belegen, dass 1848 die Märzrevolution in Berlin zum Theil ein Werk der Polen war, gehört auch die Aussage Chenu's (Die Verschwörer, Enthüllungen. Uebersetzung von Fort. Grimma 1850. S. 205). — S. 242: Wie in Rawitsch wurde am 28. März in Bromberg, und zwar von Dittmann, eine Eingabe im deutschen Sinne gemacht, der ohne Zögern Tscharnikau, Schönlanke, Filehne, Radolin und der gesammte tscharnikauer Kreis beitraten. — Bartschin (S. 267) hatte 1788: 64 Häuser und 496 Einwohner (darunter 159 Juden). Einige Tuchmacher befanden sich im Orte. Das Schloss war verfallen. — Borek wird bereits 1369 genannt. Caro, Geschichte Polens. S. 352. — Bromberg, am Fuss einer Anhöhe gegründet; seinen Handel begünstigte die Nähe des Einfalls der Brahe in die Weichsel; entfernt von der Stadt, an der Netze, besass jeder Bürger eine Wiese. Bromberg ward Sitz eines Grodgerichtes. (S. 280.) 1656 hatten die Polen in Bromberg Streitkräfte zusammengezogen, die aber vor den anrückenden Schweden wichen. Letztere blieben 3 Tage in Bromberg. Das zweitemal kamen sie am 23. Juni 1657. In preussischer Zeit dehnte sich Brombergs Handel nach Pommern (Stettin), Brandenburg (Berlin) und Schlesien aus. Die Stadt forderte vom Staat ihre Waldung zurück, woraus ein langer Streit sich entspann. In unserm Jahrhundert gab es eine deutsche und eine polnische Schuhmacherinnung. — Buk wurde in preussischer Zeit Sitz eines Stadt- und Landgerichtes. — Dolzig auf Karten des XVII. Jahrhunderts Dolscho. — Filehne in solchen Wiellin, im XVIII. Jahrh. auch Finlehn genannt, war eine Zeitlang im XIV. Jahrh. Starostensitz. Zu Anm. 8: Welyn bei Janko scheint Verderbung für Welcz, d. h. Deutsch-Krone. Caro S. 369. Barthold, Geschichte Pommerns III. 471. 472. Nach Filehne kam in neuerer Zeit ein Stadt- und Landgericht. — Fordon gehörte zum kulmer Sprengel. — Gembiz auf Karten des XVII. Jahrh. Jembitz. — Gnesen auf solchen Gneesen. Die Ordensritter erschienen davor am 26. Juli 1331; die ganze Stadt brannte damals ab. Caro S. 157 nach den Lites. Eine Abbildung der 1656 bei Gnesen geschlagenen Schlacht gibt Pufendorf, de rebus a Carolo Gustavo gestis. Nürnberg 1669. S. 147. 148. — Gollantsch. Pufendorf erzählt (S. 65 u. 147), dass am 20. Juli 1655 die Schweden durch Golzina zogen, am 23. April 1656 Golanitza, wo die Polen sich in der Burg sammelten, erstürmten, alle erschlugen und die Burg völlig zerstörten. — Gostin wurde in preussischer Zeit Sitz eines Stadt- und Landgerichtes, ebenso Grätz, Jungleslau und Kosten. — Kodschesen auf Karten des XVII. Jahrh. Codiez. — Kruschwitz führt nach Caro den Namen von Kruszka „die Birne"; er bemerkt, dass die Polen, die sonst schonungslos gegen Bäume verfahren, stets den Holzbirnbaum unversehrt lassen. — Lissa bekam in preussischer Zeit ein Stadt- und Landgericht. — Posen. Dom und Schloss veranlassten die Ansiedlung. Von der Schrotka zogen vielleicht Bewohner auf die andere Flussseite herüber, weil jenseits der aufsteigende Boden vor Ueberschwemmungen der Warthe sicherer war, auch sie sich näher am Fluss anbauen, mithin Fischerei und Schiffahrt bequemer treiben konnten. In die Kriminalakten der Stadt geschah zuerst 1543 ein Eintrag in polnischer Sprache. In neuester Zeit gründete man ein Jesuitenkloster der Nonnen vom heiligen Herzen Jesu. — Tschemeschno. Die Augustiner sammelten eine Bücherei (3332 Bände).

Druckfehler. S. 185 Z. 3: sokol statt socol. S. 192 Anm. 2 lies: teutonicali. (Khlebs), S. 192 Z. 12: gab statt gaben. S. 192 Z. 5 v. u.: Ballenstädt statt Ballenstadt. S. 223 Z. 12 v. u.: Zarin statt Carin. S. 251 Anm. Z. 30: Angelegentlichkeit statt Angelegenheit. S. 283 Z. 20 statt Butwicklung: Entwicklung.

Pauca tantummodo adhuc de Magni Ducatus Posnaniensis urbium historia sunt scripta, et in iis, quae publice sunt edita, saepe plura et accuratiora legere frustra avemus. Quadraginta igitur litterarum monumenta nondum edita, quae eam illustrent, quum mihi sint tradita, nunc sum proditurus. Neigebaur enim, vir eximius et laudatissimus, qui et theologus et jurisconsultus et miles et legatus et auctor centum utilissimorum librorum est, quum supremus judex in causis publicis Bydgostiae (Brombergae) esset, urbium monumenta colligere coepit et quae collegerat mihi ante hos fere viginti annos tradidit. Quae quanti sint momenti ad historiam illam illustrandam saepius iudicavi (in „actis diurnis Augsburg. 1846 mens. Mart.“ et libello „Polen und Deutsche“ edit. secund. ann. 1847, pag. 17—19) neque tamen quisquam animum ad id advertere visus est. Quae cum nunc sim editurus, gratiam simul referam viris illis, qui germanicae societati Posnaniae („Deutsches Centralcomite in Posen“) adscripti erant, atque XVIII. d. Aug. MDCCCLVIII valde honorificas litteras ad me Lipsiam miserunt, quibus litteris multo post mihi, qui tum diutius Lipsia abessem, datis nondum respondi. Sed quo clarius Magni Ducatus Posnaniensis urbium incrementa perspiciantur, quae ex editis Posnaniensibus monumentis ad ea pertinent, simul excerpsi et excudenda curavi, quo factum est, ut nunc quadraginta urbium monumenta hic collecta videas. Quo spero fore ut alii ad alia monumenta in tabulariis latentia indaganda et edenda excitentur, quibus quae in meis desiderantur expleant. Eos autem, qui tabulis publicis sunt praepositi, qui magistratus gerunt, qui praeceptorum et medicorum muneribus funguntur in diversis Magni Ducatus Posnaniensis urbibus adeo precibus rogoque, ut ad haec Posnaniensium urbium monumenta supplenda certa et diligenter descripta exempla ad me mittant, quorum si unus et item alter amore et litterarum et patriae ductus mihi erit gratificaturus, nomen ejus suo loco ut viri de hoc opere bene meriti ea qua par est observantia a me adscribetur.

Quamquam urbes inprimis specto, tamen aliquot monumenta, quae non ad eas pertinent, quia nondum erant edita, addidi, in quibus eae ipsae sunt quae inter nostras primae leguntur litterae, dico donationem a Boleslao coenobio Benedictinorum *Mogilnensi* factam, omnium Posnaniensium litterarum publicarum, quin, si vera est, omnium Polonicarum litterarum publicarum omnino antiquissimam, quippe quae anno MLXV sit data. A litteris enim, quas papa dedit aut Rigensis episcopus, si discesseris, quum eae, quas Dogiel in Codice diplomatico regni Poloniae, Vilnae 1758, I p. 535 ex anno MLXVII ad Silesiam pertinentes edidit, aperte sint subditiciae, antiquissimae in ejus opere ad annum MCCXXII (V. IV p. 2) referuntur. Quem autem Leo Rzyszczewskius, Antoninus Muczkowskius et Julianus Bartoszewiczius Varsaviae ediderunt codicem diplomaticum, is (III, 1—3) in iis, quae „antiquissima monumenta Poloniae diplomatica“ nominat, affert tria privilegia, unum de anno 992—1025, alterum circiter de anno 1086, tertium de anno 1125, sed fragmenta tantum dat antiquiorum litterarum, neque verba ipsa, neque in duabus prioribus annum et locum neque formulas adscriptas, ut ea mera sint fragmenta et antiquissimae quas habet litteras ad XXVIII. April. ann. MCXLV sint referendae. Aliae ejusdem anni, quas Damalevicius in vitis archiepiscoporum Gnesnensium p. 91 Varsaviae 1649 edidit, non tam litterae publicae sunt quam notatio recentioris temporis. Eduardus Raczynskius in Codice diplomatico Lithuaniae, Vratislaviae 1845, initium facit ab anno MCCLIV et in Codice diplomatico majoris Poloniae, Posnaniae 1840, ab anno

MCCXXXI. Confirmationem donationis monasterio Tinecensi MLXXXV factae habemus ex anno MCXX in Szczygielskii „Tineciana“ II, 130, sed num revera ab ipso auctore sit profecta recte videtur dubitari. Litteras de donationibus coenobio Lendensi factis scriptas duas habemus ex anno MCXLIII. Antiquissimae autem litterae publicae, quas olim Varsaviense tabularium publicum regni Poloniae vulgo „Metryki Koronne“ dictum continebat, id quod ex inventario anno 1730 facto cognoscimus, eae fuisse dicuntur quae ad familiam principum Lubomirski pertinebant ex anno MLXXXVIII. (Allgemeines Archiv für die Geschichtskunde des Preussischen Staates herausgegeben von L. v. Ledebur, Berlin, Posen und Bromberg 1834 XIV p. 44). Quae quum ita sint, apparet, quanti sit pretii illud hic editum privilegium Mogilnense de anno MLXV, si quidem genuinum est habendum[1]. Ex eo enim eluceat, duces Poloniae tres habuisse praefectos, et principem militiae, et cancellarium, et procuratorem. Plura etiam loca primum hic commemorantur. Ex confirmatione anni MC apparet Mesconem quendam ab recentioribus Poloniae historicis adhuc ignoratum ducem Poloniae fuisse.

[1]) Ambigimus de litteris confirmationis ann. MC (n. II), ut valde doleamus, quod documentum ipsum ad litterarum ductus accuratius explorandos non potuerimus inspicere. De tempore jam, quod est adscriptum, nisi accuratissime et lectum et descriptum est, poteris dubitare. Si enim in iis extremis non nonas Septembris sed nonis esset scriptum, tertio ad annum, non ad diem esset referendum, litteraeque essent V d. Septembr. anni MCIII scriptae, non ita multo post tempus, quo novus princeps Boleslaus regnum est adeptus. Potuit sane fieri, ut idem Mengozius, qui jam MLXV abbatis dignitatem teneret, anno MC, ergo XXXVI annis post superstes esset, habet tamen haec res, quod mirari possis. Gravius est, quod, ut vulgo traditur (cf. Lelewel et ceteros de Polonorum rebus gestis scriptores) annis MLXXX—MCII Wladislaus Hermannus Polonorum dux erat, et Mesco quidem anno MXXV—MXXXIV, et alter Mesco ann. MCLXXIII—MCCII in Polonia regnabat, inter eos autem Mesconem quendam alium fuisse ducem non commemoratur. Potest tamen opponi, antiquissimam Poloniae historiam valde esse obscuram, impeditam et depravatam, recteque statui, in Polonia ab initio plures principes aequales regnum Polonorum inter se dispartitum tenuisse. Et si accuratius inquisiveris, revera in „breviori Chronica Cracoviae archidiaconi Gnesnensis“ (Sommersberg, Silesiacarum rerum scriptores, Lipsiae 1730 I. 79.) invenies haec scripta: „MLXXXI Meszco dux de Ungaria rediit,“ et „MLXXXVIII Meszco dux uxorem duxit.“ Non est igitur fidei absonum, anno MC revera Mesconem quendam ducem in Polonia vixisse. Est tamen mirum, quod ille in istis litteris nomine „Senioris“ utitur, quo fit, ut hae literae iis, quae ab rerum scriptoribus traduntur, non sint consentaneae. Quod si confirmator progenitorum et antecessorum mentionem facit, cum tamen unius Boleslai donationem confirmet, non est quod jure mireris, solebant enim scribae litterarum publicarum istas vulgares formulas de pluribus usurpatas temere etiam quum de uno esset sermo repetere (cf. nostr. Collect. n. IV). Omnino est dicendum, si ab aliquot discesseris non recte descriptis verbis primae primarum litterarum sententiae, ceterum in verbis ipsis utriusque monumenti Mogilnensis nihil inesse, in quo offendas, et quae in iis legantur formulae, esse eas, quibus illis temporibus homines usi sint. Prius anni MLXV Dlugossus jam cognovit eoque est usus (Joannis Dlugossi sive Longini canonici quondam Cracoviensis Historiae Polonicae libri XII ed. Groddek Lps. 1711 I. 258 sq.) et quidem ex alio exemplo, id quod ex nominum mutatione et confirmationis ignoratione intelligitur. Epitomae huic (ex qua varias nominum lectiones in notis addidimus) haec tum praefatus est tum ad finem adscripsit: „3 Idus Aprilis Boleslaus Poloniae rex apud suam regiam civitatem Plocensem agens et in praesentia Paschalis alias Alexandri Plocensis episcopi multiplicia divinae propitiationis beneficia sibi in multifariis bellis atque victoriis praestita recogniturus in oppido suo regali Mogilno Gnesnensis dioecesis monasterium ordinis S. Benedicti, in hunc enim quod pater suus Cazimirus Poloniae rex in eo apud Cluniacum militaverat propensiori efferebatur affectu, fundat locum dote munifica atque ampla insigniens, cui et introitus infra scriptos videlicet nonum denarium etc. quotannis percipiendos largitus est. — Ad praedictum autem Mogilnense monasterium fratres et monachos ex monasterio Tinecensi dioecesis Cracoviensis sumptos introduxit, cujus primus rector et abbas fuit Mangosius vir religiosus, natione Gallus, et secundus Rudgierus fuit de Cluniacensi monasterio cum fratribus recepti. Fabricavit autem Boleslaus Poloniae rex in Mogilno ecclesiam monasterii et monasterium illamque beato Joanni Baptistae dedicavit et muravit in loco horti unam cryptam inferiorem, alteram superiorem.“ — Summus scriptorum de Polonorum rebus gestis, Joachim Lelewel (Betrachtungen über den politischen Zustand des ehemaligen Polens und über die Geschichte seines Volks. Deutsche mit Anmerkungen des Verfassers vermehrte Ausgabe. Brüssel und Leipzig 1845 S. 15) hac a Duglosso edita epitome etiam sine ulla dubitatione est usus. Ceterum hoc non est praetermittendum, claustrum Mogilnense clade bellica fuisse afflictum, quia anno MCCXXX Wladislaus id „spoliat, praedatur et devastat,“ quo fiebat, ut litteris publicis ejus simul periculum immineret. Potuit igitur fieri, ut eae tum perirent et monachi earum loco novas fabricarentur. Quibus omnibus recte perpensis rationes, quas dispeximus, non eae sunt, quibus fides horum monumentorum infringatur.

SECULUM UNDECIMUM.

I.

Boleslaus II. audax (1059—1081) dona confert ecclesiae S. Johannis in Mogilno.

(Fundatio monasterii ordinis Sancti Benedicti in Mogilno.)

1065. 11. April.

Transumptum ex confirmatione Mesconis a. 1100 vide N. II.

In nomine sanctae et individuae trinitatis amen. Animadvertat hoc testimonium veritas omnis ecclesiae religionis, quod ego Boleslaus exempla fidelium secutus, quatenus cum defecero[1] recipi merear in tabernaculis justorum, contuli de omnibus ad me pertinentibus ecclaesiae *Mogilnen.* S. Joannis Evangelistae transitus[2] omnes per *Wislam de Kamien*[3] usque ad mare. Transitus in *Vizna* et in *Makow* et per totam *Mazoviam* nonum forum[4], nonum denarium, nonum porcum, nonum poledrum[5], nonum piscem sum largitus. Quod ne quis alter jus[6] irritum faciat, authoritate dei omnipotentis sit prohibitus. Et hec sunt nomina castrorum: *Sandomirsz. Zakroczyn. Syrock*[7] cum medio telonio per fluvium *Bug. Prypir Stetelien. Sierpe. Nowy Prauanz. Osielek. Zyreniczko, Ciechanow, Stolpsko* seu *Pultusko. Grebesko. Nasilsku. Wyszogrod. Plock. Dobrzyn. Wlodyslaw. Przypust*[8]. *Plonsk*[9]; in *Lucin*[10] X ms.[11], in *Zbutymir*[12] VII ms., in *Walborsz* IIII ms., in *Sarnow*[13] II ms. et dimidiam, in *Kolpier* VII ms. Haec autem sunt nomina villarum quas contulimus cum omni libertate et jure ecclesiae superdictae S. Joannis Evangelistae in Mogilna: *Cyrwensk, Chrenow. Bolino. Wieleryk. Kossowo. Kromnow. Golumbino* ecclesiae S. Laurentii in *Plock. Stein* in *Bielsk*[14] ecclesiae S. Joannis Baptiste cum ipsa villa praenotata, foro, tabernis, targowe[15] et cum omni libertate ecclesiae S. Joannis in *Wladislaw*, in *Culmine* nonum forum cum tabernario *Kleszczary, Czarhrsz. Dolarkowo. Opalkowitze. Woyefno. Fallano. Malewo. Lubeszewo* cum medio lacu. *Radaner* cum fluvio ex utraque rippa, *Czarnotul* per medium *Olsze. Bystrzyca. Zabno. Chapsko. Wrzedzien, Wierunawo, Leszno. Szczeglino. Domanino. Szubino. Bogdanowo. Szczerbersko. Kuchanowo* ecclesiae S. Jacoby in *Mogilno*. quam fundavit Sbylius[16] miles addens eidem ecclesiae hereditatem nomine *Bogusino*[17]. Item aliam ecclesiam in honorem beati Clementis miles magnus Dobrogosiens[18], addens eidem ecclesiae haeraeditatem *Padniewo*, cum consensu amicorum suorum aedificavit. Item Paulus et Zema fratres[19] dederunt duas villas *Lyzac*[20], *Hypnick*. Item Odolau[21] dedit *Sokotowo*[22]. Item Andreas *Gorunowo*[23]. Item ego Boleslaus adjiciens praedictis notum esse volo concambium villarum quod feci cum *Mogilnensi* abbate Mengozio, villam etiam *Ramglow* ab ipso accepi et homini meo Nastan petenti contuli, pro qua villam *Kritte* cum medio lacu et fluvio per medium eidem abbati ecclesiae *Mogilnensis* tradidi; sed quia hoc recompensatio sufficiens esse non videbatur, sortem *Curavi* eodem Curano et filiis suis addidi[24] et in nomine virtutis Jesu Christi confirmavi. Item haec[25] sunt nomina servorum adscriptitiorum, quos eidem ecclesiae contuli cum omni jure: Wygnan cum tota consanguinitate sua, Radeg Sulenta cum

---

1) „defecero" (sive defecerint, aut defeci) correctum; in copia „defecere". 2) „transitus" i. d. teloneum quod exigitur a transeuntibus. 3) *Kamien* sive *Kamen* villa in regione castri *Kichol* sita, cfr. diploma Conradi ducis Masoviae de a. 1236. 4) Dlugossus in epitome harum litterarum „forum". 5) „poledrum" fortasse ab opole, genere exactionis, cfr. Diploma Premislai II. d. a. 1291. 28. Aug.: „in contributione opole, videlicet vacca et bove", et diploma Casimiri ducis Cujaviae d. a. 1262: „servitiis et servitatibus videlicet pole" etc. Olenski de tributis et vectigalibus aliisque oneribus in Polonia. Cracoviae 1827 p. 19 dicit: „poledrus est equulens, Naruszevicius II p. 259." 6) alter jus. Si legimus: alterius, deest verbum e. gr. „temeritas". 7) Dlugoss: Grudziadz, Zakroczim, Szeroczec. 8) Przypust villa Masoviensis regionis Radziejowiensis. 9) Dlugoss habet, Bug, Ripin, Stetin, Sepich-Nowe, Radzim, Oselch, Znaiendzie, Ciechanow, Stopsko, Grobesço, Nasilsko, Wyssogrod, Plock, Dobrzyn, Wlodyslaw, Prypust, Flowst. 10) Dlugoss: Laszyn. 11) ms. i. e. mansos. Dlugoss legit marcas. 12) Dlugoss: Sbuczymir septem marcas in Rosprza, septem marcas in Wolborz etc.; contra deest apud eum Kolpier. 13) Dlugoss: Zarnow. 14) Dlugoss: Czerwiensk, Chrzanow, Bolino, Wielerich, Kossow, Krennow, Golumbino et plerasque alias. 15) „targowe", theloneum mercatoris sive pecunia nundinaria (Standgeld). Vide dipl. n. XI ann. 7. 16) Dlugoss: Sbilutas. 17) Dlugoss: Boguszyno. 18) Dlugoss: Dobrogostius. 19) Dlugoss: Paulus Ziemias. 20) Dlugoss: Lisici. 21) Dlugoss: Odolny. 22) Dlugoss: Sokolowo. 23) Dlugoss: Gorzymowo. 24) Interp.: addidi agrum *Curove* per Curanum. Intelligenti: curavi sortem *Curano* eidem abbati obstant et superfluum „addidi" et filii abbatis plus quam superflui. 25) Haec; in copia: hoc. Fortasse etiam supra „hoc" vitio legentis scriptum bis corrigendum est.

cognatione sua, Zavist Radeg cum cognatione sua, Wolis, Laboz, Radey, Zandau, Doman, Domamir, Sida, Nesul, Sulim cum fratre suo, Domasir cum fratre suo, Nesela cum cognatione, sua, Molsa cum fratribus, Godes cum fratre suo, Calik, Sulimir Milon, Wezan cum filiis, Pozriomir, Cerbon, Belin, Suleu cum fratre suo, Sulidas cum filiis suis, Bezon cum fratre suo, Budis, Rowen, Rybeck cum fratre, Unimir, Zderua cum fratre suo, Pozar, Golandin, Rucauca, Stepan, Sulimir Wilzcan, Domasuel cum fratribus suis, Nadamir cum filiis, Sedam cum filiis, Pribislau cum filiis, Boccelan, Michael, Stann cum fratre suo Rados. Item homicidia tam inter duos ascriptitios quam inter duos liberos vel ex una parte liberi et ex altera ascriptitii villarum supradictae domus per totam eidem ecclesiae cedent. Ne ergo haec mea liberalis et salubris donatio ad honorem omnipotentis dei et S. Joannis Evangelistae ex intimo affectu collata, alliqua temeritate infrigatur, sed ut a me et a meis posteris inviolabiliter observetur praesentem litteram precepi mei sigilli munimine et subscriptione testium confirmari. Actum et datum anno incarnationis dominicae millesimo sexagesimo quinto, tertio idus Aprilis in *Plock*, praesentibus venerabili patre Alexandro *Plocensis* ecclesiae episcopo, principe militiae Werborio, Joanne cancellario, procuratore Trojano Wysna, Joanne canonico *Plocensis* ecclesiae, Walthero ejusdem ecclesiae canonico et aliis quam plurimis fide dignis et honestis.

II.

Mesco confirmat donationem Boleslai ecclesiae S. Johannis in Mogilno factam.

1100. 3. Septembris.

In nomine patris et filii et spiritus sancti amen. Nos Mesco Dei gratia dux Polonorum universis catholicae fidei zelatoribus tam presentibus quam futuris praesentem paginam inspecturis salutem in domino Jesu Christo. Quomodo ab humana facilius labuntur memoria, quae nec scripto nec voce testium perennantur, ideo necesse est, ut res dignae memoria et legitime acta in scripto redigantur, quo canescens seu labescens antiquitas valeat successu temporis ad memoriam revocari. Et licet omnibus Christi fidelibus prodesse teneamur, praecipue tamen pium, salubre et honestum est claustra et domos religiosas construere et defendere nec non cum summa devotionis diligentia promovere. Notum itaque volumus esse universis Christi fidelibus tam praesentibus quam futuris, quod nos ducti vera pietate, justitia et charitate ad preces et monita domini Mengozy abbatis, totiusque conventus ecclesiae S. Joannis Evangelistae in *Mogilno*, requisitis et inspectis privilegiis ejusdem ecclesiae *Mogilnensis* in tempore jam dicti abbatis Mengozy inveniamus a praedecessoribus nostris, et etiam quibusdam militibus subscriptas donationes seu collationes saepe dictae ecclessiae S. Joannis donatas salubriter et collatas talibus quoque scriptis memoriae commendatas.

Sequitur hic diploma a. 1065 supra editum.

Nos igitur Mesco dei gratia dux Polonorum munera salubria et donationes pias a nostris progenitoribus et antecessoribus deo dicatas omni diligentia potius augeri quam minui vel immutari cupientes praemissis et praenominatis reverenti et benignissimo animo annuentes ad laudem et gloriam omnipotentis dei et honorem S. Joannis Evangelistae, ut hae donationes et collationes ab omnibus successoribus inviolabiliter et sub anatematis vinculo observentur, praesens instrumentum nostri sigilli munimine duximus roborandum. Actum et datum anno domini millesimo centesimo, tertio nonas Septembris in *Crusvica* praesentibus domino Petro praeposito *Masoviensi*, Wernero, Bero, sacerdotibus, Degnone comite, *Shiluto* comite et multis aliis tam clericis quam laicis fide dignis et honestis.

Litteras publicas, quarum confirmationem a Sigismundo Augusto a 1552 datam habemus, quibus „Meczlaus quintus dei gratia dux Poloniae" anno millesimo [du]centesimo secundo in crastino beati Viti, in *Roguozno* confert dilecto baroni suo comiti Nicolai palatino suo *Calissensi* „castrum nostrum *Czarnkow* vulgariter nuncupatum cum omnibus possessionibus et redditibus ad dictum castrum pertinentibus jure hereditario possidendis cum agris cultis et incultis, aquis, laculis, pratis, sylvis, nemoribus, mellificiis, molendinis, piscinis, venationibus in hiis sylvis *Vytrin* et *Slukowy* ac omnibus utilitatibus et pertinentiis.

que nunc ibi sunt aut in futuro poterunt exoriri" volensque „dictum comitem ad nostra beneplacita reddere promptiorem" ei tradit „omne jus nostri ducatus et omnem authoritatem, prout nos ipsi in praedicto castro habuimus, videlicet judicia magna et parva, ut puta: capitis amputationem et membri cujuslibet mutilacionem, cremationem, bellum duorum et examen aque frigide et ferventis, prout castellania nostra superius dicta facere consuevit; liceat itaque eidem comiti civitatem ibi cum foro libere locare firmare et omnia obtinere, que ad jus civitatis dignoscuntur pertinere. Cives vero civitatis dicte quocunque per terras nostras cum mercibus suis devenerint theloneum poenitus non solvant nec aliquis advocatorum nostrorum ibidem antiquam authoritatem judicandi sed solius comitis advocatus omnem jurisditionem exerceat et poenas infligat pro delicti qualitate, fructus judicii percipiendo ex integro" et eidem praeterea dat haereditates, „*Gabicze*, *Valkowicze* et alias duas in districtu *Walcensi* sitas *Barchoidek* et *Lemnicza*" suppositas esse posteriori tempore nemo non videt. Earum tamen hic est mentio facienda, quoniam saeculo decimo sexto fides iis est habita et confirmatio regis relata est in tabularium publicum regni Poloniae Varsaviense, quod vocabatur Metrica Regni.

SECULUM DECIMUM TERTIUM.

III.

Premisl I. (1239—1257) et Boleslaus (1239—1279) duces Poloniae civitati Posnaniae jus theutonicum conferunt.

1253.

J. C. Kretzschmer, die Gründungs-Urkunde der Stadt Posen vom Jahre 1253. Posen 1853.

In nomine Jesu Christi amen. Quia soli divinitati convenit in nullo deficere et omnium memoriam habere, ideo condicionis humanae fragilitas artificio sibi remedium quaesivit, in quo vigor fabrice naturalis opificis voluntate defecit. Ne igitur, quod agitur in tempore cum evolucione temporis a memoria evanescat, apicum caracteribus assolet aeternari. Quam ob rem praesentibus et futuris presentem paginam inspecturis innotescat, quod nos Premisl et Boleslaus fratres uterini divina miseracione duces *Polonie* proprie voluntatis arbitrio et usi baronum nostrorum consilio et de consensu venerabilis in Christo patris domini Bogufhali epis. totiusque capituli *Posn.* ecclesiae honesto viro Thome ejusdem posteris civitatem, que *Poznan* vulgariter nuncupatur, jure teutonico contulimus collocandum in ea libertatem octo annis confirmantes, ut cives ejusdem civitatis infra libertatem terram nostram intrandi et exeundi cum mercibus et aliis utilitatibus sive per fluvium qui *Wartha* vocatur a telonia et moneta et ab omnibus aliis vexationibus quibus vexari potuerint liberos esse pronunciamus, ita ut elapsa libertate teloneum per medium solvant, fluvium vero qui *Wartha* dicitur secus praefatam civitatem fluentem per milliare unum ex utraque parte cum omnibus utilitatibus in piscibus capiendis et molendinum construendis scilicet civibus praedicte civitatis in perpetuum contulimus possidendum. Villas quas ad saepe dictam civitatem contulimus est *Aratorum*[1] cum *Piotrowo*[2], *Segran*[3], *Starolaca*[4], *Nenow*. *Spirrov*. ambas villas quas *Werbice* dicuntur, *Ysiez*[5], *Panzlar Nestachow*. *Pancow*. *Sidlow*. ambas *villas vinitorum*[6] exceptis vineis villam *Boguer*[7], villam *Onolfi*[8], in quibus concessimus memorato avocato ejusque posteris triginta mansos pro agris semandis et civibus ejusdem viginti mansos pro pascuis animalium in perpetuum libere possidendos. Cum autem advocatus ad sepe dictam civitatem et ad villas supra scriptas advocaverit et locaverit Teutonicos elapsa libertate quintum mansum in ipsis libere semper sit percepturus ea condicione mediante, ut de singulis mansis dimidiam marcam argenti pro decima tempore statuto solvat. Volumus etiam ut cives ejusdem civitatis in villis supra dictis omnes utilitates quae nunc sunt et in posterum provenire potuerint ut est in construendis molendinis et venandis feris, excepto molendino fratrum praedicatorum, liberum semper obtineant. Concessimus etiam ut molendinum, quod Henricus antiquus scultetus ex nostra donacione possedit predictus advocatus ejusque posteri jure hereditario sic possidendum et cives praenominate civitatis jus secundum

---

1) Hodie: Ratty. 2) Putrowe. 3) Zegrze. 4) Starolenka. 5) Jersye. 6) Winiary, das Kernwerk. 7) Bogusch. 8) Hodie: die Wilde.

formam *Medburgen*[9] civitatis mediam prolatacionem[10] de judicio respondentes innoxium et illibatum de nostra donacione perpetuo gaudeant possidere, ea ratione mediante ut ullus Teutonicorum in districtu dominii nostri constitutus ipsa jura vilipendendo preter jam dictam civitatem alias requirere non presumat. Item concessimus ut nullus nomine nostro vel nomine nostri castellani seu nomine alterius, cujusquam potestate, judicio, quod prefatus advocatus una cum civibus suis infra circulum anni tribus temporibus pro tribunali omnimodam[11] causam judicantes sedebunt, interesse presumat sed in horum et aliorum omnium jurium perceptione plene gaudeat ipsa civitas possessione libertatis. In predictis vero temporibus jam dictus advocatus a quolibet judicio condemnato octo solidos denariorum secundum monetam civitatis sit percepturus et infra quatuordecim dies condemnatus quatuor solidos solvat et singulis diebus condemnatus unum solidum solvat et de juramento sex denarios. De singulis vero curiis in eadem civitate constructis et ortis extra eandem plantatis et de omnibus apotecis que in eadem construi potuerint finita libertate cives prefate civitatis dimidium scotum argenti solvant, de judicio vero predictus advocatus tam infra quam extra libertatem tercium denarium semper sit percepturus et omnes utilitates de prefatis curiis et apotecis infra eandem civitatem et ortis extra constructis ad nos spectantes jam dicte civitatis contulimus in subsidium libere possidendas et hospites cum expensis venalibus ad ipsam venientes a teloneo et moneta liberos facimus et immunes. Concessimus de consensu sepedicto domini B. Epi. *Poznan.* civibus in eadem civitate ecclesiam constituere, que in divino officio debet regnare et diebus debitis cum cruce circumire. In ipsa vero civitate annuale forum a nobis et a nostris in domin[i]o nostro[12] constitutis intra libertatem statuimus, ut ullus in ea hominum infra ipsum forum valeat impediri. Item contulimus predicto advocato suisque successoribus duas cameras in domo quam in ipsa civitate pro mercatoribus edificabimus libere possidendas, de qua jus et fructum exceptis predictis cameris nos et posteri nostri volumus esse percepturi. De expedicione vero que extra terram fuerit, cives eidem adesse non tenea[n]tur; in defensione autem terre adesse tenentur ut eo validius hostilis incursio reprimatur, ita ut predicta civitas plena custodia regnet. Promisimus etiam civibus ejusdem civitatis quatuor vigiles et duos balistarios in nostris expensis procurantes pro custodia civitatis exhibere et silvas tam infra quam extra districtum eorum pro domibus construendis et aliis necessitatibus absque omni panore[13] contulimus succidendas. Insuper ipsis allenientes prohibemus ut ullus nostrorum subditorum ipsos pro aliquo debito vel casu extra territorium predicte civitatis id est in alio judicio compellat respondere. Si quis alius eos judicare presumserit, judicium ipsius pronunciamus esse nullum. Et hominibus in terra nostra constitutis ad predictam civitatem ratione fori pro vendendis universis et emptis abducendis affluentibus concessimus, ut teloneum in moneta solvant, hospites vero extra terminos terre nostre solvant. Insuper concessimus ut advocatus cum civibus suis tam in potu quam in pane et in omnibus aliis quibus uti debeant mensuram secundum cursum temporis diligenter disponentes statuant et quicquid de falsis utilitatis judicio derivari poterit mensuris, volumus ut ipsa civitas ipsam utilitatem per medium semper sit perceptura. Judiciorum nihilominus omnium ut est contentione, percussione, suspensione et omni questione que inter Teutonicos et Polonos orta fuerit in ipsa civitate et extra ipsam sicut territorium ejusdem occupat, premisso advocato suisque posteris auctoritatem tradimus adjudicandam et determinandam. Ut autem donacionis et confirmacionis nostre vigor tam presentibus quam futuris innotescat presentem paginam sigillorum nostrorum impressionibus dignum duximus roborandum[11]. Acta sunt haec in *Posnan* anno ab incarnatione domini millesimo ducentesimo quinquagesimo tercio, presentibus his testibus Domarado judice curie, Boguphalo Castelan *Posnan.*, Eustachio filio Joannis, Pacozlao filio Sedrici et aliis quam pluribus.

---

9) Magdeburg. 10) i. e. die mittlere Verjährungsfrist (XXX annorum) bei der gerichtlichen Verantwortung. 11) omnimodam, et in fine: *roborandam*, correximus pro: omnimodum, roborandum. 12) Ita correximus, scriptum: domino nostri. 13) Panore i. e. rapina (exactio). Vide DuCange, glossarium ad scriptores mediae et infimae latinitatis s. v. panera.

IV.

Premisl I. (1239—1257) confirmat immunitatem vectigalem mercatorum 4. Augusti et sequentibus diebus Posnaniam venientibus.

1254. 3. August.

Raczynski, codex diplomaticus majoris Poloniae. Posnaniae 1840 p. 12.

In nomine sanctae et individuae trinitatis amen. Placuit dignationi illustrium parentum nostrorum beatae memoriae domini Vladislai ducis, filii Odonis et domini Boleslai ducis, fratris nostri, suplicantibus fratribus praedicatoribus de *Poznan* ad honorem dei et beatae virgini[s] Mariae pro veneratione etiam beati Dominici omnibus mercatoribus undecunque venientibus ad civitatem *Poznan* in die sancto ac per octavas ejusdem mirifici confessoris de non solvendo teloneo aut alia qualibet exactione libertatem omnimodam liberaliter indulgere. Nos autem favente Deo jam dictis parentibus nostris in honore ac onere succedentes eorundem donationem liberalitate ac devocione paterna ducti litteris praesentibus nostro sigillo munitis duximus approbandam. Datur *Pobedysche* [1*] anno domini millesimo ducentesimo quinquagesimo quarto, tertio nonas Augusti praesentibus fratre Moyse priore et fratre Remboldo de ordine praedicatorum tunc *Poznaniensium* comite Eustachio et aliis multis.

V.

Premislaus dux Poloniae (1239—1257) abbati de Lubin concedit locare Theutonicos in Kriewen et civitati huic libertates dat.

1257 [1].

Raczynski, codex diplomaticus majoris Poloniae p. 48.

In nomine domini Dei aeterni amen. Quia soli divinitati convenit in nullo deficere et omnium memoriam habere, ideo conditionis humanae fragilitas remedium quaesivit, in quo vigor fabricae naturalis opificis voluntate defecit. Ne igitur quod agitur in tempore cum evolutione temporis a memoria evanescat, apicum caracteribus assolet aeternari. Quam ob rem praesentibus et futuris praesentem paginam inspecturis innotescat quod nos Premislaus, divina miseratione dux *Poloniae*, salubriter cogitantes de salute animae nostrae et sperantes de misericordia Dei nos in coelis metere, quod seminaremus in terris pro reverentia beatae Mariae semper virginis et praeclaris meritis Jacobi [2] abbatis de *Lubin* et omnium fratrum ibidem Deo servientium confirmamus libertatem in villa quae *Criwin* [3] vulgariter nuncupatur, ut videlicet nullus in ea nomine nostro vel etiam alicujus nomine nostri castellani seu nomine alicujus cujusquam potestatis judiciariam sibi usurpet auctoritatem aut sub aliquo praetextu thelonei [4] homicidium sive aliquam aliam sibi vindicet solutionem aut exactionem. Et [5] in horum et aliorum omnium jurium perceptione de *Lubin* pleneae [6] gaudeat coenobium possessione libertatis. Concessimus [7] autem ob specialem reverentiam praedicto claustro ac domino Jacobo ejusdem abbati et in ipso [8] suis successoribus, ut in villa praefata advocet et locet Theutonicos; sicut eos advocavit et locavit de concessione nostra jus et fructum in eis percepturus. Concessimus enim [9] ut incolae praedictae civitatis a theloneo et moneta in terra nostra excepta civitate *Poznan* sex [10] annis liberi sint et immunes. Ut autem confirmationis vel donationis nostrae vigor tam

---

1*) Powiedziska. 1) Datum ante diem 1 mensis Junii, eo enim diem supremum obiit Premislaus (Roepell, Geschichte Polens. Hamburg 1840. S. 493 ann.) Idem privilegium a Boleslao renovatum iisdem fere verbis in documento anno 1262 dato exstat, (Ibidem p. 59.) cujus variantes lectiones notis subscripsimus. Formula initialis haec: In nomine sanctae et individuae trinitatis amen. Ne quodquod agitur in tempore cum evolutione temporis a memoria evanescat apicum caracteribus solet eternari. Quamobrem praesentibus et futuris praesentem paginam inspecturis innotescat, quod nos Boleslaus, divina misericordia dux *totius Poloniae*, salubriter etc. 2) pro claris meritis domini Jacobi. 3) *Crivin*. Premislaus confirmat jura quae villis monasterii Lubin Wladislaus a. 1237 et ipse a. 1242 dederat, vide quae disseruimus de urbibus magni ducatus Posnaniensis. 4) theloneum aut. 5) seu. 6) plene. 7) damus. 8) Christo. 9) percepturus cum libertate. 10) *Posnaniensi* septem.

praesentibus quam futuris innotescat[11] praesentem paginam sigilli nostri inpressione dignum duximus roborandam. Datum[12] in *Poznan* anno gratiae MCC quinquagesimo septimo.

VI.

Boleslaus dux Poloniae (1239—1279) secundum voluntatem fratris defuncti donat cathedrali Posnaniensi villam et civitatem Buk civitatique libertatem dat.

1257.

Raczynski codex diplomaticus majoris Poloniae p. 51.

In nomine patris et filii et spiritus sancti amen. Quum conditio humana non moratur in mundo in perpetuum sed generatio post generationem semper transit in mortem, ideirco acta priorum maxime bona et utilia facillime labuntur a memoria nisi in scriptis redigantur, per que possint venire ad notitiam futurorum. Inde est quod nos Boleslaus dei gratia rex *Poloniae* notum facimus tam praesentibus quam futuris, quod nobilis vir, frater noster bonae memoriae, illustris princeps Premislaus Dei gratia dux *Poloniae* in ultima voluntate constitutus sana mente sanoque consilio salubrius cogitans de salute animae suae qualiter percip[i]et pro temporalibus spiritualia dona aeterna, quae semper crescunt de bono in melius et nunquam vilescunt, pro suorum etiam peccaminum remedio et parentum nostrorum atque vitae aeternae premia consequendo villam suam quae *Buk* vocatur integraliter cum civitate et capella et cum omnibus hominibus ibidem habitantibus cum obnoxiis, cum omnibus terminis, attinentiis, utilitatibus, cum moneta, theloneo et cum tabernis et cum pleno jure et dominio, quod noster frater, praefatus dux, habuit in eadem civitate, ecclesiae beati Petri in *Poznania* ad custodiam contulit jure perpetuo possidendam. Hoc tum duci memorato disponere placuit, quod homines in eadem villa sint debiti perpetuo cum sua posteritate et cum sortibus eorum quae ad eosdem pertinent transire eidem ecclesiae beati Petri in officium sacrorum. Statuit etiam ut custos praedictae ecclesiae quicunque fuit sicut verus possessor et dominus per ipsum constitutus de omnibus utilitatibus superius notatis et de aliis, quae ibi percipiuntur vel in posterum poterunt percipi in eadem civitate et villa ad sepulchrum illius luminaria procuret, ut quolibet die et nocte ardeant in perpetuum. Disposuit etiam hoc idem dux, ut in praefata ecclesia pro anima ipsius et pro ceteris de eisdem bonis per ejusdem ecclesiae custodes missae defunctorum procurent qualibet die, si fieri potest, vel ad minus qualibet secunda feria vel alio die quod commode poterit in septimana observari, dans eidem civitati et hominibus destinatis in officium sacrorum plenam et omnimodam a **prewod**[1], **stroza**[2], a **powoz**[3], a **naraz**[4] et ab omnibus aliis exactionibus, solutionibus, petitionibus et a qualibet exactione libertatem, decernens eam esse ita privilegiatam et liberam, ut sunt omnes aliae villae antiquae ecclesiae *Poznaniensis*. Nos autem considerantes tam piam et devotam et necessariam fratris nostri donationem, credentes de bonis deo dicatis una cum ipso in regno caelorum participari, eandem donationem quae misericorditer est facta, devote confirmamus, promittentes deo et ecclesiae beati Petri a nobis et a nostris posteris firmiter et inviolabiliter in perpetuum in omnibus observari. Ut autem et venerabilis viri, fratris nostri, donatio, quae per ipsum rite et legitime est facta, per nos in perpetuum firmiter et inviolabiliter confirmetur, praesentem paginam in testimonium hujus facti sigilli nostri munimine fecimus roborari. Actum in *Poznan* anno domini millesimo ducentesimo quinquagesimo septimo, octavo die[5]

---

11) Ut autem nostra donatio firma et inconvulsa permaneat. 12) Datum in *Gnezna* anno gratiae MCC sexagesimo secundo.

1) Principibus conductum dare, milites asportandos curare et transportare flumen, omnibus nuntiis, missis et legatis principis sustentationem praebere, conducere quamlibet rem: hoc fuit grave onus *prewod*. 2) *stroza* significavit officium tum custodiae tum necessaria praebendi iis qui in praesidiis degent, pecuniamque quae pro custodiis solvenda fuit. Id onus impositum esse a Boleslao *primo Polonorum rege* tradit Bogufalus. 3) *Powoz*, vectura, necessitas curribus et equis serviendi. (Frohnfuhre, Vorspann). 4) De vi verbi *naraz* ambigitur inter viros doctos. Audiamus igitur litteras publicas. Boleslaus dux Masoviae a. 1278 liberat villanos „ab equo, vacca videlicet, porco et ariete, quod vulgariter *narsaz* dicitur." Premislaus II. liberat 1291 „a *naraz* quod aper dicitur". Conradus dux Cracoviae statuit 1243: „povoz et *prevod* non ducant nisi sit militare et *naraz* non solvant." 5) Raczynski: *octavo decimo* Idus, qui esset 27 d. Maji, erravit igitur in legendo, aut typographus culpam commisit; pluries enim ille in hoc documento typis excudendo erravit. Correximus *octavo die ante*. Ceterum ex hoc Diplomate apparet ducem Premisl I. mortuum esse ante diem 6. Junii et litteras sub V. editas ante hunc diem esse datas. cfr. notam 1 ad diploma n. V.

ante idus Junii praesentibus comite Jarostio judice magno curie nostre, domino Joanne cancellario nostro, Blisborio milite, filio quondam Petri de Dlebomuve, Martino filio quondam Albrachti milite, Nicolao milite filio quondam Gregorii, domino Myrostio plebano de *Costrin*. Mathia notario nostro qui de nostra voluntate et mandato ad idem privilegium apposuit nostrum sigillum et multis aliis probis et honestis hominibus qui tunc in nostra curia praesentes fuerunt.

VII.

Boleslaus dux Poloniae (1239—1279) confirmat compositionem inter advocatum et cives castri Meseritz et ecclesiam sancti Adalberti in Meseritz factam et confert libertates villis hujus ecclesiae.

1259. 6. Novembr.

Ex transsumpto apud Raczynski cod. dipl. maj. Pol. p. 52.

In nomine domini amen. Multis incommodis prudenter occurrimus, cum aetatis nostrae negocia litterarum memoriae commendamus. Hinc est quod nos Boleslaus dei gratia dux *Poloniae* notum esse volumus universis tam praesentibus quam futuris praesentem litteram inspecturis, quod inter Johannem lectorem ecclesiae sancti Adalberti de *Miedzirzecz* et Jacobum advocatum et cives ejusdem loci facta compositione super capella civitatensi ratione compositionis contulimus ecclesiae praefatae sancti Adalberti mansum unum super aquam *Obram* ex adverso ejusdem ecclesiae cum prato et a prato per viam quae ducitur in civitatem usque ad rivulum procedentem in *Obram* cum omni jure haereditario perpetuo possidendum, concedentes insuper pro bono pacis et superius dictorum nostrorum civium pro.... libertate praedictae villae ecclesiae sancti Adalberti et omnibus eandem inhabitantibus plenam et omnimodam libertatem, ita quod nec ad constructionem nec ad reparationem nec ad custodiam castri *Medzirzecensis* seu alius alterius teneantur et nec castellano ejusdem vel alicui officialium nostrorum obedire teneantur nisi ad nostram praesentiam specialiter evocati et ad penam per nos solummodo judicati solucioni dictae subjaceant, sepe dicto Johanni suisque successoribus nobis non contra dicentibus respondentes. Concedimus etiam et damus antefato Johanni et suis successoribus plenum arbitrium in praedicto *Obra* venandi castores a ponte civitatis in utraque rippa fluvii usque ad limites et terminos qui dividunt villam sancti Adalberti a villa *Gorcece*, volentes nihilominus ut nostri venatores castorum per aquam transeant limites nominatas nullam inde facientes quaestionem et homines ejusdem villae in nullis ejus obsecundent et ut volumus.. et promittimus bona fide, ut saepe nominata villa sancti Adalberti et homines eam inhabitantes ea gaudeant libertate, quam villa et homines episcopi de *Pezew*[1] salva supradicta compositione. Et [ut] donatio haec[2] firma et stabilis perpetuo perseveret praesentem litteram conscribi fecimus et nostri sigilli ac venerabilis patris domini Boguslai *Poznaniensis* episcopi nec non capituli sui munimine roborari. Actum anno domini MCCL nono, octavo Idus Novembris.

VIII.

Boleslaus dux totius Poloniae villae Krieven idem privilegium, quod Premislaus a 1257 dederat, iisdem verbis in Gnezna dat et incolas per 7 annos a teloneo liberat. Vide No. V. cum notis.

1262.

1) *Przew?* Fortasse *Poznan*. 2) Et ut donatio haec correximus Raczynskii verba: „et donatione" (sic — hc).

IX.

Przemislaus dux Poloniae (1257—1296) Walthero villam Pritschen Fraustadt adjacentem jure theutonico magdeburgensi locandam confert.

1273. 1. Octobr.

Transsumptum ex diplomate Kasimiri 1447 (v. N. LXII) quod est in tabulario urbis Fraustadt.

In nomine domini amen. Dum vivit littera, vivit et actio litterae. Simul assercio nutrix memoriam et roborata suscipit incrementum. Igitur nos Przemyslaus dei gratia dux *Poloniae* statum terrae nostrae cupientes in melius reformare villam nostram, quae vulgariter *Priczyn* nuncupatur, Walthero ejusdem villae contulimus jure theutonico iuxta jus *Magdeburgense* collocandum cum quinquaginta mansis, damus eidem tertium denarium, judicare omnes causas quae ibi oriri possunt excepto homicidio. Addimus etiam eidem, si quis de partibus veniret alienis, culpabilis[1] suis adversariis omnibus de se quaerulantibus, in omni causa ipsos evadet juramento. Damus etiam eidem duos mansos liberos pro thaberna, quae positae sunt in civitate adjacente, et unum molendinum habeat in districtu villae suae cum mellificiis, venationibus et utilitatibus piscium et ovium et ceteris aliis utilitatibus quae ibidem possunt inveniri et.... non habeant sed cum omni jure civitatis in uno manso, et aliis omnibus quibus tenentur obedire. Damusque incolis villae duodecim annorum libertatem. Cessante autem libertate de quolibit manso *Franconiro* solvant dimidiam marcam albi argenti et tres mensuras tritici et tres annonae, et siliginis tres mensuras *Glogowienses*. Dictus vero Waltherus et sua posteritas septimum perpetue mansum obtineat ratione locationis liber(a)e cum omni proprietati[2] et dominio absque omni aggra[va]tione nostra vel nostrorum successorum. Ut autem nostra donatio vigorem obtineat perpetuum, praesentem nostram litteram nostri munimine sigilli duximus roborandam. Datum *Posnaniae* anno domini millesimo ducentesimo septuagesimo tertio in die Scti Remigii confessoris. Per manus Antonii scriptoris curiae.

X.

Boleslaus dux Poloniae (1239—1279) nundinas in Kriewen condit mercatoresque eas obeuntes teloneo liberat.

1274. 28. April.

Raczynski cod. dipl. maj. Polon. p. 63.

In nomine domini amen. Nos Boleslaus dei gratia dux *Poloniae* universis Christi fidelibus praesentem literam inspecturis gratiae suae plenitudinem et omne bonum. Vestra noverit universitas nos ob petitionem domini Jacobi abbatis et fratrum de *Lubin* et ob meliorationem civitatis sui *Crzivin* omnibus cum mercimoniis ad eam pergentibus [ad] res vendendas et emendas in annuali foro libertatem contulisse a thelonei exactione et monetae, et etiam ut cives praedictae civitatis per totam terram *Poloniae* theloneum non persolvant. Volumus autem ut nundinae memoratae civitatis per quatuor dies stare debe[a]nt vigilia pentecostes. Proinde ne aliquis palatinus vel castellanus seu beneficiarius ab hospitibus ad praefatam civitatem venientibus aliquam exactionem audeat extorquere aut ipsos in aliquo detinere vel perturbare vel etiam praedicti cives in praefato theloneo ab aliquo in civitatibus nostris impediantur, praesentem literam nostri sigilli munimine duximus roborandam. Datum in *Srem* anno domini MCC septuagesimo quarto, quarto Kalendas Maji in die sancti Vitalis martiris.

---

1) Culpabilis correximus; scriptum: culpabilibus. 2) proprietate?

XI.

Premizl II. dux Poloniae Majoris (1257—1296) villam Jaroschin e jure polonico eximit et ejus jurisdictionem monasterio Lendensi tradit.

1293. 13. Februar.

Rzyszczewski et Muczkowski, cod. diplom. Poloniae. Varsaviae 1847 I 148.

In nomine domini amen. Omnis actio temporalis memoria indigens, ne pravorum hominum suggestionibus depravetur, utile visum est, ut scripture testimonio roboretur et justitia debitum sorciatur effectum. Noverint igitur universi presentem paginam visuri, quod nos secundus Premizl dei gracia dux *Polonie Majoris* cupientes que ad cultum divini nominis spectant nostris temporibus pocius augeri quam diminui et ea, prout possumus, liberius confovere, quapropter nos, progenitorum nostrorum devocionem quam semper habuerunt erga domum *Lendensem* pio prosequentes affectu, contulimus reverendo patri domino Gerardo abbati domus ejusdem et suis fratribus interpellantibus auctoritatem locandi in heriditate, que *Jarossino* dicitur, villam cum Teutonicis et liberis Polonis pleno jure Teutonicorum. Verum quia donum deo collatum legibus principum subjacere non debet volumus predictam villam liberam et exemptam a **povoz**[1], a **prevod**[2], a **strosa**[3], a **dan**[4], a **naraz**[5], a **podvorove**[6], a **targove**[7], a **mostne**[8], a castrorum edificio sive poncium quorumlibet, a receptione subvenatoris seu custodis vel conductu castorariorum a vicinia, quod **opole**[9] vulgariter nuncupatur, a custodia vel solucione erodiorum, quod **socol**[10] nuncupatur, et ab omni exactione seu colleccione quod **povolove**[11] dicitur, a vecturis et expedicionibus vel omnibus juribus in Polonia constitutis quibuscumque censeantur nominibus, hoc solo excepto, cum aliquis contra dominum[12] nostrum insultum fecerit, quod coloni sepedicte ville una nobiscum tenebuntur defensare. Judiciorum nichilominus omnium, ut est de contentione, percussione, membrorum mutilacione sive eciam capitis perplectione, ut majorem circa dominum in tremendo judicio fiduciam habeamus, predictis fratribus per suum judicem exsequenda liberam auctoritatem concedimus, nulli ergo castellanorum aut judicum sive citandi sive judicandi in ipsa villa jus aliquod reservantes. In hujus rei testimonium presentem paginam nostri sigilli munimine roboramus, presentibus hiis comite Bozeta castellano *Lendensi*, comite Joanne castellano *Sremense*, comite Bogmilo venatore *Gnezdnensi*, comite Lasch subdapifero domine ducisse et aliis quam pluribus fide dignis. Datum in *Gnezdna* Adalberti martyris[13]) anno domini M° CC° nonagesimo tercio per Jaschonem notarium nostrum.

---

1) *povoz* vide ann. ad dipl. VI. 3. 2) *prevod* ib. n. 2. 3) *strosa* ib. n. 3. 4) *dan* h. e. tributum, sive ut postea dicebatur: datio. 5) *naraz* vid. ann. n. 4 ad dipl. VI. 6) *podvorove* h. e. solarium et quidem usitate solutio vaccae et ovis, terragium, germanice: Hofsteuer, Grundgeld. 7) *targove* h. e. vectigal impositum foro et tabernis, pensio mercaturae; Statutum Masoviae a 1426: „foralia dicta targowe". Vide N. I. ann. 15. 8) *mostne* vectigal pro transitu pontis exigebatur; officium pontium efficiendorum non significasse *mostne* demonstrant contra Roepelii opinionem verba quae hic sequuntur. 9) *opole* h. e. communitas villarum vicinarum quae adstricta erat, si evenerit intra ejus fines rapina aut internecio, poenas solvere. Vide quae de vocis *opole* sensu egregie disseruit Cl. Roepell, Geschichte Polens, Hamburg 1840, p. 614—617. 10) *sokol* polonice falconem significat, herodius, Gallice heron, genus avis, interprete Joanne de Janua, rapacissima avis, avium et omnium volatilium major qui et aquilam vincit. „Sochol non custodient" fratribus ordinis Cisterciensis in monasterio Bissovia datis dicit Casimirus litteris a 1253. d. 25 m. Julii. 11) *povolove* sive exactio diversi generis a *pororowe*, utrumque enim iisdem litteris nominatur a Miecesiao a. 1145. 28. d. Aprilis, et a Premislao a 1315. 6 d. m. Aprilis datis. Collectionem *povolove* dicit Wladislaus Locticus a 1324 d. 24 m. Julii in confirmatione privilegii Miecislai, quod supra memoravimus. 12) *duminum*. Editores Codicis diplomatici Poloniae, qui hoc diploma ex archetypo membranaceo Ill. Josephi Rusiecki proprio descripserunt conjectant „dominium" esse legendum. 13) die omissum ut in aliquibus hujus temporis litteris. Editores „Hic diem *sancto* Adalberto sacratam intelligi minime dubitandum est" asserunt, itaque litteras has d. 23 mensis Aprilis adscripsere. Nos, quod ipsae litterae dicunt ad verbum interpretati sumus.

XII.

Wladislaus Loketek dux regni Poloniae Pomeraniae etc. (1296—1333) Petro de Dusden potestatem confert locandae civitatis Nakel secundum jus Magdeburgense.

1299. 6./12. Mai.

Raczynski, cod. dipl. maj. Polon. p. 98.

In nomine domini amen. Cuncta, quae aguntur in tempore vacillant facile, nisi scripturae praesidio et testium amminiculo firmiter fulciantur ad gestorum memoriam perhennalem. Inde nos Vladislaus dei gratia dux regni *Poloniae*, *Pomeraniae*, *Cujaviae*, *Lanciciae*, *Siradiae* ad universorum tam praesentium quam futurorum notitiam tenore praesentium volumus devenire, quod fideli nostro Petro de Dusden locationem civitatis nostrae in Nakel de bona nostra voluntate dedimus et contulimus et centum mansos praedictae civitati adjacentes secundum formam *Magdeburgensis* juris collocandam, qui ratione locationis et scultetiae omnia macella carnium, panis et sutorum, stubasque balneares quodcunque nunc ista locare poterit, aquam Notes fluentem, sub civitate in descensivum dictae aquae ad dimidium miliare et sursum aquam dimidium cum omnibus utilitatibus praesentibus et futuris, tertium denarium de judiciis provenientem, septimum mansum liberum, tertium ortum de omnibus ortis, quos ante praefatam civitatem locare poterit, dimidium vero miliare per mericam[1] et borram[2] eundo versus *Gnesdnum*, et ibi civitatenses ligna et alia necessaria ipsis recipiant, sibi contulimus. Et haec omnia cum suis liberis natis et nasciturus vel quibusvis legitimis successoribus haereditario nomine libere possidebit. Molendinum vero quod adjacet castro, et clausuras piscium sub castro pro nobis ad nostrum dominium cum duobus macellis carnium reservamus, quae ad nostram mensam volumus pertinere. Damus etiam omnibus inhabitatoribus ad civitatem et etiam villam, quam ibi praedictus scultetus noster locabit venientibus quatuordecim annorum plenam ab omnibus solutionibus libertatem, quibus expiratis cives civitatis nostrae ad aliud deservitum non tenebuntur nisi ad quod tenentur aliae civitates in nostro dominio *Magdeburgensi* jure locatae. Incolae vero villae de quolibet manso quatuor mensuras tritici, quatuor siliginis, quatuor avenae et tres scottos usuales argenti solvere annis singulis tenebuntur. Volumus etiam, ut omnibus juribus et legibus quibus aliae civitates nostrae *Magdeburgensi* jure locatae tam in judiciis et etiam aliis potiuntur, incolae ad praenominatam civitatem venientes perpetuo perfruantur. Advocatus vero nostra omnia judicia quae se ad poenam manus vel capitis habent, extendere et omnia alia majora et minora secundum consuetudinem *Magdeburgensem* habeat judicare omni impedimento penitus retromoto. Ut autem haec omnia firma et stabilia perpetuo valeant permanere et ut idem advocatus noster liberum arbitrium vendendi, commutandi vel alia cum sua advocatia faciendi pro sua voluntate possit habere, praesens privilegium sibi datum nostro sigillo sigillatum. Acta sunt haec in civitate nostra *Radewo* praesentibus his comitibus Bronissio palatino, Mathia judice, Woyslao subcamerario, Andrea, Wladario *Cujaviensibus* et aliis quam pluribus fide dignis. Datum ibidem infra octavas Ascensionis domini per manus Pauli cancellarii curiae nostrae anno domini millesimo ducentesimo nonagesimo nono.

1) Merica sive silva et terra silvestris sive stipulae. 2) borra i. e. tomentum.

XIII.

Wladislaus Locticus dux regni Poloniae dominus Pomeraniae etc. (1296—1333) Henrico potestatem dat civitatis Rohrbruch sive Rynarzewo locandae secundum jus Novi fori (Neumarkt in Silesia).

1299. 11. Novembr.

Rzyszczewski et Muczkowski Codex diplomaticus Poloniae Varsaviae 1852 II p. p. 645.

In nomine domini amen. Cunctorum perit memoria factorum nisi scripture presidio vel testium amminicule fuerint insignita. Nos igitur Wladislaus dei gratia dux regni *Polonie* et dominus *Pomeranie*, *Cujavie*, *Lancicie* ac *Siradie* notum facimus universis tam praesentibus quam futuris praesentem paginam inspecturis: quod intuentes fidelia grataque obsequia, que fidelis noster Henricus filius Swyentoslai nobis multipliciter exhibuit et in futurum dante domino exhibere est paratus, damus, tradimus et conferimus sibi suisque veris heredibus et legitimis successoribus perpetuo et perpetualiter habere et locare civitatem jure *Novi fori* in hereditate ipsius que ei ex paterna successione competebat, dicta *Rinarzewo*, situata in terra de *Nackel*, dantes prefato Henrico et suis successoribus omnes utilitates que nunc sunt vel esse poterunt in futurum, videlicet theloneum et omnia jura que nos habemus in nostris civitatibus, predictus Henricus et sui successores praedicta omnia in jam dicta civitate habeat et utatur eodem jure et utilitate, quemadmodum nos utimur in nostris civitatibus theutonico jure collocatis secundum consuetudinem *Novi fori*. Insuper damus praedicto Henrico et suis successoribus omnes causas tam magnas quam parvas dijudicare, videlicet furta, latrocinia, homicidia et alias inferiores in civitate jam dicta commissas, et omnes maleficos suspendere, decollare, mutilare, rotare, cremare. Praefatus Henricus vel suus scultetus jam dictae civitatis liberum arbitrium habeant dictas penas infligere in omnibus malefactoribus, etiam si aliquis qualiscumque fuerit et qualitercumque aufugerit ad sepe dictam civitatem, coram nullo debent eum requirere nisi coram praedicto Henrico vel sculteto ipsius dictae civitatis. Volumus autem, quod nullus noster advocatus nec vulgariter dicendo Lantwoyd in jam dicta civitate debet aliquas causas discutere, nec ad ipsum aliquid disponatur, sed simpliciter dicendo praefatus Henricus et sui successores de omnibus causis et de proventibus penarum disponat et ad usus suos easdem convertat juxta voluntatem suam. In cujus rei testimonium praesentes scribi jussimus nostri sigilli munimine roboratas, praesentibus hiis testibus, comite Kelczone castellano *Gnesnensi*, comite *Falone* Castellano de *Usczie* comite Juliano pincerna *Cruschoviensi*, actum anno domini millesimo ducentesimo nonagesimo nono, datum in castris in *Scomlijno* in die beati Martini per manus Joannis scriptoris curie nostre.

Privilegium urbis Pudewitz, eodem seculo datum, in supplemento nos addere posse speramus.

SECULUM DECIMUM QUARTUM.

XIV.

Bello quod Wenzeslaus III. rex Bohemiae et Poloniae (1305—1306) et Wladislaus Locticus (1296—1333) de regno Poloniae gesserunt intervenientibus episcopis et ordine theutonico in Prussia consules urbis Jungen-Læslau sive Inowrazlaw cum capitaneo regis Bohemiae inducias pro urbe et domino urbis ineunt, ut regis Wenzeslai gratiam recuperet.

1306. 25 Januarii.

Rzyszczewski et Muczkowski, codex diplomaticus Poloniae. Varsaviae 1847. I, 175.

In nomine domini amen. Nos Ditericus de Thuran, Petrus Mancossa, Hermannus Glaz et Nicolaus Marquardi cives et consules civitatis *Wladislavie* ac tota communitas civitatis ejusdem notum facimus universis presentes litteras inspecturis, quod nos cum honorabili viro domino Paulo de Paulsteyn[1] capitaneo regni *Polonie* talem fecimus ordinacionem, quod dominus noster Premislius[2] dux *Cujavie* et dominus *Wladislavie* treugam seu pacem inter nos factam usque ad festum sancti Michaelis[3] cum tota *Polonia* et omnibus castris seu civitatibus et districtibus eorum, quae memoratus dominus Paulus nomine domini regis in sua tenet potestate, firmiter et inviolabiliter cum suis omnibus observabit, et quod castrum et civitatem *Barowiensem* quos idem dominus Paulus memorato domino nostro duci promisit reddere et resignare usque ad praedictum terminum, permittet intrare dominum Paulum seu suos homines contra hostes dicti domini regis, si predictos castrum et civitatem vellent aliqualiter inpugnare, vel eciam quantocunque durante treuga volent intrare eandem, admittentur. Quod si contingerit, quod absit, quod civitas ipsa vel castrum aliquo infortunio vel potencia per inimicos domini regis caperentur, promittimus, quod homines ejusdem domini regis[4] seu dicti domini Pauli, trigiuta et quadraginta, nostram civitatem *Wladislaviam* intrare permittemus pro defensione seu recuperacione dictorum civitatis et castri de *Barow*. Quod si major exercitus dictorum domini regis seu domini Pauli ob dictam causam ad nostram accederet civitatem, tunc postquam capitaneus ipsius exercitus et alii consortes sui quos nos elegerimus nobis promiserint et litteras suas dederint, quod in nullo nocebunt civitati nec aliquas injurias aut violencias facient in ea, tunc plures de ipsis ad civitatem nostram intrare permittemus. Item promittimus, quod dominus noster predictus prefatam civitatem et castrum *Barowiensem* ac si sua essent propria servabit, custodiet fideliter ac eciam defensabit, et quod si durante dicta treuga idem dominus noster non posset, quod absit, domini regis gratie reformari, promittimus, quod eandem civitatem et castrum sicut ea recipiet, in dicti domini P(auli) restituet potestatem. Pro quibus omnibus et singulis supradictis nos tenore presencium obligamus ad manus honorabilis viri fratris Cunradi magistri terre *Prussie*, ea nos servaturos firmiter promittentes. In cujus rei testimonium litteras presentes fieri et nostri sigilli munimine mandavimus roborari. Actum in *Thorun* in domo plebani sancti Johannis in die conversionis sancti Pauli anno domini M° CCC° VI°, presentibus venerabilibus patribus dominis Gerwardo *Wladislaviensi* et fratre Hermanno *Culmensi* episcopis, item honorabilibus viris fratribus Cunrado magistro terre *Prussie* predicto, Henrico de Dobyn *Thorunensi*, Henrico de antiquo culmine, Dieterico de Byrgelow, Henrico de Nessow commendatoribus, Petro vicecommendatori provinciali, fratre Gallo de *Bohemia* et aliis multis fide dignis.

---

1) Paulus de Pauelsteyn idem scribitur in duabus litteris eodem die et loco datis, quibus et advocatus civitatis Brestensis inducias cum eo, ut dux Wladislaus cum rege Bohemiae et Poloniae de pace pacisci possit, ineunt et Premislius de portorio Radziejeviensi pactionem fecit. 2) Premislius filius Ziemomyslii, frater Lesconis et Casimiri. 3) d. 29 Septembr. 4) Wenzeslai.

XV.

Confoederatio urbis Fraustadt cum septem urbibus ducatus Glogoviensis, Glogau, Sagan, Freistadt, Steinau, Sprottau, Lubin, Guhrau contra maleficos.

1310. 29. Junii.

Worbs, neues Archiv für die Geschichte Schlesiens und der Lausitz. Glogau 1804. I. 132.

In nomine domini amen. Cum ea que aguntur in tempore simul lapsu temporis transeunt et elabuntur, si non literarum sanccione seu testium aminiculo firmiter fuerint roborata, hinc est quod nos cives *glogovienses, saganenses, vrienstatenses, stynavienses, sprotavienses, vroenstatenses, lubynenses, gorenses*.........[1] clarescere volumus singulis ac universis quorum audiencie presens scriptum deferetur, quod habitatoribus civitatum supra dictarum convocatis et eorum maturo habito consilio propter bonum pacis ac habitatorum utilitatem, confederacionem ac conspiracionem inivimus in hunc modum, ut omnis qui pro maleficio spolii vel incendii seu quocunque modo in una civitatum supradictarum proscriptus fuerit, exclusis solum vulneribus vel omicidio casuali, extunc in omnibus aliis civitatibus memoratis periculo proscriptionis subjacebit et in qua civitate hujusmodi maleficus deprehensus fuerit, advocatus, consules ac civium universitas tenebitur, talem profugum ac maleficum donec ad actoris presenciam detinere. Preterea si aliquis habitatorum civitatum sepe dictarum per nefarios et maleficos captivitatis mancipatur vinculo, quod absit, talem pecunia a suis amicis redimi non est licitum ullo modo, verum consules civitatis hujus, de qua captus fuerit, se de substancia suarum rerum donec ad emissionem capti seu ad ipsius mortis perceptionem intermittent. Insuper volumus non latere, si aliquis civis vel advocatus suo jure frui non permittitur sed violencia sibi illata fuerit et erogata ex civitatibus praenotatis, septem alie civitates ad reprimendam violenciam hujusmodi unaquaque pro sua possibilitate se mutuo adjuvabunt. Ceterum sciat omnium industria nec ignorat, si aliquis per illum zelator criminum per altricam alieni ydoneo viro suam filiam, neptam vel consangvineam defraudaverit, eam fortive deducens seu manifeste absque favore parentum de civitatibus praelibatis, si querimonia mota fuerit, se sciat predonis vel furis senteneiam incursurum. Ut autem ista robur perpetue firmitatis obtineant et inviolata perseverent, presentes nostrorum sigillorum munimine dignum duximus robarandas. Actum, datum et contractatum in *Glogovia* anno domini MCCCX, in die Petri et Pauli apostolorum presentibus hiis, quorum nomina subsequuntur. Presente Nicolao judice hereditario *glogaviensi*, Hennigo, Nicolao Simonis, Johanne magistro civium, consulibus ibidem. Presente Jacobo judice hereditario *saganensi*, Henrico, Hechardi magistro civium, Siffrido de Hechardi villa[2], Pessoldo de Wichow consulibus ibidem. Presente Siffrido iudice hereditario *vrienstatensi*, Cristano[3] Juvene magistro civium, Trutwino, Gotfrido de Wichow consulibus ibidem. Presente Symone judice advocato hereditario *stinaviensi*, Conrado Monetariu magistro civium, Henrico de Lamperti villa[4], Hermanno de Dyslov[5], consulibus ibidem. Presente Johanne advocato hereditario *sprotaviensi*, Johanne de Farov[6] magistro civium, Arnoldo de libera civitate, Apezcone de Lubyn consulibus ibidem. Presente Henemanno advocato hereditario de Lubyn, Tilone magistro civium, Heneemanno carnifice, Henrico antiquo advocato, consulibus ibidem. Presente Stephano de Swenkenvelt[7]) judice hereditario *vrowenstatensi*, Siffrido Ramungo magistro civium, Gotfrido Frederici, Gerewico

---

1) Relictum est hic vacuum spatium, ut adscriberentur nomina earum urbium, quae posteriori tempore societati accederent. Eadem igitur serie, qua hic nomina scripta sunt, urbes illae nominatae junxisse foedus videntur, ita ut *Glogavia*, quae et primo loco nominatur et pactum syngrapha firmantes suis moenibus habuit, rem incepisset, *Fraustadt* vero quinta urbs, quae se Glogoviensibus associavit, fuisset. Litterae authenticae exstant etiam in tabulario urbis *Sprottau*. Ex hoc exemplari Minsberg Geschichte der Stadt und Festung Grossglogau. 1853. I. 180 literas has typis expressit. Melior tamen Worbsii editio ut variantes Minsbergii lectiones, si quid valent, nota S ei adjunxerimus 2) Hodie Ekartsdorf. 3) S.: Christiano. 4) S.: Lamperti villa, hodie Lampertsdorf. 5) S.: Dyslow; hodie Deichslau. 6) S.: Farow. 7) S.: Swenkevelt.

de Waltersdorf consulibus ibidem. Presente Vritzcone advocato hereditario *gurensi*. Pezoldo de C——lis magistro civium, Arnoldo de Swidennis, Titerico de Gasen consulibus ibidem et aliis quam plurimis fide dignis.

XVI.

Henricus II. dux Glogoviensis (1309—1342) urbi Fraustadt silvam et jus condendi balneum et XII macella opificum vendit.

1310. 12. Decembr.

Wzory pism dawnych w przerysach wystawione, i objaśnione drukowanem ich wyczytaniem. W Warszawie 1839, p. 25.[1]

In nomine domini amen. Quia generatio preterit, generatio et advenit, nec homo in eodem statu permanet, ratione possibili que aguntur in tempore labuntur cum tempore. Quapropter peritorum industria dictavit ea[2], que commendatione sunt digna scriptis ac fide dignorum testimonio perhennare. Hinc est quod nos Henricus secundus[3] dei gratia heres regni *Polonie*, dux *Silesie*, dominus *Glogovie*, *Poznanie* et *Kalisiensis* ad notitiam universorum tam presentium quam futurorum volumus devenire, quod pro subsidio nostre civitatis in *Frowinstat* vendidimus nostris fidelibus civibus ibi[4] commorantibus quatuor macella carnium superaddenda et adedificanda aliis intra civitatem sitis, quatuor macella panum similiter addenda, quatuor macella calciorum etiam apponenda et unam stubam balnei edificandam, gajum[5] quoque prout juxta civitatem eandem crevit circumferentialiter et est distinctum, pro centum marcis regalium et decem marcis. Insuper hec prenominata scilicet duodecim macella, stubam et gajum cum maturo consilio nostrorum baronum contulimus predictis civibus in usus civitatis, prout melius potuerit, convertenda pacifice perpetueque possidenda. In cujus rei evidentiam presentem ipsis nostro sigillo dedimus roboratam. Actum et datum *Glogovie* sabbato post diem beati Nicolai sub anno domini MCCC decimo, presentibus Bernhardo de Kamencz, Theodrico de Silicz, Gunthero de Biberstein, Johanne de Biberstein, Vilone[6] de Domin et aliis quamplurimis fide dignis.

XVII.

Remschil capitaneus Fraustadiensis testatur emisse urbem Fraustadt advocatiam et judicium.

1322. 1. Decembr.

Documenti inscriptio haec:

Der Briff spricht dem Rathe zur Frawstad ober die fogtey.

Wir her Remschil von *Opaln*[1*] — — und Hauptmann zur *Frawenstad* mit den nach gesagten landschoeppen do selbst, sy sind Klothewig von Sedelitz, Tyzhe Qualak, hanze Erkeburg, Niklas Laugenau, Stephan von Wilkau, hans Empnaw von der Iuba und hans Kaufman: Bekenne uffentlich mit disem briffe allen den dy dys Sehen, horen oder lesen, das vor dem gehegetenn

1) Hoc enchiridion peritis tabularum destinatum (opus insigne Casimiri Stronczynskii, quod XCII diplomata Poloniae ab anno 1228 usque ad annum 1531 tum typis expressa tum ad veras diplomatum formas nitide delineata continet) in pluribus Germaniae bibliothecis et apud bibliopolam frustra quaesivimus, quum librorum venditoribus non esset traditum: nunc demum id nobis expediit Ladislai Bentkowskii, Posnaniensis insignis benevolentia. Duo diplomata ex Stronczynskio deprompta in supplementis addemus. 2) Lacerata hic membrana „dictavi" tantum legenti ante oculos ponit. Stronczynskius lacunam recte explevit. 3) Henricus qui ipse secundum se designat, revera quartus, illius ducis Glogoviensis Henrici tertii fuit, illius Henrici, qui heres Poloniae factus est a Primislao II. a. 1296 et in possessionem terrae Posnaniensis Kalissiensisque venit a. 1306. 4) In diplomate scriptum videtur: tibi: Stronczynskius legit: de ibi. 5) Gajum i. e. silva densissima. 6) In „Vilone" prima littera V in incerto est. Stronczynskius legit: Meskone, sed ipse de interpretatione sua dubitavit addens interrogationis signum.

1*) Hodie Oppeln.

hoffgedinge haebens gestanden haben Conrad Foit und Anna Susanna Lorstai, zwey dez aldei Niklas seiner kynd in frischen, gesunden Leyb und Herzen, in wohlbedachtame Gemuthe und mit guthen christlichen Rathe, und sinde unbeschwigen sunder wirklich vor uns ufgegeben, gesatzen vor Recht und vor langer Gabe das gericht und fogtey zu *Frawenstad*, das in göttlich wohl und gnad gekauft ist ganz und gar mit aller Liegenschaft und Rechten, nuzen und zugehoerig, keins sunderlich davon behalden und gezogen, dem Rathe und der Stadt zu *Frawenstadt* und haben des darum dafür genommen fünfzik mark groschen basch münze und polnisch Prange und habens sich des — — — — — — —
Als habe ich obgenanter Remschil dem vorbenanten Rathe und Stad das gedachte gericht abgetreten nach gegeben und im gebod unsers guaedigen herr Koenigs Wladislaus. Des zu bekenntniss haben wir abgeschriebenen kaufbrif vor Opaln und lantshoeppen unser Ingesigill an disen briff lassen hangen an dem ersten mitwoch nach Katharina der haylichen Jungfrawe nach Christi geburt Tausend Dreihundert und in dem zwei und zwanzikstén jare.

XVIII.

Premislaus dux Cujaviae Thomasio advocatiam civitatis Schulitz sive Solec secundum jus Magdeburgense constituendae confert.

1325.

Transsumptum ex confirmationibus privilegiorum urbis Schulitz.[1]

In nomine sanctae trinitatis amen. Acta hominum de facili subtrahuntur quae lingua testium aut scripti gremio non foventur. Proinde nos Premislaus[2] dei gratia dux *Cujaviae* et dominus *Wladislaviensis Juvenis* et de *Wysogrod*[3] de bona voluntate et[4] libera intentione nec non de consilio nobilium nostrorum provido viro et[5] honesto Thomasio[6] nostro fidelissimo dictam de *Saxie*[7] civitatem nostram jure contulimus *Magdeburgensi*[8] donantes sibi advocatiam ac posteritati ipsius in civitate nostra praedicta hereditaria[9] absque omni impedimento perpetuo possidendam adjicientes eidem Thomasio nostre civitatis advocato haereditario seu successoribus ipsius aream pro commodo faciendi[10] in quacunque parte civitatis praefatae elegerit ac posteritati ipsius haereditarie ac libere possidendum in aeternum. Huic etiam adjicimus[11] locum balnei ac molendini ubicunque elegerit sibi ac posteritati ipsius libere ac perpetuo[12] possidendum, ita tamen, quod aliis molendinis pro nostra utilitate in posterum construendis aque molendini[13] advocati saepe dicti[14] aliquod unquam faciant nocumentum. Adjicimus etiam Thomasio praenotato nostrae civitatis advocato[15] pro civitate nostra reformanda una cum civibus ibidem residentibus[16]) decem annorum libertatem. Quecunque molendina infra tempus libertatis praenotate[17] fuerint reformata, extunc infra tempus libertatis pluries dicte absque omni impedimento de laboribus ipsorum percipient usum fructum. Expirante vero libertate pluries dicta quodlibet molendinum mediam[18] marcam denariorum monete usualis pro censu nostro in festo beati Martini episcopi singulis annis perpetuo nobis solvent excepto molendino Thomasii nostrae civitatis advocati, quod sibi contulimus ac posteritati ipsius perpetuo possidendum. Simili modo ferri fodimentum ubicunque pro voluntate sua aptum invenerit ipse Thomasius, successores ipsius perenniter ac libere possidebunt. Huic Thomasio quoque[19]

1) Hoc privilegium a Michaele confirmatum, qui approbavit ejus confirmationes a Sigismundis I., Stephano Sigismundo III., Wladislao IV. et Joanne Casimiro datas Neigebaur in tabulario urbis *Schulitz* legit ejusque apographum nobis ante octodecim annos dedit. Rzyszczewski et Muczkowski idem diploma transsumserunt tum ex confirmatione Sigismundi I. a. 1538 tum ex confirmatione Sigismundi III. a. 1618 data, quas Metrica regni Poloniae continet, et typis ediderunt a. 1848 in secunda parte tomi secundi codicis diplomatici Poloniae p. 654. Nos apographum Neigebaueri potissimum secuti, variantes lectiones codicis diplomatici Poloniae per C: Neigebaueri per N notavimus. 2) C: Metrica n. 97 (d. a. 1538): Przemyslaus, Metrica n. 159: Praemislaus. 3) C: Metrica n. 97: Wissegrod, Metrica n. 159: Vyssegrod. 4) C: ac. 5) N: deest. 6) C: hic et fere semper Thomassio, semel Thome. 7) C: dicto de Jaxi ita legis, — (ac si hominis nomen esset). Ita etiam parte tertia Codicis a. 1853 p. XXIV Thomasius dictus Jaxis. At urbis nomen deesset! Pro „Saxie" fortasse: Solie, legendum est. 8) C: Maydeburgensi, et sic semper. 9) C: hereditarie. 10) C: faciendo. 11) C: adicimus, et sic semper. 12) C: perpetue. 13) N: „pro nostra-molendini", desunt. 14) C: supradicti. 15) N: „advocato", deest. 16) N: civibus de residendo. 17) N: pluries dictae. 18) N. mediam deest: marcam denariorum plenam ergo confirmatio Michaelis designat. 19) C: huic etiam Thomassio ac.

ac posteritati ante civitatem nostram prefatam sex mansos contulimus liberos. Insuper etiam oves aut pecora qualiacunque praeter civitatis pastorem[20] absque nocumento hominum pascat in circuitu civitatis ubi potest. Item adjicimus Thomasio praedictae[21] nostrae civitatis advocato ac successoribus ipsius una cum civibus saepedictis praedictae villae vulgariter dictae *Hus*[22] ad metas nostrae villae *Lang* dictae unum miliare et infra praedictum miliare littus aquae dictae villae cum piscatura et omnes insulas seu alias utilitates quecunque in predictis insulis haberi possunt inter villas praenotatas, in praescripto miliari iisdem contulimus perpetuo hereditarie possidendas[23]. Item concedimus Thomasio praenotatae[24] nostrae civitatis advocato una cum civibus ejusdem civitatis a fossatis borram ad unum miliare ad omnes partes perpetuo ac haereditarie possidendam[25]. Et quicunque hominum in civitate nostra residentium infra praefatum miliare avem aut bestiam mactaverit[26], absque omni impedimento pro se ipso retinebit. Huic etiam Thomasio nostrae civitatis advocato gratia ex speciali condonamus, ut si aliquis civis civem infra miliare supradictum vulneraverit occiderit seu mutilaverit, nullus alius preter Thomasium nostrae civitatis advocatum causam praedictam judicabit. Si autem infra praedictum miliare civis militem vel miles civem aut cujuscunque conditionis hominem extraneum non ad civitatem nostram pertinentem modo simili molestaverit, illud noster judex seu provincialis advocatus penes Thomasium nostrae civitatis advocatum sedens, prout jus fuerit, judicabit. Item naulum, quod nostrum antiquitus fuit, pro nobis omnimode integraliter usurpamus. Item si in civitate nostra aliqua mensura potus vel frumenti aut ulna pannicidarum apud quemcunque pannicidarum falsa reperiretur, extunc advocatus nŏster Thomasius assumpto castellano nostro aut provinciali advocato et duobus consulibus causam praedictam juxta jus *Magdeburgense* condecenter judicabunt. Item si aliquae causae in civitate nostra praenotata occurrerint, quas forte Thomasius nostrae civitatis advocatus una cum consulibus ibidem propter imperitiam suam dubitaret, [et] quod nusquam nisi in civitate nostra *Wladislaviensi* jus praefatum requirere debet[27]. Sin autem consules nostrae civitatis praenotatae jus praefatum invenire propter ignorantiam forsan aliquam non valerent, extunc nostri cives saepius dictae civitatis de nostra bona voluntate jus praefatum in civitate *Culmensi* vel civitate *Thornuensi*[28] sibi querent. Item expirata libertate decem annorum predictorum[29] nostri cives unum fertonem denariorum monete usualis de quolibet manso in festo beati Martini episcopi, prout moris est, annuatim unusquisque solvet nobis[30], Thomasius vero nostrae civitatis advocatus de censu praefato sextum denarium pro se tollet, judiciales vero denarios: tertium ipsi, nobis duos praestando[31]. Simili modo noster procurator aut provincialis advocatus nonnisi in tribus magnis judiciis intra[32] annum penes Thomasium hereditarium advocatum praesens erit. Item de remissionibus, quas forte Thomasius advocatus inspecta aliquorum paupertate, cum tamen ab ipsis propter ipsorum[33] nil[34] exigere posset et si ob remedium peccaminum domum[35] alicui talium indulserit, nullum damnum aut scandalum ob hanc causam a domino patietur. Huic etiam Thomasio nostrae civitatis advocato pluries dicto nostram civitatem prelibatam plantare omni cum diligentia permittimus. Vel, quod absit, in posterum igne concremari vel aliquid praedictae plantae paterentur, ipsi[36] modo simili[37] permittimus reformari. Ceterum vero si aliquis civis aut extraneus ante curiam nostram vel in circuitu curiae vulneratus aut occisus extiterit, illam causam nullus praeter[38] nostrum judicem curiae aut cuicumque commiserimus causam praenotatam judicabit. Sed alias omnes causas infra scriptas Thomasius nostrae civitatis advocatus juxta jus praedictum judicabit. Item si Thomasius nostrae civitatis advocatus pluries dictus alicui injuriam vel aliquid talium faceret[39], quod absit, et ille forsan cum Thomasio praenotato judicio contradicere vellet illam causam nullus preter nostrum provintialem advocatum vel procuratorem aut quemcunque[40] loco nostri substituerimus assumptis duobus consulibus ibidem in civitate nostra praenotata Thomasium advocatum supradictum judicabunt. Item si aliquid talium Thomasium civitatis nostre advocatum[41] aut successores ipsius facere contigerit homicidium aut simile de casibus perpetrare contigerit, quod absit, quem forte excessum aut causam in curia nostra personaliter[42] audire propter majorem justitiae experi-

20) N: civitatem pastore. 21) C: predicto. 22) C: Huss. 23) C: possidendum. 24) C: prenotato. 25) C: possidendum. 26) „mactare" hic haud dubie: venando occidere. 27) C: debent. 28) C: aut in Thorun. 29) N: praedicti. 30) C: solvent nobis. 31) C: tertium pro se retinebit nobis duos presentando. (Hoc non de censu sed de sportulis valet.) 32) C: infra. 33) Supplendum est: inopiam. 34) N: jus. 35) C: domino. 36) C: ipsis. 37) N: simul. 38) C: potest. 39) C: fecerit. 40) N: nullus potest nostrorum provincialium, advocatorum aut procuratorum sed quemcumque. 41) C: advocatum sepius dictum. 42) N: pars.

mentum, praescriptum advocatum Thomasium aut successores ipsius, dantes[43] sibi inducias quatuordecim dierum comparendi in terra nostra, et non extra metas terre nostre, ubicunque in civitate vel in castro aut in villa praedictum Thomasium aut successores ipsius noster provincialis advocatus una cum aliis probis viris legis peritis in audientia nostra juxta jus *Magdeburgense*, si necessitas fuerit, in terra nostra judicabunt. Item omnes camerae caltiperiorum pan[or]um vel panium, carnium in festo beati Martini episcopi, prout moris est, quilibet praedictorum unum lotum[44] denariorum post revolutionem libertatis praenotatae nobis singulis annis ministrabunt. Thomasius vero advocatus sextum denarium pro se tollet. In cujus rei testimonium praesens instrumentum ipsi dedimus nostri sigilli robore communitum. Datum per manus notarii[45] Praclai[46], praesentibus his nostris nobilibus comite Joanne palatino dicto Bozejadorezye[47], Bogumilo haerede de *Pakosr*[48], Wincentio milite[49], Jaskone subpincerna haerede de *Kosciol*[50], Gerino[51] magistro consulum *Vladislaviensis* civitatis, Jascone dicto de Rogow, Nicolao dicto de Radimno[52] et alliis quam plurimis fide dignis, anno domini millesimo trecentessimo vicesimo quinto.

Item[53] universis presens privilegium inspecturis cupimus fore notum et ne aliquis in preiudicium eidem vertatur, aliquid propter quandam negligentiam seu incommodum et ne per quempiam reprehendatur in posterum, prohibemus, et ne aliquis presentium contra hoc loquatur aut futurorum. Preterea publicamus quod si unquam Thomassius supradictus nostre civitatis advocatus prenotate ex casu aliquo, secundum quod pluries contingere solet, Polonum aliquem in civitate vel ante civitatem captivare conti[n]gerit, qui forte sententia mortis esset puniendus, et non prius nisi de voluntate nostra seu de scitu nostro secundum voluntatem nostram puniatur. Sin autem nos morari extra terram contigerit, extunc Thomasius presignatus, quemcunque capitaneum loco nostri in terra nostra substituerimus, ad illum predicta causa defferatur.

XIX.

Premislaus dux Silesiae et Glogoviae (1309—1330) confirmat privilegium fratris villam Pritschen Fraustadt adjacentem spectans.

1327. 31. Octobris.

In nomine domini amen. Cum totisper perit memoria fallax nisi testibus idoneis aut scriptis autenticis roboramus, nos igitur Primislaus, dei gratia, dux *Silesiae* et dux *Glogoviae* ad notitiam universorum tam praesentium quam futurorum volumus per praesentem paginam pervenire, quod Hermanni de *Tribiense*[1] fidelis nostri praecibus inclinati, privilegium incliti principis fratris nostri Francisci Hermanni[2] ducis ejusdem *Silesiae* et domini quondam *Glogoviensis*, quod datum est super quinque mansos, qui pertinebant ad allodium Sihemihini de *Sylice* sitos in *Pritchinim* antiquo sibi et omnibus suis veris ac legitimis successoribus natis ac nascendis praesentibus nostris literis confirmamus, approbamus atque innovamus, promittentes per deum Hermanno et omnibus suis legitimis successoribus, ut praedicta omnia in publico privilegio scripta de alio ad alium inviolabiliter in perpetuum tenere et servare, in cujus robur sibi praesentes dedimus literas nostro sub sigillo. Datum in *Frawenstat* in vigilia omnium sanctorum anno domini MCCCXX septimo praesentibus Lazarone de Danihow, Petro de Goray, Ottone de Priptice judice curiae nostrae *Frowenstatiensis*, Friederico de Crucenhain scholae nostrae prothonotario et aliis multis.

---

43) N: dare. 44) N: lotti. 45) „notarii" deest apud N. 46) C: Przeczlai. 47) C: Beszadowicz. 48) C: Pakosez. 49) C: Vincentio. inclite. 50) C: Kossczioł. 51) C: Gervino. 52) C: Radymno. 53) Quae sequuntur desunt in confirmatione Michaelis, ex posteriore tempore addita esse videntur; „aliquid" correximus pro: quod.

1) fortasse Tribitsch villa apud Fraustadt. 2) De hoc Francisco Hermanno nihil scimus. Fratres Primislai fuere Henricus IV, Johannes Conradus et Bolco secundum Anders, Schlesien wie es war. Breslau 1810 II. 37. Ex his Bolko solum ante Primislai obitum diem supremum a. 1320 obiit.

XX.

Nicolaus dominus de Gostin urbi Gostin jurisdictionem de villis vicinis jure theutonico locatis aliaque commoda committit.

1332. 4. August.

In nomine domini amen. Evanescit attestatio temporalis cum tempore nisi firmatur idoneis testibus et litteris sigillatis. Noverint ergo universi praesentem paginam inspecturi quod nos comes Nicolaus haeres in *Gostin* quondam filius Alberti sano corpore animo deliberato suorum amicorum et aliorum proborum virorum de consensu pro reformatione nostrae civitatis dictae *Gostina* dedimus nostris civibus *Gostinensibus* mercationem salis. Item dedimus praenominatis civibus quinqué scamna pistorum, item dedimus praenominatis civibus scamna sutorum duas partes, tertiam partem advocatus obtinuit. Item dedimus praenominatis civibus omnes hortos a civitate usque *Pasaczne* cum aliis hortis ab hospitali usque ad molendinum advocati. Item dedimus praedictis civibus marcam censualem annuatim in festo St. Martini de inferiori molendino. Item dedimus praefatis civibus silvam a molendino advocati usque ad mediam viam quae currit in *Kunow* cum pascuis et utilitate. Item dedimus praenominatis civibus borra in *Gostinense*, exceptis mellificiis. Item dedimus praedictis civibus montem et planitiem pro pascuis inter metas *Brezewo* et inter mansos advocati *Gostinensis*. Item dedimus praenominatis civibus nostram haereditatem vulgariter dictam *Brzezie*[1] cum omni dominio et juribus nec non utilitatibus, quae in praedicta villa sunt aut fieri possunt, solo censu excepto quem dominio nostro reservamus, ita tamen: quamcunque exactionem cives praedicti sub juramento inter se taxaverint, *Przezinses* vero incolae sub eodem juramento per medium praedictam exactionem magistro civium cum consulibus pro necessitate civitatis dictae *Gostinae* tenebuntur praesentare. Item dedimus praenominatis civibus Gostinensibus *Czarachow, Goluni, Dolcorzino, Porygowo, Poryuge, Drzerzewo, Smogorzewo, Grabonog, Podrewo, Podzerze*, in monte *Ladkowo* per medium[2] et omnes aliae villae quaecunque sunt jure teutonico locatae districtu *Costense* ad tria generalia judicia unus quisque scultetus cum duobus scabinis tenebitur adstare; et si quae causae fuerint, scilicet homicidia, furta, vulnera aut aliae causae qualescunque coram judiciis non pertinentibus, coram nostro judicio *Gostinensi* debent judicari et ibi praedicti sculteti sequentur in eorum poenas. Item dedimus sepe dictis civibus quod si aliqua persona cojuscumque conditionis fuerit videns sibi violentiam in praenominata civitate per aliquem imminere ad domum nostram civis propter bonum pacis intraverit, omni timore postposito praefatus civis quocunque modo poterit sine rerum periculo ipsum habet defensorem tam diu, donec ipsum judicio poterit praesentare. Item dedimus praenominatis civibus, quod si aliquae personae coram hominibus verbis aut factis exceptis vulneribus aut lesione corporis inter se litigaverint, quicunque eorum per duos idoneos testes suum judicium comprobaverit, illi eam quaerelam priorem coram nobis obtinebit. Item dedimus quod si aliqua homicidia aut auriculationes[3] aut vulnera quaecunque casu in nostra civitate sepedicta *Gostina* per cives aut per quemcunque evenerint et reus evaserit et amici sui vel quicunque pro bonis suis coram judicio promiserint, interim nos aut procuratores nostri nec advocatus de praedictis bonis intromittere se non praesumunt donec ad tria judica reus vocatus fuerit; et si praedictus reus ad praenominatum judicium non comparuerit, extunc nobis dimidia pars praedictorum bonorum praesentare residuamque partem uxor praedicti rei et pueri pacifice possidebunt: si vero sepe dictus reus judicio comparuerit et cum adversario suo concordaverit, sua bona integraliter obtinebit. Item dedimus praedictae civitati, quod si quis debitor eorum undecunque sit civitate in *Gostinam* intraverit ipsum aut pignus suum cum signo advocati tam diu detineat quo usque satisfactionem a praefato debitore habuerit complementum. Item praenotatis civibus pepercimus juramenta quaecunque dimissa fuerint propter deum, excipientes si aliqua concordia oculta fuerit inter eos, tunc noster advocatus de poenis nostris et suis intromittere. Item dedimus praenotatis civibus quod in circumstantiis praenotatae civitatis infra unum miliare tabernam nullus

1) Premislaus a. 1278 litteris, quas in supplemento exhibebimus, dedit „liberum arbitrium locandi jus theutonicum in Gostina et in Brezé.“ 2) „per medium“ aperte depravatum, an legendum: jurisdictioni? 3) auriculationes i. d. colaphi, verbera.

locare praesumat. Item dedimus saepedictae civitati ut omnis nostra donatio praenotata vigorem plenius accipiat aut si per nostram oblivionem aut si per nostros cives *Gostinenses* obmissa fuerit, damus omnia jura quae in registris *Calissensibus* plenarie continentur. Ut autem nostra solemnis donatio immobilis permaneat praesentem paginam nostri sigilli munimine jussimus roborari praesentibus his testibus Jacobo de Parsch, Joanne advocato *Szuim*, Floriano[1] de Podrzecze, Vito de Podrzecze, Nicolao fratre suo etiam de Podrzecze nec non Martino advocato nostro *Gostinensi* et aliis quam plurimis fide dignis. Sub anno domini MCCCXXXII scriptae sunt haec per manus Joannis eruditionis scholarum nec non notarii civici in sepedicta civitate *Gostinensi* feria tertia ipso die dominici confessoris.

XXI.

Johannes filius Henrici II. Glogoviensis dux in Steinau (1309—1361) privilegium urbi Fraustadt confert, ut in ipsa urbe tantum Fraustadtienses in jus eant.

1332. 15. Decembr.

Wzory Pism Dawnych w przerysach wystawione, Varsoviae 1839 p. 34.

Nos Johannes dei gratia dux *Slezie* et dominus *Stinavie* tenore presentium publice recognoscimus universis quibus nosse fuerit opportunum, quod nostris fidelibus in *Frowenstat* civibus eam graciam damus et concedimus volentes ipsos et eorum successores eo jure frui perpetue, quod si aliquis in judicio hereditario in qua vice bancis[1*] contra alium jure aliquid obtinuerit, cum sic optentis facere et disponere potest, prout utilius et commodius sibi videbitur expedire. Si quis autem de judicio hereditario ad judicium provinciale se traheret, talis tractus ibidem in *Frowenstat* et non alibi finaliter debet placitis terminari. Insuper quicunque se trahit de judicio provinciali ante nostram faciem vel ad cameram, aut qualiscunque tractus excogitari possit, talis tractus simili modo ibidem in *Frowenstat* placitari debet et non alias, quousque totaliter finietur. In cujus rei testimonium presentes litteras dedimus nostro sigillo munitas. Datum in *Stinavia* tertia feria post festum beatae Lucie virginis anno domini millesimo trecentesimo tricesimo secundo.

XXII.

Conradus dux Olnicensis (1320—1366) confirmat coemtionem praedii Steynucze urbi Fraustadt.

1339. 27. Januar.

Wzory pism dawnych w przerysach wystawione. Varsoviae 1839. p. 36.

In nomine domini amen. Cunctorum perit memoria factorum nisi scripto vel testimonio litterarum fuerint consignata. Igitur nos Conradus dei gratia dux *Slezie* et dominus *Olsnicensis* notum facimus universis presentibus et futuris tenorem litterarum presentium inspecturis, quod Lucco de *Racwicz*[1] homo noster in nostra presentia sanus mente et corpore deliberationeque matura prehabita constitutus bona sua *Steynucze* nuncupata vulgariter in foribus civitatis *Frowenstat* situata, fidelibus nostris civibus nomine civitatis ibidem vendidit, rite et rationabiliter resingnavit. Nos vero hujusmodi venditionem atque resingnationem effectui mancipare cupientes bona supradicta cum proventibus et utilitatibus omnibus ad ipsa pertinentibus prout in suis terminus et greniciis[2] circumferentialiter sunt distincta prenominatis civibus

1) „Floriano" correximus: in copia scriptum est: Floriani.

1*) Vice bancis i. d. ex decreto tribunalis, von der Stelle der Gerichtsbank.

1) Racwicz. Stronczynskius legit: Rawicz. 2) granicies vide dipl. XXIII n. 3. F.

pro utilitate ejusdem civitatis *Frowynstat* contulimus in perpetuum hereditarie, quiete et pacifice possidenda, nec non cum omni eo jure quo ipsa supradictus Lucco habuit et possedit. In cujus rei testimonium presentes fieri jussimus et sigilli nostri munimine consingnari. Actum in *Frowynstat* feria quarta proxima post diem sancti Vincentii martiris anno domini MCCXXX nono presentibus domino Henrico de Gorin, Poppone de Hugwitz, Conrade de Sildow, Symone de Senfelt, Henrico de Zeniez, Nicolao Vesche et aliis nuhis fide dingnis. Datum per manus Clementis notarii curie nostre, qui a nobis presentia habuit in commissis.

XXIII.

Consules et magistri jurati urbis Posnan paciscuntur statutum pannificum.

1344. 1. Maji.

Raczynski cod. dipl. majoris Poloniae p. 101.

Noverint universi quibus expedit tam praesentes quam futuri, quorum notitiae praesentium series refertur, quod coram nobis consulibus, videlicet Maczkone proconsule, Henrico dicto Pascone de Vronec, Symeone dicto Parvo, Luccone et Henrico de Crossem, et magistris juratis totius communitatis *Poznaniae* civitatis in congruum consilium nostrum venientes et stantes consilio maturo et decreto cum bona voluntate magistri pannicidarum videlicet Kyrstanus de Wyn et Hanko Rychelnic et Nicolaus gener Miketoris et eorum communitas tota simul et semel dederunt nobis omnem inter se dissensionem et gueram in manus nostras nihilominus nobis permittentes rite ac rationabiliter, quod quidquid inter eos dictaremus et stabilitaremus, debet esse firmum et illibatum in perpetuum. Nos vero sub nostro juramento accedentes et pensantes differentias et processus partis utriusque et civitatis totius communitatis ordinavimus et stabilitavimus statutum inviolandum et perseverandum sine dolo tali conditione, quod magistri praescripti textorum cum eorum communitate debent vendere tribus hominibus unum stamen et non pluribus, talia vero stania[1] qualia soli conficiunt et non empta apud alienos. Prohibemus etiam omnibus cujuscunque sint conditionis, quod nemo debet emere lanam cum parva pensa, quae vulgariter dicitur Vnzer in nostro foro, nisi soli textores, scilicet in libra lapidis vel manu pensando nostri concives, sed advena nullus. Exteri vero possunt textores hinc omne forum cum eorum pannis pernoctare, in quacunque civitate forum fuerit statutum et confirmatum ab antiquo per principes et reges. Ordinamus etiam, quod nostri textores debent pannos incidere in annuali foro eorum pannos [?], sicut est praescriptum, nisi aliae civitates aliis textoribus pannos incidere prohiberent, nec tunc a modo nostri textores incidere debent. Et quicunque praedicta conscripta et statuta infringeret, quotiens peccabit, totiens III. marcas civitati dabit, ut gratiam inveniat civitatis. Et ut ordinatio conscripta et statuta illibata perpetuo perseveret et firma sigillum majus et minus quod est secretum nostrae civitatis[2] praesentibus et appensum. Datum *Poznaniae* in die beatorum Philippi et Jacobi apostolorum. Actum sub anno domini millesimo trecentesimo quadragesimo quarto.

XXIV.

Casimirus III. rex Poloniae (1333—1370) Joanni Kiessielhuth Conradoque potestatem dat condendae urbis jure Magdeburgensi sub castro Bidgoszcz, quae nominanda sit Kunigesburg.

(Cives urbis Bromberg postea (vide N. XXXXIV.) hoc privilegium suum esse dixerunt.)

1346. 19. April.

Transsumptum ex confirmatione Casimiri IV.: Rzyszczewski et Muczkowski, cod. diplom. Poloniae, Varsaviae 1848 II. 891.

In nomine domini amen. Quia merito et digne majestas regum fora seu oppida quaelibet pro sua et terrae suae utilitate construere ipsaque per advocatos, a quibus a locando exordium sumunt, radicare

1) Stania sive stamina correximus pro „stanna", quod Raczynskius dedit. 2) Sigilla depinxit cl. Raczynski.

consuevit juribus potissimum et legibus, ut perpetuis temporibus inconfracta vigeant et multiplicata perseverent fulciens et decorans solenni scripturarum titulo cum fide dignorum annotatione testium propter transitum seu cursum temporum et memoriae labilitatem solidat et confirmat, proinde nos Casimirus dei gratia rex *Poloniae* nec non *Cracoviae* et caetera dominus et haeres, memoriae perpetuae commendantes notum facimus universis et singulis tam praesentibus quam futuris praesentium tenore literarum fruituris: quod cum ex officio regio nobis divinitus attributo utilitates regni nostri ampliare uberius debeamus, ut inde praesens et futurus nobis et successoribus nostris fructus augeatur, considerata itaque constanti providorum virorum Joannis dicti Kiessielhuth et Conradi, socii sui sagaci discretione, ipsis et ipsorum cuilibet de consilio maturo nostrorum baronum dedimus, immo damus et conferimus aream una cum planicie sub castro *Bidgoscza* vulgariter dicto, vacuam et desertam pro locando seu plantando foro aut oppido jure theutonico *Maideburgensi* ibidem habendo et servando, quod oppidum *Kunigesburg* debet nominari. Et pro hujusmodi oppidi locatione seu plantatione Joanni et Conrado eisdem ac eorum legitimis successoribus utriusque sexus damus et tribuimus ac praebemus advocatiam in eodem oppido temporibus perpetuis jure haereditario libere tenendam, habendam, regendam, possidendam, vendendam, commutandam, donandam et prout eorum advocatorum ac successorum ipsorum visum fuerit voluntati convertendam. De cujus quidem advocatiae judiciorum obventionibus omnibus nobis duo denarii cedent, et ipsi advocati ac eorum successores tercium denarium pro se tollent et percipiendo possidebunt. Quicquid vero advocati praedicti in ipso oppido nostro in venditoriis pannorum, institis mercatorum, bancis panium, carnificum, sutorum et quorumlibet in ipso oppido mercantium, stubarum, balneorum de censu comparaverint et auxerint, nobis pars ipsius census una, advocatis et eorum succedencis secunda, et oppido dicto tercia reliquo debet derivari. In quo quidem oppido dictis advocatis cum sociis, utriusque sexus liberis, cuilibet ipsorum per se specialem aream ipsis competentem damus liberam et integram. Praeterea omnes et singuli cives dicti oppidi annis omnibus et singulis in quolibet festo purificationis gloriosae virginis Mariae de qualibet area perpetuo[1] tres grossos monetae communiter currentis racione census solvere tenebuntur, de quo censu nos cum advocatis duas partes, et consules terciam, percipiemus. Admittimus etiam ut ipsi advocati omni anno in eodem oppido cum consulibus et consensu nostro aut nostri burgrabii *Bidgostiensis* constitutiones faciant pro utilitate oppidi nostri ad compescendos rebelles, et lucrum inde proveniens in tres dividetur partes: de qua divisione nobis una, advocatis secunda, et tercia consulibus pars cedet. Et pro dicti oppidi melioratione damus dicto oppido nostro monetam facere debere et habere, census tamen sive fructus de moneta ipsa proveniens ad nos et successores nostros ex toto pertinebit. Admittimus insuper, ut dicti advocati scholas et campanantia[2] in dicto oppido existentia cum consulibus conferant propter deum, de consensu tamen et voluntate plebani. Ceterum volumus, quod si contigerit, ut per aliquem querulantem aut respondenten sententia aliqua inventa per scabinos argueretur, non alias extunc, quam per consules dicti oppidi ipsa sententia debet declarari, et nisi sufficerent, tunc ad consules *Wladislavienses* pro senteнciae hujusmodi declaratione recurretur. Contingente autem, quod si de judicio dicti oppidi per quempiam de civibus ad castrum nostrum *Bidgostiense* appellaretur, causa hujusmodi appellacionis per burgrabium nostrum jure *theutonico Maideburgensi* debet audiri et terminari, sed non tamen simplex querela. Demum dicti nostri oppidi *Kunigesburg* granicies[3] et metas perpetuis temporibus duraturas hoc modo declaramus[4]: primo videlicet incipiendo a fluvio dicto *Drba*[5] eundo via quae ducit versus *Wratislaviam* ad lacum *Pelezino* sic nuncupatum, a quo lacu ad gades[6] monachorum de *Bissovia*, a quorum monachorum gadibus per fluvium eundem *Drba* ad gades *Zachthisse* usque ad graniciem *Nenieze* et a *Nenieze* ad granicies *Misluczin* et a *Misluczin* ad praedictum locum *Pelezino*[7] extra viam quae ducit a sinistris transeundo, dictum oppidum nostrum habebit graniciem in latitudine trium cordarum mensuralium, quarum quaelibet chorda continet decem virgas, et quaelibet virga debet esse in longitudine quindecem pedum. Et in hujusmodi nostra declaratione per totum in campis, mericis, silvis, boris et aliis bonis ad nos pertinentibus practacti advocati in terra et

1) „Perpetuo" hic et in sequenti ex abbreviatura „per" dedimus. 2) *campanantia* forlasse munus custodis campanarii, nisi legendum: campana. 3) *granicies* i. e. lapides ad distinguendos fines positi, qui terminant regionem sive Weichbild. 4) „Declaraturus" legerunt editores cod. dip. pol., litteras mu haud dubie pro tur accipientes. 5) Drba sive Dbra sive Brda hodie Brahe, Braa, Bra. 6) gades i. e. sepes. 7) Pelezino superius lacus nominabatur.

arboribus pro praefato nostro oppido sine praejudicio aliquo militum et aliorum quorumlibet ipsum oppidum circumquaque sedentium limitando et distinguendo gades seu granicies signabunt, prout ipsis melius visum fuerit pro commodo praefati nostri oppidi et utilitate. In quibus quidem graniciebus omnibus et singulis, praedictis advocatis et suis succedaneis de utroque sexu damus decimum mansum cum omni utilitate et fruitione qualibet, quae nunc est aut esse poterit quoquo modo in futurum. Item damus et conferimus dicto nostro oppido *Konigesburg* viginti mansos liberos penes ipsum oppidum pro quaque necessitate seu utilitate habendos, de quibus mansis dicti advocati cum eorum successoribus duos mansos eo modo liberos haereditarie possidebunt. Item admittimus ipsis advocatis molendina construere seu edificare in oppido praedicto extra et infra dictas granicies ipsius oppidi ubi eis placuerit, quotquot volunt sine recusatione omni nostrae impensae, de quorum molendinorum fructu et utilitate nos unam partem percipiemus, advocati cum molendinatoribus duas partes sibi recipiant et habeant. Damus etiam advocatis saepe dictis et eorum successoribus sexus utriusque unam locationem in *Bielicze* libere quotcunque mansos pro agricultura propria eradicandos, et cum ad usum redierint elapsa libertate, de quolibet manso alii successores in quolibet festo purificationis sanctae Mariae perpetuo octo scotos denariorum communiter currentium in terra nobis solvere et nostris successoribus tenebuntur, hoc adjecto, quod si ipsi advocati infra granicies praedictas, aut eorum successores, centum aut ducentos sive plures vel pauciores mansos excepta locatione ipsorum *Bielicze* rediendos et extirpandos in usum exposuerint, possesores omnes et singuli hujusmodi mansorum quicunque fuerint, post libertatem perpetuo octo etiam scotos denariorum in oppido nostro currentium quolibet anno in festo purificationis sanctae Mariae solvere nobis erunt astricti. Si autem aliquod metallum auri vel argenti aut aliud quodcunque in dictis graniciebus repertum fuerit et inventum, nos pro laboribus tercium apponemus denarium, et superfluum ad labores hujusmodi metalli spectans advocati cum consulibus praedicti apponent et impendent. Utilitates vero ipsius metalli nos terciam partem, et ipsi advocati cum consulibus reliquas duas partes, recipiemus. Item volumus et admittimus dictis advocatis et omnibus in praedicto oppido et infra granicies oppidi manentibus ligna secta vel extirpata absque impedimento burgrabii et quorumlibet nostrorum procuratorum et officialium impedimento, navigio libero et omnes mercimoniarum res qualescunque per fluvium *Drbam* navigare, cum navibus magnis et parvis ducere et reducere pro ipsorum beneplacito et voluntate. Insuper infra omnes granicies praedictas praelibati advocati indicabunt omnes et singulas vias et quaslibet semitas et aquas, item videlicet ipsi advocati proprios et alios infra ipsas granicies transeuntes, excepto fluvio *Drba* prius dicto; hoc enim burgrabio *Bidgostiensi* committimus indicare. De judicio tamen dicto per advocatos judicando nobis denarius, et ipsis advocatis tercius cedere debet et derivari. In dictos autem advocatos et eorum progenies ac omnes dicti oppidi cives, et prout ipsum oppidum est circumquaque limitibus sive graniciebus signatum et distinctum graciam regiam effundere volentes ampliorem, omnia jura *polonicalia* et omnes angarias et perangarias[*] seu qualescunque consuetudines *polonicales*, quibuscunque vocitentur nominibus, removentes per omnia et in totum eximimus. Praeterea eximimus et penitus absolvimus praelibatos advocatos et eorum successores cum omnibus et singulis civibus praedicti oppidi et hominibus in graniciebus manentes ab omni et quolibet impedimento, judicio et jurisdicione regni nostri, pallatinorum, castellanorum, judicum, officialium quorumlibet nostrorum sic, quod coram eis et eorum altero pro causis quibuscunque ac offensis seu lesionibus et injuriis, quaestionibus magnis aut parvis minime respondebunt, nisi coram dictis advocatis suis. Ipsi cives et homines ad oppidum praedictum pertinentes et advocati aut eorum successores coram nobis vel nostro judicio regio cittati prius per literam nostro sigillo regali insignitam de se querulantibus suo tamen theutonico jure *Maideburgensi* respondere tenebuntur. In causis autem criminalibus, puta furti, homicidii, mutilationis, incendii, sacrilegii dictis nostris advocatis cum scabinis seu juratis praetacti oppidi nostri judicandi, sentenciandi, condemnandi et puniendi secundum exigenciam saepe dicti juris *Maideburgensis* damus, conferimus et tribuimus omnimodam et totalem facultatem, hoc autem adjicientes, quod praedicti advocati aut eorum successores libertate, quam eis cum nostro praedicto oppido concedimus, elapsa nobis et nostris successoribus in quaslibet expediciones unum hominem galeatum et

---

[*]) angariae et perangariae significant servitutem vehiculorum in viis, praestationes plaustrorum et jumentorum et cursorum (Spanndienst, Eilbotendienst).

alium in levibus armis, in bonis spadonibus, quando et quoties per nos aut nostros capitaneos requisiti fuerint, mittere sunt astricti. Ut autem omnia firmiter praemissa indivulsa et inconfracta per nos memoratis advocatis eorumque legittimis successoribus de utroque sexu, ac oppido nostro *Konigesburg* praedicto, de consilio nostrorum baronum gratiosius data perpetuis temporibus permaneant et per nostros successores quospiam totali effectu teneantur, praesentes conscribi et ipsismet advocatis dare jussimus nostrorum regalium sigillorum munimine et appensione roboratus. Actum et confirmatum in oppido nostro *Brzesth.* feria quarta infra octavas paschae anno domini millesimo trecentesimo quadragesimo sexto praesentibus his testibus: venerabili et reverendo in Christo patre domino Jaroslao sanctae *Gnesnensis* ecclesiae archiepiscopo, nec non baronibus nostris dominis Alberto palatino *Cujariensi*, Chebda *Brzestensi*, Jarando *Rosperiensi*, Nicolao Wolski *Crusviciensi* castellanis, Bogumilo subdapifero *Wladislaviensi*, Stanislao subpincerna *Cracoviensi* et capitaneo *Calissiensi* et aliis quam pluribus testibus fide dignis circa praemissa existentibus. Datum per manus domini Thomislai curiae nostrae vicecaucellarii.

Praeterea[9] ut civitas praetacta gracia liberalitatis nostrae magis consolata amplius crescat et uberius augeatur, consulibus et civibus civitatis praetactae fructus quoslibet et proventus, quos sub praetorio civitatis praedictae et circumcirca facere et adaugere poterunt, pro usu et utilitate civitatis praedictate et republica assignamus perpetuis temporibus et largimur, juribus tamen, proventibus et consuetudinibus nostris regalibus ex antiquo habitis et servatis semper salvis, quibus per ea minime intendimus derogare.

XXV.

Casimirus III. rex Poloniae (1333—1370) urbi Fraustadt jura theutonicalia confirmans milites quoque jurisdictioni ibidem constitutae subjectos declarat.

1349. 13. Maji.

Transsumptum ex confirmatione Wladislai a 1388 data.

In nomine domini amen. Licet reges unumquemque in suo jure fovere et gratiose conservare cupientes nos Kasimirus dei gratia rex *Poloniae* nec non terrarum *Lithuaniae*, *Sandomiriae*, *Sieradiae*, *Lanciciae*, *Livoniae*, *Pomeraniaeque* dux et haeres universorum notitiae tam praesentium quam futurorum publicae profitentes significamus, declaramus praematuro consilio baronum nostrorum praehabito fideles praesentes vasallos feudales, milites et incolas universos terrae *Wschowa* nec non cives ac totam universitatem civitatis *Wschowa* nuncupate citra omnia iura theutonicalia et civilia ac consuetudines, quibus tempore aliorum regum seu principum ab antiquo utebantur, permittimus dimittere et gratiosius confirmare, hoc adjecto, et firmiter temporibus perpetuis observare, quod[1] vasalli, milites et incolae universi nec non cives praedicti innati vel milites pari pro causa seu causis haereditariis atque capitalibus et criminalibus, puta furti, sanguinis, homicidii, incendii, et aliis universis non alio, nisi in praedicta civitate *Wchowa* coram nostro capitaneo vel burgravio seu provinciali advocato aut nuncio ad hoc specialiter deputato, suo iure theutonico de se quaerulantibus respondere teneantur. In quorum omnium testimonium et evidentiam pleniorem praesentem litteram dari fecimus, et nostri sigilli munitione roboratam. Actum in *Posnania* feria quarta proxima post diem sancti Stanislai nominis gratiosi[2] anno domini millesimo trecentesimo quadragesimo nono praesentibus his testibus nostris fidelibus: Nicolao palatino *Kalisiensi*, Precoslao capellano *Posnaniensi*, et capitaneo *Poloniae*, Benjamino castellano *Lenciciensi*, Jantudo castellano *Lospiensi*, et capitaneo *Sieradiensi*, Nicolao *Posnaniensi*, Dobeslao *Kalissiensi* judicibus, et aliis multis fide dignis. Scriptum et datum per manus Pribislai, praepositi familiae sancti Georgii apud *Gnesnam* et notarii aulae nostrae.

---

9) Dubitari potest, num haec quae sequuntur eodem tempore, quo hoc privilegium datum est, scripta sint. Ex confirmatione quadam apposita videntur. Formula: juribus regalibus servatis, recentioris temporis est.

1) *quod* correximus, legitur: que. 2) *gratiosi* legitur vel *generosi*.

XXVI.

Casimirus III. rex Poloniae (1333—1370) fratribus Alberto et Hectori potestatem dat jus theutonicum introducendi in Pakosc.

1359. 9. Februar.

Transumptum ex confirmatione Sigismundi I. 1540 data: Rzyszczewski et Muczkowski cod. dipl. Polon. II. 731.

In nomine domini amen. Dignum est, ut bene meriti praemiis pocioribus attollantur. Igitur noverit tam praesens etas quam futura: quod nos Kazimyrus dei gracia rex *Polonie* nec non terrarum *Cracoviae, Sandomiriae, Syradiae, Lanciciae, Cujariae Pomeraniaeque* dominus et heres consideratis fidelibus et fide dignis serviciis ac justis peticionibus fidelium nostrorum Alberti palatini et Hectoris subpicerne *Brestensium*, fratrum, saneque advertentes quod jus theutonicum et civile nobis et nostris regnicolis multum affert utilitatis, eisdem fratribus Alberto et Hectori damus, locamus civitatem jure theutonico eo, quo gaudet civitas nostra *Wladislavia Juvenis*, in fundo sue ville *Pakoscz* in terra *Cujariensi* sittuate, ipsam civitatem eodem nomine *Pakoscz* exnunc nominando, omnibus juribus, articulis et clausulis universis eisdem juris theutonici in eadem civitate perpetuo obtentis et observatis. Removemus etiam et penitus excludimus ibidem omnia jura polonicalia, servicia, modos et consuetudines, angarias et superangarias universis, que ipsum theutonicum impedire seu perturbare consueverunt. Statuimus insuper forum quarumlibet rerum venalium in eadem civitate feria secunda singulis septimanis perpetuis temporibus celebrandum. Praeterea absolvimus et penitus liberamus Albertum et Hectorem fratres supradictos, advocatum et cives sive incolas memorate civitatis ab omnibus judiciis, juridicionibus et potestatibus omnium palatinorum, castellanorum et quorumlibet, judicum ac officialium nostri regni ita, quod coram ipsis vel eorum aliquo pro causis magnis et parvis capitalibus et criminalibus, puta furti sanguinis, homicidii, incendii et aliis universis nulli penitus debeant respondere, nisi cives coram advocato suo jure theutonico, advocatus vero coram dominis suis supradictis et eorum successoribus, ipsi vero domini et eorum successores coram nobis aut nostro judicio generali, dum tamen per literam nostro sigillo munitam, ac ipse advocatus necessitate occurrente citati fuerint, tunc jure ipsis competente de se querulantibus respondere sint astricti. In cujus rei testimonium sigillum nostrum praesentibus est appensum. Actum in *Brest* in octava purificacionis sancte Mariae virginis gloriose, anno millesimo trecentesimo quinquagesimo nono, presentibus hiis testibus: *Chebda* palatino *Syradiensi*, Dobeslao *Crusficiensi*, Pascone *Brestensi*, Woyslao *Bidgostiensi* castellanis, Stanislao judice *Cujariensi* ac Floriano cancellario *Lanciciensi* ac aliis pluribus fide dignis. Scriptum per Nicolaum Boemum notarium curie nostre canonicum ecclesie *Vislicïensis*. De mandato domini Floriani cancellarii *Lanciciensis* supradicti.

XXVII.

Casimirus III. rex Poloniae (1333—1370) privilegia urbis Powidz confirmat eique villam Wilatkowo donat.

1364. 9. Augusti.

In nomine domini amen. Casimirus dei gratia rex *Poloniae*, magnus dux *Lithuaniae*, *Russiae Prussiaeque* dominus et heres, significamus tenore praesentium universis et singulis quibus expedit, quomodo oppido nostro in *Powidz* privilegia ipsorum per antecessorum nostrorum regum manus data et concessa, iusta legitima et sufficientia rite et rationabiliter emanata nuper et per voraginem ignis per cruciferos casu infortuno absumpta et amissa esse, de qua re[1] sufficientia testimonia tot constant, quod oppidanis[2] spoliatis, in vinculis inclusis in *Prussia*, divina ope adjuti, fractis compedibus omnes unanimiter

---

1) *qua re* correximus pro „quae". 2) *oppidanis spoliatis inclusis* corr. pro „oppidanos, spoliatos, inclusos".

de carceribus exierunt, et eos insequentes cruciferos ducentos bene armatos interemerunt, et salvi ad propria redierunt. Nos vero tantam virorum fidem et sinceritatem erga nos et regnum nostrum compensantes de ampliori gratia et benevolentia nostra praemissa innovare atque dare volumus et spondemus una cum successoribus nostris, ut juribus ipsorum et libertatibus semper utentur et gaudeant, ab omnibus molestiis et oppressionibus eos tueri, ne graventur, ab omnibus **podwodis**, theloneis, laboribus et reparationibus extunc eximimus, liberos perpetuo facimus, concessimus, damus et dimittimus ac in futurum providebimus sinceritatem, studia eorum, pacis dulcedinem et requiem procuramus opulentam. Nos itaque Casimirus rex de consilio et consensu consiliariorum nostrorum de praedictis oppidanis tumque fide nostris dilectis, unam villam pertinentem ad mensam nostram *Wielatkowo* dictam prope *Powidz* existentem, ipsis oppidanis eandem *Wielatkowo* tanquam strenuis et providis oppidanis in subsidium ipsorum perpetuo damus, concedimus atque innovamus cum omnibus juribus et utilitatibus singulis ad eam ab antiquo pertinentibus, tum etiam feralia ac liberam piscationem in lacu nostro *Powidzensi* eis concedimus cum hamis et parvis retibus; agros vero suos libere ac pacifice possidebunt cum borris et sylvis ac pascuis adjacentibus juxta antiqua antecessorum nostrorum privilegia in nullo deroganda, magis eorum commodo quam nostrae utilitati accepta veneratione pertinere, volentes antiqua reformare et desolata restaurare et ampliare; in cujus rei testimonium sigillum nostrum praesentibus literis est appensum. Datum *Toronii* feria sexta ante festum assumptionis beatissimae et gloriosae virginis Mariae proxima anno, Christo nato, millesimo trecentesimo sexagesimo quarto.

XXVIII.

Rex Poloniae Martino de Pijotrowicze vendit scultetiam et potestatem locandi villam jure theutonico urbis Neumarkt in sylva Stawki prope Powidz quae villa postea nominabatur Zielankowo.

1365. 2. Novembr.

Transsumptum ex confirmatione Sigismundi (I?), cui Petrus Cancz et Barbara consors Alberti Canka, sculteti de villa Zilankowo „exhiberunt originaliter privilegium infrascriptum scultetiale.“

In nomine domini amen. Noverint quibus expedit universi, N. rex *Poloniae*, nec non terrarum *Cracoviae*, *Sandomiriae*, *Siradiae*, *Lanciciae*, *Cujariae*, *Pomeraniae Russiaeque* dominus et heres, utilitates regni nostri per locationem villarum ampliare cupientes exnunc provido viro Martino de Pijotrowicze heredi damus potestatem locandi villam in nostra sylva seu merica dicta *Stawki*, jure theutonico *Sredensi* viginti duos mansos continentem. In qua quidem villa eidem Martino et post eum ipsius successoribus scultetiam vendidimus pro duobus marcis grossorum, assignamusque ad dictam scultitiam redi[ti]tus infrascriptos, videlicet tres mansos liberos et quartum mansum ubi tabernam liberam locabit, nec non tertium denarium de qualibet re judicata et non judicata. Licebit etiam dicto sculteto piscari in lacu nostro dicto *Niedzugiil* cum sagena cestivali, tam bene in hyeme sicut in estate, ac etiam omnibus aliis instrumentis, et omnibus ibidem incolantibus, cum gulgasteriis[1], videlicet **stampaljcza** et hamo, etiam dicto sculteto in fine lacus nostri *Ngedzgyl* aquarum quae vocatur *Sthawek* cum magno prato dictum *Klyeszczowns Rijerz*, nec non alia prata circa *Sthawek* jacentia, vel quantum sculteto praedicto damus structionem leporum capriolorum[2] videlicet *Grodze* quanto longius struere potest in nostra borra utilitatem apum exerceat, in qua etiam borra tertium denarium in convencione habebit. Haec et alia omnia sibi et suis successoribus liberatione perpetuo assignamus, cum potestate vendendi, et quo-

---

1) „piscaturam piscium in aqua prenotata cum parvis instrumentis, videlicet gulgastira, dicta vulgariter Wanczerze et cum rethe que appellatur mrzesca“ diploma ejusdem regis Casimiri die 13 mensis Novembris anni 1365 datum. Wanczerze, quod sicut verbum stampnycza in vocabulario polonico non invenimus, fortasse idem est ac wiecierz, germanice: Reuse, Stromkorb. 2) capriolus i. q. capreolus, lepus cohaerere videtur c. v. lebes i. e. cacumen.

modolibet convertendi. Etenim insuper et perpetuo liberamus scultetum, cmethones et quoslibet incolas supradictae villae ab omnibus judiciis et potestatibus omnium castellanorum, palatinorum, judicum, et subjudicum universorum regni nostri ac officialium eorundem, ita quod coram eis vel eorum aliquo pro causis tam magnis quam parvis, puta furti, homicidii, sanguinis, incendii et aliis universis citati minime respondebunt, scilicet tamen mecthores et incolae ejusmodi villae coram ipsorum sculteto, scultetus vero coram nobis vel in judicio nostro regali sive generali, dum tamen per literam nostram nostro sigillo sigillatam convocatus fuerit, tunc de se querulantibus non aliter nisi jure suo theutonico *Sredensi* respondere sint astricti. In causis autem capitalibus et criminalibus supradictis sculteto memoratae villae judicandi, sententiandi et condemnandi plenam et omnimodam tribuimus facultatem, prout ipsum jus theutonicum *Sredense* postulat et requirit. Statuimus etiam, ut saepedictus scultetus et ejus legitimi successores nobis et nostris successoribus expirata libertate ad quamlibet expeditionem in uno equo pro sexagena debent servire, cmethones autem singulis annis pro censu sex scotos, pro decima vero tres scotos cui de jure debebunt et solvere tenebuntur. Incolae etiam in omni festo paschae medium capolium ovorum, tres pullos et porciam carnium pro octo grossis comparatum, nec non ter in anno cum judicium generale celebratur, cmetones duo prandia, scultetus vero unum, seu pro quolibet prandio octo grosses dare et solvere teneantur perpetuis temporibus in effectu. In quorum omnium testimonium etc. Actum *Gnesnae* in crastino omnium sanctorum, anno domini millesimo trecentesimo sexagesimo quinto.

XXIX.

Casimirus III. rex Poloniae (1333—1370) monasterio Bissoviensi facultatem dat locandi jure magdeburgensi urbem ultra fluvium Brahe in loco Smetz quae tunc sicut monasterium Bissovia appellata postea nomen Koronovo sive Polnisch Krone accepit.[1]

1368. 18. Dec.

Transsumptum ex confirmatione Augusti III.

In nomine domini amen. Quoniam facta mortalium oblivione et morte intercepta sicut experientia docuit solent annulari si testimonio vivaciter literae vel voce testium non fuerint roborata, proinde nos Casimirus dei gratia rex *Poloniae* nec non terrarum *Cracoviae, Sandomiriae, Siradiae, Lanciciae, Cujaviae, Pomeraniae Russiaeque* dominus et haeres piis vestigiis omnium progenitorum nostrorum qui cultum divini servitii amplificare solicite curaverunt, toto cordis conamine, inquantum divina clementia nobis astiterit, inhaerere volentes ad instantes petitiones fratrum domini Joannis abbatis et sui conventus monasterii *Bissoviensis* ordinis Cisterciensium diaecesis *Wladislaviensis* propter serenissime devotionis affectum quem ad ipsos pia mentis intentione ex speciali gratia gerimus et gerere volumus, qui, immo a nobis vita et salus(?) Deo favente militabunt, donamus, damus, tribuimus, adscribimus et confirmamus plenariam facultatem locandi civitatem ultra fluvium *Dbra* ex[2] oppositio monasterii in haereditate ipsorum quondam *Smecz* nuncupata in terra *Cujaviensi* situata jure theutonico videlicet *Magdeburgensi*, quam civitatem *Byssoviam* sicut et claustrum volumus nominari[3] absolventesque et perpetuo eximentes advocatum dictae civitatis, qui fuerit pro tempore, nec non universos ac singulos cives et incolas ipsius civitatis *Byssoviensis* ab omni et quolibet judicio et jurisdictione quorumlibet regni nosti palatinorum, castellanorum, judicum, subjudicum

1) Coenobio *Bissoviensi* jam a. 1286 d. 23. m. Junii Semomislius dux Cujaviae contulit „plenam et perfectam libertatem locandi jure theutonico quod *Noviforense* dicitur *Bissoviam* ipsum fundum cum foro", exemitque et liberos fecit „incolas dictae civitatis" ab exactionibus juris polonici et jurisdictione palatinorum (Rzyszczewski et Muczkowski Codex diplomaticus Poloniae I. 117): at ex nostro diplomate sequitur, non evenisse, quae tum abbas et dux voluerant, nec antiquam istam *Bissoviam* ad urbis fastigium pervenisse. Aut nunquam ex hoc privilegio incrementa cepit aut augescens est diruta. Certe, si urbs Bissovia a. 1368 exstitisset Casimirus non jussisset in loco Smetz condi urbem nomine Bissoviae. Anno 1409 Thomislaus heres in Gogolina litteris litem quandam componens (Cod. dipl. Poloniae II. 371) memorat plebanum in *antiqua Byssovia*.
2) *ex* correx. pro: „et". 3) nominari, correximus ex novari.

ac officialium quorumvis nostrorum et ministerialium eorundem, itaque coram ipsis aut coram aliquo pro causis quibuscunque ac offensionibus, laesionibus tam magnis quam parvis, ut puta furti, sanguinis, homicidii, mutilationis, incendii, sacrilegii et aliis quibusvis causis quam violatione respondebunt sed tantum modo dicti cives et incolae ipsius civitatis coram ipsorum advocato, advocatus vero ipsive domino abbati *Byssoviensis* monasterii moderni qui est aut qui fuerit pro tempore aut coram advocato per ipsum dominum abbatem constituto de se quaerulantibus non aliter nisi suo jure *Magdeburgensi* respondere ad objecta cuilibet sint adstricti temporibus perpetuis duraturis. Eximentes et removentes ab eis omnem solutionem cujuslibet exactionis et omnes angarias et praeangarias seu quascunque consuetudines polonicales quam et singula jura polonicalia, quibuscunque vocitentur nominibus, per omnia et totum. Statuentes edicto perpetuo forum quinta feria in dicta civitate *Byssovia* singulis septimanis annis perpetuis duraturum. Cupientesque et nihilominus eosdem ipsorum defectus quorum nobis divina potentia astiterit in uberiorem rediere conditionem donamus et ipsis ex charitate favorabili plenariam et omnimodam facultatem pontem faciendi et habendi per fluvium ipsorum *Dbra*, ex oppositio civitatis ipsorum ubicunque ipsis placuit, perpetuis temporibus duraturum sic[4], quod omnes et singuli qui ad praedictam civitatem per allegatum pontem seu quascunque vias alias semitas cum quibusque rebus advenerint, libere transire debeant eundo et redeundo absque thelonei vel pedagii persolutione. Deinde omnibus et singulis civibus hominibus indigenis et forensibus civitatis ipsorum *Byssoviae* et aliarum villarum conventus ipsorum ad forum dictae civitatis confluentibus, salem grani et progativam duximus faciendum quod quilibet civium hominum indigenarum et forensium praedictorum, qui res mercimonia cujuscunque generis existant in dicta civitate ipsorum commode vendere non poterint, extunc licitum sit ipsis cum ipsorum rebus et mercimoniis ad alias partes seu civitates alienas confluere juxta libitum ipsorum voluntatis, contradictione vel impedimento quorumlibet officialium nostrorum cujuscunque status aut conditionis extiterint penitus non obstante, harum sub nostre majestatis sigillo testimonio literarum. Actum in *Crusvica* proxima secunda feria post diem beati Luciae virginis anno domini 1368 praesentibus venerabili in Christo patre domino *Sbyluto* episcopo *Vladislaviensi*, Alberto *Cujaviensi*, Moszczycz *Gniewkowiensi* palatinis, Dobeslao castellano *Crusviciensi*, Sandzilvogio capitaneo *Gnievcoviensi*[5] et Latore judice *Cujaviensi* et aliis multis nostris fidelibus fide dignis. Datum per manus domini Joannis archiepiscopi *Gnesnensis*, vicecancellarii nostrae aulae regalis.

XXX.

Johannes abbas Bissoviensis urbi suae Bissovia (nunc Polnisch Krone sive Koronovo) partem census agrosque dat et jurisdictionem constituit.

1370. 21. Junii.

Transsumptum ex confirmatione Augusti III.

In nomine domini amen. Cum id quod legitime agitur debet stabile permanere et literarum convenias testimonio sicut sapientium sanxit authoritas roborari, hinc est quod nos frater Joannes[1] abbas monasterii *Bissoviensis* ordinis Cisterciensium *Wladislaviensis* diecesis notum esse volumus praesentium notitiam habituris, quod bona nostri monasterii cupientes quantum cum deo possumus amplicare[2], ut ex iis dante domino fructus uberiores nobis valeant salubriter provenire, de voluntate et consensu fratrum nostrorum videlicet Joannis prioris, Fulkmari subprioris, Nicolai cellularii totiusque conventus monasterii nostri praedicti damus, conferimus et concedimus incolis et oppidanis in oppido nostro locato jure theutonico *Magdeburgensi*, quod *Bissovia* inantea vocatur sicut et monasterium nostrum, ob meliorationem ejusdem oppidi, ut quidquid in ipso oppido nostro in vendytoriis pannorum institorum, mercatorum, bancis pannificum, carnificum, sutorum et quorumlibet mercantium et stubarum, balniorum,

---

4) *sic* scripsimus pro „si". 5) Gniewcoviensi?

1) Joannes abbas jam fuit incipiente anno 1339 (Cfr. litteras quibus Theodoricus de Lichtenhayn sortem heredidatis Wielun d. 22 Januarii 1339 monasterio Bissoviensi restituit). 2) amplicare i. q. ampliare.

et in omnibus et singulis quibuscunque, aliquis profectus et utilitas in ratione census poterit provenire, de consensu nostro et successorum nostrorum, comparaverint[2] et auxerint, nobis duae partes ipsius census et oppido praedicto tertia pars decimari. Cui quidem oppido damus etiam et conferimus viginti septem mansos ex opposito ipsius oppidi in alia parte fluvii nostri *Dbra*[3] jacentes eundo versus novam cuviam[4] pro necessitate et utilitate ipsius habendos, ita sane quod praefatum oppidum seu oppidani ipsius de quolibet manso praemissorum decem octo scotos usualis monetae et communis pagamenti singulis annis in festo sancti Martini confessoris et pontificis nobis et nostris successoribus ratione census solvere tenebuntur indilato. Ut autem ipsum oppidum valeat eo celerius collocari omnibus et singulis incolis seu oppidanis in dicto oppido et ante oppidum locandis a data praesentium ad duodecem annos continuo subsequentes a solutione census infrascripti plenam et omnimodam concedimus libertatem, qua libertate elapsa de qualibet area quilibet incolarum seu oppidanorum praedictorum perpetuo tres grossos annis singulis similiter in festo beati Martini nobis et nostris successoribus ratione census dare et solvere sint adstricti occasione qualibet procul mota. Et si quid quaestionis a quoquam emerserit non alibi nisi coram nobis seu advocato nostro seu fratre ordinis jure *Magdeburgensi* respondebit. Caeterum volumus, quod si contigerit (ut per[5]) aliquem quaerulantem seu respondentem sententia inventa aliqua per scabinos argueretur, non alios extunc quam per consules nostri oppidi sententia ipsa debet declarari, et nisi sufficienter, tunc ad consules *Bidgostienses* recurret. Contingente autem quod si de judicio dicti oppidi quispiam de oppidanis ad nos vel ad successores nostros appellaret, causa hujusmodi appellationis per nos vel advocatum nostrum praedictum nostri monasterii seu fratrem ordinis quem ad hoc duxerimus deputandum debet audiri et terminari, non tamen simplex querela. Demum dicti oppidi granicies et metas perpetuis temporibus duraturas hoc modo declaramus: primum videlicet incipiendo a dicto fluvio *Dbra* in fine prati dicti *Wartango* usque ad vallem *Tuschina*, in secundo usque ad viam, que est supra lacum *Wisiekle* et eundo de *Wisiekle* ad prata eadem seu limitem que est circa *Osiek* usque ad montana ex oppositio dicti montis jacentia, que montana cum caeteris montanis ex utraque parte saepedicti fluvii *Dbra* jacent et ripis una cum agris praedictis et mensurata in eisdem mansis oppidi praedicti pro nobis et nostris successoribus reservamus, hoc addito quod si intra dictas granicies jam scribtas seu in agris praedictis suis nos pro utilitate nostra vel successorum nostrum borreum laterum sive latrificum vel fornacem cerni ac etiam mineram[6] aliquam cujusvis metalli sive argillam pro lateribus pro libitu in aliquo loco invenire contigerit, eundem locum recipiendo, compensando per nos vel successores nostros respectu duntaxat loci mansorum dictorum aliis in boris nostris loco simili in quantitate assignato, pro nostro et successorum nostrorum dominio volumus mancipare. Nihilominus cupientes desideria praedictorum oppidanorum seu incolarum adimplere borram nostram et planiciem, praedicta montana ex opposito dicti monasterii et infra granicies praedictas jacentes tantum pro utilitate ipsorum in lignis et pascuis simili utilitate sicut in arboribus nostris hactenus pro mellificiis dodatis[7] sive sculptis pro nobis et nostris successoribus inibi reservatis. Quoniam autem jura *Magdeburgensia* prorsus sunt nobis incognita, omnia jura quae commodum et utilitatem oppidi respiciunt, salva nobis et nostris successoribus reservamus per omnia. In quorum omnium testimonium et evidentiam planiorem nostrum et conventus nostri praedicti sigilla praesentibus sunt appensa. Actum et datum in dicto nostro monasterio *Bissoviensi* die beati Martini episcopi et confessoris anno domini millesimo CCC septuagesimo, praesentibus religiosis viris ac fratribus Joanne priore, *Folkmario* supriore, Nicolao cellulario, Joanne magistro conversorum cum caeteris fratribus conventualibus testibus ad praemissa vocatis.

---

2) *Compararerint*, ita correximus legitur „comparerint". 3) *Dbra*, hodie Brahe, Braa, Bra. 4) cuvia aut in quod cuva h. e. ocus clausus, aut corrigendum in curiam. 5) deest in copia. 6) *minera* i. q. aeris vena seu fodina. 7) dodatis i. e. fossatis, cfr. dova sive doga i. e. fossa, doidus i. q. canalis, et dodus i. e. arcuatum.

XXXI.

Elisabeth regina Hungariae et Poloniae, soror Casimiri, mater Ludovici regis, pro quo Poloniam regebat, confirmat sententiam latam, qua litterae ab urbe Posnania contra monasterium Owinsko prolatae propter sigillorum defectum ut suspectae rejiciuntur, ita ut monasterium Owinsko libere possideat domum in Posnania.

1372. 13. Junii.

Transumptum ex approbatione Sigismundi Augusti regis Poloniae Versaviae die 16. Jan. a. 1570 conventui monasterii in Owinsko data apud Raczynskium, cod. dipl. maj. Polon. p. 281.

In Christi nomine amen. Constituti coram nobis Elisabeth dei gratia seniori regina *Hungariae* et *Poloniae* providi viri consules civitatis *Posnaniensis* cum quadam litera, prout videbatur monasterii de *Owinsko*, petierunt abbatissam et sorores ibidem de *Owinsko* compelli ad solvendos civitati suae annis singulis sexaginta asseres pro ponte, videlicet triginta quercinos et triginta de pino, ad quos apparebat in recompensam libertatis civium, qui eidem monasterio domum liberam in ipsa civitate contulerunt, ipsas fore perpetuas obligatas. Quibus auditis et visa litera memorata partes easdem ad reverendissimum in Christo patrem dominum episcopum *Posnaniensem*, Vincentium *Posnaniensem*, Przeclaum *Calissiensem* palatinos ac alios barones nostros remissimus, quos ad reddendam justitiam videlicet querulanti deputaverimus. Illa vice et ipsi prout juraverunt videntes dictam literam contractum perpetuum continere, non esse sigilla authentica appensa eidem; quia, licet obligatio facta fuerit, nomen monasterii tamen unum solum sigillum appositum videbatur, et illud quamvis liceretur esse, conventus tamen in ejus circumferentia nullae litterae apparebant, et alias consilium dioecesiani et principis non affuit, nec aliqua solennitas circa obligationem hujusmodi perpetuam fuerat observata, dictam abbatissam et conventum ipsius de *Owinsko* ab impeditione dictorum civium super dictis asseribus absolverunt, ipsis et eorum successoribus supra hoc perpetuum silentium imponentes. Nos autem eorum sententiam ratam et gratam habentes tenore praesentium confirmamus et plenitudine nostrae regiae pietatis dictam literam decernentes irritam perpetuo et inanem. Et nihilominus domum dicti monasterii in civitate *Posnaniensi* in suis insignitis terrenis in acie juxta monasterium fratrum praedicatorum situatam, prout eandem dictae sorores longis ac retroactis temporibus pacifice possederunt, liberam et absolutam ab omnibus contributionibus civitatis ejusdem et nostris regalibus, eandem plenitudinem incorporamus monasterio praenotato temporibus perpetuis libere et quiete possidendam. Harum quibus sigillum nostrum est appensum testimonio literarum. Actum *Posnaniae* die tredecima mensis Junii sub anno domini millesimo trecentesimo septuagesimo secundo, praesentibus reverendis et honorabilibus viris dominis Andrea episcopo *Curcensi*, Dobeslao palatino *Cracoviensi*, Laurentio castellano *Poznaniensi*, Thomislao, *Calissiensibus* judicibus, Zawissio archidiacono, vicecancellario aulae nostrae et Nicolao de Kurnik decretorum doctore, cancellario nostro *majoris Poloniae*, per cujus manus presens privilegium datum transivit, et aliis quam pluribus testibus.

XXXII.

Ludovicus rex Poloniae (1370—1382) jubet a mercatoribus Posnaniensibus vectigal in tota Polonia nusquam exigi.

1372. 27. Septembr.

Transsumptum ex diplomate Sigismundi regis Poloniae ap. Raczynski. cod. dipl. maj. Polon. p. 128.

Nos Ludovicus dei gratia *Hungariae*, *Poloniae*, *Dalmatiae* rex etc., notum facimus quibus expedit tenore praesentium universis, quod nos ad devotae et humillimae suplicationis instantiam fidelium civium et hospitum nostrorum de *Posnania*, eidem de regiae liberalitatis clementia et gratia speciali annuimus, quod ipsi fideles nostri cives et mercatores ab omni solutione tributi seu thelonei a rebus et mercibus ipsorum per totum ambitum regni nostri *Poloniae* facienda liberi, absoluti et exempti per omnia habeantur. Vobis itaque praelatis, baronibus, comitibus, castellanis, nobilibus et aliis possessionatis hominibus in dicto regno nostro *Poloniae* tributa tam in terris quam super aquis habentibus conservandis et possidentibus nostrisque et vestris tributariis et theloneatoribus firmissimis damus sub edictis, quatenus amodo et inantea a praefatis civibus et mercatoribus nostris de *Posnania* rebusque et mercibus eorum toties quoties iidem vel aliquis ex ipsis ad loca tributorum vestrorum testimonio praesentium pervenerint, nullum tributum ullamque tributariam exactionem patere aut exigere vel exigi facere audeatis, sed eosdem cum rebus simul mercimonialibus libere et absque omni tributaria exactione ac impedimento aliquali transire et abire permittatis salvis ipsorum rebus et personis, secus majestatem graviter offendere formidatis facere non ausuri in praemissis. In quorum omnium praemissorum testimonium praesentes eisdem civibus nostris concessimus literas nostras apensione sigilli nostri authentici munimine roboratas. Datum in *Wianr* feria secunda proxima ante octavas festi beati Michaelis archangeli, anno domini millesimo trecentesimo septuagesimo secundo.

XXXIII.

Ladislaus, dux Oppoliensis et Cujaviensis (1368—1401) textoribus Juniwladislaviensibus liberam venditionem pannorum confert.

1380. 28. Mart.

Wzory pism dawnych w przerysach wystawione p. 15.

Nos Ladislaus dei gratia dux *Opoliensis*, *Cujaviensis* etc. tenore presentium notificamus quibus expedit universis, quod ob restaurationem ac propter augmentacionem nostre civitatis *Wladislaviensis* fidelibus nostris textoribus in ipsa civitate nunc existentibus et in futurum constituendis plenarie concedimus et consentimus, quod quilibet eorum quosvis pannos cujuscunque etiam bonitatis, valoris aut coloris existant, quos saltim faciunt seu conficiunt, in dicta nostra civitate et non aliunde apportatos, ulnatim incidere et pro lana emenda ad quascunque civitates, villas seu loca extra fines et metas nostre *Wladislaviensis* terre duntaxat sitas vel sita transire possunt et debeant, quorumcunque impedimento non obstante. Volentes seriose quod supradictum nostrum indultum et concessum a nostris capitaneis ac omnibus aliis absque quolibet impedimento inviolabiter observetur, quousque eadem personaliter duxerimus revocanda. Harum quibus sigillum nostrum appensum est testimonio litterarum. Datum *Gnezno*, feria quarta infra octavas festi paschae anno domini millesimo tricentesimo octuagesimo.

XXXIV.

Wladislaus dux Oppoliensis (1368—1401) oppido Schildberg sive Ostrzeszow jurisdictionem et certa quaedam emolumenta in urbe et in villa Bertholdisdorf confert.

1386. 20. Julii.

Rzyszczewski et Muczkowski cod. dipl. Poloniae I 254.

In nomine domini amen. Ad perpetuam rei memoriam Ladislaus dei gratia dux *Opuliensis*, *Weluneusis*, *Cujaviensis*, *Dobrinensis* etc. notum facimus tenore presencium universis, quod cum de commoditatibus et utilitatibus opidi nostri *Ostrzeschow* alias *Schiltberg* nec non fidelium nostrorum civium in eodem commorancium ubilibet, et potissime, qualiter ipsius opidi et ejus incolarum status pacificus successuris temporibus procuretur, ad quod primum mentem nostram dirigimus, salubriter intendamus, pacem et justiciam unicuique tam pauperi quam diviti in personis et rebus equa ministratione cupientes, firmiter exhiberi volentes per infrascriptam ordinacionem dicti opidi nostri condicionem et statum in melius reformare, primum quidem damus et conferimus eisdem nostris civibus presentibus et futuris advocaciam seu judicium dicti opidi *Ostrzeschow* cum omnibus penis parvis et magnis de ipsa advocacia provenientibus, capitalibus duntaxat penis exceptis, de quibus eisdem civibus tercium denarium damus, duobus autem denariis pro nobis et nostris posteris reservatis. Damus eciam eisdem civibus, quod nusquam in villis tocius districtus *Ostrzeschow* possit aliquis sal vendere, sed quod ipsius opidi consules vendicionem salis in eodem opido habeant ex parte communitatis. Damus insuper eisdem civibus omnes census in dicto opido eciam de macellis carnium provenientes, similiter et censum agrorum ville *Bertoldisdorff* foris civitatem seu dictum opidum situate, adicientes eciam, quod ipsi cives quelibet eorum debita, que rustici villarum districtus ejusdem in eodem opido apud ipsos cives fecerint seu contraxerint, eo jure et modo ab ipsis rusticis exigere et repetere possint, prout aliarum nostrarum civitatum cives pro similibus eorum debitis facere sunt consweti. Predicti quoque cives et eorum posteri pro universis solucionibus et censibus viginti tres marcas grossorum usualium singulis annis et perpetuis temporibus, videlicet medietatem in festo sancti Martini et aliam medietatem in festo sancte Walpurgis nobis et nostris posteris solvere tenebuntur, et quod de quolibet manso unum plaustrum lingnorum pro curia nostra dum et quociens ibidem fuerimus constituti ducere sint astricti. Harum quibus sigillum nostrum appensum est testimonio literarum. Datum *Opol* anno domini millesimo trecentesimo octuogesimo sexto, proxima feria sexta ante festum sancte Marie Magdalene, presentibus nostris fidelibus dominis Henczkone, Swantopolk de Landisberg, Georio de Swus Holsteinensi, Wictore de Merzicz *Opuliensi* capitaneis, Bernhardo Werusch *Osthreschoviensi*, Hankone de Vschicz *Welunensi*, Niczkone Strus *Karnoviensi* burggraviis et domino Nicolao Ticzonis canonico *Opuliensi* cancellario nostro, qui presencia habuit in commissis.

XXXV.

Wladislaus II. Jagiello rex Poloniae (1386 — 1434) privilegia urbi Fraustadt sive Wschowa a Casimiro et Ludovico regibus data confirmat.

1388. 13. Mart.

In nomine domini amen. Wladislaus dei gratia rex *Poloniae*, *Lithuaniaeque* princeps supremus, et haeres *Russiae* significamus tenore praesentium universis quibus expedit praesentibus et futuris praesentiumque notitiam habituris, esse[1] pro parte fidelium nostrorum militum, nobilium clientum et incolarum terrae nostrae *Wschowa*, nec non civium totiusque universitatis civitatis nostrae *Wschowa* nobis oblatam petitionem continebat, quarum[2] litterarum serenissimi principis domini Kasimiri, olim regis *Poloniae* felicis recognitionis[3] ipsius maiori sigillo pendenti sigillatam, omnique prorsus suspicionis indicio carentem approbare, confirmare, et ratificare volumus, quarum tenor continuus sequitur in haec verba.

Sequitur diploma anni 1349 n. XXV.

Nos igitur justis hujusmodi petitionibus gratiosius annuentes suprascriptam litteram nostram habentes et gratiam ipsam in omnibus suis punctis, clausulis, sententiis, articulis et conditionibus approbamus, confirmamus, et ratificamus, de nostrae celsitudinis gratia speciali decernentes eandem litteram in eisdem suis omnibus punctis, clausulis, sententiis, articulis et conditionibus robur obtinere perpetuae firmitatis. Promittimus insuper et sincera mente pollicemur, universos et singulos vasallos feudales, milites, clientes et incolas terrae nostrae *Wschowa*, necnon cives ac totam universitatem ipsius civitatis nostrae *Wschowa* circa ea omnia jura, quibus tempore dominorum praedecessorum nostrorum, Kasimiri *Poloniae* et Lodovici *Ungariae* regum fruebantur gratiosius confirmare decernentes, et de nostrae majestatis plenitudine volentes, ut iisdem omnibus iuribus, quibus, ut praefatur, tempore serenissimorum regum praedecessorum utebantur, potiantur et gaudeant, perpetuis temporibus affirmare. Harum quibus

1) esse correximus pro: se. 2) Ita scriptum in copia, fortasse corrigendum est: petitionem, continentiam quarum. 3) in copia: reconventionis.

sigillum nostrum appensum est testimonio litterarum. Actum in *Posnania* die tertio festi paschae anno domini millesimo trecentesimo octuagesimo octavo. Praesentibus Spithcone *Linconiensi*, Bangussio de Wezenburg *Posnaniensi*, Sandivogio *Kalisiensi*, palatinis, Krzeslno castellano *Sandomiriensi* et capitaneo *majoris Poloniae*, Christino de Kraglow *Sandecensi* et Joanne *Kalisiensi* castellanis, ac aliis multis nostris fidelibus fide dignis. Actum per manus venerabilis Zailice praepositi *Sandomiriensis*, aulae nostrae cancellarii fidelis nostri.

XXXVI.

Wladislaus dux Oppoliensis (1368—1401) censum quem sibi et uxori generis sui nomine urbs Junivladislavia debebat, si urbs acciperet gravem calamitatem, se uxoremque non amplius postulaturum declarat.

1390. 12. Maji.

Rzyszczewski et Muczkowski, cod. dipl. Pol. II 781.

Wir Ladisla von Gotis gnaden herczog und herre zu *Opul*, zu *Welun*, zur *Cuya*, zu *Dobrin* etc. bekennen uffinlich in desem brive allen, dy en sehen, horen adir[1] lesin, das als uns und der hochgeborne furstynne frauuen Ofken[2], herczogynne zu *Opul*, unsir lieben hausfrouuen, der hochgeborne furste Herczog Allexander[3] herre zu *Kirnow* und zur *Cuya*, unsir lieber Son und Eydem als eyn selbschuldiger, und dy wolgeborne manne, er Tomke von der *Wanglischina*, er Vecenz von *Grunow*, er Jeschke Gelitke, Ritter Niclos von *Styborowicz*[4], Mareznsch Rogala und dy Ratmanne der Stadt *Jungenleslow*, als die Burgen, globit haben mit gesampter hant czu gelden alle Jar jerlich firhundert marg czinses prager muncze polenischer czal, den wir uns und der vorgenanten unsir hausfrauuen zu unsern lebetagen behalden haben uff derselben Stat *Leslow*, czwehundirt marg grasschin uff sente Johannestag des heilegen Thenfers als er geborn ist, und czwehundirt marg grasschin uff sente Mertinstag, an argelist, dorobir wir ouch haben ire brive mit iren Ingesigiln; also globen wir ouch mit craft deses brives dem vorgenanten unsirm Eydem und den Burgen in guten truen an arg vor uns und dy egenanten unsir hausfrouue, ap[5] sache were, das dy Stat *Jungenleslow* vorbrente gancz adir an eynem teile, als sil als, vorbrant were du fryunge[6] muste syn[7] als sil globen wir ouch ledig zu losin an dem czinse ane wedirrede, und der vorgenante unsir Eydem und dy Burgen sullin denne zu dem male desselbin czinses, der nicht gefallin mochte, ledig und los syn von uns und unsern hounsfrauuen. Ouch ap dy Stad gewunnen wurde von gewaldiger hant, is were von wem es were, do got vor sy, obir dy uns wedir czu dir krigeu dy Stad helfin, sal der egenante unser Eydem und ouch dy stat *Leslow* an argelist und denne dy vorgenanten Ritter und Knechte sullin ledig und los syn von uns und unser hausfrauuen umber den czins, der uns dy wyle nicht mochte gefallin. Ouch ap sache were, das der Stad schade geschege von des Koniges wegen von *Polan* adir von den, dy yczund gehoren zu der Coronen von *Polan*, so sullin sy nicht ledig syn von uns noch unsir hausfrouuen, ouch ap der vorgenante unsir Eydem sturbe, do got vor sy, so sal denne gefallin dy vorgenante Stad und czins an uns und unsir vorgenante hausfrauue, und derselbe czins nach unsir bedir tode an die hochgeborne furstynne frenchin Hedwig, hausfrauue des egenanten Herczog Allexanders unsir liebe Tochter, und an ire Kinder und nachkomelinge in allir mose, als wir seynt obir einekomen mit dem uftgenanten unsirm Eydem herczogen Allexander, und dy vorgeschrebene Rittere und Knechte sullin denne ledig und los syn von uns und ouch frauuen Ofken, unsir lieben haussfrauuen, der glubde und ansproche, dy sy uns geton haben von des egenanten czinses. Ouch globen wir en an arg, das wir adir unsir hausfraune alle Wege noch beczalunge des czinses en geben sullin eynen Qwitbriff mit hangendem Ingesigil, und wen sy den haben, so seynt ouch denne ledig des czinses, uff den bewyset der Qwittbrief, und des zu sicherheit haben wir unsir Ingesigil losin hengen an desen briff. Gegeben zu *Leslow* an dem Tage der heilegen Henilfart unsers Herren Jhu Cristi nach syner geburt dryczenhundirt iar in dem neunczigisten Jare.

1) adir i. e. oder. 2) Ofka, filia Semoviti Masoviensis ducis, Agatha nominatur a Friderico Lucae, Schlesiens curiose Denkwürdigkeiten, Frankfurt a. M. 1689. p. 711. 3) Alexander dux Lithuaniae Jagellonis frater, antequam baptizatus est, nomen Vigunt habuit. 4) Styborowicz: hodie Ciborowice. 5) ap i. ob. 6) i. e. so. 7) i. e. Befreiung von Zahlungen müsste sein.

XXXVII.

Wladislaus II. Jagiello rex Poloniae (1386—1434) Arnoldo de Witdon villam suam Mrotschen jure magdeburgense in urbem transformare concedit urbique novae omnia jura urbis Zempelburg donat.

1393. 17. August.

Transsumptum ex actis judicis castri Naclensis.

In nomine domini amen. Ad perpetuam rei memoriam Vladislaus dei gratia rex *Poloniae*, *Lithuanirque* princeps supremus et haeres *Russiae* etc. significamus tam praesentibus quam futuris praesentium notitiamque habituris, quia attenta mentis solicitudine perpendentes grata et fructuosa fidelitatis obsequia ac claram fidei constantiam, quibus Arnoldus de Witdon noster fidelis dilectus pro augmento et ampliatione *Borz-Culmensis* opera sua insudavit et in anno uti dignum arbitramur praestantius insudabit, quorum intuitu cupientes ipsi de nostra regali munificentia speciali praerogativa facere consolatum de villa sua *Mrocza* dicta, sita in districtu *Naclensi*[s], civitatem facimus, locamus, transmittimus ac de jure polonico in jus tephtonicum, quod *Magdeburgense* dicitur, transferimus perpetuo lucraturum, quam quidem civitatem eodem nomine *Mrocza* in antea volumus et decernimus perpetuis temporibus appellari: removentes ab eadem constante[1] *Mrocza* omnia jura polonicalia, modos et consuetudines universas que ipsi jus thephtonicum plerumque perturbare consueverunt. Eximimus insuper, absolvimus et perpetuo liberamus omnes cives, suburbanos, hortulanos, molendinatores, incollas universas civitatis praedictae ab omni jure, jurisdictione et potestate omnium regni nostri palatinorum, castellanorum, judicum, subjudicum et officialium sive ministerialium eorundem quibuscunque nominibus censeantur, qui coram ipsis aut aliquo[2] illorum pro causis tam magnis quam parvis, puta furti sanguinis homicidii incendii membrorum mutilationis et quibusvis aliis, citati minime respondebunt, nec aliquas paenas solvere tenebuntur, sed tantum cives suburbani et in(colae)[3] constantis praedictae civitatis coram suis advocatis, advocati vero coram memorato Arnoldo aut suis successoribus legitimis sive coram nobis vel nostro judicio generali [dum], et si ipse Arnoldus aut sui successores in reddenda justitia negligentes forent imo remissi, dum tamen per literam nostram nostro sigillo signatam citati fuerint. tunc non aliter quam jure suo thephtonico cuilibet ad objecta et judicaliter respondere sint adstricti, in causis vero criminalibus et capitalibus superius expressis advocatis dictae civitatis judicandi puniendi corrigendi sententiandi potestatem hanc damus et conferimus plenariam et omnimodam facultatem, prout hoc jus thephtonicum in omnibus suis articulis conditionibus sententiis et punctis postulat et requirit, juribus nostris regalibus in omnibus et per omnia semper salvatis. Volumus insuper, quod omnibus juribus et immunitatibus dicta civitas *Mrocza* potiatur, quibus *Sempelbork* juribus gaudet (et)[4] fruitur, et utantur praeterea volentes dictae civitatis et civium ac incolarum ipsius in collocatione conditionem facere meliorem dictae civitatis civibus et incolarum ipsorum forum septimanale feriis quartis damus et conferimus temporibus perpetuis et futuris, indulgentes omnibus ac singulis mercatoribus undecunque venientibus cum mercimoniis et rebus eorum cuiuscunque generis aut speciei fuerint, libere emere et vendere et eorum mercimonia exercere. Harum quibus sigillum nostrum appensum est testimonio literarum. Actum et datum *Cracoviae* stato die dominico infra octavas asumtionis sanctae Mariae anno domini millesimo trecentesimo nonagesimo tertio praesentibus Sandivogio, Spitkone *Cracoviens.* palatin[at]is, Christino *Sendomiriensi*, Jananio *Zawiechowiensi* castellanis, Demetrio marsesalco, Tumcone subpincerna *Cracoviensi* aliisque multis nostris fidelibus fidedignis. datum per manus honorabiles Zachlicae aulae nostrae cancellario fideli et dilecto, subscriptum per Andream *Calisiensem*.

---

1) constante i. e. certa germ.: dieses bestimmte, gewisse. 2) aliquo correximus, in copia scriptum est: in quo. 3) colae a nobis additum. 4) et, a nobis additum.

XXXVIII.

Wladislaus II. Jagiello rex Poloniae (1386—1434) urbi Posnaniensi jus receptaculi condendi mercium invectarum quod germanice Niederlage vocatur suppeditat.

1394. 10. Maji.

Transsumptum ex confirmatione Sigismundi a. 1521 data in Raczynski cod. dipl. maj. Pol. p. 112.

Wladislaus, dei gratia rex *Poloniae Lithuaniaeque* princeps supremus et haeres *Russiae* etc. significamus universis quibus expedit tam praesentibus quam futuris praesentium notitiam habituris, quod suae attendentes clarae fidei constantiam et multiplicia fidelitatum studia, quae nobis fideles nostri dilecti consules et communitas nostrae *Posnaniensis* civitatis jam impenderunt et inantea promptius impendere non formiba(bu)nt [1], et praesertim considerantes inopiam et nonnullos defectus, quibus civitas et incolae ejus antedicti plerumque sunt perplexi, horum intuitu consulibus et communitati ejusdem nostrae civitatis *Posnaniensis* cupientes gratiam et conditionem facere meliorem, in eadem civitate *Posnaniensi* exnunc facimus, ponimus et statuimus generale et liberum mercium, mercimoniorum et aliarum rerum venalium et emptilium cujuscunque generis et conditionis ac speciei existant, quocunque vocubulo censeantur, depositum perpetuis temporibus duraturum, mandantes omnibus et singulis tam nostris regnicolis quam etiam forensibus seu aliarum regionum et terrarum extranearum hominibus mercatoribus, institoribus et aliarum quarumvis rerum vectoribus, venditoribus et emptoribus universis, quatenus cum eorum mercibus, mercimoniis et aliis rebus venabilibus quibuscunque ad civitatem nostram *Posnaniensem* praedictam venire et intrare et easdem merces, mercimonia et res locare et deponere inibique vendere et disponere et convertere, prout ipsis et eorum cuilibet melius et utilius visum fuerit expedire debeatis. Si autem dictis hominibus, mercatoribus et institoribus cum ipsorum mercibus ac rebus aliis praedictis infra tres dies continue se sequentes in dicta civitate nostra *Posnaniensi* manentibus ipsae merces, mercimonia et aliae res praedictae ibidem ab ipsis hominibus mercatoribus et institoribus non fuerint comparata, extunc licitum sit, elapsis dictis tribus diebus, de ipsa civitate *Posnaniensi* ad alias partes cum mercibus, mercimoniis et rebus eorum solutis, solvendis secure exire et alias pro ipsorum voluntate disponere de eisdem. Volumus nichilominus omnes et singulos mercatores homines et institores praedictos circa jura et consuetudinem, quibus ceterae nostrae civitates hujusmodi depositum habentes pociuntur, omnimodo observare, civesque et communitatem nostrae civitatis *Posnaniensis* jam dictae lucris et utilitatibus ipsius depositi frui penitus et gaudere. Insuper decernimus quod nemo mercatorum, vectorum et negociatorum civitatem *Posnaniensem* et depositum ejus preterire aut illud juxta suprascriptam ordinationem non observare audeat, sub omnium bonorum suorum confiscatione et receptione, quam penam confiscationis bonorum pro nobis et successoribus nostris reservamus. Harum nostrarum quas appensione sigilli nostri muniri fecimus testimonio litterarum. Datum *Gnesnae* ipso die dominico post diem sancti Stanislai incliti martiris tempore Maji proximo anno domini millesimo trecentesimo nonagesimo quarto.

XXXIX.

Wladislaus II. Jagiello rex Poloniae (1386—1434) Vincentio de Pranved domum et aream ad urbis Fraustadt advocatiam pertinentem donat.

1395. 30. Aprilis.

In dorso privilegii hujus manu antiqu. scriptum est: Privilegium Wladislai Regis; na dom w Wschowie liber das Haus zur Frawenstadt 1395.

In nomine domini amen. Ad rei memoriam sempiternam Wladislaus dei gratia rex *Poloniae Lithuaniaeque* princeps supremus et haeres *Russiae* etc. significamus universis, quibus expedit praesentibus et futuris, praesentium notitiam habituris, quod mente sollicita perpendentes grata institutionum et accepta fidelitatum obsequia strenui militis Vincentii de Pranved, castellani nostri *Nacklensis* fidelis dilecti, quibus idem in nostrae conspectu celsitudinis se gratum redditurum, multiplicare et acceptum, et in futurum aucto suae fidelitatis studio se poterit continuo reddere graciorem, horum itaque consideratione,

1) *In antea* medio aevo significare: deinceps, in posterum, satis notum est; si lectum est „formidant" (sicut apud Racz. invenitur) fortasse abbreviationis notam lector sive negligens sive ineruditus non animadvertebat.

cupientes eundem Vincentium quodam specialis praerogativo favoris prosequi, sibi suisque haeredibus et legitimis successoribus domum nostram seu domus aream[1], una cum structuris et aedificiis in eadem area nunc existentibus ad advocatiam ab antiquis temporibus spectantem intra domum Coffinam in civitate *Wschowa* ex[2] opposito ecclesiae situatam prout in suis circumferenciis et limitibus ab antiquo longe lateque circumferencialiter est distincta, damus, conferimus et donamus donatione perpetua et irrevocabili perpetuis temporibus affuturis per eundem Vincentium, et suos haeredes ac legitimos successores habendam, tenendam, utifruendam, donandam, permutandam, obligandam, vendendam, alienandam ac in usus suos haeredumque suorum legitimorum successorum beneplacitos et voluntarios commutandam, prout sibi et eisdem..... utilius et convenientius expedire videbitur pro suo et eorundem beneplacito voluntatis. Eximimus etiam, absolvimus et perpetuo liberamus aream hujusmodi nec non domum supra eam aedificatam et aedificandam ab omnibus et singulis exactionibus, contributionibus..... censibus, custodiis, angariis, gravaminibus et pressuris ac universis solutionibus generalibus et specialibus privatis et publicis, quibuscunque vocabulis pocientur, constituentes esse[3] praefatum Vincentium et haeredes scilicet[4] suos ac legitimos successores areae praedictae domusque super eam aedificatae vel imposterum aedificandae veros et legitimos haeredes et dominos ac perpetuos possessores. Harum quibus sigillum nostrum appensum est testimonio litterarum. Actum *Gnesnae* in vigilia Philippi et Jacobi sanctorum apostolorum, anno domini millesimo trecentesimo nonagesimo quinto, praesentibus Sandzivogio palatino, Swentoslao castellano *Kalisiensi*, Domerutho *Posnaniensi*, Alberto *Medzirzecensi*, Dobrogostio *Lenciciensi* castellanis, et Alberto de Gorka et aliis multis nostris fidelibus fide dignis.

XXXX.

Wladislaus II. Jagiello jubet mercatores ex Majore Polonia Vratislaviam euntes ingredi eam viam solum quae fert per urbes Schrimm et Punitz[1*].

1398. 4. Maji.

Transsumptum ex confirmatione Wladislai IV. a. 1633 data apud Raczynski cod. dipl. maj. Pol. p. 131.

Vladislaus dei gratia rex *Poloniae Lithuaniaeque* princeps supremus et haeres *Russiae* etc. cunctorum quibus expedit notitiae commendamus, quod mente sollicita perpendentes regni nostri conditionem ex eo fieri meliorem, volentesque nonnulla, quae grata praedicti nostri regni commoda respiciunt in statum pristinum revocare sane super hoc et maturo participato consilio praesentibus decernimus per tenorem, quod omnes et singuli mercatores, cives, oppidani et incolae civitatum et oppidorum nostrorum regalium in terra nostra *majoris Poloniae* consistentium cum rebus et mercibus ipsorum quibuslibet, volentes versus *Vratislaviam* proficisci eisdem antiquis viis, quibus tempore serenissimi principis domini *Casimiri* regis *Poloniae* illustris, bonae memoriae, vel versus *Silesiam* transire et theloneare consueverunt, scilicet per *Szrem* et per *Ponice* transire debeant, et omnimodo teneantur et non alias vias ipsis quaerendo, ubi scilicet in *Szrem* ad solutionem theloneorum a quolibet equo quatuor denarios et non plures solvere sint astricti, et in *Poniec* per medium grossum universi civitatum et oppidorum nostrorum, deinceps de aliis incolis et provinciis per grossum a quolibet peccorum sex denarios et non plures solvere sint compulsi. Porro, ut inhabitatores et incolae terrarum nostrarum *majoris Poloniae* praedictae sub nostro felici regimine feliciora suscipiant incrementa, universis et singulis civibus et oppidanis, mercatoribus ipsius terrae *majoris Poloniae* vigore praesentium adhibemus, ne deinceps pannos in foris ipsorum septimanalibus aliarum civitatum ulnatim vendere et scindere audeant quomodolibet vel praesumant, nisi tantum diebus forensibus; in civitatibus et oppidis propriis pannos ipsorum hujusmodi scindere et vendere plenam habeant et liberam potestatem. In foris autem annualibus omnibus et singulis mercatoribus et aliis hominibus quibuscunque conditionibus potiantur emendi vendendique juxta ipsorum voluntatem beneplacitam quotiescunque in anno contigerit libera sit facultas praesentibus. Sub nostrae majestatis sigillo testimonio literarum. Actum in *Kolo* feria tertia ante ascensionem domini anno domini millessimo trecentesimo

1) germanice: Grundstück. 2) ex corr. pro „esse" quod copia habet. 3) scilicet correximus pro „sc" (abbreviatura: sc.) 4) esse corr. pro „se". 1*) Hoc privilegium approbaverunt haeredibus urbis Poniec reges Vladislaus III. a. 1441, Alexander a. 1501, Stephanus Bathory a. 1578, Sigismundus III. a. 1601, Vladislaus IV. a. 1633.

nonagesimo octavo. Praesentibus his strenuis et validis viris Barthosio de Vesemburg palatino *Posnaniensi*, Sandivoio palatino *Calissiensi*, Drogossio judice *Cracoviensi*. Nicolao Jastrzebice, subagasone *Lanciensi*. Petrassio Pieniazek de Witolowice, Nicolao judice *Calissiensi* et Dobeslao de Oleszniea cubiculario nostro et aliis multis viris fide dignis.

XXXXI.

Wladislaus II. Jagiello rex Poloniae (1386—1434) villae monasterio Mogilno adjacenti jus teutonicum Magdeburgense confert, ut sit urbs suo jure.

1398. 17. Maji.

Transsumptum ex confirmatione Johannis II. Casimiri data a. 1658.

In nomine domini amen. Ad rei memoriam sempiternam Vladislaus dei gratia rex *Poloniae*, *Lithuaniae* princeps supremus et haeres *Russiae*, significamus tenore praesentium harum notitiam habituris praesentibus et futuris quibus expedit universis, quod ecclesiarum et monasteriorum regni et dominiorum nostrorum commodis misericorditer cupientes intendere signanter[1] monasterium *Mogilno* in terra nostra *majoris Poloniae* situm in augmento cultus divini et bonorum temporalium affectantes crescere, ut abbas conventus, fratres et quevis religiosae personae praefati monasterii pro nostra nostrorumque praedecessorum et successorum regni *Poloniae* salute creatoris omnium clementiam eo ferventius nostris suffulti beneficiis indesinenter valeant implorare, exnunc internae devotionis zelo accensi, diem volentes extremi judicii praevenire operibus dictis abbati et conventui monasterii *Mogilno* suppra edicti, tenore praesentium plenam facultatem damus et concedimus de villa *Mogilno* eidem monasterio adjacenti oppidum jure teutonico *Magdeburgensi* in ibidem perpetuo duraturo erigendum de novo et locandum. Quod oppidum *Mogilno* praescripto nomine volumus appellari, in ipsoque oppido forum septimanale diebus sabathis anni singulis diebus perpetuo tenendum statuimus et habendum, decernentes, quod omnia bona, res et merces quibuscunque vocentur nominibus, undecunque venerint, ibidem vendantur et emantur, hominibus adduciantur et abducantur libere juxta vendentium et ementium voluntates, quodque oppidum omnibus juribus, modis, consuetudinibus et praerogativis sicut caetera regni nostri oppida gaudere volumus et laetari removendo in ibidem de caetero et per amplius omnia jura polonicalia modos et consuetudines universas, quae ipsum jus teutonicum *Magdeburgense* praedictum plerunque perturbare consueverunt. Eximimus insuper et absolvimus ac perpetuo liberamus omnes et singulos oppidanos, hortulanos, homines et incolas oppidi praenominati ab omni jurisdictione et potestate omnium regni nostri palatinorum, castellanorum, judicum, subjudicum et ministerialium eorundem, ut coram ipsis vel aliquo eorum pro causis tam magnis quam parvis, puta furti, sanguinis, homicidii et membrorum mutilationis citati minime respondeant nec aliquas paenas solvere tenebuntur, sed tantum opidani et homines oppidi supradicti coram suo advocato, advocatus vero cum suis successoribus coram nobis vel judicio nostro generali, dum per literam nostram nostro sigillo sigillatam vocatus fuerit, si idem abbas, conventus vel substitutus ab eis vel eorum successores in reddenda justitia negligentes forent vel remissi, tunc non aliter quam suo jure teutonico *Magdeburgensi* praedicto cuilibet ad objecta respondere sit adstrictus. In causis vero criminalibus et capitalibus superius expressatis advocato oppidi praenominati *Mogilno* et ejus successoribus damus et concedimus plenam et omnimodam potestatem et facultatem judicandi, sententiandi, corrigendi et puniendi prout hoc ipsum jus teutonicum *Magdeburgense* praedictum in omnibus suis punctis, condicionibus, clausulis, articulis et sententiis postulat et requirit, juribus tamen nostris regalibus in omnibus semper salvis. Harum quibus sigillum nostrum est appensum testimonio literarum. Datum in *Juveni Vladislavia* feria sexta in crastino ascensionis domini anno ejusdem millesimo trecentesimo nonagesimo octavo, praesentibus Sandivogio Suidrea[2] *Posnaniensi*, Joanne Ligania[3] *Lanciciensi*, Mathia Maczuda *Gnewkoviensi*, palatinis, Tomeone subpincerna *Cracoviensi* et capitaneo *majoris Poloniae*, Joanne de Tanczyn castellano *Woynicensi* tunc magisto curiae reginalis, Jaroslao de Sudlno judice *Vladislaviensi* et aliis quam pluribus fide dignis nostris fidelibus dilectis. Datum per manus reverendi in Christo patris domini Nicolai episcopi *Posnanensis* nobis sincere dilecti.

1) Signanter i. d. praecipue. 2) Swidwa, et. 3) Liganza in aliis, fortasse rectius lectis, litteris.

SECULUM DECIMUM QUINTUM.

XXXXII.

Wladislaus II. Jagiello rex Poloniae (1368—1334) confirmat jura et possessiones urbis Fraustadt.

1404. 2. Junii.

Raczynski cod. dipl. maj. Polon. p. 283.

In nomine domini amen. Ad perpetuam rei memoriam *Vladislaus* dei gratia rex *Poloniae* necnon terrarum *Cracoviae, Sandomiriae, Siradiae, Lanciciae, Cujariae, Lithuaniae*, princeps supremus *Pomeraniae Russiaeque* dominus et haeres, significamus tenore praesentium omnibus et singulis tam praesentibus quam futuris praesentium notitiam habituris, quibus expedit, universis, quod cupientes civitati nostrae *Frauenstats* alias *Wschowar* conditionem efficere meliorem habito respectu ac purae fidei constantiam, qua cives et incolae ejusdem civitatis nostram celsitudinem praedecessoresque nostros venerati sunt et in posterum praestantius poterint venerari: horum intuitu cupientes ipsos nostrarum gratiarum prosequi favoribus, ut nostris suffulti beneficiis sub nostro felici regimine respirare valeant et creatoris nostri clementiam pro nobis jugiter exorare, justis et instantissimis ipsorum civium petitionibus acclinati has proprietates infrascriptas, quas hactenus a praedecessorum nostrorum temporibus obtinebant et obtinent et habere se sufficienter probaverunt, prout etiam ipsas proprietates, jura et gratias in serenissimorum principum *Casimiri* et *Ludovici* regum ac aliorum praedecessorum nostrorum literis contineri invenimus, duximus innovandas seu innovamus, primo et principaliter, quod quatuor macella carnium, quatuor cameras panum seu pistorum et quatuor calceorum sive sutorum cameras, unumque balneum cum gajo[1], quod juxta eandem civitatem *Frauenstadt* crevit seu adolevit prout longe late et circumferentialiter est distinctum, quae a longis retroactis temporibus pro centum et decem marcarum emerant pro melioratione ipsius civitatis, eidem civitati *Frauenstadt* ejusque incolis civibus adjungimus ea temporibus perpetuis ad ipsos et ipsam civitatem pertinere decernentes virtute praesentis mediante. Idem eidem civitati *Frauenstadt* incorporamus pascua decem mansos in se continentia, quorum duo in longum siti sunt ad viam pecudum et incipiunt ante civitate, in quorum fine incipit tertius extensus in longum versus *Rodger* villam, in *Orina* fine jacent alii septem in longum latum, in terminis suis locati et distincti, duoque molendina equina et ventile molendinum, quae cum eisdem mansis dudum acquisiverant, necnon et bona dicta *Steyweze* in foribusque civitatis situata, quae a *Lustkone Rakwicz* emerant, cum omnibus ipsorum utilitatibus proventibus et pertinentiis, ac etiam villam dictam *Przedezin superiorem*[2] cum ecclesia et dominio, prout etiam in suis terminis et limitibus longe late et circumferentionaliter sunt distincta civibus et civitati praedictae *Fraunenstadt* pro ipsius utilitatibus ipsa perpetuae assignamus. Praeterea autem volentes civitatem ipsam *Fraunenstadt* specialibus gratiarum favoribus et beneficiis refovere sibi et incolis ipsius forum salis cum utilitatibus inde provenientibus necnon villam *Przetszyn inferiorem*, quam ipsi cives apud Petrum Faleyechain emerant cum molendino pilari dicto vulgariter theutonico **Walkinol**, in polonico **Stempy**, ac etiam cameras pannicidarum et institorum pro melioratione ipsius civitatis construendi ac aedificandi, monetam cudendi minutam, sub signis tamen nostris regalibus ex una videlicet parte aquilam et ex altera parte crucem binam exprimentem, cujus pecuniae seu denariorum duodecim pro uno grosso debebunt recipi et valere, etiam, si opportunum fuerit, jus ipsorum hic *Magdeburgum* et non alibi requirendi, forum annuale die dominico ante festum sancti Michaelis archangeli habendi, celebrandi et constituendi magistrumque

1) *Gajum*, ejusdem stirpis, qua caja (cfr. Isidori originum l. XVIII 7, 7) vocabulum medii aevi silvam densissimam significabat, et locum clausum, in quo mercaturam facere licitum erat. Cfr. diploma XVI n. 5. et dipl. a. 1393 ap. Racz. p. 111: cum pascuis, silvis, nemoribus, gajis, virgultis, quercubus dumvis rubetis, borris, mellificiis, venationibus etc. 2) superiorem: Raczynski: superiore sc. ecclesia. At haud credibile villam duas habuisse ecclesias. Contra oppositum est Przetschin inferior villae Przetschin superiori.

sive rectorem scholae, quem pro eruditione puerorum suorum valentem invenerint eligendi, statuendi et destituendi civitati civibusque praedictis damus concedimusque et largimur plenam et omnimodam facultatem, ita tamen, quod ratione et occassione gratiarum hujusmodi per nos, ut permittitur ipsis, factarum, cives ipsi de praedictis duobus molendinis equinis sex mensuras brasei triticei[3] singulis septimanis nobis et nostris successoribus dare et solvere tenebuntur. Quod quidem braseum praedictum in molendinis ipsius civitatis molli et in farinam redigi debebunt sine metretae et cujusvis solutionis pagamento. Insuper quoque civitatem ipsam *Frauenstadt* ejusque cives incolas et eorum quemlibet absolvimus et liberamus ab omnibus theloneis seu gnidagiis in quibuscunque locis et quarumcunque personarum tam secularium quam spiritualium omnibus regni nostri incolis et eorum mandamus, immo inhibemus, quatenus a praedictis civibus et quolibet ipsorum cum quibuscunque rebus, mercibus, mobilibus illos transire contingat, theloneum non recipiant nec quovismodo exigere permittant, quemadmodum antecessorum nostrorum in temporibus a solutione hujusmodi theloneorum sunt et fuerunt liberati penitus et exempti. Harum quibus sigillum nostrum est appensum testimonio litterarum. Actum et datum *Lanciciae* feria secunda infra octavas corporis domini nostri Jesu Christi, anno ejusdem millesimo quadringentesimo quarto, praesentibus reverendo in Christo patre domino Alberto episcopo *Posnaniensi*, et validis viris Joanne de Tharnow palatino *Cracoviensi*, Clemente de Moskorzewo castellano *Visliciensi*, Gnewosio de Dalewicze succamerario *Cracoviensi*, Sbigneo de Brzeziecz curiae nostrae marschalco, Petro de Falkow venatori *Sandomiriensi* militibus et aliis quam plurimis nostris fidelibus fide dignis. Ad relationem domini Nicolai regni vicecancellarii.

XXXXIII.

Levy Dunin dominus de Sarne urbi Sarne jus theutonicum Magdeburgense confert.

1407. 11. Nov. die Martini.

Summarium dedimus in catalogo urbium sub v. Sarne.

XXXXIV.

Matthias abbas Bissoviensis renovat privilegium urbis Bissoviae sive Polnisch Krone, quod Johannes abbas ante 41 annos dederat.

1411. 24. Aug.

Transsumptum ex confirmatione Augusti III.

In nomine domini amen. Cum ex innovatione privilegiorum nostrorum jus non acquiritur sed antiquum solummodo confirmatur, hinc est quod nos frater Matthias abbas in *Byssovia* ordinis Cistersiensis *Vladislaviensis* dioecesis nostrorum oppidanorum seu civium in *Byssovia* compatientes miseriis atque calamitatibus quibus annis infrascribtis sunt et fuerunt enormiter laesi, spoliis et incendiis homicidiisque a publicis regni *Poloniae* hostibus theutonicis crudelissime illatis, privilegioque dicti oppidi ac sigillo raptis, praesentibus publice protestamur, quia obinde ad praedictorum nostrorum oppidanorum seu civium petitiones justas et humiles ac nostrorum fratrum dilectorum nostri conventus consilio ac beneplacito eisdem civibus eorum vetus raptum privilegium secundum copiam ejusdem habitam praesentibus annovamus, volentes quod in omnibus robur et firmitatem inconcusse teneat, prout privilegium vetus obtinuit sub hac forma:

Sequitur diploma anni 1370 vide n. XXX.

In cujus innovationis et renovationis testimonium sigillum nostrum nostrique conventus praesentibus est appensum sub anno domini millesimo CCCC undecimo in festo beati Bartholomei apostoli in nostro

---

3) *Triticeum braseum* id quod bracium sive brace, grani species quae germanice Gerste vocatur. Papias: „Bracium unde cerevisia fit."

monasterio praedicto, praesentibus religiosis dilectis fratribus hic subscriptis *Sdzislao* priore, domino Joanne abbate seniore, abbate de *Peplin* hic professo, Petro subpriore, Joanne bursario, Gottfrido Joanne cellulario, Joanne Mariane Bernardo cantore et custode ac aliis tunc praesentibus simul junctis.

XXXXV.

Wladislaus rex (1386—1434) urbi Usc jus theutonicum magdeburgense Posnaniae confert.

1413. 24. Junii.

In tabulario urbis. Summarium diplomatis vide in catalogo urbium S. v. Uschtz.

XXXXVI.

Wladislaus II. Jagiello rex Poloniae (1386—1434) jus hereditarium in urbe Posnaniensi ita sancit, ut matris relictam supellectilem deficiente filia filii legitimi accipiant.

1416. 17. Julii.

Raczynski cod. dipl. maj. Polon. p. 148 „ex transumpto in archivo civitatis Posnaniensis asservato."

In nomine domini amen. Ad perpetuam rei memoriam, quae principum decernit auctoritas non indigne perpetua fulciuntur firmitate et ab instantiis calumniarum[1] subducuntur, proinde nos Wladislaus dei gratia rex *Poloniae* necnon terrarum *Cracoviae, Sandomiriae, Siradiae, Lanciciae, Cujaviae Lithuaniaeque* princeps supremus, *Pomeraniae Russiaeque* dominus et haeres etc. significamus tenore praesentium quibus expedit universis praesentibus et futuris praesentium notitiam habituris, quomodo civitati nostrae *Poznaniensi* utilius volentes providere et conditionem ipsius facere meliorem, decernimus et perpetuo edicto statuimus, ut exnunc et inantea omnes filii civium et incolarum nostrorum *Poznaniensium* legitimi in in derelicta suppellectilium alias **Gerada** matrum suarum decedentium succedant si eas absque prole foeminea contingat recedere ab hac luce, tollentes, cassantes, annulantes, irritantes et nullius roboris vel momenti facientes in dicta civitate *Poznaniensi* omnia statuta, consuetudines et jura tam legalia quam municipalia huic nostro praesenti decreto contraria, quibus hactenus ipsa civitas utebatur et ad successionem hujusmodi derelictorum alios quibus tali statuto competebat praeter filios legitimos, quos non minus materna sicut paterna successio debita ratione contingit, admittebat. Quocirca vobis capitaneis, magistris civium, advocatis, consulibus juratis et scabinis civitatis *Posnaniensis* praedictae qui pro tempore fueritis mandamus, quatenus hujusmodi derelicta nulli praeter filios legitimos aut filias matrum decedentium, si eas post se relinquerunt, praesumatis deputare. Si quis autem huic nostro statuto et edicto praesumpserit contraire, indignationem nostram incurrat et poena regia mulctetur tanquam transgressor et contemptor regalium statutorum. Harum quibus sigillum nostrum est subappensum testimonio literarum. Actum *Lanciciae* ipso die beati Alexii confessoris anno domini millesimo quadringentesimo sexto decimo praesentibus his magnificis strennisque viris dominis Nicolao de Michalow *Sandomiriensi*, Jacobo de Koneczpole *Siradiensi*, Mathia de Labischin *Brzestensi* palatinis, Johanne de Latoschino *Lanciciensi*, Joanne de Szczekoczin *Lublinensi* castellanis et Petro Schafranec subcamerario *Cracoviensi* multisque aliis quam pluribus fidelibus nostris dignis. Datum per manus venerabilis domini Donyn sedis apostolicae prothonotarii decani *Cracoviensis* praepositi sancti Floriani extra *Cracovienses* muros, *Gneznensis, Cracoviensis, Wladislaviensis, Poznaniensis* canonici, regni *Poloniae* vicecancellarii sincere nobis dilecti.

---

1) Calamitatum?

XXXXVII.

Wladislaus II. Jagiello rex Poloniae (1386—1434) urbi Rogasen sive Rogozno, litteris juris, quas habebat, incendio deletis, privilegia renovat atque auget ei tribuens jus Magdeburgense.

1422. 1. Maji.

Transsumptum ex confirmatione Wladislai IV. apud Raczynski, cod. dipl. maj. Polon. p. 153.

In nomine domini amen. Ad perpetuam rei memoriam. Dum vivit litera, vivit et actio commissa literae, cujus asertio nutrit memoriam et debiles semper perpetuat actiones; proinde nos Vladislaus dei gratia rex *Poloniae* necnon terrarum *Cracoviae, Sandomiriae, Syradiae, Lanciciae, Cujaviae Lithuaniaeque* princeps supremus, *Pomeraniae Russiaeque* dominus et haeres significamus tenore praesentium quibus expedit universis praesentibus et futuris praesentium notitiam habituris, quomodo cupientes oppidi nostri *Rogozno* in terra *Majoris Poloniae* siti conditionem facere meliorem et ejus commoda, utilitates ac profectus feliciter adaugere, ut nostris suffultum munificentiis tempore nostri felicis regiminis uberius respirare valeat et felicia recipere incrementa, ad humiles et instantes preces fidelium nostrorum oppidanorum ibidem de *Rogozno*, qui sufficienti testimonio coram nobis docuerunt, quomodo ipsis jura, firmitates et monimenta quodam eventu fortuito essent deperdita et ignis incendio concremata, eidem oppido *Rogozno* jus civile, quo aliae regni nostri et praesertim *terrarum Poloniae* civitates potiuntur et fruuntur, attribuimus ipsamque civitatem *Rogozno* prout in suis metis et granitiis longe late circumferentialiterque ab antiquo est limitata et distincta de jure *Polonico* in jus theutonicum quod *Magdeburgense* dicitur, transferimus perpetuo duraturum removentes ibidem omnia jura polonicalia, modos et consuetudines universas, quae ipsum jus theutonicum *Magdeburgense* praedictum plerumque consueverunt et sunt solita perturbare. Eximimus insuper, absolvimus perpetuo cives et quosvis praedictae civitatis *Rogozno* incolas ab omni jurisdictione et potestate omnium regni nostri palatinorum, castellanorum, capitaneorum, judicum, subjudicum et quorumvis officialium et ministerialium eorundem, ut coram ipsis vel ipsorum aliquo pro causis tam magnis quam parvis, puta furti, sanguinis, homicidii, incendii, membrorum mutilationis et quibusvis aliis enormibus excessibus citati minime respondebunt nec aliquas poenas solvere tenebuntur, sed tantum cives et incolae praedictae civitatis coram suis advocatis pro tempore existentibus, advocati vero coram nobis et capitaneis nostris, dum tamen per literam nostram nostro sigillo sigillatam vocati fuerint et citati, tunc non aliter quam suo jure theutonico *Maidenburgense* praedicto de se querulantibus tenebuntur respondere. In causis autem capitalibus et criminalibus superius expressatis advocatis ibidem in civitate et extra in metis et granitiis judicandi, sententiandi, corrigendi, puniendi, plectendi et condemnandi plenam damus et omnimodam praesentibus concedimus facultatem, prout hoc ipsum jus theutonicum in omnibus suis punctis articulis sententiis conditionibus et clausulis postulat et requirit, successoribus tamen nostris regalibus in omnibus semper salvis. Et ut ipsa civitas *Rogozno* et uberius respirare et convocatione hominum populi multitudine abundare valeat, ipsius civibus et incolis in et super planitie *Miedzylesie* dicta ad ipsos ab antiquo spectante, villam *Miedzylesie* nuncupatam incipiendo a lacu ipsius civitatis usque ad metas villarum *Borzuchowo, Studzienice, Rogniewo*, et sylvam *Mokrzec*, cujus sylvae tamen quatuor stadia pro ipsa villa denuo addimus gratiose jure ritu et consuetudine dictae civitatis *Rogozno* collocandi et homines ad eandem convocandi plenam dedimus facultatem. Omnibus autem hominibus ad eandem mansionaliter convenientibus hanc, quam ipsi praedicti cives concesserint inviolabiliter tenebimus libertatem, qua expirata de quolibet manso possesso singulis annis circa festum beati Martini perpetuo octo mensurae avenae nobis et nostris successoribus pro censu dare et decimam more et consuetudine praedictae civitatis solvere ac subsidia conducendi, robora aedificalia pro reparatione castri, dum et quando, quod absit, foret concrematum, facere tenebuntur et debebunt. Quibus equidem hominibus pro gratia speciali in flumine *Velina* infra molendina nostra ibidem erecta cum hamis, retis vulgariter **Sabrodslami** et **Klomiami** non intingendo piscinas molendinorum eorundem et in lacu etiam stando solummodo supra pontem liberam piscandi damus et concedimus facultatem statuendo, quod sculteti praedictae villae *Midzylesie*, qui pro tempore fuerint, ad quamlibet expeditionem generalem nobis aut nostris tenutariis *Rogoznensibus* cum una balista et equo duas sexaginas valente, obsequi tenebuntur et servire. Quos insuper cives et incolas specialis gratiae praerogativa cupientes pervenire ipsorumque penuriae et defectibus misericorditer subvenire prò ipsorum et civitatis praedictae melioratione pratum incipiendo a flumine *Grzebenetha* usque ad *Garbatham* et a via *Obornicensi* usque ad sylvam, eundem de *Rogozno* versus *Oborniki* ad manum sinistram, damus et adjungimus. Quibus etiam et praetorium, rassoriam **postrzygalnica** nominatam, pensam **Wazalca** vulgariter dictam sefelget ratione salis proveniens, sedecem mansos panum et quoslibet fructus et utilitates, quas infra et supra praetorium instaurare et procurare poterint, approbamus, incorporamus et annectimus habenda, tenenda, utifruenda ac perpetuo possidenda, tali tamen dispositione quod memorati consules ab homine cui dictum praetorium cum suprascriptis omnibus ipsius usufructibus per anni circulum arendare et convenire duxerint, omnes hujusmodi census provenientes annis singulis tollent et eos pro melioratione ac reformatione civitatis convertere et imponere tenebuntur. Qui quidem homo praetorialis vulgariter **ratuski** pannos libere vendet, rasuramque generalem ad omnes pannos in cudenda sine impedimento alicujus textoris obtinebit, nisi tunc essent aliqui textores, quorum quilibet detersemere (?) proprias forfices praevaleret et haberet illis tantum et non aliis pannos proprii laboris redeudi, remissimus facultatem. Cum quibus etenim textoribus civilibus praefatus praetorialis pro tempore existens fraternitatem tenebit in qua eum servare tenebuntur et debebunt. Harum quibus sigillum nostrum est subappensum testimonio literarum. Actum in *Medica* ipso die beatorum Philippi et Jacobi apostolorum anno domini millesimo quadringentesimo vicesimo secundo, praesentibus reverendo in Christo patre domino Joanne episcopo *Praemisliensi* necnon nobilibus strenuisque viris Andrea de Damborz *Camenecensi*, Domorato de Kolglany *Biecensi* castellanis, Alberto Malski magistro curiae reginalis *Lanciciensi*, Petro Kordzbok *Posnaniensi* subcamerariis et Petro Wlodkonis capitaneo *Russiae* multisque aliis nostris fidelibus fide dignis. Datum per manus venerabilis decani *Cracoviensis* Joannis Szafraniec cancellarii et Stanislai Ciolek de Zelechow, haeredum vicecancellarii regni *Poloniae* sincere dilectorum. Ad relationem Andreae de Damborz castellani *Camenecensis*.

XXXXVIII.

Wladislaus II. Jagiello (1386 — 1434) urbi Kruschwitz jus Magdeburgense confert[1].

1422. 8. Junii.

In nomine domini amen. Ad perpetuam rei memoriam. Ne error oblivionis gestis sub tempore versantibus pariat detrimenta alta regum et principum decreverunt consilia ea literarum apicibus et testium anuotatione perennari, ne lapsu temporis evanescant. Proinde[2] nos Vladislaus dei gratiarex *Poloniae* necnon terrarum *Cracoviae*, *Sandomiriae*, *Siradiae*, *Lanciciae*, *Cujaviae Lithuaniaeque* princeps supremus, *Pomeraniae Russiaeque* dominus et heres, significamus tenore praesentium quibus expedit universis praesentibus et futuris praesentium notitiam habituris, quomodo oppidum nostrum *Kruszwica*[3] in terra *Cujaviae*[4] et districtu *Juniwladislaviae*[5] situatum et locatum, populosa multitudine abundare volentes et ejus conditionem facere meliorem, ut tempore nostri felicis reginiinis se continua sentiat[6] recepisse incrementa, ipsum oppidum una cum suburbio de jure polonico in jus theutonicum *Magdeburgense*[7] quo civitas nostra *Juniwladislavia* gaudet, transferrimus perpetuo duraturum, removendo[8] ibidem omnia jura polonica, modos et consuetudines universas, quae ipsum jus theutonicum *Magdeburgense* praedictum quoquomodo consueverunt et sunt solita perturbare. Eximimus insuper, absolvimus, et perpetuo liberamus omnes praedicti oppidi oppidanos et ipsius suburbii quosvis cmethones et incolas ab omni jurisdictione et potestate omnium regni nostri palatinorum, castellanorum, capitaneorum, judicum, subjudicum, et quorumvis officialium, et ministerialium eorundem,

1) Ex Neigebaurii copia cui tamen initium et finis deest et ex confirmatione Sigismundi a. 1538 data in Codice diplomatico Poloniae a Rzyszczewski et Muczkowski edito p. 824. 2) In nostro apographo quod incipit: Nos Vladislaus.. formula initialis deest. 3) Rzyszewski: Cruswijcza. 4) Idem: Cuyaviae. 5) Idem: Junijwladislaviensi. 6) Nostrum: sentiant. 7) Rzyszewski: Maydburgense. 8) Idem: removentes.

ut coram ipsis aut ipsorum aliquo pro causis tam magnis quam parvis, puta furti, incendii, homicidii, sanguinis, membrorum mutilationis et quibusvis aliis enormibus excessibus citati[9]) minime respondebunt nec aliquas poenas solvere tenebuntur, sed tantum oppidani oppidi praedicti, et ipsius suburbii incolae et cmethones coram advocato suo, qui pro tempore fuerit, advocatus vere coram nobis vel judicio nostro, aut coram capitaneo nostro *Crusviciensi*[10], qui pro tempore fuerit, dum tamen per nostras litteras[11] nostro sigillo sigillatas citatus fuerit, et hoc si in reddenda justitia negligens fuerit et remissus, tunc non aliter, quam suo jure theutonico *Maydeburgiense*[12] praedicto de se quaerulantibus respondere sit astrictus. In causis autem criminalibus et capitalibus superius expressatis advocato oppidi praefati, cum consulibus in metis et graniciis judicandi, sententiandi, puniendi, corrigendi, condemnandi et plectendi plenam damus et[13] omnimodam tenore praesentium concedimus facultatem, prout hoc ipsum jus *Maydeburgiense*[14] praedictum, in omnibus punctis suis, sententiis, conditionibus, articulis, et clausulis postulat et requirit. Ut autem praedictum oppidum et ipsius incolae amplioribus gratiarum nostrarum praediti munificentiis pro nostra nostrorumque successorum animarum salute omnipotentis domini clementiam valeant exorare, ex abundanti liberalitatis nostrae plenitudine in dicto oppido *Kruszwica*[15] fora, septimanale videlicet singulis diebus sabbativis et annuale in festo sancti Clementis anni cujuslibet et duobus diebus immediate post sequentibus, statuimus celebranda et habenda, dantes[16] et concedentes omnibus et singulis, mercatoribus, institoribus, vectoribus et quibusvis aliis cujuscunque status condicionis vel eminentiae hominibus, ad fora praedicta septimanalia videlicet et annualia cum omnibus mercantiis atque rebus eorum venientibus pergendi et visitandi easdemque mercantias, atque res huyusmodi vendendi, alienandi, et alias invicem eorundem[17] emendi et commutandi pro ipsorum beneplacito et voluntate necnon fora hujusmodi modo et forma melioribus exercendi plenam damus et tenore praesentium omnimodam concedimus facultatem, juxta jura consuetudines in annualibus et septimanalibus foris ubilibet in civitatibus regni nostri observari solitas et consuetas. Vobis igitur capitaneis, burgrabiis, procuratoribus, viceprocuratoribus[18] ac quibusvis regni nostri officialibus, qui praesentibus fuerint requisiti, firmis nostris regalibus damus in mandatis quatenus mercatores, institores, vectores et quosvis homines praedicta fora cum ipsorum mercantiis atque rebus quibuscunque visitantes et visitare volentes impedire, molestare et perturbare nulla praesumatis ratione, sed potius ipsos et eorum quemlibet emptiones et venditiones ac commutationes exercere permittatis, eosque circa jura ac consuetudines, quibus caeteri ad hujusmodi fora visitantes potiantur, uti, frui et gaudere admittatis et admitti faciatis, decernentes ea robur obtinere perpetuae firmitatis, juribus nostri regalibus in omnibus semper salvis. Harum quibus sigillum nostrum est appensum testimonio litterarum. Actum in *Zniiena*[19] in crastino sanctae trinitatis anno domini millesimo quadringentesimo vigesimo[20] secundo, praesentibus ibidem magnificis et strenuis, Jacobo de Conyeczpolije *Sijradiensi*, palatino, Mosticio *Poznaniensi*, Janussio *Calisiensi*, Floriano de Coryihnijcza *Visliensi*, Domaratho *Beczensi* castellanis et Petro Schaffranijecz succamerario *Cracoviensi* et aliis quam pluribus nostris fidelibus fide dignis. Datum per manus reverendi in Christo patris domini Alberti dei gratia episcopi *Cracoviensis* regni *Poloniae* cancellarii syncere nobis dilectorum. = Ad relationem ejusdem venerabilis domini Joannis decani *Cracoviensis* regni *Poloniae* vicecancellarii.

XXXXIX.

Wladislaus II. Jagiello rex Poloniae (1386—1434) jus feodale in urbe Fraustadt abrogat.

1422. 12. Julii.

Copia ex autographo cui sigillum appensum.

In nomine domini amen. Ad perpetuam rei memoriam. Cum hominum memoria sancto scripturarum et testium pascitur officio, cuncta rerum negotia tutissime litterarum munimini committuntur.

9) Nostrum: civitati. 10) Rayszewski: Crusfijciensi. 11) Idem: nostram literam sigillatam. 12) Idem: Maydburgensi. 13) Verba plectendi plenam damus et, in nostro apographo desunt. 14) Rayszewski: Maydburgense. 15) Rayszewski: Crusffijcza. 16) dantes in apographo nostro deest. 17) Rayszewski: earundem. 18) Procuratoribus, Viceprocuratoribus in nostra copia desunt. 19) Triena legebat scriptor copiae nostrae. 20) Quae sequuntur desunt in nostro apographo.

Proinde nos Wladislaus, dei gratia rex *Poloniae* necnon terrarum *Cracoviae*, *Sandomiriae*, *Sieradiae*, *Lanciciae*, *Cujaviae Lithuaniaeque* princeps supremus, *Pomeraniae Russiaeque* dominus et haeres, significamus tenore praesentium quibus expedit universis praesentibus et futuris praesentium notitiam habendis, quomodo attendentes regiae majestatis tunc famae altae clarere preconia et culmen regale proficere, dum subditis suis regia mansuetudo dignatur onera remittere et liberalitatis suae intendens beneficia donis gratiae subvenire, ex hoc enim thronus roboratur regius et crescit jugiter devotio in subjectis, desideria quoque obsequiorum cum incremento fidei increbrescunt. Volentes itaque nobiles terrigenas et incolas terrae nostrae *Wschoviensis*, quos nobis plena fides recommendat, graciarum nostrarum amplecti ubertate, ut dum eos amplioribus donis nostrae munificentiae praevenimus fecundiori studio ad servitia nostra provocemus, ad petitiones ipsorum et instantias continuas ipsos a jure feodali, et ipsius omnibus conditionibus, obligationibus et consuetudinibus modisque universis, quo et in quibus ab antiquo et hactenus nobis et nostris praedecessoribus paruerunt et manserunt, consilio nostrorum praeclarorum et baronum ad hoc nobis specialiter adhibito, absolvimus liberamus et tenore praesentium eximimus volentes et praesentis robore privilegii decernentes: ut exnunc et inantea perpetuis temporibus duraturis omnibus juribus, jurisdictionibus, consuetudinibus, modis universis et moribus, quibus nobiles terrigenae et incolae terrarum nostrarum *Majoris Poloniae* tum ex nostra concessione quam ex aliorum praedecessorum nostrorum uti consueverunt et ipsi utantur, gaudeant jugiter et fruantur sive in successionibus sive in judiciis sive in aliis juribus et eorum exercitiis quibuscunque. Porro, quotiescunque causas et quaestiones judices ipsorum generales per nostram majestatem vel nostros successores ipsis more aliarum terrarum regni nostri dandi et ad eorum causas et judicia assignandi diffinire quomodolibet nequiverunt, ad judicem nostrum et judicium *Costense* plane simpliciter sive modo provocationis seu appellationis pro decissione, diffinicione et meliori informatione hujusmodi quaestionum et causarum recurrant, qui quidem judex pro cognitione dictarum quaestionum et causarum sive pro notulis sive pro nostris, aut pro sententiis sive memorialibus, et ceteri officiales secum in judicio *Costensi* praesidentes nihil penitus ab ipsis requirere, et exigere teneantur. Volumus autem, ut aliquis extraneus vel aligenigena, sed duntaxat indegena ipsorum et accola praefatae terrae et districtus *Wschoviensis* in judicem ordinarium et terrestrem ipsis praeferatur, coram quo judice per nostram majestatem aut nostros successores eis dato pro tempore et deputato praefati nobiles et non coram alio pro tam magnis quam parvis, puta furti, incendii, homicidii, sanguinis, membrorum mutillacionis et quibusvis aliis enormibus excessibus de se quaerulantibus jure ipsorum terrestri respondere sint astricti et omnes alias intervenientes causas experiri. Ceterum fertones lutorum grossorum, quos nobis et antecessoribus nostris ratione exactionis generalis, vulgariter **Poradlne** dicti, in singulis emethonibus per singulas villas ipsorum dare consueverunt, pro nobis et fisco nostro reservamus, et in hoc potuerint adhuc nostrum arbitrium expectare liberale. Praeterea in omnibus rebus tam mobilibus quam immobilibus, in quibus ante hujus nostrae concessionis praesentis gratiam jus feodi habuimus ratione concessionis vel ex alio quocunque respectu nobis debito, usque ad decisionem terrigenarum praedictorum, quorum hoc cognicioni committimus, volumus salvum, illibatum et illaesum nobis remanere. Si vero praefati terrigenae *Wschovienses* de hoc, an nobis in illis rebus competat processio, aut non, decidere nequeunt... alios judices eligant, dandi et...[1] qui in hujusmodi negotio juxta formam, ritum et consuetudinem juris feodalis pro rebus praedictis cognoscant, nobis reservamus facultatem. Quo facto et agnito praefata nostra concessio perpetuam in omnibus sortiatur firmitatem. Harum quibus sigillum nostrum est appensum testimonio literarum. Datum *Gnesnae* feria sexta in crastino corporis Christi, anno domini millesimo quadringentesimo vigesimo secundo, praesentibus ibidem reverendis in Christo patribus dominis Nicolao, dei gratia archiepiscopo *Gnesnensi* et primate, Johanne *Wladislariensi*, Andrea *Posnaniensium* ecclesiarum episcopis, necnon magnificis et strenuis Sandziwovo de Ostrorog *Posnaniense*, Jacobo de Koneczpole *Siradiense* et Mathia de Labyschino *Brestensi*, palatinis aliisque quampluribus fidelibus fide dignis. Datum per manus reverendi in Christo patris dei gratia episcopi *Cracoviensis*, regni *Poloniae* cancellarii et venerabilis Joannis decani *Cracoviensis* ejusdemque regni

1) Autographum hic fuit laesum.

Poloniae vicecancellarii sincere nobis dilectorum. Ad relationem ejusdem venerabilis domini Johannis decani *Cracoviensis*, regni *Poloniae* vicecancellario Johannes Bohemus.

L.

Wladislaus II. Jagiello (1386—1434) urbi Fordon jus Magdeburgense confert, quatuor villas et quatuor insulas in Wisla adjungit aliaque commoda largitur.

1424. 3. Julii.

Ex confirmatione Sigismundi Augusti a 1563 data in Rzyszczewski et Muczkowski cod. dipl. Pol. II. 830.

In nomine domini amen. Ad perpetuam rei memoriam, quia tunc multis errorum et dubiorum incommodis prudenter occurrimus, dum gesta aetatis nostrae literarum apicibus et testium annotatione perhennamus. Proinde nos Wladislaus dei gratia rex *Poloniae* necnon terrarum *Cracoviae*, *Sandomiriae*, *Siradiae*, *Lanciciae*, *Cujaviae Lithuaniaeque* princeps supremus, *Pomeraniae Russiaeque* dominus et haeres etc. significamus tenore praesentium quibus expedit universis praesentibus et futuris notitiam habituris, quomodo inter alias occupationis nostrae curas ad hoc studium mentis nostrae extenditur, ut thezaurorum nostrorum intendamus jugiter incrementis, quodque status regni nostri praedicti sub nostro foelici regimine conditione subleventur meliori, volentes jugiter civitatis nostrae *Fordan* conditionem facere meliorem praedictae civitati nostrae et ipsius incolis villas nostras prope et circa dictam civitatem jacentes videlicet *Loskun*[1], *Palcze*[2], *Wyszegrod*[3] et *Sirsko*[4] damus, donamus, adjungimus, incribimus perpetuo tenore praesentium et largimur cum omnibus villarum ipsarum utilitatibus, fructibus, censibus et proventibus, ut puta: agris, pratis, pascuis, sylvis, borris, aquis et earum decursibus et generaliter cum omnibus et singulis obventionibus quae nunc sunt aut fieri poterint in futurum, prout praedictae villae in suis metis et granitiebus longe, late et circumferentialiter sunt limitatae et distinctae habendum, tenendum, omnino pacifice et quiete perpetuis temporibus possidendum dantes principaliter in haereditatibus suprascriptis advocato, quem ibi ponere voluerimus duos mansos liberos cum insula sub antiqua ecclesiae beatae Mariae Magdalenae jacente[m] inter *Vislam* et rivulum dictum antiqua *Dbra* et ut in eisdem haereditatibus suprascriptis sive bonis dicti advocati et eorum successores una cum civibus praelibatis valeant libere venari et aves capere, cives vero molendina conservare caeterasque utilitates quae fieri possunt per se facere juxta eorum libitum voluntatis, nihil nobis et nostris successoribus dominii in eisdem reservantes. Damus etiam dictis civibus quatuor magnas insulas in *Wisla* jacentes cum omnibus utilitatibus quae fieri possunt in eisdem seu existunt de praesenti, damusque eidem civitati fluvium nostrum *Wisla* incipiendo a fluvio *Dbra* usque ad gades *Strelcenses* cum omnimoda piscatura, et quod valeant dicti cives uti mensura, metreta, modio, ulna et pondere prout in terra *Culmensi* existunt, utanturque jure *Maydemburgensi*, quo civitas nostra *Bydgostiensis* fruitur atque gaudet. Damus etiam praefatis advocatis et eorum sucessoribus causas tam magnas quam parvas judicare in praefata civitate *Fordan*, poenas vero parvas et minutas pro utilitatibus dictae civitatis assignamus excepta tertia parte advocatorum magnasque poenas, quae ex causis incendii, homicidii vel alterius violentiae emerserunt, sic disponimus, quod nos unam partem earundem, advocatus secundam, civitas vero tertiam percipiemus. Item ex nostra libertate excipimus et per tunc liberamus advocatos

---

1) Hodie Loskon. 2) Hodie Palcz. 3) Ex hac donatione apparet castrum Wissegrod non fuisse eundem locum atque urbem Fordon, sed ab ea diversum, quod etiam elucet ex descriptione viae et regionis litteris a Primislao 15. m. dec. 1305 datis quibus monasterio Bissoviensi hereditatem Transach in districtu Wisegrodensi sitam restituit (Cod. dipl. Polon. II. p. 169). Castrum illud, locus nobilissimus Poloniae saecul. XIII., ab equitibus ordinis theutonici anno 1329 combustum et dirutum postea non restauratum est. Quum autem legatur in litteris dotationem ecclesiae parochialis Wissegrodensis continentibus, quum in illis quas dedit Wladislaus a. 1413 „ecclesiae Vissegradiensis seu Fordanensis", tum in illis quas Sigismundus Augustus a. 1566 dedit: „in oppido nostro Fordan antiquitus Wissegroth nominato" (Cod. dipl. Pol. II. 711. 709.), et sicut exposuimus constet urbem Fordon non esse villam Wyszegrod; ea villa vero in vicinia urbis Fordon situata esse videatur, sequitur id, quod jam Helzel in annotatione ad codicis diplomatici polonici (T. I. p. 131) recte docuerat Wissegrod esse villam Fordan Germanorum (deutsch Fordon sive Schloss Kempe, Kempa Zamkowa) ad quam ab urbe Fordon exiens spatio horae venies. De loco Wissegrod caeterum vide Voigt, Geschichte Preussens IV. 439; Kanngieszer, Bekehrungsgeschichte von Pommern p. 503 qui eum esse urbem Schwetz contendit, et Barthold (Geschichte von Rügen und Pommern I 457, Naruszewicz V 254 et Roepell I 670. 671 (qui ante ceteros docte de eo disseruit) in historia Poloniae accurate ejus situm definire non ausi sunt. 4) Hodie Siersk.

praedictos cum omnibus et singulis civibus dictae civitatis ab omni jurisdictione et potestate omnium regni nostri palatinorum, castellanorum, judicum, subjudicum, succamerariorum et ipsorum officialium et procuratorum nostrorum quorumlibet. Et si fieret vel contingeret eisdem aliquod praedictorum impedimentorum quod absit, volumus ut hoc per advocatos et consules dictae civitatis eorum jure decidatur. Item ut dicta civitas in suis juribus fortius reservetur, concedimus atque damus dictis advocatis et civibus, quod si aliqua sententia scabinorum fuerit ibidem per quempiam redarguta et ab ea appellatum, non valeat hujusmodi sententia declarari per quempiam nisi per consules civitatis antedictae. Etiam damus et concedimus ipsis civibus, quod omnis nobilis et alius quicunque debita contrahens in civitate praedicta, debeat per advocatos et scabinos dictae civitatis et non per alium judicari, sicut in *Thorun* et aliis civitatibus similibus consuetum est servari. Item adjicimus et concedimus dictae civitati nostrae, ut omnes naves et plassagines[5] lignorum cum omnibus mercimoniis debeant ad dictam civitatem applicari et quod omnes res et mercimonia quocunque nomine nominentur in dicta civitate, prout in *Thorun* quiete et pacifice vendantur et deponantur et ex ipsa libere mittantur et alias quocunque volunt, per ipsos libere adducantur sine impedimento quorumlibet procuratorum nostrorum. Et si quae metalla dicti cives reperierint in gadibus hujusmodi et libertate civitatis, ea libere fodere valeant, nostro tamen jure semper salvo. Item damus et concedimus dictis civibus passagium sive navigium ad nos pertinens in fluvio *Visla* circa civitatem ante dictam. Et ut dicti cives majori fruantur libertate damus et concedimus eisdem, ut ligna et robora in borris nostris et sylvis pro eorum aedificiis libere excidere valeant et secure sine praejudicio mellificiorum nostrorum. Damus etiam de speciali nostra gratia civibus antedictis statuta in eadem civitate circa jus *Maydeburgense* facere, statuere et condere, excepta tamen obedientia quam nobis et nostris successoribus facere debeant, dummodo ex illa praedictae civitati non videatur praejudicium generari, et quod scholas sive regimen parvulorum plebanus una cum consulibus absque nostra et legitimorum nostrorum consensu successorum valeant conferre cuicunque voluerint propter deum, dictarum vero scholarum aedificia praefati consules tempore opportuno debent construere et aedificare. Excipimus etiam et liberamus dictos cives cum eorum bonis ab omni solutione thelonei in terra nostra *Wladislaviensi* et fori annualis. Promittimus etiam dictis civibus nostris pontem in *Syrsko* cum propugnaculo facere et postmodum ipsi eundem perpetue facient et reformabunt. Damus etiam praefatis civibus dictae civitatis, quod unam partem de fluvio *Dbra* circa *Sirsko* possunt libere ad ipsorum utilitatem educere et in eadem molendina cum duabus rotis construere et aedificare. De quibus omnibus et singulis utilitatibus, quas in ipsa civitate et ante civitatem facient sive fecerint nobis et nostris successoribus singulis annis in festo beati Martini confessoris quadraginta marcas pruthenicalis monetae solvere sint astricti. Saepedictis etiam advocatis, ut circa dictam nostrae civitatis plantationem sollicitentur arctius, damus et concedimus duo macella carnificum libera, duo macella pistorum, duo macella sutorum, duo macella pannificorum[6] similiter libere possidenda, adjicientes etiam in *Visla* fluvio liberam piscaturam in libertatibus civitatis praelibatae. Damus etiam praedictis advocatis dictam advocatiam libere tenendam, habendam et pacifice possidendam necnon vendendam, donandam, commutandam, obligandam et ad usus beneplacitos convertendam secundum quod ipsis advocatis vel eorum successoribus melius ac utilius videbitur expedire, nostro tamen et nostrorum successorum consensu ad hoc equidem accedente. Harum quibus sigillum nostrum appensum est testimonio literarum. Actum *Gneznae* feria tertia ipso die sancti Procopii anno domini millesimo quadringentesimo vicesimo quarto, praesentibus in Christo patribus dominis Alberto sanctae *Gneznensis* ecclesiae archiepiscopo et primate, Joanne *Wladislaviensis* et Andrea *Posnaniensis* ecclesiarum episcopis, necnon magnificis, strenuis, nobilibus Sandiwogio de Ostrorog *Poznaniensi*, Mathia de Labischin *Brzestensi* et Janussio de Cosczioł *Wladislaviensi* palatinis multisque aliis fide dignis fidelibus nostris dilectis. Datum per manus venerabilium dominorum Joannis Schaphranyecz decani *Cracoviensis* regni *Poloniae* cancellarii necnon Stanislai Cziolek cantoris *Cracoviensis* scholastici et canonici *Sandomiriensis* ejusdem regni vicecancellarii syncere nobis dilectorum. Nihilominus praescriptionibus temporibus

---

5) lignorum plassagines (a voce plasso, plassare derivatum) ea navigia conjicio esse quae navigantes in Viadro Matätschen nominant. 6) pannificorum correximus; editores codicis diplomatici Poloniae et hic et in verborum indice: poenesticarum, scribunt.

aptatis cujuslibet nolumus hujusmodi concessionis nostrae gratia derogari. Relatio ejusdem venerabilis domini Stanislai Cziolek regni *Poloniae* vicecancellarii.

LI.

Urbs Bromberg sive Bydgoszcz fidem spondet Wladislao regi et postquam mortuus fuerit ejus filio Wladislao, aut si filium non reliquerit filiae Hedwigi[1].

1425. 22. Maji.

Rzyszczewski et Muczkowski cod. dipl. Polon. 837.

Nos Petrus Stroczinsky, magister civium, Stanislaus Mnych, Mathias Zak, Stephanus Czasto, Jan Mislanczky, Andreas Paczerz, Nicolaus Wloch, Mathias Zolandowsky, Petrus Krotky, Mathias Petrus Grzimala, Mathias Podscarbye moderni et antiqui consules, Michael Starsa, Nicolaus Slezitha, Petrus Adamko, Petrus Davidowicz, Nicolaus Kczinsky, Albertus Okrangli, Nicolaus Servatka scabini et jurati civitatis *Bydgostiensis* recognoscimus tenore presencium quibus expedit universis, quomodo tacto Lingno vivifice crucis corporaliter juravimus, quod serenissimo principi, et domino domino Wladislao dei gracia regni *Poloniae* domino nostro graciosissimo quam diu vitam duxerit in humanis, post ipsum vero inclito filio suo domino Wladislao et praeclare domine Zophie regine' *Polonie* ac inclito principi domino Allexandro alias Witowdo magno duci *Lithuanie* illustri domino nostro tamquam tutoribus filii sui predicti et durante hujusmodi tutoria, ipso autem filio, quod absit, deficiente illustri filie sue domine Hedvigi virgini nondum nupte, et nulli alteri fideles esse volumus, erimus, spondemus et sine dolo et fraude promittimus nec umquam aliquem vel aliquos dominos preter ipsos alios nobis eligemus et queremus quamdiu erit ipsis vita comes, dolo fraude colore ingenio et occassionibus quibuscumque procul motis. Harum vigore literarum, quibus sigillum civitatis nostre *Bidgostiensis* presentibus est appensum. Datum in *Bidgostia* feria tercia proxima ante festum penthecostes anno domini MCCCCXX quinto.[2]

LII.

Urbs Juniwladislavia (Jungen Leslau) eandem fidem Wladislao sicut Bromberg spondet.

1425. 31. Maji.

Rzyszczewski et Muczkowski cod. dipl. Polon. II. 405.

Nos Nicolaus Tycza proconsul, Andreas Jaczowskij advocatus, Johannes Böze Harnik, Nicolaus Lorko, Petrus Tylchen. Georgius institor, Venceslaus pistor, Bertoldus olim proconsul, Johannes Meliez, Nicolaus Bauch, Nicolaus Pesharnik, Nicolaus Niczowicz antiqui et novi consules, Stephanus Pësharnik, Georgius pistor, Handzel sutor, Phalatiuus pellifex, Fredricus pellifex, Jacussius Trzanssigoscz et Henricus Bauch jurati et scabini civitatis *Juvenis Wladislavie* ac tota communitas ejusdem reco[n]gnoscimus (sequuntur eadem verba quae in litteris antecedentibus urbis Bromberg leguntur, mutato tantummodo Witoldo pro Witowdo et „occassione" pro occasionibus, usque ad „motis".) Harum quibus sigillum civitatis nostro est appensum testimonio literarum. Datum in *Juveni Wladislavia* feria quinta infra octavas pentecostes anno domini millesimo quadringentesimo vicesimo quinto.

1) Idem sposponderunt iis verbis urbes Juniwladislavia, Gembiz et Schrimm vid. No. LII., LIII. et LV. ac urbes Rypin, Radziejow, Dobrzyn et Lipno (v. Cod. dipl Poloniae II. 402—405, 830). Wladislaus Sonkam, filiam Andreae Kijoviensis ducis Withowdi ex sorore neptem, quae in baptismo Sophiae nomen acceperat, a 1422 in matrimonium duxit, cujus filius Wladislaus junior fuit (vide Dlugossii historiam polonicam libro XI, editionis Lipiensis a 1711 impressae T. II. p. 442, 446, 447). Hedwigis, ex priori uxore filia nata, desponsata fuit a 1421 Friderico filio marchionis Brandeburgensis, at ante nuptias celebratas veneno correpta est. (Dlugossius. l. l. p. 437. 600.). 2) Error haud dubie typographi fuit numerus anni, quem Codex diplomaticus Poloniae exhibet: MCCC quinto.

LIII.

Urbs Gembiz fidem Wladislao regi et liberis ejus, sicut Bromberg, spondet.

1425. 2. Junii.

Rzyszczewski et Muczkowski, cod. dipl. Pol. II 838.

Nos Nicolaus advocatus, Nicolaus Warthala, Stanislaus Osszik, Martinus sartor, Nicolaus Szuszewszky, Michael Naroszny, Niklasz textor, Johannes Pyczczych, Johannes Czǫgnimǫsszo, Stanislaus Olszinszky, Johannes Szmudzilatho, Stanislaus Szyethlewszky, Michael Rappa Micorethko, Albertus Wstǫpek, Jacobus Blasius, Laurencius Byaloszorek jurati ac scabini civitatis *Gambicze* ac tota communitas ejusdem, novi et antiqui consules recognoscimus (sequuntur eadem verba quae in diplomate urbis Bromberg n. LI leguntur, mutato tantummodo Witoldo pro: Witowdo, occasione pro: occasionibus, et filio autem ipsius, pro: ipso autem filio). Harum quibus sigillum civitatis nostrae est appensum testimonio literarum. Datum in *Gambicza* die Sabbati infra octavas pentecostes anno domini millesimo quadringentesimo vigesimo quinto.

LIV.

Wladislaus II Jagiello rex Poloniae (1386—1434) urbe Bromberg combusta privilegium Casimiri III de condenda Kunigesburg e regestis regiis restituit.

1425. 13. Junii.

Transsumptum ex confirmatione Casimiri IV a. 1184 data in codice diplomatico Poloniae II 691.

In nomine domini amen. Wladislaus dei gratia rex *Poloniae* necnon terrarum *Cracoviae* et caetera, dominus et haeres significamus tenore praesentium quibus expedit universis praesentibus et futuris praesentium noticiam habituris, quomodo consideratis et inspectis damnis et incommodis gravissimis civium nostrorum de *Bidgoscza*, qui per ignis voraginem damna perceperunt non modica, civitasque predicta pariter cum ecclesia, privilegiis, immunitatibus et domibus universis ignis abolita est incendio, ad instantes petitiones eorundem, quas nobis obtulerunt petendo, ut privilegium ipsorum, quod a divae memoriae domino Casimiro rege *Poloniae* praedecessore nostro obtinebant et quod paulo ante incendium praedictum coram nobis et nostro vicecancellario sanum salvum et integrum obtulerant cujusque sumptum seu copiam regestris nostrae cancellariae insertam et inscriptam habuimus ratificare, gratificare et approbare dignaremur, cujus tenor de verbo ad verbum sequitur sub hac forma

Sequitur privilegium Casimiri a. 1346 datum, vide n. XXIV.

Nos itaque hujusmodi peticionibus dictorum civium tanquam justis et racionabilibus benigniter annuentes privilegium praedictum cum ejus contentis, clausulis, punctis, sentenciis, condicionibus, articulis et concessionibus denuo ipsis per nos factis ratificamus, innovamus, confirmamus et approbamus per praesentes decernentes ipsum robur obtinere perpetuae firmitatis in praemissis. Harum quibus sigillum majestatis nostrae est appensum testimonio literarum. Actum in *Gnesna* feria quarta infra octavas corporis Christi anno nativitatis ejusdem millesimo quadringentesimo vigesimo quinto, praesentibus ibidem reverendissimis in Christo patribus Alberto dei gracia sanctae *Gnesnensis* ecclesiae archiepiscopo et primate, Andrea episcopo *Posnaniensi* magnificisque strenuis et nobilibus, Sandivogio de Ostrorog *Posnaniensi*, Alberto de Wschradow *Calisiensi*, Mathia de Labischin *Brzestensi*, Joanne de Coszcielecz *Wladislaviensi* palatinis, Thoma de Pacoscz castellano *Bidgostiensi* et aliis pluribus testibus fide dignis circa praemissa. Datum per manus venerabilium Johannis decani *Cracoviensis* cancellarii et Stanislai Cziolek cantoris etiam *Cracoviensis* vicecancellarii regni *Poloniae*, syncere nobis dilectorum.

LV.

Urbs Schrimm eandem fidem spondet Wladislao regi ejusque liberis sicut Bromberg.

1425. 11. Julii.

Raczynski, cod. dipl. maj. Pol. p. 158.

Nos Johannes Goczalko proconsul necnon et jurati civitatis *Srzemensis*, Nicolaus Drigala, Nicolaus Slang, Nicolaus Sutor, Johannes Bedno, Hanlinus Grünberg consules moderni, Stanislaus Sutor, Nicolaus Pancala, Nicolaus Trior, Johannes Cabath, Albertus Pyassek, Johanes Kytha Stanczel scabini, necnon et magistri artificum Bronissius et Nicolaus Polewka inter carnifices, Mathias et Jacobus inter lanifices, Nicolaus Culig, Johannes Goldberg inter sutores, Martinus Gorczicz et Johanes Orlik inter pistores, Johannes Jayko, Johannes Pschenycza inter fabros, jurati necnon et tota communitas totius civitatis praedictae *Srzemensis* recognoscimus (sequuntur eadem verba quae in litteris urbis *Bromberg* [n. LI] leguntur, mutato tantummodo: vixerit, pro: vitam duxerit,' filio autem ipsius, pro: ipso autem filio, occasione pro: occasionibus, ante durante deest: et. In transscribendo diplomate cujus tenorem ex archivo regio Warsaviensi Cl. Raczynski acceperat per negligentiam omissa sunt verba quae inter bis iteratum „inclito" scripta erant). Harum vigore literarum, quibus sigillum nostrum civitatis *Srzemensis* est appensum. Datum et actum feria quarta proxima ante festum Margarethae virginis [1], anno domini millesimo quadringentesimo vigesimo quinto.

LVI.

Albertus sive Adalbertus archiepiscopus Gnesnensis (1422—1436) pronuntiat sententiam judicum qua oppidani de Gniewkowo episcopo Wladislaviensi duos grossos de quolibet manso annuatim solvere tenentur.

1425. 24. Julii.

Rzyszczewski et Muczkowski, cod. dipl. Polon. II 406.

Nos Albertus dei gracia sancte *Gneznensis* ecclesiae archiepiscopus et primas significamus tenore presencium quibus expedit universis, quod cum serenissimus princeps et dominus noster dominus Wladislaus rex *Poloniae* etc. nobis cum infrascriptis dominis videlicet reverendo in Christo patre domino Andrea episcopo *Poznaniensi* ac magnificis dominis Sandivogio de Ostrorog *Poznaniensi*, Mathia de Labischino *Brestensi*, Janussio de Cosczelecz *Wladislaviensi* palatinis, Martino de Kalinowa *Siradiensi*, Johanne de Sczekoczin *Lubliensi*, Mathia de Byelawi *Brzezinensi* castellanis, Johanni de Quathkow *Kalisiensi* et Petro de Wydawa *Siradiensi* judicibus causas inter reverendum in Christo patrem dominum Johannem episcopum *Wladislaviensem* ex una, ac nobilem Dobegneum de Kamyonacz Konarsky *Siradiensem*, commisit super quadam pena puelle interfecte in villa dicti domini episcopi, ita quod prefatus Dobegneus asserebat, quod dicta pena capitis ad ipsius dignitatem prefatam et ad dominum nostrum regem pertineret et pro eadem pena villam dicti domini episcopi inpignoraverat, nos auditis hinc inde propositis et privilegiis ecclesie *Wladislaviensis* et diligenter investigatis [1*] cum dominis suprascriptis, habitis ipsorum consilio et consensu, prefatam penam eidem domino episcopo *Wladislaviensi* et nulli alteri adjudicavimus et tenore presencium adjudicamus, eidem Dobigneo Konarsky et alteri cuilibet perpetuum silencium imponentes.

Ceterum prefatus dominus noster rex causam super decima lini vertentem inter prefatum dominum episcopum et opidanos de *Gnewkow Wladislaviensis* diocesis cum suprascriptis dominis judicandam com-

---

1) Festum Margarethae vulgarem hic esse dictum putamus, non diem Margaritae virginis principis Hungariae, qui est 28. d. Januarii.

1*) *Investigatis* correximus pro: masticatis.

misit, nos vero auditis hinc inde propositis prefatam decimam lini videlicet duos grossos de quolibet manso vel quod decimam ducant prefato domino episcopo perpetuis temporibus de voluntate et consensu adjudicavimus et tenore presencium adjudicamus. In quorum omnium testimonium et evidenciam pleniorem sigillum nostrum presentibus est appensum. Actum et datum in *Lancicia* in vigilia beati Jacobi apostoli gloriosi anno domini millesimo quadringentesimo vicesimo quinto, presentibus dominis suprascriptis.

LVII.

Wladislaus II. Jagiello rex Poloniae (1386—1434) confert urbi Fraustadt sive Wschowa omnia jura et privilegia, quibus urbes Majoris Poloniae gaudent.

1426. 2. Augusti.

Ex confirmatione Sigismundi Augusti a. 1550 data.

In nomine domini amen. Tunc regiae majestatis consurgit fastigium, cumulus augetur honoris et libertas munificentiae propagatur, cum subditorum suorum commodis et reipublicae ampliandis profectibus intendit votisque justa petentium clementer condescendit. Proinde nos Wladislaus dei gratia rex *Poloniae*, *Lituaniaeque* princeps supremus et haeres *Russiae* etc. significamus tenore praesentium omnibus et singulis praesentibus et futuris, quomodo nos attendentes solidam et inconcussam constantiam, indefessaque fidelitatis obsequia, quibus nostrae majestati cives *Wschovenses* sub diversitate temporum civitatum *Majoris Poloniae* inhaerentes vestigiis et se eorum moderamini conformantes complacuerunt et auctore domino praestantius complacere poterint, horum intuitu hanc nostram praerogativam ex certa nostra scientia et gratia speciali ipsis et eorum cuilibet temporibus perpetuae duraturam dedimus atque damus, quatenus ipsi et eorum quilibet eisdem gratia juribus, immunitatibus et libertatibus gaudeant et perfruantur seu gaudere et perfrui libere valeant atque possint, quibus aliae nostrae civitates *Majoris Poloniae* de jure aut de consuetudine gaudent et perfruuntur, juribus tamen ipsis per nos aut praedecessores nostros eidem civitati *Wschovensi* sub quacunque forma aut effectu verborum datis aut concessis semper salvis, quibus per hanc nostrae gratiae praerogativam in toto vel in parte non intendimus derogare, quin imo decrevimus, ea in sui firmitate permansura, quodque praedicti cives *Wschovenses* juxta eorum jura, libertates et privilegia nostrae majestatis seu praedecessorum nostrorum ipsis data et concessa, de omnibus et singulis suis debitoribus praesentibus et futuris occasione cujuscunque rei in eorum civitate propria et non alibi seu extra satisfactionem debitam et condignam libere recipere valeant atque possint praesenti decreto regio indulgemus, jure *polonico* nobilibus et ignobilibus ejusdem districtus *Wschovensis* dato et concesso in contrarium non obstante, per quod juribus, libertatibus et privilegiis civitatis praedictae in aliquo non intendebamus, nec intendimus derogare, nisi forte de hoc fuisset facta et expressa mentio specialis. Harum quibus sigillum nostrum est appensum testimonio litterarum. Actum *Posnaniae* feria sexta in crastino sancti Petri ad vincula, anno domini millesimo quadringentesimo vigesimo sexto, praesentibus reverendo in Christo patre domino Alberto sanctae *Gnesnensis* ecclesiae archiepiscopo et primate, necnon magnificis et nobilibus Sandziwogio de Ostrorog *Posnaniensi*, Mathia de Labyschin *Brzestensi* palatinis, Thomkone de Pakosez *Posnaniensi*, Andrea de Domaborz *Camenensi*, et Martino de Stawsko *Calisiensi* castellanis sincere nobis dilectis, testibus circa praemissa. Datum per manus venerabilium Joannis decani *Cracoviensis*, regni *Poloniae* cancellarii, et Stanislai Czolek, custodis *Gnesnensis* et cantoris *Cracoviensis*, regni *Poloniae* vicecancellarii, sincere dilectorum.

LVIII.

Wladislaus II. rex Poloniae (1386—1434) confert villae Wilichowo privilegium urbis jure Magdeburgensi easdemque immunitates quibus urbes in Majore Polonia utuntur.

1429. 15. Julii.

Raczynski Cod. dipl. Majoris Poloniae p. 160.

In nomine domini amen. Ad perpetuam rei memoriam cum inter humanae naturae commoda nihil dignius memoria habeatur, opportunum existit, ut actus hominum litterarum apicibus et testium annotatione perhennentur, ne lapsu temporis evanescant. Proinde nos Wladislaus dei gratia rex *Poloniae* necnon terrarum *Cracoviae, Sandomiriae, Lanciciae, Syradiae, Cujaviae, Lithuaniae* princeps supremus, *Pomeraniae Russiaeque* dominus et haeres etc. significamus tenore praesentium tam praesentibus quam futuris notitiam praesentium habituris, quomodo per reverendum patrem dominum Stanislaum dei gratia episcopum *Posnaniensem* sincere nobis dilectum oblata nostrae celsitudini petitio continebat: quod villam mensae suae episcopalis *Posnaniensis Wielichowo* vulgariter nuncupatam in terra *Majoris Poloniae* et in districtu *Kostaniensi* sitam jure theutonico quod *Magdeburgense* dicitur, erigi et transferri dignaremur. Nos itaque habito diligenti respectu ad praeclarae et constantis devotionis merita ejusdem domini Stanislai episcopi et purae fidei insignia, quibus majestati nostrae complacuit et adhuc complacere poterit, aucto fidelitatis studio praestantius in futurum volentes itaque ipsum specialium gratiarum nostrarum favoribus reddere consolatum et ad nostra obsequia allicere continuo promptiorem, petitionibus ipsius annuentes sibi et successoribus legitimis civitatem seu oppidum de villa praedicta *Wielichowo* jure *Magdeburgensi*, praedicto nomineque et vocabulo appellandum, plenam damus erigendi tenore praesentium facultatem, sine tamen praejudicio aliarum civitatum nostrarum regalium circumvicinarum. In quo quidem oppido *Wielichowo* forum septimanale singulis feriis tertiis in qualibet septimana, forum autem annuale semel in anno videlicet in die sanctae trinitatis perpetuis temporibus instituimus, ponimus et celebrare decernimus per praesentes, dantes potestatem et plenam libertatem omnibus et singulis mercatoribus et hominibus utriusque sexus ad dictum oppidum *Wielichowo* cum ipsorum rebus et mercantiis venientibus, res et mercantias ipsorum cujuscunque generis, ponderis vel speciei fuerint vendendi emendi commutandi ac secundum beneplacitum ipsorum disponendi et ad propria dispositis vel non dispositis redeundi, decernentes ipsos in antecedendo et recedendo nostra potiri securitate et conductu, mandantes omnibus et singulis palatinis castellanis capitaneis burgrabiis procuratoribus et aliis officialibus quibuscunque regni nostri eorumque vices gerentibus et praesertim terrae *Majoris Poloniae*, quatenus ipsos mercatores et homines utriusque sexus ad dictum oppidum *Wielichowo* et ad praedicta fora annualia et septimanalia venientes cum ipsorum rebus et mercantiis libere et sine aliquo impedimento ire et redire, stare et morari, prout ipsis eorum necessitas persuaserit, permittant et permitti faciant gratiae nostrae sub obtentu. Et alias talibus in omnibus punctis et clausulis uti juribus privilegiis consuetudinibus immunitatibus et observantiis eidem civitati *Wielichowo* concedimus quibus civitates nostrae *Posnania* et *Costan* et aliae in *Majori Polonia* utuntur perfrui et gaudere. Harum quibus sigillum nostrum est appensum testimonio literarum. Actum in *Kolo* feria sexta ipso die divisionis sanctorum apostolorum, anno domini millesimo quadringentesimo vicesimo nono, praesentibus ibidem reverendissimo et reverendis in Christo patribus dominis Alberto archiepiscopo *Gnesnensi* et primate, Johanne *Wladislaviensi* et Johanne *Chelmensi* episcopis necnon magnificis, strenuis et nobilibus viris Sandivogio de Ostrorog *Posnaniensi*, Jarando de Brudzewo *Junoicladislaviensi* palatinis, Christino de Coseglowy castellano *Sandecensi* et aliis quam pluribus fide dignis. Datum per manus reverendi patris domini Johannis episcopi *Wladislaviensis* praedicti, cancellarii et venerabilis ac egregii Wladislai de Opporowo decretorum doctoris, praepositi sancti Floriani ante *Cracoviam*, vicecancellarii regni *Poloniae* sincere nobis dilectorum. Ad relationem ejusdem venerabilis et egregii Wladislai de Opporowo decretorum doctoris, praepositi sancti Floriani ante *Cracoviam* regni *Poloniae* vicecancellarii.

LVIIII.

Johannes Lukaw praepositus monasterii Strelnensis cives oppidi Strzelno ab angariis liberat eorum praestationes constituens monasterioque reservans electionem consulum.

1436. 21. Aug.

Transsumptum ex confirmatione Sigismundi a. 1546 data: Cod. dipl. Polon. II 862.

In nomine domini amen. Quoniam omnia que aguntur simul labuntur cum tempore nisi testibus veridicis vel scripturis publicis seu sigillorum munimentis fuerint roborata: noverint igitur universi tam praesentes quam futuri ad quorum audientiam praesens scriptum fuerit devolutum, quod nos Joannes Lukaw miseracione divina paciente praepositus monasterii *Strzelnensis* premonstratensis ordinis, *Wladislaviensis* dioecesis, de unanimi consensu fratrum nostrorum ac sororum nostrarum Margarethae de Zagoczieza priorisse, Hedwigis subpriorisse, Margarethae Leszka circatricis[1], Helene custodis, Catherinae subcustodis, Petronelle cantricis, Hedvigis succantricis ac tocius conventus favore amplectentes speciali pro nostrae nostrorum predecessorum ac successorum salute et pro reparatione monasterii nostri circumspectis et providis viris oppidanis nostri oppidi in *Strzelno* protunc temporis existentibus sanis Stanislao Lunczsky protoconsule[2], Alberto Ludziczsky, Stanislao Sukowski, Jacobo Pampek, Stanislao Kobyla ac Petro Zwiskith consulibus, etiam tocius communitatis tam magnorum quam parvulorum praesentium et posteriorum cujuscunque fuerint conditionis ipsorum natis ac nascendis successorum suorum ibidem in *Strzelno*, justis peticionibus ac postulationibus eorum sumus inclinati: quod eis omnes et singulos labores remitteremus et census, nobis quos ipsi omnibus et singulis annis solvebant, videlicet sedecim grossos in alium modum seu usum transmutaremus seu perverteremus: nos vero de provido consilio ad eorum peticiones inter nos ex una et inter ipsos supradictos ex altera partibus, stabilivimus et statuimus, quia predicti nostri oppidani cum eorum successoribus agros colentes de quolibet manso tenentur et tenebuntur nobis et nostris successoribus unam marcam solvere currentis monetae numeri vero polonicalis, marcam in quamlibet quadraginta octo grossos computando[3], ratione census et laborum, quos labores ipsi laborabant pro nobis ac monasterio nostro, propter quos census ipsi cum suis successoribus debent nobis et nostris sequacibus solvere ac censuare, videlicet unam marcam annuatim ut supra. Damus et dedimus eisdem oppidanis nostris omnimodam libertatem ab omnibus laboribus nostris nostrarumque sororum ac monasterii nostris temporibus eviternis tenendam et habendam, excepta decima manipulari et campestri, quam nobis ac nostris successoribus singulis annis et perpetuis temporibus sunt astricti dare et conducere in allodia curiae nostrae more solito et consueto. Similiter omnes et singuli thabernatores de qualibet thaberna tenentur et tenebuntur nobis solvere unum fertonem census. Ortulani vero qui agros non habent astricti sunt nobis solvere pro censu tres grossos. Etiam omnes et singuli qui in areis desertis, ubi prius fuerint, orti situerenter seu edificentur similiter tenentur nobis et tenebuntur censuare tres grossos ejusdem monete aequali modo. Omnes artifices cujuscunque artis seu artificii fuerint, in thabernis seu ubi fuerint areae thabernarum, si edificentur, tenentur et tenebuntur nobis dare fertonem ejusdem monetae. Agricolae vero omnes et singuli debent nobis solvere perpetuo duos grossos de manso vulgariter **poradlne**[4]. Qui census omnes et singuli, majores sive minores debent nobis persolvi ad festum sancti Martini. Carnifices vero omnes et singuli debent nobis et nostris posteris dare duos lapides sepi[5] ratione census. Item omnes et singuli emptores salis cum curribus a quolibet curru magno sive parvo nobis et nostris successoribus tenentur et tenebuntur temporibus perpetuis dare et solvere medium corum[6] salis mensure nostri oppidi *Strzelnensis*; tales autem currus qui adducti

1) Vocabulum: circa, quum medio aevo vigilias significaret, circatrix ea monacha fuisse videtur quae vigiliarum curam gerebat. Ceterum sermone monastico circatores ii appellabantur qui monasteria auctoritate ordinis visitabant. Legimus pro circatrice, custode, cantrice etc., quod cod dipl. Pol. habet, semper —is, quoniam in libris manuscriptis saepe invenimus in fine verborum C esse abbreviaturam —is; similiter et in hoc diplomate sicut in aliis transscribendis „per" interpretati sumus: perpetuo. 2) Protoconsule: correximus, scriptum est: proconsule. Pro fortasse abbreviatura pro proto fuit. 3) marcae „numeri polonicalis consueti", eundem valorem 48 grossorum Pragensium indicant diplomata Wladislai a. 1392, Hedvigis a. 1397, Wladislai a. 1440, Johannis Alberti a. 1496 (Wzory Pism Dawnych w przerysach wystawione w Warszawie 1839 p. 47. 43. 60. 79.) et alia. 4) Poradlne i. e. solarium, vectigal rastrale, germanice: Grundsteuer. 5) i. e. sebi pondus. 6) corus est mensura annonaria triginta modiorum.

fuerint in oppidum nostrum deponi seu moveri non debent absque scitu nostro aut nostrorum vicesgerentium et procuratorum. Item omnes et singuli agricole, thabernatores, ortulani nec non omnes quicunque proprios panes comederint, volumus omnino, quia debent nobis et nostris successoribus solvere columbationem[7], quam ex antiquo solvere consueverunt, videlicet quatuor ternarios[8] ad terminum pretacti festi. Insuper volumus a nostris oppidanis habere in die fori ut nullus eorum emere aut forisare[9] debebit quae fuerint ducta ad forum, de quibus nobis necessitas occurreret aut superveniret scilicet de comestionibus, habita autem nostra sufficientia extunc quilibet ipsorum potest pro se ipso necessaria forisare. Damus etiam nostris oppidanis quod quilibet eorum potest forisare una, quando et nostri servi forisabunt quilibet pro sua scultella[10], quod necessarium pro eis fuerit. Etiam si contingerit contributio stationis regalis extunc juxta consuetudinem antiquam sepe nominati oppidani agros colentes tenentur dare de quolibet manso perpetuo duas mensuras avenė mensure oppidi nostri, duos grossos, medium capete[11] ovorum, duos pullos, duos caseos et perpetuo unam scultellam ligneum. Etiam pretensi oppidani, agricole, thabernatores et ortulani cum villa dicta *Blawathy* tenentur et debent super dictam contributionem dare duos boves toriens quotiens fuerit opportunum. Volumus etiam habere quod ortulani predicti oppidi laborent in allodiis nostris exceptis qui poterint in suis facultatibus contentari, similiter tritulent sub eodem solario[12] sicut et alii circa nos aut posteritatem nostram metent et tritulabunt. Damus etiam et appropriamus de nostra speciali gratia et favore de quolibet ortulano resitenti[13] ac manenti in loco ac parte vulgariter *Czegelka* omnes et singulos census, videlicet de quolibet orto perpetuo tres grossos esse solvendos civibus pro reformatione pretorii necnon melioratione tocius communitatis prefati oppidi, prenominatique ortulani omnes et singuli tenentur et tenebuntur unum diem deputatum per protoconsulem ac consules ejusdem laborare dum avisati fuerint ob necessitatem ac utilitatem dicti oppidi et tocius communitatis. Si autem quis prefatorum ortulanorum se ipsum excusaverit vel abstraxerit a labore unius diei, extunc talis det, reponet ac solvat pro pretorio nostri oppidi ratione census quatuor grossos ob non laborem pretacti diei, excepta columbacione, quam nobis et nostris successoribus obligantur dare, insuper adicientes et dantes dictis oppidanis nostris quatuor ortulanos videlicet Dudorkaz, Gregorium Slangowycz, Sigismundum necnon Nicolaum circa pontem[14] manentem versus villam *Mlyn*[15] necnon si aliqui postmodum in eisdem ortis seu areis edificabuntur, cum omnibus censibus, uti supra de *Czegelka* canit. Dicti tamen census pretactorum ortulanorum debent reponi super festum sancti Martini. Ipsos duntaxat ortulanos omnes et singulos pro laboribus et messatione tempore messis necnon tribulatione perpetuis temporibus nobis et nostris successoribus irrecusabiliter reservantes; verum tamen si qui illorum ortulanorum non possint in suis facultatibus contentari (excepto quidem orto ac domo quem dedimus per modum commutationis Jacobo dicto Druchna pro area ac loco ob edificationem ecclesiae sancti spiritus, ipsum liberantes et benivolem facientes ab omni censu dicti orti et a labore et quibuscunque aggravationibus temporibus eviternis). Item supradicti oppidani agros colentes tenentur reformare vulgariter **grobye** circa molendinum aquaticum dictum *Matwi*, recipientes in nostris virgultis rubetum, circa quod molendinum non plus debent laborare in predicto aggere vulgariter *grobla*, nisi quinquaginta cubitos minus uno secundum signa et mensuram eorum; similiter circa *Cruspiciam* juxta consuetudinem antiquam. Etiam in oppido nostro jam dicto damus una cum posteris nostris, quod quilibet mansus vel medius[16] debet habere unum ortum liberum ab omnibus censibus, laboribus et solutionibus continuis. Insuper praedicti oppidani cum successoribus suis debent habere pascua seu pabula pro pecoribus et pecudibus pascendis, retro ad diciones ipsorum agrorum, sub dicta villa *Mlyn* circa planiciem *Rostkowiecz* mediate luto vulgariter **struga**, necnon in borris nostris et successorum nostrorum similiter et in bonis nostris sed absque damnis quibuslibet videlicet magnis et parvis etsi velint aliquas habere excusationes per pastorem eorum, nos vero una cum posteris nostris nihil cum eo agere habemus nisi cum ipsis oppidanis. Damus etiam omnibus inquilinis oppidi nostri omnimodam libertatem ab omnibus censibus nostris, excepta columbatione ut supra. Protoconsul[17] vero una cum Consulibus

7) columbatio i. e. praestatio ex columbis aut pecuniae pro columbis. 8) denarios? 9) forisare i. d. in foro negotia facere, de pretio rerum pacisci. 10) Scutellae secundum Dufresne Ducangium cibi ac potus portiones diurnae quae clericis eroganatur, dictae sunt: hic scultella generaliter quae ad victum necessaria sunt, significat, postea vero „scultella lignea" pateram sive discum (Teller). 11) capete id quod capeta sive capisa h. e. mensura quaedam. 12) solarium idem ac salarium. 13) pro residenti. 14) pontem corr.; scriptum est: potentem. 15) nunc *Mlyny*. 16) modius? 17) Scriptum: proconsul.

debent stabilire seu instituere potum, vinum et medonem secundum valorem ipsorum, cujus valoris fuerit sive *Bythgostiensem* seu quemcunque adduxerint vicini vel alieni. Volumus etiam una cum successoribus nostris habere balneum nostrum secundum jura civilia, ita tamen, quod nullus oppidanorum nostri oppidi pretacti habebit balneum proprium sed in eodem balneo omnes balneabuntur. Caeterum damus nostris supratactis oppidanis tenere et possidere agros eorum in longitudine et latitudine secundum consuetudinem antiquam seu prout antiquitus eorum tenebatur. Damus etiam una cum posteris nostris eisdem oppidanis omnimodam libertatem ab omnibus solutionibus avene vulgariter **gayowego owssa.** Volumus etiam quod nullus oppidanorum nostrorum habeat seu locet ortum in pascuis civilibus circa lutum vulgariter *Czastrigewo*, dempto molendinatoris orto. Damus etiam eisdem opidanis nostris libere locare ortos in agris ipsorum, si fuerint aliqui superflui aut excessivi, pro relevatione vel melioratione dicti opidi. Etiam si ex contingenti causa nostrorum omnium hominum predicti opidi aliquis casus [18] contentionis aut malefactionis supervenerit in civitatibus aut in villis alienis contra quamcunque personam sive militarem sive popularem, nullibi debent judicari nisi in oppido nostro coram advocato oppidi nostri jure *Maydboriense* juxta privilegia antiqua monasterii nostri. Si etiam dicti oppidani essent fallibiles, rebelles, inobedientes et incurabiles, tunc tales debent castigari seu puniri per suum advocatum, et si advocatus eos sive istos castigare non sufficeret extunc Protoconsul [17] una cum consulibus conventione facta omnes tales debent compescere et castigare. Damus etiam circa pretorium vel in pretorio ejusdem opidi, quaecunque [19] locabuntur seu edificabuntur, nostris dictis oppidanis, omnes et singulos census pro relevatione ac supportatione oppidi nostri. Etiam supra dicti oppidani si aliquam partem sinistram aut voluntatem malam seu quamcunque oppositionem rebellem contra nos aut fratres seu monasterium nostrum aut posteritatem nostram moverent aut nobis opponerentur, extunc perpetue volumus, ut ipsi nobis et nostrae posteritati respondeant regali in judicio secundum sentencias domini regis aut suos judices legitimos pro nobis latos. Volumus etiam et postulamus habere ab eisdem nostris oppidanis in omnibus eorum injuriis ac impedimentis, ipsis per per aliquos homines seu personas cujuscunque condicionis factis, in quibus per aliquod praejudicium eos defendere non possemus, extunc ipsi supradicti debent nobis et nostris successoribus expensas de facultatibus eorum apponere et ministrare, una cum duabus personis idoneis de communitate eorum, quas ipsi voluerint eligere, si necesse fuerit; quas quidem injurias eorum debemus coram serenissimo domino rege ipsis illatas exponere. Etiam reservamus pro nobis et nostris successoribus, quia de nostro provido consilio praeconsulem una cum consulibus secundum consuetudinem aliorum oppidorum terrestrium eligere debemus. Insuper omnibus et singulis negociis prescriptis, in residuitatibus vero ultimis et ignotis locamus et locavimus eundem nostrum oppidum predictum, sicut melius potuimus, proprietatis titulo. In cujus rei testimonium et firmitatem perpetuam presens privilegium jure civili eis dedimus nostro et nostri conventus sigillis communitum. Actum et datum in conventu monasterii nostri *Strzelnensis* feria tertia proxima post festum seu infra octavas assumptionis Mariae sub anno nativitatis domini millesime quadricentesimo tricesimo sexto, praesentibus fratribus et sororibus nostris necnon nobilibus Erasmo, Michaele, Joanne de Glogowa et Laurentio Rewber presbiteris nostri conventus necnon ordinis, Margaretha priorissa, Hedvigi subpriorissa, Margaretha circatrice necnon cum nostro toto conventu, nobilibus vero Ade herede in *Tilang*, Petro herede in *Grabye* [20], Petro dicto Lewyn herede in *Kszyszyno* [21], Nicolao et Chwal heredibus in *Sukoro* [22] et Vincentio in *Wronowo* [23] et me Nicolao presbitero *Gneznensis* diocesis auctoritate imperiali publico notario.

---

18) casus correx.; scriptum est: causus. 19) „quaecunque" correximus pro „quicunque". 20) nunc Grab. 21) nunc Krzyszyn. 22) nunc Sukowy. 23) nunc Wronowy.

LX.

Wladislaus III rex Poloniae (1434—1444) mercatoribus Posnaniensibus per Poloniam proficiscentibus immunitatem vectigalium renovat.

1443. 10. Junii.

Transsumptum ex confirmatione Sigismundi a. 1521 apud Raczynski. C. D. M. P. p. 129.

Wladislaus dei gratia *Hungariae, Poloniae, Dalmatiae, Croatiae* etc. rex universis et singulis palatinis, castellanis, capitaneis, tenutariis, burgrabiis, procuratoribus, viceprocuratoribus, magistris civium, consulibus civitatum et opidorum, theloneatoribus, viarum custodibus et arestatoribus per terras *Majoris Poloniae* videlicet *Siradiae, Lanciciae, Cujariae* praesentibus requirentes fidelibus nostris dilectis gratiam nostram. Fideles nostri dilecti, ex quo[1] cives nostri *Posnanienses* per omne regnum nostrum Poloniae a rebus et mercibus eorum thelonea hactenus solvere non fuerunt consueti[2]: ea propter mandamus vobis et vestrum cuilibet in terris jam dictis, quatenus juxta praescripta consuetudinis observantia, ab eisdem civibus *Posnaniensibus* thelonea, ut praemissimus, nullo modo exigatis, gratiae nostrae sub obtentu aliter non facturi. Datum *Budae* feria secunda ipso festo pentecostes anno domini millesimo quadringetesimo quadragesimo tertio. Ad relationem magnifici Petri de Sczekoczin regni *Poloniae* vicecancellarii.

LXI.

Wladislaus III rex Poloniae (1434—1444) confirmat sculteto villae Pritschen antiquum ejusdem villae privilegium.

1444. 26. August.

Transsumptum ex confirmatione Casimiri a. 1447 data.

In nomine domini amen. Ad perpetuam rei memoriam, quia tunc multis errorum et dubiorum prudenter occurrimus incommodis, dum gesta civitatis nostrae litterarum apicibus et fide dignorum testimoniorum perennamus, proinde nos Wladislaus dei gratia *Hungariae, Poloniae, Dalmaciae Croatiae*que rex necnon terrarum *Cracoviae, Sandomiriae, Siradiae, Lanciciae, Cujaviae. Lithuaniae* princeps suppremus, *Pomeraniae Russiae*que dominus et haeres significamus tenore praesentium quibus expedit universis praesentibus et futuris praesentium notitiam habituris, quoniam pro parte providi Nicolae Herolth sculteti de *Priczyn* oblata nobis petitio continebat, ut sibi privilegium seu litteram praeclari principis domini *Premislai* ducis *Poloniae* sub sigillo appenso non rasam nec aliquo vitio viciatam ratificare, approbare, innovare et confirmare dignaremur. Cujus quidem privilegii tenor de verbo ad verbum sequitur, et est talis

Sequitur diploma n. IX a. 1273 datum.

Nos vero petitionibus suis benigniter inclinati privilegium praefatum in omnibus suis punctis, ordinationibus, clausulis et articulis ex recta nostra scientia ratificamus, approbamus, innovamus et praesentis scripti patrocinio confirmamus decernentes, ipsum robur obtinere perpetuae firmitatis. Harum quibus sigillum nostrum est appensum testimonio litterarum. Datum in *Waradino* feria quarta proxima post festum sancti Bartholomaei apostoli anno domini millesimo quadringentesimo quadragesimo quarto, praesentibus magnificis generosis et strenuis Luca de Korka *Posnaniensi*, Hriszkone Tygerdersi *Podoliae* palatinis, Nicolao de Ossolin, castellano *Wisnicensi*, Nicolao Feuwren de Grabow milite, Przfat de Matirstio *Cracoviensi* vexillifero ceterisque dignitariis et familiaribus ac quoque pluribus fide dignis gratia nostra permissis. Datum per manus magnifi-

---

1) *ex quo* eodem sensu ac quoniam accipiendum est. 2) Vide diploma n. XXXII. anni 1372.

corum Joannis de Konieczpole cancellarii et Petri de Szczekocim vicecancellarii regni *Poloniae* sincere nobis dilectorum, scripto ejusdem magnifici Petri de Szczekocim regni *Poloniae* vicecancellarii.

LXII.

Casimirus rex Poloniae (1447 — 1492) confirmat privilegia villae Pritschen.

1447. 29. August.

In nomine domini amen, nos Kazimirus dei gratia rex *Poloniae*, necnon terrarum *Cracoviae*, *Sandomiriae*, *Siradiae*, *Lanciciae*, *Hungariae*que, magnus dux *Lithuaniae*, *Pomeraniae Russiae*que dominus et haeres etc. ad rei memoriam sempiternam significamus tenore praesentium quibus expedit universis praesentibus et futuris praesentium notitiam habituris, quoniam pro parte providi Nicolai Herolth sculteti de *Priczin* oblatae tenor petitionis continebat in effectu quatenus litteras ratificationis serenissimi principis domini Wladislai regis praedecessoris nostri carissimi sigillo suae majestatis roboratas non viciatas, sanas, salvas et integras, omni prorsus vitio et suspicione carentes ratificare, confirmare et approbare ex innatae nostrae benignitatis clementia dignaremur. Quarum litterarum tenor sequitur in haec verba.

Sequitur diploma praecedens a. 1444.

Unde nos petitionibus .... humillibus ex innata nostra benignitate favorabiliter acclinati .... praefati serenissimi principis domini *Wladislai* praedecessoris nostri carissimi ratificationum litteras praescriptas in omnibus earum punctis, conditionibus, clausulis et articulis ratificamus, innovamus, approbamus et confirmamus tenore praesentium mediante; decernentes easdem robur obtinere perpetuae firmitatis .... Harum quibus sigillum nostrum est appensum testimonio litterarum. Actum in .... feria prima post festum sancti Bartholomaei proxima anno domini millesimo quadringentesimo quadragesimo septimo, praesentibus ibidem magnificis generosis et strenuis Luca de Korka, *Posnaniensi*, Petro Ostrowicz[1] de Spronca *Leopoliensi* et Heczkone de Pomorzarin *Podoliae* palatinis, Bartossio Ostrolecz[2] de Wozi, judicibus *Cracoviensibus*, Joanne de Szczekocin dapifero *Sandomiriensi* et capitaneo *Wladislawiensi*[3], et Cresslao[4] Woyschitz de Woycza familiaribus nostris, et aliis pluribus fide dignis testibus permissis. Datum per manus magnificorum Joannis de Konieczpole cancellarii et Petri de Szczekocim vicecancellarii regni *Poloniae* sincere nobis dilectorum. Ad relationem ejusdem magnifici Petri de Szczekocim R. P. vicecancellarii.

LXIII.

Casimirus III (IV) rex Poloniae (1447—1492) urbi Gniewkowo renovat privilegium a Zememislao seculo decimo tertio datum eique jus Magdeburgense. concedit.

1450. 14. Maji.[1])

In nomine domini amen. Ad perpetuam memoriam, quoniam tunc multis errorum et dubiorum prudenter occurrimus incommodis, dum gesta aetatis nostre litterarum appicibus et testium annotatione

---

1) In alia copia: Ostrowacz. 2) alia: Wybralecz. 3) alia: Lublinensi. 4) alia: Crzeslao.

1) Hoc diploma tum a Neigebauro accepimus descriptum ex confirmatione Stanislai Augusti, quae in tabulario urbis fuit,

perennamus; proinde nos Casimirus[2] tertius dei gratia rex *Poloniae* necnon terrarum *Cracoviae*, *Sandomiriae*, *Syradiae*, *Lanciciae*, *Kujaviae*, magnus dux *Lythuaniae*, *Pumeraniae*[3] dominus et heres *Russiae* etc. etc. etc. significamus tenore praesentium universis quibus expedit tam praesentibus quam futuris praesentium notitiam habituris, quomodo constituti in nostrae majestatis conspectu providi cives oppidi *Gniewkow*[4] enarrabant, quomodo littera seu privilegium ipsorum olim praeclari principis Zemozvislai[5] ducis *Cujaviae* temporis gverarum jam lapsarum cum Pruthenis vergentium capta civitate nostra *Junivladislaviensi* temere insultu crucigerorum[6] eo tempore hostium nostri regni, spe conservandi per ipsos ibidem repositum[7] pariter cum civitate praedicta ignis voragine sit consumptum, cujus quidem literae copiam in cartula papyrea[8] nostrae obtulerant[9] majestati humiliter suplicando, quatenus ipsos circa jura et articulos in eadem copia litterae contentos conservare dignaremur gratiose. Nos igitur petitionibus eorum de certa consiliariorum nostrorum scientia benigniter acclinati cupientesque praefati oppidi nostri provocare augmentum, saepe dicti oppidi incolis ex gracia nostra speciali et secundum continentiam copiae privilegii eorum taliter ut praefertur exusti nobis oblatae, hanc praerogativam largimur et damus gratiose, primo et principaliter, quod omnes et singuli oppidani et inhabitatores oppidi praedicti agros possidentes sive colentes de quolibet manso per unum fertonem mediorum grossorum, de areis[10] sive domibus per unum grossum singulis annis pro festo sancti Martini confessoris nobis et successoribus nostris dare et[11] solvere ratione census anni tenebuntur. Absolvimusque et liberamus praedicti oppidi incolas a solutionibus[12] censuum ab ortis per incolas ejusdem oppidi possessis. Insuper ex speciali nostra gratia praedictis[13] oppidi nostri incolis in paludibus et rubetis non extirpatis pro pecoribus et pecudibus pascua libera damus et concedimus absque quovis pretio aut solutione, absque tamen praejudicio et damnis nostris. Item si communitas praedicti oppidi votis confirmibus aliqua nova aedificia in medio praedicti oppidi, ut cameras institorum, mercatorum, balnea aut macella et alia hujusmodi utile ejusdem oppidi concernentia construere et aedificare voluerint, super his ipsis plenam damus et omnimodam conferimus vigore praesentium facultatem, illo tamen expresso quod de hujusmodi structuris et cameris sive macellis nobis eodem modo prout et de domibus sive areis solvant per unum grossum et reponant, hoc per expressum addito et posito, quod de[14] quolibet macello carnificum annis singulis pro festo sancti Martini per unum lapidem saevi[15] puri nobis et successoribus nostris dare et persolvere erunt obligati et adstricti. Item si aliqua munitio oppidi praedicti aliquo casu infausto[16] ignis incendio aut vetustate annihilata fuerit et consumpta, illius medietatem nos et[17] successores nostri, incolaeque praedicti oppidi medietatem alteram propriis sumptibus reparare tenebuntur. Si vero duae partes solum[18] corruerint, extunc ipsi cives propriis impensis destructa instaurare et reaedificare tenebuntur. Item si aliquis burgensium de ipso oppido per fugam discedere contigerit et expost deprehensus fuerit, talis profugus comprehensus nobis cum collo suo erit dandus et praesentandus, bona vero ipsius ad nos et successores nostros devolvi debent pleno jure et[19] integro. Caeterum incolae civitatis praedictae habebunt omnimodam libertatem excidendi robora et ligna arrida et sicca pro structuris aedificiorum usuque ignis domestici in borris nostris regalibus, ratione cujus libertatis quilibet oppidanorum praedictorum in uno aut duobus equitiis[20] ligna educentium per quatuor coros avenae, qui vero in quatuor equitiis[20] hujusmodi ligna eduxerint, per octo coros avenae in festo sancti Martini nobis et successoribus nostris, dare et solvere tenebuntur. Insuper praedicti oppidani de quolibet manso[21] per unum currum lignorum pro usu curiae nostrae ad quodlibet festum nativitatis domini similiter annis singulis educere de borris nostris et adducere tenebuntur. Cupientes itaque conditionem praedicti oppidi facere meliorem ipsum prout in suis metis, limitibus et granitiebus longe lateque et circumferentialiter limitatum existit et destinctum de jure polonico et quovis alio in theutonicum[22], quod *Magdeburgense*[23] dicitur, transferimus gratiose, removentes ibidem jura omnia polonica et quaevis alia, modos et consuetudines universas, quae ipsum jus theutonicum[24] plerumque consueverunt, perturbare. Eximimus insuper, absolvimus

---

tum legimus in codice diplomatico Poloniae II. 890, cujus editores idem metricae regni bis insertum (G. 10 p. 68 et XE. qq. p. 286) invenerunt. Exemplari nostro adjecimus variantes lectiones codicis diplomatici Poloniae. 2) C. D. P: Kazimirus. 3) Pomeraniaeque. 4) opidi nostri Gnyewkow. 5) Zemozmslai. — Zemomislii duo exstitere, alter dux Cujaviensis mortuus 1241, alter dux Junivladislaviensis 1268—1287 qui et dux Cujaviensis appellabatur. Hic secundus fortasse privilegium dedit. 6) cruciferorum. 7) N: repositi. 8) papirea scriptam. 9) obtulerunt. 10) Sic C. D. P. Neugebaur: ero. 11) deest ap. Neigeb. 12) C. D. P. solucione. 13) praedicti. 14) de deest. 15) sepi (id est sebi). 16) infausto, quod absit. 17) aut. 18) solummodo. 19) ac. 20) equis. 21) deest apud Neigeb. 22) theutunicum. 23) Meydboriense. 24) theutunicum.

et liberamus omnes et singulos inhabitatores oppidi praedicti ab omni jurisdictione et potestate omnium regni nostri palatinorum, castellanorum, capitaneorum, judicum, subjudicum, camerareorum[25] caeterorumque dignitariorum et ministerialium eorundem, ut coram ipsis aut ipsorum aliquo pro causis parvis et magnis, puta furti homicidii aut[26] incendii, sanguinis effusionis et membrorum mutilationis et aliis quibusvis enormibus excessibus citati minime respondebunt nec aliquas paenas solvere tenebuntur, sed incolae oppidi praedicti coram suo advocato pro tempore existenti, advocatus vero coram nobis vel capitaneo nostro ibidem in *Gniewkow*[27] pro tempore existenti, dum tamen per litteram nostram sigillo nostro sigillatam evocatus fuerit et citatus, tunc non aliter quam jure suo praedicto teutonico[24], *Magdeburgense*[23] respondere sunt adstricti; et hoc si ipse advocatus in[28] reddenda justitia negligens fuerit et remissus. In causis autem criminalibus et capitalibus superius expressis[29] advocato oppidi praedicti intra metas et granities oppidi praedicti judicandis sententiandi, condemnandi, plectendi, puniendi plenam damus et omnimodam concedimus tenore praesentium facultatem prout hoc ipsum jus teutonicum[24] Magdeburgense[23] praedictum cum[30] omnibus suis conditionibus, capitulis, articulis[31], punctis et clausulis postulat et requirit; juribus tamen nostris semper salvis. Praeterea si aliqua sententia definitiva per advocatum juratos seu scabinos oppidi praedicti lata definitiva[32] fuerit pro quacunque causa, et in illius decisione pars jurisdictionem patiens noluerit esse contenta, ab illa non alias nisi in *Junivladislaviam* appellare debet, pari modo si[33] advocatus et jurati oppidi[34] praedicti ob difficultatem litis[35] contraversiae coram ipsis vertencium causam discernere et decernere non valerent, extunc non alibi nisi in *Junivladislavia*[*m*] decisionem causae hujusmodi vulgariter ortel inquirere debent, casu tamen quo aliquis sinistra temeritate permotus judicio civili bannito spreto[36] juris ordine derogaverit et super ea temeritate jure[37] convictus fuerit, talis poenis[38] jure Magdeburgensi[23] praedicto contentis puniri debet et succumbet. Insuper de qualibet re judicata poenisque parvis sive magnis advocato oppidi praedicti tertius denarius, nobis vero duo cedere debent. In cujus rei testimonium sigillum nostrum praesentibus est appensum.[39] Actum et datum *Gnesnae*[40], feria quinta ipso die ascensionis domini, anno millesimo quadringentesimo quinquagesimo, praesentibus ibidem[41] reverendissimo in Christo patre domino Vladislao dei gratia archiepiscopo *Gnesniensi*[42] et primate, magnificisque et generosis Luca de Gorka palatino *Posnaniensi*[43], Stanislao Ostrorog *Gnesnensi*[44], Hincza[45] de Rogow *Rospiniensi*[46], Joanne de *Bnino*[47] *Miedzierzycene*[48], Johanne de Grandy *Spycimiriensi*[49], Rapfaele de Leszno *Praemetensi*[50] castellanis, Nicolao de Thomice[51] vexilifero *Posnaniensi*[43] et aliis quam plurimis fide dignis testibus circa praemissa. Datum per manus magnificorum Joannis de Koniecpole[52] cancellarii, et Petri de Sczekocin[53], vicecancellarii regni *Poloniae*, sincere nobis dilectorum. Ad relationem serenissimi principis dominae Sopfiae[54] dei gratia reginae *Poloniae*.

LXIV.

Casimirus III (IV) rex Poloniae (1447—1492) urbi Jungenleslau sive Inowroclow privilegia renovat jus magdeburgense ei concedens.

1450. 3. Junii.

Rzyszczewski et Muczkowski codex diplomaticus Poloniae Varsaviae 1852 II. 894.

In nomine domini amen. Ad perpetuam rei memoriam. Labilis est humanarum rerum condicio, nisi litterarum apicibus et testium annotacione perhennetur, proinde nos Kazimirus tercius dei gracia rex *Polonie* necnon terrarum *Cracovie*, *Sandomirie*, *Siradie*, *Lancicie*, *Cuyavie*, magnus dux *Littowanie*, *Pomeranie* quoque dominus et heres *Russie* etc. significamus tenore presencium universis et singulis quibus ex-

25) camerariorum. 26) „aut" deest. 27) Gnyewcow. 28) „in" deest apud Neigeb. 29) expressatis. 30) in. 31) particulis. 32) lata et diffinita. 33) nisi. 34) „oppidi" deest apud Neig. 35) litis et. 36) scripto. 37) „jure" deest. 38) penis in. 39) appensum testimonio litterarum. 40) Gnezne. 41) „ibidem" deest. 42) Gneznensi. 43) Poznaniensi. 44) de Ostrorog gneznensi. 45) Hyneza. 46) Rosperiensi. 47) Bnijn. 48) Myedzirzeczensi. 49) Splezimiriensi. 50) Przemetensi. 51) Thomicze. 52) Conyeczpole. 53) Sczekoczino. 54) Zophiae.

pedit presentibus et futuris presencium noticiam habituris, quomodo ad nostre majestatis venientes conspectum providi cives nostri *Juniwladislavienses* retulerunt litteras et munimenta, que a predecessoribus nostris sub certis articulis ipsis datis et concessis temporibus gwerrarum jam preteritarum cum Prutenis vergencium [1], manifeste capta, vastata et exusta predicta civitate *Juniwladislaviensi* temero ipsorum Prutanorum insultu, pariter cum predicta civitate, ubi dicta privilegia fuere recondita, ignis voragine esse consumpta, super quibus sic actis fide dignum nostre majestati testimonium perhibuerunt supplicantes nostre majestati, quatenus prefatis civibus in eorum prioribus literis, sic ut premittitur, exustis articulos contentos et expressos admittere, dare et conservare dignaremur graciose: nos itaque defectibus predicte civitatis pie compacientes volentesque ipsam civitatem pristine instaurare condicioni, ut tempore nostri felicis regiminis prospera se senciat recipere incrementa, predicte nostre civitati pro melioracione et augmento ejusdem terciam partem advocacie ibidem in *Juniwladislavia* uno cum duobus mansis agri liberis in campo *Mycorszyn* vulgariter dicto situatis cum omnibus predictorum tertie partis advocacie et duorum mansorum agri utilitatibus, fructibus, reditibus, proventibus universisque pertinentibus et appendiis quibuscunque nominibus vocentur, que nunc sunt et in posterum ipsorum civium industria poterint augeri damus; insuper predicte civitati balneum civile jam edificatum et constructum cum omnibus ejusdem balnei censibus, proventibus et redditibus universis, nihil in premissis omnibus pro nobis reservando. Damus eciam predicte nostre civitati prata et pascua cum medietate fluvii *Notesz*, incipiendo a graniciebus *Sarlege* [2] usque ad *Mosthwy*, a *Mostwy* vero usque in *Crussa*, a *Crussa* usque ad *Pyotrkowyce* et abinde usque in *Lyszczycze* [3] sic continuando, pro pascendis pecoribus et pecudibus ipsorum vulgariter dicta **Freth** [4] quibus inantea libere utebantur, salvis tamen juribus et proventibus nostris, si qui racione premissorum nobis de jure aut consuetudine dari et solvi debent. Eciam omnia predia, alodia, agros et eorum culturas sive ortos ad dictam civitatem ab antiquo pertinentes in omnibus juribus, modis et consuetudinibus a diu tentis et servatis volumus perpetue conservari, ita tamen, quod quilibet civium hujusmodi predia, alodia, agros, ortos [possidens] [5], census de eisdem antiquitus dari et solvi solitos annis singulis, secundum quantitatem possessionis agrorum nobis solvere tenebuntur. Volumus insuper, ut circumferencialiter a dicta civitate in distancia unius miliaris in prejudicium dicte civitatis cerevisie extranee seu aliarum civitatum per incolas villarum adjacencium nullatenus debeant propinari, nisi per braxatorem [6] ipsum. Licebit preterea dictis civibus vinum et medonem duntaxat sub pretorio civili vendere et propinare, excepta cerevisia *bydgostiensi* aut alia extranea quacunque, que nec sub pretorio nec alias per quempiam civium in detrimentum nostrorum molendinorum debet propinari. Ex quo autem consuetudo tocius regni nostri disponit, quod homines et kmetones in villis habitantes aliquas vecturas exercere non admittuntur, volumus eciam et presentibus inhibemus, ut nullus hujusmodi kmethonum seu villanorum in toto *juniwladislaviensi* districtu existencium hujusmodi vecturas et ducturas deinceps audeat exercere, sed quibus negociari interest, tales se predicte civitati nostre incorporent in eaque recipiant incolatum, quapropter cuilibet capitaneo terrae *juniwladislaviensis* pro tempore existenti stricte comittimus et mandamus, quatenus hujusmodi vecturas a modo nulla permittat fieri racione. Inhibemus insuper omnibus et singulis mercatoribus, vectoribus et penasticis [7] de *Prussia* et de aliis convicinis civitatibus ad predictam nostram civitatem venientibus aliquas mercancias seu fora diebus communibus exercere et res quasvis emere sive vendere in die ipsorum fori septimanalis, in ipsa civitate singulis septimanis qualibet feria tercia instituti. Cupientes itaque predicte civitatis nostre condicionem facere meliorem predictam nostram civitatem prout in suis metis, limitibus et graniciebus longe, late et circumferencialiter limitata existit et distincta, de jure polonico et quovis alio in jus theutunicum transferimus perpetue duraturum removentes ibidem omnia jura polonicalia, modos et consuetudines universas, que ipsum jus theutunicum plerumque *Maydburgense* dictum consueverunt perturbare. Eximimus insuper, absolvimus et perpetuo liberamus omnes et singulos predicte civitatis incolas ab omni jurisdictione et potestate omnium regni nostri pallatinorum, castellanorum, judicum, subjudicum et quorumvis dignitariorum et officialium camerariorumque ac ministerialium et specialiter om-

1) „vergencium" correximus pro variencium. 2) Sarlege, fortasse villa quae hodie Szarlei vocatur, 3) nunc Leszczyce. 4) Freth. h, e. ager incultus. 5) possidens, quod deest, supplendum est. 6) braxator i. e. coctor cerevisiae, „brassenr". 7) penasticus is qui penum sive victum vendit.

nium capitaneorum, ut coram ipsis aut ipsorum aliquo pro causis tam parvis quam magnis, puta furti, homicidii, incendii, mutilacionis membrorum effusionisque sanguinis et aliis quibusvis enormibus excessibus citati minime respondebunt, nec aliquas penas solvere tenebuntur, sed cives et incole predicte civitatis coram suo advocato, qui pro tempore fuerit, advocatus vero coram nobis aut capitaneo nostro, dummodo per literam nostram sigillo nostro sigillatam evocatus fuerit et citatus, et hoc si in reddenda justicia negligens fuerit et remissus, tunc non aliter quam jure suo theutunico *Meydemburgensi*, quod ipsis civibus nostris *Junwladislaviensibus* presentibus damus et conferimus graciose, omnibus de se querulantibus repondere sint astricti. In causis autem criminalibus sive capitalibus superius expressatis, advocato predicte civitatis judicandi, sentenciandi, condempnandi, corrigendi, puniendi, plectendi plenam damus et omnimodam facultatem, prout hoc ipsum jus theutunicum *Meydemburgense* predictum in omnibus suis capitulis, punctis, condicionibus, articulis et clausulis postulat et requirit, juribus tamen nostris semper salvis. Harum quibus nostrum sigillum presentibus est appensum testimonio litterarum. Actum *Poznanye* feria quarta in vigilia Christi anno domini MCCCCL°, presentibus ibidem reverendissimo reverendisque in Christo patribus dominis Wladislao dei gracia archiepiscopo *gneznensi* et primate, Andrea eadem gracia episcopo *poznaniensi* nec non magnificis et generosis Luca de Gorca *poznaniensi*, Johanni de Crethkowo *brestensi* palatinis, Dobrogostio de Szamothuli *poznaniensi* et Johanne de Bnyn *myedzyrzecensi* castellanis, testibus circa premissa aliisque pluribus fide dignis. Datum per manus magnificorum Johannis de Conyeczpole cancellarii et Petri de Sczecoczyny vicecancellarii regni *Polonie* sincere nobis dilectorum. (Relacio[7] serenissime principis Zophie dei gracia regine *Polonie* etc.)

LXV.

Casimirus IV rex Poloniae (1447—1492) interdicit mercatoribus pannum in urbi Schrimm vendere, qui non melior sit panno, quem Schrimmenses ipsi texant.

1456. 4. Junii.

Transsumptum ex confirmatione Sigismundi II Augusti apud Raczynski. p. 237.

Casimirus dei gratia rex *Poloniae*, *Russiae Prussiaeque* dominus et haeres. Quamvis singulorum subditorum nostrorum justas preces ad exauditionis gratiam libenter admittimus, illis tamen libentius annuere nos convenit, ex quorum instantia profectum augmentumque nostrorum proventuum regalium publicare cognoscimus. Proinde significamus praesentium tenore universis et futuris, quomodo providorum pannitextorum de *Srzema* fidelium nostrorum majestati nostrae oblatis petitionibus acclinati attentaque inopia eorum, qua in hactenus pressi sunt ex eo, quod certi mercatores in praejudicium et distinctionem eorundem pannitextorum nostrorum pannos aliunde panno eorum exiliores in *Srzem* pro vendendo ducere consveverunt. Volentes itaque in ea re de congruo remedio providere de certa nostra scientia et baronum nostrorum consilio decrevimus et praesentibus decernimus inhibentes, ne quisquam hominum cujuscunque status ac conditionis existant, pannos exiles praesertim grisei coloris videlicet *Srzemensi* similes in valorem vel exiliores pro vendendo in *Srzem* quoque ducere praesumat sub eorundem pannorum perceptione, et pro emendatione ac reformatione civitatis convertendum. Quocirca providis magistro civium et consulibus in *Srzem* modernis aliisque pro tempore existentibus mandamus seriose, quatenus inhibere debeant ac teneri, ut nullus homo pannos praelibatos panno *Srzemensi* similes vel exiliores signanter grisei coloris ad vendendum in *Srzem* ducere audeat. Et quicunque in contrarium facere praesumpserint, pannorum hujusmodi receptione per nos puniantur, sub gratia nostra ita tamen, quod dicti pannitextores pannos quos poterint meliores juxta eorum posse debeant ac teneantur texere et laborare. In quantum autem ipsi magistri civium et consules in receptione pannorum hujusmodi sicut praemittitur se reddiderint negligentes, ab

---

7) Haec addita sunt in libro Metricae regni Poloniae N. 36.

ipsis poena eadem per tenutarium *Srzemensem* pro tempore existentem quoties hujus inhibitionis exigerit transgressio irremisibiliter repetatur, foris itaque annalibus et nundinarum exceptis, quae praesenti nostro decreto et inhibitioni volumus (non [1]) subjacere praesentium nostrarum. Quibus sigillum nostrum praesentibus est appensum testimonio literarum. Datum *Gnesnae* feria sexta post octavos corporis Christi anno domini millesimo quadringentesimo quinquagesimo sexto. Relatio venerabilis Joannis Luthconis de Brzezie utriusque juris doctoris, archidiaconi *Gnesnensis*, regni *Poloniae* vicecancellarii.

LXVI.

Casimirus IV rex Poloniae (1447—1492) et Kruschwitzenses nundinas civitatum Cujaviae frequentantes immunes a vectigali mercium et alios mercatores nundinas in Kruschwitz obeuntes liberos ibi a portorio esse declarat.

1460. 10. Septembr.

Rzyszczewski et Muczkowski, codex diplomaticus II. 919.

Kazimirus dei gratia rex *Polonie*, magnus dux *Lithwanie*, *Russie Prussieque* dominus et heres etc. significamus tenore presencium quibus expedit universis, quomodo mente sollicita perpendentes clare fidei constantiam et sinceram fundaminum exhibicionem, quibus oppidani et incole oppidi *Cruswijcza*, fideles nostri dilecti, majestatem regiam hactenus sunt venerati et in futurum auctis fidelitatis studiis et beneplacitis nostris potuerint reddere apciores, horum intuitu cupientes oppidi predicti incolas singularium gratiarum nostrarum favoribus prevenire oppidique predicti conditionem volentes facere meliorem, ut tempore nostri felicis regiminis se continua senciat recepisse incrementa, ipsis et eorum cuilibet de nostre liberalitatis plenitudine opulenta talem fecimus prerogativam, ut dum et quociens incolas oppidi predicti cum mercibus, frumentis, peccoribus, pecudibus et jumentis ac aliis rebus quibuscumque nominibus censeantur ad fora civitatum septimanalia, puta: *Brzestensis*, *Juniwladislariensis*, *Radzieiowiensis*, *Gambicensis* et aliarum civitatum in terra *Cuyavine* sittuatarum fora visitare contigerit, ab eisdem rebus per eos vendendis vel commutandis nullas soluciones forales vulgari denominacione **thargowe** dictas, cuipiam dare tenebuntur nec debebunt, sed easdem res libere et secure vendere et commutare et invicem earum alias reemere omni sine solucione plenam damus et tenore presentium concedimus facultatem. Absolvimus preterea, eximimus et liberamus omnes et singulos cujuscunque conditionis homines ad fora tam annalia quam septimanalia in *Cruschwicza* cum rebus eorum quibuscunque venalibus venientes et visitantes foraque hujusmodi exercere volentes ab omni rerum earundem forali solucione et exactione, a qua homines hujusmodi predictos undecunque venientes ad fora oppidi predicti penitus liberos decernimus et solutos. Vobis igitur *Brzestensi*. *Juniwladislaviensi*. *Cruschwiciensi* capitaneis et eorum vices gerentibus, qui pro tempore fueritis, necnon advocatis, consulibus et hujus modi foralium solucionum exactoribus civitatum omnium predictarum et aliarum in terra *Cujaviensi* quarumcunque, presentibus requirendis, firmis nostris regalibus damus in mandatis, quattenus oppidi predicti oppidanos et incolas citra hanc ipsis datam et concessam gracie prerogativam omnino dimittere debeatis et dimitti faciatis, nullas soluciones forales a predictis *Cruschwiciensibus* oppidi incolis ubicumque, ut prefertur, venientibus cum rebus eorum et ab aliis fora oppidi predicti visitantibus exigere quovismodo presumatis, secus pro gracie nostre obtentu facere non ausuri, presentibus ad nostre duntaxat voluntatis beneplacitum valituris. Datum in *Cruschwijcza* feria quarta proxima post festum nativitatis Marie virginis gloriosissime anno domini millesimo quadringentesimo sexagesimo. Relacio venerabilis Joannis Luthkonis de Brzesszcie utriusque juris doctoris, archidiaconi [s] *Gnezuensis*, regni *Poloniae* vicecancellarii.

---

1) „Non“ in copia deest, at supplendum est secundum confirmationem diplomatis a. 1562 datam.

LXVII.

Casimirus IV rex Poloniae (1447—1492) Posnaniensibus querelam habentibus de vectigali in foro Lublinensi exacto portitores libertatem mercatorem Posnaniensium agnoscere jubet.

1462. 4. Junii.

Transsumptum ex confirmatione Sigismundi a. 1521 apud Raczynski, cod. dipl. majoris Poloniae p. 12.

Casimirus dei gratia rex *Poloniae*, magnus dux *Lithuaniae*, *Russiae Prussiaeque* dominus et haeres magnifico Joanni de Rythwiany regni *Poloniae* marschalco gubernatorique capitaneatus, in absentia sui burgrabio necnon famosis consulibus thelonearii et eorum vices gerentibus civitatis nostrae *Lublinensis* sincere fidelibusque nostris dilectis gratiam regiam cum favore. Magnifici necnon famosi sincere fidelesque nostri dilecti: quaerulati sunt coram nostra majestate famosi consules, cives et mercatores civitatis nostrae *Posnaniae*, fideles nostri dilecti, et quamvis ab annis superioribus et antiquis ad solutiones theloneorum a quibuscunque bonis et mercantiis in *Lublin* caeterisque locis regni nostri dicti cives minime adstringebantur sive compellebantur, eo vero non obstante memoratos cives et mercatores *Posnanienses* ad solutionem theloneorum anno nondum elapso impellitis et stringitis ad dandum et solvendum in grave praejudicium eorum et gravamen laesionemque et vilipendium literarum, jurium et privilegiorum civitatis memorate: sed quia nos jura et munimenta et literas perpetuo titulo confectas vidimus et audivimus, quibus memoratae civitatis *Posnaniensis* cives et incolae ab omnibus et singulis solutionibus theloneorum per et infra dominia regni nostri a quibuscunque bonis et mercibus eorum sunt exempti, liberi et absoluti, pro tanto committimus et mandamus vobis seriose omnino habere volentes, quatenus memoratae civitatis *Posnaniensis* mercatores, cives et incolas circa eorum hujusmodi libertates et exemptiones, de quibus taliter fidem fecimus tenendos et conservandos, eosdem ad nullas solutiones sive contributiones theloneorum in *Lublin* ab eorum quibusvis bonis, mercibus et rebus, ex quo nunquam prius se ea solvisse allegant, compellatis aut quovis modo astringatis, fidejussores quod ad hujusmodi thelonei non solutionem vobis in pignus dederunt a cautione fidejussoria absolvendos et liberos dimitendos, et aliter non facturi gratiae nostrae sub obtentu. Harum quibus sigillum nostrum praesentibus est subimpressum testimonio litterarum. Datum *Posnaniae* feria sexta ante festum pentecostes proxima anno domini millesimo quadringentesimo sexagesimo secundo. Relatio Rudi patris domini Joannis de Brzeszie utriusque juris doctoris electi ecclesiae *Cracoviensis* regni Poloniae vicecancellarii.

LXVIII.

Casimirus IV rex Poloniae (1447—1492) pannificibus urbis Kosten auctoritatem pannos ab eis textos sigillo signandi dat.

1472. 13. Novembr.

Raczynski, codex diplomaticus majoris Poloniae p. 196.

In nomine domini amen. Ad perpetuam rei memoriam. Licet ex regali fastigio, ad quod majestatem nostram sua benignitate extulit evexitque altissimus, splendor gratiarum in omnes subditos diffundi debeat, uberioribus tamen convenit eos prosequi favoribus, qui in aliquo facto vel opere caeteros antecellunt, ut exinde plures ad similia aspirent et promoventur. Proinde nos Casimirus dei gratia rex *Poloniae* necnon terrarum *Cracoviae*, *Sandomiriae*, *Siradie*, *Lanciciae*, *Cujaviae*, magnus dux *Lithuaniae*, *Russiae*, *Prussiae* necnon *Culmensis*, *Elbingensis* et *Pomeraniae* terrarum dominus et haeres significamus tenore praesentium quibus expedit universis praesentium notitiam habituris, quomodo in nostrae majestatis constituti praesentia providi magister et textores panni civitatis nostrae *Kostensis* exposuerunt: quod licet alias bonos et electos pannos facere et texere consueverant bonitate et melioritate sua vero omnes pannos laboris polonici excedentes, comperto tamen quod panni aliarum civitatum regni pannis ipsorum et labore, artificio et bonitate inferiores sub mentito nomine pro pannis ipsorum vendebantur et ex hoc panni eorum in minorem aestimationem veniebant suspectique de suo valore passim reddebantur, necnon emptores plurimum in hoc colludebantur emendes pannos viliores pro pannis *costensibus* credentes, quod textores *costenses* praedicti ex labore rudioris grossiorisque panni propter causas praedictas majora lucra et faenora quam ex panno bono se habituros et percepturos, pannos bonos texere et laborare per aliqua temporum intervalla cessiverant et desierant, donec intelligentes prioribus lucris quae ipsis ex panno meliori obveniebant se fraudari, iterum ad texturam bonnorum immo meliorum electiorumque quo magis poterunt pannorum se converterunt, majestati nostrae humiliter supplicantes, quatenus ad tollendam suspicionem ex mentita venditione aliorum pannorum de pannis ipsorum exortam, et ut panni eorum praedicti per omnes mercatores et emptores ab aliis pannis aliorum locorum discernantur cessetque collusio, quae exinde circa emptionem pannorum hujusmodi praesertim tamen in hominibus simplicibus committeba[n]tur, liceret textoribus *costensibus* praedictis de nostro consensu et approbatione omnes pannos artificii texturae et laboris eorum certo signo per nos ipsis deputando consignare et annotare, quod signum pannos civitatis ipsorum fuisse in omnibus locis significet et exprimat et demonstret. Nos autem volentes in hoc petitioni textorum praedictorum tanquam justae et consonae rationi morem gerere et de omni ex hoc ipsis et civitati ipsorum facere incrementa turrim unam cum aquila alis extensis in ipsa residente pro signo praedicto damus et deputamus eisdem. concedentes et indulgentes perpetua et irrevocabili concessione et indulto tenore praesentium mediante magistris et textoribus praedictis ipsorumque posteris et successoribus et omnibus aliis textoribus, qui pro tempore civitatem *costensem* praedictam incoluerint et habitaverint, quatenus exnunc et de caetero signum praedictum per majestatem nostram ipsis traditum et deputatum in omnibus staminibus pannorum suorum, quos manibus ipsorum et proprio suo labore perfecerint ediderintque ponant plumbatum et affigant signoque praedicto pannos suos hujusmodi consignent et annotabunt usuri sigillo eodem et hac nostra praesenti concessione libere perpetuo et in aevum. Harum quibus sigillum nostrum praesentibus est subappensum testimonio literarum. Actum et datum in conventione generali *Piotrkoviensi* feria sexta post festum sancti Martini proxima anno domini millesimo quadringentesimo septuagesimo secundo, praesentibus reverendissimo reverendisque in Christo patribus domino Joanne sanctae *gnesnensis* ecclesiae archiepiscopo et primate. Jacobo *vladislaviensi* et Andrea *posnaniensi* episcopis nec non magnificis, generosis, strenuis, nobilibus Johanne de Pyłęza castellano *Cracoviensi*, Derslao de Rythwiany *cracoviensi*, Luca de Gorka *posnaniensi*, Stanislao de Ostrorog *calissiensi*, Nicolao de Brudzewo *siradiensi*, Nicolao de Kuthno *lanciciensi*. Nicolao de Koszielecz *brestensi*, Stanislao de Choteez *Russiae*. Groth de Nowemiasto *ravensi* palatinis, Petro de Schamotuly poznaniensi, Hincza de Rogow *sandomiriensi*. Johanne Zaramba de Kalinowa siradiensi, Dobeslao de Wisnicze *lublinensi*, Johanne Amor de Tarnow *wagniciensi*. Eustachio de Sprowa radomiensi castellanis, Johanne de Rythwiany marschalco regni *Poloniae* et aliis quam pluribus ad praemissa fide dignis. Datum per manus venerabilis Shignei de Olesnicza scholastici *cracoviensis*, *gnesnensis*, *vladislaviensis* et *sandomiriensis* ecclesiarum canonici, regni *Poloniae* vicecancellarii sincere nobis dilecti. Relatio venerabilis Sbignei de Olesnicza scholastici *cracoviensis*, regni Poloniae vicecancellarii.

LXIX.

Casimirus IV rex Poloniae (1447—1492) confirmat et auget privilegium urbis Bromberg sive Bidgostiae.

1484. 17. Decembr.

In nomine domini amen. Ad perpetuam rei memoriam. Presentis evi lubrica conditio cunctas hominum actiones longi proscriptione temporis obductas caligine in oblivionis abyssum plerumque demer-

gere consuevit, nisi literarum apicibus roborentur et proinde nos Kazimirus dei gracia rex *Poloniae* necnon terrarum *Cracoviae*, *Sandomiriae*; *Siradie*, *Lancicie*, *Cujariae*, magnus dux *Lituaniae*, *Russiae*, *Prussie Culmensisque*, *Elbingensis* et *Pomeraniae* etc. dominus et haeres ad universorum noticiam volumus pervenire, quomodo oblata nobis est humiliter peticio pro parte providorum civium *Bidgostia*[1], quatinus illis privilegium per divae memoriae Wladislaum germanum nostrum approbare, confirmare, ratificare aliisque libertatibus infrascriptis de gracia nostra civitatem eorum ornare dignaremur. Cujus quidem privilegii tenor de verbo ad verbum sequitur et est talis

Sequitur diploma n. LII. a. 1425 datum

Nos vero eorum peticionibus graciose inclinati privilegium praesentibus insertum innovandum, ratificandum, approbandum et confirmandum duximus confirmamusque, ratificamus et approbamus tenore praesentium mediante decernentes ipsum habere robur perpetuae firmitatis. Sed ut ipsi cives singularibus praerogativis nostris suffulti tanto ferventius tantoque facilius[2] reparationi civitatis insistant, quam ex fundamentis et aggere, muro magna in parte erecto cingere et fortificare coeperunt opusque ceptum celerius perficiant, omnibus et singulis dictae civitatis incolis et inhabitatoribus ex nostra speciali gracia triplex annale forum dedimus et contulimus pro festis sanctorum Egidii, Martini et sanctae Agnetis, septimanale vero singulis sabbatinis diebus ab hominibus quibuscunque civitatem illam veudendi, emendi rerumque suarum commutandi lucri causa cum quibuscunque rebus civitatem illam intrantibus more aliarum civitatum regni nostri tenendum, habendum, celebrandum libere absque quovis impedimento, nisi tales sint, quos jura non tuentur et quibus virorum bonorum commercia denegantur; tales enim ab hac praerogativa volumus esse alienos. Damus praeterea eis liberam carnium in civitate praefata empcionem et vendicionem die septimanalis fori praefata. Concedentes insuper eis per fluvium *Viszla* liberam navigandi licenciam navibus magnis et parvis merces ipsorum cujuscunque generis vehendi, ducendi, vendendi, commutandi juxta consuetudinem aliarum civitatum regni nostri, prout navigabant ex antiquo. In cujus rei testimonium sigillum nostrum praesentibus jussimus subappendi. Acta sunt haec in conventione generali *Piotrkoviensi* feria sexta post Luciae anno domini millesimo quadrin gentesimo octuagesimo quarto, praesentibus ibidem reverendissimis dominis Sbigneo *Gnesne* et primate, Joanne *Leopoliensi* archiepiscopis, Joanne *Cracoviensi*, Petro *Wladislaviensi*, Uriele *Posnaniensi* episcopis necnon magnificis et generosis Jacobo de Dambno castellano, Joanne de Tarnow palatino *Cracoviensibus*, Mathia de Bnin *Posnaniensi*, Spithkone de Jaroszlaw *Sandomiriensi*, Nicolao de Brudzevo *Siradiensi*, Nicolao de Cutno *Lanciciensi* et capitaneo *Majoris Poloniae* generali, Joanne de Oporow *Brzestensi*, Dobeslao de Kurosvonky *Lublinensi* pallatinis, Joanne de Ostrorog *Posnaniensi*, Paulo de Jassenyecz *Sandomiriensi*, Mathia de Sluzewo *Brzestensi*, Joanne de Podlodow *Sarnoviensi* castellanis, Petro de Kurosvanky regni *Poloniae* vicethesaurario, Raphaele de Jaroslaw ejusdem regni marschalko, Sbigneo de Tenczin succamerario *Cracoviensi* et aliis quam plurimis circa praemissa. Datum per manus venerabilis Creslai de Curoszwanky regni *Poloniae* cancellarii syncere nobis dilecti. Creslaus cancellarius subscripsit.

LXX.

Kasimirus IV. rex Poloniae (1447—1492) urbi Obornik, ejus privilegio juris magdeburgensis combusto, confert novum privilegium.

1485. 15. Mart.

Raczynski codex diplomaticus majoris Poloniae p. 266

In nomine domini amen. Ad perpetuam rei memoriam oportet, ut cunctas ordinationes et actiones humanas, quae cum tempore consueverunt defluere et oblivioni subesse, constans apex roboret literarum et

1) diploma ex tabulario Brombergensi damus, continetur etiam codice diplomatico Poloniae II 694, in quo quaedam verba omittuntur, quaedam aliter leguntur, exempli gratia hic: Bidgoscza, 2) foelicius.

bonorum testimonium jugiter confirmet. Proinde nos Kazimirus dei gratia rex *Poloniae* necnon terrarum *Cracoviae*, *Sandomiriae*, *Siradiae*, *Lanciciae*, *Cujaviae*, magnus dux *Lithuaniae*, *Russiae*, *Prussiae* et *Culmensis* et *Elbingensis Pomeraniaeque* dominus et haeres significamus tenore praesentium quibus expedit universis praesentibus et futuris horum notitiam habituris, quomodo etsi dexterae nostrae munus ad omnes subditos nostros generalitate quadam extendere debeamus, singulariter tamen casibus fortuitis attritis velut oppressis quibuslibet ad exauditionis et consolationis gratiam obligati, providorum proconsulis, consulum et omnium oppidanorum oppidi nostri *Oborniki* in terra *Majoris Poloniae* humili eorum exoratione flexi, qui exposuere nobis: quod dum superiori tempore casu infausto flammis oppidum aestuaret, privilegium civile fuerit eis incineratum, quo privilegiati erant in civili jure praerogativisque et redditibus ac annualibus et septimanali foris infrascriptis, cujus privilegii copiam produxerunt coram nobis, juxta cujus continentiam oppidanis eisdem jus civile *Maydemburgense* theutonicum, quo civitas nostra *Posnaniensis* utitur, oppido eodem dandum, donandum et concedendum duximus, damusque donamus et concedimus praesentibus perpetuo duraturum. Removemus ibidem omnia et singula jura polonica, modos et consuetudines universas, quae ipsum jus civile *Maydemburgense* consueverunt et sunt solita perturbare, liberantes omnes et singulos oppidanos et incolas oppidi ejusdem praesentes et futuros ab omni jurisdictione et potestate omnium et singulorum palatinorum, castellanorum, capitaneorum, dignitariorum, judicum, subjudicum caeterorumque officialium et ministerialium regni nostri, ut coram ipsis aut eorum aliquo pro causis tam magnis quam parvis, furti scilicet, incendii, homicidii, mutilationis seu quibusvis enormitatibus et excessibus citati minime respondebunt. Nec aliquas poenas solvere tenebuntur, sed duntaxat coram suo advocato et juratis civitatis pro tempore existentibus jure *Maydemburgense* de se querulantibus sint astricti, prout id jus *Maydemburgense* praedictum in omnibus suis punctis capitulis et articulis postulat et requirit. Ex eoque jure provocationes seu appellationes causarum omnium ad civitatem *Posnaniensem*, quae etiam jure *Magdeburgensi* gaudet, tanquam jus superius facient provocareque et appellare poterint. Et insuper veteri eorum consuetudini in hanc usque diem privilegii praementionati vigore per et apud eos tentis ...... oppido praedicto et oppidanos ejusdem pro eorum commoditate, ut eo facilius oppidi reformationi intendere et super nostris proventibus nobis promtius respondere possent, sex macella carnificum, pistorum vero, pannorum et institorie cameras omnes, ex quibus civitati quinque denarii et advocato sextus obvenient, item balneum de quo una medietas civitati et altera advocato dari solita est, prout hoc in hactenus tenent et percipiunt, cum censu de hortis, boreis agrisque civilibus, ex quibus etiam quinque oppido et sextus advocato dantur denarii percipi per eos solito dandum et concedendum duximus. Admittentes eisdem, quod in fluvio *Wartha* circum oppidum praedictum defluente retibus parvis, sine tamen piscinarum praejudicio piscari et pisces prandere, anetas[1] et aves alias venari neenon ligna seu robora in dumetis nostris regalibus ad oppidum spectantibus pro necessitate oppidi scindere poterint. Praeterea pratum *Lossynii* in privilegio antiquo contentum et pascua bobus, vaccis, ovibus, porcis, scrophis ac peccoribus et jumentis aliis pro victu servatis in campis oppidi alias pascuorum locis antiquis omnibus libera habebunt et habere debebunt, prout ex antiquo habuerunt. Et denique exponentibus eisdem civibus coram nobis, quomodo pontis reformatio, quotiens casu quocunque rumpitur aut corruit, sumptu non modico tociens quociens necesse est indiget semper, ad cujus reformationem ipsorum non suppeterent facultates, nisi provideretur per nos quo pacto ejusdem reformationem sufficerent: itaque hac eam convenienti quidem persuasi statuimus, ut ponte quocunque casu corruente ad unius anni medium liburno alias **promem**[2] transeuntes et redeuntes oppidum navigent ex eoque navigio oppidani praedicti pretium navigii consuetum ex quibuslibet transeuntibus interim exigant et percipiant pecuniis navigii pontem restauraturi. Cujus quidem oppidi nostri conditionem hominum frequentia faciendam cupientes facere meliorem, fora tria annualia et commune alias septimanale quartum, unum videlicet pro Philippi et Jacobi, aliud pro Matthei apostoli et evangelistae festis sese continuo sequentes et tertium die dominica post cinerum annis singulis. Septimanale vero feriis tertiis quibuslibet, ab omnibus et singulis mercatoribus, institoribus et vectoribus negociatoribus tenendum, servandum et celebrandum duximus, oppido eodem dando, indicendo, statuendo et imponendo damusque, indicimus et statuimus praesentibus dando et concedendo omnibus et singulis praedictis mercatoribus, vectori-

1) aneta *i. e.* anas. 2) germ.: Prahm.

bus, institoribus et negociatoribus res et merces quascunque cujuscunque generis et matricis fuerint, diebus fororum praedictorum in eodem oppido vendendi, donandi, cambiendi, commutandi, mercandi et alia quaevis mercaturae negotiationis negocia pro libito exercendi, decernentes, ut homines cujuscunque status et conditionis fuerint ad oppidum praedictum mercandi causa venientes in eundo et redeundo nostra et successorum nostrorum libertate et securitate potiantur plenaria: nisi tales sint quos jura non tuentur et quibus merito fide dignorum consortia denegantur. Super haec tandem omnia et singula oppidanos praedictos ab omnium et singulorum tam regalium quam subditorum nostrorum theloneis et navigiis alias theloneorum et navigiorum solutionibus, quam quidem eam ex antiquo habent praerogativam, eximimus et liberamus praesentibus. Et postremo oppidanorum eorum querella moti, quomodo generosi Andreas judex *posnaniensis* et Alexander de Gaji germani, oppidi ejusdem moderni tenutarii, quotienscunque oppidani praedicti mella in vasis emunt, semper foralia ab empto melle exigunt ex eisdem, ad braseorumque[2] non bene valentium receptionem et emptionem tenutarii ipsi apud se faciendo compellere plerosque consueverunt, quo oppidani damna perpetiuntur non modica, censumque novum, videlicet medium grossum qualibet die dominica de macellis solvendis constituerunt, in damnum oppidi ejusdem: quod nos minus justum rati hanc consuetudinem abolendam et abrogandam duximus, abolemusque et abrogamus praesentibus, decernentes, quod ipsi tenutarii vel quispiam alius oppidanos eosdem ad emptionem brascorum praedictorum compellere foraliaque a melle ipso et censum praedictum per medium grossum ex macellis eorum recipere non audeant de coetero. Quos quidem circa omnes et singulas consuetudines veteres ac census et pertinentia per eos ex antiquo percipi solitos conservandos duximus et conservamus in eundem juribus nostris per omnia salvis. In cujus rei testimonium sigillum nostrum praesentibus est subappensum testimonio literarum. Actum in civitate nostra *Thorunensi* feria tertia post dominicam Laetare proxima anno domini millesimo quadringentesimo octuagesimo quinto, praesentibus ibidem reverendissimis et reverendis in Christo patribus dominis Zbigneo *gnesnensi* archiepiscopo et primate, Petro *wladislaviensi*, Uriele *posnaniensi*, Nicolao *varmiensi* et Stephano *culmensi* ecclesiarum episcopis, necnon magnificis, venerabilibus et generosis Sbithkone de Jaroslaw *sandomiriensi* et capitaneo *leopoliensi*, Nicolao Dzijalynski *vladislaviensi*, Nicolao de Baysen *mariemburgensi* et Nicolao Wolykowski *Pomeraniae* palatinis, Joanne Ostrorog *posnaniensi*, Nicolao *siradiensi*, Carolo de Felden *culmensi* castellanis, Creslao de Curozwanki decano *gnesnensi* cantore *cracoviensi*, ecclesiarum, cancellarioque, Gregorio Ludbrancz praeposito *scarbimiriensi* et regni nostri vicecancellario, Nicolao de Brzesze marschalko, Ambrosio Pampowski incisore curiae nostrae et aliis quam plurimis fide dignis testibus ad praemissa sincere et fidelibus nostris dilectis. Datum per manus ejusdem Creslai de Curozwanki decani *gnesnensis* cantoris *cracoviensis* ecclesiarum et regni nostri cancellarii, sincere nobis dilecti. Creslaus cancellarius subscripsit[3]. Relatio ejusdem venerabilis Creslai de Curozwanki decani *gnesnensis*, regis *Poloniae* cancellarii.

LXXI.

Casimirus rex Poloniae (1446—1492) urbi Meseritz jus magdeburgense confert.

1485. 16. April.

Transsumptum ex confirmatione Sigismundi a 1513 data.

In nomine domini amen. Ad perpetuam rei memoriam. Ne actus hominum qui sub tempore fiunt successu temporis e memoria elabantur, convenit ut litterarum apicibus et testium fide dignorum annotacione perennentur, proinde nos Casimirus dei gratia rex *Polonie* necnon terrarum *Cracoviae*, *Sandomirie*, *Siradie*, *Lancicie*, *Cuyavie*, magnus dux *Lituanie*, *Russie Prussieque* ac *Culmensis*, *Elbingensis* et dominus et heres etc. significamus tenore praesentium quibus expedit universis presentibus et futuris, quomodo volentes opidi nostri regalis *Myedzyrzecz* condicionem facere meliorem in terra et districtu *Poznaniensi* consistentis,

---

2) braseum sive brace secundum Ducangium grani species fuit, ex quo cerevisia conficitur, at hic haud dubie potionem ipsam significat. 3) usitatum: „sst" in fine diplomatum Raczynski hic legit: scilicet.

illud, prout in limitibus granicierum limitatum existit, de jure polonico, rutenico et quovis alio in jus theutonicum quod *Magdeburgense* dicitur transponimus et transferimus tenore praesentium mediante perpetuis temporibus et in evum, removentes ibidem omnia jura polonica, rutenica, modos et consvetudines universas que predictum jus teutonicum impedire quovis modo possent, excepto duntaxat civitatis laudo de successione uxorum post mortem maritorum facto quod in robore suo duntaxat inter incolas opidi permanere volumus. Absolvimus insuper et liberamus omnes et singulos dicti opidi incolas ab omni jurisdicione omnium et singulorum regni nostri palatinorum castellanorum capitaneorum judicum subjudicum aliorumque dignitariorum, officialium et ministerialium eorum, ita quod ad instanciam quarumlibet personarum pro causis tam magnis quam parvis, puta incendii, furti, homicidii, membrorum mutilacionis et aliis quibusvis excessibus citati coram ipsis aut ipsorum aliquo comparere et respondere minime tenebuntur, neque proinde aliquas penas persolvant nec ministerialis eorum contra eos penam **dayeczke** extendet, sed ipsi opidani et incole opidi ipsius duntaxat coram advocato suo pro tempore existente pro omnibus causis, advocatus vero coram nobis dum litteris nostris citatus fuerit jure teutonico suo respondere debebit et erit astrictus. In causis vero criminalibus et civilibus advocato prefato senenciandi diffiniendi corrigendi plectendi damus potestatem prout hoc ipsum jus teutonicum in omnibus suis articulis et clausulis ac condicionibus exposcit et requirit. Pro tanto vobis palatinis castellanis capitaneis judicibus et subjudicibus ceterisque dignitariis et officialibus ac aliis subditis nostris mandamus, quatinus dicti opidi nostri incolas in jure teutonico prescripto juxta concessionem nostram conservetis inviolabiliter, et conservari faciatis. Concedimus insuper dictis opidanis nostris pro necessitate opidi ex libra et casis, alias **budis**, in circulo consistentis et ex balneo civili juxta antiquam consuetudinem redditus sive census recipere simul cum foralibus annualis fori, salvo tamen forali castrensi. Item opidani predicti juxta consuetudinem antiquam in lacubus dictis *Strzeleczkye* et *Linye* cum voluntate tenutarii, similiter et in fluvio cum rhetibus dictis **zabrodnyamy** piscandi habebunt facultatem. Item lanifices pro necessitate opidi a quolibet **sragy** per tres grossos quolibet anno solvent, theloneum etiam dictum **Mostove** a quolibet equo per duos **fenigos** juxta morem diucius observatum dicti opidani recipient. Preterea incolas ejusdem opidi in ea libertate et prerogativa que ipsis diucius concessa est conservavimus et conservamus per presentes, quod fora quecunque in villis in uno miliari circumquaque opidum consistentibus prefatum teneri, aut cervisia ex aliis locis propinari aut duci non debet, jure tamen terrigenis et aliis subditis nostris din quesito et tento salvo permanente. Quibus omnibus libertatibus et utilitatibus prefatis volumus ut dicti opidani juxta consuetudinem antiquam utantur perpetue et in evum, ita tamen quo ipsi dacionis alias **Schoss** quolibet anno viginti marcas latorum grossorum pragensium in quamlibet marcam quadraginta octo grossos latos computando cum aliis proventibus et redditibus consuetis nobis aut nostro tenutario solvant. In cujus rei testimonium sigillum nostrum praesentibus est subappensum. Datum in *Torun* sabato post dominicam conductus pasche, anno domini millesimo quadringentesimo octuagesimo quinto, per manus venerabilis Gregorii de Lubrancz archidiaconi *Cracoviensis* et regni *Polonie* vicecancellarii, presentibus ibidem reverendissimo et reverendo in Christo patribus et dominis Sbigneo archiepiscopo *gneznensi* et primate Petro *wladislariensi* et Uriele *posnaniensi* episcopis necnon magnificis et generosis Spithkone de Jaroslaw *sandomiriensi*, Nicolao de Cuthno *lanciciensi*, Joanne de Opporow *brzestensi* palatinis, Joanne de Ostrorog *posnaniensi* et Mathia de Sluzow *brzestensi* castellanis. Relatio ejusdem venerabilis Gregorii de Lubrancz regni *Polonie* vicecancellarii. G. Vicecancellarius p.

LXXII.

Andreas de Koszielecz capitaneus confirmat statutum nautarum Bidgostiensium.

1487. 21. Dec.

Transsumptum ex confirmatione Henrici a. 1574.

In nomine domini amen. Ad perpetuam rei memoriam. Praesentis aevi lubrica conditio cunctas hominum actiones longi proscriptione temporis obductas caligine in oblivionis abyssum plerumque demergere consuevit, nisi literarum apicibus et munimentis sigillorum roborentur. Et proinde nos Andreas de

Kosczieleez capitaneus *Bidgostiensis Swecensis* ad universorum noticiam volumus pervenire, quomodo oblata nobis humilis et instans petitio providorum proconsulis consulumque novorum et antiquorum advocatique et scabinorum necnon juratorum civitatis et tenutae nostrae *Bidgostiensis* pro fundatione et errectione fraternitatis nautarum, quatenus illam in praedicta civitate et tenuta nostra fundaremus et errigeremus, nos itaque consideratis ipsorum assiduis precibus et instantibus rogatibus, praecipue ex hoc melioramine et totius communitatis utilitatem et protensionem asequi deliberantes et quod justa petentibus non est denegandus assensus, prius tamen revisis et relectis praedictorum civium nostrorum privilegiis, juribus ac munimentis, in quibus comperimus proba et laudabilia acta super hanc fraternitatem fundandam et errigendam concernentia, primam per serenissimum dominum Kazimirum dei gratia regem *Poloniae*, prout primum fundatorem et errectorem praefatae civitatis data et assignata, caeterumque per serenissimum dominum Wladislaum dei gratia regem *Poloniae* etc. confirmata et roborata modoque per serenissimum dominum Kazimirum dei gratia regem *Poloniae* modernum confirmata et assignata et in multis articulis adaucta et ampliata ipsam fraternitatem nautarum in praedicta civitate et tenuta nostra sub punctis et articulis infrascriptis admisimus fundandam et errigendam praesentibusque admittimus, fundamus et errigimus perpetue et in aevum, quae puncta et articuli sequuntur sub hac forma: Inprimis quando nauta navem suam onerat sive implet, tunc dat octo denarios, naucleras sive rector navis sex denarios, Platmanus[1] quatuor denarios, servus navis duos denarios, in quo casu, si nauta in alterius navi navigaret, similiter omnes praedicti pecunias in fiscum fraternitatis reponant. Ex quo foro sive civitate enavigamus cum navibus nostris, ibi relinquimus pecunias nostras sine omni fraude et deceptione. Si in casu perciperemus aliquem nautam, qui pecuniam suam ibi non dimitteret, extunc eundem sicut malum hominem decreto inter nos habemus et de fraternitate ejiceremus. Si rector navis fieret nauta vel platmanus, qui hujus digni essent officii, et vellent se circa nos conservare, illos tenemus consimiles aliis rectoribus navium, cum si quis desideraverit fraternitatem nostram eodem modo, quo caeteri nautae vel confratres, hoc tunc potest consequi secundum gratiam seniorum, et non ut confrater contuberni, si nauta habuerit filios qui se questuare in *Wisla*. et si pater obierit, tunc filii possunt contubernium nostrum tenere sicut pater eorum consueverat, et uxor ejusdem ad ejus vitam, si vero alium virum duxerit et vir ille contubernium nostrum desideraverit, et si dignus inventus fuerit, prout inferius patebit, tunc eum recipimus cum dimidia pecunia in fraternitatem nostram. Si confrater obyerit et filios superstites post se reliquerit, tunc filius senior potest tenere locum patris cum matre, si dignus fuerit, et mulier si alii viro nupserit, tunc vir ejus potest consequi contubernium nostrum cum dimidia pecunia, si tamen dignus fuerit. Si servus navis aut coquo sive alicujus viri confraternitatis domesticus moritur, exequias ejus tenemus more naucleri vel confratris et celebramus. Sciendum est igitur, quod singulis quatuor temporibus exequias celebramus pro defunctis ex fraternitate nostra, omnium eorum defunctorum, quos percipere potuimus obiisse in proximis quatuor temporibus et eorum nomina inscribi facimus et pro eisdem vespere in vigiliis et mane in missis specialiter oramus et demum generaliter pro omnibus. Quando habemus notabile funus alicujus defuncti, qui prius comunicavit et juxta ritum sanctae matris ecclesiae decessit, facimus cantare vigilias et denunciamus aliis confratribus sub poena, qui tunc non venerit, sive conjunx sive ejus nuntius, imponet sex denarios, quando funus levatur et domo exportatur, si praesens non fuerit, sex denarios, item si non fuerit in offertorio eadem poena, et quando sepelitur, si praesens non fuerit, habet eandem poenam. Si aliquis infirmus fuerit et neminem haberet ad mittendum vel domi praesens non esset et probare potest, tunc non incurrit aliquam poenam. De quacunque civitate vel loco aliquis fuerit, in hujusmodi fraternitate, si venerit ad habitandum nobiscum, in casu tamen, quo literas suas et testimoniorum duorum honestorum virorum illius confraternitatis praesentaverit, tunc ex hoc cum tenemus inter nos, ac si hucusque nobiscum habitasset. Item nullum in contubernium nostrum recipimus, quousque prius habitis literis legittime generationis et honestae conservationis, sive sit in civitate nostra conservatus sive non, sed aliunde. Et hoc ea ratione ut purgatis paleis relucescant grana. Item nullum alterius artificii in contubernium nostrum recipimus, qui fieret nauta aut vellet inter nos frumentorum forum exercere, et hoc ea de ratione, ne ex defectu artificum commune bonum detrimentum paciatur et respublica diminuatur. Cum volumus eligere seniores hujus fraternitatis, tunc emimus

1) An compositum ex Platay et Mann „remex mercenarius"?

unam tannam[2] cervisiae ex peccunia fraternitatis et non plus, et hoc ad festum corporis Christi. Et tunc servis datur unum prandium et quando tonna cervisiae finitur, tunc servis navis licentia datur, et si qui plus adhuc potare voluerint, etiam aequaliter plus solvent. Quando seniores cervisiam emunt, qui voluerit cum eis bibere, etiam cum eis solvet. Qui autem non biberit, non indigebit solvere. Si autem rector navis aut Plathmanus aut servus ad nos venerit, potest potare nobiscum pro sua peccunia, sicut unus ex nobis. Etiam notandum, quod unanimiter concordavimus in hujusmodi contubernio, quod quando simul sumus cum tota societate nostra sive ad potandum sive ad alias causas tractandas, si tunc quis in verbis, in factis exorbitaverit, ita quod notari potest, aut seniores corriperet, talis solvat sex talenta cerae et in casu quo aliquis super hoc adhuc excederet, ab eodem secundario bis tamen capimus, et si tertio, ab eodem nihil capimus sed rejicimus eum a contubernio nostro. Tres nauthas eligimus pro senioribus nostris, qui se bene intelligunt, quomodo confratres regere debeant, et in casu quod nautas non haberemus qui praeesse possent, vel nescirent, tunc tales eligere possimus qui possent praeesse vel scirent regere in contubernio nostro. Item nemo nobiscum bibat, nisi sit ex fraternitate nostra. Si tamen aliquis fratrum habuerit hospitem extraneum, potest eum introducere ad collationem cum licentia seniorum et pro eo ipso die solvere decem denarios. In casu, quo aliquis esset, qui suam peccuniam vellet dare pro **Reza**[3] in civitate unde enavigaret si tunc duo viri fratres ex contubernio talem deprehenderent, eum fraternitas non tenebit digniorem et carebit gratia fratrum hujusmodi contubernii, sive fuerit nauta, rector navis vel platmanus. Item in casu, quo aliquis plene onustaret navem in partibus superioribus vel inferioribus, ille dabit plenam peccuniam suam ad pixidem illius loci ex cujus foro vel mansione enavigavit. Ulterius notandum, quod nemo permittat aliquem pergere, qui careat aure saltem cum scitu, qui hoc permiserit, non erit apud nostros dignior. In casu quo aliquis esset in hujusmodi contubernio, qui viveret inconsuete et inordinate, rogamus, quod hoc mutare velletis secundum seniorum consilium et vestrum meliorem intellectum. In hoc enim vobis erimus auxiliatores meliori modo quo possumus. Item sciendum, quod duo nautae vel tres aut quatuor possunt unum notabilem virum in nostrum acceptare contubernium. Item laudamus, quod quando sumus congregati ad colationem sive ad potationem vel in alia quacunque causa et praecipue dum seniores eliguntur vel aliqua secreta disponuntur, quod nulla mulier, nulli pueri illic conveniant, sub poena unius librae cerae; verumtamen si puer alicujus vel servus haberet aliquid indicare aut causam consequi, tunc talis licite potest accedere. Item quando alicui nautae fratres emptores alias **sfrochtarse** navem suam frumentis implent, si tunc in diminutione vel excrescentia mensurationis frumentorum fuerit quodammodo suspectus et poterit probare per literam nautae aut creditoris de *Gedano* vel aliarum civitatum aut testimonio duorum confratrum aut naucleri vel plathmani, tunc talis nauta in aeternum honore privetur et de fraternitate eiciatur et nunquam decreto suscipiatur. Item quando eliguntur seniores ad standum pro contubernio nostro deo ad laudem et toti fraternitati ad communem utilitatem, tunc in casu, quo aliquis seniorum postque officium sive dignitatem talem susceperit ostendet inobedientiam aut fecerit discordiam inter confratres, talis imponet sex libras cerae. Si autem noluerit solvere hujusmodi poenam, super hoc invenient seniores consilium aliquod tale cum fratribus, ut caeteri timeant et ut diligentius caveant hujusmodi factum. Item si contingat alicui nautae propter invalescentiam et tempestatem fluctuum in fluvio *Visla* alicui littori insulae alicujus terrigenae civitatis aut villae cum navibus applicuisse, extunc licitum erit eidem nautae per tres dies usque ad quartam ibi pausare, ligna autem sicca pro igne eidem licebit scindere sine recusatione cujusvis personae exceptis lignis crudis et etiam roboribus quae valent ad aedificandum et serrandum. Si autem aliquis terrigena aliquem nautam pro aliquo damno impedierit et impulsaverit, hoc solus judicare non debet, sed duo sculteti sive vilici de proximis villis et non de sua. Item quando nauta servos navis in hospicio exbrigaverit[4] et quod necessarium fuerit, solverit, extunc servi navis non tenentur in hospicio morari solum unam horam et secunda hora instante ad navem redire sub poena statuta per seniores. Item si aliquis ex naucleris, plathmanis vel servis navis contra nautas temerarie in dispositione expensarum et solutione praecii sive salarii aliquid novi aut inconsueti intentaverit et alios suggestione sua aut quovis alio modo sive re sinistra contra nautas incitaverit, si testimonio duorum virorum ex fraternitate convictus fuerit, collum meretur aut ex gratia manu truncabitur aut a civitate proscribatur exsul in aeternum perma-

2) germ.: Tonne. 3) Reja? i. e. pro velo. 4) i. e. extra brigam ponit sive lite liberat.

nens. Item si aliquis nauta servum navis in fluvio *Visla* aut *Obra* cui suas peccunias in civitate sua ante dedit circa alium nautam de alia civitate invenerit, extunc ipsum ibidem in loco recipere non debet sed nauta suus fide jubere aut pro ipso solvere debet. Nos itaque hujusmodi petitionibus dictorum civium nostrorum tanquam justis et rationabilibus benigniter annuentes privilegium praedictae fraternitatis nautarum cum ejus contentis clausulis, punctis et articulis ratificamus, innovamus, confirmamus et approbamus per praesentes, decernentes ipsum robur obtinere perpetue firmitatis in praemissis, caetera autem et alia quae ad electionem seniorum et quanta sit merces horum qui intenderent hanc fraternitatem suscipere et poenas statuendas et confirmandas ad castigationem malorum et excessivorum committimus industriae seniorum et aliorum proborum virorum tenendum, observandum, ordinandum et eviterne ratificandum juxta eorum sensum meliorem et intellectum. Harum quibus sigillum nostrum appensum est testimonio literarum. Actum et datum in castro nostro *Bidgostiensi* feria sexta ante nativitatis domini anno ejusdem millesimo quadringentesimio octuagesimo septimo, praesentibus ibidem generosis, nobilibus Bartholomeo burgrabio *Bidgostiensi*, Nicolao utroque Nieczisewski, Modlibog succamerario *Juniwladislaviensi*, Daniele de Kosten, Petro Czirski et Christophero Lubodzieski et aliis quam pluribus testibus fide dignis circa praemissa protunc existentibus.

LXXIII.

Johannes Albertus rex Poloniae (1492—1501) confirmat nundinas in Gembiz celebrandas, quas Wladislaus rex instituerat.

1495. 20. Maji.

Rzyszczewski et Muczkowski codex diplomaticus Poloniae II. 964.

In nomine domini amen. Ad perpetuam rei memoriam. Humanorum actuum facta facili pereunt memoria nisi apicibus litterarum testiumque fide dignorum sufficienti testimonio fuerint perhennata. Proinde nos Johannes Albertus dei gracia rex *Poloniae* necnon terrarum *Cracoviae*, *Sandomirie*, *Siradie*, *Lancicie*, *Cuyavie*, supremus dux *Lithwanie*, *Russie Prussieque* ac *Culmensis*, *Elbingensis* et *Pomeraniae* dominus et heres etc. significamus tenore presencium quibus expedit universis presentibus et futuris harum noticiam habituris, quomodo constituti coram nobis providi opidani nostri de *Gambicze* exibuerunt quandam donacionem sub titulo et sigillo serenissimi olim principis Wladislai eadem gracia regis *Polonie* etc. awi nostri charissimi, per quam sua majestas ipsis opidanis forum annuale pro festo sanctorum Philipi et Jacobi appostolorum singulis annis tenendum ad beneplacitum duntaxat voluntatis sue majestatis donaverat, cujus quidem donacionis ac certorum consiliariorum peticionum, quibus nobis pro eis humiliter suplicarunt, racionem habentes volentesque eorundem opidanorum nostrorum egestati subvenire et majora suscipere incrementa, in prefato opido nostro *Gambicze* in terra *Cuyavie* sitto forum annuale, videlicet pro ipso die sanctorum Philipi et Jacobi apostolorum singulis annis denuo indiximus, instituimus et imposuimus indicimusque, imponimus et instituimus per presentes et in ewum, ab omnibus et singulis mercatoribus, vectoribus et hominibus cujuscunque status, sexus et condicionis existentibus more aliorum opidorum regni nostri tenendum, servandum et realiter exercendum, decernentes presentibus litteris nostris, ut omnes et singuli homines, qui ad hujusmodi nundinas seu forum annuale pro prefato festo sanctorum Philipi et Jacobi appostolorum singulis annis ad prefatum opidum *Gambicze* gracia emendi, vendendi, mercandi resque pro rebus commutandi cum quibuscunque mercibus et rebus ac cujuscunque generis pecoribus et pecudibus accesserint in accedendo et redeundo nostra et successorum nostrorum auctoritate plenaria pocientur et gaudebunt, nisi tales sunt quos jura fovere non tenentur et quibus merito fide dignorum consortia denegantur. Nolumus tamen per hanc nostram concessionem aliis foris annualibus prefato opido nostro pro aliis diebus per nostros predecessores concessis derogare. In cujus rei testimonium etc. Actum in *Thorum* feria quarta proxima ante festum sancti Urbani anno domini millesimo quadringentesimo nonagesimo quinto, regni vero nostri anno tercio, presentibus reverendis in Christo patribus dominis Luca *varmiensi* et Stephano *culmensi* episcopis necnon magnificis et generosis Ambrosio Pampowski *siradiensi*, Mathia de

Sluzewo *brestensi*. Johanne de Pilcza *Russie* generali, Nicolao de Baijsen *marieburgensi*. Carolo de Ffelden *culmensi*, Nicolao de Wolikowo *Pomeranie* palatinis, Nicolao de Sthrzeszow *wyslicensi*, Petro Mischkowski *rosperiensi* castellanis etc. Relacio venerabilis Gregorii de Ludbranez decani *cracoviensis* et r. P. vicecancellarii.

SECULUM DECIMUM SEXTUM.

LXXIV.

Johannes Albertus rex Poloniae (1492—1501) incolis urbis Kruschwitz incendio absumptae immunitatem quinque annorum largitur.

1501. 21. Maji.

Rzyszczewski et Muczkowski codex diplomaticus Poloniae II 969.

Johannes Albertus dei gracia rex *Polonie* etc. significamus tenore presencium quibus expedit universis, quomodo attentis gravibus dampnis oppidanorum nostrorum in *Cruschfycza*, que idem in rebus suis structurarumque edificiis nuper ex voragine ignis incurrerunt et perpessi sunt, volentes itaque ipsis gracia nostra subvenire, ut ad priorem eo facilius condicionem pervenire valeant, eisdem oppidanis dampna duntaxat passis taliter per ignem quinque annos libertatis se immediate sequentes dedimus et concessimus damusque et concedimus presentibus literis nostris, eosdem interea absolventes a solucione omnium et singularum exactionum, proventuum, contribucionum, daciarum [1] pro defensione publica institutarum vel instituendarum ac a quibusvis contribucionibus, solucionibus, theloneis nostris regalibus, foralibus, pontalibusque; quapropter vos omnibus et singulis palatinis, castellanis, capitaneis, tenutariis, thelonatoribus, exactoribus, burgrabiis, proconsulibus et consulibus ceterisque dignitariis et officialibus ac quorumcunque locorum custodibus, et presertim vobis generosis Andree, Johanni et Felici de Opporow tenutariis in *Cruschwycza* modernis, ac aliis pro tempore existentibus mandamus, districte precipientes, quatenus prefatos oppidanos et incolas nostros in *Cruschwycza* juxta presentem libertatem per nos illis concessam in omnibus ejus condicionibus, punctis et articulis conservetis conservarique faciatis ac quilibet vestrum conservet et tueatur sub nostra gravi indignacione aliter non facientes. In cujus rei testimonium sigillum nostrum presentibus est subappensum. Datum *Thorunie* feria sexta in crastino ascensionis domini anno domini millesimo quingentesimo primo, regni vero nostri anno nono.

LXXV.

Frederico archiepiscopo Gnesnensi (1493—1503) qui ab eo jussi erant litem inter priorem et praesentem magistrum civium urbis Juniwladislaviensis de aerarii pecunia dijudicare nunciant, se priorem absolvisse.

1501. 5. August.

Transsumptum ex confirmatione Alexandri a. 1504 data. Cod. dipl. Pol. II 975.

Reverendissimo ac illustrissimo principi domino Frederico divina miseracione sacrosancte *romane* ecclesiae tituli sancte Lucie in septem soliis presbitero cardinali, archiepiscopo *gneznensi* et primati episcopoque *cracoviensi* ecclesiarum necnon tocius regni gubernatori domino suo graciosissimo Stanislaus Coszycleczkii castellanus *juniwladislaviensis* et capitaneus *nyeschoviensis*. Petrus Sropsky vicepalatinus *juniwladislaviensis* et providi Vincencius Jastrzampskii locum tenens et vices gerens

1) dacia et datio, derivatum a dare, id quod tributum.

Joannis Groth preconsulis *bidgostiensis* protunc egrotantis, Martinus Brzankala in *Gambicze* preconsul commissarii per vestram reverendissimam paternitatem ad infrascripta deputati et delegati subjectionem humilimam animumque ad placita paratum cum salute. Reverendissime in Christo pater et domine, domine graciosissime, parendo mandatis vestre reverendissime paternitatis descendimus in *Juniwladislaviam* ad discuciendum et exaudiendum causas inter providos Mathiam Lubyarski quondam preconsulem ex una, et preconsulem modernum cum consulatu et tota communitate civitatis *Juniwladislaviensis* partibus ab altera, quibus ad presenciam nostram vocatis id quod justum et equum fuisset decernere volentes, ubi constitutus personaliter providus Paulus Crethek preconsul *Juniwladislaviensis* nomine consulatus et tocius communitatis civitatis prefate proposuit alias taleral super Mathiam Lubijarskij quondam proconsulem, quomodo dum ipse in preconsulatu fuerat electus remanserant sibi in pretoriali thesauro centum et tredecim marcas solidorum numeri polonicalis. Ex adverso stans Mathias quondam preconsul cum dispensatoribus civitatis dixit: domini commissarii ego non suscepi summam, duntaxat septuaginta quinque marcas cum dispensatoribus civitatis, de quibus paratus sum facere racionem cum eisdem dispensatoribus, et si mihi credere nollent, extunc paratus sum facere juramentum cum dispensatoribus aut preconsul juret met[1] sextus: quod ego plus non suscepi duntaxat summam septuaginta quinque marcarum expressam. Stans ex adverso preconsul modernus respondit: ego paratus sum testibus docere quod ille suscepit summam expressam; stans Mathias prefatus[2] memoriale posuit, quod testes in instanti post tergum non habuit[3], et dixit: domini commissarii, nonne causam suam aumisit, ex quo in instanti testibus probare non potuit. Et ibidem preconsul nomine tocius communitatis petivit sibi dilacionem termini seu spacium temporis modicum ad inducendum testes, quos ad praesens habere non potuit. Domini commissarii exauditis hinc inde partibus decreverunt perlucracionem Mathie prefato Lubijarsky et evasionem. Tandem lata sentencia revocacionem fecit preconsul modernus ad reginalem majestatem. Hanc igitur sentenciam nostram diffinitivam insinuamus et transmittimus in hiis scriptis vestre reverendissime paternitati, quam feliciter diu valere optamus, eidem se humiliter commendando. Ex *Juniwladislavia* feria quinta in vigillia Marie ad nives anno domini millesimo quingentesimo secundo.

LXXVI.

Alexander rex Poloniae (1501—1506) Bidgostienses renavigantes a Gedano eximit de teloneo.

1502. 13. Januar.

Ex autographo in tabulario urbis Bromberg, quod consules urbis nobis communicaverunt. Sigillum appendet diplomati.

Alexander dei gratia rex *Polonie* magnus dux *Lituanie, Russie Prussieque* dominus et heres etc. significamus tenore praesentium quibus expedit universis, quia licet serenissimus dominus dominus Johannes Albertus germanus noster charissimus rex *Polonie* predecessor immediatus noster theloneum instituerit aquaticum *Bydgostie* in fluvio *Dbra*, quo ffamosi Bidgostienses opidani nostri versus *Gedanum* navigantes hactenus consueverant tam ibi fluitando quam ad reditum navigando illud solvere, tamen quia in praesenciarum nomine universorum dicti opidi incolarum expositum erat nobis, quod in prejudicium et incolarum ejusdem opidi et privilegiorum eidem opido datorum institutum fuerit theloneum illud. inter nos tametsi nullum de privilegiis allegatis fecerimus examen, tamen volentes de speciali nostre benignitatis et liberalitatis gratia eos efficere consolatos indulgendum duximus et indulgemus praesentibus, ut ipsi Bydgostici cives quociens eos aut aliquem eorum cum aut pro mercibus sive rebus quibuscunque venalibus versus *Gedanum* per ffuvium illum *Dbra* fluitare contingat semper theloneum illud nostrum aquaticum duntaxat tunc cum versus *Gedanum* navigabunt nobis solvent, cum vero redeundum remigarent et fluitarent que etiam cum mercibus quibuscunque ab ejusdem solutione thelonei debeant esse liberi et exempti redeundo, quod ex navigacione illa redeuntibus indulgemus atque a solucione ipius redeuntes

---

1) Particula *met* medio aevo saepe praeponitur. 2) Lubijarsky. 3) suppl.: accusator.

eos eximimus tenore praesentium mediante. Quam exempcionem atque indultum decernimus valiturum duntaxat ad nostre successorumque nostrorum beneplacitum voluntatis regie. Harum quibus sigillum nostrum est subappensum testimonio litterarum. Datum *Cracoviae* fferia quinta in octava festi Epifanie anno domini millesimo quingentesimo secundo, regni vero nostri primo Creslaus E. W R(egni) P(oloniae) cancellarius subscripsit. Relatio reverendi patris domini Creslai episcopi *Wladislaviensis* et r. P. cancellarii.

LXXVII.

Alexander rex Poloniae (1501—1506) vocante urbe Bromberg sive Bidgost in jus villanos Bartodziejenses kmetonibus villae interdicit mellificia extra hujus villae ambitum facere.

1504. 1. April.

Rzyszczewski et Muczkowski codex diplomaticus Poloniae II 972.

In nomine domini amen. Ad perpetuam rei memoriam. Consueverunt principes actus, quos propter obscuritatem sui et intelligibilitatum varietatem per justa decreta interpretantur ac declarant, literarum munimentis commendare, ut et omnis controversia, que per id unquam acta est, perpetuo extingwatur et id quod ambiguum erat, lucidius sensibus humanis ad cognicionem veritatis pateat. Proinde nos Alexander etc. significamus tenore presencium quibus expedit universis, quomodo dum in convencione generali *Pyotrkoviensi* novissime tenta coram nobis et consiliariis nostris orta fuisset controversia occasione mellificiorum inter providos proconsulem, consules et cives *Bidgostienses* tanquam actores ab una, et laboriosos kmethones et incolas bonorum nostrorum regalium ville *Barthodzieye* ad castrum *Bidgostiense* pertinentis tanquam reos ad eandem convencionem per cives ipsos alias ad eorum instanciam cittatos partibus ex altera, dumque proponerent cives contra kmethones illos, quod ipsi kmethones mellificia facerent in borris civilibus in prejudicium et injuriam civium ipsorum, de quibus propterea et nobis et omnibus predecessoribus regibus conqueri consueverant, dum quoque illi proposicioni kmethones interessent ac dicerent, id se fecisse et solitos facere vigore certi privilegii, quod producebant originaliter coram nobis, et quia eodem in privilegio descriptum esset, ut in toto districtu predicte ville incole mellificia facerent, idcirco nos in ea re non precipitanter sed mature procedere et justiciam partibus utrisque, premissa deliberacione ministrare cupientes causam ipsam ex conventione *Pyotrkoviensi* hic ad *Brzeszcie* propter deliberacionem nostram suspenderamus remiseramusque per nos diffiniendam prefigentes tunc partibus utrisque coram nobis terminum hic in *Brzeszcie* post primum adventum nostrum comparendi cum privilegiis et munimentis ad borras, nemora et mellificia habitis; ubi vero, in *Brzeszcie* scilicet, nobis feliciter constitutis prefati cives *Bidgostienses* comparentes coram nobis absenciam predictorum kmethonum contumaciam accusarunt de illisque justiciam a nobis ministrari petebant. Qui quidem kmethones, dum pro die et loco deputatis, per ministeriales primo, secundo, tercio et quarto proclamati coram nobis minime curarunt, nos eos ipsos kmethones a die adventus usque[1] in diem egressus eschino (?) nostri expectantes, non comparentes ad instanciam civium ipsorum condemnari simulque tunc civibus instantibus premissisque illis proclamacionibus ac visis privilegiis per utramque partem ipsis coram nobis *Pyotrkovie* productis, justiciam partibus ministraturi obscuritatem privilegii eorundem kmethonum de *Barthodzieie* in clausula districtus *bidgostiensis* contentam in sensum intelligibiliorem justicieque communi inservientem declarantes et illud privilegium interpretentes summaliter, et diffinitive dicimus: clausulam illam de districtu in privilegio kmethonum scriptam referri et intelligi ad districtum non communem terrestrem *bidgostiensem*, sed ad districtum privatum seu divisionem granicierum predicte ville *Barthodzieye*, propterea que prefati kmethones de *Barthodzieye* vigore hujusmodi privilegii per eos coram nobis producti non possunt nec debent erigere, excidere et facere mellificia et alveria[2] apum in nemoribus et borris civitatis predicte et aliis vicinis in communi ter-

---

1) *usque* correximus pro *eisdem*. 2) alveria i. e. alvearia.

restri *bidgostiensi* districtu existentibus, sed tantummodo in silvis, borris et nemoribus in privato ville predicte districtu seu ambitu, alias inter civitates granicierum ville *Barthodzieie* consistentibus; in borras autem, silvas, nemora et mericas civium *bidgostiensium* et aliorum, ultra ac extra limites et scopulos ville *Barthodzieye* jacentes, kmethones ipsi se intromittere et in eis mellificia facere erigereque non debeant perpetuo. Propter quod kmethonibus ipsis super eisdem nemoribus et mellificiis in districtu obscure scripto ad alia bona extra limites ville *Barthodzieyr* intelligendo silencium imponimus perpetuum tenore presencium mediante. In cujus etc. Actum in *Brzescie* feria secunda post dominicam palmarum anno domini millesimo quingentesimo quarto, regni nostri anno tercio, presentibus reverendis in Christo patribus dominis Vincencio *wladislaviensis*. Joanne *poznaniensis* ecclesiarum episcopis necnon magnificis, venerabilibus et generosis Nicolao Gardzina de Lubrancz *calissiensi*. Joanne de Tarnow *sandomiriensi*. Ambrosio de Pampow *siradiensi* et capitaneo *Majoris Poloniae* generali et Nicolao de Crethkow *juniwladislaviensi* palatinis, Joanne de Lasseo regni *Poloniae* cancellario, Bernardo de Lubrancz *brestensi*. Petro de Gorka *naclensi* castellanis ceterisque consiliariis et curiensibus nostris fide dignis sincere et fidelibus dilectis. Datum per manus ejusdem venerabilis Joannis de Lasseo ecclesie *Gneznensis* et regni *Poloniae* cancellarii sincere nobis dilecti.

LXXVIII.

Alexander rex (1501—1506) nundinas in Gniewkowo instituit.

1504. 16. April.

In nomine domini amen. Facile quaeque[1] gesta actus concessiones et decreta memoria humana labuntur si litterarum munimentis non perrenentur, proinde nos Alexander dei gratia rex *Poloniae*, magnus dux *Lythuaniae* necnon terrarum *Cracoviae*, *Sandomiriae*, *Lancythiae*, *Cujaviae*, *Russiae*, *Prussiae*, ac *Culmensis*, *Elbingensis*, *Pommeraniaeque* dominus et haeres etc. etc. significamus tenore praesentium quibus expedit universis praesentibus et futuris harum noticiam habituris, quia volentes oppidi nostri *Gniewkov* in terra *Kujaviae* et destrictu *juniwladislaviensi* consistentis conditionem facere meliorem, ut nostro sub felici regimine feliciora recipiat incrementa, in eodem speciali gratia et scientia regiis nostris forum septimanale omni feria secunda cujuslibet septimanae, nundinas vero seu fora annua tria, unum pro festo ascensionis domini, alterum Mariae Magdalenae, tertium vero pro undecem millium virginum festis, singulis annis indicimus instituimus et investimus, instituimusque imponimus indicimus per praesentes perpetuo duratura absque tamen praejudicio civitatum et oppidanorum aliorum nostrorum in terra et districtu praedicto consistentium, per mercatores, negotiatores et vectores undecunque venientes, inibi tenentes et habentes; dantes et concedentes quibuslibet ejusdem mercatoribus, negotiatoribus, vectoribus aliisque omnibus et singulis cujuscunque status sexus hominibus, more aliorum oppidorum regni nostri, facultatem libertatem undecunque ad oppidum praedictum pro diebus fororum hujusmodi tam septimanalium quam annualium mercaturaeque gratia veniendi, in eodemque oppido diebus fororum eorundem res merces cujuscunque generis et materiae fuerint exponendi, vendendi, emendi, negotiandi, res pro rebus commutandi et cambiandi, alia quoque mercaturae et negotiationis genera exercendi libere, nisi tales sint, quos jura non tuentur et quibus merito consortia fide dignorum denegantur. Quae omnia perpetui et firmi roboris esse decernimus tenore praesentium mediante. In cujus rei fidem et testimonium sigillum nostrum praesentibus est subappressum. Datum in *Torun* feria tertia post dominicam conductus paschae, anno domini millesimo quingentesimo quarto, regni vero nostri tertio, praesentibus reverendissimis in Christo patribus dominis Vincentio *Vladislaviensi*. Joanne *Posnaniensi* etc.

1) *quaeque* correximus; in copia legitur *quoque*.

LXXIX.

Alexander rex Poloniae (1501—1506) petenti Ambrosio Pampowski palatino syradiensi, capitaneo Majoris Poloniae generali et haeredi oppidi Poniec confirmat in Thorun feria V post dominicam conductus paschae litteras Vladislai II de via datas quae negotiatoribus Vratislaviam proficiscentibus per Szrem et Poniec insistenda praescripta est (N. XXXX) et litteras Vladislai III a. 1441, quibus Bartossio de Sokolowo haeredi de Poniec telonea in Poniec instituta dedit, mercantias exceptis rebus comestibilibus, vino et melle, liberas a solutione declaravit et vectoribus mercatoribusque sub amissione omnium rerum quas secum duxerint interdixit aliis viis nisi per Poniec ire vel transire.

1504. 18. April.

Transsumptam ex confirmatione Vladislai IV a 1601 dato apud Raczynski. p. 136.

LXXX.

Alexander rex Poloniae (1501—1506) Mathiae Lubyarskio civi juniwladislaviensi coram se personaliter petenti Thoruniae feria II ante festum Adalberti approbat et confirmat sententiam, cujus litteras ex mandato archiepiscopi gnesnensis a. 1501 (vide diploma n. LXXV) datas Lubyarsky exhibuerat.

1504. 22. April.

Rzyszczewski et Muczkowski, codex diplomaticus Poloniae II. 975.

LXXXI.

Alexander rex (1501—1506) jubet consules posnanienses pretium statuere vini Posnaniae venalis.

1504. 9. Maji.

Raczynski codex diplomaticus Majoris Poloniae p. 197.

Alexander dei gratia rex *Poloniae*, magnus dux *Lithuaniae*, *Russiae Prussiaeque* dominus et haeres etc. significamus tenore praesentium quibus expedit universis, quia attendentes non parvam deordinationem esse in civitate nostra *Poznaniensi* circa institutionem cujuslibet generis praetii vini, proinde proconsuli et consulibus dictae civitatis pro tempore existentibus omnimodum potestatem, jurisdictionem et facultatem ad instituenda praetia secundum qualitatem et naturam cujuslibet vini pretiosi, videlicet malmatici, graeci, italici, rivuli, muscatelle, falthmer, ungaricalis, rhenensis et generaliter alterius cujuscunque vini undecunque *Poznaniam* adducti de certa sciencia et gracia regia nostra dandam et concedendam duximus damusque et concedimus tenore praesentium mediante in perpetuum decernentesque, ipsi duntaxat proconsul et consules *Poznanienses* pro tempore existentes et nullus alius nunc deinceps et futuris temporibus perpetuis habeat et habeant facultatem ad haec ipsa malmatica et quaevis alia vina *Poznaniam* adducta adducendaque praetia instituendi. Quam constitutionem ordinationemque nostram decernimus(que) perpetuo duraturam. Harum quibus sigillum nostrum praesentibus est subappensum testimonio literarum. Datum *Thoruniae* feria quinta in crastino sancti Stanislai anno domini millesimo quingentesimo quarto.

LXXXII.

Sigismundus rex Poloniae (1506—1548) confirmat privilegium urbis Meseritz.

1507. 17. Oct.

Ex tabulario urbis Meseritz a cl. Dr. Jänicke descriptum. In dorso privilegii: Inductum in Acta Castrensia Warhoviensia feria quinta post Cineres proxima anno domini 1765. Suscepit Szymanski. — Vide dipl. N. CIX a. 1556 et N. LXXI a. 1485.

Nos Sigismundus dei gratia rex *Poloniae*, magnus dux *Lithuaniae* necnon terrarum *Cracoviae*, *Sandomiriae*, *Siradiae*, *Lanciciae*, *Cujaviae*, *Russiae* etc. ceterarum terrarum *Prussiae*, *Pomeraniae* dominus et haeres, significamus tenore praesentium quibus expedit singulis et universis, monstratum nobis esse in membrana antiquum privilegium fundationis civitatis *Medziricz* manuscriptum sacrae memoriae domini Mestvini Pomeraniae ducis antecessoris nostri propria manu sigilloque munitum in se continens fundationem praedictae civitatis *Medziricz* circa annum domini MCCVI extructae. Quod privilegium a nobis bene revisum consilio pariter et assensu consiliariorum nostrorum regiorum approbamus hacque confirmatione nostra privilegiata confirmamus. Quam civitatem dictam *Medziricz* juxta jura sua antiquo in originali privilegio late descripta cum omnibus successoribus nostris regiis perpetuo pacifice conservare promittimus concedentes et confirmantes senatui memoratae civitatis perpetuum jus haereditarium moderandi civitatem secundum fundationalem antiquam constitutionem. Relinquimus quoque liberum jus haereditarium reipublicae istius civitatis mercandi in omnibus mercibus, praxandi varios potus, eos vendendi, opificia tractandi, nundinas habendi juxta morem antiquum absque impedimento seu obstaculo capitaneorum super arcem *Medziricensem* a nobis seu successoribus nostris constitutorum qui supra mandatum prorsus jus super civitatem eam praesumere sibi audebunt. Quod jus ipsi majestati nostrae regiae reservamus. Quartas antiquitus solitas annuatim ad thesaurum nostrum regium rite persolvere tenebuntur cives isti respectu mansorum et bonorum ad civitatem ab antiquo pertinentium et in antiquo privilegio fundationis fuse descriptorum, super quibus bonis videlicet agris cultis et colendis, pratis, pascuis, silvis, nemoribus, fluviis, stagnis, piscinis, paludibus uti et molendino civitatem perpetuam possessionem haereditariam retinebunt. Quae omnia ac singula praemissa veluti in antiquo privilegio fundationis . . . comparuerant in omnibus punctis clausulis articulis et conclusionibus approbamus et confirmamus hac confirmatione nostra privilegiata. Quod ut robur perenne obtineat, manu nostra subscripsimus regnique nostri sigillo communiri fecimus. Datum *Cracoviae* vigilia S. Lucae evangelistae anno domini MDVII felicis regiminis regii nostri *Poloniae*. Smundus Rex. Stanislaus Cemma Sec. S. R. Mtis. mpp.

LXXXIII.

Sigismundus I rex Poloniae (1506—1548) pannificibus urbis Meseritz privilegium dat, quo alios in Meseritz et Schwerin pannos venditantes coercet.

1513. 8. Februar.

Transsumptum ex confirmatione Wladislai IV a 1633 ap. Raczynski, cod. dipl. maj. Pol. p. 199.

Sigismundus dei gratia rex *Poloniae*, magnus dux *Lithuaniae*, *Russiae*, *Prussiae* etc. dominus et haeres significamus tenore praesentium quibus expedit universis, quomodo dum pannitextores oppidi nostri *Miedzyrzecensis* supplices ad nos refugissent, ut ipsorum commodis prospiceremus in hoc videlicet, quod pannos suos, quos domi texunt et laborant tanto fructu omnes vendere possent, asserentes, si quidem ipsis a praedecessoribus nostris provisum fuisse[1] sed literas infausto ignis incendio[2] conflagratas esse. In eorum

---

1) Quatenus assertio pannificum Meseritzensium vera, nescimus; at habemus privilegium a Joanne Alberto civibus de Swobodzin sive Schwiebus anno 1493 datum, qui prohibiti erant per capitaneos Myedzyrzeczenses foris annualibus in Myedzyrzecz et Szkwyrzyna pannos, praesertim griseos per ulnas incisos vendere, in quo diplomate rex prohibitionem tollens admittit „subditis nostris de Szwobodzyn hujusmodi pannos eorum per ulnas incisos tam grisei quam alterius cujuslibet coloris ac cum eorum mercantiis omnibus, in foris duntaxat annualibus praefatorum nostrorum oppidorum Myedzyrzecze et Skwyrzyna vendere ac in eisdem lanam aliasque mercantias qualescunque more aliorum mercatorum ad praedicta fora annualia in Myedzyrzecz et Skwyrzyna undecunque venientium emere. 2) Vide historiam urbis Meseritz in catalogo nostro urbium.

supplicia ita condescendendum putavimus, ut sine gravamine caeterorum pannos sui laboris tanto commodius vendant, statuentes ut nullus extraneus in oppido praedicto *Miedzyrzecense* et *Skwirzyna* audeat ulnatim pannos griseos[3] extra praetium trium grossorum polonicalium incidendos vendere, sub poena decem marcarum castro solvenda et artificibus ipsis uno lapide cerae. Praeterea volumus ut cum lana ad forum vendendi causa illuc adducitur, quatenus nemo extraneus in oppido, undecunque venerit, eam lanam quae uno et medio lapide citra[4] vel ultra ponderatur emere audeat in praejudicium praefatorum pannitextorum, ipsis duntaxat istud faciendum relinquimus sub poena superius expressa, sed indulgemus, ut cuilibet liceat lanam in pondere majori emere, haec autem duratura ad beneplacitum voluntatis nostrae. Harum quibus sigillum nostrum est subappensum testimonio literarum. Datum *Poznaniae* feria tertia post festum sanctae Dorotheae virginis proxima anno domini millesimo quingentesimo tredecimo, regni vero nostri anno septimo. Relatio reverendi in Christo patris domini Mathiae episcopi *premisliensis* regni *Poloniae* cancellarii. Mathias B. episcopus et cancellarius regni manu propria.

LXXXIV.

Sigismundus I rex Poloniae confirmat patris privilegium urbi Meseritz datum.

1513. 13. Martii.

In tabulario urbis Meseritz, descriptum a cl. Jänicke.

In nomine domini amen. Ad perpetuam rei memoriam. Nos Sigismundus dei gratia rex *Polonie*, magnus dux *Lituanie*, necnon terrarum *Cracovie*, *Sandomirie*, *Syradie*, *Lancicie*, *Cuyavie*, *Russie*, *Prussie*, *Culmensis*, *Elbingensis Pomeranieque* dominus et heres etc. significamus tenore presentium quibus expedit vniuersis praesentibus et futuris harum noticiam habituris, quia constituti coram maiestate nostra personaliter providi preconsul et consules opidi nostri *Myedzyrzecz* in terra *Posnaniensium* exhibuerunt originaliter privilegium infrascriptum per serenissimum principem dive memorie dominum Casimirum regem patrem nostrum amantissimum pro parte opidi predicti concessum, petentes humiliter quatinus illud confirmare approbare et ratificare dignaremur. Cujus iste sequitur tenor:

Sequitur diploma N. LXXI anni 1485.

Nos igitur Sigismundus rex peticionibus dictorum preconsulis consulum et opidanorum Myedzirzecensium ac intercessionibus certorum dominorum consiliariorum nostrorum pro parte eorundem opidanorum factis benigniter acquiescentes considerantesque preinsertum privilegium esse justum, illud in omnibus et per omnia de verbo ad verbum secundum ejus vim et continenciam de certa scientia et singulari gratia regiis nostris confirmandum approbandum et ratificandum duximus confirmamusque approbamus et ratificamus praesentibus decernentes illud robur debite perpetueque firmitatis obtinere in evum praesentibus litteris nostris, mandantes tibi magnifico Luce de Gorca castellano *Poznaniensi* et capitaneo *Maioris Polonie* generali et tenutario *Myedzirzecensi* aliisque tenutariis *Myedzyrzecensibus* pro tempore existentibus, quatinus in circa ejusmodi libertates et prerogativas cives predictos in quarum usu sunt praeventi privilegio mediante conservetis tueamini et defendatis, et aliter non facturi pro gratia nostra. In cujus testimonium sigillum nostrum est apensum. Actum *Poznanie* feria tercia proxima post dominicam Oculi etc. anno domini millesimo quingentesimo tredecimo, regni nostri septimo, presentibus ibidem reverendissimo et reverendis in Christo patribus dominis Joanne archiepiscopo *Gneznensi* et primate, Joanne *Poznaniensi*, Mathia *Premisliensi* et regni nostri cancellario, eclesiarum episcopis necnon magnificis venerabilibus et generosis Jaroslao de Lassko *Syradiensi*, Joanne Zaramba de Calinova *Calissiensi*, palatinis, Luca de Gorca *Poznaniensi* et capitaneo *Majoris Polonie* generali, Cristoforo de Schydlovyecz castellano *Sandomiriensi* et regni *Poloniae* vicecancellario, *Syradiensi*, *Gostinensi*, *Byeczensi* et *Sorhaczoviensi* etc., capitaneo Stanislao Ostrorog

3) griseum i. e. canum sive albescens, gallice gres. 4) citra correximus pro: utra.

Calissiensi et Andrea de Tanezin *Byerzensi* castellanis, Petro Thomiczki archidiacono et Joanne Carncowski canonico *Cracoviensi*, secretariis nostris et aliis plurimis testibus circa premissa fide dignis sincere et fidelibus dilectis. Datum per manus eiusdem magnifici Christofori de Schydlovyecz castellani *Sandomiriensis* et regni *Polonie* vicecancellarii *Syradiensisque* etc. capitanei sincere dilecti. Christoforus de S. Cast. Sand. et vicec. Relatio magnifici Christofori de Schycz. castellani *Sandomiriensis* et regni *Polonie* vicecancellarii *Syradiensisque* etc. capitanei.

LXXXV.

Sigismundus I rex Poloniae jubet, nobiles qui agros urbis Meseritz colant onera urbis ferre.

1513. 14. Martii.

In tabulario urbis.

Sigismundus dei gratia rex *Polonie*, magnus dux *Lituanie*, *Russie Prussie*que dominus et heres etc. significamus tenore presentium quibus expedit universis harum noticiam habituris, quia accepimus querelam a providis preconsule et consulibus totaque communitate opidi *Myedzirzecz*, quomodo sunt nonnulli homines subditi nostri, qui ruri et in villis degentes agros civiles opidi *Myedzirzecz* possident et colunt, et onera civitatis ferre contemnunt et negligunt in prejuditium dictorum opidanorum *Myedzirzecensium*, supplicantes nobis humiliter iidem oppidani, quatinus illis de remedio justitiae providere dignaremur, nos igitur et cum consiliariis nostris habita desuper deliberatione talem ordinacionem et edictum in ea re fecimus et presentibus decernimus, ut omnes homines subditi nostri et nostrorum subditorum ruri et in villis ugentes, civilia onera ferre renuentes et negligentes et agros civiles possidentes et colentes, ipsos agros quos in campis civilibus haberent et habent, incolis civitatis ad requisicionem eorum primam vendant et resignent sub privatione eorundem agrorum mense nostre regie applicandorum, nisi forte aliquis talium hominum se et cum familia sua in opidum ipsum *Myedzirzecz* transferat et ibidem jure civili gaudens in effectu resideat et agrum suum colat, civilia onera perinde ac ceteri opidani ferat. Quam quidem ordinacionem nostram decernimus robur debite firmitatis obtinere. Quapropter tibi magnifico Luce de Gorca castellano *Poznaniensi* et capitaneo *Majoris Polonie* generali mandamus, ut hanc ordinacionem nostram voce publica in locis publicis omnibus quibus interest proclamari et publicari facias, ne de premissis aliquis pretendat se ignoranciam habere. Harum quibus sigillum nostrum est appensum testimonio litterarum. Datum *Poznanie* feria quarta proxima post dominicam oculi etc. anno domini millesimo quingentesimo tredecimo, regni vero nostri anno septimo. Christoforus de S. Cast. Sand. et R. P. vicclus sst. Relatio magnifici Christofori de Schidloviecz castellani *sandomiriensis* et r. P.' Vicecancellarii *siradiensis*que etc. capitanei.

LXXXVI.

Sigismundus I rex Poloniae (1506—1548) urbi Pudewitz renovat privilegium juris theutonici magdeburgensis.

1513. 24. Maji.

Raczynski codex diplomaticus majoris Poloniae p. 270 et 247.

In nomine domini amen. Ad perpetuam rei memoriam divinitus et rationabiliter adinventum est, ut ea quae sub tempore geruntur litterarum apicibus et testium fide dignorum annotatione perhennentur. Proinde nos Sigismundus dei gratia rex *Poloniae* magnus dux *Lithuaniae* necnon terrarum *Cracoviae*, *Sandomiriae*, *Pomeraniae*que dominus et haeres etc. significamus tenore praesentium quibus expedit universis et singulis praesentibus et futuris notitiam praesentium habituris, quomodo in nostra et consiliariorum nostrorum hic nobiscum existentium praesentia constituti personaliter providi proconsul et consules ac caeteri incolae oppidi nostri *Pobiedziska* exposuerunt, quomodo casu quodam infausto privilegia super jura, libertates et praerogativas eorum oppido praefato per praedecessores nostros data et concessa amisissent[1], supplicantes humiliter nostrae majestati, ut eisdem desuper novum privilegium dare et concedere dignaremur. Nos itaque de talibus praerogativis certius experiri volentes tam ex magnifico Luca de Gorca castellano *posnaniensi* et capitaneo *Majoris Poloniae* generali et dictorum bonorum tenutario sincere nobis dilecto, quam etiam certis commissariis ea in re deputatis intelleximus incolas oppidi praefati juribus, libertatibus et praerogativis inferius descriptis usos fuisse et gaudere. Inprimis molendino in fluvio *Glowna* primum superius molendinum dictum *Na Zdrozny* cum stagno et **olszyna**[2], cum prato a tergo molendini jam dicti usque ad lacum *Pistrachowo*. Item decem macellis carnium et omnium panum et sutorum cum proventibus de hortis circumquaque oppido ipsi adjacentibus ac de **budis** in medio oppidi existentibus, balneo etiam quod propriis impensis aedificaverunt cum proventibus ex eodem provenientibus. Item etiam *Ramne* et *Ziemne*. Item indaginibus et rubetis sub villis et haereditatibus *Zbirkowo*. *Gorka* et *Prandno* consistentibus, prout ex antiquo similiter usos fuisse. Item incolae ipsi foralia a sale et similiter carnifices oppidi ejusdem diebus forensibus non solvent. Item a solvendis theloneis et foralibus in septem miliaribus ab oppido eorum prout ex antiquo sint absoluti. Item ad nullas vias praeter **podwodas**[3] et nullos labores praeter tres dies annuatim, quos ratione pascuorum exercere tenentur de caetero compellentur. Praeterea in oppido ipso *Pobiedziska* in terris *Majoris Poloniae* et districtu *gnesnensi* sito forum annuale, quod ex antiquo habuerunt, pro festo visitationis gloriosissimae virginis Mariae, septimanale vero pro feria tertia annis singulis statuimus celebrandum dantes potestatem et libertatem plenam omnibus et singulis mercatoribus et utriusque sexus hominibus ad dictum oppidum cum rebus et mercantiis ipsorum, res et mercantias ipsorum cujuscunque generis et speciei fuerint vendendi, emendi, commutandi et secundum beneplacitum ipsarum et voluntatem disponendi et ad propria dispositis vel non dispositis redeundi, sine tamen praejuditio aliarum civitatum et oppidorum in vicinatu in terra ipsa existentium, decernentes ipsos in accedendo et recedendo nostra potiri securitate, nisi tales sint quos jura non tuentur et quibus merito fidelium consortia denegantur. Mandamus omnibus et singulis capitaneis, tenutariis, dignitariis, burgrabiis, procuratoribus. viceprocuratoribus, consulibus civitatum et oppidorum et aliis officialibus quibuscunque regni nostri et praesertim *Majoris Poloniae*, quatenus ipsos mercatores et homines utriusque sexus ad praedicta fora annualia et septimanalia venientes cum rebus ipsorum et mercantiis libere et sine quovis impedimento et arresto ire, transire, redire et morari, prout ipsorum necessitas persuaserit, permittant et permitti faciant gratiae nostrae sub obtentu. Ut igitur dictum oppidum majori gaudeat libertate ipsum de jure polonico in jus theutonicum quod *Maydeburgense* dicitur transferimus perpetuo duraturum, removentes ibidem omnia jura polonica, modos et consuetudines universas, quae ipsum jus theutonicum perturbare consueverunt. Eximimus insuper et perpetuo liberamus omnes et singulos dicti oppidi inhabitatores et incolas ab omni jurisdictione, potestate omnium regni nostri palatinorum, castellanorum et capitaneorum, dignitariorum, judicum, subjudicum caeterorumque officialium et ministerialium eorundem, ut coram ipsis et ipsorum aliquo pro causis tam magnis quam parvis, puta furti incendii homicidii. membrorum mutilationis[4] seu quibusvis aliis enormibus excessibus citati minime respondebunt nec aliquas poenas solvere tenebuntur, sed dicti cives et incolae coram advocato eorum, qui pro tempore fuerit, advocatus vero coram nobis vel judice generali nostro, dum tamen prius per nostram litteram sigillo nostro sigillatam evocatus et citatus fuerit, et hoc si in reddenda justitia negligens fuerit et remissus tunc non aliter quam suo jure *maydeburgensi* de se querulantibus sit adstrictus respondere. In causis autem criminalibus et capitalibus superius expressatis, advocato praedicto pro tempore existente in metis et graniciis ejusdem oppidi plenam puniendi, condemnandi, corrigendi damus et omnimodam potestatem, prout hoc ipsum jus theutonicum in omnibus suis punctis, articulis, conditionibus et clausulis postulat et requirit. Quos quidem incolas oppidi praefati *Pobiedziska* circa omnia et singula praemissa gratiose relinquendos et conservandos duximus, fore relinquimusque et conservamus gratiose praesentibus decernentes eadem robur perpetuae firmitatis obtinere,

---

1) At exstat in libro: Rejestr terminat przywilejow Poznanskiego, Kaliskiego etc. a castellano Sebastiano Mielecki a. 1564 et 1565 scripto copia privilegii urbi Pobiedziska a. 1258 concessi. 2) *olszyna* polonice: silva alnorum, germanice: Erlenwäldchen. 3) *podwoda* significat onus assignandi jumenta, quae legatos vehant. 4) Raczynski: mutilatione, at *ē* in fine verborum saepe abbreviatura est pro: is.

juribus nihilominus et stationibus ac omnibus et singulis proventibus nostris per omnia semper salvis remanentibus. In cujus rei testimonium sigillum nostrum praesens est subappensum. Actum *Posnaniae* feria tertia ante festum divinissimi corporis Christi proxima, anno domini millesimo quingentesimo tredecimo, regni nostri anno septimo, praesentibus reverendis in Christo patribus dominis Joanne *posnaniensi*, Erasmo *plocensi*, Mathia *przemisliensi* et cancellario ecclesiarum episcopis necnon magnificis, venerabilibus et generosis Nicolao Gardzina de Lubraniecz *posnaniensi*, Nicolao de Kretkow[5] *brzestensi* palatinis, Luca de Gorka *posnaniensi* et capitaneo *Majoris Poloniae* generali, Christophoro de Szydlowiec *sandomiriensi* et vicecancellario regni nostri, *siradiensis*que, *sochaczeviensi* et *gostinensi* capitaneo, Janussio Lathalski *gnesnensi*, Andrea de Teneczyn[6] *bieczensi*, Hieronimo Rozdrazewski *przemetensi*, Mathia de Gostyn *sremensi* castellanis, Petro Tomicki[7] decretorum doctore, archidiacono et custode, Joanne Carnkowski[8] scholastico *sandomiriensi* et canonico, *cracoviensibus*, Stanislao Goreczki praeposito *calissiensi* secretariis nostris, Stanislao Jarocki[9] marschalco, Stanislao Chroberski vexillifero, incisore et subpincerna et Nicolao Ocieski[10] *kostensi*, *pyzdrensi* et *koninensi* capitaneo et magistro agazonum[11] curiae nostrae caeterisque dignitariis, officialibus et fidelibus nostris dilectis. Datum per manus praefati reverendi in Christo patris domini *Mathiae* episcopi *premisliensis* et regni nostri cancellarii sincere nobis dilecti. Mathias episcopus et cancellarius. Relatio ejusdem reverendi in Christo patris domini Mathiae episcopi *praemisliensis* et regni *Poloniae* cancellarii.

LXXXVII.

Sigismundus I rex Poloniae (1506—1548) novum privilegium juris theutonici magdeburgici urbi Nakel confert.

1520. 3. Januar.

Transumptum ex confirmatione Stanislai Augusti a 1766 data, in tabulario urbis Nakiensis, quae ejus apographum benevolenter ad nos misit.

Ad perpetuam rei memoriam. Nos Sigismundus dei gratia rex *Poloniae* etc. significamus etc. quia venientes ad nos providi proconsul et consules ac tota communitas oppidi nostri *Nakiel* exposuerant: quomodo per inclementiam ignis privilegia et libertates eorum sunt concremata, nos in talibus modum et formam servari volentes commiseramus magnifico Stanislao de Koscielec palatino *juniwladislaviensi* capitaneo Magd (?)[1*] sincere nobis dilecto, ut coram ipso mediis eorum corporalibus juramentis praestitis dicerent, quibus juribus et privilegiis dicti oppidani ornati et contecorati[2*] a praedecessoribus nostris extiterunt; quia ibidem capitaneus *Magdeburgensis*[1*] quoniam aliis negotiis nostris impeditur non potuit hujusmodi commissioni nostrae satisfacere, supplicaverunt nobis humiliter oppidani praedicti, quatenus eis nostrum privilegium dare et concedere dignaremur, nos cupientes ab iisdem oppidanis nostris contenta privilegiorum et libertatum eorum per eosdem sub corporali juramento ipsorum oblata, initem[3*] etiam recognitione generosae Petrunellae de Oporow capitaneae et tenutricis *Naclensis* ac caeterorum aliorum nobilium nostrorum, qui narraverunt, quomodo omnes praerogativae et libertates infrascriptae in juribus et privilegiis oppidi praedicti expressae continebantur, hoc praesens novum privilegium ipsis oppidanis *Naclensibus* dandum et conferendum duximus damusque et conferimus praesentibus consulendo commoditatibus oppidi praedicti *Nakiel* nostri, hoc ipsius oppidum prout in suis metis et graniciebus consistit de jure polonico in jus theutonicum quod *Mageburgense* dicitur, transferendum et transponendum duximus transferimusque et transponimus praesentibus perpetuo, removendo ibidem omnia jura polonica et quaevis alia, ac omnes modos et consuetudines quae ipsum jus theutonicum plerumque perturbare consueverunt. Eximimus praeterea, liberamus et absolvimus omnes et singulos incolas et inhabitatores praesentes et futuros praedicti oppidi *Nakiel* et suburbium ejus ab omni jurisdictione et potestate palatinorum, castellanorum, capitaneo-

---

5) kreihkowo Raczynski p. 249. 6) Thenczyu, ib. 7) Thomiczki, ib. 8) Czarnkowski, ib. 9) Jaroczki, ib. 10) Ocziezki, ib. 11) agazones fuere ministri.

1*) Nyeschoviensi? 2*) condecorati 3*) insinuata?

rum et quorumvis officialium eorumque ministerialium, ita quod coram ipsis vel ipsorum aliquo pro causis tam magnis quam parvis, puta furti, incendii, homicidii, membrorumque mutillationis seu quibusvis enormibus casibus et excessibus citati minime respondere parereque ac proinde aliquas paenas solvere tenebunt(ur), sed tantum coram advocato suo et consulatu dicti oppidi. Advocatus vero et consulatus non nisi coram nobis et commissariis nostris specialiter per nos vel successores nostros designandis pro hujusmodi excessibus et eventibus parere et respondere tenebunt(ur), dantes iisdem oppidanis facultatem et omnimodam potestatem, pro praedictis omnibus articulis expressis in eodem oppido *Nakiel* transgressores quosvis corrigendi puniendi plectendi, prout ipsum jus theutonicum in sua dispositione et ordinatione latius requirit et postulat, praeterea consulendo in oppido oppidanos praedictos *Nakiel* ipsis oppidanis seu oppido praefato forum annuale pro festo visitationis beatissimae virginis Mariae, septimanale vero feriis quintis indicimus et instituimus praesentibus, ab omnibus et singulis mercatoribus, vectoribus et negotiatoribus ac quibusvis hominibus more alienorum oppidorum regni nostri servando et exercendo, absque alicujus foralis solutione, sine tamen praejudicio aliarum civitatum et oppidorum, ut juris nostri regii decernimus praesentis privilegii nostri vigore, ut omnes et singuli qui ad hujusmodi nundinas vel forum septimanale et oppidum praedictum gratia emendi, vendendi, res pro rebus commutandi confluxerint, in accedendo et recedendo nostra et successorum nostrorum securitate plenaria potientur et gaudebunt, nisi tales forte sint, quos jura non tuentur et quibus merito consortia fide dignorum denegant(ur). Insuper admittimus, ut oppido praedicto *Nakiel* juxta antiquam consuetudinem liberum pannitonsorium fuit, de quo census oppido *Nakiel* perpetuo solvatur. Concedimus denique ut a mulieribus res simplices et comestibiles vendentibus pro commoditate oppidi census proveniat. Denum annuimus, ut balneum oppidi praedicti *Nakiel* in loco, in quo commodius haberi poterit, construatur et habeatur, de quo balneo omnis census pro necessitate civitatis convertendus est, conservamusque eosdem oppidanos *naklenses* omnes et singulos praesentes et futuros circa possessionem et census fructum nemorum et borrarum, in quarum possessione pacifica ab antiquo extiterunt, caeterum fluvio *Notes* in capitaneidis ac piscibus retibus minoribus aliquas **zabrodniem** (?) et **klomla** secundum antiquam consuetudinem perfruantur pratisque supra rippas ejusdem fluvii per dimidium miliare superius et inferius ejusdem fluvii in colligendis fenis et pascendis pecoribus perfruantur, dummodo pro necessitate nostra et capitanei nostri *naklensis* sufficiens fenum prius collegerint. Tandem quia praedictum oppidum *naclense* a praedecessoribus nostris hac praerogativa fuit condonatum, ut nemo ex omni parte oppidi praedicti per unum milliare cerevisiam brasaret, in eadem praerogativa hoc ipsum oppidum *Nakiel* conservamus gratiose, salvo eo quod nobilitas in districtu illo constituta huic inhibitioni omnino non subjaceat, quinimo omnes ex nobilitate cerevisiam ex frumento suo cujuslibet grani libere in domibus et curiis suis coquent, toties, quoties illis hoc necessarium et opportunum fuerit. Item ne oppidani et suburbani oppidi praedicti agros colentes in solutione census annui plus aequo a nobis vel capitaneo nostro *naclensi* pro tempore existenti graventur, annuimus et decernimus, quod secundum antiquum morem de quolibet laneo non plus quam per unum fertonem monetae polonicae pro censu ad festum s. Martini confessoris quotannis nobis et successoribus nostris dissolvant, et sutores ex cameris seu macellis eorum non magis quam per sexdecem grossos dent et solvant. Item ut suburbani cum incolis oppidi praefati *Nakiel* uno eodemque jure gaudeant et potiantur. Item quia, ut accepimus, oppida in territoriu *naclensi* consistentia videlicet *Lobzebnica*, *Wysoka*, *Wierburg y Sempelburg* et alia oppida non alia mensura et metreta utebantur, quam *naclensi*, volumus et annuimus, ut deinceps hac eadem et non alia mensura omnia frumenta sub amissione eorundem metiantur. Item cum oppidum *Keynia* tempore belli partem meritorum publicorum incipiendo a molendino usque ad arcem nostram reformare teneantur, volumus ut necessitate ita exposcente a reformatione hujusmodi non sint nec esse debeant absoluti et liberi, similiter abbates *Wangrovecensium* et *Kokuronoviensium* conventuum ad reformanda maenia ejusdem oppidi debent esse obligati tenore praesentium mediante. In cujus rei fidem sigillum nostrum est appensum. Actum in conventione generali feria tertia ante festum trium regum proxima anno domini 1520, regni vero nostri anno 13, praesentibus etc. etc. Datum per manus praefati magnifici Christophori de Szydlowiec palatini et capitanei *cracoviensis* regni nostri cancellarii, tum *siradiensis, Socha., novae civitatis Korczyn, gostinensis* capitaneis, sincere nobis dilecti. Relatio magnifici Christophori de Szydlowiec palatini et capitanei *cracoviensis* ac regni *Poloniae* cancellarii.

LXXXVIII.

Sigismundus I rex Poloniae controversiam habentibus de lanae emtione pannificibus et mercatoribus urbis Kosten jubet lanam in Kosten emptam per quandam anni partem non nisi Kostensibus venumdari.

1520. 4. Januar.

Raczynski codex diplomaticus Majoris Poloniae p. 213.

Sigismundus etc. significamus tenore praesentium universis, quia cum esset controversia coram nobis inter pannifices civitatis nostrae *Kostensis* ex una et alios cives communes sive mercatores ejusdem civitatis parte ab altera, quaerentibus coram nobis ipsis pannificibus se in eorum artificio defecisse ad egestatemque devenisse nec posse commode artificium suum exercere aut ad id exercendum socios seu familiam fovere, eo quod plerique alii cives et mercatores *kostenses* augentes lucra sua cum magno eorum incommodo lanam, quae in ipsa civitate *Kostensi* venum exponitur et adducitur, praeoccupant, illam postea hominibus et negotiatoribus externis vendunt: allegantibus ex altera parte aliis civibus et mercatoribus *kostensibus* licere ipsis, qui eodem jure et libertate civili sicut pannifices gauderent et onera civilia aequaliter ferrent, cum possent et eis visum fuerit lanam venalem, quae in civitatem adducitur, emere et cui velint sive indigenae sive extraneo majoris lucri consequendi gratia rursum libere vendere. Nos auditis hujusmodi querelis et responsis et mature pensatis volentes incommoditati utriusque partis praedictae et detrimento nobilium, qui plerumque lanam in eandem civitatem *Kostensem* ad vendendum adducere consueverunt, providere ne solis pannificibus facultatem emendi lanam ipsam habentibus illam quasi inviti pro eorum arbitrio cum jactura sua eis vendere cogerentur, ad talem aequanimitatem et temperamentum hanc controversiam una cum consiliariis nostris in praesenti conventu generali nobiscum existentibus reduximus statuimusque ordinavimus et decrevimus ac statuimus, ordinamus et decernimus per praesentes, quod a festo paschae ad festum sancti Michaelis quolibet anno cives et mercatores, si lanam ad civitatem adductam eos emere contigerit, vendere illam nequaquam audeant externis hominibus et negotiatoribus, sed solis incolis et civibus civitatis *Kostensis*, a festo vero sancti Michaelis ad festum paschae liceat his ipsis civibus et mercatoribus civitatem *Kostensem* incolentibus lanam a se emptam et externis et domesticis hominibus quibuscunque pro lubitu suae voluntatis vendere et non aliter. Quam quidem constitutionem, ordinationem et decretum nostrum volumus et mandamus firmiter a partibus praedictis observari pro gratia nostra. Harum quibus sigillum nostrum est appensum testimonio literarum. Actum et datum in conventione generali *thorunensi*, feria quarta proxima ante festum sanctorum trium regum, anno domini millesimo quingentesimo vigesimo, regni nostri tredecimo.

LXXXVIIII.

Urbis Fraustadt statutum pannificum.

1520. 7. Sept.

Translatio latina diplomatis germanico sermone scripti, vide N. LXXXXVI.

In nomine omnipotentis dei qui rerum omnium principium et finis est, cui et in majestate sua laus summa et honor, nos jurati civitatis *Wschovensis* videlicet Paulus Jordan praeconsul, Joannes Buchwalder, Balthasar Lamprecht, Gregorius Walach, Nicolaus Möller, Martinus Dodot, Simon Klecz, Wenceslaus Schwadz consules, Laurentius Teichmann, Andreas Lorbek, Nicolaus Liczn, Martinus Otto, Christophorus Pol, Lucas Wenczke, Joannes Jurga, scabini, una et seniores jurati contuberniorum praefatae civitatis videlicet Hans Cluge, Paulus Hirsch pannifices, Joannes Pepeuiel, Mathias Verge lanii, Lucas Leisterth, Bartholomaeus Kothkugel sutores, Nicolaus Thilge, Petrus Bergmann pistores, Andreas Meissner, Petrus Wunderlich artificii fabrorum serifabrorum et rotificum, Antonius Gros, Michael Cheincze brassatores,

Martinus Herwerk, Joannes Paizker pelliones, Joannes Huffhammer, Balczer Schmiczke dolentores, significamus in notitiamque deducimus per praesentes universis et singulis, quia commodo et utilitati civitatis nostrae prout et tenemur, providere volentes conditionem ejus cuicunque inibi degentium adaugendo, signanter tamen contubernio pannificum nostrorum augmentum ac omne bonum faventes, maturo beneque deliberato desuper consilio habito de voluntate unanimi omnino nostrorum etiam seniorum omnium ordinum ac contuberniorum articulos infra scriptos ad laudem et utilitatem totius civitatis pannificumque nostrorum incrementum invenimus, statuimus pro jure municipali perpetuis temporibus irrefragibiliter tenendas et observandas, inprimis quod pannus niger ex lana nigra confectus, similiter cinereus vel ad nigredinem tendens ex lana grisea alias rudawa[1] textus, itidem pannus candidus vel albus ex lana candida factus: quivis illorum in suo colore naturali manere debet, nec aliis externis fuscentur coloribus, sed nec lana coloris grisei ut supra immissa debet in texendo nigrae nec albae griseae seu cinireae, pannus item nondum bene dispositus nec debite prout decet elaboratus nequaquam tingi seu colorari permittatur, vero sufficiente et debite prius confici debet, sed et perspiciendum est, ne duplici, hoc est diversi coloris, filo pannus texetur, verum uniformi duntaxat colore, colorque qui alium copia superexcesserit, talem a principio locare debet. Secus vero faciens contra super descripta sex talentis cerae puniendus tenebitur totiens quot vicibus praevaricatus id fuerit et quotquot stamina apud eum hujusmodi inventa fuerint. Item si quis citra debitum latitudinis mensuram opus suum seu lanificium pro faciendo panno disponeret, sex grossos contubernio solvet. Famulus item per fugam a magistro suo discedens posthac si redierit priori asciscetur magistro ab eodem de novo artificium edocturus contubernioque in omnibus e contra satisfaciat. Praeterea juvenis nondum artificium secundum annos conventos apud magistrum edoctus suum, fuga si discesserit poenitentiaque ductus magistro reconciliare vellet suo, id non alias quam in contubernio illorum fieri debet contubernioque quidem reponat ac si de novo studere coeperit. Insuper si quis propter enormem excessum antehac artificio privatus in medium e contra eorum recipi petierit magistroque haberi, non prius id consequi poterit, quam quando contubernio satisfaciat in omnibus ac si de novo in illam eorum communitatem se locare voluerit. Nullus item magistrorum domo propria [carens[2]] pannos incidere audebit, contraveniens gravamen sex talentis cerae punietur. Sub eadem item poena nullus ex lana . . . quicunque operis in artificio laborabit. Si aliquis item emerit lanam sutorum, cerdonum quam ipsi ex pellibus pro opere illorum emptis detraxerit, hanc eandem in domum suam quod nullus importare audeat, nisi illam prius seniores conspiciant, sub poena medii lapidis cerae. Juvenem quicunque erudiendum suscepit non diutius quam per triduum eundem domi fovebit, quin eundem contubernio praesentari erit astrictus, secus faciens poenam incidet gravem pro voluntate magistrorum. Item nullus pannificum opus seu lanificium suum pro texendo panno aliter disponere citra debitam latitudinis mensuram audebit, quam quae sit latitudo quadraginta ambitumm circa instrumentum quo fila hujusmodi extenduntur et aliud minoris proportionis quod sit triginta septem ambitumm latitudinis; secus faciens artificio privabitur. Pannum item forensem seu extraneum sive sit factus *Gorae* sive *Glogoviae* etc. quid nullus in gratia mercatori alicui in nostrum modum sub tituloque nostro disponere audeat, proventus in eo facto lapidem cerae succumbet. Quilibet praeterea pannum confecturus uti debet filis uniformibus, nec acies panni sex filorum externi coloris superare debet, proventus vero quis fuerit qui plura numero fila quam sex alterius coloris pro acie relinquendo imposuerit: pannus ille invalidus ac pro insufficienti reputabitur. Moritur quis magistrorum relictis post se liberis quicunque sunt sexus utriusque, artificium, si voluerint exercere, possunt prout parentes eorum fecerint. Item si quis sine licentia et admissione seniorum in molendino ipsorum plura numero stamina quam decem ad praeparandum duxerit, sex libris cerae puniendus erit; id enim nemini conceditur faciendi. Nullus laniorum etiam tempore quo oves tonduntur pro coemenda lana in damnum aliorum usque ad festum sancti Martini equitare in pagos villas aliaque provinciae loca audeat; secus faciens medium lapidem cerae succumbet. Puerum item seu famulum qui suscepturus ad erudiendum, cum suscipere debet ad tempus certum, puta annum, duos, tres, quatuor, quinque etc., quisquis ille sit complete annos secundum condutamen serviat necesse est; edoctus tandem artificium apud magistrum suum serviat unum annum vel visere exteras regiones per unum annum astrictus erit. Ab

1) *rudawy* polonice: in modum aeris, subrubicundum. 2) *carens* delendum videtur.

hac enim conditione ac servitute filios magistrorum artificii illius excipi volumus. Nullus item pannificum lanam extra contubernium vendere praesumat; hoc est pileatoribus vel externis hominibus, verum si lanam ultra opus suum habuerit, confratri ejusdem artificii venundare debet; secus faciens a quolibet lapide venditae fertonem solvet. Si alicui item animus sit ejusmodi effici magisterque illius artificii fieri: non alio tempore ex certis causis id consequi poterit, quam in illius octo diebus in principio novi anni cujuslibet, hoc est a die circumcisionis domini intra illos octo dies. Nullus praeterea extraneo aut alienigenae pannum colorare audebit, sed nec pannum pro tunica etiam tibialibus ac calligis intingere suis praesumet sub poena unius lapidis cerae. Item nullus extra civitatem in districtu *mschoreusi* lanam hinc inde coemere audeat, verum civitati apportatam quivis emat, sub poena unius fertonis de quolibet lapide empto. In foro etiam nullus lanam emere audebit eo animo ut eam revendere vellet, nundinis exceptis, sub poena duodecim grossorum ab unoquoque lapide. Nullus etiam extraneorum pannos incidere debet qui sunt nostri coloris excepto panno melioris generis, et hoc tempore nundinarum. Finaliter eisdem magistris contubernii pannificum concedimus tribuimus praestamusque authoritatem, res et negotia contubernium eorum attinentia discutiendi, judicandi excessus corrigendo, bonum adaugendo, superintentando. Item de et super coloribus qui sunt praecipue niger, rubeus, brunaticus, croceus, cinereus seu grissus, ut debito modo disponantur; recognita etiam coram eis judicare habeant facultatem; indiscussa vero et gravia quibus sufficere non possunt ad officium seu judicium prout ex jure debent remittant. In fidem et testimonium unjus omnium nostrum sigillum civitatis nostrae de consensu et voluntate omnibus seniorum juratorum civitatis praefatae appendi jussimus. Actum feria sexta ante festum nativitatis Mariae anno millesimo quingentesimo vigesimo.

LXXXX.

Sigismundus I incolas urbis Meseritz per aliquos annos censu liberat.

1520. 3. Decembris.

Litteras has et sequentes eodem die datas in tabulario urbis conservatas descripsit cl. Jänicke.

Sigismundus dei gratia rex *Polonie*, magnus dux *Lituanie, Russie, Prussieque* etc. dominus et heres significamus tenore presentium universis, quia habentes rationem damnorum, que incole oppidi nostri *Myedzirzecz* ex illius devastacione acceperunt per gentes, que nuper ex *Germania* in regnum nostrum irruperant eosdemque incolas gratia nostra regia in his eorum damnis relevare volentes ipsis omnibus et singulis, nullis penitus exceptis, libertatem a censibus agrorum hinc ad quatuor annorum decursum, incipiendo solutionem anno millesimo quingentesimo vigesimo quarto, necnon ab exactione **czopowe** et tributo sepi, quod lanii illius oppidi nobis solvere quotannis sunt astricti, hinc ad unum annum, ab exactionibus vero nostris civilibus **schoss** vulgariter nuncupatis, necnon ab aliis omnibus solutionibus, exactionibus et contributionibus publicis pro necessitate reipublicae laudatis et institutis, ac laudandis in posterum et instituendis, quibuscunque et quocunque nomine nuncupatis, novis tamen et antiquis theloneis exceptis, ad duodecim annorum decursum sese continue et immediate sequentium a data praesentium literarum computandorum dedimus et concessimus, damusque et concedimus harum serie literarum, annum praesentem ad horum rationem includendo. Quocirca tibi magnifico Luce Gorka castellano *posnaniensi* et capitaneo *Majoris Polonie* generali et *myedzirzecensi* sincere nobis dilecto et pro tempore existentibus capitaneis *myedzirzecensibus* in hac libertate per nos illis gratiose concessa ad tempora superius prefinita conservetis et conservari faciatis et quilibet vestrum conservet pro gratia nostra. Harum quibus sigillum nostrum est appensum testimonio litterarum. Datum in civitate nostra *Bidgostiensi* feria secunda in vigilia sancte Barbare anno domini millesimo quingentesimo vigesimo, regni nostri anno quartodecimo. Petrus episcopus et vicecancellarius subscripsit. Relatio reverendi in Christo patris domini Petri episcopi *posnaniensis* et regni *Polonie* vicecancellarii.

LXXXXI.

Sigismundus I rex urbi Meseritz diem septimanalis fori commutat.

1520. 3. Decembris.

In nomine domini amen. Ad perpetuam rei memoriam. Nos Sigismundus dei gratia rex *Polonie*, magnus dux *Lithuanie* necnon terrarum *Cracovie*, *Sandomirie*, *Siradie*, *Lancicie*, *Cujavie*, *Russie*, *Prussie* ac *Culmensis*, *Elbingensis*, *Pomeranieque* etc. dominus et heres significamus tenore presentium universis praesentibus et futuris harum noticiam habituris, quia cum incole oppidi nostri *Myedzirzecz* coram nobis exposuissent, quod forum septimanale per nostros predecessores pro singulis feriis secundis in eodem oppido *Miedzirzecz* institutum cum foris septimanalibus oppidorum vicinorum concurreret, supplicassentque nobis ut in alium diem forum predictum septimanale transponere idque de novo in eodem oppido *Myedzirzecz* instituere auctoritate nostra regia dignaremur, nos permoti hujusmodi supplicationibus cupientesque ut prefatum oppidum *Myedzirzecz*, quod nuper per hostes nostros, videlicet gentes que ex *Germania* contra nos in subsidium magistro et eius ordini cruciferorum de *Prussia* hostibus nostris advenerunt, est devastatum, ad pristinum statum et condicionem rediret, prenominatum forum septimanale ad diem sabati transponendum duximus et transposuimus, transponimusque, idque de novo instituimus et indicimus per presentes, singulis septimanis et diebus sabati et non feriis secundis celebrandum et frequentandum, pro transpositoque et de novo per nos instituto haberi volumus et decernimus, citra civitatem et oppidorum vicinorum prejudicium et detrimentum, ita quod omnes et singuli homines sexus utriusque, cujuscunque status et condicionis existant, ad hoc ipsum oppidum *Myedzirzecz* pro foro septimanali predicto singulis diebus sabati confluere possint causa emendi et vendendi, res pro rebus permutandi et alia negotiationis genera diebus fororum septimanalium fieri solita exercendi, venientesque in accedendo et redeundo nostra et successorum nostrorum securitate et libertate pociantur, nisi tales sint, quos jura et leges favere non permittunt et quibus proborum hominum consortia merito sunt deneganda. In cujus rei testimonium sigillum nostrum est praesentibus appensum. Actum et datum in civitate nostra *Bidgostiensi* in vigilia sancte Barbare, anno domini millesimo quingentesimo vigesimo, regni nostri anno quartodecimo, presentibus reverendis in Christo patribus dominis, Mathia *Wladislaviensi*, Petro *Posnaniensi*, et regni nostri vicecancellario, episcopis, Raphaele de Leschno electo *Premisliensi* necnon magnificis, venerabilibus et generosis, Christophoro de Schidlowyecz, palatino et capitaneo *Cracoviensi*, et regni nostri cancellario, Andrea de Thaunczin *Sandomiriensi*, Andrea de Cuthno *Rawensi* palatinis, Luca de Gorka *Posnaniensi* et capitaneo *Majoris Polonie* generali, Nicolao de Schidlowiecz *Sandomiriensi* et regni nostri thesaurario, Nicolao Jordan de Zakliczin *Woinicensi*, magno procuratore *Cracoviensi* ac *Scepusiensi*, *Zathoriensi*., et *Osszwiancimensi* Capitaneo, Nicolao Pothuliczki *Rogosnensi* castellanis Stanislao de Chodecz marschalco regni nostri ac *Leopoliensi* capitaneo, Andrea Crziczki preposito *Posnaniensi*, et sancti Floriani *Cracoviensi*, Joanne Gorski archidiacono *Posnaniensi* secretariis nostris, Nicolao Thomiczki capitaneo *Costensi* et prefecto stabuli nostri, ceterisque officialibus et aulicis nostris circa premissa testibus fide dignis sincere nobis et fidelibus dilectis. Datum per manus prefati reverendi in Christo patris domini Petri episcopi *Posnaniensis* et regni nostri vicecancellarii sincere nobis dilecti. Petrus episcopus et vicecancellarius subscripsit. Relatio ejusdem reverendi in Christo patris domini Petri episcopi *Posnaniensis* et regni *Polonie* vicecancellarii.

LXXXXII.

Sigismundus I ab urbe Meseritz Judaeos excludit.

1520. 3. Decembris.

Sigismundus dei gratia rex *Polonie*, magnus dux *Lithuanie*, *Russie*, *Prussieque* etc. dominus et heres significamus tenore praesentium universis, quia cum incole oppidi nostri *Myedzirzecz*, qui non pridem ex conflagratione et devastacione illius per gentes que ex *Germania* contra nos in subsidium magistro et ejus ordini cruciferorum de *Prussia* hostibus nostris advenerant, magnam jacturam et damnum in bonis suis mobilibus et immobilibus acceperunt, coram nobis exposuissent, quod propter. Judeos in eo ipso oppido *Myedzirzecz* cum illis habitantes, qui eorum victum et commoditates variis et exquisitis modis impedire et praeripere ac lucra et commoda sua cum aliorum incolarum orthodoxe fidei ejusdem oppidi magno incommodo augere soleant, non possent hoc ipsum oppidum commode inhabitare seu in illo domicilium suum firmare, supplicassentque nobis offerentes se censum, quem Judei ejusdem oppidi nobis annuatim solvebant, in se assumpturos et nobis soluturos, si Judeos ipsos illinc excludere et ammovere dignaremur: nos cernentes, in quo rerum articulo fortuna eosdem oppidanos nostros nunc deprehenderit, considerantes etiam predictum oppidum in finibus regni nostri situm esse et populi frequentia pro sua instanratione et conservatione indigere, facile rationem hujusmodi supplicationis predictorum oppidanorum pro meliori eorum statu et condicione accepimus et ad exauditionis gratiam admisimus ipsosque Judeos ex prefato oppido nostro *Myedzirzecz* excludendos et ammovendos esse duximus, quos alioquin a conservatione et cohabitacione Christi fidelium longe seductos esse convenit, excludimusque et ammovemus illosque in dicto oppido *Myedzirzecz* domos seu habitaciones aliquas habere et incolere non permittemus nec successores aut capitanei nostri *Myedzirzeczenses* pro tempore existentes permittent, ea lege, quod incole ejusdem oppidi censum annuum decem marcarum pecunie, monete et numeri regni nostri consueti, grossos quadraginta octo marcam in quamlibet computando, quem Judei solvebant, post expirationem libertatis duodecim annorum per alias litteras nostras ipsis concesse nobis et nostris successoribus solvere singulis annis debeant et teneantur perpetuis temporibus et in evum. Harum testimonio litterarum quibus sigillum nostrum est appensum. Datum in civitate nostra *Bidgostiensi* feria secunda in vigilia sancte Barbare. Anno domini millesimo quingentesimo vigesimo, regni nostri anno quartodecimo. Petrus episcopus et vicecancellarius subscripsit. Relatio reverendi in Christo patris domini Petri episcopi *posnaniensis* et regni *Polonie* vicecancellarii.

LXXXXIII.

Sigismundus I rex *Poloniae* Stanislao Helt proconsuli *posnaniensi* audiens: „civitatem *posnaniensem* majorem in modum decrescere et desertari non aliam ob causam, quam quod mercatores et vectores cum suis rebus et mercibus *posnaniensem* civitatem contra privilegia super depositorium vel potius emporium per Wladislaum concessum praetergrediuntur antiqua itinera declinantes, et quod aliae civitates depositorio *posnaniensi* non observato lucra sua querant," privilegium Wladislai in civitate *thorunensi* dominica reminiscere approbat „ut civitas *posnaniensis* magis atque magis augeatur et in structuris publicis et privatis emineat et exornetur" idemque ita declarat: „de magno ducatu *Lithuaniae*, *Masoviae*, ducatibus *Slesiae* dominiis *Russiae* et universo regno nostro (*cracoviensi* nostra civitate duntaxat excepta) mercatores et negotiatores civitatem *posnaniensem* et depositorium in ea constitutum sub poenis suprascriptis nequaquam praeterire audeant."

1521. 24. Februarii.

Raczynski cod. dipl. Majoris Poloniae p. 112

LXXXXIIII.

Sigismundus I rex *Poloniae* supplicationi Stanislai Helth proconsulis *posnaniensis* necnon aliorum consulum et totius communitatis *posnaniensis* petentis annuens innovat *Thoruniae* dominica oculi litteras Ludovici, Casimiri avi sui et Casimiri genitoris, quibus a solutione teloneorum cives *posnanienses* sunt exemti.

1523. 3. Martii.

Raczynski cod. dipl. Maj. Polon. p. 127.

LXXXXV.

Sigismundus I confirmat privilegium urbis Mrotschen nundinasque ibi instituit.

1523. 31. Martii.

Transsumptum ex actis Naclensibus.

In nomine domini amen. Ad perpetuam rei memoriam. Quoniam humana gesta, quantum cuique memorabilia, facile intereunt, nisi literarum officio posteriori memoriae fuerint commendata, proinde nos Sigismundus dei gratia rex *Poloniae*, magnus dux *Lituaniae* necnon terrarum *Cracoviae*, *Sandomiriae*, *Syradiae*, *Lanciciae*, *Cuiaviae*, *Russiae*, *Prussiae*, *Culmensis*, *Elbingensis*, *Pomeraniae* etc. dominus et haeres manifestum facimus tenore praesentium quibus expedit universis et singulis, praesentibus et futuris harum notitiam habituris, quia exhibitae sunt coram maiestate nostra nomine generosi Nicolai Potulicki castellani *rogosnensis* haeredis in *Mrocza*, fidelis nostri dilecti, literae serenissimi domini Vladislai divinae memoriae *Polonie* regis antecessoris nostri sanae salvae et integrae et nulla ex parte suspectae, quibus sua majestas de villa *Mrocza* in districtu *naclensi* et terra *calisciensi* constante oppidum eodem nomine *Mrocza* nuncupatum facere et locare ipsisque de jure polonico in jus theuhtonicum quod *Maydebuoreck* nuncupatur transferre dignata est, supplicatum nobis ejusdem Nicolai nomine existit, ut eas ipsas literas et omnia in eis contenta et expressa approbare, ratificare et confirmare, ac eas ipsas literas innovare et dignaremur de gratia nostra regia, quarum tenor sequitur talis.

Sequitur diploma XXXVII anni 1393.

Nos itaque Sigismundus regia gratia nostra supplicationibus pro parte prefati Nicolai nobis factis velut justis annuendo litteras preinsertas omniaque et singula in eis contenta confirmamus et innovamus, prout confirmamus et innovamus ac roborem perpetuum firmitatis obtinere decernimus tenore praesentium mediante. Praeterea nos, habentes rationem meritorum ipsius generosi Nicolai Potulicki castellani *rogosnensis* predicti instituenda duximus et instituimus in eodem oppido *Mrocza* duo fora annualia, unum pro die ascensionis domini, aliud pro festo exaltationis sancte crucis annis singulis, septimanale vero forum quod prius feriis quartis illis fuit constitutum, prout in literis preinsertis expressum est, ad diem sabbathi transferimus citra tamen aliarum civitatum et oppidorum quorumvis in vicinatu consistentium gravamen prejudicium et detrimentum, volentes et decernentes ut omnes mercatores, institores, vectores ac universi ac singuli homines sexus utriusque ac status dignitatis praeminentiae et conditionis cujuscunque fuerint ad hoc ipsum oppidum *Mrocza* pro foris praedictis annualibus et septimanali pro festis et diebus supra expressis causa emendi, vendendi res et merces quascunque, res pro rebus, merces pro mercibus commutandi omniaque negotiationum et mercimoniorum genera exercentes et disponentes, venientes in accedendo et recedendo nostra ac successorum nostrorum securitate atque libertate potiantur et gaudeant, nisi tales sint quos jura et leges fovere non permittunt, quibus non immerito proborum hominum consortia et commertia denegantur. In cujus rei testimonium sigillum nostrum est praesentibus appensum. Actum et datum *Cracoviae* in conventione generali feria tertia proxima post dominicam ramis palmarum anno domini milessimo quingentesimo vigesimo tertio, regni nostri anno decimo septimo, praesentibus reverendissimo et reverendis in Christo patribus dominis Joanne Laski archiepiscopo *gnesnensi*, legato nato ac primate, Joanne Konarski *cracoviensi*, Matthia Drzewicki *vladislaviensi* et Petro Tomicki *posnaniensis* et regni nostri vicecancellarii, episcopis necnon magnificis, venerabilibus ac generos Nicolao de Dambrowica castellano *cracoviensi* et exercituum regni nostri capitaneo generali, Nicolao de Lubrancz palatinato *posnaniensi*, Christophoro de Szydlowiec, palatinato et capitaneo *cracoviensi* et regni nostri cancellario, Luca de Gorka castellano *posnaniensi* et capitaneo regni *Polonie* generali, Venceslao de Ostroroko castellano *calissiensi*, Stanislao de Bodent, marsesalco regni nostri et *leopoliensi* capitaneo, Joanne Latalski *gnesnensi*, *cracoviensi* et *lenciciensi*, Joanne Czarnikowski *skarbiniriensi* praepositis, secretariis et aliis quam plurimis dignitariis officialibus aulicisque ceteris testibus circa praemissa fide dignis, sinceris et dilectis. Datum per manus praefati reverendi in Christo patris domini Petri Tomicki episcopi *posnaniensis* et regni nostri vicecancellarii sincere nobis dilecti. Petrus episcopus *posnaniensis* et vicecancellarius regni manu propria. Relatio ejusdem reverendi in Christo patris domini Petri episcopi *posnaniensis* et regni *Polonie* vicecancellarii.

LXXXXVI.

Sigismundus I rex Poloniae exhibitum sibi privilegium civile *Wschovense* „in germanica lingua confectum pro parte contuberniorum civitatis Wschovensis emanatum, continens in se salubres ordinationes articulatas illorum mechanicorum illud pertinentium" attendens illud continere ordinationes justas ac rationabiles et boni regiminis contuberniorum regulativas perpetuis temporibus valiturum *Cracoviae* feria III ante festum Viti approbat tenore ejus de germanico in latinum rite translato (Vide N. LXXXXVIIII), salvis tamen juribus suis et officialium ibidem antiquitus observatis.

1523. 9. Junii.

Raczynski cod. dipl. Maj. Pol. p. 211.

LXXXXVII.

Sigismundus I rex Poloniae urbem *Fraustadt* incendio afflictam tributis per aliquos annos Wilnae liberat civibusque fraustadiensibus moratorium quod dicunt hac conditione concedit, ut de solutionis praestandae tempore magistratus urbis et capitaneus, aut si creditores essent ecclesiae sive clerici magistratus et episcopus posnaniensis decernant.

1529. 14. Julii.

LXXXXVIII.

Sigismundus I rex Poloniae incolis urbis *Rogozno* in Majori Polonia privilegium Wladislai (V. N. XXXXVII) cujus originales litteras exhibuerant supplicantes id propter earum vetustatem innovari, Cracoviae feria III infra octavas visitationis S. Mariae innovat.

1530. 5. Julii.

Transsumptum ex confirmatione Vladislai IV. ap. Raczynski. p 151.

LXXXXVIIII.

Sigismundus I rex Poloniae urbi *Fraustadt* immunitatem molendini in fossa urbem Fraustadt cingente construeti Wilnae prolongat.

1534. 10. April.

C.

Sigismundus I rex Poloniae Petro Gorski capitaneo mandat, ut examinet Fraustadtiensium querimoniam de Nankero Dlusski, qui vendita urbi advocatia immuni vectigalia exigebat, et ut conciliet partes.

1534. 11. April.

CI.

Proconsul et Consules urbis *Posnaniensis* statutum fraternitatis sagittariorum a majoribus jam approbatum nunc a senioribus fraternitatis Leonardo Crakero, consule, et Joanne Tegadlone oblatum, confirmant, e theutonica lingua in latinam transferunt sigilloque civitatis roborant.

1537. 11. Aug.

Tenorem diplomatis v. in catalogo urbium s. v. Posen.

CII.

Sigismundus rex Poloniae in urbe Meseritz fora annalia instituit.

1539. 7. Febr.

In nomine domini amen. Ad perpetuam rei memoriam. Nos Sigismundus dei gratia rex *Poloniae* magnus dux *Lituaniae* necnon terrarum *Cracoviae*, *Sandomiriae*, *Siradiae*, *Lanciciae*, *Cujaviae*, *Russiae*, *Prussiae*, *Mazoviae*, *Culmensis*, *Elbingensis*, *Pomeraniaeque* etc. dominus et heres, significamus tenore presentium quibus expedit universis harum noticiam habituris, quia hic supplicatum est nobis nomine civium nostrorum oppidi *Myedzirzecz* in terra *Maioris Poloniae* sitti, quatinus eis eorumque oppido fora annalia seu nundinas communiter vocatas, et septimanalia, presertim pro equis et bobus emendis ac vendendis instituere ac indicere dignaremur; nos eorundem civium supplicationem justam et racionabilem intelligentes, volentes insuper quod illud oppidum ejusque incolae in commodis et facultatibus suis in dies augeantur ad melioremque conditionem et statum reducantur, intercessioni etiam consiliariorum nostrorum ad nos pro eis factae gratiose annuentes, instituendi ac indicendi in eo ipso oppido *Miedzirzecz* primum duximus duo fora annalia, unum videlicet feria secunda proxima ante festum pentecosten, alterum vero feria secunda ante festum sancti Bartholomei apostoli proxima, deinde vero septimanalia singulis feriis secundis per integram quadragesimam quotannis perpetue agendi, celebrandi, et frequentandi, prout presentibus litteris nostris de certa nostra scientia et gratia speciali instituimus ac indicimus perpetuo et in evum, citra tamen aliarum civitatum et oppidorum nostrorum in vicinia existentium prejuditium ac detrimentum, ita quod omnes et singuli homines sexus utriusque cujuscunque status et conditionis existant ad hoc ipsum oppidum pro foris septimanalibus cum equis et bobus per quadragesimam duntaxat, pro annalibus vero cum omnigenis mercibus confluere ac venire possint et valeant, pro diebus et temporibus superius expressis causa emendi et vendendi mercesque pro mercibus permuttandi et alia negociationis et quevis mercaturae genera libere exercendi et peragendi, volentes ac decernentes quod omnes homines ad fora predicta venientes in accedendo et redeundo nostra et nostrorum successorum securitate ac libertate gaudeant et pociantur perpetuo, nisi tales sint quos jura ac leges fovere non permittant, et quibus proborum hominum consortia sunt merito deneganda. In cujus rei testimonium sigillum nostrum est appensum. Actum *Cracoviae* in conventione generali feria quinta ante festum sancti Valentini proxima, anno domini millesimo quingentesimo trigesimo nono, regni nostri anno trigesimo tercio, presentibus ibidem reverendissimo et reverendo in Christo patribus dominis Joanne Latalski archiepiscopo *Gnesnensi* legato nato et regni nostri primate, Petro *Cracoviensi*, Luca de Gorka *Cujaviensi*, Stanislao Oleschniecki *Posnaniensi*, Sebastiano Braniecki *Chelmensi* episcopis necnon magnificis venerabilibus, et generosis Joanne a Tharnow castellano *Cracoviensi*, et capitaneo *Sandomiriensi*, Petro Kmitata de Vissnicze, *Cracoviensi*, marschalco regni nostri, *Cracoviensi*, *Scepusiensi*, *Premisliensi* et *Colensi* capitaneo, Joanne a Thanczin *Sandomiriensi*, *Belsensi*, *Chelmensi*, *Crassnostavensi* capitaneo, Petro de Dambronicza *Lublinensi*, *Radomiensi* et *Kasimiriensi* capitaneo, Nicolao de Misczicze *Belsensi*, Felice Srzenski *Plocensi* et *Mariemburgensi Plocensique* capitaneo, Petro Gorniski *Masoviae* et capitaneo *Czirchanoviensi*, Stanislao de Kulno *Ravensi* palatinis, Nicolao de Volia *Sandomiriensi* serenissimae conjugis nostrae dominae Bonne reginae curiae magistro, *Visnensi*, *Lomsensi*, *Sanocensi* et *Lanczkorunensi* capitaneo, Joanne de Thanczin *Coiniciensi* marschalco curiae nostrae, *Lublinensi* et *Leloviensi* capitaneo, Spitkone a Tharnow *Radomiensi* regni nostri thesaurario, *Siradiensi* et *Krzepicensi* capitaneo, Severini Boner de Balicze *Biecensi* burgrabio, zuppario et magno procuratore *Cracoviensi*, *Osswianczimensi* et *Zatoriensi* capitaneo, castellanis Paulo de Volia regni nostri vicecancellario, burgrabio *Cracoviensi* et capitaneo *Gostinensi*. Samuele Maczieowski decano, Joanne Vilamowski cantore *Cracoviensi*, secretariis nostris, et aliis quam plurimis dignitariis et officialibus nostris sincere et fidelibus dilectis, testibus circa premissa fide dignis. Datum per manus prefati magnifici Pauli de Volia regni nostri vicecancellarii, burgrabii *Cracoviensis* et capitanei *Gostinensis* sincere nobis dilecti. Paulus de Volia vicecancellarius subscripsit. Relatio ejusdem mag. Pauli de Volia regni *Poloniae* vicecancellarii, burgrabii *Cracoviensis* et capitanei *Gostinensis*.

CIII.

Sigismundus I rex (1506—1548) urbi Schrimm vectigal, quod a transeuntibus pontem in fluvio Warthe exigitur, concessum pro conservatione pontis et aggerum, iterum assignat et auget.

1539. 4. Junii.

Raczynski codex diplomaticus Majoris Poloniae p. 225.

In nomine domini amen. Ad perpetuam rei memoriam. Nos Sigismundus dei gratia rex *Poloniae*, magnus dux *Lithuaniae* necnon terrarum *Cracoviae*, *Sandomiriae*, *Syradiae*, *Lancitiae*, *Cujaviae*, *Russiae*, *Prussiae*, *Masoviae*, *Culmensis*, *Elbingensis*, *Pomeraniae* etc. dominus et haeres significamus tenore praesentium quorum interest universis praesentibus et futuris harum notitiam habituris, quia cum universi nostri subditi et incolae regni litteras, jura et privilegia de et super exactionibus theloneorum pontalium in novissimo generali conventu *piotrkoviensi* coram nobis de mandato nostro speciali exhibebant et reponebant oppidani etiam nostri *Srzemenses* exposuerunt concessas, quod eis et eorum oppido esse literas per serenissimum olim Vladislaum et subinde per divos Casimirum et Joannem Albertum avum, patrem et fratrem reges nostros praedecessores, datamque esse facultatem construendi pontem in fluvio *Wartha* ac theloneum ratione exstructionis ipsius juxta antiquam consuetudinem exigendi, non tamen in eisdem litteris concessis et confirmatis pontalibus fuisse descriptum et declaratum, quod et quantum thelonei et a quibus mercibus exigi et recipi debeat, supplicaveruntque nobis ipsi oppidani nostri *Szremenses*, ut aliquam novam ordinationem et declarationem ac modum exigendi et recipiendi hujusmodi thelonei pontalis, propterea quod indignas et sumptuosas impensas in reparatione et restauratione pontium et aggerum circumcirca dictum oppidum *Srzem* facere cogantur, constituere et praescribere modum solucionis hujusmodi thelonei dignaremur. Nos ipsorum supplicationibus acclinati volentesque de praefati thelonei pontalis exactione et pontium et aggerum reparatione, quae fertur esse difficilis et magno cum sumptu et labore ipsorum oppidanorum, commiseramus certis nostris commissariis, qui commissionem nostram debite exequentes examinatisque testibus idoneis ipsorum corporali juramento significarunt et declararunt nobis per literas suas sigillis suis obsignatas depositiones illorum super praefato theloneo et ejus usu ac illius modo reparandi cum eis factas. Ex quibus comperimus ac plane edocti sumus: illic circumcirca ipsum oppidum *Szrem* et praesertim *Posnan* versus pons ex donatione praedecessorum nostrorum in fluvio *Wartha* magna impensa et labore exstructus est, ab antiquis temporibus theloneum quoque solvi consuetum fuit a quolibet equo seorsum per quatuor denarios sive obolos, quodque ager longitudinis et latitudinis non parvae versus *Posnan* magno sumptu et labore erectus et fabricatus esset, in quo aggere duo pontes ultra illum primum pontem ex donatione illa nostrorum praedecessorum constructum exstructi sunt, necnon ex alia parte praefati oppidi *Szrem* versus oppidum *Dolsko* duos pontes et alium magnum pontem et aggeres esse per eos exstructos propriis laboribus, sumptibus et impensis. Nos igitur de premissis satis abunde edocti existentes volentesque tam nostrae utilitati quam vectorum, negotiatorum et aliorum subditorum nostrorum commoditati prospicere praefatosque oppidanos nostros *Szremenses* in labore et impensa, quae in reparandis pontibus, aggeribus, viis et locis praedictis habebunt et erunt obligati, gratiose relevare cupientes eisdem oppidanis nostris *Szremensibus* dandum et assignandum duximus damusque et assignamus et constituimus harum serie litterarum de certa scientia et voluntate nostra regia theloneum hujusmodi pontale ratione constructionis pontium et aggerum ab unoquoque seorsum equo negotiatorum et mercatorum per quatuor denarios seu nummos recipere et exigere [sicut] solebant, ultra vero istos quatuor denarios thelonei prefati addimus etiam illis duos nummos seu denarios a quolibet equo mercatorum exigendos et recipiendos ratione ejusdem thelonei tollendum et percipiendum secundum jura et consuetudines theloneorum in regno nostro existentium, illos tamen duos nummos ad nostrae beneplacitum voluntatis. In cujus rei testimonium sigillum nostrum presentibus est appensum. Datum *Cracoviae* feria quarta proxima ante festum sacratissimi corporis Christi anno domini millesimo quingentesimo trigesimo nono, regni vero nostri anno XXXIII. — Datum per manus venerabilis Samuelis Macziejewski decani *Cracoviensis* regni nostri vicecancellarii sincere nobis dilecti.

CIV.

Sigismundus I confirmat privilegium urbis Bromberg.

1545. 30. Martii.

In nomine domini amen. Ad rei memoriam sempiternam evi presentis mutabilis variabilisque conditio singulas mortalium actiones in abissum oblivionis trahere consuevit nisi literarum apicibus perhennitati fuerint conservate, proinde nos Sigismundus, dei gratia rex *Polonie*, supremus dux *Lituanie* necnon terrarum *Cracovie*, *Sandomirie*, *Siradie*, *Lanciciae*, *Cujaviae*, *Russie*, *Prussie*, *Masovie*, *Culmensis*, *Elbingensis*, *Pomeranieque* etc. dominus et heres, significamus tenore presentium quibus expedit universis et singulis praesentibus et futuris presentium noticiam habituris, quia venientes ad nostram presentiam consules oppidi nostri *Bidgoscza* exhibuerunt literas serenissimi olim domini Casimiri regis *Polonie* parentis nostri desideratissimi in pelle pecorina scriptas sigilloque in zona sericea rubei coloris appenso communitas, libertates et immunitates ejusdem oppidi *Bidgostiensis* in se continentes, sanas, salvas et omni prorsus suspitionis nota carentes, supplicaruntque nobis iidem consules et cives *Bidgostienses*, ut eas authoritate nostra regia approbare, ratificare et confirmare dignaremur. Quarum quidem literarum tenor de verbo ad verbum sequitur et est talis

Sequitur diploma anni 1484 n. LXVIIII.

Nos itaque Sigismundus rex praenominatus supplicationi praefatorum consulum *Bidgostiensium*, uti juste et rationabili benigne annuentes, praeinsertum privilegium seu literas de certa nostra scientia et voluntate regia in omnibus earum punctis, articulis, condicionibus, sentenciis et clausulis innovandas, ratificandas, approbandas et confirmandas duximus, prout authoritate nostra innovamus, roboramus, ratificamus, approbamus et confirmamus praesentibus, decernentes eas robur debitae et perpetuae firmitatis habituras perpetuo et in evum tenore praesentium mediante. In cujus rei testimonium sigillum nostrum praesentibus est appensum. Actum et datum *Cracoviae* feria secunda post festum anunciationis gloriosissime virginis Mariae proxima anno domini millesimo quingentesimo quadragesimo quinto, regni nostri trigesimo nono, presentibus reverendissimo et reverendis in Christo patribus Petro archiepiscopo *Gnesnensi* et episcopo *Cracoviensi*, Samuele *Plocensi* et regni nostri vicecancellario, Andrea Zebrzidowski *Cameneccensi* et nominato *Chelmensi*, Joanne Droiewski nominato *Cameneccensi* episcopis, necnon magnificis, generosis et venerabilibus Petro Kmita de Visznicze *Cracoviensi* palatino, *Premisliensi Colensique* capitaneo ac regni nostri marschalco, Nicolao Volszki *Sandomiriensi* serenissimae conjugis nostrae dominae Bonae reginae curiae magistro, *Lomsensi*, *Visnensi*, *Sanocensi Lanczkorunnensique* capitaneo, Petro Opalinszky *Gnesnensi*, *Olstinensi Costensique* capitaneo, serenissimi filii nostri domini Sigismundi regis curiae magistro Spithkone a Tarnow *Voinicensi* regni nostri thesaurario, *Siradiensi Krzepirzensique* capitaneo, Stanislao de Maczieiowicze *Radomiensi Zawichostensique* capitaneo, Severino Boner de Balicze *Biecensi* burgrabio, zuppario et magno procuratore *Cracoviensi*, *Osszwianczimensi Satoriensique* capitaneo, castellanis Toma Soboczki regni nostri cancellario, burgrabio *Cracoviensi* et capitaneo *Cziechonowiensi*, Joanne Oczieszki succamerario *Cracoviensi*, Jacobo Uchanszki decano *Plocensi*, *Cracoviensi* et reffcrendario Joanne Przerambszki *Cruszwiciensi* secretario nostro, canonicis, aliisque quam plurimis dignitariis officialibus et aulicis nostris syncere nobis fidelibus, dilectis, testibus circa praemissa fide dignis. Datum per manus reverendi in Christo patris domini Samuelis episcopi *Plocensis* et regni nostri vicecancellarii syncere nobis dilecti. Samuel episcopus *Plocensis* et vicecancell. sst. Relatio ejusdem reverendi in Christo patris domini Samuelis Maczieowszki episcopi *Plocensis* et regni *Poloniae* vicecancellarii.

CV.

Sigismundus I confirmat privilegium urbis Mogilno.

1548. 21. Januar.

Transsumptum ex confirmatione Johannis Casimiri a 1665 data.

In nomine domini amen. Ad rei memoriam sempiternam nos Sigismundus primus dei gratia rex *Poloniae* supremus dux *Litvaniae* necnon terrarum *Cracoviae*, *Sandomiriae*, *Siradiae*, *Lanciciae*, *Cujaviae*,

Russiae, Prussiae, Masoviae, Culmensis, Elbingensis, Pomeraniaeque etc. dominus et haeres, significamus tenore praesentium quorum interest universis et singulis horum noticiam habituris, quia exhibitae nobis literae infrascriptae supplicatumque fuit nobis ut illas autoritate nostra regia ratificare, approbare et confirmare dignaremus, quarum autem literarum tenor ad verbum sequitur estque talis

Sequitur diploma a Wladislao a. 1398 datum, vide n. XXXXI

Nos itque Sigismundus rex praenominatus attentendo hujusmodi literas sanas, salvas et omni vitio carentes eas in omnibus earum punctis, clausulis et articulis approbamus, confirmamus et ratificamus praesentibus, decernentes illas debitae firmitatis robur habituras perpetuo et in aevum tenore praesentium mediante. In cujus rei testimonium sigillum nostrum est appensum. Datum *Petricoviae* in comitiis generalibus sabatho festi S. Agnetis anno domini millesimo quingentesimo quadragimo octavo, regni nostri quadragesimo primo, praesentibus reverendissimo et reverendis in Christo patribus dominis Nicolao Dzierzgowski archiepiscopo *gnesnensi*, legato nacto et regni nostri primate, Samueli Maccjowski *cracoviensi*, regni nostri cancellario, Andrea *kujaviensi*, Benedicto Izdbinski *posnaniensi*, Andrea Wlostowski *plocensi*, Joanne Dziaonski *praemysliensi* episcopis neenon magnificis generosis et venerabilibus, Joanne comite a Tarnow castellano *cracoviensi*, regni nostri exercituum generali, *sandomiriensi*, *striensi lubaczoviensi* capitaneo, Petro Kmita comite Wisnicze regni nostri marschalco, *cracoviensi*, *scepusiensi pramysliensique* capitaneo, Janussio Latalski *posnaniensi* capitaneo, Joanne a Tanczyn *sandomiriensi* marschallco curiae nostrae, *lubliniensi*, *leloviensi* capitaneo, Nicolao Brudzynski, Joanne a Koscelec junivladislaviensi, Joanne Mieleski *Podoliae*, Felice Szrzenski *plocensi*, *marieburgensi*, *gnesnensi* capitaneis, Joanne Dzierzgowski *Masoviae* palatino, Andrea a Gorka *posnaniensi* et *Majoris Poloniae* generali capitaneo, Nicolao Wolski *sandomiriensi*, serenissimae coniugis nostrae curiae magistro, *lomsensi*, *wisnensi* capitaneo, Martino Zborowski *kallisiensi*, *szydtoviensi*, *odolanoviensique* capitaneo, Stanislao Maccjewski *lubliniensi zawiechostensique* capitaneo, Nicolao Stanislao Grabia, *chelmensi* regni nostri vicecancellario, *lubomliensi* capitaneo, castellanis, Joanne Przerembski, praeposito, Jacobo Vchanski canonico *cracoviensibus* secretariis nostris aliisque quamplurimis dignitariis officialibus et aulicis nostris sincere nobis et fidelibus dilectis testibus fide dignis. Datum per manus praefati reverendi in Christo patris domini Samuelis episcopi *cracoviensis* et regni cancellarii sincere nobis dilecti. Samuel episcopus *cracoviensis* r. p. cancell. sps. Relatio ejusdem reverendi in Christo patris Samuelis episcopi *cracoviensis* regni *Poloniae* cancellarii.

CVI.

Sigismundus II Augustus rex Poloniae (1548—1572) confirmat privilegium urbis Fraustadt.

1550. 9. Juli.

In nomine domini amen. Ad rei memoriam sempiternam. Inter caetera regum et principum praeclare gesta ea non prostrema illorum cura et sollicitudo esse debet, ut ea, quae a majoribus et praecessoribus eorum ad utilitatem subditorum suorum fiunt concessa, robur debitae firmitatis obtineant. Quamobrem nos Sigismundus Augustus dei gratia rex *Poloniae*, magnus dux *Lituaniae*, *Russiae*, *Prussiae*, *Masoviae*, necnon terrarum *Cracoviae*, *Sandomiriae*, *Syradiae*, *Lanciciae*, *Cujaviae*, *Culmensis*, *Elbingensis*, *Pomeraniaeque* etc. dominus et haeres significamus praesentibus litteris quorum interest universis tam iis qui nunc sunt quam qui postea futuri sunt, quod produxerunt coram nobis cives nostri *Wschovenses* privilegium infra scriptum divi Wladislai regis *Poloniae* praecessoris nostri sanum, salvum, nullaque suspicione notatum, supplicaveruntque nobis, ut illud innovare authoritateque nostra regia approbare et confirmare dignaremur. Cujus privilegii verba sunt haec

Sequitur diploma a. 1426 a Wladislao datum. Vide N. LVII.

Quorum quidem civium nostrorum Wschovensium supplicationi nos benigne annuentes suprascriptum privilegium innovandum, approbandum et confirmandum duximus innovamusque, approbamus et confirmamus praesentibus litteris, roburque debitum et perpetuum illud obtinere debere decernimus. In cujus rei fidem sigillum nostrum praesentibus est appensum. Datum *Piortrcoviae* in conventione generali feria quarta ante festum sanctae Margarethae, anno domini millesimo quingentesimo quinquagesimo, regni nostri vigesimo primo[1], praesentibus reverendissimo et reverendis in Christo patribus dominis Nicolao de Osieczgowo archiepiscopo *gnesnensi*, legato nato et primate, Samuele de Maciejowicze, *cracoviensi* et regni nostri cancellario, Benedicto *posnaniensi* episcopis, necnon magnificis, generosis et venerabilibus Joanne Comite in Tarnow castellano *cracoviensi* et exercituum regni nostri supremo ac *sandomiriensi* capitaneo, Petro Cmitha comite de *Visnicze* palatino *cracoviensi* regni nostri supremo marschalco et *cracoviensi* capitaneo, Janussio Latalski *posnaniensi*, Joanne Comite de Tenczin *sandomiriensi*, Nicolao Jarund de Brudzewo *lanciciensi*, Raphaele Lieszczinski *brestensi* palatinis, Andrea Comite de Gorka castellano *posnaniensi* et capitaneo *Majoris Poloniae* generali, Martino Sborowski *calissiensi*, Erasmo de Greczkow *brestensi*, Stanislao de Tarnow *zawichostensi* castellanis, Andrea Czarnkowski, praeposito *gnesnensi* et scholastico, Joanne Przerembski praeposito, Martino Cromero juris utriusque doctore et canonico *cracoviense*, secretariis nostris et aliis quamplurimis dignitariis et officialibus. Datum per manus ejusdem reverendi in Christo patris domini Samuelis episcopi *cracoviensis* et regni nostri cancellarii sincere nobis dilecti. Samuel episcopus *cracoviensis* necnon regni *Poloniae* cancellarius m. p. Relatio praenominati reverendi in Christo patris domini Samuelis Maciejowski, episcopi *cracoviensis* et regni *Poloniae* cancellarii. Joannes Przerembski.

CVII.

Sigismundus II Augustus rex Poloniae (1548—1572) urbi Reisen sive Rydzyn, quae incendio privilegium juris theutonici magdeburgensis amiserat, novum dat privilegium.

1551. 2. April.

Raczynski codex diplomaticus Majoris Poloniae p. 232.

In nomine domini amen. Ad perpetuam rei memoriam. Sigismundus Augustus dei gratia rex *Poloniae*, magnus dux *Lithuaniae*, *Russiae*, *Prussiae*, *Masoviae*, *Samogitiae* necnon terrarum *Cracoviae* etc. significamus literis praesentibus etc., quia cum relatum nobis esset per certos consiliarios nostros nomine generosorum Rydzynskich fratrum in oppido *Rydzyn* in terra *posnaniensi* et districtu *costensi* sito haeredum, hoc ipsum oppidum eorum una cum privilegio incolis ejusdem oppidi per antecessores nostros concesso jus theutonicum *Maideburgense*, quo in ipso oppido fuerunt et in hactenus utuntur, igne superioribus annis infoelice conflagratum et deletum fuisse supplicatumque nobis fuit, ut ipsis haeredibus ac oppido eorum incolisque ejusdem denuo privilegium ad instar illius, quod inclementia ignis absumptum est, ex gratia nostra speciali dare et concedere dignaremus: nos itaque supplicationibus ejusmodi tanquam justis et benigne annuentes, cupientesque ut ipsorum haeredum oppidi magis in dies in loco regimine crescerent et augerentur sub hoc nostro foelici regimine ac deinceps futuris temporibus ipsis ac oppido praedicto *Rydzyn* ejusque incolis praesentibus et futuris hoc ipsum jus theutonicum quod *Maideburgense* dicitur dandum duximus damusque praesentibus ac removemus ab eis et oppido praefato omnia et singula jura terrestria polonica modosque et consuetudines universas, quae ipsum jus theutonicum plerumque perturbare consueverunt. Insuper dictum oppidum *Rydzyn* ac oppidanos et suburbanos ejus praesentes et futuros ab omni jurisdictione omnium et singulorum nostrorum et regni nostri palatinorum, castellanorum, capitaneorum, burgrabiorum, judicum, subjudicum, ministerialium et quorumvis dignitariorum et officialium regni nostri prout eximimus et liberamus atque eos juri et officio juris theutonici praedicti subjicimus praesentibus perpetuo et in aevum, ita quod coram ipsis dignitariis et officialibus aut aliquo ipsorum ad instantiam quarumlibet personarum cujuscunque status et conditionis, praesentiam pro causis tam

---

1) Sigismundus II Augustus duodecim annos natus patre adhuc vivente et regnante a. 1530 rex Poloniae coronatus est; inde annos regni sui numeravit.

magnis quam parvis et quibusvis excessibus vel rebus citati parere et respondere ac ob non comparitionem et condemnationem quamcunque aliquas poenas persolvere teneantur, contra quos propterea nec ... poenam juris polonici **piathna dzlesna** pro ... existente. Jure theutonico in loco domicilii sui respondebunt coram advocato, advocatus vero coram memoratis dominis suis haereditariis et eorum legitima posteritate comparere et jure similiter theutonico omnibus de se quaerentibus respondere tenebitur et debebit. In causis vero omnibus tam civilibus quam criminalibus seu capitalibus, nempe furti, homicidii, membrorum mutilationis, incendii et quorumvis delictorum, maleficiorum passuum et criminum omnium eidem advocato praesente et pro tempore existenti cum scabinis et incolis oppidi praedicti *Rydzyn* intra metas et limites ejusdem oppidi jure ipso theutonico se .. disposi .. Et forum ipsius plenam damus et concedimus facultatem et autoritatem audiendi, judicandi, cognoscendi, sententiandi, corrigendi, condemnandi ... aliaque judiciorum civilium officia exercendi, prout jus theutonicum praedictum in omnibus suis punctis, conditionibus, clausulis et articulis postulat et requirit tenore praesentium mediante. Et insuper in ipso oppido regni nundinae primum pro festo visitationis gloriosissimae virginis Mariae, deinde pro festo sancti Lamperti singulis annis, et fora septimanalia pro qualibet feria quinta per serenissimum olim parentem nostrum instituta et quae hacusque ibidem celebrantur pro eisdem festis peragi et teneri volumus et pro legitime institutis et indictis habere et observare decernimus, dantes etiam nos ipsi facultatem dicti oppidi *Rydzyn* incolis et suburbanis ejusdem fora ipsa annualia festis praedictis visitationis gloriosissimae virginis Mariae et sancti Lamperti, necnon septimanale pro qualibet feria quinta, absque tamen praejudicio et jactura aliarum civitatum et oppidorum regni nostri agendi, celebrandi omnibusque et singulis mercatoribus, vectoribus, negotiatoribus, artificibus, institoribus, civibus, oppidanis, villanis ac hominibus omniscunque status, sexus, ritus et conditionis praesentibus ad hoc ipsum oppidum *Rydzyn* pro nundinis et foris praedictis cum rebus venalibus quibuscumque et cujuscumque generis veniendi easdemque res et merces exponendi, vendendi, emendi, commutandi aliaque id genus negotiationum .... exercendi, sine tamen incolarum et oppidorum vicinorum praejudicio et detrimento (secundum) consuetudinem regni nostri antiquitus introductam et in talibus observari solitam, nisi tales sint homines utrinsque sexus ad dictum oppidum pro foris praedictis et nundinis confluentes vel aliqui ex eis, quos jura et leges fovere non permittant et quibus proborum consortia merito sunt deneganda. In quo quidem oppido *Rydzyn* praefati haeredes et eorum legitimos successores ab omnibus et singulis rebus et mercibus quocumque nomine vocatis venalibus ad vendendum expositis qualibet feria quinta et temporibus nundinarum praedictarum pro festis visitationis gloriosissimae virginis Mariae et sancti Lamperti celebrandis, temporibus perpetuis et in aevum foralia habebunt et exigent juxta aliorum oppidorum vicinorum consuetudinem et observantiam. Harum quibus sigillum nostrum etc. Datum *Cracoviae* feria quinta post festum paschae anno domini millesimo quingentesimo quinquagesimo primo, regni vero nostri vigesimo secundo, praesentibus reverendis in Christo patribus dominis Jacobo Uchanski electo *chelmensi*, Leonardo Slomczewski *camenecensi* episcopis necnon magnificis generosis et venerabilibus Petro Cmitha in Wisniez comite palatino *cracoviensi* regni nostri supremo marschalko ac *cracoviensi*, *siepusiensi*, *praemisliensi colensique*, Stanislao Macziejowski *woynicensi* ac *lubomliensi zawichostensique*, Spitcone Jordan de Zakliczyn *sandecensi* ac regni nostri thesaurano, Nicolao Miskowski *radomiensi* ac *zathoriensi oswierzimensique* ducatuum *miedzirzecensique*, Joanne Bonar de Balieze *oswieczymensi*, Nicolao Luthomirski *brzeznicensi* ac curiae nostrae thesaurario burgrabio *cracoviensi lanciciensique*, Fabiano Czema *gedanensi* aut *tucholiensi* castellanis, Joanne Oczieski regni nostri vicecancellario, Onufrio .. burgrabioque *cracoviensi* et *sandecensi* ... Nicolao Mniszech de magna Konczycze burgrabio *cracoviensi* ... nostro ac *lucoviensi socaliensique* capitaneo, Sigismundo Liganza regni et curiae nostrae pocillatore *thissoviensique* praefecto, Joanne Przerembski praeposito et sede vacante episcopatus *cracoviensis* administratore scholastico, Georgio Podlodowski canonico ecclesiae cathedralis *cracoviensis* secretariis nostris et aliis quam plurimis dignitariis et officialibus nostris fide dignis testibus ad praemissa. Datum per manus praefati magnifici Joannis Oczieski regni nostri vicecancellarii ... *cracoviensis* et *sandecensis ulstinensisque* capitanei sincere nobis dilecti. Joannes Oczieski regni *Poloniae* vicecancellarius subscripsit. Relatio magnifici Joannis Oczieski regni *Poloniae* vicecancellarii.

CVIII.

Sigismundus Augustus rex statutum fraternitatis sagittariorum Posnaniensium ab ea oblatum (v. N. CI) deprecante Joanne Przerembskio vicecancellario Lublini confirmat regemque sagittariorum in unum annum censu eximit.

1554. 20. Febr.

CVIIII.

Diploma valde suspectum exhibemus, quia hae Mestwini (qui fuit frater Samborii, ducis Pomeraniae a. 1207 mortui, pater Swantopolci) litterae fundationis urbis Meseritz a. 1206, quas urbi communicat Philippus I dux Pomeraniae (1531—1560) jam a. 1507 Sigismundo regi monstratae ab eoque confirmatae sunt, v. dipl. LXXXII. Conservatur in tabulario urbis Meseritz. Orthographiam ejus indicare recentiorem aetatem observat cl. Jänicke, qui diploma nobis descripsit. Appensum est ei sigillum, in quo litteris uncialibus PHILIP legitur. Typis expressum jam est hoc diploma a cl. Ed. Raczynskio, Wspomnienia Wielkopolski to jest Województw Poznanskiego Kaliskiego i Gnieznienskiego Posnaniae 1842 I. p. 195—198, qui bene vidit id esse falsum, at in eo erravit, quod credidit, eodem tempore esse factum, quo scriptum videri vult. Nam mentionem ejus jam litterae a 1507 datae faciunt nisi etiam illae litterae suppositae sint. Litteras quibus revera urbs Meseritz jus theutonicum accepit, habemus N. LXXI.

Von Gottes gnaden Wier Philip Hertzog zu *Stettin*, *Pommern*, der *Cassuben* und *Wenden*, Fürst zu *Rügen*, Graff zu *Gutzkow*, Bischoff zu *Camin* undt Herr der Lande *Lawenburg* undt *Bütow* etc. Auff Anhalten der Erbahren Bürgermeister Rathsverwanten und gemein der Stadt *Meseritz* an der Crohn *Pohlen* gelegen von H. Sel. gedechtnuss denen Durchl. Fürsten auss *Pommern* unsern Fürstl. Vorfahren gefundiret haben wier gegenwartiges Privilegium der Fundation deroselben Stadt *Meseritz* auß der Alten unsern Fürstl. Vorfahren von der Crohn *Pohlen* gelassenen Prothocoll ihnen abschreiben laßen undt ertheilet, welches dan von wort zu wort lautet wie folget.

Wier Mestwin von Gottes gnaden Hertzog zu *Dantzigk*, *Pommern*. Im Nahmen der Heyligen Dreyfaltigkeit. Auß beliebung undt bewilligung unserer Fürstl. Erben Schwentopolk, Wartzisslaw, Sambor, Ratibor haben wier zu Nutzen und zier unseres Landes undt Herrschafft auff einen gelegenen Orth an der *Schlesischen* grentze an dem Fluss *Warte* eine Stadt angefangen, welche Stadt auf einen festen Orth zwischen den zweyen Strömen *Warte* undt *Elis*[1] aufgerichtet undt zu ewiger gedechtnuss *Meseritz* von unß genennet worden. Dieser Unser Stadt *Meseritz* Inwohnern geben wier Ewige gerechtigkeit zu handeln mit allerley wahren, Es sey Goldt, Silber, Kupfer, Ertzt, Seyden Wahren, Tuch in dieser Stadt gemacht oder von anderen dahin geführet, wie auch zu brawen, Schencken allerley Bier und getrencke, Jahrmärckte zu halten, worinnen ihnen niemand verhinderlich sein soll, benebenst sie Adeliche Freyheit werden zu geniessen haben. Auch soll ihnen frey sein die Stadt zu vergrössern, darinnen Heuser undt Wohnungen aufzubawen, dieselbe mit allerley Handwercksleuten zu besetzen nach beliebung des Raths, undt werden sich gemelte Inwohner von unß noch unsern Nachkömblingen keiner gefahr zu befürchten haben, sondern sollen vielmehr bey ihrer gerechtigkeit in guten Frieden geschützet und erhalten werden. Zu welcher Stadt *Meseritz* wier auf Ewige Jahr geben undt mit gegenwertigen Privilegio verschreiben thun Hundert undt Neüntzig huben Landes an vier Ecken umb die Stadt herumb aussgetheylet, auf welchen grunde sie frey werden mögen felder außgraben, Wiesen, Hopfengärten, Meyerhöfe zu bawen nach des Raths undt der Bürgerschafft beliebung, welches ihnen kein Monarch noch unsere Nachkömblinge werden verweygern mögen. Von welchen gründen sie auß Unterthenigkeit Jahrlich fünfhundert Marck geldes[2] wie anietzo gangbar an unseren Fürstl. Schatz richtig abzugeben schuldig sein werden, welches zur Tafel unserer Fürstl. Person und Erblingen der Stadt *Dantzigk* alß unseren Fürstl. Nachkömblingen soll angewendet werden Nach richtiger ablegung dieses ihr schuldiges gebür sollen sie vollkommentlich In ihren von unß nachgegebenen Rechten und Freyheiten erhalten werden und als getreüe Unterthanen unß und Nachkommenden Erblingen der Stadt *Dantzigk* geschützet werden, dahin dan alle Appellationes von dem Gericht der Stadt *Meseritz* sich hinzihen werden. Anlangende aber gemeine klagen wirdt ein Rath gemelter Stadt *Meseritz* mit seinen gerichten selbsten unter sich schlichten urtheylen und strafen und kein Verwalter unseres *Meseritzischen* Hauses wirdt sich in ihre Hendel mögen einmischen, noch viel weniger ihnen dörffen worinnen zuwiedern sein. In welch unseres Fürstl. Hauss *Meseritz* die Stadt von jedem Jahrmarckt den anderen groschen Marckgeldes zu liefern, den Rest aber zu Verbesserung der Stadt anzuwenden wirdt schuldig sein. Daß Mühlgeldt auß der Stadt Mühle von allerley getreyde vorbehalten wier Unß frey zu unseren Fürstl. Pallast, aussgenohmen die Matten, welches sampt der Mühle der Stadt zu Ewigen zeiten zugehören soll wie auch alle Wässer, Flüsse, Springen, Pfützen so auf dieser Stadts grunde sein oder noch mögen erfunden werden. Alles demnach waß in diesen gegenwertigen Privilegio begriffen und weitläufftig beschrieben, geloben wir sampt allen unsern Fürstl. Nachkömblingen fest undt unverbrechlich zu halten zu Ewigen Zeiten.

1) Raczynski Else. 2) Raczynski Goldes.

Zu dessen Krafft und versicherung wier Unß mit Eigener Handt unterschrieben und unser Fürstl. Siegel unten anhengen lassen. Gegeben *Meseritz* am Tage S. Petri und Pauli. Im Jahr Unseres Herren MCCVJ.

Mestvinus Dux *Gedanensis* et *Pomeraniae.* (L. S.)

Urkund dessen daß obengesetztes Privilegium der *Meseritzischen* Fundation auß obgedachter Prothocoll von wort zu wort gründlich abgeschrieben ist, haben wier zur Zeügnuß Unß und Unsere Fürstl. Räthe mit Eigenen Henden unterschrieben und unser Fürstl. Insiegel zu Ende dieses anhengen lassen. Datum *Stetini* die vigesima nona Octobris Anno Dni millesmo quingentesimo quinquagesimo sexto. Philippus dux *Pommeraniae.* Laurentius Putkamer Secret. et Scriba iuratus mpp.

CX.

Sigismundus Augustus rex confirmat privilegium urbis Bromberg.

1558. 2. Decembr.

Ex autographo, quod est in tabulario urbis Bromberg

In nomini domini amen. Ad perpetuam ejus quod sequitur memoriam. Regum et principum virtus in tempora perpetua illustratur, cum subditorum suorum incrementis consulant cumque illos justitia dirigant et in juribus ipsorum tueantur, ut autem talium regum et principum laus et virtus posteris testata reddatur, solent ea, quae subditis suis bene et laudabiliter pro eorum ornamentis et incrementis concesserunt literis memoriae ipsorum posteritati commendare. Proinde nos Sigismundus Augustus dei gratia rex *Poloniae*, magnus dux *Lithuaniae* necnon terrarum *Cracoviae, Sandomirie, Siradie, Lencitie, Cujavie, Russie, Prussiae, Masoviae, Samogitie, Culmensis, Elbingensis Pomeraniaeque* etc. dominus et haeres significamus presentibus literis quorum interest universis: exhibitas nobis esse literas divi olim Sigismundi *Polonie* regis parentis nostri desideratissimi in pargameno scriptas sigilloque ejusdem communitas, libertates et immunitates civitatis nostrae *Bidgostiensis* in se continentes, sanas, salvas et integras et omni prorsus suspicionis nota carentes, supplicatumque nobis, ut eas authoritate nostra regia approbare, ratificare et confirmare dignaremur. Quarum literarum tenor sequitur et est talis:

Sequitur diploma ann. 1545. N. CIV.

Nos itaque Sigismundus Augustus rex praenominatus supplicationibus nonnullorum consiliariorum nostrorum, uti juste, benigne annuentes privilegium seu literas praeinsertas de certa scientia et voluntate nostra regia in omnibus earum punctis, clausulis, articulis, sententiis et conditionibus innovandas, roborandas, ratificandas, approbandas et confirmandas duximus, prout authoritate nostra regia praesentibus innovamus, roboramus, ratificamus, approbamus et confirmamus decernentes eas omniaque et singula in eis contenta robur debite et perpetuae firmitatis obtinere debere, perpetuo et in aevum tenore praesentium mediante. In cujus rei fidem et firmius testimonium sigillum nostrum praesentibus est appensum. Datum *Petrcoviae* in conventione regni generali feria sexta post festum sancti Andreae anno domini millesimo quingentesimo quinquagesimo octavo, regni vero nostri anno vigesimo nono, presentibus reverendis in Christo patribus dominis Andrea Zebrzydowsky *Cracoviensi*, Jacobo Uchanskii *Cujaviensi*, Andrea Noskowsky *Plocensi*, Joanne Przerempsky nominato *Chelmensi* episcopis necnon magnificis, generosis et venerabilibus Joanne comite in Tarnow castellano *Cracoviensi* et exercituum regni nostri supremo ac *Striensi Luibaczoviensique* capitaneo, Stanislao comite in Theneczyn *Cracoviensi*, *Lublinensi Belsensique* capitaneo, Martino Zborowsky *Posnaniensi* et *Schidloviensi*, *Stobnicensi Odolanoviensique* capitaneo, Spitkone Jordan de Zaklyczyn *Sandomiriensi* ac *Przemisliensi Camionacensique* capitaneo, Andrea de Koszczyelyecz *Calissiensi* ac *Bidgostiensi Pisdrensique* capitaneo, Janussio de eadem Kosszyelyecz *Siradiensi* et *Majoris Poloniae* generali *Naklensique* capitaneo, Bartholomeo Zebrzydowsky *Brzestensi* et capitaneo *Dyboviensi*, Joanne de Sluzevo *Junivladislaviensi*, Joanne de Myelyecz *Podoliae* supremo regni nostri marschalco ac *Zamboriensi Grodecensique* capitaneo, Stanislao Lawsky *Masoviae*, Andrea de Sulczewo *Ravensi* et capitaneo *Plocensi* palatinis, Joanne Christoforo comite in Tarnow *Woynicensi* et capitaneo *Sandomiriensi*, Nicolao Trzebochowsky *Gnesnensi* cubiculi nostri prefecto, burgrabio *Cracoviensi* et *Brzestensi Lidoviensique* capitaneo, Jacobo Lyassoczky *Lenciciensi Radomiensique* capitaneo, Joanne Liuthomirski *Ravensi* curiae nostrae thesaurario burgrabio *Cracoviensi* et *Lencitiensi Radomiensique* capitaneo, Valentino Dembyensky *Sandecensi* et capitaneo *Chenczynensi*, Sebastiano de Melyecz *Wisliciensi*, Joanne Thomicky *Rogoznensi*, Stanislao de Tharnow *Zawichostensi* regni nostri thesaurario ac *Syradiensi Ostrzessoviensique* capitaneo, Joanne Schirakowsky Lundensi et curiae nostrae refferendario et *Przedecensi* capitaneo, Joanne Starzechowsky *Przemysliensi* et capitaneo *Drohobicensi*, Nicolao Liuthomirsky *Czechoviensi*, Stanislao Gomolynsky *Rospiriensi*, Stanislao Wolsky *Brzezinensi*, Nicolao Lanczky *Camenecensi*, Joanne Gomolinsky *Spicimiriensi*, Stanislao Dunin de Vyazd *Junivlodensi*, Valentino Nadarzynsky *Viznensi*, Arnolpho Uchansky *Raczyanzensi*, Paulo Garwasky *Schyeprcensi*, Francisco Russoczky *Wissegrodensi*, Stanislao Lyeszuovolsky *Czyechanoviensi* castellanis, Joanne Oczyesky regni nostri cancellario *Cracoviensi*, *Osvienczymensi*, *Zatoriensi* ducatuum ac *Sandecensi Olstinensique* capitaneo, Stanislao Myskowsky de Myrow structor[a]e mensae nostrae *Mariemburgensi Rathnensique* capitaneo, Philippo Padnyewsky *Gnesnensi* [et] *Lencitiensique* archidiacono et canonico *Cracoviensi*, Adamo Konarsky preposito *Posnaniensi*, Alberto Starorzebsky cantore *Cracoviensi*, archidiacono *Dobrzinensi* et canonico *Plocensi* et custode *Cracoviensi*, Stanislao Karnkowsky curiae nostrae refferendario ac *Gnesnensi* canonico, Petro Wolsky *Gnesnensi*, *Wladislaviensi* et *Poznaniensi* canonico, Andrea Przerempsky canonico *Cracoviensi*, Stiborio Krzykowsky scholastico *Wladislaviensi* et canonico *Cracoviensi* et aliis quam plurimis secretariis, officialibus et aulicis nostris circa praemissa existentibus. Datum per manus reverendi in Christo patris domini Joannis Przerembsky nominati episcopi *Chelmensis* et regni nostri vicecancellarii syncere nobis dilecti. Joannes Przerempski R. P. Vicecancell. spt.

CXI.

Sigismundus Augustus II rex Poloniae promittit, reges Poloniae nemini immunitatem et exemptionem in urbe Bromberg esse daturos.

1558. 7. Decembr.

Ex autographo in tabulario urbis Bromberg. Sigillum appensum.

In nomine domini amen. Ad perpetuam rei memoriam nos Sigismundus Augustus dei gratia rex *Poloniae*, magnus dux *Lituaniae* necnon terrarum *Cracoviae*, *Sandomiriae*, *Siradiae*, *Lanciciae*, *Cujaviae*, *Russiae*, *Prussiae*, *Mazoviae*, *Samogittiae*, *Culmensis*, *Elbingensis*, *Pomeraniaeque* etc. dominus et heres plenum testatumque facimus literis hisce nostris quorum interest universis et singulis tam iis qui nunc sunt quam qui postea futuri sint, nos benignam rationem oppidi nostri *Bidgoscza* habere idque studere, ut ad florentem statum in ea conservandum nihil prorsus in eo desiderari posset. Quum vero illius statum per eos maxime videremus perturbari, qui se ex magistratus civilis jurisdictione eximi et civilium onerum ferendorum immunitate donari importune identidem flagitant, multosque alios eadem ut ratione se omnibus legibus civitatis solvi oneribusque ferendis per nos levari flagitent exemplo suo incitant, existimavimus in hoc ejusdem oppidi racionibus in tempore esse prospiciendum: uti quidem jam in hunc modum litteris hisce nostris prospicimus et cavemus, ut deinceps nullis hominibus cujuscumque status et condicionis fuerint, nullis prorsus exceptis, oppidi nostri *Bidgostiensis* civilis jurisdicioni subjectis ullas immunitates et exempciones tum a jurisdicione quam ab oneribus civilibus concessuri simus successoresque nostri sint concessuri, sed quicunque in oppido *Bidgostiensi* et extra illud bona aliqua jurisdicioni civili subjecta habebit aut mercatura vel alia quavis racione victum in oppido *Bidgostiensi* querere volet, in eum proconsul cum consulibus et alii magistratus opidi ejusdem plenam jurisdicionem quemadmodum in alios cives habebunt, omniaque onera civitatis et alia quaevis ex aequo cum aliis civibus ferre tenebuntur, ad eaque per proconsulem et consules legittime cogi poterunt neque ab eorum jurisdicione oneribusque ferendis ulla ratione excipi poterit temporibus perpetuis. Quod si quae imunitates et exempciones post data praesentium a nobis vel successoribus nostris impetratae fuerint, eas nullam vim et robur obtinere decernimus ab eisque observandis proconsulem et consules absolvimus et liberos facimus dantes illis plenam facultatem non obstantibus eorum exempcionibus, jurisdicionem suam in omnes jurisdicioni civili subjectos exercendi ac onera debita ex equo, ut ab aliis civibus immunitatem non habentibus, exigendi temporibus perpetuis.

In cujus rei testimonium sigillum nostrum est appensum. Actum in comitiis *Piotrcoviensibus* regni die septima decembris anno domini millesimo quingentesimo quinquagesimo octavo, regni nostri vigesimo nono, praesentibus reverendis in Christo patribus dominis Andrea Zebridowszki *Cracoviensi*, Jacobo Uchanszki Cujawiensi, Andrea Noszkowski *Plocensi*, Joanne Przerempszki *Chelmensi* et regni nostri vicecancellario episcopis necnon magnificis, venerabilibus et generosis Joanne comite de Tarnovo castellano *Cracoviensi* et exercituum regni nostri generali, *Striiensi Lubaczoviensique*, Stanislao comite in Tanczin *Cracoviensi, Lublinensi, Belzensique*, Martino de Sborow *Poznaniensi, Schidlowiensi, Stobnicensique*, Spitkone Jordan de Zakliczin *Sandomiriensi Premisliensique*, Andrea de Koszcielecz *Calissiensi, Bidgostiensi*, Janussio de eadem Koszcieleez *Siradiensi* et *Majoris Poloniae* generali, Bartolomeo Zebridowszki *Brestensi*, Joane de Mielecz *Podoliae* regni nostri marsalco *Samboriensi Grodecensique*, Stanislao Lawszki *Mazoviae*, Andrea Cjolczewski *Rawensi* palatinis et capitaneis, Joane Chrofero[1] comite in Tarnow *Voiniciensi* et *Sandomiriensi*, Nicolao Trzebochowszki *Gneznensi* cubiculi nostri prefecto, Jacobo Laszoczki *Lanciciensi*, Joanne Lutomirski *Rawensi* et *Lanciciensi Radomiensique* castellanis et capitaneis, Joanne Ocieszki regni nostri cancellario *Cracoviensi*, *Zatoriensi Osszwiaczimensi* ducatuum capitaneo, Philipo Padniewszki *Gneznensi* et archidiacono, Stiborio Krzikowszki scholastico *Wladislaviensi* et canonico *Cracoviensi* secretariis nostris et omnium terrarum nunciis et aliis quam plurimis dignitariis, officialibus et aulicis nostris testibus circa praemissa fide dignis. Datum per manus praefati reverendi in Christo patris domini Joannis Przerempski episcopi Chelmensis et regni nostri vicecancellarii sincere nobis dilecti. Joannes Przerempski, R. P. vicecall. sps. Relatio ejusdem reverendi in Christo patris domini Joannis Przerempski ep. Chelmensis et R. P. vicecancellarii.

CXII.

Wenzeslaus Leszczynski dominus oppidi Lissae privilegium juris theutonici magdeburgensis quod pater Lissae dederat, denuo paucis mutatis confert.

1561. 24. August.

Transsumptum ex actis Schovensibus a. 1567.

Im Namen Gottes Seeliglich Amen. Nachdem alle Dinge so ewiglich waren mit brieflichen Urkunden in ritterlicher Beweisung sollte beweisiget werden, bekenne ich Venceslaus v. Leszczynski Herr auf *Lissa* und *Rossurarzae*, Nachdem die polnische König. Majestät, mein allergnädigster Herr, meinem geliebten Herrn und Vater in Gott wesend das Dorff *Lissa*, im *Fraustaedtschen* Weichbilde gelegen, aus Königl. Macht und Gnaden zum Stadtrecht gnädigst geben conformirt und bestädigt, Darauf mein Herr Vater, der Minderzahl im 44 Jahre, die Stadt Lissa zu bauen angefangen, und die neuen erbauten Häuser ehrlichen, frommen, Cristlichen Menschen verkauft, auch zum theil seinen Dienern geben, und sind in folgendes im 49. Jahre am Dienstage nach vocem Jure[1*] an meinem lieben Herrn Vater mit demüthiger Bitt sämtlich gefallen und in Demuth einhellig angehalten, dass er geruhen sie, ihre Erben und alle ihre nachkommende Besitzer, so jetzund vorkommen und in den jetzigen Zeiten die Stadt mehren und bauen werden, mit einer Stadt-Ordnung auch ander Nothdurf nach Vermögen, Königlicher Machthabe, Freiheiten und Gerichte versorgen wolle, welches mein Herr Vater auf ihre frühere Zeit getreue Dienste die sie ihm gethan und hinführo aller Herrschaft zu Lissa thun sollen und mögen verwillig angesehen und hat Gemeinde Stadt *Lissa* den jetzigen und künftigen zu gemeinen nutze und Erbauung und Stadt gegeben, vor sich und alle nachkommende Herrschaft zu *Lissa*, dass sie ihr eigen Stadtrecht haben und halten sollen, wie in andern erliegenden Städten in der Krone *Polen*, so auch *Magdeburgisch* Recht haben und halten sollen, gebrauchlich ist, also dass ein Bürgermeister und Rath, so von der Herrschaft gesetzt werden, Stadtvoigt und Scheppen, welche sie tauglich in ihrer Mitte und Gemeine dazu erkennen, wählen und

---

1) Christofero?

1*) Rectius fortasse legendum: „vocem jucunditatis" qui dies fuit 28. Maji a 1549.

jährlich setzen sollen und mögen, Sie auch bei eben andern Nutzbarkeiten, Ausgedinge begabt und genüglich versehen. Nach dem aber mein Herr Vater todeshalben abgegangen, die gegebenen und vollzogenen Nutzbarkeiten ins Werk bei seinem Leben nicht gereicht, Haben wiederum aufs neue Arm und Reich mit aufälligen Bitt an mich gelangen lassen Sie zu verständigen, was ich zu dem vollenzogenen Briefe meines Herrn Vater gesonnen. Nun bin ich meines Herrn Vater Brief und Siegel zur Schmach in keinem Wege nicht bedacht, sondern dieselben vielmehr ins Werk bringen und zu bekräftigen gesonnen. Dieweilen ihnen aber wie sie allen jetzt persönlich bekannt, die Nutzbarkeiten, als nehmlich drittehalben Hufen Akers sammt jährlichen dreißig Fuder Heues, nachdem Sie die zu bestellen unvermögend, wenig und nichts nützlich, habe ich mit ihrer Wust und Willen meines Herrn Vaters Brief und Siegel, den sie mir gutwillig eingeräumt, wieder zu mir genommen und ihnen, anstatt obgemeldeten Acker geben ein Stück Acker von meinem grossen Vorbriche zu *Lissa* nemlich zur Run an meinem Rossgarten gelegen, und hebt sich hinter dem Hoffegarten an, wernt bis an das Wiese-Flecklein, an obgemeldeten meinem grossen Vorbrige in die Länge, die Breite aber vom Rossgarten anzuheben bis an den Stein, so an George Elssners dem in Rücken lieget, gebe ihnen dasselbe Stück Acker in die Breite und Länge, wie oben gemeldet, Hiermit und in die Kraft dieses meines offnen Briefes vor mich, meine Erben und Erbnehmer und aller Herrschafft zu *Lissa* um und zu immerwährenden ewigen Zeiten, dass sie dieselben geniessen und gebrauchen mögen nach ihrem besten Verstande ohne alle Zinsenbeschwerung oder irgend einerlei Aufsätze der Herrschaft und dem Nutze meiner Stadt zu gut, in derselben Natur weder von mir, meinen Erben und Erbnehmern und aller regierenden Herrschaft zu *Lissa* unverhindert. Die andern Artikeln aber allen, was ihnen mein Herr Vater seeligen in seinem Brief und Siegel zugesagt, soll ihnen auch hiermit theils von mir und allen nachkommenden Herrschaften zu *Lissa* gehalten werden: Als nehmlich dass sie haben sollen erblich und ewiglich ihr eigen Stadtrecht, wie in andern erbliegenden Städten in der Krone *Pohlen*. da auch *Magdeburgisch* Recht gehalten, gebrauchlich ist noch vermöge Königl. Maj. Gabe und Freiheiten, also daß ein Bürgermeister und Rath, so von der Herrschaft gesetzt, ein Stadtwoigt und Scheppen jährlich wahlen und setzen mögen, die aber so ihnen Rath sitzen, sowohl Voigt und Scheppen, und die Ganze Gemeinde ein jeder von sich selbst, sollen ihre beweissliche Priefe haben, damit so Jemand ins Bürgerrecht aufgenommen, dießfalls keine Entschuldigung nicht habe, es sollen auch alleweges Zwangshauern aus dem Dorfe zur *Lissa* neben andern Scheppen sitzen und erwählt werden; die Stadt soll auch ewiglich haben den Saltzmark, jedoch darob sie sich nach Ausgange Funfzehn Jahren nach dato mit mir um einen leidlichen erblichen Zins vertragen; mehr sollen sie haben zu ihrem Acker zwo Brottbänke, zwo Fleischbänke und zwo Schuhbänke, welche sie ihnen selbst auf ihre Unkost erbauen sollen, darzu ich ihnen Holz geben will, und wenn sie stehen dieselben bleiben lassen, darvon sie folgends die Zinsen wie das andere zur Stadt Nutz gebrauchen mögen. Dergleichen auch denn schärladen und Waage; belangende die Badestube, soll ihnen auch zustehen, will ich nach Verheissung seeliger meines Herrn Vaters dieselbe erbauen. Allen den armen Leuten, so im Spietal sein werden, zu einem ewigen Gedächtniss alle Sonnabende mit Gottes Hülfe frei Badt haben sollen; die Ziegelscheune soll auch gemeiner Stadt zu verlegen zustehen; die Kretschmer als *Lasswitz* und *Strieseswitz* sollen weder bei mir noch anders wo kein Bier nicht nehmen, allein in der Stadt zu *Lissa* wo es ihnen am Besten gefallet. Den Kretschmer zu *Gruna* behalte ich mir vor, wenn ich übrig Bier habe, dass es bei mir nehmen soll, wenn aber keines vorhanden, soll es auch in der Stadt *Lissa* wie die andern zu nehmen verbunden sein, und gebe auch hiermit gemeiner Stadt gewalt, wo sie erfahren dass irgend ein Kretschmer, Gebaue, Gartner oder Hausleute auf den vier Dörfern, so anherig gehörig, es sei auf Kirchnesse, Schaafscheren, Kindelbetterin oder worzu sie es bedürfend, anderswo Bier nehmen den zur *Lissa*, daß sie es mögen ohne gerichtshilfe wegnehmen, oder die Rauffen an Fassen zuhauen, und denselben Uebertreter will ich folgendes strafen; es soll auch gemeiner Stadt zu gute, damit sie sich desto eher erbaue und zunehme, der Zustand der mir sonst gebüret, auch folgen, und 15. Jahr vor dato ihren Einkommen, folgendes aber ewig der Herrschaft zur *Lissa* nemlich daß geschoss als ein ganzer Hof, da sein die am Ringe erbauet sein oder werden, soll jährlich geben 12 groschen, die andern Höfe aber so von halb gerechnet werden und nicht am Ringe stehen und alle vier Wochen brauen, sollen geben Sechs groschen, beide Theile halb auf Martini und halb auf Georgs, und es soll aber der Rath jährlich der Herrschaft von allem Einkommen Rechnung thun. Keine Hoffarbeit wie die immer Namen haben mag, soll nimmermehr auf die Bürger gesetzt oder gedrungen werden. Ausgenommen was Hausleute sein, kein Handwerk nicht kennen, und sonst ums Tagelohn arbeiten, dieselben sollen jährlich Sechs Tage zu Hoffe arbeiten, darüber ihnen nothdürftige Speise soll gegeben werden; und keine weitere Steuerung soll nicht mehr aufkommen, dass ich ihnen hiermit vor mich meine Erben und Erbnehmer gänzlichen verheissen thue; belangende das Braugestoße sammt dem Wasserführen und der Malzmühl, soll der Herrschaft zu fertigen zustehen, davon soll man ihr geben von 6 Scheffel Malz einen halben Scheffel und vom brauen 8 groschen polnisch. Solches alles wie es stehet und dieser Brief mit schlechten Worten in sich hält, alle Scharfsinnigkeit hiermit gänzlich ausgeschlossen, soll jetzundt und in allen künftigen ewiglich währenden Zeiten alles ganz getreulich und ungefährlich ihnen gehalten und keine Steuerung gemacht werden, und zu mehrerer Sicherheit, ewiglich und unverbrüchlicher Haltung habe ich mein angeboren Petschaft an diesem Brief hänken lassen; geschehen und gegeben zu *Lissa* am Tage Bartholomaei, welcher ist den 24. August, Anno Eintausend Fünf Hundert und im ein und Sechzigsten Jahre.

CXIII.

Sigismundus II Augustus rex Poloniae (1548—1572) confirmat Wilnae concessionem juris theutonici libertatumque et immunitatum incolis oppidi Pobiedziska datam.

1561. 10. April.

Continetur in actis castrensibus Posnaniensibus, apud Raczynskium p. 246.

CXIIII.

Sigismundus II Augustus rex Poloniae (1548—1572) urbis Grätz sive Grodzisko cives per Poloniam proficiscentes liberat vectigalibus.

1562. 9. Januarii.

Raczynski codex diplomaticus majoris Poloniae p. 246.

Sigismundus Augustus dei gratia rex *Poloniae*, magnus dux *Lithuaniae, Russiae, Prussiae, Masoviae, Samogitiaeque* etc. dominus et haeres significamus tenore praesentium quorum interest universis et singulis praesentibus et futuris harum notitiam habituris, quod cum perspecta nobis esset vetustas, dignitates et splendor familiae Ostrorogow, ex quo a multis jam inde seculis clari semper et magni in republica nostra viri extiterunt amplissimisque honorum et dignitatum muneribus magna cum laude et reipublicae utilitate perfuncti sunt atque pace belloque praeclaram semper reipublicae patriaeque suae operam navarunt, ita ut nominis illorum gloria non finibus tantum regni nostri contineatur, imo etiam ad exteras nationes longe lateque diffundatur, quae quidem clara progenies a tot seculis ad haec usque tempora nostra deducta nunquam a majoribus suis degeneravit sed ut antea semper floruit sic et nunc iisdem virtutibus floret in iis, qui nunc ex hac gente sunt superstites. Cujus quidem praeclarae familiae cum nunc sit facile princeps generosus Stanislaus Ostrorog castellanus *miedzerzecensis* et *stęzycensis* capitaneus sincere nobis dilectus, virtutem quoque illius et in rebus gerendis dexteritatem non minus quam majorum ipsius exploratam habemus, qua ille non modo nihil inferior verum etiam in nonnullis superior esse videtur. Nam ad hunc domesticum generis splendorem, quem illi majores ipsius quasi per manus tradiderint, ipse quoque virtutem, integritatem et prudentiam propriam ejusdem modi adjunxit, ut vel hac sola subjuncta satis superque clarus esse posset. Tum vero quemadmodum majores illius de republica patriaque et de serenissimis antecessoribus nostris bene mereri semper studuerunt, sic et ille successor illorum nullis sumptibus, nullis laboribus pepercit, cum in legationis munere ad dominum Carolum romanorum imperatorem pro dignitate nostra obediendo, tum in aliis magnis reipublicae nostrae nostrisque negotiis administrandis atque ita de nobis et republica nostra optime meritus est. Quamobrem nos tam illius erga nos et rempublicam nostram merita quam majorum ejus erga serenissimos antecessores nostros rationem habentes et ipsi cum primis gratificari volentes subditis oppidi illius hereditarii *Grodzisko* dicti, quo facilius et fortunas suas augere et domino suo haereditario majori usui et commodo esse possint, ex certa scientia deliberationeque nostra regia libertatem et immunitatem a theloneis et pontalibus regni nostri concedendam duximus, quemadmodum concedimus et damus per praesentes litteras nostras et ipsos incolas oppidanosque praedicti oppidi *Grodzisko* ab omnibus et singulis regalibus nostris theloneis et pontalibus et aliis quibuscunque theloneis, exactionibus institutis et instituendis, quocunque nomine censeantur, excepto duntaxat theloneo in limitibus regni nostri, liberamus, eximimus et immunes reddimus perpetuis temporibus et in aevum, ita quod ubique in regno nostro cum mercibus suis et aliis facultatibus ac rebus quibusvis proficisci libere et sine alicujus thelonei nostri solutione illis liceat. Quocirca universis et singulis theloneorum nostrorum regalium praefectis et eorum notariis et locum tenentibus praesentibus ac pro tempore futuris concessionem hanc nostram ex benignitate nostra regia praefatis oppidanis in *Grodzisko* factam per praesentes denuntiamus mandantes, ut a mercibus, facultatibus et quibuscunque rebus oppidanorum *Grodzisko* nullam thelonei sive aggeralis sive pontalis et alterius cujuscunque ejusmodi vectigalis nostri regni contributionem exigatis, exigere permittatis, sed omnes et singulos oppidanos supradictos in hac libertate a nobis concessa et immunitate perpetuis temporibus conservetis et inviolabiliter manu teneatis. In cujus rei fidem firmiusque et evidentius testimonium sigillum nostrum majus est appensum. Datum in civitate nostra *Lomsensi* feria sexta post festum epiphaniarum domini proxima, anno ejusdem millesimo quingentesimo sexagesimo secundo, regni vero nostri anno trigesimo secundo. Relatio magnifici domini Joannis de Oczeszino regni *Poloniae* cancellarii, *cracoviensis* generalis ac *osswieczinensis*, *zathoriensis* ducatuum, *samboriensis olstinensisque* capitanei. Johannes Oczidesky r. P. cancellarii.

CXV.

Sigismundus II Augustus rex Poloniae (1548—1572) confirmat et interpretatur privilegium pannificum urbis Schrimm.

1562. 22. Dec.

Raczynski codex diplomaticus majoris Poloniae p. 237.

Sigismundus Augustus etc. significamus tenore praesentium etc. exhibuisse coram nobis certos consiliarios nostros nomine providorum pannitextorum civitatis nostrae *Sremensis* literas pargameneas infrascriptas titulo et sigillo serenissimi olim Casimiri *Poloniae* regis avi et antecessoris nostri communitas eisdem pannitextoribus, ne in *Srzem* aliunde panni deteriores quam per ipsos pannitextores *Srzemenses* elaborentur vel panno eorum *Srzemensi* grisei coloris in valore similes quovis modo in *Srzem* ad vendendum praeter fora annualia adducantur, concessas sanas, salvas et integras nullique vitio aut suspicioni obnoxias, supplicatumque ut easdem literas et omnia earum contenta authoritate nostra regia approbare, ratificare et confirmare dignaremus, quarum is tenor fuerat.

Sequitur diploma Casimiri a. 1456 datum v. N. LXV.

Nos itaque Sigismundus Augustus praefatus supplicationi hujusmodi benigne annuentes literas praeinsertas, quatenus usus earum retinetur, in omnibus punctis, clausulis, conditionibus et articulis authoritate nostra regia approbamus, ratificamus et confirmamus vimque et robur debitae firmitatis obtinere debere decernimus. Quoniam vero nobis est relatum nomine eorundem pannitextorum nostrae civitatis *Srzemensis* plerosque pannitextores et revenditores aliunde venientes pannos nedum in valore panno per pannitextores mercatores et revenditores *Srzemenses* confecto similes, verum etiam multo et exiliores et deteriores in ipsam civitatem nostram *Srzemensem* ad vendendum foris septimanalibus adducere solere neque hanc eorum licentiam pannitextores *Srzemenses* praedictos poena in literis praeinsertis domini Casimiri regis per nos confirmatis praescripta coercere posse, propterea quod in illis fora septimanalia non sunt specifice expressa, sed tantummodo ejusmodi pannorum *Srzemensi* dissimilium et exiliorum pro vendendo in *Srzem* ducendorum potestas prohibita, ob id quod pannitextorum *Srzemensium* aestimationem venditione et emptione deterioris panni aliunde in *Srzem* adducti laedi atque illis rationem victus praecipi et eosdem ad paupertatem redigi. Quorum omnium consulere volentes adducti intercessionibus certorumque consiliariorum nostrorum nomine eorum apud nos interpositis litteras suprascriptas in hunc sequentem sensum redigimus et interpretamur, nempe ut nullus hominum cujuscunque status et conditionis existat, pannos exiliores vel similes *Srzemensium* pannitextorum panno, maxime vero grisei coloris, ad vendendum in civitatem nostram *Srzemensem* tam ad fora septimanalia quam aliis diebus extra ea adducere praesumat sub poena superius in literis divini Casimiri regis praescripta. Fora tamen annalia in eadem civitate nostra *Srzemense* instituta et instituenda omnibus tam ad vendendum quorumcumque pannorum quam aliarum rerum et mercium patere libera volumus. Harum testimonio literarum quibus sigillum nostrum est subappensum. Datum *Piotrcoviae* in conventione regni nostri generali feria tertia in crastino sancti Thomae apostoli anno domini millesimo quingentesimo sexagesimo secundo, regni vero nostri trigesimo tertio. Joannes Ocziecki regni *Poloniae* cancellarius subscripsit. Relatio magnifici Joannis de *Orziesszyno* regni *Poloniae* cancellarii.

CXVI.

Sigismundus II Augustus rex Poloniae *Petricoviae* declarat urbem *Fraustadt* habere dicendi jus potestatem, qui vero vellent ab ejus judicio appellare, eos posse provocare ad ipsum regem.

1563. 10. Januarii.

Vide summarium diplomatis in catalogo urbium s. v. Fraustadt.

CXVII.

Adam Mirkowski episcopus et abbas Coronoviensis roborans privilegia urbis Polnisch Krone ejus jurisdictionem in melius mutat.

1563. 6. Decembris.

In nomine domini amen. Ad rei quae sequitur memoriam sempiternam nos Adam Mirkowski dei et apostolicae sedis gratia episcopus *Margaretensis* suffraganeusque *Vladislaviensis* et abbas *Coronoviensis* una cum conventu nostro fratrum ordinis Cisterciensium in dioecesi *Vladislaviensi* necnon advocato nobili Valentino Wargowski procuratore rei familiaris monasterii *Coronoviensis* per nos protunc temporis constituto tenore praesentium significamus quorum interest universis et singulis, quia nos singulari habito respectu in oppidum nostrum *Coronoviense* illudque in majorem cupientes ubertatem perducere, privilegia a praedecessoribus nostris tum et serenissimis regibus *Poloniae* eisdem concessa et confirmata revidenda et perscrutanda instituimus, prout revidimus et scrutati sumus, volentesque ut praefatum oppidum nostrum *Coronoviense* aliquibus justis praerogativis amplietur ac frequentia civium per regimen bonum ad utilitatem nostram et successorum nostrorum augeatur ac bono ordine roboretur, privilegium fundationis usuum et aemolumentorum a praedecessoribus olim nostris praefato oppido collatorum innovare, approbare atque meliorare propter vetustatem ejusdem in certis partibus duximus, prout deo auxiliante innovamus, approbamus et melioramus in omnibus ejusdem clausulis, conditionibus et articulis in privilegio originali vetusto et illegibili contentis cujus tenor sequitur de verbo ad verbum et est talis:

Sequitur privilegium Mathiae abbatis a. 1411 datum. V. N. XXXXIV.

Nos itaque Adam Mirkowski episcopus *Margarethensis*, suffraganeus *Vladislaviensis* abbasque *Coronoviensis* una cum conventu fratribus et advocato praefato protunc constituto monasterii nostri *Coronoviensis* summopere desiderantes praefatum oppidum nostrum *Coronoviense* in omnibus bonis crescere pro meliori civium nostrorum augmento, his praesentibus articulum de appellatione ab advocato vel consulibus oppidi ad consules *Bidgoscienses* in supperiori privilegio ad praejudicium civium nostrorum *Coronoviensium* contentum omnino cassamus et abrogamus praesentibus literis nostris, ita quod praefati cives oppidi nostri *Coronoviensis* a gravamine cujuslibet sententiae advocati ad proconsulem praedicti oppidi et consules ejusdem, ab eis vero ad advocatum nostrum monasterii modernum recurrere debebant, similiter a proconsule facient ad praefatum advocatum, apud quem et causarum decisiones fieri debebunt et hoc in criminalibus, in civilibus vero per nos aut fratrem ordinis aut deputatum sive etiam per advocatum nostrum decidentur. Addidimus etiam ex mera liberalitate et singulari gratia unanimi nostra donatione perpetua et irevocabili praefatis civibus nostris viginti quatuor mansos agri in villa nostra *Nowydwor* nuncupata deserta ad suprascriptos viginti septem, qui erunt nostro L. b.(?) eosque uno juri et censui incorporamus nec quidque praeter censum in superiori privilegio expressum nobis pro utilitate nostra aut (sui) fratrum nostrorum reservamus. Locationem etiam oppidanorum nostrorum *Novam Waliszewsko* nuncupatam praefato oppido nostro *Coronoviensi* pro majori utilitate nostra adjungimus et incorporamus ut videlicet incolae praefatae locationis *Waliszewsko* eisdem juribus atque praerogativis gaudeant quibus et *Coronowienses*. Dedimus ac donavimus insuper eis palludem *Wiszienkle* nuncupatam, quae in praefatis eorum graniciebus est sita, praedecessoribus nostris nec nobis nunquam usui existentem, ac planiciem *Osieczek* noncupatam pro usu civium prefatorum. Concedimus praeterea pro commoditate aedificiorum praefatis civibus nostris *Coronowiensibus* extruere borreum et fornacem *Laterff.* quo commodius elegantia civitatis augeatur, pascua in bonis nostris ubique, silvas quoque seu borras et ligna ex illis ad necessitatem eorum tantum domesticam et robora ad edificia valida, exceptis arboribus pro mellificiis quas illis utendas non permittimus, illis evehenda concedimus. Ac liberos et absolutos eos pronunciamus ab omnibus oneribus sive servitutibus monasterii nostri excepta sectione prati *Samoiriązek* nuncupati et convectione feni. Quae omnia suprascripta nos praefatus Adam Mirkowski et volentes civibus nostris paccata relinquere et ut a successoribus nostris ultra praescriptam non molestentur ea cum privilegio originali subscripto renovandum, confirmandum, meliorandum et ampliandum duximus renovamusque, confirmamus, melioramus et ampliamus praesentibus litteris nostris, promittentes pro nobis et nostris successoribus omnia praemissa in suis punctis, clausulis, conditionibus et articulis debite, firmiter et inviolabiliter nos observaturos. In cujus rei fidem et evidentius testimonium sigillum nostrum et conventus nostri proprium, hoc est monasterii *Coronoviensis* praesentibus sunt appensa. Actum et datum in monasterio nostro *Coronoviensi* feria secunda ipso die sancti Nicolai pontificis anno domini millesimo quingentesimo sexagesimo tertio, praesentibus religiosis ac charissimis fratribus Thoma priore, Andrea suppriore, Martino praeposito *Bissoviensi*, Gregorio plebano in *Makowarsk*, Paulo custode, Luca cantore, Laurentio et aliis quam plurimis omnibus in conventum congregatis circa praemissa existentibus et ad ea consentientibus fide dignis testibus.

CXVIII.

Sigismundus Augustus rex *Poloniae* (1548—1572) *Lublini* precibus Ad. Konarskii episcopi *Posnaniensis* annuens urbi *Dolsko* ad nundinas quae ad quodlibet festum pentecostes sunt indictae tres alios annuos mercatus addit, unum feria secunda post festum Epiphaniarum proxima, alterum vero et tertium sub ea tempora, quae juxta veterem et hucusque durantem consuetudinem magna mercantium in eodem oppido frequentia nundinarum similitudinem repraesentant diebus Laurentii et Bartholomaei.

1566. 24. Julii.

CXVIIII.

Sigismundus Augustus rex *Warsaviae* donat urbi *Meseritz* stagna „trans fluvium *Obra* sita eaque inter vias alteram ex *Myedzirzecz* in *Skwierzina* in dextram partem, alteram vero in *Kalisca* ad sinistram partem tendentem jacentia“ et a paludibus Llale dictis quas praesenti donatione complectitur, usque ad Obra protendentia, ita ut eorum usum non primates habeant, sed urbs.

1571. 20. Martii.

CXX.

Henricus rex *Poloniae* in conventu regni generali *Cracoviae* coronationis causa habito privilegia urbis *Fraustadt* confirmat.

1574. 12. April.

CXXI.

Henricus rex Poloniae confirmat privilegium nautarum Bidgostiensium.

1574. 20. Maji.

Ex autographo, quod est in tabulario urbis Bromberg.

Henricus dei gratia rex *Poloniae*, magnus dux *Lithuaniae*, *Russiae*, *Prussiae*, *Masoviae*, *Samogitiae*, *Kiowiae*, *Volhiniae*, *Podlachiae*, *Pomeraniae Livoniaeque* etc. dominus necnon dux *Andium Borboniorum* et *Alvernorum*, comes marchiae *Foresti*, *Quercii*, *Rovergii* et *Montisforti* etc. significamus tenore praesentium quibus interest universis et singulis harum noticiam habituris, exhibitas nobis esse literas in pargameno descriptas nomine fraternitatis nautarum seu mercatorum frumentariorum civitatis nostrae *Bidgostiensis* generosi olim Andreae de Koszielecz *Bidgostiensis* atque *Swecensis* capitanei continentes in se confirmationem seu constitutionem fraternitatis praedictae nautarum ac ordinis in ea conservandi modum sub sigillo ejusdem capitanei appenso, sanas, salvas et illesas omnique suspitionis nota carentes. Quarum tenor de verbo ad verbum sequitur et est talis:

Sequitur diploma anni 1487 N. LXXII.

Supplicatumque nobis est nomine eorundem nautarum civitatis praedictae *Bidgostiensis* ut eas ipsas literas omniaque in eis contenta ac constitutionem et ordinem dictae fraternitatis in eisdem descriptum authoritate nostra regia approbaremus et confirmaremus, nos adducti certorum nostrorum consiliariorum intercessionibus, animadvertentes etiam bono illius civitatis id futurum literas praeinsertas et omnia in eis contenta fraternitatisque illius constitutionem et ordinem auctoritate nostra regia approbamus, ratificamus, confirmamus roburque debitae et perpetue firmitatis apponimus et quoniam muneris nostri regii esse arbitramur splendorem civitatis opesque et facultates civium promovere illudque nulla ratione commodius praestari posse, quam si debitus ordo constituatur et servetur inter eos, qui industria sua victum querere consueverunt, maxime vero inter mercatores seu nautas, itaque nos volentes commodis et incrementis civitatis *Bidgostiensis* consulere, ad priorem dictorum nautarum seu mercatorum frumentariorum ordinem in literis praeinsertis descriptum, has adhuc que ex re illius civitatis videntur esse conditiones et articulos ac praerogativas addendas esse duximus addimusque et apponimus de nostra speciali gratia et voluntate: imprimis nemo nisi in illa civitate possessionatus et qui prius magistratui juramentum praestiterit jurisdictionique civili subsit ac onera una cum aliis civibus sustineat, in dictam fraternitatem suscipiatur. Nemo etiam merces vel *Gedanum* demittat vel inde advehat, nisi sit ejusdem fraternitatis excepto eo, si quis ex incolis civitatis praefatae pro usu duntaxat suo vel artificio res emptas adduxerit; hoc enim cuique liberum esse volumus. Item liberum erit omnibus in hac fraternitate constitutis in fluviis *Bdra* et *Istula* merces omnis generis ex praecio conducto alias **affrechtu** circa utramque rippam a cujusvis conditionis hominibus accipere et *Gedanum* demittere sine cujusque et signanter *Gedanensium* et *Torunensium* ac aliorum quorumcunque nautarum impedimentis. Item omnes quicunque sunt dictae fraternitatis merces suas non alibi deponant aut vendant nisi in granariis et domibus propriis, nulibi etiam emant et forum exerceant, nisi intra muros civitatis. Item si quis ex ejus fraternitatis (et) participibus in colusionem et fraudem reliquorum fratrum cum extraneis aliquam clam ineat societatem et lucri causa cum iis habeat cointelligentiam, talis fraternitate privari debebit. Item si quis ex dictae fraternitatis collegis granarium vel quaecunque alia bona immobilia vendere voluerit, prius illud in congregatione fratrum denuntiare debebit, ut si quis forte ex fratribus fuerit, qui bona illa ab eo emere vellit, habeat ante omnes alios extraneos ad id faciendum potestatem. Item statuimus, ut nemo extraneorum merces et frumenta civium *Bidgostiensium Gedanum* vel alias quocunque ex conducto devehat, nisi ejusdem fraternitatis fuerit, extra tamen praejudicium conducentium. Quos articulos supra expressos et alios omnes per seniores ac totam fraternitatis congregationem statuendos decernimus et declaramus per omnes ejusdem fraternitatis collegas ac alios cujuscunque conditionis homines firmiter et inviolabiliter esse tenendos et servandos, quod ad noticiam quibus interest, signanter vero proconsuli et consulibus civitatis ejusdem deducendum mandamus, ut tam ordinem illum per capitaneum supraexpressum institutum et per nos confirmatum quam etiam articulos superius recensitos a nobis constitutos et in posterum a senioribus ac fraternitate illa statuendos servent et teneant servarique et teneri curent et faciant, pro debito officii sui. In cujus rei fidem et evidens testimonium praesentes manu nostra subscripsimus et sigillum nostrum appendi jussimus. Datum *Cracoviae* die vigesima mensis Maji anno domini millesimo quingentesimo septuagesimo quarto, regni vero nostri anno primo. Henricus rex.

CXXII.

Stephanus rex *Poloniae* (1575—1586) exhibitas sibi litteras pergameneas Sigismundi Augusti libertatum urbis *Pobiedziscae* (V. N. CXI), in quarum possessione et usufructu Pobiedziscenses hactenus pacifice exstiterunt, confirmat.

1576 (sine die et loco).

Ex actis castrensibus posnaniensibus apud Raczynskium c. d. m. P. p. 246, qui quidem p. 250 in anno designato (1566) erravit.

CXXIII.

Stephanus rex Poloniae *Bidgostiae* concedit civibus urbis *Meseritz* ejusdem civitatis fructus proventusque ampliores reddere volentibus praedium in fundo eorum civili proprio penes borram *Myedzirzecensem* aedificare ac locare capitaneoque vetat id impedire.

1577. 11. Januarii.

CXXIIII.

Stephanus rex renovat urbi *Reisen* privilegium juris theutonici.

1578. 20. Februarii.

Summarium diplomatis v. in catalogo urbium.

CXXV.

Stephanus rex Poloniae urbis *Fraustadt* privilegia *Thoruniae* confirmat.

1578. 5. Novembr.

CXXVI.

Jacobus Uchanski archiepiscopus *Gnesnensis* (1562—1581) privilegium confert urbi *Znin* sive *Schnin.*

1579. 9. Decembris.

CXXVII.

Stephanus rex *Varsariae* ordinem eligendi magistratum urbi *Meseritz* praescribit ejusque civibus veniam aedificandi praetorii dat.

1581. 31. Januarii.

Summarium diplomatis v. in catalogo urbium.

CXXVIII.

Stephanus rex civium *Rogoznensium* supplicationi annuens *Varsaviae* in conventu regni generali confirmat litteras Sigismundi (N. LXXXXVIII) continentes in se juris theutonici et aliarum libertatum innovationem omniaque in eis contenta, si et in quatenus in usu earum dicti cives fuerunt jurique communi non derogant.

1581. 2. Februarii.

Raczinsky c. d. m. P. p. 151.

CXXVIIII.

Stephanus rex urbi *Tscherniejewo* jus fori publici annualis habendi confert.

1581. 30. Martii.

CXXX.

Christophorus Kostka de Stemberk bona dat urbi Mrotschen.

1582. 23. August.

Ex actis castrensibus naclensibus. Male descriptum.

In nomine domini amen. Ad perpetuam rei memoriam. Magna quidem et praeclara res est summorum principum et magnorum virorum clemens et benefica voluntas, qua subditis suis vel conferunt ipsi ob benemerita vel ab aliis tributa conferuntur atque stabiliuntur in posterum beneficia. Sed quoniam est rerum humanarum fluxa et caduca ratio, ut nihil ferre sit quod temporis injurie et vicissitudini non sit obnoxium, haec ipsa . . ut maxima sit, diu tamen consistere et vigorem suum retinere non possunt, nisi literarum adminiculo mortalitati subtractae perpetuitati commendantur et quasi consecrantur, ut eorum non modo vigeat apud posteros memoria, sed etiam sacrosancta ab omnibus et inviolabilis habeatur. Hinc est quod optimorum principum atque magnorum virorum laudatissimum exemplum imitari cupientes nos Christophorus Kostka de Stemberk palatinus *pomeraniensis, golubiensis, bornensis* et capitaneus notum facimus hisce literis nostris quorum interest aut inposterum quoquo modo interest universis et singulis, quod cum subditi nostri ex *Mrocza* debita subiectione et obedientia[e] integritate fidem propensumque erga nos animum abunde satis probarent, itaque eis rursum gratificando ac privilegiis sequentibus eos donandos esse censuimus, quibus propria subscriptione usitatoque nostro sigillo firmissimum et plenissimum robur addidimus ut nimirum posthac ab omni genere laborum, quatuor exceptis necessariis sine tempore mensis diebus, immunes esse debeant. Dedimus etiam ipsis in perpetuum prata et agros hos consignatos, incipiendo a summo limite extra opidum ad beatam crucem juxta viam *naclensis* constructos ad alterum usque proprium *Matego Nadolnika* nuncupatum, inde sursum progrediendo ad terminalem fossam infra nemus usque ad proximam in medio nemoris prope agrum constitutam hic ad limitem in *Ora Silutt* sub tilia prope fines *krukovienses* positum, ab hoc ad tumulum apud *Wielkiego Nadolnika* ut nominatur secus *bidgostiensis* viam confectum, hac via deinde vecta deversum peragendo ad fossam primariam usque partem attingentem, ubi similiter limes constructus est alterius sursum abuenum progrediendo ad fines *ostrovirusses* et *drazenses* usque, quem quodanni[s] duobus temporibus, feria quarta post festum sanctissime trinitatis primo videlicet tempore, postea vero in crastinum post festum divi Bartholomaei renovare atque purgare semper tenebuntur. Ab his molu quae *Chwatka* dicitur recta praetereundo ad lacum a lacu ad civilis molae alveum ab illo praedictos agros simul omnes inclusos rursum usque ad primum summum limitem extra oppidum et sanctam crucem situm priusque nominatum. Hic agri ita limitati in perpetuum oppido manebunt, in quibus sacerdotis agri cum pratis secundum erreetionem illorum necnon molitorum jacent. Praeterea jus compascuum ipsis, liberam piscationem in piscina moleri necnon et aliorum camporum gurgitibus piscandi facultatem facimus. Inprimis autem proconsuli in superiori piscina *Trąska* nominata quantum mensae suae sufficit piscari integrum erit. Pratum insuper ultra domum parochi finiens in hortum *Contensen* dedimus, cujus census oppido dabitur. Porro censum pergularum ei a pistorum gente ad conservandam rempublicam conferimus; ad haec cives attributo de lupuli salictarii flore compendendo, quod ab antiquo praedicti solverunt nominantes hoc *Osnierowo* dum liberi erunt, solventes pro his omnibus proferendis suis pro perticasuic(?) ulna in latitudinem dimensa quinque grossos, quorum unus in praetorium, reliqui quatuor vero in arcem die Martini cuique anno deferri debent; similiter etiam de agris eodem modo mensuratis, ad quascunque diximus spectantes, quodannis quatuor grossos senatui denumerare tenebuntur, et si qui labores interdum molari ad aggeres alneos aliaque praeter actificia serta tecta servanda imponentur eos non gravare laboribus avo(?) quoque quodannis alveum magnum a parte *drazense* sive *raciense* usque ad pontem primum a *krakoviensi* duobus temporibus, ut antea dictum, feria secunda post festum sanctissimae trinitatis, postea vero ad crastinum divi Bartholomei praenominati cives molerenses purgare atque renovare tenebuntur; ac si (quod deus prohibeat) evenerit ut propter aquarum penuriam moli et frumenta teri non poterunt, nihilominus dimiduis mensi sui arei dependat alteram partem ad suorum sustentationem vel commoditatem cum omnibus reservantiis. Proconsules, consules quoquo anno die martis post dominicam Reminiscere creabuntur, quo die etiam rationem vilicationis supradictae reddere tenebuntur et constricti erunt Postremo cuilibet civi servato ordine cerevisiam coquendi potestatem facimus, lanionum oppidum inhabitantium, quodannis die Martini sexcentessimum usque annum unum lapidem sebi, exactis vero his annis duos lapides curiae exolvant. In cujus rei fidem et evidentius testimonium per nos et majores nostros futuris temporibus tenendi has literas nostras manu propria subscripsimus et sigillum nostrum appendi jussimus. Datum in castro *mrocensi* die vigesima tertia mensis Augusti anno millesimo quingentesimo octuagessimo secundo Joannes Kostka de Sztemberk manu propria. Nicolaus Rafael Kostka de Sztemberk manu propria.

CXXXI.

Sigismundus III rex Poloniae (1586—1632) statuit fructus advocatiae in Fraustadt in ejus urbis commodum esse convertendos interdicitque ne privati homines iis utantur.

1589. 18. Aprilis.

CXXXII.

Sigismundus III rex Poloniae interdicit, ne Judaei in urbe Fraustadt domos sibi emant.

1592. 3. Julii.

CXXXIII.

Sigismundus III rex *Poloniae* urbis *Exin* nundinas constituit interdicitque Judaeis, ne inibi essent.

1594. 12. Septembr.

CXXXIIII.

Sigismundus III rex *Cracoviae* oblatas nomine communitatis civium oppidi *Rogozno* in *Majori Polonia* litteras pergameneas Stephani regis manu ejus propria subscriptas comprobat, „in quantum leges regni publicae permittant ac usus earum habetur."

1594. 5. Decembr.

Raczynski codex diplomaticus majoris Poloniae p. 151.

CXXXV.

Sigismundus III rex *Cracoviae* urbi *Meseritz* novum ordinem constituendi magistratum dat.

1595. 15. Martii.

Summarium diplomatis v. in catalogo urbium.

CXXXVI.

Refertur privilegium urbis Lissa in acta castrensia Fraustadiensia.

Actum in castro *Schorensi* feria sexta ante festum sancti martiris proximo anno domini 1579mo. Venientes personaliter ad officium domini capitanei terrae *Schorensis* et acta praesentia castrensia *Schorensia* famati Martinus Chirian, Andreas Lerthen, Joannes Lenet cives de oppido *Lesno* dederunt ad acticandum litteras infra scriptas in pargameno idiomate germanico scriptas, sigillo olim generosi Venceslai a Leszno Leszczynski proprio inappenso communitas, sanas, salvas omnique nota suspicionis, uti ex eis apparebat, carentes, easdem actis praesentibus inscribi petierunt, quod obtinuerunt. Quarum series is est qui et sequitur talis (diploma n. CXII).

CXXXVII.

Johannes X Tarnowski episcopus *posnaniensis* (1597—1600) urbi *Dolzig* forum annuale quod die lunae post dominicam pentecostes habebatur privilegio *Posnaniae* dato confirmat.

1598. 3. Julii.

SECULUM DECIMUM SEPTIMUM.

CXXXVIII.

Sigismundus III rex Poloniae (1587—1632) urbi Posnaniae renovat privilegium minoris monetae cudendae concedens ei non solum obulos verum etiam ternarios cudere.

1602. 5. Septembr.

Monety dawnej polski zebrane, uporządkowane i opisane przez Jos. Zagorskiego, wydane przez E. Barona Rastawieckiego. w Warszawie 1845. p. 139.

Sigismundus etc. significamus etc. ea fuisse in divos antecessores nostros civium *Posnaniensium* promerita, ut voluerint iidem antecessores nostri singularis benevolentiae et liberalitatis suae in eos extare argumenta, quae cum ad splendorem et ornatum civitatis illius tum ad ampliores progressus et uberiora incrementa pertinerent. Porro munificentia haec cum in aliis rebus tum vel in hoc apparet, quod serenissimus Vladislaus rex antecessor noster facultatem illis cudendae minutissimae obulorum monetae concesserit, cujus usum, cum multo post certas ob causas intermisissent, nunc demum illorum nomine supplicatum nobis est, ut hanc divi antecessoris nostri concessionem, quam diu justis de causis intermiserant, novo privilegio ad pristinum usum atque morem revocaremus et restitueremus commemorataeque minutissimae obulorum monetae cudendae potestatem illis faceremus. Quod non illorum solum causa atque vigore commemorati serenissimi quondam regis Vladislai privilegii, verum ob communem etiam subditorum omnium utilitatem atque commodum faciendum esse nobis putavimus. Magnus enim usus minutissimae istius monetae esse potest, cum ob homines egentes, qui facilius res et necessitates viliores ejusmodi pecunia procurare poterunt, tum ob elemosinas, ad quas hoc genere nummorum faciendas etiam tenuiores facilius provocabuntur. Quare non modo praedictam cudendae minutissimae obulorum monetae facultatem civitati commemoratae *Posnaniensi* praesentis nostri diplomatis auctoritate innovamus et confirmamus ratamque esse volumus, verum etiam, ut nostram regiam benevolentiam et gratiam erga civitatem eandem testatam relinquamus, ternariorum quoque, hoc est ejus generis monetae, que tres minutos obulos continet, cudendi potestatem facimus et damus, ea tamen lege et conditione diligenterque illud caventes, ut moneta ista cudenda in grano et pondere probitateque sit per omnia similis et correspondeat monetae ejusmodi, quae divi Sigismundi primi et Sigismundi Augusti tempore cudebatur, signo vero solito et consueto consignetur atque forma antehac usitata, pariter sub poenis, legibus contra levem vel non probam monetam cudentes sancitis. Quod omnibus et cujuscunque status hominibus, nominatim vero magnifico Joanni Firley thesaurario regni generali, capitaneo *Lublinensi* tanquam supremo monetae in regno magistro mandamus, thesaurario quidem commemorato, ut diligenter attendat, ne nova ista obulorum et ternariorum moneta, cujus usus dudum cessaverat, deterior sit probitate, grano et pondere a veteri cujus generis moneta, caeteris omnibus subditis nostris, ut ea tanquam a nobis permissa in quovis negotiorum genere emptionibusque utantur eamque recipiant ac ubi ad usum communem emanaverit, eam non impediant neque impediri a quoquam patiantur, secus pro gratia nostra non facturi. In cujus rei fidem etc. Datum *Cracoviae* die 5 Septembris anno domini 1602, regnorum nostrorum *Poloniae* quindecimo, *Sueciae* vero anno nono. Sigismundus rex.

CXXXVIIII.

Sigismundus III rex confirmat donationem urbi *Meseritz* anno 1577 factam (V. N. CXXIII).

1603. 9. Martii.

CXXXX.

Sigismundus III confirmat plebiscitum urbis *Klezko* de cocturae et coctorum cerevisiae jure.

1608. 10. April.

CXXXXI.

Sigismundus III iterum confirmat litteras regias urbi *Meseritz* a 1577 datas (N. CXXIII) donataeque terrae fines ita describit: incipiendo a flumine *Obra* nuncupato terminari debent iidem agri versus pagum *Zolcin* dictum in extremitate viae *Stolunska* appellatae, incipiendo rursus ab eadem via *Lucitur* (?) facies commemoratorum agrorum attingent limites villae *Kalsko* dictae usque ad silvam seu borram civilem *Miedzyrzecensem*. Ex altera vicissim parte eorundem agrorum praedium cingunt palludes et lacus civilis *Linie* dictus, quod praedium terminari debet ad fines agrorum civilium penes viam *Skwierzynensem*.

1613. 12. Martii.

CXXXXII.

Sigismundus III rex approbat *Varsaviae* oblatas litteras papyreas Alexandri Zborowski capitanei *Miedzyrzecensis* a 1616 datas continentes inhibitionem ne magistratus civitatum *Miedzyrzecensis* et *Skwierzynensis* exteris pannificibus nundinarum tempore pannum divendere permitterent.

1616. 11. Octobr.

Raczynski codex diplomaticus majoris Poloniae p. 109.

CXXXXIII.

Sigismundus III rex urbi *Gnesnae* eadem jura tribuit, quibus *Posnania* urbs fruitur.

1619. 9. Martii.

CXXXXIIII.

Wladislaus IV rex *Poloniae* (1632—1648) confirmat *Cracoviae* privilegium de taberna pharmacopolae a Sigismundo III *Varsaviae* die 12. Martii a. 1613 urbi *Meseritz* datum.

1633. 14. Februarii.

Summarium diplomatis vide in catalogo urbium.

CXXXXV.

Wladislaus IV rex *Cracoviae* confirmat litteras urbi *Meseritz* a. 1577 datas (V. N. CXXIII).

1633. 14. Februarii.

CXXXXVI.

Wladislaus IV rex *Cracoviae* confirmat ordinem magistratus in urbe *Meseritz* constituendi a. 1595 datum (N. CXXXV).

1633. 15. Februarii.

CXXXXVII.

Wladislaus IV rex litteras privilegii pannificum contubernii civitatis *Miedzyrzecensis* (N. LXXXIII et CXXXXII) supplicationi pannificum annuens *Cracoviae* approbat, „prout quidem quantum de jure est usus que eorum obtinet.“

1633. 19. Februarii.

Raczynskii codex diplomaticus majoris Poloniae p. 199.

CXXXXVIII.

Wladislaus IV rex confirmat privilegium urbis *Meseritz* a. 1520 datum (N. LXXXXI).

1635. 5. Julii.

CXXXXVIIII.

Wladislaus IV urbi Bromberg et monopolium conducendi frumenti in fluvio Brahe et jus rubea cera utendi tribuit.

1637. 5. Martii.

Ex autographo, quod est in tabulario urbis Bromberg.

Vladislaus IV dei gratia rex *Poloniae*, magnus dux *Lithuaniae*, *Russiae*, *Prussiae*, *Masoviae*, *Samogitiae*, *Livoniae*, *Smolensciae Czernihoviaeque* necnon Sueco-Gottorum Vandalorumque haereditarius rex significamus praesentibus litteris nostris quorum interest universis et singulis: pertinet ad reipublicae splendorem, emolumentum et securitatem, ut civitates regni nostri praeteritis calamitosorum temporum annis afflictae beneficentia nostra regia subleventur et quam maxima incrementa capiendo ad pristini status fortunam redeant. Inter quas cum civitas nostra *Bydgostiensis* partim ob pestem aliasque ingruentes undique calamitates, partim belli *Prussici* tempore per equestrium pedestriumque cohortium septem fere continuos annos commeantium aut stativa habentium licentiam, partim ob exercitus caesarei in *Prussiam* tendentis et ingentibus civitatis sumptibus per plures dies tolerati transitum ad eam desolationem vastitatemque redacta esset, ut merito inter afflictissimas civitates censeri debeat et nisi ipsi ex gratia benignitateque nostra regia aliqua ex parte succurramus, eorumque libertates et jura non solum sarta tectaque tueamur, verum etiam quantum in nobis est augeamus et promoveamus, vix ad pristinum florem unquam redituram existimemus. Cum itaque nobis a certis consiliariis nostris expositum esset nomine magistratus et communitatis civitatis ejusdem *Bydgostiensis*, antecessores illorum fluvium *Brda* dictum, vulgari vero vocabulo *Bydgoska rzeka* nuncupatum, propriis et ingentibus sumptibus magnoque labore expurgasse et navigabilem fecisse eoque respectu certas libertates et immunitates a serenissimis antecessoribus nostris obtinuisse in earumque usu et possessione per multos annos fuisse, caeterum hisce proximorum annorum temporibus malevolentia aut invidia vicinorum libertates eorum infringentium aut infringere volentium magnam jacturam aut molestiam pati majoremque in dies nisi ipsis patrocinio nostro subveniamus exspectare, faciendum nobis esse duximus, ut non solum antiquas ipsorum libertates et immunitates renovaremus, verum etiam novas insuper ipsis daremus et concederemus. Et cum nobis certo constet civitatem *Thorunensem* et *Gedanensem* eam libertatem habere, ne liceat ulli praeterquam e numero civium intra circumferentiam civitatis frumenta navibus conductitiis imponere eaque defluitare animadvertamusque fluvium illum *Bydgostiensem* nova repurgatione, quas tamen sine magno sumptu, quibus ad praesens civitas *Bydgostiensis* nequaquam sufficiens est, indigere, ideo nos ad normam et exemplum civitatis *Thorunensis* eandem ipsis libertatem damus et concedimus praesenti diplomate nostro, nimirum ne ulli ex mercatoribus quibuscunque aut aliis hominibus, praeterquam civi *Bidgostiensi*, in flumine illo ab ipsis proprio sumptu repurgato a civitate *Bidgostiensi* usque ad ostium fluminis in *Vistulam* cadentis ceusendo (exceptis tamen equestris ordinis hominibus, quibus libera facultas frumenta propria suis navibus imponendi salva et inviolabilis in inferioribus nempe et ab ipsa civitate remotioribus ad *Barthodzirie Siersko* aliasque villas sitis defluitationibus reservatur), liceat frumenta in conductum navibus aliis quam civium *Bidgostiensium* propriis imponere eaque secundo aut adverso amne defluitare ac devehere. Quod si vero ob penuriam navium civitas ipsa *Bydgostiensis* necessitati hominum sufficere non posset, tam conductores extranei, vulgo **Szyproroie** possunt navibus suis frumenta imponere, ea tamen conditione ut id primo ad notitiam magistratus civilis impestive deducant ac insuper exactionem seu pensionem a majore nave florenorum quinquaginta, a minore vero florenorum quadraginta, a nave vero vulgo **dubas** dicta florenorum triginta vel prout ipsos juxta valorem defluitandarum mercium convenerit, solvant et magistratui civili pendant. Si qui vero refractarii et praesentis privilegii nostri contemptores reperti fuerint, qui non obdestinato magistratui neque pensionę suprascripta a nobis constituta civitatis ejus magistratui persoluta merces aut frumenta navibus conductitiis imponere eaque devehere ausus fuerit, talem ubicunque copia ejus fieri poterit sive apud theloneum *Fordan* sive alibi locorum licitum erit magistratui *Bydgostiensi* praesentato hoc privilegio nostro arrestare et usque ad integram satisfactionem detinere. Quo vero citius praefata civitas ampliora sumat incrementa ex quatuor nundinis in ea civitate antiquitus celebrari solitis duas earum, unas quidem pro festo sanctae Agnetis virginis et martyris, alteras vero pro festo sancti Martini episcopi et confessoris ad integrum duarum septimanarum spatium celebrandus prolongàmus salva civitati pensione a mercatoribus et eorum mercibus omnis generis et speciei a locis, ulnis et aliis prout antiquus mos et consuetudo servari solebat. Jus insuper et facultatem rubea[1] cera utendi utrique magistratui ex benignitate nostra regia ad intercessionem eorundem consiliariorum nostrorum largimur et impartimur. Quod ad notitiam omnium quorum interest magistratui tam castrensium quam civilium deducentes mandamus, ut praefatos cives et incolas *Bydgostienses* circa libertates superius expressas conservent conservarique ab aliis quorum interest faciant pro gratia nostra. In cujus rei fidem praesentes manu nostra

1) Qui a judice citati fuerant sigillo rubea cera expresso ut testes essent, in judicium venire (causis quibusdam exceptis) astricti erant. Si non apparebant mulcta tenebantur eorumque testimonium recusatum in actoris favorem accipiebatur.

subscriptas sigillo regni communiri mandavimus. Datum *Varsaviae* die V mensis Martii anno domini MDCXXXVII regnorum nostrorum *Poloniae* et *Sueciae* V anno. Vladislaus rex.

CL.

Wladislaus IV rex confirmat omnia jura urbis *Kletzko*.

1637. 20. Junii.

CLI.

Wladislaus IV confert Stephano de Bojanowski potestatem locandi jure theutonico magdeburgensi urbem *Bojanowo*.

1638. 16. Aprilis.

Summarium diplomatis v. in catalogo urbium.

CLII.

Adam Prusimski comes de Goerchen jure theutonico magdeburgensi *Rawitsch* locat.

1639. 20. Aprilis.

Summarium diplomatis v. in catalogo urbium.

CLIII.

Ladislaus IV rex aream urbi Meseritz incorporat.

1639. 20. Maji.

Ladislaus IV dei gratia rex *Poloniae*, magnus dux *Lithuaniae*, *Russiae*, *Prussiae*, *Muzoviae*, *Samogitiae*, *Livoniae*, *Smolensciae*, *Czerniae* necnon *Suecorum*, *Gottorum Vandalorumque* haereditarius rex, significamus praesentibus literis nostris quorum interest universis et singulis: quod nos accisas civitatis nostrae *Miedzirecensis* opes, quae inter finitima bellorum vicinorum pericula privatis fortunis civiles munitiones et publica tuetur praesidia, considerantes proventusque ipsius augere et securitati ac stabilitati publicae prospicere volentes faciendum duximus, ut ei consensum et facultatem ex consensu omnium ordinum in comitiis regni *Varsaviensibus* anno domini MDCXXXVIII celebratis aream desertam et laneum[1] advocatialem de manibus quorumvis modernorum nullo jure possessorum eximiendum aut alia quavis juris via et ordine eliberandum daremus et concederemus eandemque aream desertam cum laneo ipsi incorporaremus uti quidem dedimus et incorporavimus damusque et incorporamus praesentibus litteris nostris temporibus perpetuis. Quam quidem aream desertam cum libera variorum aedificiorum structura, et laneum agri advocatialem modo praemisso exemptum aut alia quavis juris via et ordine eliberatum sibique autoritate comitiorum incorporatum una cum advocatia ejusque jurisdictione in jure theutonico et speciali privilegio a divo Casimiro praedecessore nostro sibi collato expressa necnon cum omnibus agris, hortis, pratis, campis, sylvis, lacubus, piscinis, emolumentis, obventionibus et proventibus quibusvis attinentibus et pertinentibus universis antiquitus ad eandem advocatiam et dictam aream laneumque desertum pertinentibus, eadem civitas tenebit, habebit, et possidebit temporibus perpetuis et in aevum, promittentes pro nobis et serenissimis successoribus nostris non esse nos ab usu et possessione dicti lanei et areae memoratam civitatem amoturos amovendique potestatem cuipiam laturos, sed salvum et integrum jus perpetuum ipsi con-

1) Laneus apud Slavos agri portio cum aede coloni.

servaturos, serenissimique successores nostri conservabunt. Ratione autem hujus incorporationis onera in constitutione anni memorati expressa subire tenebuntur, juribus nostris regalibus, reipublicae ecclesiaeque catholicae salvis ibidem manentibus. In cujus rei fidem praesentes manu nostra subscriptas sigillo regni communiri mandavimus. Datum *Vilnae* die XX. mensis Maji anno domini MDCXXXIX regnorum nostrorum *Poloniae* VII, *Sueciae* vero VIII anno. Vladislaus rex. Jac. Max. Fredro Ragons [?] Cancellaria.

CLIIII.

Vladislaus IV *Varsaviae* jubet forum anniversarium in *Meseritz* haberi festo praesentationis Mariae, die 21. Novembris, ita tamen ut vicinae urbes non laedantur.

1639. 20. Nov.

CLV.

Vladislaus IV *Varsaviae* approbat confirmationem innovationis privilegii super locationem urbis *Rogozno* (V. N. CII) uti quidem quantum juris est et usus habetur, juribus regalibus reipublicae ecclesiaeque catholicae salvis manentibus.

1641. 23. August.

Raczynskii codex diplomaticus majoris Poloniae p. 151.

CLVI.

Vladislaus IV *Vilnae* confert privilegium juris magdeburgensis urbi *Zaborowo* ejusque institutiones ordinat.

1644. 20. Mart.

Summarium diplomatis vide in catalogo urbium.

CLVII.

Stephanus Bojanowski urbi *Bojanowo* statutum sermone germanico scriptum dat.

1644. 22. April.

Summarium diplomatis vide in catalogo urbium.

CLVIII.

Johannes II Casimirus rex Poloniae (1648—1668) renovat privilegium urbis *Junivladislaviensis*.

1649. 8. Novembr.

CLVIIII.

Acta castrensia Naclensia de privilegiis urbis Mrotschen.

1651. 8. Junii.

Actum in castro *Naclensi* feria quinta ipsa die octava sacratissimi corporis Christi anno domini millesimo sexcentesimo quinquagesimo primo. Ad officium actaque praesentia castrensia *Naclensia* personaliter venientes famati et spectabiles Stanislaus Wtoizych ad praesens proconsul et Gregorius Primowski consul, cives *Mrotecenses*, hic et totius communitatis oppidi *Mrocza* nomine obtulerunt ad acticandum et actis hisce ingrossandum privilegium in pargameno scriptum, manu propria reverendi in Christo patris domini Petri episcopi *posnaniensis* et regni *Poloniae* viceeancellarii subscriptum, cum sigilli appensi intumento bombicino ad acticandum per oblatam porrectum, quod petierunt ab se suscipi. Quorum itaque peticioni officium praesens annuendo hocce in acta sua inscribi atque ingrossari demandavit et cujus tenor sequitur de verbo ad verbum et est talis.

Sequitur diploma Sigismundi a. 1523 datum N. LXXXV.

Locus sigilli appensi. Quod tandem eiusdem privilegii originale iidem suprascripta offerentes denuo ad se receperunt, de quo itaque recepto officium praesens et cancellariae eius quietaverunt aeterni(s) temporibus. Dla lepszey wiary zem gotou tego ad antecessora mego prawa we wszystkim dotrzymad, reka viae wtasua podpisuiae. J. R. Potulicki H. W. S. B. Actum in castro *Naclensi* ut supra. Ad officium actaque praesentia castrensia *naclensia* personaliter venientes famati ac spectabiles Stanislaus Wtoczych ad praesens procunsul et Gregorius Pyanowski consul cives *mroteccenses* suo et totius communitatis oppidi *Mrocza* nomine obtulerunt ad acticandum et actis hisce ingrossandum privilegium in pargameno scriptum manu propria generosorum Joannis Kostka de Stemberk et Nicolai Raphaelis de Sztemberk Kostka subscriptum cum appensione sigilli intumento bombicino per oblatam porrectum, quod petierunt a se suscipi. Quorum itaque petitioni officium praesens castrensis *naclensis* annuendo hocce in acta sua inscribimus et ingrossari demandavit tali verborum serie.

Sequitur diploma Johannis Kostka a. 1582. V. N. CXXX.

Appone quod tandem ejusdem privilegii originale iidem suprascripti conferentes deuuo ad se receperunt, que quo itaque recente officium quietaverunt(?) perpetuo et in aevum.

CLX.

Johannes II Casimirus rex urbi *Rakwitz*, quam nomine *Freystadt* nobilis Grzymultowski condiderat, privilegium juris theutonici magdeburgensis confert.

1662. 24. Februar.

Summarium diplomatis vide in catalogo urbium.

CLXI.

Johannes II Casimirus rex Poloniae (1648—1668) concremata urbis Kosten privilegia renovat, civibus eadem jura tribuens quibus Posnanienses fruuntur et vetans, ne incivitatem homines recipiant, qui non sint catholicae fidei addicti.

1662. 12. Juni.

Joannes Casimirus dei gratia rex *Poloniae*, magnus dux *Lituaniae*, *Russiae*, *Prussiae*, *Masoviae*, *Samogitiae*, *Livoniae*, *Smolensciae Czernichoviaeque* necnon Suecorum, Gottorum Vandalorumque haereditarius rex, salutem fidelibus, praesentibus literis nostris quorum interest, universis et singulis, quod cum expositum nobis sit per certos consiliarios nostros authoritateque documentis deductum, certa privilegia et diplomata a serenissimis antecessoribus nostris regibus *Poloniae* civitati nostrae *costensi* collata et per nos confirmata tempore belli *suetici* proximo praeterito igne sublata et absumpta esse, supplicatumque nobis, quatenus eadem jura et privilegia ex benignitate nostra regia praedictae civitati *costensi* innovare et confirmare dignaremur, cui supplicationi uti justae benigne nos annuentes inhaerendoque juramento corporali in castro *costensi* feria quarta in crastino festi sancti Francisci confessoris anno domini proxime praeterito millesimo sexcentesimo sexagesimo primo per spectabiles et famatos Jacobum Szczegiel et Bartholomaeum Gallar, consules, Paulum Oles et Stephanum Marewicz, scabinos, Gasparum Nedzarzowski, Joannem Narewicz, Joannem Szcotek et Mathiam Kmiecik ex communitate ejusdem civitatis *costensis* super puncta amissorum seu combustorum privilegiorum in numero octo, juxta constitutionem novellam anni millesimi sexcentesimi quinquagesimi octavi praestita eidem civitati praedictae privilegia renovanda et confirmanda esse duximus. Ideo renovamus et confirmamus hisce literis nostris ac inprimis, quoniam ex praedicto juramento patet villas *Nacław*, *Sierakowo*, *Czarkowo* et partes seu sortes villae *Kurzagora* dictae ex jure terrestri ad jus teutonicum transmutatas civitati *costensi* incorporatas antiquo fuisse; idcirco eandem praenominatam villarum incorporationem approbamus et confirmamus, dictas villas cum omnibus agris, pratis, campis, silvis, nemoribus, pascuis caeterisque attinentiis et pertinentiis eo antiquitus spectantibus civitati *costensi* annectimus et incorporamus benigne temporibus perpetuis et in aeternum. Insuper quandoquidem ex eodem juramenti instrumento patet, quod fora, vulgo **Targi**, singulis diebus lunae et saturni ibidem celebrantur, in eorum usu civitatem *costensem* inviolabiter conservamus, et foralia alias **Targowe** ex libera venditione carnium aliarumque rerum, videlicet **zwolni**, soli civitati *costensi*, non vero secundum antiquum jus et usum, cedent et persolventur, citra quarumvis personarum contradictionem et impedimentum. Circa nundinas quoque illius, quae feria secunda post festum sancti Martini pontificis et confessoris celebrabantur civitatem *costensem* conservamus, eas vero, quae ipso die dominico pentecostes in feriam secundam pentecostes necnon alias, quae in festo nativitatis beatissimae Mariae virginis absolvebantur, in crastinum quidem festi transferimus et assignamus. Volentes porro afflictae civitatis ejusdem *costensis* fortunae prospicere, quo facilius rationibus suis cives consulere valeant, quartas nundinas, videlicet feria secunda post dominicam passionis proxima singulis annis celebrandas eidem civitati ordinamus et constituimus, omnem securitatem mercatoribus ac quibusvis hominibus eo convenientibus pro nundinis cavendo et prospiciendo. Ad haec cum pia intentione serenissimorum antecessorum nostrorum regum *Poloniae* dictae civitati cautum provisumque sit, ne homines Ariani, Judaei, Scoti caeterique a religione romana catholica dissidentes in fundis tam civilibus *costensibus* quam capitanealibus aedificia et possessiones suas figant, idcirco nos huic religiosae inhibitioni subscribere volentes serio magistratui totique communitati *costensi* injungimus, quatenus hoc punctum privilegiorum praestantissimum secundum antiquum usum manuteneant et observent nec ullos praeter catholicae fidei homines ad jura civitatis, officia et possessiones quovis praetextu, titulo aut colore capessendas admittant nec admittere patiantur. Et quoniam civitas *costensis* pro generali expeditione bellica unum currum statuere tenebatur, in hoc onere eandem permanere volumus, et quatenus eundem currum solito apparatu et more expediat, mandamus, ita tamen, ne quidpiam amplius ratione expeditionis bellicae generalis dictae civitatis exigatur. Cum vero ageres ad civitatem *costensem* tendentes magno semper indigeant sumptu, ideo in usu trium grossorum polonicalium a singulis curribus, **wzgędem Biszlowki** juxta anterius privilegium una cum aliis amissum eandem civitatem conservamus. Quantum attinet pecunias vecturae seu **podwodarum**, has secundum antiquam consuetudinem civitas *costensis* videlicet per florenos quindecim annuatim in thesaurum regni constituto tempore inferre tenebitur. Ad extremum, cum nonnisi ad singularia civium et incolarum *costensium* in supremos antecessores nostros reges *Poloniae* et universam rempublicam merita *costensis* civitatis jura, privilegia, immunitates, libertates, praerogativas juribus, privilegiis, immunitatibus, libertatibus ac praerogativis civitatis nostrae *poznaniensis* per eosdem serenissimos antecessores nostros incorporata fuisse constat, idcirco et nos parem et ad praesens fidem et in virtutem civium eorundem *costensium* commendatam habentes jura illorum, privilegia, immunitates, libertates ac praerogativas juribus, privilegiis, immunitatibus, libertatibus et praerogativis civitatis nostrae *poznaniensis* annectenda et incorporanda esse duximus, prout annectimus et incorporamus hisce literis nostris, volentes, ut eisdem omnibus et singulis cives et incolae *costenses* ita plenarii et integre, prout cives et incolae *poznanienses* gaudent, et utifruuntur, gaudeant et utifruantur perpetuo et in aeternum. In quorum omnium fidem praesentes manu nostra subscriptas sigillo regni communiri jussimus. Datum *Varsawiae* die XII mensis Junii, anno domini MDCLXII, regnorum nostrorum *Poloniae* XIV, *Sueciae* vero XV anno. Joannes Casimirus. — Joannes Rozycki praepositus *gnesnensis* supremus thesaur. regni notarius.

CLXII.

Joannes II Casimirus rex Poloniae (1648—1668) confirmat privilegium urbis Mogilno eique nundinas ancedit.

1665.

Joannes Casimirus dei gratia rex *Poloniae*, magnus dux *Lituaniae*, *Russiae*, *Prussiae*, *Masoriae*, *Samogitiae*, *Livoniae*, *Volyn.*, *Kijow.*, *Smol.* *Czernierkque* necnon *Suecorum*, *Gottorum Vandalorumque* haereditarius rex, significamus praesentibus literis nostris quorum interest universis et singulis, exhibitas nobis esse nomine oppidanorum *Mogilnensium* literas pergameneas authenticas videlicet confirmationem serenissimi olim Sigismundi primi praedecessoris nostri locationis ejusdem oppidi sub jure *teutonico* seu *Magdeburgensi* originaliter a serenissimo olim Vladislao rege *Poloniae* abbati *Mogilnicensi* per privilegium hic insertum concessae, sanas, salvas nullique suspicioni obnoxias tenoris ejusmodi.

Sequitur diploma Sigismundi I a. 1548 datum N. CV.

Supplicatum itaque nobis eorundem oppidanorum *Mogilnensium* nomine praeinsertas literas authoritate quoque nostra regia approbare et confirmare dignaremur. Cui supplicationi uti justae nos morem gerentes descriptas hoc loco literas omnibus earundem punctis, clausulis et conditionibus prout juris est approbamus, ratificamus et confirmamus, jura, libertates hic expressas, dictos oppidanos conservamus in perpetuum atque e speciali gratia nostra commodis majoribus eorundem oppidanorum prospicientes iisdem hisce litteris nostris nundinas in eodem oppido binas in anno concedimus, primas quidem in festo epiphaniarum Christi, alteras vero in festo nativitatis beatae Mariae virginis cum omnibus juribus, immunitatibus, quibus civitates et oppida in regno nostro gaudent et utuntur, ibidem quoque celebrandas, modo non sint cum impedimento vicarii civitatum et oppidorum, decernentes hasce nostras literas vim et robur perpetuo habere debere. In cujus rei fidem praesentes manu nostra subscriptas sigillo regni communiri jussimus. Datum *Warsaviae* die XX^{a} mensis ... anno domini MDCLXV^{o}, regnorum nostrorum *Poloniae* et *Sueciae* X. V. W. Joannes Casimirus rex.

CLXIII.

Michael rex Poloniae (1669—1673) confirmat privilegium Kostense.

1669. 10. Octobr.

Michael dei gratia rex *Poloniae*, magnus dux *Lituaniae*, *Russiae*, *Prussiae*, *Masoviae*, *Samogitiae*, *Kijoviae*, *Volyniae*, *Podlachiae*, *Podoliae*, *Livoniae*, *Smolensciae*, *Severiae Czernichoviaeque* significamus praesentibus literis nostris, quorum interest, universis et singulis, auspicia felicis regiminis nostri divina providentia et concordibus ordinum reipublicae suffragiis nobis delati a tuitione conservationeque legum patriarum atque etiam jurium, privilegiorum ac libertatum cum omnium subditorum nostrorum, tum quoque civitatum ejusdem regni tanquam fulcrorum ornamentorumque oriri cupientes, cum nobis magistratus civitatis nostrae *Costensis* per spectabiles Valentinum Krussiewiec proconsulem et Nicolaum Przelecki consulem ad praestandum nobis fidelitatis juramentum missos produxissent privilegium serenissimi antecessoris nostri Joannis Casimiri regis *Poloniae* antecedanei, videlicet renovationem jurium, privilegiorum ac libertatum ejusdem civitatis in locum sublatorum violentia belli suecici originalium privilegiorum jure merito concessam simulque supplicassent, ut idem privilegium, jura, libertates dictae civitatis nostra ex parte approbaremus et confirmaremus: harum autem literarum sanarum, salvarum et nulli vitio aut suspicioni obnoxiarum tenor est de verbo ad verbum, qui sequitur:

Sequitur diploma Johannis Casimiri N. CLXI.

Supplicationi itaque praedicti magistratus civitatis nostrae *Costensis* tum interpositioni consiliariorum nostrorum pro eadem factae nos Michael rex benigne annuentes praeinsertum hocce privilegium contentaque in illo jura, immunitates, libertates, in quantum juri publico non obstant, in omnibus punctis et clausulis authoritate nostra regia approbamus, ratificamus et confirmamus praesentibus literis nostris, decernentes easdem vim et robur debitae firmitatis perpetuo habere debere. Majoris autem fidei gratia praesentes manu nostra suscriptas sigillo regni muniri jussimus. Datum *Cracoviae* sub tempus felicis coronationis nostrae et comitiorum generalium regni die X^ma^ mensis Octobris, anno domini MDCLXIX regni nostri primo. Michael Rex.

CLXIIII.

Sigismundus de Koscielec-Dzialynski haeres de *Pakosz* incolis urbis *Pakosz* renovat privilegium juris magdeburgensis.

1671. 20. Februar.

Summarium diplomatis vide in catalogo urbium.

CLXV.

Joannes III rex *Poloniae* (1674—1696) renovat privilegium urbis *Junivladislaviensis.*

1676. 11. Aprilis.

CLXVI.

Andreas Gembicki dominus de Czarnikau urbi *Czarnikau* privilegium dat.

1677. 1. Mart.

CLXVII.

Joannes III rex *Cracoviae* privilegium de foris anniversariis urbi *Dolzig* dat.

1677. 17. Mart.

CLXVIII.

Gembicki castellanus urbi *Labischin*, quae incendio privilegia amiserat, privilegium juris theutonici magdeburgensis renovat.

1678. 11. Junii.

Summarium diplomatis v. in catalogo urbium

CLXVIIII.

Joannes III rex Judaeis *juniwladislaviensibus* privilegium dat.

1681. 11. Aprilis.

Summarium diplomatis vide in catalogo urbium sub. Jungenleslau.

CLXX.

Joannes III rex Poloniae (1674—1696) confirmat privilegia urbis Nakel.

1683. 10. et 22. April.

Transumptum ex confirmatione Stanislai Augusti a. 1766 data.

Joannes III dei gratia rex *Poloniae* etc. significamus etc. ne oblivioni jura, privilegia, ordinationes et consuetudines hominum subsequentibus saeculis tradantur gloriosissimus adinventus principum gratiae modus, ut omnia ex benignitate sua successive literis suis approbarent, quapropter dum etiam ad praesens exemplo veteriori literae papireae per extractum ex actis metrices regni emanatae sigilloque cancellarii minoris regni cum subscriptione magnifici supremi cancellarii regni communitae, salvae, sanae et illaesae omnique suspicionis nota carentes, continentes in se serenissimi olim domini Sigismundi regis privilegia, ordinationes, libertates oppido *Naclensi* servientes reproductae coram nobis siut, simulque supplicatum nobis est per famatos Florianum Prominski atque Stanislaum Liskowiensem nomine totius communitatis oppidi nostri *Naklo* dicti, ut exemplo antecessorum nostrorum easdem approbare, confirmare et ratificare authoritate nostra dignaremur, quarum quidem literarum totius extractus tenor de verbo ad verbum est qui sequitur talis: Joannes III dei gratia rex *Poloniae* etc. significamus etc. reperiri in actis metricis regni cancellariae majoris literas privilegii divi Sigismundi oppido Naklo servientis tenoris talis qui sequitur.

Sequitur privilegium a Sigismundo a. 1520 datum. V. N. LXXXVII.

Quod suprascriptum privilegium super libertates, praerogativas et immunitates oppido *Naklo* datum et concessum fuit, prout in actis metrices regni continentur, de verbo ad verbum ex eisdem describi et parti postulanti authentice extradi mandavimus. In cujus rei fidem praesentibus sigillum regni est appensum. Datum *Varsoviae* est dominica judica passionis quadragesimale die X mensis Aprilis anno domini 1683 regni nostri IX anno. Joannes Wielopolski cancellarius regni. Relacio illustrissimi domini domini Joannis comitis in *Piaskowa*, *Skala* (?) et *Zywiec* Wielopolski supremi regni cancellarii *Minoris Poloniae* generalis *cracoviensis, doliensis, neokon., bochnensis* capitanei. Nicolaus Szulc sacrae reverendae majestatis secretarius. Nos itaque, Joannes rex memoratae supplicationi benigne annuentes per insertas literas, privilegia, libertates et immunitates in omnibus earum punctis, clausulis, articulis, contentis et ligamentis approbandum et ratificandum esse duximus, prout in quantum usus earum habet et juri communi non repugnant, approbamus, confirmamus et ratificamus praesentibus litteris nostris, decernentes easdem vim et robur perpetuae et inviolabilis firmitatis obtinere debere. In quorum fidem etc. Datum *Varsoviae* die XXII mensis Aprilis a. d. 1683 regni vero nostri IX anno. Joannes Rex. Confirmatio jurium oppido *Naklo* in *Majori Polonia*. Christop Taranowski (?) *cracoviensis, varsaviensis* capitaneus, sacrae regiae majestatis secretarius.

CLXXI.

Nobilis de Gembucki declarat incolas oppidi Margonin esse cives eosque astrictos jure saxonico.

1696. 20. Julii.

Summarium diplomatis vide in catalogo urbium.

CLXXII.

Statutum pannificum Rawitschensium.

1696. 9. Novembris.

Wir Bürgermeister und Rathmanne der Graflichen Stadt *Rawicz* in Groß-Pohlen thun kund hiermit öffentlich wo noth, daß vor uns Anno 1640 den 15. Juny im sitzenden Rath erschienen und gestanden seindt die Ehrenvesten und Ehrsamen Herr Martin Ecke, Hans Scholz, Georg Liebe und Hans Schade, unsere Bürger und Tuchmacher allhiero, und haben uns vorgebracht ein Statutum oder Willkühr im Nahmen und wegen ihres Handwerks der Tuchmacher, wie sie dieselben aus der Zunft und Zechen gemeldten Löblichen Handwerks der Tuchmacher in der Königlichen Stadt *Frauenstadt* Copias oder Abschriftsweise empfangen und sie dieselben dieses Ortes Zeit und Gelegenheit nach vermehret und gebessert, welche Wilkühr oder Artikel von Wort zu Wort lauten, wie hernach folget: Anno 1696 ist diese neue abgeschriebene Willkühr von unserem gnädigen Grafen und Herrn wie auch von unserer gnädigen Frauen in Beysein vornehmer Herrn und guten Freunde aufs neue confirmiret worden, und sind zu dieser Zeit regierende Herrn Eltesten gewesen Herr Daniel Lauffer sen. und Herr Johann Bretschneider. §. 1. Ob ein Meister allhier freventlich das Meisterrecht aufsagte und wegzöge, derselbe soll, wenn er wieder kommen und das Meisterrecht suchen und begehren wird, zuvor ehe er wieder angenommen wird, dem Handwerke darum wie zuvor genung thun. §. 2. Ob ein Meister aber stürbe und verließe hinter sich Kinder, Söhne oder Töchter, dieselben sollen das vollkommene Meisterrecht haben, wenn sie es begehren. §. 3. Es soll auch ein jeder Meister, wenn ers will, ein breit Warff schären, das Kernwarff auf 50 Ellen und das Vorderwarff auf 44 Ellen schären, dreißig Gänge auf jede Ecken mit fünfzehn Pfeiffen oder acht und zwanzig Gänge mit sechszehn Pfeiffen; da aber einer befunden würde, daß er zu schmal schären würde, ist von einem jeden Ritte bis zum ersten Gange straff zu erlegen 2 Gr., vom ganzen Gange einen Rthlr., vom andern Gange noch so viel; und so einer befunden würde, daß ein Viertel gebreche, soll es nicht gelten, so aber eine halbe Elle gebreche, ist die Strafe sechszehn Groschen, so aber eine ganze Elle gebreche, ist die Strafe zwo Mark, wann aber anderhalb Ellen gebrechen Strafe drey Mark, so es aber zwo Ellen zu kurz befunden würde, derselbe soll um zwei Meisterrecht, nemlich um zwölf Reichsthaler gebüßet werden ohne alle Vorbitte oder Widerrede; im Fall sich aber einer ergreiffen ließe, der mehr denn zwo Ellen zu kurz schärete, derselbige soll nach eines ganzen Ehrbaren Handwerks Erkenntniss gestrafet werden. §. 4. Wann einer Meister werden will, soll er seine Briefe oder anstatt derselben Bürgen dem Handwerke darstellen und in die Laden zum Meisterrecht erlegen sechs Reichsthaler und ein ganz Achtel Bier, so ferne er sich nicht verehelicht hat, soll er bei kurzer Frist, so lange es ihm zugelassen, sich verheirathen oder nach verlaufener gegebener Frist das Meisterrecht aufs neue erlegen. §. 5. Es soll auch hinführo keinem mehr allhiero, er sey auch wer er wolle, der Gewandschnitt gestattet oder zugelassen werden, welcher nicht ein Gliedmaß des Handwerks oder das Tuchmacher Handwerk ehrlich erlernt und überkommen hat. §. 6. Auch dürfen die Meisterssöhne, so lange sie einem fremden Meister nicht arbeiten, sondern in ihres Vatere Arbeit und Brodte sein, mit den Gesellen nicht auflegen. §. 7. So ein Meister stirbet und eine Wittib nach ihm läßet, mag sie das Handwerk durch Gesinde treiben und befördern, so lange sie außer des Handwerks ungefreiet bleibet, hätte auch ihr Ehemann einen Lehrknecht das Handwerk zu lernen aufgenommen, soll sie denselben Macht haben bei ihr auszulernen zu lassen. §. 8. So auch ein Meister einen Lehrknecht das Handwerk zu lernen aufnehmen will, soll der Meister zuvor sein eigen Haus haben, und soll derselbige Knecht zuerst dem Handwerke seinen Geburtsbrief darstellen und in die Lade zu erlegen acht Floren Polnisch, beynehen ein halb Achtel Bier, darbei soll er dem Handwerke vorstellen zwey tichtige Personen, welche, so der Knecht ohne wichtige Ursachen von seinem Meister entliefe, sie dem Handwerke als Bürgen ohne alle Widerrede ablegeten Zehn Reichsthaler. Die Lehr Jahre so ein Knecht bedienen soll, sein vier Jahr an einander. Es soll aber der Lehrmeister, so lange dieser Knecht lernet, keinen andern Knecht neben ihm aufzunehmen befuget sein. §. 9. So sich ein Mitwohner, so nicht unseres Handwerks, bei uns als ein Mitbruder einkaufen will, der giebt erstlichen als dem Handwerke zum Gedenke zwei Pfunde Zein, darnach ein Achtel Bier, ein gut Gerüchte Fische und Fleisch und dem Schreiber ein Gratial. §. 10. Wann bei Handwerke etwas zu verrichten und das Zeichen herrum geschickt wird, da soll ein jeder Meister dem Zeichen folgen, daß also, wann der, dem das Zeichen zuletzt kommt, und er das Zeichen ins Handwerk bringt, die andern Meister alle im Handwerke vorhanden sein, wer solchem nicht gehorsam folget, giebet zur Strafe drei Groschen. §. 11. Welcher aber nicht einheimisch oder sonsten wegen seines Außenbleibens genugsame Ursachen, der soll sich beim Handwerksmeister entschuldigen lassen oder giebt Poen zwei Sgr. §. 12. So auch im Handwerke etwas zu verrichten und solches an die Versammlung zu berathschlagen übergeben, so sollen alle Meister zusammen treten, darüber Rath halten, und solches mit Bescheidenheit durch ihres Mittels Personen eine der Eltesten laßen vortragen, und sonsten nicht befugt sein, ein jeder nach seinem Gutachten mit unbedachtsammen Worten über den Tisch zu schreien; auch so einer oder der andere etwas zu klagen, so solt er solches mit gutem Grunde bei offener Lade thun oder gar stillschweigen; wer wieder solches alles thut, fällt in der Herrn Eltesten Strafe. §. 13. Wannen von Fremden oder Einheimischen das Handwerk oder nur der Eltesten Tisch zu beschicken begehret wird, sollen allemal der Laden Gebühr abgeleget werden 8 Sgr., nach Verlangen eines ganzen Handwerks 1 Thlr. gut Geld. §. 14. So man im Handwerke Bier trinket, es käme auch gleich solches Bier her, wo es wolle, so soll sich ein jeder Meister fein still und vernünftig halten, nicht schelten und Gott lästern oder sonsten Ippigkeit treiben; welcher solches thut, soll allemal nach Erkenntniß der Herren Eltesten gestrafet werden. §. 15. Es soll auch ein jeder Meister den Herrn Eltesten wie auch denen bei Tische schuldigen Handwerks Gehorsam leisten, ihnen mit unvernünftigen Worten oder mit üblen Nachreden aufm Platz oder Schenkhäusern nicht zuwider sein, damit also gute Zucht und Erbauung des Handwerks Beförderung und dem Zank, daraus nichts gutes folget, gesteuert wird, welcher solchem zuwider lebet, fället allemal in der Herrn Eltesten Strafe. §. 16. Es sollen alle Tuch, breite Karasey und schmale Tuch, wann sie aus den Mühlen gebracht werden, in gehörigen Ort vorgehungen werden, alldar sollen solche durch zwey vereidete Personen besichtiget, welche vor tüchtig erkannt, sollen an dem Zechenorte mit einem Kleeblatte gezeichnet werden, und nochmals zu besserer Prüfung von denen am Tische besichtiget, so solches mangelhaft erfunden, soll dem Tuche das Zeichen ausgeschnitten werden, und giebet der Meister dem solches Tuch zustehet, vom breiten Tuche sechs Sgr., vom Karasey oder schmalen drei Sgr., so aber das Tuch gar zu geringe, soll es zugeschnitten und der Meister mit dem Gefängniß gestrafet werden, beyneben wenn ein Tuch ohne Zeichen aufgelegt oder daßelbige ohne Zeichen gekartet und aufgehenget befunden wird, soll der Meister dem es zukommt, um ein Meisterrecht gestrafet werden. §. 17. Es soll auch kein Tuch, breit oder schmal, eher zum Kaufe angegeben werden, es wäre denn zuvor durch die verordnete Tuchschauer besichtiget, und nachmalen wie gebräuchlich besiegelt, wer solches nicht zu Werke richtet, giebet zur Strafe von einem breiten Tuche zwey Rthlr. und vom Karasey oder schmalen einen Rthlr. §. 18. Auch sollen alle Meister in ihren Häusern gleiche Gerichte haben; und sollen solches zur Gewißheit beym Handwerks-Meister entlehnen, wer hierinnen unrecht befunden, soll nach des Handwerks eigener Willkühr und Erkenntniß gestrafet werden. §. 19. Es soll auch kein Meister, weder in noch auswendig des Hauses vom Pfund oder Stücke zu spinnen mehr denn drittehalbe Sgr. geben, wie auch kein Geschenke bei Strafe einen Rthlr., desgleichen soll auch keiner seinem Gesellen vom Kapptuche mehr zu würken geben denn Sechs Sgr., von Recktuche vier Sgr., vom Karasey zwey Sgr., vom Pfunde Wolle zu schlagen und kammeln Acht Heller, vom Zehen drei Heller und vom Karten, vom Kapptuche gewaschen achtzehn Heller, und vom Recktuche zwölf Heller, welcher darüber thun wird, giebet zur Strafe einen Rthlr. und ein Achtel Bier. §. 20. Es soll auch kein Meister befuget sein auf zweyen Gezügen zu würken, vielweniger sie zu hegen, bei Verlust des Meisterrechts ohne alle Gnade. §. 21. Es soll auch kein Meister dem anderen sein Gesinde vor der Zeit abhalten, sondern sechs Wochen vor Ostern, wie auch sechs Wochen vor Michaelis mag ein jeder das Gesinde nicht allein fragen, sondern es auch annehmen, wer anders thut, soll geben einen Rthlr. zur Strafe. §. 22. Soll auch ein jeder Meister, der breite Tuch machen will, sich guter tüchtiger Landwolle gebrauchen, welches Tuch aber in der Wolle allzugrob erfunden, giebet von Tuche Strafe einen Rthlr. und das soll ungesiegelt bleiben; es soll sich auch keiner der breite Tuch machet mit Gärberwolle oder anderer untüchtiger Wolle im Hause befunden oder ergreifen lassen, vielweniger ein breit Tuch daraus machen, bei Verlust des Meisterrechts, ohne alle Widerrede. §. 23. Es soll sich auch kein Meister unterstehen einem anderen seine gekaufte Wolle auszukaufen und muthwillige Theurung über geschloßenen Kauf zu machen, denn dadurch E. E. Handwerke mächtiger Schaden verursachet und beigefüget wird; welcher aber darüber ergriffen und überwiesen würde, derselbige soll unnachläßig mit zehn Mark Polnisch Strafe belegt werden ohne alle Wiederrede, und soll solche Strafe niemanden gelindert, sondern hierinnnen einer dem andern gleich gehalten werden. §. 24. Es soll auch jeden Meister verbothen sein, mit seinem Garn oder Wolle, viel weniger mit seinem Gesinde dem Leinweber einigen Verschub zu thun, welcher hierinnen mit dem geringsten begriffen oder belanget werden kann soll geben zur Strafe zwei Rthlr. §. 25. Wo auch ein Meister den andern schwächen oder an seinen Ehren zur Ungebühr angreiffen würde zuwider des Handwerks, solcher ob er gleich vor der Obrigkeit genugsammen Abtrag thäte, soll er doch nichts destoweniger ins Handwerks strafe verfallen sein, damit desto eher Fried, Lieb und Einigkeit an diesem neuerbauten Orte gestiftet werde und der treue Gott zu unserem Vorhaben Segen geben wolle; wer dawieder lebet soll allemahl auf Gnade und Ungnade einen Rthlr. Strafe erlegen §. 26. Wannen man im Handwerke Bier trinket, sollen die zum jüngsten Meister worden sind, das Bier auf die Tische tragen und einem jeden fleißig aufwarten, auch soll keiner befuget sein sich ohne Erlaubniß an der Herrn Eltesten Tisch zu setzen welcher nicht dazu gehöret, wer solchen zuwider lebet, fället in der Herrn Eltesten Strafe. §. 27. So auch einem Meister oder Meisterin derselben ihr Kind oder Gesinde stirbet, so sollen die jüngsten Meister schuldig sein, solche Leiche zu Grabe zu tragen, die anderen Meyster aber alle sollen mitte zu Grabe gehen, welche aber nicht einheimisch oder krank wären, so sollen doch zum wenigsten die Frauen mit gehen, wer solches nicht gehorsam thut, giebet allemal zur Strafe zwey Sgr. §. 28. Weil auch die Natur erfordert und haben will, daß ein jeder vernünftiger Mensch seinen Leib bedecke und einen andern mit entblößtem Leibe nicht abscheulich sey, und aber etlicher Orten ein böser Brauch gewesen, daß sich etliche der unseren mit entblöseten Beinen sehen ließen: als hat ein Ehrbahr Handwerk dahin gesonnen, daß niemand der dem Handwerke einverleibt sich also an Beinen bloß und unbekleidet sehen laßen, sondern soll ein jeder, wenn er über die Gaßen gehen will, sich gebührlich bekleiden, da aber jemand erfunden würde, der solcher unserer Ordnung zuwider lebete, der soll ohne alle Widerrede zur Strafe ablegen sechs Floren polnisch. §. 29. Auch sollen die welche Meister werden wollen und zuvor nicht in anderwärts Meister gewesen sein, keinem im Meisterwerden, der in ander Ort Meister gewesen ist zuvorgehen, sondern sollen so lange jüngster Meister sein und die Jüngsterey verrichten, bis ein ander seines gleichen sein wird. §. 30. Auch sollen zu allen Zeiten derer Meister Kinder, welche nachero mitte gebracht werden und anders wo ehrlich gezeuget, das Meisterrecht als eines Meisters Sohn oder Tochter, die alhier gezeuget worden sein, wie vornen in gleichen Werth zu empfangen und zugenießen haben, wie dan solche ihre Eltern beim Handwerke, wenn sie Meister werden, ansagen und einschreiben lassen sollen und derer Meister Kinder nemlich mit einem Rthlr. zum Meyster-Recht gelangen können. §. 31. Ein Lehrknecht so er ausgelernet, soll zuvor, ehe er hier Meister werden kann, zwei Jahre gewandert haben, und eines Meysters Sohn ein Jahr. §. 32. So auch etwa ein Bürger seinen Sohn das Handwerk wollte lernen lassen, und er gesonnen denselbigen auf ein Jahr die Polnische Sprache zu erlernen, soll er vor das Jahr zu geben schuldig sein zehn Rthlr. gut Geld und ein Achtel Bier und sofort an. §. 33. Es soll auch hinführo kein freylediger Geselle zum Meisterrecht gelassen werden, als des Jahres zwey Tage, nehmlich den ersten Tag Montag nach Quasimodogeniti und den andern Montag nach Michaelis und soll zum Meisterrecht legen sechs Rthlr. gut Geld, ein Achtel Bier, zum Leichtuche sechszehn Sgr. So sichs aber zutrüge, daß einer zwischen der gesetzten Zeit darzugelangen wollte, so soll er, ob er gleich eine Wittfrau freyete, solches alles zu erlegen schuldig sein. Hiervon sollen unsere Meisters-Söhne und Töchter befreiet sein, sondern dazugelassen werden, wenn sie solches begehren würden, und sollen die Meisters-Söhne vor den Meisters-Töchtern geschrieben und eingelassen werden, die Meisters-Söhne so sie zum Meisterrecht schreiten und nicht eine verlobte Braut haben, oder sich aber unter einem halben Jahre verheirathen, sind schuldig alle halbe Jahr eine halbe Tonne Bier Strafe zu erlegen. §. 34. Es soll auch hinführo keinem Meister er sei einheimisch oder fremde mehr zugelassen sein, einen Umträger der Tücher abzugeben und dieselbigen zu verkaufen, sondern ein jeder Meister er sey einheimisch oder fremde soll ihm seine Tücher selbst verkaufen. Ingleichen soll sich kein Mäkler mehr finden laßen, daß er ihnen muß hin und her lauffen, ja auch alle Anschlage geben, wie der Preiß ist, sondern ein jeder wird ihn schon Waare suchen, ja auch finden, was ihm tauglichen sein wird; welche sich hierüber werden befinden laßen, es sei der Meister dem die Waren gehöret oder Umträger der sie verkauft oder mäkelt, soll die Strafe ohne alle Gnade sein zehn Rthlr., fünf Rthlr. der Meister, und fünf Rthlr. der Umträger oder Mäkler, und so er sich derselben widersetzet, soll er vom Meisterrecht nebenst den seinigen ausgelöschet werden, so lange bis er die Strafe leget, nochmals soll er Jüngster sein und soll die Strafe halb dem Handwerke und halb dem Hospital anheim fallen. §. 35. Es soll auch kein Meister mehr welcher von fremdes herzeucht der Jüngsterei befreiet sein, sondern es soll ein fremder wie ein einheimischer die Jüngsterey zu verrichten schuldig sein. §. 36. Es soll auch keinem Meister freystehen, in fremden sondern in unseren gemietheten Walkmühlen walken zu laßen, Strafe von einem Tuche 10 Sgr., im fall sie aber in unseren gemiethеten Walkmühlen nicht könten gefördert werden vom Tuche 2 Sgr. zugeben. — Nachdem 1695 den 21. Febrnar zwischen einem Löblichen Gewerk der Tuchmacher und Leinweber eine Zwistigkeit entstanden wegen der Waare halben welche die Leinweber haben wollen und zubereiten lassen, als hat ein löblich Handwerk der Tuchmacher solches bey E. E. W. Rathe klaghaft gemacht, auch E. E. W. Rath darüber decretiret, und ist nachmalen solch gegebenes Decret den 31. May laufenden Jahres von unser Hoch Gräflichen Herrschaft approbiret worden, sie sollen auch nicht mehr als ein Rath und Roßel in ihren Werkstädten haben, laut des Decrets. Weil denn auch unmöglich alles und jedes in gewiße Articulis zu denominiren und zu benennen wie einer oder der andere Meister acrbitiren und außer dem Gleis oder Ziel der Ehrbarkeit schreiten möchte, so sollen doch jetzige und künftige Herrn Eltesten, wie auch Consilio der

Herrn des Tisches, sowohl mit Erkenntniß der Herrn Zehner alle Verbrechen und Mangel, ob sie schon in diesem Statute nicht denominiret sein, Macht haben zu strafen. Wladyslaw Przyemski Katrzyan Przybmslta den 9. 9bris 1696.

SECULUM DECIMUM OCTAVUM.

CLXXIII.

Adam Maramarski comes urbi *Tscharnikau* novum privilegium confert.

1701. 23. Novembr.

Summarium diplomatis vide in catalogo urbium s. v. Scharnikau.

CLXXIIII.

Collegium canonicorum *gnesnensium* urbi *Kwieciszewo* novum privilegium dat.

1702. 29. April.

Summarium diplomatis vide in catalogo urbium.

CLXXV.

Augustus II rex Poloniae (1697—1733) urbi Fraustadt ordinem eligendi magistratus praescribit, urbis libertatem minuens.

1720. 9. Martii.

Augustus secundus dei gratia rex *Poloniae*, magnus dux *Lithuaniae*, *Russiae*, *Masoviae*, *Samogitiae*, *Kijoviae*, *Volhyniae*, *Podoliae*, *Podlachiae*, *Livoniae*, *Smolensciae*, *Severiae*, *Czerniechoviae*que necnon haereditarius dux *Saxoniae* et princeps elector, significamus praesentibus literis nostris quorum interest universis et singulis, quod cum ex relatione certorum consiliariorum nostrorum et informatione generosi Francisci a Buin Radzewski capitanei nostri *Wschovensis* percepimus, qualiter in civitate nostra *Wschovensi* ex causa electionis annualis magistratus *Wschovensis* multoties disordo, turbationes motusque per nonnullos ex communitate adversus suum magistratum cum incommodo civitatis exoriantur, scilicet quod ad eundem magistratum minus idonei ac incapaces officii, legumque et jurium ignari, nullam rerum experientiam habentes eligantur, digniores vero et praestantiores viri propter mutationem quotannis electionis, cum non sint perpetua nempe ad vitae tempora talia officia, ad eo non aspirent et saepius a rudioribus aemulatione arceantur ac praetereuntur, exindeque parva vel nulla magistratui a communitate seu privatis observantia praestatur authoritasque illius vilescit: itaque exemplo aliarum civitatum bene ordinatarum et praecipue *Posnaniensis*, in qua etiam ex annuo perpetuus magistratus ordinatus est, edocti majus emolumentum et commodum civitatem hanc nostram *Wschovensem* ex perpetuo quam annuali magistratu habere posse, ad interpositionem eorundem consiliariorum nostrorum supplicationemque generosi Francisci Radzewski capitanei nostri *Wschovensis*, a quo uti capitaneo electio magistratus plurimum dependet, faciendum esse duximus ut eundem annualem magistratum seu electionem consulum, scabinorum et virorum quotannis factam in advitalem seu perpetuum reformaremus perpetuumque magistratum constitueremus, uti reformamus et constituimus eo videlicet modo, ut octo consules et octo scabini et quatuor viri de communitate qui hucusque fuerunt et sunt annuales, sint jam perpetui seu verius ad vitae suae quisque tempora. Ex ipsis vero uno functo vel quocunque modo ab officio suo recedente alter in locum ejus ad **stallum** vacans, nempe ad consularem ex scabinatu ad scabinatum ex viratu, ad viratum ex communitate vir probus, idoneus, si fieri potest literatus et legum gnarus, bonae famae et existimationis et qui pluribus in magistratu consanguinitate non sit junctus tali modo eligatur, et primo si unum ex dictis octo consulibus decedere contigerit, extunc proconsul cum consulibus praemissa electione trium candidatorum ex collegio scabinorum generoso capitaneo loci pro confirmatione unus ex dictis tribus candidatis praesentabunt, taliterque electum et constitutum ad ordinem suum praestito prius solito consulari juramento recipient. In locum autem decessi scabini officium scabinale cum advocato suo ex ordine deputatorum privilegiatorum pro pluralitate votorum electos duos candidatos ad scabinatum magistratui consulari praesentabunt, qui magistratus unum ex iisdem duobus prius solito juramento ab eodem recepto confirmabit, consequenter in locum decessi viri deputati magistratus consularis juxta antiquam praxim unum ex demeritis civibus huic officio aptum constituet. Proconsularis autem electio taliter absolvatur, nempe proconsul anni praeteriti et consules, advocatus et scabini deputati cum senioribus contuberniorum in praetorium *Wschovense* quotannis in crastino sancti Matthaei apostoli, scilicet die vigesima secunda septembris, vel alias incidente et impediente eodem die aliquo festo solenniori proxima die, scilicet vigesima tertia mensis ejusdem septembris sese conferre personaliter ibidemque recepto calculo a magistratu, exactoribus et dispensatoribus de perceptis et expensis civilibus more consueto, praevia officiosa illorum si satisfecerint quietatione, spectabiles advocatus et scabini, deputati viri cum senioribus praedictis octo consules uti candidatos ad officium proconsulare generoso loci capitaneo protunc et in futurum existenti per duos ex communitate viros assignandos ad constituendum et confirmandum unum ex illis octo praesentatis consulibus in proconsulem generoso capitaneo praesentare debebunt, generosus autem capitaneus noster *Wschovensis* ex his octo consulibus unum in proconsulem regimini aptum nominabit et eliget idque die festi sancti Michaelis archangeli privilegiata personaliter vel per deputatum suum ad praetorium missum ubi eadem die hora circiter septima matutina coram convocatis et congregatis in praetorium juxta pristinam consuetudinem omnibus ordinibus civitatis *Wschovensis* idem generosus capitaneus seu ab eo deputatus proconsulem a generoso capitaneo electum et approbatum promulgabit et denuntiabit, post cujus promulgationem idem modo nominatus proconsul locum officii proconsularis occupare, juramentum solitum publice una cum consulibus quotannis praestare jurisdictionemque suam fundare tenebitur. Tandem proconsul cum consulibus die proxima sequenti advocatum ex collegio scabinorum virum dignum ex pluralitate votorum proconsulis et consulum eliget et denominabit, qui advocatus, scabini et deputati privilegiati juramentum consuetum super administranda justitia praestabunt; quibus peractis proconsul et consules seniores juxta veterem praxim contuberniorum et communitatis institutos confirmabit juramentumque solitum ab ipsis recipiet, qui seniores vigore juramenti sui mandatis proconsulis et consularibus obtemperare, signanter vero consiliis publicis civitatis, nisi legalibus impedimentis aliqui ex illis essent distracti, sub amissione officiorum suorum si ter se absentaverint obdestinate, omni tempore adesse debebunt. Magistratus vero cum reliquis ordinibus quotannis exactoris juramentum de fidelitate sua praestare tenebuntur. Demandamus insuper et serio praecipimus, ut magistratus uterque taliter a nobis institutus et confirmatus pro fidelitate sua deum solum prae oculis habendo justitiam indilatam absque respectu et discrimine personarum civibus, incolis, advenis et peregrinis administret, cives autem tanquam confratres suos amore prosequatur eosque non opprimat et in adversis querulantibus auxilio pro posse suo omni tempore subveniat; vicissim civibus et incolis civitatis nostrae *Wschovensis*, ut magistratui suo tanquam brachio nostro in perpetuum modo praemisso constituto omnem obedientiam et observantiam debitam praestent serio mandamus. Quod omnibus quorum interest praesertim vero generoso capitaneo nostro *Wschovensi* protempore existenti tum magistratui atque toti communitati civitatis nostrae *Wschovensis* ad noticiam deducendo mandamus, ut hasce literas nostras in acta sua inscribi, voce ministerialis regni generalis publicam faciant easdemque in perpetuum et ipsi observent et ab aliis observari curent, pro gratia nostra et sub poena mille ungaricorum fisco nostro irremissibiliter persolvenda. In cujus rei fidem praesentes manu nostra subscriptas, sigillo regni communiri jussimus. Datum *Varsaviae* die IX. Martii anno d. MDCCXX, regni vero nostri XXIII anno. Augustus rex. Reformatio electionis magistratus et officialium civitatis *Wschovensis*. Matthaeus Hiak cusif. braclav. s. r. m. sig. mag. mi. scrs. mp.

CLXXVI.

Augustus II rex Poloniae (1697—1733) confirmat privilegia urbis Nakel.

1720. 23. Julii.

Transsumptum ex confirmatione Stanislai Augusti

Augustus II dei gratia rex *Poloniae* etc. significamus etc., productas coram nobis esse literas infrascriptas ex actis castrensibus capitaneatus *naclensis* sub actu sabbatho in crastino festi exaltationis sanctae crucis anno domini 1685 extractas, sigillo ejusdem officii communitas et a generosis officialibus castrensibus subscriptas authenticas continentes in se confirmationem jurium oppidi *naklensis* a serenissimis regibus antecessoribus nostris ipsis benigniter collatorum tenoris talis:

Sequitur diploma Johannis III a. 1683 datum N. CLXX. — L. S. min. canc. regni

ibidem in fine serico ex pixide laminea communiti appensi, supplicatumque ex nomine famati proconsulis consulum totiusque magistratus et communitatis oppidi *Naklo* ut easdem praeinsertas literas privilegii Sigismundi regis necnon alia jura libertatesque per serenissimos reges praedecessores nostros ipsis concessas approbare et confirmare innovareque, praejudicia vero et gravamina contra eadem jura ipsis illata abrogare dignaremur, cui supplicationi uti justae nos benigne annuentes, memoratum privilegium aliaque omnia hujus oppidi jura, libertates, immunitates quascumque per serenissimos praedecessores nostros illis concessas, in quantum juris sunt et usus earum habet, approbandas, confirmandas et innovandas esse duximus, prout approbamus, confirmamus et innovamus, praejudicia vero omnia et gravamina, quae contra illorum jura et libertates a capitaneis nostris tam antecedaneis quam modernis *naclensibus* indebite introducta sunt, praesertim inhibitionem coctionis et propinacionis cerevisiae et cremati nisi cum quietatione usurpata, tum nundinarum die festi S. Stanislai per generosum capitaneum, sibi appropriationem et ad propinationem liquorum capitanealium tempore earundem nundinarum coactionem, sic ad confalcastranda prata aliosque labores insolitos ad actionem, abrogamus circa eadem jura, privilegia liberamque cerevisiae et cremati coctionem et propinationem, tum et circa nundinas solitas pro festo circumsisionis Christi domini et purificationis beatissimae virginis Maria tum pro feria quinta ante dominicam ramis palmarum quadragesimalem et pro festo s. Stanislai episcopi et Mariae ac pro festo visitationis b. Mariae virg., s. Bartholomaei et s. Hedvigis necnon circa fundos suos civiles, praecipue dictum fundum *Paterek* cum suis agris, pratis, sylvis et fundo ubi erat molendinum ad fluvium *Notes* eosdem oppidanos conservamus et duas adhuc nundinas unas intra octavas sacratissimi corporis Christi et alteras die festi s. Mar. quolibet anno peragendas illis addimus a laboribus insolitis praecipue a confalcastratione et collatione feni gravaminosa per generosum capitaneum imposita, necnon ab immissione equorum aliorumque peccorum et pecudum capitanealium super prata civilia eorumque pratorum civilium etiam amicis et externis personis per generosum capitaneum indebita concessione et praemissione oppidum hoc *Naklo* liberamus molendinaque utpote *Rutki* et *Bielawki* tanquam in fundis civilibus videlicet salvo censu generoso capitaneo ex illis pendi solito et contributiones hujus publicas per proportionale concurrere debere declaramus. In cujus rei fidem etc. Datum *Varsoviae* die 13 mensis Julii anno domini MDCCXX regni vero nostri 24. anno. Augustus rex. Michael Man. Susski sacrae regiae majestatis secretarius m. p. Confirmatio jurium privilegiorumque oppido *Naklo* cum abrogatione eorum, quae contra eadem jura sunt introducta.

CLXXVII.

Nobilis femina Tuczynska, Smoguleckii filia urbi Wissek, quae incendio privilegia amiserat, privilegium juris magdeburgensis innovat.

1722. 17. April.

Apolinara von Smoguletz Tuczynski Kastellanin von Gnesen, Starostin ihrer Erbgüter und der Stadt *Wisocka*, *Nierzychowo* und dergleichen Erbbesitzerin. Da ich weiß und aus Erfahrung habe, daß alle Zünfte der Städte durch nichts anderes bestehen und die Zunahme ihres Zustandes erhalten, daß nur durch die einzige Gottesfurcht rühmlich gute Ordnung und Einigkeit, so habe ich, da ich gnädige Betracht auf die mir und meinen Vorfahren bis jetzt erwiesene treue Dienste, der Bürger und Einwohner zu *Wissocka*, wie solches aufrichtigen Unterthanen ziehret, habe, und dabei, weil sie durch die Hand Gottes, sind durch das grosse Feuer mitgenommen worden, daß man es fast in der Asche suchen muß, indem ich trachte, daß sie aus dieser Verwüstung wieder ihre vorige Zierde erhalten möchte, mit diesem Privilegio mich verpflichtet, sie zuerst bei den vorigen Rechten laut den Rechten anderer Städte zu erhalten und dass sie nach dem Magdeburgischen und Sächsischen Rechten sich erhalten sollen, und daß die Jüngsten den Aeltesten und obrigkeitlichen Personen sollen gehorsam sein und selbige ehren, daß die Aeltesten die Jüngsten sollen lieben und insgesammt ehren, dass die stärkeren und vermögenderen die jüngern und schwächern nicht möchten beschweren und verfolgen. Und weilen alles Gute von Gott herkommt, so trage ich denen jetzigen und denen hernach sich befindenden Herrn Bürgern und Einwohnern auf, daß sie die Kinder sollen lehren lassen und schreiben und das darum, damit am Sonntage und in den Festtagen der Herr Bürgermeister und Stadt-Voigt mit ihren Collegen und Gemeinden könnten die Maturam laut der Ordnung und Gewohnheit anderer Städte und lateinische Messen singen und den lieben Gott loben. Ich ertheile dieser Stadt *Wissek* und derselben Einwohnern, von welchem Stande, Conditions und Profession solche jetzt und hernach in dieser Stadt sein werden Freiheit, Rechten, befreie sie dabei von den Diensten, außer den unten specificirten Hofdienst in Recognitionem domini. Soll jeder auf der Hube sich befindende Wirth aufs Fest St. Martini zu einem Gulden an die Hofobrigkeit entrichten, desgleichen werden auch die Handwerker zu der Zeit verbunden sein, zu einem halben Gulden Grundzins zu entrichten. Ich erlaube auch Bier zu brauen, Branntwein zu brennen, wie auch alle Getränke zu verkaufen, dies führe ich aber dabei an, daß jeder Bürger verbunden sein wird, bei einem Gebrau von zwölf Tonnen fünf polnische Gulden, vom Malzmahlen und dem Müller sechs Groschen an Sichtgeld zu bezahlen, die alte Ordnung in Absicht des Bierbrauens und desselben Schankes wird bei der herrschaftlichen Gülde sein, daß ich, da man nach der Reihe brauet, und sie verbunden darnach zu sehen, daß nicht einer über den andern möchte Bier brauen, und selbiges auch nicht schänken, und noch vielmehr fremdes bei Confiscation und Strafgefälle gerichtlicher Application nicht in die Stadt einbringen. Da ferner jemanden das Bier nicht gerathen sollte, sollen zwei Aeltesten aus der Zunft das Bier taxiren, damit die andern durch die Verzögerung nicht möchten Schaden haben, und sollen dessen Taxe heruntersetzen. An Branntwein soll ein jeder, welcher Branntwein brennen wird, von den Branntweinblasen habenden Bürgern aufs Quartal zwei Stof herrschaftlichen Branntwein ausschänken. Die Rechnungs-Jahrmärkte mit dem Hofe, welche der Hof anzufangen hat, erlaube ich. Dieses Städtchen hat ein und zwanzig Huben. Jeder Bürger ist verbunden zu bepflügen auf dem herrschaftlichen Vorwerk zum Hafer, die herrschaftliche Wiese hinter der Kirche sind alle diejenigen verbunden zu mähen, welche Acker haben, und zum Harken sind sich einander zu helfen verbunden, die Handwerker und die ganze Gemeinde, von dieser Wiese sollen diejenigen so Acker haben, das Heu und den Hafer in die herrschaftliche Scheune einfahren. Jeder Hüfner ist verbunden von jeder Hufe in die herrschaftliche Scheue zu fahren: zwölf Schock Wintergetreide. In der August-Zeit ist die ganze Gemeinde verbunden, von jeder Grundstelle zu einem Menschen zur Inerndtung des Getreides so lange als nur Wintergetreide befindlich sein wird, zu schicken. Zur Scheerung und Waschung der Schaafe sollen alle insgesammt ohne alle Exception schicken. Zum Ausjäthen des Weizens sollen gleichfalls alle, Niemanden nicht verschonende schicken. An Reisen nach *Bromberg* ist jeder von der Hufe verbunden zu praestiren. Von den Schustern soll jeder von ihnen von der Profession zu zwei Paar Schuhe aufs Jahr zum Bedarf des Hofes entrichten. Die Schneider dagegen wie auch Zimmerer, Schmiede, Rademacher, Schlosser, Kirschner, Töpfer und andere, welche der liebe Gott mehr dazu thun wird, sollen ihre Zünfte haben und bei Hofe auf selbige ihre Gerechtigkeiten auszugründen haben und sollen auf Verlangen, wenn der Hof es begehret, solche Dienste als der Hof brauchen wird, verrichten, in den Diensten aber werden sie sich mit der Discretion des Hofes conterliren. Auch wird diese besondere Ordnung mit gegenwärtigem Privilegio aufgetragen, daß der Herr Bürgermeister und andere nach ihm darauf folgende Bürgermeister sollen fleissige Aufsicht haben, damit in den Häusern wegen des Feuers alle Vorsicht möchte gehalten werden, wie auch fleißig in Betreff, daß alle Monate möchte eine Revision der Häuser und Schornsteine gehalten werden, daß in jedem Hause des Nachts möchte Wasser wie auch Leitern auf den Häusern sein, daß durch zwei Deputirte vom Bürgermeister möchte die Ordnung wegen der Gerichtsbücher ihrer Acten erhalten werden. Die Schmeckbraten von den Fleischern werden laut der Gewohnheit wie in andern Städten dem Hofe gehören. Laut den obgedachten erhalte ich die obgedachte Morgen des Gerechten und billigen Ausmaaßes so wie anderwärts, die sie zu pflügen haben werden. Eine ausgemessene Ruthe zur Aussaat oder Schur hat achthalb Ellen. Diesen Bürgern dagegen erlaube ich mit Salz, Heringen, Baumöl und allen Gewürzen, wie auch mit allen Waaren, wie in andern Städten zu höckern und verkaufen. Die Appellation vom Stadtgerichte soll jedem gegeben werden in causis criminalibus et fundi an den Hof. Geschehen in *Nieczychowo* den 17ten Tag des Monats April im Jahre des Herrn Eintausend siebenhundert und zwei und zwanzig.

CLXXVIII.

Grzebendowski urbi *Gollantsch* privilegium dat.

1724. 3. August.

Summarium diplomatis lingua polonica scripti v. in catalogo urbium.

CLXXVIIII.

Josephus Stephanus Radolinski urbis suae Lobsens consuetudines ratificans incolis ab ecclesia catholica dissidentibus liberum religionis exercitium confirmat.

1728. 1. Augusti.

Translatum, ut videtur, postea in sermonem germanicum.

Ich Josef Stefan zu Radolin, Radolinski, Landeskämmerer des Landes Franstadt, auf Jarocin, Ruszkow, Cisvie, Kretkow, Podlesie, Zernik, Lobsens, Blugowo, Kunowo, Pisnach, Luchowo, Rataje u. s. w. Gebieter und Herr, da mich die Hand des Allmächtigen, durch welche allein wir leben, sterben und sind, durch seine Vorsehung zum Erbherrn der Stadt *Lobsens* eingesetzt und erlaubt hat, daß ich den Bürgern dieser Stadt sowohl katholischen als auch nicht katholischen Glaubens neue Gesetze ertheile und alte erneuere, so will ich die alten Sitten und Gebräuche nicht antasten, im Gegentheil solche handhaben und beschützen, damit desto mehr Einwohner und Einwanderer sich in dieser durch die Kriege entvölkerten Stadt niederlassen mögen. Allen im allgemeinen und jedem insbesondere, denen es jetzt oder künftig darum zu wißen zukommt, namentlich aber meines Bluts Nachfolgern und Erben zum ewigen Gedächtniß gebe ich hiermit kund: daß, da nicht nur unter der glücklichen Leitung des jetzt wohl regierenden, allerdurchlauchtigsten August II Königs und Monarchen in Polen, unsere Dissidenten, das heißt die Nachfolger der Augsburger Confession, welchen Standes und welcher Eigenschaft sie auch seien (rationibus status id expostulantibus) in diesem erhabenen Polenreiche die freie Ausübung ihres Glaubens und Gottesdienstes genießen, sondern auch schon unter den Vorfahren S. K. M. mit Einwilligung aller Stände der Republik diese Rechte genossen haben, die ihnen bis jetzt auch durch die Reichsgesetze zugesichert worden sind — also auch ich, da ich in meiner landesherrlichen Stadt *Lobsens* Leute dieser augsburger Confession in verschiedenen Gewerben und Handelsinnungen vorgefunden und solche unter meine erbliche Herrlichkeit aufgenommen habe, auch aus Rücksicht für die durch meine hochmächtigen Vorfahren aus dem Hause der Grudzinski's und Loncki's ertheilten Privilegien, die mir jetzt vorgezeigt und vorgelegt worden sind mit der beigefügten allerunterthänigsten und allerdemüthigsten Bitte, die Leute aus dem deutschen Bund [?Reich], auch im Einklang mit den allgemeinen Gesetzen und Gebräuchen, indem ich an den früheren oder späteren erwähnten Privilegien wegen der freien Ausübung ihres Gottesdienstes, der Erhaltung eines Predigers, . . . des Gebrauches der Kirchengeräthe, des Kirchengeläutes und anderer . . . ihres Glaubens nichts abändern, sondern vielmehr diese oft erwähnten Privilegien in ihren verschiedenen Theilen wie insgesammt bestätige und mich auf solche stützend kraft meiner unumschränkten, gebietenden Macht und landesherrlichen Gerichtsbarkeit bestätige ich in allem die ihnen ertheilten Freiheiten und ertheile ihnen deswegen dieses jetzige Privilegium. Den Gottesdienst nach früherem Gebrauch und den Privilegien in dem dazu seit längerer Zeit eingeräumten Gebäude abzuhalten erlaube ich ihnen, den mir persönlich vorgestellten Pastor und Theologen mit Namen Samuel Pfeffer zu halten bewillige ich, bestätige ihn in seinem Amte, und wenn dieser Kirchendiener später oder früher nach gewöhnlicher menschlicher Bestimmung dem Schicksal unterliegt oder dies sein Amt einem andern abtreten oder auch sich aus dieser Stadt entfernen sollte: alsdann will ich, daß die von der Augsburger Confession mir den Nachfolger vorstellen und um seine Bestallung ersuchen und bitten sollen, indem ich ihnen den erbetenen Erfolg unter meiner Regierung verspreche. Von jeder Unterthänigkeit und Ceremonie gegen die katholische Kirche, da sie solche Erlaubniß auch in voraus von der geistlichen Obrigkeit erhalten haben, thue ich und erkläre ich sie frei. Dabei bestätige ich die Bedingung der ruhigen Ausübung ihres Gottesdienstes nach dem früheren ungestörten Gebrauch. Leuten eines anderen Bekenntnisses, die sie nicht haben möchten und die sich in ihre Kirche und ihren Gottesdienst drängen würden mit Gleichen zu erwidern, verhindere ich nicht. Was die Ordnung unter ihnen selbst anbetrifft, daß die ganze Gemeinde den Aeltesten ihres Glaubensbekenntnisses in allem gehorsam sein soll und das bei einer Strafe von 20 . . . , die der Ungehorsame unerläßlich an die Obrigkeit wird zu zahlen haben, unter Vorbehalt der Appellation jedoch nicht bei der Behörde [?] sondern unmittelbar bei der herrschaftlichen Obrigkeit. Dieses Privilegium unterzeichne ich zur größeren Sicherheit und Bekräftigung mit eigener Unterschrift und befehle darauf das Insigel meines Wappens abzudrucken. Geschehen auf meiner Residenz zu *Lobsens* den 21. Sonntag nach den Festtagen d. h. den 1. August d. J. 1728. Josef Stefan zu Radolin, Radolinski, Landeskämmerer zu Fraustadt.

CLXXX.

Augustus III rex *Poloniae* (1733—1763) confirmat privilegia urbis *Kletzko*.

1731. 22. Decembr.

CLXXXI.

Theodorus Czartoryski episcopus *posnaniensis* (1738—1767) urbi *Kröben*, quae bello privilegia perdiderat, novum privilegium lingua polonica scriptum dat, ex quo judicia in eundem modum, quem alia oppida habent, constituenda sunt.

1739. 28. Septembr.

CLXXXII.

Jacobus a Koscielce dat. litteras fundationis urbis *Wittkowo*.

1740. 15. Juli.

CLXXXIII.

Augustus III novum privilegium urbi *Gnesnae* dat.

1740. 30. August.

Summarium diplomatis vide in catalogo urbium.

CLXXXIIII.

Acta in castro Naclensi de privilegio urbis Nakel.

1747. 27. Junii.

Transsumptum ex confirmatione Stanislai Augusti.

Actum in castro *Naclensi* sabatho post octavas festi sanctissimi corporis Christi domini anno ejusdem 1747. Ad officia actaque praesentis castr. *naclens.* personaliter venientes famati ac spectabiles Matheus

Czarnecki proconsul et Valentinus Liskiewicz viceadvocatus civitatis *Nakto* nomine totius civitatis obtulerunt officioque praesenti ad acticandum et actis hisce ingrossandum privilegium civitati eidem *Nakto* serviens benigniter a sacra regia majestate collatum manu serenissimi regis *Poloniae* Augusti II propria subscriptum sigillo majoris cancellariae regni, communitatum (?) sanum, salvum et illaesum omnique suspicionis nota, prout ex eo apparebat, carens, tenoris ejusmodi: (sequitur diploma Augusti II a. 1720 datum N. CLXXVI cum descriptione sigilli „Maj. Canc. Regni ibidem in cera rubra expressi in pixidique reclusi atque fune serico eodem privilegio appensi"). Originale vero ejusdem privilegii iidem offerentes ad se denuo receperunt et de recepto officium praesens quietarunt quietantque praesentibus.

CLXXXV.

Princeps *Sulkowski* statutum urbi *Reisen* lingua polonica dat.

1750. 16. Martii.

CLXXXVI.

Mycielski comes urbi *Schubin* privilegium dat.

1750. 22. August.

Summarium diplomatis vide in catalogo urbium.

CLXXXVII.

Augustus III rex Poloniae (1733—1763) confirmat privilegium urbis Polnischkrone, cui nundinas concedit.

1750. 31. Augusti.

Augustus III dei gratia rex *Poloniae*, magnus dux *Lithuaniae, Russiae, Prussiae, Masoviae, Samogitiae, Kyoviae, Volhyniae, Podoliae, Podlachiae, Livoniae, Smolensciae, Severiae, Czerniechoviaeque* necnon haereditarius dux *Saxoniae* et princeps elector, significamus praesentibus litteris nostris quorum interest universis et singulis, productas coram nobis esse litteras pergameneas parum antiquitate attritas serenissimi olim divae memoriae Casimiri regis *Poloniae*, praedecessoris nostri, per manus domini Joannis archiepiscopi *Gnesnensis* vicecancellarii datas sigilloque regni pensili at praesens avulso carentes, sanas, salvas, illaesas omnique suspicionis nota carentes, continentes in se locationem urbis *Coronoviensis* aliasque libertates eidem oppido servientes, supplicatumque nobis est per certos consiliarios nostros lateri nostro assidentes nomine et pro parte oppidanorum *Coronoviensium* quatenus illis praedicta jura et libertates autoritate nostra regia confirmare, approbare, ratificare et innovare dignaremur, quarum quidem litterarum de verbo ad verbum tenor sequitur estque talis.

Sequitur diploma anno 1368 datum, quod vide sub n. XXVIIII.

Productas coram nobis esse alteras litteras pergameneas manu reverendi olim Adami Mirkowski episcopi *Margaritensis* suffraganei *Vladislaviensis* abbatis *Coronoviensis* et fratrum dicti ordinis *Coronoviensis* subscriptas sigilloque abbatiali appresso communitas, sanas, salvas et illaesas omnique suspicionis nota carentes continentes in se jura, libertates eidem oppido servientes per serenissimum olim divae memoriae Sigismundum regem, praedecessorem nostrum, de anno 1560 confirmatas, nunc propter vetustatem attritas et laceratas, supplicatumque nobis est ut easdem litteras itidem authoritate nostra regia approbare, confirmare, ratificare et innovare dignaremur. Quarum quidem litterarum de verbo ad verbum est talis qui sequitur tenor.

Sequitur diploma d. a. 1563 datum, n. CXVII.

Nos itaque Augustus tertius rex *Poloniae* praedictae supplicationi eorundem oppidanorum *Coronoviensium* pro confirmatione jurium, privilegiorum ac aliarum libertatum eidem oppido servientium ad nos humiliter factae, uti justae benigne annuendo praeinsertas literas in omnibus punctis, clausulis, articulis et conditionibus approbandas, confirmandas, ratificandas et innovandas esse duximus uti quidem praesentibus literis nostris, in quantum juris sunt et usus earum habetur, approbamus, confirmamus, ratificamus et innovamus, decernentes easdem literas vim et robur perpetuae et perfectae firmitatis semper ac inviolabiliter obtinere debere ad supplicationem eorundem oppidanorum subveniendo egestati dicti oppidi *Coronoviensis*, ad quam per varias incursiones *Svecias* et alias calamitates temporum pervenerunt, et ut sub felice regimine nostro praedictum oppidum reflorescere et ad pristinum statum pervenire possit, faciendum esse duximus et iisdem oppidanis *Coronoviensibus* nundinas binas, primas pro festo conversionis S. Pauli in mense Januario, alteras nundinas pro festo sanctorum Petri et Pauli apostolorum in mense Junio in eodem oppido celebrandas concesserimus, uti quidem praesentibus literis nostris concedimus atque instituimus perpetuis temporibus, pro quibus quidem nundinis liberum esse volumus omnibus cujusvis generis hominibus, negotiatoribus, artificibus domesticis quam extraneis, vicinis et remotioribus cum rebus et mercibus ad victum sive ad negotiationem et mercaturam pertinentibus venire, in eisque quae visa fuerint emere, vendere, res pro rebus, merces pro mercibus commutare et alia omnia honesta et de jure licita negotia agere, tractare. Omnibus eo venientibus et ex inde redeuntibus securus tutusque accessus et recessus patere omnino debebit, nisi forte tales sint, quos jura publica fovere non permittant et quibus consortium bonorum hominum jure merito denegandum sit, salvis tamen juribus vicinarum civitatum et oppidorum. In cujus rei fidem praesentes manu nostra subscriptas sigillo regni communiri jussimus. Datum *Warsavie* die XXXI mensis Augusti domini MDCCL, regni vero nostri XVII anno. Augustus rex.

CLXXXVIII.

Augustus III rex Poloniae confirmat privilegia urbis *Kruschwitz*.

1750. 7. Septembr.

CLXXXVIIII.

Sulkowski princeps urbibus *Lissa*, *Schmiegel* et *Zduni* statutum dat.

1752. 18. April.

CLXXXX.

Augustus III rex Poloniae confirmat privilegia urbis *Gniewkowo*.

1757. 11. Octobr.

CLXXXXI.

Augustus III confirmat privilegia urbis Nakel.

1758. 20. Julii.

Transsumptum ex confirmatione Stanislai Augusti

Augustus III dei gratia rex *Poloniae* etc. significamus etc. productas coram nobis esse literas papyreas seu potius extractum ex actis castrensibus capitaneatus *Naclensis* depromptum oblatae confirmationis jurium, privilegiorum a domino serenissimo Sigismundo rege *Poloniae* praedecessore nostro oppido *Naklo* dicto benigniter collatorum, sigillo castrensi capitaneatus Nalensi, munitum, manu generosi Danielewski corrigentis subscriptum, sanum, salvum et illaesum omnique suspicionis nota carentes, supplicatumque nobis est, nomine et pro parte totius magistratus et communitatis ejusdem oppidi nostri *Naklo* dicti, ut hoc privilegium oblatum in cancellaria regni productum authoritate nostra regia approbare, ratificare et confirmare dignaremur. Cujus tenor sequitur de verbo ad verbum estque ejusmodi.

(Sequitur D. N. CLXXXIIII anni 1747.)

Ex actis castrensibus *Naclensibus* extractum Danielewski et Piotrkowski, castrensibus capitanei *Naclensis* oblata privilegia oppidi *Naklo* 1747. Nos itaque Augustus III rex suprafatae supplicationi nomine et pro parte magistratus totiusque communitatis oppidi nostri *Naklo* factae, ac per certos consilarios lateri nostro assidentes expositae benigne annuentes, ut hocce oppidum in eo meliori permaneat statu faciendum esse duximus, ut intro contentas literas confirmationis et innovationis jurium, privilegiorum, libertatum et immunitatum a serenissimis praedecessoribus nostris oppido *Naklo* benigniter collatorum approbaremus et confirmaremus, prout de suprema potestate et authoritate nostra regia easdem in omnibus punctis, clausulis, conditionibus, juribus, ligamentis, articulis approbamus, confirmamus et ratificamus praesentibus literis nostris, decernendo eadem vim et robur debitae ac inviolabilis firmitatis, inquantum juris sunt et usus earum habetur, obtinere debere. In quorum fidem etc. Datum *Varsaviae* die XX mensis Julii anno domini MDCCLVIII, regni vero nostri XV anno. Augustus rex. Confirmatio confirmationis jurium, privilegiorum oppido sacrae regiae majestatis *Naklo* servientium. Jo. Wolski, D. D. sac. reg. maj. et s. m. reg. secretarius.

CLXXXXII.

Augustus III rex nobili de Radolinski privilegium fundandae urbis *Radolin* nominandae concedit.

1759. 13. Januar.

CLXXXXIII.

Augustus III urbi *Mieltschin* nundinas concedit.

1761. 2. Februar.

CLXXXXIIII.

Augustus III jus theutonicum Magdeburgense oppido *Zydowo* confert eodem modo quo aliis regiis urbibus est tributum.

1762. 27. Novembr.

CLXXXXV.

Dominus de Trumpczynski urbi suae *Mieltschin* privilegium dat, quo jure theutonico magdeburgensi utantur.

1764. 20. Januarii.

CLXXXXVI.

Johannes de Lochocki haeres de Barcin urbi *Barcin* privilegia quae amiserat denuo dat.

1764. 24. Mai.

Summarium diplomatis vide in catalogo urbium.

CLXXXXVII.

Dominus Radolinski urbi suae *Radolin* statutum dat, secundum quod cives quotannis magistratum sibi eligant.

1764. 2. Sept.

CLXXXXVIII.

Stanislaus II Augustus rex Poloniae (1764—1795) confirmat privilegia urbis Nakel.

1766. 25. Septembr.

Stanislaus Augustus dei gratia rex *Poloniae*, magnus dux *Lithvaniae*, *Russiae*, *Prussiae*, *Masoviae*, *Samogitiae*, *Kijoviae*, *Volhyniae*, *Podoliae*, *Podlachiae*, *Livoniae*, *Smolensciae*, *Severiae* et *Czerniechoviae* significamus praesentibus literis nostris quorum interest universis et singulis, exhibitas nobis esse literas pergameneas manu serenissimi domini Augusti III regis praedecessoris nostri subscriptas et sigillo pensili regni munitas continentes in se confirmationem jurium privilegiorumque oppido *Naklo* dicto servientium, sanas, salvas et illaesas omnique suspicionis nota carentes, supplicatumque nobis esse per certos consiliarios nostros ut easdem literas authoritate nostra regia approbare, confirmare et ratificare dignaremur. Quarum quidem de verbo ad verbum tenor est sequiturque ejusmodi.

Sequitur diploma Augusti III a. 1758 datum, N. CLXXXXI.

Nos itaque Stanislaus rex praememoratae supplicationi benigne annuentes literas confirmationis jurium privilegiorum oppido *Naklo* dicto servientium in omnibus earum punctis, clausulis, articulis, conditionibus et ligamentis approbandum, confirmandum et ratificandum esse duximus, prout approbamus, confirmamus et ratificamus praesentibus litteris nostris, decernentes easdem, in quantum juris est et usus earum habet, vim et robur perpetuae firmitatis semper obtinere. In cujus rei fidem etc. Datum *Varsoviae* die XXV mensis Septembris anno domini MDCCLXVI, regni vero nostri secundo anno. Stanislaus Augustus rex. Clemens Kozlowski sigilli majoris regni secretarius.

CLXXXXVIIII.

Stanislaus II Augustus urbis *Gniewkowo* privilegia confirmat.

1767. 16. Mart.

CC.

Carolus Koszutsky statutum dat urbi Sandberg.

1775. 6. Maji.

Diploma lingua polonica scriptum fuit: habemus translationem tantum germanicam.

Ich Carl Leszczyc de Perzehno Koszutski, Kastellan von Schrimm, Erbherr der Stadt *Sandberg* und der Güter *Strzelo:* Se. Majestät der König Stanislaus Augustus mein gnädiger Herr haben in Berücksichtigung meines Gesuchs mittelst höchstdero Urkunde von Warschau d. 15. Januar d. J. die Location der mir eigenthümlich zugehörigen im *kostner* Kreise, Woywodschaft *Posen* belegenen Stadt *Sandberg* genannt, allergnädigst zu bestätigen und derselben verschiedene in diesem Freibrief ausgedrückte und von mir beantragte Rechte und Wohlthaten zu verleihen geruht. Damit nun die gedachte etablirte Stadt im gehörigen Stande und bei ihren Vortheilen erhalten werde, wie die Erfahrung lehrt, daß ohne Gesetze und Einführung guter Ordnung keine Gemeinheit bestehen, nicht zu einem Ganzen verbunden werden kann ohne Erhaltung der Eintracht durch gründliche Verordnungen, daß die kleinsten Sachen zu den größten erwachsen, und durch Uneinigkeit und Unordnung die größten Sachen ganz zernichtet werden; so ertheile ich derselben zur Erhaltung der innern Ordnung und Regelmäßigkeit gegenwärtige Ordination. Und da es hauptsächlich behufs Einrichtung der gehörigen Ordnung in dieser Stadt davon abhängt, nur allein tugendhafte Bürger zu allen dieser Stadt dienenden Wohlthaten, Rechten und Privilegien zuzulassen, so bestimme ich, dass kein Unbemittelter zu dem Bürgerrechte zugelassen werden soll; sondern vielmehr, daß jeder, der in dieser Stadt das Bürgerrecht zu erlangen wünscht, entweder ein Zeugniß seiner sittlichen Führung und seiner Herkunft beibringen, oder einen Zeugen oder Bürgen von den schon ansäßigen Bürgern seiner Obrigkeit vorstellen muss. Er muss entweder der in unserm Königreiche herrschenden römischkatholischen Religion oder einer der mittelst der Landesverfassung erlaubten beiden evangelischen Bekenntnisse sein. Und nachdem derselbe sich solchergestallt ausgewiesen hat, ist er am Orte am Sitzungstage der Ortsobrigkeit und im Beisein seines von den frühern Bürgern erbetenen und oben erwähnten Bürgen folgenden Eid zu leisten verbunden.

Bürgereid. Ich etc. schwöre zu dem allmächtigen und dreieinigen Gott, daß ich Sr. Hochgeboren dem jetzigen Erbherrn der Stadt ***Sandberg*** und seinen Nachfolgern, ferner dem Bürgermeister und den von ihm bestätigten Stadträthen treu und gehorsam sein, mich nach den allgemeinen Gesetzen und Rechten der Stadt verhalten, für das gemeine Beste der Stadt sorgen und dasselbe schützen, jede Gemeinschaft, welche der Stadt Schaden, Nachtheil und Unrecht zuziehen könnte, nach meinen Kräften abwenden und solches durch niemanden zulassen, auf jede Aufforderung und zu jeder Zeit vor meiner Obrigkeit erscheinen, ihr gehorsam sein, und allen Stadtverfassungen als ein treuer Bürger Genüge leisten will und werde. So wahr mir Gott helfe durch das unschuldige Leiden seines Sohnes.

Nach dieses Eides Ableistung soll der Stadtraths-Schreiber verpflichtet sein, einen solchen zu den Bürgerrechten aufgenommenen Bürger in ein besonderes dazu eingebundenes Protokoll unter Angabe des Tages und Jahres gegenwärtiger Stadträthe eintragen, darin das Zeugniß der Zeugen oder Bürgen, Religion, Profession, Kunst, Handwerk und Alter nebst dem geleisteten Eide zu vermerken. Und da keine Gemeinschaft ohne Unterordnung bestehen kann, so erlaube ich zur Beachtung und Aufrechthaltung der Tugend, Gerechtigkeit und erforderlichen Ordnung allen Gewerbtreibenden unter sich nach dem Muster anderer Immediatstädte Innungen zu bilden und unter sich Gewerkälteste zu wählen, jedoch unter der Bedingung, daß die Wilkühr oder das Gesetz ihres Gewerks auf die Weise der Gewerke anderer Städte, nachdem dieselben niedergeschrieben worden sind, zuerst der Stadtobrigkeit und alsdann von der Stadtobrigkeit mir dem Erbherrn oder meinen Nachfolgern zur Durchsicht und Bestätigung eingereicht, und nach erlangter Bestätigung von uns oder unseren Nachfolgern in das Stadtrathbuch eingetragen werden soll. So ein Gewerk errichtet worden, sollen die Meister dieses Gewerks alle Jahre am Tage vor den heiligen drei Königen, und wenn ein Sonntag dazwischen treten sollte, am vorhergehenden Sonnabende an demselben Orte, wo sie ihre Gesetze confirmiren werden, in Zusammenkünften berathen, die vorjährigen Rechnungen der Gewerksältesten durchsehen, sie beglaubigen und zur Wahl neuer Gewerkältesten am gedachten Tage eines jeden Jahres in der Art schreiten, daß jeder Meister der Innung den aus der Mitte seiner Mitmeister zum Aeltesten zu Wählenden auf einen Zettel aufschreibt und solchen in die Gewerbslade legt; wenn dieses von allen erfolgt ist, werden die Zettel nach der Zahl der Innungsmitglieder gezählt. Drei Personen werden solchergestalt nach Berechnung der Stimmen der gedachten Zettel gewählt und die Gewählten dem vorsitzenden Bürgermeister empfohlen, welcher sich den folgenden Tag nach den heiligen drei Königen mit dem Stadtrathe zu diesem Zwecke versammelt. Diese wählen alsdann von den drei Vorgeschlagenen wieder nach der Stimmenmehrheit unter sich zwei, den einen zum Oberältesten und den andern zum Nebenältesten. Dieses soll bei jeder Innung an gedachter Zeit vorgeschriebenerweise jährlich beobachtet werden, und diesem zufolge lässt der Stadtrath durch den Stadtdiener die Gewerksältesten auf die nächstfolgende Sizung einberufen, wo sie in Gegenwart ihres Stadtrathes nachstehenden Eid ableisten werden:

Ich etc. schwöre zu Gott dem allmächtigen und dem einigen, daß ich, nachdem ich zum Ältesten der Innung etc. für dieses Jahr gewählt worden bin, dieses Amt zwischen den Meistern meiner Innung rechtschaffen verwalten, alle dieser Innung durch den wohllöblichen Stadtrath und unsern Erbherrn ertheilten und bestätigten Vorschriften oder Verordnungen beobachten, und nachsehen werde, daß die Arbeit meines Gewerbes im allgemeinen von jedem von den Genossen gehörig verfertigt und ohne Departen verkauft werde, allen Unterschleifen vorbeugen, und nach gemachter Anzeige oder alleinigen Ueberzeugung den Uebertreter und von seinem Unrechthandeln Ueberführten vor der versammelten Innung dafür nach Recht gehörig bestrafen, und demjenigen, welchem Unrecht geschehen, Vergütigung verschaffen, gute Ordnung in meiner Innung halten und beobachten, ohne Wissen und Erlaubniß des Stadtraths keine Zusammenkünfte mit den Genossen veranstalten noch Erlaubniß dazu geben, vielmehr alle Ordnungen und Verfügungen meiner Obrigkeit zur Vollstreckung anzeigen will und anzeigen werde. So wahr mir Gott helfe durch das unschuldige Leiden seines Sohnes.

Nach Ableistung eines solchen Eides von den Aeltesten jedes Gewerks soll der Rathsschreiber dieselben jährlich in ein besonderes Protokoll verfassungsmäßig eintragen, und die Eingetragenen haben ihr Amt bei der Innung durch's ganze Jahr zu verwalten; wobei ich zugleich nachgebe, daß dieselben auch auf fernere Jahre zu diesem Amte gewählt und von dem Stadtrathe bestätiget werden können, bei denen und besonders bei dem Oberältesten die Original Statuten sich stets befinden und von ihnen bewahrt werden sollen. Nachdem ich der Gemeinde und was die Errichtung der Innung anbelangt, die Verfassungen derselben festgestellt habe, soll der Stadtrath auf folgende Weise eingerichtet werden:

Diese erste Obrigkeit soll aus einem Vogt und vier Besitzern, die zweite als eine höhere Obrigkeit, aus einem Bürgermeister und 4 Stadträthen bestehen. Diese sollen, um sich immer mehr in ihrer Amts-Verwaltung, in Kenntniß der Gesetze zu üben und in der Ausübung der Gerechtigkeit sich immer mehr Gewandtheit und Uebung zu verschaffen und resp. sich darin zu vervollkommnen, lebenslänglich bei ihren Aemtern beibehalten werden, jedoch behalte ich mir und meinen Nachfolgern das Recht vor, im Falle einer von ihnen die Grenze seines Amtes überschreiten oder durch schlechtes Betragen ein böses Beispiel von sich geben sollte, einen solchen Angeschuldigten und gesetzlich Ueberführten seines Amtes und seiner Vorrechte zu entsetzen. Die einmal von uns gewählten und eingesetzten Bürgermeister, Stadtrath, Vogt und Beisitzer hingegen, sollen von mir oder dem von mir dazu beauftragten Commissarius auf dem Rathhause oder da, wo Sitzung oder Gerichte abgehalten werden, einen Eid und zwar zuvörderst der Bürgermeister und die Rathmänner in nachstehender Form ableisten:

Ich etc. schwöre zu Gott dem allmächtigen und dreieinigen Sr. Hochgeboren dem Erbherrn der Stadt *Sandberg*, der ganzen Stadt und deren Bürgerschaft nach allen meinen Kräften in dem mir anvertrauten Bürgermeister- oder Stadtrathsamte treu zu sein, das gemeine Wohl mit der größten Aufmerksamkeit zu schirmen, dasselbe zu verbessern, Gerechtigkeit zu lehren, sie zu beobachten, und jedem zu gewähren, Ungerechtigkeit abzuwenden, an die Verbesserung, Vermehrung und Vergrößerung des erwünschten Wohles der Stadt zu denken und dafür sogleich zu sorgen, dagegen dasjenige, was Sr. Hochgeb. dem Erbherrn und der Stadt zuwider oder schädlich sein könnte, nicht zu gestatten, sondern vielmehr diesem zu widersetzen, dem Armen und Reichen, dem Blutsverwandten oder Fremden, dem Bürger oder Ankömmlingen Gerechtigkeit wiederfahren zu lassen und nach Recht des Gesetzes aus eigener Gewissensüberzeugung, ohne auf Freundschaft noch Feindschaft, Versprechungen oder Drohungen, Geschenke oder Schaden zu achten, die an mich gelangenden Sachen zu richten, bei Verurtheilung Niemandem zu erlauben die Gerechtigkeit zu verzögern, noch es selbst zu thun, die der Stadt verliehenen Rechte, Freiheiten, Privilegien und Verfassungen und Verordnungen zu erfüllen und zu schützen, die Einnahmen und Ausgaben der Stadt treu und aufmerksam zum allgemeinen Wohl wahrzunehmen, unnöthiger Weise keine Ausgaben zuzulassen noch selbst zu machen, die auf eine rechtliche Art eingekommenen Einkünfte so viel als möglich zu sparen, darauf zu sehen, daß die Rechnung ordentlich und rechtschaffen geführt werde, darüber zu wachen und dieselbe zu vergleichen, kurz, alles was mir von Amtswegen pflichtmäßig zu thun gebührt, am treuesten und am gewissenhaftesten zu verrichten und auszuüben: so wahr mir Gott helfe durch das unschuldige Leiden seines Sohnes.

Der Vogt und die Beisitzer sollen folgender Art vereidet werden:

Ich schwöre zu Gott dem allmächtigen und dreieinigen, daß ich alle an mich in dieser Stadt gelangenden Sachen gerecht, nach dem Willen Gottes, den Gesetzen und meinem Gewissen richten werde, jedem Gerechtigkeit wiederfahren lassen und die Ungerechtigkeit vertilgen werde, ohne Rücksicht auf den Armen oder Reichen, Freund oder Feind, Bürger oder Ankömmling oder Fremden, ohne auch durch Geschenke oder Versprechung, Freundschaft oder Feindschaft, Furcht oder Drohung oder auf eine andere Art von der Wahrheit mich ableiten zu lassen, den wahren Gott und seine heilige Gerechtigkeit und Gesetze vor Augen haben und in allem meinem Gewissen allein folgen, und alle meinem Amte anvertrauten Sachen treu und laut Pflicht eines vereideten Vogts oder Beisitzers ausüben werde: so wahr mir Gott und das unschuldige Leiden seines Sohnes helfe.

Da sich kein Stadtrath und kein Beisitzer ohne einen vereideten Schreiber behelfen können, so bewillige ich sowohl dem Stadtrathe als auch den Beisitzern einen Schreiber zu halten, von welchem der Stadtrathsschreiber durch nachstehenden Eid vereidet wird:

Ich N. N. schwöre zu Gott dem allmächtigen und dreieinigen, daß ich Sr. Hochgeboren dem Erbherrn der Stadt *Sandberg*, dem Stadtrathe und der ganzen Commune dieser Stadt in dem mir als Stadtrathsschreiber anvertrauten Amte treu sein werde, die Magistrats- und Stadtraths-Akten sorgfältig verwahren, alle Verhandlungen, Recognitionen und Aussagen der Parteien, des versammelten Stadtraths Verfügungen, oder bei einer öffentlichen Versammlung über die städische Polizei abgefaßten Beschlüsse, sofern sie das allgemeine Wohl der Stadt betreffen, sorgfältig eintragen, in derselben, sowohl der Stadtrathe als bei den zu treffenden Aenderungen in der Stadt treu und nach eigner Gewissensüberzeugung rathen, die Geheimnisse des Stadtraths, aus welchen dem gemeinem Wohl, Nutzen oder Schaden entstehen könnte, geheim halten, dieselben verschweigen, die Akten ohne Wissen des Bürgermeisters und Stadtraths nirgends in öffentliche Oerter tragen, keine Hintergehungen in denselben und Betrug in jeder Transaction zulassen, sondern in der Verwaltung meiner Amtspflichten und dessen, was mir von meiner Obrigkeit übertragen und resp. anvertraut wird, ohne Rücksicht auf den Armen oder Reichen, Freund oder Feind oder Ankömmling und Fremden, ohne mich durch Geschenke, Versprechungen, Freundschaft, Feindschaft, Neid, Furcht oder Drohung noch sonst auf keine andere Weise, die mich von dem Wege der Gerechtigkeit ableiten könnte, verleiten zu lassen, mich treu, fleissig und gewissenhaft verhalten und aufführen werde: so wahr mir Gott helfe und das unschuldige Leiden seines Sohnes.

Ein Beisitzer-Schreiber soll den Eid dahin schwören:

Ich N. N. schwöre zu Gott dem allmächtigen und dreieinigen, daß ich Sr. Hochgeboren dem Erbherrn der Stadt *Sandberg*, dem Wohlgeb. Stadtrathe, dem Vogte, den Beisitzern und der ganzen Gemeinde in dem mir anvertrauten Beisitzer-Schreiber-Amte treu, in diesem Amte rechtschaffen rathen, und die bei diesem Amte vorkommenden Streitigkeiten und Widersprüche der Parteien sorgfältig anmerken, die Verfügungen nach dem Beschluße dieses Gerichts in die Bücher der Beisitzer vorsichtig und mit Ueberlegung eintragen, bei Führung von Untersuchungen das, was zum Erweise und zur Aufklärung der Wahrheit aus den Aussagen der Zeugen sich ergeben kann, zu erforschen nicht ermangeln werde, über alle Bestimmungen ohne Weglassung noch Verdunkelung oder verkehrte Auslegung der Wörter nach der Willensmeinung und Angabe die Urkunden treu aufnehmen, die von mir verlangten Auszüge aus den Protokollen ohne Veränderung ausfertigen, die Gerichtsgeheimnisse niemandem offenbaren, ohne Rücksicht auf Freundschaft oder Feindschaft, Arme oder Reiche, Fremde, Ankömmlinge oder Bürger, noch weniger mich durch Geschenke oder Versprechungen, durch Freundschaft óder Feindschaft, Neid, Drohung oder Furcht, noch durch irgend etwas, was mich von der Wahrheit ableiten könnte, verleiten lassen, sondern in Allem meinem unverletzten Gewissen folgen, und alles, was meinem Amte vom Gerichte oder meiner Obrigkeit übertragen werden sollte, nach den Pflichten eines vereideten Beisitzerschreibers verrichten und ausführen werde. So wahr mir Gott und das unschuldige Leiden seines Sohnes helfe.

Und so wie ich es für nützlich halte, beim Stadtrath tugendhafte, gottesfürchtige und von unverletztem Gewissen und mit guter Beurtheilungskraft begabte Männer lebenslänglich anzustellen, so soll sogleich, wenn einer von den Beisitzern von dieser Welt zum allerhöchsten Richter hinberufen wird, der Bürgermeister 4 Wochen nach dessen Ableben mit den Rathmännern, Beisitzern und dem Vogt berathen und 4 Vorzuschlagende; von den Oberältesten oder Nebenältesten oder auch aus andern im guten Rufe stehenden Beisitzern durch Stimmenmehrheit wählen, wenn dieses geschehen, dieselben mir oder meinen Nachfolgern schriftlich anzeigen, von denen ich einen bestätigen, und den solchergestalt angenommenen auf dem Rathhause auf oben erwähnte Art durch mich oder meinen Commissarius vereiden und in sein Amt einführen lassen werde. Sollte aber einer von dem Stadtrathe sterben, so sollen ebenfalls nach Verlauf von 4 Wochen nach seinem Tode der zusammengetretene Magistrat und Stadtrath aus den Vogts und Beisitzern durch Stimmenmehrheit zwei Kandidaten wählen, von diesen, die mir schriftlich anzuzeigen sind, werde ich einen zum Stadtrath bestimmen und resp. annehmen, von ihm den vorgeschriebenen Eid im Beisein des versammelten Bürgermeisters und anderer Rathmänner abnehmen und resp. einführen oder auch durch unsern Commissarius dies bewirken lassen, dem ich den Befehl ertheilen werde. Ich bedinge mir jedoch, daß sowohl die bei dem Magistrate als die bei dem Schöppen-Amte sitzhabenden Personen in derselben Stadt, so wie andere, als auch die mir vorzustellenden Kandidaten in dieser Stadt eigenthümliche Besitzungen haben sollen. Dieselbe Ordnung wird beobachtet, wenn einer, was ich nicht wünsche, die Amtsentsetzung verschulden und dadurch die Erledigung des Amts erfolgen sollte. Statt der von mir jährlich einzurichtenden Ordnung durch Bestimmung und Einsetzung eines Oberhaupts, d. h. eines Stadt-Bürgermeisters will ich fördersamst, daß alle Jahre am heiligen Abend vor Weihnachten zwei von der Magistratur bestellte und mithin unter deren Gewähr stehende, in der Stadt wohlansässige und so lange sie zur Verwaltung ihres Amts fähig sind als lebenslänglich bestellt anzusehende Kassirer beim Anfange ihres Amtes in folgender Art vereidet werden:

Ich N. N. schwöre zu Gott dem allmächtigen und dreieinigen, daß ich seiner Hochgeboren, dem Erbherrn der Stadt *Sandberg*, den Verfassungen und der ganzen Stadtkommune in der Verwaltung des Amts eines Stadtkassierers treu sein, die Register ordentlich führen, sämmtliche städtische Abgaben treu, ohne solche jemandem zu erlassen noch über die Vorschrift aufzulegen, ohne Rücksicht auf Freundschaft, Feindschaft, Verwandschaft, Respect und ohne mich auch durch Gaben, Versprechungen, Leidenschaften, Neid, Drohung noch Furcht zur Verkürzung der Stadtkasse verleiten zu lassen, abfordern und verlangen, die Einnahmen und Ausgaben treu notiren, nichts von den Stadteinkünften und Ausgaben verheimlichen und zu meinem etwanigen Nutzen verwenden, noch in einen Privat-Gebrauch willigen werde Ich werde keinen Wucher mit den Einkünften, sei es durch Ausleihen der Gelder oder des Goldes zu Privatnutzungen treiben, alle möglichen Ersparnisse in den Ausgaben beobachten, und sollte ich worin einen Nutzen für die Stadt erblicken oder voraussehen, dazu meinen Rath geben und um denselben mich nach allen meinen Kräften bemühen, so wahr mir Gott helfe und das unschuldige Leiden seines Sohnes.

Diese Kassirer werden alsdann mit dem Bürgermeister an gedachtem heiligen Abend vor Weihnachten alle Jahre ihre Rechnung in eingebundenen Protokollen, von welchen das eine über die Einkünften durch den einen Kassierer, das andere über die Ausgaben durch die andern Kassierer eigenhändig geführt, und beide von dem Bürgermeister während seiner jährlichen Amtirung von ihm bestätigt und alsdann bei den Stadtakten niedergelegt werden sollen, abschliessen und sich darunter unterschreiben.

Am Feste werden sich die Vogts, die Beisitzer und Gewerkältesten am Orte der gewöhnlichen Zusammenkünfte versammeln und aus ihrer Mitte zwei von den Beisitzern und 6 von den Oberältesten durch Stimmenmehrheit wählen; diese Gewählten sollen alsdann am Tage nach dem Feste der unschuldigen Kinder zu Bethlehem die Rechnungen dieser Kassirer durchsehen, dieselben beglaubigen und prüfen, und wenn sie darin etwa Mängel vorfinden sollten, solche verbessern, in allem aber die Erhaltung der Gemeindekasse vor Augen haben und sodann dem Vogt, den Beisitzern und den Oberältesten, die sich versammeln, Bericht erstatten. Ist diesen genügt, so werde ich den Abend vor Neujahr zwei aus ihrer Mitte d. h. einen von den Beisitzern und den andern von den Oberältesten zu mir oder meinen Nachfolgern berufen und mir über ihre ordentliche Verfahrungsart und Führung der Rechnungen oder über andere Angelegenheiten der Stadt Bericht erstatten und zugleich um Anstellung und Bestätigung eines neuen Bürgermeisters oder Vogts für das kommende Jahr bitten lassen, und ich gebe mit meinen Nachfolgern die Versicherung, dass wenn ich am Neujahrstage nicht in Person zugegen sein sollte, ich meinen Commissarius mit meinem eigenhändigen Schreiben senden werde, der vor dem Anfange des Gottesdienstes in der Kirche mein Schreiben, in welchem ich aus 4 Rathmännern und einem Exbürgermeister für das folgende Jahr einen neuen Bürgermeister, eben so aus 4 Beisitzern und einem Exvogt, einen neuen Vogt bestimmen oder die früheren bestätigen werde, den zu diesem Zwecke versammelten Rathmännern, Vogte und Beisitzern, sowie den Gewerksältesten übergeben und von dem von uns bestätigten Bürgermeister den oben erwähnten abzuleistenden oder zu erneuernden Rathmanns-Eid abnehmen werde. Der Exbürgermeister hingegen wird die Rathmannstelle und der Exvogt die Beisitzerstelle einnehmen; diese Ordnung soll Jahr für Jahr beobachtet werden. Damit nun die Rathmänner so wie die Beisitzer ihre Pflichten kennen, so wird hiermit für immer festgesetzt, daß den Vogts und den Beisitzern obliegt in allen Sachen mit Ueberlegung nach dem ihnen in oben erwähnten Freibrief von Sr. königl. Majestät verliehnen sächsischen Rechte, welches das *Magdeburgische* genannt wird, zu erkennen und die Sitzungen regelmässig in der Woche 2 Tage am Mittwoch und Sonnabend, es sei denn dass keine Sachen wären, abzuhalten. Sollte sich aber eine Partei bei dem sie verbindenden Erkenntniß nicht beruhigen, so soll ihr unter Vorbehalt der Bedenkzeit freistehn zu Folge dieses Gesetzes binnen 10 Tagen Berufung an die Rathsversammlung einzulegen und um Zulassung dieses Rechtsmittels bei dem Gerichte ersterer Instanz anzutragen, widrigenfalls nach Verlauf dieser Frist per fatalia juris keine Appellation gestattet werden kann. Wenn hingegen das Gericht zweiter Instanz des Bürgermeister- und Stadtrathsamts gleich zugegen ist, soll dieses, um der Partei zu willfahren, dergleichen Sachen mit Zulassung der Appellation binnen 14 Tagen, vom Tage der Anmeldung derselben an gerechnet, bei einem solchen Gerichte einleiten und daselbst richten. Von den Artikeln dieses Bürgermeister- und Rathsamtes soll es den Parteien ebenfalls binnen 10 Tagen freistehen, sich in Sachen, deren Betrag 60 Gulden polnisch übersteigt, an mich und meine Nachfolger, den Erbherrn, als an ihre Obrigkeit und Obergericht mit ihren Anträgen zu wenden, und setze ich zu deren Ausführung und Justificirung vor Unsern Obergerichten vom Tage der zugelassenen Appellation an gerechnet nach dem sächsichen Rechte 30 Tage fest, also, daß im Fall die Appellation in dem angegebenen Zeitraum von der Partei versäumt werden sollte, die Einleitung derselben nach deren Eingange nicht zugelassen, das Urtel, gegen welches berufen worden, die Rechtskraft beschreiten und die Ausführung vollstreckt werden soll, wogegen kein weiteres Rechtsmittel stattfindet. Dem Bürgermeister und Stadtrath, die nur allein die Appellation schlichten sollen, wird es obliegen, die öffentlichen städtischen Aemter zu leiten, Bürger jedoch mit Referenz des Hofes anzunehmen, Recognition, Transactionen zu hören, über dieselben zu befinden, solche in die Bücher und Protokolle eintragen zu lassen, den Waisen Vormünder zu bestellen, dieselben jährlich Rechnung ablegen zu lassen, die Appellations-Sachen des Vogtamtes zu entscheiden und zu diesem Zwecke wöchentlich 2 Tage d. h. am Dienstage und Freitage die Sitzungen abzuhalten, für die Erhaltung der Ruhe, guter Ordnung und für das bürgerliche Wohlergehen und die öffentliche Sicherheit zu sorgen, und da die Ausschreibung der Abgaben und Contributionen, sie mögen von der Staatsobrigkeit angeordnet, oder andere Abgaben des Landes, der Wojewodschaft oder des Erbherrn Hochgeboren sein, von allen Stadtcorporationen abhängen soll: so soll zu diesem Ende so wie bei sonstigen Angelegenheiten auf dieselbe Art und Weise der Bürgermeister den Stadtrath, Vogt, die Beisitzer und Oberältesten zusammenberufen und mit denselben gemeinschaftliche Beschlüsse fassen und diese in ein dazu besonderes bestimmtes Protocoll eintragen lassen.

Damit aber jeder Bürger der Stadt sich der völligen Freiheit und aller Wohlthaten, wie sie im Freibrief des allerdurchlauchtigsten Königs angegeben sind, erfreuen und Theilnehmer derselben sein kann, wird zuvörderst zufolge der jetzigen neuen Ordnung gestattet, die Kirche der Dissideuten beider evangelischen Konfessionen unter Anweisung des Bauplatzes zu bauen und demnächst in meinem und im Namen meiner Nachfolger auf immerwährende Zeiten zugesichert, daß jeder zu dem Bürgerrechte auf unten beschriebene Weise angenommener Bürger lediglich unter dem sächsischen durch das *Magdeburgische* Recht fundirten Gesetze sich aller den andern Städten dieses Königreichs angemessenen Freiheiten erfreuen und keiner Unterthänigkeit so wie keinen daraus fliessenden Rechten des platten Landes unterworfen und sowohl für sich als seine Nachfolger zu solcher Unterthänigkeit oder Unterthangerechtsame also nicht zugezogen werden soll, daß, wenn jemand, der ein Erbeigenthum in dieser Stadt besitzt, für seine Person oder dessen Kinder sich anderweit ansetzen und einstens aus dieser Stadt zu ziehen bemühen sollten, ihnen jede Befugniss und jeder Wille ohne Hinderniss hierin zustehen soll, jedoch mit der Bedingung, dass er von seinen etwa zu verkaufenden Grundstücken 10⁰/₀ an die Revenüen-Kasse des Erbherrn Hochgeboren abzuführen hat. — Die Mobilien, Geräthe und baren Gelder oder Activa sollen dieser Abgabe nicht unterworfen sein, es sei denn dass er sich bestreben sollte, aus dem hiesigen Lande ins Ausland zu ziehen, so wird nach der Uebliehkeit jenes Landes, wie es noch bis jetzt geschieht, verfahren werden.

Dass aber jeder Bürger gewiss ist, was für Abgaben er dem Erbherrn zahlen soll, so wird festgesetzt, dass der gewöhnliche nach Verhältniss des vermessenen oder zu vermessenden Grundes und nach dem Gebrauche der an Polens Grenze befindlichen Städte zu bestimmende und durch die über die Grundstücke von mir oder meinen Nachfolgern zu ertheilenden Freibriefe näher bezeichnete Grundzins jährlich zu Martini an meine und meiner Nachfolger Kasse gezahlt werden soll. — Der Erbherr wird in dieser Stadt eine Propination sämmtlicher Liköre besitzen, zu deren Ausschank derselbe Gasthäuser bauen lassen wird. Er behält sich also hinsichts dieses Punktes vor, eine dergleichen Propination in dieser neuen Stadt entweder selbst zu verwalten oder der ganzen Stadtgemeinde oder auch nur einigen einzelnen wohl ansässigen Bürgern nach seinem Gutdünken und besserer Einsicht zu seinem eigenen Besten, jedoch unter Zustimmung dieser Bürger in Pacht zu überlassen, und zwar unter der Warnung, daß kein Bürger hierin mit Depacten von den Pächtern beschwert werde. Es wird in dieser Stadt die Einführung des Bierbrauergewerks nach der Uehlichkeit anderer mit Polen gränzenden Städte unter Verleihung des Rechts des Stadtbierverkaufs nachgegeben, jedoch soll solches nur in den Bierbrauerhäusern, deren 10 bestehen sollen, reihenweise geschenkt werden, von welchem Schanke nicht nur für den Naar eine Abgabe gezahlt, sondern noch für jedes erste ganze oder halbe Gebräue Bier, mag es gebraut werden von wem es wolle, eine dergleichen Abgabe, wie in andern mit Polen angränzenden Städten, in meine oder meiner Nachfolger Kasse sogleich entrichtet werden soll. Dieses Stadtbier soll immer von dem Herrschaftlichen um 1 oder ½ Groschen theuer sein.

Um daß aber die neue angelegte Stadt sich vergrössere und mir dem Erbherrn daraus einträglicher Nutzen entsprieße, so verleihe ich jedem Ankömmling zur Ansiedlung in dieser Stadt ausser einer Baustelle und Bauholz zum Wohnhause das Recht 6 Jahre Brandwein, Meth, Wein zu schenken und verschiedenen Handel ohne alle Abgaben zu führen. Nach Ablauf dieser 6 Jahre werden dieselben verbunden sein nach dem Gebrauche anderer mit Polen angränzenden Städte, sowohl von jedem Garnietz, Acker, Platz, Kramladen, als von sonstigem Handel die aufgelegten Abgaben an meine oder meiner Nachkommen Kasse mit der Warnung einzuzahlen, daß sich kein Bürger noch Brandweinbrenner unterstehen soll in seinem Hause andern Brandwein zu führen weder zum Schenken oder Verkauf als nur solchen, der auf dem städtischen Gebiet von erkauftem Getreide gebrannt ist, und zwar zum grössten Theil von Malz, welches nirgends als in der Schlossmühle gemahlen werden soll, und wenn einer von den zur Miethe wohnenden die 6jährige Freiheit geniessenden Bürgern in dieser 6jährigen Zeit wegziehen wollte, so ist derselbe verbunden ausser der gehörigen Wohnungsmiethe alle Abgaben und Lasten, so wie es die Bürger in andern Städten, denen kein dergleichen Recht gegeben, zuvörderst an meine Kasse, was sich gebührt, und dann auch an die Kämmereikasse zu entrichten. — Damit aber die Stadt zu verschiedenen städtischen Auslagen einiges Einkommen habe, so wohl zur Erhaltung der Ordnung als auch den Soldatenzügen, so weise ich auf dem Markte einen Bauplatz, der 15 Ellen breit und so lang ist, wie andere Gebäude, die am Ringe belegen sind, ingleichen in jeder Strasse zwei Bauplätze von derselben Länge und Breite, wie die Häuser anderer Bürger in den Straßen sind, an. Von den darauf erbauten Häusern sollen die Miethen der Stadt gehören, zu denen noch von den städtischen, die zu meinen Einkünften gehören, der Grundzins, jährlich 40 fl., hinzugefügt werden, und zwar soll dieses zum Ankaufe von Wiesen oder Heu auf den Nothfall der Stadt zu Soldatenmärschen oder zu andern Bedürfnissen dienen.

Und da ich es mir vorgenommen habe in dieser Stadt auch Einwohner von ungläubigen Juden aufzunehmen, die schon vorhanden sind und sich noch mehr ansiedeln können, so bestimme ich auf immerwährende Zeit, dass diese zu meiner oder meinen Nachfolger Schloß Gerichtsbarkeit und nicht zu der städtischen gehören sollen.

Da man alle zukünftigen Fälle und auch alle nöthigen besonderen städtischen Einrichtungen, die sich erst mit der Zeit zeigen werden, nicht voraussehen kann, so erkläre ich demnach, dass ich zu seiner Zeit, es sei hinsichts der wesentlichen Abänderung dieses Privilegii und der Taxe oder des Wohls und der Erweiterung der Stadt, des Handels, der Künste, Manufakturen, Bevölkerung der Bürger nach der weisen Städte-Einrichtung, und besonders bei der Einberufung am Vorabende des Neujahres zur jährlichen Bestallung des Bürgermeisters die gemeßenen Anträge, Meinungen, Entwürfe hören, und sobald ich den Staatsgesetzen etwas nützliches aus dem Verhalten anderer Städte übereinstimmendes finden werde, mich dafür geneigt zu zeigen und darauf dasjenige zu bestimmen bereit sein werde, was zur Vergrößerung der Stadt und zur Beglückung ihrer Bürger ich am vortheilhaftesten werde erachten und ausfindig machen können. Und so habe dies Werk im Namen Gottes begonnen, möge es Gott segnen und die Stadt mit ihren sämmtlichen Bürgern in seiner heiligsten Obhut haben, denn wenn Gott nicht schützet die Stadt, wachet [man] umsonst. Damit die Stadt also sich des höchsten Segens würdig mache, wünsche ich, daß das Fundament dieser Stadt in Gottesfurcht, Tugend und Rechtschaffenheit der Bürger, in deren Eigenschaften dieselbe wachsen und sich ausbreiten möge, gelegt werde. Dieses wünsche ich von Herzen, damit es zum größern Lobe Gottes, zur Ehre des Vaterlandes und Beglückung aller Einwohner dieser Stadt gereiche. Geschehen im Schlosse *Smogorzewo*, d. 6. May anno 1775 Carolus de Pierzchno Koszutsky Castelanus Sremensis m. p. p.

Dieses von dem Herrn Carl Koszutski aus Pierzchno, Kastellan zu Schrimm im Jahre 1775 am 6. May ertheilte Privilegium wird in allen seinen Artikeln, Punkten und Bedingungen von mir und meinen Nachfolgern auf ewige Zeiten bestätigt und unter Beidrückung meines Siegels eigenhändig unterschrieben. Geschehen in der Stadt Sandberg den 6. Juli 1782. Cölestin Sokolnicki.

COLLECTIO SECUNDA.

1. (CCI.)

Boleslaus dux Poloniae (1239—1279) privilegium juris theutonici urbi Exin confert.

1260.

In dorso diplomatis: Productum coram d. d. lustratoribus Majoris Poloniae in oppido *Kcynia* die 11 mensis Aprilis anno 1638. Albertus Lorkosky urius thesaur. regni. — Diploma cum appendente ducis Boleslai sigillo possidet Cl. F. A. Vossberg Berolinensis. Apographum nobis misit Cl. Strehlke.

In nomine domini. Amen. Evanescunt simul cum tempore, que geruntur in tempore, nisi recipiant a scripti vel sigilli memoria firmamentum. Noverint universi presentes et posteri, ad quorum presenciam presens scriptum pervenit, quod nos Bolezlaus dei gratia dux *Polonie* perspecta fidelitate bonorum virorum videlicet Rineri et Johannis dedimus eis civitatem nostram, que *Kcina* nominatur, jure Teutonico locandam eo videlicet jure, quo civitates nostre *Poznan* et *Gnezna* in eorum legibus pociuntur. Preterea addidimus eis duas hereditates, que *Bobrornici* et *Pelgrinova* nuncupantur. Pratis vero in *Porepnicz* incole civitatis dicte libere utentur. Molendinum ibidem sculteti nominati et eorum posteritas possidebit. Mansos autem ibidem dedimus eis octuaginta; sed ratione locationis Rinerus et Johannes et eorum posteritas sextum mansum libere possidebunt et curiam sextam. Tertium vero denarium libere tenebunt de re qualibet judicata. Evolutis ..... annis a festo sancti Martini proximo venturi de quolibet manso fertonem argen..... solvent. Cives vero antiqui eadem libertate, qua et novi perfruentur. Volumus autem, ut nec castellanus nec palatinus nec aliquis miles ad eos se intromittat. In cujus rei testimonium presentem paginam sigilli nostri muninine confirmamus. Datum in *Poznan* in festo sancti Petri per manum Mathie nostri notarii anno gratie domini M° CCLX° secundo.

---

2. (CCII.)

Boleslaus dux Poloniae urbem Sarne per decem annos eximit oneribus.

1262. 7 Junii.

Wiadomości do Dziejow Polskich z Archiwum Prowincyi Szląskiej Zebral August Mosbach. Wrocław 1860. p. 25.

In nomine domini amen. Nos Boleslaus dei gracia dux *Polonie Majoris* notum facimus omnium precencium inspecturis, quod ad peticionem venerabilis domine K[1] ducisse *Cracoviensis*, matris nostre dulcissime, necnon et ob reverenciam domine Agnetis filie felicis memoriae ducis Henrici *Zlesie*, sororis de *Trebnichia* civitatem nostram *Sarnov* et omnes villas adjacentes eidem in districtu nostri dominii constitutas, pertinentes jam dicto coenobio, ab omnibus nostris juribus per decennium absolvimus, videlicet ut solucionem annalem que vulgo **poradlne** nuncupatur non solvant incole dicte civitatis et villarum nec ad edificia castrorum vel civitatum nostrarum venire teneantur nec angariis vel perangariis secundum terre consuetudinem aliquibus astringantur, tantummodo nos dominum et patronum suum in omnibus recognoscant. Ut autem hec nostra liberalis donatio robur firmitatis optineat et ut nulli hominum liceat eandem infringere, presentem litteram nostri sigilli autentici munimine roboramus. Acta sunt hec anno gracie domini MCCLXII in colloquio habito per duces Bolezlaum videlicet *Cracoviensem* et Henricum *Wratislaviensem* et Wladislaum de *Opol* in loco contra *Dancov* in litore *Lystvarte*. Datum per manus Sobezlai canonici *sand.* nostra auctoritate VII Idus Junii.

---

1) Kunigundis.

3. (CCIII.)

Premizl dux Poloniae (1257—1296) Nicolao judici curiae potestatem dat in Gostin et Breze jus theutonicum introducendi.

1278. 1. April.

Wzory Pism Dawnych w przerysach wystawione. W Warszawie 1839 p. 16 et Lelewel, Polska Wiekow Srednich czyli w dziejach narodowych polskich postrzeżenia. Poznan 1851 III 161. Ex metrica regni Poloniae.

In nomine domini amen. Humani generis actiones memoria perpetua indigentes plerumque ab hominum noticia dilabuntur, que scripturarum seu testium munimine non renovantur. Igitur nos Premizl dei gracia dux *Poloniae* notum facimus universis tam presentibus quam futuris presentem paginam inspecturis, quod considerata multiplici serviciorum fidelitate dilecti baronis nostri comitis Nicolay generalis judicis curie nostrae, filii quondam comitis Predpelci palatini *Poznaniensis* sibi sueque posteritati de nostra non ficta voluntate dedimus liberum arbitrium locandi jus *theutonicum* in *Gostina* et in[1] *Breze* et in aliis omnibus hereditatibus, que in districtu dictarum haereditatum nunc sunt vel esse poterunt, adjungentes eidem baroni nostro circa territorium *Breze* civitatem construendam sub eodem jure, quo nostrae civitates et ville in nostro dominio perfruuntur[2], ita, quod dictus baro noster de suis locacionibus tanquam nos de nostris omnibus utilitatibus libere potiatur. Dedimus eciam eidem baroni nostro et suis posteris in districtu supradictarum haereditatum, *Gostin*[3] videlicet et *Breze*, si quando questus fuerit, municionem construere secundum sui arbitrii voluntatem. Ut autem haec nostra donacio simulque confirmacio perpetuo inviolabilis perseveret praesentem cartulam nostri sigilli munimine dignam duximus roborandam, praesentibus hys: comite Pyotrkone castellano *Poznaniensi*, domino Vincencio cancellario *Poznaniensi*, domino Theodrico lectore, patre spirituali nostro, comite Scedrico castellano de *Criwin*[4], comite Sculeyo de Porett, comite Johanne castellano de *Dupin*. Datum in *Sbansim* anno incarnationis domini MCCLXXVIII Kalendis Aprilis, per manus Thilonis[5] notarii curiae nostrae.

4. (CCIIII.)

Premizl II dux Poloniae urbi Posnaniae censum ab opificibus mercatoribusque pendendum vendit.

1280. 31. Martii.

Obraz Historyczno-Statystyczny Miasta Poznania w dawniejszych czasach przez Josefa Łukaszewicza. W Poznaniu 1838 I 296.

In nomine domini amen. Humani generis actiones memoria perpetuo indigentes plerumque ab hominum noticia dilabuntur, que scripturarum seu testium munimine non renovantur. Igitur nos secundus Premizl dei gracia dux *Poloniae* notum facimus universis tam presentibus quam futuris presentem paginam inspecturis, quod ex salutari providencia nostrorum specialium consulum civitatis *Poznanie*, domini videlicet Henrici dicti de Tuch[1*], Gizkoniz, Sifridi, Hermanni et Gerlibe defectum nostre civitatis *Poznaniensis* nunc et processu temporis Christo mediante cum omnium affectu et diligencia cupimus reformare; cura igitur juris et consuetudinis sit per orbem universum, quod unaqueque civitas pro suis defectibus specialitatem habeat in certis reditibus deputatis. Nos habentes maturum consilium nostrorum baronum omnes utilitates obsequentes jure hereditario in perpetuum obtinendas civitati nostre *Poznaniensi* vendidimus pro quadam summa pecunie non tantum ratione lucri, sed ut dicta civitas de die in diem semper in melius suis defectibus emendetur. Hee sunt utilitates, que quamquam in ejusdem civitatis ambitu nunc[2*] et in posterum edificari vel excogitari poterit, sepedicta perpetuo possideat pacifice et

1) „in" deest apud Lelewel. 2) Lelewel: profruuntur. 3) Lelewel: Gostina. 4) Stronczyski et Lelewel legerunt: Crilbin, confundentes haud dubie formam litterae w cum lb. Scedricus castellanus de Crivin nominatur testis in diplomate a Premislao a. 1277 dato. Raczynski cod. dipl. maj. Pol. p. 65. 5) Lelewel: Tylonis.

1*) Num idem, qui litteris a Premislao d. 11 nov. 1284 datis scribitur „Henrici dicti de Tonch civis Poznanie."? 2*) *nunc* bis

quiete: in theatro quod theutonico **Kameraus** [3] nuncupatur et apotheeas institorum, sutorum et pelificum et macella carnificum et pistorum et vini cellaria, insuper curiae carnificum in quibus animalia occiduntur, omnem utilitatem apothecarum hospitum ad annuale forum in *Poznaniam* venientium ipsa civitas perpetuo valeat obtinere, preter duas cameras mercatorum. Ut autem nostra non tantum vendicio sed donatio perpetuo inviolabiliter perseveret presentem paginam impermutabilem nostri sigilli munimine confirmamus. Due camere mercatorum superius nominate sculteto pertineant civitatis. Hi sunt testes: comes Nicolaus judex *Posnaniensis*, comes Vlost castellanus de *Obritsco*, dominus Janko procurator *Posnaniensis*. Acta sunt hec anno gratie domini MCCLXXX et data in *Poznania* in dominica qua cantatur letare, per manus Philonis notharii curie nostre.

5. (CCV.)

Premisl II dux Poloniae urbem Szrodka juxta Posnaniam episcopo Posnaniensi confert.

1288 medio anno.

Obraz miasta Poznania przez Łukaszewicza Posnaniae 1838 I p. 8

In nomine domini amen. Multis incommodis prudenter occuritur cum etatis nostrae negotia literarum ac testium munimine perhennantur. Nos igitur Premysl secundus dei gratia dux *Poloniae* notum facimus universis tam presentibus quam futuris praesens scriptum inspecturis, quod ob remedium animae nostrae et parentum nostrorum et maxime reverenciam beatorum Petri et Pauli apostolorum civitatem nostram antiquam sittam circa ecclesiam sanctae Margarethae in *Posnania Szrodka* vulgariter nuncupatam in persona venerabilis patris nostri domini Johannis episcopi *Posnaniensis* libere ac liberaliter ecclesiae *Posnaniensi* cum omni jure, quo ipsam possedimus et tenuimus, contulimus perpetuo possidendam pacifice et obtinendam [1*], donantes dicto venerabili patri nostro omne jus civitatis et ejus civibus, videlicet macella carnificum, pistorum, sutorum in eadem habentes, et permittentes etiam caeteros artifices cujuscunque fuerint operis ibidem manendi, suum artificium libere operandi, hoc duntaxat excepto, quod forum annuale vel hebdomadarium solemne cives ibidem degentes non habebunt sed tantummodo privatum. Tabernas prorsus omnes qui volunt habeant ibidem et usum earum. Pannos si quos ibi fecerint vel aliunde cives dictae civitatis comparaverint, frustratim incident, vel ulnatim penitus non vendant sed solummodo integros exhibeant venales. Et ne super his in posterum dubitetur praesentes conscribi et sigillo nostro fecimus communiri. Actum et datum *Posnaniae* infra octavas beatorum apostolorum Petri et Pauli, anno gratiae domini millesimo ducentesimo octogesimo octavo, praesentibus his testibus: comitibus Nicolao palatino *Calisiensi*, Petrcone castellano *Posnaniensi*, Nicolao subdapifero *Calissiensi* et Grabia subthezaurario curiae nostrae. Per manus Jasconis notarii nostri.

6. (CCVI.)

Henricus III dux Glogoviensis (qui mortuus est anno 1309) urbi Fraustadt partem tributi XV mansorum in Pritschen remittit.

1290.

Wzory Pism Dawnych w przerysach wystawione. Varsaviae 1839 p. 20.

In nomine domini amen. Quod decrevit majestas principum firmum et stabile debet permanere. Noverint igitur tam presentes quam posteri, ad quorum audientiam presens scriptum deferetur, quod nos

correximus pro *num*, quod habet Lukaszewicz. 3) Kammerhaus.

1*) Ex his litteris elucet errasse Baskonem in chronicis Polonorum (Sommersberg, scriptores rerum Silesiacarum II 66) asserentem de Premislio I anno 1253 haec: „Szrodcam predictam loco predii in quo civitatem, ut premissum est, situavit ecclesie poznaniensi perpetuo assignavit.“

Henricus dei gratia dux *Silesiae* et dominus *Glogoviensis*, publice profitentes intendeque[1] cupientes civium nostrorum profectui et utilitati eisdem hanc graciam ad preces eorum inclinati duximus largiendam, quod quindecim mansos Francikos, ville que nunc *Predsin* nuncupatur, qui mansi pertinent in *Frowenstat* civitatem, ob nimiam sterilitatem eorundem dimisimus pro decem mansis, quemlibet eorum pro octo virgis estimando, de quibus nobis tempore suo secundum gratiam quam ipsis duximus conferendam in censu ceterisque solucionibus se promptos nobis totaliter ut dictum est persolvere conformabunt. In cujus rei firmitudinem presentes nostras conscribi et sigilli nostri impressione communiri jussimus et signari. Acta sunt autem hec hiis presentibus: domino Theodrico castellano *Glogoviensi*, domino Henczkone de Vizemburk, Sibano Deder, domino Sulkone, domino Voelframo de Panwiczs. Datum per manus Johannis notarii nostri anno domini MCC nonagesimo.

7. (CCVII.)

Wladislaus dux Poloniae (1289—1300) Posnaniensibus, Gnesnensibus aliisque malefactores puniendi potestatem dat.

1298. 7. Martii.

Obraz miasta Poznania przez Łukaszewicza. Posnaniae 1838 I 173.

Noverint universi quorum audientie presens scriptum deferetur, quod nos Wladislaus dei gracia dux regni *Poloniae*, *Prussiae* princeps, *Pomeraniae* et dominus *Cujaviae*, *Lanciciae* ac *Siradiae* damus ac concedimus civibus nostris in *Posn.*, in *Gnezna*, in *Pisdri* et in *Kalisz* constitutis omnimodam auctoritatem fures, latrones et alios malefactores cujuscunque generis fuerint seu conditionis suspendere, decolare, mutilare et omnia alia tormenta facere, quae nos facere deberemus, et ad hoc promittimus eosdem juvare et eisdem assistere, si aliqui volent eis inimicari pro hujusmodi corrigendis excessibus in eisdem malefactoribus exercendis. In hujus rei testimonium presentes conscribi facimus et sigilli nostri munimine roborari. Datum et actum *Calisz* sexta feria proxima ante dominicam que cantatur Oculi, anno domini millesimo ducentesimo nonagesimo octavo, presentibus his testibus comite Nicolao palatino *Calissiensi*, comite Alberto castellano de *Lenda*, comite Sericone castellano de *Wielna*.

8. (CCVIII.)

Wladislaus dux Poloniae urbi Posnaniae partem haereditatis Gorezino confert.

1299. 1. Septembris.

Obraz miasta Poznania przez Łukaszewicza. Posnaniae 1838 I 227.

In nomine domini amen. Cunctorum perit memoria factorum nisi scripture presidio vel testium adminiculo fuerint insignita. Nos igitur Wladislaus dei gratia dux regni *Poloniae* et dominus *Pomeranie*, *Cujavie*, *Lancicie* ac *Syradie* notum facimus universis tam praesentibus quam futuris praesentem paginam inspecturis, quod dilectis civibus nostris *Poznaniensibus* quatuor balistarios et quatuor custodes pro custodia civitatis *Pozn.* dare promiseramus, quam promisionem revocavimus in hunc modum habito maturo consilio, civibus superius prenotatis partem hereditatis dicte *Gorezino*[1*], que ad nos pertinebat, cum omni ducatu seu solucionibus universis que ibi sunt vel esse poterunt in futuro jure hereditario in perpetuum contulimus possidendam et ad usus civitatis convertendam, prout eis conveniencius videbitur expedire. Ut autem haec nostra donatio robur obtineat perpetue firmitatis nec ab aliquo in posterum infringatur, in cujus rei testimonium et evidenciam pleniorem praesentes conscribi fecimus, nostri sigilli munimine robo-

1) intendo, pro: intente.
1*) Premisl II d. 11. Nov. 1284 Henrico de Tonch (?) civi Posnaniensi hereditatem hanc dederat theutonico jure locandam cfr. Cod. dipl. Pol. I p. 111.

ratas, presentibus infrascriptis testibus et ad hoc rogatis comite Nicolao palatino quondam *Calisiensi*, comite Kelczone castellano *Gneznensi*, comite Alberto dicto Ganska et aliis quam pluribus fide dignis. Actum anno domini MCC nonagesimo nono. Datum *Poznan* in die beati Egidii confessoris per manus Dominici scriptoris curie nostre.

---

9. (CCVIIII.)

Praemyslaus dux Silesiae (1309—1330 sive 1331) ex testimoniis productis adjudicat pascua et duo molendina, **Rossmûle** unum et unum **Windmûhl** dictum, civibus in *Frauenstadt:* declarando pascua continere decem mansos quos certis limitibus circumscribit. Datum in *Kykenbach* sive Rykembock.

III Kalend. Martii (h. c. 27. Febr.) A. D. 1325.

Sommersberg. Silesiacarum rerum scriptores. Lipsiae 1730 II B. (Mantissa diplomatum p. 87 [qui scribit Premislaus et Kykenbach] et Inventarium omnium et singulorum privilegiorum, litterarum, diplomatum quaecunque in archivo regni in arce cracoviensi continentur per commissarios a sacra majestate et republica ad revidendum et connotandum omnes scripturas in eodem archivo existentes deputatos confectum anno domini MDCLXXXII cura bibliothecae editum. Lutetiae Parisiorum Berolini et Posnaniae 1862 8. 52 in quo: Rykembock, et: „duo molendina *Rossemuel* et unum ventile Vintbomel dictum.")

---

10. (CCX.)

Casimirus III rex Poloniae (1333—1370) villae Dolsko intercedente episcopo Posnaniensi Johanne V Doliwa (1355—1374) jus theutonicum confert.

1350. 22. Januarii.

Copiam accepimus a cl. Neugebauro; impressum est diploma libro: Rys Hystoryczny miasta Dolsk i jegokolie przez X. Jana Jabczynskiego, Posnaniae 1857. p. 57.

In nomine domini amen. Cum petitum, quod justum esse non dubitabatur, ad id exaudiendum animus principum non immerito debet inclinari. Igitur nov(er)it tam praesens aetas, quam futura, quod nos Kasimirus dei gratia rex *Poloniae* necnon terrarum *Cracoviae, Sandomiriae, Siradiae, Lanciciae, Cujaviae, Pomeraniae*que dominus et haeres consideratis justis petitionibus venerabilis in Christo patris domini Johannis divinae et apostolicae sedis providentia episcopi *Posnaniensis* ecclesiae, capellani nostri dilecti, saneque animadvertentes, quod jus theutonicum et civile nobis ac nostris regnicolis multas affert utilitates et commoda multiplicat subditorum, eidem domino Johanni episcopo damus locare civitatem jure theutonico *novi fori*, quod **sarzedzkie** vulgariter nominatur, de fundo suae villae *Dolsko* ipsam civitatem eodem nomine *Dolsko* exnunc nuncupando, omissis quibusvis articulis, punctis et clausulis universis ejusdem juris theutonici in eadem civitate perpetuo obtinentis et inviolabiter observatis. Removemus etiam et penitus excludimus ibidem omnia jura polonicalia, servitia, modos et consuetudines, angarias et praeangarias universas, quae ipsum jus theutonicum impedire consueverunt. Statuimus insuper forum quarumvis rerum venalium in eadem civitate feria quarta singulis septimanis perpetuis temporibus celebrandum. Praeterea statuimus et penitus liberamus advocatum ac cives memoratae civitatis *Dolsko* ab omnibus judiciis et jurisdictionibus omnium palatinorum, castellanorum et quorumvis judicum et officialium regni nostri, ita, quod coram ipsis vel eorum aliquo pro causis magnis et parvis, capitalibus et criminalibus, puta furti, sanguinis, homicidii, incendii et aliis universis nulli poenitus de se querulanti debeant respondere, nisi cives coram advocato suo, jure theutonico supradicto, advocatus vero non alias nisi tantum coram suo domino episcopo supra dicto vel ejus successoribus, citatus tamen per litteram ipsius domini episcopi, de se quaerulantibus non aliter nisi suo jure theutonico respondebit. In quorum omnium testimonium praesentes litteras dedimus nostri sigilli munimine roboratas. Actum in *Czausin* in octava sanctae Agnetis virginis anno domini MCCCL nono, praesentibus his testibus Ottone cancellario *Poloniae* et praeposito *Gnesnensi*, Paszkone *Gnesnensi*, Vincentio *Szremensi* castellanis, Nicolao *Gnesnensi* venatore, Gamleto subagasone, Andrea Dobeslewicz et aliis multis fide dignis. Datum per manus Cancellarii praenotati.

---

11. (CCXI.)

Urbs Gostin oppignerat Joanni episcopo Posnaniensi molendinum.

1371. 6. Octobr.

J. Jabczyński, rys historyczny miasta Dolska i jego okolic 1857 p. 65.

Noverint universi praesentes litteras inspecturi, quia cum ego Velislaus proconsul cum consulibus videlicet Barthcone Haneczkone sutore, Martino Bodzewski, Niezkone Flys et Hancone Grymar ac cum communitate civium de *Gostyn* debuissemus solvere triginta marcas grossorum ex adjudicatione judicis regalis honestae dominae relictae bonae memoriae Nicolai de *Zdzecz*, haeredis occisi in *Gostyn* nostra civitate, et fratri ejusdem dominae domino Visthothe et Johanni haeredi de *Nowecz* ante festum sancti Michaelis proxime praeteritum, et non valentes habere et solvere easdem triginta marcas praedictae dominae et suis amicis prius expressis pro occisione sui mariti supplicavimus humiliter et instanter reverendo in Christo et domino domino Johanni episcopo *Posnaniensi*, ut pro eisdem triginta marcis se constitueret, et faceret se pro nobis fidejussorem usque ad festum sancti Michaelis praedictum, et quia ipsum non potuimus liberare in dicta pecunia, licet debuissemus et obligati sibi fuimus pro eadem pecunia ad omnia dampna et usuras et poenas excommunicationis et interdicti in civitatem nostram et personas nostras proferendas, unde sibi de voluntate et consensu libero nostri concivis domini Hanconis Grymar obligavimus in eisdem triginta marcis molendinum dictum *Kunowski* communiter et liberaliter per neminem compulsi et coacti. Et exnunc a die sancti Michaeli anno domini MCCCLXX primo tunc currenti per praesentes nostras litteras obligamus, quod tamen molendinum praedictum a dicto domino episcopo nostro redimere et liberare tenebimur et debemus usque ad diem circumcisionis domini proxime affuturum in pecunia praenarrata: alias si facere neglexerimus, extunc notatum molendinum Hanconis Grymar et suorum filiorum debebit et debet perpetue cum omni jure et proprietate penes dominum episcopum et suam ecclesiam remanere. In cujus rei testimonium nostrae civitatis sigillum praesentibus est appensum. Datum in *Gostyn* feria secunda post diem sancti Francisci anno domini MCCCLXX primo, praesentibus nobilibus viris dominis Donyn et Bytburg militibus, Thomassio et Johanne haeredibus de *Jezow*, Janussio Stachowsky burggrabio de *Gostyn* et aliis pluribus testibus praesentibus ad praemissa.

---

12. (CCXII.)

Elisabeth regina Poloniae mater Ludovici regis, quae pro eo ab anno 1370 rempublicam gubernavit, reddit urbi Posnaniae duas villas.

1372. 14. Junii.

Obraz miasta Poznania przez Łukaszewicza. Posnaniae 1838 I 221.

In nomine domini amen. Nos Elisabeth dei gratia regina senior *Ungarie* et *Polonie* universis tam presentibus quam futuris tenore praesentium declaramus, quod accedentes ad majestatis nostre conspectum providi et honesti viri consules civitatis nostre *Posn.* nobis humiliter suplicarunt, ut villas ipsorum dicte civitatis *Posn.* videlicet[1] *Yzicze* et *Fynari* vulgariter nominatas a principio fundacionis ad ipsam civitatem et consules *Pozn.* spectantes, quas clarissimus princeps dominus Kazimirus olim rex *Polonie* pie recordacionis frater noster charissimus tempore sui regiminis nulla culpa civitatis seu civium predictorum eo tempore existentium, in eodem exigente voluntate propria in sue majestatis potestatem receperat, ipsis reddere et restituere dignaremur, quia eciam, ut audivimus, frater noster premortuus, dum adhuc sospitate corporis frueretur in vita humana, ipse[2] promiserat libera voluntate, super quibus premissis majestas nostra a baronibus nostris *Polonie* sufficiens recepit testimonium, qui sub fidei puritate protestati sunt super dictas villas *Yzicze* et *Fynari* ad fundum dicte civitatis *Poznaniensis* et ad consules, qui sunt vel pro tempore fuerunt

1) *videlicet* correximus, Lukaszewicz: Vezt. 2) *ipse* correximus, Lukaszewicz: ipsi.

pertinere et per prenominatum dominum regem sine causa ipsis fore ablatas et minus juste possessas pluribus annis retroactis, nos vero testimonium hujusmodi sane pretendentes consideracione pia animam premortui fratris nostri charissimi olim regis *Polonie* salvare volentes in hac parte, sepedictas villas *Vzice* et *Vynari* civitati et consulibus sepedictis exnunc et eorum successoribus, qui pro tempore fuerint, de benignitate regie majestatis nostre restituimus ipsis et eorum posteris cum omnibus et singulis pertinenciis suis prout ab antiquo in suis limitibus noscuntur esse distincte, perpetua possessione ascribimus et incorporamus eo jure quo primitus possiderant easdem tenendas pacifice et perpetuis temporibus possidendas. Volumus autem ut cum contribucio regalis civitati predicte imposita fuerit, quod eo pinguior camere nostre solucio debeatur ab eisdem. Harum quibus sigillum civitatis nostre est appensum testimonio litterarum. Actum *Poznan* feria secunda proxima post diem sancti Barnabe apostoli, anno domini milesimo tricentesimo septuagesimo secundo, praesentibus his testibus reverendo in Christo patre Joanne episcopo *Poznaniensi*, Przeclao palatino *Calisiensi* et aliis pluribus fide dignis. Datum per manus honorabilis viri domini Nicolai de Curnic cancellarii nostri *Poloniae* decretorum doctoris.

13. (CCXIII.)

Vladislaus II rex (1386—1434) urbi Posnaniae jus sigillo rubeo utendi dat.

1400. 27. Martii.

Obraz miasta Poznania przez Łukaszewicza I 158.

Vladislaus tertius dei gratia rex *Poloniae, Lithuaniae* princeps supremus et haeres *Russiae* etc. significamus tenore praesencium quibus expedit universis, quod volentes civitatem nostram *Poznaniensem* aliis regni nostri coequari civitatibus, ut ipsius incolae intelligant affectionem nostram singularem, quam ad ipsos et predictam civitatem gerimus, et nobis diligentius obediant et ad nostra obsequia fideliores reddantur ac promptiores de nostrorum baronum consilio et assensu concedimus atque damus tenore praesentium mediante plenam facultatem ipsorum consulatui in sigillatione privilegiorum et missilium aut aliarum quarumcunque litterarum cera rubea uti et sigillare[1], quemadmodum aliae capitales seu majores regni nostri civitates ea utuntur et sigillant, praesentibus ad nostrae tantummodo voluntatis beneplacitum duraturis. Harum quibus sigillum nostrum est appensum testimonio litterarum. Datum *Cracoviae* die sabatho ante dominicam Letare anno domini millesimo quadringentisimo.

14. (CCXIIII.)

Vladislaus rex concedit civibus *Srodensibus* villam *Zielniki* ab Henrico de Zimna woda castellano de *Nięz* in octingentis marcis obligatam redimere et liberare. *Calissii* post festum Paschatis.

1402. 29. Martii.

Inventarium diplomatum in arce cracoviensi 1682 confectum Lutetiae Parisiorum 1862 p. 297.

15. (CCXV.)

Vladislaus II rex (1386—1434) renovat privilegium juris theutonici urbi Dolzig.

1403. 4. Martii.

Jabczynski, Rys Historyczny miasta Dolsko i jego Okolic. 1857. p. 66.

In nomine domini amen. Quia tunc multis dubiorum et errorum incommodis prudenter occurrimus, dum gesta aetate nostra literarum apicibus et annotationibus testium perhennamus, proinde nos

1) V. quae annotavimus ad dipl. n. CXXXXVIIII.

Vladislaus dei gratia rex *Poloniae* necnon terrarum *Cracoviae*, *Sandomiriae*, *Livadiae*, *Lanciciae*, *Cujaviae*, *Lituaniae*que princeps supremus, *Pomeraniae*, *Russiae* dominus et haeres tam praesentibus quam futuris per haec scripta deducimus universis quibus expedit ad rerum memoriam sempiternam, quia sicut expositione reverendi in Christo patris domini Adalberti episcopi *Posnaniensis* nostri praecipui didicimus inter ea, quae priusquam nos dispositione divina ad gubernacula regni nostri *Poloniae* evocati fuissemus, ipsum regnum et maxime terram *Majoris Poloniae* graviora gverrarum affecerunt disturbia, oppido ecclesiae *Posnaniensis Dolsko* in eodem regno et terra *Poloniae* consistenti in civili theutonico jure locato ac clarae memoriae principum et regum *Poloniae* praedecessorum nostrorum speciali munificentia super jure ipso privilegiis concessis cum incolis ejus libertate igne succenso privilegia et libertates hujusmodi per ignis voraginem sunt consumpta, quo fit quod ipsum oppidum *Dolsko*, in detrimentosum ex eo et exilem prolapsum, resurgere nequeat in statum suum pristinum populosum, et obviando idem dominus Adalbertus episcopus digne desiderans sua et mensae suae episcopalis bona per et post jam dictos insultus sic distituta restaurare, nos cum instantia supplicavit studiosa, quatenus libertates et jura civilia praedicto oppido *Dolsko* et ejus incolis sic ab olim concessa et hactenus tenta et servata innovantes roborare ac super eo nostras litteras regias dignaremur concedere opportunas, nos igitur, qui vota ferventibus in nostris continuo affectamus praecordiis regni nostri et praecipue sacris bonorum sacrosanctis dei ecclesiis dicatorum conditionem de bona efficere meliorem eaque nedum in concessis illaesa confovere verum etiam amplioribus gratiis ditare consuevimus, libertatem praenominato oppido *Dolsko* et ejus advocato ac quibusvis incolis jura civilia data regni nostri civitatibus et praecipue in *Kalis* et *Posnania* servari consueta cum jure theutonico innovamus ipsique oppido *Dolsk* et ejus incolis damus et tenore praesentium tribuimus temporibus perpetuis in ibidem duratura, removentes ibidem omnia jura polonicalia, modos et consuetudines universas, quae ipsum jus theutonicum *sredense* vel *magdeburgense* plerumque perturbare consueverunt. Eximimus insuper, absolvimus et perpetuo liberamus omnes et singulos advocatum et incolas quosvis praefati oppidi *Dolsko* ab jurisdictione et potestate omnium regni nostri palatinorum, castellanorum, judicum, subjudicum et quorumvis dignitariorum et marschalium eorundem, ut coram ipsis citati nullatenus respondeant nec aliquas poenas solvere teneantur, sed tum incolae ipsius oppidi *Dolsko* coram eorum advocato, advocatus vero tantum coram praedicto domino Alberto episcopo aut suis successoribus vel eorum procuratoribus non aliter tamen quam suo jure theutonico citatus ad objecta respondere sit astrictus. In causis vero capitalibus et criminalibus prout aliis nostrarum civitatum advocatis praedicto advocato in *Dolsko* puniendi[1] plenam concedimus facultatem, forumque septimanale feria secunda, forum annuale juxta antiquas consuetudines in dicto oppido observatas annis singulis temporibus perpetuis statuimus observanda. Et insuper praenominatos jam dicti oppidi *Dolsko* incolas et ipsum oppidum omnibus et singulis juribus, privilegiis et libertatibus in nostris civitatibus teneri consuetis potiri volumus totaliter et gaudere. Harum quibus sigillum majestatis nostrae appensum est testimonio literarum. Datum *Cracoviae* die dominico Invocavit me, videlicet anno domini M. quadringentesimo tertio, praesentibus reverendo in Christo patre et strenuis militibus domino Petro episcopo, Johanne de Tanczyn castellano, Johanne de Tarnow palatino *Cracoviensi*, Petro Kmita *Sandomiriensi*, Janussio de Koniecpole *Syradiensi*, Johanne Liganza, *Lanciciensi* et Mathia Maguda *Gnevkoviensi* palatinis et aliis quamplurimis militibus nostris fidelibus dilectis. Datum per manus reverendi in Christo patris domini Nicolai sanctae *Gnesnensis* ecclesiae archiepiscopi, nobis sincere dilecti.

---

16. (CCXVI.)

Vladislaus II rex urbi Posnaniae jus monetam cudendi confert.

1410. 12. Decembr.

Obraz miasta Poznania przez Łukaszewicza II 81

Wladislaus dei gratia rex *Poloniae Lithuaniae*que princeps supremus et heres *Russiae* etc. significamus tenore presentium quibus expedit universis, quod cupientes civitatis nostrae *Posnaniensis* condicionem

1) puniendi correximus pro: *finiendi*.

facere meliorem et eam amplioribus graciarum prerogativis specialiter relevare, ut nostris sufulta munificenciis in murorum structuris et fortificatione firmiora valeat suscipere incrementa, et presertim ut civibus et incolis civitatis *Posnaniensis* predictae debita apud eos contracta racione pannorum, pecuniarum, vini et aliarum diversarum rerum apud eosdem cives receptarum possemus in toto vel in parte resarcitis ipsisque minutam denariorum monetam in civitate *Posnaniensi* predicta fabricandi, presignandi et condendi plenam damus et omnimodam tenore presencium concedimus facultatem solitis nostris et consuetis signo, titulo, nomine, forma, pondere et figura. Vobis igitur capitaneis, burgrabiis, primatibus vel eorum vices gerentibus qui in *Posnania* pro tempore fueritis ceterisque mercatoribus vel hominibus et subditis regni nostri cujuscunque status et condicionis damus nostris firmis regalibus in mandatis, quatenus eosdem cives *Posnanienses* circa fabricandam predictam denariorum monetam conservatis absque omni contradictione cudere eosdem parvos denarios in civitate *Posnaniensi* permittatis. Ipsam eciam denariorum monetam circa empcionem vel vendicionem pro omnibus mercanciis et rebus quibuslibet cujuscunque generis vel speciei fuerint recipiatis et recipi faciatis, tanquam eam que in *Cracovia* cuderetur. Harum quibus sigillum nostrum appensum est testimonio literarum. Datum in *Raczansz* feria sexta proxima post festum concepcionis Mariae virginis, anno domini millesimo quadringentesimo decimo.

---

17. (CCXVII.)

Juramentum civitatis *Naklensis* Vladislao regi promittentis omnem fidelitatem et obsequium. Datum in Naklo feria IV ante Pentecostes.

1425. 23. Maji.

---

18. (CCXVIII.)

Civitas *Gnesnensis* juramentum fidelitatis Vladislao regi praestat *Gnesnae* sabbatho post festum s. Viti.

1425. 16. Junii.

Inventarium diplomatum in arce Cracoviensi 1682 confectum. Lutetiae Parisiorum 1862 p. 298.

---

19. (CCXVIIII.)

Wschowa civitas alias *Fraustadt* homagium praestat regi Vladislao et post mortem illius filio ejusdem nominis, Sophiae reginae Vitoldo magno duce *Litvaniae* uti tutoribus, et Hedwigi filiae. Datum in *Costen* die dominico infra octavas visitationis b. v. Mariae.

1425. 8. Julii.

Inventarium diplomatum in arce Cracoviensi 1682 confectum, p. 290

---

20. (CCXX.)

Juramentum fidelitatis civium *Miedzyrzecensium* Vladislao regi praestitum tum filio ejus et filiae Hedvigi ipsorumque tutoribus Sophiae reginae ac Vitoldo magno duci *Litvaniae*. Datum in *Koscian* infra octavas b. v. Mariae.

1425.

Inventarium diplomatum in arce Cracoviensi, p. 290.

---

21. (CCXXI.)

Juramentum fidelitatis civitatis *Srodensis* regi Vladislao praestitum. Datum in *Sroda* in vigilia s. Margarethae.

1425. 12. Julii.

Inventarium diplomatum in arce Cracoviensi p. 298. Litteras promissae fidelitatis ejusdem tenoris eodem anno datas ab urbe *Pobiedziska* et a civibus *Skwirinensibus* idem diplomatum cracoviensium inventarium indicat.

---

22. (CCXXII.)

Wladislaus II rex Poloniae ordinem eligendi magistratus urbis Fraustadt statuit.

1425. 9. Julii.

Vladislaus dei gratia rex *Poloniae Lithuaniae*que princeps supremus et haeres *Russiae* etc. significamus tenore praesentium quibus expedit universis, quomodo volentes in civitate nostra *Wschoviensi* conditionem facere meliorem omnibus civibus eandem civitatem *Wschoviensem* inhabitantibus hanc tenore praesentium concedimus facultatem, ut quotiescunque ipsos cives proconsulem et consules ejusdem civitatis eligere contingerit, extunc duodecim viros idoneos et bonae famae, quos scirent ad regimen civitatis praedictae aptiores et regio culmini fideles et devotos, capitaneo nostro qui pro tempore fuerit vel ipsius burgrabio aut vicesgerenti debent et tenebuntur praesentare, ex quibus capitaneus noster unum proconsulem, reliquos vero ex ipsis in consules omni contradictione cessante debet admittere, eligere et in eosdem consentire, ac proconsularis dictae civitatis anno singulis ad decursum decem annorum continue se sequentium inclusive deputare et omnino deassignare. Quocirca tibi, capitaneo nostro pro tempore existenti nostris firmis damus regalibus in mandatis, quatenus electionem hujusmodi infrascriptam nullatenus gratiae nostrae sub obtentu praesumas impedire, sed ipsam sicut praefertur admittas annis praedictis faciendam. Si quis autem contra hujusmodi gratiam nostram ipsis exnunc concessam ausu temerario aliquid attemptaverit seu attemptare praesumserit, noverit se indignationem nostram incursurum. Harum quibus sigillum nostrum appensum est testimonio litterarum. Datum in *Costan* feria secunda proxima ante festum s. Margarethae, anno domini millesimo quadringentesimo vicesimo quinto. Relatio Wllai Sta. Czolek custodis *Gnesn.* regni *Poloniae* vicecancellarii.

23. (CCXXIII.)

Vladislaus rex Dobrogostio advocato *Rogoznensi* omnia jura et privilegia fundationis ejusdem advocatiae et oppidi *Rogozno* a Praemislao secundo olim duce *Poloniae* concessa approbat.

1425.

Inventarium diplomatum in arce cracoviensi a 1682 confectum. Lutetiae Parisiorum 1862 p. 280.

24. (CCXXIIII.)

Vladislaus rex consulibus civitatis *Posnaniensis*, *Costensis*, *Slupiensis* recognoscit se debere pro panno, balistis etc. septingentas quinque marcas cum media et cum octo scotis earumque solutionem apud Bogussium judicem *Calissiensem*, exactorem *Majoris Poloniae* assignat. Datum *Lanciciae* feria quarta post festum s. Luciae.

1433. 16. Dec.

Inventarium diplomatum in arce cracoviensi 1682 confectum. Lutetiae Parisiorum 1862 p. 281.

25. (CCXXV.)

Vladislaus III rex (1434—1444) capitulo ecclesiae cathedralis Posnaniensis concedit jus theutonicum in eorum qui Chwaliszewam (s. Wallischei) inhabitarent usum.

1444. 18. Augusti.

Obraz miasta Poznania przez Łukaszewicza I 11.

In nomine domini amen. Ad perpetuam rei memoriam, quia tunc errori et incommodis quibusvis salubriter occurrimus, cum ea quae aguntur in tempore litterarum apicibus et testimonio fide dignorum perennamus, ne simul currente fluxu temporis una cum tempore evanescant: proinde nos Wladislaus dei gratia *Poloniae, Hungariae, Dalmatiae, Croaciae* etc. rex necnon terrarum *Cracoviae, Sandomiriae, Siradiae, Lanciciae, Cujaviae, Lithwaniae* princeps supremus, *Pomeraniae Russiaeque* dominus et heres etc. significamus tenore presentium quibus expedit universis, quomodo considerantes venerabilis capituli ecclesiae cathedralis *Posnaniensis* prelatorum et canonicorum nobis sincere dilectorum fidelitatis devota obsequia, quibus nobis et nostris precessoribus in multo beneplacito virtutis et meritorum placuerunt et hactenus se paratos[1] exhibent complacere: horum meritorum intuitu volentes ipsos zelo piae devotionis accensi reddere consolatos, ut ad hujuscemodi dignae devotionis obsequia se proniores reddant, quanto magis a nobis salubria augmenta recipiant et commoda libertatis, in aggere capituli ejusdem, qui a confinibus domorum ipsius ecclesiae *Posnaniensis* annexis directe usque ad pedem pontis civitatis nostrae *Posnaniensis* dirigitur, *aggerem capituli* nominantes, vulgariter *Capitulna grobla*, a nostro progenitore alias locari ab hominibusque inhabitari concessum, in oppidum erigendum censuimus appellari, jus teutonicum quod *Maydburgense* dicitur dicto oppido concedendum et concedimus, removendo de dicto oppido omnia jura polonicalia modosque et consuetudines universas quae ipsum jus teutonicum *maydburgense* possent et valeant in aliquo perturbare. Nihilominus oppidanis, incolis et inhabitatoribus oppidi memorati res quaslibet generis cujuscunque et speciei tam mercantiorum usuique humano necessarias quocunque nomine vel vocabulo censeantur intra oppidum praedictum, prout in aliis oppidis in regno nostro *Poloniae* consistentibus est solitum et consuetum, vendendi damus, largimur et concedimus tenore praesentium mediante liberam et omnimodam facultatem. Eximimus insuper, absolvimus et perpetuo liberamus omnes et singulos ejusdem oppidi incolas et inhabitatores sexus utriusque ab omni jurisditione et potestate omnimo regni nostri palatinorum, castellanorum, capitaneorum, judicum, subjudicum, camerariorum et quorumcunque officialium et dignitariorum ac ministerialium eorundem, ut coram ipsis aut ipsorum aliquo pro causis tam magnis quam parvis, puta furti, sanguinis, homicidii, membrorum mutilationis seu quibusvis aliis enormibus excessibus citati minime respondebunt nec aliquas penas solvere ratione contumeliae debebunt, sed oppidani, incolae et inhabitatores oppidi praedicti tantum coram venerabili capitulo ecclesiae *Posnaniensis* praelibatae aut ejusdem procuratoribus advocatoque, proconsule, consulibus et scabinis dicti oppidi *Capitulna grobla* pro tempore existentibus, advocatus vero, proconsul, consules et scabini coram praefato venerabili capitulo aut ipsius procuratoribus aut coram nobis vel judicio nostro regali, dum tamen per literas nostras nostro dumtaxat sigillo consignatas et non alterius citati fuerint, et hoc solum si in reddenda justitia negligentes comperti fuerint vel remissi, non aliter tamen quam in eodem jure teutonico de se querulantibus respondere sint astricti. In causis autem criminalibus et superius expressis advocato, proconsuli, consulibus et scabinis qui pro tempore fuerint intra oppidum praedictum metasque et granicies ejusdem judicandi, puniendi, sententiandi, corrigendi, diffiniendi, mulctandi, plectendi et condemnandi plenam et omnimodam concedimus facultatem, prout ad ipsum jus teutonicum *Maydburgense* praedictum in omnibus suis punctis, clausulis, articulis, conditionibus postulat et requirit. Harum quibus sigillum nostrum est appensum testimonio literarum. Actum et datum in *Waradino* feria tertia infra octavas assumptionis beatae Mariae virginis gloriosae, anno domini millesimo quadringentesimo quadragesimo quarto, praesentibus ibidem magnificis Mathkone Bano, Michaele Orsak vicethesaurario regni *Hungariae*, Luca de Gorka palatino, Nicolao de Ossolino *Woynicensi* castellanis, Bieniak de Bandlewo vexillifero, Petro de Obrzycko pincerna *Posnaniensi* et Petro de Szamotuly ac aliis quam plurimis fide dignis, curiae nostrae familiaribus. Per manus magnificorum Joannis de Conieczpolie cancellarii et Petri de Sczekoczino vicecancellarii regni nostri *Poloniae*."

---

26. (CCXXVI.)

Kazimirus rex Poloniae (1447—1492) in conventione *Pyotrkoviensi* urbi *Posnaniae* post infelicem ejus exustionem aggerem „per pratum ipsius civitatis incipiendo a valvo seu porta plateae dictae **Wodna** usque ad montem eundo ad allodium suum *Ratuije* nuncupatum, molendinum *Topolni* in manu dextra habendo,

---

1) *se paratos* correximus, Lukaszewicz: sepe ratos.

edificare et erigere" secundum Wladislai sui germani litteras ita permittit, ut in hoc „aggere homines ac quoscunque artifices tam carnificum, sutorum, fabrorum, pistorum et aliorum in jure in quo civitas *Posnaniensis* consistit locata, locari poterint" qui libertate quadnordecim annorum gauderent, postea jurisdicioni urbis Posnaniae subjacerent.

1447. 29. Augusti.

Obraz miasta Poznania przez Łukaszewicz I 9.

---

27. (CCXXVII.)

Totius communitatis civitatis *Posnaniensis* nomine Adam proconsul, Joannes Fatuilio, Petrus Ciehnarek, Mathias Czarny, Lucas Koperszmeth, Nicolaus Czepel consules, Laurentius juratus et Christinus cives *Posnaniae* in praesentia notariorum Petri Martini de *Obornilie* et Pauli de *Pleszewo* declarant donare aream, „eundo de omnibus sanctis versus ecclesiam vivifici corporis Christi in sinistra parte et immediate super fluvium *Vartha* jacentem ita late et longe prout locus ille aqua ambitur cum inclusione septem domuncularum, quae ante eandem aream sunt locatae," pro fundanda et denuo erigenda ecclesia in honorem sancti Bernardini confessoris et dono congruenti ad inhabitandum fratribus ordinis s. Francisci de observantia, absolventes eundem locum ab omnibus censibus, quae ex illa area et ipsius hortis civitati *Posnaniensi* hucusque proveniebant, quam donationem et pater Gabriel de Verona ordinis s. Francisci et in provinciis *Austriae*, *Poloniae* et *Silesiae* vicarius et Cardinalis Joannis, apostolicae sedis de latere legati in fidei negotiis specialiter deputatus recepit et admittit, et Jacobus Petri de Wyganowo episcopi *Posnaniensis* officialis et vicarius approbat, aream hanc quae ecclesia et domus fratrum ordinis s. Francisci de observantia nuncupetur, in jus et immunitatem ecclesiasticam assumens.

1456. 28. Octobris.

Obraz miasta Poznania przez Łukaszewicz II 143.

---

28. (CCXXVIII.)

1462.

Ista sunt statuta et ordinationes, quae consulatus *Posnaniensis* civitatis firmiter sub penis infrascriptis decrevit observari:

Item nullus debet feria secunda, quae est dies fori, sit nocte vel die, piccare[1], braxare vel braxeare sub pena unius marce. Item nullus debet nocte et circiter post tertiam horam absque lumine per civitatem incedere sub pena trium grossorum, quam si ipso die non dabit, intrudari debet per unam noctem. Item quicunque in et extra civitatem permittit tasseres ludere, si de die tres grossos, si de nocte unum fertonem penas luit, et etiam totidem ipse lusor, quas penas, si non dederit, intrudari debet per diem et noctem. Item quecunque virgo desponsaverit se absque suorum et amicorum consilio et nupserit, eidem sui patris pars hereditaria est deneganda. Item si quis masculus aliquam virginem stupratus fuerit aut violenter de civitate abduxerit sive asportaverit sive eandem blandis allocutus fuerit verbis ad votum faciendum sine suorum seniorum scientia, collo privandus est aut a civitate per centum annos et diem proscribi debet. Item si qui murum aut antemuratum aut aliquod fortalitium civitatis sive in die sive in nocte transcedit, privandus est gutture. Item si quis ex ira super aliquem cultrum extrahit, luit penam sex grossorum; si gladium fertonem. Item si quis conibucal[2], bacalum aut securim ad thabernam secum defert, luit penam sex grossorum. Item si quis ingreditur fossatum civitatis, luit penam trium grossorum. Item si quis longiorem cultrum defert, qui statutus est civile, luit penam trium grossorum et amittit cultrum. Item domini in eorum collacionibus ad introductionem (**wywodziny**) spectantibus ubicunque in districtu civitatis non plus quam caseum cum pane dare debent suo pena unius marce. Item nullus civis debet aliquem nocturnare vel fovere hospitem, quousque priori suo hospiti pro expensis satis faciet sub pena unius marce. Item

---

1) *piccare* italice pungere, incidere significat; itaque hic id quod mactare, caedere, schlachten. 2) An *cambulum* h. e. ensis brevior?

quicunque casu quo succenditur, ignem suum antequam homines concurrunt non proclamaverit, luet penam trium marcarum. Item nullus debet ad ignem cum armis, lanceis, gladiis atque balistis currere, nisi sit juratus, sub pena trium marcarum. Item quicunque aliquod corpus in ecclesia parochiali humare vult, ille tres cubitos in profunditate fodere debet et unam marcam pro ecclesia dare, et qui in antiquo cementerio det fertonem. Item nemo debet tempore jejunii ultra sex horas in nocte sedere, sub pena unius fertonis. Item si quis civis cum aliquo ludit et unus perludit, de eo non plus quam quod supra cingulum est recipere debet, neque ab codem debet ligari atque cruciari sub pena trium marcarum. Item si quis ad aliquod officium vel in juratum electus fuerit et tenere recusaverit, luit penam trium marcarum et nihilominus in officio manere debet. Item nullus advena apud alium mercantias contrahere debet, sed cum concive, sub pena quinque marcarum. Item nullus audeat ostrum octo grossos valentem portare ad vendendum, sub pena sex grossorum. Item nullus penesticus audeat pisces aut alias res more penestico ante civitatem vel in platea percurrere, solum in foro, sub pena unius marce, quam si non luerit pro singulis duobus grossis per noctem et diem intruncandus est. Item nullus penesticus audeat res vendibiles emere ante depositionem mitre strauuue, sub pena trium grossorum. Item nullus audeat nocturnare aut fovere excommunicatum sub pena unius marce. Item consulatus nulli debet sua robora aut ligna recipere, nisi ea ab eodem voluntarie vendantur. Item si quis spondet aut jurat aut fidem ab aliquo recipit contra justitiam, debet esse homo abjectus et amittit suum jus civile et cum sex obolis de civitate propellatur. Item si quis causa ludi vel alterius rei extrahit de civitate et regreditur, debet de novo jus civile recipere. Item duo socii non debent emere unum brascatorium sub pena trium marcarum. Item quicunque civis suam domum possidet, non plus quam semel in hebdomada braxet sub pena unius marce. Item cuicunque civi violentia infertur a nobili, kmetone aut alio, ibidem vicini debent venire et campanam pulsare et quicunque illic venerit et succurrerit, nihil pro eo patietur. Item si quis proicit alium ex ira, luit penam unius marce. Item quicunque suos saturatos porcos non claudit, a quolibet det unum grossum. Item quando unus alterum sagittat, proicit, figgit (?) clandestine de domo sua, illi [n]ulla gratia debet esse. Item quilibet tenetur suum fimum intra quatuor septimanas educere sub pena trium grossorum, et nullus debet sternere sub pontem vel viam pontis vel domum vicini sui, sed de civitate tenetur illud educere. Item quicunque habent hereditates in civitate et alibi demorantur, illi vendere debent aut soli possideant, alias si secum fecerint, extunc civitas de censibus se intromittat. Item aliquam hereditatem sub certa tutela infra unum annum et diem possidens sine cujusvis impedimento, ille ipsam amplius possidebit absque quavis contradicione cujuscunque. Item nullus debet indebitari apud spirituales sic quod sub excommunicatione se soluturum submitteret, et si quis istud fecerit et causa sui interdictum poneretur, talis luit penam trium marcarum vel saltem pro singulis duobus grossis per unam noctem debet intruncari. Item si aliqui invicem querant vel condictant in civitate absque scitu consulatus et fuerit super eos protestatio et probatio, debent collis privari. Item quicunque deponit molarem in planitie civitatis, det civitati unum grossum, si minorem molarem medium grossum et a fabrili similiter medium grossum dabit. Item si de aliqua domo ignis egreditur et extingui non possit, si tunc aliqua domus vicinalis causa evitandi majoris periculi frangitur de mandato seniorum, illam civitas equali medietate solvere debet et hoc a nullo debet prohiberi. Item nemo audeat ad castrum vel curiam currere cum querela, quod sibi in civitate non posset ministrari justitia, sub pena trium marcarum. Item nullus braxator uno die audeat plus braxare quam XVIII mensuras brasei sicci, minus tamen potest, sub pena unius marce. Item nullus penesticus in die fori aliqua mercia sicut alvea, thoros, scutellas et alia que de ligno parantur, audeat emere usque post meridiem, sub pena unius fertonis. Item quilibet pistor **bullas** specialiter et **sumlas** specialiter pistare debet, contrarium faciens puniebitur pistratis et luit civitati fertonem. Item quicunque pistor panem pro denario aut duobus in valore non pistaverit, pane privandus est. Item nullus pistor audeat plures quam viginti saturare porcos, si excedit, det a quolibet unum fertonem, et illis venditis potest assumere alios XII saturandos. Item nullus audeat in foro saturatos porcos emere ea condicione, ut eos alibi pellat vendendos, solum pro sua necessitate. Item si quis coram mensa consulatos increpat aut dehonestat aut coram bannito judicio et scamno, det pro pena decem marcas aut sit profugus annum et diem. Item si quis servum civitatis vel alium in dominorum legatione dehonestat vel increpat, det pro pena unam marcam aut pro singulis duobus grossis vicipandus (?vinculandus?) est per diem et noctem; si vero aliquis maliciose vulnerat aut verberat eum, collo privandus est, et si vulneratus moritur et patrator fugit, debet a civitate unum annum et diem proscribi, nec debet redire sub pena decem marcarum. Item si quis jus civile ad unius anni decursum non tenuerit, det quinque marcas aut ejus fidemissor. Item nullus civis aliquem famulum aut ancillam serviles septimanatum audeat convenire sub pena unius marce, sed super certum tempus videlicet annum vel medium, et quicunque tunc servus non fuerit ad tempus suum domino suo ut conventus est, talis debet a civitate alienari unum annum et diem aut civitati dare unam marcam pro pena aut pro singulis duobus grossis per diem et noctem intruncari, demtis vectoribus salis: illi septimanariis possunt convenire suos servos. Item si quis accusat coram judice injusta calumnia vel injusta querela, quae potest cognosci falsam esse vel non veram, talis luit penam unius marce aut pro singulis duobus grossis per diem et noctem vicipandus est. Item nullus audeat longum cultrum deferre, exceptis juratis hominibus. si quis portaverit recipiendus est sibi, sed feria secunda ipso die fori potest deferre. Item omnia jura patronatus civilia signanter altarium civilium quicunque possederint, consulatus debet conferre filio civitatis, qui ad hoc idoneus repertus fuerit. Item quicunque civis testamentum aliquid in agone suo sive in sanitate sua facere voluerit, ille non debet istud in judicio facere spirituali sed civili, videlicet coram consulatu seu advocato et scabinis; qui contra hoc fecerit, luet civitati centum marcas irremissibiliter. Item quicunque ab aliunde vinum emerit terestre hic *Posnanie* aut alibi, illud cum scitu consulum deponi debet et quodlibet vas aut quartale scribere tenetur dare et signare, et qui in suum deposuerit cellarium aut domum tale vinum et propinare voluerit, talis ab eo **ungelt** solvere debebit et consulatus secundum valorem instituere tenetur pro quo illud propinari debet, sed quicunque insimul vendiderit, talis **ungelt** non tenetur dare, solum **ladegelt.** Item quandocunque uxor alicujus civis decesserit, tunc omnia supellectilia non ad aliquem alium nisi ad maritum et ad pueros ipsius, cujuscunque sexus sunt, debent pertinere, aliis omnibus propinquis exclusis; si vero pueri non fuerint, extunc omnia supellectilia, que predicta uxor mortua ad maritum ejus apportaverit, remanere sorori dicte mortue aut cognate ipsius in linea consanguinitatis propinquiori de jure pertinentur; si autem aliquis virorum prima sua uxore defuncta contraxerit autem secundam idemque vir mortuus fuerit, extunc omnia suppellectilia que ipsorum parte per eos acquisita sunt ab utraque parte, non ad alium nisi ad solam relictam devolventur et pertinebunt contradictione cuilibet penitus quiescente. Item avorum modo in perpetuum non debet consulatus dare alicui persone spirituali presentationem quousque vocaverit aliquod beneficium occasione litium et impedimentorum excitandorum. Item quicunque civis domum seu aliquod aedificium in civitate murare vult et intendit, eidem suus vicinus medietatem sui parietis murare et adjuvare tenebitur, debet tamen eundem vicinum antea debito tempore, id est ante unius anni defluxum priusquam murare inchoabit avisare, ut ad hoc se disponere possit cum omnibus necessariis ad hoc pertinentibus, qui vicinus sibi responsum circa ipsam avisationem dare debet, an cum eo murare praevalet et velit, an non. Et si non pervaluerit, extunc iste per se et solus murare debet eque in medio super limitibus ambarum hereditatum et vicinus structuram domus seu alii edificii sui que murari obstaret, extramitare et evacuare sustentareque debet, ne occupet; et postquam iste murus inceptus usque ad duo pavimenta in altitudinem super terram perfecerit, extunc consulatus cum magistris murorum hujusmodi murum conspicere et taxare debent et quantum ex ipsorum recognitione et taxa tunc valere videbitur et decretur, vicinus medietatem sibi solvere tenebitur, si vero caruerit eo tempore pecunia tunc super suam domum sive hereditatem pro singulis duodecim marcis taxatis unam marcam anni census in vim reemptionis obligare et resignare tenebitur isti, qui murum per se comparavit, sed quamdiu murum, ut praemittitur, ad duo pavimenta super terram non perfecerit, tamdiu nullam pecuniam ratione hujusmodi muri sibi vicino dare tenebitur. Item omnes currus salis finito foro de planicie ipsius fori conduci debent, et si quis currus aliqua die preter diem fori in ipsa planitie repertus fuerit, recipi et tolli debet et nisi fertone exemptus a civitate fuerit restituatur. Item nullus avennarum praeter ipsam necessitatem causa lucri comparare audeat sub privatione ejusdem avene comparate. Item quicunque in aut extra civitatem domum aut aliquam hereditatem vendere absque impedimento et attemtacione propinquorum suorum voluerit, is autem vendicionem hujusmodi tribus vicibus se sequentibus diebus dominicis in cimiterio per preconem proclamare et insinuare publice debet et circa resignationem semel et post resignationem similiter semel proximo dominico sequenti, ut si aliqui venditoris propinqui essent, quod se ad proximum juris sui propinquitate notificarent, eandem ibidem adempturi. Item ex statuto consulum et totius communitates nullus carnificum qui utitur artificio suo alias **na rzei blje** audeat bobus mercari nisi ad necessitatem artificii sui sub pena quinque marcarum irremisibiliter solvenda, si autem voluerit bobus mercari cessare debet a labore artificii sui. Item nullus ex mercatoribus boum diebus septimanalibus fori in emendis bobus carnifices artificium suum laborantes impedire debet sub eadem pena quinque marcarum. —

29. (CCXXVIIII.)

Casimirus rex in oppido *Swięciechowo* in districtu *Posnaniensi* sito ad abbatiam *Lubinensem* pertinenti nundinas instituit singulis annis celebrandas, videlicet pro dominica ante pentecosten, alteras pro exaltatione s. crucis. Datum *Cracoviae*.

1469.

Inventarium diplomatum in arce cracoviensi 1682 confectum. Lutetiae Parisiorum 1862 p. 288.

30. (CCXXX.)

Casimirus rex concedit Posnaniensibus, qui Srzodkam et Chwaliszewo inhabitant, sal ex Galicia apportandi jus.

1475. 17. Oct.

Raczynski, cod. dipl. maj. Pol. p. 188.

In nomine domini amen. Ad perpetuam rei memoriam. Aequum salutare et rationabiliter fore dinoscitur, ut ecclesia cathedralis sancti Petri *posnaniensis* suam propter dignitatem et cleri numerositatem atque cultus divini pluralitatem honoris praerogativa et gratiae ac libertatis singularis munificentiae nostrae ampliori privilegio decoretur. Proinde nos Kazimirus dei gratia rex *Poloniae* necnon terrarum *Cracoviae, Sandomiriae, Siradiae, Lanciciae, Cujaviae*, magnus dux *Lithuaniae, Russiae, Prussiae*, necnon *Culmensis, Elbingensis* et *Pomeraniae* dominus et haeres significamus tenore praesentium quibus expedit universis praesentibus et futuris praesentium notitiam habituris, quomodo oculis considerantes nostris ipsam ecclesiam ejusdem reverendum in Christo patre dominum Andream episcopum ac venerabile capitulum caeterasque spirituales personas in ipsa ecclesia jugiter famulantes et pro nostro regnique nostri felici statu et prospero successu suppliciter exorantes provida intentione erigendum ipsorumque commoditatem, utilitatem ac profectum desideranti animo totoque mentis nostrae conatu augere cupientes, ut videlicet nostris favoribus et munificentia, quibus in eos ferimur, consolati tanto officiosius deum pro nobis nostrisque excessibus deprecentur, quanto uberius nostrae gratiae liberalitate se noverint refertos, praedictis domino episcopo ejusque successoribus ac ipsi venerabili capitulo ecclesiae cathedralis *posnaniensis* eorum oppidis videlicet *Szrodka, Chwaliszowo* et *Ostrow* ac ipsorum oppidanis, incolis, inhabitantibus universis nunc et in futurum in ipsis oppidis morantibus et moraturis ad ipsos dominum episcopum et capitulum justo et vero domino pertinentibus et aliis quibuscunque et undecunque advenientibus regnicolis nostris, salisque minuti ex **suppis** nostris *wieliczensi* et *bochnensi* ductoribus ac vectoribus ducendi quandocunque et quotiescunque salque hujusmodi minutum singulis feriis secundis in eisdem oppidis, prout circumferentialiter late et longe sunt ex antiquo distincta, in parte vel in toto et alias prout ipsis et eorum cuilibet visum fuerit expedire, propinandi, vendendi, emendi in domus ipsorum deponendi in eisdemque usque ad plenariam venditionem reservandi et usibus suis vendicandi absque aliquo impedimento, molestia, perturbatione et arresto plenam, integram, liberam omnimodam dedimus, concessimus et largiti sumus ac damus, concedimus, largimur licentiam et libertatem tenore praesentium mediante de certa nostra scientia et expressa voluntate consiliariorum nostrorum lateri nostro assistentium conformi consilio et assensu perpetuis temporibus praesentibus duraturis. Harum quibus sigillum nostrum est subappensum testimonio literarum. Actum et datum *Posnaniae* feria tertia post festum sanctae Hedvigis proxima anno domini millesimo quadringentesimo septuagesimo quinto, praesentibus reverendissimo et reverendo in Christo patribus dominis Jacobo sanctae ecclesiae *gnesnensis* archiepiscopo et primate ac Andrea episcopo *posnaniensi* necnon magnificis, strenuis et generosis Nicolao de Brudzewo palatino siradiensi, Dobrogostio de Ostrorog *gnesnensi*, Sandivogio de Czarnkow *santecensi* castellanis, Mathia de Bnin incisore regni et capitaneo *majoris Poloniae* generali, Petro de Curozwanki curiae nostrae marschalco et Joanne de Gorka succamerario *posnaniensi* caeterisque quam pluribus fide dignis. Datum per manus venerabilis Stanislai de Curozwanki cancellarii *cracoviensis* et majestatis nostrae supremi secretarii sincere et devote nobis dilecti. Sbigneus etc. Stanislaus Curozwanki manu propria.

---

31. (CCXXXI.)

Sigismundus I rex Poloniae (1506—1518) *Posnaniae* confert urbi *Pilae* jus theutonicum magdeburgense.

1513. 4. Martii.

Summarium diplomatis v. in catalogo urbium s. v. Schneidemühl.

---

32. (CCXXXII.)

Sigismundus rex Poloniae *Cracoviae* veniam dat proconsuli et consulibus civitatis *Wschowensis* ut pro redimenda de manibus generosi Nankieri Dluski advocatia *Wschovensi* censum annuum convenientem pro summa 770 florenorum hungaricalium in auro coram judicibus regni vendere, inscribere et resignare possint et valeant sub titulo reempcionis alias **Widerkoff**, oneribus tamen et serviciis de advocacia praestari sibi debitis semper manentibus salvis.

1531. 14. Novembris.

---

33. (CCXXXIII.)

Joannes VIII episcopus posnaniensis (1523—1535) confirmat statuta sartorum urbis Dolzig.

1534. 19. Junii.

Ex autographo, quod urbs possidet, partim jam difficili lectu. Sigillum appendet

In nomine domini amen. Ad perpetuam rei memoriam Joannes Lathalski dei gratia episcopus *posnaniensis* significamus tenore presentium quibus expedit universis praesentibus et futuris, quomodo coram nobis personaliter constituti providi Albertus Gedzyk, Gregorius Gregyen, Albertus Glyecza, Laurentius Skorupka et Mathias Koropka artis seu artificii sarctorini magistri opidi nostri *Dolsko* subditi, cupientes juxta possibilitatem illorum hoc ipsum artis sarctorie artificium ubique omnibus accomodatissimum et pernecessarium(?) in meliores usus et condiciones pro sui utilitate reddere, et ut in moribus et condicionibus eo honestiores, urbaniores ac culciores instar aliarum et civitatum et opidorum vicinorum constitutiones laudabiles appareant et sub earundem constitutionum legibus ut par est manuteneantur et ubique tueantur, constitutiones et articulos in modum aliorum civitatum et opidorum vicinorum confectas ad ejusdem artis sarctorie officium spectantes produxerunt, petentes eas praesentibus inscribi, quarum tenor ad verbum est talis: Imprimis omnes et singuli ipsius artis sartorie magistri tenentur et tenebuntur obedire ac parere mandatis magistrorum seniorum et quicunque nollet obedire mandatis seniorum tocies quocies id fecerit, luet penam dictam **pokow** cervisie, hoc est cuilibet fratrum quattuor partes alias **swyerczy**(?) cervisie. Item juxta antiquam ordinacionem in temporibus statutis in quibus banuita cervisia alias **gayne pywo** per omnes fratres bibitur videlicet ad festum sacratissimum corporis Christi et diebus carnis **plvoy**, ubi fratres juniores servire tenentur et illam cervisiam ducittando(?) ad locum sessionis et ad mensas magistris seu fratribus hujus artis sartorie simul et dominabus eorundem magistrorum cum reverentia afferre debent, illam cum omni diligentia administrando. Item quando aliquis juniorum ministraverit cervisiam incaute sive alio quovismodo ipsam in terram cadere permiserit aut effunderit sive alias **rostoczylby**, tunc non alia pena punietur nisi afferende seu adimplende actuale tenebitur. Item quandocunque magistri seu fratres convenerint ad aliquam cervisiam, tunc nullus debet venire ex ipsis fratribus ad convocacionem cum armis neque cultellum habeat sub pena fraternitatis. Item quicunque voluerit effici magister et fraternitatem suscipere talis tenebitur in fiscum sive cistam communem fraternitatis duodecim grossos imponere, unum actuale cervisie dare et quattuor talenta cere secundum libram civilem impendere, et talis etiam debet accendere candelas fraternitatis in quolibet festo solemni et celebri, dominicis diebus omnibus a festo pasche usque ad festum corporis Christi inclusis et hoc faciet inprimis vesperis matutinis et missis juxta modum antea in fraternitate observatum, et quocienscunque id facere neglexerit tociens a quolibet officiorum divinorum specialiter medium grossum, a toto autem die festo et officiis omnibus duorum grossorum penam dabit. Item quilibet discipulus in suscepcione apud aliquem magistrum in artificium inponet sex grossos in cistam, duo talenta cere et medium actuale cervisie, similiter quilibet filius magistri sicut et ceteri ad fraternitatem impendere debebit, servitiis modo exceptis ad que non obligabitur. Item quando aliquis ubicumque advenerit et fraternitatem suscipere voluerit, talis debet producere litteras conservatorias videlicet propagationis parentum et loci erudicionis artificii et magistri. Item nullus ex fraternitate magister sive frater artificii audeat se extollere aut supra alios commendare, quod ipse esset perfectior in hujusdem arte sartoria sub pena fraternitatis, hoc prosupposito si id ab eo aliquis ex fraternitate audierit. Item nullus magistrorum seu fratrum allicere sive alloqui aliquem hominem, ut ad se daret laborare sub pena fraternitatis. Item quando pannus datur ad aliquem magistrorum ad elaborandum vestem aliquam sive reformandum aliquid, tunc neque magister ipse neque uxor ipsius neque socius neque discipulus neque aliquis de domo illa ex familia ipsius debet ambulare seu incedere in tali veste aliena sub pena fraternitatis. Item quicumque in convencione cervisie fraternitatis dormierit in mensa, talis unam amphoram, senior autem duas cervisie pro pena dabit. Item si senior a convencione et a collegio fratrum exierit et loco sui alium non substituerit tociens quocies id fecerit unius metrete cervisie alias **swyerez** penam luet. Item quando signum alias **Czecga** pro convencione fratrum mittatur et si quis per se sive per alium venire non excusaverit alias **nycoopowie** (?) unius amfore cervisie. Item quando fratres conveniunt in simul et tractant res negociaque fraternitatis aut cervisiam bibunt . . . aliquem fratrum pro debito suo tunc monere audebit sub pena fraternitatis. Item quando aliquis magister laborans aliquando vestem ad placitum non fecerit vel aliquid de panno defuerit aut aliquid panni perdiderit: talem magistrum debet in spacio duarum septimanarum ad meliorandum et restituendum admonere, requirere aut convenire; si autem id infra duas septimanas facere neglexerit, magister sine pena manebit nec postea tenebitur reformare neque talem vestem suscipere. Item quicunque post funus transferre distulerit ad illud sepeliendum medium grossum pene persolvet. Item quicunque fuerit ex fraternitate juniorum fungens officio et uxorem per unius anni spacium non duxerit, talis fraternitati unum actuale cervisie **rove** (?) pene propinare tenebitur. Item quandocunque cervisia fraternitatis bibitur, tunc nullus fratrum debet invitare, rogare sive honorare amicum sociumve aut quempiam hominem sine consensu seniorum sub pena fraternitatis. Item quando datur pannus ad aliquem magistrum ad elaborandum et magister ipse hujusdem pannum aqua tinxerit seu irrigaverit ac signaret, et magister cujus talis pannus fuerit ipsum a magistro illo receperit, tunc nullus ex fraternitate audebit illum pannum suscipere nec incidere et neque laborare sub pena lucri a tali panno proveniente fraternitati infiscanda. Item nullus advena peregrinus seu forensis qui hic non habuerit fraternitatem labores hujus artificii exercere debebit in civitate et extra in uno miliari in prejudicium ipsius fraternitatis et statutorum, quod si talis reppertus fuerit, extunc eum adminiculo domini capitanei vel ejus locumtenentis ac preconsulis et consulum civitatis recipi et per suos sartores istius opidi pena arbitraria tollerabili tamen et condigna puniri et ut a labore isto desistat coerceri debebit. Item si aliquis vicinorum civium seu alius forensis habet aliquod debitum apud aliquem sive ex civitate seu alias, quicunque ille creditor nullomodo valebit pignorare seu arestare pannum sui debitoris apud aliquem fratrum quantumcunque sibi fuisset debitus ad solvendum. Item quicunque ex fratribus contra aliquem ex fraternitate, uti in congregacione bannali ut alias, aliqua verba inhonesta et injuriosa ad rixamque tendentia temerarie dixerit sive aliquem ad rixandum provocaverit, talis pena **pokophna** dicta luet. Item nullus socius qui laborat apud aliquem magistrum sub quavis occasione debet surgere a magistro ubi laborem confirmavit duabus septimanis ante et post festa nativitatis Christi, pasche et pentecostes, aut otia ante et post annuale forum etiam per duas septimanas. Et si quis contravenerit et magistrum suum sic effugerit et ludificaverit alias omylylby, tunc talis per officium civile debet retineri et magistro juxta tempus obsignatum in officium rursus redigi. Item junior magister dare debet candelas fraternitatis sacerdoti quem fraternitas sibi adoptaverit ad quelibet quattuor tempora, quarta vigilia feria quattuor temporum sub pena unius grossi. Item ipse magister junior qui candelas aczendebat alteri magistro juniori post annum in locum succedenti in duabus septimanis candelas reddet simul cum illo quod ipsi habeat officio dabitque eidem juniori magistro novi hujusdem officii per eum suscipiendi duas amforas cervisie alias Czwyircz, ipse vero junior magister unam amforam magistro qui candelas accipiet, dabit. Item quicumque fratrum a fraternitate recesserit et infra unius anni spacium quamdiu agebitur, unum grossum non dederit fraternitate frustrabitur. Si autem deinceps inter fratres annumerari voluerit, denuo se ad ejusdem fraternitatem inemere, alias wkupyes tenebitur. Post quarum quidem constitutionum seu articulorum praesentibus inscripcionem modo praemisso per nos ad peticionem ipsorum magistrorum artis sarctorie admissam et factam prefati magistri sartores opidi nostri *Dolsko* nobis humiliter debitaque cum instancia supplicarunt, quatenus illis fraternitatis omnia, articulos preinsertos in modum aliarum civitatum et opidorum vicinorum pro honestate ipsorum atque majori utilitate instituere easdemque constitutiones ipsorum in omnibus earum punctis et clausulis auctoritate nostra approbare, ratificare et confirmare necnon hujusdem fraternitatem admittere dignaremur. Nos itaque Joannes episcopus *posnaniensis* prenominatus supplicationibus et postulacionibus ipsorum artificii sartorii magistrorum et subditorum nostrorum utpote justis et condecentibus benigne annuentes, volentes etiam ut ipsi subditi nostri sartores imposterum culciores et humaniores ac locupleciores redderentur, presertim cum alias civitates et opida tali facultate et constitutionibus condecorata in bono regimine ubique persistere conspexissemus, eandem fraternitatem artis sartorie juxta condiciones preinsertas servandam, perpetuo instituendam et admittendam, constitutiones quoque ejusdem firmitatem in omnibus earum punctis, clausulis et articulis approbandam, ratificandam et confirmandam duximus prout instituimus, admittimus, approbamus, ratificamus et confirmamus in dei nomine per presentes, decernentes ea omnia et singula permissa robur perpetue firmitatis obtinere, volentes etiam insuper et statuentes ut quicumque artem sartoriam hic didiceret in opido nostro sit perinde edoctus atque in aliis civitatibus et opidis viciniis ea vel simili fraternitate gaudentibus edoceretur, ita quod in sua erudicione semper permaneat et ad sociorum contubernium primum, deinde quoque ad magisterium remoto quovis impedimento pervenire unusquisque valeat. In cujus rei testimonium sigillum nostrum presentibus est subappensum. Actum et datum in *Dolsko* feria sexta ante festum sancti Joannis baptiste proxima anno domini millesimo quingentesimo trigesimo quarto, presentibus tunc magnifico et venerabilibus dominis Janussio Lathalski castellano *gnesnensi, junowladislaviensi* et nostro *crobensi* capitaneo atque Joanne Boleczki arcium et medicine doctore archidiacono *sczemensi* in ecclesia nostra *posnaniensi* archidiacono phisico *warschoviensi* et *crusficiensi* ecclesiarum et Joanne Jakimowski *sandomiriensi* cancellario notario et Jacobo de Lancicia capellano aliisque quampluribus curie nostre familiaribus ad premissa testibus.

34. (CCXXXIIII.)

Sigismundus rex *Vilnae* nundinas urbis *Rogozno*, quae hucusque die solis in usu erant, in diem saturni habendas transfert.

1535. 4. Julii.

35. (CCXXXV.)

Stanislaus comes de *Gurka*, *Kola* et *Lscz*, capitaneus urbi *Pilae* jus piscandi conservat.

1561. 30. Septembr.

Summarium diplomatis vide in catalogo urbium s. v. Schneidemühl.

36. (CCXXXVI.)

Sigismundus Augustus rex *Petricoviae* dat oppido *Bledzew* privilegium liberi mercatus tam nundinis septimanalibus quam foris annalibus oppidumque in jure et libertatibus coaequat cum ceteris civitatibus et oppidis *Poloniae*.

1565. 7. April.

---

37. (CCXXXVII.)

Sigismundus Augustus rex confirmat urbi *Pilae* et juris theutonici privilegium a. 1513 datum et concessionem juris piscandi a. 1561 editam.

1566. 26. Augusti.

---

38. (CCXXXVIII.)

Stephanus rex *Poloniae* (1575—1586) *Thoruniae* in conventu regni generali confirmat privilegia urbis *Pilae*, diem mercatus septimanalis a die jovis in diem lunae mutans.

1576. 3. Septembr.

---

39. (CCXXXVIIII.)

Sigismundus III rex (1566—1632) *Varsaviae* innovat privilegia oppidi *Bledzew* per voraginem ignis amissa eique omnia jura cum omnibus libertatibus ac immunitatibus confirmat, quibus in regno *Poloniae* et praecipue in districtu *Posnaniensi* civitates sitae gaudent, concedens jus Pruthenicum seu *Culmense* aliaque praerogativa, dat insuper urbi liberam cerevisiae, cremati et aliorum liquorum et potuum braxandi, propinandi, divendendi et distrahendi facultatem obligans oppidanos ut censum juxta consuetudinem aliorum oppidorum pendant.

1619. 3. Martii.

---

40. (CCXXXX.)

Constantia regina Poloniae *Varsaviae* confirmat ordinationem reaedificandae urbis suae *Schneidemühl* a Samuel Tarjowskio constitutam.

1627. 16. Martii.

Summarium ordinationis vide in catalogo urbium.

---

41. (CCXXXXI.)

Sigismundus III rex Poloniae ratificat *Varsaviae* ordinationem urbis *Schneidemühl* aedificandae a Constantia uxore approbatam.

1627. 19. Martii.

---

42. (CCXXXXII.)

Vladislaus IV rex (1632—1648) capitaneo Schoviensi potestatem dat fundandae urbis Nowemiasto jure magdeburgensi ante portas urbis Fraustadt.

1633. 15. Martii.

In nomine domini amen, ad perpetuam rei memoriam[1] significamus praesentibus litteris nostris quorum interest universis et singulis, quod cum regalium sit partium, ut regnum nostrum reddatur fre-

---

1) Hucusque diploma, quod ex tabulario urbis Fraustadt accepimus, litteris capitalibus auro scriptum est.

quentia atque cultura quam locupletissimum atque maxime frequentatum, ideo nos Vladislaus IV dei gratia rex *Poloniae*, magnus dux *Lithuaniae*, *Russiae*, *Prussiae*, *Masoviae*, *Samogitiae*, *Livoniae*, *Severiae*, *Czernihoviae*, *Smolensciae*que necnon Suecorum, Gotthorum Vandalorumque haereditarius rex electus, magnus dux *Moschoviae*, cum nobis expositum esset magnifici Hieronymi Radomieki palatini *Juniwladislaviensis*, *Fraustadiensis* sive *Schorensis* capitanei nomine, illum in animum induxisse, ut in loco oportuno atque commodo in fundo deserto et inculto prata Judaeorum et hortos pecorarios vulgo *Laki Zydowskie y ogrod Owczarski* nuncupato augendorum proventuum reipublicae et capitaneatus *Schorensis* causa oppidum *Nowemiasto* nuncupatum fundare atque erigere ad eamque rem nostrum consensum sibi praeberi postulasset: nos, quod dicta fundatio in rem reipublicae in commodum atque ornamentum regni futura esset, dictam facultatem eidem concedendam esse duximus, uti quidem concedimus hisce praesentibus dantes inprimis atque concedentes dicto oppido, quod *Nowemiasto* ut dictum est vocari debet, juris *Magdeburgensis* usum omnesque incolas intra oppidi limites constitutos in perpetuum de jure terrestri polonico in jus civile transferimus theutonicumque, quod *Magdeburgense* vocatur, ipsis largimur, donamus et concedimus removendo a dicto oppido omnia jura terrestria *Poloniae*, modos et diversas consuetudines atque alienas a jure theutonico, eximentes unumquemque dictorum oppidanorum a jurisdictione omnium regni subselliorum, ut nullibi de personalibus injuriis et anteactis respondere teneantur nisi coram advocato et magistratu oppidi, salva appellatione in civilibus ad capitaneum *Schorensem*. Eidem magistratui dicti oppidi in omnibus tam civilibus quam criminalibus causis sive capitalibus, puta homicidii, adulterii, furti, membrorum mutilationis, incendii, veneficii et quorumvis maleficiorum et excessuum plenam facultatem tribuimus ac concedimus judicandi intra metas ac limites ejusdem oppidi jure theutonico ac secundum illius formam in noxios animadvertendi, excessus corrigendi pro qualitate quorumvis criminum. Octo electos singulis annis capitaneo nostro *Schorensi* pro festo sanctorum Petri et Pauli apostolorum praesentare tenebuntur, ex quibus unum praeconsulem, quinque consules dictus capitaneus nominare tenebitur, advocatum autem designandi singulis annis pro eodem festo libera erit facultas penes eundem capitaneum nostrum. Publicum ejus oppidi perpetuumque insigne, quo magistratus illius oppidi in signandis literis omnibusque actionibus utetur, in scuti medietate dimidia aquila rubra in sarto ceruleo, in altera vero scuti medietate erunt tres teniae sive campi duo rubri, album[2] prout hic artificis manu expressum est. Collegia mercatorum, contubernia artificum instituenda vel instituta in omnibus praerogativis collegiis, societatibus, contuberniis quarumlibet regni civitatum adaequamus et pares esse volumus. Ut autem tanto facilius iidem cives comerciorum rationibus consulere queant, concedimus illis et assignamus forum septimanale qualibet septimana diebus sabathi, nundinas autem semel in anno feria secunda post festum sancti Bartholomaei, ad quas quidem nundinas foraque septimanalia statis diebus atque temporibus liberum esse volumus, ut omnes cujuscunque generis ac nationis mercatores, vectores, negotiatores, artifices et caeteri homines venire possunt, dummodo non ejusmodi sint quos jura ferre non permittunt, facultatemque habebunt in eo oppido a die indicti mercatus seu nundinarum ad diem atque tempus quod a magistratu dicti oppidi fuerit praestitutum omnes negociationes exercendi atque tam equos quam boves et animalia quaevis majora et minora, quorum nundinae duobus diebus antecedere debent nundinas supraspecificatas, quam alias merces, veluti pannos, sericum, holosericum, vina, aromata, saevum, pelles atque omnes in specie et genere merces tam domesticas quam exoticas nullis penitus exceptis vendendi et commutandi. Ut autem tanto facilius incolae atque habitatores ad dictum oppidum confluant volumus, ut itinera libera euntibus et redeuntibus sint et pateant et a nemine adytus ad dictum oppidum aut discessus praecludatur. Item libertatem a theloneis pontalibus, aquaticis quocunque nomine censeantur tam terra quam fluminibus secundis et adversis per regnum et ditiones nostras concedimus ad decursum annorum viginti, volentes ut libertas ad merces tam animatas quam inanimatas exteras et domesticas sese extendat. E domibus vero quae inibi aedificabuntur singulis annis ad arcem *Schorensem* capitaneo nostro moderno et in posterum futuro ratione census annui iidem oppidani quinque florenos quotannis pendere tenebuntur. Item in casu incursionis vel invasionis hostilis ad arcem se cónferre eandemque tueri ac defendere erunt adstricti. Quae omnia superius

2) Hic in medio diplomate insigne civitatis depictum exstat, at differt a descripto in eo, ut medius campus sit ruber, ceteri vero albi, ruber quoque campus in quo semiaquila conspicitur.

decreta et expressa firma et inviolabilia fore eisdem oppidanis pro nobis et serenissimis successoribus nostris cavemus, ita tamen ut fundatio oppidi et nundinae sint sine praejudicio aliorum oppidorum atque civitatum. In quarum fidem praesentes manu nostra subscriptas sigillo regni nostri communiri mandavimus. Datum *Cracoviae* in conventu generali foelicis coronationis nostrae die decima quinta mensis Martii anno domini MDCXXXIII regnorum nostrorum *Poloniae* et *Sueciae* primo. Vladislaus rex. Thomas Petrus Bielecky.

43. (CCXXXXIII.)

Vladislaus IV rex, quum Christophori Radziwili principis *Birzensis* et palatini *Wilnensis* nomine ei declaratum esset, Radziwilum id in animo agere ut in villa sua *Obrzycko* urbem conderet, hoc possessoris propositum *Varsaviae* ratificat novae urbi jus magdeburgense tribuens.

1638. 24. Martii.

V. catalogum urbium.

44. (CCXXXXIIII.)

Vladislaus IV rex *Varsaviae*, inhaerendo decreto suo feria VI pridie festi circumcisionis domini a. 1638 inter cives *Wschovenses* et incolas subcastrenses prolato civitatem *Wschovensem* circa jura conservat, praecavens ne incolae moderni in nova colonia subcastrensi noviter a Hieronymo Radomicki locati jus *Magdeburgense* jurisditionemque civilem aut praerogativas ullas civitatis ullo modo aut praetextu sibi usurpent, quin imo ab iisdem subcastrensibus incolis omnia ordinaria judicia et jurisditionem, quae de forma juris *Magdeburgensis* observari solent, removet, tollit et abrogat, eosdem juri polonico capitaneali subjicit et in perpetuum incorporat, secundum quod jus polonicum scultetus incolarum subcastrensium in omnibus causis procedere controversiasque illorum jure polonico definire debet, salva ad capitaneum appellatione. Incolis subcastrensibus unicum saltem forum annuale pro feria secunda post festum sanctorum Simonis et Judae apostolorum per duos tantum dies et non ultra, et forum septimanale pro unoquoque die sabbati assignat, in quibus nullae aliae merces praeter panes, carnes, pecora et pecudes, boves, equos, avenam aliaque ad victum necessaria divendi debent. Praedictis etiam incolis non erit liberum in praejudicium jurium civitatis merces aut operas suas cujuscunque generis et speciei in civitate *Wschovensi* vendere sed saltem in sua colonia. Poenam statuit 100 ungaricalium toties quoties ordinationi huic contraventum fuerit.

1639. 18. Januar.

45. (CCXXXXV.)

Vladislaus IV rex urbi *Budzin* amissa privilegia *Varsaviae* redintegrat, jus ei magdeburgense concedens.

1641. 26. Augusti.

Summarium diplomatis vide in catalogo urbium.

46. (CCXXXXVI.)

Stanislaus a Kotuczkowski privilegium juris theutonici magdeburgensis urbi *Jutroschin* renovat.

1642. 24. Junii.

Summarium diplomatis vide in catalogo urbium.

47. (CCXXXXVII.)

Vladislaus IV rex urbi *Gnesnae* potestatem dat poenae capitalis pronuntiandae.

1643. 28. Februarii.

48. (CCXXXXVIII.)

Janussius Radziwil princeps approbat omnia quae Joannes Schlichting de Bukowiec judex terrae *Fraustadiensis* postulaverat, ut allicerentur qui urbem novam *Obrzycko* vastatasque villas incolerent.

1643. 17. Martii.

Summarium diplomatis vide in catalogo urbium.

---

49. (CCXXXXVIIII.)

Joannes Casimirus rex (1648—1668) advocatiam urbis Fraustadt Christophoro Zegockio dat (Cfr. dipl. N. CCXXII).

1659. 25. Junii.

Joannes Casimirus dei gratia rex *Poloniae*, magnus dux *Lithuaniae*, *Russiae*, *Prussiae*, *Masoviae*, *Samogitiae*, *Livoniae*, *Smolensis*, *Czernecihoviae*que necnon Suecorum, Gottorum, Vandalorumque haereditarius rex, significamus praesentibus nostris quorum interest universis et singulis: adeo grata sunt nobis eximia generosi Christophori Zegocki succamerarii *Calisiensis*, capitanei nostri *Babimostensis* merita satis abunde toto hoc turbulento regni nostri statu in nos et rempublicam contestata, ut nullam velimus intermittere occasionem, qua cum singulari nostra non complectamur munificentia. Quare ad praesens merito faciendum eidemque consensum nostrum regium, advocatiam in civitate nostra *Wschovensi* jacentem ob non praestitum servitium bellicum, quo advocatia huic muneri subest, ad fiscum et dispositionem nostram regiam devolutam de manibus modernorum possessorum vindicandi seu aliqua legitima juris via eliberandi dandum et concedendum esse duximus, prout quidem damus et concedimus hisce litteris nostris. Quam quidem advocatiam modo praemisso eliberatam prefatus generosus Christophorus Zegocki cum omnibus curiis, structuris, aedificiis, agris, pratis, campis, fundis, hortis, pascuis, silvis, mellificiis, laculus, stagnis, piscinis, molendinis, tabernis, subditis inquilinis eorum, laboribus, censibus aliisque in universum attinentiis et pertinentiis eo antiquitus spectantibus tenebit, habebit et possidebit ad extrema vitae suae tempora; promittimusque pro nobis et serenissimis successoribus nostris non esse nos serenissimosque successores nostros eundem generosum Christophorum Zegocki ab usu et pacifica possessione dictae advocatiae amoturos neque amovendi aut alienandi potestatem cuipiam daturos, sed salvum et integrum jus ad vitam(hum) ipsius conservaturos, quod et serenissimi successores nostri praestabunt. Ipso vero vita functo non prius dicta advocatia una cum suis attinentiis et pertinentiis ad nostram, serenissimorum successorum nostrorum redibit quam summa in literis originalibus expressa vel ex taxa commissariorum nostrorum legitime proveniens successoribus ejus numerata et persoluta fuerit. Juribus nostris regalibus, reipublicae, ecclesiae catholicae salvis manentibus. In cujus rei fidem praesentes manu nostra literas sigillo regni communiri jussimus. Datum *Varsaviae* die XXV mensis Junii anno domini MDCLIX, regnorum nostrorum *Poloniae* XII, *Sueciae* vero XVII anno. Joannes Casimirus Rex. Consensus eximendi advocatiam in civitate *Wschovensi* generoso Christophoro Zegocki capitaneo *Babimostensi* de manibus modernorum possessorum ob non praestitum bellicum servitium, Steph. Hankiewic. secrs. reg. mjtis.

---

50. (CCL.)

Michael rex (1668—1673) urbi *Bromberg* confirmationem dat „circa omnia et singula eorundem civium *Bidgostensium* jura, privilegia, decreta, diplomata, donationes, inscriptiones et consuetudines laudabiles in hunc usque observatas et observari solitas, quas et quae hic pro insertis haberi volumus“ et magistratui *Bidgostiensi* concedit „a cujuslibet conditionis hominibus, equestris conditionis exceptis“ „a quolibet equo, curru etc. per grossum unum pro reparatione stratae publicae et pontis super fluvio *Brda* exigere.“

1669. 22. Octobris.

51. (CCLI.)

Boleslaus dux Calissiensis (1239—1279) urbis Sduni fundandae libertatem dat.

1261. 7. Februarii.

Urkundenbuch zur Geschichte des Ursprungs der Städte und der Einführung und Verbreitung deutscher Kolonisten und Rechte in Schlesien und der Oberlausitz von Tzschoppe und Stenzel. Hamburg 1832 p. 345.

Boleslaus dei gracia dux Polonie universis presentem literam inspecturis gracie sue plenitudinem cum salute. Noveritis nos sculteto de *Sduncow* Lambrechto libertatem dedisse omnimodam ad locandam civitatem que *Sduncow* vulgariter nuncupatur jure theutonico eo quo civitas *Novifori* in *Slesia* est locata, eximentes eam ab omnibus exaccionibus que in *Polonia* fieri consueverunt, dantes eciam eidem civitati duodecim annis libertatem cum duabus villis adjacentibus que *Cesrowo*, *Sdodrowo*[1] nominantur. Et ne aliquis in posterum hanc libertatem prefato sculteto valeat violare, presentem paginam nostri sigilli appensione et munimine fecimus roborari. Datum in *Sroda* anno domini MCC sexagesimo primo in die Theo(do)ri martyris.

---

52. (CCLII.)

Boleslaus dux Calissiensis villam Sduni in civitatem erigendam archiepiscopo Vratislaviensi dat.

1267. 16. Febr.

Transsumptum ex litteris Nicolai abbatis monasterii b. Mariae v. in arena Vratislaviensi dat. 12. Nov. 1401. ap. Dogiel, codex diplomaticus regni Poloniae et magni ducatus Lithuaniae. Vilnae 1758. I. 537

In nomine domini amen. Quoniam ab humana facilius elabuntur memoria quae nec scripto nec voce testium firmiter perennantur ideoque res dignu memoriae in scriptum redigit, ne quod canescens contraxit antiquitas de facili valeat per aetatem posteram infirmari. nos Boleslaus filius Vladislai dei gratia dux *Poloniae* notum facimus universis praesentibus et posteris, quod concurrente consensu nostro et baronum nostrorum ex una parte nec non venerabilis patris domini Thomae dei gratia *Vratislaviensis* episcopi et sui capituli ex altera placuerit nobis pro commutatione villae beati Joannis et ecclesiae *Vratislaviensis Murinow*[1*], quam ex eadem commutatione in nostram proprietatem recepimus et possessionem conferre et assignare in perpetuum praefato episcopo et ecclesiae *Vratislaviensi* villas ducatus nostri sitas circa *Milich*, quarum una vocatur *Zdunki* et alia(s) *Zdatkowo* et dedimus ei licentiam villas easdem locandi jure theutonico cum libertate quae sibi visa est competere. Novissime a beato Joanne meritum et gratiam sperantes ex plena nostra libertate, quam ad prefatum dominum episcopum habemus, qui puro affectu nos diligens nostra semper negotia fideliter procuravit, contulimus ei facultatem omnimodam in eisdem villis locandi forum et civitatem liberam cum tabernis et macellis liberis et cum pleno jure penitus et libertate fori et civitatis et villarum earundem a **prewodi, powoz** et **stroza** necnon a potestate castellanorum et camerariorum et a judiciis eorundem et ab omnibus servitutibus quae in jure polonico fieri consueverunt seu quae foro et juri civitatis possent contraire videri, nihil nobis omnino in eis relinquentes excepta moneta, in qua nihil habebit dominus episcopus dictus, et eo salvo, quod ubi agetur de causa sanguinis videlicet decapitationis vel membri amissionis, in talibus duntaxat causis per judicem domini episcopi *Vratislaviensis* nobis ratione domini pars tertia placationum fideliter praesentabit, reliquae vero duae partes secundum arbitrium domini episcopi remanebunt. Ut autem dictae civitatis et fori libertates in perpetuum illibate permaneant et inconcusse, praesentem chartam sigilli nostri munimine confirmamus. Datum in *Dankow* anno gratiae MCCLXVI quarto decimo calendas Martii presentibus his testibus. Predpolio[2*] palatino *Posnaniensi*, Simone castellano *Gnesnensi*, Joanne castellano *Calisiensi*, comite Catoslao Ihpstone succamerario, Mathia secretario nostro.

1) Ex editorum opinione fortasse Dziatkowe prope Militsch.
1*) Murinow corr. pro *Murmon*, ut Dogiel scr. 2*) i. e. Predpelco.

53. (CCLIII.)

Sigismundus I rex (1506—1548) urbis Junivladislaviensis privilegium confirmans oppidanos non esse ad labores in usum castri cogendos declarat.

1523.

Zur öffentlichen Prüfung der Zöglinge des Progymnasiums zu Inowraclaw am 8 April 1862 ladet ein Th. B. Günther. I. Saecke, Urkunden zur Geschichte der Stadt Inowraclaw, p. VI.

In nomine domini amen. Ad perpetuam rei memoriam. Nos Sigismundus dei gratia rex *Poloniae* magnus dux *Lithuanie* necnon terrarum *Cracoviae*, *Sandomirie*, *Siradie*, *Lancicie*, *Cujavie*, *Russie*, *Prussie*, *Culmensis*, *Elbingensis*, *Pomeranie*que etc. dominus et heres significamus tenore presentium universis et singulis presentibus et futuris presentium literarum notitiam habituris, quia exhibite sunt coram nobis pro parte civium nostrorum *Junivladislaviensium* litere originales serenissimi olim principis et domini Kasimiri tertii regis *Polonie* regis predecessoris nostri donationem tertie partis advocatie *Junivladislaviensis* una cum duobus mansis agri liberis, balneo civili, pratis, pascuis, prediis ac nonnullas immunitates et jus civile *Maidenburgense* incolis sepedicti oppidi concessum continentes, supplicatumque est nobis ut easdem literas auctoritate nostra regia innovare propter earum vetustatem ac confirmare dignaremur. Quarum quidem literarum tenor sequitur et est talis:

Sequitur diploma a. 1450 datum. N. LXIV.

Quas quidem preinsersertas nos Sigismundus rex *Polonie* etc. prefate — supplicationibus pro parte ipsorum incolarum oppidi nostri *Junivladislaviensis* predicti nobis factis innovari fecimus ac auctoritate nostra regia in omnibus earum punctis, clausulis, articulis et toto illorum tenore approbavimus, ratificavimus et confirmavimus, approbamus, ratificamus et confirmamus ac robur perpetue firmitatis illas continere decernimus. Quia vero per generosum Janussium Lathalski, castellanum *Landensem* et capitaneum *Junivladislaviensem* sumus certo edocti ipsos oppidanos *Junivladislavienses* nullos unquam labores ad castrum nostrum *Junivladislaviense* de suis ipsorum prediis sive agris obire consuevisse, illos in hac eorum antiqua consuetudine conservavimus et confimamus et a laboribus per illos de predictis eorum prediis et agris nobis aut castro nostro *Junivladislaviensi* prestandis vel obeundis illos immunes, liberos et absolutos esse et ad eosdem labores cogi non debere neque posse decernimus perpetuis temporibus et in evum tenore presentium mediante. In cujus rei testimonium sigillum nostrum equaliter est appensum. Actum et datum in conventione generali *Piotrikowiensi* sabato proximo ante festum sancti Nicolai episcopi anno millesimo quingentesimo vicesimo tertio, regni vero nostri anno decimo septimo. Presentibus etc. Petrus Runser vicecancellarius.

Errores corrige hos: p. IV. l. 1. pro MLXXXV: *MCI*, pro Szezigielskii Tineciana: *Sczygielskii Tinecia*. l. 14 notae pro nomine: *auctoritate*. p. 9 l. 12 pro datur: *datum*. p. 15 l. 9 inter „noster" et „Henricus" adde: *comes*. p. 12 l. 1. pro Poloniae: *Glogoviae*. p. 17 l. 34 pro „avium" *civium*. p. 22 l. 26 pro cojuscunque: *cujuscunque*, l. 35 pro judica: *judicia*. p. 23 l. 7 pro scriptae: *scripta*, in inscriptione dipl. XXII pro Olnicensis: *Olsnicensis*. p. 27 l. 7 a fine pro capellano: *castellano*, l. 6 pro Lospiensi: *Rosperiensi*. p. 29 in titulo d. XXVIII pro Alberii: *Alberti*. p. 32 nota 4 lege: aut id quod — aut locus. p. 38 l. 9 pro formibabunt: *formidabant*. p. 17 l. 3 a fine pro Sandiwovo: *Sandiwogo*. p. 65 l. 2 pro mercatorem: *mercatorum*. p. 67 l. 29 pro Majoros: *Majoris*. p. 85 in titulo pro 1420: **1520**, l. 12 a fine pro territorin: *territorio*. p. 92 l. 16 a fine pro kmitata: *kmita* p. 96 in titulo pro 1521: **1551**. p. 106 l. 14 pro Laterff: *Interum*. p. 118 l. 16 a fine pro wagedem: *waledem*. p. 134 in titulo d. CC pro Koszutsky: *Koszutski*. p. 141 in titulo d. CCI pro 1260: **1262**. p. 145 in titulo d. CCX pro 1350: **1359**.

Quae vero animadvertenda sunt ad diploma I, III, IV, IX, XXIV, XXVII, LXIV, CXVII exponuntur in catalogo urbium.

INDEX I PERSONARUM ET LOCORUM.

Nota: c et z, z et s, i et y, v et w promiscue adhibentur.

INDEX II RERUM ET NOMINUM.

GESCHICHTE

DER

STÄDTE IM LANDE POSEN.

VORBEMERKUNG ÜBER DIE QUELLEN.

Ueberaus dürftig sind die Nachrichten von der Geschichte derjenigen Städte, welche in dem von der Warthe durchflossenen Lande liegen, dem man vor einem halben Jahrhunderte den nichtssagenden Titel des „Grossherzogthums“ Posen beigelegt hat. Aeusserst spärlich fliessen für sie die Quellen. Wohl bekamen die Städte hier wie anderwärts Urkunden, die eine sichere Grundlage zur Erkenntniss ihrer Entwicklung gewähren: unglücklicherweise ist jedoch vielleicht ihre Mehrzahl verbrannt. Heimgesucht von Feuersbrunst verloren ihre alten Urkunden Dolzig (1383), Bromberg (1409), Jungleslau und Gnifkow (1430), Powidz (1454), Nakel (um 1515), Reisen (um 1550), Blesen (1592), Kosten (1656), Lobsens (1731), Wissek (1722), Strelno (1761), Storchnest (1793), Schmiegel (1814), Schneidemühl (1834), Baranow, Budzin, Fordon, Gnesen, Kähme, Kröben, Labischin, Rogasen u. s. w.; vielen städtischen Schriften waren die Schwedenkriege verderblich. So manche Urkunden, die nicht durch Feuer vernichtet worden waren, gingen durch Verwahrlosung unter. Nicht alle Stadträthe kümmerten sich um die alten Schriftstücke: deshalb wurde auch an einigen Orten ihre Aufbewahrung in der Kirche anbefohlen. Einige Städte, wie Fraustadt, Lissa, Kosten, Schroda, Posen, Buk, Exin, Wongrowitz hielten allerdings ein Archiv, aber auch in diesen geschah es spät und waltete geringe Sorgfalt. Das posener Stadtarchiv beginnt z. B. 1502[1]; in ihm lagen wüst übereinander gehäuft die alten Urkunden, bis im Jahre 1826 Cassius, Muczkowski und Trojanski sie ordneten; allein die von ihnen geschaffene Ordnung ward nicht erhalten. Die preussische Regierung richtete am 3. März 1832 eine Mahnung an die Städte Posens, da sie mit „Akten und Urkunden, welche nicht nur für die Stadt wichtig, sondern auch für den Geschichtsforscher von Interesse sein können, zuweilen mit grosser Nachlässigkeit zu verfahren pflegen,“ da sie dieselben „an Orten aufbewahren, wo sie dem allmähligen Verderbniss ausgesetzt sind, oder so schlechte Aufsicht geführt wird, dass sie rücksichtslos verschleppt werden.“ Gleichwohl lagen noch 1834, und vielleicht noch lange nachher sogar in Posen die Urkunden in einem Raume, der einem Keller glich; gegenwärtig lässt sich kaum ermitteln, wo sie sich befinden, wo sie zu benutzen sind. Die preussische Regierung hat wiederholt (den 5. November 1854 und den 12. April 1859) den Städten Fürsorge für ihren archivalischen Bestand eingeschärft. Für die Herausgabe der wichtigsten Urkunden, d. h. für die sichere Erhaltung ihres Inhalts hat keine Stadt im Posenschen ein Opfer gebracht.

Nun mussten die städtischen Freibriefe in den späteren Jahrhunderten, um unantastbare Gültigkeit zu bekommen, von den Grod- oder Landgerichten eingetragen werden. In deren Büchern ward sonach, und schon seit dem Ende des XIV. Jahrhunderts, vieles abschriftlich aufbewahrt. Indess auch dieser Bestand litt, der schadlos halten könnte für die verlorene Urschrift. Hin und wieder vernichtete wohl ein Starost die ihm missfällige Abschrift: er war es, der die Aufsicht hatte. Da die Starosteien oftmals verpachtet wurden und fast erblich waren, so liess sich keine grosse Fürsorge für alte Schriften erwarten. Auch manches Grodarchiv wurde zu Asche, und den nicht verbrannten ward gleiche Verwahrlosung wie den Stadtarchiven verderblich. Nach der Auflösung der Grodgerichte kamen ihre Schriftstücke, ihr Schriftenvorrath an die preussischen Gerichtshöfe und blieben oder geriethen in Unordnung; Bücher gingen verloren. Sänger wies 1838 nach, dass in dem schriftlichen Rücklass des ehemaligen Grodgerichts von Krone, welcher an das bromberger Oberlandesgericht gekommen war, betreff der einen Stadt Schneidemühl 30 Schriftstücke abhanden gekommen sind! Gleichwohl wird ohne Zweifel eine reiche Ausbeute aus

1) Im Jahre 1564 gab Jakob Ostrorog 14 Urkunden an das Praetorium Posnaniense. 1783 stellten das Tabularium injuria temporum collapsum actis publicis conservandis fortunaeque civium in Posen Kasimir Nałęcz de Maloszyn und Raczyno Raczynski auf eigene Kosten her.

ihnen zu gewinnen sein, denn es besteht z. B. das posener ehemalige Grodarchiv aus 4200 Folianten! Doch hat ihren Wust noch Niemand in geschichtlicher Absicht durchforscht.

Auch der König von Polen liess, um die Regierung führen zu können, Abschriften und Auszüge von den wichtigsten Urkunden nehmen. Bereits vor 1332 wurden in Registern zu Kalisch (in registris Calissiensibus; dieser Codex **Urkunde XX**) derartige Aufzeichnungen gemacht, und nach solchen im Königsarchive (in regestris cancellariae) vorfindlichen Abschriften konnten zerstörte Urkunden wiederhergestellt werden (**Urk. LIV**). Die Hauptniederlage dieser Papiere war Krakaus Burg. Doch auch diese Reichssammlung litt. Indem die Könige mit ihrem Hoflager viele Schriften herumschleppten, erfolgten Verluste. In der Schlacht von Varna erbeuteten die Türken einen Theil; später bemächtigten sich die Schweden und die Brandenburger eines anderen Theiles. Wie unvollständig dieses Staatsarchiv geworden war, lehrt das Inventarium kennen, welches die Regierung im Jahre 1682 aufnehmen liess. Im Jahre 1765 ward das Staatsarchiv nach Warschau übergeführt: das war verhängnissvoll, denn schon 1766 ging bei dem Brande des warschauer Schlosses wieder mehreres zu Grunde, und 1795 nahmen die Russen das Archiv in Besitz und schafften es nach Petersburg. Zwar verlangte der preussische Resident in Warschau die auf preussische Länder bezüglichen Urkunden: allein überantwortet wurden sie ihm niemals. Das dermalige warschauer Archiv (Metryka koronna) scheint nicht mehr reichhaltig für die Geschichte der posener Städte zu sein. Was es Belangreiches noch enthält für die Städte, dürfte in dem zu Warschau von 1847 bis 1858 von Rzyszczewski, Muczkowski und Bartoszewicz besorgten Codex diplomaticus Poloniae, welcher 936 Urkunden bietet, abgedruckt stehen, und ist aus selbigem in den Codex aufgenommen, den der Leser vor sich hat. Das Oberpräsidialarchiv in Posen enthält nur 540 Nummern mit ungefähr 470 Urkunden, die 1862 in einer vernagelten und versigelten Kiste lagen, welche nur auf Befehl des oft abwesenden Oberpräsidenten geöffnet werden darf. Sicherer Auskunft zufolge betreffen nur wenige von diesen posener Urkunden die Städte[1].

Stadtgeschichten wurden in diesem Lande in älterer Zeit nicht geschrieben. Die Begebenheiten seiner Zeit schrieb, so weit sie Polen belangten, um 1700 und bald nachher Rzepecki in Posen auf, dessen Schrift Łukaszewicz benutzt hat. Die einzige mir bekannt gewordene ist die Chronik von Meseritz, welche Pastor Zappert daselbst um 1773 abfasste. Sie blieb ungedruckt, gehört der Stadt Meseritz und wurde zur Benutzung für dieses Werk gestattet. In unserer Zeit haben nur drei Städte einen Bearbeiter ihrer Geschichte gefunden: Bromberg in Kühnast, dessen „Historische Nachrichten über die Stadt Bromberg" 1837 erschienen, Posen in Łukaszewicz, Dolzig in Jabczynski. Die beiden letztgenannten Werke erschienen in polnischer Sprache 1838 und 1857. Ausserdem gibt es nur sehr wenige Abhandlungen über Einzelnheiten der Städtegeschichte, die in diesem Werke an geeigneter Stelle namhaft gemacht sind.

Dem Forscher bleibt also nur übrig, aus allgemeineren Werken den Stoff zusammen zu suchen. In der Staats- und Kirchengeschichte der polnischen Lande muss er dem Vorkommen der Städte nachgehen. Sind auch deren Quellen und Bearbeitungen hier nicht aufzuführen, so seien doch folgende Bemerkungen vergönnt. An ungedruckten Vorlagen gibt es vier Chroniken von Bernhardinern: 1) die des Klosters in Polnisch-Krone. Die erste Chronik ist leider abhanden gekommen, doch hat in späterer Zeit ein Bernhardiner eine zweite abgefasst, die geringen Werth hat, hauptsächlich von der ältesten Zeit handelt, daher Origo prima monasterii Coronoviensis heisst, und dafür vielleicht aus der älteren Chronik schöpfte. Sie befindet sich bei der bromberger Regierung und ist von K. Adler benutzt worden, 1851, vgl. Krone. 2) des Klosters in Bromberg. Sie wurde angelegt 1602 und ging zurück bis 1480. Im Jahre 1667 wurde sie abgeschrieben und in dieser Abschrift erhalten. Seit dieser Zeit ist sie, wie die Handschrift lehrt, von etwa 30 Mönchen fortgeführt worden. Sie befindet sich in der bromberger Pfarrkirche und wurde von Kühnast benutzt. 3) des Klosters in Koschmin, über die ich nichts weiss. 4) des Klosters in Posen aus dem XVIII. Jahrhundert; sie beginnt um die Mitte des XVI., ist aber im XVI. Jahrhundert sehr unbedeutend. 5) eine

---

1) Wenn einst der preussische Staat von seinem Soldatenwesen so viel Geld übrig behalten wird, um in seiner Provinz Posen ein gehöriges Archiv herzustellen, möchte dringend anzuempfehlen sein, nicht nach der beliebten französischen Weise vom Centralort Berlin einen Gelehrten hinzusenden, sondern vielmehr einen Mann zu wählen, der geeignet ist, in polnischen Kreisen Zutritt zu finden. Denn im Besitze polnischer Herren befinden sich zahlreiche Urkunden, die sonst unzugänglich bleiben. Ausserdem haben aber die Polen auch ein Recht an das Land. An Männern, die sowohl die nöthigen Vorkenntnisse, als das Erforderniss, den Polen genehm zu sein, besitzen, mangelt es keineswegs. Aus den in diesem Buche angeführten Schriften kann man schon als solchen bezeichnen Herrn Mosbach in Breslau, ausserdem den Gymnasiallehrer Josef Przyborowski.

Chronik des Franziskanerklosters in Posen von 1607 bis 1661. 6) eine Chronik des Klosters der Benediktinerinnen in Posen im XVII. und XVIII. Jahrhundert. Diese 3 letztgenannten benutzte Lukaszewicz. Sämmtliche Klosterchroniken scheinen geringfügig zu sein, doch wäre ihre Herausgabe wünschenswerth.

Landesbeschreibungen erstreckten sich natürlich auch auf die Städte. In der zweiten Hälfte des XVI. Jahrhunderts erschienen einige Werke, welche wenigstens ein paar Angaben über einige Städte machten: Cromer's Werk de situ, populis, moribus, magistratibus et republica Poloniae 1576 und Stryjkowski's descriptio Sarmatiae, welche 1578 Guagnin unter seinem eigenen Namen herausgab. Nachfolgende Landbeschreiber im XVI. und XVII. Jahrhundert, die Polen Sarnicius (1585) und Starowolski (1632), die Deutschen Zeiller (1642) und Cellarius (1659) begnügten sich deren Angaben zu wiederholen, wenig oder nichts hinzufügend. Das 1789 zu Warschau herausgegebene Repertorium des polnischen Rechts von Anton Trombicki enthält unter dem Artikel „Städte" Auszüge aus den Voluminibus legum, aber keine ältere Nachricht, als die Satzung Kasimirs von 1347. Erst als gegen Ablauf des XVIII. Jahrhunderts deutsche Herrschaft eintrat, wurden neue Darstellungen und zwar sogleich mehrere entworfen, von Büsching (1788), Kausch (1793), Holsche (1793—1804), Hübner (1798), Herzberg (1798) u. a. Sie gaben den dermaligen Zustand mit zuverlässiger Genauigkeit an, ohne die Vergangenheit der Städte zu erforschen; blos K. J. Hübner, der unter dem Namen „Sirisa" schrieb, beachtete diese einigermassen; aber nur seines auf 3 Bände berechneten Werkes erster Theil scheint herausgekommen zu sein, war wenigstens mir nur zugänglich. Bei dem, was damals geleistet wurde, blieb man so ziemlich stehen. Die Landbeschreibungen, welche in der Zeit des Herzogthums Warschau Flatt in polnischer Sprache, und nachdem Posen wiederum an Preussen gekommen war, mehrere deutsche Verfasser von Geografien des preussischen Staates und der Provinz Posen lieferten, enthalten ebenfalls höchstens hin und wieder einmal eine geschichtliche Angabe. Ihr Augenmerk blieb die gegenwärtige Beschaffenheit. Statistische Nachweise muss man in ihnen suchen. Mehr Aufmerksamkeit wendeten der Vorzeit einige gelehrte Polen zu. Eduard Raczynski handelte in seinen Wspomnienia Wielkopolski (Erinnerungen an Grosspolen) Posen (1833) 1842. 4. von einer Anzahl Städte allerdings mehr in unterhaltender als in gelehrter Form, Balinski und Lipinski boten in den Starożytna Polska (Das alte Polen), Warschau 1843—1846 IV. geschichtliche Kunden von beinahe 70 Städten des posener Landes, die sie hauptsächlich aus den umständlicheren Geschichten Polens ausgezogen hatten; von einigen derselben wussten sie freilich weiter nichts, als die dürre Angabe der Lage und des Umfanges zu liefern, von einigen aber besassen sie auch urkundliche Nachrichten. Sie benutzten namentlich mehrere in den letzten Jahrhunderten von Kommissionen für Steuerzwecke aufgenommene Katastrirungen (Lustracya), die Manches bieten, obschon dieselben, nachlässig angefertigt, auch Fehler enthalten. Ihr Werk, obgleich die Hälfte der Städte übergehend, ist doch das einzige, in dem man einige Auskunft suchen kann. Der rege Sinn für Geschichte, den die Polen bethätigt haben, geht noch den deutschen Bewohnern Posens ab. Nach dem Erwerb steht ihr Trachten. Mögen, was die Väter verwahrlosten, die Söhne desto eifriger pflegen.

ALLGEMEINE GESCHICHTE DER STÄDTE IM POSENER LANDE.

1. Zeit des Heidenthums; bis in die zweite Hälfte des X. Jahrhunderts.

Dauernde Zusammenhäufungen von Menschen auf einer Stelle entstehen durch den Verkehr. So lange dieser gering bleibt, so lange die Menschen blos als Hirten oder Ackerbauer in einfachen Verhältnissen leben, fehlen die Bedingungen für das Vorhandensein von Städten. Im niedern Stande der Entwicklung ist ständige Zusammendrängung von Menschen nur möglich, wenn sie enge Grenzen nicht überschreitet. Da gibt es kein städtisches Treiben, sondern höchstens Dorfleben. Grössere Ortschaften sind demnach in der ältesten Zeit auch im posener Lande nicht vorauszusetzen.

Ob Slawen oder Deutsche dieses Landstriches erste Bewohner gewesen, ob ihre Scheide der Oderstrom oder die Weichsel ehedem gemacht hat, ist eine Streitfrage, auf welche hier nicht einzugehen ist. Alles was wir für unsern Zweck aus den ältesten Zeiten wissen, beschränkt sich darauf, dass römische Kaufleute und wahrscheinlich vor ihnen die Griechen eine Handelsstrasse bis zur Ostsee begingen, die durch das posener Land hindurch führte. Da in der Schnitsch, an Schlesiens nordöstlicher Grenze, zwei Wegstunden von Tschirnau und ungefähr eben so weit von Bojanowe und Reisen, ein Lagerplatz römischer Handelsleute aufgefunden wurde — nämlich neben Spuren von Schanzen, Urnen, zwei gläserne Thränennäpfchen, eine dreischneidige Lanzenspitze von Stahl, zwei Stücke Bernstein und zwei Münzen von den Kaisern Nerva Trajanus und Antoninus[1], die auf das zweite christliche Jahrhundert weisen — so ist allerdings die Annahme berechtigt, dass von Südeuropa her einstmals ein Karawanenzug in das posener Land und weiter über dasselbe zur Ostseeküste hin ging. Durch die Händler wussten die Gelehrten von vorhandenen Ortschaften und der alexandrinische Erdbeschreiber Ptolemäos stellte um die Mitte des II. Jahrhunderts die erhaltenen Angaben zusammen. Er nennt[2] Kalisia, in dem ohne Bedenken Kalisch zu erkennen ist, und dann, zehn Meilen nordöstlich davon unter dem 44° L. 53° 31′ Br., während Kalisia 43° 45′ L. 52° 50′ Br. von ihm angesetzt wird, einen Ort Setidava. Er rechnet diese Gegend noch zu Germanien, von welchem er auf dieser Seite keinen Ort über Setidava hinaus erwähnt. Mit Setidava schnitt also entweder hier seine Kenntniss ab, oder es gab von ihm nordwärts überhaupt keine grösseren Ortschaften mehr. Dieses Setidava erklärte nun Fr. C. H. Kruse wiederholt für das östlich von Posen, südlich von Gnesen gelegene Städtchen Zidowo. In der That beträgt Zidowos grader Abstand von Kalisch ungefähr zehn Meilen. Reichard[3] pflichtete ihm deshalb mit den bekräftigenden Worten bei: „der bei dieser Art Grafik ganz unbeträchtliche Unterschied wird durch die unverkennbare Namensverwandtschaft und ziemlich gleiche nördliche Richtung völlig beseitigt." Kruse bemerkt auch noch, dass es in der Nähe von Zidowo war, zu Gnesen, wo der Polenfürst sich taufen liess[4]. Haben Kruse und Reichard das Richtige getroffen, so wäre Zidowo die nachweisslich älteste Stadt des posener Landes. Wir kennen indess keinen Umstand, der diese Annahme weiter zu begründen vermöchte. Gräberfunde, welche auf einen alten Sammelplatz der Menschen hindeuteten, sind bei Zidowo nicht gemacht worden: es ist freilich dort wohl die Aufmerksamkeit nicht darauf gerichtet worden. Durchschlagend jedoch widerstreitet dieser Deutung, dass nach allem, was wir sonst unverwerflich wissen, Zidowo keine alte Stadt ist, vielmehr fast die jüngste im posener Lande. In Zidowos Namen liegt zudem die Widerlegung jener Erklärung, denn es bedeutet „Judenort." Nun wäre es zwar denkbar, dass der unverständlich gewordene Name zu einem sinnangebenden nachmals umgemodelt worden wäre: zu einer solchen Voraussetzung würde aber denn doch vorerst erforderlich sein, dass ein ferneres Vorkommen Setidavas in alten Zeiten nachgewiesen werden könnte. Zidowo erscheint jedoch erst 1205 und zwar als ein unbedeutendes Dorf im Privatbesitz. Es gedieh vor einem Jahrhundert, nicht früher als 1762, zur Stadt (**Vgl. Zidowo**): sein Zusammenhang mit Setidava ist sonach unglaublich. Fällt dergestalt eine auf den ersten Anschein sich so sehr empfehlende Bestimmung unbedingt, so wird Misstrauen gegen andere minder ansprechende Ausdeutungen anderer bei Ptolemäos vorkommenden Ortsnamen gar wohl gerechtfertigt sein. Demgemäss folgen wir denen nicht, welche Setidava für Posen ausgeben, das seinen jetzigen Namen erst von Kaiser Otto III. empfangen habe, noch denen[5], die Posen in dem von Ptolemäos genannten Stragona erblicken. In Stragona (unter 39° 20′ L. 51° 40′ B. von Ptolemäos in einer andern Ortsreihe vorgeführt) würde viel eher mit Worbs Striegau zu erkennen sein. Kruse sah ferner in Askaukalis (welches ebenfalls in einer andern Reihe bei Ptolemäos unter 44° L. 54° 15′ B. vorkommt), Nakel, während Reichard dieses Askaukalis für Kallies in Pommern hält. Andere erklärten Askaukalis für einen Ort an der Netze. Johannes Voigt[6] nimmt an: ein Handelsweg sei über Zidowo (oder Setidava) und Ossielski (oder Askaukalis) bei Bromberg gegangen. Das Abbrechen des Ptolemäos in seiner einen Aufzählung mit Setidava macht diese Annahme unwahrscheinlich, denn er gab die Reiserichtungen. Jene anderen Orte entnahm er einem anderen Wege des Verkehrs. Ueberhaupt erscheinen alle diese Deutungen viel zu misslich, als dass wir sie zur Lösung unserer Aufgabe heranzuziehen wagten.

1) Diese Funde sind grösstentheils an das Gymnasium zu Lissa gekommen. Sie sind beschrieben und abgebildet vom Pastor Karl Wunster, Die Schnitsch, eine Station des alten Landhandels. Liegnitz 1827. Vgl. Plinius historia naturalis XXXVII. 3. 2) Ptolemäos im 2. Buche seiner geografischen Anleitung. c. 11. §. 28 am Ende. 3) Reichard, Germanien unter den Römern. Nürnberg 1824. S. 234. 4) Fr. C. H. Kruse, Archiv für alte Geographie, Geschichte und Alterthümer, insonderheit der Germanischen Völkerstämme. Breslau 1821. I. 106. 5) Stanislai Sarnicii, descriptio veteris et novae Poloniae. Krakau 1585: *Posna* veteribus *Stragona* dicta, sed nomen mutavit ab illo tempore quo imperator Otto III. cum rege *Poloniae* Chrobri notitiam iniit. Inde *Posnania* vocata. Aut verius, quod Poloni illo in loco primum notitiam christianae religionis (quod poznaniem **Prawdy** vocant) consequuti sunt. 6) J. Voigt, Geschichte Preussens. Königsberg 1827. I. 81.

Von Rügenwalde an der Ostsee bis gegen Kalisch ist eine Reihe von Schanzen wahrzunehmen. In Westpreussen bei Hammerstein und Flatow, im nördlichen Posen durch die Mitte des Landes bei Wissek, dem Dorfe Wolsko an der Netze, bei Laskowo an der andern Seite der Netze unweit Samotschin, bei Margonin sowohl, als bei dem nahen See, bei Zon, bei Kobiletz unfern Wongrowitz, bei Lekno, bei Kletzko, bei Lennaberg (Lennagora), bei Lubowo und bei Zidowo[1] befinden sich künstliche Erdaufschüttungen. Dass diese Schanzen zum Schutze der Verbindungen gedient haben, auf denen sich der Handelsverkehr zwischen dem Mittelmeer und der Ostsee bewegte, ist eine naheliegende Muthmassung und ward behauptet; allein sie selber steht auf der Voraussetzung, dass dieser Handel in alten Zeiten eine grosse Bedeutung gehabt habe, welche die Bewohner zu vereinten Anstrengungen behufs seiner Beschützung angetrieben hätte, und eine solche Annahme ist denn doch höchst zweifelhaft. Näher liegt daher die andere Vermuthung, dass diese Schanzen in kriegerischen Zeitläuften zur Deckung gegen Feinde, die von Westen kamen, aufgeworfen worden sind. Auch gibt es Schanzen sowohl in einer seitlichen Richtung bei Gromaden unfern Nakel, und südlich davon sowohl bei Panigrodz unfern Exin, als bei Krolikowo im Walde, unfern Schubin, ferner bei Fordon und bei Schlösschen (Zameczysko) unweit Bromberg. Wie viel gerade in der Gegend von Nakel gekämpft worden ist, noch in späten Jahrhunderten, zeigen uns die geschichtlichen Nachrichten der Polen.

Die Lechen (Ljachowe bei Nestor, Lechitae lateinisch), welche sich an der Weichsel niederliessen und das westwärts von ihr gelegene Land weithin erfüllten, hatten nur schwache Neigung zu festen Wohnsitzen. Des Lechen Bauart war eine ärmliche; nicht dauerhaft, sondern leicht vergänglich machte er sich seine Gebäude zurecht; schnell verfielen sie daher wieder. Gab's Krieg, so brannten die Lechen ohne Bedenken sofort ihre Behausungen nieder, Weiber, Kinder und Habe rückwärts in Sicherheit schaffend. Indessen hausten sie gewiss ebenso, wie die übrigen Slawen nicht lediglich im offenen, freien Felde, sondern auch in Orten, die mit Holzmauer und Graben befestigt waren. Solche geschützte Plätze, welche zu grösseren Zusammenkünften bei besonderen Veranlassungen gewählt wurden, hiessen grod, bei lateinisch Schreibenden civitates. Eine in der zweiten Hälfte des IX. Jahrhunderts abgefasste kurze Beschreibung der Slawenländer[2] gibt zwar nicht an, dass die Weichselslawen (Wislanc) civitates hatten, bemerkt jedoch fast bei allen slawischen Stämmen, dass sie solche hätten und theilt namentlich mit, dass die Schlesier 15 „Städte" besassen. Die Nichtangabe bei den Weichselslawen mag somit auf blosser Unkunde beruhen, die Wahrscheinlichkeit aber spricht dafür. Der Ausdruck der Polen für Stadt, miasto, soviel wie mjsto (jetzt miejsce) hat gleich dem deutschen Worte nur den Sinn von: „Stätte," „Ort." Der in der Mitte des XIII. Jahrhunderts zu Posen schreibende Bischof Bogufal sagt: die Polen nennen ihre Städte, das heisst Orte, in denen es Märkte gibt, vicos (-wice, wieś?)[3].

Als unter den Lechiten, für die im Verfolge der Zeit der Namen eines Theiles Polen (Polak, bei Nestor Poljane, lateinische Polani, Poleni, Polonicae, Poloni) herrschend wurde, in den nordöstlichen Strecken des posener Landes um den Beginn des X. Jahrhunderts, nicht früher[4], weit eher später, Fürstenherrschaft sich mächtig erhob, bestanden bereits Städte. Kruschwitz am Goplosee wird genannt, wo ein Fürstengeschlecht mit Pumpil unterging, und Gnesen, wo die alten Häuptlinge sassen, von woher Past's Geschlecht kam. Wie zur Deckung von Gnesen und Kruschwitz ziehen sich die vorhin erwähnten Schanzen hin. Zuverlässig waren diese beiden Städte nicht die einzigen, welche dazumal im posener Lande bestanden. Posen war auch bereits ein bedeutender Platz, denn in ihm wurde 968 der erste polnische Bischof eingesetzt.

---

1) Hoffmann, Verzeichniss sämmtlicher Ortschaften des Regierungs-Bezirks Bromberg. 1860. Bromberg. S. XX. 2) Ich folge in diesem Ansatz Schaffarik, der diese Beschreibung auch nach Schmeller's Abschrift gedruckt wiedergibt. In meiner mit Mosig von Aehrenfeld besorgten Ausgabe „Schaffariks Slawische Alterthümer." Leipzig 1844. II. 673 f. 3) Bogufal sagt (Sommersberg, Silesiacarum rerum scriptores II. 24): Consuetudinis enim est Slavorum civitates vicos appellare. Vicus enim in Slavonico proprie civitas in qua forum exercetur. 4) Dlugoss hat Past's Erhebung zum Herrscher auf 840—842 angesetzt; ihm folgten die Geschichtschreiber ohne Ausnahme und bestimmten den Beginn des neuen polnischen Königthums auf die Mitte des IX. Jahrhunderts. Erwägt man jedoch, dass erst Past's Sohn Fürst wurde (nach Chronicae Polonorum, dem sogenannten Martinus Gallus) und dass vor Mesko I., der 965 die Böhmin Dombrawka heiratete und 992 starb, nicht mehr als drei Herrscher genannt werden, von denen sein unmittelbarer Vorgänger kurze Zeit, von 952 bis 960 regiert haben soll, zwei also nur vor und bis 952 geherrscht haben, so kann man nicht so weit in der Zeit zurück gehen. Der erste Piast war, als sich ihm die Polen unterwarfen, schwerlich ein Jüngling an Jahren, und sein Nachfolger starb 952. Das angeblich vorangehende Polenreich von Krakau ist eine Fabel.

2. Von der Bekehrung zum Christenthum bis zum Hervortreten deutscher Städte, von 966 bis zur Mitte des XIII. Jahrhunderts. Zeit des Burgenbaues.

Die Ausbreitung des Christenthums unter den Polen lässt gewahren, dass im X. Jahrhundert deutsche Einflüsse sich in ihr Land hinein erstreckten. Der mächtig gebietende Kaiser Otto I. waltete weit über die Elbe hinaus und übte, wie es den Anschein hat, sogar eine Art von Hoheit über Polen. Er war es, der die Gründung eines Bisthums in Posen entschied und dasselbe dem Sprengel des magdeburger Erzbischofes einverleibte. Dem Kaiser unterwarf sich im Jahre 986 der Polenherzog Mesko[1]. Kaiser Otto III. kam dreizehn Jahre danach, 999, nach Gnesen und stiftete daselbst ein Erzbisthum für Polen, womit Posens Verband mit Magdeburg aufgelöst wurde. Wenige Jahre darauf, nach Otto's Ableben, trat ein Umschwung ein. Der Polenherzog Boleslaw I. schüttelte nämlich die Abhängigkeit vom deutschen Reiche von sich. Eine Zeit der Kriege begann, seit er im Jahre 1002 mit einem Heere in's deutsche Gebiet einbrach. Darauf machte im Jahre 1005 Kaiser Heinrich II. mit den Deutschen eine Heerfahrt nach Polen; da stiess er auf mehrere Städte, aber die Polen hielten in keiner Stand[2]. Das deutsche Heer drang über Meseritz, wo eine Abtei schon war, bis einen halben Tagemarsch vor Posen. Da erst beugte sich Boleslaw. Doch von seinen Plänen liess er nicht ab. Nach einigen Jahren entzündete sich der Krieg von neuem (1007); zwar musste Boleslaw sich 1013 abermals unterwerfen, diesmal bekam er jedoch eroberte Gebiete als Vasall des deutschen Kaisers, gleichsam als Lohn seiner Untreue. Er sann sofort auf nachdrücklichere Erneuerung des Krieges und wirklich setzte er in diesem dritten Kriege zu Anfang des Jahres 1018 einen ihm günstigen Frieden durch. Das Uebergewicht des deutschen Reiches über Polen war nun aufgehoben. Mit Boleslaw hat die Feindseligkeit der Polen gegen Deutschland begonnen. Die kriegerische Neigung dieses Boleslaw und die Berücksichtigung der Erfordernisse, das Land gegen die zum Kampfe herausgeforderten Nachbarn zu decken, veranlasste ihn zur Anlage einer Menge von Befestigungen[3]. So entstanden durch Boleslaw I. viele Burgen im Grenzstrich. Auch zog er für seine Person es vor, in einer Stadt oder Feste zu weilen, als unter Zelten zu leben[4]. Zum Unterhalt der Wachmannschaften in den Schutzburgen legte er auf jede Hufe die Abgabe eines Masses Weizen und eines Masses Hafer; welche von ihm eingeführte Abgabe Strossa hiess[5]. Der Hauptmann (castellanus)[6] einer Burg war die Obrigkeit ihrer Insassen und Derjenigen, die sich unter dem Schutze der Burg niederliessen. Diese bildeten unter sich noch keine Gesammtheit und trafen nicht gemeinsam Bestimmungen. Neue staatliche Anordnungen knüpften sich natürlich an die von Boleslaw ausgehende Bildung eines grösseren Reiches. Die Burg war selbstverständlich der Mittelpunkt eines Umlandes; vermuthlich war zur Kastellanei gehöriges Umland der Strich, dessen Bewohner an diese Burg die Strossa abzuführen gehalten waren. Boleslaw's Reich hatte Hauptbezirksorte: zwischen Weichsel und Warthe, dem Kronland des Reichs Posen, Gnesen und Gedetsch, weiter Wladislaw[7]. Eine Reihe von Grenzfestungen erhob sich. Da aber gerade ihre Gegend so häufig der Schauplatz der Kämpfe war, konnten grosse Menschenansammlungen an ihnen nicht gedeihen. Ausser den schon aufgeführten Orten Gnesen, Kruschwitz, Posen, Meseritz bestanden im XI. Jahrhunderte bereits ein Ostrow, Lekno, Schnin, Schrimm, Feste Sarnow (Sarne?)[8], Wissegrod im Einfallwinkel eines Flüsschens in die Weichsel; es war um 1198 ein Städtchen, ferner an der Südseite der Netze Filehne, Usch. Auch in dem Striche nördlich von der Netze, der noch nicht zu Polen, sondern zu Pommern gehörte, gab es Burgen: Tscharnikau, das um 1108 an Polen gebracht ward und Nakel, hart an der Grenze. Um diese Burgen bewegte sich gar häufig der Krieg zwischen den Polen und den Pommern oder Böhmen und mehrere wurden zerstört. Dies Schicksal bereiteten namentlich die

---

1) Hildesheimer und Quedlinburger Annalen zu diesem Jahre. Monumenta Germaniae historica V. (Scriptores III.). 67 Die Stellung des polnischen Herzogs zum Reiche untersucht Stasinski, de rationibus quae inter Poloniam et imperium romano-germanicum Ottonum tempore intercedebant. Berlin 1862. 2) Hostem in nulla suimet urbium pernoctare praesumentem. Thietmar's Chronik VI. 20. 3) Bogufal (Sommersberg II. 25): Boleslaus I. edificat castra plurima in extremitate regni sui. 4) Die Chronicae Polonorum (der sogenannte Martinus Gallus) I. 12: ubi enim suas stationes suumque servitium determinatum habebat, nec libenter in tentoriis sicut numida vel in campis sed in civitatibus et castris frequenter habitabat. 5) Bogufal p. 25. 6) Dass es wirklich damals, wenigstens einige Jahre nach Boleslaw's Tode, Kastellane gab, ist zu erweisen aus der Chronica Boemorum des Kosmas von Prag II. 2. Die Chronicae Polonorum. (der s. g. M. Gallus) I. 15 erzählten schon von Boleslaus I. übertreibende Erzählungen wiederholend: Et advocans de suis familiaribus quos volebat singulos singulis civitatibus vel castellis deputabat, qui loco sui castellanis et civitatibus convivia celebrarent ac indumenta aliaque dona regalia, quae rex dare consueverat, suis fidelibus praesentarent. 7) So verstehe ich chronicae Polonorum (d. s. g. M. Gallus) I. 8. 8) Bulle des Papstes Innocentius über die Besitzungen des gnesener Sprengels von 1136.

Böhmen Gnesen, Posen und Gedetsch 1039; Gnesens und Posens Bewohner flohen über die Weichsel nach Masowien und ihre Städte lagen eine Weile öde[1]. Als das böhmische Heer vor Gedetsch rückte, kamen die Kastellane und die hineingeflüchteten Landleute, da sie sich zum Widerstande zu schwach sahen, mit goldenen Zweigen, der Ergebung Zeichen, den Böhmen entgegen und baten: nach Böhmen sie mit ihrem Vieh und ihrer Habe zu übersiedeln. Sie wurden dorthin verpflanzt[2]. Alle diese Burgen wurden nach ihrer Zerstörung wieder hergestellt. Bedeutende, volkreiche und verkehrbelebte Plätze waren diese alten Orte schwerlich[3]. Noch zu nahe standen die Polen dem alten Nomadenthum, um an einer sitzenden Lebensweise Gefallen zu finden und um Handwerke zu treiben, welche die Bequemlichkeiten des Lebens mehren.

Nicht ohne Belang ist es, auf die Ausdrücke zu achten, deren sich die ältesten Berichterstatter bedient haben. Die lateinischen Bezeichnungen castrum, castellum, civitas, urbs, suburbium kommen häufig vor, gelegentlich auch munitio, fortalicium, municipium, oppidum.[4] Castrum „Burg" und das ihm gleichbedeutende castellum ist an sich klar. Die Feste war meist zugleich ein städtischer Ort. Wenn die dem Martinus Gallus beigelegte Chronik von pommerschen Orten (II. 15) sagt: munitiones vel civitates, so war dies sicher dem Sprachgebrauch in Polen entsprechend. Civitas und urbs war gleichbedeutend. Civitates und Castra oder castella werden aber auseinandergehalten. Wenn auch oftmals befestigte Orte, waren Civitates doch keine eigentlichen Burgen. Es hatte sich auch zugetragen, dass neben einer Burg eine Stadt entstanden war. Suburbia hiessen die unbefestigten Stadttheile neben einer Burg oder vor einer ummauerten Stadt, die Vorstädte. Der mitunter vorkommende Ausdruck civis hat noch nicht den Sinn von Stadtbürger[5], sondern wird nur aus Nachahmung der bei auswärtigen Schriftstellern gangbaren Erzählungsweise angewendet.

Anfänglich befanden sich die wenigen entstandenen Städte in der Gewalt der Fürsten; im Laufe der Zeit bekamen aber manche noch einen Herren über sich, der zwischen seiner Hoheit und ihnen war. Freigebigen Sinnes verschenkten nämlich die polnischen Herrscher an die Grossen ihrer Umgebung Burgen und Städte. Wladislaw gab seinem natürlichen Sohne Shigneu um das Jahr 1100 Ortschaften (municipia) im posener Lande[6], Wladislaw's ehelicher Sohn Boleslaw III., Schiefmund, überliess bald nach dem Antritt seiner Regierung bei Gelegenheit seiner Hochzeit (1103)[7] viele Orte den grossen Herren.

Merkwürdig ist es, dass die älteren Städte allesammt mit geringen Ausnahmen in neueren Zeiten keinen Aufschwung genommen haben, im Gegentheile von ihrer früheren Höhe in Unbedeutendheit gesunken sind. Gnesen und Kruschwitz, die alten Herrschersitze, was waren sie bei der Reichsauflösung Polens? Gnesen ein armselig Städtchen, Kruschwitz mit seinen 135 Einwohnern im Jahre 1816 eine Stadt nicht mehr zu nennen. Gedetsch, Wissegrod waren verschwunden, andere alte Orte herabgekommen und klein. Die Ursache dieser auffallenden Erscheinung liegt darin, dass in der Vergangenheit der Hauptzweck städtischer Vereinigung gute Deckung der Insassen in unruhigen Zeitläuften und sicherer Schutz war. Schlösser, an die sich Ansiedlungen unter ihrer Hut anfügten, waren vor allem an solchen Stellen angelegt, wo die Vertheidigung erleichtert und der Zugang erschwert war, an Flüssen, grossen

1) Chronicae Polonorum (M. Gallus) I. 19. 2) Kosmas II. 2. 3) Insoweit richtig, doch etwas zu stark aufgetragen ist J. Węclewski's Urtheil (Statutum Vislicense sive jus civile Polonorum antiquum). Breslau 1854. S. 13: „quae de antiquissimis Gnesna, Cracovia, Posnaniaque atque praesertim de earum civibus et numerosis et opulentis in scriptoribus leguntur, partim sunt ficta, partim aliter atque hodie solemus intelligenda, nam omnes, quas nominavimus urbes sine dubio vicorum instar obtinebant." 4) Beweisstellen für diesen von der Anwendung der aufgeführten Bezeichnung in andern Ländern abweichenden Gebrauch: I, in civitatibus et in castris. Chronicae Polonorum (der s. g. Martinus Gallus) I. 12, civitates et castella, Dies. II. 23. II, cumque jam ad urbem *Cholbreg* declinaret et castrum mari proximum expugnare priusquam ad urbem accederet, ecce cives et oppidanos. Dies. II. 39. III, Et si cuncti sicut quidam unanimiter invasissent (Cholbreg i. J. 1107), illa die procul dubio gloriosam Pomoranorum urbem et praecipuam habuissent, sed copia divitiarum praedaque suburbii militum audaciam excecavit sicque fortuna civitatem suam (also was vorhin urbs) a Polonis liberavit. Dies. II. 28. IV, Dieselbe Stelle geht fort: suburbio spoliato recessit inde Boleslavus extra muros omni prius aedificio concremato. Eine andere I. 1: in civitate Gneznensi, von da in suburbium descendentes, wo der arator Past wohnt. Ferner III. 21: de castellis quoque contiguis multi milites exiebant, qui Polonis irruentibus redeuntes occasionem suburbia comburendi faciebant. V, Ganz allgemein gebraucht Vincentius Kadlubkonis cronica Polonorum 4. Buch (krakauer Ausgabe S. 177): cui dum omnium urbes provinciarum ac municipia sine bello gratulanter patefiunt, gleich dahinter quorundam largicione oppidorum (nämlich Auschwitz und Beuthen). — Diejenigen irren also, welche folgendermassen deuten: urbs die Feste, suburbium die eigentliche Stadt, civitas beides zusammen, das Ganze, castrum und castellum städtischer Ort. Naruszewicz gab castrum mit miasteczko (Städtchen) wieder. 5) Beweise gibt Helcel's Anmerkung im Codex diplomaticus Poloniae I. 7. 6) Bogufal S. 30: Sbigneus qui in ducatu Poznaniensi plura municipia ex donatione patris habuit. 7) Chronicae Polonorum (M. Gallus) II. 23.

Teichen, im Sumpfland. Adelnau, Bentschen, Gnesen, Kopnitz, Kosten waren z. B. von Sümpfen fast umgeben. Da wo Flüsse und Moräste deckten, an abgelegenen, schwer erreichbaren Orten waren die Stadtanlagen; kein Wunder, dass gerade sie nachmals in ruhigeren Zeiten geringen Zufluss bekamen, dass statt des Verkehrs Verfall eintrat. Doch auch in jenen alten Zeiten schwangen sich die vorhandenen städtischen Ansiedelungen nicht sonderlich auf. Die allgemeinen Zustände waren so geartet, dass sie dem Gedeihen im Wege standen. Mögen einst die Lechen, wie die andern Slawen, in freien Gemeindeverbänden gelebt haben: zu der Zeit, in welcher uns ihre Verhältnisse zuerst kenntlich werden, befanden sie sich in starker Gebundenheit, in schlimmer Unfreiheit. Die Behauptung, welche dem Einwirken der Deutschen die Verschlechterung Schuld gibt, ist rein aus der Luft gegriffen. Weder an die willkürlichen Aufstellungen der neueren slawischen Geschichtsmache, noch an jene idealen Schilderungen, welche einige ältere Berichterstatter von einer weit zurückliegenden Vergangenheit entworfen haben, über der sie beinahe nichts Zuverlässiges mehr wussten, kann man sich halten. Wo wir auf festen Boden treten, gewahren wir schon die starke Unterdrückung des Volkes eingetreten. In Polen gab es, sobald wir mit ihm bekannt werden, keine feste öffentliche Ordnung, welche das Dasein gesichert und dem Einzelnen die Möglichkeit gewährt hätte, seinen Willen in seinen Verhältnissen wirksam zu machen und sich nach Kräften zu entwickeln. Gewalt musste besitzen, wer Freiheit geniessen wollte. Die Fürsten und die Grossen (principes, potentes) schalteten nach Willkür und drückten die Masse zu Boden. Gab es zwar auch Landbesitzer, die frei auf ihrem Erbeigen (hereditas) sassen, so bestand die Menge des Volkes doch aus Kmethen oder Kmethonen, die in Abhängigkeit von einem Herrn gefallen waren, ihr Land nicht mehr frei inne hatten und sich der steigenden Lasten, die auf sie gewälzt wurden, nicht zu erwehren vermochten. Wer einmal in eine üble Stellung gerathen ist, dess Lage verschlimmert sich gewöhnlich immer mehr. Das aufkommende Herrscherthum erleichterte die Landleute nicht, sondern überbürdete sie stärker. Die ersten Jahrhunderte desselben sind, wie es den Anschein hat und wie überhaupt vom Eintritte gesteigerter Lebensverhältnisse zu erwarten ist, für die Landbauer die Zeit wachsender Lasten.

Mannichfach und schwer bedrückend waren die Leistungen, die auf ihnen lagen. Die hauptsächlichsten derselben sind: 1. Eine Geldabgabe (**dan**, datio), ausser der es noch eine andere Geldeintreibung (**poralove**) gab (Urk. XI). 2. Die Lieferung von Vieh, von Pferden (**poledrus**), Ochsen und Kühen (**podworove**)[1], Schweinen seitens der Ackerbesitzer, im allgemeinen **naraz**, **narsaz** geheissen (vgl. die Anmerkung zu Urk. VI). Auch Tauben mussten geliefert werden (columbatio. Urk. LVIIII). 3. Die Grundsteuer (**poradlne**, vectigal rastrale), erst in Getreide abgeführt (**sep**), seit 1020 in ein Hufengeld (Erdzins) umgewandelt, welche bis auf 12 Groschen von der Hufe stieg. 4. Die Lieferung von Getreide an die fürstlichen Speicher in den Burgen, **stressa**, um oder bald nach 1000 aufgelegt. Anfangs 2 Scheffel. In Schlesien hiess diese Abgabe das Burggetreide oder Herzogskorn und betrug jährlich 12 Scheffel. Wahrscheinlich ward es in diesen Strichen nachmals ebenso gehalten. 5. Der Kriegsdienst und die Wache in den Burgen (auch **stressa**). 6. Die Arbeit am Burgen- und Brückenbau. 7. Die Obliegenheit, den im Lande herumziehenden Fürsten sammt seinem Gefolge aufzunehmen und zu unterhalten. (**Stan.** statio). Ihr Umfang ist aus Urkunde **LIX** ersichtlich). 8. Die Pflicht, den Fürsten sowohl als ihren Boten und überhaupt den grossen Herren bei Reisen alles zum Aufenthalt und zur Weiterbeförderung Nöthige zu liefern und Geleit zu stellen (**prewod**, eine besondere Art hiess **podwoda**. **Urk. LXXXVI.**). Auf einem rechtlichen Grunde beruhte diese Obliegenheit nicht, allein die Leute konnten sich der Anforderungen mächtiger Herren eben nicht erwehren. Manchmal wagten sie's, dann gab es Mord und Todtschlag[2]. Die Diener der herumreisenden Herren nahmen nicht nur, was sie bedurften, sondern verwüsteten auch, was sie vorfanden mit rücksichtslosem Leichtsinn. Sie

---

1) Eigentlich Steuer vom Gehöft; dwor bedeutet „Hof", podworni zum Hofplatz gehörig, daher in den Städten census arearum. 2) Ein Synodalbeschluss der polnischen Bischöfe verbot diese Beschwer i. J. 1180 (?). Vincentius Kadlubkonis sagt (IV. Buch, krakaner Ausgabe S. 179) wahrscheinlich aus den Worten des Beschlusses: Fuit autem huic genti ex antiquo persolempne et quasi consuetudinis auctoritate approbatum, ut quisque potentum, quorsumlibet pompatice vergens, pauperum non tantum paleam, fenum, stipulam set annonam horreis ac teguriis perfractis potestative diriperent, nec tam depascendam quam caballis proculcandam profunderent. Erat aliud non absimili temeritate antiquatum, quociens potenti aliquid vel legaciunculo instanter esset ad aliquem perferendum, jussi sunt satellites veredis pauperum insilire et unius hore momento infinitissima stadiorum milia cursu citatissimo transvolare. Quae res multis multo fuit periculo, quorundam caballis irremediabiliter enervatis, quorundam penitus exstinctis, nonnullis cum probati essent, irrevocabiliter abductis, unde latrociniorum nonnunquam homicidiorum obrepsit occasio non modica.

ritten die Pferde zu Schanden und schädigten die betroffenen Landleute schwer. Demnächst wurden noch eine Menge besonderer Forderungen eingetrieben und Bürden aufgelegt. Die einen mussten die herrschaftlichen Hunde füttern und Falken hüten (**socol**), andere als Eilboten dienen, Fuhrwerk und Vorspann liefern (**powoz**, angariae et perangariae). Was sich zur Gelderpressung eignete, ward ausgenutzt; Brückengeld (**mostne** Urk. XI.) und Marktgeld (**targowe**, foralia) wurde erhoben. Ausserdem lag ihnen nicht nur auf zu besorgen, was ihr Gemeindewesen erheischte, Uebelthäter zu verfolgen und wenn ein Verbrechen in ihrer Gegend geschehen war und sie den Verbrecher nicht herbeischafften, die Busse für ihn zu erlegen (**opole**), sondern sie wurden auch von ihren Herren zur Arbeit (**robota**), sei es auf ihren Aeckern, sei es zu andern Diensten angehalten[1]. Die ungleichmässige Vertheilung des Druckes betraf gewiss die Bevölkerung noch härter als er an sich war. Wo konnte man gerichtliche Abhülfe finden? War sie vor dem Fürsten zu suchen? Ausser den Kmethen gab es auch Sklaven, die Leibeigenschaftsgeld entrichten mussten. Die Herren hatten, je nach ihrer Gewalt, freie Hand. Die Masse des Volkes war darniedergedrückt. Ein Zustand der Willkür galt im Lande.

Nicht herausgerissen wurde das Volk aus seiner üblen Lage, nicht umgewendet der Zug, in dem die Verhältnisse sich bewegten, aber eine günstige Veränderung ward dennoch herbeigeführt und eine zum Besseren treibende Kraft kam in das Polenreich seit der Einwanderung der Deutschen.

Vorläufer waren die Geistlichen. Denn dass die Bekehrung zur christlichen Kirche, war sie auch anfangs von Tschechen vermittelt, hauptsächlich und anhaltend durch Deutsche geschah: darauf weist alles hin. An sich ist diess wahrscheinlich nach dem Gange der Verbreitung des Christenthums von Westen her, und nach der ersten Abhängigkeit der posener Kirchen von Magdeburg. Mag auch die Auflehnung gegen das deutsche Uebergewicht sich kennzeichnen in der Errichtung eines selbstständigen Erzbisthums zu Gnesen, mögen auch öfter, vermöge der Beziehung zum Papste in Rom, Italiener zur Bischofswürde gelangt sein, so bestand doch geraume Zeit hindurch die Masse der polnischen Geistlichen sicherlich aus Deutschen und die nächsten Verbindungen der Geistlichkeit gingen überdies, da der Osten noch heidnisch war, nach Deutschland. Im Kloster Lubin (im kostener Kreise auf Gostin zu gelegen) wurde zum ersten Mal im Jahre 1190 ein Pole zum Abt gewählt. In die von Gnesen aus 1234 gestiftete Cisterzienserabtei Obra wurden sogar lediglich Deutsche aufgenommen; die Stiftung schloss alle anderen aus[2]. Kirchen und Klöster wurden nun in allen wichtigeren Orten gegründet, Cisterzienser hatten Klöster in Paradis, Priment, Blesen, Lekno, Byssewo, Dominikaner in Posen, Wronke, Benediktiner in Lubin, Johanniter in Bromberg. Die Geistlichkeit unterhielt damals über ganz Europa in sich einen lebhaften Verkehr. Fördernde Wirkung davon auf Polen war unausbleiblich. Die Kirchen und Klöster wurden Ausgangsstätten höherer Bildung. Kenntnisse, Geschicklichkeiten, bessere Bräuche waren bei Priestern und Mönchen. Zu ihrem eigenen Vortheil sorgten sie für einträgliche Ackerwirthschaft, brachten Obstbäume nach Polen und waren auf ordentlichen Betrieb bedacht. Das Land gewann dabei. Sie suchten insonderheit die Bauern der ihnen zugewiesenen Ländereien von den erdrückenden Beschwerungen des alten Zustandes frei zu machen, sowie selbige der gewöhnlichen Gerichtsbarkeit zu entziehen und unter das Gericht des Klosters oder der Kirche zu bringen. Die ältesten Befreiungsurkunden dieser Art, die wir noch haben, sind die in Ansehung einiger Lasten dem Kloster Tinietz gegebenen in einem darüber vom päpstlichen Legaten 1105 ausgefertigten Bekenntniss[3], und die für Kloster Lenda an der Warthe aus den Jahren 1143 und 1173. Zahlreicher wurden sie erst im XIII. Jahrhunderte.

Immittelst war nämlich ein Hergang von der allergrössten Bedeutung eingetreten. Eine Veränderung in der Bevölkerung des Landes vollzog sich, nicht plötzlich, mit einem Male, sondern langsam, in der Folge der Jahre.

Einzelne Juden gab es bereits, wie nachzuweisen ist[4], im Jahre 1085 in Polen, ihr massenhafter

---

1) Eine in der ersten Hälfte des XIII. Jahrhunderts von dem kujawischen Herzog Konrad dem Dorfe Opoki ausgestellte Urkunde unterscheidet Lasten, die auf dem Grundstück und die auf der Person hafteten. Sein Sohn Kasimir nimmt diess in einer am 29. September 1252 ausgestellten Bestätigung auf: sicut in privilegio ipsius continetur a **powoz**, vacca **podworowe**, solutione **stroze** aliisque angariis sive perangariis tam praedialibus quam personalibus absolventes (Codex diplomaticus Poloniae II. 608). 2) Nach der Bestätigungsurkunde von 1493 Starozytna Polska prez Michala Balinskiego i Timoteusza Lipinskiego. Warschau 1843. I, 122. 3) Sczygielski, Tinecia S. 138, aus einer Bestätigung von 1275. Codex diplomaticus Poloniae. T. III. edidit Bartoszewicz Warschau 1858 S. 108—110. Die Aechtheit wurde angezweifelt 4) Quae mulier (Boles-

Einzug erfolgte am Ablauf dieses und am Anfang des nächsten Jahrhunderts aus Deutschland[1], als die Aufstachelung der christlichen Frömmigkeit bei dem Eintreten der Kreuzzüge die Wallfahrtsbrüder dazu trieb, den Beginn ihres frommen Werkes mit dem grausamen Abschlachten der Juden zu machen. In Deutschland war das Volk kirchlich getränkt worden und in der deutschen Art liegt ohnedies eine gewisse Unduldsamkeit in Meinungen, weil dem Deutschen die äusserlichen Beziehungen, die immer zuletzt auf Selbstsucht hinauslaufen, nicht alles in allem sind, sondern ihm das geistige Sein wirklich als etwas Wesentliches viel bedeutet. Der Aufenthalt der Juden in Deutschland war ausserordentlich gedrückt. Viele nahmen also ihre Zuflucht in's polnische Land, wo sie Raum fanden und lange Zeit keinen Verfolgungen ausgesetzt waren. Für die Beziehungen des Verkehrs fanden sie in Polen noch gar keine oder äusserst geringe Sorge getroffen. So ergriffen sie diese und suchten ihren Erwerb in kaufmännischen und vermittelnden Geschäften, vornämlich als Kleinhändler und Wirthe, sowie als Geschäftsführer und Geldleiher der grossen Herren, denen sie bei Verlegenheiten dienten. Was der unterdrückte stumpfe Bauer und der vornehme sorglose Herr nicht besorgte, nahm der betriebsame Jude auf sich. Die Juden bildeten geschlossene Gemeinden, wählten sich ihre eigenen Vorstände zur Verwaltung ihrer Angelegenheiten wie zum Gericht bei Streitigkeiten in ihrer Mitte, lagen auch emsig dem Talmudstudium ob, voll lebhafter Hoffnung auf des Messiasreiches baldiges Kommen. Ihre Synagogenordnung rührte von der palästinensischen her; sie gehörten ja zum Zweige der Aschkenasim. Ihre Sprache war die deutsche, ihr Bildungsstand dem polnischen weit überlegen. Von einem Eingreifen der Staatsmacht in ihre Verhältnisse war keine Rede; gab es doch noch keine geregelte, allseitig leitende Regierung in Polen; sie blieben sich selbst überlassen und richteten sich ein, so gut es ihnen gelang.

Ein anderer Vorgang von äusserster Tragweite war der Einzug der Deutschen. Bereits vor 22 Jahren habe ich darauf hingewiesen, dass eine bedeutende Seite der deutschen Geschichte vom X. Jahrhundert an ein Drängen der Deutschen nach Osten ausmacht, indem vermöge einer lang anhaltenden Bewegung im Volke Deutsche sich in kleinen Haufen über die östlichen Länder verbreiteten und in ihnen friedlich ansässig machten. Welle auf Welle kam von Westen her und setzte sich ab. Die Landstrecken nördlich vom Erzgebirge wurden im X., XI. und XII. Jahrhundert gewaltsam zu Deutschland geschlagen, womit selbstverständlich auch die Verbreitung des deutschen Stammes zusammenhing. Doch auch da im Osten, wo nicht kämpfend vorwärts geschritten ward, fand Anzug von Deutschen statt, wie z. B. in Böhmen, wo in der zweiten Hälfte des XI. Jahrhunderts eine deutsche Gemeinde in der Tschechenstadt Prag bestand[2]. Im XII. und XIII. Jahrhunderte erfolgte in zunehmendem Masse die Ansiedelung einzelner Anzüglerschaaren in den zu Deutschland geschlagenen Gebieten und über diese hinaus, immer weiter. Wir müssen annehmen, dass die auf uns gekommenen Urkunden, welche fast allein ein Licht auf diesen Einzug der Deutschen werfen, weder die frühesten Vorkommenheiten betreffen, sondern mitten aus dem Laufe der vollen Entwickelung herrühren, noch dasjenige, was in jedem einzelnen Falle der Ausstellung des Schriftstückes vorhergegangen war, mitzutheilen bestimmt waren. Was für die Folge gelten sollte, ward durch die Schrift festgemacht. Ersichtlich ging die Anlegung deutscher Dörfer der Städtegründung voran. Von deutschen Ankömmlingen wurde angelegt oder neugegründet 1143 Lübeck in Wagrien, nachdem in der nächst vorangegangenen Zeit in der benachbarten Landschaft Holsteiner, Westfalen, Friesen, Holländer

laus III. Mutter, Fürstin Juditha, gestorben den 25. December 1085) in pauperes et captivos ante diem praecipue sui obitus opera pietatis exercebat et multos christianos de servitute Judeorum suis facultatibus (mit ihrem Vermögen) redimebat. Chronicae Polonorum (s. g. Martinus Gallus) II. 1. Die hebräisch-polnischen Münzen, welche als Beweise früheren Vorkommens der Juden in Polen vorgebracht wurden, erklärt der ausgezeichnete Geschichtschreiber H. Grätz, Geschichte der Juden, Leipzig 1861, VI, 69, für „augenscheinliche spuria".

1) Gegen Jost, der (Geschichte des Judenthums und seiner Sekten, Leipzig 1859 III. 213) sagt: „Unserer Ansicht nach setzten sie (die Juden in Polen) im XIII. und XIV. Jahrhundert, meist aus dem östlichen Frankreich einwandernd, die Gemeindenormen ihres früheren Vaterlandes fort". Siehe die von mir früher ausgesprochene Ansicht (Polen und Deutsche. 2. Auflage. Leipzig 1847. S. 17. 22). Nach einer Ueberlieferung der Juden (abgedruckt im Registerbande von Jost's Geschichte der Israeliten seit der Zeit der Maccabäer, Berlin 1828 S. 137) hätten die deutschen Juden i. J. 893 Abgeordnete an Herzog Leszek IV. geschickt, mit der Bitte, sie in Polen aufzunehmen; das sei ihnen auch gewährt worden und i. J. 1039 hätten sie einen Freibrief erlangt, nachmals sei derselbe aber verloren gegangen. Allein diese Ueberlieferung ist offenbar erst in neuerer Zeit niedergeschrieben und wenn ihr Wahres zu Grunde liegen sollte, so ist sie doch sichtlich stark entstellt. Sie zeugt nur für den Glauben der Juden an ihre Einwanderung in früheren Zeiten. 2) Sobeslaw II. bestätigte ihr die von seinem Vorgänger Wratislaw II. (1061 — 1092) verliehenen Rechte. Vgl. Rössler, deutsche Rechtsdenkmäler aus Böhmen, Prag 1845 I. S. XIV. und Schmalfuss, die Deutschen in Böhmen, Prag 1851 S. 161, wonach zu würdigen, was Palacky in der tschechischen Museumszeitung 1846 schrieb: „Dass im XI. Jahrhundert auch nicht ein Deutscher, höchstens gastweise, seinen Aufenthalt in Böhmen hatte."

sich ansässig gemacht hatten. Einige Jahre später kamen Flandrer in's Abodritenland und Westfalen in's Polaberland. Im nämlichen Jahrhundert ist die Ausbreitung der Deutschen zur mittleren Oder hin zu gewahren, um 1150 bestanden schon die Städte Jüterbogk, Brandenburg, Havelberg, Werben, Arneburg, Tangermünde, Osterburg, Salzwedel; Stadtrecht empfing Stendal 1151; in der alten Slawenstadt Stettin gab es damals bereits ansässige Deutsche[1]; in Schlesien haben die Deutschen schon 1163 eine gewisse Stärke, auch in Leobschütz und Troppau sassen sie; das erste deutsche Dorf östlich von der Oder, Reptow in Pommern, entstand damals, höchstens einige Jahre später[2]. Um die Mitte dieses Jahrhunderts wanderten Deutsche auch nach Ungarn in die Zips und nach Siebenbürgen in den Landstrich zwischen dem Mieresch, Alt und den beiden Kukeln. Wenn von diesen nach Siebenbürgen gekommenen Sachsen in späteren Urkunden (1224) gesagt wird, König Geisa II. (1141—1161) habe sie gerufen, so ist diess nicht streng im eigentlichen Sinne zu verstehen. Das Herbeirufen möchte unter den damaligen Verkehrsverhältnissen ziemlich wirkungslos gewesen, Geisa's Einladung schwerlich über den Rhein gedrungen sein und dort zum Auswandern angelockt haben. Der im Zuge befindlichen Bewegung kam er bereitwillig entgegen. Verbindungen in die Ferne besass beinahe nur die Geistlichkeit. 1203 beweisen die Urkunden[4] in Böhmen, im heutigen leitmeritzer Kreise, deutsche Ansiedelungen. Im XIII. Jahrhundert entstehen nun durch die deutschen Ankömmlinge in diesem weiten Gebiete theils neue Städte, theils bekamen vorhandene Burgen und Städte in Folge des Umstandes, dass Deutsche sie besetzten, deutsches Stadtrecht. Die gewaltsame Eroberung schritt an der Ostseeküste weiter. Vergegenwärtigen wir uns nur die Ereignisse der ersten Hälfte dieses Jahrhunderts, so zogen im Küstenlande deutsche Bürger 1202 in das neugegründete Riga; 1219 wurde in Estland die Burg Reval angelegt, unter deren Schutze bald eine deutsche Stadt erwuchs. In Preussen wurden die alten Burgen Thorn und Kulm 1231 und 1232 zu deutschen Burgen und demnächst zu deutschen Städten gemacht; in Pommern ebenso Stralsund 1234, Stettin 1237, denn in diesem Jahre nahm Herzog Barnim die Gerichtsbarkeit im Orte den slawischen Bewohnern und übertrug sie an die deutsche Bevölkerung, ferner Garz 1240, Stargard 1243, Kolberg 1255, neue Gründungen wurden im Küstenstriche Anklam, Prenzlau 1235, Greifswalde und Neubrandenburg 1248, Damm 1249; im Hinterlande entstand Krossen, Spandau 1232, darauf Berlin, Kiritz 1237, Friedland 1244, Wittstock 1248, Frankfurt 1253, Neuruppin 1256, Landsberg an der Warthe 1257. Im Lande an der oberen Oder, in Schlesien hatte das Dorf Sroda, das seitdem Neumarkt hiess, schon vor 1214 Stadtrecht, Oppeln und Ratibor vor 1217, Goldberg 1211, Kostenblut 1214, Steinau 1215, Löwenberg 1217, Ujest 1222, Naumburg am Queis 1233, Breslau und Striegau 1242, Brieg 1250, Grossglogau 1253, überhaupt aber wurden in Schlesien im Laufe des XIII. Jahrhunderts nachweisbar über 60 Städte entweder, wenn sie schon als slawische Orte bestanden, in deutsche umgewandelt oder von Deutschen angelegt.

In diesen grossen Zusammenhang gehört auch die Gründung deutscher Dörfer und Städte im Posenschen. Denn wo deutsches Recht ertheilt wurde, da waren Deutsche vorhanden, die es empfingen. Ertheilung deutschen Rechtes sagt das Vorhandensein von deutschen Einwanderern aus. Erst in später Zeit, nachdem in Polen die Vorstellung gangbar geworden war, dass deutsches Recht soviel bedeute als Stadtverfassung, nahmen auch slawische Bevölkerungen deutsches Recht als ihr Ortsrecht an. Nicht auf die Gegenden des posener Landes beschränkte sich die deutsche Einwanderung, ihr Strom floss noch über Posen weg weiter nach Osten. Werden doch bereits 1237 deutsche Einwohner in Plozk in Urkunden erwähnt[5]; Krakau bekam 1257 deutsches Recht d. h. hatte damals eine deutsche Gemeinde[6].

Das Ansässigwerden der Deutschen im Posenschen war mit nichten Wegdrängung der alten Insassen. Es war Besetzen von leerem Boden. Noch war das Land zwischen der Oder und Weichsel ausnehmend schwach und dünn bevölkert. Von starken Waldungen war es durchzogen. Weit und breit lag es öde und unangebaut. Die hereinziehenden deutschen Einwanderer verdrängten keine Polen, sondern

1) Beiträge zur Topographie Stettins in älterer Zeit von dem Prof. Hering (Programm des Stettiner Gymnasiums 1843). S. 17. 2) Meine Entwickelung der öffentlichen Verhältnisse Schlesiens. Leipzig 1841. I. 15. Anmerkung. 3) Ludwig Giesebrecht, wendische Geschichten aus den Jahren 780 bis 1182. Berlin 1843 III. 128, 129. 4) Franz Palacky, Geschichte von Böhmen. Prag 1839. II. 94. Anmerkung. 5) Röpell in den Abhandlungen der histor. phil. Gesellschaft in Breslau 1857 S. 246 unter Berufung auf Gawarecki pisma historyczne. Warschau 1824. S. 190. 6) 1257 Civitas *Cracoviensis* locata est theutonico jure. Krakauer Annalen in Lengnichs Ausgabe des Kadlubek (Dzierswa) und Martinus Gallus. Danzig 1749. S. 34.

schoben sich zwischen sie und nahmen ohne Zweifel in den allermeisten Fällen Land ein, wo jene entweder gar nicht oder wo sie sehr spärlich sassen[1]. Ihr Ansiedeln heisst bezeichnend: „Ortmachen", locare, locatio. Den Polen nahmen die deutschen Ankömmlinge nichts weg. Mit ihrem Fleisse schufen sie vielmehr Werthe in dem armen Lande, die ohne ihre Arbeit gar nicht vorhanden gewesen wären.

Die Geistlichen waren, wie schon erwähnt, bemüht, von den ihnen geschenkten Ländereien einen grösseren Nutzen zu ziehen. In dieser Absicht liessen sie es sich ebensowohl angelegen sein, die Landleute ihrer Dorfschaften von den Beschwerungen des polnischen Wesens frei und ledig zu machen, als deutsche Ansiedler in's Land auf ihre Güter zu ziehen. Bei der Macht ihres Einflusses ward es ihnen möglich, für ihre Besitzungen Befreiungsurkunden von den herkömmlichen Lasten und ausserdem landesherrliche Genehmigungen zu neuen Anlagen nach deutscher Art zu erwirken. Am Anfange des XIII. Jahrhunderts wurde schon den geistlichen Rittern, die bereits ein Hospitium in Posen seit 1170 besassen, in Gnesen ein Hospital mit mehreren Ortschaften zugewiesen, das sie nach deutschem Recht und Gebrauch mit Ansiedlern besetzen sollten[2], ebenso wurde Dörfern der Kreuzbrüder in Jungleslau 1223 deutsches Recht gegeben[3]. Sehr häufig war die Aufhebung von Roboten mit der Einführung deutscher Rechtsverhältnisse verbunden. Was man hier „deutsches Recht" nannte, bestand darin, dass die, welche dasselbe hatten, der Gerichtsbarkeit der polnischen Herren nicht mehr unterworfen waren und den gewöhnlichen Lasten nicht unterlagen: sie zahlten eine Geldabgabe, waren zur Landesvertheidigung verbunden und standen nur in grossen Fällen unter dem Urtheilsspruche des Landesfürsten[4]. Jedenfalls war es das Eintreten eines anderen wirthschaftlichen Verfahrens. Der Pole musste persönliche Leistungen gewähren und von seinen Ernten hergeben; der deutsche Bauer liess sich nur auf bestimmte und gemessene sachliche Lieferungen und auf eine Geldabgabe ein. In der freieren Stellung, welche die Kirchen- und Klosterleute nun erlangten, war natürlich grösseres Gedeihen gegeben; manches geistliche Dorf ist nachmals zur Stadt herangewachsen. Der posener Bischof erlangte für seine Leute 1231 und 1234 Befreiungen, Kloster Pangroz bei Lekno 1233, Byssow 1253, Olabok bei Adelnau 1273, Paradis bei Meseritz 1278. Am Kloster Byssow rankte sich nachher auf die Stadt Polnisch Krone. So erhoben sich durch die geistlichen Stifte oder doch unter ihrem Schutze viele Städte: Kröben, Kriewen, Dolzig, Wongrowitz, Strelno, Wilichow, Tschemesno, Buk, Schnin, Blesen, Betsche, Jarotschin, Schwetzkau und andere.

Auch die erste Stadt nach deutscher Art, deren Gründung (so weit unsere Kunde reicht) beabsich-

---

1) Als Beweis hierfür einige Urkunden aus A. Mosbach, Wiadomości do Dziejów Polskich z Archivum Prowincyi Szląskiej. Wroclaw 1860: 1. Wlodizlaus major dux Poloniae Odonis filius gibt 1225 deo et beate Mariae virginis in Lubens Wratislaviensis diocesis Cysterciensis ordinis desertum quoddam juxta *Nakel* — locandum; colonis dicti deserti, quod prefate domui contulimus omne jus theutonicum indulgemus ab omni eos jure polonico exhimendo. 2. VI nonas Octobris in Nakel quod habita deliberatione decrevi firmiter in territorio *Nakel* locare habitatores theutonicos sive alios hospites. — Territorii autem termini hy sunt, videlicet a meridie *Conawi* (Kunowo?), ab aquilone *Bruchounica*, ab oriente via qua vadit de *Thanino* usque in *Camena* (von Tonin nach Kamionka?), ab occidente via magna que vadit in *Zlauno* (Slavianowo?). Istud autem territorium contuli b. Marie in *Lubes* — ita quod civitas in parte Lubensium construatur, nach deutschem Recht. 3. Im selben Jahre 1225 theilt diese Schenkung Erzbischof Vincentius in einer am Allerheiligentage zu Gnesen ausgestellten Urkunde mit. Ego W. miseracione divina archiepiscopus Polonie ex scripto dni W. ducis de Usce intellexi quod idem dux firmum habeat propositum in metropoli mea deserta habitatoribus concedere. — Et quia in hoc deserto nullius viventis memoria habet culturam fuisse ideo ad honorem dei et beate virginis jus decimationis in predicto deserto concedo predictis religiosis cysterciensis ordinis. Visum enim est mihi nimis esse inconveniens, si in tam pio negocio tam favorabili religioni favorem non prestarem, maxime cum nemo meminerit ecclesiam gneznensem in predictis desertis aliquid percepisse; precibus quoque predicti principis pro eisdem supplicantis obviare indecens mihi videbatur, ne forte crederet quod non cuperem terrae meliorationem. 4. Noch deutlicher in einer gleiches aussagenden Urkunde des gnesener Erzbischofs Fulco von 1233 (Ebendas. S. 10): cum nullus meminerit ipsum aliquando fuisse ad culturam redactum. 5. Gleiche Vorrechte mit den Ansiedlern im nakler Lande sollen nach einer Schenkung desselben Wlodizlaus v. J. 1235 die Anbauer des Desertums im Lande Wellen circa Lupzesko (Luboschin im samterer Kreise) geniessen. 6. Kloster Lubin, 1113 gegründet, lag in einer Waldung. 7. Die zu Brombergs Anlage zugewiesene Gegend nannte der Stiftungsbrief (Urk. XXIV) vacuam et desertam. 2) Jure et more theutonicali (Chlebs). Ueber Ursprung und Verbreitung des Deutschthums im Grossherzogthum Posen. Berlin 1849. S. 6. 3) Cod. dipl. Pol. I. 29. 4) Was „deutsches Recht" ist, besagen viele Urkunden. In einer 1223 von Zemonisl ausgestellten Urkunde für die Dörfer Marulewo (jetzt Friedrichsfeld dicht bei Jungleslau), Bathkowo, Sropsko ertheilte er libertatem — secundum jus theutonicum, ut alterius nullo jure polonico sint adstricti. Contulimus itaque ipsas villas memoratas fratribus supradictis (den Kreuzherrn mit dem Stern in Jungleslau) in perpetuum possidendas, hoc solum excepto, quod ad defensionem terre, si fines hostes invaserint, et ville predicte tenebuntur venire. Volumus eciam, ut ipsi villani nullo judicio astare debeant nisi coram suo magistro, qui dictis villis prefuerit, et tantum in magnis causis coram nobis. Collectam vero quod moris est in theutonicalibus villis nobis tenebuntur solvere: si autem terra lesa fuerit aut ville predicte fratrum nominatorum, tunc ipsis de eisdem graciam faciemus. Singulis autem annis nobis tres fertones argenti persolvant in die beati Martini. In einem Kriewen belangenden Freibrief von 1294 heisst es: *Crivin* cum theloneo et cum jure theutonico, ut videlicet in ea nullus nomine nostro vel etiam alicujus nomine nostri castellani seu nomine alicujus cujuscunque potestatis judiciariam sibi usurpet auctoritatem, vel sub aliquo praetextu thelonei homicidium sive aliquam aliam sibi vendicet exactionem.

tigt ward, sollte sich an ein Kloster anlehnen. 1225 nämlich wies Herzog Wlodislaw, Odo's Sohn, dem schlesischen Kloster Leubus die Einöde in der nakler Gegend zu, damit die Mönche dort durch Einwanderer eine Stadt nach deutschem Recht errichteten; 1228 gab er auf Goldberg blickend demselben Kloster in der filehner Gegend Land, damit es drei Städte gründe[1]. Bei Nakel kam es auch zu einer Ansiedelung; 1233 erliess der Herzog den Ankömmlingen die Hälfte des Zolles und sprach sie von allen Auflagen frei[2], und 1239 verfügte er, damit desto lieber die Leute anzögen, dass wer des leubuser Abtes Sigel vorzeige, frei von Zoll und jeglicher Hemmung kommen und gehen könne, während 12 Jahren[3]. Allein in späterer Zeit vernehmen wir von diesem Orte nichts mehr. In den kriegerischen Unternehmungen, von denen gerade jene Gegend hart betroffen wurde, ging er vielleicht unter, vielleicht war sein Halt Leubus zu abgelegen, um ihn kräftig fördern zu können[4]. Die Leubuser klagten, dass die Polen auf ihren Freibrief nicht achteten, vielmehr die dortigen Leute des Stiftes bedrückten und verfolgten[5].

Jedenfalls übte die Verdeutschung Schlesiens, Pommerns und Brandenburgs eine bedeutende Wirkung auf Posen aus und rief in ihm ähnliche Erscheinungen hervor, wie dort sich zugetragen. Jene aufblühenden Länder gaben einen Massstab. Man schaute auf sie und richtete sich nach ihren Verhältnissen[6].

Die Beziehungen, in welche Polen zu Deutschland getreten war, und besonders die in Schlesien sich vollziehende Wandlung förderten wesentlich die in Gang gekommene Entwickelung. Wenn auch Boleslaw das Band der Abhängigkeit zerriss, so bestanden doch Verbindungen mit Deutschland fort und der Kaiser nahm immer noch eine Hoheit in Anspruch. Kaiser Konrad belehnte 1146 mit Polen den Wladislaus II. und unternahm zwei Kriegszüge für ihn. Zwar konnte er ihn nicht einsetzen, aber die polnischen Fürsten unterwarfen sich doch zuletzt.

Die Abhängigkeit vom Kaiser musste Boleslaus 1157 nach Friedrichs I. Heerzug in's polnische Land abermals anerkennen[7]. Die Beziehungen zu Deutschland waren zahlreich. So manche Einrichtung ward den deutschen Verhältnissen nachgeahmt. Herrscher in Polen verheiratheten sich mit deutschen Fürstentöchtern[8]. Mesko II., Sohn Kasimirs, dessen Mutter eine Deutsche war, empfing als Jüngling seine Ausbildung in Deutschland (1038—1039) und eroberte von da aus mit 500 Gewappneten, mit deutscher Hülfe das ihm verloren gegangene polnische Reich. Wladislaw Hermanns unehelicher Sohn Sbignew, der hernach über einen Theil Polens gebot, ward in einem sächsischen Kloster erzogen. Deutsche Prinzessinnen brachten ohne Zweifel ein deutsches Gefolge nach Polen mit und gaben sicherlich in manchem Stücke dem Hofhalt deutschen Anstrich. Der Einfluss der Frauen, wenn auch im Einzelnen wenig augenfällig, ist doch mit seinem leisen Einwirken im Ganzen gross; bei den Polen war er allezeit mächtig. Geneigtheit gegen die Deutschen erklärt sich also leicht. Später erstreckte sich die Herrschaft der schlesischen Herzöge, die den Deutschen entschieden zugethan waren, lange Zeit auch über Theile des jetzigen Posens, eine Weile sogar über das ganze Land. Der Grenzstrich, namentlich Fraustadt, welches zu Glogau gehörte, hatte an der voraneilenden schlesischen Entwickelung Antheil und war unter dem Schutze der glogauer Herzoge einer der ersten Orte, welcher ein deutsches städtisches Gemeindewesen ausbildete. Wirkte Schlesien von Süden her ein, so gesellte sich dazu auf der entgegengesetzten Seite, vom Norden her, Einfluss in gleicher Richtung, seit der auf des preussischen Bischofs Christian Betrieb vom Herzog Konrad

1) Tria milia mansorum in uno ambitu in territorio *Wellensi* circa *Lupesko* et *Bylyn* talium qualium sunt in terra Heinrici illustris ducis *Zlesie* circa aureum montem jure theutonicali perpetuo possidendos. Constituimus insuper ut ipsi in ipso ambitu videlicet trium milium mansorum tres locent forenses civitates cum moneta speciali etc. 1228. VIII. Kal. Maji. Mosbach, Wladomości do Dziejów Polskich z Archivum Provincyi Szląskiej. Breslau 1860. S. 8, 9. 2) A collectionibus et petitionibus — absoluta. Gegeben Kalisch 12. Cal. Aug. 1233. Ebendas. S. 13, 14. 3) Ut eo libentius illud homines subeant possidendum. Urkunde Wlodizlaw's, ausgestellt zu Guesen 1239 am Markustage. Mosbach S. 15. 4) Chlebs nimmt an, dass hier die Stiftung des Klosters Byszewo (1234) erfolgt sei, an welches sich das Aufkommen von Polnisch Krone lehnt; allein es ist älter, s. Polnisch Krone. 5) Heyne, dokumentirte Geschichte des Bisthums und Hochstiftes Breslau. Breslau 1860, I. 380, 381, der ausser auf Büsching's Urkunden des Klosters Leubus, Breslau 1821, auf die schlesischen Provinzialblätter 1823, LXXVIII. Februar, Beil. S. 51, 1827 LXXXV. S. 161 sich bezieht. 6) z. B. Urkunde von 1233: Wlodizlaus dux *Polonie* — Odonis filius — colonis deserti quod est prope *Nakel* quod contulimus deo et genitrici Marie virgini in *Lubens* theloneum medium relaxamus, id est ut idem coloni theloneum solvant sicut cives Crostenses solvant theloneum in terra Henrici illustris ducis *Zlesie* fratris nostri. 7) Radeviel appendicis ad Ottonem de rebus gestis Friderici I. Lib. I. 4, 5 (Muratori scriptores rerum Italicarum. Mailand 1725, VI. 743). 8) Mesco I. in letzter Ehe mit der Oda, Tochter des Markgrafen Dietrichs, die sich ihrer Landsleute sehr annahm (Thietmari chronicon IV. 36); Boleslaw I. freite des meissner Burggrafen Tochter Oda; Mesko II. die Richenza, Tochter des rheinischen Pfalzgrafen; Wladislaw Hermann heirathete (1090) die Schwester Kaiser Heinrichs; Boleslaw III. eine Gräfin Salome von Bergen; Wladislaw II. zuerst eine Tochter Leopolds von Oestreich, Agnes, welche die Stammmutter der schlesischen Piasten wurde, dann (1153) die Tochter des brandenburgischen Markgrafen.

von Masovien (1225) herbeigerufene deutsche Ritterorden im Kulmerland sich festsetzte (1226), die heidnischen Preussen unterwarf und mit ausserordentlich rascher Entwickelung in Preussen ein deutsches Staatswesen herstellte. Der Hochmeister kraftvolles und umsichtiges Regiment wirkte über die Grenzen des Ordensgebietes hinaus. Der Zuzug, den die fratres domus theutonicae fort und fort erhielten, nahm zum Theil den Weg über Posen; so mancher deutsche Krieger mag von ihm im posener Lande zurückgeblieben sein. Schon 1238 wurden Handelsgeschäfte aus und nach Preussen über Posen getrieben. In dem gedachten Jahre und i. J. 1243 schlossen die polnischen Herzöge Primislaw und Boleslaw mit dem Hochmeister einen Vertrag über den Handel dahin ab, dass die Kaufleute die Strasse über Inowrazlaw, Gnesen, Posen und Bentschen ausschliesslich einhalten sollten, dabei aber nur einem mässigen Wegegeld und Zoll für Tuch, Salz und Heringe unterlagen.

Vieles drängte zur Aufnahme von stärkenden Kräften. Es war die Zeit, in welcher der Sturm der Mongolen so schwer die Slawenwelt traf. Weithin schwärmten ihre verwüstenden Horden. Allzu schwach erwies sich allenthalben der Widerstand mit den eigenen Kräften. Das Bedürfniss, sich zu stärken, ward damals lebhafter als sonst gefühlt.

Offenbar war der Vortheil, den die Fürsten und Herren davon hatten, wenn ihr Land sich mit Menschen füllte und wüster Boden urbar gemacht wurde. Wäre ihnen auch der grössere Anbau des Landes gleichgültig gewesen, so berührte es sie doch stark, dass mit dem Zinse der neuangebauten Felder ihr Einkommen namhaft vermehrt wurde. Die Grundstücke, die sie vergaben, trugen ihnen gar nichts oder doch sehr wenig ein. Die Deutschen boten jährliche Geldzahlung: Geld aber war in Polen selten und demzufolge hoch im Werthe, der Nutzen für die Fürsten mithin beträchtlicher, als uns auf den ersten Blick vorkommt. Um die Lage nach ihrer wahren Beschaffenheit zu ermessen, müssen wir weiter in Polen um uns blicken. In einem so bedeutenden Platze wie Krakau war im ganzen Laufe des XIII. Jahrhunderts noch kein Silbergeld oder doch sehr spärlich im Umlauf. Mit Fellen von Eichhörnchen und mit Geldstücken von Kupfer oder Messing wurden die Käufe gemacht, bis König Wenzel von Böhmen nach Krakau kam, seit welcher Zeit die Silber-Groschen Eingang fanden[1]. Wenn also die deutschen Ansiedler, welche 1253 die neue Stadt Posen gründeten, von jeder Hufe eine halbe Mark jährlich zahlten (Urk. III.), so stellte diese Summe in Polen einen ansehnlichen Werth vor. Ausser dem ausbedungenen Grundstückszinse behielten sich die Fürsten auch noch manche Geldeinnahmen von nutzbringenden Anlagen, von Mühlen und Verkaufsstätten (Bänken oder Kammern) vor, so dass der Ertrag ihre Mittel sehr bedeutend steigerte. Wir haben aus der Mitte des XIV. Jahrhunderts zwei Urkunden (CCX. und XXVI., vgl. LXX.), in denen König Kasimir bekennt, dass das deutsche Recht ihm und den Polen im hohen Grade Nutzen bringe (nobis et nostris regnicolis multas affert utilitates et commoda multiplicat subditorum). Wir wissen aus demselben Jahrhundert, dass der gnesener Erzbischof Jaroslaus, um seine Geldeinnahmen zu erhöhen, deutsche Anlagen machte und dadurch während seiner Waltung in einem einzigen Bezirk die jährlichen Einkünfte von 1 Mark auf 800 Mark brachte, ungerechnet die Mehreinnahmen an Getreide[2]. Die deutsche Einwanderung war also ausserordentlich vortheilbringend. Gern gewährte man den ersten Ansiedlern einige Freijahre.

Auf die Frage, aus welchen Gegenden Deutschlands die Anzügler herkamen und welche bestimmende Beweggründe sie zur Auswanderung vermochten, lässt sich bei dem gegenwärtigen Stande des Wissens keine genaue Auskunft geben. Man muss, um der Wahrheit nahe zu kommen, den Blick von der einzelnen Gegend, auf die unser Auge gerichtet ist, auf einen weiteren Umkreis werfen. Bedenkt man, dass ein Theil der in Siebenbürgen Eingewanderten aus dem südwestlich von Köln gelegenen Striche gekommen zu sein scheint, und dass hinwiederum einer der ersten uns bekannt gewordenen Deutschen in Stettin aus Bamberg abstammte, dass in Schlesien Thüringer, Franken, Sachsen, Schwaben, Baiern, Oesterreicher vorkommen, so sieht man, dass der Auszug aus ganz verschiedenen Gebieten in weite Ferne

1) Et grossi argentei erant portati *Cracoviam* ubi prius cum nigro argento et pelliculis de capitibus aspergelinis graviter forisabant. Krakauer Annalen in Sommersberg, Silesiacarum rerum scriptores II. 95. Was das in Wörterbüchern nicht aufzufindende aspergelini bedeutet, ersieht man aus Miechovius polnischer Geschichte, IV c 4 zu 1298, da derselbe diese Stelle umschreibend statt aspergelini: asperioli nennt. Argentum nigrum ist der Ausdruck des Mittelalters für aerea moneta. Strończynski kennt indess Silbermünze krakauer Prägung vor 1300, worauf Dr. Caro hinweist. Die Satzungen von 1368 setzen noch Bussen in Eichhörnchenfellen fest. 2) Hic in districtu Lowiciensi solum marcam grossorum in omnibus redditibus reperit quum in archiepiscopum fuit sublimatus. In quo districtu villas populosas multas locavit augens censum in eisdem ad octingentas marcas grossorum preter censum frumentorum. Janko Czarnkowski — wie Dr. Caro ermittelt hat — der Archidiaconus gnesnensis (Sommersberg II. 116).

geschah. Die nächsten Länder, die von ihrer Bevölkerung an Posen abgeben konnten, waren die brandenburgische Mark und Schlesien und sicherlich kam aus ihnen so mancher, wie wir denn erwähnt finden in Posen 1253 einen Thomas von Guben, 1267 einen Mann aus Neumarkt (s. Posen), Lukko und Heinrich von Krossen (1344 Urk. XXIII.), ferner einen Bürger Namens Herrmann Glaz, also vermuthlich daher stammend, in Wladislawia (hier vermuthlich Jungleslau 1306 Urk. XIV.), einen Goldberg in Schrimm (1425 Urk. LV.); in Bromberg heisst ein Bürger Slezita (1425 Urk. LI.), unter den Strelnoer Mönchen befindet sich 1436 einer aus Glogau (Urk. LVIIII.): allein gerade in jenen Jahrhunderten einer massenhaften Einwanderung konnte der Abfluss aus Schlesien und der Mark keineswegs stark sein, weil diese Länder selbst sich eben erst mit Deutschen füllten. Dass viele aus dem ferneren Deutschland gekommen sein mögen, ist wahrscheinlich[1]. Angeblich wanderten im XIV. Jahrhundert viele Hessen ein: Kasimir's Gemahlin war die hessische Prinzessin Adelheid. Der Umstand, dass weder in schlesischen noch in posener Städten der sogenannte Roland, das Zeichen des hohen Gerichts sich vorfindet, möchte dafür sprechen, dass es keine Niedersachsen waren, welche die Städte in diesen Ländern gegründet haben. Wenn es begründet ist, dass die Sachsen den Bau mit Feldsteinen gewohnt waren, so möchte auch dieser Umstand dagegen sprechen, dass viele Sachsen eingewandert seien, denn Feldsteinbau war in Posen nicht Brauch. Häuser und Kirchen wurden von Holz gezimmert; sehr wenige Kirchen, wie z. B. die von Gedetsch, waren aus Granitquadern aufgeführt. Ob die Angabe, dass die ersten Einwanderer aus der Gegend von Bamberg gekommen seien[2], beglaubigt ist, weiss ich nicht. Vielleicht gäbe genaue Erwägung der älteren mundartlichen Eigenthümlichkeiten der Deutschposener einige Anhaltspunkte zu Schlüssen auf ihre Stammsitze[3]. Angeblich soll hin und wieder Anklang an die schwäbische Mundart erkennbar sein.

Ein allgemeiner Drang zur Auswanderung nach dem Osten hatte, wie wir bereits bemerkten, während mehrerer Jahrhunderte das deutsche Volk erfasst. Ehedem sah man in den Auswanderern Flämingen und Holländer, die aus ihrer Heimath von Ueberschwemmungen gescheucht worden seien. Richtig ist auch, dass die Niederlande durch Wasserfluthen im XII. und XIII. Jahrhunderte sehr schwer litten. Grosse Ueberschwemmungen betrafen sie in den Jahren 1101, 1105, 1109, 1112, 1115, 1120, 1123, 1124, 1134, 1135, 1136, 1164, 1170, 1173, 1175, 1176, 1180, 1200, also im XII. Jahrhundert beinahe jedes sechste Jahr, weiter 1212, 1214, 1219, 1220 u. s. w.; allein wie übervölkert hätten die Niederlande sein müssen, wenn sich aus ihnen ein so grosser Menschenstrom hätte ergiessen können, wie er doch für so weite Strecken, für so viele Dörfer und Städte vorhanden und lange in Bewegung gewesen ist. Auch einzelne Vorkommenheiten, von denen wir erfahren, wie z. B. dass im Jahre 1264 Deutschland durch eine Hungersnoth von solcher Furchtbarkeit heimgesucht wurde, dass in dieser Nothzeit viele ihre Aecker verkauften und nach Polen sich wendeten[4], reichen zur Erklärung nicht aus. Einer Erscheinung von solchem Umfange und solcher Beständigkeit gegenüber muss auf allgemeinere Ursachen zurückgegangen werden. Und solche gibt es. Jahrhunderte hindurch hatte sich der deutsche Stamm nach Westen und zum Theil nach Süden vorgeschoben. Diese Bewegung war durch natürliche Verhältnisse zum Halt, zum Ende gekommen. Einige Zeit danach beginnt der Lauf in entgegengesetzter Richtung, nach Osten zurückgewendet. Hatte zwar mit dem Fortschritte in der Ausbildung der Lebensverhältnisse die Neigung zur Sesshaftigkeit zugenommen, so lagen doch in der neuen staatlichen Ordnung Gründe genug zum Missbehagen. Die nachtheilige Rückwirkung des Eroberns war auf die Eroberer eingetreten. Das Lehnwesen

1) Heinrich genannt Pasko von Vronec, Rathsherr in Posen 1344, war vielleicht aus Steiermark (Urk. XXIII.). Ausserdem kommt ein Dietrich von Thuran vor. 2) Bäck, die Provinz oder das Grossherzogthum Posen. Berlin 1847, S. 36. 3) „Auch wanderten um diese Zeit schon (XIII. Jahrh.) und im Verlauf der späteren Holländer in diese Landestheile. Sie heissen in den Chroniken Hollandones, polnisch Olendry. Sie nahmen gewöhnlich in wiesenreichen Niederungen ihren Wohnsitz, wurden vom Adel sehr begünstigt und beschäftigten sich vorzugsweise mit Viehzucht, sprechen heute gewöhnlich deutsch und polnisch." So L. Königk, Gerechtigkeit für Polen, Frankfurt a. M. 1848, S. 25, und zwar aus einer „wörtlichen Mittheilung des Herrn Bibliothekar Lukaszewicz zu Posen" mit einigen Zusätzen. Da Herr Königk auf die deutschen Gelehrten schwere Vorwürfe schleudert und fragt: „Hat Einer von denen, welche polnische Geschichten zusammengeklittert haben, irgend wie mit Liebe (!) und Unbefangenheit die polnischen Zustände in polnischem Geiste (!) aufgefasst? Hat Einer von ihnen den Nestor, Gallus, Dlugosz, Kadlubek, Kromer, Gornicki, Piasecki, Bielski etc. gründlich studirt?" so antworten wir, die wir für die alten Zeiten den Nestor, den sogenannten Gallus, den Vincentius Kadlubkonis studirt haben, spätere Fantasieen aber nicht zu Rathe ziehen mögen, mit den Gegenfragen: 1. in welcher polnischen Chronik steht, dass die Einwanderer aus Holland kamen? 2. ist das polnische Wort olendry nicht eine Verderbniss aus „Hauländer" d. h. in der Waldung ausgehauene und urbar gemachte Länder? 4) A. d. 1264 tanta fames in Almania extitit ut multi venditis agris suis fugerent in Poloniam. Chronici Silesiaci vetustissimi fragmentum (Sommersberg, scriptores rerum silesiacarum II. 17 f.).

war aufgekommen, die alte Freiheit verfiel, der kleine und mittlere Mann ging zu Grunde. Der Stand, der ursprünglich beinahe allein das Volk der Deutschen ausgemacht hatte, gerieth in's Verschwinden. Da fanden es sicher viele unerträglich, die Freiheit sich verkümmern zu lassen, in Dienstverhältnisse sich begeben zu müssen. Diese zogen vor ihre Heimath zu verlassen, eine neue sich in weiter Ferne zu schaffen. Nicht die schlechtesten Männer also waren es, keine blossen Abenteurer, die in die Fremde auszogen, sondern Männer vom Kerne des Volkes[1]. Das ist keine willkürliche Annahme: regt sich doch gleichzeitig im XI. und XII. Jahrhundert auch daheim ein kräftiges Streben, mittelst Zusammenhalten in den Städten die verlorene Selbstständigkeit von neuem zu erringen. Die grosse Masse der Auswanderer bestand auch durchaus nicht aus angesehenen Männern, sondern aus geringen Leuten, aus Ackerbauern und, gewiss zu einem kleinen Theile, aus Handwerkern. Die Züge geschahen dem Anschein nach in kleinen Trupps. Dass die Einzügler nicht als einzelne, vereinzelt für sich ihren Weg gingen, sondern geschlossen zusammenhielten, gaben dieser Auswanderung aus Deutschland eine Wucht und Nachhaltigkeit, welche den neueren deutschen Niederlassungen in der Fremde abhanden gekommen ist.

Ein alter Brauch in einem siebenbürgischen Dorfe, der noch heute besteht, mag uns eine Vorstellung von dem Hergange geben. In Nadesch versammeln sich an einem gewissen Tage des Jahres die jungen Bursche, als Pilger gekleidet, an der Seite eine Tasche, einen Streitkolben in der Hand. Einer von ihnen trägt eine Fahne, voran schreitet ein Alter und schlägt die Trommel. So halten sie einen Umzug durch das Dorf und sprechen: „Also sind einst unsere Vorfahren, freie Leute, keine Jobagyen wie wir, gewesen, aus Saxonia in dieses Land gekommen, hinter der Fahne und der Trommel her."

Die Einwanderer kamen nicht, um sich in die polnische Gedrücktheit und Knechtschaft zu begeben, sondern um ihre Selbstständigkeit zu wahren, mit der Absicht sich ein freies Gemeinwesen zu gründen und wenn auch unter Vorgesetzten, doch unabhängig zu leben. Sie wollten nicht Polen werden, sondern Deutsche bleiben, ihre vaterländischen Gewohnheiten und hergebrachten Rechte, ihre Sitte und Sprache, wo sie eine Stätte sich schufen, bewahren. Ein volles Eigenthum wollten sie haben an dem Lande, auf dem sie sich festsetzten, und nur zu einer bestimmten Grundsteuer verpflichtet sein; selbst wollten sie ihre Gemeindeangelegenheiten verwalten, ihre eigene Obrigkeit, ihr eigenes Gericht haben. Wo sie die Bedingungen dazu nicht fanden, da war ihres Bleibens nicht. Sie kamen aber auch nicht um die alten Landeseinwohner zu unterdrücken: im Gegentheile, sie verbesserten deren Lage. Nicht nur dass sie als fleissige Landwirthe Wälder ausrodeten, Sümpfe trockneten, Weiden und Pappeln anpflanzten[2], das Feld besser bestellten, Gartenfrüchte anbauten, dass sie mancherlei Handwerke ausübten, den Verkehr hoben und das fördernde Beispiel rechtlicher Ordnung gaben: die günstigere Lage, die man ihnen einräumen musste, wenn man sie festhalten wollte, kam auch vielen Polen zu gute.

Obschon ihre Niederlassung allemal auf einem Abkommen beruhte, brachten sie doch ihr eigenes Recht schon mit, das ihnen anerkannt werden musste. Ueberschaut man den weiten Bereich dieser Niederlassungen von Lübeck bis Reval und Hermannstadt, so muss man erstaunen über die Gleichartigkeit der Verhältnisse und Einrichtungen. Ueberall dieselben Festsetzungen! Nur untergeordneter Art sind die Abweichungen. Ebenso wie die posener Ansiedler führten z. B. die in Ballenstadt[3], führten die Sachsen in Siebenbürgen[4] den Zins gerade am Martinstage ab. Die Bedingungen, unter denen Ländereien zum Anbau übernommen wurden, richteten sich gemeinlich nach der von den Flämingen beliebten Weise. Auf flämischen Fuss ward allgemein eingerichtet, deshalb galt auch das flämische Hufenmass. Indessen geschieht auch des fränkischen Hufenmasses im Posenschen Erwähnung (**Urk. IX**).

---

1) Man sieht, in welchen Gegensatz wir treten zu Lelewel, welcher sagt: „der Abschaum der Deutschen kam nach Polen, um sich niederzulassen und sein Glück zu machen". (Betrachtungen über den politischen Zustand des ehemaligen Polens und über die Geschichte seines Volkes. Deutsche mit Anmerkungen des Verfassers vermehrte Ausgabe. Brüssel und Leipzig 1845. S. 37). Dem Kenner wird nicht entgangen sein, wie weit sich unsere Darstellung der alten Lage Polens von der seinigen entfernt. 2) Man will in ihnen ein Kennzeichen deutscher Ansiedlung gewahren. Der polnische Bauer habe in alten Zeiten diese Bäume nicht gepflegt. Nach Viktor Jacobi's Untersuchungen über die Dorfanlagen im jetzigen Deutschland (Forschungen über das Agrarwesen des altenburgischen Osterlandes. Leipzig 1845. Slawen- und Deutschthum in cultur- und agrarhistorischen Studien zur Anschauung gebracht, besonders aus Lüneburg und Altenburg. Hannover 1856 u. a.) wäre das Slawendorf an hufeisenförmiger Gestalt zu erkennen. Alle slawischen überhaupt zum symmetrischen Abschluss gelangten Dörfer haben nämlich, gleichviel ob ihre Form rundlich oder eckig ist, nach Jacobi darin eine ursprüngliche Uebereinstimmung, dass sie bis auf eine als Ein- und Ausgang zugleich dienende Oeffnung rund um abgeschlossen waren. 3) A. v. Wersebe, über die niederländischen Colonien, welche im nördlichen Deutschlande im XII. Jahrhunderte gestiftet wurden. Hannover 1815, I. 988. 4) Schaser, de jure flandrensi Saxonum Transilvanorum. Cibinii 1822, S. 15.

Sollte eine Stadt gegründet werden, so dachten die, welche sich entschlossen hatten an dieser Stelle eine Gemeinde zu bilden, nicht daran, für sich neue Satzungen zu entwerfen, sie hielten sich vielmehr an die in Deutschland übliche Ordnung, die sie ohne weiteres als verbindlich, als ihr Gesetz ansahen. Es verstand sich für sie von selbst, dass sie nicht unter die Gerichtsbarkeit der polnischen Herren traten, sondern nach deutschen Rechtsbestimmungen leben wollten. Grundbedingung ihres Ansiedelns in Polen war also eine Ausnahmsstellung. Vom Geheiss und Gericht der Starosten oder Kastellane, der Woiwoden oder Palatine, der Richter und überhaupt aller fürstlichen Beamten mussten sie befreit werden. Alle in Polen hergebrachten Ordnungen und eingerissenen Beschwerungen erschienen ihnen im Gegensatze zu ihrem deutschen Rechte als polnisches Recht; auf dieses mochten sie sich nicht einlassen. Es musste ausdrücklich vom Landesherrn erklärt werden, dass es für sie keine Gültigkeit habe, dass es das deutsche Recht nicht durchgreife oder irgendwie beeinträchtige. Anfänglich mussten Störungen unter Berufung auf das polnische Recht öfter vorgekommen sein. Die polnischen Herren achteten das deutsche Recht nicht, verfuhren nach Landesbrauch; deshalb wurde in die Urkunden ganz genau aufgenommen, dass das polnische Recht in nichts dawider gelten solle und dass die Herren und Würdenträger, wie sie auch hiessen, nichts über die neuen Gemeinden zu sagen hätten. Wie stark die Neigung zu Uebergriffen war, zeigt unter andern eine vom Herzog Heinrich von Glogau 1298 der gnesener und posener Kathedrale ausgestellte Urkunde, in welcher er verspricht, dass seine Leute auf den Kirchengütern nicht weiden und fouragiren werden[1]. Die Einwanderer wollten eben Deutsche bleiben, nicht in polnische Dienstbarkeit eintreten. Die Satzung, an welche die Bürger sich im ganzen nordöstlichen Deutschland hielten, war die der Stadt Magdeburg. Ueberall in diesem weiten Landstriche galt in den Städten das nämliche Recht, war der gleiche Zuschnitt der Verwaltung. Das Recht der magdeburger Bürger war im Jahre 1188 zu einer förmlichen schriftlichen Festsetzung gebracht worden und wuchs mit nachfolgenden Schöffenurtheilen. Es war ein Ausdruck des freien Bürgersinnes, der auf Gebühr und Ordnung strenge hielt. Abschriften dieser magdeburgischen Rechtsbestimmungen wurden von Stadt zu Stadt weiter getragen; 1211 ward dies magdeburger Recht in Goldberg, 1233 in Kulm, 1235 in Neumarkt (novum forum, Sroda) eingeführt. In Kulm wurde einiges abgeändert, insonderheit Gütergemeinschaft unter Eheleuten angenommen und der Strafsatz, wenn er auf Geld ging, zur Hälfte erniedrigt. Das mochte schon durch die Seltenheit des Geldes in diesen Gegenden gerechtfertigt sein. „Kulmer Recht" wird in den erhaltenen Kunden zum erstenmal 1258 genannt[3]. Diese Stadt- und Rechtsverfassung liessen also auch die deutschen Bürger im Posenschen sich genehmigen. Der Umstand, dass damals Polen noch keine niedergeschriebenen Rechtssatzungen hatte, trug jedenfalls dazu bei, dass die Landesgewalten an der Einführung eines fremden ausgearbeiteten

1) Nec unquam nostris hominibus pabulare, quod in vulgari dicitur **pirzowarz** in bonis ecclesiae permittemus. Raczynski cod. dipl. Maj. Pol. S. 89. 2) Dass deutsches Recht und Sachsenrecht nicht durchaus ein und dasselbe ist, sondern jenes allgemeine Bezeichnung, hatten bereits S. Bandtke 1810 und S. Vater, über die heutige Grenze der bisher behaupteten allgemeinen Gültigkeit des alten Sachsenrechtes in Schlesien, Breslau 1818, S. 24, 25, dargelegt. Stenzel glaubte weiter gehen zu müssen und mühte sich durch eine Untersuchung (Urkundensammlung zur Geschichte des Ursprungs der Städte und der Einführung und Verbreitung deutscher Kolonisten und Rechte in Schlesien und der Oberlausitz. Hamburg 1832. S. 98 ff.) den Ausspruch zu erweisen: „keine Stadt hat magdeburger Recht erhalten, welche nicht **vorher** deutsches Recht gehabt hätte, keine ist auf magdeburgisches Recht gegründet worden;" er sagt bestimmt S. 99: „es wurden weit später, als seitdem Schlesien unmittelbar von Magdeburg dessen Rechte erhalten hatte, noch sehr viele Städte mit deutschem Recht angelegt, nie aber auch nur Eine nach magdeburgischem Recht." Seine Schüler versicherten, anstatt nachzuprüfen, dasselbe, z. B. Franklin, magdeburger Weisthümer für Breslau 1856 S. 7, behauptend „dass die Städte magdeburgisches Recht erst erhalten konnten, nachdem sie vorher nach deutschem Recht geordnet waren." Indess ist dies falsch. Die posener Urkunden zeigen deutlich, dass die Städtegründung d. h. das Einrichten einer freien Gemeindeverfassung oftmals mit der Einführung des magdeburger Rechtes zusammenhing. Da es einen verbreiteten Irrthum zu entwurzeln gilt, führen wir beispielsweise an, dass 1253 Posen zur deutschen Stadt gemacht wurde, secundum formam Medburgen(sis) civitatis (**Urk. III**) 1299. Die locatio civitatis Nakel erfolgt secundum formam magdeburgensis juris (**Urk. XII.**), ebenso 1346 die Brombergs: Pro locando seu plantando foro aut oppido jure theutonico Magdeburgensi ibidem habendo et servando heisst es in der **Urk. XXIV.** Für Polnisch Krone, auch eine erst anzulegende Ortschaft, gibt der Herzog 1368 facultatem locandi civitatem jure theutonico videlicet magdeburgensi (**Urk. XXIX.**). 1393 macht König Wladislaw das Dorf Mrotschen zur Stadt, civitatem facimus, locamus, transmittimus ac de jure polonico in jus tephtonicum quod magdeburgense dicitur (**Urk. XXXVII.**). 1422 setzt er Kruschwitz de jure polonico in jus theutonicum magdeburgense. 1273 erhält Walther Pritschen jure theutonico juxta jus magdeburgense collocandum (**Urk. IX.**). Stenzel selbst druckt Urk. XVI. die Mittheilung des magdeburgischen Rechtes seitens der Schöffen von Halle an Neumarkt 1235 ab, deren Eingang lautet: ad petitionem venerabilis domini Henrici ducis Polonie et ad utilitatem burgensium suorum in Novoforo presentem compilavimus paginam et jus civile inscripsimus a nostris senioribus observatum, und gibt S. 75 an, dass Neumarkt eine herzogliche Burg war. Als polnischer Ort hiess Neumarkt Srzoda (Stenzels Urk. VII.); er wurde von Herzog Heinrich vor 1223 zu einem Markte gemacht und bekam davon seinen neuen Namen. — Ebenso wenig Anhalt bietet sich für die Annahme Stenzel's S. 180, dass bei der Gründung der Städte nach deutschem Rechte gleich anfangs mehrere Urkunden ausgestellt worden seien. 3) Joh. Voigt, Geschichte Preussens, III. 445.

formulirten Rechtes keinen Anstoss nahmen. War doch erst kürzlich für die Geistlichkeit das kanonische Recht eingeführt worden und von den Juden das talmudische. Sonach gab es nunmehr viererlei Recht in Polen. Das Herkommen und die Rechtsgewohnheiten Polens wurden im Gegensatz zu dem deutschen Recht, welches wesentlich Stadtrecht war, auch „Landrecht“ genannt.

Wo es zu einer deutschen Anlage kommen sollte, war die Aufstellung eines Vermittlers fast Nothwendigkeit. Der Landesherr konnte und mochte nicht mit jedem Einzelnen, der sich auf seinem Grunde niederzulassen bereit war, ein besonderes Uebereinkommen treffen. Er gab die Besiedlung einem Einzigen in die Hand, der fernerhin ihn vertrat, obgleich er zugleich zur Gemeinde gehörte. Mit diesem schliesst er das Geschäft für alle zusammen, die hier sesshaft werden. Man hüte sich aber den Hergang sich so vorzustellen, wie oftmals geschah, als habe der Herr einem Anleger die Gründung eines Ortes übergeben und dieser sie auftragsmässig besorgt. Dies mag späterhin sich so zugetragen haben: damals würde es ein unausführbarer Auftrag gewesen sein. Wie hätte der Anleger die Anbauer sich zusammensuchen, wie sie herbeischaffen sollen? Die zur Niederlassung bereiten Familien und Männer müssen schon zur Stelle gewesen sein. Nun bestimmt der Herr eine Grundfläche für sie, die er ihnen gegen einen Zins übergibt, der ein für allemal für jeden festgesetzt wird, und lässt den Anleger, oft gewiss den Führer der Schaar, die nöthigen ersten Einrichtungen treffen. Dieser ist für ihn Vertreter der Gemeinde. In der Gemeinde steht ihm die polizeiliche Oberaufsicht und das Abhalten des Gerichts zu, auch den an den Landesherrn abzuführenden Zins hat er einzutreiben. Diese Mittelsperson, die theils als Vertreter des Fürsten im Schöffengerichte den Vorsitz führte, theils Vorsteher der Gemeinde war und ihr Recht nach aussen wahrnahm, hiess in Dörfern Schultheiss, Schulz, scultetus, in Städten Vogt (polonisirt wojt), advocatus. Advocatus bekam daher in Polen die Bedeutung eines nichtfürstlichen Beamten überhaupt. Für seine Mühe genoss er Vortheile; er bekam Land zinsfrei — der Schulz gemeinlich zwei Hufen, der Vogt mehrere, den siebenten, ja den sechsten Theil des Stadtfeldes — einen Antheil an den Gerichtssporteln und Strafgeldern, gewöhnlich ein Drittel dieser Gefälle, und die Befugniss zu gewissen nutzbringenden Anlagen. Er durfte einem Andern die Mühwaltung seines Amtes übergeben. Seine Stellung vererbte in seiner Familie, diese durfte sie auch verkaufen. Was dem Schulz oder Vogt zugewiesen wurde, war keineswegs allemal eine ihm gewordene Gnade. Aus einer Urkunde von 1290 erhellt nämlich, dass der Fürst das Schulzenamt verkaufte[1]. Was von einem Falle dargethan werden kann, mag öfter vorgekommen sein, denn die Urkunden sagen nicht alles. War doch ihr Zweck nur der, bestimmte Verhältnisse für die Zukunft ausser Zweifel zu stellen; was derjenigen Feststellung, die fortan gültig bleiben sollte, vorangegangen war, hatte kein weiteres Interesse. Auch lag die Abfassung der Urkunden in den Händen der Geistlichen, die sich an hergebrachte Formeln banden und in die stehenden Redewendungen nur das hineinsetzten, worauf es für die Folge ankam.

Dergestalt wurden nun neben den langsam entstandenen Städten mit einem Male neue gegründet. Anfänglich vertrugen sich Polen und Deutsche gar wohl. Um die Mitte des XIII. Jahrhunderts sagt der den Deutschen nicht gerade sehr holde Bischof Bogufal von Posen: „keine anderen Völker in der Welt stehen einander so nahe und sind sich so befreundet, als Slawen und Deutsche“[2]. Indessen fehlten doch Reibungen keineswegs. In Schlesien, das dazumal noch als polnisches Land zu betrachten war, brach zuerst innerer Kampf zwischen Polen und Deutschen aus und von entscheidendem Gewichte war es, dass die deutsche Partei die siegende blieb. Konrad, der Sohn des noch lebenden Heinrich I., des Bärtigen, des Herzogs von Niederschlesien und Herrschers in Polen, hasste, obwohl Sohn einer deutschen Frau und mit einer sächsischen Prinzessin vermählt, die Deutschen von Grund seines Herzens, während sein Bruder Heinrich mit den Deutschen es hielt. Wegen der Theilung der väterlichen Länder erhob sich Konrad gegen seinen Bruder und sammelte aus einem weiten Bereich ein Heer von Polen. Mit dessen Stärke

1) Vergl. Urk. XXVIII. von 1365 und dazu Premisl's II. Urkunde von 1290 für Camon und andere Ortschaften: prefatam vero locationem eidem Sdeslao vendidimus pro quadraginta marcis argenti usualis tali jure, prout alie ville in terra Kalisiensi sunt locate (Stronczynski Wzory Pism Dawnych w przerysach wystawione. w Warszawie 1839 S. 19). Auch in einer schlesischen Elgut betreffenden Urkunde von 1297 (Stenzel und Tzschoppe, Urkundenbuch zur Geschichte des Ursprungs der Städte in Schlesien und der Oberlausitz. Hamburg 1832 S. 233) ist ein Verkauf der Scholtisei und des anzulegenden Dorfes enthalten. 2) Nec aliqua gens in mundo est sibi tam communis et familiaris veluti Slavi et Theutonici (Sommersberg II. 20). Thiers irrt also mit der Behauptung, dass als der deutsche und der slawische Stamm in diesen Grenzländern auf einander trafen, beide eine instinktmässige Abneigung empfunden hätten, die sich besonders lebhaft geäussert habe.

wollte er den Bruder sammt den Deutschen aus dem Lande jagen. Ein Heer von Deutschen führte ihm Heinrich der Sohn entgegen. Bei Studinicza oder Rothkirch, zwei Stunden von Liegnitz, fiel das entscheidende Treffen vor. Konrad mit den Polen unterlag gänzlich[1]. Das war 1214. Der Sieg der Deutschen in Schlesien war nun ausgemacht, befestigt der im Zuge befindliche Gang dieser Entwickelung. Als elf Jahre danach 1225 Herzog Wlodislaus durch die leubuser Mönche eine Stadt bei Nakel hervorzurufen gedachte, hielt er eine Bestimmung hinsichtlich der Streitigkeiten zwischen einem Polen und einem Deutschen für nöthig und ordnete an, dass jedesmal der Verklagte nach seinem eigenen Volksrechte vom Gericht beurtheilt werden solle.

Die Herren in Polen sahen den Bruch ihres alten Bedrückungsrechtes mit Ingrimm. Das neue deutsche Recht störte sie in ihrem Treiben. Dass Wlodislaus, Odo's Sohn, als er zur Herrschaft über ganz Grosspolen gelangt war, dem Bischof und Kapitel zu Posen nicht nur erlaubte, in der Stadt Kröben Münze zu schlagen, sondern dass er die bischöflichen Besitzungen von sämmtlichen polnischen Lasten (1232) befreite[2], brachte sie dermassen auf, dass sie dem Wlodislaus (1233) an's Leben wollten und ihm die Herrschaft nahmen[3]. Gegen ihn riefen sie den alten Heinrich den Bärtigen, den Schlesier. Um sich im Reiche zu halten verbrannte damals Wladislaus die Burg Bnin und stellte die Burg Gnesen in Stand; es half ihm nichts, dennoch wurde er aus dem grössten Theile seiner Lande vertrieben. Bis zur Warthe riss der schlesische Herzog alles an sich. In Gnesen behauptete sich Wlodislaw: Heinrich belagerte das gnesener Schloss vergebens, er musste abziehen[4], indess weit und breit in Grosspolen fand er Gehorsam. Heinrich stellte die Burgen Bnin und Schrimm wieder her, letztere nördlich am Warthenfer[5]. Unter ihm, der so viele deutsche Anlagen in Schlesien begünstigt hatte, unter seinem Sohne, der, wie wir erfuhren, auf die Deutschen sich wider die Polen gestützt hatte, trat jedoch schwerlich ein, was die erwartet haben mochten, die den Wladislaus vom Throne gestossen hatten. Sie mussten hinnehmen was geschah; nachdem jedoch Heinrich II. im Kampfe gegen die Mongolen (am 9. April 1241) gefallen und zugleich die schlesische Macht durch die tatarische Ueberziehung gebrochen war, erfolgte ihre Auflehnung. Da fanden die Polen, dass Heinrichs Sohn Boleslaw gegen sie wüthe und dass er die Deutschen den Polen zum Abbruch begünstige. Desshalb verweigerten sie ihm den Eid der Treue[6]. In der That muss dieser Boleslaw die Deutschen auffallend begünstigt haben, da ein Zeitgenosse versichert (was freilich unrichtig ist), er habe zuerst die Deutschen nach Polen eingeführt und ihnen Güter und Burgen gegeben[7]. Boleslaw stützte sich auch in Schlesien (1251) auf die Deutschen gegen die Polenpartei unter den Schlesiern. Gutwillig liess Boleslaw die Herrschaft über Grosspolen nicht fahren. Wirklich behauptete er sich im westlichsten Striche, legte 1247 am Ober (Obra) die Befestigung Köpnitz an und erlangte in diesem Jahre durch ein Abkommen mit den ihm

---

1) Cunradus, qui Theutonicos execrabatur, congregatis ex diversis provinciis Polonis fratrem cum paucis Theutonicis, qui in **Slesia** erant, tunc propellere intendebat. — Qui in campo inter **Legnicz** et **Aureum Montem** (Goldberg) in loco qui **Studnicza** vel **Ruffa ecclesia** dicitur, committentes Heinricus cum Theutonicis advenis tamquam militibus quos aliunde congregaverat, occisis innumeris Polonis, campum victorie, fugientibus qui evadere poterant, triumphans obtinuit. Cunradus ergo spe vite servande ad patrem confugiens secessit etc. Chronica Lechitarum (in Stenzel, scriptores rerum silesiacarum. Breslau 1835 I. 25). Der Verfasser der Chronica principum Polonie (ebenda S. 104) hat diess nur frei abgeschrieben. Im Zeitansatze folge ich Anders, Schlesien wie es war. Breslau 1810 I. 206. 2) Hoc solum excipimus, ut si Polonum Theutonicus pro causa qualicunque fuerit alocutus et coram abbatis **Lubensis** concordes pacari nequiverint, advocato in nostra solius audientia, in castro tamén propinquiori, Theutonico quo petitur Polonus sciat se jure polonico respondere debere. E converso, si Theutonicum Polonus impetierit, Theutonicus jure theutonico respondebit. Urkunde Wlodislaw's von 1225. 3) Bogufal p. 59, gewiss nach dem Wortlaut der Urkunde: Libertates ipsi ecclesiae ducales concessit absolvens omnes hereditates ecclesie predicte, quas pro tunc episcopus et capitulum **Poznaniense** possidebant ac imposterum justo modo acquirere possent, et incolas eorundem ab omnibus angariis, perangariis, a strosza, a poradle, a przewodis, podwodis, a sep, a stan, ab expeditione et ab omni jurisdictione palatinorum, castellanorum et omnium judicum et subjudicum ita quod coram nullo eorundem homines seu ecclesie citati comparere seu respondere tenentur, sed tantum coram suis dominis episcopo, prelatis et canonicis debeant respondere. Propter tres causas, propter quas homines ecclesie dominis eorum presentibus per ducalem judicem seu regalem judicari debebunt, nec tunc penas pecuniales, si ad ipsas condempnarentur, judex ducalis tollere debeat sed ecclesiasticus, cujus homo fuerit, ipsas tollet. Prima autem harum causa est: si homo ecclesie inimicos ducis ad terram suam devastandam eduxerit, et si in mortem ducis machinatus fuerit, et ex hoc quidem mul(c)ta capitis vel effusio sanguinis sequeretur. Ob hoc non vir ecclesiasticus sed judex ducalis seu regalis senteneiare debebit. Concessit etiam praefatus dux in eodem privilegio Paulo episcopo **Poznaniensi** et suis successoribus monetam cudere in oppido **Crobia**, dans eidem villam que dicitur **Sulcowactoba** et quod possit venari in quolibet loco episcópatus sui. 3) Propter quarum libertatum donaciones primates Polonorum sequenti anno volebant ducem Wladislaum occidere, inducentes et assumentes in dominum Henricum. Fortsetzung der vorigen Stelle. 4) Anders, Schlesien wie es war. Breslau 1810 I. 213. 5) Chronica Lechitarum (Stenzel, Scriptores rerum Silesiacarum I. 27). 6) Boleslaus — cepit sevire in Polonos et insolenciam nimiam exercens Theutonicos Polonis preferendo et ipsis predia large tribuendo. Propter quod Poloni sibi fidelitatis omagia facere recusarunt, ab ipsius dominio sponte recedentes. Bogufal S. 61. 7) Bogufal S. 63: Iste enim Boleslaus cepit primo Theutunos Poloniam inducere et ipsis predia et castra tribuebat, ut contra fratres suos germanos — sibi auxilium preberent.

entgegengestellten Söhnen des 1237 verstorbenen Wlodislaw, Premisl und Boleslaw, wenigstens die Abtretung von Meseritz und Bentschen, d. h. der Oberfluss sollte die Grenze bilden zwischen dem beiderseitigen Gebiete; Bomst, Karge, Tirschtigel waren schlesisch. Bentschen kam in der zweiten Hälfte des XIII. Jahrhunderts an Premisl[1]. Nach dem Abfall von dem schlesischen Boleslaw machten die Grossen Polens den Versuch, den alten Zustand unverrückt festzuhalten und die eingetretene Wandlung zu unterdrücken. Dazu mussten die gegebenen Freibriefe umgestossen werden. In der That vermassen sie sich dessen; 1244 gingen alle Grossen Polens einen Bund ein, die der posener Kirche ertheilten Freiheiten zu beseitigen[2]. Ihre Macht war im Augenblicke so gross, dass der Bischof Bogufal und das Kapitel gerathen fanden zu weichen. Blieb es dabei, so war wohl dem Einziehen der Deutschen gewehrt. Allein die Geistlichkeit war auch gewaltig. Nur für den Augenblick hatte sich die Geistlichkeit ihr Recht entreissen lassen, hernach warf sie ihre Wucht in die Wagschale. Im folgenden Jahre lagen die Dinge anders, da wendete sich der Bischof an Premisl und erhielt von ihm, der es ohnehin mit der Kirche hielt, für die Kirchengüter wieder gewährt, was Premisl's Vater verliehen[3] hatte. Das Unterfangen der Grossen, das 1244 durchschlug, war im April 1245 überwunden und eine wichtige Entscheidung herbeigeführt; die neue Handfeste ward öffentlich auf den Märkten verkündet[4]. Die Söhne Wlodislaws begünstigten, gleich ihrem Vater, deutsche Anlagen: das Widerstreben der Grossen hatte sich somit machtlos erwiesen[5].

3. Von der Mitte des XIII. Jahrhunderts bis in die letzten Jahrzehnte des XIV. Ausbreitung des deutschen Städtewesens.

Die Herrscher hatten bis jetzt die deutsche Einwanderung befördert. Das XIII. Jahrhundert war den Deutschen günstig. Premisl II. von Grosspolen, kinderlos, wollte zum Nachfolger seinen Neffen, den glogauer Herzog Heinrich III.; doch als Premisl i. J. 1296 ermordet worden war, mochten die polnischen Grossen keine Waltung schlesischer Fürsten, sondern wählten sich zum Haupte den Wladislaw Loktek von Kujawien und Lentschitz. Zwischen den entgegenstehenden Ansprüchen fand eine Vermittelung statt und vermöge eines Vergleiches gelangte Heinrich wenigstens zu einem Theile seiner Erbschaft. Er überkam das Land vom Ursprung des Obers bis zu seinem Fall in die Warthe und von da bis zur Netze, durfte auch Bentschen einlösen und Wladislaw sagte ihm seinen Beistand gegen Widerspenstige innerhalb

1) Bei der Erbtheilung der Glogauer Herzoge 1252 gehörte Bentschen noch diesen und wurde Konrad zugetheilt, bei dem 1296 zwischen Heinrich von Glogau und Wladislaw von Kujawien getroffenen Vergleiche war es aber Hochzeitgut der Wittwe Premisl's. 2) Anno igitur et tempore prefatis omnes proceres **Poloniae** contra ecclesiam **Posnaniensem** unanimiter conspirationem fecerunt, libertatem quam ei dux Wladislaus filius Odonis — concesserat et privilegio suo confirmaverat, infringere volentes. Quorum vesanie dominus Boguphulus episcopus cum suo capitulo cesserunt ad tempus **Bogufal** selbst S. 62. 3) 1246 VII Idus Aprilis gibt in *Pobedziska* Premysl, dux **Poloniae**, filius quondam ducis Wladislai dem Bischof Bogufal von *Posen* und seinen Nachfolgern: villas episcopatus ipsius jure theutonico locandi concedimus libertatem. Et quia hi qui praefato jure locantur angarias et praeangarias, quas portant Poloni portare seu persolvere nullatenus consueverunt, propterea dictarum villarum possessores ab omnibus polonicis oneribus seu praestationibus absolvimus scilicet a **powoz**, **przewod**, **podworzowe**, **straza**, **naraz** et ab omnibus aliis, quae **Theutonici** facere aut solvere non consueverunt, praeterea causis solummodo capitis aut membrorum nostro tantum judicio reservatis, villarum dictarum possessores sive inhabitatores ab omnium palatinorum, castellanorum seu aliorum inferiorum judicum judicio seu jurisdictione in totum et in omnibus absolvimus, ita quod de ipsis conquerentibus non alias teneantur quam coram domino suo episcopo vel scolteto ipsorum de singulis respondere. 4) Sed anno sequenti videlicet MCCXLV (fährt Bogufal in seiner Chronik S. 62 fort) Przemislius et Boleslaus fratres duces prefati ad instanciam dicti domini Bogufali episcopi et sui capituli privilegium patris ipsorum libertates prefatas reexempcionis continens provide confirmaverunt et in foris, ut sub pena serventur, proclamare fecerunt. 5) Am Schlusse unserer quellenmässigen Erörterung legen wir zum Vergleiche die Darstellung nach der slawisch-französischen Geschichtsmache vor und zwar nach des General Mieroslawski i. J. 1856 erschienenen Schrift: Histoire de la commune polonaise du X au XVIII siècle. Er sagt S. 18, 19: Les steppes, prés, bois et marais peu à peu particularisés par la culture, profitaient aux premiers qui les avaient défrichés. Le chef de ces entreprises, appelé **soltys** ou **voit** conservait dans les **gminas** ainsi nouvellement fondées une autorité de police semblable à celle des grands usufruitiers dans les communes anciennes. Malheureusement un grand nombre de ces défrichements fut accompli par les colons allemands, qui y établirent leur droit teutonique ou loi de Magdebourg. Cette égide de la cité germanique contre la barbare féodalite des barons du Saint-Empire pouvait être fort recommandable là d'où elle venait, mais transportée au milieu de la démocratie slave comme bravade superflue, elle ne devait y produire qu'une éternelle raison d'incompatibilité entre les autocthones et leurs hôtes. Von den Grods sagt er: Originairement simples enceintes palissadées où se refugiait la population pendant la guerre, ces asyles de defense étaient devenus de bourgs, des villes, des centres de circonscriptions administratives et des sièges de tribunaux. Les coutumes et les occupations de leurs habitants slaves, ordinairement etablis dans les faubours, ne differaient de celles de **kmieta** et de la **szlachta** que par l'adjonction de quelque métier à l'agriculture. Mais de même que dans leurs colonies agricoles à l'ouest les migrations allemandes et juives, à l'est celles des Arméniens et de Grecs apportèrent à ces villes, dans leur bagage de trafic et d'industrie, des municipalités particulières, qui se posèrent en face de la legislation slave (die es nämlich dazumal noch gar nicht gab!) comme des immunites inviolables et rivales. Composée de proscrits chassés de l'Allemagne et de l'Orient par les brigandages de la féodalité, par l'intolerance religieuse ou par les invasions barbares, cette bourgeoisie d'alluvion arrivait dans ce pays de franchise illimitée, toute bardée de précautions inintelligibles pour les indigènes, et qui ne servaient qu'à l'exclure de leur société.

dieses Gebietes zu. Ausserdem erhielt Heinrichs gleichnamiger Sohn, den Wladislaw als Sohn annahm, den Bezirk Posen (terram Posnaniensem[1]). Schlesische Herzoge geboten mithin wiederum über einen grossen Theil des jetzigen Grossherzogthums Posen. Fraustadt, Posen, Gnesen, Punitz, Kosten, Schrimm, Rogasen, Usch, Obornick, Wronin (Wronke?), Grätz, Kriwen, Gostin, Bentschen standen unter ihnen, auf Nakel hatten sie Anspruch. Trat auch von 1300 bis 1305 die Herrschaft des böhmischen Königs Wenzels und seines gleichnamigen Sohnes dazwischen (Wenzel liess sich in Gnesen 1300 krönen), so hörte dem Anschein nach die schlesische Regierung doch nicht auf. Wenzel kämpfte mit Wladislaw Loktikus und besiegte ihn; mochte zeitweilig das Gebiet der schlesischen Herzöge beschränkter sein, so ward es doch nach des zweiten Wenzels Ermordung wieder ausgedehnt. Heinrich von Glogau wird genannt als kein rechter Freund der Polen, was heissen will, dass er die Deutschen begünstigte. Nach seinem Tode (1309) hielten seine Söhne sich ganz an die Rathschläge der Deutschen, traten unklug sogar den Polen zu nahe. Sie gaben um geringes Geld den Deutschen Städte und gingen, wie ein Annalist sagt[2], darauf aus, die Polen zu verdrängen. Der andere Theil des posener Landes stand im Zusammenhange mit dem Reiche Polen.

Das posener Land hat keine natürlichen Grenzen. Durch zufällige Bestimmungen und von aussen kommende Ereignisse erhielt es erst die Abgeschlossenheit, die es seit 1815 als preussische Provinz hat. Als Theil von Polen brachte es seine Bewohner in die Beziehungen und das Leben Polens, es war mit inbegriffen unter Grosspolen (Major Polonia). Bei der 1138 unter Boleslaus Söhne erfolgenden Theilung bekam ein Sohn Mesko· Gnesen, Posen und Kalisch mit ihrem Zubehör[3], ein anderer Boleslaw: Masowien, Dobrin, Kujawien und die kulmer Kastellanei, ein dritter, der Senior, Krakau, Sieradien, Leutschitz, Schlesien und Pommern. In diese Lande theilte man also damals, im XIII. Jahrhundert, das polnische Gebiet. Im XIV. Jahrhundert nannte man in Deutschland die Länder Gnesen und Kalisch Unter-Polen (inferior Polonia[4]), im Gegensatz zu Schlesien, welches das obere Polen hiess. Im vorigen Jahrhunderte war umgekehrt für die Woiwodschaften Gnesen, Posen und Kalisch die Benennung „Hochpolen" üblich[5]. Die Grenzen Polens waren schwankend. Gen Norden schied die Netze von Pommern; Nakel, mitten im Wasser der Netze, war eine Burg der Pommern; da war lange Zeit die Scheide Polens und Pommerns[6],

---

1) Terram *Poloniae* totam secum dividentes, donantes et tradentes sibi terram nostram usque ad fluvium qui *Obra* dicitur, incipiendo ab eo loco ubi idem fluvius oritur usque ad fluvium *Wartam* ubi terminatur, et deinde per fluvium *Wartam* usque ad fluvium *Nothes* nuncupatum, cujus etiam metae et termini a superiori parte ejusdem aquae usque ad magnam sylvam circa villam *Vrbützs* se extendunt, et si qui sunt in eadem terra quam sibi contulimus se cum suis firmitatibus praedicto duci *glogoviensi* opponentes, hos cum nostro et ipsius vallabimus exercitu inde non recessuri donec ipsae firmitates suae fuerint subjectae ditioni, erklärt Wladislaw in der Urkunde vom 10. März 1296 (Worbs, Neues Archiv für die Geschichte Schlesiens und der Lausitzen. Züllichau und Freistadt 1824. II. 121 ff., Minsberg, Geschichte der Stadt und Festung Gross-Glogau. Glogau 1853. I. 156 ff.). Nicht gegen den Sachverhalt, wohl aber gegen die Urkunde selber habe ich Bedenken, einmal weil Premislaus rex, seine Wittwe regina heisst, sodann weil die Ausdrucksweise: idem rex antequam carnis debitum exsolveret totam terram **Poloniae** sub instrumentorum ipsius robore sibi dederat et liberaliter resignaverat, nicht gut zu Premisl's Ermordung passt, ferner weil Premisl, der durch einen Ueberfall um's Leben kam, vorher ein förmliches Testament in Urkundenform habe aufsetzen lassen, endlich weil die Urkunde selbst nicht mehr vorliegt, sondern ihr vorgeblicher Wortlaut einem 1545 gegebenen Vidimus, das sich in einem Aktenhefte befindet (Worbs II. 124), entnommen ist. Premisl war, als er um's Leben kam, 40 Jahre, also noch nicht in dem Alter, wo man gesunden Leibes ein Testament schreiben liess, in damaliger Zeit, als man so sehr wenig schrieb. Die Umstände seines Todes gibt der posener Annalist (vor dem sogenannten Archidiaconus Gnesnensis bei Sommersberg II. 90) folgendermassen an: die deutschen Nachbarfürsten, erzählt er, miserunt non paucos homines ipsum ad capiendum furtive, qui introeuntes eandem civitatem (Rogasen) summo mane in die cinerum gravissimis vulneribus illatis ipsum ceperunt, quibus non sufficiens ejus tam gravius captivitas, ipsum cum deducere in terram suam comode non valuerunt seu non valerent, gravioribus plagis illatis crudeli morte extinxerunt. Und da soll er ein Testament gemacht haben! Uebereinstimmend und noch ausführlicher erzählt der krakauer Annalist (Lengnich's Ausgabe: Vincentius Kadlubko et Martinus Gallus. Danzig 1749. S. 43): 1296, VI. Idus Febr.: rex majoris Polonie occiditur a suis militibus de clenodio dicto vulgariter *Zaremba* prope oppidum *Rogozno*, cumque gravissime fuisset quasi letaliter vulneratus et illi quasi jam mortuum reliquissent, supervenit quidam ex inimicis ipsius requirens ab eo, si adhuc supervivere valuisset, cui rex voce humili fertur respondisse: se adhuc posse supervivere si in caloribus servaretur atque mederetur. Fuit enim tempestas haec in vigilia sancte Apollonie virginis. Quo audito lictor qui superastabat evaginato pugione ipsum ad terram confodiens tunc extinxit. 2) Die posener Annalen, welche vor dem sogenannten Archidiaconus Gnesnensis, gleich als machten sie ein Stück desselben aus, stehen, sagen (Sommersberg II. 91) von Heinrich: fuit nec perfectus amicus Polonorum, und von seinen Söhnen: hos qui juvenes erant et tenelli tenuerunt et alligaverunt consiliis Theutunici ita, quod nichil aliud poterant facere, nisi quod placeret Theutunicis, et multas ab eis terras et civitates extorserunt pro modica pecunie quantitate, et dederunt eis consilium ut totam gentem polonicam exterminarent tam ecclesiasticas personas quam seculares milites. 3) *Gnesnam, Poznaniam* et *Kalis* cum eorum appendiis. Bogufal S. 41. 4) Karl IV. sagt (Freher script. Boh. 96): *inferiori Polonia* scilicet *Gnesnensi* et *Calisiensi* und *inferiorem Poloniam* cum ducatibus *Cracoviae* et *Sandomiriae*. 5) Holsche, Geographie und Statistik von West-Süd und Neu-Ostpreussen. Berlin 1804. II. 145. 6) *Nakel* castrum ubi confinit *Polonia* cum *Pomerania*. Chronicae Polonorum Monumenta Germaniae historica XI. 466; Chronica principum Poloniae (bei Stenzel I. 80). Fluvium *Notez* nuncupatum, ubi metae Polonorum terminantur. Urkunde vom 10. März 1296.

von da aus machten die Pommern ihre Raubzüge ins Polenland. Sie dehnten zeitweilig ihre Herrschaft südwärts aus, bemächtigten sich Tscharnikans, Uschs, Filehnes; dieser ganze Strich hiess dann Pommern. Allein in der letzten Zeit des XI. Jahrhunderts begann ein Umschwung und 1107 erstreckte der Polenherzog seine Herrschaft über Pommern; doch war sie ohne Bestand. Der Pommern Niederlage bei Nakel am 10. August 1109 entschied gegen sie. Nakel und sechs zur selben Zeit genommene Festen machte der Sieger zu einem besonderen Bezirke. Indessen musste er in der Folge um diesen neuen Besitz noch streiten. Derselbe musste vertheidigt und den Pommern, die mehrmals in ihm sich wieder festsetzten, wieder abgerungen werden. Swantopolk von Pommern benutzte die Zeit, in welcher die Mongolenzüge Polen erschreckten und erschütterten, verwüstete Inowrozlaw und nahm Nakel ein, gab es aber auf Vermittlung des Ordens gegen eine Geldzahlung heraus (s. **Nakel**). Nakel war in der zweiten Hälfte des XIII. Jahrhunderts bei Polen, während die meseritzer Gegend noch zu Pommerellen gehörte. Mestwin II., mit dem der pommerellische Fürstenstamm 1295 ausstarb, begab sich 1269 in Lehnsabhängigkeit von den brandenburger Markgrafen, die sich zeitig im Lande zwischen der Netze, Drawe und Küddow festsetzten. Seitdem gehörten Filehne und Usch zur Neumark oder der Mark obir Oder (Marchia transoderana). Pommern und Polen machten diese Strecken freilich den Brandenburgern streitig. Ebenso wechselnd wie gegen Pommern war die Grenze gegen die Mark Brandenburg und Schlesien. In alter Zeit schied von Deutschland die Oder[1]. Das von den Polen gebaute Grenzschloss **Santok**, bestimmt zur Deckung der Warthe, über die es wenige Uebergänge gab, konnte nicht von ihnen behauptet werden; es kam im siebenten Jahrzehnt des XIII. Jahrhunderts[2] in die Gewalt der brandenburgischen Markgrafen. Der südwestliche Streif des heutigen Grossherzogthums blieb lange Zeit bei den schlesischen Herzogen als Ueberrest der Herrschaft über Polen. In den ersten Jahrzehnten des XIV. Jahrhunderts machten die Küddow und Netze die Grenze, das Jenseitige gehörte zu Brandenburg; die Grenze lief dann so, dass die Gegenden von Schwerin, Meseritz, Brätz, Bomst den glogauer Herzogen gehörten, bei Polen aber die Gegenden von Birnbaum, Betschen, Tirschtigel (Torstetel), Bentschen, Köpnitz und Fraustadt waren. Indessen geriethen die Söhne Heinrichs von Glogau in's Sinken, Wladislaus entriss ihnen zwischen 1312 und 1323 den Landstrich nördlich des Obers; gegenüber den Askaniern, die ihr Gebiet nach Osten ausbreiteten[3], verloren sie gleichfalls. Sie traten, um Meseritz „mit der Burgwehr" und andere Plätze vom Markgraf Konrad zurückzuerlangen, i. J. 1319 an diesen ausser mehreren anderen Orten Unruhstadt, Bombst, Brätz, Bentschen, Tirschtigel ab. Damals war auch Schwerin und Blesen brandenburgisch. Eine Wendung erfolgte mit dem Erlöschen der Askanier in Brandenburg; da nahm der Umfang dieser Mark ab, die Neumark behauptete zwar Markgraf Ludwig, obschon sie ihm auch in der Folge die Pommern wie die Polen streitig machten. Der schlesische Herzog von Sagan gelangte aber wieder zum Besitz von Köpnitz, Bomst, Bentschen[4]. Um diese Zeit machte gegen Schlesien der Ober Polens Grenze. Im Jahre 1333 eroberte jedoch der alte Wladislaw Kosten mit seinem Kreise und seinem Nachfolger Kasimir überliess ihn den trentschiner Friede von 1335 (24. August)[5]. Kasimir sann auf weitere Eroberungen gegen Schlesien. Die fraustadter Gegend war lange Zeit bei dem glogauer Herzogthum: ein Zankapfel zwischen den Piasten Schlesiens und den Beherrschern Grosspolens, bis Kasimir 1343 sie an sich brachte und mit der Woiwodschaft Posen vereinigte. Blesen, Schwerin, Meseritz, Brätz, Bomst waren 1345 polnisch. Kasimir erweiterte das polnische Reich und verschaffte ihm die Ausdehnung, die es nach dieser Seite hin behielt. Bis tief in's XIV. Jahrhundert aber waren die Grenzen gegen Norden, Osten und Süden schwankend. Bromberg und Polnisch-Krone gehörten von 1370 bis 1381 einem stettinischen Herzoge, wenngleich die polnische Oberhoheit blieb. Im XV. Jahrhundert ragte das posener Land in das jetzige Westpreussen hinein; Deutschkrone und Zempelburg gehörten zu Grosspolen. Die innere Theilung war folgende: **Kujawien** (auf deutsch: Kuja, Kujau), das Land um die Weichsel, erstreckte sich über den Nordstrich. Bromberg, Jungleslau, Kruschwitz, Schulitz, Gnifkow, Streluo,[6] Polnisch-Krone waren kujawische Orte. Die bromberger Gegend

1) Odera — qui ex illa parte totam Poloniam quasi murus ambit. **Radevici** appendices ad Ottonem de rebus gestis Friderici I (Muratori VI. 742). 2) **Basko's** Fortsetzung Boguful's (Sommersberg, scriptores rerum Silesiacarum II. 73, 76. 3) Gercken codex diplomaticus brandenburgensis. Salzwedel 1769. I. 276. **Klöden**, diplomatische Geschichte des Markgrafen Waldemar von Brandenburg. Berlin 1844. I. 296, II. 126. Ueber die Grenze Brandenburgs und Polens ferner **Lancizolle**, Geschichte der Bildung des preussischen Staates. Berlin und Stettin 1828. I. S. 288, 289. 4) Urkunde von 1329 in Sommersberg Scriptores rerum Silesiacarum I. 845. 5) Sommersberg I. Urk. S. 774. 6) Raczynski cod. dipl. maj. Pol. S. 182. Urkunde von 1458.

war eine Zeit lang bei Masowien. Das gnifkowische Land war vor der Mitte des XIV. Jahrhunderts ein Herzogthum und nachher als besondere Woiwodschaft abgemarkt. 1406 wurde ein Theil Kujawiens als Woiwodschaft Inowrazlaw (Jungleslau) ausgeschieden. Weit in's Posensche hinein reichte das kalischer Land. Mrotschen hiess im nakler Bezirk und im kalischer Lande gelegen. Denn zum Lande Kalisch wurde gerechnet Gnesen, Tschemesno, Strelno, Usch, Schneidemühl, Mogilno, Powidz, Kletzk, Wongrowitz, Polnisch-Krone, Nakel, Exin, Schnin, Grabow (?)[1]. Das übrige machte das Land Posen (terra Posnaniensis) aus. Die Woiwodschaften Kalisch und Posen zusammen hiessen Grosspolen (Major Polonia). Die Südspitze endlich mit Schildberg (Ostrzeszow) war bei dem Lande Siradien. Allein auch die innere Abtheilung war unstet: Gembitz wird 1460 (**Urk. LXVI.**), 1495 (**Urk. LXXIII.**) und 1524 im kujawischen Lande aufgezählt, während es 1458 zu diesem nicht gehörte; Bomst, Fraustadt, Kopnitz, Bentschen, Sulmerschütz, die im posener Lande liegen, werden 1524 nicht zum posener sondern zum kalischer Zollbezirk gerechnet[2]. Polnisch-Krone aber wird als kujawischer Ort genannt, heisst dann 1471 im Lande Pommern gelegen[3] und 1524 zum Lande Kalisch gehörig. Der Strich von Gnesen bis Jungleslau führte, wenigstens in späterer Zeit, den Namen Paluki.

Diese wechselnden Besitzverhältnisse brachten einzelne Landestheile mit ihren Städten in den Bereich schlesischer, brandenburgischer und pommerscher Einflüsse. Die Brandenburger wurden von den Polen im XIII., XIV.[4] und selbst noch im XV. Jahrhunderte Sachsen genannt, Bomst heisst daher bei einem 1426 schreibenden Chronisten eine Burg an der sächsischen Grenze. —

Die Städte zerfielen nach der bisherigen Entwickelung in solche, welche unmittelbar unter der Krone standen, königliche Städte, die man später in Polen Nationalstädte, in der preussischen Zeit Immediatstädte nannte, und in solche, die einen Grundherrn über sich hatten, der für sie der Herr war und sie von der Landesregierung trennte. Diese herrschaftlichen Städte hiessen auch Erbstädte, in preussischer Zeit Mediatstädte. Diese letzteren waren zu unterscheiden in geistliche und in adelige Städte; die adeligen mittelbaren waren stärker belastet. Die Städte genossen ihre Freiheit entweder Kraft eines Rechtsbriefes, oder ohne im Besitz eines solchen zu sein aus Gewohnheit (de jure aut consuetudine **Urk. LVII.** von 1426). Man unterschied nun die Städter (oppidani, cives) von dem übrigen Volke, und unter den Stadtbewohnern von den eigentlichen Bürgern (cives) die suburbani oder Vorstädter, und incolae oder Pfahlbürger, Schutzverwandte (1393 **Urk. XXXVII.**). Letztere Bezeichnung wird aber auch im allgemeinerern Sinne gebraucht (1450 **Urk. LXIII.**). Nach der polnischen Redegewohnheit, welche Eigennamen adjektivisch gebraucht, liebte man auch die adjektivische Bezeichnungsart der Städte. Die in Urkunden häufig vorkommende Ausdrucksweise civitates et oppida scheint keine Unterscheidung anzudeuten, sondern nur auf häufender Redeweise zu beruhen, wie ebenso das Nebeneinanderstellen von cives und oppidani (**Urk. CVII.** von 1551), denn die Könige zählen in ihrem Lande blos „Burgen, Städte, Dörfer" auf[5]. Burg (castrum) ist der unfestigte Platz (grod), in welchem auch das Landgericht gehalten wurde. In den Burgen währte der ältere Zustand fort. Weil nun neben ihnen die deutschen Städte entstanden waren, bekam „Burg" im XIV. und XV. Jahrhundert die gegensätzliche Bedeutung einer Stadt polnischen Rechtes, d. h. für eine grössere Menschenansammlung ohne Gemeinderecht und Freiheit.

Verschieden gestalteten sich die Zustände, je nachdem die Verhältnisse anders lagen. Es gab aus der früheren Zeit polnische Ortschaften mit ziemlich zahlreicher Bevölkerung, aber ihr Wesen war das grosser Dörfer. Manche lagen an der Seite einer Burg, manche waren auch von den Bewohnern selbst, damit sie geschützt vor feindlichen Ueberfällen leben konnten, befestigt worden, so dass Burg und Stadt neben einander lagen, aber eigne Verfassung hatte keine Ortschaft. Nun kamen die Deutschen, die sich in Haufen ansiedelten. Natürlich machte es einen Unterschied, ob die Einwanderer eine Stadt durch ihre Anstrengung da gründeten, wo vormals kein Ort gestanden hatte, oder ob sie sich in oder neben einer

---

1) Raczynski Urk. S. 221 Urk. von 1524. 2) Ebenda S. 223. 3) Cod. dipl. Pol. II. 944. 4) Janko Czarnkowski — wie Dr. Caro ermittelt hat — der Archidiaconus gnesnensis (Sommersberg, Silesiacarum rerum scriptores II. 103). 5) So Kasimir I.: sicuti nostra castra, civitates, ville sunt situata et locata. Cod. dipl. Pol. II. 721. Urkunde von 1356. So Kasimir der Jagellonide 1454. Raczynski cod. dipl. maj. Pol. S. 172 u. s. w. Dlugoss soll einen Unterschied einhalten zwischen urbs der grösseren, oppidum der kleineren Stadt. Urbs ist sonst in den Urkunden wenig gangbarer Ausdruck. Das Schloss der Stadt Meseritz heisst 1569 (Raczynski, cod. dipl. maj. Pol. 242) nicht castrum, sondern arx.

schon vorhandenen Ortschaft nieder liessen, ob sie den Boden um einen Kaufpreis erwarben, oder ob sie ihn unentgeltlich gegen das Versprechen zukünftiger Leistungen erhielten.

Wohl gewahrte man bald die Vortheile, welche dem Vorhandensein deutscher Städte entsprangen. Die grossen Herren gedachten auf ihren weiten Gebieten auch Städte zu gewinnen, und wie den Geistlichen so erlaubte ihnen gleichfalls der Fürst die Einrichtung von Städten. Die Herren bestrebten sich also deutsche Handwerker heranzuziehen und sie erklärten Dörfer zu Städten. Damit war freilich noch keine Stadt begründet! Die vorhandenen Bauern wurden eben nur Ackerbürger, denn was die Seele einer Stadt ausmacht, das ist die beständig gleiche, regelmässige, geordnete Thätigkeit, das ist die Theilung der Kräfte, von denen jede einer besonderen Aufgabe sich zuwendet, das ist die rechte Gesinnung, die von knechtischer Unterwürfigkeit wie vom übermüthigen Sichgehenlassen gleich weit entfernt ist: wo diese Voraussetzungen mangeln, kommt das rechte städtische Wesen nimmer zum Vorschein. An der Unabhängigkeit freier Gemeinden, an dem Segen der Freiheit und der Selbstregierung, der an den deutschen Städten offenbar wurde, war den grossen Herren schwerlich gelegen. Die Nutzungen von den Bürgern, vermehrte Einkünfte und Herrschaft über eine Stadt waren ihr Augenmerk; vielleicht suchte auch der Stolz, Gebieter einer Stadt zu heissen, Befriedigung. Indessen diese Triebfedern wirkten, eine Menge von Städten entstand, in denen nur ein Mittelding zwischen Polnischem und Deutschem eintrat. Dies Gute hatten sie, dass bei der allgemeinen schweren Bedrückung des Landvolkes doch mehr Menschen unter dem Namen von Bürgern wenigstens eine halbe Freiheit gewannen.

Durch die deutschen Stadtanlagen wurden auf sarmatischem Boden, während Unterdrückung allgemein war, Stätten geschaffen, in denen die Freiheit Raum fand und der Segen der Selbstregierung offenbar wurde. Die Zeit der Burgen war zwar nicht vorüber, aber die städtischen Gemeindewesen traten in den Vordergrund.

Vorhanden waren an alten Städten, theils Bezirksmittelpunkten, theils Burgen: Gnesen, Kruschwitz, Posen, Gedetz, Wissegrod, Nakel, Filehne, Tscharnikau, Usch, Meseritz, Schrim, Ortschaften, die im XIII. Jahrhundert bestanden sind: Ostrowo (erwähnt 1136, aber welches?), Fraustadt (1150?), Kröben (vor 1230), Schroda (vor 1231), Buin (1235), Kriwen (Burg, vor 1237), Kosten (1242 erwähnt), Schulitz (1244), Bentschen (1245), Köpnitz (1247), Bomst, Tirschtigel oder Torstetel (1252), Buk (1257), Wronke (1279), Rogasen (1296), Kobilin, Koschmin, Gnifkow. Um 1300 waren Mittelpunkte von Kreisen ausser Posen und Gnesen: Nakel, Usch, Schrimm, Kosten, Kriwen, Bentschen, Fraustadt, Filehne, Obornik.

1243 bekam Powidz deutsches Recht, vor 1253 hatte es Pudewitz; in diesem Jahre bekam die neue Anlage in Posen magdeburger Recht, zwischen 1248 und 1262 wird Sarne Stadt, vor 1232 Kröben, 1255 Kletzko, 1257 Kriwen, um oder nach 1239 Jungleslau (Inowrazlaw), 1261 Sduni, vor 1262 Gnesen, im Jahre 1262 Exin, 1278 Gostin, 1284 bestand Schin. 1286 ward deutsches Recht für Gedetsch, vor 1295 an Rogasen, vor 1296 an Schwerin gegeben, 1299 erhielten es Nakel und Rohrbruch; vor 1300 erhielten es Gnifkow und Grätz (falls dasselbe der Ort Grodis ist, jedenfalls war Grätz vor 1383 Stadt), Filehne, Punitz, Obornik.

Im XIV. Jahrhunderte: 1302 Moschin, 1313 Punitz, 1325 Schulitz, 1359 Pakosch und Dolzig, 1368 Polnisch-Krone. Vor 1383 waren Städte Gembitz, Miloslaw und Samter, vor 1384 Schildberg. 1388 wurde Stadt Gonsawa, 1392 Moschin, 1393 Mrotschen, 1396 Wongrowitz, 1398 Mogilno. Zwischen 1378 und 1434 erhielt Schroda deutsches Recht.

Im XV. Jahrhundert war Priment vor 1408 Stadt, 1407 erhielt Sarne magdeburger Recht, 1413 Usch, (1416 Grabow?) 1422 Kruschwitz und wahrscheinlich auch Reisen, 1424 Fordon, 1429 Wilichow; Stadt war vor 1441 Kschonz, vor 1444 Lekno. Vor 1458 war Stadt: Adelnau (alte Burg), Budzin, Dobberschütz, Dupin, Görchen, Kähme, Kodschesen, Kosterschin, Krotoschin, Kurnik, Kwitschischewo, Margonin, Neustadt, Obersitzko, Opalenitze, Pinne, Pogorschell, Ritschenwalde, Scharfenort, Schernik, Schmiegel, Schokken, Tschemesno, Tschempin, Willatowo, Wollstein, Wreschen, vor 1469 war es Schwezkau. Mixstadt wurde es zwischen 1366 und 1538, 1474 erhielt Mietschisko, 1485 Obornik Stadtrecht.

Im XVI. Jahrhundert waren Städte vor 1520 Wissek, vor 1521 Kischkowo und Mieltschin; erhält Stadtrecht 1513 Schneidemühl, 1529 Lopinno; 1530 erhält Bomst magdeburger Recht, 1534

Lissa; vor 1553 war Baranow, vor 1560 Reisen und Storchnest, vor 1565 Blesen Stadt; 1564 erhält es Ostrowe, 1583 Bojanowe. Auch Bartschin war in diesem Jahrhunderte Stadt.

Im XVII. Jahrhundert: bald nach 1600 Unruhstadt. 1638 erhielten Bojanow und Obersitzko magdeburger Recht; 1639 Rawitsch, 1642 Jutroschin, 1644 Saborowo und Schlichtingsheim, 1662 Rakwitz.

Im XVIII. Jahrhundert: 1731 Schönlanke, 1748 Witkowo, um 1750 Rothenburg, 1759 Radolin, 1762 Zidowo, 1773 Sandberg, endlich zwischen 1780 und 1790 Neutomischel.

So viele Städte wurden gegründet, dass nicht alle ihren Bestand zu behaupten vermochten. Nicht nur, dass in den Kriegsstürmen die alt berühmte Burg Wissegrod gänzlich unterging: auch von eingegangenen Städten ist im posener Lande zu erzählen; zu solchen gehören Gedetsch und Priment[1], ferner Kobilagora, Baschkow (Baszkow) und Schiedlitz (Siedlec). —

Wo Deutsche eine Anlage begründeten, wiesen sie alle persönlichen Dienste von sich, wiesen von sich ab willkürliche Besteuerung und entrichteten nichts an die Burg. Statt dessen übernahmen sie für das ihnen abgetretene Land einen gewissen Grundzins und Abgaben von solchen Anlagen, die in Pacht gegeben wurden, wie von den Bänken und Buden der Verkäufer. Im XIII. Jahrhunderte betrug der Grundzins in Pritschen bei Fraustadt (1273 Urk. IX.) eine halbe Mark und 9 glogauer Scheffel, was man nachmals (1290 Urk. CCVI.) zu hoch fand; in Exin betrug er eine Viertel-Mark (1262 Urk. CCI.), ebensoviel in Gnifkow (Urk. LXIII.). Vom Hause zahlte der posener Bürger 1 Groschen, ebensoviel von einem Garten und einer Waarenniederlage (Urk. III.), der gnifkower zahlte auch 1 Groschen vom Hause. Im XIV. Jahrhunderte zahlte Schulitz von jeder Hufe $^1/_4$ Mark, von der Mühle $^1/_2$ Mark, von jeder Verkaufsstelle der Handwerker 1 Loth Denare (1325 Urk. XVIII.). Die Bromberger entrichteten vom Grundstück 3 Groschen, d. h. $1^1/_2$ Schott, eine Steuer von den Verkaufsstätten, die zum dritten Theil der Stadt zu gute kam, und von den Hufen in Bielicze 8 Schott, d. h. $^1/_3$ Mark (1346 Urk. XXIV.). Die Bürger von Polnisch-Krone hatten von der Hufe 18 Schott, d. h. $^3/_4$ Mark, und vom Gehöfte 3 Groschen abzuführen (1370 Urk. XXX.). Schildberg erhielt ein Dorf, durfte den Zins von den Verkaufsstätten für sich behalten, erhielt im Bezirke den ausschliesslichen Salzverkauf und musste dafür 23 Mark und zwei Dritttheile der Gerichtseinnahmen abführen (1386 Urk. XXXIV.). Fordon gab in runder Summe 40 Mark (1424 Urk. L.). Strelno musste an das Kloster von der Hufe 1 Mark, vom Garten 3 Groschen, von der Bude $^1/_4$ Mark abgeben (1436 Urk. LVIIII.): das war ohne Zweifel ein hochgegriffener Betrag; hier handelte es sich aber auch nicht um eine neue Besiedelung, sondern um Ablösung von Diensten seitens schon Ansässiger. Vergleichen wir diese Ansätze untereinander, so zeigt sich ein Steigen im XIV. Jahrhunderte, vergleichen wir sie mit den in Schlesien im XIII. und XIV. Jahrhunderte geschehenen Aussetzungen, so gewahren wir, dass sie theils den schlesischen glichen, theils etwas höher gegriffen waren. Zur Werthung des Geldes dient, dass die Strossa, die 1 Scheffel Roggen und 1 Scheffel Hafer betrug, in eine Geldabgabe von 2 Groschen umgewandelt wurde; zwei Groschen waren so viel als ein Schott (Scotus), und 48 prager Groschen betrug die Mark Silbers, welche in Polen nur $^4/_5$ der gewöhnlichen Mark wog, sonach ungefähr 11 Thaler Silberwerth hatte, also dass der Groschen gleich 7 Silbergroschen oder 21 Kreuzern war[2]. Der Vierdung (ferto) oder die Viertel-Mark hielt demnach 6 Schott oder 12 Groschen, der Schilling hatte 12, das Loth 3 Groschen. Fraustadt schlug aus dem Groschen 12 Denare. Gab Fordon 40 Mark, so mögen wir dies getrost einer Summe von mehr als 2000 Thalern heutigen Geldes gleichstellen. Ausser dem Grundzins wurde an den Fürsten oder Grundherrn gewöhnlich noch ein Drittel von der Verpachtung der Buden, Verkaufshallen, Mühlen und von den Gerichtsgefällen abgeführt. Die Stadt erhielt in der Regel das Recht, zu bestimmten Zeiten öffentliche Märkte zu halten, ohne dass die zu ihnen ankommenden Verkäufer mit Zöllen und Abgaben beschwert würden.

Die Deutschen hatten ihre eigene Weise, förmlich eine Stadt zu gründen, gleichwie die Römer. „Der alte Kulm“[3], ein Stadtrecht, sagt uns, wie es hergehen musste: „Das ist noch das Urkund, wo man

1) Die Nachrichten über Gedetsch und Priment, Kobilagora und auch die über die Burg Wissegrod sind in den Einzelgeschichten weiterhin mit aufgenommen. 2) Von den Münzen späterer Zeit ist der mehrmals vorkommende Tympf gleich 6 Silbergroschen oder 18 Kreuzern. 3) Der alte Kulm, von dem es eine Abschrift aus dem Jahre 1394 gibt, ist nach Gaupp (das alte magdeburgische Recht S. 123) nicht in Kulm, sondern in Breslau bearbeitet worden.

neue Städte bauet oder Märkte macht, dass man da ein Kreuz setzet auf den Markt, durch das man sehe, dass Weichbild da sei, und man hänget auch da des Königs Handschuh daran, durch das man dabei sehe, dass es des Königs Wille sei." Dann ward der Marktplatz im Viereck ausgesteckt; in seiner Mitte oder in einer seiner Seiten erhob sich das Rathhaus, das wie zu Berathungen der Gemeindeangelegenheiten so zu Zusammenkünften diente; in ihm ward Getränk ausgeschenkt und von der Verpachtung dieser Erlaubniss bezog die Stadt Einnahmen für ihre Bedürfnisse. Häufig waren auch an ihm Verkaufsläden. Der Marktplatz ist (wie er in Schlesien auch heisst) der Ring der Stadt: regelmässig von ihm aus, von seinen Ecken, laufen die Strassenreihen. Diese Beschaffenheit hatten in der Regel die eigentlichen Pflanzstädte, wie z. B. Deutsch-Posen. Wo das deutsche Reis auf einen slawischen Stamm gepfropft wurde, war die Gestalt eine andere, denn alsdann bestand schon ein umfänglicher Ort. Es gab alte Städte, deren Kern eine lange Gasse ausmachte: an einem Wege waren die Häuser dicht aneinander gedrängt. Viele posener Städte, ehemalige Dörfer, bestehen aus einer Hauptstrasse von geringer Breite, an die sich noch einige Häuser anschliessen. Mit Graben und hölzernen Planken wurde gewöhnlich die Stadt umzogen und sobald es anging, mit einer Mauer befestigt. Durch die Umwallung musste Sicherheit geschaffen werden. In ihrem Innern herrschte eine bestimmte geregelte Ordnung.

Die Städte im Posenschen waren im Grunde, sobald von ihrer inneren Einrichtung abgesehen wird, grosse Dörfer, insofern ihre Bewohner den Unterhalt hauptsächlich vom Ackerbau zogen, also die Beschäftigung der Bauern hatten. Die bürgerlichen Gewerbe standen im Ganzen zurück. Indessen fehlte die gewerbliche Betriebsamkeit, die in Polen sonst mangelte, nicht gänzlich. Es ist auch ein Anzug deutscher Handwerker erfolgt. Auch Handelschaft begann, denn wo Sammelplätze der Menschen sind, findet auch eine Ablagerung von Waaren statt. Die Verkaufsgeschäfte waren keineswegs einem jeden nach seiner Willkür überlassen. Oeffentlich geschah der Handel, an zugewiesener Stelle in einer Bank oder Kammer, oder im Kaufhaus — in Posen hatte es Premisl erbaut — und über Mass, Gewicht und Güte der Waare wachte Aufsicht. Heute, wo die Staaten Unterdrückungsanstalten geworden sind, wo unter den Augen der Polizei die Waare verfälscht und das Gewicht verkleinert wird, hat man die rechte Würdigung dieses Verhältnisses verloren. Der Käufer war vor Betrug sicher. Die Kaufleute hatten allerdings üblen Stand und schweres Aufkommen gegenüber den Juden, die sich ebenfalls in die Städte zogen. In Orten, deren Herrschaft die Geistlichkeit besass, sahen Juden sich ausgeschlossen. Unter den Erwerbsquellen blieb der Ackerbau die hauptsächlichste. Die meisten Städte fussten auf Grundbesitz, auf das Stadtfeld. Der Handwerkerstand, welcher die eigentliche Stärke der Städte ausmachte, trat im Laufe der Zeit hervor; manche von Deutschen begründete Stadt hob sich durch Gewerbthätigkeit, und deutsche Zunftordnungen fanden Eingang, in den meisten Städten war aber auch in der Folge das Handwerkerthum schwach, und da namentlich, wo die Obrigkeit grundherrlich war, blühen die Gewerbe nicht recht auf, blieb das dörfliche Gepräge vorwaltend. Die ersten Handwerker in einer neuerrichteten Stadt waren gemeinlich diejenigen, welche für den dringendsten Bedarf arbeiteten. Natürlich konnten Zünfte sich nur bilden, wo eine grössere Anzahl Handwerker gleichen Gewerkes vorhanden war. Wo sie sich einrichteten, wurden sie feste Stützen der Stadt und übernahmen für manches die Sorge. Die Schuhmacherinnung Fraustadts zahlte z. B. einen jährlichen Beitrag für die Armen. Innerhalb der Zunft wurde von ihr selbst auf Ordnung gehalten; die Zunftältesten hatten eine Strafgewalt sowohl bei kleineren Vergehungen der Zunftgenossen, als in Ansehung der Waaren, die gut angefertigt werden sollten. Der die Unkunde Anderer ausbeutenden Willkür wurde von ihnen selbst gesteuert. Auch die Zunftordnungen wurden von Stadt zu Stadt genommen. Wir können dies freilich nur aus jüngeren Zeiten nachweisen: so sollten die Handwerker in Budzin (1641) sich so halten, wie die von Rogasen; so nahmen die Tuchmacher von Rawitsch die Innungssatzung von Fraustadt an, doch in der älteren Zeit war es gewiss nicht anders.

Gesetzgebung, Gerichtspflege, Polizeiverwaltung war die eigene Sache der Bürger. Der Gemeinde stand theils der Anleger, der Vogt, theils ihre selbstgewählte Obrigkeit vor. Das magdeburger Recht schrieb vor, dass die Bürgerversammlung (das Burding) Rathmanne auf ein Jahr kürte. Diese leisteten den Schwur, der Stadt Recht und ihre Ehre und ihr Frommen zu bewahren, wie sie auf's allerbeste könnten mit der weisesten Leute Rath. Sie legen, wenn sie wollen, das Burding aus, d. h. berufen die Gemeinde zum Berathen und Beschliessen. Die Stadtobrigkeit zerfiel in den verwaltenden Rath und die richtenden Schöffen. An der Spitze der Rathsherrn (consules; seu rectores civitatum sagt eine Urkunde von 1280[1]), die den Titel „fürsichtige" (providi, famati) führten, stand ein Bürgermeister (proconsul, auch protoconsul, preconsul) (Urk. LXX.). Die Beamtung war eine unbesoldete; nur Gebühren fielen den Rathsherrn und Schöffen zu. In Rechtshändeln urtheilten die Schöffen. Wenn eine streitende Partei sich bei ihrem Erkenntniss nicht beruhigte, so wurde der Fall von den Rathsherren neu beurtheilt, der Spruch bestätigt oder geändert. Der Vogt wurde vor dem Könige belangt, aber auch nach magdeburger Recht gerichtet. War anfänglich des Vogtes als des Anlegers Gewicht gross, so sank es in der Folge gegenüber dem Ansehen des aus der Gemeinde hervorgehenden Rathes, obwohl es dem Vogte zukam, als Vertheidiger der Stadt (defensor civitatis) nach aussen zum Schutze der städtischen Gerechtsame und Grenzen mitzuwirken[2] und um Veränderungen im Besitzstande innerhalb der Stadt sich zu bekümmern. Der Gemeinde wurde in der Folge der Erbrichter unbequem; sie fand es lästig, dass er der beständige Gerichtsvorsitzer war, Polizeigewalt hatte neben dem Rathe und in bevorzugter Stellung sich befand. Die Vögte wurden auch fast den Edelleuten gleich geachtet, gleichwohl standen sie in der Stadt, in späteren Zeiten, den Rathmannen im Range nach. Immer mehr wurde der Bürgermeister das Haupt. Manche Stadt suchte die Vogtei durch Kauf zu erwerben, d. h. des Vogtes Liegenschaften und Gefälle an sich zu bringen und seine erbliche Stellung zu beseitigen, womit zugleich der Stadtrath seine Pflichten auf sich nahm.

Für die Stadtgemeinden galt das magdeburgische Recht, welches auch schlechtweg unter dem Namen „Stadtrecht" (jus municipale) gemeint ward. Rechts- und Verfassungssatzungen waren dazumal noch nicht gesondert: alles was gelten sollte, war zusammengeworfen. Unter anderem brachte das magdeburger Recht andere Erbbestimmungen mit sich, als die Ordnung in Polen war. Viele posener Bürger bekamen das magdeburger Recht gleichsam aus zweiter Hand. Als neumarkter Recht (jura sredensia) erhielten es Sduni 1261 (**Urk. CCLI.**), wo es freilich wohl kaum in Wirksamkeit getreten ist, Rohrbruch 1299 (**Urk. CCX.**), Zielankowo bei Powidz 1365 (**Urk. XXVIII.**): Neumarkt hatte von den Schöffen Halles im Jahre 1235 die Satzungen zugeschickt erhalten; sie waren mithin in grösserer Nähe abschriftlich zu erlangen. Sonst nahm man näher gelegene bekanntere Orte zum Anhalt und Muster: aber es war immer im wesentlichen dasselbe magdeburger Recht, welches fortgeleitet wurde. Exin bekam 1260 dieselbe Einrichtung, wie Posen und Gnesen (**Urk. CCI.**); Kosten ebenfalls; Dolzig 1403 wie Posen und Kalisch (**Urk. CCXV.**), Wilichowo 1429 wie Posen und Kosten (**Urk. LVIII.**). Nach Wlozlawek bekamen das Recht Schulitz 1325 (**Urk. XVIII.**) und Bromberg 1346 (**Urk. XXIV.**), Polnisch-Krone hinwiederum 1370 (**Urk. XXX.**) und Fordon 1424 (**Urk. L.**), wie Bromberg. Mrotschen wurde 1393 nach der Weise Zempelburgs berechtigt (**Urk. XXXVII.**), Jungleslau hatte gleiches Recht wie Thorn (**Urk. LII.**). Nach Jungleslaus Vorbilde sollten sich halten Pakosch 1359 (**Urk. XXVI.**) und Kruschwitz 1422 (**Urk. XXXXVIII.**), wahrscheinlich auch Gnifkow, dessen älteste Urkunde verloren ist (**Urk. LXIII.**). Uschtsch 1413 (**Urk. XXXXV.**) und Obornik, dessen ältester Freibrief auch verloren ist (**Urk. LXX.**), und Bomst 1530 bekam die Satzung von Posen. In späterer Zeit (1619) wurde Blesen kulmer oder preussisches Recht gegeben (**Urk. CCXXXVIII.**). Nur in den Städten gab es in Polen lange Zeit schriftliche Satzungen[3]. Allgemein bekannt ausserhalb der Städte war es keineswegs, sowohl der gnesener Erzbischof als der byssower Abt bekannten ihre Unkunde desselben, der erstere 1365[4], der andere 1370, indem er es ertheilte (**Urk. XXX.**). Als König Kasimir an die Regelung und schriftliche Feststellung der Rechtsverhältnisse in Polen ging, liess er das magdeburger Recht abschreiben und auf der krakauer Burg in einem Schranke für die Richter bewahren. Diese krakauer Abschrift des magdeburger und des kulmer Rechts nahm der Reichskanzler Johann Laski, Erzbischof von Gnesen, in die von ihm veranstaltete Gesetzsammlung auf und bekräftigte König Alexander im Jahre 1505[5]. Wusste die

---

1) Raczynski, codex dipl. maj. Poloniae. S. 69. 2) Kühnast, Historische Nachrichten über die Stadt Bromberg. 1837. S. 91. 3) Bandtke und Ossolinski halten dafür, dass auch römisches Recht in den polnischen Städten aushülfsweise zur Geltung gelangt sei. 4) Et quia jura Sredensia sunt nobis prorsus incognita. Balinski I. 118. 5) Collectio legum a Joanne Laski jussu Alexandri regis conscripta, noch ohne Ordnung. Darauf brachte das magdeburger und kulmer Recht in Druck 1535 Nicolaus Jaskier legum magdeburgensium collectio zu Krakau; zusammen gab hierauf Bartholomeus Graicki heraus 1. ordinem actionum ac legum urbanarum; 2. Articulos juris magdeburgici; 3. titulos hujusce juris sive indicem; 4. plebiscita Cracoviensia. 1602 verbesserte Jaskier's Sammlung auf Sigismund III. Geheiss Adam Bursius und gab sie vermehrt heraus. Das unmittelbar von Magdeburg

Recht sprechende Obrigkeit in schwierigen Fällen nicht, woran sich zu halten, so wandte sie sich um Rechtsbelehrung an die Stadt, mit der sie bei der Gründung zusammengehangen, von der sie zuerst die Rechtssatzungen überkommen hatte. Diese war ihr Oberhof. Magdeburg ertheilte Rechtsbelehrungen, die jedesmal bezahlt wurden, auch andere grössere Städte thaten dies. An welche das Gericht einer Stadt in seiner Unsicherheit sich wendete, war keineswegs seiner Willkür anheimgegeben, sondern stand ein für allemal nach den Verhältnissen der Stadt fest. Von Schulitz ging seit 1325 der Rechtszug nach Wlozlawek, und falls der dortige Rath keinen Bescheid wusste, nach Kulm und Thorn (Urk. XVIII.), von Polnisch-Krone (seit 1376) nach Bromberg (Urk. XIX.). Die Entstehung von Kirchen in den Städten würde schon von der Sorgsamkeit der Geistlichen ausgegangen sein, hätten nicht selbst die Bürger es für eine Ehre angesehen, eigene Kirchen zu haben. Hospitäler entstanden gleichfalls, meist im Anschluss an die Kirchen. Und nicht blos für die eigne Wohlfahrt, auch für die Heranbildung der Jugend waren die Städte bedacht. Schulen werden im XIV. Jahrhundert angeführt in Posen, in Gostin, in Bromberg, im XV. in Fordon, und bestanden gewiss auch in anderen Städten. In Gostin war der Schulmeister zugleich Notar der Stadt (1332 Urk. XX.).

Der Starost oder Landeshauptmann (capitaneus) hatte den Bürgern nicht zu gebieten. Die Stadt war seiner und des Woiwoden (palatinus, dux) Macht gänzlich entrückt. Indessen gab es doch einige Verhältnisse, in denen der Starost eine Gewalt besass, welche die Städter betraf. Er war der Vorgesetzte der umwohnenden polnischen Dorfinsassen; da die Städter zu diesen Beziehungen hatten, geriethen sie auch mit dem Starosten in Berührung. Ein zweites Verhältniss erwuchs daraus, dass Juden sich in die Städte zogen[1]. Diese verschmolzen nicht mit der Bürgerschaft und hatten an der Gemeinde keinen Antheil. Weder begehrten sie ihn, noch hätten die Bürger ihn den Juden gegönnt. Also lebten sie abgeschlossen für sich, und bildeten, wo sie in grösserer Anzahl sich vorfanden, eine besondere Gemeinde; sie hatten ihre selbstgewählten Oberen und der Rabbiner entschied nach ihrem Rechte ihre Händel. Sie nun waren dem Schutze des Starosten und Woiwoden zugewiesen, zahlten an ihn alljährlich eine Steuer und standen, wenn von Nichtjuden gegen sie um Recht nachgesucht wurde, unter seinem Gericht. Handelte es sich unter ihnen selbst um thatsächliche Verletzungen, so entschied in der Synagoge ein vom Woiwoden bestellter Richter zusammen mit ihren Aeltesten. Von dem Ausspruch konnte noch Berufung an das Urtheil des Königs eingelegt werden. Sie hatten für ihre rechtliche Stellung, namentlich für ihren besonderen Gerichtsstand einen fürstlichen Freibrief 1264 von Boleslaw dem Frommen zu Kalisch sich ausgewirkt, dessen Bestätigung 1334 zu Krakau und von späteren Königen sie auch erlangten. Sie wurden gehegt, nicht nur weil sie als Mittelsleute (Faktoren) den Edelleuten sich unentbehrlich zu machen wussten, sondern auch weil der Zins, den sie erlegten, beträchtlich war. Was die Juden allein in den Städten Posen und Gnesen am Ende des XV. Jahrhunderts abführten, war so bedeutend, dass der König (1494) eine Rente von 400 Gulden und 1504 eine Zahlung von 2000 ungarischen Goldstücken darauf verschrieb[2]. Wie konnte, da sie von der Stadtgemeinde ausgeschlossen waren, das Wohl der Stadt ihr Augenmerk sein und ihnen am Herzen liegen? Es war ihnen etwas Fremdes. Auf sich selbst und ihre eigne Gemeinde fanden sie sich verwiesen. Von dem Gange der allgemeinen Entwicklung hielten sie sich abseits. Nicht einmal in der Kleidung näherten sie sich den übrigen Landeseinwohnern. Ihre Tracht blieb die morgenländische: Pantoffeln, schwarzes, wallendes, mit Häkchen zusammengeschlossenes Gewand, das bis an die Knöchel reicht, ein schwarzes Käppchen und darüber eine hohe Pelzmütze auf dem Kopfe; der Bart ungeschoren, das Haupthaar bis auf zwei lange Ringellocken an jeder Seite abgeschoren. Später wurde ihnen thörichterweise vom Könige (1538) die Beibehaltung eigenthümlicher Tracht auferlegt, damit sie mit Christen nicht verwechselt würden. Waren sie der polnischen Sprache auch mächtig, so sprachen sie doch unter sich ein

---

an schlesische Städte gegebene Recht ist enthalten in: Gaupp, das alte Magdeburgische und Hallische Recht, in demselben: Schlesischem Lehnrecht, in Stenzel und Tzschoppe's Urkundensammlung zur Geschichte des Ursprungs der Städte u. s. w. in Schlesien und der Ober-Lausitz, woselbst Seite 352 in der Anmerkung gesagt ist, dass, wo es vom Burggrafen spricht, weitere schlesische Abschriften den Vogt nennen, was vermuthlich auch für diese Satzungen im Posenschen gilt. Der alte Kulm ist zu ersehen aus: Jus culmense ex ultima revisione. Oder Das vollständige culmische Recht. Danzig 1767. Fol.

1) Uebertreibung ist, was Leonard Chodzko sagt: Le plus gros endroit habitué par des chrétiens et des paysans n'est jamais réputé qu'un village „wiez“; il suffit au contraire d'une douzaine de familles juives pour en faire un „miasteczko“ petite ville. 2) Inventarium omnium diplomatum in arce Cracoviensi, p. 291. 292.

schlechtes Deutsch, und auch wohl hebräisch, so dass sie in Gegenwart von Nichtjuden untereinander sich besprechen konnten, ohne verstanden zu werden. In grösseren Städten nahmen sie ein eignes Viertel ein und wenn es anging, erbauten sie in ihm eine gemauerte Synagoge. Ihren Bezirk schied ein Thor aus zwei Pfählen mit querüberzogenem Eisendraht von der übrigen Stadt; hie und da kauften sie auch in der Stadt sich an: allein dass sie mitten unter der christlichen Gemeinde wohnen dürften, wurde ihnen oftmals bestritten. Obgleich die Bürger sie bald ungern in ihrer Stadt sahen, und namentlich der Zorn der Gewerbtreibenden oftmals gegen sie entbrannte, so gewannen sie doch durch ihre Anstelligkeit und mit ihrem Gelde wo nicht Gunst, doch Unterstützung des königlichen Beamten, an dem sie einen Rückhalt gegen die städtischen Obrigkeiten fanden.

Am Nebeneinanderstehen mehrerer geschlossener und selbstständig die eignen Angelegenheiten verwaltenden Gemeinden wurde überhaupt kein Anstoss genommen. Die auffälligste Erscheinung dieser Art ist Posen. Zuerst stand dort die Burg mit ihren, der Dom mit seinen Schützlingen; dann erwuchs auf der andern Wartheseite 1253 die Stadt Deutschposen; hierauf um 1300 die Johannisstadt, dann 1444 die Wallischei, 1450 Ostrowek oder der Graben, 1510 die Adalbertsvorstadt, 1562 Stanislawow, im XVII. Jahrhundert Wymikowo und Piotrowo: das alles zusammen bildet heutzutage eine einzige Stadt!

Alle Einrichtungen drückten den Städten ein deutsches Gepräge auf. Ob auch im Posenschen es Städte gab, in welchen die Handwerker keinen Slawen in ihre Innung aufnahmen, wie in den lausitzischen Sechsstädten, in Thorn und anderorts der Brauch war; ob auch auf die posener Städte der Erlass Sigismunds I. 1526 Anwendung finden konnte, welcher den Städten den Ausschluss der Polen von den Zünften verbot und bei 50 ungarischen Goldgulden Strafe die Ausschliessungsbestimmungen der Handwerkersatzungen nicht gelten liess, wissen wir nicht, dagegen können wir nicht in Zweifel sein, dass in vielen Städten eine gemischte Bevölkerung sass.

Nicht alles lag für das Aufblühen günstig. Während in Deutschland der geflüchtete Landmann in der Stadt nach Jahr und Tag vor den ehemaligen Herren sicher war, verblieb in Polen der Kmethe allenthalben und beständig seinem Herrn. Das Meilenrecht, wonach innerhalb eines gewissen Bereiches kein städtisches Gewerbe betrieben werden durfte, galt nur für wenige Städte, namentlich in Bezug auf Brauerei, wie für Meseritz, Nakel, Gostin (1322), Jungleslau, später Lissa. Handwerke wurden freilich auf dem Lande nicht getrieben, aber den Ausschank von Getränken zogen die Gutsherren an sich.

Auch waren nicht aller Städte Verhältnisse gleich. Erhielt eine schon bestehende polnische Stadt das deutsche Stadtrecht, d. h. war keine Schaar von Deutschen da, die es sich ausbedang, sondern erlangten eben nur die vorhandenen polnischen Bewohner den eingeführten freieren Zuschnitt, so wurde ihnen doch nicht allemal ebenso viel Recht zu Theil. Dann waren die ihnen auferlegten Leistungen, welche an die Stelle der alten Lasten traten, grössere. Auch behielt sich wohl der Grundherr die Ernennung des Bürgermeisters vor. Wir gewahren dieses Verhältniss deutlich an Strelno (Urk. LVIIII. 1436).

Da diese Städtebildung sich im westlichen Grenzstriche des polnischen Reiches vollzog, so war sie auch den störenden äusseren Einflüssen mehr ausgesetzt, als wenn sie im Hinterlande sich zugetragen hätte. Kriegsleiden, Einbrüchen der Feinde, Plünderung und Brand waren die Städte im Posenschen öfter preisgegeben. Mehrere Städte wurden in den Kriegen eingeäschert; wurden sie auch von neuem aufgebaut, so hatte doch allemal der Wohlstand der Bewohner grossen Abbruch erlitten. Insonderheit litt der nördliche Streif. Wie früher durch die Kämpfe mit den Pommern, so im XIV. Jahrhundert durch die Kämpfe mit dem Ritterorden in Preussen fanden sich die Städte des Netzdistriktes hart betroffen. Die Zerstörung, Plünderung und Niederbrennung von Bromberg, Wissogrod, Gnesen, Nakel, Schroda, Kletzk, Pudewitz, Kosterschin, Schnin, Jungleslau, Strelno, Kruschwitz, Schulitz, Gnifkowo durch die Ordensheere fällt in die Jahre 1329 bis 1332: was gehörte dazu, um wieder zu ersetzen, was schnell vernichtet worden war! Die einzelnen Städte hielten nicht untereinander zusammen, um im Innern des Landes den in ihnen waltenden Geist weiter zu tragen, und doch wäre diess der nächste Schritt gewesen, den ihre Entwicklung gebot. Mit Kalisch und Peisern war Gnesen um 1299 in einen Bund getreten, welcher Herzog Wladislaus Billigung fand[1], um Uebelthäter und Friedensbrecher zu züchtigen. Wer in einer

1) Cod. dipl. Pol. I. 162; vgl. Urk. CCVII.

dieser Städte geächtet wurde, sollte in seinem ganzen Gebiete geächtet sein. Als Franstadt noch bei Schlesien war, hatte es sich in einen Bund mit schlesischen Städten begeben (1310 Urk. XV.). Im Posenschen kam es zu solchen Einigungen in der Folge nicht. Nur Schildberg verband sich um 1384 mit schlesischen Städten. Obschon sich Handhaben zu einem äusseren Auftreten in allgemeinen Landesangelegenheiten darboten, wurden sie doch nicht wahrgenommen und gehörig benutzt. Verlangten doch die Ordensritter bei den Verhandlungen von 1335 die Bezeugung der allseitigen Zustimmung des Landes[1], weshalb 1343 Posen nebst 6 andern polnischen Städten bei den Friedensschluss zum Unterschreiben herangezogen wurde[2]. Gab sich doch nach dem Aussterben der Piasten einiger Antheil an der Königswahl. Jedoch die Städte strebten nicht über ihr Weichbild hinaus.

Ueberhaupt nahm diese Entwicklung keinen aufsteigenden Gang. Der Fortgang der Ansiedlungen im innern Polen stockte. In diesem war 1253 Bochnia von Nikolaus aus Liegnitz angelegt worden, 1271 hatte Kenty, dann Wielitschka, 1291 Auschwitz, 1292 Zator, 1294 Neu-Sandetz deutsches Recht erlangt, ferner 1339 Pultusk, 1342 Myslenitze, 1345 Ripin, 1349 Lipno, 1351 Bodzanow; seitdem werden Gründungen sparsamer, obgleich sie noch vorkamen, wie Wilna 1387, Brzeschtz litewski 1390. Das Auswandern aus Deutschland war in Abnahme gekommen; soweit es sich nicht um Vereinzelte, sondern um einen Massenabfluss handelte, hatte es aufgehört. Aber auch ein sich Setzen, sich Aufraffen und Anspannen des Polenthums gegen das Deutsche trat um die Mitte des XIV. Jahrhunderts ein, welches den Gang deutscher Entwicklungen aufhalten musste. Auch dieses ist eine allgemeinere Erscheinung in der gesammten Slawenwelt. Im XIV. Jahrhundert beginnt für diese ein neues Zeitalter. Posens Entwicklung nimmt nun nicht die Wendung, die Schlesien zu seinem Segen machte. Im Lande an der untern Oder reisst das deutsche Beispiel mächtig fort: in ihm entsteht nach den Städten auch ein freier Bauernstand; im XIV. Jahrhundert werden dort viele Eingeborne der strengen polnischen Dienstbarkeit entlassen. In den Warthegegenden verbesserte sich nicht, verschlimmerte sich eher das Loos des Landmanns. Wenn die Städte abgeschlossen für sich bestanden, so war ihr Gedeihen doch von den allgemeinen Zuständen, innerhalb deren sie sich befanden, abhängig. Mehr oder minder unterlagen sie schliesslich der Rückwirkung der öffentlichen Verhältnisse. Städte unter Grundherren, welche anfänglich das deutsche Recht erhalten hatten, gingen schon im XIV. Jahrhunderte desselben verlustig und wurden nach polnischer Weise verwaltet. Ja, König Kasimir verfügte zu Gnesen 1347, dass solche Städte sich nicht mehr auf das deutsche Recht berufen dürften. Auch eine andere Satzung dieses, über Gebühr gepriesenen Königs aus demselben Jahre lässt auf die eingetretene Lage schliessen, dass nämlich der Nachlass kinderlos gestorbener Bauern und Bürger (civiles homines) hinfort nicht mehr dem Gutsherrn ganz anheimfallen solle. Und dennoch war es eben dieser König, welcher selbst die Erfahrung gemacht hatte[3], dass die Bürger auf Ordnung hielten. Sie hatten ihm beigestanden, das Reich vor dem Abfall der Grossen zu bewahren, es zu erhalten. Kasimir löste die Verbindung mit Deutschland in Rechtssachen. Bisher hatten in schwer zu richtenden Streitigkeiten die Bürger im Posenschen sich öfter an den Schöffenstuhl zu Magdeburg, ein Rechtserkenntniss suchend, gewendet. Ein Spruch wurde mit 9 Vierdungen prager Groschen (d. h. etwa 25 Thaler, was nach heutigem Geldwerth vier- bis fünffach zu bemessen ist) bezahlt, die anderweiten Unkosten abgerechnet. Billig war das nicht, und wenn man sich über die Kosten des Rechts beklagte, hatte dies guten Grund. Aber dieser Umstand war es schwerlich, warum Kasimir den Zug nach Magdeburg nicht länger duldete, sondern ein anderer. Ward doch nicht in seinem Namen Recht gesprochen. Das war in seinen und seiner Würdenträger Augen ein Gräuel. Also erliess er ein Verbot, in Magdeburg Recht zu holen und bestellte er in Krakau einen höchsten Gerichtshof für die Bürger. Unter dem Vorsitz eines königlichen Beamten fällten hinfort eine Anzahl Richter aus verschiedenen Städten, städtische Schöffen, nach magdeburgischem Rechte das Erkenntniss[4]. Der krakauer Oberhof galt nur für Klein-

1) Veriti tamen ne sententia regum aliquando posset in dubium revocari, praesertim praelatis, baronis, nobilibus, civibus et communitate regni Poloniae expresse non consentientibus. Dlugoss, Historia Polonica, Buch IX. Leipzig 1711. S. 1036, 1067. 2) Dzialynski, Lites ac res gestae inter Polonas ordinemque Cruciferarum I, 2. p. 34. 3) Hic Cazimirus veniens in *Poloniam* fuit fere a possessione per quendam Vincencium Palatinum *poznaniensem* impeditus; et nisi milites et civitatum cives fuissent, terram a rege et a filio suo voluit alienare; Annalist in Lengnichs Ausgabe des Kadlubek, S. 103. Caro S. 156 bestreitet diess allerdings. 4) In dieser Urkunde, Krakau 5. Okt. 1356 ausgestellt, die Dlugoss im IX. Buch seiner polnischen Geschichte aufgenommen hat (S. 1105 — 119), sagt Casimir: ad-transgressorum insolentias reprimendas animadvertentes nostro regno contra decorem et honorem illibatas ejusdem regni nostri praeter scientiam nostrae

polen. Der Lage der Sache nach sollte man annehmen, dass ein gleiches Städtegericht auch in Posen eingesetzt sein müsse, indessen ist dies äusserst unsicher und in späterer Zeit jedenfalls nichts von einem solchen wahrzunehmen[1]. Jenes Verbot der Rechtseinholung von Magdeburg erfolgte im Jahre 1356 oder wenn wie es scheint Helcel richtig folgert, vielmehr 1365. Es kündigt die verhängnissvolle Wendung an. Seitdem geht es rückwärts. Wohl erscheinen die Städte noch bedeutend in den inneren Unruhen von 1383. Da verwarfen die Bürger vieler Orte, namentlich auch Posen, die Landeshauptmannschaft des Domarat und zeigten dem gegen ihn aufgetretenen, in Peisern versammelten Adel ihren Beistand an[2]: allein wie übel war der herrschende Geist, da 1386 der König erklären konnte, alle geistlichen und weltlichen Aemter und Würden nur dem eingebornen Adel zuwenden zu wollen. Es war die Ausschliessung der Bürger von den Vortheilen, die sie gewährten und gab die Macht der Verwaltung allein in die Hände von Edelleuten. Zu dem Widerwillen der vornehmen Polen gegen das Deutsche gesellte sich der Adelshass gegen das Bürgerwesen, gegen Fleiss, Ordnung und wahre Freiheit[3].

---

regiae majestatis versasse corruptelas, quia cum advocati, sculteti, scabini, jurati judiciorum bannitorum juris theutonici dum litigantibus, in judiciis eorum bannitis contendentibus, sententias interlocutorias et diffinitivas in causis quam pluribus promulgant, dicti contendentes, ad partes remotas *rinenses*, in *Maydeburg* civitatem, cui nullo jure subsint et ultra fines regni nostri appellationes et provocationes interponunt, nostrae majestatis proprio tribunali et solio nec non proprii principis et domini jure et jurisdictione omissis et contemptis et in detrimentum regni nostri et regnicolarum nostrarum gravamen. Advocati quoque, sculteti, scabini, jurati praedicti regni nostri a contendentibus eisdem pro emendis sententiis a scultetis in *Maydeburg* per novem fertones latorum grossorum pragensium et nonnullas summas pecuniarum pro expensis exigant et extra regnum nostrum in *Maydeburg* pro praedictis sententiis emendis transmittunt: per quae honori, decori, jurisdictioni, solio, tribunali illibatis nostris praedictis detrahatur et turpitudo reservatur. Et quod deterius est dicti advocati, scabini, jurati jurisdictionum theutonicalium, cum inter litigantes justitiae reddere deberent complementum, difficiles se in hac re reddentes, ad civitatum nonnullarum dicti regni nostri consules, advocatos, scabinos, juratos, quibus nulla a nobis super jure supremo et dandis sententiis jure *Maydeburgensi* a nostra majestate regali, nulla prorsus fuit vel est eis specialis ad aliqua loca ipsorum, extra eorum loca constituta, ultra terminos jurisdictionis eorum attributa potestas et ad vendendum jus summum nostro solio et tribunali duntaxat annexum, et sententias aliquas dandum extra fines eorum jurisdictonis ad illas civitates, villas et loca auctoritas concessa. Sed ex quadam temeritate contendentes coram eis in causis tam parvis quam magnis pecunias compulerunt ponere non paucas, pro quibus sententias a dictis civitatum regni nostri consulibus, advocatis, scabinis, juratis, nullius prorsus ad haec auctoritate fungentibus sententias extraxerunt et jus emerunt — contra quae in nostro regno clamor ascendit. — Daher hat er mit den Grossen der Reichsversammlung beschlossen: appellationes, provocationes in dictis judiciis faciendas a litigantibus praedictis pecuniaque praedicta ementes, exercentes, admittentes sententiasque praedictas in *Maydeburg* ementes et ad civitatum aliquarum dicti regni nostri judicibus, advocatis et scabinis juratis jus aliquod absque nostra speciali auctoritate per quospiam judices, advocatos, scabinos, juratos litigantes, ementes et recipientes sententias aut jus aliquod et receptis aliqualiter stantes aut ea pro jure habentes *sub poena amissionis omnium bonorum* ipsorum auctoritate nostrae majestatis regiae inhibemus. Als Ersatz dafür libros juris *maydeburgensis* ordinavimus et in thesauro nostro castri *Cracoviensis* deposuimus; in eodem quoque castro *Cracoviensi* constituimus jus supremum theutonicale provinciale vice et loco juris *maydeburgensis* de libris ejusdem promulgare debet sententias et jura per advocatum nostrum et septem scultetos seu advocatos dicti juris provincialis peritos, quos nostrae majestatis procurator generalis qui pro tempore fuerit dicti castri et terrae nostrae Cracoviensis una cum advocato nostro praedicto de locis infrascriptis inter advocatos et scultetos seu alios scabinos juris peritos duxerit recipiendos. Da aber keine grosspolnischen Städte unter den betheiligten genannt sind, scheint dieses Gericht nur ein Hof für Kleinpolen gewesen zu sein. Zufolge Helcel's Auseinandersetzung in dem mir unzugänglichen Werke Starodawne prawa polskiego Pomniki, Warschau 1856 (welches wahrscheinlich auch einen besseren Abdruck enthält), wäre das krakauer Obergericht nicht 1356, sondern 1365 eingesetzt worden. Ihm pflichten Röpell u. Caro bei.

1) Schon 1790 wurde behauptet und auch 1812 von Bandtke (Zbior rozpraw o przedmiotach prawa polskiego) angenommen, die Begründung von vier Oberhöfen für Entscheidungen nach deutschem Rechte habe stattgefunden, nämlich in Krakau, in Posen, in Lemberg und in Sendomir. Die dafür beigebrachten Beweise sind jedoch (wie z. B. der Bezug auf die Gründungsurkunde Posens von 1253) durchaus nicht schlagend. Indessen ist ein Erkenntniss vom Jahre 1450 vorhanden, welches nach einer unvollständigen Abschrift Helcel's Röpell (Abhandlungen der hist. phil. Gesellschaft in Breslau 1857, I 287. 288) mittheilt. Dasselbe lautet: Nos magistri civium et consules civitatum et oppidorum infrascriptorum videlicet *Kalissiensis*, *Gneznensis*, *Pisdrensis*, *Kostanensis*, *Pobiedziska* et *Kleszko* significamus et recognoscimus per praesentes universis praesentibus et futuris quibus expedit, qualiter dum de anno domini 1450 ad diem et feriam sextam proximam ante dominicam Invocavit ad civitatem *Poznaniensem* de mandato et commisso speciali serenissimi domini nostri gloriosissimi regis Kazimiri regis *Poloniae* convenissemus ad discernendum, judicandum et fine debito determinandum et sentenciandum causam et gwerram ac controversias universas inter famosos consules civitatis *Poznaniensis* et cives ejusdem ab una et providum Albertum Berlin (Gerlin?) civem etiam *Poznan.* ab altera partibus, ibidem non consedentes in praetorio praedictae civitatis — concordavimus ipsas partes modo amicabili concordia perpetuis temporibus. Hier ist jedoch der Fall eines commisum speciale, was nicht auf ständiges Gericht schliessen lässt. Durch ein besonderes Mandatum regis wurden häufig in Polen untersuchende und erkennende Kommissionen bestellt. Dass immer noch in Magdeburg und Halle Recht gesucht wurde, gibt Helcel (bei Röpell S. 289) an. Die Urkunden unseres Codex lassen in keiner Stelle das Vorhandensein eines Obergerichtshofes voraussetzen (vgl. **XXX, L, LXIII, LXX**). Cromer (de situ, moribus etc. Poloniae, in Mizler a Kolof collectio script. Pol. 1761, I. 161) spricht wohl vom krakauer Obergericht, aber gedenkt nicht eines solchen in Grosspolen, welches er daneben doch hätte anführen müssen. 2) Janko Czarnkowski, Sommersberg II, 140. 3) Damit unser Leser auch hier erfahre, wie alle diese Verhältnisse vom polnischen Standpunkte aus betrachtet werden, sei eine Stelle aus O. v. Weissenhorst, Studien in der Geschichte des Polnischen Volkes nach den besten Quellen bearbeitet. Zürich 1850, I. 103, herausgehoben. Sie lautet: „Jener eigennützige Separatistengeist, der in den Bürgern der Städte unter fremder, d. h. deutscher Form auftrat, konnte nicht umhin, den bis zum Frevel patriotischen Adel in seinen wärmsten und edelsten Gefühlen zu verletzen. Er sah, wie die Magistratspersonen beinahe ausschliesslich nur aus Ausländern, aus Deutschen bestanden, er sah, wie auf den Reichstagen der Bürger von irgend einer Stadt gegen ihn seine eigennützigen Interessen entweder in einem schlechten Polnisch oder in deutscher Sprache zu verfechten trachtete; es war also natürlich, dass er in jenem Bürger, in welchem alles

4. Stillstand und beginnender Rückgang unter den Jagellonen, seit 1386 bis zum Eindringen der Kirchenreformation, Mitte des XVI. Jahrhunderts.

Wiewohl der Fortschritt, den das posener Land durch das Entstehen der deutschen Städte machte, ein höchst bedeutender war, blühte das Städtewesen in ihm doch nicht in gleichem Masse, wie in Deutschland, wie in Schlesien und Preussen fröhlich empor. So manche Umstände hielten das Gedeihen zurück. Allzuviel Städte entstanden! Jeder grosse Herr trachtete danach sich Städte zu schaffen; sicher nicht aus Liebe zur Freiheit, sondern um zahlende Bürger zu erlangen. Das Land bedeckte sich mit Städten. Um die Mitte des XV. Jahrhunderts gab es deren ungefähr hundert! Da stand denn das Aufkommen des einen jungen Städtchens dem Aufkommen des andern bald im Wege. Gar so üppig lagen denn doch die äusseren Bedingungen des Wachsthums auf dem polnischen Boden nicht vor. Ueberdies verzettelten sich die vorhandenen Kräfte, statt durch Zusammenschluss an Bedeutung zu gewinnen. Zwar, schaute man nur auf die ganze Breite des städtischen Lebens, welches aufgesprossen war, so war eine grosse Mächtigkeit zu gewahren, sobald man jedoch die einzelnen Städte des Näheren in's Auge fasste, sah man in ihnen nicht überall das rechte Blühen, sah nicht die Stärke, welche, namentlich unter den misslichen Verhältnissen Polens, nur um das Geschaffene zu behaupten, schlechterdings nothwendig war.

Um das städtische Wesen zu seiner rechten Entfaltung zu bringen, wird eine grosse Menschenansammlung erforderlich. Wo sehr viele Städte dicht nebeneinander sind, können sich keine besonders grosse erheben. Die Nahrungssäfte vertheilen sich unter sie. Kleine Städte, wie deren das posener Land so viele besass, sind machtlos nach aussen und vermögen nicht einmal in ihrem Schosse diejenigen Bedingungen zu verschaffen, welche die Voraussetzung für ein inhaltreiches städtisches Leben und Treiben sind. Ueber ihrer Menge blieben also die Städte unbedeutend, schwang sich keine zu Grösse und Macht empor. Das einzige, in des Landes Mitte gelegene Posen, zu dem, wie zu dem Mittelpunkte eines Kreises von allen Seiten in Kürze zu gelangen war, in dem man aus weiterer Entfernung sich leicht vereinigte, gedieh wenigstens zur Höhe einer Mittelstadt. An dem für grössere Fahrzeuge schiffbaren Flusse, welcher das Land durchschneidet, lagen auf einer Länge von 70 Wegstunden ausser Posen noch 10 Städte. Ebensoviele waren an der Netze erbaut, die von Nakel ab grössere Kähne trägt.

Aus sich selbst heraus entwickelten diese Städte demnach keine gewaltige Kraft. An den Königen fanden sie nur geringe Unterstützung gegen die Uebergriffe der Edelleute. Die früheren Herrscher hatten der Städte sich angenommen, die späteren gewährten ihnen selten Schutz. Kein Wunder, dass im Posenschen die Städte zu einem Gegengewicht wider die Uebermacht des Adels nicht wurden.

Nachrichten sind nicht vorhanden, aber die Vermuthung drängt sich auf, dass die Eigenschaften, von welchen das Aufkommen des städtischen Wesens überhaupt abhängt, im Verfolge der Zeit einem schwächenden Einflusse unterlagen. Unausgesetzte Arbeitsamkeit, strenge Wirthlichkeit, emsige Betriebsamkeit machen den Bürger wohlhabend und stark. Vorbilder für solche Tugenden bot Polen nicht. Geneigtheit zur ununterbrochenen Anstrengung und regelmässiger Ordnung war hier nicht heimisch. Was man rings um sich sah, war anstatt der Selbstüberwindung, anstatt der freiwilligen Beschränkung und Sparsamkeit und des wohlgeordneten Haushalts die Lust zum Genusse des Augenblicks, war die Vorliebe für prahlerische Schaustellung, war Freigebigkeit ohne Berechnung der eignen Mittel und ohne Vorsorge für die Zukunft, starke schnell vorübergehende Kraftäusserung ohne Nachhaltigkeit. Hineingestellt in die Mitte des polnischen Lebens, beständig im Verkehre mit Polen, werden die deutschen Bürger von deren Art Manches angenommen[1] und die deutsche Eigenheit in der polnischen Richtung hin verändert

---

fremdartig erschien, keinen Landsmann erblickte, sondern nur einen Parasiten, der schon zu Hause in seiner goldstolzen Stadt sich ebenso mächtig dünkte, als des Königs Majestät, für den er, der Edelmann, Blut und Gut stets zu opfern bereit; was Wunder also, wenn der Edelmann den Vertreter der Bürgerschaft durch seinen patriotischen Geist zerdrückte, zerschmetterte, ihn aber dabei nach Belieben wuchern und schachern liess! Ja, er zerdrückte ihn durch die Wucht seines moralischen Werthes, durch seinen wahrhaft patriotischen Sinn; denn nicht durch ein eigenmächtig tyrannisches Gesetz des Adels wurde den Städten das Vertretungsrecht benommen; nein, jene Städte, die eines solchen genossen, hörten von selbst auf von demselben Gebrauch zu machen, da sie die Erfolglosigkeit ihres heterogenen Trachtens auf den Reichstagen einsehen mussten; sie waren zu deutsch, um in der Versammlung polnischer Abgeordneten die Interessen des polnischen Gesammtvolkes mit besprechen zu können; sie waren zu egoistisch, ein Jeder zu sehr pro domo sua um begreifen zu können, dass sie dann nur mächtig und gross sein würden, wenn sie mit Polen ihr Interesse verbänden."

1) Schlimm lautet Cromer's Aussage (1576): reguntur — ex aequo et bono sive ex arbitrio magis quam certis legibus (v. Mizler a Kolof collectio I. 156.)

haben. Schwächung war dann die Folge. Sobald überhaupt das Gefühl für Freiheit und Recht, welches die deutschen Ansiedler mitgebracht hatten, in ihren Nachkommen gesunken war, musste auch das Städteleben verkommen. Nirgends gewahren wir sie mit festem Willen, mit starkem Arme eingreifen.

Im Handel, einer Hauptquelle städtischer Wohlhabenheit, hatte die Bürgerschaft eine überlegene Mitbewerbung seitens der Juden zu bestehen, die sich schon im Besitze der Verbindungen befanden. Was die Juden gewannen, kam den Städten nicht zu nutze, weil sie ausserhalb der Gemeinde standen. Hätte man sich der christlichen Unduldsamkeit zu entschlagen gewusst (in der freilich die eifervollen Geistlichen, allezeit ein unnützes und schädliches Volk, immerfort bestärkten), hätte man die Juden in die städtische Verbindung als gleichberechtigte Mitglieder hineingezogen, so würde man an ihnen Träger und Förderer aller Belange der Stadt gewonnen haben: nun jedoch verhielten sie sich völlig gleichgültig, ja trieben nicht selten, indem sie genöthigt waren, sich auf den Starosten gegen Bedrückung und Unbill zu stützen, einen Keil in das Innere der Städte, der ihre Verfassung lockerte.

Der auswärtige Handel bewegte sich vornämlich nach Preussen und Schlesien. Danzig und Breslau und in westlicher Richtung Guben waren seine Endpunkte. Seit Alters gab es eine Handelsstrasse, die durch Posen beide Länder verband. Sie führte von Guben über Bentschen, Posen und Gnesen[1] und trug sicher zur Hebung dieser Städte viel bei. An ihr legten frühzeitig die polnischen Fürsten Zölle an. Das verursachte Streitigkeiten und veranlasste die Händler neue Wege einzuschlagen. Der Ordensmeister, kaum in Preussen eingerichtet, nahm sich dieser wichtigen Sache an, und 1243 gaben die Polenherzoge Premisl und Boleslaus die Bestimmung, dass Kreuzfahrer und wer in's Land Preussen reise, freien Durchzug habe, preussische Kaufleute bei Strafe einer Mark die Strasse einhalten, aber nur in Gnesen, Posen und Bentschen, und zwar zu bestimmten Sätzen, Zoll erlegen sollten[2]. Diese Kaufleute brachten feine Tücher, Leinen, Gewürze, Pfeffer, Salz, Häringe in's Land. Blieben sie länger als 8 Wochen liegen, so mussten sie den Zoll zum zweitenmal erlegen. Verkauften sie in Gnesen oder einer andern Stadt Wein, so fiel das Fass dem Starosten zu. Dieser Handelsweg und diese Zollstätten blieben lange. Die danziger Kaufleute hielten von 1371 bis 1430 feste Geschäftsstuben in Bromberg und Schulitz, die ihnen zugleich als Verrechnungsorte für den Vertrieb im südlichen Polen dienten; sie bezogen in dieser Zeit auch die fraustädter Jahrmärkte. Von Westen her trieben Landsberg an der Warthe und Frankfurt an der Oder, sowie die pommerschen und hansischen Küstenstädte Handel nach Polen hinein, der theils Holz, Theer, Pech, Asche, Weizen, Korn, Gerstenmalz, Unschlitt, Butter, Honig, Wachs, Pelze, theils Blei, Eisen, Kupfer, Quecksilber, Schwefel, Alaun, Gewande, Baumwolle, Mützen, Hosen, Kleider, Reis, Feigen, Mandeln, Baumöl, Wein, Stockfisch, Dürrfisch, Häring zum Gegenstande hatte. Für die Sicherung der Kaufleute, die in solchen Handelsgeschäften nach Polen kamen, schloss König Wladislaw 1390 einen Vertrag mit den pommerschen Herzogen. Dabei wurde bestimmt, dass der Weg von Santok über Schwerin nach Posen, gleichviel ob zu Wasser oder zu Lande, und von Posen weiter nach Krakau führen sollte. An diesen Orten, sonst nirgends, war Zoll zu erlegen[4]. In beiden Fällen waren es also fremde Händler, die in's Land kamen. Indessen hatten sie vermuthlich, nach Art des kaufmännischen Betriebes im Mittelalter ihre festen Niederlassungen in den grösseren Städten, über die sie den Weg nehmen mussten. Die Anordnungen einer bestimmten Richtung, welche einzuhalten die Händler gebunden sein sollten, fielen ihnen lästig, jedoch die Städte, welche von dem vorgeschriebenen Gange Vortheil zogen, hielten darauf, dass er, wenn jene abwichen, eingeschärft wurde, und die Könige thaten dies, damit niemand ihre Verzollungsstätten umgehe. Für den Verkehr mit Schlesien gab es im XIV. Jahrhundert Zollämter in Punitz und Schrimm. So war es von Alters und ward 1398 bekräftigt, mit einem Verbote an die Kaufleute, sich neue Wege zu suchen[5]. An Schrimms Stelle ward später Kosten Zollstätte. Die Kaufleute zogen es aber vor, über Bodzewo oder über Chociszewice zu reisen; 1441 wurde ihnen diess bei Verlust aller ihrer Waare untersagt. Nur über Koschmin und Fraustadt zu gehen ward ihnen noch erlaubt[6]. Oefter wurde diese Bestimmung erneut; zum letztenmale 1636. Im Jahre 1455 suchte König Kasimir nach Vernehmung mit den krakauer Rathsherrn die Handelswege festzusetzen[7], und 1459 gab er neue Zoll-

1) Die Handelsstrasse, welche durch Kriewen führte, hiess 1294 via Thorunensis seu Wratislaviensis. Raczynski S. 22. 2) Ueber die Sätze vgl. die Urkunde in Raczynski cod. dipl. Maj. Pol. S. 25 f. 3) Hirsch, Geschichte des danziger Handels. 4) Raczynski cod. dipl. Maj. Pol. S. 131—134. 5) Ebenda, S. 136. 137. 6) Ebenda, S. 138. 7) Ebenda, S. 174.

Bestimmungen für die fremden Kaufleute, die nach Gnesen und Posen kamen[1]. Die preussischen Händler, welche nach Schlesien wollten, zogen gegen Ende des XV. Jahrhunderts über Bromberg, Gnesen, Wreschen, Peisern, Kalisch und Schildberg oder über Posen, Kosten und Fraustadt, doch schlugen sie auch noch zwei nicht durch das Posensche führende Strassen ein[2]. Zollstätten gab es 1524[3] in Posen, Paradis, Bentschen, Bomst, Kopnitz, Fraustadt, Sulmirschitz, Meseritz, Schwerin, Zirke (Sierakow), Wronke, Filehne, Nakel, Jungleslau, Kruschwitz, Bromberg, Gnifkow. Die Zölle selbst wurden im XV. Jahrhundert zuweilen den Grossen in Lehn (tenuta) gegeben oder gegen Darlehne verpfändet, was nur dazu beitragen konnte, ihre Erhebung drückender zu machen. Unter den kraftlosen Jagellonen kamen daher nach und nach die Zölle in die Hände von Privatpersonen.

Merkbar wird die Schwäche in dem Bestreben, Schutz gegen auswärtige Kaufleute zu bekommen; dahin zielten schon die Bestimmungen für Gnesen und Posen von 1459. Man suchte ihnen den kleinen Absatz zu verwehren und wollte sie nur im Grossen und Ganzen verkaufen lassen. Dem stand freilich die Marktfreiheit im Wege. Indessen drängte der Neid der Handwerker ebendahin. Sie wollten, dass fremde Handwerker ihr Tuch nicht ellenweise ausschneiden sollten! Wider solche Ungebühr musste der König gegen Meseritz und Schwerin der beeinträchtigten Schwiebuser sich annehmen (1493). In diesem Streben, Andere an der Mitbewerbung um Absatz zu hindern, lag es auch, dass 1507 Märkte in Dörfern untersagt wurden; auf Städte sollten sie beschränkt sein. Auch den mit ihren Waaren im Lande herumziehenden Schotten verbot der König 1556 das Betreiben von Geschäften[4]. Während indess die Abhängigkeit gegen den Westen hin fortbestand, entwickelte sich ein reger Verkehr zu Schiffe zwischen Bromberg und Danzig und eröffnete sich ein Feld des Absatzes im innern Polen. Bei alledem war der Handel nicht besonders schwunghaft und lebendig. Einmal fehlte die rege Verbindung von einem Orte zu andern, die in Deutschland, wo wenigstens alle 2 Wochen zwischen zwei grösseren Handelsplätzen ein Bote ging, Nachrichten in Umlauf setzte und die Kaufleute in Kenntniss von dem, was sich bewegte, erhielt. Sodann hemmte der Mangel an Strassen. Die Wege waren oft unwegsam; die Beschwerlichkeit des Verkehrens folglich gross[5]. Dergestalt floss auch kein Reichthum in die posener Städte, der sich vertheilend und in kleinen Adern fortrinnend weiter die heimische Thätigkeit ernährt und gefördert hätte. Armuth ist leider Schwäche!

Ein Umstand ferner, der dem Wohlstande schwere Wunden schlug, war die Gewohnheit, aus Holz die Häuser zu erbauen. Steinbrüche gab es nicht, Ziegeleien wurden auch nicht angelegt; nur in Polnisch-krone und in wenigen Orten gab es solche. Holz aber lieferten die vielen dichten Waldungen in vorzüglicher Güte um geringe Kosten. Die Herstellung eines Gebäudes aus Holz war mithin leicht. Aus Schrotwerk (d. h. aus übereinander gelegten, nicht immer zu rechten Balken behauenen Baumstämmen) und Lehmausfüllung wurden die Wohnhäuser gebaut[6]; selbst die meisten Kirchen wurden nur aus Holz

---

1) Raczynski cod. dipl. Maj. Pol. S. 183 f. 2) Ebenda, S. 193. 3) Ebenda, S. 222 f.

4) Sigismund Augustus dei gratia rex *Poloniae* magnus dux *Lituaniae, Russiae, Prussiae, Masoviae, Samogithiae* etc. dominus et haeres universis et singulis dignitariis et officialibus, palatinis, castellanis, capitaneis, burgrabiis, vicecapitaneis, locatenentibus, nobilibus, praeconsulibus, consulibus civitatum, oppidorum et quarumcumque communitatum rectoribus caeterisque omnibus cujuscumque status, dignitatis officiive existant hominibus ubilibet in regno et dominiis nostris constitutis, ad quorum notitiam praesentes literae nostrae pervenerint, sincere et fidelibus nobis dilectis, gratiam nostram regiam: sincere et fideles nobis dilecti, intelleximus complures ex vagabunda gente Scotorum cum rebus mercibusque suis per regnum et dominia nostra passim discurrere, eoque fieri ut non modo hominibus nostris honestae victus comparandi rationes maxime praecludantur, sed multae etiam fraudes imposturaeque in mercandis vendendisque rebus impune fiant. Quia vero non dubium est quin ex hac iam usitata licentia discurrendi, eorum praesertim hominum, qui lucri gratia nihil non audent, maximum ad homines nostros, nisi consilio tempestive occurratur, sit perventurum incommodum, cupientes ejusmodi licentiam auctoritate nostra tandem cohiberi: mandamus s. et f. vestre omnino habere volentes ut pro ratione officii sui, hoc genus hominum vagum, nullisque certis legibus et jurisdictioni subjacens emptione venditioneque rerum ac discursu per regnum et dominia nostra prohibeant arceantque; neque permittant commoda homi(ni)bus nostris quoquomodo praecludi et impediri. Non obstantibus literis si quae posthac in contrarium ex cancellaria nostra prodierint: quas nullius roboris esse volumus ac jubemus, pro gratia nostra aliter non facturis. Datum *Varsoviae* in conventu generali regni decima octava mensis Decembris anno domini millesimo quingentesimo quinquagesimo sexto, regni nostri vigesimo septimo. Joannes Ocieski. r. P. canc. ad mandatum sacrae majestatis regiae. (Urkunde aus dem meseritzer Stadtarchive, durch Hrn. Dr. Jänicke abgeschrieben.)

5) Noch 1583 schreibt Jakob Brzeznicki in Posen, er habe dem Bischof in Breslau um deswillen keine Nachricht gegeben: quia equos et pueros meos lutoso atque incommodo itinere fatigatos vidi. Cursorum vero apud nos perrarus est usus. Et promissis mercatoris cujusdam Wratislaviensis, qui tunc germanum suum pedonem ablegabat, credidi. 6) Cromer sagt zwar (1576) von den Städten: in quibus cum germani mercatores superiori aetate lateribus et lapidibus elegantius aedificare coepissent — das galt aber sicherlich von einer geringen Anzahl Wohngebäude und hauptsächlich von Orten wie Posen.

aufgeführt und manche sahen mehr einer Scheune als einem Gotteshause ähnlich. Längs der schlesischen Grenze baute man etwas besser, verwendete Kalk, setzte auch wohl ein zweites Geschoss auf und gab sogar dem Hause Anstrich, indem man es von oben bis unten mit Flecken von Kalk tigerte. Weil dergestalt beinahe ausschliesslich Holzbau stattfand, brachen sehr leicht Brände aus und schnell griff eine Feuersbrunst fürchterlich um sich. Sehr oft brannten Städte theilweise, manchmal sogar ganz ab. Jede Einäscherung brachte den Wohlstand der Bürgerschaft auf viele Jahre herunter.

Auch der Könige Geldverlegenheit trug zur Schwächung der Städte bei. Denn sie gaben sie an grosse Herren, indem sie die Städte, ohne deren wahren Werth zu erkennen, wie gewöhnliche Besitzstücke als Pfänder oder als Belohnungen benutzten, bald sie gegen vorgestrecktes Geld bis zu dessen Abzahlung einem grossen Herren verschrieben, bald einem solchen als veräusserbaren Lehnbesitz (tenuta) überliessen Dabei wurden die Städte aber aus der Unmittelbarkeit versetzt und erhielten einen Unterherrn über sich. Das konnte unmöglich zu ihrem Vortheile ausschlagen. Es war das Schicksal sehr vieler seit dem Ausgange des XIV. Jahrhunderts. Bentschen wurde so 1393 als Tauschgegenstand hingegeben, Moschin 1397 verschrieben, Schrimm um dieselbe Zeit gleichfalls. In Privatbesitz wurden dahingegeben 1418 Bombst, (vor 1430) Usch, (vor 1433) Pudewitz, 1441 Bromberg, Fordon, Gnifkow, Kschonz, Kosten und Schulitz, dann Fraustadt, (vor 1445) Rogasen, 1456 Jungleslau, 1466 Schwerin und Meseritz, am Anfange des XVI. Jahrhunderts Filehne, Wronke, Schneidemühl, wiederum Pudewitz (1515) und Fraustadt. Es war dies auch das Schicksal von vielen anderen Städten, von Jarotschin, Kruschwitz, Obornik, Punitz u. s. w. Aus den Summen, um welche die Städte als Unterpfand weggegeben wurden, lässt sich die Höhe des Ertrages ungefähr bemessen, welchen sie der Krone gewährten [1].

Angesichts dieser Lage wäre es von äusserstem Belange für die Städte gewesen, innerhalb derjenigen Staatseinrichtungen, aus denen die Gesetzgebung hervorging, festen Fuss zu fassen, um deren Entwicklung zu beeinflussen. Der Blick der Bürger reichte unglücklicherweise nicht zu den Höhen des Staatslebens. So lange die Verhältnisse noch nicht verhärtet, während sie im Bilden noch flüssig und weich waren, hätten wohl die Städte, wofern sie zusammenhielten, eine breitere Betheiligung am Berathen der allgemeinen Staatsangelegenheiten zu erringen vermocht. Wurden doch ausnahmsweise die Städte 1411 und 1436 bei den Verhandlungen mit dem Orden der deutschen Ritter und zu Königswahlen (1432 [2], 1506) zugezogen. Aber bestimmend griffen sie nirgends ein. Den Reichstag beschickten gewiss nur wenige Städte des posener Landes, zuverlässig wissen wir es nur von Posen [3]. Auf den Reichstagen wussten sie nicht durch einmüthiges entschlossenes Auftreten sich Geltung zu verschaffen. Nach dem kaschauer Reichstage von 1374 war ihre Bedeutung äusserst gering [4]. Nur einige grössere Städte liessen sich vertreten. Zurückgedrängt, weniger Berather als Zuhörer, von den Edelleuten über die Achsel angesehen, befanden die städtischen Abgeordneten sich nicht behaglich am Reichstage und die Städte scheuten die Unkosten der Abordnung. Aus Verdruss über die unglimpfliche Behandlung am Reichstage zogen sie sich allmählig im XVI. Jahrhunderte freiwillig zurück. Ging es doch ohne sie. Freilich, wie ging es! Denn die Gesetze machten nun die Edelleute fast allein und kaum war da anderes zu gewärtigen, als dass sie den Städten zum Nachtheil ausschlugen. Der Geist des Adels war den Bürgerschaften feindselig. Er fühlte sich mächtig; hinweg ging es über die alten Freibriefe. Im Jahre 1420 erfloss aus Lentschitz ein Gesetz, welches die Zünfte der Handwerker und Händler aufheben wollte und sie für die Zukunft bei einer Strafe von 70 Mark verbot [5]. Es fand keinen Gehorsam. In die Mauern der Städte reichte noch nicht überall die Gewalt der Herren. Schlimmer griffen andere Bestimmungen ein, wie die vorangehenden der Jahre 1418 u. 1419, wonach der Edelmann einen Kmethen, auch wenn dieser im deutschen Rechte sass, stets vor ein polnisches Gericht ziehen durfte [6]. Noch schlimmer war die im Jahre 1447 den Woiwoden ertheilte Befugniss, Bürger (civitatenses et oppidanos), wenn sie ihren Anord-

---

1) Man wird diesen höher zu veranschlagen haben als auf den zehnten Theil der Pfandsumme, den Stenzel (Geschichte Schlesiens. Breslau 1853, S. 268) für solche Fälle annimmt. 2) Raczynski, cod. dipl. Maj. Pol. S. 162. 164. 3) Die Volumina legum habe ich nicht zur Benutzung. 4) Ordo oppidanorum fere nullus, quippe qui peregrinis contineretur ignominia et despectu notatus, aequum jus, quo olim fruebatur sensim amittebat atque frustra recuperare studebat sagt W. a Bentkowski vicissitudines comitiorum in Polonia sub regibus stirpis Jagellonicae habitorum. Leipzig 1839. S. 10. 5) Volumina legum I. f. 91. angeführt von Bentkowski, S. 113. 6) Constitutiones terrae Lanciciensis generales §. 1 u. 2. vergl. J. Węclewski, statutum Wisliense sive jus civile Polonorum antiquum. Breslau 1854.

nungen nicht gehorchten, zu strafen[1]. Der Adel war bestrebt, den Anschluss seiner Standesgenossen an die Bürger zu verhindern. Er brachte daher Gesetze aus, welche den Edelleuten verboten, in Städten ihren Aufenthalt zu nehmen, Handel zu betreiben, Bier auszuschenken. Weniger unbillig mochte es sein, dass die Adlige, welche die Frau eines Bürgers wurde, ihren Adelstand einbüsste. Der petrikauer Reichstag von 1496 beschloss eine Reihe übler Gesetze. Einmal wurde den Städtern bei schweren Strafen verboten, Forderungen an Bauern in der Stadt (in foro contractus) vor Gericht geltend zu machen und die Bauern in der Stadt festzunehmen; sie sollten in Streitigkeiten mit Bauern diese lediglich vor deren Herrn verklagen und falls der Herr Genugthuung verweigere, über ihn Klage erheben[2]. Sodann wurde erklärt, dass Landgüter (bona terrestria) ausschliesslich von Edelleuten erworben werden könnten, und zwar wurde dieses Gesetz unter dem Vorgeben erlassen, dass die Bürger im Kriege nicht den Edelleuten gleichstünden[3]. Der Städter ward mithin vom Erwerbe freien Landes ausgeschlossen. Diess ward auch durchgeführt, denn Besitz eines Landgutes galt späterhin soviel als Beweis des adligen Standes. Damals befanden sich indess schon viele Güter im Besitze von Kaufleuten und andern Bürgern, und manche von diesen hatten sich Befreiungen vom Könige für ihr Land, gewiss nicht ohne Opfer, erwirkt. Neun Jahre nach jenem früheren Erlasse ward bestimmt, dass solche Besitzer unangesehen der königlichen Freibriefe den Kriegsleistungen unterlägen[4]. Die Herabdrückung des Bürgers war im Zunehmen. Eine Satzung von 1503 trat dem Vertauschen des Standes eines Landmanns mit dem eines Bürgers entgegen[5]. Zwei Jahr danach, 1505, verfügte der Reichstag zu Radom, dass Aemter und Würden blos ansässigen Edelleuten ertheilt werden dürften, schloss mithin abermals von solchen die Bürger aus. Auch wurde 1505 ein Gesetz erlassen, zufolge dessen durch den Betrieb eines bürgerlichen Geschäftes der Edelmann seinen Stand verlor. Damit schlug der Adel freilich sich selber, aber es warf doch einen verächtlichen Schein auf die nützliche Thätigkeit des Bürgers. Weitere 5 Jahre, und der petrikauer Reichstag verordnete (1510), dass Stadtbeamte und Starosten geflüchtete Bauern ihren Herren zurückzuliefern gehalten seien, oder an des entsprungenen Bauern Stelle einen anderen Mann geben müssten. 1521 ward die städtische Gerichtsbarkeit beschränkt, indem bestimmt wurde, dass wenn ein Edelmann in der Stadt wegen eines Verbrechens ergriffen würde, Gericht über ihn nur unter dem Vorsitz des Starosten gehalten werden dürfe; könne der Starost mit den Schöffen sich nicht einigen über das Erkenntniss, so sei das Urtheil dem Könige anheimzugeben. Die Drohung war hinzugefügt, dass falls eine Stadt dieser Bestimmung zuwider handle, der Starost den Proconsul und einen der Consuln zur Strafe des Ungehorsams enthaupten lassen solle. Nachdem die Schmälerung der städtischen Rechte und die Herabdrückung des Bürgerstandes soweit gelungen war, erhob sich ein Sturm gegen die Zünfte, die einen Halt der unabhängigen Gemeinde abgaben. Offenbar zielte der herrschende Adel auf deren Ueberwindung. Es hiess: die Handwerker setzten für ihre Waare allzuhohe Preise an; folglich, hiess es weiter, muss der Preis der Waare von den Starosten und Woiwoden bestimmt werden. Der Adel drängte den König mit Macht. Anfänglich widerstand dieser, erklärte ausweichend 1532, dass er die Zunfteinrichtung nicht abändern wolle, weil sie auf alten und neuen Einrichtungen beruhe, aber freilich dürfe auch aus ihr kein Schaden seinen Unterthanen erwachsen[6]. Auf die Länge vermochte er sich der Zumuthungen nicht zu erwehren und verhängte daher endlich 1538 in der That die Aufhebung aller Zünfte[7]. Indess in Polen wurden Gesetze erlassen, aber nicht vollzogen. Die Handwerker kümmerten sich nicht um diesen Erlass des Königs von 1538, sowenig wie 1420 und obschon, zum drittenmale[8], 1543 König Sigismund August die Auflösung der Zünfte aussprach, bestanden sie fort, als sei nichts wider sie verkündet, trotz der angedrohten 100 Mark Strafe. Der Adel aber ruhte nicht. Er griff auch die Kaufmannschaft 1543 auf dem krakauer Reichstage an; das sogenannte Niederlagerecht sollte nach seinem Verlangen aufgehoben werden. Der König wies diese Forderung jedoch

---

1) Statuta Vladislai Cracoviae 1420 collecta, Vartae 1423 confirmata §. 22. 2) Vol. leg. I. 261. Bentkowski, S. 118. 3) Vol. leg. I. 273 ex eo, quod in perfectionibus bellicis et aciebus ordinatis locum inter nobiles competentem non haberent — quodque occasiones quaerere consueverunt a bellicis expeditionibus se liberandis. 4) Quod cives habentes bona haereditaria terrestria ad expeditionem bellicam obligata, non sint exemti et liberi ab eadem bellica expeditione, quoties fuerit instituta, litteraeque majestatis regiae absolutoriae ab hujus modi expeditione datae vel dandae locum non habeant. 5) Vol. leg. I. 293. 6) Dummodo per palatinos et officiales pretio rerum venalium et salario mechanicorum provisum fuerit. Vol. leg. I. f. 81. Bentkowski, S. 113. 7) Frequentibus universae nobilitatis et eorundem nuntiorum universorumque subditorum regni nostri querelis permoti. Vol. leg. I. 535. 8) Vol. leg. I. 508.

zurück. „Gegen seinen Eid sei es," sagte er, „in Folge dessen er keine Urkunden blos nach seinem Willen abändern könne[1]." Auf den Reichstagen ging das Gezänk wider die Städte fort: dennoch anerkannte und bestätigte der König die ihm vorgelegten Stadturkunden 1565.

Bei solchem Beiseitdrücken und Niederwerfen der Städter sahen natürlich die Edelleute auch verächtlich auf die Handwerker und Händler hinab, betrachteten sie als gemeine Leute (ignobiles) und sprachen in ihrem frevelhaften Dünkel laut aus, Bürger und Bauern seien die verfluchte Nachkommenschaft Chams. Gewerbe und Kaufmannschaft wurde von ihnen als erniedrigend angesehen, als unadelig. Fleiss, Geschick und Sparsamkeit besassen keinen Werth in den Augen der Herren. Von keiner Geltung der Städte mochte der herrschende Adel hören, schon nahm er Anstoss am Erscheinen von Städteboten im Reichstag. Es gebe in Polen nur zwei Stände, Geistliche und Adel, wurde gesagt. Bereits 1538 fing man an, darüber zu streiten, ob überhaupt Bürger auf dem Reichstage erscheinen dürften; 1539 wurde diese Frage auf dem krakauer Reichstag ernstlich erhoben und 1544 auf dem petrikauer Reichstag begab es sich, dass die Städteboten gradezu aus der Versammlung hinausgejagt wurden. Der König jedoch stand ihnen bei und liess sie sogleich auf ihre Sitze zurückführen. Der Streit währte gleichwohl fort; im XVII. Jahrhunderte wurde nur 7 Städten des polnischen Reiches die Theilnahme an der Königswahl zugestanden und unter diesen war eine einzige von unserm Lande, die Stadt Posen. Mehr als hundert Städte desselben waren ohne Stimme. Fast widerstandslos liessen die Bürger ihre Herabdrückung geschehen. Dass sie die Vorsicht hatten, bei einem Regierungswechsel ihre Freibriefe vom neuen Könige bestätigen zu lassen, nutzte ihnen gar wenig. Um sich zu helfen, hätten sie selbst Stärke einsetzen, sich gegenseitig unterstützen müssen und der übermüthigen Gewalt Gewalt entgegensetzen. Sie hatten aber nur Geduld. Der rechte Gemeinsinn und Bürgerstolz muss unter ihnen beinahe ausgegangen gewesen sein. Jene Kurzsichtigkeit, welche die rechte Anstrengung da, wo sie geboten, wo sie nöthig war, scheute, um dem vermeintlichen persönlichen Vortheile nachzujagen, hat nicht das Einsehen, dass an der Macht auch der Wohlstand hängt. Erst sinkt die eine, hernach der andere.

Die Kriege mit dem Ritterorden und die in der Mitte des XV. Jahrhunderts einbrechende Türkengefahr nöthigten zu erhöhter Anstrengung. Die Anforderungen, welche an die Städte gemacht wurden, waren gross. 1456 wurde ausgeschrieben, dass vom gesammten Werth der Liegenschaften und fahrenden Habe der Christ auf jede Mark 2 Groschen, jeder Steuerfreie 1, der Jude aber 4 Groschen Kopfgeld, jeder Lehrer (magister scolae) den sechsten Theil seines Gehalts, nürnberger Kaufleute und andere Fremde ebenfalls 2 Groschen von der Mark entrichten mussten[2], und wurden zur Beitreibung Würdenträger mit Vollmacht für die unmittelbaren Städte bestellt. Die Auflage an Geld und Mannschaft, welche die zwei allgemeinen Zusammkünfte 1458 beschlossen[3], lässt uns den Grad der Bedeutung der einzelnen Städte erkennen. Von jedem Grundstück oder Garten musste auf die Mark des Kaufpreises oder der Abschätzung $\frac{1}{2}$ Groschen, von Aeckern für jede Hufe 6 Groschen gezahlt werden, ebenso mussten Edle oder Andere, welche in Städten wohnten, auf die Mark ihres Vermögens $\frac{1}{2}$ Groschen steuern. Nur die im laufenden Jahre Abgebrannten oder neu Angesiedelten sollten verschont bleiben. Dann aber mussten die Städte bewaffnete Fussgänger stellen, bei weitem die meisten Posen, nämlich 60, doppelt soviel als Kalisch, Petrikau und Brzeschze und ausserdem hatte Waliszew (die posener Wallischei?) 4 Mann zu stellen, dann Fraustadt, Gnesen, Jungleslau, Koschmin, Schrimm, Schroda je 20, Buk, Gostin, Meseritz, Obornik, Pudewitz, Rogasen, Schnin, Wreschen je 15, Grätz, Neustadt bei Pinne, Pleschen, Samter je 12, Kosten 11, Dolzig, Filehne, Gembitz, Jarotschin, Kobilin, Kletzk, Kriewen, Kröben, Lekno, Neustadt (Nowemiasto), Punitz, Storchnest (?Oseczna), Schwetzkau (?Swanczechow), Tschemeschno, Usch, Wongrowitz, Wronke je 10, Borek, Strelno je 8, Schmiegel 7, Exin, Kschonz (?), Margonin, Pakosch, Pinne, Schwerin, Stenschewo, Tscharnikau, Zirke je 6, Adelnau, Bentschen, Birnbaum, Görchen, Kiebel, Labischin, Miloslaw, Nakel, Pogorschell, Reisen, Scharfenort, Scherniki, Tschernejewo je 4, Bnin, Kaehme, Kruschwitz, Kosterschin, Tschempin je 3, Kodzesen, Gniefkowo, Janowietz (?), Krotoschin, Kurnik, Kwiezischewo, Mogilno, Przemant, Ritschenwalde, Schubin, Tirschtigel, Wielichowo, Wilatowo, Sduni

---

1) Quia contra jusjurandum nostrum nullius litteras et privilegia frangere et mutare possumus, nisi fortasse illorum ad id accedat consensus. 2) Raczynski, cod. dipl. maj. Pol S. 177. 3) Ders. S. 179—182.

je 2, und Dobberschütz, Dupin, Lobsens, Moschin, Obersitzko, Opalenitze, Sarne, Schokken, Schulitz je einen. Vielleicht gehörten noch ein paar Orte, die wir nicht zu bestimmen wagen, Posen an, da sie mitten unter posener Städten aufgezählt werden; wir lassen dahingestellt, ob Rozdrazew, welches 2 Mann zu stellen hatte, etwa Rostarzewo oder Rothenburg, und ob nicht Lyskowo, welches 4 Mann zu stellen hatte, Schreib- oder Druckfehler für Kischkowo ist. Unzweifelhaft aber waren posener Orte, die hier unter den Städten (civitates et oppida) aufgeführten Gorka, welches 8 Mann, Bythyn, welches 1 Mann, Brodnica, welches 1 Mann, wahrscheinlich auch Glamkoczecz, welches 1, Clopa, welches 4 Mann, Drahym, Lewicze und Luthynia, welche einen, Moderna (?), welches 8 Mann, Lozanemiasto (?), welches 4 Mann zu stellen hatte. Jedenfalls lag von ungefähr 200 Städten, welche das über Grosspolen, namentlich das posener Land, Lentschitz, Sieradien und Kujawien sich erstreckende Verzeichniss aufführt, die reichliche Hälfte im jetzigen Lande Posen. Dessen Städte stellten zum Heere 7—800 Fussgänger. Bromberg, in dieser Liste nicht genannt, ward seit dem XIV. Jahrhundert zur Stellung eines schwergerüsteten (geharnischten) und eines leichtgerüsteten Kriegers verpflichtet. Der einmal gemachte Anschlag dessen, was jede Stadt bei Aufbietung eines Heeres zu leisten habe, diente sicherlich auch in der Folge als Massstab. Aus einem späteren Aufgebot des Königs Sigismund I., als die Türkengefahr drohender geworden war, 1524, erhellt dass die grösseren Städte auch Kriegswagen (currus bellici) zu stellen hatten. Und zwar waren dazu gehalten: im posener Lande: Posen, Schroda, Obornik, Rogasen, Kosten, Meseritz, Schrimm, Kammien (Kähme?), Fraustadt, Schwerin, Filehne, Wronka, Bomst, Moschin, Kriewen, Kosterschin, Pudewitz, Kopenitz und Czaplinek; im kalischer Lande: Gnesen, Tschmesno, Strelno, Usch, Schneidemühl, Mogilno, Powidz, Kletzko, Wongrowitz, Polnisch Krone, Nakel, Exin, Schnin, Grabow; in Kujawien: Bromberg, Jungleslau, Gnifkow, Kruschwitz, Gembitz[1]. Auffällig bleibt es, dass mehrere von diesen Städten, die doch die bedeutenderen waren, in der Matrikel von 1458 fehlen. Es lässt das Unordnung in den stattgehabten Aufnahmen vermuthen.

Die Geldabgaben mehrten sich mit der Zeit. Natürlicherweise hatte die städtische Gemeinde die Abgaben zu tragen, welche zur Bestreitung der eigenen Stadtbedürfnisse die Bürgerversammlung alljährlich sich selbst auferlegte. Dann kamen die Erfordernisse für die Krone. Zu der Steuer von dem zur Stadt gehörigen Ackerlande (dem Hufengeld, **Poradlne**), dem Schoss von den Häusern (dem Martinsgelde), der hier und da bestehenden Auflage auf den Markt, welche die Händler traf (**Targowe**), kamen im XV. Jahrhundert ausserordentliche Bestimmungen zu Kriegszwecken. Dem Lehnsbesitzer von Bromberg, Gnifkow, Fordon, Schulitz wurde z. B. vom Könige 1455 erlaubt, je 2 Groschen zu erheben zur Aufstellung von Soldaten; dabei hiess es wohl, das sei ein blosser Ausnahmefall, der keine Folge nach sich ziehe[2], aber wie hoch war die Kriegsbesteuerung von 1456 und auch die von 1458! Dann kam auch im XV. Jahrhunderte das Zapfengeld auf, dann 1569 der Schoss[3], später eine Steuer zur Ablösung der Einquartirung von Soldaten (**Hyberna**, d. h. für's Winterbrod, genannt). Ferner fielen als ausserordentliche Lasten nach und nach auf die Städte das Kopfgeld (**Poglowne**), das Rauchgeld (**Podymne**), das Hopfengeld (vom Bierbrauen, **Czopowe** genannt, wenn es an den König gezahlt wurde). Ausser diesen Abgaben unterlagen nun die mittelbaren Städte noch der Belastung durch ihren Grundherren. Denn ihre Einwohner hatten die bei der Stiftung ausgedungenen Gefälle an ihren Herren zu entrichten.

Schon die erste Hälfte des XVI. Jahrhunderts brachte eine Reihe von Eingriffen in das städtische Recht. Die Starostengewalt überwuchtete. Es sei auf die Geschichte von Fraustadt hingewiesen. Die Starosten drängten sich in die rechtlichen Entscheidungen ein. Als Sigismund 1538 den Freibrief von Schulitz bestätigte, fügte er die Beschränkung hinzu, dass würde ein zum Tode verurtheilter Pole auf

1) Currus bellicus bedeutete im Mittelalter die auf Wagen gesetzten Kriegsmaschinen, mittelst deren man die feindlichen Mauern brach. Nun ist es aber doch eine starke Unwahrscheinlichkeit, dass, nachdem schon fast zwei Jahrhunderte die mit Pulver wirkenden Geschütze eingeführt waren, die Polen sich immer noch mit so vielen alten Kriegswagen geschleppt haben sollten. Indem ich jedoch mit meinen Hülfsmitteln die dermalige Bedeutung von currus bellicus nicht sicher bestimmen kann und nicht in eingehender Untersuchung, die den Druck verzögern würde, abschweifen mag, ziehe ich vor, die weitere Ermittelung und die Auslegung dieser in Raczynski's Codex diplomaticus Majoris Poloniae, S. 221, 222, stehenden Urkunde dem Leser anheimzugeben. habe desshalb auch diese Leistungspflicht bei der Geschichte der einzelnen Städte nicht angemerkt. 2) In consuetudinem non inducere nec trahere in sequelam. Cod. dipl. Pol. II. 906 f. 3) Ob für alle Städte? Golenski, de tributis et vectigalibus aliisque oneribus in Polonia, Krakau 1827, gibt an, die **Podwoda** (der Vorspann- und Fuhrdienst) sei 1564 umgewandelt worden, oppidis in contributionem annuam **Szos**.

städtischem Grunde ergriffen, an demselben nicht ohne Genehmigung des Königs eine Strafe vollstreckt werden könne. Die freie Wahl der Obrigkeit ward hie und da (1551?) beschränkt. Meseritz musste im XVI. Jahrhunderte die in seinen Rath zu setzenden Bürger dem Starosten in Vorschlag bringen und dieser ernannte sie. Der Stadt Polnisch-Krone wurde das Einholen von Rechtserkenntnissen in Bromberg verboten (1563 **Urk. CXVII.**). Dergestalt wurden die einzelnen Städte allmählig herabgedrückt.

Um die Mitte des XVI. Jahrhunderts waren viele Städte noch deutsch und Handwerker und Kaufleute auch in polnischen Ortschaften Deutsche. Die Handwerker und die Müller waren überhaupt deutsche Einwanderer gewesen. Es ergibt sich dies aus dem Entwickelten; wir haben darüber aber auch das unverdächtige Zeugniss Kromer's [1]. Nichtsdestoweniger hatte der deutsche Sinn in den Bürgerschaften gelitten. Ging doch auch in Deutschland seit der unglücklichen döffinger Schlacht das Bürgerthum langsam abwärts. Die innere Kraft war im Sinken, der Nationalstolz besass keinen äusseren Anhalt. Daher zeigte sich in Polen Neigung zum Polenthum und das Polonisiren deutscher Familien trat ein. Es fing damit an, dass viele deutsche Edelleute in Polen zu ihrem alten deutschen Namen noch einen polnischen sich beilegten. Ein Hutten nannte sich Czapski! Die geringen Leute folgten dem gegebenen Beispiel [2]. Stolz warf der Pole den Kopf in die Höhe. Die Freiheit, in welcher der Edelmann lebte, erhöhte sein Selbstgefühl. Das wirkte zurück auf das Polenthum überhaupt. Johann Ostrorog schleuderte Worte der Entrüstung unter seine leicht entzündlichen Landsleute über die Schmach, dass schmutzige Handwerker an deutsches Recht sich hielten [3]. Und niemand war, der die Fahne deutschen Rechtes und deutschen Wesens emporhielt. Gedrücktheit herrschte in den Städten. Das deutsche Bürgerthum fing an in ein polnisches überzugehen. Sein Verfall war damit besigelt.

5. Von der Mitte des XVI. Jahrhunderts bis zur ersten Theilung Polens: Verkommen der Städte.

Zu den Ursachen, welche die Städte schwächten, gehören die im XVI. Jahrhunderte um sich greifenden Zerwürfnisse um den Glauben. Bereits im XV. Jahrhundert haben hussitische Lehren in einigen polnischen Städten Eingang gefunden. Aber der Bischof von Posen unterdrückte sie; 1454 wurden vom Könige Ketzerinquisitoren eingesetzt, vor deren Vollmacht alle vorhandenen Rechte verstummen sollten [4]. Indessen scheint geraume Zeit die Betheiligung an den kirchlichen Neuerungen gering gewesen zu sein. Langsam drang aber doch die Kirchenreformation ein, hauptsächlich von Schlesien und Böhmen aus. Die Prediger und Lehrer Fraustadts und vieler anderer Orte kamen fast alle aus Schlesien. Des Weststrichs städtische Bevölkerung wurde eine Zeitlang vorwiegend protestantisch.

Die kirchlichen Kämpfe, welche das deutsche Reich heftig bewegten, führten auch einen Nach-

---

1) Cromer, p. 490: Sunt hodieque non modo mercatores et opifices Germani multi sparsim in urbibus habitantes, verum oppida paene tota et pagi pleni utentium lingua Germanica in submontana regione eique finitimis Russiae et Scepusio, itemque in extrema ora majoris Poloniae, deductis eo sicut et in Silesiam et in Prussiam quodam tempore Germanorum coloniis et multis de plebe compendii sui causa subinde immigrantibus, quin et equestres quaedam familiae antiquitus e Germania ducunt originem. 2) Edwart Kattner, Neun Kapitel über die Orts-Namen in Westpreussen und Posen. Bromberg 1861. S. 9 f. Kromer's Zeugniss, dass viele eingewanderte Deutsche sich polonisirt haben: Mizler a Kolof collectio scriptorum. Poloniae I. 129. 3) o stupor! o ignavia nostra! o pudor! o dedecus opprobriumque ingens vel potius stultitia tandem permisit, ut — in *Meideburg* jus quaeritur idque a sordidis squalidisque opificibus extremaeque classis hominibus. Congesta II.; um 1460. Dazu stimmt die neuere slawische Geschichtsbehandlung. Mieroslawski schreibt (Histoire de la commune polonaise. Berlin 1856. S. 20): La civilisation slave admet les villes comme chefs-lieux politiques et administratifs, comme demeure des métiers et entrepôts de marchandises aussi, mais à la condition que toutes ces annexes resteront subordonnées à l'économie rurale, qui prétend en régler et en mesurer souverainement la nécessité. Cela explique pourquoi jamais la démocratie polonaise ne pourra comprendre la suzeraineté sociale des villes sur les campagnes; pourquoi elle a constamment taxé de conjuration contre la cité indigène les immunités municipales introductes dans la *Slavie* par les Allemands; pourquoi, de nos jours encore elle ne voit dans toute fortune acquise par la spéculation bourgeoise qu'une fraude au profit des classes parasites, et une irréparable déperdition de la richesse nationale. 4) König Kasimir erklärt allen seinen Angestellten, auch den Beamten der Städte (officialibus terrarum, castrorum, civitatum, oppidorum): condemnatos quosque ac curiae relictos secalari statim recipiatis indilate animadversione debita puniendos, necnon omnia alia studeatis adimplere, quae spectant ad officium vestrum juxta leges Friderici imperatoris per ecclesiam approbatas et per canonica instituta, prout ipse inquisitor decreverit et quotiens vos duxerit requirendos non obstantibus privilegiis, libertatibus et exemptionibus seu litteris promissae securitatis quibuscunque personis cujuscunque conditionis, dignitatis aut gradus existant, tam christianorum quam judaeorum, scismatorum et aliorum contra fidem catholicam diliquentium, seu communitatibus eorum aut universitatibus terrarum, civitatum et locorum generaliter vel specialiter sub quacunque verborum expressione per nos aut alios serenissimos principes reges et dominos terrarum regni Poloniae aut ipsorum subditis in contrarium alicujus praemissorum concessis vel in posterum concedendis, nolentes ex hujusmodi privilegiis, exemptionibus seu consuetudinibus municipalibus et provincialibus et libertatibus seu quibuslibet promissionibus securitatis mandatisque et prohibitionibus praefato inquisitori in tanto pietatis negotio quodcunque obstaculum aut impedimentum interponi directe aut indirecte.

schub deutscher Einwanderer nach Polen. Evangelische, die dem Glaubensdrucke in ihrer Heimath entgehen wollten, und in dem staatlich lockeren und eben deshalb freieren Polen ohne Gewissensbeschwerung leben zu können hofften, wendeten sich in's posener Land: glaubensfreudige Männer, aber deutsches Bewusstsein und Freiheitsmuth in staatlichen Verhältnissen war in ihrer Seele nicht. Ueber dem Katechismus hatten sie den Sinn für die Wirklichkeit verloren. Sie glichen nicht den hochgemutheten Städtegründern des XIII. und XIV. Jahrhunderts. Sie wollten nur ungehindert beten.

In zwei Absätzen geschahen diese Einwanderungen flüchtiger Evangelischen. Das erstemal während des schmalkaldischen Krieges, als Ferdinand die Geissel über Böhmen schwang. 1547 kam ein Haufe von 400 Böhmen mit 60—70 Wagen aus Leitomischel, Biszow, Chlum, deren Führer Prediger waren, Mathias Aquila, Urban Hermon Korytan und Paterkul, und langte in der Stadt Posen am 25. Juni an. Der General Grosspolens, Andreas Gorka, erlaubte ihnen, sich in den Vorstädten Posens und auf seinen Gütern Kurnik, Samter, Wronke, Koschmin niederzulassen; auch die Ostrorog gestatteten ihnen den Aufenthalt in Scharfenort und anderwärts. Im August folgte ein zweiter Haufe aus Böhmen nach, von Turnow, Brandeis u. s. w., etwa 300 Menschen mit 50 Wagen, den Mathias Sionius und Georg Israel anführten, auch dieser wendete sich zuerst nach der Stadt Posen; 1548 langte am 26. August ein dritter Zug von 900 böhmischen Brüdern mit 120 Wagen auf dem schirmenden Boden Polens an, bei Fürstenwalde, wo sie unter freiem Himmel lagerten, um sich alsdann in die nahen Städte zu verbreiten. Zwar traf auf Betrieb der katholischen Geistlichkeit der König mit dem Kaiser ein Abkommen dahin, dass keiner aus einem anderen Lande Verjagte in seinen Staaten aufnehmen wolle, und gebot demnach den neuen Ankömmlingen, wieder abzuziehen, doch hat wohl nur ein kleiner Theil gehorcht, der sich weiter, nach Westpreussen wendete. Die Mehrzahl harrte aus und gewann Anhang. Die böhmischen Brüder richteten sich ein, gestalteten ihr Kirchensystem, legten Druckereien an und gründeten Schulen, welche Bildungsstätten für ganz Polen wurden. In Posen, Scharfenort, Lissa, Koschmin, Lobsens, Bartschin, Samter, Meseritz, Schokken u. a. fassten sie festen Fuss und breiteten ihr Bekenntniss aus.

Glaubenseifer fuhr in Folge der reformatorischen Bewegung in die deutschen Bürger; etwas spät geschah es, als die Fluthen in Deutschland längst nicht mehr hoch gingen, und das Reformatorische bereits schon der Verknöcherung verfallen war, indess es geschah. Seitdem gab es Zwistigkeiten und Zänkereien in den Mauern der Städte. Die Kräfte spalteten sich oft und kehrten sich widereinander. Die erste Wirkung der grossen Frömmigkeit war eine flammende Gehässigkeit gegen die Juden. Das Volk wurde wider sie gehetzt. Es hiess, sie zögen allen Handel an sich, so dass kein Christ vor ihnen aufkommen könne; sie seien Hehler, so dass es ihretwegen unmöglich falle, die Dieberei zu unterdrücken; man müsse sie in den Städten nicht dulden. Arge Gewaltthätigkeiten wurden an ihnen verübt (vgl. **Posen**). Nicht lange währte es, und die alte, mit so vielen Säulen seit unvordenklichen Zeiten befestigte päpstliche Kirche setzte sich in Vertheidigungszustand und schritt zum Angriff, um die neu eingedrungene Ketzerei zu überwinden. Wie überall waren auch in Posen die Väter von der Gesellschaft Jesu die Vorkämpfer: 1570 treten sie in Posen auf. Darauf folgen Zusammenstösse mit den Protestanten. Seitdem die Jesuiten eingreifen, gab es in den Städten noch öfter Reibungen. Zogen sie doch in ihren Schulen eine wilde Brut heran, die sie gegen Andersdenkende losliessen (vgl. **Posen**). Zugleich drückten sie mit dem Arme des Königs auf die Stadtobrigkeiten, auf dass diese in katholischem Geiste ungerecht gegen die Nichtkatholiken regierten. Unterdrückungen, Verfolgungen kamen an die Tagesordnung. Hass ward ausgesäet, Gift in die Gemüther geträufelt — wie mochten da die Gemeinwesen, deren Lebensbedingung Einigkeit ist, gedeihen? Die Einmengungen der Staatsgewalt in das Innere der Städte wurden jetzt häufiger[1] und erstreckten sich weit. Eine Partei in der Bürgerschaft begünstigte sie gewöhnlich.

1) Wie weit diese schon gingen, zeigt das Gesetz von 1588, welches die städtische Obrigkeit nicht nur verpflichtete, in Gemeinschaft mit den Pfarrern für den Unterhalt verarmter Gemeindemitglieder, die sich nicht mehr ernähren konnten, zu sorgen, sondern auch vorschrieb, dass die Armen ein Kennzeichen, etwa ein an einem Bande auf der Brust zu tragendes Brettchen mit der darauf geschriebenen Erlaubniss zum Bettel bekommen sollten und dass Stadtobrigkeit und Pfarrherr ihnen jedes Jahr ein neues untersiegeltes Zeugniss über ihre Armuth ausstellen müssten. Wer weder Zeichen noch Zeugniss hätte, dem dürfe kein Almosen gegeben werden! Sonst bekümmerte sich doch die Staatsgewalt um das Armenwesen so wenig, wie um die Fürsorge für Kranke. In Posen bildeten die Bettler im XVIII. Jahrhundert eine förmliche Zunft, wählten sich aus ihrer Mitte einen Marschall, der unter ihnen Ordnung hielt und sie zum Bettel in den Strassen herumführte. An bestimmten Tagen erschien der Bettlerhaufe vor den Häusern der wohlhabenden Bürger und lärmte, bis ihm eine Gabe gereicht worden war.

Diese gegenseitige Bekämpfung, bei der sich die katholische Partei im entschiedensten Vortheil befand, war schon im Zuge, als der lange Religionskrieg im deutschen Reiche eine Auswandererwelle nach der andern in's polnische Land hinein warf. Gleich nach den ersten unglücklichen Jahren des dreissigjährigen Krieges retteten sich wieder böhmische Brüder und evangelische Schlesier in's Posensche. Während in Deutschland ein wüthender Kampf tobte, war Frieden in Polen. Nach dem Ende des Krieges, als für die unter Habsburgs Scepter stehenden Länder die Freiheit der Unkatholischen beschränkt blieb, fand eine massenhafte Auswanderung von evangelischen Schlesiern nach Polen statt. Die Flucht der Schlesier setzte sich im Verfolge der Religionsbedrückungen bis in die ersten Jahrzehnte des XVIII. Jahrhunderts fort. Der Gewissenszwang in Schlesien hatte die Folge, dass die posener Grenzstädte volkreicher wurden. Fraustadt, Lissa, Unruhstadt, Bentschen, Kopnitz, Storchnest, Kobilin, Sduni bekamen namhaften Zuwachs. An der schlesischen Grenze entstanden sogar neue Städte: Rawitsch (1632), Bojanowe (1638), Jutroschin (1642), Saborowe (1644), Schlichtingsheim (1644), Rakwitz (1662), Schwersenz. Ein Gesetz von 1598 hatte allen neu angelegten Städten vollständige Befreiung von allen Staatssteuern auf 8 Jahre gewährt. In evangelischen Kirchensachen richtete man sich im XVII. Jahrhundert meistens nach dem Urtheil derer, die Wissenschaft hatten, wie es in dem fraglichen Bezuge in Schlesien gehalten wurde[1].

Diese Einwanderung Evangelischer konnte indess die Unterdrückung nicht aufhalten, welche die katholischen Eiferer auch in Polen bereits in Schwung gebracht hatten. In den letzten Zeiten des XVII. und in den ersten des XVIII. Jahrhunderts fanden sich auch in den posenschen Städten die protestantischen Gemeinden vielen Bedrückungen und Beraubungen ausgesetzt. In den Städten Bentschen, Bnin, Görchen, Gräz, Jutroschin, Kempen, Kopnitz, Miloslaw, Obersitzko, Pogorschell, Posen, Rakwitz, Reisen, Samter, Sduni, Storchnest und in vielen Dörfern wurden den Dissidenten ihre Kirchen weggenommen.

Mittlerweile waren die der Bürgerfreiheit und dem Deutschthum feindseligen Bestrebungen zur vollständigen Herrschaft in Polen gelangt. Der Adel gebot; er machte die Gesetze; gegen ihn gab es keine. Ordnung der Gesetze und Gerichte war in Wirklichkeit nicht vorhanden, vielmehr der Zustand der Rechtslosigkeit befestigt. Das Reich war zu einer anarchischen Aristokratenrepublik entartet: der Staatsbau im Grunde aufgelöst. Die Gewalt, welche in der Hand der Herren war, machte sie ungebunden und übermüthig. Wenn überall im Reiche dadurch, dass der Grundherr die Gerichtsbarkeit führte, das Mass der Lieferungen, der Hand- und Spanndienste, welche ihm die Landbewohner zu leisten hatten, von ihm allein zuletzt abhing, so musste von dieser allgemeinen Lage des ganzen Landes auch auf die Städte in ihm ein überaus schädlicher Einfluss ausströmen. Der einzige feste Damm gegen Willkür stand in der Geschlossenheit der Städte, in ihrer deutschen Verfassung. Diess gerade, ihr gesetzmässig geordneter Zustand, war etwas so Gegensätzliches gegen die allenthalben eingerissene zerrüttende Wirthschaft, dass es den lebhaften Widerwillen der grossen Herren erregte. Gefühlt wurde von ihnen das Unverträgliche des freien Bürgerthumes mit Adelsherrschaft. Dazu entflammte sie ein übermüthiger Stolz des Polenthumes, der zum Hass gegen das deutsche Wesen ausschlug.

Also war überall ein starkes Drängen, um nach und nach das deutsche Recht abzuschaffen. Bedrückung der Städte ward das Gewöhnliche. Vom XVI. Jahrhunderte stieg sie beinahe mit jedem Jahrzehnt. Bei den machtlosen und meist auch übelgesinnten Königen war kein wirksamer Schutz zu finden: die Städte selber waren nicht kräftig genug, diesen langen Angriff gegen ihre auf Freibriefen ruhende Einrichtungen, gegen die Grundlagen ihres Bestandes abzuschlagen; sie unterlagen ihm mehr und mehr. Das ganze deutsche Volk war in Gedrücktheit gerathen, in ihm war allerwegen der Bürgersinn tief gesunken: durfte man ihn stark und fest bei den deutschen Ausläufern im Osten erwarten, die unter polnischer Herrschaft standen, mitten unter Polen hausten? Seit gar die Mehrzahl der Edelleute sich mit dem Jesuitismus verbunden hatte, schritt die Unterdrückung reissend vorwärts. Gänzlich unwahr ist das Vorgeben parteiischer Geschichtschreiber[2], es seien den deutschen Einwanderern die ihnen zugesicherten

1) Puncta des Conventes 1647 zu Bojanow gehalten, in Zappert's handschriftlicher Meseritzer Chronik. S. 373.
2) Weissenhorst, Studien in der Geschichte des polnischen Volkes nach den besten Quellen bearbeitet. Zürich 1850. I. 84: „inwiefern nun die polnischen Könige und die polnische Nation die mit den Deutschen eingegangenen Bedingungen gehalten, erweist sich tausendfach im Verlaufe seiner Geschichte. Nur so viel im Vorbeigehen: es ist sogar keinem deutschen Schriftsteller eingefallen, Polen vorzuwerfen, es habe jemals das deutsche Element im heimischen Lande zu unterdrücken gesucht.“ Die Ereig-

Rechte getreulich gehalten worden. Nur von den ersten Jahrhunderten gilt diess; im XVII. und XVIII. Jahrhunderte wurden ihre Urkunden gebrochen, ohne dass sie Hülfe fanden; ihre Klagen und Beschwerden waren vergebens. Da war kein Schützer des Rechts. Sie stürzten aus Freiheit in Abhängigkeit. Der Bürgermeister, welcher sich erkühnen sollte, einem Edelmanne den Prozess zu machen, verwirkte sein Leben[1]. Hinweg ging die Zeit über die alten Freibriefe. Der Adel wollte in Polen nur dienstbare Bürger sehen.

Gegenüber den unmittelbaren Städten war es der Starost, der sie nach und nach um ihre Freiheit brachte. Da er Polizeigewalt und Gerichtsbarkeit, Vollzug der königlichen Befehle und gerichtlichen Erkenntnisse und die Beitreibung der Kronsteuern in seinem Kreise hatte, da unter ihm die Juden standen, da er durch die Gesetze von 1565, 1630, 1631 Vollmacht bekam, alle Jahre die Rechnungen über die städtischen Einkünfte abzunehmen[2], besass er der Handhaben viele für Uebergriffe und für Verletzungen städtischer Rechte. Hinter sich hatte er stets den Namen von König und Staat und des gesammten Adels Wucht. Seine Einmengungen in die inneren Verhältnisse der Städte waren solchergestalt äusserst nachdrücklich unterstützt. Sein Bestreben, die Stadtobrigkeit von sich abhängig zu machen, führte trotzdem, dass lange so manche Gemeinden gegen seine Eingriffe sich wehrten, schliesslich zum Ziele. Der Starost erweiterte nach und nach seine Befugnisse, masste sich das Gericht in peinlichen Fällen und den obersten Spruch in Streitigkeiten über Mein und Dein an, beanspruchte Strafgewalt über die Bürger, eignete hie und da sogar Stadtgüter sich an, wollte den Rath ernennen und die Entscheidung über die städtischen Einnahmen treffen. Dieser Kampf und die wachsende Uebermacht des Starosten zeigen die Geschichten von Fraustadt, von Bromberg und anderen Städten. Unzweideutig verräth sich das Bestreben, die Städte herunterzubringen, indem sogar Gegenstädte von Starosten zu gründen versucht wurde. In alten Zeiten hatte man vor eine feindliche Feste, die man nicht erstürmen konnte, eine zweite Feste gebaut, von der aus die gegnerische Besatzung allmälig aufgerieben werden sollte: jetzt unternahmen es die Starosten, neben eine blühende Stadt eine zweite zu setzen, die im Verkehr mit ihr wetteifern, ihre Hülfsquellen an sich ziehen sollte. Solch eine Gegenstadt wurde vor den Thoren Fraustadts vom Starosten Zegoski 1633 gegründet (**Urk. CCXXXXII.**): fast ein Menschenalter musste Fraustadt ringen, bis es 1659 (**Urk. CCXXXXVIIII.**) die Aufhebung des zu ihrem Schaden neu ertheilten Stadtrechtes durchsetzte. Das Kämpfen der grösseren Städte gegen den Andrang des Polenthumes um ihr deutsches Recht hielt ihr Sinken nur auf, wendete es nicht ab. Zuletzt kam es doch zur Herabdrückung ihrer Obrigkeit. Die Rathsherren wurden auf Lebenszeit bestellt, der Bürgermeister vom Starosten ernannt. Nun hatte die Stadtgemeinde Beamte über sich. Ein Gesetz von 1633 verhängte den Verlust des Adels auch über denjenigen Edelmann, der ein Stadtamt übernähme. Die alte Abschrift des magdeburgischen oder kulmischen Rechts, welche die Stadt ehedem erworben hatte, wurde im XVIII. Jahrhundert noch sorgfältig wie ein Palladium bewahrt, aber ihr Verständniss war verloren gegangen. Nicht einmal alle Gerichtsmitglieder wussten ihren Inhalt. Der Richter erkannte nach Gewohnheiten oder nach Willkür. In manchen Städten erhielten sich wohl die Schöppenstühle, in vielen gingen sie aber ein. Das Gericht, die Führung der Stadtbücher und die Kanzlei vertraute der Stadtrath einem vereideten Notar an, der Vogt (Woyt) hiess und einen Schreiber (pisarz) unter sich hatte. Man sprach daher von Woytgerichten[3]. Von ihrem Spruche durfte in allen Fällen, wer sich beschwert glaubte, an ein königliches (Hof- oder Assessorial-) Gericht sich wenden. Da wurde zuweilen, oft nach geraumer Zeit, ein besonderer Commissarius in die Stadt behufs der Untersuchung desfalls abgeschickt. Dies verursachte aber solche Unkosten, dass fast jedermann sich vor dem Verfolgen seines Rechtes scheute und bei dem Spruche der unteren Instanzen es bewenden liess. Den Vorladungen der Burggerichte (judicia burggrabilia) musste der Bürger nachkommen.

---

nisse sprechen lauter, als dieses befangenen „Geschichtschreibers" Worte. Um aber einen Schriftsteller entgegenzuhalten, dem dies doch „eingefallen": es schrieb 20 Jahre vor Weissenhorst (1831) Grolmann: „die Privilegien wurden ihren deutschen Einwanderern nicht gehalten, sie wurden auf alle mögliche Weise unterdrückt und erhielten sich nur dadurch, dass die Polen einsahen, dass sie ohne sie nicht leben, oder wenigstens allen feinern Genüssen entsagen müssten." (Des General von Grolmann Bemerkungen über das Grossherzogthum Posen. Glogau 1844. S. 14.)

1) Grundriss der heutigen Staatsverfassung von Polen. Unter Aufsicht des Verfassers aus dem Französischen übersetzt. Frankfurt a. M. 1763. S. 160. 2) Ostrowski, Civilrecht der Pohlnischen Nation. Aus dem Pohlnischen übersetzt. Berlin 1797. I. 29. 3) Holsche, Geographie und Statistik von West-, Süd- und Neu-Ostpreussen. Berlin 1800. I. 285. 324. 325.

Die unter einem Grundherrn stehenden Städte waren noch viel weniger im Stande, schwere Abhängigkeit von sich abzuwenden. Die Gutsherren waren kleine Könige über ihre Städte geworden. Sie führten ihre bewaffnete Macht, ertheilten Freibriefe, errichteten Zünfte, besteuerten die Einwohner, ernannten den Bürgermeister aus denjenigen, welche die Gemeinde ihnen vorschlug, setzten wohl auch geradezu Gemeinde- und Gerichtsbeamten ein, verkauften manchmal sogar die Stelle eines Rabbiners, sei es um eine runde Summe, sei es um eine jährliche Abgabe. Sie liessen keine Berufung an das Gericht des Königs zu, sondern sprachen selber über Leben und Tod. Vom Erkenntniss des Stadtvogtes ging die Berufung an ihren Ausspruch. Sich behielten sie die letzte Entscheidung vor. Oft verwalteten sie selber oder durch Diener das Gericht und dann gewöhnlich summarisch, wie ihnen gut dünkte, mit dem Kantschuh. Weder ein einzelner Bürger, noch der Stadtrath vermass sich, dem gnädigen Herrn sein Richten zu wehren, oder gar, ihre Urkunden in der Hand, vor dem Referendariats- oder Assessorialgerichte Klage zu erheben. Vertrat doch der Grundherr seine Stadt vor Gericht! Da er die Krongefälle beizutreiben und die Polizei zu verwalten hatte, lagen in seiner Willkür Mittel genug, störrische Bürger zu drücken. Die Forderungen an sie wurden gesteigert. In mehreren Orten mussten die Bürger ihm Schaarwerksdienste thun. Manche adelige Städte unterschieden sich blos dadurch von Dörfern[1], dass sie Jahrmärkte halten durften. (Man vergleiche über die Gerechtsame z. B. die Nachrichten über Margonin.) Die Beisitzer des Bürgermeisters hiessen in diesen Städten polnischen Rechtes Lawniks. Der Druck der Grundherren war im Steigen.

Dergestalt entwikelten sich die Zustände zu einer Lage, in welcher die Städte gewichtlos, die Bürger missachtet waren. Unumschränkte Obrigkeit war thatsächlich der Starost oder der Besitzer geworden. Die herrschaftlichen Städte glichen den deutschen „Domänen". Der Eigenthümer des Landes mochte über die Leute verfügen, welche auf seinem Grund und Boden die Stadtgemeinde bildeten; sie glichen nahezu frohnpflichtigen Hörigen[2]. In den sogenannten königlichen Städten war wenigstens die Freiheit der Person und das volle Eigenthum an den Besitzungen gerettet. Ihre Bürger waren doch wenigstens in ihrem Gewerbe ungehindert, mochten ihren Wohnsitz verändern, besassen immer noch einige Bürgschaften gegen die Abhängigkeit von den Mächtigen in denjenigen Bezügen, welche nicht öffentliche Verhältnisse betrafen. Gerade in diesen Städten war noch deutsches Leben[3].

Dermassen herabgebracht waren in diesem Zeitraume bereits viele Städte, dass ihre Freibriefe ausser Kraft gesetzt und in Vergessenheit gerathen waren, und dass nun zum zweitenmale ihnen Rechtsbriefe ausgestellt wurden, die zeigen, wie viel schlimmer die Zeiten geworden waren. Posen galt jetzt als Musterstadt; nach ihm bekam das alte Gnesen (1619), bekam Kosten (1662 **Urk. CLXIII.**) Stadtrecht. Pakosch wurde das Stadtrecht 1671 erneuert. Als musterhaft galt im XVIII. Jahrhundert die Lobsens 1731 gegebene Einrichtung, welches völlig abhängig vom Grundherrn von einem Bürgerausschuss auf Lebenszeit gewählte Rathsherrn und einen vom Grundherrn ernannten Bürgermeister hatte (s. **Lobsens**). Räumte der Grundherr von Jutroschin (1642) den deutschen Einwanderern, die er an sich zu ziehen wünschte, das deutsche Recht ein, so bedang er doch aus, dass die polnischen Bewohner des Orts mit demselben nichts zu schaffen haben sollten, sondern unter der polnischen Behörde verbleiben müssten, also dass Jutroschin eine Doppelgemeinde wurde. Für Rawitsch bestimmte der König 1644, dass jeder Insasse nach dem Gesetze seiner Herkunft gehalten werden solle. Doppelgemeinden wie in Jutroschin gab es mehrere, oder zwei getrennte Städte bestanden dicht neben einander: in Kobilin (1637), Sduni, Tirschtiegel, Pleschen, Raschkow und wohl auch Bojanowo. Um die Mitte des XVIII. Jahrhunderts wurde für mehrere mittelbare Städte die Stadtordnung massgebend, welche Fürst Alexander Josef Sulkowski erliess. Eingeführt wurde sie in Lissa, Reisen, Saborowo.

Aber auch die Lasten und Abgaben nahmen überhaupt zu. Zur Kopfsteuer, welche die Judenschaft

---

1) Th. v. Ostrowski, Civilrecht der Pohlnischen Nation. I. 28. 2) „Die Bewohner dieser Erbstädte nähren sich grösstentheils vom Ackerbau, und wenn sie gleich auch in vorigen Zeiten (d. h. in dem hier behandelten Zeitraum) etwas mehr Freiheit und Sicherheit des Eigenthums hatten, als der Bauer, so befanden sie sich doch im ganzen in einer äusserst elenden Lage. Ganz der Willkür ihrer Grundherren preisgegeben, mussten sie sich oft ebenso übel mitspielen lassen, als die adeligen Bauern, und Plackereien, Bedrückungen und Brutalitäten erdulden, die man zur Ehre der Menschheit in das Gebiet der lügenhaften Verläumdungen zu verweisen versucht sein möchte." Herzberg, Süd-Preussen und Neu-Ost-Preussen. Berlin 1798. S. 108, wo auch Beispiele unter Berufung auf Kausch's Nachrichten über Polen I. 183 gegeben werden. 3) Herzberg S. 107.

unter sich aufbrachte, zur Tranksteuer (Czopowe, einer verpachteten Akzicse) kam das Rauchfanggeld von jedem Hause, aus dessen Dache Rauch ging, und die Versteuerung von jedem Pfunde Fleisch und jedem Garniez Getränk, die dem königlichen Starosten oder dem Grundherrn zuging. Um den Handel wieder in Aufnahme zu bringen, wurde dagegen freilich die Marktabgabe oder das Standgeld für die unmittelbaren Städte im Jahre 1764 abgeschafft.

Posen, von anderthalbhundert Städten dieses Landes die einzige, konnte sich zwar noch im XVII. Jahrhunderte auf dem Reichstage vertreten lassen, an den Bündnissen (Confoederationen) und der Königswahl betheiligen: doch war dies der blosse Schatten eines Rechtes, denn zu sagen hatte sein Bevollmächtigter auf den Landeszusammenkünften gar nichts [1], nur zuletzt mit seinem Namen zu unterschreiben, was Andere beschlossen hatten. Und wenn ein König gewählt worden war, durfte er ihm die Hand küssen! Aber auch diess schien zu viel. 1733 wurde Posen gar nicht mehr einberufen.

Neue gesetzliche Beschränkungen blieben nicht aus. Eine Stadt mochte im magdeburgischen oder im kulmischen Recht stehen, so wurde ihr dennoch 1768 die Befugniss, Todesurtel zu verhängen, abgesprochen, wenn sie sich für diese Vollmacht nicht auf ausdrückliche königliche Freibriefe berufen konnte. Dass grössere Städte nichts desto minder fortfuhren, peinlich zu richten, ist gewiss. Die Obrigkeiten kleinerer Städte sollten nicht einmal fremde, auf frischer That ergriffene Uebelthäter richten. Dasselbe Gesetz von 1768 unterwarf alle unmittelbaren oder königlichen Städte der „Kommission der guten Ordnung", welche befugt wurde, ihre Urkunden einzusehen, den Stadthaushalt zu untersuchen und Festsetzungen für sie zu treffen, jedoch ohne dem Ansehn des Starosten Abbruch zu thun. Alle Personen bürgerlichen Standes sollte aber ein Aufwandgesetz im Jahre 1764 niedriger als den Adel halten. Wappen bekamen dafür die sinkenden Städtegemeinden! Fraustadt hatte schon in früheren Jahrhunderten Wappen geführt; im XVII. und XVIII. bekamen Wappen Saborowo 1644, Rakwitz 1662, Schönlanke 1751 und andere.

Gleichzeitig mit der Herabdrückung im Recht versiegten auch die Quellen des Erwerbs immer mehr. Volkswirthschaftliche Fürsorge, ja nur Landespolizei gab es nicht. Für Landstrassen, für Stromreguliren, Verkehrserleichterungen sorgte niemand: alle polizeiliche Ordnung war ganz den Starosten, den Grundherren, den Stadtobrigkeiten anheimgegeben. Da sie ihnen gänzlich überlassen und überall auf ihr Gebiet eingeschränkt war, so fand im grossen Ganzen kein Zusammengreifen statt, und in jedem Bezirke hatte Willkür Spielraum. Wie wäre diese Lage dem Gedeihen förderlich gewesen? Der Verfall der Gerichte trat hinzu. Frevel blieben unbestraft oder wurden keineswegs gebührend gezüchtigt. Als z. B. im Jahre 1657 ein Edelmann Namens Keszicke zwei von der Stadt Meseritz ausgeschickte Rechtsgelehrte überfallen, den einen derselben und den Kutscher erschlagen, Wagen und Pferde sich angeeignet hatte, machte zwar die Stadt die Sache anhängig, aber der Mörder und Räuber kam dennoch leidlich davon. Er erbot sich, 12 Wochen im Thurme zu Posen abzusitzen, 2000 polnische Gulden Strafgeld der Stadt zu erlegen und zwei seiner Unterthanen als Schuldige auszuliefern. Damit gab sich Meseritz zufrieden [2]. Konnte eine Stadt wie Meseritz nicht mehr erreichen, was vermochte da ein Einzelner? Wo kein Rechtszustand befestigt ist, zieht jeder sich auf das Nächste zurück, das er übersehen, das er mit seinen Kräften nahezu bewältigen kann, scheut jedoch aus Vorsicht alles Ferne und Weitaussehende, weil er sein Glück dem Zufall nicht anvertrauen mag, wenn Bürgschaften gegen Unheil so sehr gering sind. Jetzt waren Städte, die ein grosses Brandunglück heimsuchte, nicht mehr im Stande, wie früher, sich schnell zu erholen. Da die Häuser beinahe durchgehends von Holz und Lehm gebaut waren, so bekamen Feuersbrünste sehr häufig eine furchtbare Ausdehnung. Halbe Städte brannten nieder. Hernach blieben lange Zeit viele Baustellen wüst liegen. Am Anfange des XVII. Jahrhunderts gab es in den jetzt zum posener Lande gehörigen Städten der posener Woiwodschaft nur 7, welche ummauert waren: Posen, Gnesen, Fraustadt, Kosten, Exin, Kurnik, Nakel [3]; die übrigen waren offen. Die Stadtmauern verfielen, weil zu ihrer Instandhaltung geringe Neigung und allzuwenig Vermögen vorhanden war. Das nachlässige Regi-

1) Ex quo tempore (1632) illarum (Krakau, Wilna, Lemberg, Posen) subscriptiones in confoederationibus reperiuntur. Nón tamen inde existimandum ac si civitates censendi ac dissentiendi habeant potestatem, sed *sola illis obsequii gloria relicta est*, ut missi ab illis ad comitia constituta ab ordinibus, per se valida, subscribendo probent. Lengnich, jus publicum regni Poloniae. Gedani 1742. I. 79, und 94: quarum (derselben Städte) tamen non amplior est facultas quam ut nobilitati assentiant. 2) Zappert's (handschriftliche) Chronik von Meseritz. S. 298. 3) Starovolski, Polonia 1632 (Mizler a Kolof, Historiarum Poloniae scriptorum collectio. Warschau 1761. I. 437.)

ment des Staates kümmerte sich nicht einmal um die Burgen, die in manchen Städten von Alters bestanden. Selbst diese wurden mit der Zeit schadhaft. Wehrlos gegen äussere Anfälle wurden also nach und nach die Städte. Desto härter trafen sie Kriege. Die Sicherheit, welche die Geschäfte erfordern, fehlte auch lange Jahre in Folge der Kämpfe, in die Polen stürzte. Bei der Ohnmacht seiner Könige wurde es der Tummelplatz fremder Kriegsvölker. Und nicht blos die feindlichen Schweden, auch die verbündeten Russen, ja die eignen polnischen Banden waren eine recht schwere Plage. Sie hausten wo und wie sie wollten, lagerten sich ein, brandschatzten. Der erste Schwedenkrieg mit Gustav Adolf betraf das posener Land nicht, wohl aber der zweite (1655—1660), Karl X. Gustavs Zug. Karl Gustav hatte sogar eine Veränderung in der Herrschaft im Auge. Anfangs beabsichtigte er einen Theil Posens zu Schweden zu schlagen[1], dann dachte er am 15. Juni 1656 zu Marienburg dem brandenburgischen Kurfürsten ausser anderen Gebieten auch den unabhängigen Besitz der Woiwodschaften Posen und Kalisch zu; indess liess der brandenburgische Kurfürst im wehlauer Abkommen am 18. Sept. 1657 diese Aussicht fallen[2]. Noch schwerer traf der längere dritte schwedische Krieg Karls XII. (1701—1719) die Städe Posens. Zu seinen Uebeln gesellte sich die Pest. Auch unter dem siebenjährigen Kriege mussten die Städte leiden, weil die Russen im Posenschen ihr Lager aufschlugen. Späterhin wirkten die Parteiungen, die nothwendig überhand nehmende Verwirrung im Lande überaus schädlich auf den Wohlstand. Das Herabkommen der Städte im XVII. und weiter im XVIII. Jahrhunderte war nach alledem ausserordentlich. König Sigismund August gedachte 1560 dem Handel aufzuhelfen, indem er Grenzjahrmärkte einrichtete, als ob der kaufmännische Aufschwung nicht von ganz anderen Bedingungen abhängig gewesen wäre. Wo die Staatsgewalt eingriff, that sie dem Verkehre Abbruch. Man begreift nicht das Gesetz des petrikauer Reichstages von 1565, welches den Eingebornen die Ausfuhr von Handelsgegenständen in's Ausland verbot[3], noch das von 1578, welches ihnen die Einfuhr ungarischer Weine und Pferde untersagte[4]. 1621 wurde ihnen die Ausfuhr wenigstens von Erzeugnissen adliger Güter und die Einfuhr von Waaren gestattet[5]. Ein Gesetz von 1643 unterwarf die Waaren der Handwerker und Kaufleute der Taxe des Woiwoden, der Gerichte und des Stadtraths. Deshalb sollten nach einem weiteren Gesetze von 1661 die Kaufleute eidlich erhärten, dass sie nur einen gewissen Gewinn berechneten, und zwar wurden erlaubt: Inländern, die Christen waren, 7, Ausländern 5, Juden 3 vom Hundert. Wie hätten sie, wenn dies Gesetz gehandhabt worden wäre, bestehen können? Ein anderes Gesetz von 1655, welches erneut wurde 1683, schrieb den Kaufleuten die Gattungen der einzuführenden Waaren vor und bedrohte sie mit Wegnahme ihrer Waaren, wenn sie mit ihnen zum Aufwand verlockten (es verbot die irritamenta luxus!). Wohl wurden in der grossen Menge von Städten eine Unzahl von Kram- und Viehmärkten alljährlich abgehalten, doch der Absatz auf ihnen war unbedeutend. Den Weinhandel verbot 1714 August II. den Apothekern; Wachslichter aber durften sie ziehen! Ein Gesetz von 1768 verbot allen, die nicht zu einer Kaufmannsgilde oder Handwerkerinnung gehörten, ausser der Jahrmarktszeit ihre Waaren zu verkaufen, bei Strafe der Wegnahme. Dabei fand die Entwicklung der Gewerbthätigkeit keinen Raum. Blechwaaren wurden fast gar nicht in den posener Städten gefertigt. Giesskannen, Trichter, Laternen und derlei, auch viele Schlosser- und Drechslerwaaren mussten aus Frankfurt bezogen werden. Die Zünfte erhielten sich allerdings, leiteten ihre Satzungen auch noch von Stadt zu Stadt, wie z. B. die Tuchmacher Fraustadts 1696 ihre Ordnung nach Rawitsch mittheilten (Urk. CLXXII.), aber Gedeihen war auch nicht gegeben und die Gesinnung war verkommen. Von einer der bedeutendsten Städte, von Meseritz, schreibt um 1767 der Chronist[6]: „Gelehrte kommen hier nicht fort, als welche sie nothwendig an der Kirche und Schulen brauchen. Auch würden sie einen Notarium gerne missen, wenn ihnen dieses Amt nicht selbst zu beschwerlich wäre. Selten stirbt hier ein Medicus. Ein Advocat muss gar verrosten.“ „Die Christen,“ sagt er ferner, „sind alles deutsche Leute, ausser den, so sich bey dem Zollamte aufzuhalten pflegen.“ Stand es so in einem deutschen Orte, wie mag es in einem polnischen gewesen sein! Die Juden lebten äusserst kümmerlich. Seit 1538 unterlagen sie steigendem Drucke. Eine Reihefolge von Gesetzen war gegen sie gerichtet. Damals wurden ihnen alle Staatsstellen verschlossen, 1565 (ferner 1690, 1794) die Verpach-

1) Geschichte Schwedens von Carlson. Uebersetzt von Petersen. Gotha 1855. S. 109. 2) Pufendorf, de rebus gestis Friderici Wilhelmi magni electoris Brandenburgici. Berlin 1695. VI. § 28. S. 330. 3) Volumina legum. II. 683. 4) Ebenda. II. 962. 5) Ebenda. III. 410. 6) Zappert. S. 59.

tung von Zöllen, Einkünften, Salzniederlagen an sie für unzulässig erklärt, 1588 ihnen untersagt, an gewöhnlichen Markttagen Lebensmittel und Waaren eher einzukaufen, als bis die Christen sich versorgt hätten; 1690 wurde ihnen bei 100 Mark Strafe verboten, Christen in festen Dienst zu nehmen; nur zu Fuhr- und zu Brauknechten durften sie Christen dingen. Der meiste Erwerb war ihnen abgeschnitten. Sie vermietheten sich den Herren sowie Reisenden als Faktoren, d. h. als Besorger ihrer Aufträge, verwertheten die Bodenerzeugnisse für die Grundbesitzer, pachteten Mühlen, Brennereien und Schenken, hielten die Gastwirthschaften und ergriffen das Fuhrwesen, betrieben endlich solche Handwerke, welche die Zünfte ihnen nicht verwehrten; hauptsächlich waren sie Schlächter, Bäcker, Barbiere, Schneider, Kürschner, Gerber, Seifensieder, Knopfmacher, Musiker, Posamentirer, Goldschmiede, Uhrmacher. In mehreren Städten, wie Posen, Jungleslau u. a., hatte ihnen die habsüchtige Geistlichkeit eine jährliche Zahlung als „ewige Schuld“ aufgebürdet. Die Sage wollte wissen, Strafe sei dies dafür, dass einstmals ein Jude faulige Fische zu Markte gebracht habe. Uebrigens bildeten die Rabbiner der Stadt Posen zusammen mit denen von Krakau, Lemberg und Lublin eine oberste Behörde der Juden, deren Aussprüche weit über Polen hinaus in der Judenschaft Geltung genossen[1].

Dass die polnischen Einwohner sich der Handwerke nicht sonderlich befleissigten und es in ihnen nicht weit brachten, sagt uns Cromer (1576)[2], also ein ganz unverdächtiger Gewährsmann. War doch unter den Polen aller städtische Betrieb missachtet[3]. Ein nahmhafter Theil der polnischen Handwerker mag aus verpolonisirten Deutschen hervorgegangen sein. Wirft man auf die statistischen Angaben aus der letzten Zeit des XVIII. Jahrhunderts einen Blick, so wird die grosse Anzahl der Branntweinbrenner und Schenken in den Städten polnischer Bevölkerung auffällig.

Bei solcher Lage nahm auch die deutsche Sprache ab und die Verpolonisirung zu. Seit der Mitte des XVI. Jahrhunderts zogen deutsche Edelleute und Bürger polnische Namen, Sitte und Sprache vor[4]. Aus den zum Zwecke der Personensteuer angegebenen Namen der Bürger von Posen zählt für das Jahr 1634 Lukaszewicz nur noch 31 deutsche Namen[5]. Die katholischen Geistlichen und Mönche hielten jetzt streng auf das Polenthum, am feindseligsten drückten die Jesuiten auf das Deutsche; stammte doch die Ketzerei von Deutschland. Die neuen evangelischen Einwanderer waren ohne Volksstolz und ohne Selbstgefühl; in gedrückten Verhältnissen hatten sie bis dahin gelebt; in Druck sich zu schicken waren sie bereit, wenn sie nur nach ihrer Art beten und singen durften. Der Druck, den das Polenthum ausübte, verräth sich in dem Befehle an die Handwerker Brombergs 1639, polnische Sitte anzunehmen, verräth sich in der 1738 vom Grafen Sulkowski den Lissaern gemachten Vorschrift, dass die Bürger sich entweder ganz deutsch oder ganz polnisch kleiden müssten. Viele entsagten der höheren deutschen Weise, um die polnische sich anzueignen. In Bartschin wurde 1764 ausbedungen, dass der Stadtrath zur Hälfte aus Polen, zur Hälfte aus Deutschen zusammengesetzt sein müsse.

Ziemlich gleichgültig war es nunmehr, dass ein Gesetz von 1768 untersagte, neue Städte dicht an alten anzulegen. An einem schiffbaren Flusse sollte die neue Stadt mindestens zwei Wegstunden, sonst vier Wegstunden von der alten abliegen. Wüstliegende Plätze und Häuser in einer Stadt, die seit sechzig Jahren keinen Besitzer gehabt hatten (!), sollten der Stadtgemeinde zufallen. Wie muss es also in vielen Städten ausgesehen haben. Gnesen, einst die Hauptstadt Polens, hatte 1744 nur noch 60 Bewohner. Und dennoch übertrafen die Städte an der schlesischen und brandenburgischen Grenze die des inneren

1) Fürst im Litteraturblatt des „Orients“. 1840. n. 11. 2) Mediocritate contenti exquisitam artificum et operum praestantiam non magnopere requirunt: sind seine Worte. (Mizler a Kolof, collectio I. 134. 3) Starovolski sagt (Polonia 1632): Amittitur nobilitas his duobus modis: principis decreto nimirum ob admissum dedecus et atrox aliquod facinus, et sordidi quaestus cupiditate, si quis videlicet desertis militiae et agriculturae studiis mercaturam amplectatur aut cauponationem artemve aliquam mechanicam exerceat. 4) Daniel Jänisch aus Birnbaum nannte sich z. B. bei seinem Uebertritt zur katholischen Kirche Janocki (er starb 1780). Andere Beispiele und Näheres hierüber in Kattner, Neun Kapitel über die Orts-Namen in Westpreussen und Posen. Bromberg 1861. S. 7—11. 5) Löwenberg in Berlin wird bezeichnet als Verfasser des Schandbuches „Materialien zur Geschichte der polnischen Landestheile unter preussischer Verwaltung. Leipzig, Librairie Etrangère 1861.“ I., in welchem es heisst: „Die Haut des Deutschen ist politisch und national elastisch und nimmt fast allemal und überall leicht jede Farbe an. Die meisten Kolonisten auch dieser Periode waren daher wahre Polen geworden, obwohl Polen deutschen Ursprunges. Die eingewanderten Deutschen Morsztyn, Bonar, Kromer, Hosius, Plater, Unrug (Unruh), Kalkstein, Biberstein, Wolszlegier, Götzendorf (Grabowski), Waldorf (Wolicki), Pac, Szauman, Szuman, Wierusz, Szulz u. s. w. stehen denen der polnischen Autochthonen mit Erinnerungen aller patriotischen Tugenden und national-polnischen Volksthümlichkeiten ebenbürtig zur Seite.“ Das ist mehr, als „rührende Ignoranz,“ welche der Verf. der „Materialien“ mir vorwirft, wo ich aus den besten Quellen unterrichtet bin. Leider haben wir Deutsche allerdings unter uns viele räudige Subjecte. Gern gäben wir sie ab, nur sollten sie nicht deutsch schreiben.

Landes. Die Anregungen aus der Nachbarschaft, auch die Schafzucht und der Flachsbau im Posenschen förderten sie einigermassen. In ihnen gab es doch noch Wolle- und Leinwandbereitung! Der grösste Theil des ganzen polnischen Handels bestand im Verkehre mit preussischen Staaten. Die Grenzstädte waren da die Nester eines starken Schmuggels.

Eine genaue Schilderung des Befindens der Städte erhalten wir allerdings erst in der preussischen Zeit: einige Jahrzehnte vorher kann es füglich nicht anders gewesen sein. Danach sah es trübselig aus. Dem Deutschen fiel die Unreinlichkeit auf. Gepflasterte Strassen waren fast eine Seltenheit. Die Häuser waren in den meisten Städten erbärmliche Lehmhütten oder Holzgebäude, mit Strohdach oder Schindelbedeckung; ganz gering war die Zahl gemauerter (massiver) Häuser mit Ziegeldach. Bei den einzelnen Städten habe ich angegeben, aus wie vielen Wohnhäusern sie am Ende des XVIII., zu Anfang des XIX. Jahrhunderts bestanden, und bemerke, dass (mit Ausnahme der Städte des sogenannten Netzdistriktes) diese Häuser sämmtlich, so weit nicht ausdrücklich besagt ist, dass sie gemauert waren, Stroh- oder Schindelbedachung hatten. So armselig waren sie: dennoch urtheilte Vincent Skrzetuski, dass ausser der Gegend um Warschau die dem preussischen Lande näher liegenden Striche Polens die glücklicheren seien durch grössere Bevölkerung, Absatz über die Grenze und zahlreichere kleine Städte!

6. Von der ersten Theilung Polens. 1772—1863.

Gelungen war es dem Adel, den alten Zustand Polens zu erhalten und alle Verhältnisse in der Neigung, die ihnen eigen geworden war, weiterzutreiben. Das Königthum war vom Adelswesen überwunden und galt nur dem Namen nach, während sonst auf dem ganzen Festland von Europa fast alles dem Scepter der Könige sich unterwürfig beugte. Das freie deutsche Bürgerthum war erniedrigt, beinahe ausgerottet, in wenigen herabgekommenen Städten behielt es noch einigen Raum, in den meisten war es zertreten, so dass es in den letzten Jahrzehnten des XVIII. Jahrhunderts keinen starken Bürgerstand mehr gab. Der gedrückte Deutsche wandelte sich allgemach in einen Polen um. Die äusserst geringe Anzahl reicherer und gebildeterer Bürger suchte, weil das rechte Gefühl bürgerlicher Ehre geschwunden war, eifrig den Anschluss an den Adel. Der Sieg des Altpolakenthums war ein vollständiger. Hätte nur auf diese Weise ein Staat fortbestehen können! Sehr wahr sagt ein grosser Geschichtschreiber, Manso „der Nachwelt wird es schwer werden zu glauben, wenn die Zeit die Missverhältnisse in der Verfassung Polens und das Andenken an sie verdunkelt hat, dass sie noch im XVIII. Jahrhundert bestanden." Das Staatsband zerfaserte sich zusehends. Wie wäre es blos die eigne Sache der Polen, nicht vielmehr eine europäische Angelegenheit gewesen, dass im Weichsellande ein Zustand völliger Auflösung und grossen Elendes eingetreten war? Unmöglich konnte dieses Polen unter andern Staaten fortdauern. Es musste ihnen zur Beute verfallen. Die Nachbarn griffen zu und also wurde das posener Land, nachdem in ihm das Deutschthum so gut wie erstickt worden war, zu Deutschland gezogen. Es ward preussisches Land.

Diese Veränderung vollzog sich nicht mit einemmale, hatte auch anfänglich keinen Bestand. Nach kurzer Unterbrechung wiederholte sich jedoch derselbe Wandel der Stellung und war von nun an fest und sicher.

Die Nachbarn wurden unter einander einig über Polen. In Petersburg schloss König Friedrich II. von Preussen mit der Carin Katharina am 17. Februar 1772 ein Abkommen und liess einige Monate darauf im Sommer sein Heer bis zur Netze vorrücken: soweit sollte er sich zufolge jener Uebereinkunft das Land aneignen. Er streckte seine Hand noch weiter aus. Sogleich nahm er das andere Ufer der Netze hinzu, Rohrbruch mit. Sein Bevollmächtigter von Brenkenhof liess sich im Herbst durch die ihm befreundete Gräfin Skorzewska, Labischins Besitzerin, bewegen, die neue preussische Grenze noch über Labischin hinaus zu schieben. König Friedrich war damit zufrieden und begehrte bald noch mehr, da ja gar kein Widerstand erfolgte. Er befahl daher im Februar 1773 seinem Diener Brenkenhof unvermerkt noch weitere 15 Städte zu besetzen. Am 1. September 1773 genehmigte der polnische Reichstag die Schmälerung des Reiches, wie sie die raublustigen Nachbarn untereinander ausgemacht hatten und verstand sich zur Abtretung des Netzbezirkes an Preussen. Aber Friedrich sann auf grösseren Erwerb und erweiterte seinen Staat bis tief in die inowratzlawer Woiwodschaft, indem er (1774) noch 13 Städte besetzen liess. Am 22. Mai 1775 musste ihm in Jungleslau die Huldigung von den Ständen und Insassen des Netzbezirkes geleistet werden. Brenkenhof nahm sie an des Königs Stelle unter dem Schutze preussischer Soldaten ab. Mit seinem nachträglichen stillen Besetzen war indess der König doch allzu weit gegangen. Widerspruch wurde laut: um zu beschwichtigen gab er in einem Vergleiche 1775 Powidz wieder heraus. Die Grenze lief nun so, dass die letzten preussischen Städte Filehne, Radolin, Budzin, Margonin, Exin, Schnin, Gonsawa, Mogilno, Gembitz, Streluo, Gnifkow waren.

Zwanzig Jahre lang war nun das posener Land durchschnitten. Der fortan zu Preussen gehörige „Netzdistrikt“ lag gänzlich danieder. Die Städte waren verödet, es gab in ihnen fast dreimal so viel wüste Baustellen als Gebäude. Er blühte unter des grossen Friedrich landesväterlicher Sorge auf. Friedrich reiste in dieses Land und begann sogleich mit grossen Unternehmungen. Da wurden auf sein Geheiss die Striche längs der Netze entwässert, dieses Flusses Bett tiefer gelegt, Moraststrecken ausgetrocknet. Mehrere Quadratmeilen anbaubaren Bodens waren davon der Gewinn. Dann theilte er unbenutzte Ländereien an neue deutsche Ansiedler aus. Er liess den grossen, 6924 Ruthen langen Kanal von Bromberg nach Nakel, zwischen der Brahe und der Netze, ziehen, um Weichsel und Oder zu verknüpfen. Seitdem hob sich durch Schiffahrt und Handel das verfallene Bromberg. In einem Menschenalter verzehnfachte sich seine Einwohnerzahl. Friedrich liess von Schneidemühl bis Usch die Küddaw, von Driesen bis Nakel die Netze schiffbar machen. Thüringer, Sachsen, Böhmen zog Friedrich in den Netzdistrickt, wobei der Umstand günstig war, dass grade damals in weiten Strecken Deutschlands eine an Hungersnoth grenzende Theuerung drückte. Deutsche Handwerker liessen sich in den halbwüsten Städten des Netzbezirkes nieder. Wie auf dem Lande den Lein- und Hopfenbau, so suchte in den Städten die Tuchmacherei, Schönfärberei, Weissgerberei, das Strumpfweben, Zuckersieden und viele andere Thätigkeiten der rastlos eifrige König emporzuheben. In der ersten Zeit verwendete er jährlich über eine Million Thaler zu Bauhülfsgeldern. Da blühten die verödeten Städte wieder auf (s. Nakel, Fordon, Bromberg u. a). Mit der preussischen Besitzergreifung begann demnach der dritte Zeitraum der deutschen Einwanderung. Eine rechte Stärkung des Deutschthums im Lande war's noch nicht. Auch diejenigen Einzügler, die im letzten Menschenalter des XVIII. Jahrhunderts ankamen, waren Männer ohne deutsches Nationalgefühl, ja legten nicht einmal auf ihre Sprache Werth. Die neuen deutschen Ansiedlungen im Netzbruch wurden sogar mit polnischen Benennungen getauft, als ob owo oder ewo die unumgängliche Endung für einen Ortsnamen sei. Demnächst richtete sich des Königs Sorge auf Herstellung ordentlicher Rechtspflege. Ein königliches Landvogteigericht wurde bereits 1773 in Lobsens eingesetzt, darauf 1775 von Lobsens nach Schneidemühl verlegt und zugleich ein zweites in Bromberg errichtet. Dabei wurde die preussische Gerichtsordnung eingeführt. Das polnische Recht blieb in Kraft, doch diente das „allgemeine Landrecht“ Preussens zur Aushülfe, und die geistliche Gerichtsbarkeit wurde, wie gebührend, beschränkt. Für die Städte war besonders die Einführung der Hypothekenordnung (15. Dec. 1783) von Bedeutung. Die Steuern wurden auf den ostpreussischen Fuss angeordnet, Ackerstädte aber von Akziese freigelassen und gleich Dörfern besteuert. Die Handwerker auf dem Lande sollten nach des Königs Willen in die Städte ziehen. Das Unterrichtswesen, für welches bisher die Geistlichkeit, armselig genug, gesorgt hatte, ward Staatssache. Die preussischen Einrichtungen erstreckten sich überhaupt über den Netzdistrikt, der aufzublühen anfing.

Der polnische Theil von Posen blieb hinter diesem Aufschwung weit zurück. Indessen wurde auch hier die Nothwendigkeit gefühlt, endlich die Verhältnisse in besseren Stand zu bringen. Nur vermochte man es nicht, weil man in Halbheiten und Verkehrtheiten sich bewegte. Um Mittel für die Bedürfnisse der Städte, sowie zum Unterhalt der Polizeianstalten zu beschaffen, ward der Bierschank (die **Propination**) durch ein Gesetz von 1775 den Bürgern entzogen, damit er an den Meistbietenden verpachtet werde. Dabei sollten adlige Bewerber zulässig sein. Man nahm mithin auf der einen Seite weg, was man auf der andern gab. Im selben Jahre wurde die Abgabenlast der Städte vergrössert[1] und die Judensteuer dahin abgeändert, dass die Juden anstatt einer runden Summe hinfort auf jeden Kopf 3 Florenen jährlich erlegen mussten. Ein Gesetz von 1776 wies die Waarentaxe und alle Handlungssachen den Schatzkommissionen zu, die bei der Abschätzung den Woiwoden zuziehen sollten. Aufwandgesetze von 1776 und 1780 verboten allen Bürgerlichen, erst bei 500, hernach bei 1000 Mark Strafe, die zur Hälfte

1) Struensee, Blicke auf Südpreussen vor und nach dem Jahre 1793. Posen 1802. S. 18.

dem Angeber zufallen sollte, Gold, Silber, Perlen, Kleinode, Spitzen, Stickereien, Tressen, theures Pelzwerk, Degen oder Säbel zu tragen; nur für die Rathsmitglieder und für Reisende wurde eine Ausnahme gestattet. Auf Befehl des Königs vom 23. November 1778 wurden Commissiones boni ordinis für die Städte bestellt, die auch von 1779 bis 1781 thätig waren, jedoch nicht sonderlich viel ausrichteten. Volle Anerkennung verdient es aber, dass die neuen französischen Freiheitsansichten einen vortheilhaften Umschwung in den Vorstellungen so manches polnischen Edelmannes herbeiführten, und dass seitdem von einer, freilich noch kleinen Schaar edler Vaterlandsfreunde nachdrückliche Bestrebungen zu einer gründlichen Umgestaltung der öffentlichen Verhältnisse geschahen. Auch regten sich die Städte, als die Erhebung des Jahres 1789 einwirkte. Ende 1789 schickten mehrere Städte Abgeordnete nach Warschau, durch die sie eine neue Feststellung ihrer Rechte verlangten. Ihr Gesuch wurde 1790 förmlich abgeschlagen; ohne sich abschrecken zu lassen erneuerten sie ihre Vorstellungen und fanden darauf die Unterstützung der Fortschrittspartei und sogar des Königs. Nach heftigen Erörterungen im Schosse des Reichstags wurde der vom kalischer Landboten Suchorzewsky am 14. April 1791 eingereichte Vorschlag am 18. April (beinahe im Wege einer Ueberrumpelung) zur Annahme gebracht und demnächst der Verfassung vom 3. Mai 1791 einverleibt. Danach wurden alle königlichen Städte für frei und alle Besitzungen ihrer Bürger für deren erbliches Eigenthum erklärt; denjenigen Städten, welche ihre Gründungsurkunden verloren hatten, wurde die Ausstellung neuer Urkunden verheissen. Von der Gerichtsbarkeit der Woiwoden und Starosten sollten sie befreit sein. Die Bürger behalten das Recht, sich Rath und Beamte zu wählen; sie waren aber auch allesammt dem Gerichte der Stadt unterwürfig. Endgültig sollte der Rath über Sachen bis zum Werthe von 300 poln. Gulden oder einem Strafmass von 3 Tagen Gefängniss entscheiden. In grösseren Sachen durfte der Städter die Appellationsgerichte, an deren Besetzung die Städte einigen Antheil bekamen, anrufen. In's Bürgerrecht musste jeder treten, der in einer Stadt Grundbesitz hatte oder ein Gewerbe treiben wollte. Auch dem Edelmann ward erlaubt Bürgerrecht zu erwerben und bürgerliche Geschäfte zu betreiben, ohne Abbruch an seinem Stande. Der Bürger wurde wieder berechtigt Landgüter anzukaufen und bekam Zugang zu Stellen im Heere, an den Gerichten und zu geistlichen Würden. Er sollte nicht gefangen gesetzt werden, ohne vorher eines Verbrechens geständig oder gerichtlich überführt zu sein (d. h. das Adelsvorrecht neminem captivabimus ward auf den Bürgerstand ausgedehnt). Zum Reichstage darf jede Stadt, in welcher ein Appellationsgericht ist (solcher gab es freilich in ganz Grosspolen nur 7) einen Bevollmächtigten abordnen; allerdings wurde diesen Städteboten nur zugelassen in städtischen und Handelssachen mitzustimmen, während sie bei andern Angelegenheiten nur mitberathen durften. Uebrigens blieben die Städte in Polizei- und Finanzsachen der Polizeicommission unterworfen, wurden indess befugt, unter deren Aufsicht für sich selbst Polizeiordnungen zu beschliessen. Einem jeden Erbherrn ward freigelassen, nach Belieben in seinem Gebiete Städte anzulegen. — Diese Zugeständnisse erregten, wie mangelhaft sie auch waren, grosse Freude in den Städten. Zielten sie doch dahin, die Scheidewand zwischen Edelmann und Bürger niederzureissen. Auswärts wurde aber sogleich bemerkt, dass dieses Gesetz nicht für den Juden gelte, und dass die städtischen Bevollmächtigten im Reichstage doch nur mit halbem Rechte sassen[1]. Viel mehr als Redensarten gewährte es nicht, denn es räumte den Städten keine Macht im Staate ein. Archenholtz urtheilte: „Nach dem 18. April und dem 3. Mai ist der Bürger in Polen eine politische Null geblieben[2]." Und sogleich ward auch offenbar, dass die Widerstrebenden keineswegs wichen. Die Städtebevollmächtigten am Reichstag wurden wohl am 19. September vereidigt, trotzdem liess der Vorstand der Schatzkommission sie nicht zu den Berathungen zu. Die gewöhnliche Gemeinheit legte den hochgemutheten Vaterlandsfreunden mehr Hindernisse in den Weg, als sie zu überwinden vermochten. Da es solchergestalt der nach einer besseren Gestaltung ringenden Partei nicht gelang, rasch und vollständig mit ihren Planen durchzudringen, war das polnische Reich unrettbar verloren.

Zum zweiten- und zum drittenmale theilten sich die Nachbarn in Polen. Friedrich Wilhelm II. von Preussen besetzte das ganze posener Land und liess sich am 7. Mai 1793 in Posen den Treueschwur

1) Politisches Journal nebst Anzeigen von gelehrten und anderen Sachen. Hamburg. Jahrgang 1789. S. 1282 f., 1407 f., 1790 S. 1042 f., 1791. S. 479 f. 1104 f. 2) Minerva von Archenholz Hamburg 1792. III. 35. Die Darstellung Lelewel's (Geschichte Polens. Vollständige deutsche Ausgabe. 2. Auflage. Leipzig 1847. S. 311 f.) ist hiernach viel zu rosenfarbig gehalten.

leisten, den in seinem Auftrage von Möllendorf und von Danckelmann abnahmen. Der Reichstag, der jetzt die frühere Zügellosigkeit mit Unfreiheit büsste, liess am 25. September 1793 die Uebereinkunft vollziehen, welche Kujawien, die Woiwodschaften Posen, Kalisch, Gnesen (welches 1768 von Kalisch abgezweigt und zu einer besonderen Woiwodschaft gemacht worden war), Siradien u. a. zu Preussen schlug. Südpreussen war der Name, welcher dieser neuen Erwerbung des preussischen Staats beigelegt ward. Das posener Land war mithin getheilt in den Netzdistrikt, zu dem noch Strecken des jetzigen Westpreussens gehörten, und in Südpreussen, welches einen grossen Theil des heutigen russischen Polens dazu umfasste. Die Besitzergreifung ging indess diesmal nicht ohne Blut ab. Eine Anzahl Polen suchte mit heldenmüthiger Tapferkeit rückgängig zu machen, was der feige Reichstag zugestanden hatte, und nahm den Entscheidungskampf für die Erhaltung des polnischen Staates auf sich. Dieser Versuch machte im September und Oktober 1794 auch die nördliche Hälfte des posener Landes zum Schauplatz des Krieges[1]. Die preussischen Mannschaften befehligte Graf Schwerin, die polnischen Haufen wurden geführt von Dombrowski und Madalinski. Der Ausgang konnte nicht zweifelhaft sein. Friedrich Wilhelm II. behauptete seine Beute, und Posen war für die Polen verloren. — Das Land verbesserte durch diesen Uebergang in das neue Verhältniss seine Lage wesentlich, obschon höchst bedeutende Uebelstände im Gefolge dieser Veränderung eintraten. Kein Friedrich der Grosse waltete mehr über Preussen. Unter einem Friedrich Wilhelm II. empfand man härter den Druck einer so strammen Bürokratie, wie sie in Preussen ausgebildet war. Der altgewohnten Ungebundenheit folgte mit einenmale die peinlichste formelle Strenge und ein Bevormunden, welches sich über alles erstrecken wollte. Gab es unter den zahlreichen preussischen Beamten, welche in Südpreussen eingezogen und über die Städte vertheilt wurden, auch einzelne höchst vortreffliche Männer, so bestand doch ihre grosse Menge grade aus dem schlechtesten Theile der preussischen Beamtenschaft. Der schwachen und schoflen Beamten entledigten sich die Behörden in den älteren Provinzen nach Südpreussen, wohin die guten nur ungern sich versetzen liessen[2]. Unter den Dienern des preussischen Staates, die in Südpreussen zu wirthschaften anfingen, waren nicht wenige, die nur auf Geldmachen für sich ausgingen, und auch manche, die sich wenigstens durchaus nicht für ihr Amt eigneten. Diese alle — ein preussischer Beamter nannte sie nachmals einen „Abschaum der Menschheit[3],“ — liessen das ohnehin streng angezogene, harte Regiment Preussens noch drückender empfinden. Woher sollte Achtung kommen, wenn so grell Eigennutz, Ränkelust und Völlerei heraustraten? Die Redlichen und Besseren (deren es auch gab) wollten, insofern sie freie Hand hatten, meistens rasch nach ihrer Schablone glücklich machen, was gleichfalls lästig fiel. Ein empfindlicher Druck wurde daher auf Südpreussen geübt.

Aber andererseits anzuerkennen ist, wie mehr Ordnung und mit der Sicherheit mehr Verkehr gewonnen wurde. Alle vorgefundenen Mittel waren ärmlich, das Mehrste roh; sehr vieles musste neu geschaffen werden, und manches wurde gefördert. Erst Minister Voss, dann Minister Hoym und nach Friedrich Wilhelms III. Regierungsantritt wieder Voss verwalteten Südpreussen. In Recht und Gericht ging eine starke Veränderung vor. Bis 1793 sprachen immer noch einzelne Städte, wie Fraustadt, auch in peinlichen Fällen Recht: das wurde ihnen jetzt gelegt. Den Erbherrn wurde gleichfalls die Gerichtsbarkeit über ihre Städte gekürzt, den Rabbinen das Rechtsprechen über die Juden verboten. Königliche Justiziare und Stadtgerichte übernahmen die Rechtsverwaltung; in der Stadt Posen, wo die Regierungsbehörde ihren Sitz aufschlug, wurde ein Oberlandesjustizkollegium eingesetzt. Der Bürger fand nun Recht, wenn es sich gebührte, gegen den Edelmann. Am 28. März 1794 wurde verfügt, dass „insofern in einer oder der andern Stadt das gemeine Sachsenrecht recipirt gewesen, nach diesem beurtheilt und entschieden werden solle[4].“ Das preussische Landrecht wurde erst nur zur Aushülfe, 1791, bald darauf, 1797, als allgemein und

---

1) Die Geschichte des in Posen geführten Parteigängerkrieges enthält der: Beytrag zur Geschichte der Pohlnischen Revolution im Jahre 1794. Aus einem pohlnischen Manuscripte. Frankfurt und Leipzig, 1796. 2) Hier kann ich mich auf die Mittheilungen meines Grossvaters beziehen, der damals für den Minister Hoym in Breslau, welcher Südpreussen neben Schlesien verwaltete, den Uebersetzer aus dem Polnischen machte. Nur mit grösstem Unwillen sprach er über das damalige Treiben, so sehr er auch sonst der preussischen Regierung anhing, und nahm in Folge dieser Eindrücke stets, noch 1831, die Partei der Polen. Es sind viel Schlechtigkeiten von 1793 an verübt worden, die nicht in Büchern zur Kenntniss gebracht wurden. 3) Der Kriegsrath von Triebenfeld in einer zu Teplitz im Oktober 1813 für den preussischen König abgefassten Denkschrift, in der übrigens die Farben allzugrell aufgetragen sind und Triebenfeld als Anhänger eines Hoym parteiisch schreibt. Sie steht in: Dorow, Erlebtes aus den Jahren 1813—1820. Leipzig, 1843. II. 11—21. vgl. I. 19. 4) Vater, Ueber die heutige Grenze der bisher behaupteten Gültigkeit des alten Sachsenrechts in Schlesien u. s. w. Breslau, 1818. S. 10.

unbedingt gültig eingeführt. In grösseren Städten, in denen Grodgerichte bestanden, wie in Gnesen, Posen, Fraustadt, diente deren Kanzlei zugleich als Beglaubigungsamt für alle Verträge, indem sie solche aufnahm und eintrug; sie stellte gewissermassen eine Hypothekenbehörde vor. Die Juden wurden unter die Kreisgerichte, in der Stadt Posen unter einen besonderen Justitiarius gestellt. Das General-Juden-Reglement vom 17. April 1797 legte den Judengemeinden die Wahl von Aeltesten auf. Mit einemmal sollte männiglich nach den preussischen polizeilichen Vorschriften sich halten. „In einem Lande, wo die Sprache kein Wort für den Begriff der Polizei hat, publicirten die Preussen den ganzen gewaltigen Inhalt der Milius'schen Sammlungen von Polizeigesetzen“[1]. Sonst war es hauptsächlich auf Vermehrung der Einkünfte aus den Städten abgesehen und es gab niemanden, der sich ihrer als Fürsprecher angenommen hätte[2]. Mehrere Abgaben, wie das Rauchfanggeld und die Judenkopfsteuer, wurden verdoppelt, Verbrauchssteuern eingeführt, auch mit Erhebung der Akzise ein Anfang gemacht. An Rauchfanggeld musste jeder Ort eine gewisse Summe gemäss seiner Häuserzahl aufbringen: das hielt vom Aufbau neuer Häuser zurück und traf nahrungslose Städte mit steigender Schwere. In den kleinen Städten gab es Häuser von 20—30 Thaler Werth, die ausser der Grundsteuer jährlich 1—1½ Thaler Rauchfanggeld erlegen mussten, während sie in polnischer Zeit vielleicht nur 6 Groschen entrichtet hatten[3]. Beamtete, welche es mit den Städten gut meinten, hielten dafür, dass, wenn auf dem flachen Lande sogenannte bürgerliche Nahrungen fortgetrieben werden dürften, zwar die Ackerbürger sich erhalten, aber die von Handtierung lebenden Bürger nach und nach zu Grunde gehen würden. Ihrer Meinung nach konnten Städte unmöglich mit dem platten Lande den Wetteifer aushalten. Desshalb müssten, nach ihrem Rathschlag, gewisse Gewerbe ausschliesslich den Städten vorbehalten, mehr Handwerker in sie gezogen und diesen bei ihrem Anfange Unterstützungen zu Theil werden. Die Anlegung von Woll- und Leinwandmanufakturen sei besonders zu begünstigen. Brauer, Brenner, Bäcker, Fleischer müssten unter der genauen Aufsicht des Stadtrathes stehen, überhaupt jedes Gewerbe, denn sie müssten so geleitet werden, dass keines dem andern Abbruch thue. Auch ging ihre Meinung dahin (und ihr Wirken nahm diese Richtung), dass der Vermögensstand der Stadt ermittelt und in rechte Ordnung gebracht werden müsse, damit Beamte angestellt, Brücken, Wege, Pflaster, Brunnen, Rathhäuser, Armenanstalten hergerichtet oder unterhalten werden könnten. Besonders wichtig erschien ihnen eine Ordnung gegen Feuersgefahr. Dies waren die Ansichten, deren Ausführung den Städten aufhelfen sollte! Sie entsprangen dem Geiste des Bevormundens innerhalb der Beamtenkreise. Es gab indess auch Männer, welche, wie Friedrich Herzberg (1798), darauf drangen, dass eine „radikale Verbesserung des hiesigen Schul- und Erziehungswesens“ vorgenommen werde. Weitergehend dachte man aber auch an die Aufhebung des Unterschiedes zwischen adligen und königlichen Städten und meinte den Adel zur Abtretung seines Hoheitsrechtes dadurch bestimmen zu können, dass seine bisherigen Einkünfte von seinen Städten ausgemittelt und ihm aus einer Landeskasse verabfolgt würden. Mehrere mittelbare Städte erhoben sich jetzt zu dem Muthe, ihre Erbherrn vor die preussischen Gerichte zu ziehen und erlangten durch Urtel und Recht Befreiung von einigen neu eingeführten Lasten. Vieles geschah zu Verbesserungen, Wege wurden gebaut, Schulen eingesetzt, sogar ein amtliches Collegium medicum in Posen bestellt u. s. w., so dass trotz der Abgabenerhöhung das Geld der alten Provinzen zum Emporbringen dieser neuen Erwerbungen mit verwendet wurde. Ein langsames Gedeihen trat denn doch ein; auch Zuzug aus dem Westen kam[4]. In den grösseren Städten wuchs die Zahl der Handwerker, mehr Häuser wurden gebaut und der Preis der Grundstücke ging in die Höhe. In der Stadt Posen stieg er während dieser preussischen Zeit auf das fünf- und siebenfache. Der Zinsfuss wurde von 12—24 vom Hundert auf 6—5 herabgebracht. Schwunghaft war der Betrieb der Tuchmacherei. Am Anfang des XIX. Jahrhunderts veranschlagte man die Anzahl der Tuchmacherfamilien im posener Kammerdepartement auf 2200 und den jährlichen Werth der in ihm gefertigten Tuche gegen 2 Millionen Thaler. Der Wollbedarf dazu musste fast zur Hälfte aus der Nachbarschaft bezogen werden. Man nahm an, dass eine Familie in den meisten Orten im Jahre 50 Stück Tuch, jedes zu 25—30 Ellen und zu einem durchschnittlichen Werthe von 14 Thalern, in Rawitsch, Bojanowo, Rogasen, Schmiegel, Fraustadt aber

---

1) (von Cölln) Neue Feuerbrände. Amsterdam und Cölln 1807. VIII. Heft. S. 74. 2) Holsche I. 382. 3) Derselbe II. 524. 4) „Und sehen wir jährlich ganze Scharen schon bestellter Arbeiter und Professionisten sowohl aus den alten Staaten, als aus fremden Ländern einwandern.“ Struensee, Blicke auf Südpreussen vor und nach dem Jahre 1793. Posen 1802. S. 57.

an 100 Stück fertige. Indessen lebten die Tuchmacher kümmerlich. Nach diesen Hauptorten der Tuchweberei wuchs das Tuchmachergewerk am meisten in Lissa, Sduni, Meseritz, Birnbaum, Saborowo, Schwersenz, Obersitzko. Gröbere Leinwand wurde in Schmiegel, Fraustadt, Kosten, Gostin gefertigt. Zahlreiche Schuhmacher gab es in Posen und Bomst[1]. Christliche Kaufleute trieben den Einfuhrhandel mit Wein und Ausfuhrhandel mit Vieh, Holz, Getreide und Tuchen. Die übrigen Geschäfte, wesentlich noch Einfuhrhandel, waren fast ganz in den Händen der Juden. Man klagte allgemein: „ihr Handel sei im ganzen genommen nichts weniger als reel“ und dass sie mit Schmuggel sich stark befassten. Es gab wohl sehr vermögende jüdische Kaufleute, aber die mehrsten verstrickten sich durch zu grosses Kreditiren und durch Ausleihen baaren Geldes. „In der Stille zu akkordiren oder völlig Bankerot zu machen (berichtet Struensee), dies alles ist für sie eine Kleinigkeit. Ich glaube kaum, dass in ganz Südpreussen 50 ansehnliche jüdische Kaufleute sein werden, deren Handel seit länger als 20 Jahr ohne alle Unterbrechung obiger Art reel fortgegangen ist.“ Die meisten Juden waren zufrieden, wenn sie jeden Tag nur so viel verdienten, um ein Stück trocken Brod essen zu können! Ihre Genügsamkeit verdross die preussischen Staatswirthe nicht wenig. Struensee schrieb: „Wer es nicht selbst gesehen hat, wird es nicht glauben, wie dürftig selbst die reichsten unter ihnen leben, und wie gering ihre Bedürfnisse sind. Ein Staat, welcher blos von sogenannten polnischen Juden bewohnt würde, möchte nur wenig indirekte Abgaben erheben können.“ Er stellte seine Hoffnung in dieser Beziehung auf ihren Kleideraufwand, den die Rabbinen vordem niedergehalten hatten, auf ihre Sucht, alle Moden mitzumachen. Obgleich er die nachtheiligen Folgen für die Sittlichkeit nicht unerwogen liess, hielt er diesen Hang doch für einen Ansporn zu vermehrten Kraftanstrengungen und sah in ihm das Mittel, die Juden den übrigen Einwohnern des Landes ähnlicher zu machen. Obgleich noch „grossentheils dicke Finsterniss unter ihnen herrscht,“ fand er doch, dass seit der preussischen Besitznahme die Juden in Rücksicht freierer Denkungsart merkliche Fortschritte machten. In allen Städten, in denen Juden auch nur in kleinen Häuflein wohnten, hatten sie Synagoge und Schule eingerichtet, einzelne schickten auch ihre Kinder in deutsche Schulen. Die weit verbreitete, einflussreiche und mächtige katholische Geistlichkeit trug in diesen Zeiten nicht mehr, wie im Mittelalter, zur Hebung des Volkes bei. Die unterrichtenden Piaren hatten nur in Reisen eine Niederlassung, und die von den Geistlichen gehaltenen Schulen waren weder zahlreich noch besonders gut. In 22 Städten bestanden 37 Klöster, in Blesen, Fraustadt, Gnesen, Görchen, Gostin, Grätz, Kobilin, Kosten, Koschmin, Krotoschin, Obornik, Posen, Rawitsch, Reisen, Samter, Schildberg, Schrim, Schroda, Storchnest, Tschemeschno, Wongrowitz, Wronke, Zirke, ungerechnet die bei Meseritz, Kriewen, Lobsens. Nonnenklöster gab es in Gnesen, Posen und Schrim. Die Kirche war reich, aber Handel und Wandel ward ganz gewiss nicht von ihr belebt. Alles in allem blieben die Städte noch arm. Struensee behauptet 1802, und er konnte es beurtheilen, da er Oberzollrath in Posen war, dass die ganze Stadtbevölkerung des posener Kammerdepartements nicht halb so viel Fleisch verzehre, als die eine Stadt Berlin, die damals, von ihrer heutigen Grösse noch weit entfernt, etwa 177000 Einwohner hatte. Struensee bemerkte auch, dass die vermehrten Abgaben höchst nachtheilig auf die kleinen Städte einwirkten, dass Handwerker in ihnen von dem Verdienste nicht gut bestehen könnten und in grösster Armuth dahinlebten, dass sogar „die Lebensmittel in diesen kleinen Städten öfters gar nicht zu bekommen oder theuerer als in den grossen Städten sind.“ Herabsetzung dieser Orte in Dörfer hielt er für wohlthätig. An Missgriffen fehlte es übrigens keineswegs. In der Absicht, dem Adel zu schmeicheln, wurde z. B. wiederum den Bürgern der Ankauf adliger Güter von der preussischen Regierung verboten[2]. Der Befehl, sofort massive Schornsteine zu bauen, war gut gemeint, aber nicht auszuführen. Derartige Veränderungen sind ja nur allmälig durchzuführen und erregen Unzufriedenheit, wofern plötzlich das fast Unmögliche gefordert wird. Eine Schändlichkeit der Regierung war die Wegnahme vieler Güter, die ihren rechtmässigen Besitzern entrissen und an die nichtswürdige Bande, in deren Mitte Friedrich Wilhelm sich befand, verschenkt oder um Schleuderpreise scheinbar verkauft wurden. Nachdem man vielen Polen, weil sie an der denn doch berechtigten Erhebung von 1794 sich betheiligt, ihren grossen Grundbesitz genommen hatte, zog man (gegen das Jahr 1800) die Städte der geistlichen Stifter ein und

1) Herzberg, Süd-Preussen und Neu-Ost-Preussen. Berlin 1798. S. 70—74. 2) Berichtigung einer Schmähschrift, das gepriesene Preussen genannt. 1803. S. 61. 64.

wandelte sie in königliche Domänen um. Mehrere von diesen wurden aber bald darauf Herren zum Besitz überlassen. Wilichowo und Schwetzkau wurden dem Geheimekabinetsrath von Beyer, Betsche dem Fürsten von Hohenlohe-Ingelfingen, Priment dem Hofmarschall Grafen von Keyserlingk, Kopnitz dem Grafen von Lüttichau gegeben [1].

Die Behandlung des Landes war eine solche, dass wiewohl gegen die früheren Zustände eine namhafte Verbesserung eingetreten und das Gedeihen sichtbar war, dennoch tiefe Abneigung wider das bürokratisch-absolutistische Regiment Preussens um sich greifen musste. Den Namen des Deutschen machte es verhasst. Als daher Preussen im Kampfe mit Frankreich unterlag, standen sogleich die Polen auf und die preussische Herrschaft brach widerstandslos zusammen.

Anfang November 1806 rückte der französische Vortrupp unter Marschall Davoust in die Stadt Posen ein. Napoleon hatte vorher schon die polnischen Grossen dorthin beschieden. Gleich darauf, am 27. November, kam er selbst: ungeheurer Jubel begrüsste ihn. Denn die preussische Verwaltung hatte es dahin gebracht, dass Befreiung vom deutschen Joche allgemein ersehnt ward. In den südpreussischen Städten wurden die Beamten sogleich verjagt: hie und da mussten französische Soldaten ihre Person vor Gewaltthätigkeiten in Schutz nehmen. 7139 Beamte wurden auf's schleunigste aus dem preussischen Polen fortgetrieben; es war ein jäher Einsturz der preussischen Einrichtungen. Eine Ausnahme machte der Netzdistrikt, der Friedrich dem Grossen so viel verdankte. Dessen Bewohner wünschten bei Preussen zu bleiben [2].

Napoleon verfügte über Polen. Das posener Land wurde nun ein Theil des Herzogthums Warschau durch den tilsiter Frieden am 7. Juli 1807, und blieb in dieser Stellung, bis die Russen als Besieger der Franzosen Ende 1812 es überzogen und eroberten. Die Verhältnisse in ihm, Recht und Verwaltung, sollten während dieser Zeit französischen Zuschnitt bekommen; Ausländern, worunter man die Deutschen verstand, wurden alle Aemter verschlossen. Napoleon bestimmte die Einführung des seinen Namen tragenden Rechtsbuches (22. Juli 1807), des französischen Handelsgesetzes und der französischen Gerichtsordnung (24. März 1809), während ausdrücklich alle andern bürgerlichen Gesetze abgeschaft sein sollten. Ein ungeheurer Fortschritt wäre damit geschehen, wenn nicht zwischen Erklären und Eintreten eine Kluft läge. Das französische Gesetz gelangte nicht wirklich in Kraft. Seine Ausführung widerstrebte dem Vortheile und Sinne des Adels. Die guten Grundsätze des französischen Rechtes blieben daher auf dem Papiere stehen. Den Juden gewährte die Verfassung am 22. Juli 1807 Gleichstellung, aber schon die Verordnung vom 17. Oktober desselben Jahres „suspendirte" dieselbe einstweilen für das nächste Jahrzehent. Im Jahre 1812 (30. Oktober) wurde sogar den Juden das Bereiten und Verkaufen von Getränken verboten und jeder mit Strafe bedroht, der bei einem Unterfangen gegen dieses Verbot Juden in irgend einer Art behülflich sein würde. Der Rückschlag war mithin da. Für Posen sollte nach dem Gesetz vom 18. März 1809 in peinlichen Sachen das alte polnische Recht gelten, indess als Aushülfe das preussische zur Anwendung kommen: so blieb denn letzteres fast durchweg bestehen, allein des Rechtes Handhabung verfiel gänzlich. Die Richter verfuhren mit Nachlässigkeit und Willkür. Den Städten ward eine neue Verfassung am 23. Februar 1809 gegeben, welche die alte Selbstverwaltung der Gemeinde nicht wiederherstellte. Zufolge dieser neuen Verfassung ernannte vielmehr der Landesherr den Bürgermeister und der Bürgermeister bewegte sich in Abhängigkeit vom Präfekten und Unterpräfekten. Der Präfekt ernannte auf ein Gutachten des Unterpräfekten aus Gemeindegliedern, welche lesen und schreiben können, die Beisitzer (Lawnik) und Rathsherrn. Freies Beschliessen war dem Rathe keineswegs zugelassen: Haushaltsplan, Gutachten und Vorschläge dem Präfekten einzureichen, lag ihm ob; er durfte keine ungenehmigten Einnahmen und Ausgaben machen und hatte die auf die Stadt fallende Steuerlast unter die

---

1) Nach Held's Enthüllungen in einer im Gefängniss zu Berlin im Juni 1801 angefertigten Liste: „das schwarze Register, oder General-Tableau der in Südpreussen, während der Minister von Hoym diese Provinz verwaltet hat, in den Jahren 1794 bis 1798 als Gratialgüter verschenkten, ehemaligen pohlnischen Kron und geistlichen Güter." Wiederabgedruckt in (v. Cölln) Neue Feuerbrände. Amsterdam und Cölln 1807. I. 2. Heft. S. 65. Ein Verzeichniss sämmtlicher adliger Herrschaften und des Werthes, zu dem sie veranschlagt wurden, gibt Holsche II. 196—247. Birnbaum z. B. 291500 Thlr., Gembitz 16666 Thlr., Murowana Goslin 155000 Thlr., Obersitzko 66666 Thlr., Pinne 106666 Thlr., Betsche 120000 Thlr. u. s. w., da wir jedoch nicht wissen, welches Zubehör zur Stadt gehörte, so gewähren diese Schätzungen keinen Anhalt zur Beurtheilung des Ertrags, den die Grundherrn von der Stadt zogen. 2) Thiers, Geschichte des Konsulats und des Kaiserreichs. 26. Buch.

Bewohner zu vertheilen. Dem Unterpräfekt stand in gewissen Fällen zu, für Anordnungen oder Untersuchungen einen Stadtbeamten aus einer andern Gemeinde in die Stadt zu berufen. Diese Verfassung ward indessen nicht durchweg eingeführt. Alte Zustände erhielten sich. 1811 wurde gestattet, dass ganz kleine Städte nach Art der Dörfer durch einen Vogt verwaltet würden. Dem Bürgermeister wurde, wo es keinen Stadtkassirer gab, auferlegt, den vierten Theil der jährlichen Stadteinkünfte als Sicherstellung für die Stadtkasse zu erlegen [1]. Wenige werden dazu im Stande gewesen sein, denn die Stellungen der Bürgermeister waren äusserst armselig. Die Mitglieder des Rathes bezogen bei den Märkten einen Theil des Standgeldes. In den kleineren Städten machte der Bürgermeister — oder Maire, wie er sich jetzt gern nannte — zugleich den Postmeister. Zudem, je länger je mehr bei den steigenden Wirren das Ansehn der Gerichte erlosch, verfiel auch die Geltung der Gesetze. Das Land ward ein Sammelplatz von Gaunern, die weit und breit sich auf Beute herumtrieben und in den kleinen Städten ihren sicheren Aufenthalt nahmen, ihre Niederlagen hatten. In mancher kleinen Stadt stand der Bürgermeister, der Handhaber der Polizei, im Einverständniss mit verbrecherischem Gesindel [2]. Wohl erlaubte die durch das französische Gesetz verkündete Aufhebung der Unfreiheit den Bauern die Einwanderung in die Stadt, indessen kam es doch eben nicht zu einer solchen Umgestaltung, wie sie in Wort und Geist der französischen Gesetze lag. In der Wirklichkeit trat vielmehr das Meiste zurück in das alte Gleis, brachte Napoleon keine Ideen, sondern Kampf und Elend.

Thatsächliche Fürsorge für die Wohlfahrt ist in dem Zeitraume des warschauer Reiches wenig merkbar. Das Land wurde als Kriegsdepot behandelt. Für Hebung der Gewerbe und des Handels, für Verschönerung der Städte geschah nichts. Fabriken und Manufakturen, um deren Anlegung die preussische Regierung bemüht gewesen war, gingen wieder ein. Die Kontinentalsperre machte den Danzigern Handelsgeschäfte, die sie bis dahin mit Posenern zu gegenseitigem Nutzen geführt hatten, unmöglich. Geld und Lieferungen und Mannschaft sollten die Städte hergeben. Die Steuern wuchsen [3] und schwere Kriegslasten fielen auf die Bürger. Von 1806 bis 1815 hatten die Städte unaufhörlich Durchmärsche der Heere und Einlagerung von Soldaten zu tragen. Das Land wurde gründlich ausgesogen. Ein Herabkommen der Städte trat demnach in dieser Zwischenzeit ein [4]. Trotz der schönen Gesetze auf dem Papier empfanden die Bürger die Zunahme ihres Elends. Kruschwitz, die Wiege des polnischen Staates, war auf dritthalbhundert Einwohner gesunken.

In den ersten Monaten des Jahres 1813 waren schon die Russen Herren des Landes. Seit dem 25. Juni 1813 wurden auch die Gerichtserkenntnisse nicht mehr im Namen des Königs von Sachsen erlassen.

Erst als mit 1815 zum zweiten male die preussische Zeit eintrat, wurde es heller und besser. Damals wurde das Land Posen in seinem gegenwärtigen Umfange (d. h. aus dem Netzdistrikt, 12 ganzen Kreisen und Theilen von 4 Kreisen des früheren Südpreussens) bestimmt und durch das Besitznahme-Patent König Friedrich Wilhelm III. vom 15. Mai 1815 unter dem Titel eines Grossherzogthums Posen dem preussischen Staatsverbande einverleibt. Die Bezirke Deutschkrone (p. Walcz, Walsh,

---

1) Gesetzsammlung des vormaligen Herzogthums Warschau (N. IX., XX., XXIX., XXXV.) aus dem Polnischen übersetzt von Laube. Posen 1816. I. 187—193. II. 213. III. 180. 199. 334. 2) Thiele, die jüdischen Gauner in Deutschland. Berlin 1842. I. S. 14—17. 3) Die Personensteuer betrug in den Städten 1 Gulden für freie Arbeiter um Tagelohn, 2 Gulden für Handwerker in kleinen und für Gesellen in grösseren Städten, 4 und 6 Gulden für Handwerker und Händler in grösseren Städten; 10, 20, 40 Gulden für Kaufleute, 20 Gulden für Eigenthümer gemauerter Häuser, 30 Gulden von Miethen von 1000 Gulden, 40 Gulden für Doktoren und Apotheker in grösseren Städten, 50 Gulden für Advokaten und Notare in grösseren Städten. Das Rauchfanggeld wurde erhöht, Zapfengeld vom Getränk und Schlachtsteuer erhoben. 1812 wurden die Taxen sogar verdoppelt. 4) „Die Städte waren ehedem bei weitem reicher und angesehener als jetzt. Verschüttete Brücken, Keller, Mauern, die sich oft sehr weit ausdehnen, beweisen dies.“ Flatt. Topographie des Herzogthums Warschau. Aus dem Polnischen. Leipzig 1810. S. 153. „Eine der Hauptursachen des Mangels an Gewerbfleiss ist die grosse Menge von Städten, in welchen Gewerbe blühen könnten und welche sich dennoch blos mit dem Ackerbau beschäftigen, der Mangel an Menschen und an Geld.“ S. 117. Flatt hebt dann die Tuchmacherei im Posenschen und Brombergschen und die Leinwandwebereien in der Nähe der schlesischen Grenze hervor (s. oben S. 223, 227) und fährt fort: „Es gibt auch Gerbereien, doch nicht in gehöriger Menge und in unvollkommenem Zustande. Die Polen verkaufen lieber das rohe Leder anderen Nationen und kaufen dafür ausgearbeitetes ein. Unter den Handwerkern sind die Schuhmacher am zahlreichsten und liefern an manchen Orten auch gute Arbeit. Die Anzahl der Kürschner ist ebenfalls gross und Judenschneider gibt es mehr als zuviel. Dem grössten Theil dieser Handwerker fehlt es jedoch an einer gewissen Geschicklichkeit und an dem Streben nach Vervollkommnung. Andere Gewerbe findet man nur in den grösseren Städten.“ „Unter der vorigen Regierung,“ sagt Flatt S. 135, „unterschied sich der Bürger seinen Freiheiten nach wenig vom Bauer. Gegenwärtig hat jeder Stand gleiche Rechte.“

Walecz) und Flatow, welche bis dahin zu Grosspolen und zum Netzbezirk gehört hatten, wurden abgelöst und mit Westpreussen verbunden. Das neue preussische Regiment begann wiederum mit Verkehrtheiten, weil man in Berlin falschen Grundsätzen huldigte und in Unklarheit über die Lage und ihre Erfordernisse wandelte. Die Einsetzung eines Statthalters, des Fürsten Anton Radziwill, der bis an seinen 1833 erfolgten Tod der Provinz vorstand, die von den Hohenzollern wie ein Staatsgrundsatz befolgte Adelsbegünstigung und ein empfindsames Hätscheln des Polenthums war von den schädlichsten Wirkungen begleitet. „Man liess alles schlechte Polnische bestehen (urtheilt 1831 der General von Grolmann) und setzte alles Deutsche, wenn es sich nicht unwürdig polonisirt hatte, zurück, sowohl im Amt, als im gesellschaftlichen Leben.“ Mitunter einsichtsvoll und kräftig, dann wieder verkehrt und verdorben, im Ganzen also schwankend war der Gang des preussischen Regiments. Das Land genoss indess, seit es wieder bei Preussen war, einige Aufstandsversuche abgerechnet, ein halbes Jahrhundert hindurch Frieden und Ruhe. Das allein trug zum Aufkommen der Städte wesentlich bei. Die Befreiung der Gewerbe vom Zunftzwange war ein Fortschritt; die Bürgerschaften erkannten ihn freilich noch nicht an, und betrachteten diese Neuerung widerwillig. Allerdings erlitt die Gewerbthätigkeit einen schweren Abbruch durch die im Osten gezogene Grenze, die Posen von seinem bisherigen Absatzlande trennte. Der Handel nach Polen und Russland hinein stockte. Die russische Grenzsperre war ihm nahezu tödtlich. Der Handwerker empfand es schwer, dass ihm die bisherigen Abnehmer seiner Waare entzogen wurden. Das Geschäft der Tuchweberei war mit einem Schlage halb zu Grunde gerichtet. Manche Einwohner zogen die Auswanderung nach russisch Polen der heimischen Dürftigkeit vor, der sie sonst unrettbar verfielen. Viele Tuchmacher verliessen nothgedrungen die posener Städte, in denen sie gern geblieben wären. Eine kümmerliche und in anderer Beziehung schädliche Ausgleichung versuchte der rasch aufkommende Schmuggel, zu dem bei der Bestechlichkeit russischer Wächter und Richter gegriffen ward. Während die Bewohner mancher kleinen Stadt an der Grenze sich nunmehr auf das Waareneinschwärzen nach Polen und aus Polen warfen und ihre Hauptnahrung davon zogen, sank in anderen Städten rasch das Gewerbe und mit ihm der ohnehin nicht grosse Wohlstand. Die offene Verbindung mit Deutschland zog ausserdem einen Aufschlag vieler Preise nach sich. Deutsche Gediegenheit hatte in den Jahrhunderten des Polonisirens sehr gelitten. Der Nachschub von Einwanderern, wiewohl manche treffliche Kraft zuführend, war im Ganzen nicht mehr wie in alten Zeiten vom deutschen Kerne. Abenteurer suchten mitunter im Posenschen eine Stätte. Die mehrsten Ankömmlinge waren auf weiter nichts als Gelderwerb bedacht. Ein Handeln und Schachern um alles und jedes, wie nirgends in Deutschland, war in den posenschen Städten zur Gewohnheit geworden: wurde doch selbst um den Preis des Brodes gefeilscht! Indessen war der Einzug von Deutschen keineswegs unbeträchtlich und je mehr Posens Volk sich in die deutschen Beziehungen hineinlebte, je mehr es mit dem deutschen Leben verwuchs, desto sichtlicher gewann es gesunde Kraft von Deutschland.

Handel und Gewerbe stieg doch. Die Zahl der Kaufleute war so gross, wie in andern deutschen Gegenden. Es gab 1837 — doch wohl nur in den Städten — 106 Grosshändler, 840 Materialienhandlungen, 469 Ausschnitthandlungen, 494 Handlungen mit kurzen Waaren, 254 Getreidehändler, 162 Holzhändler, 148 Weinhändler. Der Handwerkerstand war freilich nicht so zahlreich, wie anderwärts in deutschen Ländern. Zwar arbeiteten im Posenschen wohl ebensoviele Bäcker und Fleischer und Schneider und Schuster, allein der Bedarf anderer Waaren war noch gering. Wenn immer noch im Lande Hütten aus halbrohen Baumstämmen, Lehm und Stroh aufgeführt wurden, Leitern die Treppen ersetzten und gedielter Fussboden dem gemeinen Manne überflüssig dünkte, so gab es natürlich für Bauhandwerker geringe Beschäftigung. Wie sollte man viele Uhrmacher und Buchbinder erwarten? Im Jahre 1843 zählte man 4068 Schneidermeister mit 1442 Gehülfen, 5382 Schuhmachermeister mit 1901 Gehülfen, 1424 Bäckermeister mit 336 Gehülfen, 1304 Fleischermeister mit 294 Gehülfen, 147 Zimmerleute mit 389 Gehülfen, 134 Maurer mit 1101 Gehülfen, 685 Töpfermeister mit 411 Gehülfen, 4002 Metallarbeiter mit 2205 Gehülfen, 4177 Holzarbeiter mit 2535 Gehülfen, 1678 Lederarbeiter mit 889 Gehülfen, 248 Seilermeister mit 164 Gehülfen, 161 Hutmacher mit 42 Gehülfen, 248 Färbermeister, 90 Uhrmacher mit 48 Gehülfen, 138 Buchbinder mit 122 Gehülfen, wohl alle, bis auf eine geringe Zahl, in den Städten ansässig; 205 Bierbrauereien, 235 Branntweinbrennereien, 537 Destillationsanstalten in den Städten. Polen waren vorzugsweise Schmiede, Zimmerleute, Stellmacher. Gewerbe, die geistigen Erfordernissen dienen, waren noch spärlich. 1837 waren im ganzen Lande nur 8 Buchdruckereien thätig; in der Stadt Posen befanden sich 9 Händler mit neuen und alten Büchern und 5 Leihbibliotheken, in den übrigen Städten zusammen 14 Buchhändler, 1 Antiquar und 23 Leihbibliotheken. Grössere, zum Theil öffentliche Büchereien bestanden blos in Posen, Bromberg, Fraustadt, Krotoschin, Lissa, Rawitsch, Wollstein, Tschemeschno. Dass für solche Sorge getragen werden müsse, wurde und wird immer noch nicht genugsam erkannt. Nur von polnischen Grossen (den Raczynski's und Dzialynski's namentlich) geschah für Aufstapelung von Schriftwerken Bedeutendes. Die Zukunft wird die Wichtigkeit öffentlicher, d. h. grosser, leicht benutzbarer Bibliotheken ohne Zweifel weit besser einsehen. Sind in diesen Bezügen die Verhältnisse im Posenschen doch noch so weit zurück, dass es nicht einmal zur Einrichtung eines zugänglichen Landes-Archives gekommen ist! Alles dieses konnte die Regierung befördern; im übrigen wäre die Forderung unbillig, dass der Stand des mittleren und des westlichen Deutschlands hier schon erreicht sein sollte.

Das preussische Staatswesen brachte Löbliches und Beschwerliches. Drückend wurde empfunden das Soldatenwesen mit seinen Aushebungen und seiner Herrschaft. Den Städten fiel die Stellung von Pferden zu den Landwehrübungen äusserst lästig. Die Aushebungen zur sogenannten Dienstpflicht, welche man in Preussen mit der Wehrpflicht verwechselt, waren eine auferlegte Menschensteuer. Der polnische Bauer gewann als Soldat manche löbliche Eigenschaft: dem Städter konnte der Soldatendienst wenig frommen. Der Geist der Städte war 1831 „sehr darniedergedrückt und nicht der beste." Wir haben dafür das unanzweifelbare Zeugniss Grolmann's.

Die im Herzogthum Warschau eingeführte französische Gesetzgebung setzte ein geordnetes Gemeindewesen voraus: ein solches fand die neue preussische Verwaltung jedoch keineswegs vor. Die mittelalterliche Gemeindeverfassung war längst zerrüttet und gebrochen. In adeligen Städten herrschte und schaltete der gnädige Herr, in anderen, unmittelbaren regierte ein abhängiger Bürgermeister mit 12 Rathmännern und 5 Stadträthen; in Fraustadt und Lissa hatte sich der ältere Zustand noch am besten erhalten, in ihnen bestand die Stadtobrigkeit aus dem Bürgermeister, dem Kämmerer, 2 besoldeten und mehreren unbesoldeten Rathsherren und 12 Stadtverordneten. Geraume Zeit säumte die preussische Regierung mit der nothwendigen Neugestaltung der Stadtverfassungen. Zuerst (1816) ordnete sie das Gerichtswesen, führte (den 9. Nov.) das allgemeine Landrecht wieder ein mit der Massgabe, dass Gütergemeinschaft unter Eheleuten ohne Ausnahme angenommen werden solle, bestellte auf jeden Kreis ein oder zwei Friedensgerichte und setzte königliche Gerichtshöfe, für je 3 Kreise ein Landgericht, ein. Indem sie die Unterthänigkeit stürzte, brach sie zugleich die Patrimonialgerichtsbarkeit. Die adeligen oder Mediatstädte kamen demnach unter die königlichen Gerichte. Der Präsident des Appellationsgerichts von Schönermark, ein Rheinländer, der schon im ehemaligen Südpreussen angestellt gewesen, ein verdienter und einsichtsvoller Mann, über den sich verknöcherte, altpreussische Beamte schwer ärgerten, schlug einen Mittelweg zwischen Altpreussischem und Rheinischem ein, führte die preussischen Gesetze und an den Gerichten das mündliche und öffentliche Verfahren ein. Ende 1818 (8. Dec.) wurde den Gutsherrn untersagt, den Bürgermeistern ihrer Städte den Auftrag zur zwangsweisen Beitreibung ihrer Gefälle zu geben. Solche Aufträge könnten nur durch die Gerichte gehen[1]. Wie übel empfanden es die Stadtherren, dass ihre Hoheit nicht mehr galt, dass ihr willkürliches Gebahren ein Ende haben sollte, dass sie Ansprüche wie ein gewöhnlicher Gläubiger mittelst der königlichen Behörde zur Geltung bringen mussten. Lange Zeit schickten sich viele nicht in die neue Ordnung — und doch wurde nur ihrer schreienden Willkür gewehrt. Die deutschen Bürgermeister hatten grosse Noth; sie und die Beamten überhaupt wurden von den Stadtherren zuweilen mit argem Uebermuth behandelt. Fest standen jedoch die preussischen Gerichte. Es wurde schlechterdings nicht gelitten, dass die Stadtherren nach Belieben den Bürgern Steuern auflegten; sie wurden gezwungen. zu Recht zu stehen, und wenn sie allzustark sich gegen Beamte vergingen, wurden sie gestraft. Allmälig dämpfte das preussische Regiment den alten Uebermuth. Den Nachkommen fiel gar nicht mehr ein, was unbedenklich die Alten sich herausgenommen hatten, und die bessere Gewohnheit stärkte den Rechtssinn. Gleichwohl standen die Mediatstädte doch immer noch unter dem

1) Kamptz' Annalen der Preussischen Gesetzgebung. II. 1174 f.

Drucke ihres Grundherrn. Die Ablösung des gutsherrlichen Verhältnisses, welche das Gesetz vom 8. April 1823 aussprach [1], betraf auch die Städte. Die schlechte Abfassung dieses Gesetzes hatte indess eine Reihe von Erklärungserlassen zur Folge, auch mangelte der rechte Wille der obersten Staatsgewalt, die rechten Grundsätze nachdrücklich durchzuführen. Ein am 15. Mai 1833 erlassenes Gesetz ordnete für alle mittelbaren Städte die Aufhebung der persönlichen und gewerblichen Abgaben an die Herren an, indem die Staatskasse deren Entschädigung auf sich nahm und ihrerseits sich an die bis dahin Belasteten hielt.

Gegen hundert sogenannte Mediatstädte, d. h. im Dominium eines Grundherrn befindliche Bürgerschaften, gab es bei dem Wiederbeginne der preussischen Herrschaft. Diese waren Adelnau, Baranow, Bartschin, Baschkow, Bentschen, Betsche, Buin, Bojanowe, Borke, Kodzesen, Dobberschütz, Dupin, Filehne, Gembiz, Görchen, Gollantsch, Gostin, Grätz, Jannowietz, Jarotschin, Jaratschewo, Jutroschin, Kähme, Kempen, Kiebel, Kischkowo, Kobilagora, Kobilin, Krotoschin, Kschouz, Kurnik, Kwietschischewo, Labischin, Lekno, Lissa, Lobsens, Lopinno, Margonin, Meseritz, Mielschin, Mieschkow, Miloslaw, Goslin, Neubrück, beide Neustadt, Neutomischel, Obersitzko, Opalenitz, Ostrowo, Pakosch, Pinne, Pleschen, Pogorschell, Punitz, Rackwitz, Radolin, Raschkow, Reisen, Ritschenwalde, Rogowo, Rohrbruch, Rothenburg, Saborowo, Samotschin, Samter, Sandberg, Santomischel, Sarne, Scharfenort, Scherkowo, Schernik, Schiedlitz, Schlichtingsheim, Schmiegel, Schokken, Schubin, Schwersenz, Sduni, Städtchen, Stenschewo, Storchnest, Sulmerschütz, Tirschtiegel, Tscharnikau, Tschempin, Tscherniejewo, Unruhstadt, Wielichowo, Witkowo, Wollstein, Wreschen, Wronke, Zirke, Zidowo. Baschkow (p. Baszkow, bei Kobilin, Geburtsort der Maria Leszczynska, der Gemahlin Ludwigs XV., dem Grafen Mielzynski gehörig) und Schiedlitz (p. Siedlec) wurden noch als Städte angesehen, sehr bald aber ihrer Kleinheit wegen in die Reihe der Dörfer herabgerückt; dasselbe Schicksal traf in der Folge Schernik und Radolin [2].

Die Einführung der Provinzialstände (durch das Gesetz vom 27. März 1824) dehnte auf Posen den gemeinsamen Fehler dieser Einrichtung aus, die vor dem übrigen Volke den Adel bevorzugte, während, wenn irgend wo, gerade in Posen dringende Rücksichten geboten, die Städte voran oder zum mindesten gleichzustellen. Von 48 Stimmen des Landtags wurden nur 16 den Städten gegeben [3], während 24 dem Adel, 8 dem Bauernstande zufielen. Eine bald hinzugefügte 49. Stimme kam dem Adel zu. Vermöge dieses Stimmverhältnisses wurde natürlich der Landtagsbeschluss in die Hand der polnischen Edelleute gelegt, die städtische Meinung gewichtlos gemacht und dem Landtag ein polnisches Gepräge verschafft. Ort der Landtage war die Hauptstadt Posen. Auf dem ersten Landtage, welcher am 21. Oktober 1827 eröffnet wurde, beantragte Fraustadt die Beseitigung der kaum eingeführten Gewerbefreiheit und die Wiederherstellung der Zünfte, mindestens Aufrechthaltung der Realberechtigungen der Bäcker, Fleischer und Schuster suchte es zu erwirken. Die Gewerbefreiheit war damals noch keineswegs überall eingeführt. In Dolzig z. B. duldete man keinen unzünftigen Handwerker; alle Meister daselbst gehörten zur Zeche. Als im Jahre 1830 die Regierung in Dolzig anfrug: „durch welche Regierungsverfügungen die Zunftrechte als Schutz verdienend anerkannt seien?" berief die Stadt sich in ihrer Antwort auf die von keinen Anfechtungen unterbrochene Verjährung und auf stillschweigend vom Staate erlaubte Ausübung. Langsam brachen alle Fortschritte sich Bahn. In der Ueberzahl der Jahrmärkte wurde nicht ohne Grund ein Nachtheil erblickt. Die Provinzialstände trugen desshalb auf ihre Verminderung an, worauf die Regierung am 21. August 1830 bestimmte, dass keiner Stadt mehr als vier Jahrmärkte zugelassen seien.

Die Kreisordnung vom 20. December 1828 wies den Städten auch eine, wenngleich ebenfalls sehr geringe Vertretung auf den Kreistagen, welche die Verwaltung der Landräthe zu unterstützen hatten, zu.

---

1) Gesetzsammlung des preussischen Staates von 1823. S. 49 f. Strombeck's Ergänzungen des Allgemeinen Landrechts für die Preussischen Staaten. 1829. §. 2227 ff. 3. a. I. 1001 f., vgl. §. 1110. S. 545. §. 1950. S. 868. 2) Diese beiden sind im nachfolgenden Verzeichniss der Städte mit aufgenommen. 3) Die Stadt Posen durfte 2 Vertreter abordnen, je einen Rawitsch, Lissa, Fraustadt, Meseritz, Bromberg, Gnesen, zur Absendung der 8 übrigen „dem Stande der Städte zugestandenen (!) Deputirten" waren die kleineren Städte in 8 Abtheilungen zusammengelegt; die Ritterschaft bekam 22, vom hohen Adel bekamen anfangs 2 Familien (Thurn- und Taxis sowie Sulkowski) und bald auch noch (Verordnung vom 15. December 1830, Gesetz-Sammlung für die Königlichen Preussischen Staaten, Nr. 3) Graf Athanasius Raczynski je 1 Stimme. Wählbar waren in den Städten nur Grundbesitzer, welche Gewerbe oder Feldbau seit mindestens 10 Jahren trieben und in den mit selbstständiger Stimme begabten Städten in Besitz und Geschäft einen Werth von 4000 Thlr. nachwiesen, in den mit anderen Städten zusammenstimmenden einen Werth von 1500 Thlr. hatten. Das Gesetz findet man auch im II. Bande von H. Simon's Preussischem Staatsrecht (Breslau 1811).

Einen grossen Schritt vorwärts machten aber die Städte mit der Einführung der sogenannten „revidirten Städteordnung“ vom 17. März 1831. Sie wurde verliehen 1832 den Städten Posen, Rawitsch, Fraustadt und Lissa, 1833 Birnbaum, Sduni, Kempen, Meseritz, 1834 Bojanowo, Schwerin, Krotoschin, 1835 Sarne, Schmiegel, Schrim, Kosten, Ostrowo, Kobilin, Schneidemühl, Filehne, Jutroschin, Nakel, Jungleslau, Samter, Kurnik, Tschemeschno und Rogasen, 1836 Punitz, Grätz, Gnesen, Schönlanke, 1837 Tscharnikau, Koschmin, Lobsens, 1838 Bomst, Buk, Strelno, Labischin, Wronke, Reisen, 1839 Schildberg, Wongrowitz, später den übrigen. Ihre Einführung erfolgte durch den Oberpräsidenten oder in dessen Auftrag. Die bisherigen Rathsmitglieder und Stadtverordneten blieben für die Dauer ihrer Wahl in ihrem Amte. Ihnen lag die sofortige Ausarbeitung eines Ortsstatutes ob, in welchem namentlich die Zahl der in Zukunft zu wählenden Stadtverordneten, sowie der Betrag des Grundbesitzes oder Einkommens zu bestimmen war, welcher als erforderlich angesehen werden sollte, um Bürger oder um Stadtverordneter zu werden. Auf die Abfassung dieser Satzungen wurde den Stadtherren kein Einfluss zugestanden, und ihre Privatgerechtsame, welche Jagd, Dienste, Zinsen u. dgl. betrafen, durften (nach den Ministerialverordnungen vom 17. Juni 1837 und 6. Januar 1838) keine Aufnahme im Statut[1] erhalten. Die Städteordnung zerfällte die Einwohnerschaft oder Stadtgemeinde in die durch den Stadtrath nach vorgängigem Gutachten der Stadtverordneten in's Bürgerrecht Aufgenommenen und in die Schutzverwandten. Alle vorhandenen Bürger blieben in ihrem Bürgerrechte. In Zukunft war gehalten, Bürger zu werden, wer ein Grundeigenthum im Stadtbezirk von wenigstens 300 Thalern — in grösseren Städten von 2000 Thalern — Werth besass, oder im Stadtbezirk ein Gewerbe betrieb, welches ihm jährlich mindestens 200 Thaler abwarf; von den Anderen war, wer zwei Jahre in der Stadt gewohnt hatte und wenigstens 400 Thaler Einkommen nachweisen konnte, zulässig zum Bürgerrechte, wie überhaupt dies jeder war, den Rath und Stadtverordnete vertrauenswürdig fanden. Schwer Bestrafte waren ausgeschlossen. Ein ausserhalb der Stadt oder der Vorstädte Wohnender wurde von persönlichen Beiträgen zu solchen Anstalten befreit, von denen er nach seinen Wohnungsverhältnissen keinen Vortheil genoss. Die Bürger wählten (an einem Sonntage) zu ihrer Vertretung 9 oder mehr Stadtverordnete, und zwar wenigstens zur Hälfte aus Besitzern von Grundstücken, die nicht unter 1000 Thaler Werth haben, auf 3 Jahre; jährlich schied ein Drittel aus. Bürger, die „so wenig Bürgersinn besitzen,“ bei der Wahlhandlung auszubleiben, konnten von der Stadtverordnetenversammlung ihres Wahlrechts verlustig erklärt werden. Auf 3 Jahre war jeder Bürger verpflichtet, unentgeltlich als Stadtverordneter oder als Rathsherr der Stadt zu dienen. Die Stadtverordneten wählten den Magistrat (in der Zeit des warschauer Herzogthums nahm man das französische Wort Maire, in der preussischen das lateinische Magistrat). Diese Stadtobrigkeit war zugleich Verwalter der Gemeindeangelegenheiten und Organ der Staatsgewalt, aber freilich zufolge einer das städtische Wesen verkennenden Bestimmung dem Landrath des Kreises untergeordnet. Nur in rein städtischen Angelegenheiten hatte sie mit ihm nichts zu schaffen. War dies an sich ein Fehler, so wuchs die Grösse des Missgriffes in Folge des Umstandes, dass die Landräthe, bis auf eine kleine Anzahl Ausnahmen, der polnischen Adelspartei angehörten. Die Bestätigung der gewählten Stadtbeamten behielt die Regierung sich vor. Die „Magistratualen“ wurden auf 12 Jahr gewählt, theils besoldete mit Anspruch auf Pension, theils unbesoldete. Sie verhandeln kollegialisch, ihr Haupt ist der besoldete Bürgermeister, der zugleich die Polizei im Namen der Regierung, unabhängig vom Magistratskollegium, verwaltet. Der Magistrat stellte Unterbeamte an, nachdem er vorher die Stadtverordneten über die Würdigkeit des Anzustellenden gehört hatte. Dünkt dem Magistrat eine Beschlussfassung der Stadtverordneten dem Gemeinwohl nachtheilig, so stand ihm frei, ihre Ausführung aufzuhalten, bis die Regierung darüber entschieden hat. Zur Einführung von Auflagen, zu Anleihen, zum Verkauf von städtischen Grundstücken, zum Ankauf von Grundstücken, zu Theilungen von Grundstücken genügte die Uebereinstimmung von Rath und Stadtverordneten nicht, sondern es musste Genehmigung der Staatsbehörde eingeholt werden. Vor Anfang des Jahres war der Stadthaushalt aufzustellen. Das Recht zu Anträgen stand sowohl den Stadtverordneten, als dem Rathe zu, jeder Theil konnte die Sitzung des andern beschicken.

Dass diese Bestimmungen für manche Städte Posens ihrer Kleinheit wegen nicht genaue und volle

1) Kamptz Annalen XXI. 425. XX 132. Rönne S. 261—266.

Anwendung finden konnten, ist selbstverständlich. Die Polizei in mehreren schwach bevölkerten Städten, wie Schlichtingsheim, Storchnest, Saborowe[1] u. s. w. wurde daher in Ausführung des Gesetzes vom 10. December 1836 den Polizeikommissaren des Distrikts zugetheilt. Auf dem Landtage von 1843 begehrten die Städte, dass ihnen erlaubt werde, die Verhandlungen der Stadtverordneten öffentlich stattfinden zu lassen, und ferner, dass die Erfordernisse zur Wählbarkeit als Stadtverordneter genügen sollten zur Wahl in den Landtag. Die ständische Versammlung bevorwortete beide Verlangen; der König schlug beide ab.

Den Juden, die zum Bürgerrechte früher nicht zugelassen wurden, gereichte die Städteordnung zum Vortheil. Die Stimmung der polnischen Bevölkerung gegen die jüdische war sehr gehässig. An dem posener Landtage fand ein Antrag auf „Judenemancipation" keine Unterstützung. „Am allgemeinsten scheint der Wunsch," gibt noch 1844 ein Schriftsteller an[2], „die Provinz von Juden mehr gereinigt zu sehen." Die im französischen Gesetz verheissene Gleichstellung wurde ihnen von der preussischen Regierung nicht zu Theil. Am 1. Juni 1833 erschien eine vorläufige Verordnung über das Judenwesen, welche ihre Gemeinden in Glaubenssachen als Körperschaften anerkannte, nur bestimmte Satzungen forderte, die von der Bestätigung der Regierung abhängig gemacht wurden, jedoch in bürgerlichen Angelegenheiten keine Judengemeinden mehr zuliess, sondern die Juden zu Gliedern der Ortsgemeinde machte. Die „Judenreviere" in den Städten hatten ein Ende. Der preussische Staat gewährte aber keineswegs allen Juden sogleich volle Rechte. Er unterschied sie in solche, welche zu „naturalisiren" seien, und in solche, welche nur „Certifikate" zu erhalten hätten und nur als „geduldete" angesehen würden. Die letzteren, die ärmeren und ungebildeten, sollten in der Regel ihren Wohnsitz in den Städten nehmen, erhielten aber kein Bürgerrecht; stehende Gewerbe waren ihnen offen gelassen, Schankwirthschaft und Hausirhandel und Leihgeschäfte untersagt. Darlehngeschäfte durften sie nur gegen gerichtlich aufgenommene Schuldurkunden schliessen. Auch sollten sie bis zum 24. Jahre ledig bleiben — in welchem Alter die Judenmädchen Frauen werden konnten, war nicht vorgeschrieben. Der Uebergang zu den Naturalisirten stand offen, wenn sie ein namhaftes stehendes Gewerbe mit einiger „Auszeichnung," eine Kunst oder Wissenschaft, die sie nährte, betrieben, ein Grundstück von 2000 Thaler Werth besassen, oder ein Vermögen von 5000 Thalern aufwiesen. Naturalisirte wurden Stadtbürger und standen den Christen in der Stadt gleich, jedoch blieben ihnen die Stellungen der Bürgermeister, der Abgeordneten zu Kreistagen und Landständen, sowie Staatsämter verschlossen[3]. Zu Soldaten wurden seit 1817 ihre jungen Leute gleichwohl ausgehoben. Moltke schreibt 1832: „Ihre Wohnungen sind in den Landstädten zwar ebenfalls ärmliche Hütten, aber doch besser, als die der christlichen Bürger[4]." Am zahlreichsten sassen sie in der Stadt Posen, in Kempen, Lissa und Krotoschin, die Mehrzahl der städtischen Einwohnerschaft machten sie in Kempen, Witkowo und Schwersenz aus. Sie bildeten im Ganzen 136 Gemeinden: im Jahre 1836 bestanden jüdische Gemeinden von mehr als einem halben Tausend Mitgliedern in 42 Städten[5]. Ausser von Kleinhandel und Hausiren gewannen jetzt viele ihren Unterhalt vom Einschwärzen der Waaren in's russische Reich. Trotz ihrer grossen Dürftigkeit lebte in ihnen ein reger Eifer, sich im jüdischen Wissen gründlich zu unterrichten, und ihre Schulen waren, wenngleich einseitig, doch in dem, was sie lehrten, vorzüglich. Der unverdrossene und entsagende Sinn, in dem ihre Jugend das talmudische Wissen sich anzueignen mühte, machte sie geistesstark. Wegen der Rohheit und Bildungslosigkeit der gemeinen Menge hatten in früheren Zeiten die posener Rabbiner ängstliche Strenge der Formen und Lehren für nothwendig erachtet; ihre Richtung war demzufolge eine

---

1) Rönne, die Preussischen Städte-Ordnungen vom 19. November 1808 und vom 17. März 1831 mit ihren Ergänzungen. Breslau 1840. S. 261 ff. 2) A. Mauritius, Preussens Verhältniss zu seinen polnischen Landestheilen. Berlin 1844. S. 43. 3) Die ewige Schuld in Posen mussten sie fortbezahlen. Sie benutzten die Bewegung von 1848, um dieser Bedrückung sich zu entziehen. Weinhändler Eduard Kaatz versuchte es. Allein die Gerichte wurden zur Eintreibung gegen sie angerufen und erkannten wider sie. Darauf ward zur Tilgung der ewigen Schuld eine Ablösung von 80000 Thalern ausgemacht. 4) H. v. Moltke, Darstellung der wahren Verhältnisse und des gesellschaftlichen Zustandes von Polen. Berlin 1832. S. 80. 5) In der Stadt Posen lebten 1837: 6828 Juden, in Kempen und Lissa 3474 und 3370, in Krotoschin 2213, in Jungleslau 1917, in Rawitsch 1786, in Schwersenz 1596, in Gnesen 1579, in Grätz 1557, in Ostrowo 1518, in Schwerin 1513, in Fordon 1453, in Filehne 1380, in Wreschen 1351, in Kurnik 1158, in Meseritz 1155, in Witkowo 1105, in Kolschesen 1062, in Tscharnikau 914, in Schrim 907, in Wollstein 834, in Wronke 813, in Schönlanke und Lobsens 809, in Samter 799, in Nakel 787, in Neustadt bei Pinne 775, in Birnbaum 760, in Pleschen 721, in Exin 717, in Pinne 707, in Obersitzko 700, in Labischin 690, in Schneidemühl 688, in Koschmin 658, in Fraustadt 565, in Miloslaw 552, in Wongrowitz 543, in Borek 532, in Jarotschin 526, in Goschlin 510, in Santomischel 506, in anderen Städten unter 500.

gegenüber der fortgeschrittenen Haltung der Juden in Deutschland zurückgebliebene. Ihr Wissen beschränkte sich auf das Talmudische, in dem sie gründlich gelehrt waren; Kenntniss der Wissenschaften ging ihnen ab. Gleichwohl beriefen viele deutsche Judengemeinden ihre Rabbiner aus dem Posenschen. Der Einfluss der posenschen Judenschaft erstreckte sich also weit. Im Posenschen war der Unterhalt schmal, höhere Bildungsmittel waren auch nicht vorhanden, also verliessen manche ihre Heimath und verbreiteten sich über das ihnen nun offene Deutschland. Hochdeutsch, welches von den älteren Juden nur wenige verstanden, wurde vom jüngeren Geschlechte erlernt. Aus denen, welche hernach in christlichen Unterrichtsanstalten sich fortbildeten, ging eine staunenswerthe Anzahl von Gelehrten hervor. Das kleine arme Scherkowo stellte zwei Gelehrte ersten Ranges: Fürst in Leipzig und Grätz in Breslau. Riesser in Hamburg war auch aus dem Posenschen, Saalschütz, der königsberger Professor, gleichfalls. Der Reformer Holdheim ist aus Kurnik, Hitzig aus Lissa, der getaufte Bisenthal in Berlin aus Lobsens, Stern in Frankfurt a. M., Jolowitsch in Königsberg u. s. w., vielleicht der grössere Theil der jüdischen Gelehrten stammt aus dem Posenschen. Immer noch gehen gelehrte Männer aus der posener Judenschaft hervor, indessen soll eine Umwandlung sich vollziehen, indem die zu hingebender Entsagung schulenden Talmudstudien verfallen, hingegen geleecktes, weltmännisches Kommisgebahren überhand nimmt.

Der bürokratisch-absolutistische Geist des preussischen Beamtenthums war noch immer sehr mächtig. Wie überall, wie in ganz Europa, that er dem Deutschthum schweren Schaden, weil er freiheitsfeindlich auftrat und seinen Ruhm in knechtischer Sinnesart suchte. Die Bedientennatur, die innerhalb der preussischen Beamtenkreise kultivirt wurde und sogar auf Grundsätze gezogen war, übt nirgends in der Welt Anziehungskraft: grell aber stach sie ab gegen das Selbstgefühl des an Freiheit gewöhnten polnischen Edelmanns. Anders als in den Zeiten der Regierung Südpreussens war es aber doch. Diesmal wurde nicht der Abhub nach Posen geschickt. Ehrliche, tüchtige Männer kamen. Indem sie sich mit treuem Fleisse anstrengten, die in den andern preussischen Landen bestehenden Einrichtungen in's Posensche zu verpflanzen und dieses dem Kernlande gleichzustellen, trugen sie wesentlich bei zur Entwicklung Posens und seiner Städte. Der Uebergang zu den Einrichtungen, die Preussen hatte, war ein ungeheurer Fortschritt. Die Einziehung von vierzig Klöstern war allein schon Gewinn. Die Klostergebäude wurden für Schulzwecke, zu Besserungsanstalten (wie Kloster Krone), zu Irrenhäusern (wie Owinsk), nützlich verwendet. Altenstein war mehr als ein Kultusminister; er verdiente den Ehrennamen eines Ministers der Aufklärung. Schulen wurden in Menge gegründet. Als der Regierungsbezirk Posen eingerichtet ward, zählte man in ihm 161 zum Theil äusserst kümmerliche öffentliche Lehranstalten für die Anfangsgründe. 1844 waren 1142 thätig! Gymnasien und Realschulen wurden gestiftet[1]. Ordnung wurde nachdrücklich herbeigeführt, doch war es nicht leicht und ging nicht schnell. Erst spät wurden die Gaunernester in Betsche, Rohrbruch, Rakwitz, Grätz, Bentschen, Wollstein, Blesen, Schwerin, Samter, Pinne, Wielichowo, Schmiegel, Neubrück, Storchnest, Kopnitz, Unruhstadt, Tirschtiegel, Brätz entdeckt und (1832) zerstört[2]. Für den Verkehr wurden Kunststrassen gebaut[3]. Die Stadt Posen ward befestigt zu einer starken Grenzwacht gegen den Osten.

Gegen die Mitte der 40ger Jahre war die Hebung des Landes sichtlich. Im Volke selbst regte es sich. Vereine entstanden in den grösseren Städten, Zeitschriften wurden unternommen, selbst in mittleren Orten, ein selbstständigeres Treiben von innen heraus begann. Anzeichen waren die freisinnigen Anträge, welche die posener Stadtverordneten 1845 stellten. Sie baten, dass in ihrer Stadt jeder Einsasse zum Stadtverordneten wählbar werden möge, dass die städtischen Berathungen öffentlich gehalten werden sollten, dass die Stadt nicht mit 2, sondern mit 4 Abgeordneten im Landtage sich zu vertreten habe. Eine, wenn auch nicht grosse Bewegung, erregte 1844 der Bruch des Pfarrer Czerski und seiner Schneidemühler

1) Realschulen in Posen, Meseritz und Krotoschin; zu den beiden 1815 vorhandenen Gymnasien in Posen und Bromberg kam ein zweites in Posen und 3 neue in Lissa, Ostrowo, Tschemeschno, zu dem katholischen Lehrerseminar in Posen 2 neue in Mogilno und Paradies; ein evangelisches ward in Bromberg errichtet, auch zu den in Posen und Gnesen vorhandenen Priesterseminaren ein drittes in Tschemeschno; ferner wurde die Gärtnerlehranstalt und eine Taubstummenanstalt, beide in Posen, gegründet. 2) Thiele, die jüdischen Gauner. I. 47, 48. 3) z. B. durch die bromberger Gegend, nach Berlin, nach Glogau über Schlichtingsheim 1836, über Kosterschin nach Wreschen und Polen, zwischen Posen und Schrimm, zwischen Posen und Gnesen und weiter nach Thorn.

Gemeinde mit der römisch-katholischen Kirche. Er stiftete eine christ-katholische Gemeinde zur grossen Erbitterung der altgläubigen Katholiken. Seine Anwesenheit in Posen rief sogar einen Auflauf hervor.

Es war auch nothwendig, dass erhöhtes Selbstgefühl gewonnen ward. Denn verhängnissvolle Ereignisse drohten. Die Segnungen des Friedens und der Ordnung genoss auch der Adel. Sich erkräftigt fühlend, ging ein Theil desselben auf Abfall von Preussen aus. Die ersten Anzeichen von einer nachdrücklichen, auf Herstellung des alten Polenreiches abzielenden Bewegung gewahrte man im Jahre 1825[1]. An der polnischen Erhebung und dem gegen Russland 1831 geführten Kampfe nahmen viele einzelne Polen Posens Antheil. Seit 1832 wirkten die in's Ausland, nach Frankreich, Belgien und England geflüchteten Polen mächtig ein, mit zunehmendem Einfluss. In den 40ger Jahren erhitzte sich die Stimmung[2]. Vom neuen Bazar in Posen, wo die Zusammenkünfte der Edelleute waren, die mit der polnischen Auswanderung zusammenhingen, ward ein Aufstand vorbereitet. Ungestümer als die Herren machte ein Haufe polnischer Gewerbtreibender einen Anschlag zur Ueberrumpelung der Festung Posen (im Herbst 1845). Der polnische demokratische Verein im Auslande, die sogenannte Centralisation, schürte. Als dessen oberster Beauftragter wirkte Viktor Heltmann: für die Erhebung war die letzte Februarwoche 1846, zum Feldherrn Ludwig von Mieroslawski bestimmt. Rogowo, Pleschen, Buk sollten Sammelplätze werden. Auf den 14. Februar ward zu den letzten Verabredungen eine Versammlung im Bazar angesagt und der Ausbruch zugleich auf den 17. Februar anberaumt. Doch schon am 13. Februar ward die Regierung von der Verschwörung in Kenntniss gesetzt; am 14. um 12 Uhr Mittags wurden die Festungsthore gesperrt und durch Verhaftungen dem Aufstande zuvorgekommen. Die beabsichtigte Erhebung war niedergeworfen, noch ehe sie sich entwickeln konnte[3]. Nicht einmal der für die Nacht des 3. März von dem Dr. der Rechte Niegolewski, Chamski und dem Oberförster Trapezynski vorbereitete Ueberfall der Festung Posen konnte ausgeführt werden. Ueber 700 Polen, unter ihnen auch Mieroslawski, wurden von den preussischen Behörden ergriffen, drittehalbhundert von diesen in Berlin vor Gericht gestellt und im ersten Rechtsgange gegen 8 Todesstrafe, gegen 50 Gefängniss erkannt.

Noch schwebte das weitere Verfahren gegen die in Berlin gefangen gehaltenen Polen, als mit Beginn des Jahres 1848 wiederum ein regeres Treiben unter den posener Edelleuten anhob[4]. Seit den letzten Februartagen strömte der Adel in der Hauptstadt Posen zusammen[5]. Mitte März entwarfen und verbreiteten der Schriftsteller Berwinski, der Rechtsanwalt Krauthofer, der sich Krotowski umtaufte, und der Buchhändler Stefanski eine Zuschrift an den König von Preussen, in welcher der „Ausspruch der Unabhängigkeit der bei der Trennung Polens eingenommenen Länder" gefordert ward. Ein neues Unternehmen war sichtlich im Werke; um Gelder zu schaffen, verkauften viele Edelleute Silbergeschirr und Geschmeide für Spottpreise[6]. Auf andere Weise als vor 2 Jahren mussten diesesmal die Einleitungen getroffen werden, wenn man nicht abermals scheitern sollte. Die Beamtenmacht vorerst zu sprengen galt es. In Berlin war der Sieg zu suchen! Die grosse berechtigte Aufregung in Berlin bot der polnischen Auswanderung Handhaben[7]. In der vierten Woche nach dem Aufstand in Paris brach zu Berlin ein Strassenkampf los

---

1) Das Grossherzogthum Posen und die Polen gegenüber dem Nationalitäts-Prinzip und dessen neuesten Regungen. Berlin 1861. S. 102. 2) Schuselka, Briefe einer polnischen Dame. Leipzig 1846. S. 78: „Es wanderten viele Deutsche in Polen ein, aber sie wurden vollständig polonisirt und gehören jetzt zu den begeistertsten polnischen Patrioten. Ich könnte Ihnen unter den Vorkämpfern Polens in Wort und That eine ganze Reihe von Männern mit deutschen Namen nennen. Dies ist ein glänzender Beweis von der Bildungskraft und gewinnenden Anmuth der polnischen Nationalität. — Es liesse sich wahrlich numerisch der Beweis liefern, dass sich weit mehr Deutsche polonisirt, als Polen germanisirt haben." S. 132: „Ein Pole, der wahrhaft eine östreichische oder preussische Treue empfindet, ist ein Verräther, ein Hochverräther. Unsere Bezwinger wissen es, dass jeder Pole von Ehrgefühl so denkt. Sie müssen in jedem Augenblick darauf gefasst sein, dass Polen ihnen den erzwungenen Gehorsam aufkündigt." 3) meine Schrift: Polen und Deutsche." 2. Aufl. Leipzig 1847. S. 119—127. 4) W. K. Denkschrift über die neueste polnische Schilderhebung im Grossherzogthum Posen. Bromberg 1848. S. 6. H. W., die neueste Polnische Insurrection im Grossherzogthum Posen. Berlin 1848. S. 1. 5) Hepke, die polnische Erhebung und die deutsche Gegenbewegung in Posen im Frühjahr 1848. Berlin und Posen 1848. S. 4. Ein Bericht über die Hergänge von einem Schneidemühler, für einen Freund vom 21—26. April 1848 etwa abgefasst (Handschrift in meinem Besitz), gibt an: „Schon unterm 5. März, also über 11 Tage vor der Revolution, erschien hier (in Schneidemühl) die erste Proklamation des polnischen Nationalcomités, in welcher in den einzelnen Kreisen polnische Civil- und Militair-Commissarien eingesetzt wurden mit der Anweisung, die Beamten ab- und einzusetzen, Truppen auszuheben, Steuern auszuschreiben und demokratische Gesinnungen zu verbreiten." 6) L. v. J. (ein preussischer Offizier), die polnische Insurrektion in Posen im Frühjahr 1848. Glogau 1849. S. 172. vgl. Jos. Zaleski, Brüderliche Warnung für polnische Patrioten. Aus dem Polnischen. 2. Aufl. Lemberg 1849. S. 108. 7) Bekanntlich haben die Schriftsteller der Reaktionspartei behauptet, der Berliner Märzaufstand sei von Fremden gemacht worden. Dies ist so, wie sie behaupten, gewiss nicht wahr, allein etwas Wahres ist nach der Ansicht, die ich mir von den Hergängen damals bildete, allerdings daran. Wenige

und sobald das Volk gesiegt hatte, erfolgte die Befreiung der in Haft befindlichen Polen, feierte Mieroslawski an ihrer Spitze einen Triumphzug in Berlin, vom Volke gezogen unter dem Rufe: „Es lebe Polen!" Mieroslawski hielt dabei gekreuzt eine polnische und eine deutsche Fahne. Mittelst geschickter Benutzung der in Deutschland den Polen so günstigen Stimmung sollte jetzt die Abtrennung Posens von dem deutschen Leben erreicht werden. Brüderschaft mit den Deutschen wurde demgemäss in den Vordergrund gestellt.

Die erste Nachricht von den entscheidenden Vorgängen in Berlin gelangte an die Polen mit bereitgehaltenen untergelegten Pferden. Augenblicklich gewahren wir ihr volles, planmässiges Handeln in der Hauptstadt Posen — deren innere Geschichte während des Jahres 1848, weil sie in's Ganze bestimmend eingriff, an dieser Stelle miterzählt wird, damit ein deutlicheres Bild entstehe[1]. Ueberhaupt erzählen wir die Vorgänge jenes denkwürdigen Jahres mit grösserer Umständlichkeit, weil in ihnen ein für alle Zeiten entscheidender Umschwung sich vollzog. Am 19. März blieb die berliner Post aus: am Morgen des 20. erst erfuhr die Einwohnerschaft den Umsturz der alten Ordnung im preussischen Staate. Gross war die Aufregung, sichtlich die Niedergeschlagenheit der vornehmeren Deutschen, die Verstörung der bisherigen Inhaber der Gewalt. Menschenmassen durchwogten die Strassen. An diesem Morgen schon bildet die Polenvereinigung im Bazar ein „Nationalcomité"[2]. Gegen Mittag wurden mit einemmale polnische Kokarden ausgeworfen und jedermann, ohne Unterschied seines Stammes, genöthigt sie anzustecken. Um noch die Sicherheit der preussischen Gewalt an den Tag zu legen, reitet der in Posen befehligende General von Colomb mit Gefolge durch die Wilhelmsstrasse: da reicht ihm von einem Balkon die schöne Gräfin Szarnicki die roth-weisse Kokarde mit den Worten: Tenez, mon général; den Kopf schüttelnd reitet Colomb weiter; sie tritt zurück: ein Steinhagel fliegt auf die Reiter — am nächsten Balkon steckt der preussische Heeresbefehliger das polnische Abzeichen unter schallendem Jubelruf der Polen an[3]. Ein Deutscher wagt es doch, das polnische Abzeichen zurückzuweisen, der wegen Streitigkeiten mit seinen Vorgesetzten in Disciplinaruntersuchung verstrickte Regierungsrath Eberhard Kolbe von Schreeb, ein mecklenburgischer Edelmann, Hausbesitzer in Posen. Dieser geht nach Hause und zeigt

---

Tage nach der Februarrevolution zog ich Erkundigungen ein und erfuhr: 1. dass die in Frankreich zur Herrschaft gelangte Partei keine Anschläge auf Deutschland betreibe, 2. (und zwar durch ein Antwortschreiben aus Brüssel) dass unter den Polen in der That eine grosse Bewegung sei, und dass sie offenbar einen Schlag betrieben, jedoch nicht in Posen, sondern irgendwo anders. Das Wo? wusste der Briefsteller nicht, errieth ich damals nicht, obgleich es nahe lag. Späterhin vernahm ich, a. dass ein Berliner bei Beginn des Aufstandes in Berlin einige an ihm Betheiligte sich französisch über die Stumpfheit und schwere Beweglichkeit der Berliner beklagen hörte. b. dass die Verwandte eines mir Bekannten während des Kampfes Mundvorrath zu einer Barrikade trug und bei ihr Polen antraf. Hierzu kommen folgende Umstände: 1. der gänzliche Mangel an Führern bei der berliner Bevölkerung. Hierauf lege ich, der ich selber in die deutsche Bewegung des Jahres 1848 stark verwickelt war und den Zusammenhang so manches Ereignisses derselben anders kenne, als wie es jetzt dargestellt wird, ganz besonderen Nachdruck. Schreier sind noch keine Führer. Die vorangehenden Begebenheiten zeigen wohl manche eingreifende Persönlichkeiten, die Schreier gewiss nicht zu nennen sind, jedoch kein zusammenhängendes, planmässig einleitendes Verfahren. 2. Der überraschend schnelle Barrikadenbau. Eine Stunde nach den beiden Schüssen auf dem Schlossplatze waren schon alle Hauptstrassen, auch in den entfernten Stadttheilen, verbarrikadirt; wie mit Blitzesschnelle standen sie da und zwar, wie Streckfuss (A. Carl, das freie Preussen! Berlin 1848. S. 24) sagt: „mit einer Geschicklichkeit, wie man sie dem Berliner wohl kaum jemals zugetraut hat." Dass viele Polen im Volke thätig waren, bezeugt ferner Varnhagen's Tagebuch IV. 318. Unter den bei Kschonz am 29. April 1848 Gefangenen befand sich ein Deutscher Namens Becker, der ein Zeugniss über „sein gutes Benehmen auf den Barrikaden von Berlin" bei sich trug (das Grossherzogthum Posen und die Polen. Berlin 1861. S. 142 Anmerkung). In der ersten Zeit der Bewegung in Posen drohten die Polen laut: „beim ersten Kanonenschuss, welcher fiele, solle eine neue Revolution in Berlin ausbrechen und der König vertrieben werden" (Voigts-Rhetz, Aktenmässige Darstellung der Polnischen Insurrektion im Jahre 1848. Posen 1848. S. 6). Der französische Minister Lamartine schickte Anfang März als Beauftragten Circourt nach Berlin und legte am 13. Mai dessen Berichte der französischen Nationalversammlung vor. In diesen heisst es am 15. April: „Die Polen arbeiten unablässig daran, die demagogischen Klubs aufzuwiegeln, die Arbeiter zu verführen, die Regierung umzustürzen;" am 19. April: „die polnischen Emigranten treiben mit allen Kräften die ultrademagogischen Klubs und die Arbeiter in Berlin zu Auflaufen;" und am 5. Mai: „Mieroslawski will noch versuchen, einen neuen Aufstand in Berlin hervorzubringen." Polnische Bewegungsmänner haben sich, wie ich weiss, gerühmt: wenn es auf nicht mehr, als einen Aufstand ankomme, in jeder grösseren Stadt auf Bestellung einen solchen mit 20000 Thalern bewerkstelligen zu können. Uebrigens wiederhole ich, um Missverständnisse abzuschneiden, dass ich keineswegs den ganzen berliner Aufstand für ein Werk der Polen halte. Aber wesentlichen Antheil an ihm hatten sie aller Wahrscheinlichkeit nach. Waren doch ihre Häupter in Berlin gefangen und vor allem frei zu machen. Vgl. auch die später folgende Erklärung des deutschen Vereins in Lissa, weiterhin S. 248 Anm. 2.

1) Die Begebenheiten in Bromberg, Rawitsch, Schneidemühl u. a. sind in den einzelnen Stadtgeschichten enthalten. 2) Berwinski, Krauthofer, Stefanski, Landschaftsdirektor von Jarochowski, Gutsbesitzer Graf Potworowski, Dorfschulze Palacz, Schlosser Andrzejewski und die Geistlichen Janiszewski, Frombolz, Prusinowski, in späteren Unterschriften nennen sich noch Choslowski, Slomczewski, Graf Mathias Mielżynki, Dr. Libelt, Moraczewski, Essmann, Niegolewski, Wolniewicz. 3) Nach Erzählung eines Augenzeugen. „Das Tragen der Nationalfarben war vom Oberpräsidenten ausdrücklich erlaubt worden," sagt Senst, Der Generalstaabs-Major C. v. Voigts-Rhetz über den polnischen Aufstand betrachtet. Berlin 1848. S. 24.

sich dann abermals auf der Wilhelmsstrasse, die preussische Kokarde am Hute; eine wüthende Menge fällt über ihn her, angesehene Polen schützten ihn vor Misshandlung. Um 11 Uhr wurde für die Soldaten Generalmarsch geschlagen, um 4 Uhr drangen sie in den Bazar ein und lagerten danach auf den Plätzen: aber die Furcht vor ihnen war gewichen. Polinnen fahren noch an diesem Tage in die Städte und Dörfer des Landes, vertheilen polnische Kokarden zu Tausenden und verkünden: das alte Polen ist wieder hergestellt. In Posen selbst verlangen und erhalten vom Oberpräsidenten von Beurmann der Generallandschaftsdirektor von Brodowski, Graf Mielzynski und Stefanski eine Versammlung erlaubt, um eine Bittschrift an den König zu entwerfen. In diesem Schriftstück, welches am 21. März der Erzbischof von Przyluski als Führer einer stattlichen Gesandtschaft nach Berlin trug, hiess es: „der ganzen polnischen Bevölkerung hat sich der einmüthige Gedanke bemächtigt,“ es habe die Stunde der Wiedergeburt Polens geschlagen; den Anstrengungen der Bittsteller sei kaum gelungen, eine Bewegung, die selbst blutig sein dürfte, aufzuhalten; sie beantragen, eine nationale Reorganisation des Grossherzogthum Posens zu gestatten; man wolle dem Könige die Mitglieder einer provisorischen Commission vorschlagen, welche die Truppen der Besatzung zu einem einheimischen Truppencorps umzugestalten und die Besetzung aller Aemter mit Eingeborenen durchzuführen habe. Ohne Verzug liess unterdess das gewählte Nationalcomité einen in polnischer Sprache abgefassten Aufruf an den Strassenecken anschlagen. Eine daneben von Stefanski besorgte deutsche Ansprache „Polen an Preussen“ schloss mit den Worten: „Preussen! Deutsche! wir beschwören euch die Zeichen der Zeit nicht zu verkennen, aber lasset euch nicht durch Furcht leiten und Angst, sondern durch Wahrheit und Gerechtigkeit — das wird euch Ruhm, Frieden und Kraft bringen und unsere Kinder werden sich lieben und hochschätzen, wie wir euch jetzt hassen und verachten!“ Noch am 20. März benachrichtete dieser regierende Ausschuss Vertrauensmänner vom Geschehenen im ganzen Lande, und am 21. verordnete er die sofortige Bildung von „Lokalcomités“ in allen Städten und schreitet zur Ernennung von Kreiskommissaren, denen er Auftrag gibt, die halbjährige Grundsteuer einzutreiben und Nationalwehr in Städten und Dörfern einzurichten. Die Geistlichkeit ward vom Erzbischof bedeutet, in Sachen des Vaterlandes die Weisungen des Nationalcomités zu vollziehen. Das Rathhaus in Posen ward diesem Polen-Ausschusse eingeräumt, welcher die obrigkeitliche Gewalt kraftvoll erfassend, mit Nachdruck, Geschick und Schnelligkeit handelt.

Ihm gegenüber waren die königlich preussischen Behörden machtlos. Der ungeheure Umschwung in Deutschland und die Besiegung der Regierung in Berlin brachte die bisher waltenden Männer vollständig aus dem Gleichgewichte, weil das so eben Geschehene im Rahmen ihrer engen Vorstellungen keinen Platz fand. Nie hatten sie die Zeit recht verstanden, in der sie lebten. Als jetzt ein Sturm raste, standen sie rathlos da. Zwar liessen auch sie Kundmachungen und Verbote und Drohungen drucken und anschlagen: da sich jedoch die Menschen vor ihren Papieren nicht fürchteten, diese sogar verhöhnten, war ihre Macht aus. Wie die Beamten dies inne wurden, geriethen sie in Angst. Im Nu war die ganze Dienerschaft des Staates gelähmt, erschreckt, nichtig. Polizei und Soldateska wurde unsichtbar. Die Polizeier gingen nur in bürgerlicher Kleidung auf die Strassen, die Soldaten blieben zurückgezogen im Kernwerk Winiary, der Wache, Kommandantur und dem Bazar.

Ueberhaupt aber befiel die Deutschen Niedergeschlagenheit. Bisher waren sie an Unselbstständigkeit gewöhnt worden, jetzt sehen sie mit einemmale anstatt deutscher Beamten polnische Edelleute befehlen, haben die beständigen Strassenaufläufe vor den Augen und gewahren die Entwicklung der Kraft des Polenthums. Ihre ersten Aeusserungen waren Ausflüsse einer gedrückten Stimmung, schwächliche Versuche, sich mit den Polen gut zu stellen, Versuche von Männern unternommen, welche die niedere Klugheit und viel Geschäftigkeit, jedoch keine grossen Eigenschaften besassen. „Verbrüderung mit den Polen“ hiess anfänglich ihre Losung. Einige dem Richterstande angehörige Männer traten zuerst als Vertreter der Deutschen heraus. Assessor Cronsaz und Referendar Brachvogel verlesen am 22. März von der Treppe des Landschaftsgebäudes Erklärungen, welche die Deutschen aufforderten, „wenn die Polen damit einverstanden sind“, um die Einigkeit zu bezeugen, die preussischen und die polnischen Farben zusammen zu tragen. Beide Männer (Neulinge offenbar auf dem politischen Felde) veranstalteten darauf die Zusammensetzung eines „Adresscomités“ der Deutschen, welches eine Erwiderung an die Polen und einen Bericht über den Vorgang abfassen sollte. Zur Feier der Verbrüderung ward die Stadt erleuchtet. Bei einbrechender Nacht begaben sich Mitglieder dieses deutschen Ausschusses auf's Rathhaus mit dem Begehr in dem daselbst beschliessenden Ausschuss neben den Polen Platz zu nehmen. Die Polen wiesen sie höflich zurück[1]. Dessenungeachtet stellte ein Ausschuss, das „Deutsche Nationalcomité", dessen Wahl Die vom Gericht in einer am 23. März im Hofe des Gerichtsgebäudes gehaltenen Versammlung Deutscher veranlassten, sich die Aufgabe, Vertrauen zwischen Deutschen und Polen zu erwecken. „Deutsche Brüder! (so lautete seine Ansprache) Das polnische Comité erkennt, dass unser gemeinsames Heil nur aus einem gemeinsamen friedlichen Nebeneinanderstehen und Wirken erwachsen kann; nur im Schutze deutscher Freiheit kann die Freiheit Polens aufblühen! Darum, Brüder, bannt jedes Misstrauen[2]."

Inmittelst schritt der Polen-Ausschuss in raschem Handeln vorwärts. Er sendete Beauftragte in die Kreise. Die Aufstellung einer Kriegsmacht war sein Vorhaben. In Posen selbst wurde eine polnische Legion von wenigstens anderthalbtausend Mann errichtet und öffentlich, auf verschiedenen Plätzen kriegerisch eingeübt. Die aus Berlin heimkehrenden Polen empfing man mit grossen Ehrenbezeugungen; Mieroslawski hielt am 28. seinen Einzug und übernahm die Anführung der sich bildenden Streitmacht[3]. Den Vorsitzenden der Obergerichte und der Generalkommission wurden Erlasse zugefertigt, die ihnen bei Strafe verboten, länger zu amtiren. Die Schnelligkeit, mit welcher die polnische Bewegung durch's Land ging, die Gleichzeitigkeit der Vorgänge an verschiedenen Orten beweist ihre längere Vorbereitung. Die Edelleute bewehrten und führten ihre Dienstleute. In den Städten des Landes wurde der preussische Adler heruntergerissen, der polnische aufgepflanzt und das Ende der preussischen Herrschaft ausgerufen, Regierung und Obergericht hätten aufgehört, Polen sei frei. Allenthalben erschienen Polen als Kreiskommissäre und nahmen den Obrigkeiten ihre Gewalt ab. In vielen Städten wurden die Bürgermeister und Landräthe abgesetzt, in manchen mussten sie, um ihr Leben zu retten, fliehen; die Steuerbehörden wurden aufgelöst, die Kassen weggenommen, Briefe erbrochen. Die posener Deputation war noch auf dem Wege nach Berlin, da wurde plötzlich in allen katholischen Kirchen verkündet: „Polen ist erstanden" und mehrtägige Arbeitsruhe angesetzt: es wurden in den Kirchen polnische Gedichte ausgestreut, in denen dem Volke die erfolgte Herstellung Polens und die bei Verbrennung des Julithrons bereits zugesicherte Hülfe Frankreichs mitgetheilt, das sofortige eidliche Gelöbniss einer kriegerischen Volkserhebung auferlegt und zugleich den Landwehrleuten untersagt wurde, der preussischen Einberufung zu folgen. Gleichzeitig wurden roth-weisse Kokarden verstreut, durch polnische Edeldamen selbst den Knechten, Tagelöhnern und Landleuten angeheftet, und von den Edelleuten unter mehrtägigen Branntweinspenden, sowie unter Brüderküssen mit Verbot des Herrntitels, der Tag der Besitzergreifung der Kreisstadt anvertraut, an dem sie sich sämmtlich einzufinden hätten. Das Kreiscomité fuhr mit wehender polnischer Fahne auf den Marktplatz, rief aus die freigewordene Polenrepublik und nahm unter einem Nebenvivat auf die deutschen und jüdischen Brüder die Absetzungen und Neuanstellungen von Beamten sowie die Abreissung der preussischen Adlerschilde oder ihre Verdeckung durch die polnische Adlerfahne vor. Es zeigte sich dann hierbei auch, dass von dem Nationalcomité bereits eine vollständige Beamtenhierarchie nach dem preussischen Schema organisirt worden war und alles schon darauf angelegt, mit einem Stoss sämmtliche Beamtenstellen zu entleeren und neu zu füllen. Es wurde nun von Seiten des erschienenen Kreiscomités überall unter angeblich artigen Formen, aber mit ausdrücklicher Berufung auf bevorstehenden Zwang durch die versammelte Volksmenge die Versigelung der Kreiskasse, der Kämmereikasse und der Abschluss der Kassenbücher vorgenommen, den Postbeamten die Ablieferung aller amtlichen Briefschaften an den in Stelle des Landraths auftretenden sogenannten „Kreiskommissarius und Befehlshaber des Kreises" auf-

1) „Da sich die Wirksamkeit desselben nicht lediglich auf das Grossherzogthum beschränken kann, sein Streben vielmehr die Unabhängigkeit von ganz Polen abzielt, die Hervorrufung einer soviel als möglich grossen nationalen Kraft sein nächster Zweck sein muss, um mit dem gehörigen Nachdruck gleich den ersten feindlichen Schritten, die von Osten kommen konnten, zu begegnen, so hält sich das Comité nicht für berechtigt — Euch auf die Frage: „ob eine Vertretung des deutschen Elementes dieser Stadt selbst stattfinden soll", jetzt gleich eine bestimmte und entscheidende Antwort zu geben, muss die Beantwortung dieser Frage vielmehr der zu bildenden neuen Regierung überlassen." Nur „an den zum Schutz des Eigenthums erforderlichen Berathungen" wollten die Unterzeichner jene Deutschen Theil nehmen lassen. 2) Dieser im Saale der Luisenschule tagende Ausschuss bestand aus Brachvogel, Cronsaz, Stadtgerichtsdirektor Seger, Justizrath Neumann, dem Regierungsassessor Eyler, den Lehrern Dr. Barth (Direktor der Luisenschule) und Vanselow (und später Dr. Hepke und Albicht), ferner den Aerzten Dr. Hantke und Suttinger, dem Kaufmann Treppmacher, Gastwirth Kaatz, Tischler Poppe. Hantke und Kaatz waren Juden. Seger führte den Vorsitz. 3) Circourt schreibt am 6. Mai: „Mieroslawski's eigentlicher Zweck ist, Preussen gegen Russland und Frankreich gegen Preussen zu bewaffnen."

getragen und den Rendanten, Postbeamten, dem Bürgermeister, Distriktskommissarius, Kreissekretär protokollarisch oder öffentlich mündlich erklärt: sie seien ihrer definitiven Anstellung enthoben, wurden aber angewiesen, die Geschäfte bis auf weitere höhere Anordnung provisorisch und zwar nicht mehr im Namen des hier nicht mehr Geltung habenden Königs, sondern im Namen des polnischen Nationalcomités und unter vorläufiger Beaufsichtigung und Ueberwachung durch die ihnen beigeordneten polnischen Beamten fortzuführen, indem jeder der dies nicht thun wollte, für sofort abgesetzt und cassirt erklärt wurde. Verfügungen dieser neuen Regierung wurden in Stadt und Land verbreitet, die Schulzen vom Gehorsam gegen die früheren Beamten mit Hinweisung auf die neueingetretenen entbunden und angewiesen, den preussischen Adler abzunehmen. Daneben dauerte der öffentliche Jubel in den Gasthäusern fort und wurden den von all diesem ganz benommenen und betroffenen Deutschen sogenannte Bruderhände und Bruderküsse ein- und aufgedrückt.“ So schildert ein Flugblatt[1] dieser Tage die Hergänge. Die meisten kleineren Städte geriethen in die Gewalt des Polencomités. Sofort wurden Lieferungen an Pferden, Schlachtvieh, Getreide, Tuch u. a. unter den heftigsten Drohungen erpresst und Deutsche wie Polen mit Einquartierungen belastet. Die Deutschen sollten hinführo als „Polen deutscher Abkunft“ angesehen werden. Wo diese Partei der Wiederherstellung des polnischen Reiches die Oberhand hatte, bewaffnete sie die Bauern und den Pöbel der Städte. Tag und Nacht wurden Sensen geschliffen, Piken geschärft und Waffen geschmiedet; über das ganze Land ward ein Botendienst eingerichtet. Von den Landräthen wurde die Vorlegung der „Volksbücher“ gefordert, damit man die waffenpflichtige Mannschaft ersehe. Denn alle im kräftigen Alter sollten zu den Waffen greifen. Förmliche Aushebungen fanden statt in Buk, Gnesen, Grätz, Pleschen und anderen Städten. Das Comité einer Stadt sollte die Befehlshaber für die umliegenden Dorfschaften ernennen. Der am 26. März ernannte Kriegsorganisator ward beauftragt, jeden Störer der Bewaffnung zu verhaften. Ein Erlass des Nationalcomités verhiess am 1. April den Besitzern zinspflichtiger Ackerwirthschaften Befreiung vom Zinse und allen im Nationalheere Dienenden nach beendigtem Kriege Belohnung mit Aeckern aus den Nationaldomänen; 3 Morgen Land und 1 Kuh wurden jedem Komornik verheissen. Bald waren um Schrodda 5000 Sensenmänner versammelt und man konnte in den ersten Aprilwochen die Macht, über welche das Nationalcomité zu gebieten hatte, auf mehr als 10,000, vielleicht auf 20,000 Bewaffnete veranschlagen, welche im östlichen mittleren Striche bei Pleschen, Ksehonz, Schrodda, Miloslaw, Wreschen, Tschemeschno und Welna standen; die kleinere Hälfte war mit Feuergewehren versehen, freilich hatte es nur über 4 Kanonen und 11 Böller zu verfügen. Ausserdem wurde noch ein Aufgebot eingerichtet, um an einem beliebigen Orte schnell ein paar tausend schlechtbewaffnete Leute versammeln zu können. Man rüste zum Kampfe gegen Russland, so hiess es — die Flucht der Deutschen zeigte, wem diese Rüstung in erster Stelle galt! Plünderungen und Gräuelthaten blieben bei dieser Umwälzung nicht aus, wiewohl die gebildeteren Polen sich grosse Mühe gaben, Gewaltthätigkeiten zu steuern; theils lag es im Plane, die Deutschen zu keiner Gegenwehr zu reizen[2], theils neigt des Polen Natur überhaupt nicht zur Grausamkeit. Der gebildete Pole ist gutmüthig, und wenn er auch die Anstrengung der Arbeit scheut, so schätzt er doch Einsicht und Kenntnisse, leider, dass wir es sagen müssen, mehr als der Deutsche. Schroff stellte sich indess, wie es das Unterfangen mit sich brachte, das Polenthum dem Deutschthum entgegen. Die Auswanderung der Deutschen begann. Die Landstrassen nach Deutschland waren mit Flüchtigen bedeckt, die in Glogau, Berlin und Stettin Sicherheit suchten. Die Stadt Posen verliessen täglich über hundert Bewohner[3]. Schrecken war verbreitet. Nur in Städten des Netzdistriktes und längs der schlesischen Grenze wurde Widerstand entgegengesetzt. In Bromberg, wo die Regierung fest blieb, scharten sich die Deutschen zuerst am 24. März. Die in Bromberg vom dortigen polnischen Comité ausgeschriebene Versammlung

1) Zur Würdigung der Moral und Politik in der neuesten polnischen National-Erhebung in Posen (Anfang April). 2) Unter meinen Vorlagen befinden sich Auszüge aus den bei Besetzung Gostin's weggenommenen Akten des polnischen Kreiskommissars. Vol. I, f. 21 enthält folgenden Erlass des Nationalcomités vom 28. März an denselben: „Dem Nationalcomité sind die Schwierigkeiten bekannt, mit denen das Comité in Gostin zu kämpfen hat. Das Verhältniss der deutschen Bevölkerung zur polnischen ist in jenem Kreise vorzugsweise reizbar. Es muss vermieden werden, die Deutschen allzusehr zu allarmiren, um dadurch nicht eine zu grosse Reaktion hervorzurufen. Jedoch ist es durchaus wichtig, die Suprematie über sie zu behaupten. Desshalb wird in Gegenwart der Deutschen ein offenes, freundschaftliches Benehmen, das sie unserer Anhänglichkeit und Brüderschaft versichert, empfohlen; hinter ihrem Rücken ist aber das Volk zu bewaffnen, sein Feuereifer zu heben und in drohender Haltung zu zeigen.“ 3) Voigts-Rhetz, S. 11; Senst, S. 22; L. v. J. S. 22

erhob (26. März) den tausendstimmigen Ruf: „Wir wollen Deutsche sein und Deutsche bleiben“[1]: bald wehten hier die deutschen Fahnen von den Thürmen der Stadt und der von den Bromberger Bürgern gewählte Ausschuss berief zwei allgemeine Zusammenkünfte der Bewohner des Netzlandes auf den 9. April (vgl. **Bromberg**).

Inmittelst hatte König Friedrich Wilhelm IV. der polnischen Absendung[2] am 24. März „eine nationale Reorganisation“ verheissen und ihr das preussische Ministerium am 25. März zugestanden: rein polnische Nationalität, sofortige Bildung eines polnischen Heeres, Besetzung der Beamtenstellen mit Polen und namentlich auch die Ernennung eines Polen zum Oberpräsidenten der Provinz[3]. Sogleich am 27. erfolgte in Posen die Einsetzung der Reorganisationskommission, die unter Vorsitz des Oberpräsidenten verhandeln sollte. Das polnische Nationalcomité schlug die Mitglieder dazu vor: 8 Polen und 2 Deutsche, und zwar 2 Deutsche, die es ausgesucht hatte. Der Beschluss der ersten Sitzung am 29. März war: ein „polnisches Armeekorps“ sei aufzustellen, welches die im Lande befindlichen preussischen Truppen entbehrlich mache, es sei ein Civilkommissarius polnischer Nationalität zu ernennen, der die oberen Beamten zu verändern Macht habe, es werde die polnische Sprache Geschäftssprache[4]. Jetzt glaubten die Deutschen sich von der Regierung geopfert. Der Ausschuss der Deutschen in Posen hatte schon am 26. mehrere aus seiner Mitte nach Berlin entsendet, jedoch mit schwächlichen Anträgen. Nachdrücklicher traten die Städte des Netzbezirkes auf, die sogleich ausgenommen zu werden von dieser nationalen Reorganisation forderten. In ihnen flammte Wuth gegen die Polen auf. Rawitsch sprach zuerst, am 28. März, dem Könige seinen Wunsch aus, deutsch zu bleiben, sein Verlangen, um vor undeutscher Herrschaft behütet zu werden, nach Einverleibung in das deutsche Nachbarland. Sarne, Schönlanke, Radolin, Samter, Obernik, Strelno, Fraustadt, Lissa, viele Dorfgemeinden thaten das Gleiche. Bromberg, Schubin, Jungleslau, Wirsitz, Kodschesen, Tscharnikau schickten ebenfalls Abgeordnete nach Berlin mit dem nachdrücklichen Begehren, nichts mit der Reorganisation zu schaffen zu haben, sondern in den deutschen Bund aufgenommen zu werden. Die Grenzstädte Meseritz und Lissa thaten dasselbe. In Lissa war die Einwohnerschaft dermassen erbittert, dass der polnische Kreiskommissarius durch Soldaten beschützt und aus der Stadt geschafft werden musste. Hier bildete sich ein „Verein zur Wahrung der deutschen Interessen in der Provinz Posen“. In allen diesen Städten, in Birnbaum, Bomst, Fraustadt u. a. wählten die Bürger Vertrauensmänner zu Ausschüssen, welche sie anführen sollten, und griffen zu den Waffen. Diese beginnende Gegenbewegung der Deutschen hatte jedoch keinen Mittelpunkt und keinen Zusammenhang. Jeder Ort handelte für sich, d. h. mit vereinzelter Kraft.

Deutschlands Verhalten musste massgebend wirken, da in Preussen deutlich eine Auflösung der Staatsbande eingetreten war. Sehr geschickt und schlau benutzten die Polen die allgemeine, ihnen holde Stimmung des deutschen Volkes. In Berlin, in Breslau, in Leipzig, in Frankfurt am Main waren Polen thätig, eine falsche Vorstellung von den Zuständen Posens zu verbreiten.

Die „berathende Versammlung deutscher Abgeordneter und Volksmänner über ein deutsches Parlament“ (nachher Vorparlament genannt) war ganz von polenfreundlicher Stimmung eingenommen. Leisler aus Nassau, Hensel aus Sachsen, Venedey aus Rheinpreussen, Proff aus Mühlheim gaben ihr Ausdruck. Wiederherstellung Polens ward von ihnen begehrt. „Wenn ein einziger Pole an unserer Sympathie für Polen zweifelt, so ist Polen gegen uns,“ sprach der unklare Venedey. Erschienen waren aus dem Posenschen Junghans und Roquette Einspruch einlegend. Struve, der Westpreusse Türk, der Verfasser dieses Buches und sein Kollege, der aus Posen stammende Fürst[5] traten für Posen ein. Alles

---

1) In einem vom deutschen Bürgerverein in Bromberg am 13. Mai erlassenen Sendschreiben an den politischen Klub in Berlin wird die polnische Zeit folgendermassen geschildert: „Die als Handwerkskolonien der Gutsherrschaft dienenden Städte wurden von Leuten bewohnt, welche nur durch die unbedingteste Unterwürfigkeit und die aufopferndste Thätigkeit ihr Leben vor der rohen Willkür des Adels und ihre Seele vor dem Bannstrahl einer bornirten und schwelgerischen Geistlichkeit bewahren konnten. Es gab keinen selbstständigen, von individueller Freiheit beseelten Bürger- und Bauernstand, als Preussen diese Provinz in Besitz nahm.“ 2) In Circourt's Bericht heisst es: „Eine Deputation aus Posen hat den König gebeten, die Wiederherstellung des Königreichs Polen zu proklamiren und diese Krone auf das Haupt des Prinzen von Preussen zu setzen.“ 3) Schreiben Przyluski's und Krauthofers, Berlin 25. März, an das Nationalkomite in Posen, Gostiner Akten, Vol. I. 4) Protokolle in: (Brodowski, Kraszewski und Potworowski) Zur Beurtheilung der polnischen Frage im Grossh. Posen im J. 1848. Berlin. S. 28—31. 5) Die „Officielle Ausgabe“ der „Verhandlungen des Deutschen Parlaments“ ist überaus nachlässig. Viel zu beschäftigt in diesen bewegten Tagen, als dass ich um die Niederschriften mich hätte bekümmern können, liess ich die Aufzeichnungen unbeachtet, so

aber, was erreicht werden konnte, war, die Frage offen zu lassen, ob die Posener berechtigt seien, auf Deutschlands verfassunggebender Vertreterversammlung mit zu erscheinen. Auf das eigene Verhalten der Posener kam hinfort alles an.

Am 3. April schloss das Vorparlament, am 6. April lehnten die Stände des Grossherzogthums Posen zu Berlin auf Anfrage der preussischen Regierung mit 26 gegen 17 Stimmen die Einverleibung in den deutschen Bund ab. Die Minderheit, am 7. April besonders zusammentretend, verlangte auf's entschiedenste die Aufnahme[1].

Die Zustände verwirrten und verschlimmerten sich von Tag zu Tag ärger. Die Deutschen niederzuhalten war bis jetzt gelungen. Der Netzdistrikt verlangte Abtrennung vom posener Land, Einverleibung in Westpreussen; das übrige posener Land schien dem Schicksal der Polonisirung zu verfallen. Frei liess man den Polen die Zügel schiessen. Vom Oberpräsidenten bis zum Polizeidiener hatten alle Beamten Kopf und Muth verloren und sahen dem Geschehenden unthätig zu wie in starrer Betäubung; die deutsche Bevölkerung aber war gelähmt vom Wahne, sie sei eine ohnmächtige Minderzahl, könne nur dulden und bitten. Entscheidend war natürlich das Verhalten der Hauptstadt und in ihr gab des deutschen Ausschusses nachgiebige Schwäche alles preis[2]! In dieser Noth fanden die Deutschen einen Führer in dem schon genannten Schreeb, der aus der Mahl- und Schlachtsteuer-Statistik sich die Stärke und somit das Anrecht der Deutschen klar machte und den Wahn brach, dass sie die Schwächeren seien, die willenlos sich ergeben müssten. Er zeigte, dass in der Stadt mehr Deutsche und Juden als Polen lebten, er rief: „seid nicht bange, wenn wir zusammenhalten, überwiegt unsere Kopfzahl, aber die Behörden helfen uns nicht.“ Die Beunruhigung der Deutschen war gross; während sie von der Regierung sich verlassen sahen, wurden sie durch die einlaufenden Nachrichten über Vergewaltigungen an einzelnen Deutschen und Juden geängstigt und erbittert: aber es musste die Vorstellung überwunden werden, dass man sich nicht selber helfen könne, es musste zum Durchbruch der Gedanke kommen, dass man gegen die Polen sich zur Wehr setzen müsse. In einer am 27. März in der Luisenschule (dem ehemaligen Jesuitenstift) gehaltenen Versammlung der Deutschen forderte Schreeb vom Ausschuss über die nach Berlin gegebenen Aufträge Auskunft und stiess auf dessen Weigerung. „Sie handeln in unserm Namen und sind verpflichtet uns Rede zu stehen,“ rief Schreeb; eingeschüchtert vom Toben der Anwesenden verlas endlich Stadtgerichtsdirektor Seger das betreffende Schriftstück. Als Schreeb darüber das Wort ergreifen wollte, mochte der Ausschuss sich auf keine Verhandlung einlassen und während eines seiner Mitglieder, Brachvogel, den Schreeb unterbrach, zogen die übrigen sich in ein benachbartes Gemach zurück. Im richtigen Gefühle, dass es sich um seinen Bestand handle und dass ungenügende Männer seine Kraft nicht zur Entwicklung kommen liessen, wurde das Volk wüthend, schleppte den Brachvogel an's Fenster, um ihn herunterzustürzen; Schreeb rettete ihn, aber verlangte wiederholt, dass der Ausschuss die Thüre des Nachbarzimmers öffne und zur Verhandlung sich stelle. Es geschah nicht. Da stiess er, ein kräftiger Mann, die Thüre mit dem Fusse ein — an einem langen Tisch sassen die erschreckten Ausschüsser und legten sofort ihre Würde nieder[3]. So trüb für die Deutschen lagen in diesen Tagen noch die Verhältnisse, dass Stadtrath und Stadtverordnete von Posen am 28. März anzeigten, die Abgesandten der Stadt hätten in Berlin das Gesuch der Polen an den König um nationale Reorganisation mitunterzeichnet, „in Erwägung, dass es bei jetziger Sachlage hauptsächlich darauf ankommt, das Leben und Eigenthum der Deutschen vor dem herannahenden Sturme soviel als menschliche Einsicht und Kraft vermag, zu schützen“,

---

fehlt mein sowie Fürst's Name und sind von meiner Rede nur wenige Sätze wiedergegeben als von N. N.; freilich kommen, wie ich oft erfahren, die Stenographen schnell Sprechenden nicht nach. Unwahr ist was S. 156 steht, dass „in Beziehung auf den Antrag wegen Posen beschlossen, vorerst nicht auf denselben einzugehen.“ Die Entscheidung blieb einfach ausgesetzt.

1) Denkschrift über die Ereignisse im Grossherzogthum Posen seit dem 20. März 1848. Aus den Akten des Ministeriums des Innern, S. 23, 24. 2) Ein Berichterstatter schrieb am 1. April aus Posen: „Das deutsche Komite, zu dem sich grösstentheils Beamte und wenig bekannte Männer aufgeworfen haben — die bei allem guten Willen vielleicht für die Eintracht zu wirken, dennoch nicht darauf Anspruch machen können, die wahre Gesinnung des Kerns der deutschen Bevölkerung zu repräsentiren — ist ohne Ansehn; es wird weder von den Bürgern im allgemeinen, noch von den königlichen oder städtischen Behörden, noch vom polnischen Komite anerkannt. Ueberhaupt steht die deutsche Bevölkerung der polnischen sehr verlassen gegenüber.“ Ein Strassenanschlag dieses Ausschusses vom 26. März „An unsere Mitbürger deutscher Zunge“ fordert abermals Vertrauen zu den Polen. 3) Von diesem Vorgange erzählt Hepke nichts. Noch ehe ich denselben erfuhr, hatte ich aus Hepke's, offenbar unter bestimmten Gesichtspunkten zubereiteter, färbender Darstellung herausbemerkt, irgend etwas müsse sich zugetragen haben, was die Stellung wesentlich veränderte: aufmerksamen Lesern des Hepke'schen Buches wird dies wohl auch nicht entgehen.

und „dass der hier durch Grundbesitz an der Scholle klebende Deutsche, Bürger und Gutsbesitzer der nationalen Reorganisation nicht entgegentreten kann," auch die abzusetzenden Beamten mit einem zweijährigen Diensteinkommen entschädigt werden sollten.

So wie Schreeb den Deutschen ihre volle Berechtigung am Lande zum Bewusstsein brachte, fanden sich schnell Gesinnungsgenossen, welche gegen den Uebermuth der Polen für die Erhaltung des Deutschthums in die Schranken traten und zum Kampf gegen die Polen, zur Selbsthülfe sich anschickten. Die deutschen Volkstheile sammelten sich zur dichten Masse. Die Juden schlossen sich in der Stadt wie im ganzen Lande Posen an die Deutschen, wurden sie doch gleich dem deutschen Stamm von den Polen niedergetreten. Grosse Volksversammlungen gaben die moralische Grundlage; durch sie wurde die Volkskraft entwickelt. Schreeb trat als Ordner der Volksversammlungen an die Spitze, und veranlasste die Bildung eines neuen Ausschusses[1], in welchem, denn einig mussten die Deutschen bleiben, die meisten früheren Mitglieder wieder aufgenommen wurden. Am 29. März fand eine Volksversammlung im Odeonssaale statt. Die Deutschen trugen nun den Kopf höher; sowie die Polen diess gewahrten, lud Graf Mathias Mielżynski Schreeb in den polnischen Ausschuss. Schreeb ging (30. März) hin, die preussische Gesetzsammlung mit dem Besitzergreifungspatent mit sich nehmend. Die Polen forderten ihn auf, „die Deutschen zu beschwichtigen, die Deutschen möchten sich mit ihnen gegen die Regierung vereinigen." Schreeb stellte als Bedingung einer Vereinigung, dass die Polen sich nicht bewaffneten, nicht die Kassen raubten, nicht die preussischen Adlerschilde zerschlügen, nicht die Regierung gradezu aufhöben. Die Polen aber weigerten sich ihre Haltung zu ändern; da brach Schreeb die Unterhandlung ab mit den Worten aufspringend: „Bisher haben wir freundschaftlich verhandelt, fortan werden wir mit dem Schwert, als Männer, gegeneinander stehen und wollen uns ritterlich schlagen." Das polnische Nationalcomité erliess noch am 29. März einen vor „Verdächtigungsgeist" warnenden Aufruf an die gesammte deutsche Bevölkerung; die Beamten seien den Polen entgegen, weil sie die frühere Ordnung zurückwünschten. „Unerklärlich aber ist uns die feindliche Stimmung, die die deutsche Bevölkerung der polnischen Bevölkerung gegenüber einnimmt." Dahingegen legten nunmehr vor dem Könige „die Bürger und Schutzverwandte der Stadt Posen sowie Bewohner der Umgegend" Einsprache gegen die aufgestellte Reorganisationskommission ein und verlangten, dass den Deutschen und den Juden die Wahl einer besonderen Reorganisationskommission für die deutsche Bevölkerung zugestanden werde. Der posener Ausschuss ward schnell zum Mittelpunkt für die Deutschen im mittleren Lande: nur der Netzdistrikt und die Grenzkreise hielten sich unabhängiger. Aus sehr vielen Städten des Landes trat man bald mit ihm in's Benehmen, um einmüthiges Handeln zu erwirken. Sein Auftreten ermuthigte und ermunterte. Seine Mitglieder (vornämlich Oberlehrer Dr. Hepke, Regierungs- und Schulrath Wendt) strengten sich mit reger Thätigkeit an, durch Bekanntmachungen und Denkschriften eine richtigere Auffassung herbeizuführen und nicht ohne Erfolg. Sie setzten mit vielem Geschick den Standpunkt der Deutschen im posener Lande auseinander. Professor Löw und Assessor von Dazur wurden als Geschäftsträger nach Berlin entsendet; ersterer sah bald ein, dass Frankfurt a. M. gewichtiger war, und begab sich dorthin, um einflussreiche Personen günstiger zu stimmen. Der Ausschuss der Deutschen betrieb ferner die Schaarung und Bewaffnung der Deutschen unter dem Namen einer „Schutzwehr", obschon sich nur ein kleiner Theil Säbel und Flinten verschaffen konnte und die Mehrzahl mit Knüppeln behelfen musste. Schreeb leitete sie als Hauptmann. Krauthofer, der an der Spitze eines Parteigängerhaufens stand, gedachte einzelne Gegner zu ächten und setzte auf Schreeb's Kopf einen Preis von 3000 Thlrn. (auch wurde am 3. April auf diesen geschossen); bis die anderen Polenführer diese Aechtung aufhoben. Die deutsche Bürgerwehr gab Schreeb zu seinem Schutz ein beständiges Gefolge. So gestört war die Ordnung, dass sogar in Posen selbst Häuser von Juden und Deutschen geplündert wurden. Desshalb und um der offenen Einübung der polnischen Mannschaft in der Stadt ein Ziel zu

1) Am 28. März in einer Versammlung im Friedrich-Wilhelms-Gymnasium unter Schreeb's Vorsitz. Ausser den Vorgenannten sassen im neugestalteten Ausschuss Bankier Mamroth, die Kaufleute Damrosch und Falk, Gerbermeister Günter, Schornsteinfeger Zerpanowicz, Wagenbauer Seidemann, Assessor Herzberg; ferner (nach späteren Unterschriften) Regierungsrath Viebig, Forstrath von Baillodz, Berger, Goldarbeiter Blau, Henke, Kaufmann Jaffe, Lehrer Kock, Gerichtsrath Müller, Schweminski, Regierungsassessor Suttinger der Sohn, Mühlenbesitzer Wehr, Wagenbauer Weltinger, Wendt jun. Vorsitzende waren Justizrath Neumann und Viebig. Schutzwehr und Volksversammlung beschäftigten Schreeb vollauf.

setzen, wurde am 4. April der Belagerungsstand verhängt, worauf die polnische Legion in die östlichen Sammelplätze abzog.

Behufs der Durchführung der Reorganisation ward vom preussischen Ministerium auf der Polen Wunsch der ihnen geneigte General von Willisen ausersehen[1]. Willisen, der am 5. April den Boden Posens betrat, schloss sich, der Stimmung folgend, welche damals in Berlin herrschte, den Polen an, nur bestrebt sie zu mässigen und zu zügeln, indem er in den ihnen widerstrebenden Deutschen Unruhestifter erblickte. Er, ein guter Kenner der Kriegswissenschaft, jedoch von mehr Eitelkeit und Ehrgeiz als Selbstständigkeit des Sinnes, schien darauf auszugehen, die Polen in eine grosse Bewegung wider Russland zu bringen. Die Polen und Polinnen schmeichelten ihm; man sagt, sie hätten ihn merken lassen, er solle ihr Heerführer gegen die Russen werden. Was musste erfolgen, wenn unter den Deutschen die Mattherzigkeit nicht überwunden wurde? Zum Glück war soeben ein anderer Geist in Posens deutscher Bürgerschaft rege geworden.

In eben diesen Tagen, als die Entwicklung der deutschen Kraft erst begann, stand der Oberpräsident, der sich für überflüssig hielt, im Begriff Posen zu verlassen: sein Abreisen hätte die vollständige Auflösung der preussischen Behörden zur Folge gehabt und das Heft im Lande ganz und gar dem polnischen Ausschusse in die Hände gespielt. Schreeb eilte, so wie er vernahm, was bevorstand, in des Oberpräsidenten Wohnung und machte, da er ihn nicht sah, seiner Gemahlin die entschiedensten Gegenvorstellungen; des Oberpräsidenten Weichen bedeute das Ende der preussischen Herrschaft; es gehe unter keiner Bedingung an. Das Haus verlassend fand er den Reisewagen schon vorgefahren, wies seine Geleiter an, die Abfahrt nicht zuzulassen, und begab sich zu Colomb, um diesen zu der Zurückhaltung des Oberpräsidenten in Posen zu bewegen. Unmittelbar darauf fand deutsche Volksversammlung statt, die mit dem gleichen Verlangen eine Abordnung an Colomb schickte und die Versicherung auf Ehrenwort erhielt: der Oberpräsident bleibe in Posen.

Willisen erklärte allerdings alle Comités für aufgelöst und gebot das Auseinandergehen der polnischen Freischaaren. Diess fruchtete jedoch nicht, wohl aber schadete, dass er die preussische Kriegsmacht, die im Begriff war gegen die überhandnehmende Unordnung einzuschreiten, hemmte. Eine neue Reorganisationskommission, die er einberief, bestand aus 5 Polen und 4 Deutschen und zwar 4 Deutschen, denen die Deutschen selber ihre Stimme nicht gegeben haben würden. Den Polen verhiess er auch „die nationale Reorganisation des Unterrichts und Justizwesens", die baldige Besetzung der obersten Aemter mit Polen, und forderte sie auf, 2 oder 3 Männer zur Stellung eines Oberpräsidenten vorzuschlagen[2]. Ohne Unterlass rüsteten inzwischen die Polen[3]. In ihren Lagern trafen die Züge der aus Frankreich kommenden Ausgewanderten ein. Um rascher und eingreifender zu wirken, ward das niedere Volk zu Hass und Wuth wider die Deutschen gehetzt und gestachelt und von der Geistlichkeit der Glaubenseifer in Bewegung gesetzt, in schnödem Missbrauch der Anhänglichkeit an dem Glauben seitens der ungebildeten, mehr im Gefühle lebenden Volksschichten. Es gelte der Kirche, dem Glauben, den Priestern, hiess es. Am 7. April gebot das Nationalcomité in jeden örtlichen Ausschuss einen Bauern aufzunehmen[4].

Willisen fand nach dem so eben Vorgegangenen die Deutschen der Hauptstadt in einer Stimmung, die zu seinen Vorstellungen und Vorhaben übel passte; den ihn antretenden Führern derselben gab er (am 6. April) den Rath: „erst 2- oder 3mal 24 Stunden zu schlafen und dann wieder zu kommen[5]." Seine Bekanntmachungen versetzten die Deutschen in die grösste Besorgniss, weil sie einsahen, dass er die Durchführung dieser „nationalen Reorganisation" ernstlich betrieb, die zur Unterdrückung der Deutschen ausschlagen musste. Willisen beantragte bei dem Ministerium die Bildung eines „Posenschen Freikorps"

1) Sein „Commissorium" vom 3. April in: Willisen, Akten und Bemerkungen über meine Sendung nach dem Grossherzogthum Posen im Frühjahr 1848. Kiel 1850. S. 16, 17. 2) Schreiben des Nationalcomités vom 7. April an den Kröbner Kreiskommissar, Bürger Wilkonski, in den zu Gostin weggenommenen Akten. Vol. I. f. 53. 54. 3) Erlass des polnischen Nationalcomités vom 5. April (Berwinski, Palacz, Essmann) an die Kreiskommissare: „Wir fordern hiermit auf und beschwören im Namen des Vaterlandes jetzt um so eifriger an dem Volke zu arbeiten, da jetzt der General von Willisen in das Grossherzogthum kommt, um nach Bedürfniss, wie er es hier vorfinden wird, das Reorganisationssystem zu bestimmen. Von uns also und von unserm Volke hängt jetzt unsere Zukunft ab. Es muss also dahin gestrebt werden, dass nicht nur der nationale Geist nicht sinke, im Gegentheil, er muss erhitzt und gehoben werden, bis zur höchsten Potenz." 4) Die Gostiner Akten. Vol. I. f. 54. 5) Berlinische Nachrichten (Spenersche Zeitung) 1848. Nr. 90 und Voigts-Rhetz Antwort auf den offenen Brief des Herrn General-Major v. Willisen. Berlin 1848. S. 7.

als Ableiters der bösen Säfte[1]. Die Vielen, die sich vor ihm über Erpressungen und Plünderungen seitens der Polen beschwerten, wies er achselzuckend an die Gerichte mit den Worten: „dass die bewaffneten Scharen nun einmal da wären und leben müssten." Den Deutschen in der Hauptstadt sagte er: sie würden gut thun, sich ruhig zu verhalten[2]. Nach seinen Reden hatten die Ausschreitungen und Gewaltthaten der Polen ihren vornehmsten Grund in der Besorgniss erweckenden Nähe der preussischen Truppen[3] und in dem feindseligen Verhalten der Deutschen.

Ueberall aber waren die deutschen Bürger geängstigt und in weiten Strecken sahen sie sich Misshandlungen ausgesetzt. Nach der Hauptstadt Posen kamen von allen Seiten Flüchtige und erzählten in den täglich stattfindenden Volksversammlungen unter Thränen und Verwünschungen von Beraubung, von Verwundungen und Mordthaten. In Posen selbst befürchtete man Ueberfall und Barrikaden. Zu gleicher Zeit fingen die posener Deutschen an, da die Rückwirkung der irrigen, beinahe in ganz Deutschland verbreiteten Vorstellung über die Verhältnisse des posener Landes zu einem vernichtenden Druck zu werden drohte, auswärts die wahre Lage bekannt zu machen: sehr wohl begreifend, dass die gangbaren Täuschungen unterhalten werden müssten, strengten die Polen sich mit vieler Rührigkeit an, diesen Versuchen zu begegnen. Die Brüderlichkeit betonend, stellten sie die Mittheilungen aus Posen als niedrige Verleumdungen hin und verdächtigten die deutsche Gegenbewegung als einen Ausfluss „reaktionärer Umtriebe"[4].

Mannhaft und nachdrücklich schritten jedoch die Deutschen vorwärts, um sich im Lande und in ihrem Recht zu halten. Schreeb schrieb am 9. April dem Ministerpräsidenten Camphausen: „Die deutsche Bevölkerung ist Willens und stark genug, um ihre vor Gott und den Menschen gerechtfertigte Sache gegen die, in ihrer grossen Frechheit sich überstürzenden Ansprüche jener kleinen Polenfraktion, männlich und bis in den Tod selbst auszufechten[5]." Am selben Tage versammelten sich Bewohner des Netzdistriktes an zwei Stellen, in Bromberg und Schneidemühl, fassten kräftige Beschlüsse und wählten als ihr Haupt einen Central-Bürgerausschuss des Netzdistriktes[6], der in Bromberg seinen Sitz haben sollte. Die in Bromberg unter freiem Himmel Versammelten erklärten öffentlich der Staatsregierung, wie sie festentschlossen seien, wenn man ihre Rechte nicht achte, den Kampf selbst zu führen, dass, mische die Reorganisation sich in ihre Verhältnisse, sie mit allen zu Gebote stehenden Mitteln dieselbe zurückweisen würden. Sie erklärten ferner „die in Posen zusammengetretene Kommission mit Einschluss des königlichen Immediatkommissarius zur nationalen Reorganisation des Grossherzogthums Posen für incompetent und in voraus alle ihre Beschlüsse für null und nichtig, da diese Kommission von der Gesammtbevölkerung mit keinerlei Vollmacht versehen ist." Sie erklärten schliesslich, dass sie „nicht mehr zum Grossherzogthum Posen gehören wollen, sondern von ihm sofort abgetrennt, der Provinz Preussen zugeschlagen und mit dem Königreich Preussen dem gesammten deutschen Bunde angehören wollen." An demselben 9. April fand auch, in Folge einer von Kodschesen ausgegangenen Aufforderung[7], in Schneidemühl eine Volks-

1) Willisen, S. 22. 2) Berlinische Nachrichten (Spenersche Zeitung) 1848. Nr. 89 vom 13. April. 3) Hepke, S. 22. Voigts-Rhetz, Aktenmässige Darstellung S. 26. 4) Unter weit über 100 in dem ersten posener Drucke mir vorliegenden Ansprachen und Bekanntmachungen u. s. w. dieser Bewegungszeit befindet sich auch Cybulski's „im Auftrage des Posener National-Centralkomite's" am 8. April erlassener „Aufruf an das Volk von Berlin", beginnend mit dem Schlagwort: Reaktionäre. „Deutsche und Polen! (heisst es in ihm), wir dürfen uns nicht durch Fragen über künftige Grenze und provinzielle Zustände von dem grossen Ziele der Völkerverbrüderung abhalten lassen. Diese Verbrüderung kann nur im Herzen Polens ihren Triumpf feiern." 5) Schreeb's Schreiben beginnt: „Verblendet durch eine übertriebene Sympathie für das Polenthum, in unsinnigem Einvernehmen mit den Führern der nur aus etwa 500 Köpfen (worunter 9/10 notorisch Aventuriers oder Banqueroutirer) bestehenden Wiederherstellungspartei des alten Polens hat der General von Willisen auf unverantwortliche Weise seine, hier bekannten Instruktionen überschreitend das deutsche Bevölkerungselement durch seine unerhörten, unmöglich zu genehmigenden Zugeständnisse an die im Freiheitsfanatismus schwindelnd berauschten Polen, durch seine ganze jeder gesetzlichen Basis, aller Mannskraft ermangelnde schwankende Haltung schwer beeinträchtigt und die gesammte deutsche Bevölkerung ist darüber bis zum Excesse empört." 6) Er bestand (19. April) aus 2 Brombergern (Regierungsrath Hoffmann, Vorsitzendem; Regierungsrath Crüger, Stellvertreter des Vorsitzenden, Mühlenbaumeister Wulff) und je einem Mitglied für die Kreise Bromberg (Gutsbesitzer Freytag), Inowrazlaw (Ritterschaftsrath Janisch), Schubin (Gerichtsdirektor Gessler), Wirsitz (Gutsbesitzer von Sänger), Kodschesen (Gutsbesitzer Schmsdorf), Tscharnikau (Prediger Wehmer), wozu ein 10. Mitglied für den sich anschliessenden Kreis Obornik (Freischulze Jahns) trat. Die 4 zuletzt Genannten waren in Schneidemühl gewählt. Zur Bestreitung von Ausgaben wurden 1000 Thaler durch Umlagen aufgebracht. 7) Die Kaufleute Teske und Friedländer, Schönfärber Schlieper, die Gutsbesitzer von Zacha, von Schwichow, von Treskow, Pilaski, Schneider, die Freischulzen Krüger, Wernecke, und von Grevenitz luden in Kodschesen am 31. März zu dieser Zusammenkunft ein „um gemeinschaftlich die zur Verhütung einer Trennung von Preussen und Deutschland zweckgemässen Massregeln zu verabreden", „überzeugt dass die Einsassen der Kreise Bromberg, Wirsitz, Chodziesen, Czarnikau und der nördlichen an der Netze belegenen Theile des Kreises Schubin von gleicher Ansicht durchdrungen sind."

versammlung unter Vorsitz von Leipziger's statt, die beschickt von den Städten Usch, Kodschesen, Samotschin, Margonin, Tscharnikau, Filehne, Schönlanke, Lobsens, Rogasen, Obornik und vielen Ortschaften, dasselbe verlangte, auch 4 Vertreter in den stehenden Ausschuss des Netzdistriktes wählte, der diese Forderungen verfolgen und Massregeln anordnen sollte, um „einem, die deutsche Nationalität gefährdenden Angriffe seitens der polnischen Bevölkerung entschieden, und wenn es erforderlich, mit den Waffen in der Hand entgegentreten zu können." Ausserdem ordnete diese Versammlung einen Vertreter zu dem deutschen Parlamente ab und beschloss eine Eingabe an den Bundestag, um Aufnahme im deutschen Verbande. Auf den 16. April wurden, falls bis dahin die Regierung sich nicht zur Nachgiebigkeit gegen den ausgesprochenen Willen des Netzlandes bequemt haben sollte, abermalige Volksversammlungen des gesammten Netzlandes anberaumt — und alsdann war man dazu entschlossen, von Worten zu Handlungen überzugehen[1].

Da war nun mit einenmale in vielen Städten dieses Landes ein kräftiges deutsches Bewusstsein zum Ausbruch gekommen in der höchsten Noth. Mit Deutschland zusammen wollten so viele Städte stehen, das Polenthum wiesen sie von sich.

Hören wir daher, wie in diesem wichtigen Wendepunkte die deutschen Bürger, welche in so vielen Städten die Oberhand hatten, sich geäussert haben. „Wir haben nie auf das Recht verzichtet" — sprach das deutsche Nationalcomité in Posen[2] — „als deutsche Männer bei Deutschland zu bleiben; wir konnten darauf nicht verzichten, denn wir gehören für immer untrennbar zu unserem Vaterlande, zu Deutschland." Die in Bromberg Versammelten liessen sich so aus: „Bei der Kundgebung des königlichen Befehls der Reorganisation ertönte ein Schrei der Entrüstung durch alle deutschen Kreise des Grossherzogthums Posen. Also um ein vermeintliches Unrecht der Vergangenheit wieder gut zu machen, will man uns, die jetzigen Bewohner, ungehört einer fremden Willkürherrschaft unterwerfen? Lasse man abstimmen, Mann für Mann, Ort für Ort im Grossherzogthum, und das durch falsche Nachrichten irregeleitete Deutschland wird zu seinem Erstaunen inne werden, dass nur wenige — und Gott sei geklagt, was für Stimmen sich für eine polnische Reorganisation des Grossherzogthums Posen aussprechen werden. Und warum der Kampf gegen uns Deutsche, die wir uns gegen die Polen stets als Brüder betrugen, die wir sie mit Wohlthaten überschütteten, deren sie, so weit die Geschichte reicht, unter der eigenen Regierung niemals theilhaftig geworden sind? Waren wir denn je Unterdrücker der Polen? Uebten sie nicht mit uns ganz gleiche Rechte? Und wie? gibt es etwa hier ein polnisches, den Polen widerrechtlich entrissenes Reich? Der Boden ist und bleibt neutral; wer ihn bewohnt und bebaut mit eigener Kraft, der ist sein Herr. Deutschland scheint — in Folge der Umtriebe der entgegengesetzten Partei — ganz im Unklaren zu sein über unsere Verhältnisse." Die in Schneidemühl Versammelten sagten in derselben Gesinnung: „Die deutsche Bevölkerung des Grossherzogthums Posen ist bei der gesammten deutschen Nation klagbar geworden, dass Deutschland ihrer zu vergessen scheine. Das ganze Vaterland ist einstimmig für Schleswig, so sei es auch einstimmig für Posen; denn hier ist mehr als Schleswig. Deutschland hat ein altes Recht auf seinen Boden; die Karte des alten Germaniens zeigte hier die Stammsitze und heiligen Haine der Burgundionen; ein Jahrtausend lang ringt Deutschland um den Wiederbesitz seines Ostens, den das Slawenvolk überschwemmt und zertreten hat. Für Posen gilt dasselbe Recht, welches Schlesien und Sachsen, die Marken, Pommern und Mecklenburg an Deutschland bindet. Gleichgesinnt mit den deutschen Bewohnern wollen auch Hunderttausende unserer slawischen Brüder mit nichten unter das polnische Regiment zurück. Nimmermehr werde man ein polnisches Scepter über sich dulden; schon sei man bereit, wenn's nicht anders angeht, den Drängern den blutigen Beweis zu geben, dass eine halbe Million Deutsche nicht Slawen werden wolle."

Von diesen Tagen konnte Posen nicht mehr ein polnisches Land genannt werden; so ward's offenbar. Im Strahle der Freiheit geschah es.

Der Ausschuss sämmtlicher Kreise des Netzdistriktes in Bromberg sah das Land nach solcher Erklärung als bereits thatsächlich von Posen losgelöst an: „Wir, die Bewohner dieser Kreise," verkündete

1) Nach dem Ausdruck der aus den Akten des preussischen Ministeriums des Innern gezogenen Denkschrift. 2) Dessen Antwort auf die Denkschrift des polnischen National-Comités an den General von Willisen in Nr. 16 und 17 der Gazeta polska.

er, „gehören also jetzt schon unzweifelhaft und unwiderruflich dem deutschen Bunde an, und wehe dem, der in diesem unserm guten wohlerworbenen Rechte uns kränken wollte." Aber er hielt für Pflicht, ein Vorwort für die deutschen Brüder im übrigen posener Lande am 15. April bei der Bundesversammlung einzulegen, damit „die Einverleibung Posens in den deutschen Bund dekretirt werde." „Diese Provinz" — erklärte er — „ist nicht ein vorherrschend polnisches Land"[1]. Lissa und Rawitsch u. a. verlangten zu Schlesien geschlagen zu werden[2]. Meseritz und seine Nachbarstädte wollten zu Brandenburg kommen.

Während solchergestalt die Reorganisation oder die Zurückführung zum alten Polenthum an dem sich aufraffenden Deutschthume scheiterte, das deutsche Banner in einer Menge von Städten entrollt ward[3] und jener kühn und kraftvoll vorwärts gehenden Polenpartei der deutsche Bürger entschlossen einen festen Widerstand entgegensetzte, an dem die polnische Bewegung sich brach, so dass sie auf einen Theil des Landes eingeengt wurde, hatte die Staatsregierung in Berlin die Landwehren Niederschlesiens und Pommerns aufgeboten und liess Truppen in's Posensche marschiren. Am 25. März rückten zuerst Husaren aus Schlesien ein; eine Schwadron derselben wurde eine kleine Stunde vor Posen bei Gurtschin von den Polen abgeschnitten und musste sich durchhauen. Am 4. April waren mindestens 15000 Soldaten bei Posen versammelt; am 9. April betrug die Mannschaft, über die Colomb im Lande verfügen konnte, etwa 30000 Soldaten. Nun sendete Colomb beinahe die Hälfte unter von Dunker gegen das Polenheer bei Schrodda aus, um die polnische Heereskraft nicht länger anwachsen zu lassen. Die von Willisen den Polen gegebene Frist für das Zerstreuen ihrer bewaffneten Haufen lief nämlich am 10. April ab. Die Polenführer gedachten natürlich nicht, ihre schon gebildete Kriegsmacht aufzulösen, doch lag in ihrer Absicht ebensowenig, sich in einen ungleichen Kampf mit dem preussischen Heere zu verwickeln, am wenigsten vorzeitig. Die Aufgabe ergab sich hiernach für sie: Zeit zu gewinnen, Willisen's Geneigtheit mit Vertröstungen hinzuhalten. Im letzten Augenblicke erklärten sie sich bereit, die von ihm vorgeschriebenen Bedingungen zu erfüllen. Willisen aber hielt sich überzeugt, dass ihre Unternehmungen einzig und allein gegen Russland zielten, sah ein, dass eine Menge, die eben erst zu den Waffen gerufen worden war, sich nicht plötzlich nach Hause schicken liess, reiste in ihr Lager und gebot dem preussischen Heere Stillstand. Schon erfolgte, am 10. April in Tschemeschno, ein Zusammenstoss zwischen diesem und den Polenschaaren. Willisen jedoch schloss am 11. April zu Jaroslawietz eine Uebereinkunft mit den Häuptern der Polen, mit Dr. Libelt, Stefanski und Radonski, derzufolge die zusammengelaufenen Scharen in den nächsten Tagen die Waffen ablegen sollten, zum Kriegsdienst taugliche Freiwillige aber in Wreschen, Kschonz, Pleschen, Miloslaw bis auf weitere Bestimmungen zusammenbleiben dürften; Keiner sollte zur Verantwortung gezogen werden.

Das geschah, während eine Kundmachung Microslawski's jeden polnischen Krieger mit Ehrlosigkeit bedrohte, der nicht zu den Sammelplätzen eile. Microslawski liess sie am Nachmittage des 10. Aprils am posener Rathhause anheften. Die Deutschen, welche ein Ende herbeigeführt wissen wollten, geriethen in Wuth über Willisen. Die Landwehr zeigte ihm offen ihren Unwillen[4], die Kürassiere sogar griffen ihn an, spukten auf ihn, in Posen selbst rotteten sich, als seine Ankunft ruchbar wurde, die Deutschen zu Tausenden, aus allen Ständen, ungeachtet es regnete, zusammen und tobend forderten sie Willisen's Beseitigung. Steinäcker, Colomb versuchten zu beschwichtigen, wurden verhöhnt. Schreeb selbst fand kein Gehör. Da bedeutete Schreeb den Gasthofsbesitzer, bei dem Willisen wohnte, wenn er sein Haus vor Zerstörung behüten wolle, sogleich den Willisen durch eine Hinterthür in die Feste Winiary zu entfernen; darauf sprach er von neuem die Zornigen an: beruhigt möchten sie nach Hause gehen, Willisen sei fort und werde nicht wiederkommen. Am folgenden Tage bekam der Oberpräsident im Namen der Deutschen

1) Bromberger deutsche Zeitung. 19. April 1848. Nr. 4. Zweite Beilage. 2) Lissa's Verein erklärt am 7. April: „Die Provinz Posen ist erkauft mit deutschem Blute, als auf den Blutfeldern von Leipzig und Waterloo Europa's Geschick sich neugestaltete. Soll dieses Recht weniger gelten, als das, welches polnische Emissäre „in der Arbeiterjacke" auf den Barrikaden der Hauptstadt errungen zu haben meinen? (Vgl. oben S. 237. Anm. 7.) Ihr wollt uns glauben machen, dass Euch die Nationalität das Heiligste sein werde, und das höchste Zugeständniss, das Eure aufrührerischen Comités dem Deutschen machen, ist — Duldung. Und wenn sich die deutsche Bevölkerung muthig mit den Waffen in der Hand zum Schutze ihres Lebens und ihres Eigenthums und zum Schutze dessen, wofür es kein reines polnisches Wort gibt, für ihre Ehre gegen Eure bewaffneten Horden erhebt, dann nennt Ihr das betrübende, fürchterliche Thaten!" 3) Die Bürgerwehr mehrerer Städte (Schneidemühls, Rogasens u. a.), steckte das schwarzrothgoldne Band neben die preussische Kokarde. 4) Willisen S. 32. — Regierungsassessor Brunnemann befand sich mit Willisen in einem Wagen, als ihn die Kürassiere bedrohten.

die Erklärung, dass Willisen nicht wieder in der Stadt erscheinen könne. Bei dieser Lage drangen auch die Befehlshaber des Heeres in Willisen, Posen zu verlassen. Man schrie durch's ganze posener Land (und bald auch in Deutschland) über Verrätherei Willisen's. Von vielen Orten wurden, immer stürmischer, Vorstellungen an den König gerichtet, welche seine Abberufung, schleunige Niederwerfung des polnischen Aufstandes, Vereinigung der deutschen Landestheile mit deutschen Provinzen begehrten. Meseritz erklärte seine Verbindung mit dem Grossherzogthum Posen aufgelöst und stellte selbst sich unter die Behörde des Regierungsbezirkes Frankfurt. Der Vorstand der Deutschen in der Hauptstadt Posen hatte bisher von keiner Zerreissung des posener Landes hören mögen: wie jedoch jetzt die Verhältnisse lagen, nahm er den Gedanken einer Zertrennung auf, suchte Unterlagen für den Ansatz einer den Deutschen gerechten Scheidung und legte eine Denkschrift über eine festzusetzende „Demarkationslinie" vor. Durch diese deutsche Bewegung kam sonach der Plan zur Theilung des Landes in eine deutsche und eine polnische Hälfte in den Vordergrund und ward den Behörden aufgedrängt. Die Deutschen hielten vor allem nothwendig, sich Willisen's zu entledigen, der, Versöhnlichkeit predigend und, wenn auch die Auflösung der polnischen Banden, doch zugleich die Einsetzung polnischer Kreiskommissare betreibend im Lande umherreiste. Nach dem Auftritt des 11ten erkannten die Spitzen der Behörden: seines Verweilens in der Hauptstadt sei nicht mehr. Als Willisen am Abend des 19ten wieder vor Posen anlangte, gab ihm der Kommandant keinen Einlass in die Stadt, sondern liess ihn unter Bedeckung in's Kernwerk Winiary führen. Am nächsten Morgen reiste Willisen nach Berlin zurück. Am offenen Widerstande der Deutschen war die polnische Reorganisation gescheitert.

Durch den Sturm der Deutschen war inzwischen das preussische Ministerium in's Schwanken gebracht worden. Die Deutschen konnten doch nicht mit Waffengewalt von ihm gezwungen werden, sich polnisch regieren zu lassen! Das war unmöglich. Die Bildung eines polnischen Freikorps nach Willisen's Antrag hatte es nicht genehmigt, die Forderung der Deutschen zugestanden, „dass die der polnischen Bevölkerung verheissene nationale Reorganisation auf diejenigen Landestheile, in welchen die deutsche Nationalität vorherrschend ist, nicht ausgedehnt werden darf." Die Trennung der deutschen Landestheile vom posener Verbande und ihren Anschluss an den deutschen Bund bewilligte demgemäss der König am 14. April[2]. Bei den widersprechenden Berichten wusste das Ministerium nicht, woran sich halten und sendete zur Beurtheilung der Lage den Obersten von Stavenhagen nach Posen, der daselbst eben eingetroffen war, als Willisen zum letztenmale zur Hauptstadt kam.

Kaum kannte die Hauptstadt des Königs neuen Erlass, als, am Morgen des 18. Aprils, die Volksversammlung unauflösliche Vereinigung der Stadt und des Kreises Posen mit Deutschland beschloss und die Stadtobrigkeit um sofortige Abgabe dieser Bitte an das Ministerium anging. Der Oberbürgermeister, Geheimeregierungsrath Naumann, trug Bedenken und suchte hinzuhalten. Gegen Mittag traten ihn deshalb Wendt, Schreeb und Günter an, und als er dabei beharrte, es sei ganz unmöglich, so schnell Versammlungen und Aussprüche des Stadtraths und der Stadtverordneten herbeizuführen, zog Schreeb die Uhr, setzte ihm auseinander, wie bis 5 Uhr die Beschlüsse gefasst und ausgefertigt werden könnten, und schloss: „um 6 Uhr halte ich wieder Volksversammlung, und wenn ich dann die Petition nicht habe, so werden Sie wissen, was folgen wird." Er hatte sie um ½6 Uhr in Händen und bestätigt von der Volksversammlung, binnen einer Stunde mit 2937 Unterschriften[3] unterstützt, ging sie noch am Abende nach Berlin ab[4], wohin zugleich Gerichtsrath Neumann und Gastwirth Kaatz als „Deputirte der deutschen Bewohner der Provinz Posen" abgesendet wurden. Ihrem Auftrage gemäss erklärten diese am 20. April dem Ministerium: seit dem 18. März, seitdem der Staat ein konstitutioneller geworden, sei die Regierung nicht mehr berechtigt, Abgesandten der Polen Zugeständnisse zu ertheilen, welche die Zu-

1) Gegen den Zeitungsbericht aus Posen vom 13ten, welcher die „Demonstration" von der deutschen Volksversammlung ausgehen lässt, ein anderer, Vossische Zeitung 1848 Nr. 90. Willisen schrieb am 12ten aus der Wreschener Gegend an den Minister: „So wie ich den Fuss hier wegrühre, ist offener Bürgerkrieg. Die Deutschen in ihrer Leidenschaftlichkeit machten gestern Strassentumulte und verlangten meine Entfernung, was die höheren Militärbehörden bewog, mir vorzuschlagen, die Stadt zu verlassen; ich wies das natürlich von der Hand. Heute kam der kommandirende General selbst in das versammelte Regierungskollegium, wo ich präsidirte, und machte mir von neuem dieselbe Zumuthung, wollte die Convention, wegen der grossen Aufregung der Deutschen, aufheben." 2) Diese sogenannte „Kabinetsordre" ist wieder abgedruckt bei Hepke S. 66. 3) Deutsches konstitutionelles Blatt für das Grossherzogthum 1848 vom 22. April Nr. 7. Das Stimmverhältniss der Stadtverordnetenversammlung war 18 gegen 6. 4) Ebenfalls wieder abgedruckt bei Hepke S. 80, 81.

stimmung der Nationalvertretung erforderten; diejenigen Massregeln, welche Willisen den Polen verheissen, seien Verletzungen der gültigen Gesetze und der nationalen Rechte der Deutschen. Wie in Berlin, so in Frankfurt a. M. sich vertreten zu lassen, beschloss die posener Volksversammlung. Es galt die Verirrung des deutschen Liberalismus, die für Posen verhängnissvoll zu werden drohte, unschädlich zu machen und namentlich der polenfreundlichen Einwirkung der demokratischen Partei zu begegnen[1].

Unterdessen lebten die Deutschen immer noch in der grössten Aufregung. Obgleich sie zum Kampfe sich rüsteten, lag doch ein Missverhältniss darin, dass die Polen grosse Haufen zusammengezogen hatten, während die Deutschen zwar an vielen Stellen (wohl in sämmtlichen Städten, die sich nicht bereits in der Gewalt der Polen befanden) Bürgerwehren gebildet hatten, allein an jeder einzelnen Stelle einer von aussen hereinbrechenden Uebermacht sich ausgesetzt sahen. Die bangen Bürger der offenen Städte schickten einmal über das andere nach der Hauptstadt und baten, die Posener möchten ihnen Hülfe bringen; diese selbst aber waren von Besorgnissen erfüllt. Denn es war klar, dass es für die Polen von allergrösster Wichtigkeit war, sich in den Besitz der Hauptstadt zu setzen; wenige Meilen von ihr ab waren Polenlager, in der Stadt wohnten in grosser Menge Polen, die auch zu den Waffen gegriffen hatten und leicht zu einer Ueberrumpelung die Hand bieten konnten; ausserdem aber waren den Deutschen die Behörden und auch der verhängte Belagerungszustand vielfach hinderlich. Seit langen Jahren lief unter dem polnische Volke die Profezeihung um: „Polen werde durch ein erschreckliches Blutbad an dem Tage frei werden, wann Ostern mit dem Tage des Schutzheiligen Wojciech zusammenfalle,“ und dieses Jahr gerade traf der Ostermontag auf ihn, den 24. April. Zur Ostermesse strömten stets Tausende vom Lande in die Städte und gaben sich der Einwirkung des Geistlichen hin. Für diesen Tag also, welcher der der Errettung Polens sein sollte, machten sich die Deutschen in den Städten zur Gegenwehr gefasst (vgl. **Schneidemühl**); er war in der Hauptstadt zum Niederschlagen, zum Todtschlagen der Deutschen bestimmt, die Stellen der Barrikaden von den Polen schon bezeichnet. Nur feste Entschlossenheit konnte vor dem Unternehmen zurückschrecken. Im Netzbruch kam man überein, Beistand den Deutschen der Hauptstadt zu leisten und kündigte bewaffneten Zuzug an. Als Schreeb am 21ten diese Kunde erhielt, erwirkte er vom Generalkommando die Erlaubniss, ihm die Thore, nach vorgängiger Ablegung der Waffen, zu öffnen. Gleichzeitig riefen auf Betrieb des Oberingenieur Bürkner in Wronke „die deutschen Brüder beider Wartheufer“ alle deutschen und jüdischen Bewohner des ganzen Landes, die Städte gross und klein, und die Dörfer auf, sich durch kräftige und verständige Männer bei einer Volksversammlung den 22. April 9 Uhr auf dem Wilhelmsplatze „an der Quelle, unserm Haupt-Comité in Posen,“ vertreten zu lassen, um in kräftig vereinter Masse den Willen des deutschen Volkes kund zu geben. „Auf, Deutsche! auf, zur That! Petitionen, Reklamationen, Protestationen, wohin sie auch gelangen, helfen nichts mehr!“ begann dieser Aufruf. Plötzlich verbot am Abend des 21ten der Platzbefehliger, der alte Generallieutenant Freiherr von Steinäcker, die Volksversammlung[2]. Die Volksversammlungen, in denen die Kraft lag, sollten unterdrückt werden. Eine Stunde vor dem angesetzten Zeitpunkt derselben begab sich Schreeb zu Steinäcker, der sie unter keiner Bedingung zulassen, sondern nöthigenfalls durch Soldaten auseinandertreiben wollte. „Euer Excellenz werden heute keinen deutschen Soldaten finden, der gegen uns Deutsche die Waffen braucht und auch keinen Offizier, der sie anführt,“ entgegnete ihm Schreeb. Aufspringend, die Faust ballend, rief Steinäcker: „alsdann werde ich das Commando führen!“ Schreeb trat ihm, gleichfalls mit geballter Faust, entgegen: „Dann werden sie mich bewaffnet als Ihren Gegner treffen; ich eröffne jetzt die Volksversammlung[3]!“ — und sie fand statt und nahm die entschlossene Haltung ein,

1) Eine Absendung Breslauer Demokraten, welche die Deutschen vom Auftreten gegen die Polen abhalten sollte, kam am 16. April, eine ebensolche von Berliner Demokraten am 13. Mai nach Posen. In Leipzig that sich zuerst durch meine Freunde und mich (nicht erst auf Anregung Dazur's) im April ein „Verein zur Wahrung der deutschen Interessen in den östlichen Grenzländern“ auf, der in mannichfacher Weise die Sache der Deutschen Posens zu unterstützen bemüht war, wogegen in Leipzig von den Polen ein Gegenverein gebildet ward, der aus unbekannten Persönlichkeiten bestand. In Berlin gelang etwas später die Begründung eines „Comité zur Vertretung der Deutschen in der Provinz Posen.“ Der Streit, der in Posen entbrannt war, erweiterte somit seinen Kreis und breitete sich, wie man sieht, in Deutschland aus. 2) Die Volksversammlung fand statt, wie das vom konstitutionellen Klub ausgehende deutsche konstitutionelle Blatt für das Grossherzogthum vom 27. April Nr. 10 sagte: „trotz der Gegenmassregeln des Comités,“ was vermuthen lässt, dass das Comité sich hinter dem Rücken des Ordners mit dem Platzbefehlshaber in's Benehmen gesetzt hatte. 3) Lebendiger, als eine Darstellung, wird die Lage ein von Schreeb am 14. Mai an Steinäcker gerichteter Brief zeichnen: „Als Euer Excellenz am 22. April dieses Jahres mir zu befehlen den Versuch machten,

welche geeignet war, von einem gewagten Beginnen zurückzuschrecken. Unruhe herrschte wohl in der Stadt, doch kam es zu keinem Ausbruch. Fast 90 Vertreter aus dem Lande hatten sich am 22ten einge-

---

dass ich die, nicht von mir, auch nicht vom deutschen Comité, sondern von Bewohnern beider Warthe-Ufer auf diesen Tag ausgeschriebene Versammlung Deutscher hier am Orte nicht auf dem geschlossenen Hofe des Odeums abhalten solle, entgegnete ich, mit dem ausdrücklichen und wiederholten Beifügen, es geschehe dieses unbeschadet meiner aufrichtigen Hochachtung und Verehrung für Ihre Person lediglich im Interesse der allgemeinen Sache, die ich vertrete, dass ich diesem Befehle keine Folge geben würde, und zwar einmal deshalb, weil er gesetzlich nicht gerechtfertigt sei, und sodann, weil die grosse Anzahl der zu erwartenden Theilnehmer ohne Gefährdung ihrer Personen und des Lokals in den Saal, worin Sie die Versammlung nur gestatten wollten, absolut nicht hineinzuzwangen sein würde, und ich die Verantwortung für ein bei der grossen Gemüths-Aufregung der Bevölkerung hierbei gar nicht zu vermeidendes Unheil nicht über mich nehmen wolle. — Ew. Excellenz eröffneten mir hierauf, dass Sie alsdann genöthigt seien, die Versammlung durch Waffengewalt auseinander zu treiben, weil Euer und des kommandirenden Herrn Generals Excellenzen in der Bekanntmachung vom 21. April dieses Jahrs ausdrücklich erklärt haben, dass Sie eine solche Versammlung innerhalb der Stadt Posen unter keinen Umständen zugeben würden. Ich bedauerte meinerseits diese Erklärung und sprach auf die beigefügte Drohung meine Ansicht aus, dass an jenem Tage kein deutscher Soldat sich bereit finden lassen werde, gegen uns Deutsche die Waffen zu gebrauchen und dass für ein solches Kommando eben so wenig Offiziere angetroffen werden dürften. — Wenn Sie, Herr General, die grosse allgemeine Niedergeschlagenheit erwägen wollen, welche sich nach den bejammernswürdigen Barricaden-Kämpfen in Berlin des Heeres und ganz vornehmlich der Offiziere bemächtigt hatte, und wenn Sie ferner sich erinnern möchten, mit welcher Erbitterung und Wuth die Truppen, und zwar nicht blos die Leute, sondern hauptsächlich auch die Führer zu jener Zeit gegen den noch in seiner vollen Thätigkeit begriffenen General von Willisen erfüllt waren, endlich wenn Sie bedenken wollen, dass wir Deutschen in dieser Empörung über den schwachen, falschen Mann vollkommen mit dem Militair übereinstimmten, welches seinerseits uns Dank wusste, dass wir den Kampf gegen den, die Waffenehre blosstellenden General, der vermöge der Subordination ihm versagt war, aufnahmen und glücklich durchführten, wenn Sie alle diese Momente in besonnene, ruhige Ueberlegung ziehen wollen, dann werden Ew. Excellenz sich überzeugen müssen, dass meine obgedachte Ansicht, für welche ich nöthigenfalls auch thatsächliche Beweise liefern kann, keineswegs ohne Grund war. Dass diese Stimmung des Heeres sich jetzt vollständig geändert habe, will ich nicht in Abrede stellen; es ist das die Folge der ehrenvollen Waffenthaten unserer Armee in Schleswig-Holstein, die Wirkung der allgemeinen Erhebung des deutschen Volks seit 2 Monaten, und es liegt zu tief in der Natur des Menschen, dass er, gedemüthigt, in Niedergeschlagenheit fällt, wenn er aber moralischen oder materiellen Rückhalt findet, muthig und voll Selbstbewusstsein das Haupt empor hebt. — Inzwischen wurden Eure Excellenz über jene von mir geführte Rede höchst ungehalten, und verabschiedeten sich von mir in einer Weise, wie sie unserem gegenseitigen Verhältnisse nicht angemessen erachtet werden kann. — Die Volksversammlung habe ich demnächst auf dem Hofe des Odeums abgehalten und keine Störung dabei erfahren. — Euer Excellenz sprachen sodann, wie mir gesagt worden, Ihren Zorn über mich den Offizieren auf der Parade aus, und während man früher mehrfach mit grosser Angelegenheit mich ersuchte, meine Autorität einzusetzen, um Volksaufläufe und Excesse zu unterdrücken, bin ich neuerdings leider wiederholt rücksichtslosen Begegnungen von Offizieren, ja selbst von dem Militair-Oberprediger Niese preisgestellt gewesen, die offenbar nur die Wirkungen von Euer Excellenz Aussprüchen sind. Da gerade ich ganz vornehmlich das Interesse unseres tapferen Heeres vertreten und bewahrt habe, wie solches auch vielen Offizieren genau bekannt ist, so vermag ich jene Rücksichtslosigkeit gegen mich auf keine Weise zu rechtfertigen, wohl aber aus der obgedachten, allgemein menschlichen Schwäche zu erklären. — Ew. Excellenz haben ferner als Rüge für mein erwähntes Verhalten gegen das deutsche Comité den Wunsch ausgesprochen, dass ich nicht wieder in Deputationen zu Ihnen entsendet werden möge, und das Comité ist leider schwach genug gewesen, diesem Wunsche zu entsprechen. Hätte das Comité sich in der Consequenz gehalten, und, wie es namentlich zur Bewahrung meiner Autorität erforderlich war, jenen Ihren Wunsch unberücksichtigt gelassen, so würden wir beide muthmasslich von dieser mir gewiss eben so sehr als Ew. Excellenz unangenehmen Correspondenz geschützt geblieben sein. Ausserdem aber wollen Ew. Excellenz hier erfahren, dass dergleichen exclusive Prätensionen nicht mehr an der Zeit, und dass Sie, keineswegs ausschliesslich im Dienste Sr. Majestät des Königs, sondern nach des Königs eigenem Willen jetzt auch dem Volke verpflichtet, als erster Kommandant der Stadt gehalten sind, dem Führer des Volkes Rede zu stehen, wenn er im Namen des Volkes zu Ihnen zu sprechen hat. Und Sie sind denn dieser Pflicht auch bereits am 3ten dieses Monats nachgekommen, wo ich Angesichts des Volkes Ihnen diejenigen Vorhalte machte, die Ihnen insinuirt werden sollten, und die ich sehr gerne auf Ihrem Zimmer Ihnen vorgetragen haben würde, wenn Sie dem nicht abgeneigt sich erklärt gehabt hätten. — Im Interesse der guten Sache, für die wir beide kämpfen, war es indessen meine Pflicht, den zwischen uns entstandenen Zwiespalt sobald als möglich zu beheben. In diesem Pflichtgefühle wagte ich es daher am 29. April dieses Jahres, auf dem Sapieha-Platze, gewiss sehr demüthig, Sie zu bitten, mir ferner nicht zürnen zu wollen. Sie, Herr General, wiesen jedoch meine Bitte auf eine ganz unwürdige Weise zurück und sprachen wörtlich zu mir: „Sie sind ein Mensch, der immer durchgehet, mit Ihnen ist gar nicht zu verhandeln!" — — Herr General! wenn eine Position, die Sie nehmen wollen, durch ein Quarrée geschützt ist, so müssen Sie durch die Bajonette hindurch gehen; das wird Ihnen gewiss deutlich sein. In meinem Falle nun waren die grosse Besinnungslosigkeit, die Unkenntniss der Verhältnisse und die allgemeine Schlaffheit des Oberpräsidenten von Beurmann, so wie die aller nothwendigen Energie ermangelnde Altersschwäche des kommandirenden Generals von Colomb diejenige Position, die ich zu nehmen mir vorgesetzt hatte; Sie waren das Hinderniss, und Sie werden erkennen, dass ich nothwendig durch Sie hindurch musste, wie ich denn auch insoweit wirklich durchgedrungen bin, dass die so lange verweigerte Bewaffnung der Deutschen theilweise bereits am 4ten dieses Monats noch vor dem Eintreffen des Herrn Generals von Pfuel genehmigt und in's Werk gesetzt wurde. Also das Durchgehen dürfen Sie, der tapfere Soldat, mir, der ich Muth dabei bewiesen, nicht tadeln, ohne mit sich selbst in Widerspruch zu gerathen. Ferner haben Sie, Herr General, am 3ten dieses Monats vor dem versammelten Volke auf barsche Weise mir zugerufen: „Herr, Sie wissen nicht, was Sie sagen!" — Abgesehen davon, dass derjenige, dessen Verstand nicht ausreichen sollte, den Sinn meiner Worte zu begreifen, dadurch noch kein Recht erlangt, mir zu sagen, dass auch ich diesen Sinn nicht begriffen habe; abgesehen davon, dass ich seit 6 Wochen die hiesigen Volksversammlungen geleitet, dabei, besonders im Anfange, oft und viel gesprochen, und so den Beweis geliefert habe, dass ich wohl wissen muss, was ich sage, weil das Volk, wenn ich Unsinn geredet hätte, mir sicherlich nicht gefolgt sein würde; hiervon abgesehen, Herr General, müssen Sie begreifen, dass in Ihren obgedachten Worten, und besonders in der Art, wie sie gesprochen wurden, eine Ehrenkränkung liegt, für die jeder Offizier, wenn er ungerügt sie hinnehmen möchte, zuverlässig vor ein Ehrengericht gestellt werden müsste. Und so will auch ich dieselbe nicht ertragen; wenn ich bisher dazu geschwiegen, so geschah das lediglich, um unserer deutschen Sache durch inneren Hader nicht zu schaden. Jetzt, nachdem der Feind überwunden ist, nachdem wir bereits ein Dankfest gefeiert haben, fällt dieser Grund hinweg, und da die Vermittelungen der von mir deshalb ersuchten Herren, des Obersten von Helldorff und des Generals von Pfuel bei Ihnen keinen Eingang gefunden zu haben scheinen, so begehre ich hierdurch im Namen der Ehre, dass Ew. Excellenz in einer zu veröffentlichenden Weise klar

funden; wenige Tage später, am 26. April, fand eine noch grössere Versammlung von ungefähr 900 Abgesandten aus 16 Kreisen des Landes in Posen statt. In ihr gab eine weit überwuchtende Mehrheit dem Grundsatz einer Abgrenzung zwischen Deutschen und Polen Beifall. Sehr viele Polen verliessen nun die Hauptstadt[1]. In kurzem war in Posen alles so umgeschlagen, dass die Polen klagten, sie könnten sich nicht ohne Gefahr in den Strassen zeigen.

Der Kampf, den die Regierung zu vermeiden trachtete, stand bevor. Die Deutschen, die sich bis jetzt von der Regierung verlassen sahen und über Verrätherei schrieen, die ihre Mittheilungen, welche in Preussen eine richtigere Vorstellung herbeiführen sollten, von den Berliner Zeitungen nicht einmal abgedruckt erhielten, griffen zu den Waffen, zur Abwehr der Polen und bildeten schon Freischaren, um auf eigene Hand den Kampf zu führen[2]. Auch in der angrenzenden Mark Brandenburg scharten sich Männer zusammen, mit der Absicht, den Deutschen in Posen Hülfe zu bringen[3]. In Landsberg und Soldin entstanden Ausschüsse für diesen Zweck[4]. Wenn die Regierung sich nun nicht zum Eingreifen entschloss, fielen die Entscheidungen ohne ihr Zuthun.

In den polnischen Lagern sah man, dass, was man so lange als möglich zu vermeiden gewünscht hatte, der Zusammenstoss mit den Preussen unausweichlich wurde. Am 17. April that der Polenausschuss Einspruch gegen die Zerfällung des Landes in einen deutschen und einen polnischen Theil, wies sie als eine neue Theilung Polens zurück. Krauthofer bezeichnete sie in einer öffentlichen Verwahrung am 26. April als die siebente Theilung. Die Wahlen zu den gesetzgebenden Körpern, welche bevorstanden, mühten die Polen sich dahin zu wenden, dass weder zu einem Parlamente nach Frankfurt, noch nach Berlin eine Absendung erfolge, „sondern wir müssen darauf bestehen, dass unsere Deputirten einen Landtag für das Grossherzogthum bilden (sagt ihr Ausschuss[5]), welcher zum Gegenstande die besondere Konstitution unseres Landes haben wird.“ Die Wahlen selber waren nicht zu hintertreiben. Gab es für diese polnische Partei eine Aussicht, sich im Lande mit genugsamer Stärke zu behaupten, so musste der Kampf zu einem Glaubenskrieg gestempelt werden. Nicht genug wirkte die Verheissung, dass alle Standesunterschiede aufgehoben und die Abgaben vermindert werden sollten. Denn mit dem polnischen Adel ging keineswegs allerorten der gemeine Mann: die alten Erinnerungen hafteten so tief, dass in manchen Gegenden die Polen selber sehr dringend die Fortdauer der preussischen Herrschaft begehrten, dass

---

und bündig mir bekennen, dass Sie gegen mich sich übereilt haben und diese Uebereilung bereuen. Sollten Sie mir diese Erklärung binnen 3 Tagen nicht geben, so bietet die jetzt gestattete Publicität ein ganz einfaches und sicheres Mittel, durch öffentliche Darlegung dieser Angelegenheit gegen Sie diejenige Genugthuung mir zu beschaffen, deren ich mit Nothwendigkeit bedarf. — Jeder, der dem öffentlichen Leben sich hingibt, muss früh oder spät darauf gefasst sein, abgenutzt und bei Seite geschoben zu werden. Um diesem allgemeinen Schicksale, insbesondere aber, um den Widerwärtigkeiten, welche Ew. Excellenz und Ihre Untergebenen mir bereiten konnten, vorläufig noch zu entgehen, trete ich jetzt, da der Nothstand hier im Orte überwunden, aus der öffentlichen Stellung, die ich seit 6 Wochen hier einnahm, freiwillig zurück. Ich habe aufgehört, Mitglied des Comités zu sein, an dessen Schwäche ich mich nicht mehr betheiligen kann, und ich werde heute zum letzten Male als Ordner der Volksversammlung wirken, die, wie Herr Graffunder mich benachrichtigt hat, Ew. Excellenz Missfallen erregt, und in Gefahr steht, von Ihnen beseitigt zu werden. Aber nachdem ich allein, als alle übrigen Gewalten und Autoritäten erschlafft und machtlos geworden, die Volksmasse hier am Orte concentrirt und dergestalt geregelt habe, dass keine Stadt in der Monarchie von gleicher Bevölkerung einer gleichen Ruhe und Ordnung sich rühmen kann, nachdem ich das starke Hervortreten der sittlichen Kraft, des besonnenen Muthes aus dem Volke vermittelt und zu allgemeinem Bewusstsein gebracht habe, diese ewigen, sichersten Träger der Ordnung und des Gesetzes, vor denen alle Polizei-Schergen und alle Militair-Macht bei etwanigem Conflikte nothwendig zurückweichen müssen, nachdem ich damit den schwachköpfigen und mattherzigen Bürokraten, — und auch Ihnen, Herr General, mit vollstem Bewusstsein dessen, was ich that, eine grosse ewige Lehre ertheilt habe, die, wohl begriffen und befolgt, in Zukunft unberechenbaren Segen bringen kann, hiernach will ich nicht mit solchen Schulknaben-Lectionen abtreten, wie Sie sie mir zu ertheilen gewagt haben, und ich bin sehr gewiss, dass, wenn ich dieses Schreiben der Oeffentlichkeit übergebe, Jedermann leicht und deutlich erkennen wird, wer von uns beiden hier der Lehrer und wer der Schüler war. — Genehmigen Sie, Herr General, — wenn Sie hiernach dessen noch fähig sind, dass ein treuer und ehrliebender Mann mit aufrichtiger Verehrung und Ergebenheit sich unterzeichnet als Euer Excellenz gehorsamer Diener Freiherr Kolbe von Schreeb.“

1) „Selbst polnische Bürger waren wenig sichtbar, nur polnische zerlumpte Bettler schlichen auf den Strassen umher. Aber die deutsche Bevölkerung Posens zeigte ebenfalls kein heiteres Bild. Der fleissige Handwerker und Kaufmann sah seine Werkstatten und Läden leer, der Handwerker musste feiern, weil keine Bestellungen eingingen.“ L. v. J. S. 161. 162 2) Voigts Rhetz S. 24. 3) Denkschrift über die Ereignisse im Grossherzogthum Posen seit dem 20. März 1848. Aus den Akten des Ministeriums des Innern. S. 52 53. 4) Deutsches Konstitutionelles Blatt für das Grossherzogthum vom 9. Mai Nr. 19 S. 75. Unter meinen Flugblättern ist auch eines von 40 „Bewohnern der an Preussen, die Mark und Schlesien abgetretenen Kreise des Grossherzogthums Posen,“ welches die Preussen, Märker, Schlesier und Pommern auffordert, „ihre kräftigen Arme zu bewaffnen, damit der Pole den freien Deutschen nicht knechte, und ihre Stimme erschallen zu lassen, damit Deutschland erfahre, wie es opfert unzeitigen Sympathien seine deutschen Brüder.“ 5) Das polnische Centralcomité an die polnischen Kreiscomités, Posen 15. April, gebot in den Listen die Bezeichnung „preussische Unterthanen“ oder „Preussen“ nicht zu dulden, und die Wahlen „nur auf Polen allein“ zu richten.

an einigen sogar das Landvolk sich wider den Edelmann erhob. Polnische Männer begehrten vom Ausschusse der Deutschen in Posen Schutz! Also musste die Wuth der Frömmigkeit entflammt werden, auf dass jeder gute Katholik gegen seinen evangelischen Bruder losstürze. Das Volk musste mit dem Wahne getränkt werden, dass es für seine Kirche einzutreten habe. So geschah es. Von Anfang an hatte man diese Wendung genommen, jetzt ward diese Beschaffenheit des Krieges vorangestellt. Die Geistlichkeit ward in Bewegung gesetzt, und dem unwissenden Landvolk vorgespiegelt, es solle den Polen ihr Glaube gewaltsam entrissen werden, der heilige Vater selbst rufe sie zu den Waffen[1]. Mit den Kirchenglocken wurden die Sturmzeichen gegeben. Den zerstörenden Strom einer glühenden Masse konnte man mit diesem Mittel über die Häupter der Deutschen wälzen. Grosse Gräuel wurden von den rohen Gläubigen verübt.

Indessen suchte diese Partei die Vortheile, welche ihr die mit Willisen getroffene Uebereinkunft gewährte, auszunutzen. An den vorgeschriebenen Orten wurden die Mannschaften entlassen, an andern Stellen sogleich wieder gesammelt. In den verschanzten Polenlagern hörte man Vermaledeiungen und Drohungen gegen die Deutschen und jenes wüthige Lied, welches mit der Versicherung anhebt: „So lange wird sein die Welt eine Welt, der Pole zum Deutschen nie als Bruder sich gesellt[2]". Aus Galizien und russisch Polen waren Haufen herbeigezogen[3]. Schon war übrigens eine Wildheit eingerissen, vor der den Bewegungsmännern die Zügel fast entfielen. Klagten sie: oft hätten sie mehr gehorchen müssen, als befehlen können, klagten sie: Ausschreitungen kämen vor, weil sie dieselben zu verhindern ausser Stand seien, so hat dies in Wahrheit sich also verhalten. Die Mordthaten beim Abzug aus Wreschen, dem Hauptheerd der Bewegung, in Tschemeschno und Buk, und andere Gräuel, welche gegen ihren Willen den Zusammenstoss mit der preussischen Kriegsmacht beschleunigten, sind nicht ihre Schuld, ausser inwieweit sie das Loslassen der Rohheit und der Wuth zu verantworten haben. Misstrauisch beobachteten die Soldaten ihr Verhalten; die Landwehr namentlich wollte Gewalt brauchen. Die Polen räumten nun Schrodda, Pleschen, Wreschen, Tschemeschno und zogen nach Neustadt an der Warthe, Adelnau und Raschkow, sie standen in Koschmin, Gostin, Jarotschin, Scherkow, auch in Buk, Grätz, Kschonz, Miloslaw[4]; im Halbkreis umzog sie das preussische Heer. Die Feindschaft war offen und bald hiess es auf beiden Seiten: die Uebereinkunft sei vom andern Theile verletzt. Der leitende Ausschuss forderte Mieroslawski auf, seine Streiter nicht aufzulösen, und Mieroslawski erklärte am 19. April aus dem Lager zu Miloslaw: dass das polnische Volk durch die bisherigen Zugeständnisse nicht befriedigt sei, dass er die Uebereinkunft mit Willisen für gebrochen erachte. Auf beiden Seiten waren die einzusetzenden Kräfte nicht an einem Punkte vereinigt: in einem weiten Bereiche wurde vielmehr bald an vielen Orten, aber überall mit kleinen Mengen, jedoch mit grösstem Grimm gekämpft. An jenem 19ten fand eine Abtheilung preussischer Truppen die Eingänge Gostins verrammelt und drang fechtend in die Stadt; am 22ten, an welchem Tage die Preussen an mehreren Stellen angegriffen wurden, ward Koschmin, dann am 26ten Raschkow, am 28ten Grätz, am 29ten Kschonz von ihnen kämpfend genommen. Aber am 30. April wurde der preussische Heerführer von Blumen bei Miloslaw von Mieroslawski geschlagen und musste Miloslaw, nachdem er es schon eingenommen hatte, wiederum räumen. Mieroslawski wendete sich mit einem Haufen, dessen Stärke Einige auf 5000, nicht minder Glaubwürdige auf 20000 Mann angeben, nordwärts, schlug am 2. Mai bei Wreschen in einem überaus mörderischen Gefechte den preussischen Heerführer von Hirschfeld.

Während des Kampfes war alles auf's äusserste gespannt. Beide Parteien rüsteten sich mit erhöhter Anstrengung. Urwähler der Stadt Posen unterzeichneten am 29. April eine Verwahrung an das Parlament gegen das „gewaltsame Ketten" der Stadt und des Landes an den deutschen Bund[5]. Krauthofer, der

1) Antwort des deutschen Nationalcomités (vom 20. April) auf die Denkschrift des polnischen Nationalcomités an den General Willisen. 2) Póki świat będzie światem, Polak i Niemiec nie będzie bratem. 3) Handschriftlicher Aufsatz eines Schneidemühlers. 4) Koscielski, Wiederlegung der officiellen Bekanntmachung des General von Colomb, den Bruch der Convention vom 11. April betreffend. S. 4, 5. 5) Abgedruckt in der Zeitung des Grossherzogthums Posen vom 1. Juni. Nr. 126. Sie trug „3580 Unterschriften der polnischen Urwähler und wird bemerkt, dass ausser diesen diejenigen, welche bei den polnischen Cadres, bei der Landwehr, bei den Linientruppen-Abtheilungen sich befanden, sowie diejenigen, welche haufenweise verhaftet, desgleichen, welche durch den militärischen Terrorismus verhindert worden sind, nicht haben mitzeichnen können." An Venedey wurde dieses Schriftstück sogar mit 3757 Unterschriften geschickt. Am 4. Juni reichte ferner die Minderheit der Stadtverordneten Posens eine Gegenvorstellung ein und berief sich auf 3580 Unterzeichner. Die Gesammtzahl der Urwähler der Hauptstadt betrug

Gutsbesitzer Wilczynski und Franz Maciejowski standen an der Spitze der Partizanka und verbreiteten Erlasse Namens der polnischen Republik. Sie fertigten preussischen Behörden Befehle zu, deren Vollstreckung unter das Vehmgericht des Partisanenkorps' gestellt sein sollte[1]. Andererseits bildete sich in Meseritz ein Centralausschuss für den Westgürtel am 26. April. Bojanowe, Fraustadt, Sarne, Punitz, Birnbaum, Blesen, Kachme, Schwerin, Zirke, Betsche, Brätz, Bentschen, Tirschtiegel, Bomst, Karge, Kiebel, Kopnitz, Rothenburg, sowie ein Theil des Kröbener Kreises waren in ihm vertreten. So schlossen die Deutschen an verschiedenen Stellen in gleicher Gesinnung sich aneinander. Die beiden Siege Mieroslawski's machten starken Eindruck. Das Feuer der Polen loderte hoch auf, die Deutschen erfasste gesteigerte Besorgniss. Unter solchen Umständen schien die Hauptstadt um so mehr gefährdet, da die Festung schwach besetzt war und die Polen in der Stadt Waffen in den Händen hatten. Der Platzbefehliger Steinäcker erliess deshalb den Befehl, dass jedermann die Waffen abliefere. Ein Theil der Polen und der Deutschen händigte sie aus. In Gefahr eines Ueberfalls schwebend, begehrten aber die Deutschen nicht nur die Waffen zurück, sondern auch bessere Bewaffnung, als sie bisher gehabt hatten. Mitglieder des deutschen Comités, Naumann und Poppe, liefen hin und her, um diese zu erlangen, zum Oberpräsidenten, zur Generalkommandantur, zum Platzkommando: umsonst, Steinäcker schlug nicht nur ab, Waffen aus den Zeughäusern zu geben, sondern blieb bei der von ihm gebotenen Aufhebung der Bürgerwehr stehen. Am Abend des 2. Mai's war nichts erreicht. Da ertrotzte die Volksversammlung am 3. Mai die Herausgabe von Waffen[2], am 4. Mai wurden den deutschen Bürgern Posens 3600 Gewehre verabfolgt. Unmittelbar darauf wurde am 6. Mai abermals die Abgabe aller Waffen geboten, am 7. Mai wurden sie den Bürgern wieder zurückgegeben. Die Deutschen waren empört darüber, dass polnische Anführer nach Gefechten unbehelligt in der Stadt Posen erschienen, um ihren Geschäften nachzugehen, und nach deren Besorgung wieder in ihr Lager eilen durften. Gar mancher Geplünderte erkannte seine Räuber wieder — und die Behörden blieben müssig. Grenzenlos aber war die Wuth, als aus Buk die Wagen mit den Verstümmelten ankamen. „Es gab freche Naturen unter den Polen, die noch höhnten[3]." Da verlangten Manche, dass alle Polen aus der Stadt vertrieben würden. Uebrigens blieb man auf der Hut, eines Ueberfalls gewärtig, verbarrikadirte die Stadt und schritt nun zur Festnahme bekannter Polenführer, wie Stefanki's, auf den sich am 5. Mai das wüthende Volk stürzte, so dass Schreeb vor dem Ein-

---

nach den Listen 8286 und darunter befanden sich nur 2831 Polen, so dass Zweifel an der Richtigkeit der Unterschriften berechtigt sind.

1) Wörtlich aus einem solchen in der Deutschen allgemeinen Zeitung 1848, Nr. 132 vom 11. Mai abgedruckten Befehle. Schreeb bekam am 7. Mai ein Todesurtheil zugefertigt. 2) Die Volksversammlung in Posen fand um 7 Uhr Morgens statt und wurde ausserordentlich stark besucht. Schreeb benachrichtigte von Steinäcker's Abweisung. Der stellvertretende Ordner von Hassenkrug stellte auf seine Veranstaltung den Antrag. „Da er nicht mit uns verhandeln will, lassen wir ihn zu uns kommen." Ja, rief die Versammlung. Schreeb forderte hierauf Freiwillige aus ihrer Mitte, die zu ihm gehen, ihm mittheilen: dass das Volk ihn sprechen wolle, die ihn fragen sollten: ob das Volk zu ihm kommen solle, oder ob er die Gnade haben wolle in der Versammlung zu erscheinen. Demnächst begehrt Schreeb, dass wenn Steinäcker komme, nur er allein, Schreeb, das Wort führe, keiner sonst spreche, niemand ihn grüsse. So ward's genehmigt. Nach einer Weile stellte sich Steinäcker mit glänzendem Gefolge ein, in dem bekannten preussischen Offizierstone zweimal guten Morgen bietend. Alles blieb still. Schreeb lud ihn neben sich auf die Bühne des Vorstands, auf welcher das schwarz-roth-goldne Banner wehte, und erst als Steinäcker dahin gefolgt war, brachte ihm Schreeb als Begrüssung ein Hoch aus. Nun ergriff Steinäcker das Wort, forderte auf, ihm, der für die Sicherheit wachen werde, zu vertrauen; es zielte seine Rede gegen Schreeb. Da unterbrach ihn dieser mit der Anzeige, „dass er im Auftrage des hier versammelten Volkes Waffen zu verlangen habe; und ihn bitte, sie zu geben." „„Das werde ich nicht, ich werde euch auch noch eure Waffen nehmen,"" war Steinäcker's Antwort. Kaltblütig entgegnete Schreeb: „das wäre barbarisch, denn wir müssen uns wehren können; übrigens sind die Waffen, welche in den Zeughäusern liegen, für unser Geld angeschafft worden und wir haben ein Recht sie zu verlangen." „„Wenn ich euch Waffen gebe, erwiderte Steinäcker, so muss ich auch den Polen Waffen geben, denn diese haben auf sie dasselbe Recht."" Da sei doch ein Unterschied, antwortete der Ordner, weil jene Aufständische, wir getreue Staatsbürger sind; ohnehin sei des Königs Wille, dass überflüssige Waffen verabfolgt würden. „Wir sind schon zum Theil bewaffnet," rief er und schlug an seinen Säbel, „ohne Kampf bekommt keiner unsere Waffen." Hierauf wendete sich Steinäcker zum zweitenmale an die Versammlung mit einer Schreeb angreifenden und verdächtigenden Rede. Schreeb liess ihn diessmal ausreden, aber als er geendet hatte, frug er die Versammlung kurz: „ist dies wahr?" Nein! Nein! scholl es von allen Seiten. Da war Steinäcker erschöpft, brach zusammen und liess sich von seinen Adjutanten fortführen. Mehrere Mitglieder begaben sich darauf in die Kommandantur und die Waffen, die sonst vielleicht genommen worden wären, wurden verabfolgt — wonach die, das reine Gegentheil enthaltende, unwahre Erzählung L. v. J.'s S. 122. 125, derzufolge Steinäcker am 3. Mai die Bürgerwehr aufgelöst und ihr 500 Gewehre abgenommen haben soll, zu berichtigen ist. Eine dritte Darstellung des Hergangs gibt der unverkennbar nach Rücksichten zubereitete Bericht vom Deutschen constitutionellen Blatt des Grossherzogthums. Wenn man den am selben Tage herausgegebenen gebieterischen, scheltenden Erlass Steinäcker's, in welchem „die Bürgergarde für jetzt aufgehoben" erklärt und Ablieferung der Gewehre befohlen wird, in der Posener Zeitung vom 4. Mai gelesen hat und dazu hält, dass am 4. und 5. Mai Steinäcker Gewehre an die Bürger herausgibt, so kann man nicht zweifeln, dass dazwischen heftige Auftritte vorgefallen sein müssen, und dass die Redactoren des constitutionellen Blattes einen nicht wahrheitsgemässen Bericht zurecht gemacht haben. 3) Brief aus Posen vom 6. Mai in der deutschen allgemeinen Zeitung, Nr. 132.

treffen der ihn abführenden Soldaten, um seine Person zu beschützen, drohen musste, die Bürgerwehr schiessen zu lassen. Die Besorgnisse jener Tage gingen schnell vorüber, weil die Uebermacht der preussischen Soldaten im Felde sehr bald eine weitere Wendung herbeiführte.

An mehreren Orten fielen Gefechte vor, aber fast allenthalben unterlagen nun die Polen. Ihr zweimaliger Angriff auf Schrimm wurde am 6. Mai abgeschlagen, ihr Versuch, Exin zu überrumpeln, verunglückte. Rogalin, wo Krauthofer mit den Partisanen lagerte, die 4 Kanonen führten, fiel am 8. Mai vor den Preussen. Mieroslawski setzte nach seinem Siege seinen Zug bis Mogilno fort; aber unterdessen vereinigte Wedell bei Gnesen 12000 eingeübte Soldaten mit 15 Geschützen und schnitt ihn vom Süden ab. Mieroslawski sah sich zudem unvermögend seine zuchtlosen Haufen in Banden zu halten. Er begriff, dass er besiegt war, und legte den Oberfehl in die Hände des Obersten Brzezanski, der am 7. Mai Waffenstillstand begehrte und nachdem dieser abgeschlagen worden, am 9. Mai zur Niederlegung der Waffen (in der Capitulation zu Bardo) sich verband. Mieroslawski und Brzezanski suchten vor ihren eigenen Leuten Schutz im preussischen Lager. Am Abend noch zerstreueten sich die Polen und am folgenden Tage erschienen zum Waffenstrecken — 35 Mann! Nach diesem Schlage zerstoben die polnischen Haufen, verschwanden die polnischen Ausschüsse, jedoch geraume Zeit verlief noch, bevor die andern Ansammlungen polnischer Parteigänger überwunden und die Umzügler allmälig entwaffnet waren, denn die Aufständischen führten ohne Zusammenhang und eigentliche Leitung den Krieg so lange fort, als es anging. Sie zerstreuten sich in die Waldungen, wichen den Truppen aus, überfielen Dörfer und Städte. Kleine Banden trieben sich umher; die bedrohten Städte riefen die deutschen Ausschüsse um Hülfe an. Beinahe jede Stadt musste zu ihrer Sicherheit mit Truppen belegt werden. Nunmehr ward auf die der Betheiligung am Aufstande Verdächtigen gefahndet. Den ganzen Mai hindurch währte noch der kleine Krieg. Bei Kurnik kam es noch zu einem starken Zusammenstoss. Im Netzbruch rottete sich eine wilde Bande von Deutschen, die „Netzbrüder“, zusammen, die gegen die Polen auszog und in der Erbitterung über die von diesen verübten Gräuel, Gleiches mit Gleichem vergeltend, in roher Zügellosigkeit grausam gegen sie wüthete. Die Hälfte der Landwehr konnte im Juni nach Hause geschickt werden, Mieroslawski u. a. wurden freigegeben, den Polen vom Könige am 9. Oktober Straflosigkeit und Verzeihung angekündigt.

Gleichzeitig mit dem blutigen Zusammenstoss hatte die deutsche Bundesversammlung am 22. April den grössten Theil des Netzdistriktes, dann die Kreise Birnbaum, Meseritz, Bomst und Fraustadt, sowie die Städte Kröben, Rawitsch und Jutroschin, zusammen ein Land von 600000 Menschen bewohnt, und weiter am 2. Mai Stadt und Festung Posen nebst dem Gebiete, welches deren Verbindung mit Deutschland herstellt, den Kreis Samter, den Rest des Buker Kreises, Theile der Kreise Obornik, Kröben, Krotoschin und die Stadt Kempen, 273500 Menschen, in den deutschen Bund aufgenommen und das Ministerum Preussens (am 1. Mai) den Heerführer des Fussvolks von Pfuel zum königlichen Beauftragten für die Reorganisation mit ausgedehnten Vollmachten ernannt. Wegen der Aufnahme in den deutschen Bund beging Posen am 11. Mai eine Festfeier und am selben Tage sprach „das deutsche Central-Nationalcomité“ die Polen an: „Polnische Mitbürger! Der deutsche Bürger hier pflanzt heut das Banner seines Landes auf. In diesem feierlichen Augenblicke reicht euch der freie deutsche Mann nochmals die Hand zum friedlichen Einvernehmen. Unter dem Schutze deutscher Freiheit soll die eurige erblühen. Der freie Pole soll frei neben uns stehen und mit uns die Vortheile unserer Verfassung geniessen. Möge der Geist des Vertrauens in eurer Seele Platz gewinnen, wie wir ihn in unsern deutschen Mitbürgern anzuregen kräftig bemüht sein werden.“ — Pfuel wäre auf seiner Reise beinahe von Sensenmännern bei Pinne aufgehoben worden; er langte am 4. Mai in der Hauptstadt an, verhängte am 5. Mai „das Martialgesetz“ über das ganze Land, — es bestand bis zum 10. Juni — und machte am 12. Mai eine „provisorische Demarkationslinie“ bekannt: allein während vielseitiger Widerspruch solcher, die in den polnischen Theil einbegriffen werden sollten, erfolgte, von Einzelnen wie von Gemeinden, mochten auch die Polen auf die Zerspaltung des Landes sich schlechterdings nicht einlassen; 3 Polen, denen hintereinander die Oberpräsidentur des polnischen Posen angeboten wurde[1], wiesen selbige zurück.

Die Erhebung der Deutschen im Lande hatte, wie wir erzählt haben, das von der preussischen

1) Dr. von Kraszewski, Graf Potworowski, Graf M. Mieżynski.

Staatsregierung bereits angebahnte Zurücktreten des ganzen Landes in's Polenthum verhindert; am kräftigen Hervortreten des deutschen Bewusstseins war das andrängende Polenthum gescheitert und als Ergebniss des Streites stellte sich heraus, in schroffem Gegensatz zu den Bestrebungen der Polen: staatsrechtliche Einigung der grösseren Landeshälfte mit dem deutschen Reiche, die sich vollzog. Die Städte waren die Mittelpunkte dieser Bewegung gewesen, welche zu Deutschland heranführte und die kurzsichtigen Lenker des Staates auf den einzig richtigen Weg schob. Die Wahlen zur deutschen verfassunggebenden Versammlung in Frankfurt am Main und zu den preussischen Ständen nach Berlin, welche demnächst folgenschwer werden mussten, wurden von den Deutschen mit Eifer ergriffen, von den Polen nach Kräften verhindert. Auch hierbei war in der Hauptstadt, deren Rath mehr mit den Polen als mit den Deutschen es zu halten schien[1], gar nachdrückliches Eindrängen auf den Oberbürgermeister nothwendig, damit, nachdem vorwiegend Polen als Wahlkommissare aufgestellt worden waren, genauere Wählerlisten herausgegeben wurden. Was aber auch auswärts beschlossen werden mochte, im posener Lande selbst war schon die wahre Entscheidung gefallen. Nachdem nunmehr die Oberhand des deutschen Bestandtheiles ausser Zweifel war, veränderte sich der innere Zustand und trat nach und nach in die vorige Lage zurück. Hatte bisher neben der Wahrung des Deutschthums die freiheitliche Entwickelung des deutschen Lebens im Vordergrunde gestanden, so tauchte jetzt das alte Preussenthum (oder wie man sich gegenwärtig ausdrückt: das specifische Preussenthum) mit grosser Stärke auf. Die Umstände erforderten nicht weiter entschlossenes Durchgreifen. Diejenigen Männer, die dem Sturme geboten, fielen nunmehr lästig. Ihre Entschiedenheit passte nicht zu dem schwächlicheren Gange, der jetzt eintrat und den — freilich unbeabsichtigten — Uebergang zum Sturz in die Reaktion bildete. Im deutschen Centralcomité Posens sassen gar viele Halbe, die es recht gut meinten, aber stets mit dem Strome trieben und überall mit Vermittlungen auszureichen vermeinten; in ihm wogen die Beamten vor und diesen fiel als schrift- und redefertigen und geschäftskundigen Männern die Leitung zu. Das Einvernehmen mit den Behörden war ihr Augenmerk. Dem Comité zur Seite bewegte sich ein konstitutioneller Klub, in dem dieselben Männer thätig waren. Ausdruck dieser Richtung war das Deutsche konstitutionelle Blatt, welches als Beilage der Zeitung erschien. Schreeb's nachdrückliches Auftreten dünkte zu schroff; erst umging man, dann beseitigte man ihn. Im Volke verlor er Anhang, nachdem er wiederholt hereingebrachte gefangene Polen geschützt hatte. Die Partei des Preussenthums endlich widerstrebte ihm als dem Vertreter freiheitlicher Forderungen. Steinäcker verbat sich ausdrücklich den Verkehr mit ihm; jeden andern möge man an ihn senden; das Comité bequemte sich dieser Forderung. Von der Wahlliste entfernte man Schreeb's Namen, weil er in Disciplinaruntersuchung sich befinde. Am 8. Mai trat man im Comité so gegen Schreeb auf, dass dieser seinen Austritt erklärte. Nach der Abgabe von Waffen und sogar Kleidungen aus dem Zeughause erfolgte innerhalb der Bürgerwehr die Errichtung einer Freischar von 800 eingekleideten Männern[2], die in strammer Zucht gehalten werden sollten; zu ihrer Führung wollte man einen Landwehroffizier. Als solcher ward das Ausschussmitglied Assessor Herzberg ersehen und dieser am 9. Mai zum Obmann der gesammten Bürgerwehr gewählt. Der am 5. April dem Ordner Schreeb zur Leitung der Volksversammlungen beigegebene „Viceordner", von Hassenkrug, der über das theure Brod und Bier und die Thorsperre schwätzte, griff in Schreeb's Befugnisse ein und hatte bei Zerwürfnissen den Ausschuss auf seiner Seite. Am 9. Mai beantragte nun Dr. Hepke, da man ja das Comité habe, Volksversammlung hinfort nur einmal wöchentlich zu halten; es ward angenommen. Gleich darauf beruft Hassenkrug im Einverständniss mit Hepke, Dazur und Barth, ohngeachtet des Widerspruches von Schreeb, eine ausserordentliche Volksversammlung auf den 13. Mai, und als am 14. in der regelmässigen Volksversammlung Schreeb dessen eigenmächtiges Verfahren zur Sprache bringen will, lässt Barth (dem er den Vorsitz übergeben) ihn nicht reden. Sogleich trat Schreeb vom Ordneramte zurück. Der Herabstimmung im Mittelpunkte der deutschen Bewegung ging das Wiederaufleben des alten Staatsorganismus zur Seite[3]. Pfuel's Befehl

1) Der Bericht über die Volksversammlung in Posen am 28. April enthält z. B. folgendes: Herzberg sagt in seiner Rede: „Ich frage, vertrauen wir dem Magistrat?" Der Redner ward durch ein unwillkürlich zu nennendes Nein! der Versammlung unterbrochen. Er verbat sich dergleichen Unterbrechungen. 2) Sie trugen die Uniform des 19. Regimentes und am Hut das schwarz-roth-goldne Abzeichen, ihre Zugführer eine deutsche Schärpe. 3) Diese ganze Erzählung der das Geschick des posener Landes und seiner Städte bestimmenden Hergänge in der ersten Hälfte des Jahres 1848 wird hie und da Anstoss geben. Der Geschicht-

am 12. Mai, dass die Bürgerwehren in allen Städten „nur unter Aufsicht und Verantwortlichkeit (!) der Ortsbehörden“ bestehen sollten, bezeichnet deutlich die eintretende Wendung. Theils ergriffen die Be-

---

schreiber hat sich durch das Urtheil seiner Zeitgenossen nicht beirren zu lassen, hat nicht zu fragen, ob seine Darstellung ihnen gefalle oder missfalle. Der Nachwelt allein steht das wahre Urtheil über seinen Werth oder Unwerth zu. Wie rasch auch das Papier, das seine Worte trägt, vermodere und zerfalle: er muss in dem Bewusstsein reden, dass er für die Ewigkeit schreibt. Allerdings ist er Rechenschaft über die Unterlagen, aus denen er seine Auffassung sich gebildet hat, schuldig. Desshalb unterlasse ich nicht anzugeben, dass ich während der Ereignisse selbst ihnen, wenn auch in der Ferne, mit Aufmerksamkeit gefolgt bin, wie ich denn auch die posener Zeitung hielt, und dass ich mit manchen Personen dieses Landes in Verkehr gestanden habe. Zeitungen und Flugblätter jener Tage, beinahe sämmtliche Schriften, welche über diese Ereignisse in deutscher Sprache herausgekommen sind und ein Stoss ungedruckter Nachrichten von verschiedenen Verfassern lagen mir vor. Aus diesem reichen Vorrathe wurde nur Weniges ausdrücklich angeführt. Da ich selbst beinahe ein Vierteljahrhundert an dem politischen Getreibe mich betheiligte, da ich manche schwere Kämpfe durchgemacht habe und in höchst verschiedene Lagen gerathen bin, so ist meine Beurtheilung von Hergängen und Berichten eine andere, als wie sie seitens solcher stattfinden mag, die Umwälzungszeiten nur aus Büchern oder nach der Aussenseite kennen. Mitunter lese ich etwas ganz anderes heraus, als was der Neuling gedruckt vor sich schaut. Was da gedruckt steht, sagt sehr oft noch mehr, als was es sagen will. Ich sehe zu, ob eine nicht ausgesprochene Absicht sich merken lässt, welche Gesinnung, welcher Charakter in den Auslassungen sich ausdrückt. Hinsichtlich des Verhältnisses der deutschen Bewegung zur Regierung und des Verhaltens der Regierung lauten alle gleichzeitigen Berichte ausnahmslos so, dass die Regierung in Posen so gut wie erloschen war, dass alle hohe Beamten die Zügel verloren hatten; die bromberger Regierung behauptete jedoch eine Wirksamkeit. Sie ging mit der deutschen Bevölkerung Hand in Hand, wogegen die posener von den dortigen Deutschen geschoben werden musste. Mein Urtheil über das deutsche Comité in Posen hat sich so, wie ich es ausgedrückt habe, nach der Erwägung der Hergänge und nach den Berichten über die Verhandlungen in den Volksversammlungen und dem konstitutionellen Klub gestaltet. Diejenige Art, welche man nachmals die gothanische genannt hat, wird in demselben an den meisten hervortretenden Mitgliedern erkennbar. Die Rührigkeit, womit es beflissen war, die in Deutschland über das Deutschthum in Posen verbreiteten Vorurtheile zu zerstreuen, und die Umsicht, mit der es die Folge derselben, die schädliche Einwirkung von aussen, abzuwenden sich bemühte, verdient volle Anerkennung. Gymnasialdirektor Kiessling war um die Mitte des Maies Vorsitzender des Comités. Voreingenommen zu sein gegen diesen Verein habe ich um so weniger Veranlassung, da ich die Ehre hatte, eine Dankadresse v. 18. Aug. von ihm zu empfangen. — Schreeb endlich, der als der bewegende Volksmann hervorgetreten war, hatte sich wiederholt den Ausschreitungen des Volkes entgegengestemmt. Er hatte am 2. Mai, als die Bürger im Begriff standen, den Polizeirath Hirsch zu misshandeln, sich desselben angenommen; am 9. Mai, um den in ein Haus geborgenen Stefanski bis zu seiner Abführung durch die Soldaten zu retten, dem rasenden Haufen drohen müssen, auf ihn schiessen zu lassen; er hatte am 10. Mai andere Gefangene in Schutz genommen, am 12. Mai den gebunden eingebrachten Schlosser Lipinski, in dem ein Jude aus Buk den Mörder seines greisen Vaters erkannte, vor dem Zerrissenwerden behütet, indem er auf den Wagen sprang, den Lipinski niederduckte und mit Lebensgefahr die wüthend Eindringenden abwehrte (Rostocker Zeitung 1848, Nr. 93, vom 18. Mai). Natürlich entfremdete er sich dadurch, in der entsetzlich aufgeregten Zeit, viele. Dazu wirkte das Comité gegen ihn. Am 13. Mai kamen 2 von der berliner Versammlung unter den Zelten nach Posen Gesandte, Löwissohn und Korn, von denen ersterer durch seine in Berlin gehaltenen Reden die Deutschen Posens schwer verletzt und gereizt hatte, und wollten in einer Volksversammlung auftreten. Dass dergleichen Einmengung nur verwirre und zu Unruhen führe befürchtend, schlug Schreeb ihr Gesuch ab und verlangte vom Polizeidirektor von Motz die Entfernung der beiden Gesellen. Sie aber gewannen für sich mehrere Comitémitglieder, welche diese Gelegenheit ergriffen, Schreeb das Heft aus den Händen zu nehmen. Diese bestimmten den Polizeidirektor jene in Posen zu lassen, und vermochten den Viceordner von Hassenkrug, die Volksversammlung dennoch auszuschreiben. Dazur, Suttinger, Jaffé, Kaatz schrieben an Schreeb: „er möge doch nicht aus blos persönlichen Rücksichten den ersten Zwiespalt in der deutschen Sache herbeiführen.“ Schreeb versuchte die Versammlung noch zu hintertreiben. „Leute, geht wieder nach Haus, es soll heute keine Volksversammlung sein,“ sagte er, und drang nicht durch. Sie fand statt. Die Verhandlung war heftig; die beiden Berliner reizten und wurden gebührend angelassen. Die Wuth gegen sie stieg darauf so, dass Steinäcker sie schützen und aus der Stadt fortschaffen musste. Den Vorgang der hiernach am 14. Mai gehaltenen Volksversammlung theilt das Deutsche konstitutionelle Blatt vom 20. Mai in nachfolgender Weise mit, die jeden in den Stand setzt zu urtheilen, auch wenn er nicht weiss, dass die Berichte vom Comité gemacht wurden und dass die Zeitung für das Grossherzogthum Posen vom 21. Mai, S. 680, eine Erklärung Schreeb's enthält, welche unter Berufung „auf das Zeugniss aller derjenigen Ehrenmänner“, die in „den bezeichneten Volksversammlungen zugegen waren“, mit einer Stelle aus Shakespeare die Wahrhaftigkeit jener Berichte schneidend angreift. Der ganze hierher gehörige Theil dieses Berichtes besagt: „H. v. Schreeb: Meine Herren! Ordnung regiert die Welt — so lautet ein altes Sprüchwort der Deutschen. Sie haben mich zum Ordner für unsere Volksversammlung erwählt; ich stehe hier, um die Ordnung aufrecht zu erhalten, und ich allein kann gesetzlich Volksversammlungen ausschreiben, und wenn gestern sich ein Mann unterstanden hat, eine Versammlung hierher zu berufen, so hat derselbe ungesetzlich gehandelt und sich ein Recht zugeeignet, welches mir, Ihrem rechtmässigen Ordner, einzig und allein zusteht; ich bin überhaupt von H. v Hassenkrug bei verschiedenen Gelegenheiten in einer Art behandelt worden, die ich nicht dulden darf, die mich veranlasst, hier Manches zur Sprache zu bringen — Der Redner wird von H. Barth unterbrochen, weil er Persönlichkeiten zur Sprache bringe. H. Barth: Ich frage, will die Versammlung von ihrem hier mehrmals ausgesprochenen Grundsatz, keine Persönlichkeiten hören zu wollen, jetzt abgehen? Die Frage wird einstimmig verneint. H. v. Schreeb: Ich füge mich Ihrem Beschluss, erkläre aber, unter keiner Bedingung länger der Ordner dieser Versammlung sein zu wollen. Auf Vorschlag des H. Herzberg wird H. Barth mit allgemeiner Beistimmung zum Ordner erwählt. H. Neumann ermahnt zur Einigkeit und gibt der Versammlung eine Aufklärung über die Stellung des H. v. Schreeb dem Comité gegenüber in der letzten Zeit.“ — Kaum war Schreeb abgetreten, so wendete sich gegen ihn die Strömung. Diese Umstimmung muss jeden befremden, der das Wesen revolutionärer Zeiten nicht versteht. In ihnen überwiegt das Gefühl und in der Erregung folgen die Menschen, ohne zu prüfen, falschen Meinungen, welche Parteien (d. h. Mehrere gleichzeitig) in Umlauf setzen. Trotz des so lehrreichen Studiums der französischen Revolution hätte ich selber ehedem nicht richtig begriffen, wie doch es möglich ist, dass jemand heute vom Volke getragen und morgen von demselben Volke, das ihn eine geraume Zeit handeln sah, verlästert und geschmäht wird; als Obmann der anderthalbhundert Vaterlandsvereine Sachsens habe ich indess Gleiches erlebt. Etwa 1 oder 2 Wochen, nachdem mir im leipziger Vaterlandsverein ein begeistertes Hoch ausgebracht worden, nimmt der Ausschuss eine Haltung ein, die mich, weil ich Gegner unter den Genossen sehe, auf der Stelle zum Rücktritt bewegt, damit Einigkeit bestehe, und in derselben Versammlung, deren Hochruf kaum verhallt war, kann ich abwesend angegriffen werden, und von dem Augenblicke an wüthete man gegen mich. In stürmischen Tagen darf, wer das Unglück hat, im Vordergrunde zu stehen, sich nicht plötzlich von der Bühne zurückziehen; thut er es, wird er die Zielscheibe von Anfeindungen. Unter den mir vorliegenden Flugblättern finde ich noch 2 von Schreeb; das eine „zur Aufklärung“ über den eben entstandenen Königs- und Vaterlandsverein,

hörden, die, nachdem die Gefahr vorüber war, sich von neuem stark fühlten, die Zügel wieder und drängten die frei aus dem Volke entsprungenen Vereine zurück, die in der schweren Bedrängniss aufrechtgehalten hatten, theils sank im Volke der innere Antrieb und verlor seine Lebendigkeit. Denn der eingetretene herbe Nothstand, die Folge so langer Zerrüttung, machte die Bürger unmuthig und unlustig sich mit den öffentlichen Angelegenheiten zu beschäftigen. Die Volksversammlungen schrumpften zusammen, schliefen endlich ein. Wie bei dem vorhandenen Bildungsgrade von der Auffassung der Dutzendmenschen, die denn doch nun den Ton angaben, sich anders kaum erwarten liess: der eigentlich entscheidende innere Hergang ward übersehen und vergessen über den Waffenthaten, über dem Siege des Heeres, das allein den Ausschlag gegeben und das Ende gemacht zu haben schien. Die Führer der Soldaten sind hinfort die gepriesenen Männer; an sie klammerten sich die Aengstlichen und Schlaffen. Diejenigen, welche während des Sturmes sich geflüchtet oder verborgen, Besitz und Familien in Sicherheit gebracht hatten, kamen nunmehr zum Vorschein, drängten sich voran und förderten das reaktionäre Beginnen. Der Umschlag erfolgte, wie überall ziemlich rasch und in fortschreitendem Verlauf.

Die weiteren Entscheidungen lagen fortan ausserhalb Posens. Meseritz entsendete an den vom Vorparlament in Frankfurt am Main eingesetzten Funfzigerausschuss den Schuldirektor Kerst: ihm ward die Aufnahme versagt. Namens des polnischen Nationalcomités trat daselbst Dr. von Niegolewski auf[1]. Im Funfzigerausschuss fanden die Ansprüche der Polen hitzige Vertretung und nach heissen Verhandlungen musste es als Gewinn für die deutsche Sache erachtet werden, dass Einmengung abgewendet und die Frage offen erhalten wurde, ob Männer aus Posen unter deutschen Volksvertretern Platz nehmen dürften. Zur deutschen verfassunggebenden Nationalversammlung stellten sich zuerst 9 im Posenschen Gewählte, späterhin noch 3 Abgeordnete ein, und unter letzteren auch ein Vertreter der Polen, von den Kreisen Buk und Samter[2] zum Widerspruch gegen die Einverleibung am 2. Juli gewählt. Sogleich

vom 7. Sept., kennzeichnet diesen als eine reaktionäre Gesellschaft; das andere, vom 3. Sept., ist die Rüge der Unwürdigkeit eines besonderen Vorganges. „Habt Ihr guten posener Deutschen von allen diesen aktiv und passiv kolossalen Original-Demonstrations-Anstalten Eurer Haupthähne und Führer gar nichts vernommen? (heisst es in demselben, und in Bezug auf den, wenn auch nicht mit Namen genannten, Direktor der Luisenschule Barth) Habt Ihr denn gar nicht gehört, wie Euer grosser Vormann, der noch vor 5 Monaten zart säuselnd nach der Gnade der damals Einflussreichen schnappte, der bis dahin fast nur in weiblichen Sphären verkehrte und durch solche Mittel in seiner Baumwolle sich conservirte, seitdem aber, wie schon verschiedentlich offen gerügt wurde, angeblich unter Hintansetzung seiner eigentlichen Geschäfte und seiner hohen Protectricen, dem Vansen in Göthe's Egmont gleich, in Alles, auch wenn er nichts davon versteht, hineinschwätzend, hier, obgleich man ihm noch im April öffentlich nachsagte, er stehe im Solde der Polen, Deutschthum predigend der Volksgunst nachjagte?" u. s. w. Die Wirkung dieses Flugblatts war eine Katzenmusik, die erste in Posen, die Schreeb gebracht wurde. Er jagte mit einigen Gehülfen die Bummler auseinander. Auch die Freischar tobte wider ihn und Schreeb erinnerte sie (Posener Zeitung vom 8. Sept., Nr. 209), dass sie nur seiner „öffentlichen ernsten Verhandlung mit dem auf's hartnäckigste sich sträubenden General von Steinäcker am 3. Mai. d. J. das Ehrenrecht, Waffen und Waffenrock tragen zu dürfen, verdanken." Derselbe Schreeb, dessen Handeln wir vorgeführt haben, wurde jetzt von der deutschen Partei als ein Feind der Deutschen verdächtigt! Als bei den, Anfangs 1849 erfolgenden Urwahlen Schreeb der Reaktionspartei entgegentrat, suchten Deutsche ihn vom Wahlplatz zu treiben und Polen schützten ihn! Es kam dabei zum Kampf: Messer wurden gezogen und mehrere verwundet (National-Zeitung 1849, Nr. 63). Damit man aber auch an das Travailler pour le roi de Prusse erinnert werde, ward nach einigen Jahren Schreeb mit halber Pension seiner Amtsstellung enthunden. — Da wir am Schlusse jedes Abschnitts die entgegenstehende Auffassung zum Wort kommen lassen, so möge man auch hören wie Brodowski, Kraszewski und Potworowski die deutsche Bewegung schilderten: „Die Büreaukratie war es zunächst, welche die Reaktion eines Theils der Deutschen und Juden gegen die Polen hervorgerufen und sie bis jetzt erhalten hat; unzufrieden mit den Folgen der am 18. und 19. März zu Berlin stattgefundenen Ereignisse, welche der Beamtenherrschaft ein Ende zu machen drohten. Jetzt galt es, das Grossherzogthum in Feuer und Flammen zu setzen, um die Reorganisation unmöglich zu machen, um auch ferner in den Aemtern bleiben zu können. Jene hetzten nun die Nationalitäten gegen einander auf, sprachen den Deutschen und Juden von Gefahren, die sie selbst erdichteten, und suchten sicher die Polen unter einander dadurch zu entzweien, dass sie dem Landvolke die Rückkehr der Feudallasten und der Leibeigenschaft als unzertrennlich von der Herstellung Polens schilderten! Um aber jegliche Aeusserung der rechtlichen und wahrheitsliebenden Deutschen zu unterdrücken, brandmarkten diese Verfechter der Reaktion und der Selbstsucht ehrenhafte Männer, die auch den Polen gönnten, was Deutschland sich erkämpfte, mit dem Namen der Verräther und der H. Landgerichtsrath Boy, Mitglied der deutschen Deputation, welche sich der polnischen in Berlin angeschlossen hatte, wurde zuerst als solcher durch einen Anschlag bezeichnet. Diesen Beamten, welche sich nicht nur im Amte, sondern auch in Klubs und Volksversammlungen als offene Feinde der Polen aussprachen, gesellte sich ein Theil deutscher Gutsbesitzer und Städter bei, welche unter dem Vorwand des deutschen Patriotismus kein Mittel unbenutzt liessen, die Polen als Rebellen zu schildern, Unterschriften gegen die Reorganisation zu sammeln u. s. w. Und nicht genug, dass diese der polnischen Nationalität, wie der jungen deutschen Volksfreiheit feindliche Reaktion uns das Joch der politischen und nationalen Unterdrückung aufbürdete, sie wollte auch noch diesen Frevel im Namen des Rechts und der Wahrheit ausüben, uns aber die Schuld und die Schande des angerichteten Blutbads zur Last legen. Durch Emissaire und bezahlte Zeitungsberichte suchte sie uns das nächst der Freiheit schönste und kostbarste Gut: die Achtung der freien Völker zu rauben. Fast die gesammte Presse wurde hintergangen."

1) Verhandlungen des Deutschen Parlaments. Zweite Lieferung. Frankfurt a. M. 1848. S. 22. 23. 77. 84. 305. 373.

2) von Brandt, Eckert, Graf von der Goltz, Kerst, Nerreter, von Sänger, von Schlotheim, Senff, von Treskow, dann Viebig, Göden; ferner als Ersatzmänner Ausgeschiedener Ehrlich, Löw und Dr. Hepke. Der Pole war der Professor am erzbischöflichen Seminar Janiszewski und als dessen Stellvertreter trat ein Dr. Libelt.

bei dem Zusammentritt meldeten sich (am 22. Mai) 8 Abgeordnete des polnischen Comités mit Einspruch gegen die im Posenschen vollzogenen Wahlen, und der Polenschwärmer Venedey forderte die Zurückweisung des von der Stadt Posen Gewählten und dieser selbe Venedey sprach später[1], nach den gefassten Beschlüssen, vom Schamgefühl der deutschen Nation, welches der Mehrheit fehle! Gleichwohl wurde nach einer stürmischen Sitzung am 5. Juni ihre vorläufige und am 27. Juli nach langen Verhandlungen ihre endgültige Zulassung beschlossen und damit gleichzeitig die Anerkennung der vom Bundestage vorgenommenen Einverleibung der einen Hälfte des posener Landes in das deutsche Reich[2]. Es geschah unter vielfachen Einsprachen, wie namentlich seitens 15 in Berlin als Vertreter von ebenso viel Kreisen sich aufhaltender Polen. Dagegen füllten aber auch die entgegengesetzten Eingaben in deutschem Sinne 24 Aktenstösse[3]. „Das hätte in der Paulskirche, in der ersten deutschen Nationalversammlung nie geschehen müssen, dass solche Deutsche, die sich vorzugsweise der deutschen Gesinnung rühmten, sich gegen ihre Brüder erhoben, um sie hinauszustossen," sagte Nerreter sehr wahr. Die posener Abgeordneten mussten statt Anerkennung zu ernten, weil Recht und Ehre der deutschen Nation in würdiger Weise gewahrt worden war, „von Polens heiliger Sache"[4] und von „Deutschlands heiliger Ehrenpflicht der Wiederherstellung eines selbstständigen Polens"[5] deutsche Volksvertreter reden hören, ja ein Ruge verkündete drohend, „dass nach Aufhebung von Posen eine grosse Eruption von Europa hereinbrechen werde"[6]. Ein sogenannter Centralausschuss des demokratischen Deutschlands hatte die Frechheit, wegen der Zulassung der Posener am 3. Oktober einen das Parlament schmähenden Aufruf zu erlassen, und die preussische Ständeversammlung verging sich, indem sie (freilich nur mit einer Mehrheit von 3 Stimmen) am 23. Oktober einen, dem Ausspruch des Parlaments zuwiderlaufenden Beschluss fasste. Dieses Auftreten der berliner Stände rief in Posen neue Erbitterung hervor. Das Reichsministerium eröffnete jedoch der preussischen Regierung, dass es jenen berliner Beschluss als nicht ergangen betrachte und behandle.

Immittelst wendete sich im posener Lande selbst die Aufmerksamkeit zusehends den inneren Fragen, die den ganzen preussischen Staat bewegten und seine freiheitliche Umgestaltung betrafen, zu. Gegen Beginn des Sommers 1848 bildete sich in der Hauptstadt Posen ein „politischer Verein"[7] demokratischer Färbung, am Ende des Sommers ein reaktionärer „Königs- und Vaterlandsverein"[8], der die Kronrechte das „erste Bollwerk unserer Freiheiten" hiess[9]. Jener verlor, dieser gewann gegen Ablauf des Jahres und 1849 herrschte der reaktionäre Verein in Posen und übte, einschüchternd, einen starken Druck auf die Polen. Von den Beamten in den Vereinen ging die Führung an die Behörden zurück. War durch die letzten Vorgänge eine Spaltung zwischen dem polnischen und dem deutschen Theile der Bevölkerung entstanden, so arbeiteten zunächst beide Parteien an Erweiterung der Kluft und Reibungen fielen häufig vor. Grade die jetzt waltenden reaktionären Kräfte schürten einen unvernünftigen Polenhass, indem ausser Acht gelassen wurde, wie das posener Land ein Mischland ist.

Die Polen fuhren fort, anstatt zu ergreifen, was sich ihnen nach ihrem Unterliegen noch darbot, der Zerfällung des posener Landes auf alle Weise und an jeder Stelle zu widersprechen. Ein neuer polnischer Nationalklub in Posen[10] erklärte, dass sie sich nicht mit einer farblosen Freiheit begnügten, nicht verzichten auf die politische und nationale Wiederherstellung Polens. „Euretwegen sollen wir die Wiege Grosspolens, die Landschaft am Goplosee, das ewig polnische Kujawy, das Land unserer Sagen und Lieder aufgeben!" riefen sie zu ihren Gegnern, „die ihr keiner Nation, sondern einem Regierungssystem angehört"[11]. Im Juli 1848 formte sich eine „polnische Liga", bald 8000 Genossen, und breitete sich über die Städte des Landes aus. Sie bildete eine Generaldirektion, Kreis-, Bezirks- und Special-Ligen[12], be-

1) Verhandlung vom 7. Februar 1849 (Stenographischer Bericht VI. 5072). 2) Die Entscheidung fiel, indem ein Vorantrag von Blum mit 333 gegen 139 Stimmen abgeworfen wurde. 3) Stenographischer Bericht über die Verhandlungen der deutschen constituirenden Nationalversammlung. Leipzig 1848. II. 1215. 4) Ebenda II. 1135. Antrag von Wiesner, Wesendonck, Brunck, Martiny, A. Rühl, Ruge, von Trützschler, Kollaczek, Vogel, Peter, Reh. 5) Ebenda II. 1227. Antrag von Schaffrath, Günther, Joseph, von Trützschler. 6) „Dessen können Sie sich versichert halten," fügte Ruge hinzu. Ebenda II. 1187. 7) Baecker, Berg, Lippmann veröffentlichten Anfang Juni das „Glaubensbekenntniss" der Vereinsmitglieder. 8) September 1848. Vorsteher waren der fromme, nachmals im Wahnsinn gestorbene Oberregierungsrath Klee, der Mitarbeiter an der Kreuzzeitung Polizeirath Hirsch, Oekonomierath Wendland, Konsistorialrath Crans, Regierungsrath von Bünting, Steuersekretär von Blumberg, Generalkommissionssekretär Dr. Hitze, die Lehrer Brüllow und Knappe, Gerber Günter, Brauer Lambert, Gärtner Hildebrandt. 9) Flugblatt desselben vom 1. Dec. 1848. 10) Vorsitzender Griesinger, Schriftführer Salkowski. 11) Undatirtes Flugblatt: „an das Comité der deutschen Nationalversammlung in Polen." 12) Zweck: „Die Civilrechte, die politischen und nationalen Rechte der Polen, die polnische Sprache, Aufklärung und Sitten des polnischen Volkes, die natürliche Vereinigung der Polen unter sich, ihre absolute Verbindung

lebte das Polenthum und besass schnell einen für viele Verhältnisse und selbst auf manche Anstellungen gewichtigen Einfluss. Vollständige Absonderung vom Verkehr mit den Deutschen ward von der Liga angestrebt; auf den eingetretenen Nothstand spekulirend verpflichteten sich ihre Mitglieder, lediglich mit Polen Geschäfte zu machen, nichts von Deutschen zu kaufen, nichts an Deutsche zu verkaufen — gleich als könnten sie die Deutschen im Lande aushungern. Ein Gegenbund, die „deutsche Verbrüderung" in Posen (am Beginn des Jahres 1849) stellte sich hingegen zur Aufgabe, die Einwanderung aus Deutschland zu fördern.

Die Deutschen in Posen beschäftigte vorzugsweise die Frage der Reorganisation. Der bromberger Central-Bürgerausschuss, der im Anfang der Wirren nachdrucksvoll für die deutsche Sache eingetreten war, gedachte nach dem Ausgange des Kampfes die gesammte Provinz als ein untheilbares Ganze Deutschland zu erhalten, der deutsche Hauptausschuss in Posen bestand jedoch auf „durchgreifender, völliger politischer Sonderung" und verfocht den Satz: „die Reorganisation muss um jeden Preis eine Wahrheit werden"[1]; er liess sich aber zugleich dahin aus: eine polnische Regierung für den zu reorganisirenden Theil könne in der Stadt Posen unter keiner Bedingung ihren Sitz haben. Diese sollte in Gnesen festgesetzt werden. Von allen Seiten bestürmte man die Regierung mit Gesuchen, im deutschen Theile mit aufgenommen zu werden. So geschah es, dass die Grenze der polnisch zu reorganisirenden Halbscheid immer enger abgesteckt wurde. Hatte, als zuerst die Theilung beschlossen war, auf Grund der Berathungen, welche im preussischen Ministerium unter Mitwirkung Willisen's seit dem 21. April stattgefunden hatten, Pfuel am 5. Mai die Kreise Gnesen, Wreschen, Schrodda, Schrimm, Kosten, Pleschen, Adelnau, Schildberg (mit Ausnahme der Stadt Kempen) als Polenland bezeichnet, so wurde schliesslich, nachdem ein Kommissar der Reichsregierung, Freiherr Schäffer-Bernstein, Erhebungen angestellt hatte[2], nur der Oststreif mit den Städten Lekno, Schernik, Rogowo, Kletzk, Tschemeschno, Gnesen, Zidowo, Witkowo, Tscherniejewo, Powidz, Mielschin, Wreschen, Schrodda, Miloslaw, Santomischel, Neustadt an der Warthe, Mieschkowo, Dolzig, Jaratschewo, Jarotschin, Gostin, Sandberg, Borek, Pleschen, Pogorschell, Koschmin, Raschkow, Mixstadt, Grabow, Schildberg, Kobilagora zum Polenlande bestimmt. Diese Abgrenzung genehmigte das Parlament am 7. Februar 1849 mit 280 gegen 124 Stimmen. Die neue Verfassung Preussens vom 5. December 1849 erstreckte sich aber über den gesammten Staat und begriff somit auch ganz Posen in sich; sie schloss die Provinzialselbstständigkeit aus, indem sie Preussen als einheitlichen Staat einrichtete. In der auf ihren Grund zusammenberufenen Ständeversammlung brachten 5 Abgeordnete Posens die nationale Reorganisation des ganzen Grossherzogthums in Erinnerung: ihr Antrag wurde jedoch abgeworfen[3]. Die Zerrüttung, welche in Posen fortwährte, und die nicht zu bezweifelnde Absicht der Polen, von Preussen sich loszureissen, liess die polnische Einrichtung des ausgeschiedenen Landestheiles unstatthaft erscheinen; ohnehin wurde sie ja von den Polen verworfen. Am 17. December 1849 beantragte die Regierung bei der nächstfolgenden Ständeversammlung denjenigen Theil Posens, welcher Deutschland noch nicht einverleibt war, ebenfalls mit ihm zu vereinigen. So fiel denn die Theilung und Polonisirung — aber auch die Verbindung mit dem deutschen Reiche hatte keinen Bestand. Kaum war (1851) der Bundestag wieder hergestellt, als Posen nach dem erklärten Willen der preussischen Regierung auch wieder vom Bunde ausgeschlossen wurde!

Die natürlichen Wirkungen dieses Umwälzungsverfahrens gingen zum Theil verloren, weil eine grenzenlose Thorheit dazwischen trat. Die Reaktion in Berlin verdarb die Erfolge. In schlechte Hände waren die Zügel des Staates gekommen. Man stützte sich auf Junker und Pfaffen. Mit einem Majestätsverbrechen gegen das Volk, mit Verfassungsbruch war ihre Herrschaft eingeleitet. Im ganzen preussischen Staate wurden danach die edleren Naturen niedergebeugt, die gemeinen gehoben. Polizei-

mit der Vergangenheit und mit der Geschichte der Nation, die normale Entfaltung aller Nationalelemente und endlich ihr materielles Dasein." Ihre Blätter waren Gazeta polska und Wielkopolanin. Denkschrift des preussischen Staatsministeriums über die dermaligen Zustände im Grossherzogthum Posen. December 1849.

1) Sendschrift vom 29. Mai 1848. Ueber die Stellung der deutschen Central-Comités in der polnischen Frage und die Grundsätze seiner Thätigkeit. 2) Derselbe traf am 17. November in Posen ein und berieth sich mit dem Regierungspräsidenten von Kries, dem Major von Voigts-Rhetz, dem Generalstabschef von Reuss; weiterhin in Bromberg mit Regierungsbeamten und dem Generallieutenant von Wedell; zuletzt am 5. December mit dem preussischen Ministerium; vgl. den Bericht des völkerrechtlichen Ausschusses der deutschen Nationalversammlung, Beilage Nr. III. zum Protokoll der Sitzung vom 29. Januar 1849. 3) F. Fischer, Geschichte der Preussischen Kammern vom 26. Februar bis 27. April 1849. Berlin 1849. S. 31.

willkür und Angeberei, kirchliche Verdummung und Adelsbevorzugung kam an die Tagesordnung, schlimmer als in den Wöllnerschen Zeiten! Ein Jahrzehnt des Druckes war die Belohnung der Deutschen in Posen. Abermals that sich der Absolutismus auf und heftete an den deutschen Namen Hass und Verachtung. Im Schosse eines dumpfen Beamtenthums schien keine Ahnung vorhanden von der Enge und Beschränktheit der Anschauungen, in denen man sich zuweilen bewegte; einsichtsvollere, hochherzige Beamte[1] fühlten sich gelähmt. Da raffte sich das Polenthum.

Indess kam es doch jetzt endlich zur völligen Beseitigung der so lange geschonten Herrlichkeiten über die Städte, die auch mit derjenigen Verfassung, zu welcher die Staatsgewalt sich verstand, sich nicht länger vertrugen. Die Gesetze vom 19. November 1849 und 2. März 1850 machten ihnen ein Ende. Als Hülfsmittel zur Beseitigung der Dienste und Abgaben von Städtern an Mitunterthanen diente eine Rentenbank und die Ausgabe von Rentenbriefen. Die Leistungen von Bürgerhäusern wurden in Kapital umgewandelt und den vormaligen Herren in Renteverschreibungen ausgezahlt, diejenigen Pflichtigen, welche nicht Kapitalablösung vorzogen, hatten fortan das den Herren einst Schuldige als Steuerbetrag an den Staat abzuführen. Ist auch vielleicht diese Ablösung noch heute nicht allerwärts vollzogen, so ist sie doch durchgesetzt und die Herren haben nichts mehr in der Stadt zu gebieten. Es gibt keine Stadtherren mehr. In dieser Folge hörte stufenweise die Macht der Grundbesitzer über die Städte auf: zuerst bald nach der preussischen Besitzergreifung fiel ihre Gerichtsbarkeit, dann, in den dreissiger Jahren ihre Polizeigewalt, nach 1848 endlich ihr Recht auf Leistungen der Bürger; ihnen blieb nur das Kirchenpatronat.

Die Einführung der Städteordnung vom 30. Mai 1853, welche das Bürgerrecht von der Höhe des Steuerbeitrages abhängig machte, erfolgte i. J. 1854 in vielen Städten, z. B. in Polnisch-Krone.

Das frische Leben ging, wie auch die Regierung einwirkte, dennoch weiter. Reger Fleiss, schaffende Arbeit und zunehmende Bildung halfen vorwärts. Mit der Gewerbthätigkeit, die im Frieden sich entwickeln konnte, mit dem sich mehr und mehr ausbreitendem Verkehr, mit dem allmäligen Wachsen richtigerer Ansichten wurde ein zwar langsamer aber sicherer Fortschritt begründet. Selbstgefühl und Freiheitssinn war in den Bürgerschaften im Zunehmen. — Im Jahre 1848 fuhr der erste Dampfwagen im Posenschen. In Stettin hatte bereits 1845 eine Gesellschaft den Plan gefasst, die pommersche Eisenbahn von Stargard nach Posen zu verlängern, und den Bau am 20. März 1846 begonnen. Am 20. Juni 1848 wurde diese Bahn bis Wronke, am 14. Juli bis Samter und am 10. August bis Posen dem Verkehr übergeben. Der Bau einer Eisenbahn aus Brandenburg nach Preussen war schon 1847 beschlossen worden. Auf Staatskosten wurde sie gebaut. Eröffnet ward sie am 26. Juli 1851 von Kreuz bis Bromberg, über Filehne, Schönlanke, Schneidemühl, Städtchen, Nakel führend, und am 5. August 1852 von Bromberg bis Dirschau. Die posenschen Städte befanden sich nunmehr, allerdings nicht durch ihre eignen Kräfte, in Eisenbahnverbindung mit Berlin und Breslau, mit Danzig und Königsberg. Im Jahre 1853 beschloss die Gesellschaft der oberschlesischen Eisenbahn ihren Schienenzug über Rawitsch, Lissa, Kosten, Tschempin, Moschin bis Posen auszudehnen und zugleich von Lissa über Fraustadt eine Bahn nach Glogau zu legen: erstere Bahn wurde am 29. Oktober 1856 zum erstenmale befahren, letztere am 30. December 1857. Von Bromberg wurde die Eisenbahn in östlicher Richtung an Fordon vorbei nach Thorn geführt, mit Warschau verbunden. Die Städte, welche an diesen grossen Verbindungslinien liegen, erhielten einen Vorsprung vor den vom Verkehrszug abgerückten Städten und werden sie mit der Zeit überflügeln.

Das Aufblühen der Städte war ersichtlich. Es gab sich kund in der Zunahme ihrer Bevölkerung. Kein volles Halbjahrhundert der preussischen Beherrschung: und es hat sich die Einwohnerzahl von Kruschwitz und Nakel vervierfacht, die von Wongrowitz und Wissek mehr als verdreifacht; nahezu verdreifacht hat sie sich in Schubin und Schneidemühl; dieser Steigerung nähert sich die Zunahme von Bromberg und Strelno (184%), Usch (170%), Mieschisko (167%), Janowitz (164%); fast um das

---

1) „Die Regierung sende nach der Provinz nicht die untauglichsten und anrüchigsten Beamten und Lehrer" — lauten die schweren Worte Kattner's, Deutsche Abrechnung mit den Polen. 2. Heft. Bromberg 1862. S. 111. — „Was nützen der preussischen oder gar der deutschen Sache Leute wie Puttkammer, Mirbach, Niederstetter, Lindenberg, Hentze? Hr. Emil Lindenberg ist wenigstens ein dutzendmal wegen gemeiner Verbrechen und Vergehen gerichtlich verurtheilt, leider aber immer wieder begnadigt, bleibt Distriktskommissarius in Meseritz und ein höchst einflussreicher Mann." Dann weist Kattner auf die vorgefallenen Amtsentsetzungen von vortrefflichen Beamten im Posenschen hin.

anderthalbfache ist sie gestiegen in Wielichowo, Wirsitz (148%), Tschemeschno (144%); etwas geringer war sie in Schrimm (134%), Mogilno (133%), Samter (131%), Kwietschischewo (122%), Scherkowo, immer noch aber weit über die Verdoppelung hielt sie sich in Pinne (118%), Samotschin (113%), Gonsawa (112%), Pleschen und Lekno (110%), Gnesen und Gnifkow (109%), Kletzko (106%). Verdoppelt hat sie sich in Posen, Gollantsch, Jarotschin, Obernik, Kosten. Beinahe verdoppelt in Neustadt bei Pleschen (96%), Pakosch (95%), Bentschen (93%), Kriewen und Kiebel (92%), Neutomischel und Kischkowo (91%), um vier Fünftel und mehr hat sie zugenommen in Betsche (85½%), Stenschewo (85%), Scharfenort und Zirke (84%), Kosterschin (83%), Tscharnikau (82%), Tschempin und Ritschenwalde (81%), Gostin (80%); in abnehmender Reihe folgen Lopinno und Jungleslau (77%), Powidz (76%), Kähme und Schwerin (75%), Krotoschin (74%), Dolzig (73%), Schulitz und Ostrowo (71%), Budzin (68%), Moschin (66%), Schuin (65%), Mrotschen und Kröben (64%), Lobsens und Birnbaum (62%), Mieltschin (61%), Kopnitz (58%), Koschmin und Kurnik (56%), Baranow, Wollstein und Jaratschewo (55%), Doberschütz (54%), Neubrück und Opalenitz (53%), Schmiegel, Adelnau und Neustadt bei Buk (52%), Rackwitz und Pogorschell (51%): um die Hälfte stärker bevölkert sind jetzt Borke, Pudewitz, Rothenburg, Raschkowo, Schildberg, beinahe auch Storchnest und Mixstadt. Städte, deren Zunahme darunter blieb, haben sich nicht in entsprechenden Verhältnissen entwickelt, denn Posens Gesammteinwohnermenge hat sich in diesem Zeitraume um die Hälfte vermehrt. Diese sind: Jutroschin (46%), Sulmirschütz und Willatowo (45%), Filehne, Rogowo und Wronke (41%), Miloslaw (40%), Labischin und Schidowo (39%), Tscherniejewo (37½%), Wreschen (36%), Grabow, Kschonz und Schwersenz (35%), Bomst (34%), Kodschesen und Rohrbruch (33%), Görchen (32%), Tirschtiegel (31%), Schlichtingsheim und Kempen (29%), Brätz und Dupin (27%), Bartschin (26⅓%), Kobilin (26%), Sarnowo, Schönlanke und Schokken (25%), Grätz (24%), Margonin (22%), Fraustadt, Meseritz und Reisen (21%), Bnin und Punitz (20%), Lissa und Rogasen (19%), Rawitsch (18%), Goslin (14%), Exin (13%), Schwetzkau und Santomischel (11%). Stehen geblieben sind Gembiz, Sandberg, Unruhstadt; sogar abgenommen haben Bojanowe, (um 29%) Fordon, (um 12½%) Karge, Mieschkow (um 5%), Obersitzko, (um 2%) Saborowo und Sduni. Sind die hier angegebenen Prozentsätze auch keineswegs ganz genau, weil sie weder von der letzten, vielmehr von der schon am 3. December 1858 veranstalteten Zählung ausgehen, noch die Annahmen für den Bestand in der Zeit des Wiedereintritts der preussischen Herrschaft völlig sichere Zahlen in Rechnung stellen, so liegen doch für den Anfangspunkt eher zu hohe als zu niedrige, für den Endpunkt, wenn man das laufende Jahr als solchen fasst, bestimmt allzugeringe Ziffern zu Grunde: das wirkliche Ergehniss dürfte durchgehends ein etwas höheres sein, als hier herausgestellt ist. Die ungemeine Zunahme eines Dritttheils der posenschen Städte, das Gehobensein der allermeisten, das Zurückbleiben sehr weniger erhellt aus diesem Vergleiche. Diese Prozentsätze lehren ausserdem ungefähr kennen, in welchem Verhältnisse das Wachsthum der einzelnen Städte zu einander stand. In allen Städten zusammen wurden 1837: 305451 Bewohner gezählt; 1858 rechnete man in ihnen 378110 Menschen neben 1,039045 Landbewohnern; 1861 (am 3. December) 403221 Städter, 1,082324 Landbewohner. Die städtische Bevölkerung stieg mithin in einem Vierteljahrhundert um ein Drittel. Diese Nebeneinanderstellung ergibt aber auch, dass bis jetzt das städtische Wesen noch keineswegs genugsam entwickelt ist. Während der Durchschnitt sämmtlicher Städte des preussischen Staates, die posener mit einbegriffen, für jede Stadt eine Bewohnerschaft von 5631 Menschen ergab, stellte sich 1861 für 143 posener Städte nicht einmal die Hälfte (nämlich nur 2644 Menschen) heraus. In hochentwickelten Gegenden Deutschlands kommt ein Städter auf 2 Landbewohner: es wird aber ein Stand eintreten, in welchem die städtische Bevölkerung an Zahl das Landvolk übertrifft. Den Städten Posens steht demnach ein bedeutendes Wachsthum noch bevor.

In Ansehung der Volksart mag nahezu die Hälfte der Städte überwiegend polnisch sein; polnisch sind die kleineren Orte. Rein polnisch ist keine Stadt. Sämmtliche Bürgermeister reden deutsch; des Polnischen sind 122 mächtig. Das Verhältniss der Deutschen und Polen ergeben einigermassen die am 28. April 1862 stattgefundenen Urwahlen. Blos deutsche Männer wurden von Bojanowe, Filehne, Fordon, Meseritz, Punitz, Rawitsch, Reisen, Samotschin, Schneidemühl, Schokken, Schwersenz, Wollstein zu Wahlmännern genommen; blos Polen in Borek, Golantsch, Stenschewo, Wreschen, Schrodda (wo die

Juden mit den Polen stimmten). Gewählt wurde 1 Pole neben 15 Deutschen in Tscharnikau, neben 9 Deutschen in Wronke, 8 Deutschen in Labischin, 7 Deutschen in Obornik, 3 (oder 4) Deutschen in Wissek; 2 Polen neben 37 Deutschen in Lissa, neben 16 in Rogasen, 13 in Polnischkrone, 10 in Schubin, 9 in Lobsens, 5 in Bartschin; 3 Polen in Exin auf 6 Deutsche, in Pudewitz auf 4 Deutsche; 4 Polen wurden gewählt auf 14 Deutsche in Nakel, 5 Polen auf 7 Deutsche in Strelno, 6 Polen auf 8 Deutsche in Grätz, 7 Polen auf 16 Deutsche in Kempen, 11 Polen auf 13 Deutsche in Pleschen. In Gnesen 10 Polen auf 21 Deutsche. In Jungleslau war das Verhältniss zufolge einer Zeitungsangabe 21 Deutsche und 5 Polen, zufolge einer andern 20 Deutsche und 6 Polen. In Posen war es laut einer Angabe 142 Deutsche und 35 Polen, nach einer andern 141 Deutsche und 36 Polen. Gleichviel Deutsche und Polen gingen aus der Wahlhandlung hervor in Kschonz, Mrotschen und Scherkowo. Mehr Polen wurden in folgenden Städten gewählt: 7 Polen auf 6 Deutsche in Kosten, Wongrowitz, 6 Polen auf 4 Deutsche in Neustadt bei Pinne, auf 3 Deutsche in Pinne, 7 Polen auf 2 Deutsche in Buk, 5 Polen auf 3 Deutsche in Jarotschin. Schwerin wählte Deutsche, Bnin Polen. In Samter traf die Versammlung verständigerweise eine förmliche Uebereinkunft, von jedem Theile die verhältnissmässige Zahl zu wählen, demnach wurden daselbst 11 Deutsche und 4 Polen gewählt. Von den übrigen Städten fehlen mir die Angaben. Sollten auch die hier mitgetheilten Gegenüberstellungen nicht völlig zutreffend sein, so gewähren sie doch einigen Anhalt zur Beurtheilung der Sachlage.

Die Zahl der Gebäude in den 52 Städten des Bromberger Regierungsbezirkes war 1858 folgende: Wohnhäuser 9961, Fabriken, Speicher, Mühlen 981, Ställe, Scheunen, Schuppen 12721, Spitäler aller Art 36, Schulhäuser 117, Gebäude der städtischen sowie der Landesverwaltung 288, Gebäude des Heeres 36, Gebäude zu gottesdienstlichen Versammlungen 143, mithin 620 öffentliche Gebäude, oder je eines auf 16 Wohnhäuser.

War durch die Ereignisse von 1848 klar geworden, dass eine polnische Erhebung den Ausgang von Posen nicht nehmen könne, so begann seit 1859 abermals eine immer mehr anwachsende Bewegung der Polen, die ihren Stützpunkt im Aufstande Kongresspolens gewinnen sollte. Hetzerei und Wühlerei, Eifern und Geifern polnischer Zeitungsschreiber, Kokettiren mit polnischer Kokarde und polnischer Tracht war von neuem Tagesordnung. Besprechungen fanden statt, um die Bearbeitung einzuleiten. Deutsches Wesen, hiess es, habe keine Berechtigung im posener Lande, müsse ausgerottet werden. Vom Ballfest im Bazar zu Posen am letzten Januar 1861 blieb jeder ausgeschlossen, der nicht den Schnürrock und die Federatka trug. Des Grafen Dzialynski Antrag im preussischen Abgeordnetenhause: niemandem solle im Grossherzogthum eine höhere Stellung anvertraut werden, der nicht das hundertjährige Indigenat in der Provinz habe — zeigte, dass in die Zeit vor der Theilung Polens zurückgegriffen werden sollte und dass man beabsichtigte, alle Bewohner an ihrem natürlichen Rechte zu kürzen, deren Vorfahren nicht bereits im Königreiche Polen ansässig gewesen waren. Der polnische Landtagsklub in Berlin ernannte ein Centralwahlcomité, dessen Vorsitzender Loneczynski war. Wiederum wurde die Losung „katholisch“ gegen die Deutschen ausgegeben. Politische Bestrebungen hielten sich abermals unter dem Deckmantel des Glaubens. Dieses Treiben rührte auch die Deutschen auf. In Bromberg, einem festen Bollwerk des Deutschthums im Lande, thaten sie sich im Januar 1861 zusammen zu einem deutschen Nationalverein und schrieben Versammlungen aus. Vorsitzender war daselbst der Realschuldirektor Dr. Gerber. In Bromberg erinnerte man nun daran, dass kraft des Beschlusses der deutschen Nationalversammlung man zu Deutschland gehöre! Ein „Verein zur Förderung deutscher Interessen,“ an dessen Spitze der Gutsbesitzer Dr. Jochmus bei Schneidemühl stand, ging geradezu auf Verdeutschung des Landes durch Hereinziehung deutscher Ansiedler und Arbeiter aus. Im Herbst des Jahres 1861 schritten die Deutschen Posens bei den Wahlen zum Angriff. Ihre vorbereitenden Wahlausschüsse forderten auf: als Deutsche gegenüber den Polen zusammenzuhalten; immer sei den Polen gerecht begegnet worden, aber die gewählten polnischen Abgeordneten hätten beharrlich der Ausbildung von Verfassung und Gesetzen Widerstand entgegengestellt. Während jedoch die Polen, aller inneren Spaltungen ungeachtet, an den Wahltagen in geschlossener Ordnung stimmten, indem jeder der unter ihnen vorhandenen Mehrheit folgte, brachten die Reaktionäre, die sich nicht darein finden können, dass sie ja nur eine künstlich emporgehobene kleine Minderheit sind, mit dem völlig unberechtigten Ansinnen, dass die Abgeordneten aus ihrem bevorzugten

Häuflein genommen werden müssten, eine Theilung der deutschen Kraft zuwege. Die Juden, denen die Reaktionspartei das volle gleiche Staatsbürgerrecht vorenthält, wenden sich, wie es nicht anders sein kann, von den Deutschen ab, sobald diese ihnen zumuthen, für einen Reaktionär zu stimmen und ziehen als Vertreter einen freisinnigen Polen vor. Mancher Deutsche katholischen Bekenntnisses liess sich vom Priestereinfluss leiten. Die amtliche Einwirkung war mit seltenen Ausnahmen eine den Deutschen schädliche, denn mancher ergrimmte Deutsche schlug sich lieber zu den Polen, als dass er den Landräthen gefolgt wäre. So kam es, dass in streitigen Gegenden die Polen über die Deutschen die Oberhand behielten, obschon manchmal nur mit einem Mehr von 40, 24, ja selbst nur 12 Stimmen. Das Verhältniss der Wahlmänner ergibt ungefähr 12 polniche und 17 deutsche Vertreter: der Ausfall der Wahlen war jedoch ein ganz anderer: 1861 wurden nur 10, 1863 gar nur 8 Deutsche zu Vertretern gewählt. Auch sonst lähmte Manches die freie Bewegung der Deutschen. Bei dem wiederum entbrennenden Kampfe, der in Schriften geführt ward, wurde (1862) des Brombergers Kattner „deutsche Abrechnung mit den Polen" vom Grafen Chotowski als Hass und Verachtung gegen Staatsangehörige erregend und verläumderisch gegen den (polnischen) Adel vor Gericht gezogen, und Kattner, ein Wecker und Mahner der Schwankenden und Schwachen, als Störer des öffentlichen Friedens eingesperrt, wohingegen in polnischer Sprache geführte Angriffe gegen die Deutschen von Strafen ungetroffen blieben, sofern sie nur nicht geradezu den Staat antasteten. Die dem Gedeihen förderliche Eintracht zwischen den beiden Bestandtheilen des Landes ist auf lange hinaus gestört. Die Polen aber, denen so Manches günstig war, schwächten ihre Stärke selbst: denn ihre Theilnahme an der Erhebung Kongresspolens im Jahre 1863 brachte einen Abfluss polnischer Kräfte mit sich.

Die reaktionären Staatseinflüsse konnten der Bedeutung der Städte, sowie dem Deutschthume schaden, und eine Weile die Stimmung herunterdrücken, aber sie vermochten nicht die Gesinnung zu verderben und die treibenden Säfte zu vergiften. Der Geist der Freiheit brach trotz aller Unterdrückungsversuche und Hemmungen in den Städten durch. Die Haltung der meisten Stadtverordnetenversammlungen, der Ausfall der Wahlen zum preussischen Volkshause, wo die Deutschen deren Ausgang beherrschten, das Auftreten der Stadtvertreter auf dem posener Landtage beweisen einen glückverheissenden Fortgang. Im Landtage erhob sich z. B. am 28. November 1862 der Meseritzer Bürgermeister Scholtz mit der Erklärung: dass die Provinziallandtage in ihrer gegenwärtigen, aus den Zeiten der absoluten Regierung herrührenden Form eine dem Verfassungsstaate nicht mehr angemessene Einrichtung seien und bestritt ihre Zuständigkeit in Sachen, die über den Kreis der provinziellen Belange hinausgehen, Er wollte demzufolge kein Begutachten des Entwurfes einer Kreisordnung. Wie darauf die polnischen Edelleute auf die Sonderstellung des Landes als eines Grossherzogthums pochten, und seitens der Regierungspartei Bethmann Hollweg die alte absolutistische Anschauung vorbrachte, dass der Landtag, wenn die Regierung frage, Recht und Pflicht zum Begutachten habe, forderte Fraustadts Vertreter, Cleemann, eine abgesonderte Abstimmung der Städte.

In freier Gemeindeverfassung und Selbstregierung erhoben sich die Städte. Nur in der Freiheit, im Fleiss und in der Bildung haben sie ihr Heil.

GESCHICHTLICHE NACHRICHTEN

VON DEN

EINZELNEN STÄDTEN DES POSENER LANDES.

Adelnau, polnisch Odolanów, Odolanowo, Odelnow (im XIII. Jahrhundert Adalanow), in alter Zeit eine Burg am Flusse Bartsch, von Sümpfen und Waldung theilweise umgeben. Des Ortes Pfarrkirche ist alt. In der zweiten Hälfte des XIV. Jahrhunderts (vor 1378) gab König Ludwig das Schloss in Lehnbesitz dem Bartosch, der ein Sohn des in Polen eingewanderten de Chatel war. Später wollte derselbe König es ihm wieder entreissen und bot dazu 1381 die Macht Polens auf. Bevor es zum Kampfe kam, trafen die Grossen des Landes ein Abkommen mit Bartosch dahin, dass er Burg Adelnau sammt seinen übrigen Besitzungen in Polen dem Könige (regali mensae[1]), und zwar auf Grund einer von 4 Herren gemachten Schätzung, um 18000 Florenen überlassen solle. Der König verwarf diese Einigung, zahlte nicht, schickte in der zweiten Hälfte des Augusts 1382 ein Heer zur Belagerung aus. Da er aber während derselben starb, einigte man sich wiederum gütlich, dass eine Abschätzung erfolge und Bartosch um die ausgemachte Summe Adelnau überliefern müsse. Bald darauf (1383) nahm Herzog Konrad von Oels Adelnau ein[2], indessen kam es bald wieder an Polen zurück. Um die Burg erhob sich die städtische Ansiedlung: im XV. Jahrhundert war sie vorhanden, wenn auch noch klein. Nach der Veranlagung von 1458 hatte Adelnau 4 Krieger zu stellen. Die Burg selber verfiel allmälig: ihre Trümmer wurden im Jahre 1832 abgetragen. Adelnau kam wieder von der Krone an einen Herrn. 1578 war Johann von Zborowo Besitzer, später lange Zeit die Leszczynski. Böhmische Brüder hatten sich nach Adelnau gezogen, für welche die Leszczynski im XVII. Jahrhundert in ihrem Schlosse eine Kapelle einrichteten. Im dritten Schwedenkriege setzte sich hier anfangs mit den Sachsen König August II., hernach nahmen den Platz die Russen ein. In der letzten Zeit Polens (1782) steuerte Adelnau zur Quart 6117 p. Gulden. Die Einwohner bezogen ihren Holzbedarf aus dem nahen Walde frei. Am Ausgange des XVIII. Jahrhunderts hatte Adelnau eine jährliche Kämmereieinnahme von 65 Thalern und bestand aus 1 öffentlichen Gebäude, 3 katholischen Kirchen (von denen die Pfarrkirche eben neu gebaut war und als schön gelobt wurde), 1 evangelischen Kirche, 126 Wohnhäusern und 3 Mühlen. Es hatte 996 Bewohner. Von diesen waren 34 Juden. Die Mehrsten betrieben Ackerwirthschaft. Der Gewerbestand war: 3 Viehhändler, 1 Kaufmann, 3 Müller, 10 Schuster, 8 Schneider, 9 andere Handwerker, dazu 4 Gastwirthe, 3 Musiker und 3 Schulhalter. Es wurden 7 Kram- und Viehmärkte gehalten. Die Stadt hatte 3 Nachtwächter. In der Folge kam Gerberei in Aufnahme. Die Bewegung der Bevölkerung in unserem Jahrhunderte war folgende: 1816: 1112 Einwohner; 1837: 1605; 1843: 1827; 1858: 1819; 1861: 1931. Nicht ganz zutreffend mit diesen Ziffern ist die Angabe polnischer Gewährsmänner, denen zufolge Adelnau schon 1848: 1907 Bewohner gehabt haben soll, von denen blos 16 Deutsche gewesen seien, aber 1366 Polen, 526 „polnisch und deutsch[3]“. 1819 gab der König die Stadt dem Fürsten Thurn und Taxis. Im Jahre 1848 waren im April die Polen Herren in Adelnau, sammelten hier ihre Schaaren, verbarrikadirten die Zugänge zur Stadt und brachen 3 bei der Stadt über die Bartsch führende Brücken ab. Als am 22. April Oberstlieutnant von Bonin eine Abtheilung Jäger mit einigen Panzerreitern nach Adelnau abschickte, wurden diese mit Flintenschüssen empfangen. Die Glocken der Umgegend läuteten Sturm und grosse

1) Janko Czarnkowski archidiaconus gnesnensis (Sommersberg, silesiac. rer. script. II. 128. vgl. S. 120. 127. 137). Anders über Bartosch Szachnoja und Caro, peregrinus als Eigennamen auffassend und ihn vom Geschlecht Nalecz ableitend.
2) Dlugoss, historia polonica. Buch X. Leipzig 1711. II. 83. 3) Beweisende Belege zu dem Promemoria gegen den projectirten

Bauernhaufen eilten herbei, der Stadt zu Hülfe[4]. Es floss viel Blut, aber die Soldaten nahmen die Stadt ein und die Polenscharen zogen nach Raschkow ab.

Baranow, p. Baranowo (von baran, der Widder), am Bache Janitza, nahe der schlesischen Grenze, eine Stunde von Kempen, verlor 1631 bei dem grossen Brande seine sämmtlichen Papiere und Bücher. Da noch mehrere Orte gleichen Namens in Polen vorhanden sind, so steht nicht ganz fest, ob auf dieses Baranow die 1316 zu Bresche (Brest) ausgestellte Urkunde Herzog Wladislaw's zu beziehen ist, in welcher seine Getreuen und Diener Heustach und Johann, die Brüder Dulevici, bekennen, dass, falls sie dem Grafen Johann eine gewisse Schuldsumme nicht entrichteten, des vorgedachten Johann Gemahlin, Swanthoslava, ihr Erbe Baranow, das sie als Mitgift hatte, dem Grafen abtreten wolle[1]; da indess Swanthoslava's Gemahl Johann im kalischer Lande ansässig war, hat diese Annahme einige Wahrscheinlichkeit. Auch kommt noch 1388 in Urkunden ein Petrassius de Baranow vor[2]. Das posensche Baranow war eine adelige Stadt, doch wissen wir, wegen des Verlustes ihrer Urkunden, nicht, wann es Stadtrecht empfing; nur, dass es vor 1532 Stadt war[3]. Dem Hause der Tomicki gehörte und blieb Baranow bis zur neueren Zeit; im XVII. Jahrhunderte (1635) waren zugleich 2 Tomicki's und ein Walewski (letzterer vielleicht infolge der Verheirathung einer Tomicka) Erbherren. Aus den Landgerichtsakten erfahren wir, dass König Sigismund August am 12. August 1553 der Stadt einen Wochenmarkt für den Montag und 3 Jahrmärkte bewilligte und dass Sigismund III. einen vierten Jahrmarkt hinzufügte[4]; die Stadt erlangte von August II. am 17. November 1720 einen Freibrief über 6 abzuhaltende Jahrmärkte und brachte es bis zum Ablauf des XVIII. Jahrh. zu 7 Kram- und Viehmärkten. 1631 brannte die ganze Stadt sammt ihrer Kirche ab. Pleban Andreas Mossyn sorgte alsbald für den Wiederaufbau der Kirche, doch nicht auf der Stätte der alten, sondern in ihrer Nähe. Sie war freilich Holzbau. Gegen Ablauf des XVII. Jahrh. (1691) gab es unfern der Kirche ein Spital und eine Schule, und vor der Stadt lag noch die Adalbertskapelle. Im Spitale lebten damals 7 Arme. 1714 (oder kurz vorher) verzehrte eine Feuersbrunst 48 Häuser. Die Kirche wurde 1732 neu gebaut, doch wiederum von Holz, 1748 von einem Blitzstrahl schwer beschädigt. Ein Schulgebäude gab es 1778 nicht mehr, wahrscheinlich wurde auch gar nicht mehr Schule gehalten; denn in einem Bericht vom Jahre 1797 heisst es: schola hic non exstitit[5]. Am Ausgang des XVIII. Jahrh. war Baranow ein Ort von 86 Wohnhäusern und 1 Kirche mit 486 Einwohnern. Unter diesen waren 1 Müller, 12 Schuster, 8 andere Handwerker. Juden lebten in Baranow nicht. 1816 zählte es 534 Bewohner; seitdem hob es sich beträchtlich, denn 1837 hatte es 105 Wohnhäuser und 845 Einwohner, 1843: 891 Einwohner (2 katholische Kirchen), 1858: 900, 1861: 936 Einwohner.

Bartschin, Barschin, Bartzin, Bartschen, p. Barczyn, Barcin, wird im XV. Jahrh. zuerst (und zwar Barczino geschrieben) erwähnt. Unter den Bezeugern einer Urkunde ist nämlich am 1. Januar 1417 ein Edler Przeczlaus de Barczino. Weiterhin gehörte es einem Albert von Krotoschin, Kastellan von Schrimm[1], der an der Netze eine Wassermühle anlegte. Hierdurch erachtete sich der Bischof von Wladislaw, der also hier oder in der Nähe Besitz gehabt haben muss, beschwert, und rief 1460 den König an. Der Ausspruch des königlichen Gerichts fiel 1461 zu Ungunsten Alberts: die Wassermühle musste zerstört werden. Böhmische Brüder machten sich in der Folge hier ansässig und hielten eine Zeitlang eine Schule. Der Ort bekam Freibriefe über deutsches Recht und Jahrmärkte. Die Jahrmärkte setzten fest König Johann Kasimir zu Warschau am 16. April 1665 und Michael am 24. Januar 1671. Aber die

---

Anschluss des Grossherzogthums Posen an Deutschland (1848) S. 15. 4) So nach Bonin's Bericht. Derselbe gibt an, es seien nur ein paar Jäger, dagegen „vielleicht 100 Insurgenten" verwundet oder getödtet worden. Anders lautet die polnische Erzählung. Nach dieser hätten die polnischen Freischaren beim ersten Trompetensignal die Barrikade (!) und die Stadt zu verlassen im Begriff gestanden, als die preussischen Jäger Feuer gegeben hätten und im Sturmschritt ohne die mindeste Rücksicht auf wehrlose Leute vorwärts gelaufen wären, wobei sie, obschon sie nirgends auf Widerstand stiessen, alle ihnen Begegnende niedergemacht hätten.

Baranow. 1) Cod. dipl. Pol. II. 206. 2) Inventarium diplomatum in arce Cracoviensi per commissarios 1682 editum. Paris 1862. S. 237. 3) Von diesem Jahre giebt es ein Excerptum registri exactionum sive contributionum publicarum ex oppido *Baranow* in palatinatu Sieradiensi districtu Ostrzeszoviensi existente ad thesaurum regni importatarium angeführt: Kronika Parafialna Baranowska przez Fabisza. w Wroclawiu 1853. S. 2. 4) A. 1553 die Sabbathi, post festum S. Laurentii *Cracoviae* privilegium serenissimi Sigismundi Augusti super nundinas concessum per serenissimum Sigismundum III. cum adjectione quarti fori annualis eodem oppido concessi, confirmatum coram actis castrensibus *Ostrzeszoviensibus* feria IV. post dominicam Reminiscere quadragesimalem proxima a. 1608 oblatum. 5) Fabisz S. 45.

Bartschin. 1) Cod. dipl. Pol. II. 522—527.

Urkunden gingen verloren. Desshalb ertheilt am 24. Mai 1764 der Erbherr der Herrschaft, Johann Lochocki (Lachocki), einen Wiederherstellungsbrief, erklärte, dass diese Stadt sich des königlichen Rechts zu erfreuen habe und unter die Städte des magdeburger Rechts gezählt werden solle, dass dies magdeburgische Recht dasselbe sein solle, welches lateinisch Jus municipale genannt wird und den preussischen Städten, sowie denen der Halitscher Woiwodschaften zur Richtschnur dient. Die Hälfte des Stadtraths soll aus Deutschen, die Hälfte aus Polen bestehen. Zum Bürgermeisteramte wählt die Bürgerschaft alle Jahre 4 der Grundherrschaft Vorzuschlagende, und zwar 2 Polen und 2 Deutsche, von denen die Herrschaft einen Polen und einen Deutschen ernennt. Für ihre Bestätigung (Approbation) entrichtet der Bürgermeister 10 Dukaten, Kein Bürger darf anderswo Recht nehmen, als in der Stadt, hatte aber Berufung an die Schlossobrigkeit frei. In peinlichen Sachen durfte der Stadtrath nur mit Vorbewusst des herrschaftlichen Hofes erkennen. Jeder Bürger sollte ausgerüstet sein mit Schiessgewehr, Patrontasche, ein paar Pistolen und Seitengewehr, und war verpflichtet, auf Befehl der Stadtobrigkeit sowohl sich bewaffnet zu stellen, als auch die Kirchenumgänge mitzumachen. Dem Bürgermeister lag ob, nachzusehen, ob die Gewehre sich in gutem Stande befänden, und darauf zu achten, dass die Bürger mit ihnen einander keinen Schaden zufügten. Die bisherige Ordnung der Jahrmärkte wurde belassen. 1794 fiel bei Bartschin ein Treffen vor. In unserm Jahrhunderte war Besitzer ein Herr Kunkel. Man schätzte Bartschins Einwohnerzahl an dessen Beginn auf sechstehalbhundert, worunter 80 Juden. 1816 betrug sie: 378, nämlich 172 Lutheraner, 162 Katholiken, 40 Juden. Die Zahl der Feuerstellen war 64. 1837 hatte es 586 Einwohner und etwa 70 Häuser, 2 Kirchen und Synagoge, 1843: 710 Einwohner, 1858: 796, 1861: 851.

Baschkow, siehe Seite 233.

Bentschen, Bentschin, p. Zbąszyn, Sbenszin (in Urkunden: 1233 Banzin, 1243 Bauchin, 1245. 1247[1] Zbansim, 1246. 1292[2] Cbansin, 1278 Sbansim (Urk. CCIII), 1293 Bansim, 1312 Benschin[3], 1319 Bentzin, 1329 Bentschitz, 1432 Dzabanschin[4], 1434 Dzbaschin[5], 1438 Dzbanschyn[6], 1431. 1433. 1438. 1440 Dzbauschin, 1458 Dzbaszyn, 1468 Bandzin, 1524 Sbaszyn. Bogufal nennt es um die Mitte des XIII. Jahrh. Czwanszin und Dzbanszin) an dem Ober und einem Teiche gelegen, war ein altes Polenschloss. Ein langer schmaler Damm führt durch Sümpfe zur Anlage. 1233 wird ein Kastellan des Ortes, Namens Jaroslaus erwähnt[9], 1246 ein solcher Namens Trebeslaus, 1292 ein Albert. Die Handelsstrasse von Preussen nach Schlesien führte über diesen Ort, hier liess daher der polnische Herzog einen Zoll erheben. Desshalb wird der Ort in dem zwischen den polnischen Herzogen Premisl und Boleslaus mit dem deutschen Ordensmeister 1243 abgeschlossenen Handelsvertrage aufgeführt[10]. Im selben Jahre wurde er von Premisl mit Wällen befestigt[11], aber nicht lange darauf (1247) von ihm und seinem Bruder an den schlesischen Herzog Boleslaw abgetreten[12]; indessen behielt es der schlesische Herzog nicht: schon nach wenigen Jahren finden wir Premisl wieder als Besitzer. 1251 überfiel eine Räuberschar aus der Burg Lubusz Bentschen und nahm es ein. Premisl bot sogleich alle seine Mannen auf, um es ihr zu entreissen und lagerte sich vor die Burg; da übergaben sie die Burg ihm wieder gegen freien Abzug[13]. Er wies darauf Bentschen seiner Frau zum Wittwensitze zu. Es war der Mittelpunkt eines Kreises[14]. Nach seinem Ableben überliess Wladislaw Lokietek (1296) dem glogauer Herzog Heinrich die Einlösung des bentschner Landes von der Wittwe[15]. In der That kam nun diese Gegend zum glogauer Herzogthume. Doch schon 1319 traten sie die Herzöge Heinrich und Premko an den brandenburgischen Markgrafen Waldemar ab[16]. Indess auch unter brandenburgischen Herrschern blieb Bentschen nicht lange. Nach dem Erlöschen des askanischen Fürstenstammes zog es Herzog Heinrich wieder an sich. Als er 1329 in Abhängigkeit von Johann von Böhmen trat, war unter seinen Städten und Burgen Bentschitz[17]. Aber auch dies Verhältniss war von keinem Bestande. Wladislaw's Kriegsunternehmung brachte es auf die Dauer

---

Bentschen. 1) Raczynski, cod. dipl. maj. Pol. p. 28, 32. 2) Cod. dipl. Pol. I. 54, 146.; aus einer jüngeren Abschrift. 3) Stronczynski, S. 59. Cod. dipl. Pol. I. 311. 4) Raczynski, S. 85. 5) Cod. dipl. Pol. I. 317. 6) Ebenda II. 321. 7) Raczynski 164. 166. Cod. dipl. Pol. I. 311. 8) Raczynski 181. 9) Mosbach, Wiadomości do Dziejów Polskich. Breslau 1860. S. 11. 10) Raczynski, S. 25. 11) Bogufal's Chronik: Przemisl-aedificavit castrum Czanszin (Sommersberg Silesiacarum rer. script. II. 61, wo die Jahreszahl 1253 Druckfehler ist; nach dem Zusammenhange muss das Jahr 1243 bezeichnet sein). 12) Bogufal (Sommersberg II. 62). 13) Ders. S. 65 und Annalen (vor dem sogenannten Archidiaconus Gnesnensis) S. 84. 14) Urk. Sommersberg I. 869. 15) Urk. in Worbs' neuem Archiv II. 124, Minsberg, Geschichte der Stadt Gross-Glogau 1853, I. 157. vgl. oben Seite 198. 16) Gercken, Cod. dipl. Brandenburgicus I. 276. 17) Sommersberg I. 845.

an Polen. Bei dem innern Kriege 1383 machten die Burgleute von Bentschen Plünderungs- und Verwüstungszüge[18]. König Wladislaw II. begab sich seiner unmittelbaren Hoheit über Bentschen am 13. Januar 1393 zu Petrikau, indem er es mit Genehmigung seiner Grossen gegen die Burg Inowlodz an Johann und Abraham Nemersa vertauschte, und zwar gab er noch Kieblow dazu[19]. Die zu Bentschen gehörigen Dörfer, die dem Könige zustehenden Abgaben und Rechte kamen sonach an einen Unterherrn. Die neuen Besitzer nannten sich nach Bentschen: als posener Richter kommt 1432 ein Abraham de Dzabanschin vor[20]; nachmals hiess dieses Geschlecht von dem Orte Zbonski. Unter Abrahams Schutze setzten sich in der Hussitenzeit ketzerische Böhmen hier fest und verbreiteten ihre Lehre. Desshalb zog 1439 der posener Bischof Andreas von Buin, nachdem er den Abraham exkommunizirt hatte, mit Kriegsvolk gegen Bentschen, erzwang die Auslieferung der Ketzer und verbrannte 5 Hussitenprediger. Nachmals fand der Protestantismus nur geringen Eingang. Wann der Ort zu Stadtrecht gedieh, vermögen wir nicht anzugeben; 1468 war Bentschen Stadt und erhielt am 20. Mai vom König Kasimir ein Zollprivilegium. Um 1524 war hier noch keine königliche Zollstätte. Während des grossen Religionskrieges in Deutschland nahm die Stadt durch den Einzug von Protestanten zu. Die Kirche aber, in welcher die Lutheraner Gottesdienst hielten, wurde ihnen nachmals weggenommen. Im Jahre 1627 kam die eine Hälfte von Bentschen durch Verheirathung einer Zbonska mit Abraham Ciświcki an die Ciświcki's, und Bentschen stand nun unter zwei Herren. Im Jahre 1705 lagerte bei Bentschen das schwedische Heer Karl's XII. Ein Schützenhaus wurde von den Einwohnern eingerichtet. Die Herrschaft hielt in der Stadt 3 Krüge. Seit 1751 gehörte Bentschen dem katholischen Grafen Garczynski. Der Besitzer legte um 1800 eine Baumwollenfabrik daselbst an[21]. Der Garten neben dem herrschaftlichen alten Schlosse war wegen seiner Schönheit im Posenschen berühmt. Am Ende des XVIII. Jahrh. hatte Bentschen 1 katholische und 1 evangelische Kirche, 4 öffentliche Gebäude, 154 Wohnhäuser, 948 Einwohner (darunter 115 Juden), zum Theil Polen. Unter den Gewerbtreibenden waren 18 Branntweinbrenner, Weinhändler und Schänker, 18 Schuster, 12 Tuchmacher, 12 Schneider, 6 Huf- und Waffenschmiede, 6 Bäcker, 5 Töpfer, 4 Fleischer, 1 Brauer, 1 Uhrmacher, 3 Musiker, 5 Kaufleute. Die Stadt hatte 9 Kram- und Viehmärkte. Sie hielt 3 Nachtwächter. Die Kämmerei nahm jährlich 313 Thaler ein. 1816 hatte Bentschen 1110 Einwohner, 1837: 1638 in 195 Häusern, 1843: 1670, 1858: 1810, 1861: 1863.

Betsche, Betschen, p. Pszczewo, Pezewo, Przewo, Pschtschew, zwischen dem Chlopsee und dem Kachelsee. Zweifelhaft ist, ob es einst Psechen hiess; wäre dies anzunehmen, so gehörte es bis 1090 den Pommern und war damals eine Burg. Die noch nicht herausgegebenen krakauer Annalen erzählen nämlich, dass 1090 der polnische Herzog Wladislaw bei Psechen die Pommern schlug[1]. Er liess hernach die ehemals pommerschen Befestigungen verbrennen, also wohl auch diese. 1256 wird ein Kaplan von Pezow erwähnt[2]. Wenn das in der Urkunde Kasimir's vom 11. April 1350 angeführte Pezew (vgl. Buk Anm. 1) Betsche sein sollte, so wäre es damals ein dem posener Bischof zugehöriges Dorf gewesen und hätte an den Befreiungen der geistlichen Unterthanen Antheil gehabt. Wahrscheinlich ist dies, da Betsche eine geistliche Stadt war, als es unter preussische Herrschaft kam. In südpreussischer Zeit wurde Betsche bei der grossen Verschleuderung (s. oben S. 229) dem verschuldeten Generalleutnant Fürsten von Hohenlohe-Ingelfingen gegeben, von dem es an den Baron Hiller von Gärtringen überging. Der Ort bestand am Ausgang des vorigen Jahrhunderts aus 107 Wohnhäusern, 2 öffentlichen Gebäuden und einer katholischen Kirche, und zählte 581 Bewohner, zum Theil Polen. Die Bürger konnten gegen eine Abgabe von 122 polnischen Vierteln Holz frei nehmen. Gewerbtreibend waren 13 Branntweinbrenner, 1 Bierbrauer, 3 Bäcker, 10 Schneider, 7 Schuster, 7 Töpfer, 1 Uhrmacher, 1 Barbier, 1 Fischer, 3 Musiker, 9 andere Handwerker, 1 Kaufmann. Die Stadt hatte 9 Jahrmärkte. Juden gab es nicht in ihr; solche zogen nachmals an. 1816 zählte Betsche 958 Bewohner. Wohl seit dem Anfang unseres Jahrhunderts war Betsche das Nest einer weitverzweigten jüdischen Gaunerbande. Der vierte Theil der ganzen

---

18) Castrenses de *Dzbanczin*. Janko Czarnkowski, archidiac. gnesn. (Sommersberg, siles. rer. script. II. 143. vgl. S. 140. Auch ist es wohl das castrum *Bandzen*, von dem er S. 78 sagt, dass König Kasimir es besser befestigt habe. 19) Raczynski, S. 140—142. 20) Ebenda 146. vgl. 164. 166. 21) Struensee, Blicke auf Südpreussen. Posen 1802. S. 103.

Betsche. 1) Monumenta Germaniae historica XI. S. 445. Anm. 19. Dass Wladislaus über die Pommern „castrum eorum obsidendo triumphavit," sagt die unter Martinus Gallus Namen bekannte Schrift II. 1. 2) Posener Annalen (Sommersberg II. 37).

Einwohnerschaft bestand aus abgefeimten Menschen, die aus Dieberei ein Handwerk machten und ihr Unwesen auf ein weites Bereich ausdehnten. Hier war die Handwerksstätte, welche weit und breit die Diebe mit Handwerkszeug versorgte; hier wurden feile und falsche Zeugen beschafft. Die Judenältesten waren die ärgsten Diebe und Hehler, ja von der ersten Magistratsperson bis zum Ackerknecht herab war gewissenhafte Rechtschaffenheit verschwunden [3]. Im Jahre 1832 zerstörte die preussische Polizei, die bei Nachforschungen über mehrere in Berlin verübte Einbrüche in Besitz der Fäden gelangt war, dieses Diebesnest. Der Ort musste unter dem Beistand von Meseritzer Bürgern heimlich überfallen werden. Seitdem ist ein besserer Zustand eingetreten und die alten Vorwürfe haften nicht mehr. Gute Verwaltung wurde eingeführt und der Ort befindet sich in beträchtlichem Steigen. 1837 zählte Betsche 140 Häuser und 1174 Bewohner, 1843: 164 Häuser und 1427 Bewohner, 1858: 1770, 1861: 1810 Einwohner.

Birnbaum, p. Międzychód, Medzychod, Miedszychod, Mjendschychod, an der Warthe, gegen Ende des XIV. und in den ersten Jahrzehnten des XV. Jahrhunderts den glogauer Herzogen gehörig, bestand im XV. Jahrhundert als adlige Stadt. 1458 hatte es gegen die Reichsfeinde 4 Mann zu stellen [1]. Die Reformation drang auch hier ein. Grundherren waren die Ostrorog; von ihnen erkaufte den Besitz (1593) Christof von Unruh, der gern Evangelischen den Aufenthalt gewährte. Am 30. September 1677 fand sogar in Birnbaum eine allgemeine Zusammenkunft der Unität lutherischer Patrone und Pastore statt. Sie wünschten, es möge in der Schule darauf gesehen werden, dass „die Jugend in der Pohlnischen Sprache fundamentaliter informirt werde" [2]. Am 26. Mai 1795 verzehrte eine Feuersbrunst 5 öffentliche Gebäude und 109 Wohnhäuser. Die Stadt brachte es zu 7 Jahrmärkten und war am Anfange des XIX. Jahrh. ein Ort von 258 Wohnhäusern, von denen 4 massiv gebaut, 30 mit Ziegeln gedeckt waren, 1 Mühle und 5 öffentlichen Gebäuden, von denen eines die evangelische Kirche war. Die Gassen der Stadt gingen ungrade, bergauf und bergab. Jenseits der Brücke, ziemlich entfernt entstand die Vorstadt „Lindenstadt", in ihr war die lutherische Kirche und das herrschaftliche Schloss, welches zu den schöneren gehörte, auch Lindenanlagen. Eine Walkmühle vor der Stadt gehörte der Herrschaft. Die Einwohnerzahl betrug 1592, von diesen waren 348 Juden. In der Stadt gab es 1 Arzt, 2 Apotheker, 20 Kaufleute (9 davon Juden), 115 Tuchweber, -scherer und -bereiter, 71 Wollspinner (4 davon Juden), 8 Leinweber, 1 Leinenzeugdrucker, 3 Färber, 1 Walkmüller, 3 Bierbrauer, 12 Branntweinbrenner, 1 Weinhändler, 16 Fleischer, 7 Müller, 9 Bäcker, 2 Honigküchler, 32 Schneider (17 davon Juden), 34 Schuster, 10 Kürschner, 2 Gerber, 2 Sattler, 6 Stellmacher, 6 Töpfer, 5 Tischler, 4 Maurer, 3 Schlosser, 3 Böttcher, 3 Handschuhmacher, 3 Tabacksspinner (2 davon Juden), 2 Parchentmacher (Juden), 2 Hutmacher, 5 Barbiere, 2 Seiler, 2 Zimmerleute, 1 Glaser, 1 Kupferschmied, 1 Seifensieder, 1 Drechsler, 1 Schornsteinfeger, 5 Buchbinder (4 davon Juden), 1 Koch (Jude), 2 Gastwirthe, 6 Musiker (4 davon Juden). Die Stadt machte eine Kämmereieinnahme von über 1000 Thalern, hielt 2 Nachtwächter. Der in der Nähe befindliche Torf wurde noch nicht benutzt. Tuchweberei war der Hauptbetrieb, man schätzte den Werth der im Jahre gefertigten Tuche auf mehr als 50000 Thaler. Der Absatz des Tuches ging hauptsächlich in das innere Polen, nach Warschau. 1796 war Besitzer der Minister von Struensee, welcher die Herrschaft für 295000 Thlr. erkaufte. 1816 wurde die Tuchmacherei auf 102 Stühlen betrieben und ausserdem waren 70 Wollspinnmaschinen im Gange. Die Einwohnerzahl betrug 1861 [3]. Ohngeachtet der Absatz der Tücher durch die russische Grenzsperre Abbruch erlitt, stieg die Einwohnerzahl und betrug 1837: 2637, über ein Viertel Juden. Nach Einführung der Städteordnung (17. März 1833) bestimmte das Ortsstatut, dass nur ein Drittheil der Stadtverordneten Juden sein dürften. Ueber die Warthe führen zwei Brücken. Die evangelische Kirche wurde in neuerer Zeit neu gebaut; ausser ihr gab es eine katholische und eine Synagoge; ferner ein Armenhaus, ein Waisenhaus in dem nahebei liegenden Grossdorf (Wielka wieś). Ein Stadt- und Landgericht bekam seinen Sitz in Birnbaum. Ausser dem Schlosse zählte man 230 Wohngebäude. 1843 betrug die Häuserzahl 263, die Einwohnerzahl 2937. 1858 gab es 3240, 1861: 3285 Bewohner. Im Jahre 1848 bildeten die Bürger einen Ausschuss, um der Polonisirung zu widerstehen.

---

3) Thiele, die jüdischen Gauner in Deutschland. 2. Auflage. Berlin 1842. I. 42. 43.

Birnbaum. 1) Raczynski cod. dipl. maj. Pol. S. 181. 2) Die Beschlüsse derselben stehen in der handschriftlichen Meseritzer Chronik von Zappert. S. 410 ff. 3) Zufolge des Jahrbuches für die amtliche Stastistik des preussischen Staates 1862. S. 50: 1996.

Blesen, Blaesen, Blessen, p. Bledzewo, Bledzew (urk. 1312 Bledzow[1] und Bledzowe[2]), auf der Oberinsel, war lange den brandenburger Markgrafen gehörig. Hier soll schon 1260 ein Cisterzienserситz errichtet worden sein. 1312 schenkte es Markgraf Waldemar dem Cisterzienser-Abte im Kloster Gomeriz (oder Zemski). Damals war es noch Dorf. Durch Kasimir kam es zu Polen. Am Anfange des XV. Jahrhunderts, zwischen 1407—1414, verliessen die Cisterzienser ihr altes Zemski, erbauten sich in Blesen ein Kloster und blieben fortan hier. In einer den 21. November 1493 von Johann Albrecht ausgestellten Bestätigungsurkunde der Freibriefe dieser Cisterzienser heisst dieser Ort: sonst (alias) Szombritz. Im XVI. Jahrh. war die Ansiedlung Stadt. 1565 empfing sie von König Sigismund August eine Urkunde, worin ihr nicht nur Wochen- und Jahrmärkte gewährt wurden, sondern auch ihre Gleichstellung mit den übrigen Städten Polens ausdrücklich ausgesprochen war (**Urk. CCXXXVI**). Juden wurden von den frommen Mönchen nicht am Orte geduldet. Am Ende des XVI. Jahrh., 1592, verzehrte eine Feuersbrunst Kirche und Kloster. Erstere ward 1596, das Kloster 1607 neu aufgebaut. Der Abt war Provincial der Cisterzienser. Die Stadt brannte damals gleichfalls ab und ihre Urkunden gingen dabei zu Grunde. Desshalb erwirkte sie 1619 eine Erneuerung ihrer Rechte (**Urk. CCXXXVIII**), die auch Stanislaus August in Warschau 16. Juli 1767 bestätigte. Der Zins, welchen die Stadt an den Abt zu entrichten hatte, betrug 1742: 143 Tympfe 18 gr. Zwischen der Abtei und der Stadt wurden im XVIII. Jahrh. langwierige Streite geführt. Die Stadt brachte es zu 6 Jahrmärkten. Blesen hatte am Ausgange des XVIII. Jahrh. das Kloster mit 26 Geistlichen, 1 Kirche, 1 öffentliches Gebäude, 4 Mühlen, 101 Wohnhäuser, von denen 20 mit Ziegeln gedeckt waren. 649 Einwohner lebten hier, zum grössten Theil Polen. Davon waren 41 Branntweinbrenner, Weinhändler und Schänker, 10 Wollspinner, 10 Schuster, 7 Schneider, 5 Maurer, 4 Musiker, 3 Kaufleute, Tischler, Fleischer je 3. Ihr Erwerb war also vorwiegend Landwirthschaft; Brennholz erhielten die Einwohner frei. 29 Bürger durften Bier brauen. Das Flüsschen Puronket, welches hier in den Ober fällt, trieb 3 Mahl- und 1 Schrotmühle. 1816 war Blesen königliche Stadt geworden und zählte 832 Einwohner[3]. 1837: 1179, 1843: 1233, 1845: 1142 (?) Einwohner in 134 Häusern. 1858: 1452, 1861: 1498.

Bnin, p. auch Bnialy (in Urkunden: 1245 Benyn[1], 1248 Binin[2], 1433 Bnyno[3] und Bnyn[4], 1439 Bnin[5], 1446 Bnijn[6], bei Basko 1253 Bnyn[7] ebenso), zwischen zwei Seen, dicht neben Kurnik, war im XIII. Jahrhundert eine Feste der polnischen Fürsten und Starostensitz. Als 1233 Wladislaw Odo's Sohn vor Heinrich dem Bärtigen, dem schlesischen und krakauer Herzoge zurückweichen musste, zerstörte er durch Feuer die Burg, damit der Feind sich nicht in ihr festsetze; allein Heinrich liess, nachdem er soweit vorgedrungen, sie von neuem befestigen[8]. Doch bald darauf kam Bnin wieder an die Polenherzoge, und bei der Theilung von 1249 zwischen Premislaus und Boleslaus, fiel es letzterem zu[9]. Premisl behielt es anfangs und setzte den Bruder erst 1253 in Bnin ein[10]. Im XV. Jahrh. finden wir es in adligem Besitze. Es war um seine Mitte Stadt, aber klein; gegen die Reichsfeinde stellte es 1458 nur 3 Fussgänger. Die Stadt ward evangelisch und die Pfarrkirche wurde unkatholischen Händen übergeben: aber im Jahre 1566 bemächtigten sich die Katholischen ihrer wieder, worauf die Grundherrschaft der Gemeinde eine neue evangelische Kirche baute. Die Einwohnerschaft besass zusammen 850 Morgen Ackerfeld und kam zu 8 Jahrmärkten. Als Bnin unter Preussen kam, war sein Herr Graf Szoldrski. Juden gab es in Bnin nicht. Im Jahre 1800 bestand Bnin aus 141 Wohnhäusern (von denen 2 massiv gebaut, 7 mit Ziegeln gedeckt waren), 10 Mühlen, 2 Kirchen, 2 öffentlichen Gebäuden, hatte 954 Einwohner, theils Polen, theils Deutsche. Unter diesen waren 1 Arzt, 4 Musiker, 5 Kaufleute, 34 Schuster, 1 Leistenschneider, 18 Tuchmacher und Tuchbereiter, 14 Leinweber, 17 Kürschner, 5 Gerber, 1 Riemer, 11 Müller, 6 Branntweinbrenner, 1 Brauer, 2 Weinhändler, 8 Fleicher, 5 Huf- und Waffenschmiede, 1 Büchsenschäfter, 5 Stellmacher, 4 Tischler, 4 Töpfer, 4 Schneider, 3 Schlosser, 2 Oelschläger, 2 Barbiere, 1 Drechsler, 1 Seifensieder, 1 Maler, 1 Nagelschmied,

---

Blesen. 1) Raczynski cod. dipl. Maj. Pol. S. 95. 2) Ebenda S. 96, in welcher Urk. auch Grenzbestimmungen angegeben sind. 3) Nach dem 1862 erschienenen Jahrbuch für die amtliche Statistik des Preussischen Staates: 791.

Bnin. 1) Raczynski cod. dipl. Maj. Pol. S. 29. Allerdings gab es noch tiefer in Polen ein Dorf gleichen Namens (1432 stellte der gnesener Erzbischof eine Urkunde aus in villa *Bnijnij* prope *Pyotrkow*): wir glauben indess die nachfolgenden Anführungen auf das Bnin in Posen beziehen zu dürfen, weil die Zeugen, welche Herren von Bnin heissen, Würdenträger im Posenschen waren. 2) Mosbach, Wiadomości do Dziejów Polskich. S. 19. 3) Codex dipl. Pol. I. 311. 4) Ebenda II. 856 (1450) II. 897. 5) Ebenda I. 322. 6) Ebenda I. 329. 7) Basko's Fortsetzung des Bogufal (Sommersberg II. 66. 8) Bogufal's polnische Chronik (Sommersberg. Scriptores rerum Silesiacarum, Leipzig 1730. II. 59. vgl. dazu die polnischen Chroniken ebendaselbst S. 91). 9) Dlugoss, historia Polonica VII. Buch. Leipzig 1711. I. 711. 10) Basko bei Sommersberg, II. 66. Posener Annalen,

1 Böttcher, 1 Zimmermann, 1 Ziegelbrenner, 1 Maurer. Die Stadt hielt einen Nachtwächter. Zwischen Bnin und Kurnik lag das herrschaftliche Schloss und ein unbeträchtliches Grundstück mit Pappelweiden. Graf Szoldrski, Besitzer beider Städte, kaufte dasselbe an und stellte die Verbindung beider Städte um 1800 her; doch blieb ihre Verwaltung gesondert. 1816 zählte Bnin 1070 Einwohner. 1837: 1153 Einwohner und anderthalbhundert Gebäude; 1843: 1329 Einwohner, 1858: 1259, 1861: 1235. Bei der Erhebung der Polen im Jahre 1848 wurde auch in Bnin der Bürgermeister von den Polen abgesetzt[11], allein die deutsche Einwohnerschaft erhob sich sehr bald und begehrte Aufnahme in den deutschen Bund[12]. In der Nacht vom 7. zum 8. Mai plünderten Polen Bnin. Am 4. August 1862 machte ein Sturm binnen einer Viertelstunde mehr als 40 Häuser unbewohnbar und zerstörte 3 Windmühlen.

Bojanowe (Bojanow im XVII. Jahrh.), p. Bojanowo, lat. Bojanowa, Sitz des Geschlechtes der Junosz, die Bojanowski hiessen. Der Grundherr schlug sich zu den böhmischen Brüdern und räumte ihnen 1575 die Kirche des Dorfes ein. Dem Stanislaus Bojanowski gestattete König Stefan Bathori 1583 dieses Dorf zur Stadt mit deutschem Rechte zu erheben und befreitete die Ansiedler auf 4 Jahre von Schoss und Lasten. Ausser Wochenmärkten durften 4 Jahrmärkte gehalten werden. Der Stammsitz der Bojanowski war Bojanow oder Boyn in der schmiegeler Gegend, welches seitdem den Beisatz „Alt“ bekam, während die neue Stadt Neu-Bojanowe heissen sollte. Sie wurde regelmässig angelegt, und ihre Strassen mit Bäumen besetzt. Bei der Nähe der schlesischen Grenze zogen sich nach Bojanowe viele Protestanten, die ausserhalb des deutschen Reiches Schutz und Raum suchten und die Stadt wuchs. Ihre Tuchmacherei kam in Schwung, wiewohl das Tuch zum Walken 4 Meilen weit auf die nitscher Güter verführt wurde. Das Tuchgeschäft wurde so ansehnlich, dass fraustädter, rawitscher und andere Tuchmacher nach Bojanowe ihre Waare zum Verkauf brachten. Doch traf der katholische Druck auch die Bojanower, im Jahre 1620 wurde ihnen die Pfarrkirche genommen und den Katholischen zurückgegeben; sie bauten sich eine neue evangelische. Am 16. April 1638 ertheilte König Wladislaus IV. nochmals dem Stefan Bojanowski auf Baersdorf für die Einwohner der Stadt das deutsche Recht, welches das magdeburgische genannt wird, befreite sie von allen Roboten und von Einquartierung und nahm sie aus von allen polnischen Obrigkeiten und Konstitutionen, so dass sie in Rechtsstreiten und Strafsachen nur vor ihrem Bürgermeister, dem deutschen Rechte gemäss, erscheinen durften, ohne Berufung[1]. Bojanowe hat wiederholt durch Feuersbrünste gelitten, und so ist vielleicht anzunehmen, dass als ein Brand die Stadt verzehrt hatte, die hülflosen Einwohner sich zerstreuten, so dass 1638 eine neue Anlage nöthig wurde. Auch jetzt zogen sich wieder Lutheraner hieher, die dem Wüthen des Religionskrieges entgehen wollten. Aber es entstand nun in der Stadt Hader, weil jeder nach den Gesetzen seiner Herkunft leben wollte. Stefan gab desshalb am 22. April 1641 ein eignes Statut in deutscher Sprache, welches gebot, dass jeder Bürger mit Feuer- und Seitengewehr versehen sei, dass von der Stadt zwei in den benachbarten Städten übliche Rechtsbücher, nämlich sächsische und magdeburgische angekauft würden; ferner bestimmte er, dass, wenn ein Familienvater gestorben sei, der Stadtrath hinsichtlich des Nachlasses zwischen der Wittwe und den Kindern den gebürlichen Spruch spreche, nämlich einen Theil desselben der Mutter, zwei Theile den Kindern zuweise. Neben der Stadt wurde vom Erbherrn Boguslaw Bojanowski, vermöge eines von König Johann Kasimir am 20. August 1663 erlangten Freibriefes, eine zweite Stadt gegründet, die Boguslawowo heissen sollte. Sie hatte ihren eignen Markt. Allein man sah sie bald als die Neustadt Bojanowe an und bezeichnete die ältere Anlage als die Altstadt. Nachdem Preussen die Herrschaft erlangt hatte, wurden beide zu einem Gemeindewesen verbunden. Gebaut wurden schon vorher zwei Bräuhäuser, zwei Spritzenhäuser — wohl in jeder Stadt eines — und ein Schulgebäude. Der Ort brachte es zu 5 Jahrmärkten. Am 19. März 1647 hielt in Bojanowe die lutherische Geistlichkeit des Landes eine Zusammenkunft und hatte die Absicht, ein Gymnasium zu gründen, in welchem auch etliche Lehrer polnischer Sprache erhalten werden sollten, aber obschon der Herr von Bojanowski und andere anwesende Edelleute Beisteuern verhiessen, auch Rawitsch und Schlichtingsheim, jenes 75, dieses 80 Gulden, und Lissas Kaufmannschaft 70 G. gab, waren die Mittel nicht zu erschwingen. Noch mehrere Generalconvente der

ebenda S. 85. 11) K. W., die polnische Insurrection im Grossherzogthum Posen. Berlin 1848. S. 33. 12) Deutsches konstitutionelles Blatt, S. 26. Beilage zur posener Zeitung 1848.

Bojanowe. 1) Hiernach erschiene Bojanowe als neue Gründung, allein es handelte sich wohl nur um eine Wiederholung.

der Geistlichen fanden in Bojanowe statt[2]. Diese machten am 21. November 1651 hier aus, dass bei etwaigem Missverstand zwischen Lehrern und Zuhörern keine Berufung an eine Obrigkeit anderen Bekenntnisses geschehen dürfe. Der dritte Conventus Bojanoviensis beauftragte gewisse Personen auswärts Geld, behufs der Errichtung des Gymnasiums, zu sammeln: auch dies hatte keinen rechten Erfolg. Wohl bestand in Bojanowe eine Schule, allein sie genügte nicht. Der Convent von 1677 (13. und 14. Oktober) wünschte sie zur Aufnahme der adligen Jugend einzurichten[3], und erklärte, es sei im Werke begriffen, an der Schule einen Rektor und noch einen Lehrer anzusetzen, welche der polnischen Sprache mächtig seien[4]. Der Kurfürst von Sachsen wurde angegangen[5], der Adel strengte sich an und so kamen wirklich 2167 Gulden zusammen[6]. Eine Zeitlang wirkten nun an der Schule 6 Lehrer. Am Anfange des XVIII. Jahrh. fing die lutherische Gemeinde an einen Kirchthurm aufzuführen: der Weiterbau wurde ihr nicht nur gewehrt, sondern sie musste auch wegen des gemachten Versuches 1000 Gulden Strafgeld an die katholische Kirche in Bärsdorf (Golaszyn), zu der die wenigen katholischen Bojanower eingepfarrt waren, entrichten. Vom siebenjährigen Kriege litt Bojanowe. Die Russen nahmen im Herbst 1759 ihren Abzug aus Schlesien über die Stadt und lagerten sich in ihr 1760 und 1761. Später 1791 und 1792 betrafen die Stadt grosse Brände. Die Grundherrschaft erwarb 1794 Karl Sigismund von Unruh, im XIX. Jahrh. ein Herr von Zychlinski. Am Ausgange des XVIII. Jahrh. bestand Bojanowe aus 379 Wohnhäusern (von denen 15 Ziegeldach hatten), der Kirche, 10 andern öffentlichen Gebäuden, 37 Mühlen und hatte 2451 Bewohner. Von diesen waren 144 Juden, 80 katholischen Glaubens. Tuchweberei war Hauptnahrungsquelle. Es gab 248 Tuchmacher mit 45 Gesellen und 21 Lehrburschen, die jährlich ungefähr 8000 Stück grösstentheils in der Wolle gefärbter Tücher, im Werthe von mehr als 115,000 Thalern fertigten. 13 Kaufleute kauften auch aus der Nachbarschaft Tuch auf und trieben Handel mit Tüchern bis nach Russland. Gewerb treibend gab es ferner 3 Färber, 20 Leinweber, 1 Leinenzeugdrucker, 2 Leinwandhändler, ferner 38 Müller, 38 Mehlhändler, 18 Bäcker, 1 Honigküchler, 22 Fleischer, 24 Schuster, 16 Schneider, 16 Kürschner, 5 Tischler, 8 Brauer, nur 6 Branntweinbrenner, 5 Weinschenken, 1 Buchbinder, 23 Kaufleute, 1 Arzt, 1 Apotheker. Krammärkte wurden 5 im Jahr gehalten. Die Bürgerschule galt als gut. Die Stadt unterhielt 4 Nachtwächter. Sie hatte eine Kämmereieinnahme von 3543 Thalern, jedoch auch einige tausend Thaler Schulden. Im Jahre 1816 betrug ihre Einwohnerzahl 2692 (n. a. 2867); 179 Tuchwebestühle, 55 Wollkratz- und 70 Spinnmaschinen waren im Betriebe. Aber die russische Grenzsperre brachte die Tuchmacherei herunter und mit ihr die Stadt. 1837 war die Einwohnerzahl auf 2299, 1843 auf 2204, 1858 auf 1765 gesunken. Seitdem hob sie sich wieder ein wenig; sie zählte 1861: 2026. Die Städteordnung wurde am 24. Juli 1834 verliehen, auch eine höhere Bürgerschule eingerichtet. Gegen den polnischen Reorganisationsversuch des Landes trat die Einwohnerschaft Bojanowes, indem sie sich am 18. April 1848 bei der Versammlung in Rawitsch betheiligte, nachher bei Meseritz hielt, entschieden auf. Vor einigen Jahren brannte die Stadt bis auf wenige Häuser ab. Seitdem ward sie gut neu aufgebaut.

Bomst, p. Babimost (d. h. Weiberbrücke), gehörte bis 1307 einem pommerschen Geschlechte der Szwenca. Dann kam dasselbe aus dem Besitze des Ortes und Bomst wurde eine Stadt Herzogs Heinrich von Glogau und Sagan. Unter den Städten und Burgen, mit denen dieser sich 1329 der Hoheit König Johanns von Böhmen unterordnete, nennt er auch Babinmost[1]. Mit Schlesien vereint blieb es jedoch nicht, sondern kam bald darauf zu Polen. Eine Burg[2] war hier, und (wenigstens gewiss in späterer Zeit) der Sitz eines Starosten. Die Pfarrei vom Bomst gilt als eine der ältesten in diesem Landstrich. Im Jahre 1418 verschrieb König Wladislaus den Ort mit seinen Dorfschaften um 60 Mark an Nicolaus Tomicki[3], weiterhin, und zwar Schloss und Stadt (castrum, oppidum et tenutam Babimost), um 400 Mark prager Groschen und 100 polnische Mark an Mroczko von Lopuchow. Von diesem Mroczko löste es um die genannte Summe Peter Cordebog von Trzebawie 1426 ein und trat dadurch mit Genehmigung König Wladislaus II. bis zu ihrer Rückzahlung in Nutzung und Lehnbesitz von Schloss und Stadt[4], zahlte auch

---

Die Angabe seiner Stiftung 1583 ist aus Lipinski entlehnt. 2) Die Beschlüsse der 3 Generalconvente enthält Zappert's handschriftliche Chronik von Meseritz, S. 371—382. 3) Ebenda S. 406. 4) Ebenda S. 427. 5) Ebenda S. 431. 6) Ebenda S. 441. 449 ff.

Bomst. 1) Urk. in Sommersberg, scriptores rerum silesiacarum. I. 845. 2) 1370 *Babimost* castrum in graniciebus *Saxoniae*. Der Annalist in Lengnich's Kadlubekausgabe, S. 107. 3) Inventarium diplomatum in arce cracoviensi per commissarios 1682 factum. Paris 1862. S. 279. 4) Cod. dipl. Pol. I. 303.

noch 1432 für diesen Besitz 100 und 200 Mark[5]. Erhielt er das Geld zurück? Es scheint so, denn der König verfügte bald darauf wieder über den Ort und gab 1438 an Dobrogost von Kolno Verschreibungen auf Bomst über 200[6] und zwei Jahr später noch über 100 Mark[7]. Auch in dessen Gewalt kann der Ort nicht lange geblieben sein. Denn 1456 erhielt Nicolaus von Tomice eine Verschreibung auf Bomst über 200 Mark[8], wozu 1457 noch weitere 30 Mark kamen[9]. Schon 1459 gestattete der König wieder einem andern Herrn, dem Stanislaus Zbanski Bomst und Grätz von Tomicki einzulösen und verschrieb ihm auf diese Orte 1461: 1000 Mark[10], 1462: 200[11], 1468 noch 60 Mark[12]. Nach einer langen Zwischenzeit, während der wir von Bomst nichts hören, verschreibt wieder König Sigismund einem Nikolaus Tomicki 60 Mark auf Bomst, 1518[13]. Die Abstossung der Summen, für die Bomst ihm übergeben wurden, muss indess erfolgt sein, denn der Ort erscheint nachmals von keinem andern Herren als dem Könige abhängig. Als Stadt wird es zwar zu Anfang des XV. Jahrh. genannt; 1524 befand sich in ihr auch schon ein königliches Zollamt[14]; magdeburgisches Recht und alle Freiheiten der Stadt Posen soll es aber erst im Jahre 1530 von Sigismund I. erhalten haben. Im XVII. Jahrh. breitete sich auch in Bomst das evangelische Bekenntniss aus und wurde überwiegend. Die Evangelischen erlangten 1652 von dem Starosten Christof Zegotzki das Recht der freien Glaubensübung und die Erlaubniss zur Erbauung eines Bethauses. Wenige Jahre später, 1656 erlitt die Einwohnerschaft zweimalige Ausplünderung durch die Schweden. Später rafften sich die Katholischen; 1701 gründete der Bürger Kawczynski eine zweite katholische Kirche, die dem heiligen Hiazinth geweiht wurde, und 1739 wurde die Pfarrkirche neu aufgebaut und mit 2 Thürmen geziert. Das XVIII. Jahrh. brachte Heimsuchungen durch Seuchen und wiederholte Brände. Im Jahre 1710 starben über 600 Einwohner an der Pest. Am verderblichsten war aber die Feuersbrunst des Jahres 1781, die den grössten Theil der Stadt zerstörte, die beiden Kirchthürme und das evangelische Bethaus einäscherte. Damals sollen 800 Tuchmacher in Bomst gelebt haben. Da nun ohnehin ihr Geschäft durch die Unruhen sehr gelitten hatte, so zerstreuten sie sich nach dem grossen Brande; viele von ihnen wanderten nach Züllichau aus. Die Evangelischen erbauten sich 1782 an der Stelle ihres Bethauses eine Kirche. In der 2. Hälfte dieses Jahrhunderts war die Stadt auch wieder in Mittelbarkeit gefallen und gehörte erst dem Prinzen von Kurland Karl Ernst Biron, welcher den Evangelischen beistand, neben ihrem schlechten Bethause in der Vorstadt eine gemauerte Kirche zu erbauen, dann dem Grafen Peter Potocki, hernach dem Starosten Lukas Bninski. Im Jahre 1798 wurden die starosteilichen Güter dem preussischen Generalleutenant von Köckeritz geschenkt, der sie an den Ritterschaftsrath von Unruh verkaufte. Zu Ende des Jahrhunderts bestand Bomst aus 3 Kirchen, 2 andern öffentlichen Gebäuden, 254 Wohnhäusern, 1 Mühle und hatte 1412 Bewohner, zum Theil Polen. Unter den Einwohnern waren 205 Juden. Die Stadt besass das Vorwerk Kolige und ihre Kämmereieinnahme betrug 1392 Thaler; sie hielt 2 Nachtwächter. Gewerbtreibend waren damals 64 Schuster und dieses Gewerbe war im Aufblühen; das hier gefertigte Schuhwerk wurde verfahren. Die bomster Schuhe galten weit und breit als die besten und billigsten. 1810 überstieg die Zahl der Schuhmacher 80. Ferner arbeiteten 1800: 21 Wollspinner, 1 Leinweber, 1 Tuchmacher, 18 Kürschner, 13 Schneider, 5 Hufschmiede, 36 Branntweinbrenner, Weinhändler, Schänker und Wirthe, 3 Mehlhändler, 3 Müller, 5 Bäcker, 3 Viehhändler, 6 Fleischer, 2 Fischer, 3 Tischler, 3 Zimmerleute, 3 Böttcher, 1 Stellmacher, 1 Siebmacher, 2 Strohhutmacher, 1 Gerber, 2 Seiler, 1 Strumpfwirker, 1 Maurer, 1 Schornsteinfeger, 2 Barbiere, 3 Musiker, 1 Bildhauer, 3 andere Kaufleute. Die Braugerechtigkeit, welche an 38 Häusern haftete, nützte nicht viel, weil der Starost 5 Krüge hielt. Dieser besass in der Vorstadt 17 Häuser und ihm mussten in der Erntezeit 100 Sicheln gestellt werden. Einiger Weinbau wurde von den Bürgern getrieben. Etwa 140 Fass Wein zu 240 Quart gewannen sie im Jahre. Fünf Krammärkte fanden statt. 1816 betrug die Einwohnerzahl: 1697; 1837: 2152, 1843: 2278, 1858: 2275, 1861: 2323 Menschen. Die Stadt ist mithin in neuester Zeit stehen geblieben, wozu der Um-

5) Inventarium S. 281. 6) Wladislaus III. Dobrogostio de Colno castellano *Camenensi* in *Babimost* et adjacentiis summam CC marcarum assecurat. Inventarium S. 282. 7) Wladislaus III. Dobrogostio de Colno castellano Camenensi in castro et oppido *Babimost* et villis ejus centum marcas inscribit. Inventarium S. 283. 8) Casimirus rex Nicolao de Tomice vexillifero *Posnaniensi* et tenutario *Bidgostiensi* inscribit CC marcas in oppido *Babimost* in exemtionem advocatiae ejusdem oppidi expositas. Inventarium S. 285. 9) Ebenda. 10) Dass 286. 11) Dass. 287. 12) Dass. 288. 13) Dass. 293. 14) Raczynski, cod. dipl. Maj. Pol. S. 223.

stand beigetragen haben mag, dass keine Kunststrasse sie mit andern Orten verbindet. Die Städteordnung wurde erst am 24. Januar 1838 verliehen.

Borke, Borek (von bor, Fichtenwald, Forst), am Pogonnabache, im Besitze eines Grundherrn, erwähnt 1369, bestand als Stadt im XV. Jahrh.; 1458 hatte sie 8 Krieger zu stellen, war mithin nicht ganz klein. Dann schneiden unsere Nachrichten ab, wir wissen nur, dass die Kirche mit grossen Ablässen ausgestattet wurde, dass die Stadt zu 8 Jahrmärkten kam und dass in den letzten Zeiten des XVIII Jahrh. ein Herr von Nyeswasdowski sie besass. Im Jahre 1800 war Borek oder Borke ein Ort von 184 Wohnhäusern, 8 Mühlen, 1 Kirche und 1 anderem öffentlichen Gebäude und von 1160 Menschen bewohnt; 243 von diesen waren Juden, die andern Polen. Gewerbtreibend waren 4 Händler (Juden), 16 Leinweber, 8 Wollkämmer, 22 Schuhmacher, 18 Schneider (15 davon Juden), 9 Kürschner (5 Juden). 2 Gerber (1 Jude), 35 Branntweinbrenner (13 davon Juden), 13 Fleischer (10 Juden), 12 Bäcker (2 Juden), 7 Stellmacher, 7 Töpfer, 4 Potaschbrenner und 1 Seifensieder (beides Juden), 1 Musikant (Jude), 1 Barbier (Jude), 1 Schornsteinfeger, 1 Korbmacher, 6 andere Handwerker, kein Bierbrauer. Mit Wolle, Häuten, Leder, Leinwand, Leinöl, Branntwein wurde Handel nach auswärts getrieben. Bald darauf entstanden Potaschbrennereien, die Absatz in Schlesien fanden. Die Stadt hielt 2 Nachtwächter. Eine Tabacksfabrik wurde später angelegt, und die Gerberei nahm zu. 1816 zählte die Stadt 1160 Einwohner (Statist. Jahrbuch: 1230). 1837: 1728 Einwohner, 120 Häuser, Kloster und Synagoge; 1843: 1812 Einwohner, 1858: 1857, 1861: 1893. Am 22. März 1848 rissen die Polen in Borek die preussischen Adler herunter und verkündeten des polnischen Reiches Wiederherstellung[1]. Auch noch 1849 wurde in der Stadt gradezu die Herrschaft des Königs von Preussen in Abrede gestellt[2].

Brätz, Bräz. Brötz, p. Brojce, Broyce, Broyca, an der faulen Ober, nahe der brandenburgischen Grenze, unmittelbare Stadt. Die Einwohner trieben Gemüsebau und Viehzucht und hatten Braugerechtigkeit. Zu Fastnacht fand hier ein grosser Pferdemarkt statt. Die Stadt erhielt 7 Kram- und Viehmärkte. Tuchmacherei kam in der polnischen Zeit in Schwung und erhielt sich in der preussischen. Als die Reformation eindrang, nahmen die Evangelischen die Pfarrkirche auf dem Markte, sie wurde ihnen nachmals wieder abgenommen; die Evangelischen mussten sich mit einem Bethause behelfen. Da es indess beinahe gar keine Katholiken am Orte mehr gab, blieb die Pfarrkirche seit 1604 unbenutzt und fiel im XVIII. Jahrhundert ein. 1657 brannte ein grosser Theil der Stadt ab. Gegen Ende des XVIII. Jahrh. war Brätz dem Lukas von Brunski mit 311 Thalern zinspflichtig. Die Stadt hatte 1797 1 Rathhaus, 160 Feuerstellen und 979 Bewohner. 10 Judenfamilien lebten in ihr, die eine Synagoge hielten. 1816 waren 100 Tuchwebstühle und 25 Spinnmaschinen in Gang. Die Bevölkerung betrug damals 1176 Menschen (n. a. 1210), 1837: 1475 in 200 Häusern, 1840 gab es 205 Häuser, 1837 Bewohner. 1843: 1497, 1858: 1543, 1861: 1602 Einwohner. Als es sich 1848 um die polnische Reorganisation handelte, trat (Ende März) Brätz dem Verlangen von Meseritz bei, nach Abtrennung vom Grossherzogthum, um dem benachbarten Brandenburg zugeschlagen zu werden.

Bromberg, p. Bydgoszcz, Bydgoszcza (in Urkunden 1252 Bidgoszcza[1] und Budegostya[2], 1253 Bydgostia[3], 1286 Bidgostia[4], 1294 Bidgost[5], 1302 Bydgost[6], 1332 Praburch? 1386 Broburg u. Broberg, 1390 Bromberg u. Bedgosc[7], ebenso 1402[8], 1454 Bithgostia[9], auch Bygdoszcz, im XVIII. Jahrhundert auch noch Bramberg[10]), gelegen 53° 7′ 27″ N. Br. 15° 40′ 41″ O. L., trägt seinen deutschen Namen von der Brahe, an der es gebaut ist, die hier schiffbar wird. Die polnische Benennung wird gedeutet byt gości „Wohnung der Gäste", d. h. der Kriegsgesellen, aus welcher Erklärung Kühnast[11] herleiten wollte, dass hier um die Mitte des XI. Jahrh. unter Kasimir I. Befestigungen angelegt worden seien; diess ist jedoch ebenso wenig mit einiger Sicherheit zu folgern, wie die andere Behauptung, dass der alte Name der Burg

---

Borke. 1) Im Gegensatze dazu steht, dass polnische Bauern von Schellejewo in diesem Jahr nach Borek kamen und sich dort den Juden Ruben Wollmann ausersahen, der, weil sie nur polnisch sprechen konnten, mit ihnen nach Berlin reisen und vortragen musste: sie wollten nicht Polen, sondern Preussen sein und bäten, ja nicht dem polnisch zu reorganisirenden Landestheil zugeschlagen zu werden. 2) Denkschrift des preussischen Ministeriums vom 5. Dec. 1849.

Bromberg. 1) Cod. dipl. Pol. II. 602. 2) Voigt, cod. dipl. Prussicus, I. 84. Hasselbach und Kosegarten, Cod. Pomeraniae dipl. I. 951. 3) Ebenda I. 69. 4) Cod. Pol. I. 118. 5) Ebenda II. 126. 6) Ebenda II. 162. 7) Ebenda II. 779. 8) Voigt, Geschichte Preussens, VI. 314. 9) Raczynski, cod. dipl. Maj. Pol. S. 172. 10) Büsching's Erdbeschreibung, 8. Aufl. Berlin 1788. II. 106. 11) Kühnast, historische Nachrichten über die Stadt Bromberg. 1837. S. 13—15. Auch ob Bromberg, wie er S. 8 meint, dasjenige Castrum war, welches Boleslaw III. im Jahr 1120 in Brand steckte, sei dahingestellt.

im Munde der Deutschen Waro gelautet habe. Könnte man einem alten Stadtplane Gewährschaft zugestehen, so hätte Herzog Lesko der Weisse im Jahre 1200 daselbst die Feste errichtet. Gegen Pommern zu gelegen, war dieser Ort allerdings in früher Zeit die Stätte einer Burg: noch gewahrt man die Reste des alten Schlosses auf der rechten Seite der Brahe. Eine Brücke über den Fluss und eine Zollstätte gegen Pommern war hier um die Mitte des XIII. Jahrh.[12]. Auch eine Pfarrkirche entstand daselbst. Zu der Zeit, als der pommersche Herzog Swantopolk dem Polenherzog Wladislaus Odo's Sohn Beistand leistete, befand die Feste sich in pommerscher Hand, oder kam bei dieser Gelegenheit, als die Pommern sich auch in Nakel festsetzten, in pommersche Gewalt[13]. Den Pommern entriss sie 1239 der kujawische Herzog Konrad. Sie war nun Mittelpunkt eines Landstrichs[14] und Sitz eines Kastellans und eine Zollstätte für den Verkehr von und nach Pommern[15]. 1268 entriss sie ein getaufter Preusse, Theodricus, verrätherisch dem Semomisl und überlieferte sie dem krakauer Herzog Boleslaus[16]. Nach Verlauf eines Jahrhunderts wurde sie abermals den Polen auf kurze Zeit durch einen andern Feind entzogen. Herr von Bromberg und Wissegrod war nämlich zu Anfang des XIV. Jahrh. der kujawische Herzog Premisl; Lesko verpfändete 1309 den Ordensrittern einige Grundstücke in selbiger Gegend und in dem 1327 zwischen den Rittern und den Polen ausbrechenden Kriege bemächigten sich die Ritter auch der Burg[17]. Sie gaben indess nach wenigen Jahren in einem Waffenstillstande (1330) Bromberg heraus, nahmen es nach dessen Ablauf ohne Schwierigkeit (1331) ein, entsagten jedoch im kalischer Friedensschlusse (1343) seinem Besitz. Die Ortschaft auf der Ebene neben der Burg war darüber zu Grunde gegangen. König Kasimir aber gedachte hier eine neue Stadt zu schaffen, die den Namen Königsburg (Kunigesburg, Konigesburg)[18] tragen sollte. Also gab er im Einvernehmen mit seinen Grossen am 19. April 1346 den wüsten Platz dem Johann Kiessielhuth[19] und dem Konrad, damit beide auf ihm magdeburgischem Rechte gemäss eine Stadt anlegten. Beide wurden als deren Erbrichter bestellt. Der König bestimmte das Weichbild der Stadt[20]; 18 steuerfreie Hufen empfing sie von ihm zur Bestreitung ihrer Bedürfnisse, jeder der beiden Anleger bekam eine Hufe und ein Grundstück in der Stadt steuerfrei. Ausserdem war diesen Vögten der zehnte Theil des Weichbilds und Landes in Bielicze (Beelitz) zugewiesen. Die Bürger durften Münze schlagen und auf der Brahe mit Waaren schiffen, ohne dass der Burggraf sie hinderte. Ueber Schulen und Glöcknerei hatten die Advokaten mit den Rathmannen zu beschliessen, jedoch so, dass der Pfarrherr mit ihnen einverstanden sei. Satzungen für die Stadt mochten die Advokaten und Rathmanne treffen, waren indess dabei an des Burggrafen Zustimmung gebunden. Dem Gerichte des Königes unterlagen Advokaten und Bürger nur, falls sie mit dem königlichen Sigel vorgeladen würden, und sie durften alsdann nur nach

12) Voigt, Cod. dipl. pruss. p. 64 f. 13) Die polnischen Chroniken in Sommersberg, scriptores rerum silesiacarum II. 91, welche sonst aus Bogufal schöpfen, aber den Satz: Eodem anno dux Cuyaviae Bidgostiam r e c u p e r a v i t, nicht aus ihm nahmen. 14) Territorium Bydgoscense. Urkunde von 1299. Cod. dipl. Pol. II. 150. 15) Urk. v. 1252: in Budegostya thelonium solvit transiens supra pontem in Pomeranyam sive de Pomeranya. Hasselbach und Kosegarten, cod. Pomeraniae dipl. I. 951. 16) Basko Sommersberg II. 77. 17) Nach der gewöhnlichen Angabe, derzufolge die Ritter ein zu ihnen übergegangener Woiwode Zamotuli anführte, im Jahre 1331. Caro setzt in seiner Geschichte Polens. Gotha 1863. S. 137. Anm. 1, die Einnahme der Burg durch den Führer der Ordensritter Otto von Lutterberg in's Jahr 1329. Der Annalist in Lengnich's Kadlubekausgabe S. 104 sagt: 1332 exeuntes cruciferi in cena domini vallaverunt civitatem Biczeszeze (?) quam impugnantes quatuor diebus cum machinis et aliis instrumentis eo quod pauci milites essent in ea, ipsam per traditionem aliquorum civium septimo die obtinuerunt et Wladislavia junior sponte se subdidit eis. 18) K ü h n a s t schreibt S. 79 Kunygessburg. 19) L i p i n s k i schreibt I. 320 diesen Namen Kresielhuth. 20) G a d e s (oben S. 25. Anm. 6) wird von Kühnast durch G r ä n z h a u s e n erklärt. Die Urkunde von 1346, welche nach der 1484 gegebenen Bestätigung abgedruckt wurde, ist mir noch in zwei späteren Bestätigungen von 1545 und 1558 zugänglich geworden, deren hauptsächlichsten Abweichungen ich hier nachtrage: I. (1545) S. 24 letzte Zeile i n (statt a). S. 25 Z. 4 hinter nec non der vollständige Titel terrarum Sandomiriae, Siradiae, Lencitiae, Cujavie, Pomeraniae. Z. 7 praesens s i m u l et. Z. 8 Kyesselhulth (1558: Kiesselhuth). Z. 8, 9 in beiden (statt aream unam cum planicie) unam planiciem. Z. 11 conservando quod oppidum Kynigesburg (1558: Konygessburg). Z. 15 commutandam, dandam, donandam. Z. 21 r e l i q u a (statt reliquo). Z. 24 sanctae Mariae (auch 1558). Z. 29 cedet pro (et fehlt in beiden), 31 campanatiam (statt campanantia, was die naheliegende Vermuthung campanaria ausschliesst). Z. 32 conferant c u i v o l u e r i n t propter. Z. 33 contigeret (1558: contingeret). Z. 34 arguerent. Z. 38 Konygsburg. Z. 40 Junivladislaviam (in beiden statt Wratislaviam), (1558: Z. 41 Biszovia). Z. 42 Sachticze (1558: Zachticze), Nenycze, Mizluczyn. Z. 43 l a c u m (in beiden statt locum). S. 26 Z. 3 oppidi utilitate (et f e h l t in beiden), quidem in graniciis. Z. 5 futuro Z. 6 Kunigesburgk (1558: Kunigsburg). Z. 9 praedicto et extra. Z. 11 habebunt. Z. 13 quod (statt cum). Z. 17 Byelycze. Z. 18 per (statt perpetuo). Z. 19 licto (statt nostro). Z. 20 graniciis. Z. 26 Drba. Z. 29 (1558: granicias). Z. 31 nobis d u o d e n a r i i. dictos insuper advocatus. Z. 33 fehlt in beiden das zweite et. Z. 35 granicïis. ampliorem insuper omnia jura polonica. Z. 36 fehlt in beiden sen. Z. 37 removemus (in beiden) statt eximimus; liberamus, ebenso Z. 38 graniciis m a n e n t i b u s. Z. 39 fehlt in beiden impedimento. Z. 42 oppidum Knnigsberk praedictum (1558: Kunigessborg). Z. 43 fehlt insignitam. S. 27 Z. 1 quotiescunque (in beiden). Z. 2 inconvulsa (in beiden). Z. 3 Konygsburg (1558: Konigessburg) in beiden fehlt praedictum. Z. 5 dari. Z. 7 Bresth (1558: Breszth). Z. 8 venerabilibus et reverendis Jaroziao. Z. 9 (1558: Brzesstensi) Wolski (1558 Volszkii). Z. 10 (1558) Wladiszlaviensi. Z. 11 beide Tomislai. Z. 13 praeterea civitas praedicta quanto magis

den magdeburger Bestimmungen gerichtet werden. In wichtigerern Sachen stand den Bürgern auch eine Berufung an den Burggrafen offen, doch war dieser an deutsches Recht gebunden; sonst ging die Berufung vom Spruch der Schöffen an den Rath, und wofern dieser nicht Bescheid wissen sollte, war der wlozlaweker Rath zu befragen. Auferlegt wurde der Stadt zu Kriegszeiten 1 Geharnischten und 1 Leichtbewaffneten zu stellen. Jeder Bürger hatte von der Hufe jährlich 3 Groschen zu steuern: davon kam ein Drittel den Rathsherren zu Gute; die beiden andern bezogen der König mit den Advokaten. Von den Gefällen der Verkaufstätten und Badestuben sowie dem Ertrage neuer Einrichtungen behielt sich ein Drittel der König vor, ein Drittel war Antheil der Vögte oder Advokaten, das letzte gehörte der Stadt. Die Vögte wurden gehalten von ihren Gerichtseinnahmen zwei Drittheile an den König abzugeben; vom Ertrage der Mühlen, die sie anlegen durften, hatten sie ihm nur ein Drittel zu verabfolgen. Den Gewinn vom Münzen behielt sich der König ganz vor (**Urk. XXIV**). Ein schwunghafter Handel wurde getrieben. Das Schloss baute auch Kasimir weiter aus und befestigte es besser. Die Stadt gedieh rasch. Zeugniss für ihr Aufkommen ist, dass im Jahre 1370 der bissauer Abt seine Stadt Polnisch-Krone anwies, nöthigenfalls Rechtsbelehrung bei den Bidgoster Rathmannen zu suchen (**Urk. XXX**). Der vorgeschriebene Name Königsburg kam jedoch nicht in Gang; in einer deutschen von den Pommerschen Herzogen am 10. Juli 1386 ausgestellten Urkunde finden wir statt seiner den jetzigen Namen Broburg und Broberg und weiter in einer lateinischen vom 25. Januar 1390 Bromberg[21]. Der Fortsetzer des Peter von Duisburg, Wigand, nennt es um diese Zeit Brawenburg. Kasimir überliess Bromberg sammt dem umgebenden Lande seinem Neffen Kasimir von Stettin als Lehn 1370. Nach dessen Ableben fiel es 1377 an Polen zurück, wurde aber sogleich wieder von König Ludwig lehnweise vergeben an seinen eignen Neffen Wladislaw von Oppeln. Nun stand es ein paar Jahrzehnte unter der Herrschaft der schlesischen Herzoge. Im Jahre 1390 wies er Stadt und Schloss und Kreis als Mitgift seiner Tochter dem Herzog Alexander zu[22]. Doch trachteten die stettiner Herzoge sehr nach dem Besitze von Bromberg und suchten sich zu seiner Erlangung des Deutschordens zu bedienen[23]. Doch als Alexander 1391 vergiftet kinderlos starb, ward es wieder zu der polnischen Krone gezogen. Wiewohl die Stadt noch klein war und Waldung noch bis an's kujawer Thor, d. h. an den Anfang der heutigen Friedrichsstrasse reichte, so herrschte doch schon ein reges Leben. Tischler, Drechsler, Glaser erwirkten sich 1369 einen Freiheitsbrief. Danziger Handelsleute machten in Bromberg so ansehnliche Geschäfte, dass sie daselbst von 1371 bis 1430 eine eigne Niederlassung hielten. Auch Mönche zogen sich in die Stadt. Ein Karmeliterkloster wurde um 1400 auf dem Nordufer der Brahe gegründet[24]. Als darauf im Sommer 1409 der grosse Krieg zwischen dem Orden und Polen sich erhob, entlud sich sogleich der Zorn der Ritter über der Bürger von Bromberg ausgebreiteten Handel. Heinrich von Schwelborn, der Pfleger von Tuchel, und Gamerad von Pintzenau, Komthur von Schlochau verheerten und verwüsteten mit ihren Kriegshaufen das Land. Sie rückten vor Bromberg, berannten die Burg zwar ohne Erfolg, aber gewannen sie dennoch durch Verrath und äscherten nun die Stadt ein: die Kirche und alle Häuser brannten nieder. Menschen und Vieh schleppten sie von dannen[25]. Auf diese Kunde eilte König Wladislaus (im September) mit seinem Heere gen Bromberg, beschoss mit schwerem Geschütze die Burg, und nahm sie nach achttägigem Angriff stürmend ein. Ohne Zögern liess er die Befestigungswerke neu ausbessern. Die Kriegswogen wälzten sich mehrmals über die unglückliche Gegend. Indessen erhob sich die Stadt von neuem und zwar jetzt, ohne dass Erbvögte über ihr gestanden hätten. Im Jahre 1425, als die Stadt dem Wladislaus huldigte, walteten an ihrer Spitze nur 1 Bürgermeister, 10 alte und neue Rathsherrn, 7 Schöffen (**Urk. LI**)[26]. Im nämlichen Jahre erlangte

---

gracia. lib. n. foret. Z. 16 poterint. 21) 1386 „adir das land zu Broberg“ und „uff allen czollen in den vorbenampten landen Dobrin und Broburg“ heisst es in ihr (Cod. dipl. Pol. II. 768); leicht kann der M-strich, der oft sehr dünn gemacht wurde, vom Abschreiber übersehen oder vor Alter verwischt sein; doch ist, wenn der Name von der Bra herrührt, Broberg die ältere Form. 1390 lesen wir: civitatem et castrum Bromberg und terre Brombergensis (Cod. dipl. Pol. II. 775). Caro S. 171 sieht ihn schon 1332 in Praburch, Cod. dipl. Pol. II. 250. Kühnast kennt S. 32 erst das Jahr 1402, in welchem das erstemal der deutsche Name urkundlich vorkomme. 22) Cod. dipl. Pol. II. 773 u. 779. 23) Ebenda 468. 24) Das Kloster bestand sicher 1408: Schenkungsurkunde an dasselbe Cod. dipl. Pol. II. 821, wonach Kühnast S. 39 zu berichtigen. Bäck, die Provinz oder das Grossherzogthum Posen 1847, S. 64 gibt an, dass in Bromberg einst ein Konvent der Templer gewesen sei. 25) Johann Lindenblatt's Jahrbücher, geschrieben 1419 ed. Voigt u. Schubert S. 195 ff. Der Annalist in Lengnich's Ausgabe des Kadlubek S. 110 sagt dagegen: castrum Bydgoszcza occupaverunt ibidemque hominum non modicam stragem facientes villasque universas una cum oppido Bydgoszcza concremantes predam permaximam ex eisdem rapientes in propria deduxerunt. 26) Diese Urkunde war

die Stadt von diesem Könige die Erneuerung ihrer Urkunde von 1346 nach einer kurz vor dem Brande, bei welchem ihre Briefschaften Asche geworden waren, von dem Vicekanzler in die Register der polnischen Reichskanzlei eingetragenen Abschrift (**Urk. LIV**). Brombergs Bestimmungen wurden schon im Jahre vorher Fordon zum Muster seiner Einrichtungen vom Könige zugewiesen (**Urk. L**). Bernhardiner liessen sich im XV. Jahrh. und zwar ausserhalb der Mauern im bisherigen Schlossgarten neben der Aegidienkirche nieder[27]; sie predigten deutsch[28]. Einer Schule geschieht 1466 Erwähnung[29]. Gewiss aber war es der Stadt nicht förderlich, dass sie schon 1441 ihre Unmittelbarkeit einbüsste, indem der König Burg und Stadt, zusammt Fordon, Schulitz und Gnifkowo seinem Getreuen Nikolaus Stiborze von Scharley auf Lebenszeit unter der Bedingung zuwies, dass alles zusammen von seinen Erben um 5736 ungarische Goldgulden eingelöst werden könne[30]. Diese Pfandsumme ward in den beiden folgenden Jahren noch um 1000 und wieder 1300 ungarische Gulden und 200 Mark erhöht[31]. Als 1455 der König, um den Heeresbedürfnissen zu genügen, eine vorübergehende Steuer von 2 Groschen auf alle Stadtbürger legte, überliess er deren Erhebung dem Nicolaus innerhalb seines Pfandbesitzes[32]. 1457 ging diese Zwischenherrschaft von Nicolaus von Stiborze an Johann von Koszczelecz über[33]. 1497 verschrieb der Konig noch 2200 ungarische Gulden dem Nicolaus von Koszczelecz auf die bromberger Mühlen[34]. 1515 bestimmte König Sigismund die Rückkaufssumme auf 13771 ungarische Gulden und 2408 polnische Gulden (vgl. Gnifkowo, Anm. 10). Wann Bromberg aus der Herrlichkeit der Koszczielecz wieder unmittelbar unter die Krone kam, ersehen wir nicht.

Vortheilhaft war es der Stadt jedoch sicherlich, dass durch den thorner Frieden 1466 Westpreussen zu Polen geschlagen wurde, weil ihr Verkehrsleben beständig in's Preussische hinüberging. Bromberg trieb einigen Handel, unter anderm mit Bier (**Urk. LVIIII** von 1436, **LXIV** von 1450) und mit Getreide, das zu Wasser nach Danzig verführt wurde (**Urk. LXXII** von 1487). In Jungleslau wurde der Verkauf von bromberger Bier verboten, damit das eigne Gebräu Absatz finde. Nach Wlozlawek wurden auf der Weichsel Handelsgeschäfte getrieben[35]. Die Stadt selbst wurde von den Bürgern mit einer Maner umgeben. Damit sie besser für die Befestigung sorgen könnten, gestattete ihnen König Kasimir 1448, als er den Stiftungsbrief bestätigte, einen Wochenmarkt am Sonnabende und 3 Jahrmärkte, sowie freies Schiffen mit Waaren auf der Weichsel (**Urk. LXVIIII**). Unmittelbar danach wurde auch (1487) eine Gilde der Schiffer (Schiffsbesitzer, Steuerer oder Plathmanni und Ruderknechte) errichtet und in ihren Satzungen von dem Grundherrn und Starosten Andreas von Koszczielecz bestätigt (**Urk. LXXII**). Die Schiffseigner trieben auch Handel auf eigne Rechnung und Getreidehändler rechneten sich zu dieser Gilde. Bemerkenswerth ist, dass in dieser Urkunde wieder eines advocatus oder Vogtes gedacht wird. König Johann Albert errichtete im letzten Jahrzehnt des XV. Jahrh. auf der Brahe einen Zoll, der den nach Danzig schiffenden Brombergern beschwerlich fiel; 1501 rief die Stadt unter Bezug auf ihre Freibriefe den neuen König Alexander dagegen an und dieser bestimmte 1502, dass sie wenigstens auf der Rückfahrt von Danzig die Brahe befahren dürften, ohne Zoll zu entrichten (**Urk. LXXVI**); 1520 ertheilte der König einen zweiten Freibrief zu Gunsten des bromberger Handels; in diesem Jahre 1520 fand in Bromberg ein Reichstag statt: vielleicht wurde bei dieser Gelegenheit jene Urkunde ausgestellt. Im XVI. Jahrh. stieg der Absatz des verführten Bieres und kam auch noch Töpferwaare, die in Bromberg gebrannt wurde, in auswärtigen Vertrieb. Holz aus den nahen Forsten wurde auch stromabwärts zum Verkaufe gebracht. Die Rückfracht bestand hauptsächlich aus Weinen, Häringen, Salz, Pomeranzen. Um 1522 legte der König eine Niederlage seines gallizischen Salzes an, indess ward dieselbe nicht reichlich genug versorgt, wesshalb 1563 König Sigismund II. einen Freibrief ausstellte, vermöge dessen, wenn Salz ausginge, den Brombergern Einfuhr von grobkörnigem, überseeischem Salz unter den Bedingungen gestattet war, dass alsdann von jeder Last 3 poln. G. an seinen Salzvorsteher abgeführt wurden, und dass, wenn selbiger anzeige: es

Kühnast unbekannt. Sie bestätigt seine Annahme über das Erlöschen der Vogtei. Auch die Verleihungsurkunde von 1441, welche dem Nikolaus von Stiborze Gnewkow cum advocacia ejus gibt, nennt blos castrum nostrum et civitatem Bidgoscza. 27) Kühnast S. 40. 28) Ders. S. 53. 29) Ders. 39. 30) Cod. dipl. Pol. II, 870; vgl. dazu Gnifkowo, Anm. 6. 31) Inventarium omnium et singulorum privilegiorum, litterarum, diplomatum, scripturarum et monumentorum quaecunque in archivo regni in arce cracoviensi continentur per commissarios confectum 1682. Paris 1862. S. 330 und Cod. dipl. Pol. II. 493, woselbst Nicolaus „de Scharley" heisst. 32) Ebenda II 906. 33) Ebenda II. 913. 34) Inventarium S. 331. 35) Des englischen Arztes Bernhard Connor Beschreibung des Königreichs Polen, in der lateinischen Uebersetzung: Mizler de Kolof, Historiarum Poloniae Collectio magna.

werde in 6 Wochen gallizisches Salz zur Stelle sein, nach deren Ablauf ihm alles alsdann noch vorräthige fremde Salz zur Versigelung gegeben werden müsse und jeder weitere Verkauf mit einer Busse von 14 Mark poln. belegt sei[36]. Dass Landleute gewerbmässig Fuhrwesen in die Stadt hinein trieben, litt Bromberg nicht. Fuhrleute sollten in der Stadt hausen. Die Schiffer der Gilde strebten nach ausschliesslicher Berechtigung und erwirkten 1574 von König Heinrich nicht nur die Bestätigung ihres Zunftbriefes, sondern auch den Zusatz, dass keiner als ein Gildebruder Waaren zum Verkaufe von und nach Danzig, oder anderswohin auf dem Fluss fahren dürfe, auch dass niemand in die Gilde aufzunehmen sei, als wer in Bromberg ansässiger Bürger ist; welches Mitglied seine Speicher oder Grundstücke veräussern wolle, der müsse sie den Gildebrüdern zum Kaufe anbieten. Zurückgebrachte Waare sei nur in ihren Speichern und Häusern zu bergen und nur in der Stadt zu verkaufen. Zu gleicher Zeit erhielten sie die Berechtigung, unterwegs Frachten nach Danzig zu nehmen, woran sie Danziger und Thorner hatten hindern wollen (**Urk. CXXI**). Um die Schiffahrt im Zuge zu erhalten, wurde mit grossem Aufwand die Brahe gereinigt und für ihre Schiffbarkeit gesorgt. Ueberhaupt hob sich Bromberg im Laufe des XVI. Jahrh. zu einem der bedeutendsten Handelsorte Polens.

Die Stadt war also im Wachsen. Sie verwand die Pestjahre 1495, 1497 und 1585 (ob auch 1504 und 1564 Seuchen wütheten?) und den Brand, der sie 1511 oder 1512 traf (nach welchem ihr vom König Sigismund das Czopowe oder Zapfengeld, welches auf die Tonne Bier ungefähr 10% ausmachte, zwei Jahre erlassen ward). Die Danziger Vorstadt jenseits der Brahe war schon am Anfange des XVI. Jahrh. entstanden. Im Süden begrenzte sonst die Brahe, im Norden Höhen und Reste alter Umwallungen (die „Schwedenberge") die Stadt. Das Rathhaus hatte einen Thurm, die Stadt war umwallt. An beiden Ufern der Brahe waren Reihen von Speichern gebaut. Im Besitze der Stadt waren die Güter Beelitz, Lochowo, Grodztwo und der Wald bis Mislezinek gehörte ihr auch. Indess die königlichen Bauern von Bartelsee (Bartlodzeye) nahmen sich heraus, in diesem Walde Bienenzeideleien anzulegen. Nachdem die Stadt lange Zeit vergebens sich darüber beschwert hatte, wurde sie klagbar, und das Gericht zu Bresze erkannte 1504 in ihrem Sinne und untersagte jenes Gebahren den Bauern (**Urk. LXXVIII**). Vom Münzrechte machte die Stadt Gebrauch; es arbeitete ab und zu in ihr eine Münze. Erhalten sind noch bromberger Thaler, bromberger Solidi, im XV. Jahrh. geschlagen, und bromberger Groschen vom Jahr 1650[37]. König Sigismund III. besichtigte mit seinem Sohne 1623 die Münze. An der Stätte, wo sie war (der Plan Brombergs, den Puffendorf in seine Vita Caroli Gustavi aufgenommen hat, bezeichnet sie: es ist die der nachmaligen Herkulesmühle) hat man noch in unserm Jahrhunderte Silberbarren und Platten aufgefunden. Zur Anlegung von Wasserleitungen — der Stadtschleuse — wurde die Stadt 1523 vom Könige befugt[38]. Frei zu fischen bis zu den Grenzen der Stadt gewährte den Bürgern König Stefan im Jahre 1577. Ihre Freibriefe liess die Stadt sich bestätigen von den Königen Sigismund I. 1545 (**Urk. CIV**), Sigismund II. August 1558 (**Urk. CX**). Die Instandhaltung der Brücken lag der Stadt ob. In Rücksicht darauf befugt sie König Stefan 1577, von jedem Schock Flossholz ein Stück als Abgabe zu nehmen. Unter den Handwerkern werden in erster Reihe Schuster und Töpfer genannt, demnächst Weber, Zimmerleute, Maurer, auch Pflasterer und im Jahre 1590 Glasmaler[39]. Der namhafte Gewinn, den der Getreidehandel abwarf, lockte in diesem Jahrhunderte viele Edelleute an, sich in Bromberg als Getreidehändler niederzulassen; manche entzogen sich aber den Leistungen, welche den Bürgern oblagen. Deshalb erwirkte die Stadt 1558 von Sigismund II. eine Erklärung, wonach niemand, der in Bromberg ansässig sei, oder ein Gewerbe betreibe, durch den König befreit werden könne von der Gerichtsbarkeit und den Lasten der Stadt; ge-

Warschau 1769. II. 172. 36) Concedimus eam potestatem subditis nostris civibus Bidgostiensibus, sal album minutum *ruthenicum* desiderari decesseque contigerit, sal granulatum transmarinum a *Gedano* vel aliunde in civitatem *Bidgostiensem* scaphis vel quibuscunque navigiis importare invehere et libere ac manifeste nullo prohibente venale habere ac divendere in terras nostras possint et valeant temporibus perpetuis. Cum autem sal nostrum *ruthenicum* in salinas nostras invehi debebit, salinarum nostrarum praefectus ante ejus importationem in sex septimanarum spatio ante salis nostri ruthenici advectionem computando eis denunciare debebit, ut intra sex septimanarum spatium cives nostri Bidgostienses sal suum granulatum omne divendant; quod qui illorum intra idem sex septimanarum spatium totum sal suum transmarinum divendere non poterint, salinarum nostrarum praefecto denuntiare debebunt. Salinarum nostrarum praefectus illud obsignare debebit ita, ut illud sal totum sale nostro *ruthenico* in salinis nostris *Bidgostiensibus* durante in quodam quasi sequestro ponatur neque prius quam post salis nostri *ruthenici* vendi permittatur. 37) Madai's Thalerkabinet S. 370. Preussische Sammlungen II. 606. Ledebur's Archiv IX. Monety dawnej polski jakoteż prowincyj i miast, przez. J. Zagorskiego, wydane przez B. Rastawieckiego. Warschau 1845. S. 144. 167 f. Urk. vom 7. Juli 1671. 38) Kühnast S. 51. 39) Ders. S. 100.

schähe es dennoch, dass ein König für jemanden eine Ausnahme machen wolle, so sei der königliche Erlass ungültig und für die Stadt unverbindlich (**Urk. CXI**). Weiter erlangte sie 1595 ein Verbot, Speicher und Handelsniederlagen in der Nähe der Stadt zu ihrem Nachtheil anzulegen, und 1599 von Sigismund eine neue Begünstigung ihres Getreidehandels. — Ein Provinzialkapitel der Franziskaner versammelte sich in Bromberg 1541. Das Bernhardinerkloster ging durch einen Blitzstrahl 1545 unter. Den Mönchen gereichte das Unglück zum Gedeihen; sie fanden soviel Unterstützung, dass sie zwei Kirchen erbauen konnten: ein Bethaus für ihr Kloster und die neue Aegidienkirche, deren Aufbau 1557 vollendet ward. Sie waren auch regsam, sammelten eine Bücherei, ertheilten an Zöglinge, die sie im Kloster aufnahmen, höheren Unterricht (hielten ein Collegium philosophicum und theologicum) und begannen 1602 eine Chronik [40]).

Indess gingen in der Lage der Stadt einige Veränderungen vor. Die erste Wandlung bestand im Eindringen der Reformation. Ueber sie fehlen uns Nachrichten. Vielleicht drang sie erst spät ein. Wir erfahren nur, dass die Bernhardiner im Jahre 1590 wagten, einen protestantischen Edelmann, Mathaeus Grodek von Zawadzki, zu ergreifen, um ihn in's Klostergefängniss zu schleppen, dass aber einer seiner Freunde denselben ihren Schergen entriss, woraus ein Streithandel entstand, der bis vor den Reichstag gebracht wurde. Eine zweite Veränderung war das Aussterben des Geschlechtes der Kosczielecz im Jahre 1600, nachdem es kurz zuvor, 1599, die Advocatie über Bromberg an den Smogolecki abgegeben hatte. Dabei entspann sich ein Rechtsstreit über die Einnahmen der Vogtei, in welchem die Stadt zu schwerem Schaden kam, weil eine königliche Kommission ihr das Dorf Beelitz und 2 Hufen in Grodztwo als zur Vogtei gehörig abnahm. Gemeinlich wurde seitdem ein Vicevogt zum Verwalten bestellt, zuweilen diese Befugniss dem Bürgermeister übertragen [41].

Im XVII. Jahrh. sank Bromberg in seiner Bedeutung. Die Pest, welche 1602 ausbrach, eröffnete die Reihe der niederbeugenden Schläge; 1613 lagerten in Bromberg polnische Kriegerscharen, die auf Gewaltthätigkeiten angewiesen waren, weil sie keine Löhnung empfingen [42]. Auch 1628 lag in Bromberg unbezahltes polnisches Kriegsvolk unter Koniecpolski. Drei Seuchenjahre 1622, 1623, 1630 folgten rasch hintereinander, 1656, 1661 waren gleichfalls Pestjahre. Ein schwerer Schlag fiel im Kriege der Polen und Schweden auf die Stadt, als letztere 1629 sie mit stürmender Hand einnahmen und ausplünderten. Eine kurze Zeit gewannen freilich damals die Evangelischen Luft. Während der Anwesenheit der Schweden wurde für sie die Dreifaltigkeitskirche gebaut. Bald darauf, als die Schweden fort waren, führten die Jesuiten ihre Kirche auf und die Dreifaltigkeitskirche wurde den Ketzern entrissen. Sieben Jahre hindurch that das Kriegen der bürgerlichen Wohlfahrt Abbruch. Auch der Durchzug kaiserlichen Kriegsvolkes nach Preussen fügte den Einwohnern grossen Schaden zu. Der Handel lag ganz darnieder, und infolge des Krieges vermehrten sich die Abgaben; neu eingeführt wurde die Podymne oder Rauchfangsteuer. Die städtischen Einkünfte wollten nicht zureichen, um das hinfällige Rathhaus wieder in Stand zu setzen, oder die verschlammende Brahe zu reinigen! Das Schloss war zerstört. Die städtische Münze war eingegangen; an ihrer statt wurde 1632 eine königliche gesetzt. Noch hielt indess die in früherer Zeit gewonnene Stärke vor, jedoch bei dem nun überwuchernden Polakenthume ward keine weiterwirkende Kraft neu erzeugt. Wladislaus IV. gab, in der Absicht aufzuhelfen, 1634 dem Rathskeller volle und ausschliessliche Schankgerechtigkeit für Weine und gebrannte Getränke, jedem, der ausserhalb des Rathskellers dergleichen ausschenkte, Wegnahme seines Vorraths und eine Busse von 1000 Thalern androhend; er bestimmte ferner 1637, dass bromberger Bürger Schiffe mit Getreide auf der Brahe bis zu deren Einfluss in die Weichsel treiben lassen dürften; blos Adligen war es ausser ihnen vorbehalten; wenn aber Bromberg aus Mangel an Schiffen dem Bedürfnisse nicht zu genügen im Stande sei, dann könnten Fremde ihre Schiffe verwenden, müssten jedoch, je nach deren Grösse, 30 bis 50 Gulden an die Stadt Bromberg entrichten. Zugleich verlängerte der König 2 von den 4 Märkten Brombergs bis zur Dauer von 2 Wochen, und gab dem Stadtgericht Befugniss, Zeugen mit rothem Sigel, d. h. mit zum Erscheinen verbindender Macht vorzuladen (**Urk. CXXXXVIIII**). Auch stellte Johann Kasimir den 6. April 1643 der Stadt eine Er-

---

40) Kühnast S. 104. 60. 54 und S. V. 41) Ders. S. 58—60. 93—97. leider nicht mit genügender Bestimmtheit im Ausdruck. 42) Näheres in dem (mir nicht vorliegenden) Tagebuch des Maszkiewicz, Niemcewicz Geschichte Sigismund's III., III. 399 ff.

klärung aus, dass sie die Steuer für die Winterquartiere (hiberna militaria, Einquartierung) nicht nach der Bodenfläche, sondern in der Weise der Rauchfangsteuer nur von den Gebäuden zu entrichten schuldig sei[43]. Das Bernhardinerkloster, in dem der gelehrte Paul von Lenczyca lebte, zog an den Klostergründen längs des Flusses einen Damm, um Ueberschwemmungen zu verhindern, grub einen Abzug oder Rinnstein (1631) nach der Brahe hin, pflasterte die Strasse am Kloster und bepflanzte sie mit Bäumen[44]. Der Starost Georg von Tenczyn Ossolinski endlich stellte das Schloss her. Aber der Rückgang ist klar, er hing zusammen mit der geminderten Selbstständigkeit. Am 27. Januar 1637 gab der Rath, an dessen Spitze Albert Lochowski stand, Bürgermeister und zugleich Viceadvokat, den Gewerken der Tischler, Drechsler und Glaser eine neue Ordnung. Sie ist in polnischer Sprache vorhanden, wurde ihnen vom Rathe vorgelesen und bekundet das nunmehrige Uebergewicht des Polenthums sowie die Herabdrückung der Unabhängigkeit des Arbeiters. Es wird in dieser neuen Ordnung den Handwerkern geboten, den polnischen Sitten zu folgen, nicht den ausländischen, worunter nur deutsche gemeint sein können; es wird in ihr ihnen verboten, sich auf das Recht früherer Zeiten zu beziehen und auf ein anderes Landrecht als das heimische zu berufen. Wer dawider handele, soll verfallen sein in eine Busse von 10 p. Mark, die zur Hälfte der Stadt, zur Hälfte dem Gewerk zukommt. Jede Bezugnahme auf die älteren — freieren — Bestimmungen bringt in eine Strafe von 3 Pfund Wachs[45]. In deutscher Sprache wurde noch am Ende des XVII. Jahrh. gepredigt; im XVIIIten lange wohl nur polnisch. Die Stadt hielt an der katholischen Kirche fest; der eingedrungene Protestantismus war überwunden. Auf ihre Veranlassung hielten die Franziskaner 1655 in ihrer Mitte ein Provinzialkapitel. Damals gab es ausser den Mönchen und den Jesuiten, deren Kollegium am Marktplatz war, auch Nonnen, Klarisserinnen in Bromberg. Die Stadt war dermassen von der katholischen Geistlichkeit beherrscht, dass sie Juden von sich ausschloss. Im nahen Fordon schlugen die Juden ihren Sitz auf und kamen von da besuchsweise in die Stadt, um ihre Handelsgeschäfte zu treiben.

Das Wiederaufleben nach den schweren Heimsuchungen war indess nur eine Nachblüthe und vielfach gedämpft. Das Geschick der Stadt hing mit dem Geschick des polnischen Reiches zusammen. Im zweiten Schwedenkriege fiel ein vernichtender Schlag auf sie. Otto Stenbock (nach anderer Angabe Wrangel) erschien mit den Schweden am 16. Mai 1656 vor Bromberg und griff es an; am folgenden Tage ergab es sich ihm ohne Bedingungen. Der Sieger zerstörte das Schloss, brannte die Stadt nieder und liess eine Menge Einwohner über die Klinge springen. Unglück folgte nun auf Unglück. Die Pest, die schon im Posenschen wüthete, ward auch nach Bromberg getragen. Einige Zeit nach der Einäscherung nahmen die Polen Bromberg wieder ein, aber im Juni 1657 kamen die Schweden zum zweitenmale und ihr König Karl Gustav schlug einige Zeit in Bromberg sein Lager auf. Nach seinem Abzuge erschienen die Polen wieder. Im November 1657 verhandelten in Bromberg König Kasimir und der brandenburgische Kurfürst ein Uebereinkommen: die Bestätigung ihres Vertrages von Welau. 1661 brachen abermals Seuchen aus, ebenso 1693; im April 1698 machte die Brahe eine grosse Ueberschwemmung, welche 22 Tage anhielt. Die Stadt verödete durch so viele und so grosse Unfälle und war nun zur Unbedeutenheit herabgebracht. Einige Jahre nach der schwedischen Zerstörung befanden sich innerhalb der Mauern nur noch 94 Häuser bewohnt, 103 standen leer! Die katholische Geistlichkeit hatte die Stürme noch am besten überstanden. Die Bernhardiner blieben thätig; ihre Schule ward bald wieder stark besucht und ihr Guardian Vitalis Nagodensis legte eine Sternwarte an. (Er starb 1677.) 1674 wurde in Bromberg

43) non de agris aut manso seu laneo, super quo unico tantum civitas fundata est, sed de lapideis per florenos duos, de domibus (von Holz oder Fachwerk) per florenum unum, de domunculis (Lehmhütten) per grossos XV. ad instar podymnego in futurum pendant. 44) Kühnast, S. 111 aus der Bernhardinerchronik. 45) Die weiteren Bestimmungen besagen, dass jedem der Eintritt in's Handwerk freisteht, sobald er sich einkaufen kann, Geburts- und Lehrbrief vorlegt und nachweist, bei wem er bisher gearbeitet hat. Das Meisterstück soll nach polnischem Mass gemessen werden: für den Zunftbrief sollen als Stempel- und Schreibgebühr 2 p. Gulden erlegt werden. Stirbt ein Meister, so kann die Wittwe, um sich redlich zu ernähren, das Handwerk fortsetzen, den Lehrling des Verstorbenen muss ein anderer Meister annehmen. Drechsler und Tischler sind in ihrer Arbeit geschieden, wer dem andern in's Handwerk greift, zahlt 15 p. Mark Strafe. Wer, ohne dass die Zunft es weiss, im Geheimen ein Gewerbe treibt, büsst mit 1 Stein Wachs. Wer auf dem Markte Holz trifft, darf es den andern Meistern nicht wegkaufen, bei Strafe von 2 Pfund Wachs. Wer einen jungen Gesellen aufnimmt, muss bei derselben Strafe dies den Altmeistern anzeigen, und wenn derselbe nach 2 Wochen sich bewährt hat und er ihn behalten will, muss er ihn in die Register einschreiben lassen. Auswärtige Gesellen werden, wenn sie 1 Jahr 6 Wochen zu Bromberg in Arbeit gestanden haben, im Falle ihres Todes wie Zunftbrüder begraben. Wer ohne Grund gegen einen andern klagt, oder wer auf Vorladung der Rathsherrn nicht erscheint, verfällt in 2 Pfund Wachs Strafe.

wieder ein Provinzialkapitel der Franziskaner gehalten. 1682 legten die Bernhardiner den Grundstein zur Maria-Magdalenen-Kapelle, die sie erbauten; 1699 befanden sich in ihrem Kloster ausser mehreren Predigern und 2 Lehrern der Wissenschaften 8 ordentliche Brüder, 8 Laienbrüder und 10 Studirende. Die Hauptschule aber wurde von den Jesuiten in ihrem Kollegium gehalten. Die Stadt erhob jetzt ein Brückengeld über die Brahe, da ihr die Instandhaltung der Brücke oblag, erlangte auch darüber 1669 eine königliche Urkunde, indem sie gleichzeitig vom König Michael die Bestätigung aller ihrer Rechte und Freiheiten erhielt (**Urk. CCL**). Edelleute jedoch musste die Stadt frei über ihre Brücke lassen. In demselben Jahre wies dieser König am 3. December der Stadt den Alleinhandel mit Salz zu. Der Salzspeicher wurde 1682 wiederhergestellt und gleichzeitig neben ihm eine Ziegelbrennerei errichtet.

Die Ohnmacht der Stadt und den Verfall des Rechtszustandes in Polen nahm um diese Zeit der Starost wahr, um seine Hand nach ihrem Besitz auszustrecken, anstatt ihr aufzuhelfen. Seine ausgedehnte Macht war in Bromberg noch dadurch gesteigert und seinen Uebergriffen that Vorschub, dass er die Vogtei zeitweise handhabte und seit 1688 ganz an sich behielt. Er nahm ohne Rechtsgrund Ciszkowke, wo die Mühle dem Vogte gehörte, dann Lochowo, endlich den Stadtwald in Anspruch. Der Starost Boleslaw Denhoff legte den Bürgern, die im Walde ihr Vieh hüteten, eine Steuer auf. Die Katastrirung, welche eine königliche Kommission 1661 aufnahm, bezeichnete diese Steuer als feststehend, und zwar als Hutgeld im starosteilichen Walde, und rechnete Beelitz, Ciszkowke, Lochowo und Grodztwo zur Vogtei; 1690 zählte der Starost Sigismund Franz Galecki in einer Urkunde diese Güter und ausserdem noch den städtischen Grund Prandki als der Vogtei zuständig auf, 1695 masste er sich ausserdem noch Glinke und Zielonka an; die Bürger zwang er, im Walde Holzzettel zu lösen. Die Starosten und Vögte, General von Bandissin und Graf Stanislaus Ciolek Poniatowski und ihr Verweser, nahmen in der ersten Hälfte des XVIII. Jahrh. unter dem Vorgeben, dass, weil die Starostei eher dagewesen als die Stadt, deshalb der Starost dominus directus aller städtischen Grundstücke sei, ohne weiteres städtische Gründe weg und bemächtigten sich des Stadtwaldes, liessen die Bürger nur gegen bezahlte Scheine Holz holen und legten in den Mühlen Schenken an. Die kujawischen Edelleute fuhren auch, wo sie konnten, gegen die Stadt zu. Vergebens schrie die Bürgerschaft nach Recht gegen die Dränger und Räuber: das gab es in Polen dazumal nicht. Ihre Verwahrungen fruchteten nichts. Es half der armen Stadt auch nichts die Erwirkung einer Bestätigung ihrer Freiheitsbriefe von König Johann im Jahre 1687 mit dem Zusatz, dass alle wider sie gehenden Erlasse ungültig sein sollten[46]. Nur das eine setzte sie durch im Jahre 1718 vor einem nach Bromberg geschickten Untersuchungsausschuss, dass die Schankstätten der Vogtei eingingen. Man musste in Polen sich selber helfen. Die Bromberger thaten es endlich, als der Untersalzverwalter Szydlowski im Jahre 1725 sich gar in den Besitz der Vorstadt Bocianowo setzte. Da stellte der Bürgermeister Borudzki sich an die Spitze von 50 bewaffneten Bürgern und schlug ihn sammt seinen Knechten heraus. Als darauf dieser Szydlowski 6 Pferde des Bürgermeisters wegnahm, brachen die Bromberger in seine Behausung ein und holten sie heraus, und wie er nun durch das gefügige Grodgericht den Bürgermeister verhaften lassen wollte, warfen die Bürger die Boten aus dem Rathhause. Also war's recht! Gegen die Stadt ward zwar sogleich ein Untersuchungsausschuss bestellt, allein die Stadt fügte sich seinem Ausspruche keineswegs. Endlich legte der König selbst 1726 diesen Streit bei. Die Stadt hatte sich durch ihre Entschlossenheit im Besitze Bocianowos behauptet. Im Jahre 1741 kam die Starostei an die billiger denkenden Grafen von Kayserling, und obwohl diese den überkommenen Streit fortführten, ergaben sie sich doch darein, dass ein neuer Untersuchungsausschuss den Wald ihnen absprach. Wenn sie indess nach dessen Ausspruch nur die 10te Hufe behalten sollten, so war ihnen dies nicht genehm; sie unterliessen die Auseinandersetzung und es führte auch zu nichts, dass die Stadt 1750 eine Abordnung an den König nach Warschau richtete[47]. Eine königliche Erneuerung ihrer Schankgerechtigkeit erwirkte die Stadt 1753 unter dem Hinweis darauf, dass dem Rathhaus, welches auf deren Ertrag angewiesen war, der Einsturz drohte[48].

Auch das XVIII. Jahrh. brachte in seinem Laufe eine Reihe von Heimsuchungen. 1707, während

---

46) praeinsertas trinas litteras in omnibus earum punctis, contentis et clausulis approbandas, ratificandas, confirmandas et ratihabendas esse duximus, prout per praesentes non obstantibus quibusvis decretis in quoquo judicio in contrarium alicui ex praeinsertis privilegiis — qualitercunque latis ut ipso jure nullis — approbamus: 47) Kühnast, S. 125. 132—136. 48) Es heisst in der Urkunde August's III.: civitatem *Bidgostiensem* ad ultimam fere per varia infortunia et calamitates redactam desolationem et

des Schwedenkrieges, wirthschafteten in der Stadt zuerst einige tausend Moskowiter, und „Tartaren." Hülfssoldaten der Polen, dann, nach ihnen, die Schweden, die, ohne Widerstand zu finden, in Bromberg eingezogen waren und in ihrer Zerstörungswuth die Salzspeicher anzündeten. Es folgten, wie gemeinlich, Seuchen, als im Januar 1710 die Schweden abrückten. Sehr viele Einwohner, selbst die Bernhardiner, verliessen die Stadt. Ihre Chronik stockte 3 Jahre. Die abgebrannten Salzspeicher konnten erst 1716 neu gebaut werden; sie kamen nun in der Nähe der Hauptbrücke zu stehen. 1716 erschienen die Schweden abermals und räumten die Stadt gründlich aus. Das Bernhardinerkloster verwüsteten sie namentlich arg. Nach ihnen kamen die guten Freunde, die Russen, die von den Brombergern nicht wenig gefürchtet wurden. 1720 trieb eine schwere Theurung viele Bewohner fort; auch 1736 betraf die Stadt und die Gegend Hungersnoth, 1737 zerstörte der Blitz das kujawische Thor. Bei solchen Leiden waren die inneren Fortschritte ohne Bedeutung. Dass seit 1708 ein Uhrmacher in der Stadt arbeitete und 1717 ein Arzt in ihr zu finden war, dass König August III. 1745 die Freibriefe Johannes III. und Augusts II. bekräftigend neue Bestimmungen über Jahrmärkte, Braugerechtigkeit, Salzhandel und Abgaben gewährte und endlich Stanislaus August am 25. Mai 1767 gleichfalls die Urkunden bestätigte über Brauen und Brennen, Pflastergeld und Brahezoll, über den Salzhandel und die Befreiung vom Wasserzoll, spricht dennoch nicht für rechtes Gedeihen. Das Schloss lag seit 1656 in Trümmern, die Stadt hatte nur noch streckenweise Mauern; wo Strassen gewesen, standen einzelne Häuser. Die Gassen waren mit Schmutz bedeckt, der in die Häuser floss; in einer Stube mit Schweinen lebten die Menschen. Im XVIII. Jahrh. hatte die Stadt eine Zeitlang Besatzung; 1734 bis 1736 lagen hier sächsische Dragoner; 1764 verhandelte hier das grosspolnische Gericht. Die Stimmung war eine erbitterte. Als 1768 Bürgerkrieg in Polen ausbrach, regten sich auch die Bromberger, setzten sich wieder in den Besitz von Manchem, was ihnen entwunden worden war, und die Verweser der Vogtei lebten in beständiger Furcht, von ihnen erschlagen zu werden.

So war Brombergs Stand, als es 1772 an Preussen kam. Seitdem hat es sich emporgehoben. Die Krone nahm die Starostei und Vogtei an sich. Bromberg hatte 1772 nur noch etwa 500 Bewohner, sämmtlich Katholiken. Schlennig war Brombergs Aufschwung, 1774 bestand die Stadt aus 138 Häusern mit Ziegeldach, 58 Häusern mit Strohdach und war schon von 1380 Menschen bewohnt. 1781 lebten 2000, 1792: 3915 Menschen in Bromberg. Friedrich II. nahm sich ihrer Hebung mit Einsicht und Nachdruck an. Bromberg wurde Sitz eines Hofgerichts, der Kammerdeputation, der königlichen Kassen für den Netzdistrikt und eines Landgestütes. Friedrich liess nach dem Plane des pommerschen Landbaumeisters Jawein in einer Wegstrecke von 7 Stunden von der Brahe zur Netze nach Nakel einen 28 Fuss breiten Kanal, der die Flussgebiete der Oder und Weichsel verbindet, ziehen. 8 einfache und 2 doppelte Schleusen spannen und entlassen das Wasser; später kam eine 11te Schleuse hinzu. 6000 Arbeiter führten den Bau innerhalb 16 Monaten aus; leider erlagen viele dabei dem nassen Wetter. Seit der 1775 erfolgten Eröffnung dieses Kanals waren dem Gewerbfleisse in Bromberg günstigere Aussichten gegeben. Zuckersiederei ward im Schloss 1787 begonnen; im selben Jahre die evangelische Kirche eingerichtet. Zu Bauten gab Friedrich grosse Summen; die posener Strasse ward fast ganz neu gebaut, die Stadt gepflastert. Die Kriegsstürme 1793 und 1794 verwand sie. Am 30. Sept. 1794 flüchtete der preussische Oberst Szekuli nach seiner Niederlage vor Labischin nach Bromberg; am 2. Okt. erstürmten es darauf die Polen unter Dombrowski und nahmen ihn gefangen[49]. Dombrowski forderte von der Stadt 300,000 Gulden, begnügte sich aber mit 60,000 und nahm das Bildniss Friedrichs des Grossen aus dem Rathhause. Die Handwerker, namentlich Schneider und Schuster mussten für die Sieger arbeiten. Am 15. Okt. zogen die Polen schon wieder ab. Brombergs Bevölkerung stieg in einem Menschenalter bis zu der Zeit, da Preussen Bromberg abtreten musste, auf 4691 Menschen (n. a. auf 6000). — Im November 1806 kam Marschall Lannes mit französischen Soldaten nach Bromberg und zur Betrübniss der Einwohner begann damit eine neue Zeit. Im Winter zu 1807 war Bromberg der Sammelplatz für die polnische Legion, die Napoleon durch den General Dombrowski errichten liess. Während des Bestandes des warschauer Herzogthumes war Bromberg der Sitz einer Präfektur, eines Gerichtes und eines Postamtes. Es gehörte zu den schönsten Städten des Herzogthums Warschau, hatte damals 7 katholische Kirchen, sowie 1 lutherische Kirche mit 1 Schule.

castitatem. 49) Näheres über die Einnahme im Beytrag zur Geschichte der Pohlnischen Revolution im Jahre 1794. Aus einem

Die Strassen waren gut gepflastert. Der Handel mit Getreide, Wein, Metallen, Holz, Leder, Wolle war schwunghaft. Ausser der Zuckersiederei gab es auch eine Tabaksspinnerei und 7 Schindelmühlen; ein grosser Speicher war vorhanden. Neu entstand eine zweite Tabaksspinnerei, Cichorien-, Oel-, Weinessig-, Neublau-Fabriken; Gerberei, Tuch- und Leinwandbereitung war in starkem Betriebe. Als Bromberg wieder zu Preussen gekommen war, zählte es (1816): 6123 Einwohner, und zwar 3325 Lutheraner, 53 Reformirte, 2522 Katholiken, 223 Israeliten. Die Bernhardiner und Klarissen waren noch in Bromberg. Ein katholisches Gymnasium und eine Kreisschule waren für die Jugend thätig. In preussischer Zeit ward nun Bromberg Sitz einer Regierung, eines Oberlandesgerichts, eines Stadt- und Landgerichts, eines Inquisitoriates, eines Hauptsteueramtes, einer Bankkommission; ein Spital, ein Armenhaus, ein Strafarbeitshaus (Korrektionshaus), eine höhere Bürger- (Real-) schule, eine höhere Mädchenschule wurden angelegt. Ein königliches Eisenmagazin wurde eingerichtet, ebenso ein Schauspielhaus (welches 1835 abbrannte). Das Konventsgebäude der Jesuiten ward 1817 dem Gymnasium zugewiesen, das Gebäude der Karmeliter dem 1819 gegründeten Seminar evangelischer Schullehrer eingeräumt, das Bernhardinerkloster diente fortan als Wollboden, das Nonnenkloster blieb. Mit dem Schullehrerseminar wurde 1831 die ständische Taubstummenanstalt verbunden. Auch ein Waisenhaus, in welchem zugleich verwahrloste Kinder untergebracht werden, wurde errichtet; ebenso eine Irrenanstalt. Eine Bücherei befindet sich in Bromberg. 2 Buchdruckereien, 3 Buchhandlungen fanden Beschäftigung. An der Brahe wurden grosse Mühlwerke nach der amerikanischen Einrichtung angelegt, eine Eisengiesserei, Maschinenbauanstalt, Gypsbrennerei eingerichtet, in der Stadt 2 artesische Brunnen gebohrt.

Die neue Entwicklung seit 1772 war entschieden deutsch, und während der Stürme, welche in unsern Tagen die Polen erregten, um in's Polenthum zurückzuführen, stand Bromberg als ein Hort der Deutschen fest. Als Mitte März 1848 ein paar polnische Edelleute vor dem Bürgermeister erschienen, um ihm seine Amtsgewalt abzunehmen, und nun ein Polenausschuss der Gewalt sich zu bemächtigen den Anlauf nahm, erhob sich rasch und gewaltig die Kraft der Deutschen. Viele, misstrauisch gegen die Beamten, auf deren Beistand sie sich nicht verlassen mochten, griffen zu Waffen[50]. Die Polen drohten: wenn Bromberg ihrer Nationalregierung sich nicht ergebe, werde Graf Bninski mit Tausenden von Sensenmännern die Stadt heimsuchen. Auf den 26. März berief dieser Polenausschuss eine öffentliche Versammlung sämmtlicher Einwohner. Am selben Tage ward ein fliegendes Blatt von der Hand eines Deutschen ausgeworfen, welches ihnen in den Weg trat[51]. „Wir sind Deutsche und wollen Deutsche bleiben — hiess es in ihm — es ist nothwendig, dass wir als Männer auftreten, des deutschen Namens würdig, uns fest aneinander schliessen, Mann an Mann, Ort an Ort. Lassen wir das Banner eines tausendjährigen Ruhmes von unsern Thürmen wehen, ein sichtbares Zeichen unsers ernsten Willens." Dieser Ruf erscholl nun in der Volksversammlung tausendstimmig. Die deutschen Abzeichen wurden angesteckt, die polnische Kokarde herabgerissen und Beamte mussten sogar zurückhalten von Vergewaltigung an den Polen. Der polnische Ausschuss befand vor dem ausbrechenden Sturme sich in der Nothwendigkeit schleuniger Selbstauflösung[52]. Schnell scharte sich eine Bürgerwehr zusammen, hielt mit klingendem Spiel, von jubelnder Bevölkerung umwogt, einen Umzug durch die Stadt und pflanzte auf die öffentlichen Gebäude und die Thürme die deutsche und die preussische Fahne. Das war Brombergs Antwort auf die Forderung der Polen! „Anschluss an den deutschen Bund!" ward jetzt die Losung. Ohne Verzug, am 27. März ward dem Könige die Bitte ausgesprochen, dass Deutschland „uns in seinen Bruderbund aufnehme;" ihre Nichtgewährung bei der grossen Aufregung als Anlass zu „traurigen Folgen" bezeichnet[53]. Im ganzen Netzdistrikte schickten sich die Deutschen zum Widerstand gegen die polnische Reorganisation an, und Bromberg war das Haupt dieser Gegenbewegung (vgl. Seite 211, 242, 246, 247, 260). Die Regierung in Bromberg blieb fest stehen und ging Hand in Hand mit dem aus dem Volke hervorgegangenen Ausschuss.

---

pohlnischen Manuscripte. Frankfurt und Leipzig 1796. S. 24—42. 66. 50) Politische Abrechnung zwischen den Deutschen und Polen im Grossherzogthum Posen. Bromberg 1848. S. 24. (Vom Central-Bürger-Ausschuss für den Netzdistrikt.) 51) Dieses nicht unterzeichnete Flugblatt besitze ich in 2 Abdrücken verschiedenen Satzes. 52) Die Denkschrift des (polnischen) Nationalcomités an den General von Willisen erzählt S. 4, der Regierungspräsident von Schleinitz habe erklärt, in Bromberg für das Leben der Polen nicht stehen zu können; die Antwort des deutschen Comités bezeichnet diese Angabe als erdichtet. 53) Denkschrift über die Ereignisse im Grossherzogthum Posen seit dem 10. März 1848. (Aus den Akten des Ministeriums des Innern.) S. 10.

Oberst der Bürgerwehr war der Oberregierungsrath Mebes. Die Bromberger bildeten nun am 1. April einen „Bürgerausschuss zur Wahrung der Preussischen Interessen im Grossherzogthum Posen," dessen erste Handlung das Ausschreiben einer „preussischen Volksversammlung" auf Sonntag den 9. April in Bromberg war, indem er alle Bewohner ohne Unterschied des Glaubens und des Volksthums einlud, zu erscheinen oder sich ortsweise durch Bevollmächtigte vertreten zu lassen, damit das Land sich verwahre gegen die Betheiligung an der Reorganisation. Sie fand auf dem neuen Markte statt, erklärte sich gegen Willisen, drohte, seine Einmischung nöthigenfalls mit allen Mitteln zurückzuweisen, und beschloss, dass der Netzbezirk zum deutschen Bunde gehöre. Sie erweiterte zugleich den vorhandenen Ausschuss zu einem Centralausschuss für den Netzdistrikt. Dessen Vorsitzende waren die Regierungsräthe Hoffmann und Crüger. Am 7. April schon hatten die Bromberger Einige aus ihrer Mitte nach Posen abgeschickt, um mit den dortigen Deutschen in's Benehmen zu treten. Am 15. April wendete sich der Centralbürgerausschuss an die Bundesversammlung mit dem Begehren, die ganze Provinz Posen in den Bund aufzunehmen [54]. Voll Nachdruck wurde dem Treiben Willisen's entgegengetreten. Als Bromberg die Ab-

54) Hohe Bundesversammlung! Die unterzeichneten Mitglieder des von sämmtlichen Kreisen des Netzdistrikts ernannten permanenten Ausschusses halten es für ihre Pflicht, die Rechte der zahlreichen deutschen Bevölkerung in der Provinz Posen bei einer hohen Bundesversammlung dadurch wahrzunehmen, dass sie eine Aufnahme der ganzen Provinz in den deutschen Bund beantragen. — Die Abtrennung des Netzdistrikts und der übrigen deutschen Kreise von der Provinz Posen und die Einverleibung dieses ganzen Gebietes in die Provinzen Westpreussen, Mark und Schlesien ist in Folge des souverainen Willens der gesammten Bevölkerung des bezeichneten Landstriches als eine vollendete Thatsache bereits anzusehen. — Wir, die Bewohner dieser Kreise, gehören also jetzt schon unzweifelhaft und unwiderruflich dem deutschen Bunde an und wehe dem, der in diesem unsern guten, durch einmüthige, patriotische Erhebung errungenen Rechte uns kränken wollte! — Indem wir uns aber gesichert sehen vor der entehrenden Schmach, von dem grossen Gesammtvaterlande losgetrennt zu sein, können und wollen wir doch nicht unserer zahlreichen deutschen Brüder vergessen, die in dem weniger vorherrschend deutschen Theile der Provinz leben, und mit dem Gefühle tiefsten Schmerzes und gekränkter Ehre es dulden müssen, dass Deutschland einen Theil der Provinz Posen zu Gunsten einer fremden Nationalität aufzugeben und von Hunderttausenden seiner treuen Söhne sich abzuwenden, sie einer andern Nation zu opfern gewillt scheint. — Fragen wir uns, was Deutschland zu einem so unerhörten Beginnen bestimmen kann, so finden wir die einzige Erklärung darin, dass sich Deutschland in der beklagenswerthesten Unkenntniss über die Zustände in der hiesigen Provinz befindet. — Man meint in Deutschland und wir haben Grund zu fürchten, dass auch in einer hohen Bundesversammlung dieser Irrthum sich geltend machen werde, als ob die Provinz Posen ein vorherrschend polnisches Land sei. — Es hat niemals einen grössern Irrthum gegeben. Wir sprechen hier nur von der Provinz Posen, welche noch übrig ist, nach der bereits faktisch eingetretenen Abtrennung der oben bezeichneten Theile, — aber auch diese Provinz ist nicht ein vorherrschend polnisches Land. In vielen Gegenden derselben ist die deutsche Bevölkerung der polnischen gleich, in fast allen ist sie zahlreich zu nennen. Es kommt aber hinzu, dass der polnische Bauernstand es selbst nicht wünscht, unter polnische Herrschaft zurückzukehren, ja dass er es in der grossen Mehrheit entschieden von sich ablehnt, und gut preussisch gesinnt ist. Also nur der geringen Minderheit des polnischen Adels wegen, eines Adels, den jedes Blatt der Geschichte in seiner charakterlosen Blösse zeigt, wollte Deutschland ein Besitzthum aufgeben, ein Besitzthum, das es seit mehr als einem halben Jahrhundert inne gehabt, dem durch deutschen Fleiss und deutsche Ausdauer, durch grosse Opfer einer deutschen Regierung erst die Kennzeichen der Civilisation aufgedrückt sind! — Und warum will Deutschland diesen unerhörten Schritt thun, da es doch Schleswigs Sache bei gemischter Bevölkerung bereits zu der seinigen gemacht hat? Weil es glaubt, ein früher begangenes Unrecht gut machen zu müssen, weil es eine Wiederherstellung Polens für eine Forderung der Humanität und zugleich für politisch nothwendig hält zum Schutze Deutschlands gegen Russland. — Hohe Bundesversammlung, wir achten die Humanität, selbst in ihrer Verblendung. Aber wir verwerfen mit gerechtem Zorne jene mattherzige und charakterlose Humanität, die den eigenen Freund und Bruder verleugnet, um einem Fremden sich zuzuwenden, wir verlangen, dass ein politisch-mündig gewordenes Volk die Gestaltung seiner staatlichen Zustände nicht nach warmblütigen Herzensergiessungen und nebelhaften Vorspiegelungen einer abstrakten Gerechtigkeitsliebe regele, sondern nach klaren Gedanken und mit besonnener Einsicht. Deutschland würde durch das freiwillige Aufgeben Posens — und die Nichtaufnahme in den Bund wäre einem Aufgeben gleich zu achten — es würde nur den Hohn und schadenfrohen Spott aller politisch reifern Völker auf sich ziehen, es würde von neuem zeigen, dass es zur wahren politischen Reife noch nicht gelangt ist. — Aber selbst wenn wir die Gründe jener zweideutigen Humanität gelten lassen wollten, auch dann vermögen wir die Nothwendigkeit der Abtretung Posens nicht zu fassen. Wie soll Polen wieder hergestellt werden? In der ganzen Grösse, die es auf der Höhe seiner Macht einnahm? Nun wohlan, dann opfere man auch Ost- und Westpreussen und einen Theil Schlesiens! Wir hoffen, dass soweit die deutsche Humanität und Gerechtigkeit nicht gehen wird. Wozu nun inconsequent sein? wozu ein wenig thun, wenn man das Ganze nicht thun will und kann? Endlich aber hat Preussen einen solchen Akt der Humanität in der That bereits geübt; es hat die Schuld bereits gesühnt, deren Theilnehmer es durch die letzte Theilung Polens geworden. Denn trotz seiner ruhmvollen Anstrengungen in den Jahren von 1813—15 hat es nach hergestelltem Frieden nur etwa den vierten Theil dessen behalten, was es vor 1806 von Polen besass, es hat nur soviel behalten, wie selbst der einfachsten, politischen Einsicht zum Schutze und zur bessern Gestaltung seiner östlichen Grenzen als unumgänglich nothwendig erscheinen muss. — Dies Gebiet besitzt es nun in Folge eines ruhmgekrönten Kampfes, ungeheurer patriotischer Aufopferung — und es hiesse die ganze Geschichte umstossen, wenn man alle Rechts- und Besitzverhältnisse, die in einer früheren, gewaltsameren Zeit durch Eroberung begründet sind, jetzt plötzlich aufzuheben sich anmassen wollte. Am wenigsten aber verdienen es die Polen, oder vielmehr die polnischen Edelleute in hiesiger Provinz, dass Deutschland zu ihren Gunsten Opfer bringe. Eine hohe Bundesversammlung kann sich aus allen öffentlichen Blättern, aus unzähligen, auf die vollste Wahrheit begründeten Berichten überzeugen, auf welche Weise dieser Adel die Sympathie Deutschlands gegen uns hier vergolten hat und noch vergilt, in welcher Art er die Brüderlichkeit, die er mit heuchlerischer Gleissnerei auf der Zunge, aber nicht im Herzen trägt, gegen uns kund gibt. Der Brüderlichkeit! Nun allerdings, auch Kain und Abel waren Brüder! — Wenn wir nun die Gründe der Humanität für das Aufgeben Posens als nichtig bezeichnet haben, so müssen wir ebenso gegen die politischen Gründe dieser Massregel bestimmt und entschieden uns aussprechen. Die Provinz Posen allein unabhängig erklären, heisst, sie Russland preisgeben. Die Massregel hat nur Sinn, wenn zugleich Russland gezwungen wird, seine polnischen Besitzungen freizugeben, das heisst also, in Verbindung mit einer Kriegserklärung an Russland. Ange-

wendung der Reorganisation vom Netzlande erfuhr, war man von der Fassung des Erlasses noch keineswegs zufriedengestellt. Der Centralausschuss erklärte am 16. April dem Ministerium, „kategorisch darauf bestehen zu müssen, dass sofort die provisorische Ablösung des Netzdistriktes von dem Grossherzogthum und seine Vereinigung mit der Provinz Preussen verfügt werde,“ verlangte, dass im übrigen posener Lande „Mann für Mann“ sich über die Reorganisation erkläre, und endlich, dass das Ministerium Willisen nicht nur von seinem Posten abberufen, sondern auch in Anklagestand versetzen und für das unschuldig vergossene Blut unserer Mitbürger, wie für die an ihnen begangenen Räubereien zur allerstrengsten Rechenschaft ziehen, „uns aber von dem Geschehenen in Kenntniss setzen“ solle. Die Anklageakte gegen Willisen, ihn als Verräther bezeichnend, wurde ihm selbst am 18. April vom Ausschuss zugefertigt und durch ein besonderes Flugblatt dem Lande kundgethan. Am nämlichen Tage gab die bromberger Regierung den Landräthen die Weisung, keinen der Kommissare, welche Willisen ihnen zur Seite gestellt hatte, neben sich zu dulden und in der Ausführung dieses Befehls sich aller ihnen zu Gebote stehenden Mittel zu bedienen [55]. Zur Belebung der Deutschen liess man seit Anfang April die bromberger deutsche Zeitung erscheinen. Um in Berlin einzuwirken, wurden dorthin 2 Beauftragte entsendet [56]. In Bromberg suchten in dieser Zeit der Verwirrung täglich „grosse Scharen von Flüchtigen“ Schutz [57], und die Stimmung der Einwohnerschaft war auf die Nachrichten von den verübten Unthaten dermassen erbittert, dass mehreremale gefangen eingebrachte Polen vor dem Ausbruch ihrer Wuth beschützt werden mussten. Heftig wetterte man auch gegen die „schändlichen Demokraten,“ die das Land mit seinen deutschen Einwohnern

---

nommen nun, dass es gelänge, Russland zu zwingen und Polen wiederherzustellen, so wird Deutschland auch dadurch noch keinen politischen Vortheil erreicht haben. Die Polen waren stets eine schlechte Vormauer gegen Russland, und wer irgend den Charakter dieser Nation besser, als es in Deutschland der Fall ist, kennen gelernt, wird nicht zweifeln, dass sie es auch künftig sein werden. — Und ziemt es sich wohl für Deutschlands Ehre und nationales Selbstgefühl, mit fast ängstlicher Hast nach einer Vormauer gegen Russland zu verlangen? Fürchtet das zu neuer einheitlicher Kraft sich erhebende Deutschland in der That die Russen so sehr, dass es nur hinter dem Schutze Polens sich gesichert glaubt? Wir glauben dies nicht, wir haben eine bessere Meinung von dem Muthe unserer deutschen Landsleute und sind überzeugt, dass jener Grund zur Wiederherstellung Polens nur ein gesuchter und erkünstelter ist. Wir aber, die kompetenten Richter in dieser Sache, wir wissen es, dass Russland uns gefährlicher sein wird, als es ist und je war, wenn jenes unzuverlässige, slavische Zwischenreich die Veranlassung zum Kriege zwischen Russland und uns vervielfältigt. — Glaubt man etwa an Polens Dankbarkeit? Das wäre in der That eine zu naive Unbefangenheit! Schon unter einzelnen Menschen ist die Dankbarkeit eine seltene Tugend — unter Völkern existirt sie nicht. Wir haben in neuester Zeit erfahren, was von polnischer Dankbarkeit zu halten sei! Sind es doch die jüngst amnestirten, in Berlin mit verblendetem Enthusiasmus empfangenen Polen, welche jetzt hier unsere nationale Ehre mit Füssen treten, ja mit Plünderung und Verjagung der Deutschen, wo diese in der Minderzahl, schon begonnen haben. Und einer so gesinnten Nation wollte Deutschland einen Theil seines Besitzthums — nicht grossmüthig, sondern leichtsinnig überlassen — der einen tiefen Einschnitt in seine Grenzen macht und mit seiner durch Preussen mit dem Aufwande von Millionen gegründeten Festung zu Posen die militairische Verbindung zwischen Ost- und Westpreussen in gefährlichster Weise erschwert! Nein, die Provinz Posen ist wahrlich ein nothwendiger Theil des deutschen Gesammt-Staates. — Wenn dereinst auch in Russland die Stunde schlägt — und sie wird schlagen — wenn dann die Polen in Russland sich erheben, nun dann mag Deutschland ihnen als fester Hort im Rücken stehen, dann mag es ihnen seinen moralischen, und, wenn es sein muss, auch materiellen Beistand leisten. Diese Concession machen wir den polnischen Sympathien unserer deutschen Brüder, wenngleich wir selbst, die wir die Polen besser kennen, diese nicht theilen und schwerlich jemals theilen werden. — Jetzt aber hat Deutschland für sein eigenes Interesse Wichtigeres, Grösseres und Schwereres zu vollbringen. Noch liegt es in den heftigsten Zuckungen einer beispiellosen Erregung, noch bedarf es grossartiger Anstrengungen und grossen Glückes, um wirklich die langersehnte nationale Einheit und Kraft zu erringen. Dabei lodert die Flamme des Krieges bereits an seinen nördlichsten und südlichsten Grenzen hoch auf und sehr leicht möglich ist es, dass dieser Brand auch nach den westlichen Grenzen hin weiter sich fortpflanzt. Und in so verhängnissvoller Zeit will Deutschland, nicht seinetwegen, sondern zu Gunsten einer fremden Nation einen neuen Krieg mit jener immerhin furchtbaren Macht herbeiziehen, sich in neue endlose Verwickelungen stürzen? Das wäre eine Unbesonnenheit, die ihres Gleichen in der Geschichte nicht hat, das wäre ein verwegenes Spiel mit der heiligen Sache des Vaterlandes. Hüte sich Deutschland, dass diese jetzige Bewegung, statt wirklich zu nationaler Grösse zu führen, nicht das letzte Auflodern eines verlöschenden Lichtes werde. — Wir vertrauen aber einer hohen Bundesversammlung, dass sie zu solchem Beginnen ihre Hand nicht bieten wird, und in diesem Vertrauen bitten, ja fordern wir:

> dass sie die Einverleibung Posens in den deutschen Bund dekretire und dadurch auch dies Gebiet unabtrennbar mit demselben vereine.

Die Herstellung Polens bleibe den kommenden Ereignissen überlassen, sorge jetzt der Bund nur einzig für Deutschlands Wohl, für Deutschlands nationale Grösse, darum rufen wir ihm zum Schluss, indem wir an das ernste und grossartige Rom erinnern, die inhaltschweren Worte zu: Caveant consules, ne respublica detrimenti quid capiat! — Bromberg, den 15. April 1848.

55) Wortlaut des einstimmigen Beschlusses der Plenarsitzung in: Hepke, die polnische Erhebung und die deutsche Gegenbewegung in Posen im Frühjahr 1848. Berlin und Posen 1848. S. 72. 73. 56) Der Centralbürgerausschuss beschloss am 17. April, den Prediger Wehmer aus Grünfier und den Oekonomiekommissarius Kinze aus Jungleslau nach Berlin zu schicken mit dem Auftrage, bis zur Abberufung daselbst zu verweilen, womöglich täglich mit den Ministern und ihren Räthen zu verkehren, durch Verkehr mit Zeitungsschreibern und Klubrednern auf die berliner Volksstimmung einzuwirken, selbst oder durch bestellte Schriftsteller „die Presse zu beherrschen“ und täglich über den Stand der Dinge zu berichten. Ausser Reisegeldern und 3 Thlr. Taggeldern wurden ihnen für Auslagen, „ohne ihnen Schranken zu setzen,“ täglich 6 Thlr. bewilligt. Von den Kosten, welche die Thätigkeit des Centralbürgerausschusses nöthig machte, trug die Stadt Bromberg 16%. (Protokolle vom 17. und 18. April.) 57) W. K. Denkschrift über die neueste polnische Schilderhebung im Grossherzogthum Posen. Bromberg 1848. S. 21

an Polen aufgeben wollten. Nach dem ersten Siege stellte man zeitig in Bromberg das Ziel hin: das ganze Posen bei Deutschland zu erhalten und also auch einer theilweisen polnischen Reorganisation entgegenzuwirken. Ein inzwischen entstandener „deutscher Bürger-Verein" bekämpfte dieselbe[58], ebenso der Centralausschuss[59]. „Soll sie ein Recht sein für die Einwohner (wendeten sie gegen den in Berlin der preussischen Ständeversammlung zur Berathung vorgelegten Verfassungsentwurf ein), so kann es ihnen nicht aufgedrungen werden; Polen und deutsche Bewohner dieser Landestheile protestiren aber gegen die Reorganisation." Als die Polen in Berlin Untersuchungen gegen Deutsche wegen verübter Ausschreitungen durchgesetzt zu haben schienen, verlangte der Centralausschuss vom Minister Auerswald, (obgleich in Bromberg keine solchen sich zugetragen hätten) für die deutsche Bevölkerung eine eben solche völlige Amnestie, wie sie den Polen gewährt worden. Dieses Schriftstück, am 10. Juni ausgefertigt, ist das letzte, welches mir mit der Unterschrift dieses Ausschusses vorliegt, und zeichnet sich, wie alle Schriftstücke desselben, durch klare, kräftige und würdige Haltung, ja stellenweise durch Erhabenheit aus. Bereits war am 21. Mai der Anschluss an den deutschen Bund durch einen grossen Festzug gefeiert worden. Auch im deutschen Bürgervereine lebte gute Gesinnung, welche am 14. August in Ansprachen an das preussische Staatsministerium und den Vertreter in der deutschen Nationalversammlung, Justizrath Eckert, gegen die Partei zum Ausdruck kam, die „Preussens Ruhm und glorreiche Geschichte missbraucht" zum Ankampf gegen die beginnende Einheit Deutschlands. In Bromberg wollte man Preussen nicht neben, sondern in Deutschland. Brombergs Verhalten 1848 ist der Glanzpunkt in der Geschichte der Stadt und des Landes.

Die Einkommensteuer dieses Jahres ergab, dass in der Stadt und dem Kreise Bromberg die deutschen Bewohner 19700 Thlr., die polnische Bevölkerung 1300 Thlr. aufbrachten, diese jener mithin an Geldkraft um das Fünfzehnfache überlegen waren. Den Wohlstand förderte die Anlage von Eisenbahnen, die Bromberg nach allen Richtungen mit den Hauptstädten verbinden. 1861 fand am 19. August die erste (Probe-) Fahrt mit dem Dampfwagen nach Thorn statt, in demselben Jahre wurden Arbeiten zu einer nach Warschau führenden Bahn betrieben, und schon am 4. Dec. 1862 wurde zum erstenmal von Bromberg nach Warschau mit dem Dampfwagen gefahren. Die Einführung von öffentlichen „Dienstmännern" geschah zu allererst hier im Jahre 1858 durch Eduard Berger (der als Besitzer einer Weisswaarenhandlung in Zahlungsunfähigkeit gerieth, und, ein Dreissiger erst, Anfang 1862 im Schuldgefängnisse starb). Von Bromberg aus verbreitete sich diese neue Anstalt über Norddeutschland. Die Dankbarkeit der Einwohner setzte dem Begründer des Kanals, dem grossen Friedrich, ein Standbild auf dem Marktplatze. Es ward modellirt von dem Lehrer und Schriftsteller Uhlenhuth und am letzten Mai 1862 enthüllt. Mit dem gegenwärtigen Ministerium aber gerieth die Stadt in demselben Jahre in Streit. Als nämlich der Rath im April dessen Wahlerlass verbreitete, erblickte die Stadtverordnetenversammlung darin einen ungesetzlichen Druck und eine Beschränkung der staatsbürgerlichen Rechte, wesshalb sie am 19. April einen Tadel gegen den Rath aussprach. Die Regierung ertheilte desswegen am 20. Juni den Stadtverordneten einen Verweis, weil es sich hierbei um keine Gemeindeangelegenheit handele. Die Stadtverordneten beharrten jedoch am 16. Juli einstimmig auf ihrem früheren Beschlusse. Die Einwohnerzahl betrug 1837: 7390 Menschen, 1842: 8102, 1843: 8878 und stieg seitdem mit solcher Schnelligkeit, dass sie 1849: 12852, 1852: 14422, 1858, das Militär mit einbegriffen: 20216, 1861: 22474 (davon 1950 Militärbevölkerung) stand.

Budzin, p. Budzyn. Als Stadt erwähnt wird Budzin 1458, da König Kasimir auf sie eine Schuld von Wlodko von Danaborz aufnahm[1]. Sie war mithin eine königliche Stadt. Budzin besitzt keine alten Urkunden, da auch diese Stadt von schwerem Brandunglück heimgesucht wurde. Nachdem sie abgebrannt, stellte König Wladislaw IV. zu Warschau den 26. August 1641 ihre verlorengegangenen Freibriefe her

58) Sendschreiben desselben an den politischen Klub in Berlin, betreffend die Reorganisation im Grossherzogthum Posen, vom 13. Mai. 59) Beide richteten zusammen am 4. Juni ein Sendschreiben an den Herrn Abgeordneten der constituirenden Nationalversammlung in Berlin.

Budzin 1) Casimirus rex Wlodkoni de Danaborz castellano et capitaneo *Naklensi* mille florenos in oppido *Budzyn* et *Podstolice* inscribit die S. Bartholomaei anno 1458 (Inventarium diplomatum in arce Cracoviensi per commissarios 1682 confectum. Paris 1862. S. 301); es muss daneben im posener Palatinate ein Dorf gleiches Namens gegeben haben, denn 1470 ging eine villa Budzyn aus dem Besitz der Gorka's in den der Dzialynski's über (Ebenda S. 289), die sie 1481 dem Praeclaus von Potulice verpfändeten (Ebenda S. 302).

und bestimmte, dass ihr Bürgerrecht (jus civile) gleichwie in den andern Städten es gelte, bestätigt sei, und erklärte sie als aus dem polnischen in das deutsche magdeburgische Recht versetzt, alle dasselbe störenden polnischen Rechte und Bräuche aber für abgeschafft. Demgemäss sollten die Bürger dem Gericht des Kastellans oder anderer Beamten nicht unterworfen sein, sondern lediglich unter ihren städtischen Richtern stehen, diese aber vom König oder seinen Starosten, jedoch ebenfalls nach dem deutschen magdeburgischen Recht gerichtet werden. Die Bürgerschaft sollte alle Jahre 4 Gewählte dem Starosten vorschlagen, aus denen dieser den Bürgermeister zu ernennen hatte. Ebenso sollte es mit der Wahl der Richter gehalten werden. Die Innungen der Handwerker sollten gleiche Rechte haben wie in Rogasen, dem Starostensitze. König August gab ferner am 22. November 1722 einen Freibrief über die Märkte, das Holzrecht, Brauerei und Branntweinbrennerei. Der Landbesitz der Stadt betrug 33 Hufen und 10 Morgen. In ihr war eine katholische Kirche. 1788 hatte Budzin 827 Einwohner und 121 Häuser, 1816 zählte sie 968, nämlich 694 Katholiken, 232 Lutheraner und 42 Juden. Sie bestand aus 130 Feuerstellen. 1837 hatte sie 150 Häuser und 1308 Bewohner, 1843: 1592, 1858: 1751, 1861: 1820.

Buk (d. h. Rothbuche) gehörte um die Mitte des XIII. Jahrhunderts dem Herzog Premisl und heisst damals (1257) Dorf mit Stadt und Kapelle (cum civitate et capella). Premisl vermachte nicht lange vor seinem Tode (welcher am 4. Juni des gedachten Jahres erfolgte) Buk der Peterskirche in Posen, indem er der Ortschaft (civitati) Befreiung von den gewöhnlichen Lasten gewährte[1]. Diese Schenkung bekräftigte nach seinem Ableben sein Bruder Boleslaw (**Urk. VI**). Buk war nun und blieb bischöflicher Ort. Bischof Albert Paluki erwirkte für ihn von König Kasimir (Posen, 11. April 1350) eine Erklärung, dass der König Buk so lange mit keiner Anforderung belasten wolle, als der Bischof ebenfalls von solchen Abstand nehme[2]. Von dieses Bischofs Nachfolger Johann V. Doliwa (1355—1374) erhielt Buk magdeburgisches Recht[3]. Im XV. Jahrh. war Buk einer der bedeutendsten Orte des posener Landes. Bischof Johann Lubranski ummauerte in den ersten Zeiten des XVI. Jahrh. die Stadt. Die Leistungen der Bürger an den Bischof betrugen 1564 30 Mark. Sie besassen 14 Hufen Landes und entrichteten von jeder 1 Mark 8 Groschen und 4 Mass Hafer. Es gab 13 Stätten der Wollweber, die für jede 3 Stein Talg entrichteten, die Schuhmacher gaben für ihre Bänke $1\frac{1}{2}$ Mark und 8 Groschen. Die Stadt besass eine Rossmühle[4]. Ein Hospital war in Buk gestiftet worden. Die Einwohnerschaft bestand zumeist aus Polen. Juden wurden hier, als in einer Bischofsstadt, nicht geduldet. Im letzten Jahrzehnt des XVIII. Jahrh. nahm die preussische Regierung dem Bischofe die Herrschaft und machte Buk zur königlichen Domäne. Dadurch wurde Buk unmittelbar. Seitdem hob der Ort sich zusehends. Er hatte 1797: 194 Wohnhäuser und 847 Einwohner, im Jahre 1800 aber schon 220 Wohnhäuser (2 von Ziegeln) und 1304 Bewohner. Es hatte damals 22 Mühlen, 1 Rathhaus und 5 katholische Kirchen. Unter den Gewerbtreibenden befanden im Jahre 1800 sich: 8 Brauer und 25 Branntweinbrenner, Weinhändler und Schänker; in dem geistlichen Orte war mithin ein starker Absatz von geistigen Getränken. Ferner gab es daselbst 21 Müller, 1 Fleischer, 33 Schuster, 18 Leinweber, 11 Stellmacher, 7 Schneider, 6 Böttcher, 3 Tischler, 2 Kürschner, je 1 Glaser, Schmied, Seiler, Schlosser, Töpfer, 3 Kaufleute und 6 Musikanten. Das Ackerfeld der Einwohner betrug 750 Morgen, die Kämmerei bezog jährlich 909 Thlr. 12 Märkte fanden im Jahre statt, von denen auf vieren auch Viehhandel getrieben wurde. Der Ort hielt 2 Nachtwächter. 1816 hatte Buk 1436 (n. a. 1277) Bewohner, 1837: 2187, 1843: 2140, 1858: 2150, 1861: 2362. Die Städteordnung wurde Buk am 21. Jan. 1838 verliehen. Im Jahre 1848 war Buk der Schauplatz einer wilden Bewegung. Die Polen waren Herren in der Stadt, setzten den Bürgermeister ab und zwangen alle Waffenfähigen zum Eintritt in ihre Scharen.

Buk. 1) Testamento suo reliquit deo et ecclesiae — villam beati Petri in *Posnania* Buk cum civitate, cum moneta, cum thelonco, cum tabernis, cum omnibus hominibus et utilitatibus et cum omni jure et dominio in custodiam ejusdem ecclesie, rogans et statuens ut pro anima sua ad ejus sepulcrum nocte et die ad perpetuum habeatur lumen, und Seelmessen, wenigstens jeden Donnerstag. Basco's Annalen (wohl aus dem Testamente) Sommersberg, scriptores rerum Silesiacarum, II. 70. 2) Petitionibus — Alberti dei gratia episcopi ejusdem ecclesiae Poznaniensis — acclinati omnibus et singulis cmethonibus et incolis in districtibus infrascriptis et villis omnibus in eisdem situatis videlicet *Pezew*, *Wilczina*, *Buk* cum villa adjacenti *Wielichowa*, *Zambrzko*, *Crobia* hanc cum suis territoriis et adjacentiis universis, specialiter tamen et expresse in villis *Wilhaszyce* et *Slezzino* locatis hactenus et locandis in futuro ab omnibus nostris solutionibus, exactionibus, contributionibus, gravaminibus, angariis, praeangariis, laboribus, vecturis quibuscunque et collectis generaliter omnibus, quocunque nomine dicantur, quamdiu idem dominus episcopus a suis censibus et solutionibus abstinendo dederit libertatem, similem eandem et tamdiu ipsis largimur gratiose (Rys Historyczny miasta Dolsko i jego okolic przez J. Jabczynskiego. Posen 1857. S. 11). 3) Balinski i Lipinski, I. 97. 4) Inventarium generale omnium redituum et proventuum episcopatus Posnaniensis in Majori Polonia anno domini 1564.

Der Einzug preussischer Truppen erst stellte die Ordnung her. Obschon nun die Einwohner eine Bürgerwache bildeten und preussische Soldaten in Buk lagen, überfielen am Frühmorgen des 4. Mai[5] Sensenmänner Buk, ermordeten und verstümmelten eine Anzahl Soldaten und waren eine Weile Meister der Stadt. Da ging es an die Plünderung der Häuser, welche Deutschen und Juden gehörten, und was nicht geraubt wurde, ward zerschlagen. Die Synagoge wurde zerstört[6]. Von Polen bewohnte Häuser blieben verschont. Aber noch am nämlichen Tage wurde Buk von einer Fahne preussischer Soldaten des nämlichen Regiments unter Breetz' Anführung wieder genommen. Die über die Verstümmelung ihrer Kameraden wüthenden Soldaten machten alle bewaffneten Polen nieder, auf die sie stiessen. Auch 1849 schienen die Polen in Buk die Herren zu spielen.

Chodzesen, siehe Kodschesen.

Dobberschütz, p. Dobrzyca, Dobrzyce, Dobroschyće (1458 Dobrzycza), an einem Bache, bestand als Stadt im XV. Jahrhunderte, war aber noch sehr klein, da ihm die Veranlagung von 1458 die Stellung eines einzigen Kriegers auferlegte[1]. Es war eine adlige Stadt. Unweit ab von ihr lag das herrschaftliche Schloss. Als es preussisch wurde, gehörte es dem General von Gorszynski. Im Jahre 1800 hatte Dobberschütz 11 Jahrmärkte, bestand aus 102 Wohnhäusern, 1 katholischen Kirche und einem andern öffentlichen Gebäude und hatte 574 Einwohner[2], von denen 22 Juden waren. Gewerbtreibend waren 1 Lederhändler, 6 Schuhmacher, 4 Leistenschneider, 4 Stellmacher, 4 Bäcker, je 2 Gastwirthe, Branntweinbrenner, Müller, Fleischer, Hufschmiede, Tischler, Töpfer, Leinweber, Musiker, 1 Böttcher, Glaser, Gerber, Schlosser, Schneider, kein Bierbrauer. Die Stadt hielt 1 Nachtwächter. Am Anfang unsers Jahrhunderts wurde das herrschaftliche Schloss neu und geschmackvoll gebaut. Die Zahl der Juden nahm so zu, dass sie später eine Synagoge bildeten. Auch eine evangelische Kirche entstand im letzten Menschenalter. 1816 zählte dieStadt 680 Einwohner, 1837: 937 in 120 Häusern, 1843: 1012, 1858: 1052, 1861: 1102. Bei dem 48ger Aufstande setzten die Polen auch in Dobberschütz den Bürgermeister ab.

Dolzig, p. Dolsk (in Urkunden Dolsko, 1359)[1], in Waldung an einem See, nach seiner tiefen Lage (von dolina, Niederung, Thal; in der Verkleinerungsform doliska) benannt, ist wahrscheinlich das Dorf Dolko, dessen bereits in der Bulle des Papstes Innocentius II. 1136, welche den Besitzstand des gnesener Erzbisthums aufzählt, Erwähnung geschieht[2]. Später erscheint es als ein dem posener Bischof gehöriges Dorf. Seine Bewohner genossen also die bessere Stellung, in welcher sich geistliche Unterthanen befanden. Bischof Johann V. Doliwa erwirkte im Jahre 1359 vom König Kasimir deutsches, und zwar neumärkter Recht und Gestattung eines Wochenmarktes am Mittwoche. Der Vogt sollte nur dem Bischofe, auf dessen schriftliche Vorladung nach deutschen Bestimmungen zu Recht stehen (**Urk. CCX**)[3]. Die Einführung des deutschen Rechtsverhältnisses erwies sich auch wirklich als fördersam, denn wir haben ein gültiges Zeugniss darüber in der Anführung einer Urkunde Bischofs Johann von 1363[4]. Es blieb bischöfliche Stadt. Sein Gedeihen förderte es, dass öfter die Bischöfe von Posen hier ihren Aufenthalt nahmen. Den Juden war es als geistlicher Ort verschlossen. Aber schon nach 20 Jahren, 1383, wurde seine Blüthe geknickt. Denn Krieg erhob sich über die Krone und die Lande Polens. Bei dem Widerstande, welchen der Starost Grosspolens, Peregrinus von Vaglischin, den eroberungssüchtigen schlesischen Herzogen entgegensetzte, wurde auch Dolzig verwüstet[5]; die Stadt brannte ab. Seitdem siechte sie hin. Die Einwohnerzahl blieb geringer, als sie vor dem Brande gewesen. Um ihr von neuem aufzu-

---

5) In Buk lag Hauptmann von Bönigk mit anderthalb Kompagnieen des 18. Regiments, der nach Pinne wich. Als bei dem Ueberfall ein Trommler Generalmarsch schlug, hieben ihm die Polen die Hand ab, ein anderer Trommler kletterte auf ein Dach und wirbelte von der Höhe die Lärmzeichen. Umständlicher Bericht von L. v. J., die polnische Insurrektion in Posen im Frühjahr 1848. Glogau 1849. S. 115—121. 6) Posener Zeitung 1848. Nr. 109 vom 11. Mai.

Dobberschütz. 1) Raczynski, cod. dipl. maj. Pol. S. 18. Das der Geistlichkeit zugehörige Dobrze, welches in einer Urkunde von 1292 vorkommt, wagen wir nicht auf diesen Ort zu beziehen. 2) Sirisa gibt für 1797 nur an „188 polnische Einwohner."

Dolzig. 1) Dolsko heisst übrigens auch ein in der Gegend von Jungleslau gelegenes Dorf, welches im XIV. Jahrhundert (zufolge einer Urkunde von 1315, Cod. dipl. Pol. II. 203) herzoglich war, im XVten (nach Urkunden von 1560. Ebenda 968) zur Stadt Radzyejow gehörte. Sein jetziger Name ist Dulsk. 2) Item villa in *Zrem* quae *Dolko* nuncupatur. 3) Vgl. dazu: Johannes Czarnkowski, archidiaconus gnesnensis (bei Sommersberg, Scriptores rerum silesiarum, II. 113), welcher von diesem Bischof sagt: qui tempore sui regiminis civitatem fundavit in *Dolsko*. 4) Fundationem oppidi sui in Dolsko, ad quod utriusque homines sexus concurrunt et etiam confluebant, angeführt in einer Urkunde von 1383, Rys Historyczny miasta Dolska i jego okolic połaczony, z ważniejszemi szczegółami historycznemi byłej dyecezyi a teraz archidyecezyi Poznańskiéj, wydany przez X. Jana Jabczyńskiego, Posen 1857. S. 61. 5) Villas Posnanienses circa Krobya et Dolsko consistentes frequentibus spoliis in-

helfen und die verbrannten Urkunden zu ersetzen (doch muss sich die Stiftungsurkunde, da wir sie noch haben, in einer Abschrift erhalten haben), veranlasste Bischof Adalbert Jastrzembietz im Jahre 1403 den König einen Bestätigungsbrief über das deutsche Recht auszustellen, nach dem es gleiche Berechtigungen mit Posen und Kalisch hatte und sein Vogt in peinlichen Sachen richtete. Der Wochenmarkt ward auf den Montag bestimmt. Ein schon bestehender Jahrmarkt auch verbürgt (**Urk. CCXV**). In der Stadt gab es bischöfliche Badestuben, zu denen eine Hufe Ackerland gehörte, welche von Alters her dem Verweser mit der Verpflichtung übertragen war, alljährlich und zu gewissen Zeiten den Geistlichen, den Schülern, den Armen und Zuwandernden Bäder zu bereiten, kaltes wie warmes Wasser und Lauge unentgeltlich zu verabfolgen. Diese Stiftung bestätigte noch Andreas Opalinski 1444. Ferner befand sich ein Hospital mit einer von Holz gebauten Kapelle, zum heiligen Geist, in Dolzig, die 1442 Andreas Opalinski gegründet hatte. Die Collatur für dasselbe hatte der Ortsvogt. Eine Schusterzunft bestand vermöge eines von Bischof Andreas 1453 verliehenen Briefes. Um 1460 liess Bischof Andreas von Bnin Opalinski die Kirche des Erzengels Michael in der Stadt aufführen. Sie hatte zufolge der Angabe bei der Kirchenvisitation 1628 7 Altäre, von denen der letzte unter dem Patronatsrecht der Bürger stand. 1466 wurde der Stadt das Recht zur Bestätigung des Probstes bei der heiligen Geistkirche urkundlich verbürgt. 1474 vermachte ein Bürger, Mikolaj Miklaszek, sein Vermögen der Stadt. Gegen die Türken hatte die Stadt 1458 zehn Krieger zu stellen. Im XVI. Jahrh. wurde (1513) der Stadt ihr deutsches Recht (zu Posen) bestätigt, auf die Bitte des Bischofs Lubranski die Zahl ihrer Jahrmärkte vermehrt, den Zünften der Schneider 1534 (**Urk. CCXXXIII**), sowie der Kürschner (Posen, 31. Jan. 1560 von Andreas Czarnkowski), der Fleischer (von demselben, 26. Februar 1561) und der Töpfer (von Lukas von Koscielecz, 7 März 1596)[6] Satzungen ertheilt. Die Tischler, Schmiede, Schlosser und Böttcher bekamen als eine gemeinsame Zunft 1571 von Adam Konarski eine Urkunde. 1548 den 4. Juli gestattete in Posen Bischof Benedikt Idbiensky der Stadt Zinsen von den Buden der Schuhmacher, Bäcker und Töpfer zu erheben, sowie die Einkünfte von 2 verlassenen Fleischhauerbuden, mit der Verpflichtung zu deren Ausbau; ferner erlaubte er ihr eine Badeanstalt, die sie gleichfalls, wenn nöthig, aufbauen müsse, gestattete Gesträuch auf der sogenannten

---

humanes oppressit. Dlugoss. B. X. Leipziger Ausgabe von 1711. II. 85. Dazu **Urk. CCXV**. 6) Die Urkunden der Fleischer und Töpfer liegen noch in polnischer Uebersetzung vor. Auf ihre jüngere Bearbeitung deutet die Datirung nicht nach dem Namen, sondern der Zahl im Monate, was geistliche Herren ehedem nicht thaten. Das Topfergesetz, welches der Bischof auf Bitten der Zunft feststellt zur ewigen Satzung mit dem Wunsche, dass diese Gesetze nicht von der Zeit verwischt und aufgehoben werden mögen, beschränkt selbst die Freiheit des Marktes. Wer ohne zur Zunft zu gehören selbst mit des Bürgermeisters Bewilligung den Jahrmarkt mit Waaren dieses Handwerks bezieht, der verliert sie; sie sollen ihm weggenommen werden für das Spital. Es bestimmt, dass wer in die Gilde aufgenommen werden will, binnen 3 Monaten den Lehrbrief und die Bescheinigung ehelicher Geburt beibringen soll, 1 Achtel Bier, 2 Pfund Wachs und 6 Groschen erlegen muss und vor erfolgter Aufnahme bei Strafe von 3 Mark das Handwerk nicht ausüben darf; ein Lehrling entrichtet die halben Meistergebühren. Auf Vorladung der Altmeister muss jeder bei 3 Groschen Strafe erscheinen, bleibt er wiederholt bei der Verhandlung aus, so büsst er mit 1 Pfund Wachs. Ungehorsam gegen die Zunft wird mit 2 Pfund Wachs gestraft, auch darf der Ungehorsame vor geleisteter Abbitte seine Waare auf dem Markte nicht aufstellen. Ohne Erlaubniss der Altmeister darf keiner einen Meister vor den Stadtrichter fordern bei Strafe von 1 Pfundes Wachs. Der in eine andere Stadt übersiedelnde Meister soll diess nur mit Bewilligung der Altmeister thun, sonst muss er sich bei der Rückkehr neu aufnehmen lassen; tritt einer ohne Genehmigung aus ihr, so ist die Sache vor den Rath zu bringen und jener muss einer anerkannten Strafe sich unterziehen, doch behält sich die Brüderschaft Erlass seiner Strafe vor. Wer am Sonntage Töpfe brennt, büsst mit 1/2 Pfund Wachs, wer es an apostolischen Festtagen thut, mit 1 Pfund, am Tage der heiligen Maria aber gar mit 2 Pfund, „darum sind die Strafen erhöht, dass durchaus die Feiertage immer gehalten werden sollen." Einer soll dem andern den Thon auf der Grubstätte nicht wegnehmen, bei Strafe eines Achtels Bier an die Zunft. 2 Wochen vor und 4 Wochen nach dem Jahrmarkt darf keiner mit Töpfen auf die Dörfer oder 1 Meile von Dolzig weit ziehen, bei Strafe eines Achtels Bier. An Markttagen sollen die Altmeister die Arbeiten der Brüder beschauen und die verwerfliche Waare für das Spital wegnehmen. Ein Bruder soll auf dem Markte nicht einen andern Bruder verletzen, oder Sachen, die zum Handwerk gehören, beschädigen, bei Strafe eines Achtels Bier. Wer den ihm vom Altmeister angewiesenen Platz einem andern überlässt, büsst mit 2 Pfund Wachs. Keiner soll auf dem Markte Anderer Waare feilbieten, bei Strafe eines Achtels Bier und eines Steines Wachs. Keiner soll 2 Lehrlinge oder 2 Gesellen haben, so lange Andere keinen haben; erst wenn jeder einen hat, kann er zwei, und wenn alle nun zwei haben, einen dritten halten, sonst büsst er mit einem halben Stein Wachs. Keiner soll einem andern Meister einen Gesellen abreden, bei Strafe eines Achtels Bier. Wer bei Gesundheit blauen Montag macht („montagt") zahlt 4 Pfund Wachs und bekommt die ganze Woche keine Arbeit. Hat ein Lehrling oder Gesell während des Winters bei einem Meister gearbeitet, so darf er vor Michaeli nicht von ihm wegziehen, sonst soll er ein ganzes Jahr keine Arbeit finden; beim Wegzuge in eine andere Stadt soll die Zunft dorthin Kundschaft geben. Alle 4 Jahre, wenn die Brüder auszuziehen (zu einem Umgange?) verpflichtet sind, wird ein Stück Zeug gekauft, dessen Drittel aufgehoben, die beiden andern Drittel den amtirenden Altmeistern gegeben. Am Marientage und bei den grossen Messen haben die jüngeren Gesellen angezündete Lichter zu tragen, bei dem Begräbniss eines Bruders oder einer Schwester müssen alle erscheinen, wer Entschuldigung hat, seine Frau schicken, bei Strafe von 2 Pfund Wachs und, wenn beim Vigiliengesang keines zugegen ist, von 1 Groschen. Kaufen die Meister mit Bewilligung der Brüder Bier und halten ein Gelag, so soll darüber niemand spöttische Reden führen; sonst muss er ihren Becher füllen; wer beim Biere das Messer zückt, soll vor den Richter gestellt werden. „Charlstan" darf keiner spielen, bei Strafe von 1 Pfund Wachs. Kein Bruder darf sich vermessen, jemanden in seinem Hause zu beherbergen, der zwei Frauen hat oder dem das Handwerk untersagt ist, bei

Rzechta zu hauen, aber nur insoweit sie desselben zur Ausbesserung der Wege bedürfe, und schenkte eine am See gelegene Hutung zu Viehweide[7]. Auf Schneidern und Kürschnern lastete keine besondere Abgabe. Die bischöfliche Besteuerung betrug 1564 von 17½ zur Stadt gehörigen Hufen von jeder jährlich 1 Mark 8 Groschen, von jeder Fleischbank, deren es 13 gab, 2 Stein Unschlitt; die Töpfer lieferten am jeden Dienstagsmarkte 3 Töpfe ab. Der Jahrmarkt fiel zu Pfingsten. Jedes Verkaufszelt zahlte 1 Groschen, jeder Fremde 1 Groschen Marktgeld und von seiner Kramstatt 6 Denare. Salzverkäufer gaben von der Tonne 1 Viertel. Vom Biere wurde 1 Viertel entrichtet. Drei weitere Jahrmärkte gewährte König Sigismund August den 24. Juli 1566 (**Urk. CXVIII**), fernere Freibriefe über Jahrmärkte, sowie Bestätigung der bestehenden ertheilten Stefan Batori 1585, Bischof Johann Tarnowski zu Posen den 3. Juli 1598, weiter 1677 der König Johann III. am 17. März zu Krakau, und zuletzt noch der Bischof Bartolomaeus Tarlo 1711. Die Stadt kam zu 7 Jahrmärkten. 1578 kam die Stadt durch Schenkung in Besitz von 2 Quart Land (Urkunde des Bischofs Lukas vom 15. Nov. 1578). 1649 soll eine Druckerei angelegt worden sein, wenigstens kam in Dolsk ein Buch in slawischer Sprache heraus. Zu den vorhandenen 6 Zünften trat im Jahre 1670 die der Brauer durch eine Verleihung von König Michael, der auch 1672 eine Schützengilde genehmigte, und 1726 durch eine Urkunde Bischofs Johann XII. Tarlo eine Leinweberzunft. Aber eine Zunft ging ein. Anfangs hatten Schneider und Kürschner sich zusammengehalten und gemeinschaftliche Gewerkslade geführt. Zuerst gab es mehr Schneider. Doch Juden zogen die Schneiderei unzünftig an sich, die zünftigen Schneidermeister verzogen sich, ihre Zunft löste sich auf. 1733 zählte die Stadt 53 Familien, deren Namen in dem Revisionsprotokoll von 1739 aufgeführt werden. 1768 liess Bischof Theodor Czartoryski das alte, sehr verfallene bischöfliche Schloss wieder aufrichten und stellte daneben 2 palastartige Gebäude, mit „Pavillons" (wohl Balcons), die sich noch jetzt dort befinden; das Hauptgebäude selbst verfiel bald nach dem Tode des Bischofs; als 1855 die Kunststrasse über seinen Standort hinweggeführt wurde, war keine Spur mehr von ihm übrig. Die Hauptkirche braunte im XVIII. Jahrhunderte ab. Ein Hospital ward begründet. Zu Preussen geschlagen wurde Dolzig königliche, d. h. unmittelbare Stadt. Am Ausgange des XVIII. Jahrhunderts bestand sie aus 146 Wohnhäusern, 3 Kirchen, 2 andern öffentliche Gebäuden, 5 Mühlen und zählte 781 Bewohner, Polen; 23 Bierbrauereien waren im Betriebe, daneben gab es noch 18 Branntweinbrenner und Schenker und 2 Oelmüller. An Handwerkern lebten hier: 18 Schuster, 15 Leinweber, 15 Bäcker, 14 Böttcher, 13 Fleischer, 10 Töpfer, 7 Schneider (Kürschner? denn es werden keine aufgezählt)[8], 5 Stellmacher. 2 Tischler, 2 Schmiede, 1 Barbier, 1 Organist. Die Stadt hielt 1 Nachtwächter. 1816 hatte Dolzig 851 Einwohner, 1837: 1198, 1843: 1305, 1858: 1414, 1861: 1475. 1848 setzten die Polen in Dolzig den Bürgermeister ab und selbst noch 1849 gebärdeten sie sich als Herren der Stadt, gleich als gäbe es keine preussische Regierung.

Dupin, Duppin, p. Dubino, an der Orla auf einer Höhe. Ein Kastellan von Dupin kommt in einer Urkunde von 1278 (**CCIII**) vor: damals also bestand bereits ein Ort dieses Namens. Die Stadt besitzt keine Stiftungsurkunde, doch galt in ihr das deutsche Recht. Sie bestand 1458, gehörte aber damals zu den kleinsten Städten. Nachmals hatte sie 6 Kram- und Viehmärkte. Sie gehörte einem Besitzer und war im XVIII. Jahrhundert den Grafen Dzialynski, im XIXten den Grafen von Potulicki untergeben. Im Jahre 1800 bestand sie aus 76 Wohnhäusern, 1 Mühle, 1 katholischen Kirche und war von 443 Polen bewohnt. Nur 2 Juden lebten daselbst; in unserm Jahrhunderte nahm deren Zahl so zu, dass sie eine Synagoge bildeten. Gewerbtreibend waren am Ausgange des vorigen Jahrhunderts: 8 Branntweinbrenner, 7 Leinweber, 3 Bäcker, 2 Schneider, 2 Schuster, 2 Steinsetzer, 6 andere Handwerker, 1 Müller, 1 Gastwirth; die Stadt hielt 1 Nachtwächter. 1816 zählte Dupin 483 Einwohner, 1837: 602. Die Zahl der Häuser soll 200 betragen haben[1]. 1843: 613 Einwohner, 1858: 613, 1861: 638. Während des polnischen Aufstandes im März und April 1848 befand sich Dupin in der Gewalt der Polen. Der Bürgermeister Tauer wurde aus der Stadt getrieben. Als polnischer Kommissar schaltete Bienert; ihm ging der Propst Opalski zur Hand. Beide bildeten den Ortsausschuss.

Strafe eines halben Achtels Bier und 1 Pfund Wachs. 7) Polnische Uebersetzung dieser Urkunde bei Jabczynski, S. 146. 8) 1830 gab es längst keine Schneider mehr und der Zunftbrief der Schneider befand sich in der noch bestehenden Kürschnerzunft.

Dupin. 1) Wagner, geschichtliche, statistische und geographische Beschreibung des Grossherzogthums Posen. Landsberg a. d. W. 1841. S. 57.

Exin, p. Keynia, Kreenia (1262 Keyna, 1266 Kezina, 1277 Keyn, 1420 Keynia, 1458 Kezynya, 1480 Kezynija) auf einer Anhöhe gebaut. Die Aegidiuskirche soll daselbst schon am Ende des XI. Jahrhunderts gegründet worden sein von Wladislaus Hermann. Ein Pfarrherr von Kezina Namens Andreas kommt im Jahre 1266 als Ausfertiger einer Urkunde für den Herzog in Kalisch vor[1]. Im XIII. Jahrhundert war Exin schon Stadt. Boleslaus, Herzog von Grosspolen, dem sie gehörte, gab sie zu Posen im Jahre 1262 (civitatem nostram) seinen Getreuen Riner und Johann, damit beide dieselbe auf deutsches Recht anlegten, wie solches die Städte Posen und Gnesen hatten, und befahl, dass kein Starost, Woiwode oder Edelmann in diese Stadt eindringe. Er wies der Stadt 80, mit je einem Vierdung zu versteuernde Hufen und die Besitzungen Bobrovniki und Pelgrinovo zu, gestattete ihr auch die Nutzung der Wiesen in Pocepnicz. Die beiden Anleger bekamen die 6te Hufe und das 6te Gehöft steuerfrei, mussten aber das Drittel der Gerichtseinkünfte abführen (**Urk. CCI**). König Wladislaus bestätigte (in Ofen 1441) das deutsche Recht daselbst, entfernte das polnische Recht und alle Gewohnheiten, welche das deutsche Recht zu verwirren pflegten. Alle Strafsachen sollten vor dem Vogt der Stadt entschieden werden, dieser selbst aber nur von dem königlichen Richter verurtheilt werden können, wenn er durch eine mit königlichem Sigel versehene Ladung vorgefordert würde, aber auch dann nur nach deutschem Rechte. In Exin stand eine Burg (**Urk. LXXXVII**), die der Mittelpunkt einer Starostei war; in Exin wurden die königlichen Landgerichte gehalten. Am Grodgerichte war auch ein Archiv. Von der Burg bis zur Mühle die Mauer in Stand zu halten, war Exin verpflichtet (**Urk. LXXXVII**). Der districtus Kezinensis wird im XV. Jahrh. erwähnt[2]; er unterstand bis 1765 dem Palatinate Kalisch. Den Verpfändungen unterlag auch dieser Ort. König Wladislaus III. verschrieb ihn 1440 um 500 Mark dem Albert Slupski, 1441 schrieb er für denselben 400 Mark auf Exin, behielt sich aber das Recht des Aufenthaltes daselbst vor; Kasimir verschrieb 1455 dem Mathias de Slupy 200 Mark auf Exin[3]). Vogt von Exin war nach der Mitte des XV. Jahrh. Simon Czayka; dessen unmündiger Sohn Paul verkaufte nach dem Rath seiner Freunde am 2. März 1480 die ganze Vogtei mit aller Herrschaft, allen Gerechtsamen und Besitzungen, Einkünften und Gefällen um 100 Mark an Michael Drogosch[4]. Nach der Veranlagung von 1458 hatte es 6 Krieger zu stellen. Im XVI. Jahrh. bestätigten den Freibrief der Stadt von 1441 die Könige Sigismund II. August und Stefan in den Jahren 1563 und 1585. Den christlichen Bürgern der Stadt war der Hereinzug und die Vermehrung der Juden ein Aerger. Sie führten darüber bei König Sigismund III., als derselbe im Jahre 1594 in Exin war, Beschwerde und er verbot am 12. September, dass noch mehr Juden sich in Exin niederliessen, setzte auch die Jahrmärkte der Stadt fest. Johann Kasimir endlich wiederholte 1649 die Bestätigung des vor 208 Jahren gegebenen Freibriefs. Im zweiten Schwedenkriege litt der Ort; 1656 fand bei ihm ein Treffen statt. 1768 wurde der Kreis von Kalisch abgelöst und unter Gnesen gestellt. 1773 ward Exin preussisch. Damals war Töpferei im Schwunge und Exin führte einen bedeutenden Topfhandel. Aus alter Zeit gab es in Exin ein Karmeliterkloster. Auch ein Hospital war entstanden. Zu einem „Gnadenbilde“ in Exin wallfahrteten viel Gläubige. Im Jahre 1848 war Exin auch der Schauplatz von Unordnungen; Soldaten besetzten die Stadt. Bewaffnete Polen, welche im Einverständniss mit Einwohnern standen, versuchten am Abend des 7. Mai, während die Offiziere sich in einer Gesellschaft befanden, die Stadt zu überrumpeln, wurden aber nach einem Strassengefecht herausgeschlagen[5]. 1861 kam es wieder zu unruhigen Auftritten, das einemal, am 14. April, bei dem Markte zu einer grossen Schlägerei zwischen Deutschen und Polen, das anderemal im August; als die Regierung das längst unbenutzte, halbverfallene Klostergebäude abtragen lassen wollte, widersetzte sich der Propst Placinski sammt der katholischen Ortsbevölkerung den Bauhandwerkern und hinderte anfangs den Abbruch. Im Jahre

---

Exin. 1) Raczynski, cod. dipl. Maj. Pol. S. 62. 2) Codex. dipl. Pol. I. 306 n. 341. 3) Salvo jure stationum regalium. Alle 3 Verschreibungen sind verzeichnet im Inventarium diplomatum in arce Cracoviensi per commissarios 1682 confectum. Paris 1862. S. 299—301. 4) — cum omni jure, dominio et proprietate — cum omnibus agris cultis, incultis, campis etc. — et universis piscaturis, aquis et eorum decursibus, molendinis aquaticis et ventilibus constructis et construendis et eorum emolimentis necnon cum omnibus juribus, pertinenciis, attinentiis, coherenciis, possessionibus, prout jura, privilegia ipsius advocacie fundamentalia lacius canunt, et generaliter cum omnibus proventibus etc. in et pro centum marcis mediorum latorum grossorum monete et numeri polonicalium consueti quadraginta octo grossos marcam in quamlibet computando nobili Michaeli Drogosch olim Brzostowskii de minori Tupadla vendidit et coram nobis — resignavit. Bezeugung des Capitaneus generalis von Grosspolen Peter von Oppalenyeza. Exin (Kezynya) 2. März 1480 (Codex dipl. Pol. I. 341). 5) J. v. L., die polnische Insurrektion in Posen, S. 144. Das Blutbad, welches laut polnischen Berichten der preussische Heerführer Hirschfeld mit Schrapnels bei Exin angerichtet haben

1788 bestand Exin aus 156 Häusern und 895 Einwohnern, 1816 aus 210 Feuerstellen, 2 katholischen, 1 evangelischen Kirche, und hatte 1417 Einwohner[6] (839 Katholiken, 168 Lutheraner, 410 Juden, im Kloster waren 9 Mönche). 1837 betrug die Einwohnerzahl 2074, 1843: 2327, 1858: 2464, 1861: 2568.

Filehne, p. Wieleń (um 1100 Velen, Veluu, um 1200 Welom, Welin, um 1300 Velen, Vellenen, in Urk. 1339 Welun, 1500 Wielen[1]), auf einer Insel in der Netze, Grenzburg der Pommern, um 1100 im Besitz Gnevomir's Herrn von Tscharnikau. Der Polenherzog Boleslaw III. Schiefmaul griff mit Uebermacht diesen an; Gnevomir warf sich nach Filehne und Boleslaw belagerte diese Burg. Mit Kriegsmaschinen bedrängte er sie so lange, bis die Besatzung nach tapferm Widerstande aus Erschöpfung sich ergab, nachdem ihr Boleslaw Gnade zugesagt hatte. Die Polen erschlugen dennoch alle Pommern, die in der Burg waren. Boleslaw befestigte die Burg von neuem und legte Mannschaft hinein[2]. Die Burg war der Mittelpunkt eines Kreises (des territorium Wellense). Herzog Wladislaw Odo's Sohn betrieb in ihr 1226 die Besiedlung mit Deutschen durch Vermittlung der Cisterzienser von Leubus[3] (vgl. S. 189). Die Cisterzienser beabsichtigten auch hier einen Klosterbau, indess unterblieb er, weil die Grundbesitzer, die Zaremba, widerstanden; doch legten sie Filehne nach deutschem Recht an[4]. Filehne gehörte hiernach zu den ältesten Städten dieses Landes. Um das feste Schloss hatten sich Ansiedler angebaut; eine Ortschaft erwuchs. Um 1295 stand Filehne unter den brandenburgischen Markgrafen, den Johanneern, als Theil der Neumark; nach dem Ausgange der Askanier kam es zu Pommern, jedoch setzte sich der Markgraf Ludwig wieder in den Besitz und hatte es 1324 inne. Die Pommern machten es ihm streitig, auch die Polen suchten es zu erobern: zuletzt gewann Kasimir von Polen diese Gegend dauernd. 1339 war der Ort im Besitz des tucholer Komthurs Theodorich von Lichtenhayn. Dieser gab die Gegend in jenem Jahr an das Kloster Byssow, welches ältere Ansprüche an sie nachwies, um 20 Mark zurück[5]: ob die Ortschaft darunter mitbegriffen war, wissen wir nicht bestimmt, ebenso wenig, wie sie später vom Kloster abkam. Der gnesener Erzbischof Jaroslaus (1341—1376) liess in Filehne gemauerte Häuser bauen[6]. König Kamisir befestigte es besser und ummauerte es[7]. Zweifelhaft ist ob Kasimir Filehne seinem gleichnamigen Neffen[8] 1370 vermachte. In den Kriegen von 1383 wurde seine Umgegend verwüstet[9]. Zwischen 1504 und 1506 wurde von König Alexander die Burg (castrum) Wielen, sammt den Städten Wyelen und Wronki, sowie den zu beiden gehörigen Ortschaften Drawsko, Rosko, Miedzwiedza, Rakowo, Biala, Panczkowo, Wrzesczina, Popowo, Clampitz, Samolansz, Nowawies als Entgelt für 11000 Gulden dem Lukas Gorka lehnweise übertragen, der ohnehin auf besagte Orte altes Erbanrecht zu haben behauptete[9b]. Sigismund I. verwandelte 1515 auf der allgemeinen Zusammenkunft der polnischen Grossen in Krakau diesen lehnweisen Besitz in Erbeigenthum, wogegen Lucas von Gorka tauschweise seinem Besitzrecht auf Pudewitz entsagte[10] und auf 8000 Gulden verzichtete, für die ihm Kosten haftete. Doch war Filehne noch später (1524) eine königliche Zollstätte. Der Burg geschieht noch 1592 Erwähnung[11]. Unter dem Schutze der Gorka's nahmen hier Evangelische ihren Sitz. Grundherren waren nach Andreas Gorka's Tode sein Neffe Peter Czarnkowski (1592) und im Verfolge der Zeit die Herburt, Kostka, Grudzinski und Sapieha. Alexander Nicolaus von Szembeck-Kostka gab 1642 der Bürgerschaft einen Befreiungsbrief, entband sie von allen Roboten. Nur eine Wiese sollten die Bürger (mit alleiniger Ausnahme der Rathsherren) der Reihe nach abmähen. Ueber das Gericht enthielt die Urkunde nichts. Stefan Grudzinski schlug 1673 noch mehrere Grundstücke zur Stadt. Fürst Sapieha bestätigte 1700 die früheren Urkunden, in denen

---

soll, gehört nach Voigts-Rhetz aktenmässiger Darstellung der polnischen Insurrektion im Jahre 1848, S. 41 in die Reihe der Erdichtungen. 6) Nach dem 1862 erschienenen statistischen Jahrbuch aber 1785 Bewohner.

Filehne. 1) Ein anderes Wielen ist das Pfarrdorf Fehlen, welches als Veleno in einer Urkunde von 1278 vorkommt. Cod. dipl. Pol. II. 98. 2) Bolezlavus — castrum Velum obsidens machinas praeparat ac diversi generis instrumenta at contra castellani — propugnacula relevant, sudes praeoccupatas et lapides sursum elevant, obstruere portus festinant. Nach der Uebergabe: castellum vero Bolezlavus melius ad retinendum affirmavit eoque munito necessariis suos ibi milites collocavit. Chronicae Polonorum, II. 50 (der sogenannte Martinus Gallus, Monumenta Germaniae historica, XI. 462. 463. Dazu Bogufal, p. 33 und Chronica principum Poloniae. Stenzel, scriptores rerum silesiacarum, I. 79). 3) Urkunde in Mosbach, Wiadomości do Dziejow Polskich. Breslau 1850. S. 8. 4) (Chlebs.) Ueber Ursprung und Verbreitung des Deutschthums im Grossherzogthum Posen. Berlin 1849. S. 9. 5) Cod. dipl. Pol. II. 671. 672. 6) Janko Czarnkowski archidiac. gnesn. (Sommersberg, Siles. rer. script. II. 116). 7) Ders. S. 98. 8) Ders. S. 100, vgl. S. 120. 9) Ders. S. 140; es heisst da Wyellen. 9b) Raczynski, cod. dipl. maj. Pol. p. 204. 295. vgl. Kosten, Pudewitz und Wronke. 10) Ebenda S. 223. 11) Bei der Erbtheilung unter den Gorka's 1557 bekam Stanislaus: bona oppidi *Wielen* cum castro inibidem et cum omnibus villis possessionatis et desertis ad id oppidum Wielen spectantibus (Ed. Raczynski, Wspomnienia Wielkopolski. Posen 1843. I. Urkundenbeilage S. XLI). 1592 erbte dessen Neffe oppidum Wielen et

die Leistungen an die Grundherrschaft angegeben waren. Im vorletzten Jahrzehnt des vorigen Jahrhunderts verkauften die Sapieha die Herrschaft an einen Herrn von Blankensee. Tuchweberei, Zwirndrehen und Spitzenklöppeln ernährte viele Bewohner. 1788 hatte Filehne 1229 Einwohner und 189 Häuser, ein herrschaftliches Schloss war daselbst. 1800 zählte es 2603 Einwohner, worunter etwa 1000 Juden waren, 1816: 2719 Einwohner (1180 Juden, 970 Lutheraner, 569 Katholiken), 1837: 3288, 1845: 3502, 1858: 3902, 1861: 3920. Die Städteordnung wurde Filehne am 28. August 1835 verliehen. Während der polnischen Erhebung 1848 verlangte die Stadt ihren Anschluss an die Provinz Westpreussen[12]; sie betheiligte sich an der am 9. April in Schneidemühl gehaltenen Versammlung und den von dieser gefassten Beschlüssen.

Fordon, p. auch Fordan (1424 Fordan, ebenso 1513), nahe dem Einfluss der Brahe in die Weichsel. Fast eine Stunde davon lag die wichtige Feste Wissegrod[1], welche 1329 von den Deutschrittern zerstört wurde. In Wissegrod (s. d.) wurde bei dem Uebergang nach und von Pommern ein Zoll erhoben. Von der Furt über den Fluss (Forda) wurde der Name für die bei ihr entstandene Ortschaft genommen. 1424 war Fordon Stadt, und zwar unmittelbar unter dem Könige. In diesem Jahre gab ihm Wladislaus II. magdeburger Recht und Befreiung von der Gewalt der Reichsbeamten. Von den Gerichtseinnahmen sollte der Vogt ein Drittheil, und bei leichten Fällen die Stadt zwei Drittheile, bei schweren die Stadt nur ein Drittheil, das andere Drittheil der König beziehen. Berufung vom Spruch der Schöffen ging an den Rath. Ueber Schuldsachen, welche Nichtfordoner, wären sie auch Edelleute, in Fordon eingegangen hatten, sollte nur in Fordon erkannt werden. Rechtssatzungen mochte die Stadt selber willküren. Mass und Gewicht sollte gelten, wie im kulmer Lande. Fahrzeuge durften ungehemmt nach Fordon kommen, mussten hier anlegen und der Handel sollte frei sein, gleichwie in Thorn. Auch durften die Fordoner frei auf der Weichsel nach Thorn schiffen. Vom Zoll und Marktgeld war die Stadt losgesprochen. Der Vogt bekam 8 Bänke für je 2 Fleischer, Bäcker, Schuster und Tuchmacher, auch Fischerei. Die Bürger hatten freien Fischfang in der Weichsel vom Einfluss der Brahe in sie bis zur Grenze von Strelno und konnten eine Strecke der Brahe benutzen, auch Mühlen in ihr anlegen, durften ferner Bauholz in den königlichen Waldungen holen, sowie nach Metallen graben. Die Stadt bekam auch 4 Inseln in der Weichsel und die Dörfer Wyszegrod, Loskon, Paltz und Sirsk. Endlich liess der König bei Sirsk eine mit einem Bollwerk versehene Brücke schlagen, deren Instandhaltung in der Folge aber der Stadt oblag. Als Gegenleistung hatte die Stadt alljährlich am Martinstage dem Könige 40 preussische Mark zu entrichten. Merkwürdig ist noch in dieser Urkunde (**I.**) das Vorkommen einer S t a d t s c h u l e. Der Pfarrherr und der Rath sollten zusammen den Schulmeister ernennen und der Stadt wurde aufgegeben, ein Schulhaus zu bauen. Andere Urkunden besitzt Fordon aus alter Zeit nicht mehr. Im Jahre 1441 verpfändete König Wladislaus Fordon zugleich mit mehreren andern Städten an Nikolaus von Stiborze[2]. 1457 kam Fordon an einen Koszczlecz[3], dessen Geschlecht sie noch 1515 beherrschte[4]. (Siehe das Nähere bei Bromberg, Gnifkowo, Schulitz, Tschemeschno). Später wurde sie indess wieder unmittelbar, blieb jedoch unbedeutend. Eine königliche Zollstätte war im XVII. Jahrhunderte hier (**Urk. CII.**). Die Hälfte der Bevölkerung machten jüdische Geschäftsleute aus, die, weil ihnen Bromberg verschlossen war, sich hierhin in dessen Nähe zogen. Im zweiten Schwedenkriege, im September 1656, stiessen die Schweden unter General Horn mit dem kulmischen Aufgebot zusammen, sie siegten; Fordon wurde von ihnen darauf ausgeplündert. Im Jahre 1683 erhielt die Stadt einen neuen Freibrief. Die den Handel beschwerende Begünstigung, dass alle auf der Weichsel fahrende Schiffe mit Kaufmannsgütern hier anlegen mussten, brachte der Stadt keinen grossen Gewinn, doch wurde einiger Getreidehandel getrieben. Indessen soll sie ehedem lebhafter gewesen sein als in der Gegenwart. Vier Jahrmärkte, zu denen die Stadt befugt war, gereichten ihr auch zu so geringem Nutzen, dass sie das Recht zu diesen um die jährliche Lieferung 1 Tonne Bier dem Orte Nieschawa abtrat. Preussisch wurde Fordon zum erstenmale 1772 und bekam

---

castrum (Ebenda S. XLVI). 12) L. v. J., die polnische Insurrektion in Posen im Frühjahr 1849. S. 41, woselbst auch angegeben wird: Die Herrschaft Filehne habe zur Zeit des warschauer Herzogthums „grossentheils zu Preussen“ gehört und sei erst 1817, der leichtern Verwaltung wegen, zu Posen geschlagen worden.

Fordon. 1) Siehe S. 48 u. 182. Daher sagt Sigismund in einer Urkunde: in oppido nostro *Fordan*, a n t i q u i t u s *Wissegrod* n o m i n a t o. 2) Cod. dipl. Pol. II. 492 ff. 870 ff. 3) Ebenda II. 913 f. 4) Ebenda II. 492. 494.

ein Grenzzollamt, welches alle Zoll- und Acciseämter im Netzdistrikt, in Pommerellen und im kulmer Gebiete unter sich hatte und von der auf die Weichselfahrt gelegten Steuer jährlich gegen 250000 Thlr. in Fordon erhob. Die Kähne mussten hier, wo eine bequeme Anfahrt war, anlegen. Im Juni und Juli lagen oftmals 70—80 Fahrzeuge mit Getreide, die aus dem innern Polen gekommen waren, bei Fordon. „Wenn das Getreide aus den Kähnen an's Land gebracht wird, stellen sich die Leute in zwei Reihen, legen breite Laken vom Lande auf den Kahn und werfen es mit Schaufeln immer weiter, wodurch es gereinigt oder rectificirt wird, alsdann wird es erst zugemessen, und liegen in dieser Jahreszeit ganze Berge von Getreide an dem Ufer der Weichsel. Zu dieser Zeit gleicht Fordon einer Handelsstadt an der See," berichtet Holsche[5]. Das Getreide, welches die Polen in Fordon nicht an die königlichen Speicher (aus denen es nach Bromberg, Berlin und Stettin verfahren wurde) absetzen konnten, mussten sie weiter nach Danzig und Elbing schaffen. Es fehlte noch in Fordon an vermögenden Handelshäusern. Obschon der Platz sich hob und schon 1788: 136 Häuser und 845 Bewohner (von denen 483 Juden waren) zählte, so lebten die Einwohner doch, wenige Familien ausgenommen, in Dürftigkeit. 1794 wurde das Zollamt weggverlegt. 1816 bestand Fordon aus 198 Feuerstellen, 1 evangelischen und 1 katholischen Kirche, und hatte 1757 Einwohner, von denen 1097 Israeliten, 377 Katholiken, 288 Lutheraner waren. Ein Hülfsseminar für Bildung von Schulmeistern bestand eine Reihe von Jahren. Im Jahre 1826 brannte der grösste Theil von Fordon ab. Da die Gebäude nur niedrig, die fahrende Habe gar nicht versichert war und fremde Unterstützung kärglich ausfiel, so wurde der Ort äusserst schlecht wieder aufgebaut. Auch wüthete mehrmals die Cholera in Fordon. 1837 zählte man 2409 Einwohner. Die Wohlhabenheit war aber eher im Sinken, bemittelte Kaufleute verzogen sich, an Neubauten wurde nicht gedacht, selbst vorhandene Häuser verfielen. Die früher um Spottpreise veräusserten Zolldirektionsgebäude erwarb der Staat 1854 mit der Absicht wieder, sie zu einer Strafanstalt zu verwenden. Eine Kunststrasse verband bequemer mit Bromberg und Kulm. Der Verkehr über die Weichsel ging durch Prähme: die Errichtung einer fliegenden Fähre seitens des Staates soll bevorstehen. 1843 war die Einwohnerzahl auf 2066 gesunken (worunter 1447 Juden), 1861 (mit Inbegriff von 177 Sträflingen) auf 1767, von diesen sind 752 Juden, 566 Evangelische, 444 Katholiken; der Ort besteht aus 226 Grundstücken, von denen an 30 wüst liegen.

Fraustadt, p. Wschowa (Urk.: 1290 Frovenstat, 1310 Froenstat und Vrowinstat, 1322 Frauenstad, 1327 Vrowenstat, 1339 Frowynstat, 1349 Schova[1], 1458 Wshowa[2], Cellarius 1659: Uschovia, Uschohovia), alte Anlage, deren Namen deutlich spricht, dass es die Stätte war, wo in unruhigen Zeiten die Weiber Schutz suchten und fanden. Die polnische Bezeichnung, welche später als die deutsche vorkommt, bedeutete der deutschen[3] ziemlich entsprechend einen Aufbewahrungsort und mag zuerst von dem Schlosse gegolten haben, welches auf einem geschütteten Hügel, von Sümpfen gedeckt, lag, als einer Zufluchtsstätte für die Umwohner bei kriegerischen Zeitläuften. Die sandige Strecke, auf der sich um 1700 (ob jetzt noch?) eine Ziegelscheune befand, diente in der heidnischen Zeit zur Begräbnissstätte. Die Besiedlung ist folglich alt. Die städtische Auferbauung wird in das Jahr 1150 (ob mit Grund?) gesetzt[4]. Deutsche Stadt war Fraustadt schon im XII. Jahrhunderte, denn zufolge einer Urkunde von 1204, welche der Bürger Holzungs- und Hutungsgerechtigkeiten bedeutend erweiterte und die Zahl der bestehenden Tuchwebereien, Fleischbänke, Bäckerladen, Badestuben u. a. vermehrt[5], hatte sie am Anfang des XIII. Jahrhunderts bereits beträchtlichen Umfang gewonnen; auch wird ihrer als Stadt in der gleichzuerwähnenden Urkunde von 1273 gedacht. Sie war die Hauptstadt des zwischen Polen und Schlesien schwankenden fraustädter Landes. Im XIII. Jahrhunderte hatten dessen Besitz die gloganer Herzoge. Im Jahre 1273 gab Herzog Premislaus dem Walther, einem Einwohner von Pritschen (Priczyn), seinem Dorfe, welches zu Fraustadt kam und hart an die Stadt sich anschliesst, dieses Dorf mit 50 Hufen nach

---

5) Der Netzdistrikt. Von A. C. Holsche, k. pr. Hofgerichtsrath zu Bromberg. Königsberg 1793. S. 112. 113.

Fraustadt. 1) Cod. dipl. Pol. III 227. 2) Raczynski, cod. dipl. maj. Pol. S. 181. 3) Die alte Schreibart und Deutung *Fraustadt* als „heilige Stadt" beruht auf einem Irrthum, den die kirchliche Stimmung des XVI. Jahrhunderts gern erfasste. Froustadt konnte der Ort nur in zusammengezogener Form lauten. Eine fehlerhafte Namensform, die bei Cromer, Sararovolski u. a. vorkommt ist *Freystadt*. 4) Samuel Friedrich Lauterbach, Fraustädtisches Zion, d. i. historische Erzählung desjenigen, was was sich von anno 1500 bis 1700 im Kirchwesen zu Fraustadt in der Kron Polen zugetragen. Leipzig 1711. S. 62. 5) Die Nachricht über diese Urkunde verdanke ich der Güte des Herrn Appellationsrathes Kutzner in Posen, welcher sie vor mehr als 30 Jahren auf Ansuchen des fraustadter Magistrates übersetzte. Vom Bürgermeister Hrn. Maschke, dem die Leser dieses Buches verschiedene Nachrichten verdanken, erfahre ich, dass weder diese Urkunde, noch die Uebersetzung in Fraustadt aufzufinden ist.

magdeburger Recht bei 12jähriger Steuerbefreiung und nachheriger Abgabe von 1/2 Mark und 9 glogauer Scheffeln verschiedenen Getreides für jede Hufe auszuthun und übertrug ihm das Gericht in allen Fällen, mit Ausnahme des Mordes, überliess ihm auch 2 Hufen abgabenfrei, das Drittel der Einnahme, und die Anlage einer Schenke und Mühle, sowie Jagd, Fischfang und Bienenzucht (**Urk. IX**). Die Stadt übernahm von Pritschen 15 Hufen (**Urk. CCVI**). Der Aussteller der Urkunde von 1273 nennt sich schlechtweg Herzog von Polen; er dürfte aber nicht (wie Seite 12 angenommen wurde) der Polenherzog zu Gnesen gewesen sein, weil Fraustadt bei Glogau war, sondern vielmehr Premislaus (Przembo, Priebeco), Sohn Konrads II. von Glogau, nachmaliger Herrscher über Sprottau und Sagan. Dieser regierte in seines Vaters Alter mit[6], und war ein Beförderer deutscher Anlagen. Schrieben sich doch die schlesischen Herzoge gleichfalls Herzoge von Polen und liegt doch auch die Möglichkeit nicht fern, dass 1447 bei der Abschrift der Urkunde behufs ihrer Bestätigung durch Kasimir der Abschreiber die ihm unverständlichen weitern Bezeichnung des Premislaus mit einem schlesischen Lande hinweggelassen haben könne. Als Konrad von Glogau kurz vor seinem Tode seine Besitzungen unter seine Söhne theilte, kam aber Fraustadt nicht an Premislaus, sondern an Heinrich III., und wir besitzen auch von diesem eine Ermässigung der Abgaben Fraustadts für ihre 15 pritschener Hufen in Anbetracht ihrer Unfruchtbarkeit um ein Drittheil aus dem Jahre 1290 (**Urk. CCVI**). Oberpritschen liegt westlich, Niederpritschen östlich an der Stadt an und ihre Ackerfläche betrug zuletzt 1676 magdeburger Morgen. Im Jahre 1310 trat Fraustadt dem Bunde der Städte Glogau, Sagan, Freistadt, Steinau, Sprottau und Lubin nach dem Beschlusse seiner Bürgerschaft bei, um Räuber, Brandstifter, (vorsätzliche) Mörder, Mädchenentführer, welche in einer verbündeten Stadt geächtet wurden, zur Haft zu bringen, und überhaupt um den Gewaltthaten gemeinsam zu steuern (**Urk. XV**). Die anwachsende Stadt zahlte in demselben Jahre dem Herzoge Heinrich IV. 110 Mark Geld, wofür sie den nahen Wald erwarb und ungehindert 12 weitere Verkaufsstätten der Fleischer, Bäcker und Schuster sowie eine Badestube einrichten durfte (**Urk. XVI**), kaufte auch 12 Jahre später um 50 Mark den Erben des Niklas die Vogtei und das Gericht über Fraustadt, sammt den zur Vogtei gehörigen Liegenschaften und Gebühren ab (**Urk. XVII**). Damals hatte Fraustadt bereits einen andern Herrn, denn die zuletzt angeführte Urkunde beweist, dass schon 1322 Wladislaus Lokietek diesen Landstrich den schlesischen Herzögen entrissen hatte, wenigstens vorübergehend. In den nächstfolgenden Jahren bezeugt eine Reihe von Urkunden, dass der Pole hatte weichen müssen: 1325 erkannte der Stadt der schlesische Herzog Primislaus den Besitz einer Wiese von 10 Hufen Umfang, einer Windmühle und einer Pferdemühle zu (**Urk. CCIX**). 1326 bestätigte Heinrich von Glogau (die Brüder regierten gemeinschaftlich) das Vermächtniss einiger Grundstücke bei Fraustadt an das Alt-Kloster der Cisterzienser bei Priment; 1327 bekräftigte Primislaus die von einem seiner Brüder ausgegangene Verleihung von 5 Hufen in Pritschen an Hermann von Tribiens (**Urk. XIX**). 1332 bestimmte Herzog Johann von Steinau, Heinrichs Sohn, dass über die Klagen der Fraustädter die gerichtlichen Erkenntnisse in Fraustadt selbst gefällt werden sollten (**Urk. XXI**). Auch die Befugniss, kleines Geld zu münzen, gewann Fraustadt von diesen Herzogen. Die Stadt schlug Kleingeld[7]. Johann indess, verschwenderisch und geldbedürftig, verpfändete erst Fraustadt an seinen Bruder Konrad I. von Oels und verkaufte es alsdann 1336 oder 1337 an den Böhmenkönig, der die Auszahlung an Konrad übernahm und dem Johann Fraustadt als lebenslängliches Lehn übertrug, wobei Johann versprach, die Fraustädter in ihren alten Rechten zu belassen[8]. Gleichwohl haben wir noch vom Jahre 1339 eine Fraustadt betreffende Urkunde Konrads. Die Stadt kaufte nämlich das nahe Gut Steinutze[9] dem Lucca von Racwitsch ab und Konrad hiess diesen Handel gut (**Urk. XXII**). Dauernd wurde aber Fraustadt dennoch im August 1343 zu Polen gezogen durch die Siege Kasimirs. Er nahm es in jenem Jahre ein[10] und riss es kraft des Friedens von 1346 für alle Folge von Schlesien ab.

---

6) Schlesische General Cronica durch Joachimum Cureum, verdeutscht durch Heinrich Rätteln, zusammengezogen durch Laurentius Müller 1585, II, 73. vgl. Worbs Geschichte des Herzogthums Sagan. Züllichau (1795), S. 21. Wenn derselbe Worbs in seinem Neuen Archive (Glogau 1804) S. 47 sagt: er habe von den Urkunden der Söhne Konrads noch keine vor dem Jahre 1281 aufgefunden, so wäre in unserm Buche eine solche mitgetheilt 7) Fraustädter Geld von 1343? 1404, 1525, 1550, 1610, 1616 ist abgebildet auf Tafel XXIV. Nr. 332—335 in: Monety dawny polski jakotež i miast przez J. Zagorskiego, wydane przez E. b. Rastawieckiego. Warschau 1845. 8) Urk. Sommersberg, Silesiacarum rerum scriptores, I. 874. 875. vgl. Walther. Silesia diplomatica. Breslau 1742. II. 325. Lünig's Reichs-Archiv, P. sp. cont. I. 1. Forts. 189. 9) Steyweze in der Urk. XXXXII geheissen, in den Regesten der Kommission, welche 1682 das krakauer Reichsarchiv verzeichnete: bona Steynovecensia (Inventarium 1862. S. 53. 10) Neigebaur in Ledebur's Allgemeinem Archiv für die Geschichtskunde des Preussischen Staates 1834. XV. 83.

Nicht in Einklang mit diesen Angaben ist, dass nach einer in der Registratur der Stadt Fraustadt verzeichneten Urkunde Kasimir schon im Jahre 1341 der Stadt zum Lohn für ihre bewährte Treue das Dorf Bredemi sammt dessen Kirche schenkt und den Einwohnern erlaubt, aus den umgebenden Waldungen sich Holz zu holen. Den Fraustädtern behagte diese Wandlung wenig, obschon Kasimir sie 1345 auch noch von allen Zöllen lossprach, ihnen die Kirche Pritschens, sowie den Besitz des Dorfes verlieh[11] und ihnen 1349 einen Bestätigungsbrief aller ihrer Rechte und Freiheiten ausstellte (**Urk. XXV**). Seitdem wird für die Stadt auch der Name *Wschowa* angewendet[12]. Die Fraustädter wollten aber wieder an Glogau kommen. Vergebens war jedoch der Versuch der Fraustädter 1383 sich loszureissen, vergebens der Versuch der gloganer Herzoge bei Gelegenheit der Thronstreite in Polen Fraustadt zurückzuerlangen. Heinrich Rampold VII. Herzog von Glogau griff, unterstützt von dem ölser Herzoge Konrad II., Fraustadt an, wurde jedoch zum Abzuge genöhigt[13]. Die Fraustädter mussten bei Polen bleiben. Die fraustadter Münze musste das polnische Wappen tragen: davon wurde das Doppelkreuz Stadtwappen. Wladislaus II. ertheilte, des Vorgegangenen ungeachtet, 1388 und 1404 die Bestätigung ihrer Gerechtsame (**Urk. XXXV** und **XXXIII**) und schenkte 1395 in Fraustadt ein Grundstück, welches vormals zur Vogtei gehört hatte, seinem Getreuen, dem Kastellan zu Nakel, Vincenz von Pranved (Granow?) zum Lohn für seine Dienste (**Urk. XXXIX**). Zu Ober-Pritschen, welches die Stadt besass, erwarb sie noch Nieder-Pritschen mit seiner Stampfmühle durch Kauf. Auch diesen Erwerb bestätigte Wladislaus 1404, indem er zugleich die Anlage von Bänken für Tuchmacher und Händler gestattete. Doch blieb noch ein besonderer Schultze in Pritschen, denn einem solchen wurden die alten Berechtigungen von den Königen Wladislaus III. und Kasimir in den Jahren 1444 und 1447 bestätigt (**Urk. LXI, LXII**). Die schon erwähnte Urkunde von 1404 (**CXXXXII**)[14] lehrt manches Vorhandene kennen. Rechtsbelehrung suchten die Fraustädter immer noch in Magdeburg: diess erlaubte ihnen der König, doch verbot er ihnen, anderswohin sich zu wenden. Von ihrem Gelde gingen 12 Denare auf 1 Groschen. Der Jahrmarkt ward am Sonntag vor Michaeli gehalten — und wir wissen, dass sogar danziger Handelsherren auf ihm öfter erschienen — von Zöllen in Polen sollten die Fraustädter für ihre Personen und Waaren befreit bleiben, doch sollte die Stadt von ihren Pferdemühlen (deren sie längst zwei, zusammt einer Windmühle erworben hatte) eine Abgabe von wöchentlich 6 Mass Malz an den König entrichten. Die Blüthe der Stadt wird auch daran wahrnehmbar, dass der König ihr erlaubt, einen Lehrer (magistrum sive rectorem scholae) zu berufen. Am Anfange des XV. Jahrhunderts hatte also Fraustadt schon eine Stadtschule. Derselbe König änderte im Jahre 1409 einige Bestimmungen des magdeburger Rechtes über das Erbe der Wittwen dahin ab, dass ihnen ein Drittheil vom Nachlass ihrer ohne letztwillige Verfügung gestorbenen Männer zufalle, und ordnete an, welche Geldstrafen für körperliche Verletzungen zu erlegen seien. Da bessere Befestigung der Stadt nöthig erschien, wies er dazu diese Strafgelder an und schenkte obenein 8 Hufen Landes in Pritschen. Die Bürger zogen einen Stadtgraben zur Vertheidigung. Später wird ein Castrum in Fraustadt erwähnt, sicher das Schloss. Ferner enthob der König alle Einwohner des fraustädter Landes, die Gutsherren, der Lehnspflichten und bestimmte das Landgericht in Kosten als ihren Hof (**Urk. II.**). Dass vor diesem auch die fraustädter Bürger Berufung einlegen durften, möchte kaum anzunehmen sein; 1425 huldigte die Stadt dem Wladislaus (**Urk. CCXIV**) und erhielt einige Tage darauf am 11. Juli eine Ordnung der Bürgermeisterwahl dahin, dass die Bürgerschaft 12 aus ihrer Mitte zum Regiment auf ein Jahrzehnt vorschlage, aus denen der Starost oder Schlosshauptmann den Bürgermeister und 7 Rathsherren ernenne. Im Jahre 1426 hob der König den Marktzoll auf und stellte die Stadt in allen Vorrechten den andern Städten Grosspolens gleich; es sollte gegen sie kein polnisches Recht gelten (**Urk. LVII**). Neben der Stadt lag eine Gegend, die unter Gerichtsbarkeit des Starosten im Schlosse oder Schlosshauptmannes stand; es

11) Janko Czarnkowski archidiac. gnesn. p. 98: multosque captivos ibidem cepit. 12) Eine Herrschaft *Wschowa* kommt 1302 in einem Kaufbrief des lubner Abtes Martin mit den Gebrüdern Wlastek und Bacon vor, die in ihr Güter besassen und ihm sie verkauften. Raczynski, cod. dipl. maj. Pol. p. 92. 13) Dlugoss Buch 10, II. 85 sagt freilich, dass die Fraustädter den gloganer Herzog schimpflich von ihren Mauern abgeschlagen hätten. Der Krieg der Polen mit den glogauer Herzogen währte fort. 1388 unternahmen die Polen einen Zug gegen Glogau. Heinrich Rampold schlug sie aber bei Wetschütz an der Oder und machte reiche Beute. 14) Die Stampfmühle wird deutsch wohl nicht Walkinol, sondern Walkmühl gelautet haben. Aendert man in dieser Urkunde das unverständliche ovina dem Vorgängigen entsprechend in cujus, so fällt eine Dunkelheit weg. Rodger soll am Ende von Ober-Gajersdorf gelegen haben. Steiwecze Bezeichnung der Wiesen auf dem Wege nach Ulbersdorf am Steinwasser gewesen sein. Statt Falciechain liest eine andere Abschrift Falkenhayn den Namen des Verkäufers von Niederpritschen.

fehlte daher nicht an Streitigkeiten mit diesem und seinen Untergebenen. So gab Anstoss, dass diese auf städtischem Gebiete fischten. Unklar ist das Verhältniss der Vogtei, denn nach der angeführten Urkunde von 1322 (Urk. XVII) hatte sie die Stadt erworben, jedoch 1472 wird eines Vergleiches zwischen dem Rath und dem Erbvogt gedacht und weiterhin, am Anfang des XVI. Jahrhunderts geschieht nochmals eines Vogtes Erwähnung. Auch der Besitz Pritschens ward von einem Edlen bestritten und König Wladislaus entschied den darüber geführten Streit dahin, dass dieser das Dorf gegen Erlegung einer Geldsumme behalten könne.

Gewiss nur zum Schaden gereichte der Stadt, dass der König sie aus seiner unmittelbaren Obhut gab, indem er Stadt und Burg im Jahre 1432 dem Mathias Bank als seinem Lehnsträger zuwies[15]. Doch ging die Zeit der Mittelbarkeit bald wieder vorüber. Auch das Brandunglück von 1435, in welchem Jahr fast die ganze Stadt und auch die Pfarrkirche abbrannte, und das kleinere von 1469, in welchem die Vorstadt in Flammen aufging, wurde verwunden. Die Anwesenheit des umherziehenden Predigers Johannes aus Capistrano hatte die Gründung eines Klosters der Bernhardiner zur Folge; es ward vom Rathe neben der Pfarrkirche gebaut. Von Nutzen für den Handel mochte es sein, dass eine der erlaubten Handelsstrassen über Fraustadt führte, zufolge einer Festsetzung von 1441[16]. Der König gewährte den fraustädter Bürgern 1445 (zu Thorn) Befreiung von Zöllen und sprach ihnen im gleichen Jahre das Recht zu, mit ihren Waaren überallhin zu reisen und zu handeln; auch beseitigte er mehrere Beschwerungen Pritschens unter der Bedingung, dass sie auf Erfordern einen Armbrustschützen stellten[17]. Die Tuchweberei kam in Schwung, und dass im Jahre 1452 die mit Tüchern nach Russland handelnden fraustädter Bürger abermals von allen Zöllen frei erklärt wurden, beweist, wie weit ihr Absatz sich erstreckte. Indessen mussten die Fraustädter doch manche Beeinträchtigung abwehren, wie sie denn in die Lage kamen, sich 1453 die ausschliessliche Fischerei in dem von ihnen behufs der Befestigung angelegten Stadtgraben zusprechen zu lassen. Salz, befahl Kasimir 1462, solle nur an gewissen Tagen verkauft werden. Mit Kosten bestand viel Verkehr, 1487 wurde daher ausgemacht, dass die Fraustädter in Kosten keinen Zoll zu erlegen hätten und 1488 wurde dasselbe zu Gunsten der Kostener in Fraustadt bestimmt. Von der Waizenausfuhr einen Brückenzoll zu erheben erlaubte den Fraustädtern König Sigismund 1513, auch gestattete er ihnen die Anlage eines Marktes für Esswaaren, jedoch sollte geachtet werden, dass kein unverzolltes Fleisch aus dem Lande geschafft werde; ferner befugte er die Stadt, von jedem in sie hereinkommenden Wagen mit Getreide oder Waaren einen Brückenzoll von 1 poln. Groschen zu erheben. Wie Noth die Befestigung war, erprobte sich im Kriegszuge des Matthias von Ungarn im Winter 1474[18]. Sein Heer erschien unversehens, brannte die Vorstädte aus und stürmte während des Feuers auf die Stadt: kaum konnten die Bürger die Zugbrücken emporziehen und sich zur Wehre setzen; doch gelang es, sie trieben den Feind ab. Wohl war nach dieser Erfahrung es zu schätzen, dass zu Gunsten der Befestigungen König Sigismund im Jahre 1514 die Anlegung eines Rathskellers genehmigte, in welchem Wein und Schweidnitzer Bier ausgeschenkt wurde: nur dem Adel ward durch eine Erlaubniss vom Jahre 1521 vorbehalten, in der fraustädter Gegend sich als Hausgetränk glogauer Bier selbst zu halten: für Andere übte Fraustadt einen Bierzwang. Es war das glogauer Bier, welches das fraustadter verdrängte: die Glogauer mochten wohl besser brauen — aber der gemeine Mann sollte das vorzüglichere Getränk nicht geniessen! Der Uebermuth der Edelleute war schon lästig; die Bürger verdross ihr Gebahren in der Stadt und der sich überhebende und Ungebührliches beanspruchende Starost von Fraustadt war ihnen äusserst widerwärtig. Es kam zu einem

---

15) Ego Mathias Bank alias Stronczek de Ossieczna recognosco tenore praesentium quibus expedit universis, me recepisse castrum et civitatem *Wschowa* cum ipsorum districtu a serenissimo principe domino Vladislao dei gratia rege *Poloniae* etc. domino gratiosissimo ad manus fideles in tenutam et gubernationem. Quod quidem castrum et civitatem Wschowa promitto et sub fide et honore polliceor fideliter servare et promunire ipsique domino regi et nulli alteri resignare aut illi cui personaliter commiserit sua serenitas dum fuero ad hoc faciendum requisitus. In casu autem quo in dicto domino rege humanitas aliquid fieri contingat, extunc inclytis natis suis Vladislao et Casimiro et serenissimae principi dominae Sophiae dei gratia reginae *Poloniae* tanquam tutrici absque dolo et fraude tradam et resignabo. Sic me deus adjuvet et sancta dei evangelia. Harum quibus sigillum meum appensum est testimonio literarum. Datum in *Lublin* sabbatho die post festum sanctae Dorotheae anno domini millesimo quadringentesimo tricesimo secundo. 16) Raczynski p. 138. 17) Neigebaur bei Ledebur XV. 84. 85. 18) Eschenloer, Geschichten der Stadt Breslau, herausgegeben von Kunisch. Breslau 1828. II. 301. — Lauterbach verwirrt in Valerii Herberger's Lebenslauff, sowie im fraustädtischen Zion die Hergänge. Da wird erzählt vom Jahre 1581 und gesagt, Herzog Johann habe, indem auf Matthias Geheiss Breslau ihn mit einigen Stücken Geschütz versehen, Fraustadt 4 Tage lang heftig belagert, an 12 Stellen zugleich Feuer angelegt, auch am Sonntage Lactare das ganze Ober-Pritschen angezündet, das wäre am 20. März geschehen.

Auflauf, die Bürgerschaft nahm ihre Feuergewehre und bedrängte ihn hart in seinem Schlosse. Da fiel des Königs Zorn auf die Stadt, obschon er in der Frage des Gerichtes ihre Berechtigung anerkannte. Er gebot der Stadtobrigkeit 1519, die Theilnehmer am Aufstand zu bestrafen und ihrerseits zu beschwören, wie sie keinen Befehl und keine Veranlassung zum Schiessen gegeben habe. Die geforderte Malzabgabe von 6 Scheffeln wöchentlich sprach er dem Starosten zu. Der Rath war wenig zur Strenge geneigt. 1520 kam der Streit zu einem Ausgleich: zwei Aelteste von jeder Zunft mussten den Starosten um Verzeihung bitten. Der Starost triumfirte und die Stadt blieb seinen Uebergriffen ausgesetzt. 1523 erliess der König nicht nur einige Bestimmungen über die Zölle, sowie die Anordnung, dass die Stadt alle Vierteljahre den Unrath aus ihren Mauern herausschaffen müsse, sondern erklärte auch, sein Starost habe sich in die bürgerlichen Rechtsstreitigkeiten nicht zu mischen; das war also vermuthlich in der Zwischenzeit geschehen. Um sicherer sich zu stellen veranlasste die Stadt 1524 den König Sigismund von neuem, das deutsche, sogenannte magdeburgische Recht zu bestätigen, welches von seinen Vorfahren Fraustadt bewilligt worden war und dessen sie sich bisher bedient hatten; da in den früheren Urkunden das magdeburgische Recht nicht umfassend genug ausgedrückt wäre und polnische Gewohnheiten das deutsche Recht verdunkelt hätten, so wurde die Stadt zur Beförderung ihrer Wohlfahrt von dem slawischen Recht (jure polonico ruthenico) [nochmals] in das deutsche, magdeburgische versetzt und hierbei ausgesprochen die Ausnehmung von aller Gerichtsbarkeit des Woiwoden, indem alle Rechtsstreite und Strafsachen vor den Stadtrichter und die Schöffen verwiesen wurden. So schien das alte Recht von neuem verbürgt. Trotzdem masste sich der Woiwode fort und fort Strafgewalt über den Bürger an; den Stadtrichter, welcher die Rechte der Stadt aufrecht hielt, warf der Starost in's Gefängniss. Darob führte die Stadt 1525 Beschwerde vor dem König. Dessen Anordnung nahm (obgleich er in demselben Jahre am 22. Januar zu Petrikau auf Anhalten der Stadt auch den städtischen Freibrief von 1404 nochmals bestätigte) auf des Starosten Ansprüche Rücksicht. Seine Entscheidung ging dahin, dass in Zukunft der Stadtrichter die im magdeburgischen Recht bestimmten Gerichtstage öffentlich ansagen und den Herrn Starosten zu ihnen einladen solle, wiewohl mit dem Richten nicht auf des Starosten Erscheinen gewartet zu werden brauche, noch derselbe im mindesten die Gerichtsbeisitzer in ihrem Verfügen auf Grund magdeburgischen Rechtes stören dürfe. Bei Anwendung der Folter sollte der Starost nur allein für seine Person anwesend bleiben können, damit Geständnisse, deren Geheimhaltung wichtig sei, durch die Leute seines Gefolges nicht mehr verbreitet würden. In Ansehung der Zölle sollten die fraustädter Bürger ebenso zahlen, wie andere Städte des Reiches.

Die ungünstige Wendung der Verhältnisse lag hierin ausgedrückt. Manches ging fortan rückwärts. Längst hatten die Schlesier die fraustadter Münze nicht mehr nehmen mögen, ja sie bei andern verrufen, so dass die Fraustädter, da ihre Münze einmal keine Verbreitung mehr fand, das Prägen unterliessen. Sigismund suchte darin aufzuhelfen, und gab deshalb 1525 einen andern Münzbrief, nach dem die Fraustädter Qwarthniki (Viertel des Scotus) schlagen und den Gewinn davon für die Befestigungswerke (in reparationem moeniorum finitimae civitatis) verwenden sollten. In späteren Zeiten wurde wirklich wieder gemünzt. Wir wissen, dass in dem Münzgebäude auf der Vorstadt (im Jahre 1588) Heller und Dutken geschlagen wurden und dass Andreas Timpff die sogenannten Tympfe prägte, von denen 5 auf einen Reichsthaler gingen. Die Stadtobrigkeit bestand um 1520 aus dem Bürgermeister (praeconsul), 7 Rathsherren (consules), 7 Schöffen (scabini). Die Bürgerschaft war damals mit dieser ihrer Obrigkeit wenig zufrieden. Am 11. Mai 1523 rottete sie sich aus Stadt und Vorstadt zusammen, drängte in Haufen zum Rathhaus hinein und forderte Rechenschaft über den Haushalt der Stadt. Als diese verweigert wurde, ergriff sie den Bürgermeister Johannes Bohemus und sperrte ihn ein, liess ihn jedoch bald wieder frei. Wenn die Stadtobrigkeit und die Einwohnerschaft uneinig waren, konnte die Stadt freilich nach aussen nicht widerstehen. Damals gab es Zünfte der Tuchweber, Fleischer, Schuster, Bäcker, der Zimmerleute und Schreiner und Radmacher, der Brauer, der Kürschner, der Böttcher, von denen jede 2 geschworne Aelteste zu Vorstehern hatte. Da Tuchmacherei das wichtigste Gewerbe war, so setzte 1520 die Obrigkeit mit allen Zunftältesten gemeinsam eine Tuchmacherordnung fest. Sie enthielt Bestimmungen und Strafansätze über die Lehrlinge, die Arbeit und den Verkauf. Ausgelernte Lehrlinge, welche keine Meisterssöhne sind, sollen das erste Jahr bei ihrem Meister fortarbeiten oder wandern; Kinder verstorbener Meister durften das Gewerbe forttreiben. Ueber Grösse und Farbe des Gewebes enthielt sie Satzungen: nicht entsprechendes Tuch sollte verworfen werden. Nur im eignen Hause sollte ausgeschnitten werden, Wolle nicht ausser der Zunft verkauft werden, kein Kaufmann fremdes Tuch, das nicht andersfarbig oder besser als das fraustädter sei, vertreiben, kein Fleischer vor der Schafschur die Schafe an sich bringen, mit der Wolle kein Zwischenhandel getrieben werden. Am Ende der Märkte sollten die Zunftältesten die Zunftbelange berathen (Urk. LXXVIII). Der lateinischen Uebersetzung dieser ursprünglich deutsch abgefassten Zunftordnung versagte auch König Sigismund seine Bestätigung 1523 nicht (Urk. LXXXVI). 1551 gestattete aber der König den Bürgern, ihr Tuch wo sie wollten einzukaufen. An den König zahlte die Stadt jährlich 100 Mark. Die Scholtisei in Oberpritschen zu kaufen gestattete er ihr 1517. Unklar sind, wie schon gedacht, die Verhältnisse der Vogtei. Erworben war dieselbe von der Stadt 1322 in schlesischer Zeit (Urk. VII): in polnischer Zeit ist jedoch wieder ein Vogt vorhanden und über die Vogtei Streit. Die Stadt nahm zu ihr gehörige Grundstücke in Anspruch. Im XVI. Jahrh. wird Nanker Dluski als Vogt genannt und als solcher auf Lebenszeit vom König Sigismund bestätigt, 1518 aber vom Könige zugleich bestimmt, dass nach seinem Absterben die Stadt von seinen Erben die Vogtei um 770 ungarische Goldgulden loskaufen könne; er hatte schon 1515 ihr gestattet, behufs dieses Ankaufes Geld zu erborgen. 1531 erlaubte er von neuem, Gelder zu diesem Zwecke aufzunehmen und sie noch bei Lebzeiten des Dluski zu erwerben, 1532 wurde darauf endlich die Vogtei der Stadt auf immer zugeschrieben und einverleibt. Aber der Starost Peter Gorski hatte Aecker, die zur Vogtei gehörten, an sich gerissen und 1533 musste vom Könige ein Befehl an ihn zu ihrer Herausgabe erlangt werden; bei dieser Gelegenheit wurde wieder ein Verbot gegen den Starosten ausgewirkt, über Beleidigungen sich zum Richter aufzuwerfen. Der Starost gehorchte nicht, denn 1534 befahl ihm der König zum zweitenmal, den Acker herauszugeben. Mit dem vormaligen Vogte, der immer noch Abgaben einforderte, gab es auch Händel, die zu untersuchen und zu entscheiden der König im nämlichen Jahre — den Starosten bevollmächtigte! 1532 wurde auch der Abgabenbetrag von den Grundstücken der Vogtei ausgemacht und das Sigel des Stadtgerichts festgestellt. Das alte Sigel der Stadt, wie es noch an einer Urkunde von 1310 hängt, zeigte dem Namen der Stadt entsprechend eine sitzende Maria mit dem Jesuskinde auf dem Schosse. Nachdem aber im XIV. Jahrh. die Stadt zu Polen geschlagen worden war, kam das polnische, jagellonische Doppelkreuz mit zwei zwischen die Querbalken gesetzten Ringelchen () als Stadtwappen in Aufnahme; im Sigel blieb noch eine Maria, der Christus eine Krone aufsetzt. Merkzeichen Fraustadts für Wanderbursche waren (wenigstens im XVI. Jahrh.) ein grünes Kreuz (ein solches sah man am grossen Thurme) und 3 Schnecken (die über dem Thor der Hauptkirche angebracht waren). — Grosse Brände thaten dem Aufkommen der Stadt bedeutenden Abbruch; nachdem schon 1514 ein schweres Brandunglück Fraustadt betroffen von solchem Umfang, dass der König für die nächsten 10 Jahre die Abgabe auf 80 Mark herabgesetzt hatte, nachdem, noch ehe dies Jahrzehent verstrichen, 1522 am 26. Juli die Vorstadt vom Feuer verzehrt worden war, ging am 7. Juni 1529 abermals die Vorstadt aber auch die Stadt mit Rathhaus, Kirche, Thürmen und selbst einer Brücke in Flammen auf. Die Noth war nun gross. Den Wiederaufbau zu erleichtern liess der König (Wilna, 14. Juli 1529) verschiedene Abgaben auf mehrere Jahre nach und schob eigenmächtig die Frist gewöhnlicher Zahlungen von Fraustädtern an Andere in dem Masse hinaus, wie die Stadtobrigkeit mit dem Starosten oder dem posener Bischofe befinden möge. Auch der Bischof liess die Kirchenabgaben auf 20 Jahre hinaus nach. Die Stadt fand damals in einem ihrer Söhne, dem breslauer Domherrn Dr. Mathaeus Lamprecht (geboren 1477, gestorben 1552) einen grossen Wohlthäter. Dieser legte den Grund zu einer neuen Kirche, gab Geld zu ihrer Ausführung, erlebte indess ihren Ausbau nicht. Sie wurde mit einem hohen Giebeldache und einem Thurme von 228 Fuss Höhe, auf welchen 1582 die Spitze aufgesetzt ward, fortgebaut. Lamprecht gewährte auch sonst (schon 1520) seine Beihülfe den beiden Spitälern der Stadt, schoss der Stadt zur Gewinnung der Vogtei Geld vor und setzte noch verschiedene Vortheile der Stadt bei seinem Ableben aus. Jeder Bürger, welcher innerhalb der Ringmauern ein gemauertes Gebäude aufführen wollte, bekam aus seiner Stiftung eine beträchtliche Beihülfe, wogegen er ihn verband, zehn Jahr lang alle Freitage 2 Heller Almosen zu geben. Sein Tischzeug bekam die Stadt, um es denen, die Hochzeit ausrichteten, jedesmal zu leihen. Das neue Rathhaus wurde zu bauen angefangen 1556, als

Paul Gärtichen Bürgermeister war; auf seinen Thurm wurde 1582 Knopf und Stern gesetzt; vollendet war der Ausbau des Rathhauses erst 1612. Da die Stadt zu enge ward für die angewachsene Bevölkerung, erwirkte der Rath 1548 die königliche Erlaubniss zum Häuserbau ausserhalb der Stadtmauer. Fraustadt war mit Mauern, Graben und Wall umgeben, hatte Zinnen und Thürme; ein Stück des Walles, vom Schloss bis zu der Pforte, wurde 1587 erhöht, wozu jeder Bürger, Müller und Gärtner einen, jeder Bauer der Stadtdörfer zwei Arbeiter stellen musste. Zum Ein- und Ausgang dienten zwei Thore und eine Pforte. Auf dem polnischen Thore stand ehedem: Justitia est anima civitatum; nachdem die Feuersbrunst diese Inschrift ausgelöscht hatte, wurde eine andere nach dem kirchlichen Geschmack und Sinn der Zeit darauf gesetzt: Felix civitas quae timet Jesum. Si deus pro nobis, quis contra nos — unter welchem Wahlspruch sie indess weniger gedieh, als bei dem vorigen. Als die ältesten gemauerten Gebäude wurden 2 Eckhäuser am Ringe angesehen. Zwei Spitäler mit Kirchen gab es zu St. Georg (auf dem Steinweg) und zu St. Lorenz (auf der Töpfergasse). Letzteres brannte 1613 ab. Vor dem glogauer Thor lag Kirche und Spital des St. Nikolas, den Tuchknappen zugehörig; es wurde im letzten Schwedenkriege abgetragen. Ausser dem schon erwähnten Bernhardiner-Kloster lebten auch Nonnen in Fraustadt bis 1639. Ausser der Hauptkirche gab es noch eine Kirche St. Jacob et felicitas und vor der Pforte ein Kirchlein aller Heiligen und weiter hinaus gegen den Viehmarkt in der Nähe der Richtstätte die Valentinskirche oder das Köpkirchlein. In kirchlicher Hinsicht war die Stadt mithin reichlich versorgt. Das Wasser aus Oberpritschen leitete der Rath (mit des Königs 1532 erlangter Genehmigung) in den Stadtgraben, wo eine Mühle angelegt wurde, deren Kauf der König sich anfangs vorbehielt. Die Anlage einer neuen Wassermühle im Stadtgraben gewährte der König 1553 (10. Dec.) und ertheilte Bestimmungen über die Ross- und die Wassermühle. Um 1600 zählte Fraustadt an 70 Mühlen. Eine Wage durfte die Stadt nach königlicher Erlaubniss von 1548 aufstellen; vom gewogenen Scheffel war 1 fraustädter Geldstück zu entrichten; es war Klage, weil die Müller beim Messen des Mehles sich manchen Betrug hatten zu Schulden kommen lassen. Eine neue Wage wurde 1605 neben dem Rathhause aufgehängt. Den Anspruch der Tuchmacher, dass andere Bürger kein Recht haben sollten, Wolle einzukaufen, wies der König 1551 zurück. 1574 wurde die Anlage eines Rathskellers mit Weinausschank vom Könige wieder erlaubt. 1584 erhielten vom Rath die Leinweber einen Zunftbrief, 1591 die Mälzer. Da der Starost auf dem Schlosse auch brauen liess, so erlangte die Stadtobrigkeit im Jahr 1599 ein königliches Verbot an die Bürger, das Schlossbier zu geniessen. Die Steuerverhältnisse kennen wir vom Jahre 1639; damals zahlte in der Vorstadt ein Wirth 18 Groschen, ein Hausgenosse 9 Gr., in der Stadt ein Miethsmann 36 Gr., ein Hausbesitzer, wenn er vierwöchentlich braute, 1 Mark 32 Gr., braute er alle 3 Wochen, 2 Mark 5 Gr., alle 14 Tage, 2 Mark 26 Gr. Das Verhältniss bei Umlagen war, dass die Hufe 36 Gulden, die sogenannte Bürgerhufe 18 G., ein Haus in der Stadt 12 G., in der Vorstadt 10 G., der Hausgenosse 6 G., ein Müller im Eigenthum 12 G., ein Müller zur Pacht 6 G. steuerte. Sechzig Soldaten zu halten lag der Stadt ob, bis sie Johann Kasimir von dieser Last befreiete. Als der Thurm des Rathhauses ausgebaut war, wurde auf ihn ein Uhrwerk gebracht, 1612, und zwar, nachdem bis dahin die Stunden bis 24 gezählt worden waren, eine zwölfstündige, sogenannte halbe Uhr. An der Seite des Rathhauses wurde 1633 der grössere Röhrkasten gebaut.

Wohlverbrieft waren die städtischen Freiheiten, ein König nach dem andern bekräftigte sie durch seine Bestätigung[19], doch über sie hinweg gingen die wirklichen Gewalten. Das Polenthum drängte hin zur Beseitigung des magdeburger Rechtes und rannte seine abschüssige Bahn. Immer wieder that der Starost Eingriffe in der Stadt Gerichtsbarkeit. Schon war ihm 1532 vom Könige eingeräumt worden, dass, wenn Einer gegen den Andern das Messer zucke, er, Peter Gorski, eine Geldstrafe auflegen und einziehen könne, aber Peter Gorski nahm sich noch mehr heraus und wollte auch über gewöhnliches Gezänk richten. Abgaben erzwang er, ein Wirthshaus richtete er ein, den Schlosspächter liess er Weinschank halten; er nahm den Bäckern Brod weg und setzte sich eigenmächtig in den Besitz von Aeckern. Gerichtsbarkeit, Pfändung, Ausweisung, Schankrecht und Steuerfreiheit wurden von ihm der Stadt bestritten. — Wiederholt nahm der angerufene König Sigismund I. die Stadt einigermassen, aber niemals ausreichend in Schutz, 1533, 1535, 1537 und 1538, in welchem Jahre er sämmtliche frühere Freibriefe

19) Es gaben solche Sigismund August 1548 u. 1550, Heinrich 15. April 1574, Stefan 1576, Wladislaw 1633, Johann Kasimir 1649.

bestätigte, indem er zugleich vorschrieb, dass der Rath den Aeltesten über die Einkünfte Rechnung ablegen müsse, und dass die Wage und die städtischen Gebäude in ordentlichem Stande gehalten werden sollten, wie es guten Bürgern zukomme. Des Starosten Treiben nahm dennoch kein Ende, sondern wurde nur ärger und ward noch weniger von Sigismund II. niedergehalten, obwohl auch er im Jahre 1550 seine Bestätigung für die Festsetzung von 1426 (**Urk. CVI**) gab, wonach polnisches Recht nur in dem flachen Lande (der terra Wschovensis), nicht aber in der Stadt Gültigkeit hatte. Immer wieder unternahmen es die Edelleute, die Fraustädter mit Nichtachtung des magdeburger Rechtes, auf das die Stadt gegründet war, vor unbefugte Gerichte zu ziehen und die Stadt dem Landgerichte zu unterwerfen. Wohl erlangte die Stadt noch von Sigismund II. am 10. Jan. 1563 einen Befehl, der dies ausdrücklich untersagte, der aussprach, dass die Stadt ihr Recht selber künde und ihre magdeburgische Jurisdiktion unverletzt erhalten sein solle, der Berufungen von ihrem Erkenntnisse an den König, welcher selbst oder durch dazu Bestellte erkennen werde, verwies — aber Versuche, sie aus dem deutschen Rechte und Stande zu bringen, nahmen gleichwohl kein Ende und hatten immer grössere Erfolge. Ein Ossowski in Röhrsdorf (Rügersdorf) eignete sich vom städtischen Acker 10 Morgen an. Die Stadt rief den König gegen ihn an. 1550 bestellte er eine Kommission zur Untersuchung; sie entschied 1552 gegen die Stadt. Es ging bergunter mit der städtischen Entwicklung.

Von der thätigen Fürsorge für die bürgerlichen Angelegenheiten zog inzwischen erglühender Glaubenseifer ab. Bei den nahen Beziehungen zu Schlesien drang der Protestantismus natürlich auch in Fraustadt, obwohl später, als man erwarten sollte, dann allerdings ohne Stürme ein. Als am letzten April des Jahres 1552 der katholische Pfarrherr Michael Schlepski verstarb, berief der Bürgermeister Mathaeus Lamprecht (des vorhin gerühmten Domherrn Neffe) mit dem Rathe die Gemeinde und legte ihr die Frage vor: auf welche Weise die Kirche wieder besetzt werden solle? Nur eine Stimme war: ein Prediger des reinen Evangeliums nach dem augsburgischen Bekenntnisse müsse angestellt werden. Unverzüglich rief also der Rath den Joachim Weiszhaupt aus Schlesien von der Schule in Lemberg herbei. Dieser hielt die erste öffentliche evangelische Predigt in diesem Jahre 1552[20]. 1558 am 31. April brannte das Kloster ab und die Mönche verzogen sich. Weiszhaupt war den frommen Fraustädtern noch nicht rechtgläubig genug und blieb deshalb nur kurze Zeit in ihrer Stadt, auch die nächstfolgenden Prediger verweilten immer nur wenige Jahre in Fraustadt; die meisten waren aus Schlesien berufen. Erst nach Verlauf einiger Zeit kam mehr Stetigkeit, aber auch recht grosser Kircheneifer und als dessen natürliche Wirkung Verfinsterung des Verstandes, Unduldsamkeit gegen Andersdenkende und Verkehrtheit in der Auffassung aller Verhältnisse. Damit im Widerspruch stand es keineswegs, dass 1565 der Grund zur Schule gelegt wurde. Das neue evangelische Schulwesen fand übrigens schon ein älteres vor. Der Pleban war gehalten, dem Schulrektor eine jährliche Auszahlung zu machen; indessen hatte sich darüber Zwist erhoben, weshalb 1528 eine bischöfliche Entscheidung diese Löhnung auf 2 Mark bestimmt hatte. Indessen mag bei der Veränderung, die in der Kirche vorging, auch der Unterricht verfallen sein. Die lutherischen Prediger griffen hier wirksam und wohlthätig ein. Das Kantorhaus, welches gegenwärtig nur zu Wohnungen für die Kirchendiener benutzt wird, diente als Schulgebäude. In ihm wurde auch Lateinisch gelehrt. Seine Ueberschrift sagte: Fundamentum reipublicae recta adolescentiae educatio. Die Bestallung des Rektors geschah später vom Stadtrathe. Pastor Martin Arnold hielt in seinem Hause eine Mädchenschule, aber derselbe Mann beantragte nicht lange nach Antritt seines Pastorates in Gemeinschaft mit seinem Amtsbruder 1576 eine Kirchenagenda, welche auf die Begehung der Sonn- und Feiertage grosses Gewicht legte und die öffentliche Busse der Sünder und Sünderinnen — in christlicher Barmherzigkeit — betonte. Am 5. Dec. 1576 nahm die Stadt dieselbe an; sie galt seitdem in ihr. Arnold wurde übrigens im 28. Jahre seines Kirchendienstes in Fraustadt nach vorgängigem Streite mit dem Rathsnotar Zacharias Kreckler (1590) seines Amtes entlassen und musste sich hernach mit Privatunterricht ernähren. In Oberpritschen wurde der evangelische Gottesdienst 1578 eingeführt, Balthasar Walter hiess dort der erste evangelische Pfarrer. Fraustadt bekam ein grosses Kirchenlicht in Valerius Herberger 1590. Der war ein thatkräftiger und vielthätiger Mann. Er richtete unter andern ein Almosen („das Kästlein Lazari") ein.

Michael 1669, Johann III. 1676, August II. 1698, August III. 1739, Stanislaus August 1766 u. a. 20) Paul Clapius, das frau-

Betrachtet man jedoch seine Auslassungen, so gewahrt man recht die Verkommenheit des Zeitalters und die blinde Beschränktheit des Sinnes. Gegen die vermeintliche Entheiligung des Sonntags durch nützliche Arbeit ward tüchtig gepoltert[21] und sogenannte Hexen wurden lebendig verbrannt. Die Unduldsamkeit war arg. Ein Mann, den er drangsalirt hatte, zu Beicht und Abendmahl zu kommen, wendete sich zur katholischen Kirche; da wurde ihm geboten, innerhalb 6 Wochen die Stadt zu verlassen. Nun bequemte er sich zur Heuchelei, trat zu der Evangelischen zurück und „sagte Besserung zu"[22]. Es gab drei Prediger und Valerius Herberger mochte schreiben: „Wir predigen uns fast zu Tode in dieser Stadt." Die theologische Stimmung, welche um sich griff, zerstörte den mannhaften Bürgersinn und untergrub, indem sie dem Aberglauben Vorschub leistete, die richtige Auffassung des ursächlichen Zusammenhanges der Handlungen. Wenn die Bürger die Waffen aus der Hand legten, so sank die Kraft der Stadt. Die Uebungen, an die sich Lustbarkeiten knüpften, um die Anstrengung zu versüssen, waren um der letzteren Willen den frommen Seelen ein Anstoss. 1573 fand das letzte Vogelschiessen statt, wurde das Büchsenschiessen eingeführt. Bei dem letzten Vogelschiessen erwuchs am Pfingstdienstage aus Streitigkeiten ein Auflauf, in dem mehrere Bürger um's Leben kamen. Das Schiessfest sollte nach dem Willen der Eiferer verschwinden. Ein fraustädtischer Prediger, Lauterbach, berichtet 1709: „Weil aber darneben noch viel andere ungereimte Dinge vorgegangen, sonderlich in der zur Stadt gehörigen Dorfschaft, da sie ihr gewöhnliches Pfingstbier gehabt und bey demselben ihre Feldtäntze angestellet, ist endlich die löbliche Obrigkeit bewogen worden, Anno 1593 dieses alles mit einander gänzlich abzuthun." Wenn das neue Bekenntniss zur Unduldsamkeit gegen Andersdenkende verleitete: wo war dann vor der alten Kirche die Berechtigung für seinen eigenen Bestand? Aber es eiferten und geiferten die Gottesgelehrten wider die Socinianer im nahen Schmiegel und stöhnten laut, dass diesen in Polen freier Glaube gelassen sei; mit ihrer Lästerzunge hetzten sie das Volk gegen die Juden, die schon so lange unter ihnen ansässig waren. Da brachte die Stadt im Jahre 1592 zwei Befehle vom König Sigismund aus, dass den Juden nicht erlaubt sei, Grundstücke oder Häuser zu erwerben oder nur überhaupt ihren Aufenthalt in der Stadt oder den Vorstädten aufzuschlagen oder Handel daselbst zu treiben. Die Juden wollten sich dies natürlich nicht gefallen lassen und riefen das Recht an. Der König verfügte auch 1593, dass bis auf Weiteres diejenigen Juden, die zur Zeit ihren Wohnsitz hatten, daselbst gelassen werden sollten und dass nichts wider sie vorgenommen werde. Allein der Endentscheid des Königs 1594 lautete im Sinne der Bürgerschaft und gebot den Juden, binnen 6 Monaten aus Fraustadt auszuwandern.

Unglücksfälle und innere Zerwürfnisse erschütterten zudem die vorhandene Kraft. Während der 112 Jahre, die von der Abbrennung der Stadt verliefen, entstand zwar nur ein grösserer Brand, 1598 am 6. Dec. Sonntags gegen Mitternacht ausbrechend, der 68 Häuser zerstörte, aber die Pest durchschritt mehrmals Fraustadt: 1568 starben an ihr 1100 Menschen, 1588 wüthete sie in der Nähe, da nahm der Rath in Dr. Jeremias Gesner einen Stadtarzt an; der zog freilich schon 1592 wieder fort; 1599, 1601 waren wieder Pestjahre; besonders schlimm war das Jahr 1613, in welchem 2135 Einwohner von der Pest dahin gerafft wurden, während nur 365 Erkrankte genasen.

Nicht minder übel war es, dass die Obrigkeit sich nicht gut hielt. Der Starost masste sich die Besetzung des Rathes an, scheint sie auch thatsächlich ausgeübt zu haben; die Einkünfte der Vogtei gereichten Einzelnen zum Vortheil. Indessen raffte sich die Bürgerschaft noch einmal auf und verfocht ihr Recht vor dem König. So erlangte sie 1589 zwei Entscheide, den einen (am 18. April) dahin gehend, dass der Vogtei Einkommen zum Nutzen der ganzen Stadt zu verwenden sei, den andern, dass die Einwohnerschaft wirklich ein Wahlrecht ihrer Obrigkeit habe, 12 Erwählte dem Starosten vorschlage, aus denen dieser den Bürgermeister und die Rathsherren ernenne, dass die Stadtvorsteher hinfort nicht auf ein Jahrzehent, sondern auf ein einziges Jahr eingesetzt seien. Auch befreiete Sigismund III. in demselben Jahre die Stadt vom Zoll, weil sie durch ihre Befestigung das ganze Reich vor dem Einbruch der Feinde beschütze. Allein es wurde nicht besser und als bei Ablauf des ersten Jahrzehnts der Rath eine Auflage ausschrieb, rotteten sich am 9. Mai 1598 die Bürger zusammen, kamen zu Hauf in die Rathsstube und wollten wissen, wo der

---

städtische Evangelien Licht. 1672. 21) Von Herberger ist das Gedenkverslein: „Was Sonntags-Arbeit schaden kann, zeigt der Fraustädtische Brand an." 22) Samuel Friedrich Lauterbach, das fraustädtische Zion. 1708. S. 285.

gemeine Schatz geblieben sei, wollten die Urkunde über die Rathswahl vorgezeigt sehen und schalten laut, dass nicht wenige Rathsherrn durch vom Starosten erkaufte Begünstigung ihrer Person in den Rath gebracht seien. Der Rath mochte anfangs die Urkunde nicht lesen lassen, zuletzt wich er dem Sturme. Nun nahm die Gemeinde die Rathsbesetzung in die Hand und erwirkte bei Hofe von neuem die Anerkennung der Wahlfreiheit und jährlichen Besetzung des Rathes. Aber der Starost, ein Kielezewski, mochte sich an die königliche Bestimmung nicht binden, sondern wollte nach wie vor nach eigner Ansicht die Rathsstellen besetzen. Jedoch die Bürger blieben fest und, als er ein Stück Geld (1500 Fl.) von ihnen empfangen hatte, bequemte er sich, die königliche Bestimmung gelten und seine Anerkennung derselben in die kostener Akten eintragen zu lassen. Die Bürgerschaft setzte nunmehr 22 Artikel auf, welche seitens des Rathes und der Gerichte gebilligt wurden. In diesen kam auch der Judenhass wieder zum Vorschein: da sollte kein Jude auf dem Markte einkaufen, kein Fraustädter einen Juden länger als 3 Nächte beherbergen. Uebrigens war damit nicht alles gelöst, denn 1602 untersuchte eine königliche Kommission den Haushalt und die Einkünfte der Stadt. Indessen ging der alte Streit mit dem Starosten über die Vogteigrundstücke immer noch fort. Die umliegende Adelschaft war auch ein schlimmer Nachbar. Junker Melchior Kotwitz auf Ulbersdorff erweiterte die Grenze seines Besitzthums über die städtischen Wiesen. Die Stadt klagte, des Königs Beauftragte entschieden 1599 für sie, allein es war kein Gehorsam da; den Streit legte trotz der Entscheidung erst ein Vergleich 1608 bei. Bartholomaeus Gorczynski beanspruchte an Pritschen angrenzende Weideplätze, verlor aber 1611 vor Gericht.

Wie nunmehr der katholische Glaubenseifer um sich brannte, gebrach es den Fraustädtern an Widerstandskraft. Die katholische Geistlichkeit verlangte die Pfarrkirche zurück, wiewohl nur wenige Katholiken in Fraustadt lebten, die für ihren Gebrauch die Klosterkirche besassen. Ein königlicher Befehl nach dem andern langte an, der die Herausgabe der Kirche mit allem Zubehör, ihrem Vermögen und Einkommen gebot. Fraustadt machte Gegenvorstellungen, zur mannhaften Abwehr war es zu matt geworden; 1604 kam die letzte Entscheidung; sie liess die Evangelischen nur noch einige Monate im Besitze und stellte ihnen frei, sich ein anderes Gotteshaus zu bauen. In dieser Noth zeigte nun Herberger die Stärke seines Handelns. Innerhalb der Gemeinde wurden ungefähr 680 Mark gesammelt, schnell zunächst am polnischen Thore (wo ehedem die Badstube gestanden hatte, bis sie wegen des öftern Wassermangels in den niedern Stadttheil verlegt worden war) zwei Privathäuser um 1500 Mark polnisch angekauft, durch Hans Grantz diese zur Kirche umgebaut[23] und von Herberger „Kripplein Christi“ getauft. Am 24. Dec. 1604 wurde die erste Messe in der Pfarrkirche, am Neujahrstage 1605 die erste Kommunion im Kripplein gehalten. Spottweise nannte man danach in Polen alle lutherischen Kirchen „Krüple“. Der katholische Pfarrer Mathias Grzemski blieb hierbei nicht stehen; ward er doch von den Edelleuten unterstützt. Er forderte nunmehr das Kaplanhaus und die von den Evangelischen 1565 erbaute Schule. Der Rath trat sie endlich „friedenshalber gutwillig“ ab[24]. Die Bürger aber waren grimmig und als der Pleban am 19. März 1607 sich in die Schule einweisen lassen wollte, drohte mehrere Tage ein Aufstand. Indessen blieb es beim Drohen und der Rath schickte die Widerspenstigsten „nach dem Gehorsam.“ Zu einer neuen evangelischen Schule verkaufte der Schuhmacher Georg Herberger Hof und Haus an den Rath[25] und dieses ward 1608 ausgebaut für seine neue Bestimmung. Der Pfaff ging noch weiter. Er forderte nun die Kircheneinkünfte für den seit 1550 verflossenen Zeitraum, für jedes Jahr 600 Fl.; im Wege des Vergleichs erlangte er eine Schadloshaltung von 2000 Fl. und für die Aecker jährlich 500 Fl. Alsdann ward endlich auch der Kirchhof den Evangelischen entzogen. In Oberpritschen versigelte am 3. Okt. 1637 der katholische Geistliche, der von mehreren Edelleuten begleitet ankam, die Kirche. Die bürgerliche Obrigkeit entsigelte sie wieder, allein die königliche Macht stand auf der katholischen Seite. Die Kirche mit ihrem Zubehör und ihrer Widemut, sowie das erst im Jahre 1580 erbaute Pfarrhaus musste am Frohnleichnamstage 1642 den Katholischen verabfolgt werden; mittlerweile hatten sich die Pritschener ein neues Gotteshaus „zum heiligen Geist“ aufgeführt. Während aber die Evangelischen gedrückt wurden, wuchs ihre Zahl zusehends. Die Religionsverfolgungen trieben viele Schlesier nach Polen und so mancher Flüchtling liess sich in Fraustadt nieder. Das überwog reichlich den Schaden, den 1627,

23) Lauterbach, Valerii Herbergers Lebens-Lauff. S. 325. 24) Ders., das fraustädtische Zion. S. 70. 25) Ders., Herbergers

1629, 1630, 1634, 1635 die in der Nähe umherstreifenden Kosaken verursachten, denen zur Abwendung von Unheil nach und nach 30000 Gulden gezahlt werden mussten. Der Ort füllte sich dermassen, dass binnen 6 Jahren 102 neue Häuser gebaut wurden; denn Fraustadt zählte im Jahre 1630 in der Stadt 146, vor ihr 335 Häuser, im Jahre 1635 aber in der Stadt 160, ausserhalb 423. Bei solchem raschen Andrange erfasste der Starost Hieronymus Radomicki den Gedanken, sich hier eine eigene Stadt zu gründen und erwirkte vom König Wladislaus (Krakau, 15. März 1633) die Erlaubniss, auf dem unter der Schlossgerichtsbarkeit stehenden Boden vor Fraustadt, auf den Judenwiesen und Viehweiden eine „Neustadt" (Nowe miasto) anzulegen; deutsches Recht, eigne Gerichtsbarkeit, Vorschlag der Rathsmitglieder, einen Wochenmarkt und einen Jahrmarkt sollte sie bekommen und die nächsten 20 Jahre Befreiung vom Brückenzoll geniessen (Urk. CCXXXIII). Fraustadt erhob sich gegen das Vorhaben, denn diess war ein Versuch des Starosten, die bestehende Stadt zu verkümmern. Mit ihren Freibriefen klagte sie vor dem König. Der Starost wurde 1635 in contumaciam verurtheilt, die von ihm angelegte Kolonie aufzuheben. Aber sie verschwand natürlich wegen dieses Erkenntnisses nicht. Durch weiteres Drängen erlangte die Stadt ein neues günstiges Erkenntniss zu Ende des Jahres 1638[26]. Sie erbot sich, die Handwerker des neuen Ortes in ihre Zünfte zuzulassen; der Neustadt wurde darauf das magdeburger Recht und die eigne Zunftverfassung wieder abgesprochen, ihr Markt auf blossen Handel mit Lebensmitteln eingeschränkt. Der König bestätigte auch noch ausdrücklich am 18. Januar 1639 die Rechte der Altstadt und engte die der Neustadt ein (Urk. CCXXXIV); der Rath hatte ein neues Kontumacialerkenntniss wider den Starosten wegen Verletzung der Stadtrechte erlangt. Nun erst wurde behufs der Ausführung des gefällten Urtheils am 28. Februar 1639 in Fraustadt zwischen Radomicki und dem fraustädter Rathe eine Uebereinkunft über die Rechte beider Orte getroffen. So schien Alles geordnet. Nach dieser sollte gegenseitige Auslieferung der Uebelthäter stattfinden; gaben die Neo-Wschovenses das magdeburger Recht auf und erkannten an, unter dem Gericht des Hauptmanns und unter polnischem Recht zu stehen, so sagte Fraustadt zu, die Handwerker aus der Schlossgerichtsbarkeit in die Zünfte ohne Beschwerung anzunehmen, doch müssten sie sich in's Bürgerrecht aufnehmen lassen und von ihren Häusern dem Hauptmann fortsteuern. Die Fraustädter durften draussen, die Neustädter in der Stadt Grundstücke erwerben. Am 8. Januar 1642 ertheilte dessenungeachtet Wladislaus IV. zu Warschau von neuem die Gewähr, Neustadt mit städtischem Recht anzulegen! Seit diesem Jahre wurden auf die Stadtäcker Häuser, die einen jährlichen Grundzins übernahmen, gebaut: dieser Theil hiess die Scheibe. — Wiederum trafen zwei Brände rasch hintereinander die Stadt, 1641 in der Nacht des 29. Juli (den 19ten alten Kalenders) brach ein Feuer aus, welches 163 Häuser der Altstadt und 85 auf dem Schlossgrunde verzehrte, ebenfalls am 29. Juli 1644 brannte sie aber gänzlich bis auf 10 Häuser ab. Während Fraustadt an diesem schweren Schlage danieder lag, richteten die Neustädter (hauptsächlich eingewanderte Schlesier) ihre Gemeinde ein; sie hatten 2 Jahrmärkte ausser dem Wochenmarkte. Zum Markte wies Radomicki einen Platz und in der Mitte dieses Ringes eine Stelle zum Rathhaus und der Gerichtsstätte an, da wurde das Praetorium gebaut, welches einen Thurm mit einer Uhr bekam. Am 24. Sept. 1644 (wohl nach dem alten Kalender gerechnet) wurde Neustadts neue Obrigkeit eingesetzt. Wie nun aber das Kripplein in der Altstadt abgebrannt war, wünschte die neustädter Gemeinde ein eigenes Bethaus zu besitzen und erlangte von Radomicki, dass er ihr das Rathsgebäude zu diesem Behufe schenkte. Am Trinitatissonntage 1646 fand nun daselbst die erste evan-

---

Lebens-Lauff. S. 53. 26) Das zu Warschau am 31. Dec. 1638 gefällte Erkenntniss ging dahin: quoad ipsam locationem coloniae et capitanealem jurisdictionem super incolas ibidem, ea in parte citatos (d. h. von Nowemiasto) circa rem judicatam conservamus, quoad vero jus maydeburgense — eam juris maydeburgici locationem cum summo praejudicio actorum (der Fraustädter) obtentam esse liquido constet. — Rursus vero actoribus ratione contuberniorum proponentibus, quodque in tanta vicinitate contubernia de novo contra jura et privilegia sua haberi non possint, et simul si et in quantum ex incolis subcastrensibus aliqui capaces et habiles ad contubernia civitatis *Wschovensis* recipiendi reperti fuerint, se velle eosdem suscipere submittentibus — proinde teneri eam actoream partem, et juxta consuetudinem antiquam in recipiendis contubernalibus tum nec attenta ulla differentia personarum quoad religionem sanctam catholicam romanam et sine praejudicio jurisdictionis capitanealis ad contubernia sua admittere et recipere statuimus ac sententiamur. — Quoad propinationem cerevisiae advectitiae et divenditionem ejus aliorumque liquorum utpote vini et similium hoc in puncto citatos incolas subcastrenses propinatione et divenditione et abjudicamus, actores vero circa jura, privilegia, decreta et lustrationem a. 1617 in toto conservamus, ita tamen, quod ipsi capitaneo *Wschovensi* et suis successoribus liberum et licitum sit in eo subcastrensi municipio braxatorium habere et incolis ipsius cerevisiam ad usum ipsorum proprium propinare, tam incolis eisdem quam hospitibus praebere ac subministrare. — Ratione fori tam nundinalis vulgo **Jarmarkt** quam et septimanalis — tribuere volumus, quod vero negotiationes et mercatores in rebus majoris pretii, ab iisdem citatos abstinere omnino debere statuimus; victualium tamen, utpote panis, carnium et similium liberam divenditionem iisdem conventis

gelische Predigt statt; vorher hatte man den Einspruch der katholischen Geistlichkeit beschwichtigen müssen. Zwei Stadtgemeinden bestanden nun nebeneinander. Streit war zwischen Neustadt und Altstadt. Fraustadt that (1645) Einspruch dagegen, dass der Starost den Juden erlaubte, sich in seinem Bereiche niederzulassen, und prozessirte wider die Bewohner des Schlossbezirkes, erlangte auch 1645 und 1646 günstige Entscheidungen; allein 1651 wendete sich die Lage zu Fraustadts Nachtheil. Der König Johann Kasimir bestätigte (in Warschau) die Freibriefe der Neustadt und gab den Neustädtern hinsichtlich der Gewerbe, namentlich der Tuchmacherei, gleiche Rechte mit den Altstädtern. Der folgende Starost Andreas Ossowski erklärte nochmals (23. Okt. 1651) alle Einwohner Neustadts für freie Bürger, die eignes Gericht nach deutschem Recht zu halten befugt seien[27]. Ausserdem schenkte er 3 Freihäuser für Pfarre, Schule und Spital nebst dem Kirchhofsplatz. Für dies alles sollten die Neustädter ihm jährlich nur 5 polnische Gulden entrichten. Ueber diese Schenkung gab König Johann Kasimir (Warschau, 30. März 1654) seine Bestätigung. Wahrscheinlich beruhigten sich die Altstädter bei dieser Lage nicht und erreichten auch Einiges, denn König Johann Kasimir bestimmte am 3. April 1660, dass Handwerker auf dem Schlossgebiete alle Lasten und Pflichten gleich den Gewerbtreibenden der Altstadt zu tragen, auch die Rückstände zu entrichten hätten. Johann III. bestätigte um 16. Juni 1685 den Freibrief der Neustadt von Wladislaus und gestattete ihr zwei neue Jahrmärkte. Gleichwohl stockte in der Folge das Wachsthum der Neustadt. Ihre sämmtlichen Grundstücke zinsten dem Starosten und zahlten auch, nachdem Fraustadt von Polen ab an Preussen gekommen war, eine Abgabe an den Staat, welche die Altstädter nicht zu leisten hatten.

Nicht günstig gestalteten sich die Verhältnisse für das alte Fraustadt, wenn auch 1633 der König Wladislaus IV. (18. Febr.) der Stadt einen Antheil von den der Krone heimfallenden Besitzungen, damit sie für ihre Gräben und Mauern sorge, zugebilligt und (13. Febr.) die Freiheit von den Zollabgaben bestätigt hatte. Er nahm die Grenzzölle aus. Dessenungeachtet beschwerte der Obersteuerdirektor in Posen die Fraustädter mit Erhebungen. Zwar ward ihm dies auf die Beschwerde der Stadt 1638 vom Könige untersagt, allein, wie es scheint, mit geringem Erfolge, denn 1643 wirkte die Stadt eine abermalige Erklärung des Königs aus, dass die fraustädter Kaufleute und die in Fraustadt gefertigten Waaren innerhalb des Reiches von Abgaben befreit seien. „Es wohnen noch — schrieb damals (1642) der Länderbeschreiber Martin Zeiller[28] — in selbiger Stadt und deren Gebiet herumb eitel Teutschen." Der Starost nahm sich immer von neuem Uebergriffe heraus. Versuchte er doch sogar, das Feilhalten von Getränken im Rathskeller zu beschränken: 1635 musste die Stadt desshalb ein Verbot des Königs an ihn erwirken; viel gefruchtet kann es nicht haben, denn 1641 führte sie wieder einen Erlass des Königs gegen des Starosten Versuche, in Fraustadt Abgaben einzutreiben, herbei. Er liess nicht ab. Das Sinken der Stadt zeigt sich darin, dass der König 1637 vier königliche Deputirte zum Rathe ordnete und sie sich von ihm 1638 den Umfang des magdeburger Rechtes näher bestimmen lassen musste. Der Brand von 1644, die Einäscherung brachte sie herunter. Zwar wurde sie neu aufgebaut und fast durchgehends mit gemauerten Häusern, und schon 1645 am 15. Juni hielten die Lutheraner in Fraustadt eine Kirchenversammlung, auch hob sich der Handel wieder, namentlich mit Wolle (der Wochenmarkt ward 1649 vom Sonntag auf den Sonnabend verlegt), 1660 ward sogar eine Druckerei errichtet: indessen wirkten doch viele ungünstige Umstände zum Nachtheil der Stadt ein. Mancher Ankömmling aus Deutschland, der jahrelang in Fraustadt gelebt hatte, zog nach Deutschland zurück, als dort endlich Friede geworden war. Einer von diesen, der mit seinen Aeltern seine Jugend in Fraustadt zugebracht hatte, der Schlesier Hoffmann, dachte später an Fraustadt zurück und warf 1690 Vermächtnisse für die Spitäler und die studirende Jugend der Stadt aus. Neue Unglücksfälle schwächten die Widerstandskraft der Stadt. Der Schwedenkrieg schadete. 1655, als Lissa von den polnischen Bundesgenossen eingeäschert wurde, schwebten die Fraustädter in der Befürchtung gleichen Schicksals, und wer konnte, eilte, aus der Stadt zu flüchten; wohl glückte es den vereinten Bemühungen des Bürgermeisters und des Bernhardinerguardians, die Verwüstung abzuwenden, allein dieses 1655 war auch ein Pestjahr: binnen 8 Monaten raffte die Seuche in Fraustadt 860, in der

incolis permittendum et concedendum esse duximus. 27) Judicia tam criminalia quam civilia per advocatum et scabinos in praetorio subcastrensi secundum juris saxonici in civitatibus regni Poloniae consuetudinem et per omnia jura Magdeburgensia. 28) Newe Beschreibung Dess Königreichs Polen und Grosshertzogthumbs Lithauen durch Martinum Zeillerum. 2. Ed. Ulm 1652.

Neustadt 540 Menschen hin. Wie schwer der Ort durch die Kriegsnöthe litt, erhellt aus dem Umstande, dass der König Johann Casimir am 17. Sept. 1658 zu Thorn den Rath befugte, die öde stehenden Häuser sowie die Gebäude derjenigen Bewohner, welche die Contribution nicht zahlten, zu verkaufen. Am 21. Dec. 1661 fiel eine Partei in die Stadt ein und brandschatzte sie fast um 20000 G., 1663 und 1665 sah sich die Stadt abermals Erpressungen und Beschädigungen ausgesetzt, in letztgenannten Jahren lagerte während des Winters Fürst Lubomirski mit seinen Heerhaufen in der Stadt. 1669 lieh die Stadt mit königlicher Erlaubniss Geld zur Instandsetzung der Festungswerke, auch sprach ihr zu diesem Zwecke König Michael (18. Febr. 1669) eine Abgabenerhebung vom Verkauf des Tuches und Salzes zu. Aber sie kam nicht zu Kräften; 1685 am 10. Mai traf sie eine grosse Feuersbrunst[29], bei der Gewölbe und Thurm der Pfarrkirche litten und das Kripplein ganz abbrannte. Am Kripplein befand sich eine Bücherei, welche Herberger's Sohn 1641 zum allgemeinen Gebrauch vermacht und mit Geld zur Vermehrung ausgestattet hatte. Diese, dicht am Kripplein, blieb beidemale, als es abbrannte (1644 und 1685), erhalten. Das Kripplein wurde auf's schnellste, binnen 3 Monaten, wieder hergerichtet. Die breslauer Kaufleute verehrten ihm die Glocke[30]. Das neue Schulgebäude der Lutherischen wurde etwas später, am 5. Nov. 1686, bezogen. Zum drittenmale brannte das Kripplein, am 9. März 1706, ab, als eine ruchlose Hand Feuer angelegt hatte. Lissa, Danzig, Breslau und andere schlesische Orte[31] steuerten zum Wiederaufbau: am letzten Pfingstfeiertage 1707 wurde die neue Kirche eingeweiht. Im dritten Schwedenkriege kam es zu zweienmalen zum Kampfe in der Nähe von Fraustadt, beidemale blieben die Schweden Sieger; das erstemal, 1704, erschlugen sie bei 800 Moskowiter, das anderemal, am 13. Febr. 1706, an 6000 Moskowiter und Deutsche. Der General Reinschild (Renskiold), der mit 10000 Schweden anfangs bei Fraustadt Stellung genommen hatte, war nämlich nach Schwetzkau zurückgewichen, um das von Schulenburg angeführte sächsisch-russische Heer über die schlesische Grenze zu locken. Sowie es bei Fraustadt sich befand, kehrte Reinschild um, griff es an, obschon es mehr als doppelt so stark war, und warf es in einer Stunde vollständig über den Haufen. Im Gefolge des Krieges kam wieder die Pest 1709, welche diesmal 2917 Einwohner hinraffte; 1716 endlich war Fraustadt einer Plünderung preisgegeben.

Sehr übel war es, dass der Starost gar nicht abliess, in das Recht der Stadt zu greifen. 1645 liess der Rath eine günstige höhere Entscheidung in den Gewerbsachen an den 4 Ecken des Marktes ausrufen. Mit diesem Starosten, dem Radomicki, kam die Stadt zwar in der Folge aus, aber als Andreas Ossowski Starost geworden war, erneuerte sich der Streit. Er trat ihr durch Bierausschank, mit Begünstigung der Juden, und in zwangsweiser Beitreibung von Forderungen zu nahe. König Kasimir gebot ihm am 17. Okt. 1659 unter Androhung der Absetzung solches zu unterlassen, allein 1660 musste sich die Stadt schon von neuem über ihn beschweren. Noch 8 Jahre währte dieser Streit: 1668 wurden beide Parteien von ihren gegenseitigen Beschuldigungen losgesprochen und ihnen ewiges Stillschweigen auferlegt. Wie erschüttert die Rechtszustände waren, zeigte sich, als König Kasimir (am 25. Juni 1659 zu Warschau) angeblich wegen nicht geleisteter Kriegshülfe dem Christof Zegocki auf Lebenszeit die Vogtei in Fraustadt verlieh — die doch die Stadt mit ihrem Gelde zweimal schon theuer erworben hatte (Urk. CCII.). Diesen neu aufgedrungenen Vogt befugte der König am 25. Juni 1660[32], die Scholtisei in Oberpritschen vom fraustädter Rathe loszukaufen und auf Lebenszeit zu behalten. Die Stadt wehrte sich gegen den Verlust der Scholtisei und die königliche Kommission entschied 1661 für sie. Am 21. März 1672 ertheilte König Michael in Warschau dem derweiligen Starosten Rafael Leszczynski die Erlaubniss, die Vogtei auf drei Jahre an den Rath zu verpachten: sie wurde mithin als der Krone zuständig betrachtet. Die freie Rathswahl ward, wie es scheint, wieder angetastet. Von jedem Gebräu Stadtbier forderte der Starost eine Zahlung. Die Stadt war in der That gedrängt, sich über einen gewissen Betrag mit dem Starosten Poninski zu vergleichen und darüber sich 1678 eine Bestätigung vom König Johann III. ausstellen zu lassen. Im letzten Viertel des XVII. Jahrh. wurde wirklich in einem Theile der Stadt die Gerichtsbarkeit des Starosten gemäss polnischem Rechte festgestellt. Reissend ging es bergab. Der Adel ringsum war ihr feindselig[33]. König August II. befand nach dem Rathe des Starosten (9. März 1720), dass die jährliche Erwählung des Bürgermeisters, der

S. 108. 29) „Bey ihr," schreibt Lauterbach 1709, „hat man auf manchen Stellen Merkmahle von sechs und sieben Bränden übereinander gefunden." 30) Ders. das fraustädtische Zion. S. 544. 31) Ders. S. 711. 32) So nach dem Verzeichniss der Urkunden des städtischen Archivs. 33) Lauterbach, das fraustädtische Zion. S. 75.

Rathsherrn, Schöffen und Deputirten abzustellen sei und bestimmte, ohne die Fraustädter zu befragen, dass ihre Beamten auf Lebenszeit eingesetzt werden sollten, die vorhandenen 8 Rathsherrn, 8 Schöffen, 4 Verordneten bis an ihr Lebensende im Amt verbleiben. Weiterhin war die freie Wahl abgethan. Zu einer erledigten Rathsherrnstelle hatte damals der Rath 3 Schöffen dem Starosten vorzuschlagen, der einen von diesen ernannte. Zu einer Schöffenstelle schlugen Vogt und Schöffen 2 von den Verordneten dem Rathe zur Auswahl vor, zum Verordneten ernannte der Rath. Den Bürgermeister erwählte der Starost aus den Rathsherrn alljährlich. Am 23. Sept. geschah die Rechnungsablegung (Urk. CCLXV). Einige Jahre danach, 1728, wurde der Stadt auch ihr Münzgebäude streitig gemacht, und obschon sie ihren Besitzstand mit den Urkunden zu behaupten suchte, dasselbe der Parochialkirche zugesprochen. 1732 bestellte der König eine Kommission zur Untersuchung gegen den Stadtrath und setzte den nach der neuen Ordnung amtirenden Bürgermeister Fleischer sammt Consorten angeblich wegen vielfacher Gewaltthätigkeiten ab. Gegen den neuen Rath stemmte sich nach einem weiteren Jahrzehnt die Bürgerschaft; die fraustädter Gemeinde erhob 26 Beschwerden, die pritschener 12 Beschwerden über seine rechtsverletzenden Handlungen. Der König erklärte jedoch 1749 deren Ungrund. So war die Obrigkeit mit ihrer eigenen Gemeinde zerfallen. Ein königlicher Beauftragter untersuchte 1750 die Einnahmen und Ausgaben der Stadt und vom Könige ward 1759 eine Erhöhung der Gehalte (um qualificirte Subjecte zu bekommen!) nach dem Ermessen des Rathes selber bewilligt. Gegen Ende des Jahrhunderts bestand der Stadtrath aus dem Bürgermeister, Syndikus, Stadtschreiber und 2 Assessoren. Ueber die Grenzen der gegenseitigen Gerichtsbarkeit geriethen trotz allem Verhandelten immer noch Bürgermeister und Starost in Hader, und wie ungebührlich des Starosten Forderungen gewesen sein müssen, lässt sich daraus entnehmen, dass sowohl am 30. August 1755 gegen den Starosten Bojanowski, als am 28. August 1768 gegen den Starosten Kwilecki vom Könige entschieden wurde. Was nützte es? Nach und nach hatten die Starosten ihre angemasste Gerichtsbarkeit über die ganze Stadt ausgebreitet und das deutsche Stadtrecht zerstört. Zur Zeit der Theilung des polnischen Reiches hatte wirklich der Starost Graf Kwilecki das Gericht (Assessorialdekret vom 20. März 1777). Die später für die Städte eingesetzte Commissio boni ordinis[34] sprach ihm auch noch die Einsicht und Beglaubigung des städtischen Rechnungswesens zu. Fraustadt führte über diese Commission Beschwerde und sendete 1785 seinen Bürgermeister Greiffenhagen mit Anderen nach Warschau, um Verwahrung gegen ihre Verfügungen einzulegen.

Gleich üblen Gang nahmen die Kirchenverhältnisse; um 1700 hatten die Evangelischen 3 Kirchen: „das Kripplein Christi," die „zum heiligen Geist" in Oberpritschen und die „zur heiligen Dreifaltigkeit" in der Neustadt, „so dass wir wohl sagen können (schreibt vergnügt und getrost der Ortsgeistliche Samuel Lauterbach) das Wort Gottes wohne unter uns gar reichlich." Dieser Lauterbach (welcher 1727 Generalsenior aller lutherischen Kirchen Grosspolens wurde) begründete seit 1711 ein Waisenhaus. Auf dem Kirchhofe des Kripplein befand sich schon ein Krankenhaus. Die Katholiken, eine kleine Minderzahl, besassen die alte Pfarrkirche und die Klosterkirche. Im Jahre 1708 setzten aber die posener Jesuiten einen Ableger in Fraustadt ein, eröffneten eine Schule und bauten sich danach (um 1720) ein Collegium. Die Bernhardiner, angewiesen auf Mildthätigkeit, hatten sich immer mit der Ortsobrigkeit und selbst mit den evangelischen Predigern vertragen. Die Jesuiten brachten jedoch das laute Glaubensgezänke in Schwung. Es folgte ein königlicher Befehl (am 10. Mai 1723), Katholiken in den Rath aufzunehmen. Die evangelische Gemeinde bildete sich nun einen eigenen Kirchenrath von 24 Mitgliedern (2 Geistlichen, 4 Rathsmitgliedern, 5 Schöffen, 5 des Duodecimvirats, 8 von der Gemeinde) und entzog dem Rathe das Patronat: Es war vergebens. Am 3. Nov. 1745 setzte der Rath durch, dass an ihn die Berufung der Lehrer und Prediger wieder kam, und zwar sollte auf den Vorschlag der lutherischen Mitglieder der gesammte Rath beschliessen. Damit erlosch der Kirchenrath[35]. Am 23. August 1785 hielten die Lutheraner Polens hier wieder eine Kirchenversammlung.

Im übrigen war die Herrschaft der sächsischen Kurfürsten der Stadt günstig. Die Grenzlage kam ihr zu statten. Als einen der nächsten Orte in Polen wählten die Kurfürsten sie öfter zu Berathungen

34) Auf Befehl dieser Ordnungskommission wurde in polnischer Sprache ein Verzeichniss der Freibriefe Fraustadts aufgesetzt.
35) Specht, der neue Zion oder die Geschichte der evangelisch-lutherischen Gemeinden am Kripplein Christi zu Fraustadt. 1855.

und Zusammenkünften mit Kronbeamten und Grossen des polnischen Landes; damit die Verleihung der Würden nicht in Deutschland, sondern auf polnischem Boden geschehe, wurde 1717 ein Beschluss gefasst, dass der König in Fraustadt die wichtigsten Stellen vergeben solle. Die Zahl der Mühlen war im Jahre 1709 bis auf 101 gestiegen. Es gab 2 Apotheken (1718). Die Ordnungen der Handwerker erfuhren Aenderungen. Die neuen Satzungen der Tuchmacher (Urk. CLXXII) wichen beträchtlich ab von den älteren (1520, Urk. LXXXVIIII). Die neue Fassung ging von Fraustadt auf Rawitsch über. Einige Judenfamilien hatten sich im Laufe der Zeit doch wieder in Fraustadt angesetzt. Die Bürgerschaft wollte sie heraus; 1724 wurde ihnen — es gab damals 18 Judenfamilien — gewährt, gegen ein Schutzgeld noch ein Jahr in Fraustadt zu weilen. Sie blieben; ein Menschenalter später waren sie zahlreicher und wollten sich einen Kirchhof schaffen. Das verbot aber der Bischof von Posen (20. Juni 1765). Sie legten ihn dennoch an. Vom König Stanislaus August wurde deshalb ein Befehl (Warschau, 20. August 1768) eingeholt, denselben zu zerstören. 1766, 26. April verbot der König den Juden, ihre Niederlassungen und Rechte in Fraustadt zu erweitern, 1768 verbot er ihnen sogar jede Niederlassung daselbst. Die Judenschaft fand jedoch gegen den Rath Schutz bei dem Starosten und durfte wenigstens in der Neustadt hausen. 1774 erlangte die Stadt (Warschau, 1. April) neue Jahrmärkte. Von den Handwerken waren nur die der Bäcker, Fleischer, Gerber und der Schuhmacher geschlossene Zünfte. Die Kaufleute machten sich durch eine vom König Stanislaus August am 22. Mai 1781 ausgewirkte Urkunde zu einer Innung. Auch die Bettler hatten sich eingerichtet; sie bildeten für sich eine Zunft und Lade und wenn sie in der Nachbarschaft jemanden bettelnd antrafen, der sich nicht bei ihnen eingekauft hatte, so schlugen sie ihn halb todt. Die Obrigkeit schritt dann freilich ein[36]. 1791 setzte die Stadt eine Erklärung durch, dass sie zur Stellung von Rekruten nicht herangezogen werden dürfe. — Von den Kämpfen der Preussen und Russen im siebenjährigen Kriege wurde auch Fraustadt betroffen. 1759 Ende Februar, Anfangs März zogen Preussen durch die Stadt. 1761 setzten sich die Russen in und bei Fraustadt fest. Ziethen mit den Preussen griff hier vom 2. bis 5. Juli wiederholt ihre Vorposten an; anfangs war er im Siege und machte 300 Gefangene, zuletzt wurde er aber mit grossem Verluste an Mannschaft und Geschützen zurückgetrieben.

1795 wurde Fraustadt zu Preussen geschlagen und deutscher Regierung theilhaftig. Aber diese war freilich soldatisch. Besatzung wurde nach Fraustadt gelegt, ausserdem eine Invalidenkompagnie in der Stadt untergebracht. Das Schenkgelass im Rathskeller wurde 1797 zu einer Hauptwache eingerichtet. Die Stadt verlor ihr Gericht. Von einem Rathe der Neustadt vernimmt man nichts mehr; dieser stand, wenn nicht schon früher, zweifellos von dieser Zeit an unter der Obrigkeit der Altstadt, doch wurden die Abgaben in der Altstadt und in der Neustadt getrennt erhoben und berechnet. Der äusserlichen Begünstigung ungeachtet sank Fraustadt mehr und mehr im XVIII. Jahrh. wegen der Schmälerung seines Rechtsstandes. Am Anfange desselben zählte es ungefähr 7000 Bewohner, an seinem Ende hatte es nur noch 5100[37], obschon die Zahl der Juden auf fünftehalbhundert angewachsen war. Die Getreidemärkte hielten sich noch in Bedeutung. Den Hauptnahrungszweig bildete Tuchmacherei. Von den Bürgern waren im Jahre 1800 zweihundert Tuchmacher, 12 Tuchbereiter, 4 Färber, 9 Tuchhändler, 44 Leinweber, 1 Damastmacher, 17 Kürschner, 12 Lohgerber, 35 Schuster, 1 Leistenschneider, 6 Riemer, 5 Sattler, ferner 7 Gastwirthe, 25 Branntweinbrenner, 6 Weinhändler, 11 Bierbrauer, 89 Müller, 37 Bäcker, 27 Fleischer, 6 Viehhändler, 24 Schneider, 13 Stellmacher, 10 Tischler, 9 Seiler, 8 Böttcher, 7 Barbiere, 5 Hufschmiede, 4 Töpfer, 3 Bildhauer, 3 Seifensieder, 3 Posamentire, 3 Nadler, 2 Gürtler, 2 Kammmacher, 2 Uhrmacher, 1 Drechsler, 1 Büchsenmacher, 1 Honigküchler, 1 Zuckerbäcker, 3 Apotheker, 1 Arzt, 3 Organisten, 4 Eisenhändler, 2 Glashändler, 27 andere Kaufleute. Im Kloster waren 19 Franziskaner. Die Stadt bestand aus 17 öffentlichen Gebäuden, 815 Wohnhäusern, von denen nur 2 Ziegeldach hatten, 919 Plätzen, die wieder bebaut werden konnten, 94 Mühlen, war gepflastert und hielt 11 Nachtwächter. Sie hatte ausser Pritschen (mit 152 Feuerstellen) 4 Vorwerke und einen Ziegelofen, aber auch 46189 Thlr. Schulden. Die Kämmereieinnahme betrug 14253 Thlr. Mit der katholischen Pfarrkirche verbunden war ein Hospital

S. 136. 137. 36) „Unter polnischer Regierung hat die Polizei diesem Unwesen Einhalt gethan, jetzt aber wird es wieder fleissig getrieben, bis die neue Regierung auch ihr Augenmerk darauf richten wird," schreibt (Sirisa) Hübner 1798 (Historisch-statistisch-topographische Beschreibung von Südpreussen und Neu-Ostpreussen. Leipzig 1798, in welchem Werke auch eine Abbildung Fraustadts gegeben ist. 37) 1797 hatte Fraustadt gar nur 4579 Einwohner (3097 Lutheraner, 1049 Katholiken, 418 Juden, 15 Refor-

für 4 Personen, ausserdem gab es 2 evangelische Spitäler für 10 Personen und ein evangelisches Waisenhaus für 6 Kinder, sämmtlich unter einem evangelischen Kirchenkollegium, und endlich ein Siechhaus: diese Stiftungen alle hatten jedoch ganz unzulängliche Einkünfte. Am 28. August 1801 legte ein Nachmittags um 3 Uhr bei einem Tischler ausbrechendes Feuer binnen 3 Stunden abermals gegen 200 Häuser, namentlich die ganze polnische Vorstadt und die untere Neustadt in Schutt und Asche. Besser wurden diese Stadttheile nach einem Plane mit Unterstützung des Staates aufgebaut; indessen war doch noch ein Menschenalter nach diesem grossen Brande die Häuserzahl geringer als vorher. Die neustädter Gemeinde war besonders hart getroffen; erst 1786 hatte sie ihre baufällig gewordene Kirche abgetragen und einen Neubau ausgeführt; jetzt, sehr heruntergekommen, vermochte sie nicht zum zweitenmale sie zu erbauen. Auch die beiden Spitäler der Evangelischen waren mit abgebrannt; an ihrer statt wurde 1805 ein einziges hergestellt, ein Spital, welches gegenwärtig eine sichere Jahreseinnahme von über 800 Thlr. besitzt. In Oberpritschen machten die Kirchen- und Schulgebäude eine Instandsetzung (1805) nöthig, welche auszuführen die dasige Gemeinde auch nur mit Hülfe einer Kollekte und eines Geschenkes vom Könige im Stande war. Das Schloss, der ehemalige Starostensitz, wurde zur Kanzlei verwendet. Die Jesuitenschule wurde am 1. Jan. 1811 zu einer Kreisschule umgewandelt. Von 1793 und während der Zeit des Herzogthums Warschau hoben sich die Geschäfte. Eine Cichorienfabrik entstand, die Absatz in Krakau und Warschau fand. Als 1816 Fraustadt zum andernmale preusisch geworden war, zählte es 5222 Einwohner[38]; im Gange befanden sich 36 Leinwebstühle und 165 Tuchwebstühle; die Wolle für sie wurde auf 44 Spinnmaschinen gesponnen. Von Mitte 1818 bis Mitte 1828 wurden 35077 Stück Tuch gefertigt. Die Tuchmacher besuchten die leipziger Messen. Die Zahl der Lohgerber war 1816 auf 19 gestiegen — die der Mönche auf 9 herabgesunken. Zwei wöchentliche Markttage hatten beträchtliche Getreidezufuhr. 1817 ward ein Landgericht und Inquisitoriat nach Fraustadt gelegt. Der Ort kam bei den veränderten Verhältnissen gleichwohl nicht recht empor. Von den Mühlen verschwand eine nach der andern, die Tuchmacherei verkam. Die Töpfer von Fraustadt genossen guten Ruf, gross war ihr Vertrieb aber auch nicht. Die Lederarbeiter waren von Bestellung, d. h. von der Stadt und ihrer nächsten Umgebung abhängig. Die Musikanten von Fraustadt durchzogen das posener Land. — Im Landtage der Provinz wurde der Stadt eine eigene Stimme zugebilligt. Sie bat auf dem ersten posener Landtage 1827, nachdem sie im Gesetz von 1777 bei der Rauchfangsteuer Krakau und Posen gleichgesetzt worden, nach den veränderten Verhältnissen in eine Reihe mit Rawitsch, Lissa und Kosten gesetzt und in der Gewerbesteuer in die dritte Reihe zurückgestellt zu werden. Der Landtag unterstützte auch ihr Gesuch, doch ohne Erfolg. Die Stadtverwaltung war eine Zeitlang schlecht. Bürgermeister Karsten musste 1824 abgesetzt werden; während der Rechtsverhandlung versah der erste Rathmann Bleschke sein Amt, und nachdem jenes Absetzung 1827 rechtskräftig geworden war, wurde der Kreissekretär Rohrmann zum Bürgermeister erwählt, der sogleich eine Verpfleg- und Arbeitsanstalt zu Stande brachte, in welcher arme Kinder (im 1. Jahre schon 60) Nachmittags hauptsächlich mit Stricken beschäftigt wurden; das Strumpfstrickermittel lieferte Garn und zahlte für das paar Strümpfe 1 Sgr. Lohn. Der thätige Rohrmann machte auch noch im Winter 1827 einen Anfang mit Strassenbeleuchtung, zuerst durch 6 Laternen. Die Stadteinnahmen wurden damals verpachtet, nicht nur die Dörfer Ober- und Niederpritschen (um 3820 Thlr.) und die Jagd (um $87\frac{1}{3}$ Thlr.), sowie der Bierschank (um 76 Thlr.), sondern auch die Wage (um 96 Thlr.), das Pflastergeld (um 363 Thlr.) und das Stand- und Marktgeld (um 61 Thlr.). 1826 wurde der Unterricht in den Anfangsgründen neu geordnet; die Schule an der Kirche ging ein, dafür wurde eine katholische, eine evangelische und eine israelitische Elementarschule eingerichtet. Die Kreisschule blieb bestehen, genügte aber dem Bedürfnisse nicht. Von dem evangelischen und dem katholischen Hospital wurden 1827 erhalten 26 Arme und 16 solche unterstützt. Am 17. Dec. 1827 starb auch der letzte Bernhardiner im Kloster (Guardian Maciejowski); das Gebäude wurde nun für die Schule verwendet. Das in Fraustadt bestehende Hülfsseminar für katholische Schullehrer wurde 1837 oder 1838 aufgehoben. In kirchlicher Beziehung gab die Einführung der Union und königlich preussischen Agende 1817 zur Absonderung einer kleinen Gemeinde von Altlutheranern den Anstoss: der alte, so lange thöricht genährte Kircheneifer wirkte nach.

mirte). Sirisa S. 452. 38) Nach dem 1862 erschienenen statistischen Jahrbuch 5444.

Andrerseits suchte die Stadt sich der Patronatspflichten zu entschlagen. Als der katholische Propst von ihr 1820 die Herrichtung seines Pfarr- und Schulgebäudes forderte, weigerte sie sich und wurde im Rechtsgange am 10. Juni 1828 von dieser Last freigesprochen, indem der Staat als Patron anerkannt wurde. 1834 sollte die pritschener Kirche unterschwellt und auf Verlangen der Regierung in der Dorfmitte, an ihr ein neues Küster- und Schulhaus erbaut werden. Wiederum stemmte sich der Rath gegen die Uebernahme. Diesmal fiel das richterliche Urtheil (16. Mai 1839) dahin aus, dass die Stadt $^2/_3$ der Kosten übernehmen musste; 1854 wurde in Pritschen ein neues Pfarrhaus gebaut. Die neustädter Gemeinde erlangte durch die Fürsprache der damaligen Kronprinzessin eine Haus- und Kirchenkollekte in Preussen, die ihr 6673 Thlr. eintrug. Inzwischen hatten sich aber die Soldaten des Kirchplatzes zu ihren Uebungen bemächtigt und gaben ihn nun nicht heraus. Auf einen andern musste die neue Kirche zu stehen kommen. Sie ward am 25. August 1839 eingeweiht; ihren Thurm zerstörte am 9. Mai 1848 ein Blitzstrahl. Anderer Art war ein Streit der Stadt mit der Gemeinde zum Kripplein Christi. Der Rath bekümmerte sich 1847 um die Verwaltung des evangelischen Waisenhauses und Hospitales, während das Kirchenkollegium keine Einmischung des Stadtrathes zulassen wollte. Gleichwohl nahm der in des Kirchenkollegiums Stelle eingetretene Gemeindekirchenrath bei Gelegenheit einer neuen Predigerwahl (1852) den Rath in Anspruch. Die veränderte Städteordnung vom 17. Juli 1832 wurde in Posen eingeführt. Damit hörte die gesonderte Berechnung der Gemeindeabgaben von der Altstadt und von der Neustadt auf. Die schon thatsächlich vollzogene Verschmelzung der beiderseitigen Gemeinden trat auch formell ein, doch bildeten die evangelischen Neustädter eine besondere Kirchengemeinde, deren Patron der Rath nicht ist. Sie besitzt eine eigene Kirche, zu der die Dörfler von Buchwald, Röhrsdorf, Geyersdorf eingepfarrt sind. Eine Gemeinde der Altlutheraner sonderte sich ab, zählt gegenwärtig aber nur 68 Mitglieder in der Stadt. Das Gericht wurde 1834 wieder aus Fraustadt weggelegt, 1841 wurde für die Waisen ein Haus gekauft, in dem (mit einer festen Einnahme von ungefähr 600 Thlrn.) 12 Kinder erzogen wurden. Eine Sparkasse ward am 1. Okt. 1845 gegründet. 3 Apotheken waren vorhanden. Fraustadt bestand 1840 aus 623 Wohnhäusern und 32 öffentlichen Gebäuden.

Wie zu erwarten erklärte sich Fraustadt bei den Vorgängen von 1848 gegen die polnische Reorganisation, doch kam es in der Stadt selbst zu blutigen Raufereien[39]. Fraustadt nannte damals die Aussicht, „zunächst unter polnischer Verwaltung, früher oder später unter polnischer Herrschaft zu stehen, und das zu einer Zeit, wo das Nationalbewusstsein so mächtig sich regt, wo es endlich zu einer einigen deutschen Nation kommen soll, für jedes deutsche Herz einen trüben, schweren Gedanken, einen Gedanken, der um so weniger zu tragen ist, als die Deutschen im Grossherzogthum sich im Grunde mit Preussen immer zu Deutschland gerechnet haben." Die Stadt mit dem Kreise begehrte demgemäss, „mit Deutschland auch in politischer Beziehung völlig und unzertrennlich Eins zu werden[40]," und stellte durch eine besondere Abordnung in der Hauptstadt Berlin das Verlangen der Aufnahme in den deutschen Bund unter Beiordnung an Schlesien[41]. Sie nahm am 26. April an der Bildung des Centralausschusses für den Westgürtel in Meseritz Theil und liess sich in ihm vertreten[42]. — Die Kreisschule, mit welcher eine Zeitlang ein Lehrerseminar verbunden gewesen, wurde auf das Verlangen der Einwohner Ostern 1853 zu einer städtischen Realschule erhoben, an der sich die Regierung nur die Besetzung des Direktorates vorbehielt. Das Gut Pritschen mitsammt seinem Kirchenpatronate verkaufte die Stadt nach Ausscheidung der auf seinem Boden gelegenen Spatziergänge, Schiessstände, Exercierplatz, Teiche, sowie 225 Morgen tragbaren Landes, die bei ihr blieben, am 1. Juli 1857 um 60100 Thlr. an Hrn. J. Niehe und verpachtete die zurückbehaltenen Aecker in kleinen Antheilen, wovon sie 1000 Thlr. jährlich zog. Fraustadt zählte 1837: 5541 Bewohner, i. J. 1840 nur 5303 (darunter 568 Juden), i. J. 1843: 5404, i. J. 1858: 6763, i. J. 1861: 6598 Bewohner; in letzter Zahl sind 560 dem Militärstande Zugehörige inbegriffen.

---

39) (Metzig) Nachschrift zu dem offenen Briefe an den Abgeordneten Nerreter zu Frankfurt a. M. (1848). S. 15. Die Berlinischen Nachrichten von Staats- und gelehrten Sachen 1848 N. 49 berichten, dass, als Anfangs April 110 bewaffnete Studenten aus Berlin den Polen zuzogen, Fraustädter ihnen entgegenkamen und sie aufforderten, um die Stadt herumzugehen, weil sie in Fraustadt ihres Lebens nicht sicher seien. 40) Denkschrift über die Ereignisse im Grossherzogthum Posen seit dem 20. März 1848. Aus den Akten des Ministeriums des Innern. S. 11. 12. 41) L. v. J., die polnische Insurrektion in Posen im Frühjahr 1848. Glogau 1849. S. 11. 42) Deutsches konstitutionelles Blatt für das Grossherzogthum 1848, Nr. 17 vom 6. Mai.

Gedetsch (Gdecz, Gdetz, Gdech, Geschk, Gescek, Gschk, Gedche, Giecz), altes, sehr festes Schloss im Sumpfland. 1039 ergab sich der Ort den Böhmen und die Bewohner siedelten nach Böhmen über (oben S. 183). Die Burg ward neugebaut und wird noch 1230 genannt[1]. Premisl gestattete 1286 dem Protonotar Thilonow daselbst eine Anlage nach deutschem Rechte zu machen[2]; allein die Stadt kam nicht empor. In ihrer Nähe erhoben sich ringsum Schroda, Kosterschin, Wreschen. Zum letztenmale finden wir sie 1319 erwähnt. Vermuthlich wurde sie 1331 niedergebrannt bei dem Zerstörungszuge der deutschen Ordensritter, der sich bis in diese Gegend ausdehnte, und konnte sich nachher nicht wieder erholen. Im XV. Jahrhunderte lag, wie uns berichtet wird, das Schloss von Gedetsch im Verfall. Eine von Holz gebaute Kirche war an der Stelle, wo eine Stadt hatte blühen sollen.

Gembiz, Gembitz, p. Gębice, Gembice, wird zuerst unter dem Namen Wambicze 1365 erwähnt und hernach in Urkunden (1425. 1458. 1495. 1501. 1524) Gambieze geschrieben. Seine alten Urkunden sind längst untergegangen. Am 13. Nov. 1365 überliess König Kasimir dem vormaligen Schulzen von Wambicze, Jakob, die bei dem Orte gelegene Waldwüste zur Besiedelung nach deutschem Recht[1]; es ist daher anzunehmen, dass damals Gembiz nicht nur bestand, sondern auch bereits deutsche Zustände hatte, aber bis dahin oder doch wenigstens so lange als dieser Jakob in ihm Schulz war, nur für ein Dorf galt. 1383 aber war es unmittelbare Stadt. Als damals der Krieg um den Thron wüthete, nahm der Herzog von Masowien die Stadt ein, dann entriss sie ihm das Heer seiner Gegner. Dieses plünderte dabei die Stadt völlig aus[2]. — Jagello Wladislaw (1386—1434) gewährte der Stadt einen Jahrmarkt auf jeden 1. Mai. Ihm leistete sie eine zugleich auf die Nachfolge in Polens Herrschaft bezügliche Huldigungserklärung im Jahre 1424 (**Urk. LIII**). Damals bildeten die Stadtobrigkeit ein Vogt Namens Nicolaus und 15 Geschworne und Schöffen. Gembiz hob sich und war um die Mitte des XV. Jahrhunderts eine der ansehnlichsten Städte dieses Landes, denn 1458 kam die Stellung von 10 Kriegern auf ihren Theil. Auch ihre Wochenmärkte gehörten zu den besuchteren (**Urk. LXVI**). Die Gewährung des Jahrmarktes bestätigte 1495 König Johann Albert (**Urk. LXXIII**). Dann bricht auf lange unsere Kunde ab. Gembiz' späterer Stand zeigt aber, dass es traurige Zeiten durchmachen musste und sehr herunterkam. Es gerieth auch unter die Herrschaft eines Edelmanns. Die Gutsherrschaft ertheilte 1759 eine neue Urkunde der Rechte; auch diese war am Anfange unsers Jahrhunderts verloren. Die Stadt litt viel durch Feuer. 1773 wurde Gembiz mit dem Netzlande preussisch. Am 18. Juli 1804 stellte der damalige Besitzer Starost Kossowski mit Zuziehung der Bürgerschaft eine neue Urkunde aus, in welcher sowohl der Besitzstand der damaligen Bürger festgesetzt, als auch der Betrag der von ihnen zu leistenden Abgaben bestimmt wurde. Um diese Zeit schätzte man die Zahl der Einwohner auf 600, unter denen mehrere Tuchmacher waren. Solche Schätzungen fallen gemeinlich zu hoch aus; 1788 hatte Gembiz nur 388 Bewohner, die in 68 Häusern wohnten. Nachmals befand sich Frau von Kwiatkowska im Besitze. 1816 bestand der Ort aus 62 Feuerstellen und hatte 483 Einwohner. Von diesen waren 305 Katholiken, 81 Lutheraner, 52 Juden. Zwanzig Jahr später hatte er 90 Häuser, 2 katholische Kirchen und 1 Synagoge. Die Einwohnerzahl betrug 1837: 679, 1843: 731, 1858: 677, 1861: 764. Im Jahre der Bewegung 1848 kamen viele Gewaltthaten in Gembiz vor. Im April wurden ein paar Bewohner von wildgewordenen Polen aus reiner Mordlust umgebracht[3], am 6. Mai kam Mieroslawski mit seinen Kriegshaufen nach Gembiz gezogen.

Gnesen, p. Gniezno d. gewöhnlich Gnesna, dass es einst Lemisaletum geheissen habe, ist nicht nachzuweisen, in Urk. 1133 Gnezen[1], 1136 Gnesna und Gnezden[2], 1145 Gnesden[3], 1235, 1289, 1293

Gedetsch. 1) Chronica Lechitarum (Stenzel, scriptores rerum silesiacarum I. 27) Chronica principum Poloniae (ebenda S. 127), zwei ungedruckte Urkunden zu Posen im Oberpräsidialarchiv und im Kapitelarchiv, angeführt von Roepell, Geschichte Polens. Hamburg 1840. S. 177. 2) Raczynski, wspomnienia wielkopolski. Posen 1842. Beilage LX.

Gembiz. 1) Nos Cazimirus — volentes utilitates regni nostri peramplius dilatare, heremum seu mericam nostram prope *Wambieze* sitam in terra *Cujaviae* exposuimus honesto viro Jacobo, olim sculteto de *Wambieze* in eadem villam de 21 mansibus locandam jure theutonico, quam de novo *Dzierzasna* volumus appellari. Bei dieser Bodenfläche ist aqua vulgariter nuncupata *Wambieze*, in welchem gefischt ward. Cod. dipl. Pol. II. 749 (nach der in der Metrika gebuchten Bestätigung von 1546), dessen Herausgeber übrigens die Schreibung Wambieze für einen Fehler des Abschreibers halten. Vergl. übrigens oben S. 187, 188. 2) Janko Czarnkowski archidiaconus gnesnensis (Sommersberg rer. siles. script. II. 118. 3) H. W. Die neueste Polnische Insurrektion im Grossherzogthum Posen. Berlin 1848. S. 25.

Gnesen. 1) Hasselbach und Kosegarten cod. Pomeraniae dipl. 1. 26. 2) Raczynski S. 1. 3) Cod. dipl. Pol. II. 589.

Gnezdun[4], 1235, 1242, 1260 Gnezna[5], 1247 Gnesdna[6], 1256 Gnizna, in Thietmar's Geschichtsbüchern Gnesin und Gneznis[7], von dem sogenannten Martinus Gallus Gneznen, von seinem Zeitgenossen, dem Prager Cosmas: Guezden[8], im XIV. Jahrhundert von dem Verfasser der Chronica Lechitarum neben Gnezna auch Gneczna[9], von dem der chronica principum Poloniae auch Gnezena[10], im XVII. Jahrhunderte auch Gnesin und Gnisen geschrieben), einer der ältesten Orte Polens, Schauplatz seiner sagenhaften Geschichte, die Metropole von ganz Polen[11]. Die Hügel, auf denen die Ansiedlungen erfolgten, sollen im Laufe der Jahrhunderte an Höhe abgenommen haben, eine Sumpfstrecke bei Gnesen soll ehedem ein grosser Teich (der See Swięte) gewesen sein[12]. Hier war das Hauptheiligthum des Nia, des Todes-Gottes und Seelenbehüters. Von ihm hat (nach meinem Dafürhalten) Gnesen den Namen als die heilige Todtenstadt, als ein Nest der Seelen. Der eine Hügel hiess der Berg des Lech. Auf ihm war das Heiligthum aus rohen Steinen roh zusammengefügt und eine befestigte Anlage, die Burg. Im X. Jahrhunderte war Gnesen der Sitz der ältesten Herrscher über Polen. Als Herzog Meszko im Jahre 966 das Christenthum angenommen hatte[13], liess er das Heiligthum der Heiden zerstören, die Götterbilder in den See versenken und dann auf seiner in den Vorstellungen geweihten Stätte, auf den engen Grundlagen des Heidentempels Kirche und Altar, dem heiligen Georg geweiht, errichten. Gleich darauf gründete er auf demselben Berge den geräumigeren Dom und stattete ihn reich aus. Die Georgenkirche stand nun auf dem Domhofe: als sie verfallen war, wurde sie 1782 auf ihren alten Grundlagen nach deren Massgabe wiederhergestellt. In der neuen Kathedrale aber wurden die Leichen der Gemahlinnen Meszkos und seines Nachfolgers, sowie des Märtyrers Adalbert beigesetzt. Kaiser Otto III. kam im Februar oder März des Jahres 1000 nach Gnesen zu Adalberts Grab mit Herzog Boleslaus und stiftete an dieser geweihten Stätte ein Erzbisthum über das polnische Land[14]. Der Erzbischof von Gnesen war seitdem Primas von Polen. Zwar brannte seine Kathedrale am 26. April 1018 nieder[15], doch ward sie neu aufgebaut und reich geschmückt. Da Gnesen nunmehr ein Mittelpunkt der kirchlichen Verfassung war, gewann die Ansiedlung. Die Geistlichkeit wirkte auf das Gedeihen und den Charakter der Stadt ein: die Geschichte des gnesener Erzbisthums und Domkapitels gehört jedoch nicht in dieses Werk. Unter der Hut der Kirchenhirten Polens spross die Stadt empor. Weitum waren auch die Blicke der Geistlichen nach Gnesen gerichtet. Selbst das bei Krakau gelegene Kloster Miechow gewann in Gnesen einen Sitz. Herzog Premisl sammt seiner Mutter Hedwig und seinem Bruder Boleslaw schenkten diesem 1243 sein Spital in Gnesen und befreiete (1254) die zu dessen Unterhalt angewiesenen Dörfer von vielen sonst gewöhnlichen Lasten. Eine Kirche des heiligen Johannes mit einem Kloster des heiligen Grabes gründete derselbe Herzog 1245[16]. Letztere zogen aus Miechow hierher. Der Konvent der miechower Mönche war vor dem Thore der Stadt. Sie besorgten das Hospital und hielten Schule. 1259 gründete Herzog Boleslaw von Kalisch Kirche und Kloster für Franziskaner-Mönche und Nonnen.

Dagegen nahmen die polnischen Herzoge nicht mehr ihren Hauptaufenthalt in Gnesen, sondern lieber in Posen, obschon Gnesen im XII. und XIII. Jahrhundert ihre Krönungsstadt blieb, bis Wladislaw Lokietek 1319 die Kronjuwelen nach Krakau hinüberführte. Indessen war Gnesen ein bedeutender Platz, obschon es im XI. Jahrhundert zwei verheerenden Bränden (1018 und 1092[17]) ausgesetzt war. Als der Böhmenherzog Bretislaw 1038 Polen überzog, wurde es von diesem ohne Mühe eingenommen. Der Einnahme folgte die Ausplünderung seiner Bewohner, auch die Kirchen wurden ihres Schmuckes beraubt[18].

---

4) Raczynski S. 15. Cod. dipl. Pol. II. 45. I. 119. 5) Cod. dipl. Pol. I. 14, 46 und hier n. CCI. 6) Raczynski S. 31. 7) Buch IV. Monumenta Germaniae historica, Scriptores III. 780, 866. 8) Ebenda S. 47. 9) Stenzel, Scriptores rerum silesiacarum I. 19 10) Ebenda I. 49. 48. 11) Metropolis Lechitarum, der krakauer Bischof Vincentius Kadlubkonis um 1220, krakauer Ausgabe S. 184. Metropolis totius Poloniae, sagt der um 1300 oder in der ersten Hälfte des XIV. Jahrhunderts schreibende Verfasser der Chronica Lechitarum (Stenzel, scr. rer. siles. I. 18. 12) Monumenta ecclesiae metropolitanae gnesnensis per Martinum Siemieński praelatum custodem ejusdem ecclesiae edita. Post cujus editionis distracta exemplaria ab eodem additis rebus historicis aucta 1823. Posen. 4. S. 76. 13) Simieński nennt als Tauftag den 5. März 965. 14) Thietmar, viertes Buch (M. G. Script. III. 181). 15) Ders. VIII. Buch. M. G. Script. III. 866; et pridie (nämlich vor dem V. Cal. Maj.) in suburbio Gnezni archiepiscopi illius aecclesia cum mansionibus ceteris comburitur. 16) hospitale nostrum gnesnense. in: Miechovia sive promptuarium antiquitatum monasterii Miechoviensis studio Samuelis Nakielski. Cracoviae 1634 f. 166. 167. vgl. Urk. 175. 179. 205. 282 daselbst. 17) Castrum Gneznense et monasterium combustum est. Annalen in Sommersberg: Scriptores rerum Silesiacarum II. 91 zu 1092: ferner zu 1220: turris ecclesie gnesnensis cathedralis ruit. 18) Nach einem Abkommen mit den Böhmen musste die gnesener Kirche die heiligen Gebeine Adalberts an sie abliefern und das verehrte Gerippe wird nun gleichfalls in Prag vorgewiesen. Im Dom zu Gnesen ward aber nach wie vor der heilige Adalbert gezeigt, so dass an Adalbert sich das Wunder einer Verdoppelung

Doch erholte sich der Ort rasch. Indess darf man keine übertreibende Vorstellung von seiner Grösse fassen[19]. Gnesen hatte eine feste Burg[20]; es war auch daselbst, weil die Handelsstrasse von Preussen nach Guben über Gnesen führte, ein herzogliches Zollamt. Als der polnische Senior Meseo vertrieben wurde, bemächtigte er sich (1181) durch nächtlichen Ueberfall der gnesener Burg und setzte sich in ihr fest; von ihr aus führte er den Ankampf gegen Kasimir[21]. Nachher gehörte es dessen Enkel Wladislaw, Odo's Sohn, und bestand 1231 eine lange Belagerung von Wladislaw Laskouogi glücklich[22]. Stärker befestigte Gnesen noch im folgenden Jahre sein Inhaber, als er den Angriff des schlesischen Herzogs Heinrich des Bärtigen zu gewärtigen hatte[23] und nach einigen Nachrichten bestand es auch 1236 eine lange Belagerung glücklich; indessen wurde es 1239 dem schlesischen Herzoge überliefert. Dennoch kam es wieder an Wladislaw's Söhne, erst 1296 erlangten es die glogauer Herzoge zurück. Doch war es ein unsicherer Besitz. Im Jahre 1300 drang der Böhmenkönig Wenzel mit seinem Heere nach Gnesen und liess sich daselbst als Herrscher der Polen krönen. Aber es blieb trotzdem bei Glogau und stand noch 1312 unter dem schlesischen Herzog. Auf die Dauer vermochte er jedoch den Besitz nicht zu behaupten. Gnesen gewann der Polenherzog Wladislaw.

Deutsche Stadt war Gnesen vor 1262, denn in diesem Jahre bekam nach seinem Vorbilde Exin städtische Verfassung (**Urk. CCI**). Im Jahre 1298 erhielt Gnesens Obrigkeit zugleich mit der von Posen, Kalisch und Peisern den Blutbann (**Urk. CCVII**). Gnesen trat in Bund mit beiden Städten, um gemeinsam Räuber, Mörder, Meineidige, Frevler an Mädchen und Weibern zur Strafe zu bringen. Aber dies Bündniss hatte keinen Bestand, obschon der Landesherr dasselbe 1299 gutgeheissen hatte, indem er sie befugte, solchen Uebelthätern an's Leben zu gehen[24]. Dem Orte schadeten die Kriege der uneinigen Herzoge, später litt er durch die Einfälle der deutschen Ordensritter. Im Spätsommer 1331 unterlag Gnesen wieder einer Plünderung. Ein Streithaufe der Ritter, der die Reliquien des heiligen Adalbert wegzuführen beabsichtigte, überfiel es. Jene Reliquien waren noch bei Zeiten von den Polen geborgen: die getäuschten Krieger liessen ihre Wuth an den Bewohnern aus, ermordeten viele, brannten die Vorstadt, die Häuser der Domherrn und die Laurentiuskirche nieder. Der Dom und ein kleiner Theil der Stadt blieb stehen[25]. Vermuthlich gingen damals auch die Urkunden der Stadt zu Grunde.

Es fehlen uns daher die Kunden über den allmäligen Anwuchs der städtischen Gerechtsame. Doch besass Gnesen ohne Zweifel deutsches Recht. Wir haben noch eine Urkunde über zwei vor der Stadt gelegene Dörfer Wagielniezi und Lagiewniezi, welche Herzog Premisl im Jahre 1289 zu Gunsten ihres Erbbesitzers Peter Winarczyk in deutsches Recht setzte, wobei der Herzog sie vom Rechte der Stadt Gnesen ausnimmt und von allen Leistungen an sie befreit[26]. Nach der Zerstörung der Stadt durch das

---

begab. Die gnesener Domherren erzählten, ihre Vorgänger hätten die gierigen Böhmen mit Schlauheit getäuscht, ihnen wohl den silbernen Sarg verabfolgt, aber einen falschen Leichnam hineingelegt und den ächten für ihre Kirche zurückbehalten. 19) Wenn die Chronik der Polen, welche man irrig einem Martinus Gallus beilegte, am Anfange des XII. Jahrhunderts angibt, dass Gnesen zu Kriegszügen 1500 Gepanzerte und 5000 mit Schilden ausgerüstete Streiter stellte, so ist nicht der Ort, sondern das Land zu verstehen, übrigens auch nicht ausser Acht zu lassen, dass der Chronist beständig den Mund voll nahm. — Von Kasimir (um 1180): Gneznensem munitionem que est omnium aput Lechitas metropolis, cum suffraganeis undique municipiis proprii principatus corpori connectit. Magistri Vincentii episcopi Cracoviensis chronica Polonorum. Cracoviae 1862. S. 178. 20) Castrum in Gnezdna Urkunde von 1235, Raczynski S. 15. castrum gnesnense und civitas gnesnensis, Urkunde von 1289. Ders. S. 83. 21) Bogufal chronicon Poloniae S. 47. 22) Item MCCXXXIIII predictus dux cum filio suo edificavit Gneznense castrum et destruxit Bayn. Polnische Annalen bei Sommersberg II. 91. — Castrum Gnezne reedificavit. Bogufal ebenda S. 59, wohl zu 1233, und 58. 23) Bogufal S. 59. 24) Der Herzog Wladislaus erklärt in Kalisch am 6. Sept. 1299: cupientes, quod omnes fures, latrones, homicide, perjuri, sacrilegi, opressores virginum et maritarum et alii universi malefactores non debeant gaudere de sua malitia, et dilectis nostris civibus Kalisiensibus talem contulimus auctoritatem, et omnibus eis adherentibus scilicet Gnezdnensibus, de Pysder ac universis aliis qui cum eis voluerint stare, habeant suspendere, decollare, rotare, mutilare, cremare ac alias penas infligere. Et quod cives Kalisienses ac alii, qui cum eis voluerint stare, habeant prolocutores suos per omnes civitates nostras pertinentes ad dominium nostrum, qui habeant omnem auctoritatem agendi contra omnes malefactores et penam infligendi secundum exigenciam meriti cujuslibet malefactoris. Nec apud prolocutores jam dictos aliquis aliquam pecuniam vel solidos seu denarios, si in aliquo eos cadere contingerit, audeat extorquere vel accipere, et eciam apud omnes actores qui vellent proponere vel proponent actionem querimonie contra quoscunque malefactores simili modo prohibemus, ne audeant accipere pecuniam aliquam apud ipsos. Insuper volumus et mandamus et statuimus quod ubicunque clamor super quemlibet malefactorum fuerit, eundem detineatis; quod si non feceritis, extunc contra vestram vestre temeritatis audaciam, in quantum justicia suadebit, procedemus. Et in quacunque civitate vel villa aliquis malefactor proscribetur, sit proscripticius per totum dominium nostrum, et talis, ubique capietur, utatur jure jus. Et super eo promittimus Kalisiensibus quam aliis omnibus per totum dominium nostrum constitutis, assistere contra omnes qui vellent eos molestare pro infligendis penis malefactorum. Cod. dipl. Pol. I. 182. 25) Lites et res gestae inter Polonos ordinemque cruciferorum. Posen 1855. 26) Nec aliquam contributionem, sive fuerint jure theutonico sive polonico locati (doch wohl die Bewohner dieser beiden Dörfer) cives gnesnenses ratione civitatis aut alia qualibet occasione

Kriegsvolk der Ritter war ihre Blüthe geknickt. Ihre ganze Bedeutung hing an ihren geistlichen Stiften. Erzbischof Jaroslaus (1341—1376) liess mehrere gemauerte Häuser bauen[27]. Einiger Handelsverkehr bestand wohl noch. In einem Abkommen zwischen dem König Wladislaus und dem Hochmeister Paul von Rusdorff ward am 26. Juni 1421 abgemacht, dass nur in Gnesen preussische Händler auf den Jahrmärkten Tuch frei ein- und verkaufen dürften und Getreide und Vieh an den Wochenmärkten[28]. Im Jahre 1459 erliess Kasimir auch eine Ordnung für die Zölle, welche die fremden Marktkaufleute zu entrichten hatten[29]. Als Stadtwappen kommt 1116 vor der weisse gekrönte Adler und über dem Wappenschilde ein gekrönter Kopf. Ward doch Gnesen als das Nest (gniazdo) des weissen Adlers angesehen. 1425 leistete die Stadt in einer Urkunde dem König Wladislaus die Huldigung (**Urk. CCXVIII**). 1458 wurde ihr bei Aufbringung eines Heeres die Stellung von 20 Kriegern auferlegt. König Sigismund I. nahm Gnesens sich wieder mehr an, liess, da die Urkunden verbrannt waren, die Beschaffenheit ihrer Gerechtsame durch Beauftragte untersuchen und stellte darauf zu ihrer Bestätigung im Jahre 1520 zu Thorn eine neue Urkunde aus. Dieselbe bekräftigte auf's neue das deutsche magdeburgische Recht unter Entfernung aller polnischen Rechte und Landesgewohnheiten, welche dasselbe zu stören pflegen. Die gnesener Bürger waren losgezählt von der Gerichtsbarkeit der Woiwoden und aller Unterrichter; ihre sämmtlichen Rechtssachen sollten lediglich von ihrem städtischen Vogt entschieden werden. Um die Mitte des XVI. Jahrhunderts scheint der König die Stadt lehnsweise den Gorka's gegeben zu haben[30]. Ein neuer Schlag traf Gnesen im Jahre 1613. Am 27. April, mitten in einem Jahrmarkt, verzehrte eine Feuersbrunst fast die ganze Stadt. Unter den Kirchen blieb nur die Johanniskirche von den Flammen verschont. Um der Stadt wieder aufzuhelfen, erhielten die Einwohner fünfjährige Befreiung von Abgaben und wurden durch eine Urkunde Sigismunds III. vom 9. März 1619 in ihren Freiheiten und Rechten den Bürgern der Stadt Posen gleichgestellt. Allein ihre Stellung war gemindert. Dies erhellt schon daraus, dass Wladislaus IV. am 28. Febr. 1643 gestattete, dass das Gericht der Stadt Gnesen auch Todesstrafe verhänge. Vorlängst hatte ihr dies unzweifelhaft zugestanden. Der Neubau der Kathedrale, der nicht lange nach dem Brande unternommen worden war, wurde erst unter dem Erzbischof Mathias II. Lubienski 1652 vollendet. Aber die Erzbischöfe hielten sich wenig in Gnesen auf, sie zogen ihm das Schloss in Skierniewice vor. Kaum hatte Gnesen einigermassen sich erholt, als es die Schwedenkriege betrafen. Die Stadt wurde 1655 von den Schweden eingenommen und geplündert. Den 11. August kam der schwedische König Karl X. Gustav nach Gnesen, welches nun geraume Zeit mit einer schwedischen Besatzung belegt blieb[31]. Nach ihrem Abzuge wurde am 27. April 1656 eine Meile von Gnesen eine Schlacht geschlagen, in welcher die Polen mit Verlust von 3000 Mann unterlagen. Das geschlagene Heer suchte Schutz unter Gnesens Mauern[32]. Der dritte Schwedenkrieg brachte ihm 1709 eine verheerende Seuche. Längst pflegte der Primas seinen Aufenthalt nicht hier an seinem Sitze zu nehmen: er zog jetzt vor, seinen Pallast in Warschau zu bewohnen; es gab endlich nicht einmal mehr eine geeignete Behausung für den Erzbischof in Gnesen selbst! So herabgekommen war die Wiege der polnischen Könige, dass sich im Jahre 1740 nur noch 60 Einwohner daselbst befanden. Also besagt die Urkunde August III. vom 30. August 1740[33]. Das alte Stadtwesen war zu Grunde gegangen. August setzte es neu, nach den veränderten Verhältnissen

---

vel ad solutionem compellant, cum eas haereditates ab omni jure civitatis gnesnensis, ita quod ad ipsos nihil penitus habeant, liberas volumus esse et immunes. Bei Raczynski S. 81. 27) Janko, archidiacon. gnesnensis, Chronik (Sommersberg II. 116.). 28) Item (heisst es in dieser Urk. Cod. dipl. Pol. II. 828) omnes mercatores et incole terrarum et dominiorum Ordinis nostri in terris regni Polonie dumtaxat Dobrinensi, Coyaviensi, Lanciciensi, Siradiensi et in Polonia in civitate Gneznensi tantum libere possunt pannum et pannos vendere et per ulnas incidere in foris annualibus civitatum seu oppidorum tantum, possunt eciam emere et educere frumenta, pecudes et pecora et quaecumque alias res in foris septimanalibus quibuscunque. 29) Die Urkunde steht bei Raczynski cod. m. p. S. 183, sie wurde in codex diplomaticus nicht mit aufgenommen, weil ich sie in der gegebenen Fassung nicht recht verstehe. Vielleicht sind einige Zeilen, welche den Schlüssel zum Verständniss geben würden, ausgefallen. 30) In der Besitztheilung der Gorkas von 1557 heisst es, kamen sie überein, dem Andreas zu geben, ipsorum civitatem regalem *Gnesnam* cum omnibus et singulis ejusdem civitatis proventibus una cum area haereditaria ibidem in civitate *Gnesnensi* existenti similiter etiam et exactionem fumalium seu duorum grossorum quam vulgariter **poradlne** vocant, ex districtibus *Gnesnensi* et *Keynensi* teneret et possideret, ad vitam usque dominae palatinae Cracoviensis praedictae vel tam diu quousque eorundem bonorum *Szczebrzeszyn* ex integro venerit possessionem et usum; postquam vero eorundem bonorum possessionem quoquo modo pervenerit, tunc idem magnificus Andreas comes *Gorka* vel ejus successores eandem civitatem *Gnesnensem* cum area inibidem et exactionem praedictam districtuum *Gnesnensis* et *Keynensis* Lucae palatino *Brestensi* et Stanislao comitibus de *Gorka* vel ipsorum successoribus cum eisdem aequalem divisionem facere tenebitur vel ipsius successores facere tenebuntur. 31) Carlson, Geschichte Schwedens. Deutsch von Petersen. Gotha 1855. S. 93. 32) Ders. S. 138. 139. 33) Vgl. auch Kühnast im Berliner

fest, weit beschränkter, als es ehedem bestanden. Die Stadt sollte 5 Consuln auf Lebenszeit haben, da sich die jährige Amtsdauer als nachtheilig ergeben habe, und ebenso 6 lebenslängliche Schöffen. Letztere sollten bis zu einem Werth von 100 Gulden, ohne dass Berufung von ihrem Spruche zulässig sei, entscheiden; in gewissen Sachen konnte die Berufung an die Consuln gehen. In Kriminalsachen sollten beide Obrigkeiten gemeinschaftlich richten, Vormittags und nüchtern. Sie möchten bedenken, ward ihnen dabei eingeschärft, dass ein Richter, der einen Dieb freispricht, selbst für einen Dieb gehalten werde: 1744 wurde nun wirklich der beständige Magistrat eingeführt und bestätigt. Sechzehn Jahr später, am 25. August 1760, verzehrte schon wieder eine Feuersbrunst die halbe Stadt sammt der Kathedrale. Indessen muss Gnesen sich doch wieder gerafft haben, denn im Jahre 1768 wurde es zum Mittelpunkt der von Kalisch abgelösten Woiwodschaft erhoben. Im Jahre 1793 wurde Gnesen preussisch. Bei dem Parteigängerkriege 1794 kam Bialomowski mit seinen Haufen nach Gnesen, liess die Beamten und Bewohner wieder den Eid dem Reiche Polen schwören und hielt hier einen Landtag des polnischen Adels. Als die Preussen nahten, wurden die Beamten im Augustinerkloster eingesperrt und Bauern zur Bewachung hingestellt, die sich tapfer schlugen, als die Vertheidiger Polens aus Gnesen schon geflohen waren, Vorräthe und 2 Geschütze zurücklassend, und Oberst von Dietert mit einem preussischen Heerhaufen am 2. August ohne Widerstand zu finden in Gnesen eingezogen war. Die Einwohner begrüssten die Preussen als Freunde. Als die Preussen Gnesen verliessen, erschienen die Polen am 5. Sept. abermals, am 28. Okt. verjagten sie die Preussen unter von Büren zum zweitenmale. Die Stadtobrigkeit bildete damals der Bürgermeister, Syndikus, Kämmerer und der Stadtschreiber. Die Kämmerei besass die Hauländereien Postochowa, Kokoszko, die neuen Hauländer, einige Waldung, 8 Windmühlen, 1 Schrotmühle, 5 Brauhäuser. Die Stadt hatte 8 Jahrmärkte, von denen ein 4wöchentlicher, an's Adalbertsfest geknüpfter im April und Mai bedeutend war. Pferde und Ochsen wurden zu ihm in grosser Zahl zum Verkauf gebracht und eine Menge von Menschen versammelte sich, die ihr Lager in dem nahen Walde aufschlug. „Man sieht alsdann hier,“ schreibt Hübner, „polnischen Adel von jedem Stande, die sehr oft gegen einander den Säbel ziehen und sich auf dem Platze herumhauen. Bei den Feuern im Walde sieht man Tausende von Menschen sich durch allerlei Speise, Spiele, Singen, Tanzen, Pfeifen und andere Lustbarkeiten die Zeit verkürzen.“ Am Ende dieses Jahrhunderts bestand Gnesen aus 14 Kirchen, 1 Domkapitel mit 54 Geistlichen, 1 Kollegiatstift, 1 geistlichem Seminar mit 3 Professoren, 3 Klöstern (Augustiner Kreuzherren, Franziskanerminoriten und Franziskanerinnen, 37 Mönche und 27 Nonnen), 3 Hospitälern, 4 öffentlichen Gebäuden, 492 Wohnhäusern (29 mit Ziegeldach), 15 Mühlen, war ummauert, aber schlecht gebaut, selbst das Rathhaus unansehnlich, die Strassen zum Theil ungepflastert. Die lutherische Kirche entstand erst in der preussischen Zeit. In dieser erst wurde auch der erzbischöfliche Palast aufgeführt. Um die Wende des Jahrhunderts hatte Gnesen 3556 Einwohner, fast sämmtlich Polen, bis auf 513 Juden (im Jahre 1616 gab es nur 15 jüdische Häuser, die zusammen an's Schloss 40 Gulden steuerten). Gewerbtreibende waren 64 Schuster, 57 Schneider (53 Juden), 35 Fleischer, 14 Müller, 14 Kürschner, 13 Töpfer, 11 Tischler, 11 Hufschmiede, 7 Böttcher, 6 Musiker, 6 Stellmacher, 6 Schlosser, 6 Leinweber, 5 Weinhändler, ausserdem 1 Orgelbauer, 1 Goldschmied, 31 andere Handwerker, 7 Kaufleute, 1 Arzt, 1 Apotheker. Die Stadt hatte 150 Schenkkrüge, bezog eine Kämmereieinnahme von 293 Thlr., hielt 1 Nachtwächter, war mit 833 Thlr. Schulden belastet. Im Jahre 1816 hatte Gnesen 451 Feuerstellen und 3034[31] Einwohner (darunter 285 Lutheraner und 592 Juden), das Kapitel bestand aus 36 Domherren, in den Klöstern waren 13 Geistliche und 13 Nonnen. Die Klöster wurden aufgehoben. Man liess die Ordensleute aussterben. Das Priesterseminar blieb bestehen. Ein Stadt- und Landgericht bekam seine Stelle in Gnesen. Am 27. Mai 1819 brach bei Einbruch der Nacht im Judenviertel ein Brand aus, der mehr als die halbe Stadt verzehrte. Zu den Ständen des Grossherzogthums hatte Gnesen einen Vertreter zu schicken. Die Städteordnung wurde am 13. Juli 1836 verliehen. „Gnesen ist nach dem grossen Brande durch die ausdrückliche Fürsorge der preussischen Regierung eine moderne Stadt geworden,“ sagt der Centralbürgerausschuss für den Netzdistrikt in seiner „Politischen Abrechnung zwischen den Deutschen und Polen.“ Doch wogen noch die Polen. In dem Jahre 1848 riss anfänglich ein polnischer Ausschuss, an dessen Spitze Sobeski

---

Kalender 1839. S. 27. 31) Nach dem 1862 erschienenen statistischen Jahrbuch: 3816.

stand, die Gewalt in der Stadt an sich, rief die polnischen Einwohner zu den Waffen, bedrohte alle im Alter von 15 bis 20 Jahren, die den Eintritt in die polnischen Scharen unterliessen, erklärte die Soldaten polnischer Abkunft ihres Fahneneides entbunden und gestattete nicht das Anschlagen von Aufrufen der bromberger Regierung. Als Sobeski aber nun die Schulzen des Kreises zu einer Versammlung auf das Rathhaus berief, um ihnen das Ende der preussischen Herrschaft zu verkündigen, hatte es mit seiner eigenen Macht ein Ende. Man bemächtigte sich seiner Person und mehrerer seiner Genossen. Ein deutscher Bürgerausschuss that sich in Gnesen auf, schickte auch nach Posen am 30. April Abgeordnete, um im Zusammenhange mit dem Lande zu bleiben und, als später behufs der Reorganisation Willisen die von ihm ernannten polnischen Kreiskommissare in Gnesen versammeln wollte, erklärte ihm der davon benachrichtigte Landrath des gnesener Kreises, dass er keinen solchen Kommissar annehmen würde und dem General von Willisen selbst für die Sicherheit seiner Person in Gnesen nicht stehen könne. So entschiedene deutsche Gesinnung war zum Durchbruch gekommen und so leidenschaftlich war die Stimmung. Gnesen zählte 1837: 5770 Bewohner, im Jahre 1843: 6358, 1858: 7995, 1861: 8520 (davon 1280 vom Soldatenstande), stieg also unter preussischer Herrschaft sehr rasch.

Gnifkow, Gnebkau, Gnewkowo, p. Gniewkowo (urk.: 1185 Gniewco, 1311 Gneweow und Gnevcovia, 1343 Gnyfkov[1], 1356 Gnyewkovia[2], 1425 Gnewkow. — Ende des XIV. Jahrhunderts vom gnesener Archidiakon Janko: Gnewcovia[3], vom Verfasser der Chronica principum Poloniae: Gnibekaw[4]) war einst eine Hauptstadt kujawischer Fürsten und Mittelpunkt eines Herzogthums, das den Namen der Stadt führte. Eine herzogliche Burg war hier; einer Kapelle wird schon im Jahre 1185 gedacht[5]: damals schenkte dieselbe Herzog Lesco der Masowier den Domherrn in Wlozlawek. Die Stadt, die auf einer Anhöhe erwuchs, erhielt im XIII. Jahrhunderte einen Freibrief von dem kujawischen Herzoge Zemomislaus, der sie gegen jährliche Zahlung von 1 Groschen für jedwedes Haus und eines Vierdungs halber Groschen für jede Hufe von allen Abgaben lossprach, wahrscheinlich aber gleichzeitig auch die Einwohner aus dem polnischen Recht in's deutsche setzte und zwar in's magdeburgische (**Urk. LXIII**). Am Anfange des XIV. Jahrhunderts verpfändeten die Herzoge von Kujawien Premisl und Kasimir die Stadt (civitatem Gnewcow) und das sloner Land dem Bischofe von Kujawien um ein Darlehn von 400 Mark Denaren: im Jahre 1311 gab der Bischof ihnen die Stadt zurück[6]. Im Jahre 1332 rückte das Heer der Ordensritter unter Otto von Lutherberg vor die Burg und griff sie mit Wurfmaschinen an. Unvermögend im Widerstande auszuhalten übergab Herzog Kasimir gegen freien Abzug die Burg, steckte sie aber noch vorher in Brand. Die Stadt hatte, als sie sich bedroht sah, ihren Freibrief in Sicherheit zu bringen gesucht und ihn nach Jungleslau geschickt: aber mit diesem Orte verbrannte er gerade. Indess besass sie eine auf Papier genommene Abschrift von ihm (**Urk. LXIII**). Der Orden gedachte damals Kujawien zu behaupten und liess deshalb hier ein gemauertes Schloss aufführen. Im Friedensschlusse von 1343 gab er jedoch Kujawien auf. Im XIV. Jahrhundert waren Gnifkows Herrscher Zemomisl, dessen Sohn Kasimir, dann der Enkel Wladislaus albus. Letzterer verkaufte 22 Jahre danach, 1365 sein gnifkower Land um 1000 Goldgulden an König Kasimir und zog die Mönchskutte an. Nach Kasimirs Ableben suchte er aber sich mit Gewalt wiederum in seinen Besitz zu setzen und verkaufte es zum zweitenmale 1376 an König Ludwig um 10,000 Goldgulden[7]. In den nächsten 20 Jahren, von 1380 bis 1397 herrschte über Gnifkow Wladislaus von Oppeln. Von der Geschichte der Stadt selbst erfahren wir erst im XV. Jahrhunderte Einiges. Im Jahre 1405 fand in ihr eine Tagfahrt statt behufs der Verhandlungen mit dem Hochmeister. Das Städtchen blieb gering. Bei dem Aufgebot eines Heeres gegen den Orden 1458 hatte es sich nur mit 2 Streitern zu betheiligen. Mit dem Bischof von Kujawien lag die Bürgerschaft in Streit, weil er einen Zehnten von Flachs forderte, sie ihn nicht entrichten wollte. Ein Richterspruch in des Königs Namen verurtheilte sie aber im Jahre 1425 als Flachszehnten von jeder Hufe zwei Groschen zu erlegen (**Urk. LVI**). Am 23. Mai 1441 gab der König Wladislaus die Stadt Gnifkow sammt ihrer Vogtei und den zugehörigen Dörfern zugleich mit Bromberg, Fordon und Schulitz dem Nikolaus von Stiborze auf seine Lebenszeit, nach dessen Tode sollte der König das ihm Verliehene von

---

Gnifkow. 1) Cod. dipl. Pol. II. 689. 2) Ebenda II. 726. 3) Gnelbkow in Sommersberg's Abdruck ist entstanden, weil der Abschreiber lb für W las. 4) In Stenzel, script. rer. Silesiac. I. 155. 5) Cod. dipl. Pol II. 5. 6) Ebenda II. 641. 7) Janko,

seinen Erben gegen eine Zahlung von 5736 ungarischen Goldgulden zurücknehmen können[8], und Königin Sofie bestätigte am 17. Juli 1441 diese Schenkung[9], auch wiederholte Wladislaus 1442 und am 11. Mai 1443[10] diese Verschreibung Gnifkows und einiger Städte, vielleicht gegen neue Darlehne. Im Jahre 1457 gab Nikolaus Stiborza sein Herrschaftsrecht dem Könige Kasimir zurück, dieser übertrug es aber von neuem sogleich, am 29. März, dem Johann von Koszczelecz, der vielleicht für die gleiche Geldsumme eingetreten war[11]. Noch im Jahre 1513 befand sich Gnifkow unter einem Herren, denn König Sigismund I. bestätigte in ihm diese frühere Verschreibung dem Andreas von Coszyelecz, weil an der alten Urkunde das Sigel beschädigt worden war[12]. 1515 verkaufte der König die Stadt dem Lehninhaber ganz[13]. Diese Abhängigmachung der Stadt mag mit Veranlassung gewesen sein, dass die Bürgerschaft die alte Abschrift ihres verlorenen Stiftungsbriefes durch eine nicht anzuzweifelnde königliche Urkunde zu ersetzen suchte. So erwirkte sie denn am 14. Mai 1450 von König Kasimir IV. die Ausstellung einer neuen, den Inhalt der älteren Urkunde aufnehmenden Erklärung. Da dem Anschein nach der König ihre Berechtigung vermehrte, wie er denn als einen Ausfluss seiner besonderen Gnade bezeichnet die Erlaubniss, das Vieh in Sümpfen und Gesträuchen frei zu weiden, so lässt sich nicht genau unterscheiden, wie weit der Inhalt dieses Schriftstückes blos ihr altes Recht wieder aufnimmt. Es war nach ihm die Stadt des polnischen Rechtes und der Obmacht polnischer Beamten enthoben und stand im magdeburgischen Rechte. Rechtsbelehrung sollte nur in Jungleslau gesucht werden und einzig dorthin Berufung von einem Rechtsspruche gerichtet werden dürfen. Von den Gerichtseinnahmen behielt der Vogt $^{1}/_{3}$, zwei Drittel kamen an den König. Der Vogt selber konnte wegen schlechten Richtens nur auf Vorladung mit dem königlichen Sigel von dem Könige oder seinem Starosten in Gnifkow und nur nach magdeburger Recht gerichtet werden. Verkaufsbänke und andere vortheilhafte Anlagen durfte die Stadt ungehindert anlegen, nur musste von jedweder der ausbedungene Steuergroschen auch bezahlt werden und von jedem Fleischscharren ein Stein reinen Unschlitts. Den Einwohnern stand frei, gegen Abführung einiger Mass Hafer aus den königlichen Waldungen Holz zum Bauen und Brennen sich zu holen. Zerstörte Befestigungswerke wollte der König zur Hälfte wieder ersetzen; wurde ein solches aber nur theilweise schadhaft, so musste die Bürgerschaft dasselbe allein ganz herstellen. Die Festungswerke verfielen gleichwohl im Laufe der Zeit gänzlich, so dass keine Spur von ihnen mehr übrig ist. Eine eigenthümliche Bestimmung dieser Urkunde ist, dass,

---

archidiac. gnesn. Sommersberg II. 103, 109, 111, 119. 8) Codex dipl. Pol. II. 870. 9) Zophia dei gratia Regina Polonie etc. significamus tenore presentium quibus expedit universis, quemadmodum serenissimus dominus rex etc. filius precarissimus magnifico ac strenuo Nicolao de Sciborze[a], castellano *Wladislaviensi* ac nostro *Nyeschoviensi* et *Junicladislaviensi* capitaneo occasione ipsius fidelium serviciorum, quibus ipse sue majestati multipliciter famulabatur et nunc non desinit famulari et aucto fidelitatis studio ad futurum prestantius valebit exhibere, volensque ipsum dominus rex ad sua servicia reddere promptiorem et eum pro demeritis serviciis consolari sibi opidum *Gnyewkow* cum advocacia, borris et molendinis ad ipsum pertinentibus in certa summa pecuniarum inscripsit, dedit donavitque ad tempora vite sue gratiose tenendum, habendum, utifruendum, possidendum cum omni jure et dominio necnon cum omnibus et singulis utilitatibus, fructibus, proventibus, censibus, redditibusque universis, nichil penitus pro se reservando, libere et quiete. Dum[b] autem antefatum castellanum etc. acciderit ex permissione divina fieri vita functum, extunc exsoluta ipsa pecuniarum, prout in litteris regalibus dinoscitur contineri, ipsius legitimis successoribus per dominum regem aut per nos oppidum prefatum cum advocacia et aliis supra descriptis integraliter ad regiam majestatem et ad nos perveniet viceversa cum pleno jure. Huic vero donationi acclamantes et considerantes, quia digne facta est et juste et nostro filio precarissimo volentes in eo complacere ipsumque castellanum reddere remuneratum ipsius serviciorum fidelium ob respectum, in ipsam donationem consensimus et consentimus per presentes ipsam rate, grate decernentes tenere ad ipsum tempus sibi largitum firmo robore. In cujus rei testimonium nostrum sigillum presentibus est appensum. Datum in castro *Novecivitatis* feria secunda proxima post festum divisionis apostolorum anno domini millesimo quadringentesimo quadragesimo primo. Relatio solius domine regine. (Wzory pism dawnych w przerysach wystawione S. 64.) Das 1682 angefertigte Verzeichniss der Urkunden in Reichsarchiv auf der krakauer Burg enthält eine Urkunde gleichen Inhalts, welche Sofie post divisionem apostolorum 1441 in Korczyn (d. h. Nova civitas) ausstellte. In dieser ist die Summe genannt. Sie betrug 5736 Goldstücke. a) Sciborze, Stronczyński liest: Sciborze. b) „Dum," Stronczyński: cum. Wir folgen dem Schriftzug. 10) Cod. dipl. Pol. II. 492, es heisst daselbst der nunmehrige Herr Nicolaus de Scharley, castellanus Wladislaviensis et capitaneus Bidgostiensis, in der Urkunde von 1455 heisst (Cod. dipl. Pol. II. 906) der Herr von Gnifkow wiederum Nicolaus de Sthiborze Capitaneus Bidgostiensis. — Inscriptio mille florenorum hungaricalium in civitate *Bydgostiensi* et oppidis *Gniewkow*, *Fordon*, *Solec* per Vladislaum *Hungariae* et *Poloniae* regem Nicolao de Sciborze castellano et capitaneo Inovladislaviensi. Datum Budae ante festum Stanislai anno 1442. — Item inscriptio cum assecuratione in *Bydgoszcz* et *Gniewkow* ducentarum marcarum per Vladislaum *Hungariae* et *Poloniae* regem. Nicolao Sudlinski (?) castellano *Inovladislaviensi* pro veste sericea pellibus Zibellinis subducta. *Varadini* die dominico post festum S. Floriani anno 1443. — Inventarium diplomatum in arce cracoviensi 1682 confectum. Paris 1862, S. 330. 11) Cod. dipl. Pol. II. 913. 12) Propter sigilli earundem literarum corrupcionem et fractionem. Ebenda. 13) Sigismundus rex Nicolao de Koscielec palatino *Inovladislaviensi* capitaneo *Mariaeburgensi* vendit castrum et oppidum *Bydgoszcz* cum oppidis *Gniewkow* ejusque advocatiis *Fordon*, *Solec* et villis ad eas spectantibus pro summa tredecim millium septingentorum septuaginta unius florenorum hungaricalium et pro duobus millibus quadringentis octo florenis polonicalibus in vim reemptionis item promittit idem rex eundem palatinum de praefatis bonis se non excempturum esse *Cracoviae* anno 1515. — Inventarium S. 331.

wofern ein Bürger (aliquis burgensium de ipso oppido) heimlich sich davon machte, sein Besitzthum dem König zufallen und er mit dem Halse büssen sollte (**Urk. LXIII**). Im Jahre 1456 liess der Grundherr zu, dass der König zu Kriegsrüstungen eine Steuer von 2 Groschen auch in Gnifkow ausnahmsweise erhob[11]; im Jahre 1459 wurde ausgemacht, dass die Stadt zu Kriegszügen zwei bewaffnete Fussgänger oder einen Reiter zu stellen habe. Märkte erlangte Gnifkow im Jahre 1504 vom König Alexander, und zwar 3 Jahrmärkte und einen Montagsmarkt (**Urk. LXXVIII**). Sigismund August gestattete den Bürgern 1569, Wiesen und Sumpfland unter den Pflug zu ziehen und unergiebigen Boden in Ackerland umzuwandeln, wenn sie den satzungsmässigen Hufenzins leisteten, sowie am Ufer der Weichsel Speicher für Getreide anzulegen. Gleichwohl gedieh der Handel nicht. Thöricht genug schloss man die Juden von der Stadt aus. Auf den Wunsch der Stadt verlegte August II. im Jahre 1701 den Wochenmarkt vom Montage auf den Sonntag und änderte auch die Ansätze der Jahrmärkte, aber Gnifkowo blieb unbedeutend. Den Freibrief der Stadt bestätigten August III. am 11. Okt. 1757 und Stanislaus II. August am 16. März 1767. Im Jahre 1773 wurde es preussisch und ein königliches Amt in die Stadt gelegt. Seitdem wurden Juden in der Stadt zugelassen. Im Jahre 1788 hatte der Ort 75 Häuser mit einer katholischen Kirche und 479 Einwohner, 1816: 78 Feuerstellen und 592 Einwohner (unter denen 59 Lutheraner und 45 Juden waren, n. a. 660 Einw.), 1837: 952, 1843: 1225, 1858: 1381, 1861: 1387 E. Die Haltung dieser wie fast aller posener Städte ist freisinnig. Am 10. Dec. 1862 erklärte sich die Stadtverordnetenversammlung gegen eine von einem Herrn Treskow geführte Gesellschaft, welche sich vor dem Könige als Vertreter des bromberger Regierungsbezirkes ausgegeben haben sollte.

Görchen, p. Miejska-Górka, am Tobroschnebach, empfing seinen Namen von seiner Lage; Gorka bedeutet „Anhöhe". Seine ersten Erbherrn, die Grabii von Gorkaw, die hier ihren Sitz nicht genommen hatten, sollen 1522 ausgegangen sein. Der Ort kam an ein Geschlecht, das früher Czarnkowski, nachmals Przerębski hiess. Später werden als Grundherren die Prozymski genannt. Die Ortschaft befand sich im magdeburger Rechte, gleich andern polnischen Städten und bestand als Stadt bereits 1458. Damals fiel ihr bei Aufbringung eines Heeres die Stellung von 4 Mann zu. Im XVI. Jahrhunderte wendete sich die Bürgerschaft dem Lutherthume zu. Bei der katholischen Reaktion wurde ihr 1638 die Kirche genommen. Die Franziskaner-Reformaten gründeten ein Kloster in der Stadt. Ein Prozymski (Prusimski) ertheilte 1685 über ihre Rechte eine Bestätigungsurkunde in seinem Pallaste zu Görchen, die vielleicht nur ein Ausdruck verschlimmerter Verhältnisse war. Die Bürger wurden (waren?) von allen Hofdiensten und Scharwerken befreit, aber jedes Haus hatte zu Martini in den herrschaftlichen Schatz eine Steuer abzuführen, ausser den übrigen Gewerbesteuern an die Herrschaft. Ueber ihre Grundstücke selbst zu verfügen, erlaubte ihnen in dieser Urkunde der Grundherr, da vorher Kaufgelder an ihn geflossen waren. Jahrmärkte wurden von ihm angeordnet, doch verblieb der herrschaftlichen Mühle das Alleinrecht zu mahlen. Ihren Bürgermeister und Vogt durften die Bürger selbst wählen. Der Grundherr behielt sich vor, dass Einsprüche gegen erste, städtische Erkenntniss an seinem Gerichtshofe entschieden wurden. Ketzer sollten bei willkürlicher Strafe in keinem Hause der Stadt Aufnahme finden. Die Stadtthore sollten alle Nächte verschlossen werden, die Stadtwälle von der Bürgerschaft gut im Stande gehalten werden, und in jedwedem Hause ein Feuergewehr sein, damit im Kriegsfall die Einwohner stets gerüstet seien: diess der Inhalt dieser Urkunde. Die Stadt kam zu 2 kleinen und 4 grossen Jahrmärkten; von denen der eine 32, der andere 12 Tage währte. Erst 1776 erlangte die lutherische Gemeinde einen Freibrief zur Berufung eines Predigers und durfte sich wieder eine Kirche bauen. Im XVIII. und XIX. Jahrhunderte gehörte die Gegend dem Grafen Sulkowski. Am Anfange des XIX. Jahrhunderts hatte Görchen 1 katholische und 1 evangelische Kirche, 1 Kloster mit 11 Geistlichen, 2 öffentliche Gebäude, 11 Mühlen, 218 Wohnhäuser. Die Bevölkerung betrug 1327, sämmtlich Christen, die Mehrzahl Polen. Gewerbtreibend waren 6 Branntweinbrenner und Schänker, 2 Brauer, 2 Gastwirthe, 50 Schuster, 18 Fleischer, 15 Schneider, 13 Stellmacher, 12 Leinweber, 11 Müller, 10 Töpfer, je 6 Bäcker und Hufschmiede, 3 Böttcher, 2 Tischler 1 Zimmermann, Schlosser, Schornsteinfeger, Barbier, 4 Musiker, 1 Viehhändler, aber, wie es scheint, kein Kaufmann. Die Stadt hielt 2 Nachtwächter. 1816 hatte die Stadt 1242 Einwohner. 1837: 1414, 1843:

11) Cod. dipl. Pol. II. 906.

1375, 1858: 1651, 1861: 1693. Als 1848 die polnische Reorganisation des Landes in Frage stand, schloss Görchen sich in der am 18. April gehaltenen Versammlung den der Reorganisation entgegenwirkenden Bestrebungen von Rawitsch an.

Gollantsch, Gollanz, Golan, p. Gołąz, Golancz, 1352 wird ein Thomislaus de Golancz[1], 1383 Dobeslaus von Golancza[2], 1445 werden Erbbesitzer de Golantza erwähnt[3]. Die Stadt war demnach mittelbar. Das Schloss daselbst wurde während des Schwedenkrieges 1656 (nach Pufendorf's Urtheil) tapfer vertheidigt. Als es fiel wurde die Besatzung (425 Mann) niedergemacht, wobei (zufolge einer Nachricht in den Kirchenbüchern) auch 3 Priester das Leben verloren. In einer am 3. August 1724 in polnischer Sprache ausgestellten Urkunde erklärte der Erbherr des Ortes, Grzebendowski, dass den Bürgern, damit die Folgen eines Brandes von ihnen verwunden würden, gewisse Grundstücke gegen einen Zins gehören und sie gegen gewisse Abgaben die Gerechtigkeit zu Gewerben geniessen, auch auf den Märkten Vorkauf vor den Juden haben sollten; zu dem Verkaufe von Grundstücken ist Genehmigung der Grundherrschaft erforderlich. Eine spätere, undatirte Urkunde, welche der Erbherr Graf Mielzynski am 10. Mai 1794 vidimirte, erlaubte der Bürgerschaft die Anlage einer Walkmühle, legt eine Abgabe auf die zu bereitenden Tücher und verheisst jedem neuen Anbauer Garten, Holz und sechs Freijahre. Durch Verheirathung einer Mielzynska kam der Ort an den Grafen Czarnecki. Die Mielzynski's hatten in Gollantsch ein Schloss. Auch ein Kloster der Bernhardiner entstand am Orte. Die Bewohner lebten zum Theil von Tuchverfertigung. 1773 wurde Gollantsch preussisch; 1788 hatte es 91 Häuser und 597 Einwohner, darunter 149 Juden. Zu Ende des vorigen Jahrhunderts wurde die Anzahl der Bewohner auf neuntehalbhundert, die der Juden auf drittehalbhundert geschätzt. 1816 wurden gezählt 592[4], nämlich 320 Katholiken, 151 Lutheraner und 121 Juden, im Kloster waren 5 Priester und 4 Laienbrüder; Feuerstellen gab es 67. 1837 lebten in Gollantsch 948, 1843: 1143, 1858: 1351, 1861: 1495 Einwohner. Sie hatten eine katholische und eine evangelische Kirche, sowie ein Hospital.

Gonsawa, p. Gąsawa, Gonzawa (urk. 1145 Gassava, 1242 Gusava?[1], 1432 Gansawa[2], bei Bogufal um 1250: Gansawa), ein Dorf im XII. Jahrhundert. In dessen erster Hälfte schenkte es sein Besitzer, der polnische Grosse Graf Dirsier, der Abtei Tschemeschno; im Jahre 1145 erlangte diese die herzogliche Bestätigung dieses ihres nunmehrigen Eigenthumes[3]. Gonsawas Bewohner bekamen Antheil an den Befreiungen der geistlichen Güter und ihr Ort gedieh. Der Ort hatte eine Kirche und vielleicht war an ihm auch ein Schloss. Denn hier veranstalteten im Jahre 1227 die polnischen Herzoge einen Tag der Fürsten. Sie gedachten mit List des Pommern Swantopelk sich zu bemächtigen: der aber erfuhr den argen Hintergedanken, folgte der Einladung nicht, sondern überfiel mit seinen Kriegern die tagenden Fürsten am 14. November in Gonsawa: da wurde Herzog Leszek niedergehauen, Herzog Heinrich von Breslau schwer verwundet[4]. Den Kriegszügen der Pommern, der preussischen Ordensritter und in neuerer Zeit der Schweden fand sich Gonsawa zu seinem Schaden ausgesetzt. Das hinderte sein weiteres Aufkommen. Zur Stadt erhob 1388 König Wladislaus Gonsawa mit Ertheilung des deutschen magdeburgischen Rechtes. Handwerkerei kam jedoch nicht sehr empor[5], sondern Gonsawa blieb Ackerstädtchen. Es hatte 1788 nicht mehr als 45 Häuser und 229 Bewohner, 1816: 46 Feuerstellen und 283 Einwohner (meistens Katholiken, nur 34 Juden und 14 Lutheraner), im Jahre 1837: 448 Bewohner, 1843: 620, 1858: 684, 1861: 730. Im März 1848 richteten sich die Polen hier eine Zeitlang ein und bedrohten den Bürgermeister mit dem Strang, worüber dessen erschreckte Frau auf der Stelle wahnsinnig wurde[6]. Die Polen setzten ein sogenanntes Friedenscomité ein, welches kurze Zeit die Gewalt besass.

Gollantsch. 1) Raczynski, cod. dipl. Maj. Pol. S. 108. 1370 wird erwähnt ein Jacobus Cusz de Golanza vom Annalisten in Lengnich's Kadlubek-Ausgabe. S. 107. 2) Janko, archidiac. gnesn. (Sommersberg II. 153). Eduard Raczynski, Wspomnienia Wielkopolski. Posen I. 842. I. Urkundenbeilage S. XXV. 4) Nach dem 1862 erschienenen statistischen Jahrbuch hatte Gollantsch damals 704 Bewohner.

Gonsawa. 1) Cod. dipl. Pol. II. 31. 2) Ebenda II. 473. 3) Ebenda II. 589. 4) Bogufali chronicon Poloniae (Sommersberg, Silesiacarum Rerum Scriptores II. 57), wo der Ort Gansawa prope Zuwinam predicte monasterii Trzemensis heisst. Vgl. Barthold, Geschichte von Pommern und Rügen. Hamburg 1840. II. 402 f. 5) Bei der Theilung des Besitzes der Gorka 1557 kamen an Lukas Gorka auch: bona villae Gąsawy cum omnibus villis ad eadem Gąsawy pertinentibus (Ed. Raczynski, wspomnienia wielkopolski, Posen 1842. I. Urkundenbeilage S. XXXIIX). 6) W. K., Denkschrift über die neueste polnische Schilderhebung im Grossherzogthum Posen. Bromberg 1848. S. 6.

Goslin, Goschlin, p. Murowana Goslina, auf einer Anhöhe unweit der Warthe, war eine adlige Stadt; halb von Deutschen, halb von Polen bewohnt. Gegen Ende des vorigen Jahrhunderts waren die Grafen Gurowsky Besitzer. Ein Gurowsky heirathete des berüchtigten Bischofswerder Tochter und musste bei der bald erfolgenden Scheidung ihr die Herrschaft überlassen. Sie verkaufte dieselbe um 72,000 Thaler an den Minister Hoym, der sie um 120,000 Thaler dem berliner Galanteriehändler von Treskow überliess. Treskow nahm sich mit Eifer und Einsicht der Hebung seines neuen Besitzes an. Goslin bestand 1800 aus 95 Wohnhäusern, von denen ein einziges massiv gebaut war, einer katholischen Pfarrkirche, einem lutherischen Bethaus und hatte 953 Einwohner. Von diesen waren 253 Juden, die eine Vorstadt bewohnten; 2 Lederhändler, 29 Schuster, 23 Schneider (sämmtlich Juden), 17 Tischler, 6 Tuchmacher, 20 Branntweinbrenner (davon nur 2 Juden), 2 Weinhändler, 3 Fleischer, 3 Töpfer, 3 Hufschmiede, 4 Böttcher, je 2 Leinweber, Kürschner, Stellmacher, Zimmerleute, Kartenmacher, Papiermacher, 1 Buchbinder, Goldschmied (Jude), Nagelschmied, Oelschläger, Glaser, Riemer, Schlosser, Korbmacher, 3 Barbiere, 4 Musiker, kein Bäcker und kein Bierbrauer. Im Jahre fanden 9 Kram- und Viehmärkte statt; besonders Schweinehandel war auf ihnen bedeutend. Branntwein wurde nach andern Orten verfahren. Der Ort hielt einen Nachtwächter. Töpferei und Leinweberei, Gerberei und Tuchweberei nahm zu. Zwei Papiermühlen in der Nähe der Stadt erhielten sich. 1816 wurden 1315 Einwohner (n. a. 1268) gezählt. 1837: 1554 bei 120 Häusern, 1843: 1533, 1858: 1449, 1861: 1594. Im Jahr 1848 wurde im März der polnische Adler aufgepflanzt, bald darauf aber wieder beseitigt und das Abzeichen der preussischen Herrschaft hergestellt; am 5. Mai überfiel ein Haufe Sensenmänner, Bauern und Strassenarbeiter, von einigen polnischen Bürgern der Stadt angeführt, Goslin, erpresste Geld und Getränke und die Ablieferung aller Waffen von Deutschen und Juden. Bürgermeister, Stadtrath und Probst Powalowski standen im Verdacht diesen Ueberfall herbeigeführt zu haben[1]. Der preussische Adler verschwand wieder. In der Nacht fand die Plünderung der deutschen Einwohnerschaft statt[2]. Als aber am 6ten Soldaten aus Posen anrückten, verliessen die Parteigänger eilig die Stadt.

Gostin, p. Gostyń (urk. 1302 Gostina[1], 1312 Goztyn[2], 1332 Gostina und Gostin, 1371 Gostyn, 1458 Gosthyn), im XIII. Jahrhundert Erbe des Nicolaus Sohnes des Predpelz. Herzog Premisl II. erlaubte ihm 1278 die Einführung des deutschen Rechtes in Gostina und Breze, die Errichtung einer Stadt mit gleichen Befugnissen, wie die andern Städte Polens in seinem Gebiet sie hatten. Von den Ansiedlern sollte der Grundherr die Nutzung gewinnen (**Urk. CCIII**). Breze kam nicht auf, wohl aber Gostin[3]. Nicolaus baute hier auf gemauerten Kellern sein Schloss von Holz. Sein Nachfolger (Albert?) gründete 1301 ein Hospital, dem er das Dorf Altgostin zuwies. Um diese Zeit war Gostin der Mittelpunkt eines Kreises: so erscheint es in den Jahren, in welchen es unter der Herrschaft der glogauer Fürsten sich befand, 1312. In Gostin bestand im 1. Drittel des XIV. Jahrhunderts eine gelehrte Schule, deren Vorsteher Johannes zugleich Notar der Stadt war. Bürgermeister und Rathsherrn (magister civium und consules) gab es in Gostin neben dem Vogt. Der Grundherr Nicolaus, Sohn des Albert, stattete 1332 die Gostiner aus: ob aus Freigebigkeit oder für von ihnen erhaltene Vortheile wissen wir allerdings heute nicht mehr. Er räumte eine Reihe Begünstigungen im Rechtsverfahren ein, überliess den Gostinern den Salzverkauf, die Zinsmark von der Untermühle, 5 Bänke der Bäcker und Bänke der Schuhmacher, deren Zins zu zwei Drittheilen an die Stadt, zu einem Drittel an den Vogt fallen sollte, und trat ausserdem an sie ab Gärten, Waldung, Wiesen, Brzezie (d. h. Breze) sammt 10 anderen Dörfern, in denen schon deutsches Recht eingeführt war. Kämen in ihnen schwerere Vergehungen vor, so sollte deren richterliche Beurtheilung in Gostin statthaben. Eine Meile um die Stadt könne keine Schenke (taberna) sein (**Urk. XI**). Um 1370 wurde in der Stadt ein adliger Herr erschlagen, worauf das königliche Gericht die ganze Stadt in ein Wergeld von 30 Mark verfällte. Sie vermochte nicht das Geld aufzubringen, aber erwirkte die Bürgschaft des Bischofs von Posen, doch auf diesem blieb die Zahlung haften. In dieser Verlegenheit gab

---

Goslin. 1) Powalowski's Gegenerklärung: Posener Zeitung vom 23. Juni 1848 S. 850, allein er machte sich in seiner Pfarre „lange unsichtbar". L. v. J., die polnische Insurrektion in Posen im Frühjahr 1848, S. 114. 2) Zeitung des Grossherzogthums Posen 1848. Nr. 115.

Gostin 1) Raczynski, cod. dipl. Maj. Pol. S. 93. 2) Sommersberg, scriptores rerum Silesiacarum, I. 869. 3) Die Angabe des Annalisten zu 1286: castrum a Ruthenis et Lithuanis nomine *Gostyn* acquiritur, fraude vero Conradi ducis multorum sanguis effusus est innoxius in eodem, mortuorum et captivorum DC — (Vincentius Kadlubko etc. Danzig 1749. S. 42) — ist auf

der Rathsherr Hanko Grymar seine Mühle in Kunowski zur Verpfändung an den Bischof, die (Urk. CCXI von 1371) dem Bischofe verbleiben sollte, wofern die Stadt sie nicht binnen einer nahen Frist einlöste. Damals gab es einen Burggrafen von Gostin, was annehmen lässt, dass ein Schloss hier war. Der Stadtrath bestand aus einem Bürgermeister und 4 Rathsherren. Im XV. Jahrhunderte gehörte Gostin zu den grösseren Städten dieses Landes; 1458 lag ihm ob 15 Mann gegen Feinde zu stellen. In diesem Jahrhunderte (1430) geschieht der Kirche von Gostin Erwähnung. Das Geschlecht der Besitzer führt nun auch den Namen der Gostinski; 1429 kommt aber noch unter den Zeugen einer Urkunde vor Andreas de Czechomicze dominus Gostinensis[4]. Im XVI. Jahrhunderte gab es unter den Handwerkern schon Posamentiere und Goldschmiede. Auch hier schwankte in seinem Laufe das kirchliche Verhältniss. Die Reformation drang durch. Rafael Leszczynski räumte als Vormund der Grundherren die Pfarrkirche den böhmischen Brüdern ein; jedoch später wurde sie ihnen wieder abgenommen. Im Jahre 1565 hielten die Lutheraner in Gostin eine Kirchenversammlung. Die Kriege des XVII. Jahrhunderts brachten harte Verluste. Um dafür zu entschädigen, gab der König Johann Kasimir 1665 Gostin das Recht, einen freien Jahrmarkt am Franziskustage zu halten und ertheilte der Schützenbrüderschaft einen Freibrief. Der Letzte des alten Grundherrengeschlechts, Adam Konarzewski, war an eine Opalinska verheirathet: an diese kam der Besitz im XVII. Jahrhundert. Im XVIIIten gehörte Gostin dem von Mycielski. Josef Mycielski gründete (um 1700?) nahe der Stadt auf dem sogenannten heiligen Berge ein prachtvolles Kloster der Philippinercongregation und stattete es zum Unterhalt von 12 Geistlichen aus. Die Kirche wurde in italienischem Geschmacke gut gebaut, ihre Kuppel mit Fresken aus der biblischen Geschichte bemalt, das Innere um 1750 mit Holzschnitzereien von dem Probste Praznowski ausgeschmückt. Juden wurden in Gostin nicht geduldet. Die Stadt baute sich ein Spritzenhaus. Sie kam zu 8 Jahrmärkten, die zum Theil zahlreich besucht wurden. Im siebenjährigen Kriege litt die Stadt schwer im September 1761. Die Russen verschanzten sich auf dem Klosterberge, die Preussen setzten sich aber in den Schluchten fest, wo die Russen nicht an sie herankonnten, und trieben sie dann mit der Kraft ihres Fussvolkes von dem Klosterberge[5]. Am Ausgange des XVIII. Jahrhunderts hatte Gostin 1321 Einwohner, zwei Drittheile Polen. Die mit einem Graben umzogene Stadt hatte ausser der katholischen Kirche, 3 öffentliche Gebäude, 16 Mühlen und 214 Wohnhäuser. Unter den Handwerkern waren 54 Branntweinbrenner und Weinhändler, 12 Brauer, 41 Leinweber, 40 Schuster, 16 Müller, 16 Fleischer, 10 Kürschner, 7 Tischler, 4 Täschner, 4 Böttcher, 4 Hufschmiede, 2 Glashändler und 1 Kaufmann. Die Stadt besass noch das Dorf Brzezie und machte eine Kämmereieinnahme von 2016 Thalern. Am Beginn des XIX. Jahrhunderts gehörte Gostin den Wengierski's. 1816 zählte es 1214 (n. a. 1500) Einwohner, damals waren 49 Leinwebstühle im Gange. Das Kloster der Philippinercongregation (Weltgeistliche) bestand noch. 1837 hatte Gostin 2119, 1843: 2398, 1858: 2687, 1861: 2838 Einwohner. Im März 1848 machte sich die polnische Bewegungspartei zum Herrn von Gostin; in ihrem Auftrage schaltete in Gostin Radonski als Kreiskommissar und sorgte für Aufstellung von Bewaffneten sowie für Beschaffung von Kriegsbedürfnissen und Lebensmitteln, die nach Kschonz geschickt wurden. Am 19. April führte darauf Major von Müller die Fahne Füseliere des 19. Regimentes und ein Geschwader Ulanen gegen Gostin; seine Vortruppen wurden zurückgeschlagen, in der Stadt und im Kloster wurde Sturm geläutet, die Eingänge verrammelt, die Brücken abgetragen. Müller erstürmte jedoch die Stadt, wobei 9 Aufständische getödtet und über 60 gefangen genommen wurden[6].

Grabow. (Mehrere polnische Städte dieses Namens gibt es: die eine im Posenschen an der Prosna hart an der polnischen Grenze, eine zweite in Oesterreichisch-Gallizien bei Dolina, eine dritte und vierte in Russisch-Polen, nordwestlich von Lublin die eine, nordwestlich von Lentschiza auf die Warthe zu die andere; ausserdem ein Grabow bei Stettin, ein Grabowo bei Schwetz und eines an der Elbe. Auf welche dieser Städte die nachfolgenden Angaben sich beziehen sind wir unsicher. Zwar wird

die Stadt gleichen Namens in Gallizien zu beziehen. 4) Codex dipl. Polon, II. 847. 5) Wunster, der Schnitsch. Liegnitz 1827. S. 78 Anm. 6) L. v. J., die polnische Insurrektion in Posen im Frühjahr 1848. Glogau 1849. S. 65. 66. Anders stellen Brodowski, Kraszewski und Potworowski (Zur Beurtheilung der polnischen Frage im Grossherzogthum Posen im Jahre 1848. Berlin 1848. S. 60) den Hergang dar. Sie sagen: „Vor der Stadt ritt den Soldaten Hr. Borek als Parlamentär entgegen, wurde aber vom Pferde gerissen und entwaffnet; als das Volk dieses in der Stadt sah, war es nicht davon abzuhalten, Widerstand zu leisten und aus dem Hause des Maurermeister Martin fiel der erste Schuss gegen das Militär."

in der Urkunde von 1416 die Lage angegeben: in terra et districtu siradiensi sita; allein während Rzyszczewski und Muczkowski an Grabow bei Lentschiza denken, beziehen Lipinski und Balinski sie auf die posener Stadt. Sieradz liegt zwischen ihnen, doch etwas näher an letzterer. Wir haben daher nicht gewagt die Urkunde in den Codex diplomaticus aufzunehmen, theilen aber hier ihren Inhalt und die von Lipinski gegebenen Nachrichten mit, jedoch mit ausdrücklichem Vorbehalt, dass wir dahin gestellt sein lassen, ob vom posener Grabow gilt, was hier aus diesen entnommen ist und im Zusammenhange steht mit den Zaremba's und ihren Nachfolgern im Besitz. Wir sind um so bedenklicher, da das 1682 gemachte Verzeichniss der Reichsurkunden in Krakau unter das posener Palatinat eine von König Sigismund in Krakau 1525 gegebene Urkunde stellt, wonach er die Margareth von Osieczna, die Wittwe des Lassota Zoborowski „conservat circa advocatiam in villa regia Grabowo". Danach wäre das posensche Grabow 1525 noch ein königliches Dorf gewesen). Grabow bedeutet die Weissbuche, also den Ort, wo Buchen standen. Die Pfarrkirche ward frühzeitig gebaut und gehörte zum breslauer Sprengel. Es war 1264 Dorf. Auf Bitte des Besitzers, des Martin von Kalinowa Zaremba, ertheilte ihm König Wladislaus Jagiello am 19. August 1416, unter Abstellung aller polnischen Rechte und Gewohnheiten, das deutsche Recht, welches das magdeburger heisst, gestattete ihm einen Wochenmarkt am Sonnabende und einen Jahrmarkt. Die Stadt bekam ihr eigenes Gericht, der Vogt sollte vor dem Grundherrn oder auf Vorladung des Königs vor dem königlichen judicium zu Recht stehen[1]. Dieser Freibrief wurde bestätigt von Sigismund I. 1519 und 1531 auf dem krakauer Reichstage, und 1543, von Johann Kasimir am 4. Februar 1649. 1417 verschrieben die Zaremba Grabow zu Gunsten des Klosters und der Kirche des heiligen Geistes in Sieradz, später lösten sie den Besitz aber durch eine Rente ab. 1441 verkaufte Laurentius Zaremba die Vogtei in der Stadt Grabow um 300 Mark an den Andreas von Grabow, 1494 nennt sich Johann Zaremba Lehnbesitzer von Grabow, 1504 zahlt der im Lehnbesitz befindliche Zaremba eine Summe für den König, wofür ihm 2000 Goldgulden auf Stadt und Lehn geschrieben wurden[2]. Von der Mitte des XVI. bis gegen Mitte des XVII. Jahrhunderts waren die Zaremba Herren von Grabow. 1528 erlaubte der König den Bürgern, über die öden Stellen des Umlandes zu verfügen[3]. 1628 wurde ein neuer grosser Schlossbau ausgeführt, doch wurde diess Schloss im zweiten Schwedenkriege des XVII. Jahrhunderts zerstört. 1635 errichtete Wladislaus IV. eine Kirche für den Franziskanerkonvent. Städtische Gerichtsbarkeit genossen damals 66 Häuser. Das Rathhaus auf dem Markte war nur von Holz gebaut. Die Stadt bekam nach und nach 8 Kram- und Viehmärkte. Vortheile zog sie von den nahgelegenen Eisenhütten bei Niwisk. 1649 gehört das posener Grabow dem Könige, und Johann Kasimir gibt es in diesem Jahre dem Johann Kasimir Krasinski; der trat sein Recht an einen Urbanski 1654 ab. 1712 vergab wieder August II. in Warschau die Starostei für geleistete Dienste an Johann Andreas Przebendowski und an dessen Frau, die ihr Recht 1728 ihrem Enkel Martin Radziwil überliessen. Seitdem verblieb es den Fürsten Radziwil. Am Anfang des XIX. Jahrhunderts bestand Grabow aus 1 öffentlichen Gebäude, 2 Kirchen, dem Kloster mit 11 Franziskanern, 106 mit Stroh und Schindeln gedeckten Wohnhäusern und hatte 787 Bewohner, unter denen 44 Juden waren. Gewerbtreibend gab es 22 Schuhmacher, 11 Schneider (6 Juden), 10 Branntweinbrenner, 1 Weinhändler, 2 Brauer, 14 Bäcker, 7 Fleischer, 3 Maurer, 3 Schmiede, 1 Goldschmied (Jude), 4 Kaufleute, 2 Musiker, 11 andere Handwerker. Später kam Gerberei in Schwung. 1 Nachtwächter hielt die Stadt. Die Einwohnerzahl betrug 1816: 1058, 1837: 1387, 1843: 1510, 1858: 1367, 1861: 1442.

Grätz, p. Grodzisko (Janko 1383: Grodziszcze) ist ein ziemlich alter Platz, das Grodis, dessen bei der Erbtheilung der glogauer Herzoge, unter denen selbes stand, 1312 gedacht wird[1]: wahrscheinlich damals schon ansehnlich und Mittelpunkt eines Kreises. Als bei dem innern Kriege 1383 die nahen Dörfer geplündert wurden, stürzten die Bürger vereint mit den Bauern sich auf die Plünderer und jagten ihnen die Beute ab; verfolgten sie aber unklug zu weit. Stärkere Mannschaft fiel auf sie, nun suchten sie wohl nach der Stadt zurückzufliehen, aber 160 von ihnen wurden ereilt und erschlagen[2]. Im Jahre 1406 traf die Grundbesitzerin Wichna auf Bork und Schubin mit den Einwohnern ein Abkommen, das ihnen

---

Grabow. 1) Codex dipl. Poloniae, II. 381 f. 2) Inventarium diplomatum, p. 314. 316. 3) Sigismundus rex dat facultatem civibus Grabowiensibus locis desertis vicinioribus civitati pro libitu disponendi. Datum Petricoviae die 8. Priscae 1528. Inventarium p. 304.

Grätz. 1) Sommersberg scriptores rerum Silesiacarum I. 869. 2) Janko, archidiac. gnesn. (Sommersberg II. 143).

den Handel mit Tüchern und mit Salz freiliess. Die betreffende Urkunde soll noch im Stadtarchiv liegen. In der ersten Hälfte des XV. Jahrhunderts war Grätz Eigenthum der Ostrorog. 1458 war es ein ansehnlicher Ort, denn es wurde zur Stellung von 12 Kriegern veranschlagt[3]. Dann muss es aus den Händen der Ostrorog an die Krone gekommen sein, denn Nicolaus Tomicki besass Grodzisko lehnweise, und König Kasimir erlaubte dem Stanislaus Zbąscyn die Einlösung 1459 für sich[4] — wofern dieses Grodzisko der nämliche Ort ist. 1488 ist unter den polnischen Würdenträgern ein Thomas de Grodzisko[5]. Damit die Stadt die Brücke unterhalten und die Strassen pflastern könne, gestattete ihr Niemira Ostrorog 1460 von dem zu Markte gebrachten Getreide eine Abgabe einzufordern. Danach waren also immer noch die Ostrorog Besitzer. Auf den Wunsch des Stanislaus Ostrorog gewährte König Sigismund August 1562 Freiheit von den königlichen Strassen- und Brückenzöllen im Innern Polens (Urk. CXIV). Derselbe Stanislaus begünstigte die Dissidenten, die auch hier zahlreich wurden und gab ihnen die katholische Kirche des Orts. Der Buchdrucker Melchior Nehring in Posen, den dort die Jesuiten belästigten, weil er protestantische Bücher druckte, zog mit seiner Druckerei 1572 hierher. Aber das Stanislaus Sohn Johann hielt besser zur katholischen Kirche und gab das Gotteshaus in Grätz ihr zurück. Da wendete Nehring sich 1580 mit seiner Druckerei wieder nach Posen. Die Bernhardiner hatten hier ein Kloster, vielleicht eine Pflanzstätte von Lubin; denn nach dem lubiner Kloster wallfahrteten die Grätzer und brachten dahin jährlich 1 Tonne Bieres. Die Sage deutete diese Wallfahrten zur Ehre des in Lubin 1603 verstorbenen Mönches Bernhard, welcher durch Wunderkraft den leeren Brunnen der Stadt mit vorzüglichem Wasser gefüllt haben sollte. Im XVII. Jahrhundert brachte eine Feuersbrunst den Ort herunter. Besitzer waren in diesem und im folgenden Jahrhunderte die Opalinski. Das hier gebraute Bier galt als vorzüglich und wurde weithin im Posenschen verführt. Dem Wunsche der Bürger, eine Schützengilde zu errichten, entsprach sowohl König Johann Kasimir durch eine am 11. Januar 1666 ausgestellte Erlaubniss als der Erbherr Johann Leopold von Buin Opalenski durch Ertheilung von Satzungen am 10. December desselben Jahres. Nur zum Stadtverbande gehörige Bürger durften in Folge derselben in die Schützeninnung aufgenommen werden und die Aufzunehmenden mussten beim Eintritt in dieselbe 6 Gulden und 2 Pfund Wachs erlegen. Kein Schütze sollte ein ihm von einem Schützenbruder zugefügtes Unrecht rächen, sondern über solches Beschwerde führen bei dem Schützenvorstande. Seine Meinung durfte jeder erst dann aussprechen, wenn nach der Reihefolge die Stimme an ihn kommt, bei Strafe eines Pfundes Wachs. Entfernt sich während der Sitzung einer von den Aeltesten oder Beisitzern ohne einen Stellvertreter aus der Innung zu stellen, so büsst er mit 6 Groschen. Pflicht eines jeden Schützenbruders war, wenn in irgend einer Gefahr oder bei Feuer getrommelt wurde, mit seinem Gewehr bei dem Aeltesten sich einzufinden, bei Verlust seines Innungsrechtes; wurde sonst zu einer Versammlung oder Prozession getrommelt, und blieb er unentschuldigt aus, so traf ihn eine Busse von 6 Groschen. Mittwochs nach Pfingsten fand ein Requiem für die verstorbenen Schützenbrüder statt, bei dem der Schütze anwesend sein musste; sonst verwirkte er 6 Gr. Zum Schützenfeste, welches 3 Tage dauerte, war der Erbherr einzuladen; er oder sein Stellvertreter hatte den ersten Schuss, dann folgten der Bürgermeister, der Vogt, der bisherige Schützenkönig, die Aeltesten. Jeder Schützenbruder durfte täglich nur 3mal schiessen und bei Verlust der Büchse, aus keiner andern Büchse als aus seiner eignen; versagte ihm der Schuss, so kostete ihm diess 3 Gr. Strafe. Wer dem Mittelpunkte der Scheibe am nächsten getroffen hat, wird als Schützenkönig eingeführt; dafür giebt er den Brüdern 2 Tonnen Bier, ladet sie am 1. Sonntage nach Pfingsten zum Abendbrot oder löst sich davon mit 50 Gulden an die Innungskasse, setzt zu einem besonderen Schiessen am 1. Sonntag nach der Frohnleichnamsoktave einen silbernen Kranz nebst einer Blüthe (?) aus und bewirthet dabei mit 3 Tonnen Bier und verehrt am Ende seines Jahres der Innung eine Denkmünze von minstens 4 Thaler Werth, sowie die neue Scheibe mit dem Zählstock. Bei dem Frohnleichnamsumgang geht er zwischen den Aeltesten mit den Kleinodien der Innung. Der Schützenkönig war während seines Jahres von Trank-, Rauchfang- und Mühlsteuer, von den Kronabgaben, Frohnfuhren und Leistungen an das Schloss frei, durfte für seinen Bedarf trockenes Holz lesen, in einem Kramladen was er will, ohne jemandes Einspruch verkaufen und alle 2 Wochen brauen gegen den ge-

3) Vgl. Bomst. 4) Raczynski cod. dipl. maj. Pol. S. 181. 5) Inventarium diplomatum in arce Cracoviensi. Paris 1862. S. 339

wöhnlichen Beitrag an die Brauerzunft. Diese Satzungen fanden die Bestätigung Königs Johann Kasimir am 10. Oktober 1669 und Johanns III. am 7. Juni 1685. Die Opalinski waren Grundherren von Grätz bis 1757, hernach waren es die Radomicki. Am Ausgange des XVIII. Jahrhunderts hatte Grätz 4 katholische Kirchen, 1 Synagoge, 2 öffentliche Gebäude, 2 Mühlen, 346 Wohnhäuser (worunter 4 mit Ziegeldach); die Einwohnerschaft betrug 2581 und bestand fast zur Hälfte (1135) aus Juden; Hauptgewerbe war das der Brauer, die weit und breit grätzer Bier verfuhren[6]. Es gab deren 54. Branntweinbrenner, Weinhändler, Schänker zählte der Ort 57, Schuster 30, Schneider 18, Müller 17, Mützenmacher (sämmtlich Juden) 15, Bäcker und Kürschner je 14, Leinweber 13, Böttcher sowie Töpfer und Hufschmiede 7, Zimmerleute, Tischler, Stellmacher 6, Schlosser 4, Oelschläger 3, Grützmacher, Fleischer, Riemer, Seiler, Maurer, Posamentire 2, letztere sowie die 3 Goldschmiede Juden; ferner 1 Färber, Gerber, Kupferschmied, Nagelschmied, Schieferdecker, Schornsteinfeger, Drechsler, Maler, dann 3 Musiker, 5 Barbiere, 2 Gastwirthe, 1 Apotheker. Ausser 15 Lederhändlern und 10 Leinwandhändlern lebten hier 2 Glashändler und 9 andere Kaufleute, letztere, bis auf einen, Juden. Die Stadt hatte ein Wagehaus und ein Hospital und hielt 11 Jahrmärkte, sie hatte 3 Nachtwächter angestellt. Die Kämmereieinnahme betrug 489 Thaler. An die Stadt stösst das langgestreckte Dorf Doktorowo an. 1816 lebten in Grätz 2980, 1837: 3397, 1843: 3653, 1858: 3693, 1861: 3959 Einwohner. Ein hohes Rathhaus wurde in neuerer Zeit aufgeführt. Am 25. Juni 1836 wurde die Städteordnung Grätz verliehen. Im Frühjahr 1848 geboten in Grätz die Polen und stellten alles was Waffen tragen konnte, unter ihre Mannschaft. Der Bürgermeister Malchow wich aus der Stadt. Dr. Mosse, ein Jude, befehligte. Die Stadt wurde verbarrikadirt. Am Abend des 28. April erstürmte Doktorowo und Grätz Oberst von Meister, der 590 Soldaten und 2 Geschütze in Kampf brachte[7]. Die deutschen und jüdischen Bewohner jubelten darüber als über eine Befreiung und brachten den Soldaten das Beste, was sie hatten. 1852 wurde die Schützengilde neu eingerichtet und für ihre Mitglieder eine gleiche Tracht eingeführt, die Aufnahme unter die Schützen jedoch von Vorbedingungen und namentlich von einer Abstimmung abhängig gemacht.

Janowitz, Jänöwiez, Iwanowitz, p. Janowiec, Janowiec, an der Welna (das Wort bedeutet den Ginster, bezeichnet also eine Heide), hat keine alten Urkunden[1]. Zweifelhaft ist, ob die 1458 zur Stellung von 2 Kriegern herangezogene Stadt Janowmlyn Janowitz sein soll (nach der Reihenfolge der aufgezählten Orte ist es anzunehmen), dann war es im XV. Jahrhunderte Stadt. Am 28. December 1556 hielten Lutheraner und Reformirte hier eine Versammlung, um sich zu vereinigen. Im XVII. Jahrhundert dürfte Janowitz Stadtrecht gehabt haben. Es brachte es dahin, dass ihm 7 Jahrmärkte gewährt wurden. Als es preussisch wurde, gehörte es dem von Krzyzanowski, in unserm Jahrhunderte war eine Zakrzewska Besitzerin. 1800 bestand es aus 44 Wohnhäusern und 2 katholischen Kirchen und hatte 293 Einwohner, Polen. Juden lebten hier 44. Gewerbtreibend gab es 7 Schuster, 3 Stellmacher, 2 Schneider, 2 Barbiere, 1 Leinweber, 1 Böttcher. Auch 1 Organist war am Orte. Die Einwohner durften sich aus der Waldung Holz für ihren Bedarf holen, jeder Bürger musste aber dafür jährlich 2 Viertel Hopfen liefern. 1816 bestand die Stadt aus 42 Wohngebäuden und hatte 298 Einwohner. Von diesen waren 238 katholisch, 16 lutherisch, 44 Juden, 1837: hatte es 50 Häuser, 1 katholische Kirche und Synagoge und 471 Einwohner, 1843: 558, 1858: 683, 1861: 703 Einwohner.

Jaratschew, Jaraschewo, Jarotschewo, Jaroszewo, p. Jaraczewo, Jaroczewo (heiterer Ort?) am Ober, adlige Stadt, von deren Vergangenheit wir nichts wissen. Jaratschew hatte gegen Ende des XVIII. Jahrhunderts 6 Jahrmärkte und gehörte dem Grafen Jaroczewski. Es bestand 1800 aus 56 Wohnhäusern, 1 Mühle, 1 katholische Kirche, war aber wahrscheinlich nicht lange vorher von einem grossen Brande heimgesucht worden, denn es lagen in ihm noch 41 Bauplätze. Die Einwohnerzahl betrug 426,

---

6) Balinski u. Lipinski I. 100 führen an eine 1701 ertheilte, auch auf die Jahrmärkte bezügliche Bestätigungsurkunde, die auch der Fischergilde die Rechte der posener Fischer gewahrt habe: jaculatorum confraternitas his omnibus juribus, libertatibus, immunitatibus, praerogativis quibus civitas Posnaniensis et aliae civitates majoris Poloniae gaudent fruuntur et utantur, gaudeat, fruatur et utatur temporibus perpetuis. Wie sollte aber Grätz bei seiner Lage zu einer Fischergilde gekommen sein? In der That enthält das hundert Jahr spätere Handwerkerverzeichniss keinen einzigen Fischer. Vielleicht begingen Balinski u. Lipinski eine Verwechslung mit der in der Netze gelegenen Insel Grodzisko. 7) Umständlicher Bericht über den Kampf bei der Einnahme der Stadt gibt L. v. J. die polnische Insurrektion in Posen im Frühjahr 1848. Glogau 1849. S. 77—81.

Janowiez. 1) Ein Dorf Janowiecze, welches zur Stadt erwuchs, kommt in Urkunden der Jahre 1378, 1430, 1442 vor, liegt aber im Sandomirschen. Auch in Schlesien ist ein Dorf Jannowitz.

von denen 115 Juden, die übrigen Polen waren. Gewerbtreibend waren 4 Kaufleute, 12 Branntweinbrenner (8 davon Juden), 6 Schuster, 6 Schneider (5 davon Juden), 5 Leinweber, je 3 Töpfer und Stellmacher, je 2 Müller, Fleischer, Gerber, Maurer, 1 Bäcker, Schmied, Böttcher, Mützenmacher (Jude), Goldschmied (Jude), Potaschbrenner (Jude), Musiker, Gastwirth, Barbier, kein Bierbrauer. Die Stadt hielt einen Nachtwächter. 1816 war sie unmittelbar und zählte damals 560 Bewohner, 1837: 817 (bei 90 Häusern), 1843: 917, 1858: 918, 1861: 1074 Einwohner.

Jarotschin, Jaroschin, p. Jaroczyn, Jarozin, Jarocin[1] ist wohl das Dorf Jarossino, welches von einem polnischen Grossen dem Cisterzienserkloster Lenden geschenkt wurde. Am 13. April 1293 erlaubte zu Gnesen Herzog Premizl II. auf Ansuchen des Abtes Gerard auf diesem Besitzthum ein Dorf nach deutschem Recht zu begründen und Deutsche sowie freie Polen darin anzusetzen. Die Bewohner wurden von den gewöhnlichen polnischen Lasten befreit und der alleinigen Gerichtsbarkeit des Klosters zugewiesen (**Urk. XI**). Die Jarotschiner kamen sonach frühzeitig in den Mittelzustand der Freiheit, waren der drückenden Belästigungen und Beunruhigungen, die im polnischen Zustande damaliger Zeit lagen, enthoben und genossen die geistliche Pflege. Im Jahre 1324 geschieht desselben Ortes nochmalige Erwähnung in einer Urkunde des polnischen Königs; da er in ihr neben Gorziza steht[2], welches in der

---

Jarotschin. 1) Jarotschin habe Kesselberg geheissen, wird angegeben in den von Hirsch, Töppen und Strehlke herausgegebenen scriptores rerum Prussicarum. Leipzig 1861. I. 294: dafür fehlt mir der Nachweis. Zwei, soviel wir wissen, noch ungedruckte Urkunden von Boleslaus aus dem Jahr 1258 und von Kasimir 1487 mögen hier mit dem Bestätigungseingange nach dem warschauer Archive folgen. Mit dem Besitzstand des lendener Klosters verträgt sich ihr Inhalt nicht, da es 1258 Stadt Janko's heisst.

In nomine domini amen. Ad perpetuam rei memoriam. Nos *Sigismundus* dei gratia rex *Poloniae* etc. significamus tenore praesentium quibus expedit universis etc. quomodo constitutus coram nobis generosus Jaroczki exhibuit bonas litteras, alteras serenissimi Boleslai *Majoris Poloniae* ducis, sigillo illius in cordula sericea appendenti communitas, sanas, salvas, propter vetustatem tamen in aliqua parte sigilli attritas, donationem villarum in ipsis litteris descriptarum et thelonei una cum modo exactionis ipsius in se continentes. Alteras vero serenissimi principis domini olim Vladislai piae memoriae *Poloniae* regis antecessoris nostri sigillo quoque illius majestatis uppendenti communitas, salvas, sanas, non vitiatas et omni prorsus suspicione carentes confirmationem praescriptarum litterarum quod ad exactionem thelonei et modum exactionis ipsius in se continentes, supplicatumque nobis per certos consiliarios nostros nobiscum ad praesens existentes pro parte praefati Jaraczki fuit: ut eas litteras propter earum vetustatem innovare, omniaque in illis contenta approbare ratificare et auctoritate nostra confirmare dignaremur. — Quarum quidem litterarum tenores sequuntur, et sunt tales.

(I.) In nomine domini amen. Quanto major et altior est persona, tanto debet curare cautius, ut ea quae geruntur negotia robur accipiant in nobili firmamento; solet enim frequenter accidere, quod humanis actibus acceptum, calumnia novercare; inde est quod nos Boleslaus Dux *Poloniae Majoris* notum esse volumus praesentibus et futuris, quod perspectis fidelibus obsequiis nobilis viri comitis Janeonis filii quondam Alberti omnibus villis ipsius quae *Tarnovo*, *Langoro*, *Czmchevo*, *Brasthrovo* quam cum hominibus et castonibus sibi contulimus tunc, cum filium suum Sandivogium babtizavimus, *Zerkovo*, *Zollowo* cum omnibus attinentiis suis *Czelcza* et *Mocza* et *Jaroczino* civitatem sua cum pertinentiis, contulimus omnimodam et perpetuam libertatem, dantes et statuentes supradicto commiti Junconi et suae legitimae posteritati in eadem civitate *Jaroczino* theloneum, quod omnes homines transeuntes, equitantes per praedictam civitatem tenentur theloneum dare a quatuor equis tres grossos, et ecclesiae sancti Martini ibidem plebano a quatuor curribus grossum de nostra principali majestate assignamus, addidimus praefato militi has villas ob ejus nobile servitium *Chojanowo*, *Mieczino*, *Clonowicze*, *Zidore* et eadem libertate potiantur qua villae superius nominatae. Preterea volumus, quod omnes homines dictas villas inhabitantes sint perpetuo liberi ab omni exactione: videlicet a **podworowe**, a **stroza**, a **powos** a conducto, a **narzaz** et quod etiam nullo castellano aut judice ac tali respondebunt nisi coram nobis vel comite ipsorum, homicidium vero si inter ipsos fuerit perpetratum, poena ad ipsum comitem pertinebit. Praeterea omnia jura, quae coram quolibet castellano fiunt, ipse inter suos pertractet, videlicet: aquae frigidae jus ferri candentis. Ut autem haec nostra donatio futuris et praesentibus temporibus firmiter observetur, praesentem sigilli nostri munimine conservamus. — Datum in *Posnania* anno gratiae domini millessimo dusentessimo quinquagesima octavo in die sancti Andreae, praesentibus comitibus istis Predpelco palatino, Benjamin Castelano, Vincentio subcamerario, Thomislao Mathia notario curiae.

(II.) Casimirus &c. significamus tenore praesencium &c. licet superiori tempore generoso Adalberto Gorski castellano *Landensi* et capitaneo *Wschoviensi* telloneum in opido ipsius *Jaroczyn* a quolibet equo per sex denarios recipiendum concesseramus, quia tamen castellanus ipse bona praedicta sua pro opido *Myloslar* commutavit, nos ex certis respectibus attentis ge (?) illum ad futura nostra servicia efficere proniorem, teloneum hujusmodi prius in *Jaroczyn* concessum in *Myloslar* transtulimus et transferimus per praesentes, ita quod praefatus Albertus Gorski castellanus Landensis et capitaneus Wschowensis et sui legitimi successores a quolibet equo currus onerati sive ad forum per *Myloslar* ducto aut empto teloneum sex denariorum praedictum exigere libere poterit et recipere, dumtaxat ad beneplacitum nostrum. Harum quibus sigillum nostrum praesentibus est subappensum testimonio litterarum. Datum in conventione *Pyotrkoviensi* generali feria sexta ante festum sanctae Agnetis anno domini millesimo quadringentesimo octuagesimo septimo, praesentibus reverendis in Christo patribus dominis Petro *Vladislaviensi*, Johanne *Premisliensi* episcopis ac magnificis strenui et generosis Jacobo de Dambno castellano *Cracoviensi*, Johanne de Tarnow *Cracoviensi*, Mathia de Bnyn, *Poznaniensi*. Spithkone de Jarostaw *Sandomiriensi*, Johanne Swithdwa *Calisiensi*, Nicolao de Cuthno *Lanciciensi* et capitaneo *Majoris Polonie* generali, Johanne de Oporow *Brestensi*, Nicolao de Dzyalin *Junivladislaviensi*, Johanne de Pyleza *Russiae*, Dobeslawo de Curoswanko *Lublinensi*, Johanne de Ostrorog *Poznaniensi*, Andrea de Samothuli, *Gnesnensi*, Nicolao de Curoswanki regni *Poloniae* thesaurario et aliis quam plurimis fide dignis circa premissa testibus. Datum per manus venerabilis Gregorii de Ludbranez regni *Poloniae* vicecancellarii. Relatio ejusdem venerabilis Gregorii de Ludbranez R. P.

2) In nostra preterea defensione suscipientes hereditates per nobiles *Poloniae* ipsis hereditario jure collatos, scilicet: Carbossowo, Marchinoowo, *Jarossino*, Gorziza, Zagroro, Seokom, Blosino, et ob remissionem nostrorum peccaminum absolvimus omnes homines in prefatis villis commorantes, ascripticios, liberos ac in curiis eorum servientes ab omni jure polonicali et a colleccione que **powolowe** dicitur. (Cod. dipl. Pol. I. 187. 188.)

pleschener Gegend gelegen ist, so dürfen wir in Jarossino dies Jarotschin erkennen. Abermals enthob in jener zu Posen am 24. Juli 1321 den lendener Mönchen ausgestellten Urkunde König Wladislaus die Bewohner Jarotschins des polnischen Rechtes und verhiess ihnen seinen königlichen Schutz. Der Ort erwuchs bald zur Stadt und gedieh zu einer gewissen Grösse; denn 1458 hatte er 10 Krieger zu stellen. Juden fanden Aufnahme. Die Bewohner hatten freies Brennholz. Leinweber und Tuchmacher waren ansässig, auch Gerberei wurde getrieben. Es kam zu 7 Jahrmärkten, auf denen ein starker Verkauf von Ochsen und Schweinen war. Im vorigen Jahrhunderte waren die Radolinski Gebieter. Am Anfange unsers Jahrhunderts bestand es aus 79 Wohnhäusern, Wage und Kirche, und war bewohnt von 603 Einwohnern, zu zwei Dritteln Polen, zu einem Drittel Juden. Die Stadt hatte 68 Bauplätze, war also wahrscheinlich in der jüngstvorangegangenen Zeit einem grossen Brande ausgesetzt gewesen. An Gewerbtreibenden gab es 24 Schneider (sämmtlich Juden), 15 Schuster, 5 Kürschner (Juden), 3 Tischler, 3 Töpfer, 2 Stellmacher, 2 Zimmerleute, 2 Müller, 2 Branntweinbrenner, 1 Weinhändler, 4 Gastwirthe, 1 Müller, Schlosser, Ziegelbrenner, Posamentirer (Jude), Buchbinder (Jude), Organist. Am Anfange des XIX. Jahrhunderts liess der Grundherr mitten auf dem Markte ein stattliches Rathhaus bauen. 1816 hatte die Stadt 825 (n. a. 915) Bewohner, 1837: 1617 bei 170 Häusern, 1843: 1783, 1858: 1828, 1861: 2075. Im Frühjahr 1848 hielt die Polenpartei eine Zeitlang Jarotschin besetzt.

Jungleslau, Jungen Leslau, Inowratzlaw, p. Inowraclaw (auch Inowrazlaw, Inowloclaw, Inowloclaw, Inowroclaw, deutsch auch Jung-Breslau, jüdisch blos Lesla, lat. Junivladislavia, Wladislavia junior oder juvenis. Urk. 1185 novum Wladislaw[1], 1218 Wladizlau novum[2], 1223 juvenis Vladislavia[3], 1228 juvenis Wladizlais[4], 1233 Wladislavia junior[5], 1236 juvenis Wladizlavia[6], 1251 Wladizlavia juvenis[7], 1257 Junivladislavia[8], 1258 June Wladislavia[9], 1269 Juniladislaw[10], 1271 civitas de Junelodslaw[11], 1306 Wladislavia schlechtweg, auch Wratislavia (Urk. XIV, XXXIII, XXIV S. 25) und so öfter ohne Beisatz. 1390 Jungenleslow und blos Leslow (Urk. XXXVI), 1429 Innowladislavia[12], auf dem Hondschen Atlas, Amsterdam 1630, in Zeiller's Beschreibung von Polen 1643: Lesla). Der Name weist darauf hin, dass die Gründung dieses Ortes von Wlozlawek, Wladislawia oder wie es nachmals hiess: dem alten Wladislavia (vetus oder antiqua) ausgegangen ist. Da letztere Stadt Bischofssitz war, erklärt es sich, dass frühzeitig auch in der Pflanzstadt mehrere geistliche Orden ansässig waren. Seine älteste Erwähnung geschieht 1185: da gehörte es dem masowischen Lesco, war Marktplatz und, wie es scheint, auch herzogliche Münzstätte. In jenem Jahre wies dieser Herzog die Domherrn von Wlozlawek auf eine von der Münze in der neuen Stadt zu beziehende jährliche Zahlung von 10 Mark an[13]. Im Jahre 1239 wurde die neue Stadt von den Pommern geplündert und sammt der Kirche verbrannt[14]. Die Kreuzherren vom rothen Stern (fratres cruciferi stellati ordinis S. Augustini) hielten hier nachweislich 1268 eine Kirche des heiligen Geistes und ein Spital. Letzteres gehörte zum Matthiasstift der Kreuziger in Breslau. Die Kreuzherren besassen seit 1223 die beiden um den Ort nahe herumliegenden Dörfer Marulewo (Friedrichsfelde) und Bathkowo, sowie das etwas weiter abliegende Sropsko, Svirepsko (Schrubsk): die Leute jener Dörfer setzte im genannten Jahre der kujawische Herzog Zemomisl bei der Schenkung der Ortschaften an die Kreuziger aus dem polnischen Recht in's deutsche Recht[15]. Bathkowo verwuchs wohl in der Folge zu einer Vorstadt. Dem Deutschordensmeister schenkte 1228 Herzog Konrad von Masowien das dicht vor Inowrazlaw gelegene Dorf Sedlec[16]. Auch die Minoriten hatten nachweislich 1267 in Inowrazlaw ein Haus. Die Franziskanerkirche liessen die kujawischen Fürsten angeblich im Jahre 1261 bauen. Die Nikolaikirche soll auch im XIII. Jahrhundert aufgeführt worden sein. Der Handelszug zwischen Preussen und der Lausitz, der über Inowrazlaw ging, kam dem Orte zu statten. Im Kriege zwischen Boleslaus und Kasimir besetzte

Jungleslau. 1) Cod. dipl. Pol. I. 5. 2) Ebenda II. 7. 3) Ebenda I. 29. 4) Wzory pism dawnych w przerysach wystawione, p. 2. 5) Dreger. Cod. dipl. Nr. 93. 6) Hasselbach, Kosegarten u. Medem, Cod. Pomeraniae dipl. I. 515. 7) Cod. dipl. Pol. I. 61. 8) Ebenda II. 605. 9) Ebenda II. 61. 10) Ebenda II. 620. 11) Wzory etc. p. 15. 12) Raczynski S. 162. 13) De foro eciam in *novo Wladislaw* annuatim de moneta decem marcas argenti. Cod. dipl. Pol. II. 5. (Ist diese auch von Damalewicz vitae Vladislaviensium episcoporum p. 141 mitgetheilte Urkunde ächt? Der Mangel eines Titels des Herzogs und die unterlassene Anführung der Zeugen erregen Bedenken.) 14) Swanthopelcus dux Pomeranie Cujaviam vastavit, predavit et exussit ecclesiam in *Wladislavia juveni* et ipsam civitatem. (Posener Annalen, Sommersberg, rer. siles. script. II. 91.) 15) Cod. dipl. Pol. I. 29 und Mosbach, Wiadomosci do dziejow Polskich z archiwum prowincyi Szlanskiej, der aber an Stelle Bathkowo's Dalcovo nennt. Ihm stimmt zu Sascke im inowrazlawer Gymnasialprogramm von 1862. 16) Villam ante juvene Wladizlae quae vocatur Sedlec. Wzory etc. p. 2.

ersterer 1258 Kujawien, und belagerte auch Jungleslau[17]. Zu dieser Zeit genoss es wahrscheinlich bereits deutsches Recht. Denn verliehen wurde es ihm von jenem kujawischen Herzoge Kasimir, welcher viele Jahre vor dem 1247 erfolgten Ableben seines Vaters zur Herrschaft gelassen wurde, die er bis 1267 oder darüber hinausführte[18]. Es bekam das magdeburgische Recht und durfte $^5/_6$ der Abgaben von Gebäuden, Verkaufsbänken und Gärten zum Stadtbesten einbehalten und verwenden, nur den sechsten Theil davon behielt sich der Herzog vor[19]. Im Jahre 1298 bestellte Wladislaus Lokietek Inowrazlaw zum Oberhof der Rechtsbelehrung für Radziejewo, dem er im Uebrigen gleiche Stadtgerechtigkeit gab[20]. Von 1299 bis 1311 waren dessen Neffen, die Söhne Zemomisl's, Herren über den Ort. Im Jahre 1306 hatte ihn einer von diesen, Premisl, wie es scheint, allein und die Stadt befand sich hineingezogen in den zwischen Wladislaus und dem Böhmenkönig Wenzel III. über die Krone Polens geführten Kampf. Der Rath der Stadt (4 Rathsherren werden damals genannt) erlangte unter Mitwirkung der preussischen Ordensritter ein Abkommen mit dem Befehlshaber des böhmischen Königs für sich und seinen Fürsten und sagte zu, nöthigenfalls gegen Sicherheit jenes Kriegsleute in seine Mauern zu lassen (**Urk. XIV**). Auch Premisl's Bruder, Lestko, war Herr der Gegend. Nach dessen kinderlosem Ableben gab sie König Kasimir an dessen Neffen, Wladislaw den Weissen, entzog sie ihm aber nachmals wieder. Die Stadt war durch Mauern geschützt und an ihr ein Schloss, in dem ein Starost sass. Dasselbe stand da, wo in neuester Zeit die Reiterkaserne gebaut worden ist. Vorstädte entstanden. In den Kriegen mit den preussischen Rittern litt Jungenleslau schwer. Dlugoss will wissen, es seien 1330 die Ritter beinahe unversehends in die Stadt und Feste eingedrungen, aber die Einwohner gewahrten es noch zeitig genug und trieben sie heraus[21]. Doch ist diese Angabe vielleicht erfunden. Als 1332 ein Ordensheer mit Wurfmaschinen anrückte, ergab sich ihm Jungleslau[22]. Der Komthur legte eine Besatzung in die Stadt. Erst zehn Jahre nach der Einnahme wurde sie vermöge des Friedensabschlusses an König Kasimir zurückgegeben. Alsbald danach, am 12. Juli 1343, hielt Kasimir in Jungleslau einen grossen Tag der polnischen Fürsten, Geistlichen und Städte ab. In den Kriegen Wlasdislaw des Weissen, Fürsten von Gnifkow, 1383 bedrohte dieser die Stadt mit Belagerung: er wurde aber geschlagen vom sirader Starosten Jaschko Kmitha, der in Jungleslau sich gelagert hatte und ihm entgegenzog. Noch im nämlichen Jahre gelang es aber Wladislaw die Vorstädte niederzubrennen[23]. Im Jahre 1377 tauschte Wladislaw von Oppeln gegen sein russisches Herzogthum Jungleslau von seinem Oheim König Ludwig als Lehn ein und beherrschte es fast zwanzig Jahre. Dieser stellte unter andern im Jahre 1380 den Webern einen Freibrief darüber aus, dass sie Tuch nach der Elle verkaufen und Behufs des Einkaufs von Wolle überall hin ungehindert reisen dürften (**Urk. XXXIII**). Geldverlegenheiten nöthigten ihn auf die Stadt einen Zins von 400 Mark gewissen geistlichen und weltlichen Personen, die ihm aushalfen, zu verschreiben. Am 25. Januar 1390 überliess er seiner an den lithauischen Fürsten Wigund-Alexander vermälten Tochter Hedwig ausser andern Herrschaften auch Jungenleslau, jedoch mit Vorbehalt der soeben erwähnten Rente von 400 Mark, es sei denn, dass Alexander die ausbedungene Loskaufsumme von 4000 Mark dafür aufbringe[24]. Für diese 400 Mark, die an ihn abzuführen waren, trat als Bürge zu-

---

17) Boleslaus collecto totali suo exercitu Poloniae tocius terram Cujavie potenter intravit et stationes circa ipsam faciens ipsam viriliter impugnat, cui Warcislaus Boguphali dux Pomorie cum sexcentis armatorum in adjutorium advenit, quorum potencie Kazimirus obviare non valens etc. sagt Busko (Sommersberg, scriptores rerum silesiacarum II. 71) zum Jahre 1258, und 1271 bemerkt Boleslaus in einer Vergleichsurkunde mit dem Deutschorden: tempore guerrae et obsidionis per nos terrae Cuyaviae et civitatis de *Juneladslaw* (Wzory etc. p. 15). 18) Ueber die unsichere Zeitbestimmung dieses Kasimir vgl. Roepell's Geschichte Polens. Hamburg 1840. I. p. 491—492. 19) Contulimus (heisst es in der von Wladislaus zu Kruschwitz am 14. Juni 1298 ausgestellten Urkunde, Cod. dipl. maj. Pol. I. 158) ejusdem civibus nostris in Radziejow omne jus plenum et perfectum Meydeburgense prout in scriptis et privilegiis civium de Juveni Vladislavia et Syradz et Brzeszcze secundum quod a patre nostro piae memoriae duce Casimiro iidem cives de Juveni Vladislavia super locationem civitatis suae donatum sibi habuerunt expressim plenius continetur, cum omnibus utilitatibus videlicet et censu quem possunt pro melioratione civitatis suae in aedificiis et locationibus de cameris pannorum, institorum, carnificum, pis[ca]torum, sutorum et ortorum ac aliis omnibus utilitatibus quas possunt ex suo providentiae modo et discutione in civitate et extra civitatem a suis terminis ad se pertinentibus invenire, de quibus utilitatibus et proventibus singulis annis nos sextum denarium percipiemus. 20) Ebenda; quod iidem cives nostri (vgl. Radziejewo) si, quod absit, ex aliqua ignorantia vel defectu jus in sua civitate de Radziejas meydeburgense super aliquo casu invenire [non]possent, non alias extunc quam in Junivladislavia super eodem jure requirendo laborare teneantur. 21) Dlugoss, IX. Buch, I. S. 1010. 22) Gleichzeitiger Chronist in Lengnich's Ausgabe des Kadlubek. Danzig 1749. S. 104 (die bis 1426 reichende Chronik besteht aus 2 Theilen): Wladislavia junior sponte se subdidit eis. 23) Suburbia juvenis Wladislavie et extremas portas civitatis ejusdem — cremare fecit. Janko, archidiac. gnesn. (Sommersberg, script. rer. Siles. II. 109. 110.) 24) Urk. vom 25. Januar u. 13. Mai 1390. Cod. dipl. Pol. II. 773. 779. In ersterer heisst es: excluso duntaxat censu annuo quadringentarum marcarum grossorum pragensium numeri polonicalium, de et

sammen mit mehreren Herren unsere Stadt ein (**Urk. XXXVI**). 1396 fand hier eine Verhandlung zwischen dem Orden und Polens Herrscher statt: es war diess einer der ersten Reichstage von Bedeutung[25]. Im Jahre 1425 huldigte die Stadt dem Könige Wladislaus besonders (**Urk. LII**). Damals hatte sie einen Vogt, einen Bürgermeister, 5 Rathsherren, 7 geschworne Schöffen. Dasselbe Recht, welches sie genoss, war 1359 an Pakosch (**Urk. XXVI**) und 1422 an Kruschwitz ertheilt worden (**Urk. XXXXVIII**). Jungleslau wurde um diese Zeit (es wird behauptet 1430) von den deutschen Rittern eingeäschert[26]. Es fehlen freilich Nachrichten über eine Einnahme der Stadt durch den Orden zwischen 1422 und 1450; indess Jungleslau besass im letztgenannten Jahre die Stadturkunden nicht mehr, weil sie verbrannt waren, und auch Gnifkow hatte die seinigen verloren, weil es sie nach Jungleslau geschafft hatte, vermeintlich in Sicherheit (**Urk. LXIII**). Jungleslau erwirkte desshalb die Ausstellung eines neuen Freibriefs von König Kasimir IV. Zufolge dieser neuen Urkunde besass die Stadt ein Bad, dessen Einnahmen sie bezog, Wiesen und Weiden sowie die halbe Benutzung einer Strecke der Netze, hielt am Dienstage einen Wochenmarkt und stand in der magdeburger Freiheit. Von den Gefällen der Vogtei fiel ihr ein Drittel zu. Von den Häusern und Grundstücken wurde ein Zins an den Herrscher abgeführt. Die Bürger durften Wein und Meth am Rathhaus verkaufen. Auswärts gebrautes Bier sollte aber weder in der Stadt selbst, noch im Umkreis ausgeschenkt werden. Merkwürdig ist in dieser Urkunde, dass der König befiehlt, es solle von seinem Starosten auf die Gewohnheit des polnischen Rechts gehalten werden, dass Kmethen und andere Landleute, ohne in's Bürgerrecht aufgenommen zu sein, kein Fuhrgeschäft trieben, und dass er Händler aus Preussen von den Wochenmärkten ausschloss (**Urk. LXIV**)[27]. Den Kruschwitzern wurde hingegen im Jahre 1460 vom Könige ausdrücklich der freie Besuch derselben zugesichert (**Urk. LXVI**). Jungleslaus Wappen zeigt einen ungekrönten Adler zwischen zwei Thürmen, mit je 3 Lilien über und unter dem Adler. Jungleslau hatte zwar durch seine Plünderung und Einäscherung sehr gelitten, war aber immer noch eine bevölkerte und angesehene Stadt; an sein Gericht ging z. B. von Bromberg die Berufung in Rechtsstreitigkeiten von dem Erkenntnisse des eignen bromberger Gerichts. Hier fanden die Musterungen der Kriegsmannschaft aus der 1406 errichteten gleichnamigen Woiwodschaft statt. In Kriegszeit (1458)[28] hatte Jungleslau 20 bewaffnete Fussgänger zu stellen. Aber schwerlich wirkte es auf sein Gedeihen wohlthätig, dass Königin Sofie die Stadt am 18. Mai 1456 an Hincza von Rogow für ein Darlehn von 1100 ungarischen Goldgulden verpfändete[29]. Wann Jungleslau wieder königlich wurde, wissen wir nicht. Aber 1505 am 3. September

---

super dicta civitate Wladislaviensi, quem quidem censum pridem compulsi necessitate inevitabili, dum nobis nil consulcius ista vice videbatur titulo reempcionis rite vendidimus ecclesiasticis et laicis personis ac eundem censum, quando ipsum redimamus, nobis et dicte nostre conthorali ad vite nostre tempora decrevimus specialiter reservare. 25) Bentkovski, vicissitudines comitiorum in Polonia sub regibus stirpis Jagellonicae habitorum. Leipzig 1839. S. 12. 26) Kujawisches Wochenblatt 1862 Nr. 14. Circa 1431 gibt Cellarius unter Junivladislavia an. 27) Eine 1523 gegebene Bestätigung von König Sigismund zeigt folgende Abweichungen im Wortlaut von der im warschauer Archiv befindlichen Abschrift, der unser Abdruck folgt: 1) Seite 61 zu 62 statt quibus expedit: universis et singulis. 2) S. 62 Z. 1 majestatis presentiam venientes statt venientes conspectum. Z. 2 civitatis protulerunt statt retulerunt. Z. 3 et guerrarum preteritarum cum Prutenis capta, vastataque et exusta civitate importuno ipsorum. Z. 5 in qua predicta statt ubi dicta. Z. 6 si actis nostre majestatis fide — supplicantibus humiliter et devote quatinus ipsis civibus. Z. 10. 11 fehlt von pro bis advocacie. Z. 13 Meybaresyn, dictorum statt duorum. Z. 18. 19 Scharley, Mantwy, Crauscha Pyotrowicze. pro pascuis statt pro pascendis. Z. 23 et ubservatis. Z. 27 braxature ipsorum statt braxatorem ipsum. Z. 29 aliter statt alias. Z. 33 cujus negotium hoc statt quibus negociari. Z. 34 sedes se, es fehlt nostre. Quocirca quilibet statt quapropter cuilibet, fehlt terrae. Z. 35 junivladislaviensi. Z. 36 inhibemus pariter statt insuper. Z. 36 perenasticis. Z. 39 dictis statt metis. Z. 40 limitate. Z. 41 perpetuo. Z. 45 et ministerialium specialiter. S. 63 Z. 2 fehlt incendii und que. Z. 4 nostro statt suo; aut coram capitaneo. Z. 7 fehlt presentibus und omnibus bis astricti. Z. 8 predicte nostrae civitatis pro tempore existenti intra metas et granicies predicte civitatis. Z. 9 omnimodam concedimus tenore presencium facultatem. Z. 13 corporis Christi. — — Belangreicher als diese meist schlechten Abänderungen ist der Einschub in dieser Urkunde, als sie wiederholt wird in der Bestätigung Johann Sobieskis von 1676 (Vgl. Zur öffentlichen Prüfung der Zöglinge des Progymnasiums zu Inowraclaw am 8. April 1862 ladet ergebenst ein Günther. Sascke S. IX), welcher die Grenzbestimmung genau angibt: a. Matwi vero usque in Chrzuza] ad fines villae plebanialis ecclesiae Junivladislaviensis *Popowiec* dicta, pertransitoque fundo *Popowiec* ad fines villae *Liszyce*, super medium fluminis praefati per campos villarum suprascriptarum videlicet *Liszyce* praefatae *Dziarnowo*, *Tupadii* desertae, *Cieslino*, *Slawenczyno*, *Strzemikowo*, *Gnoyno*, *Horlowo*, *Balinko*, *Balino*, *Walszewice*, *Likmanowo* desertae, *Wawrzynkowo*, *Bariszewo*, *Trzaskowey* dictae, *Komuszyce Trzaskowey* nobilium, *Trzaskowey gorne* progreditur finiturque finibus villae *Sikorowo* ab iisque translit rursus ad fines supramemoratae *Szarley*, a qua initium factum est pro pascendis etc. „Diese Ortschaften," sagt Sascke, „bilden einen Kreis um die ganze Stadt in der Entfernung von etwa einer Meile von Szarley an bis wieder an den See, an dem das genannte Dorf liegt." 28) Raczynski, cod. dipl. maj. Pol. S. 182. 29) Zophia dei gracia regina *Polonie* etc. significamus presentium tenore quibus expedit universis, quomodo cum magnifico Hincza de Rogow castellano *Siradiensi* et regni *Polonie* vicethezaurario pro et super bonis nostris *Junivladislavia* et ejus tenuta talem ut sequitur fecimus conclusionem: Quia nostra ardua necessitate incumbente a primodicto magnifico Hincza mille cum uno cento florenos hungaricales puri auri et justi ponderis mutuo (?) accepimus: in quibus florenis sibi et suis successoribus jam dicta bona nostra et tenutam cum omnibus et singulis villis, prediis, censibus, lacubus, molendinis aquaticis ac ventilibus, eorumque emolimentis, theloneis

verschrieb schon wieder König Alexander dem Stanislaus Jarossky, der ihm 4000 Goldgulden geliehen, Steuern, Zölle und sonstige königliche Einnahmen der Stadt und des Schlosses Inowrazlaw sowie der zugehörigen Dörfer Orlow, Thuczno, Jakssicze, Misczowicze, Slawaczino, Manthwy, Bronyewo, Samborze, Jaczewo, Rambino, Bauthkowo und Thurzani sammt einiger anderer Dörfer[30], und fügte am 23. Februar 1506 noch die Abgaben von den in Jungleslau wohnhaften Juden hinzu[31], in Ausdrücken, die letztere fast in seine Willkür stellten. — Im Jahre 1500 oder 1501 fiel ein ärgerlicher Handel über die Stadtkasse vor. Der abgehende Bürgermeister lieferte als Stadtvermögen 75 Mark ab, der neue Rath behauptete gegen ihn: er habe bei seinem Amtsantritt 113 Mark vorgefunden. Beauftragte des Königs, vor den der Streit gebracht wurde, entschieden am 22. April 1501 in der Stadt zu Gunsten des früheren Bürgermeisters, weil der klagende neue keine Zeugen für seine Behauptung zur Stelle hatte; der König bestätigte, wahrscheinlich auf erneutes Anbringen, 1504 das gefällte Erkenntniss (**Urk. LXXIII, LXXVII**). Im Jahre 1564 wird die Anzahl der (steuernden?) Einwohner auf 220 angegeben. Sie zahlten an das Schloss von jedem Hause 1 Groschen 6 Denare. Schuster gab es 13, Fleischer 6, auch einige Schirmmacher (?), die alle Standgeld entrichteten. Die Juden steuerten zusammen einen jährlichen Zins von 20 Gulden. Nach der Zählung von 1578 bestand die Stadt aus 310 Häusern, die den vorhin erwähnten Zins zu erlegen hatten; damals mussten die Juden schon neben jenen 20 Gulden als lopatka 15 Gulden, ferner 6 Stein Wachs, ausserdem noch dem Starosten 1 Pfund Pfeffer und 4 Pfund Safran, sowie dem Unterstarosten bei jedem Jahrmarkt $^1/_2$ Pfund Pfeffer und $^1/_2$ Loth Safran geben. Zum Kriege hatte die Stadt jetzt nur noch 1 Fussgänger, 1 vierspännigen Wagen und 1 Marketänderin zu stellen. Jahrmärkte fanden fünfmal statt. Der Ort hatte 3 Thore, war im Kreis von einer Mauer umzogen, durch 2 Wälle, 18 Basteien und 2 Gräben geschützt; zu ihm gehörten 2 Vorstädte, die eine hiess Stodoly (Scheune), die andere Badkowko. Aber am Anfange des XVII. Jahrhunderts war die Befestigung seit geraumer Zeit verwahrlost und im Verfall, der Graben fast ausgefüllt und die Mauer zerbröckelte sich. Da schmachtete die Stadt schon unter dem Drucke der Starosten. Längst war sie wieder unmittelbar, aber auch schon lange litt sie durch dessen Eingriffe. Beweis dafür ist die Urkunde von 1523 (**CCLIII**), in welcher sie sich, was selbstverständlich war, vom Könige hatte bekräftigen lassen, dass sie zu keinen Arbeiten und Leistungen an die Burg und den Starosten pflichtig sei. Die Aufnahmen, die sogenannten Lustrationen, liefen zu ihrem Nachtheil. Dagegen setzte sie sich, gerieth darüber mit dem Starosten in Streit und wies aus ihren Urkunden nach, die sie in der Urschrift dem Könige vorlegte, wie Ungebührliches ihr zugemuthet wurde. Sigismund III. gab ihr (1614) Recht, indem er erklärte, dass Urkunden durch Lustrationen keinen Abbruch erleiden

terreno et aquatico, que de jure et consuetudine domini ten[nen]tis pro ipsis nostris bonis exigebantur et modo exiguntur, exaccionibus scilicet duorum grossorum terrestribus alias **propoborny**, et civitatis prefate annualibus dictis **sbosbi** in terra et civitate, prefatis solvi consuetis et penis judicialibus necnon omnibus et singulis eorundem bonorum et tenute utilitatibus, quibuscunque vocentur nominibus, prout nos ipsa bona tenuimus et possedimus, obligavimus et tenore presentium obligamus. Theloneo autem nobis per dominum regem natum nostrum precarissimum pro commutacione bonorum dato, etiam exaccionibus, si que quando super civitates hujus regni fuerint imposite, duntaxat pro nobis reservatis, conclusionibus hujusmodi et conditionibus talibus interclusis, ut prefatus magnificus Hincza de Rogow castellanus *Sieradiensis* et regni prefati vicethezaurarius de ipsis bonis nostris et tenuta prescriptis per tempus et spacium duorum annorum se immediate sequentium pro quolibet illorum ducentos florenos nobis dare et solvere tenebit. Stationem vero, si nos ibi venire contingeril, duas ebdomadas quolibet annorum habere volumus; sin autem non ibi in bonis prefatis intererimus, extunc pro ipsa statione centum florenos nobis exolvat. Elapso autem spacio et tempore duorum annorum prescriptorum, quolibet aliorum sese sequentium quingentos florenos dare ipsum nobis obligamus, statione, uti est expressum, non ommissa. Si vero prefatorum bonorum infra tempus duorum aut post alique per insidias gwerrarum similis huic, que modo facta est, feret destructio et devastatio, extunc nonnisi ducentos florenos, ut prius dictum est, de ipsis bonis ab ipso recipere et exigere volumus, eorum statione, uti prius, non ommissa. Si autem, quod absit, per insultus inimicorum vel quascunque alias gwerrarum insidiationes civitas nostra cum villis sibi adjacentibus magis qm (?) est destructa sive quovismodo et devastata, exinde locatis duobus hominibus probis ex nostra, et aliis duobus ex ipsius Hincza de Rogow partibus, quicquid in eo fecerint ordinaverint et conclauserint, id gratum volumus habere et acceptum; possidebit tamdiu prefatus magnificus Hincza de Rogow prefata nostra bona, quousque sibi aut ipsius posteris prefati mille floreni cum uno cento per nos [illegible]ul nostros successores fuerint integraliter exoluti modo tali, quod si pro exemtione prefatorum bonorum instaremus et exemere voluerimus, extunc nonnisi in festo nativitatis domini redimere debebimus. Solutis eo tempore suprascriptis florenis possessio bonorum predictorum ad nos redibit pleno jure. In cujus rei testimonium sigillum nostrum presentibus est appensum. Actum et datum *Cracovie* feria tertia penthecostes anno domini millesimo quadrincentesimo quinquagesimo sexto, presentibus his venerabilibus generosis et strenuis Stanislao Roy *cracoviensis* et *sandomiriensi* ecclesiarum canonico, Petro Vishmunthorzsky judice terre *Sandomiriensis* generali et magistro curie reginalis, Prandothe Konynski, Andrea Trestlika de Brzena testibus et ceteris quam pluribus fide dignis. (Wzory pism dawnych w przerysach wystawione p. 62. Vgl. dazu den Nachlass der Zahlung von König Kasimir am 2. December 1462. Cod. dipl. Pol. II. 932.) 30) Cod. dipl. Pol. II. 977. 31) — sibi universos Judeos nostros Juniwladislaviam incolentes, cum omnibus exactionibus, censibus ac proventibus pro nobis de ipsis quoquomodo proveniri solitis dedimus et donavimus damusque et donamus presentibus, per ipsum Stanislaum Jaroczky et suos successores eosdem Judeos

könnten[32]. Diese Vergewaltigungen mögen die öfteren Gesuche an die Könige um Bestätigung der in den alten Urkunden ausgesprochenen Rechte veranlasst haben. Bestätigungen ertheilten die Könige Wladislaus, Johann Kasimir (8. November 1649), Johann III. (13. März 1676)[33]. Der zweite Schwedenkrieg war auch für Jungenleslau verderblich. Im Jahre 1656 brannten die Schweden die Stadt ab. Seitdem war ihre Blüthe dahin. Bei dieser Einäscherung gingen auch die Freibriefe zu Grunde, welche die Juden Jungleslaus sich ausgewirkt hatten. Sie gaben sich Mühe eine neue Rechtsurkunde zu bekommen und erlangten eine solche von König Johann am 11. April 1681. Danach war ihnen gestattet, in Jungenleslau in erkauften oder neuaufgeführten Gebäuden zu hausen, Schlachtvieh zu kaufen, Bier und Branntwein zu schenken, mit allen Arten von Waaren zu handeln, Handwerke auszuüben, Synagoge zu halten, ein Todtenfeld zu besitzen. Alle Rechte, welche den Juden in den Woiwodschaften Kalisch, Posen und Sieradien zustanden, waren auch ihnen eingeräumt. Im XVIII. Jahrhundert war Inowrazlaw nur noch eine verfallene Stadt, obschon sie einen weiten Raum einnahm und Sitz eines Grodgerichtes war.

Im Jahre 1772 wurde Jungleslau preussisch und in ihr leistete der Netzdistrikt am 22. Mai 1775 die „Erb-Landes-Huldigung". Namens der Stadt that diess ihr Bürgermeister Georg Wolter. In den ersten 3 Jahren der preussischen Beherrschung nahm Jungleslaus Einwohnerzahl um drittehalbhundert Bewohner zu. 1779 hatte die Stadt 193 Wohngebäude, ein Jahrzehnt später 1788: 299, freilich schlechte, von Holz gebaute. Das schlechte Rathhaus auf dem Markte hatte neben sich einen alten Thurm. Ein Kloster der Franziskaner und 5 Kirchen waren am Orte. Die Strassen waren so schmutzig, dass man bei üblem Wetter kaum durchkommen konnte. An gutem Trinkwasser litten die Einwohner Mangel, „auf dem Markt ist statt eines Wasserbehälters ein grosser Sumpf oder Teich", schreibt 1793 der bromberger Hofgerichtsrath Holsche. Die Stadt besass einige Dörfer, die ihrer Kämmerei jährlich über 2000 Thaler einbrachten. Als Einwohnerzahl wird 1788 angegeben 1371, deren Hälfte (665) Juden waren. Holsche meint aber, es wohnten in Jungleslau „ungleich mehr Juden, die sich heimlich hier aufhalten"[34]. Handwerkerei war ganz unbedeutend, Hauptgeschäft war Handel, der sich gänzlich in den Händen der Juden befand. Einige jüdische Kaufleute standen in Verbindung mit Bromberg und führten Kornhandel, aber obwohl die Stadt inmitten eines reichen Getreidestriches gelegen ist, war die Bedeutung der jungleslauer Kornhändler dennoch gering. Der vornehmste Betrieb war Anfuhr von verarbeiteten Waaren, die nach Polen verführt wurden. Da indess vielleicht nur ein Dutzend Häuser die Geschäfte mit eignem Gelde zu treiben vermochten, so waren auch unter den Juden wenig Wohlhabende. Eine Salpetersiederei, die jährlich Salpeter im Werth von 8000 Thalern lieferte, war lange im Schwunge, ging jedoch ein. In preussischer Zeit fing man an gemauerte Häuser zu bauen. 1799 zählte Jungleslau 1433 Bewohner, unter denen 604 Juden waren, 1800 zählte man 315, im Jahre 1807 dagegen nur 258 Wohnhäuser, wofern diese Angaben verlässlich sind. Von 1800 bis 1802 wurde mit Beihülfe aus Staatsmitteln eine evangelische Kirche gebaut. Um 1810 war ein Postamt am Ort. Im Jahre 1816 hatte Jungleslau 417 Feuerstellen und 3106 Einwohner. Von diesen waren 1448 katholisch, 1265 israelitisch, 391 lutherisch, 6 reformirt. Die Zahl der Franziskanermönche war auf 4 herabgesunken; 1819 erfolgte ihre gänzliche Aufhebung. Das Kloster wurde verkauft und diente erst als Getreidespeicher, später zu einer Oel-Dampffabrik. Das Klostervermögen wurde für die Stadtschulen angewiesen. Den Evangelischen schenkte der König 1825 zur Erwerbung eines Pfarrhauses 2000 Thlr. Patron der evangelischen Kirche wie der katholischen zum heil. Nikolaus ist der König. Ein Land- und Stadtgericht bekam hier seinen Sitz. Ein neues Rathhaus wurde gebaut. Die Bestimmung des Königs vom 24. Sept. 1835 führte die preussische Städteordnung ein. Die Stadt besitzt ein Hospital „zum heiligen Geist", welches gegenwärtig eine Jahreseinnahme von 1100—1200 Thalern bezieht; ihm gehört das um 520 Thaler in Erbpacht gegebene Gut Dalkowo. Die

tenendum, habendum et exactionandum tamdiu etc. Ebenda II. 980. 32) Quibus originalibus privilegiis lustratio derogare non potest. 1614 Mittwoch nach Sct. Margaretha. (Kühnast, historische Nachrichten über die Stadt Bromberg 1837. S. 145 Anm.) 33) Zufolge einer Angabe im Kujawischen Wochenblatt 1862, Nr. 14, ist Jungleslau noch im Besitz von Urkunden, die Stefan Bathory 1576, Sigismund III. 1644, Johann Kasimir Warschau 7. November 1646, Johann III. Krakau den 12. März 1681 und Warschau den 18. März 1681 ausstellten, aber „diese Schriften sind sehr beschädigt und vergelbt, daher vollständig nicht zu entziffern." Vielleicht hätten wir sie doch vollständig entziffert, wenigstens hätten wir ihren Inhalt für die allgemeine Kenntniss verwerthet, wenn der ehrenwerthe Magistrat, an den wir uns auch gewendet hatten, sie uns hätte mittheilen wollen. Durch das längere ruhige Liegen werden sie nicht lesbarer. 34) Holsche, der Netzdistrikt. Königsberg 1793. S. 114.

Stadt hat ferner ein Progymnasium und 3 Schulhäuser. 1859 belief sich die Zahl der schulpflichtigen Kinder auf 945. Eine Missionsschule zur Bekehrung der Juden bezeugt die noch nicht ausgerottete Verkehrtheit des Sinnes. Im laufenden Jahr 1862 ist die evangelische Kirche abgetragen worden, damit sie würdiger erstehe. Längst hat sich das Aussehen der Stadt geändert, Mauern, Wälle, Gräben sind seit alten Zeiten gänzlich verfallen; von der ehemaligen Nikolaikirche ragt nur ein einsamer Thurm auf dem Marktplatze als Gedenkzeichen der Vergangenheit, die Marienkirche ist eine Ruine, die Jakobskirche wurde veräussert und (1850) abgetragen, von der Heiligen Geistkirche ist keine Spur mehr vorhanden. Auf der Stelle des alten Schlosses der polnischen Fürsten ist eine Kaserne für preussische Soldaten erbaut. Als der Polenaufstand 1848 ausbrach, bildete sich in Jungleslau ein deutscher Bürgerverein[35]; die Stadt stand mit Bromberg zusammen und verlangte Aufnahme in den deutschen Bund. 1837 lebten in Jungleslau 4761 Menschen, 1843: 5447, 1858: 5844, 1861: 6664, von denen 565 auf den Soldatenstand kamen. Von den übrigen waren 2866 der katholischen Kirche zugethan, 1846 Israeliten, 1387 Evangelische. Nur polnisch sprachen 1668, nur deutsch 1095 Bewohner. Auffälligerweise hat die deutsche Regierung den guten alten Namen nicht in sein Recht wieder eingesetzt, sondern bedient sich noch immer der polnischen Bezeichnung Inowrazlaw.

Jutroschin, p. Jutroszyn. Grundbesitzer war 1556 Pakoslaus Kolaczkowski[1], in welchem Jahre König Sigismund August den Ort zu regelmässigen Wochenmärkten und Jahrmärkten berechtigte. Später verwüstete ihn der Krieg. Im XVII. Jahrhunderte war Grundherr Stanislaus von Krotaczkowski[2]. Dieser suchte die deutschen Auswanderer, die um ihren evangelischen Glauben zu bewahren während des dreissigjährigen Krieges ihre Heimath verliessen, nach seinem Jutroschin zu ziehen und ertheilte solchen am 24. Juni 1642 gewisse Rechte. Es heisst im Eingange der von ihm ausgestellten Urkunde: „Und weil ich in freudiger Aufbauung dieser verödeten Stadt und anderen unterthänigen Willfährigkeit der freien deutschen Nation gegen mir tragende gute Neigung und Wohlgewogenheit guter Maszen zuvor spüre und zu erkennen habe: so bin ich hiergegen inclinirt und parat meine ganze Lebenszeit ihnen an Gnade, Gunst und Gutwilligkeit hier wieder zu erzeigen, und habe ich mich beständig resolvirt, auch für rechtmässig zu sein erachtet und dahin zu richten, dass alle und jede deutsche Einwohner dieser Stadt dessen im Werke geniessen und von mir Dankbarkeit erfahren, vor allen Dingen und namentlich aber bei ihrer deutschen Libertät und Freiheit, als sie solche in Deutschland gehabt oder haben möchten, auch hinführo haben, behalten und dabei verbleiben könnten.“ Er erklärt demnach, dass er als Grundherr den deutschen Einwohnern das allgemeine deutsche, sogenannte magdeburgische Recht verleihe, dass sie von ihm die Erlaubniss haben, sich ihre eigne Obrigkeit zu wählen, die dem magdeburger Recht gemäss entscheiden solle. Der deutsche Bürgermeister und Rath bekommt die Gerichtsbarkeit und Strafgewalt, die an Leib und Leben gehen darf, über alle Verbrechen, Mord u. s. w. nach den Bestimmungen des magdeburger Rechtes. Berufung von des Raths Entscheidung soll lediglich an den Grundherrn selbst, aber nicht an ein anderes Gericht gestattet sein, indess soll es frei stehen, bei einem deutschen Schöffenstuhle Rechtsbelehrung zu suchen. Dem deutschen Bürgermeister und Rath sollen alle deutschen Einwohner unterworfen sein. Die polnischen Einwohner, welche nicht zum Adel gehören, verbleiben unter der polnischen Behörde und müssen bei dieser belangt werden, wie die Deutschen vor dem deutschen Bürgermeister und Rath. Beide Nationen sollten sich aber in Acht nehmen, dass keine den Rechten der andern zu nahe trete. Edelleute in der Stadt waren von der städtischen Gerichtsbarkeit ausgenommen und nur dem Grundherrn unterworfen. Wer gegen einen Edelmann klagen wolle, müsse sein Recht beim Gutsherrn suchen. Abgaben haben jedoch die in der Stadt lebenden Edelleute ebenso zu zahlen, wie die deutschen Einwohner. Ausdrücklich wurden in dieser Urkunde die Deutschen von aller polnischen Unterthänigkeit

35) Um das polnische Volk aufzuhetzen, liess man zerlumpte Weiber auf dem Markte Brod kaufen, davon essen und sie nachher auf der Erde in Krämpfen sich wälzen, damit es heissen sollte, die Deutschen wollten die Polen vergiften. Angesehene Bürger assen sogleich von demselben Brode, um dem Volke zu beweisen, dass man es belüge. Berlinische Nachrichten von Staats- und Gelehrten Sachen (Spenersche Zeitung) 1848, 26. April.

Jutroschin. 1) Als 1557 die Grafen Gorka den Besitz ihres Geschlechtes theilten, fiel dem Andreas Gorka unter anderm auch zu: Item perpetuitas sortis oppidi Jutrosin, quam nunc generosus dominus Joannes Gostinski in obligatione habet a nobili Joanne Malechowski (Ed. Raczynski, Wspomnienia Wielkopolski. Posen 1842. 1. Urkundenbeilage S. XL). 2) Konary Kolaczkowski Graf von Lissen, heisst er bei Chleps S. 27.

und Leibeigenschaft freigesprochen, von dem polnischen Landrecht ausgenommen und in das deutsche Bürgerrecht versetzt. Ihnen war zugleich gestattet, Zünfte zu bilden und die Handwerksrechte deutscher Städte sich anzueignen. Endlich ward auch dem evangelischen Bekenntniss völlig freie Ausübung zugebilligt. Es entstand daher neben der katholischen Kirche eine evangelische. Im Jahre 1719 wurde diese Kirche den Lutheranern weggenommen und zerstört. Erst nach langer Zeit durften diese sich eine neue bauen. Die Stadt kam zu 8 Jahrmärkten. Grundherr war gegen Ende des XVIII. Jahrhunderts August Kazminski, im XIX. Jahrhundert Graf Potulicki. Im Jahr 1800 bestand Jutroschin aus 1 öffentlichen Gebäude, 2 Kirchen, 196 Wohnhäusern, 14 Mühlen und hatte 1259 Einwohner, zum Theil Polen; 103 waren Juden. Gewerbtreibend lebten 20 Leinweber, 6 Tuchmacher, 27 Schuhmacher, 14 Kürschner (3 davon Juden), 13 Schneider (5 davon Juden), 7 Hufschmiede, 14 Müller, 9 Weinhändler, 2 Branntweinbrenner, 1 Brauer, 5 Fleischer, 3 Bäcker, 3 Zimmerleute, 5 Kartenmacher (Juden), 9 andere Handwerker, 7 Musiker, 3 Tuchhändler, 1 Lederhändler. Den Werth der verfertigten Leinwand schätzte man im Jahre 1800 auf 3500 Thlr., den der Tuche gegen 6000 Thlr. Die Stadt hielt 2 Nachtwächter. Ihre Kämmereieinnahme betrug 754 Thlr., ihre Schulden überstiegen 2000 Thlr. Die Tuchmacherei hob sich, denn 1816 gab es in Jutroschin 32 gehende Stühle. Die Einwohnerzahl betrug 1816: 1324, 1837: 1691, 1843: 1793, 1858: 1963, 1861: 1998. Am 3. Sept. 1835 wurde die Städteordnung Jutroschin verliehen. Gegen die polnische Reorganisation, die im Jahre 1848 versucht wurde, vereinigte sich die Stadt mit Rawitsch auf der von Rawitsch veranstalteten am 18. April gehaltenen Versammlung und nahm Theil an den Schritten, welche Rawitsch dagegen unternahm. Im Jahre 1854 traf die Stadt ein grosser Brand und am 6. Juni 1861 hatte sie wieder das Unglück, dass eine Feuersbrunst bei heftigem Winde fast alle alten Gebäude, an Zahl 83, die evangelische Kirche mit ihrem Thurme und 40 mit Vorräthen gefüllte Scheunen binnen zwei Stunden einäscherte.

Kähme, Kämen, p. Kamionna, Kamienno (d. h. Hohenstein, Steinberg), am Flüsschen Kamionna, unweit der Warthe, ward vielleicht nach der Mitte des XIV. Jahrhunderts vom Erzbischof Jaroslaus als Stadt nach deutschem Rechte angelegt[1], wird bestimmt zuerst als Stadt Kamiona 1458 erwähnt, in welchem Jahre es drei Krieger gegen die Feinde zu stellen hatte[2]. Kähme erlangte mit der Zeit 5 Jahrmärkte und den Besitz des Dorfes Kolno. Es war adlige Stadt, als das Land an Preussen kam, dem Starosten Proszimski, in unserm Jahrhundert dem Fürsten Hohenlohe gehörig, hernach königlich. Im Jahre 1800 bestand Kähme aus 76 Wohnhäusern, 1 Mühle und 2 öffentlichen Gebäuden, sowie 2 Kirchen und wurde bewohnt von 451 Menschen. Nur 8 Juden waren damals in der Stadt ansässig. Seine Einwohner waren Polen. Gewerbtreibend lebten 6 Kürschner, 5 Schneider, 5 Schuster, 2 Leinweber, 1 Müller, 1 Gastwirth und 5 andere Handwerker, kein Branntweinbrenner und kein Bierbrauer fand sich in der Stadt; das Recht, Getränke zu bereiten, stand ihr vermuthlich nicht zu. Der Ackerbau wurde lässig getrieben. Der Ort hielt einen Nachtwächter. Im Jahre 1816 zählte Kähme 420 Einwohner, 1837: 635 Einwohner, 1843: 616, 1858: 763, 1861: 773 Bewohner. Die Zahl der Wohnhäuser betrug 1837: 70, 1843: 80.

Kempen, p. Kempno, in der Nähe der schlesischen Grenze, hatte stets Bezüge nach Schlesien und trieb namentlich Handel mit polnischen und russischen Pferden nach Breslau und Leipzig. Juden setzten sich hier in Menge fest. In der Stadt waren vorzugsweise Tuchmacher thätig, die eine grobe Art Tuch fertigten. Die Stadt brachte es zu 7 Jahrmärkten. Feuersbrünste thaten ihr grossen Abbruch und vernichteten auch seine älteren Urkunden, so dass die Kunde seiner Vergangenheit verloren ging[1]. Am Ausgange des XVIII. Jahrhunderts bestand die Stadt aus 1 öffentlichen Gebäude, 2 Kirchen, 288 Wohnhäusern (von denen 15 Ziegeldach hatten), 1 Mühle und hatte 2655 Einwohner, zur Hälfte (1308) Juden. Sie hielt 2 Nachtwächter. Gewerbtreibend gab es 52 Schuhmacher, 43 Schneider (27 Juden), 30 Kürschner (28 Juden), 22 Tuchmacher und Tuchscherer, die aber nur grobes Tuch lieferten, 1 Tuchhändler, 13 Lein-

---

Kähme. 1) Lipinski gibt dies Starożytna Polska Warschau 1843 von Kamien an der Warthe an, welches nach ihm in alter Zeit Schloss und Starostei war und späterhin eine Kollegiatkirche hatte. 2) Raczynski, cod. dipl. maj. Pol. 8. 181.

Kempen. 1) Fabisz, Kronika dekanalna Kempińska 1855. Man kennt nicht einmal die Zeit der Errichtung der Pfarrkirche. Aschenkrüge, die am Flüsschen Janica an verschiedenen Stellen aufgefunden wurden, beweisen, dass in dieser Gegend früh Ansiedlungen gewesen sind.

weber, 16 Fleischer, 8 Bäcker, 2 Müller, 8 Branntweinbrenner, 2 Weinhändler, 1 Bierbrauer, 9 Schmiede, 9 Posamentirer (sämmtlich Juden), 8 Stellmacher, 5 Seiler, 5 Handschuhmacher, 3 Tischler, 3 Färber, 2 Goldschmiede (Juden), 1 Uhrmacher, 1 Buchbinder (Jude), 1 Konditor, 24 andere Handwerker, auch 8 Musiker (6 Juden) und 1 Arzt (Jude). Später entstand eine Tabacksfabrik, die ihren Absatz in Polen suchte, auch Wachsbleichen wurden angelegt, Seifensieder und Kürschner arbeiteten hier mit Erfolg. Handel mit Wolle, Wein und Pferden wurde geführt. Ein Hospital entstand. Katholiken wie Evangelische hatten ihre Kirche und die Juden eine Synagoge. In preussischer Zeit wurde Kempen der Sitz eines Stadt- und Landgerichts. Am 2. Nov. 1832 geschah die Verleihung der Städteordnung an Kempen. Im Jahre 1816 hatte Kempen 4192 (n. a. 4505) Einwohner, 1837: 6154, 1843: 6244, 1858: 5822, 1861: 5909. Sollte man in einer Stadt von ungefähr sechstausend Einwohnern nicht mehr über die inneren Vorgänge wissen, als in diesen dürftigen Angaben enthalten ist?

Kiebel, Kieben, p. Kęblowo, Kemblowo (Janko 1383: Kyeblow), am Ober in sumpfiger Umgegend, ein adliges Städtchen. 1383 lag hier eine Burg (castrum), die der Landeshauptmann Domarat den Brüdern von Plaszkowo eingeräumt hatte[1]. An der Burg war die Stadt. König Wladislaw gab die Burg mit der Stadt sammt Bentschen den Gebrüdern Nemerza, die ihm dafür Inowlodz mit den Dörfern Trzibeslawieze und Murzinowo überliessen[2]. 1432 tritt in einer Urkunde ein Abraham de Keblowo auf[3]. 1458 hatte die Stadt 4 Bewaffnete gegen die deutschen Ritter zu stellen. 1474 zündete Herzog Hans von Sagan die Stadt an[4]: dabei wurde er von einem einstürzenden Hause getroffen, stark verbrannt und ihm ein Bein zerschmettert. Juden wohnten hier nicht. Als die Stadt an Preussen kam, gehörte sie der Gräfin Bielinska; sie bestand im Jahre 1800 aus 68 Wohnhäusern, 2 Mühlen, 4 öffentlichen Gebäuden, von denen 2 Kirchen waren und hatte 454 Bewohner. Gewerbtreibend waren 8 Fischer, 4 Schneider, 3 Töpfer, je 1 Stellmacher, Hufschmied, Kürschner, Oelschläger, Müller, Musikus, Gastwirth. Der kleine Ort hielt 2 Nachtwächter. Den Besitz des Ortes erwarb der König von Holland. 1816 hatte Kiebel 636 Einwohner, 1837: 888, 100 Häuser und 1 katholische Kirche, 1843: 950, 1858: 1144, 1861: 1210 Einw. Im Jahre 1848 pflanzten die Polen auch in Kiebel den polnischen Adler auf.

Kischkowo, p. Kiszkowo, an der kleinen Warthe oder dem Welnaflusse, besitzt keine archivalischen Nachrichten. Als Stadt wird es 1521 im Liber beneficiorum aufgeführt. Obwohl von Polen bewohnt, hatte Kischkowo deutsches Recht und die Vollmacht über Leben und Tod seiner Angehörigen zu erkennen. Von seiner Gerichtspflege wurde Veranlassung zum Entstehen des polnischen Sprüchworts gegeben: „der Schlosser hat gesündigt, der Schmidt wird gehängt." Man erzählte nämlich: der einzige Schlosser im Orte sei zum Tode verurtheilt worden, weil jedoch die Stadt 2 Schmiede gehabt habe, sei von ihr vorgezogen worden, auf dass nicht der Schlosser am Orte fehle, lieber einen von den beiden Schmieden aufzuhängen: eine Nachrede, die handgreiflich aus witziger Verspottung entsprang. Im XVIII. Jahrhunderte gehörte Kischkowo den Radziminski's und bestand am Ablauf des Jahrhunderts aus 41 Wohnhäusern, 1 Mühle, 2 katholischen Kirchen, 2 andern öffentlichen Gebäuden und hatte 280 Einwohner; 50 von diesen waren Juden. Gewerbtreibend waren 3 Schuhmacher, 2 Drechsler, 1 Barbier, 1 Organist, 1 Gastwirth, 1 Leinweber, 1 Stellmacher, 1 Tuchmacher, 1 Splettreisser. Die eine katholische Kirche kam später in Abgang. Die Zahl der Wohnhäuser betrug 1816: 51, 1837: 60, die der Einwohner 1816: 359[1] (nämlich 195 Katholiken, 85 Lutheraner, 79 Juden), 1837: 368, 1843: 509, 1858: 539, 1861: 605.

Kletzko, Kletschko, Kletzk, p. Klecko, Kleczko (1312: Cleczk[1]). Im Jahre 1253 wies diesen Ort nebst Bnin und Schroda Herzog Premisl seinem Bruder Boleslaus zu. Da heisst er Cleczsto[2]. Die Gründungsurkunde stellte Herzog Boleslaus von Kalisch zu Rogasen im Jahre 1255 aus; Heinrich von

---

Kiebel. 1) Janko Czarnkowski, archidiac. gnesn. (Sommersberg II. 143), wohl auch das Keplow S. 140. 2) Raczynski, cod. dipl. maj. Pol. S. 141. 3) Ebenda S. 164. 4) „Herzog Hans ohne Leut' und Land Hat vor *Kyfel* das Maul verbrannt" lautete ein Vers, der möglicherweise Bruchstück eines Volksliedes ist. Ein Edelmann, Busch, rettete den Herzog aus den brennenden Trümmern. Pachaly, Sammlung verschiedener Schriften über Schlesiens Geschichte und Verfassung. Breslau 1801. II. 207. Das Jahr dieses Ereignisses gibt der Zeitgenosse Eschenloer an (Geschichten der Stadt Breslau, herausgegeben von Kunisch. Breslau 1826. II. 301), der aber darin irrt, dass er diese Begebenheit in die Vorstadt von Fraustadt verlegt.

Kischkowo. 1) Nach dem 1862 erschienenen statistischen Jahrbuch nur 282.

Kletzko. 1) Urkunde in Sommersberg Scriptores rerum silesiacarum I. 869. 2) Boguful's Chronik, ebenda II. 66.

Kletzka erhielt von ihm als Vogt den Boden und die Anlage unter der Bedingung, nach deutschem Recht den Ort zu besetzen. Die sich in ihm Ansiedelnden wurden von allen Abgaben losgesprochen und in der Umgegend ihnen freie Jagd auf Hasen gestattet. Der Vogt durfte eine Badstube halten und von den sich Badenden Geld nehmen, hatte auch frei, die Badstube zu verkaufen. Sein Vorrecht vererbte auf seine männlichen Nachkommen[3]. Die Stadt war der Mittelpunkt eines Kreises und stand von 1296 unter dem glogauer Herzog Heinrich II., von 1312 unter seinen Söhnen Konrad und Bolko, wurde aber bald darauf wieder von den Polen erobert. Im Jahr 1331 war Kletzko eine mit Pallisaden umgebene[4], durch eine Burg geschützte Stadt mit einer Kirche; dennoch nahm sie das Heer der Ordens der deutschen Ritter ein, erschlug 26 Bewohner und brannte die Häuser nieder. Ungefähr hundert Jahre später äscherte ein Feuer die inzwischen wieder aufgebaute Stadt abermals ein. Um ihr aufzuhelfen, gab ihr König Kasimir IV. 1450 zu Posen eine neue Urkunde. Der alte Freibrief von Boleslaus war mit dem Brande der Stadt untergegangen, aber es war eine Abschrift von ihm erhalten und nach dieser bestätigte der König Kasimir IV. 1450 zu Posen in einer neuen zum Besten des Orts, dem er aufzuhelfen gedachte, gegebenen Urkunde die alten Rechte, welche die Stadtbewohner von aller Gerichtsbarkeit der königlichen Beamten befreiten und nur unter den Spruch ihres eignen Richters stellten, der selber blos von dem Könige nach dem deutschen magdeburgischen Rechte gerichtet werden durfte. Der König gestattete freies Holzen zum Häuserbau, gewährte freien Fischfang im nahen See, erlaubte einen dreitägigen Jahrmarkt und machte ihre Reisenden und Waaren in der ganzen Herrschaft von der Mauth frei. Im Jahre 1458 hatte Kletzko sich schon soweit erholt, dass es zur Stellung von 10 Kriegern herangezogen werden konnte. Den Juden verwehrten die Stadtbestimmungen die Niederlassung. Ein Stadtbeschluss über die Braugerechtigkeit fand am 10. April 1608 die Bestätigung des Königs. Aber neue Heimsuchungen mit Feuer kamen, und von den Bränden erholte sich die Stadt nicht wieder recht. Kletzko war in der älteren Zeit Starostensitz, ging aber in adlige Herrschaft über. Im zweiten schwedischen Kriege litt die Stadt, als bei ihr die Schweden ein befestigtes Lager aufschlugen und am 7. Mai (am 27. April a. St.) 1656 ein blutiges Zusammentreffen der Polen und Schweden stattfand. Die früheren Stadturkunden bestätigten König Wladislaus IV. am 30. Juni 1637, Johann III. am 11. Febr. 1677, August III. am 22. Dec. 1731. Die Stadt kam zu 6 Kram- und Viehmärkten. Die Bewohner waren Polen. Grundherr war der Starost von Miroslawski, als die Stadt preussisch wurde. Am Ausgange des XVIII. Jahrhunderts lagen von einem Brande noch 149 Baustellen wüst und das Rathhaus war verfallen; Kletzko bestand damals aus 2 öffentlichen Gebäuden, 3 Kirchen (2 katholischen, 1 evangelischen), 100 Wohnhäusern, 2 Mühlen und hatte 491 Einwohner. An Handwerkern gab es ausser 2 Müllern und 1 Brauer 4 Schuster, 2 Tischler, 2 Stellmacher, 2 Hufschmiede und 1 Schlosser. In unserm Jahrhunderte zogen sich auch Juden nach Kletzko, und 1816 bestand die Stadt aus 111 Feuerstellen mit 676 Einwohnern, unter ihnen waren 96 Lutheraner und 50 Juden. Im Jahre 1837 gab es 1151, 1843: 1295, 1858: 1483, 1861: 1554 Einwohner.

Kobilagora (Kobylagora) wurde eine Zeitlang als Stadt betrachtet. Es bestand am Ende des vorigen Jahrhunderts aus einer Kirche und — 14 Häusern und hatte 74 christliche, 35 jüdische Bewohner! Ein Organist, 1 Fleischer, 1 Schmied, 1 Schneider waren unter diesen.

Koblin, Kobilin, p. Kobylin am Radenze und Orlebach, gehört zu den alten Orten. Von dem kalischer Woiwoden Nicolaus bekam es im Jahre 1289 seine Pfarrkirche, welche im Jahre 1512 erweitert wurde. Zu Anfang des XV. Jahrhunderts ertheilte ihm Wladislaus Jagiello auf den Wunsch seines damaligen Besitzers Nicolaus Wierzbienta (der ebenfalls auch Woiwode von Kalisch war) magdeburger Recht. Der Veranlagung von 1458 nach hatte es 10 Krieger zu stellen, was schon auf grösseren Umfang der Stadt schliessen lässt[1]. Um die Mitte des XVI. Jahrhunderts waren seine Jahrmärkte in grosser Aufnahme. Ein Franziskanerkloster ward in Koblin erbaut. Während des Religionskrieges liessen sich Flüchtlinge aus Schlesien hier nieder. Der damalige Grundherr Peter Sziminuta von Lachowo lud in

3) Im Jahre 1316 wird in Urkunden ein Comes Albracht de Cleczko advocatus erwähnt (Cod. dipl. Pol. II 647) und 1409 ein gnesener Geistlicher Paulus de Cleczko. (Ebenda II. 372.) 4) Plancata. Lites et res gestae inter Polonos et ordinem cruciferorum. Posen 1855. I. 304.

Koblin. 1) Raczynski, cod. dipl. maj. Pol. S. 182.

einer am 6. Sept. 1637 ausgestellten Urkunde Deutsche zur Niederlassung ein. Er sagt in ihr: „damit ich diesen guten braven Leuten meines Gemüths Zuneigung und Willfährigkeit für die deutsche Nation bezeige, habe ich ihnen bestätigt und bestätige noch gänzlich hiermit alle Rechte und Gerechtigkeiten ihrer ganzen deutschen Freiheit, dass sie, ihre Weiber, Kinder und Nachkommen und alle Hausgenossen und Dienstboten deutschen Geblütes derselben nun zu ewigen Zeiten nötiglich geniessen und weder mir noch meinen Nachkommen, den regierenden Herren mit irgend einer Dienstbarkeit sollen verbunden sein[2].“ Zur Stiftung der Kirche setzte Lachowicz Sieninta (jener Stifter?), „welcher dazu sehr vortheilhafte Privilegien gab“[3], in den Stand. Später war die Stadt wiederholten Plünderungen in den schwedischen Kriegen und im siebenjährigen Kriege preisgegeben, auch schadeten ihr häufig Ueberschwemmungen der Radenze. Am 18. April 1752 wurde das fürstlich Sulkowskische Statut eingeführt. Besitzer waren nach dem gedachten Hause die Konarski, die sich „von Kobylin“ schrieben; dann gegen Ende des vorigen und in unserem Jahrhunderte die Grafen Mielczynski. Am Ausgange des XVIII. Jahrhunderts hatte Koblin eine katholische und eine evangelische Kirche, das Kloster mit 20 Mönchen, 1 öffentliches Gebäude, 22 Mühlen und 218 mit Stroh und Schindeln gedeckte Wohnhäuser. Es lebten hier 1542 Menschen, unter denen die Hälfte Polen, 230 Juden waren. Gewerbtreibend waren 44 Leinweber (deren Waare ungefähr 13000 Thlr. werth war), 40 Schuster, 28 Schneider (wovon 16 Juden), 24 Müller, 13 Kürschner (wovon 5 Juden), 12 Fleischer, 7 Bäcker, 6 Stärkemacher, 5 Mützenmacher, 4 Hufschmiede, nur 2 Brauer und 1 Weinhändler. Es gab 3 Eisenhändler, 4 Leinwandhändler (3 davon Juden), 9 Lederhändler (letztere sämmtlich Juden), 2 andere Kaufleute. Die Kämmereieinnahme betrug 1588 Thlr. 7 Jahrmärkte wurden gehalten, von denen einer 4, einer 2 Wochen dauerte. 1816 war die Zahl der Bernhardiner auf 7 herabgesunken, dafür wurde die Leinweberei auf 58 Stühlen betrieben. Gerbereien und Potaschsiedereien entstanden. Das Kloster ging ein. Am 15. Aug. 1835 erfolgte die Verleihung der preussischen Städteordnung. Von den Unruhen des Jahres 1848 wurde auch Koblin bewegt. Der aufständische Geistliche Wawrowski und mehrere gleichgesinnte Bürger wurden von den preussischen Soldaten um's Leben gebracht. Die Einwohnerzahl Koblins betrug im Jahre 1816: 1562 (n. a. 1786), 1837: 2226, 1843: 2330, 1858: 2265, 1861: 2360.

Kodschesen, Chodzesen, Chodziesen, Chodschesen, Chodsesen, Kodsesen, p. Chodziesz, Chodziesa, Chodzieszen, Stadt und Schloss, besitzt keine über ihren Ursprung Aufschluss gebenden Urkunden; zur Bezeugung ihrer frühzeitigen Erbauung beruft man sich auf die alte Glocke der katholischen Kirche. Gewiss war die Stadt im XV. Jahrh. vorhanden, aber klein, denn 1458 kommt sie (mit dem Namen Chodzez) vor[1] und hatte zum Heere 2 Krieger zu stellen. Im Jahre 1656 vertheidigte sie sich (nach Pufendorf) tapfer gegen die Schweden. 1768 wurde die Stadt von den Konföderirten niedergebrannt. Viele Einwohner nährten sich von Tuchmacherei; eine Walkmühle und eine Färberei bestanden. Die Judenschaft betrieb Handel mit Tuch nach dem innern Polen. Im XVIII. Jahrhunderte gehörte die Stadt den Grudzinski's, die in ihr ein Schloss hatten, welches aber verfiel, seitdem sie sich eine Stunde von der Stadt im Vorwerk Olesnitz ein neues Schloss zu ihrem Aufenthalte gebaut hatten. 1773 wurde Kodschesen preussisch. Im XIX. Jahrhunderte war der von Zacha auf Strelitz Besitzer. 1788 war Kodschesen ein offener Ort von 267 Häusern und hatte 1528 Einwohner, von denen 279 Juden waren, 1806 hatte es 2397, 1816 nur 2029 Einwohner (724 Juden, 672 Lutheraner, 633 Katholiken[2]). Die Stadt bestand 1816 aus 263 Feuerstellen und 2 Kirchen. Der Haupterwerb geschah von Tuchmacherei, Leinweberei, Zwirndrehen, Spitzenklöppeln und Handel. 54 Tuchwebestühle waren im Gange, 156 Menschen mit Spitzenklöppeln beschäftigt. Später entstand eine Papierfabrik. Eine Feuersbrunst im Jahre 1833 betraf die Stadt schwer. Indessen wurden bald mehr Häuser gebaut als niedergebrannt waren. Auch zur Errichtung eines Waisenhauses kam es. 1848[3] betheiligte sich Kodschesen an der Volksversammlung des 9. April zu Schneidemühl und stand mit Bromberg zusammen. 1837 hatte Kodschesen 2925, 1843: 3230, 1858: 3266, 1861: 3385 Einwohner.

---

2) (Chlebs) Ueber Ursprung und Verbreitung des Deutschthums im Grossherzogthum Posen. Berlin 1849. S. 26. 3) So sagt Hübner, d. h. Sirisa: Historisch-statistisch-topographische Beschreibung von Südpreussen und Neu-Ostpreussen. Berlin 1798. I. S. 501.

Kodschesen. 1) Raczynski, cod. dipl. maj. Pol. S. 182. 2) Nach dem 1862 erschienenen Jahrbuch für die amtliche Statistik des preussischen Staates: 2455 Einwohner. 3) Vgl. Berlinische Nachrichten von Staats- und gelehrten Sachen 1848. N. 79.

Kopnitz, Köpnitz, p. Kopanica, Kopanice (ehedem im XII. Jahrhundert Copnic oder Coptnik, im XIIIten Copaniza, 1319 Kopanitz und Kopaniz, 1524 Copańycza und Kopannicza, auch Kopanz, Kopancz), am Obeŕ, auf einer Erhebung mitten in einem Sumpfe, durch den der Fluss geht, gebaut, an der Strasse zwischen Posen und Frankfurt, ist nicht mehr im Besitze alter Urkunden. Um die Mitte des XII. Jahrhunderts gebot hier ein polnischer Unterfürst Jakzo[1], der, welcher im Jahre 1157 Brandenburg einnahm und von welchem viele Brakteaten gefunden wurden mit der Umschrift: Jaczo, oder Jakza, de Copnic, oder Coptnik[2]; als Knes bezeichnet ihn eine Münze. Nach der Theilung unter Boleslaus' Söhnen im Jahre 1163 war diese Gegend zu Schlesien geschlagen, bei dem es lange Zeit blieb. Der schlesische Herzog Boleslaus erbaute hier 1247 eine Burg[3]. Diese befand sich bis 1319 unter der Hoheit der glogauer Herzoge; in dem genannten Jahre überlieferten sie den Ort an Woldemar von Brandenburg[4]. Dessen baldiger Tod veranlasste aber den Herzog Heinrich, Kopnitz wiederum in seinen Besitz zu ziehen und er war hier noch Herr[5], als er sich 1329 dem Johann von Böhmen unterwarf. Später, nicht lange danach, gehörte die kopnitzer Gegend zu Polen und bildete zusammt der Herrschaft Grosdorf eine Starostei. Von der ersten Anlage der Stadt wissen wir nichts, ebensowenig können wir angeben, ob die Sage, dass sie zuerst Lamprechtsfelde geheissen habe, guten Grund hat. Lamprechtsfelde soll blühend gewesen aber im XIII. Jahrhundert zerstört worden sein. Angeblich legten seine flüchtenden Tuchmacher Schwiebus an; die Fischer blieben zurück und legten den Grund zu Kopnitz. Eine Kirche hatte der Ort noch 1400 nicht; die Bewohner mussten den beschwerlichen Weg nach dem Dorfe Gross-Nelke (bei Wollstein) zur Kirche machen, einen Weg durch Waldungen und an Gewässern, der mitunter gefahrvoll war. Wladislaus II. gründete in Rücksicht auf letzteren Umstand am 21. August 1408 in der Stadt eine eigene Kirche, die freilich nur aus Holz gebaut wurde. Um 1524 war Kopnitz eine königliche Zollstätte. Nach der Reformation gab es auch hier Evangelische, zum Theil Flüchtlinge aus Deutschland. Diese richteten sich im XVII. Jahrhundert ein Kirchensystem ein und hielten seit 1696 in Gemeinschaft mit den Evangelischen der nahen Dörfer Gottesdienst in Bethäusern (oder Oratorien). Aber 1710 suchte eine Pest die Gegend heim; da verfiel das Kirchensystem. 1723 stellte darauf der Starost, ein Poninski, eine (noch im Pfarrarchive aufbewahrte) Urkunde aus, in der er kund gab, dass wenn die Evangelischen allein ohne Hülfe der Katholiken ein Rathhaus erbauen wollten, sie dessen oberen Raum zu ihrem Gottesdienst sich einrichten dürften. Prediger Qwakbolinski sammelte die zerstreute Gemeinde und führte diesen Bau durch: allein 1738 wurde die Kirche verschlossen und eben dieser Qwakbolinski zerstörte sein eigenes Werk, als er 1739 zu dem katholischen Bekenntniss übertrat. Das kaum hergestellte Kirchenwesen sank abermals zusammen. Zwar wirkten nach ihm noch einige evangelische Prediger in Kopnitz, allein nur noch kurze Zeit. Die Katholiken vertrieben sie und nahmen auch den neuen Erbauungssaal der Evangelischen weg. Den Evangelischen blieb nichts übrig, als sich der Kirchengemeinde in Unruhstadt anzuschliessen; mit Schmerz dachten sie an den in ihrer eigenen Mitte gefeierten Gottesdienst zurück. Kopnitz erlangte 3 Jahrmärkte. Am 23. April 1793 äscherte eine Feuersbrunst das ganze Städtchen ein, 42 Häuser und das Rathhaus wurden zu Asche, nur die katholische Kirche und 4 Häuser blieben stehen. Die Wohngebäude wurden besser neu gebaut, aber kein neues Rathhaus konnte aufgeführt werden. 1797 bewohnten den Ort 380 Menschen, zum Theil Polen. Hübner (Sirisa) nennt damals als Besitzer den Starosten von Bninski. Nach dem Anfall an Preussen wurde 1796 diese Starostei dem Grafen Lüttichau, einem Dänen, nach anderer Angabe nicht diesem, sondern dem Hofmarschall von Massow geschenkt. Durch Kauf kam die Ortsherrschaft an einen Wildegans und weiter von diesem an die Familie Bloche, welche Grosdorf noch besitzt. Kopnitz war also eine adelige Stadt. Die Bürger hatten freien Holzbezug aus der Waldung.

Kopnitz. 1) Rabe, Jaczo von Copnic, Eroberer der Feste Brandenburg, kein Slawenhäuptling in der Mark Brandenburg, sondern ein polnischer Heerführer. Berlin 1856. vgl. bes. S. 179 f. 202 ff. 210. Neuerdings hat J. Voigt im Verein für die Geschichte der Mark Brandenburg die Beziehung von Copnic auf Köpnitz bestritten. Nach seiner Darstellung besass Jaczo den Barnim und Teltow. Uebrigens steht ein princeps, dominus Jaczo in einer 1168 in Pommern vom dortigen Bischof ausgestellten Urkunde unter den Zeugen: Hasselbach, Kosegarten und Medem cod. Pomeraniae dipl. I. 61. 2) Sie liegen in der Münzsammlung zu Berlin. Koehne, Zeitschrift für Münzkunde. III. 362 ff. Taf. 7. N. 4. Mader, zweiter Versuch über Brakteaten. Prag 1808. S. 74. 75—77. Becker, zweihundert seltene Münzen des Mittelalters. Dresden 1830. S. 76. 79. Taf. IV. 78. V. 150. Rabe, S. 134—142, der auch eine Abbildung ihrer verschiedenen Typen mittheilt. Vor ihm bezog man den Ort auf Köpenik. 3) Bogufal (Sommersberg II. 62), wo super fluvium Odram in Obram zu berichtigen ist. 4) Gercken, codex diplomaticus Brandenburgensis. Salzwedel 1769. I. 276. 5) Sommersberg, scriptores rerum Silesiacarum I. 845.

Die Stadt bestand im Jahr 1800 aus 86 Wohnhäusern, von denen nur eines Ziegeldach hatte, 2 Mühlen, einer Kirche und einem anderen öffentlichen Gebäude. Noch gab es vom letzten Brande 25 Baustellen in der Stadt. Einwohner lebten hier 460, unter denen nur 8 Juden waren. Gewerbtreibend waren 4 Fischer, 4 Schneider, 4 Schuster, 2 Müller, 2 Schmiede, 2 Branntweinbrenner, 2 Bäcker, je 1 Bierbrauer, Fleischer, Gärtner, Maurer, Stellmacher, Musikus. 5 Jahrmärkte wurden gehalten. Die Stadt hatte eine Kämmereieinnahme von 265½ Thlr. In ihrem Dienst war ein Nachtwächter. Tuchmacherei kam später in Betrieb. 1816 zählte Kopnitz 657 Einwohner, 1837: 825 Bewohner (und 115 Feuerstellen), 1843: 898. Seit 1828 bemühten sich die Evangelischen wieder eine eigne Kirche zu erlangen; die Bürgermeister Weigt und Tietze wirkten mit beharrlichem Eifer dahin, obschon die Stadt von vielen Unglücksfällen betroffen wurde. 1848 bis 1852 befuhr sie durch böswilliges Anlegen 6 Brände, von denen der erste, am 31. August 1848, die halbe Stadt verzehrte und der vorletzte, am 18. Juni 1852, den stehengebliebenen Stadttheil wegnahm. Die katholische Kirche blieb von allen diesen Bränden verschont. Demnächst brachte in den 40ger und 50ger Jahren das Austreten des Obers Ueberschwemmungen von grossem Nachtheil für die Bewohner. Dennoch gelang es der evangelischen Gemeinde, den Kirchenbau durchzusetzen: 2000 Thlr. erborgte die Gemeinde, 4000 Thlr. schenkte der König, die Mehrkosten über diese Bausumme, 1300 Thlr., nahmen die Herren Bloch und Apitz auf sich; der Bürger Eichler schenkte die Baustelle. Unter den Förderern war auch ein Katholik, der Gasthofsbesitzer Seyglowski im nahen Jaromirz. 1852 wurde darauf zuerst ein Hülfsprediger bestellt, 1854 ein Pfarrer eingeführt, 1855 ein Gemeindekirchenrath von 6 Mitgliedern gebildet, am 11. Mai 1858 der Grundstein zur Kirche gelegt und der Bau am 22. Nov. 1859 vollendet. Jaromirz, Podworowo, Grossdorf, Kleindorf, Wonchabno halten sich zu ihr. Seit 1858 gewann die Stadt durch den Bau der durch sie führenden Landstrasse von Posen nach Züllichau. Die Einwohnerzahl betrug 1861: 1040, die Zahl der Wohnhäuser 120.

Koschmin, Kosmin, p. Koźmin (1441: Cosmin, 1458: Koszmin), ein sehr alter Ort, dessen Kirche schon im X. Jahrhundert aufgeführt wurde. Der Inschrift nach, die sie bei der Restauration 1671 erhielt, fällt ihre Erbauung in das Jahr 990; ob man 1671 jenes Jahr auf Grund einer alten Aufschrift des alten Gebäudes wiederholte, wissen wir freilich nicht. Im XIV. Jahrhunderte gehörte der Ort den Borkowitsch. Unter Kasimir scheint er eine Zeitlang königliche Stadt. Dieser befestigte Koschmin durch Wälle und Verhaue stark. Von 1369 bis 1382 gehörte es dem Sohne eines Einwanderers, dem Bartosch von Wiesenburg. 1382 entriss ihm der König von Polen, Ludwig, die Stadt mit Gewalt. Da dieser noch im nämlichen Jahre starb und der brandenburgische Markgraf Sigismund nach der polnischen Krone strebte, so bemächtigte derselbe sich Koschmins. Die Besatzung, die er hineinlegte, behauptete es auch gegen die polnischen Angriffe, bis seine Sache gänzlich verloren war. Starost Domarat belegte es mit seiner Mannschaft. — Eine den Händlern erlaubte Hauptstrasse nach Schlesien führte (im XV. Jahrhunderte) über Koschmin[1]). 1409 wurde die Tuchmacherzunft gebildet. Am Anfange des XV. Jahrhunderts war Koschmin im Besitz der Gorka's, die hier um oder nach der Mitte desselben ein grosses Schloss erbauten, und gehörte zu den grösseren Städten des Landes, denn es musste 1458 zwanzig Krieger stellen[2]). Lukas Gorka ertheilte 1441 der Tuchmachergilde einen Freibrief. 1470 war Hincza von Rogowa Eigenthümer der Stadt und verkaufte sie an Johann Gruszczynski, denselben, der Erzbischof von Gnesen war. Zwischen dessen Brüdern war hernach Streit um den Besitz. Derjenige, dem er verblieb, hiess mit seinen Nachkommen Koźmiński. Im XVI. Jahrhunderte erwarben die Gorka's Koschmin zurück. Als sie 1557 ihren Besitz unter einander theilten, fiel es dem Andreas zu[3]). Sie erweiterten das Schloss und erhielten von Sigmund August 1565 die Berechtigung zu Jahrmärkten. Bei der Nähe der Grenze war der Ort ein Stapelplatz für Waaren. Manche Freiheit, auch das Recht am Leben zu strafen, erlangte Koschmin, doch wissen wir nicht, wann. Eine Vorstadt war schon im XVI. Jahrhundert vorhanden, sie hiess Nowemiasto oder Neustadt. Die

---

Koschmin. 1) Urkunde von 1441, Raczynski S. 138. Eine villa *Koszmin* war 1438 zwischen 2 Brüder getheilt, von denen in diesem Jahr der eine, Johann, seine Hälfte dem andern, Namens Albert, verkaufte (Raczynski S. 165, dazu die Urkunde von 1439, ebenda S. 166). Da sie aber in districtu Costensi gelegen war, ist sie von unserm Koschmin verschieden, welches überdiess Dlugoss (Buch X) schon zum Jahre 1382 oppidum nannte. Vielleicht ist jene das major Kozmin, von dem ein Besitzer, Namens Moscicius, in einer Urkunde von 1448 (Inventarium diplomatum in arce cracoviensi S. 283) vorkommt. 2) Raczynski cod. dipl. maj. Pol. S. 181. 3) Oppidum *magna Kozmin* cum castro ibidem et cum *Novo oppido*, quod *Nowemiasto* in vulgari appellatur cum omnibus villis possessionatis et desertis ad hoc oppidum *Kozmin* ex antiquo et de novo pertinentibus nullis exceptis, heisst

Reformation fand Eingang. Im Jahre 1555 vom 24. Aug. bis 22. Sept. hielten Zwinglianer und böhmische Brüder hier eine Kirchenversammlung, um sich zu vereinigen. Die böhmischen Brüder hatten hier um 1561 eine Druckerei. Nach dem Tode des Andreas Gorka kam Koschmin durch die Theilung von 1592 an seinen Neffen Stanislaus Czarnkowski, später an die Przyjemski und bald gewann der Katholizismus wieder neuen Aufschwung. Während der letzteren Herrschaft gründete der Stadtpropst Paul Gajewski 1626 eine Bernhardinerkirche. Die alte Kollegiatkirche wurde 1671 restaurirt. Der Burg wird noch gegen 1600 gedacht[4]. In den schwedischen Kriegen litt Koschmin schwer; in beiden wurde es geplündert und niedergebrannt. In der 2. Hälfte des XVII. Jahrhunderts grassirte hier die Hexenverfolgung. Der Rath liess viele Unglückliche ersäufen oder verbrennen: bald standen die meisten Frauen des Ortes im Verdachte Hexen zu sein. Im XVIII. Jahrhundert waren Grundherrn die Sapicha's, die das Schloss erweiterten und ausschmückten. Sie verkauften es an den Feldmarschall Kalkreuth. Dieser liess einen Theil des Schlosses abtragen. — Die Handwerker bildeten 13 Zünfte, die zum Theil von den Przyjemski's und Sapicha's Freibriefe hatten. Die Stadt erlangte 9 Jahrmärkte. Am Ausgang des XVIII. Jahrhunderts hatte die Stadt 1 öffentliches Gebäude, 1 evangelisches Bethaus, 1 katholische Kirche, 1 Bernhardinerkloster (mit 20 Geistlichen), 10 Mühlen und war „mit einer halben Mauer umgeben, hatte auf der andern offenen Seite 2 Thore"[5]. Die Einwohnerschaft betrug 1778, die Hälfte Polen, 244 Juden. Gewerbtreibend waren 41 Branntweinbrenner, 3 Weinhändler, 1 Bierbrauer, 17 Bäcker, 14 Fleischer, 12 Müller, 3 Gastwirthe, 25 Schneider (21 waren Juden), 21 Schuhmacher, 4 Leistenschneider, 15 Leinweber, 12 Tuchmacher, 1 Färber, 9 Töpfer, 8 Stellmacher, 7 Hufschmiede, 4 Tischler, 4 Böttcher, je 3 Oelschläger, Steinsetzer, Schlosser, Gerber, je 2 Knopfmacher (Juden), Kürschner, Riemer, Zimmerleute, Glaser (Juden), 1 Handschuhmacher, Hutmacher, Korbmacher, Potaschbrenner (Jude), Maurer, Sattler, Seiler, Schornsteinfeger, Maler, Goldschmied, Barbier, 4 Musiker, 5 Kaufleute (Christen). Eine Apotheke war am Orte. Die Stadt hielt 2 Nachtwächter. 1816 war die Zahl der Mönche auf 7 herabgesunken, die der Einwohner auf 2098 gestiegen. 1837 lebten hier: 3439, 1843: 3406, 1858: 3182, 1861: 3348 Menschen. Am 19. Aug. 1837 wurde die Städteordnung verliehen. Im Frühjahr 1848 herrschte in Koschmin die Polenpartei. Einige in die Stadt geschickte preussische Soldaten wurden am 22. April meuchlings auf dem Markte niedergemacht, Major Johnston erstürmte darauf mit einer Fahne Fussvolk Koschmin, während eine Schwadron Uhlanen die von Borek her der Stadt zu Hülfe kommenden aufständischen Haufen zurücktrieb. In dem Strassengefechte bei der Einnahme fielen 2 Soldaten und 4 wurden schwer verwundet[6].

Kosten, p. Koscian, am Ober (Urk.: 1242 Costan, 1298 Costhan, 1425[1] Costen (**Urk. CCXIX**), 1472, 1487, 1520 Kosten, später auch Costenum), eine der ältesten Städte. Ihre Urkunden gingen in den Schwedenkriegen 1656 bei dem Brande der Stadt zu Grunde. Dlugoss' zufolge erbaute an seinem Platze der Böhmenfürst Sobieslaw I. gegen die Mitte des XII. Jahrhunderts ein Schloss, damit von dort aus die Schlesier leichter im Zaume gehalten würden, starb jedoch vor des Baues Vollendung im Jahre 1140. Hundert Jahr später soll Heinrich I., Herzog von Schlesien, Polen und Krakau, der Geistlichkeit Kostens mehrfache Vorrechte eingeräumt haben. Das dafür angegebene Jahr 1238 ist sein Todesjahr, denn er starb 1238 am 19. März in Krossen. Sein Widersacher, der Polenherzog Wlodizlaus, ertheilte gleichfalls den Geistlichen jener Gegend Berechtigungen. Er befreite das Marienkloster Lubin sammt dessen Dorfschaften, dessen Leibeigene und die daselbst unter des Klosters Schutz stehenden Freien von den landüblichen Bedrückungen[2]. An diesen Vortheilen nahm Kosten Theil. Urkundlich gehörte es in dieser Zeit jenem Kloster und war zur opole (vicinia) pflichtig. Gleichwohl übte immer noch der herzogliche Subvenator schweren Druck. Wlodizlaus' Sohn, Premisl I., bestätigte 1242 desshalb den vom Vater gegebenen Freibrief und befreiete das Kloster und seine Leute (namentlich auch Costan) von der Last der Opole. Von 1296 an stand es ein Menschenalter unter schlesischen Herzogen und erscheint in der Erbtheilung von 1312 als der Hauptort eines Kreises[3]. 1332 belagerten es die Polen, von Kasimir, dem

---

es in der Theilungsurkunde zu Posen. 4) 1592 in der Theilungsverhandlung nach Andreas Gorka's Ableben. 5) [Hübner] Sirisa, Historisch-statistisch-topographische Beschreibung von Südpreussen und Neu-Ostpreussen. Berlin 1798. I. 500. 6) Voigts-Rhetz, Aktenmässige Darstellung der polnischen Insurrektion im Jahre 1848. Posen 1848. S. 29. L. v. J., Die polnische Insurrektion in Posen im Frühjahr 1848. Glogau 1849. S. 67.

Kosten. 1) Cod. dipl. Pol. II. 147. 2) Raczynski, p. 21. 3) Sommersberg, Scriptores rerum silesiacarum. I. 869.

Sohne ihres Herrschers geführt, eine deutsche Besatzung hielt es, bis die Einwohner die Uebergabe bewirkten[4], da wurden alle Vertheidiger niedergehauen. Seitdem war Kosten polnisch und erscheint als ein königlicher Ort. Es bestand in Kosten eine Stadt und eine Burg, in welcher ein königlicher Hauptmann (capitaneus, Starost) sass. Auch war es eine Zollstätte[5]. Wegen der Abhaltung von Märkten in der Stadt wurden für Kosten und zugleich für Kriewen 1353 Bestimmungen gegeben. Während des inneren Krieges 1383 hielt Domarat Kosten mit deutschen Hülfstruppen besetzt. 1385 und 1387 verschrieb die Königin Hedwig für eine bestimmte Summe Kosten an den Bischof von Posen[6]. Sein Aufkommen lässt sich nicht mehr urkundlich verfolgen. Angegeben wird indess, dass im Jahre 1400 König Wladislaus Jagiello Kostens alte Freibriefe erneuert und den Ort in's deutsche Recht gesetzt habe, und zwar habe er Kosten Posen gleichgestellt[7]. Im Jahr 1440 verschrieb König Wladislaus für eine grosse Summe[8], 1441 für weitere 60 Mark Kosten (in et super castro et civitate nostris Costensibus) dem kostener Hauptmann Lukas von Gorka, so dass dieser bis zur Auszahlung solcher Summe in den Besitz und den Bezug der Gefälle von Kosten trat[9]. 1442 wurden ihm abermals 100 Mark auf Kosten verschrieben[10], 1444 aber dem Peter von Schamotuly 500 ungarische Gulden auf Schloss und Stadt Kosten. Später, doch wissen wir nicht in welchem Jahre, ging die Stadt wieder aus Privatbesitz in Unmittelbarkeit über. Ein Dominikanerkloster wurde 1410, ein Bernhardinerkloster später, doch vor 1464 gegründet. Im XV. Jahrhunderte hatte Kosten einen schwunghaften Betrieb der Tuchmacherei. Kostener Tuch stand im Rufe, das beste in Polen zu sein. Die Stadt lieferte auch dem Könige Tuch (**Urk. CCXXIV**). Aber fälschlich wurde anderwärts gefertigtes Tuch unter dem Namen kostener Waare auch verkauft und die Folge war, dass ihr Ruf litt. Die kostener Tuchweber kamen in die Lage, die Anfertigung ihres feineren und wahrscheinlich theureren Tuches zu unterlassen. Endlich beschwerte sich der Bürgermeister (magister) von Kosten mit den Tuchwebern der Stadt bei dem Könige Kasimir über den Unfug und sie erlangten von ihm 1472 das Recht, ihr Tuch mit einem Bleisigel zu bezeichnen. Ihr Sigel zeigte auf einem Thurme einen Adler mit ausgespreizten Flügeln (**Urk. LXVIII**). Das war oder wurde in der Folge das Stadtwappen. Inzwischen scheint doch der kostener Tuchhandel nicht mehr in rechte Blüthe gekommen zu sein, denn einige Jahrzehnte später kamen die Tuchweber mit einer neuen Klage vor den König. Sie verarmten, sagten sie, und könnten ihr Handwerk nicht ordentlich betreiben, weil Händler in Kosten die zu Markt gebrachte Wolle vorwegkauften und nach auswärts verführten. Sie beanspruchten also ein Monopol des Wollkaufs. König Sigismund entschied 1520 wenigstens theilweise zu ihren Gunsten, indem er gebot, dass in der Zeit zwischen Ostern und Michaeli die einmal nach Kosten gebrachte Wolle nicht ausserhalb Kostens weiter verkauft werden solle (**Urk. LXXXVIII**). Im nämlichen Jahr einigten sich auch die Kürschner und erlangten von diesem Könige ein ähnliches Vorrecht in Bezug auf den Verkauf von Häuten. Wie die Bürgerschaft den Handel beschränkte, so duldete sie auch keine Juden in der Stadt. Die Stadt hatte

---

4) Dlugoss, IX. Buch, Ausgabe von 1711. S. 1021. 1025. 5) Raczynski, cod. dipl. maj. Pol. p. 137. 6) Inventarium diplomatum in arce cracoviensi 1682 confectum. Paris 1862. S. 278. 7) Balinski, Lipinski I. 72. 8) Vladislaus III. rex Lucae de Gorka subpincernae *Posnaniensi* et capitaneo *Costensi* in civitate *Costensi* necnon villis *Turzaguru*, *Kunikowo*, *Nacław*, *Sirakow* et *Czarnkow* in terris *Majoris Poloniae* sitis mille marcas inscribit. Datum *Budae* feria tertia ante festum nativitatis b. v. Mariae a. 1440. Inventarium diplomatum S. 283. In dem 1682 angefertigten Verzeichniss der im Reichsarchiv auf der krakauer Burg enthaltenen Urkunden kommen noch folgende Nachrichten vor: Casimirus rex *Poloniae* approbat binas litteras Vladislai regis *Poloniae* et *Hungariae* continentes in se donationem mille et quingentorum florenorum hungaricalium Petro Swidwa de Szamatuly castellano *Posnaniensi* factam et in oppido *Costensi* inscriptam eandemque summam in Lucam de Gorka palatinum Posnaniensem ob satisfactionem praedicto Swidwa per eum factam transfert. Datum in conventu *Parczoviensi* ipso die s. Catharinae anno 1461, und: Idem Lucae de Gorka palatino *Posnaniensi* super castro *Costen* et villis eo pertinentibus summam ducentarum marcarum inscribit. Datum *Thorunii* anno 1466. — Idem Lucae de Gorka palatino *Posnaniensi* ducentas triginta marcas ratione quarum olim Joannes de Czarnkow castellanus *Gnesnensis* praefato Lucae pro rege se obligavit, in oppido *Koscian* et villis ad id pertinentibus inscribit. Datum *Bydgostiae* die dominica post festum S. Petri ad vincula 1466. — Casimirus rex Lucae Gorka palatino Posnaniensi quingentas marcas in castro et oppido *Costensi* inscribit. Datum *Petricoviae* feria quarta ante festum SS. Simonis et Judae apostolorum anno 1468. — Idem Nicolao de Gorka inscribit centum quinquaginta florenos in castro et tenuta *Koscian*. Datum in conventione generali feria secunda in crastino S. Aegidii anno 1476. — Joannes advocatus cum septem scabinis *Costensibus* attestatur Albertum Erslar concivem suum uxori suae Catharinae marcas quadringentas pro dotalitio inscripsisse. Datum in Koscian feria secunda ante festum S. Stanislai a. 1507. Urkunde im krakauer Reichsarchiv. Inventarium S. 292. 9) Inventarium diplomatum S. 283 und Codex dipl. Poloniae I. 324 f. Nach einer Urkunde von 1513 erliess zwischen 1492 und 1497 Uriel von Gorka, Bischof von Posen, als Vormund seines Neffen Lukas von Gorka, unbefugterweise in tenuta bonorum *Costensium*, ad eum (Lukas) jure naturalis successionis et obligatorio devolutorum, octo millia florenorum. Lukas forderte nachmals zurück bona ipsa *Costensia* seu summam pecuniariam, quae in eis erat inscripta, verzichtete aber in Kraft eines Vergleiches 1513 auf Wiedereinsetzung in den vorigen Stand. Raczynski S. 202 ff. 10) Inventarium

3 Jahrmärkte. Die Dörfer Nazlaw, Sierakowo, Czarkowo und Kurzagora waren ihr einverleibt und genossen deutsches Recht mit. Kosten blieb der Sitz eines Starosten. Von Lasten war die Einwohnerschaft ziemlich frei. Von Häusern, Grundstücken, Gärten und von ihren Tuchfabriken führte sie (im XVI. Jahrhundert) zu Neujahr einen Eber und eine Tonne Bier an den Starosten ab. Vom Wiegen und Scheeren entrichtete sie (1564) keinen Zins an den König. Die Branntweinbrenner (deren 1564 sechzehn waren) zahlten jeder vom Garniez (d. i. 4 Quart) 12 Groschen. Für die Podwoda zahlte die Stadt im Ganzen an den König jährlich 15 Florenen. Zu Kriegszügen stellte sie eine Belagerungsmaschine (currus). In diesem XVI. Jahrhundert setzten sich auch Malteser in Kosten an. Wie grausam übrigens das kircheneifrige Geschlecht dieses frommen Jahrhunderts verfuhr, davon zeugt unter andern, dass hier im Jahre 1584 ein Weib, Namens Bruckisch, verbrannt wurde, weil sie mit Feuerlegen gedroht hatte[11]. Die Stadt war mit Wall und Graben geschützt. 1548 hatte König Sigismund August alle ihre Freiheiten auf's neue bekräftigt. Acht Freibriefe besass die Stadt. 1648 bestand in Kosten auch eine Buchdruckerei, aber nur kurze Zeit. Der schwedische Krieg brachte nun schwere Heimsuchung über Kosten. Polnische Besatzung lag in der Stadt und aus Kosten wollte am 21. Sept. 1655 Landgraf Friedrich von Hessen-Kassel zum schwedischen Könige reisen: da erschossen ihn vor der Stadt die Polen. Die Schweden kamen darauf und machten die Besatzung nieder; sie wurden im folgenden Jahre wieder herausgeschlagen, kamen jedoch im Juni 1657 zurück und plünderten und verbrannten die Stadt[12]. Auch die Preussen eroberten sie. Die Väter der heruntergekommenen Stadt suchten nach diesem Unglück wenigstens ihre rechtliche Stellung zu erhalten. Rathsherren und Bürger beschworen im Jahre 1661 vor dem Gericht den Inhalt ihrer verlorenen Urkunden und auf Grund dieses Eides ertheilte König Johann II. Kasimir 1662 eine neue umfassende Urkunde, welche die Kostener den Posenern gleichstellte, aber auch das alte Verbot erneuete, dass keine Juden und Ketzer in Kosten hausten. Kosten sollte rein katholisch sein. Zum besseren Aufkommen des Ortes gestattete er ihm einen vierten Jahrmarkt (**Urk. CLXI**). Auch von seinem Nachfolger Michael erwirkte die Stadt 1669 eine rechtliche Anerkennung (**Urk. CLXIII**). Abermals litt die Stadt bei dem Schwedenkriege Karls XII. 1704. Die Schweden drangen wieder in die Stadt und zerstörten ihre Ummauerung. Der Kriegsnoth folgte die Pestilenz nach. Während des siebenjährigen Krieges kamen im März 1759 die Preussen auf kurze Zeit nach Kosten. Die Russen legten in Kosten eine Aufspeicherung an. Ihre gefüllten Speicher, deren Werth auf eine halbe Million Gulden angegeben wird, hoben sammt der russischen Bedeckung die Preussen, indem sie Kosten überfielen, am 14. und 15. Sept. 1761 auf. Auch zur Zeit der Konfoederation von Bar erfuhr Kosten Plünderung. Die Verfassung von 1763 gewährte Kosten Einquartierungsfreiheit. Die Abgaben betrugen 1783 jährlich 8392 Gulden. Am 22. August 1791 versammelte sich in Kosten der polnische Adel, welcher Polen aufrecht halten wollte, unterschrieb eine Konföderationsakte und wählte den Niemojewski zu seinem Führer. Der Platz war zu einem Ackerstädtlein heruntergekommen, aber der Sinn seiner Einwohner war fröhlich. Man sprach dazumal in Polen vom heiteren kostener Tanz. Im XV. Jahrhundert soll die Einwohnerzahl sich (wenn auch vielleicht nach übertreibender Schätzung) auf 15000 belaufen haben, am Ausgang des XVIII. Jahrhunderts betrug sie nur noch ungefähr den neunten Theil, nämlich 1704. Höchst auffällig ist die Angabe über das damalige Verhältniss der Geschlechter, wonach von diesen 1704 nur über ein $^1/_4$, nämlich 460 männlich waren[13]. Juden hatten sich erst in preussischer Zeit nach Kosten gezogen; es gab deren erst 6. Ein Drittheil der Einwohnerschaft war polnischen Stammes. Gewerbtreibend waren 36 Leinweber, 34 Schuster, je 10 Schneider und Müller, 12 Branntweinbrenner, Weinhändler und Schänker, 1 Bierbrauer, 9 Fleischer, 5 Täschner, je 4 Stellmacher und Hufschmiede, je 3 Bäcker und Kürschner, je 2 Oelschläger, Tischler, Böttcher, Schlosser, Maurer, Barbiere, 1 Ziegelbrenner, Büchsenschäfter, Riemer, Seifensieder, Zimmermann, Schornsteinfeger, 7 Kaufleute. Wir bemerken besonders, dass es damals in Kosten einen Arzt und einen Apotheker, einen Buchbinder, einen Bildhauer, einen Orgelbauer, 2 Musiker gab. Jährlich wurden 9 Kram- und Viehmärkte gehalten; die Stadt war noch ummauert, hatte 2 Thore, 205 Wohnhäuser, von denen nur 3 Ziegeldach hatten, 5 Kirchen, 2 Klöster (mit zusammen

diplomatum. S. 281. 11) Lauterbach, das fraustädtische Zion, S. 261. 12) Pufendorf, Carolus Gustavus p. 264: Costenum cum arce inflammatum. (Hübner) Sirisa, Beschreibung von Südpreussen und Neu-Ostpreussen, S. 458, nennt den 1. Oktober 1755 als Tag der Einäscherung Kostens. 13) Beiträge zur Beschreibung von Süd- und Neuost-Preussen. Berlin 1803. I. S. 97.

30 Dominikanern und Bernhardinern), 9 andere öffentliche Gebäude (worunter ein Lazareth und ein Schiesshaus). Ihr gehörten die Dörfer Sierakowa, Nazlaw und Tscherikow; die Kämmereieinnahme (5227 Thlr.) reichte trotzdem nicht zu für den Kämmereibedarf (5283 Thlr.). Die Stadt hatte 10000 Thlr. Schulden. Sie hielt 1 Nachtwächter. In der ersten preussischen Zeit ward Kosten mit einer Schwadron Reiter belegt. Als es zum zweitenmal preussisch wurde, war es gar nur von 1450 Menschen bewohnt (u. a. von 1662). Am 23. Mai 1835 erhielt Kosten die Städteordnung. Bei dem Ausbruch der polnischen Bewegung im Frühjahr 1848 verkündeten die Polen auch in Kosten ihre Herrschaft. Der frühere Bürgermeister Wein, Lehrer Lindner und Bäcker Gugatsch stellten sich jedoch an die Spitze der Deutschen und forderten mit diesen die Zulassung zum deutschen Bunde. Während nur der polnische, durch den von Koczorowski geleitete Adel und die katholische Geistlichkeit dem widerstrebte, ward die dahin zielende Eingabe von fast allen polnischen Landleuten der umliegenden Dorfschaften unterzeichnet. Unter der preussischen Herrschaft verdoppelte sich die Einwohnerzahl, sie betrug 1837: 2044, 1843: 2605, 1858: 3321, 1861: 3491. Leinweberei blieb im Zuge. Die Zahl der Wohnhäuser betrug 1837: 309; es gab damals 3 katholische und 1 evangelische Kirche. Eine Zwangs- und Besserungsanstalt wurde nach Kosten gelegt.

Kosterschin, Kostrschin, p. Kostrzyn, an der Strasse von Posen nach Warschau. Alte Urkunden scheinen nicht mehr vorhanden zu sein. Im Jahr 1331 erlag es einem zerstörenden Einbruch der deutschen Ritter. Im XV. Jahrhundert war es Starostensitz. Lukas von Gorka heisst 1441 capitaneus Costrzenensis. Stadt war Kosterschin in der Mitte des XV. Jahrhunderts. 1458 ward es veranschlagt zur Stellung von drei Kriegern [1]. Die Bewohner waren Polen, die Stadt nicht mit Mauern umzogen. Im XVIII. Jahrhundert gehörte es dem gnesener Kloster der Franziskanernonnen, wurde nach der preussischen Eroberung königliche Domäne und in Folge davon unmittelbare Stadt. Im Jahr 1800 bestand Kosterschin aus 157 Wohnhäusern, 4 Mühlen, 1 (katholischen) Kirche, 2 andern öffentlichen Gebäuden und hatte 660 Einwohner. Unter diesen waren nur 14 Juden, die sich vermuthlich erst unter der preussischen Herrschaft ansässig machen durften. Gewerbtreibend waren 4 Kaufleute, 16 Branntweinbrenner, 20 Schuster, 2 Leistenschneider, 10 Leinweber, 8 Kürschner, 7 Fleischer, 7 Bäcker, je 5 Schneider, Tischler, Stellmacher, je 4 Müller, Gerber, 3 Hufschmiede, je 2 Maurer, Töpfer, Gastwirthe, Musiker, 1 Riemer, Schlosser, Böttcher, Barbier. Die Stadt hielt 7 Kram- und Viehmärkte; 1816 zählte sie 725 Einwohner (u. a. 843), 1837: 1178 Einwohner, 130 Häuser, 1843: 1291, 1858: 1530, 1861: 1700 Einwohner. Im März 1848 ward auch in Kosterschin die Herstellung Polens verkündigt und der preussische Adler abgerissen. — Bei der Durchführung aufständischer Polen am 9. März 1863 entstand ein Auflauf und wurden von den Soldaten einige Einwohner verwundet.

Kriwen, Kriewen, Krieben, p. Krzywin, am Ober, kommt schon als Stadt (Crivinensis) 1237 vor [1]. Hier sass ein herzoglicher Castellanus. Unter den Zeugen einer Urkunde vom September 1242 steht castellanus de Crivin Scedraus [2] [Scedricus?]. Herzog Wladislaus hatte dem Marienkloster der Benediktiner in Lubin Schenkungen gemacht, und aus seiner Hand oder von einem seiner Vorgänger kam auch Kriwen an dieses Kloster, ebenso wie Kosten (s. d.) und genoss die dem Kloster eingeräumten Vortheile. Premisl machte es mit dem übrigen Klosterlande im Jahre 1242 frei von den drückenden Leistungen des sogenannten polnischen Rechtes, namentlich von der opole, dem Brückenbau und den Einforderungen seines Subvenator. Deutsche zu rufen war dem lubiner Abte überlassen [3]. Auch durfte am Kloster freier Markt gehalten werden. Aber 1242 sowohl als 1257 ist noch von einem Dorf Crivin die Rede. In der ersten Hälfte des Jahres 1257 bestätigte nämlich Premisl der villa Criwin die gewährten Freiheiten besonders und zwar dahin, dass seine Beamten des Ortes Bewohner nicht mit Auflagen, Gerichtsgeld oder sonstigen Schätzungen heimsuchen noch über sie Gericht üben sollten, und dass dem Abte die Herbeirufung und Ansetzung von Deutschen freistehe, welche 6jährige Steuerfreiheit (die Abgaben in der Stadt Posen allein ausgenommen) zu geniessen hätten (Urk. V). Da indess der Herzog bald darauf starb und die Ansiedlung von Deutschen noch nicht verwirklicht worden war, so stellte 1262 sein Bruder

---

Kosterschin. 1) Raczynski, cod. dipl. maj. Pol. S. 181.

Kriwen. 1) Comes Vison schenkt dem Kloster Lubin, insulam quae adjuncta est metis *crivinensis civitatis* in descensu pontis majoris ad dextras et a sinistris adjacentibus. Raczynski, cod. dipl. maj. Pol. p. 18. 2) Ebenda S. 24. 3) Ebenda S. 21.

Boleslaus einen gleichlautenden Freibrief aus, der die Steuerbefreiung auf 7 Jahre ausdehnte (**Urk. VIII**, vgl. S. 9. 10). Nunmehr erst mag wirklich die Besiedlung mit Deutschen erfolgt sein; 12 Jahr später erscheint Kriwen wieder als civitas, d. h. Stadt; eine Zollstätte war an der Stadt[4]. Auf Bitten des Abtes und der Brüder von Lubin gestattete Boleslaus noch 1274, um des Ortes Aufkommen zu fördern (ad meliorationem civitatis Crzivin), einen freien Jahrmarkt von 4 Tagen in der Pfingstzeit, ungehemmte zollfreie Reise aller nach Kriwen und auch zollfreies Umherreisen der Kriwener durch ganz Polen (**Urk. X**[5]). Das Kloster wünschte also Kriwen zu einem Handelsplatze zu erheben. Lag es doch auf der Strasse nach Glogau und Breslau. Auch Befestigungen gab es damals; denn kurz vor 1278 heisst Crivin eine Burg (castrum[6]) und bis in's Jahr 1277 waren zehn Dorfschaften des lubiner Klosters zur opole dahin angehalten. Erst 1277 sprach sie Premisl los de Crivinensi vicinia. Damals bestimmte der Herzog zugleich, dass der Pfingstmarkt 4 Tage dauern solle und kein Woiwode oder Starost den fremden dazu kommenden Händlern etwas abnehmen solle, doch wird 1294 seines deutschen Rechtes, d. h. seiner Unabhängigkeit vom Rechtsspruch des Polen gedacht[7]. Castellanus de Crivin war damals der Graf Seedricus. Es ward Mittelpunkt eines Kreises, als die glogauer Herzöge auf einige Jahrzehnte in den Besitz dieses Landes gelangten, 1312 weisen sie es in der Erbtheilung dem Heinrich, Johann und Premko zu[8]. Diese vermochten jedoch nicht lange es gegen den Polenfürsten zu behaupten. Wie alle Grenzorte wurde indess Kriwen von den Kriegszügen hart mitgenommen, das Schloss wurde zerstört, die Stadt blühte nicht recht auf. Dennoch gehörte sie doch nicht zu den kleineren, denn sie musste 1458 zehn Krieger ausrüsten. 1353 am 12. Febr. wurden Bestimmungen über die Abhaltung der Märkte und ihre Zeiten der Stadt gegeben. 1456 den 25. Febr. traf zu Lubin der Abt dieses Klosters, Stefan, Anordnungen über die Vogtei der Stadt. 1585 stellte König Stefan Bathory eine Urkunde aus, um die Einwohner, welche die Sorge für die Brücke über die Obra, für die Strasse und den gefahrlosen Vorüberzug der Kaufleute und Reisenden auf sich genommen hatten, zur Schadloshaltung für ihre Unkosten und Mühen zu berechtigen, auch von Wagen und Vieh auf der Strasse eine Abgabe zu erheben. Im Jahre 1613 liess König Sigmund untersuchen, ob Kriwen auch wirklich diese übernommene Obliegenheit erfülle und bekräftigte; da alles in gutem Stande befunden wurde, der Stadt dieses Zollrecht, gebietend, dass kein Durchziehender mit Umgehung der Strasse der auferlegten Zahlung sich entziehe. Der Ort, einst ziemlich ansehnlich, war jetzt unbedeutend, litt auch oft durch Feuer. An die Stadt setzte sich eine Vorstadt. Jahrmärkte bekam Kriwen damals 3. Es blieb unter dem Kloster Lubin und bestand am Ausgang des XVIII. Jahrhunderts aus 100 schlechten Wohnhäusern, 3 Mühlen, 3 Kirchen, 2 öffentlichen Gebäuden und zählte 534 Bewohner, Polen. Von Handwerkern gab es 6 Leinweber; Bäcker, Fleischer, Branntweinbrenner je 5, ferner 4 Schuster, Müller und Schneider je 3, einen Brauer und ausserdem noch 6 verschiedene Handwerker. Von den Juden lebten nur 4 in Kriwen, die sich wohl erst unter der preussischen Herrschaft in Kriwen hatten ansässig machen können. 1816 zählte Kriwen 553 Einwohner, 1837: 786, 1840: 869 (in 119 Häusern), 1843: 1009, 1858: 1052, 1861: 1154.

Kröben, Krewe, Kreben, p. Krobia. Schon am Ende des XI. Jahrhunderts soll hier Herzog Wladislaus Hermann in Folge eines Gelübdes, wenn seine Frau einen Sohn gebären würde, eine Kirche gebaut haben. Die Kirche des heiligen Andreas, aus Backsteinen und röthlichem Granit aufgeführt, ist jedenfalls eine der ältesten in Polen. Auch ein Schloss entstand hier. Im XIII. Jahrhundert war Kröben im Besitz der Bischöfe von Posen. Wladislaus nahm im Jahre 1232 zugleich mit den andern bischöflichen Ortschaften auch diesen Ort von der Beschwerung mit den angariis, perangariis, strossa, poradle, pzewoda, podwoda, sepe, stani, sowie von der Gerichtsbarkeit seiner Palatine und Beamten aus und erlaubte dem Bischofe in Crobia eine Münzstätte zu halten[1]. Ob wirklich in Kröben gemünzt wurde, steht dahin. Damals nun wird Kröben schon eine Stadt genannt, indessen wird Crobia nur noch als bischöf-

23, 24. 4) Raczynski S. 23. 5) Zufolge einer von Herrn Dr. Strehlke mir gemachten Mittheilung trüge eine andere Abschrift die Jahrzahl 1270. Die Entscheidung darüber, welches Jahr das richtige ist, hängt davon ab, ob quarto einmal oder zweimal in der Unterschrift steht. 6) Urkunde Boleslaus von Masowien vom 4. Mai 1278. Cod. dipl. Polon. I. 100 und 103. 7) Raczynski p. 65. 66. und **Urk. CXLVI.** 8) Sommersberg, Scriptores rerum silesiacarum I. 869.

Kröben. 1) Bogufal, chronicon Poloniae (Sommersberg, Silesiacarum rerum scriptores, II. 59): Concessit etiam praefatus dux in eodem privilegio Paulo episcopo *Poznaniensi* et suis successoribus monetam cudere in oppido *Crobia*, dans eidem villam quae dicitur Sulcowacroba. Gleiches in der polnischen Chronik ebenda S. 91: Wladislaus dux filius Odonis concessit episcopo

liches Dorf erwähnt in der Urkunde von 1350, in welcher König Kasimir versprach, es nicht zu belasten[2]. Genaueres lässt sich, weil das Stadtarchiv abgebrannt ist, nicht angeben. Deutsches Recht galt. Im XV. Jahrhunderte war Kröben kein unbedeutender Ort mehr; es hatte 1458 zum Kriege 10 Streiter zu stellen. Von seinen Bischöfen bekam es viele Befreiungen und Freibriefe. Im XVI. Jahrhunderte war es ein wohlhabender Ort. Während desselben liess der Bischof auf der Höhe vor der Stadt am gostiner Wege durch den Baumeister Giovanni Quadro ein festes Schloss aufführen. An der Stadt war eine Vorstadt (suburbium), Judamove, zu der $4^1/_2$ Hufen gehörten. In Kröben war eine Rossmühle. Die Bürger steuerten dem Bischof jährlich 7 Flor. 13 Grosch. 6 Den. Es gab 1564 daselbst 16 Schusterbänke, jede steuerte 6 Groschen, wovon $^1/_3$ an die Stadt, $^2/_3$ an den Bischof fiel, und 10 Fleischbänke, von denen jede 2 Stein Unschlitt dem Bischof jährlich schuldete. 2 Fleischerbänke waren ausserdem unbesetzt. 3 Jahrmärkte fielen auf die Festtage Peters, Aegidius', Katharinas[3]. Später ging der Stadt Bedeutung rückwärts, obschon sie es bis zu 8 Jahrmärkten brachte. Im Jahre 1739 am 28. September stellte ihr der Bischof eine neue Urkunde in polnischer Sprache aus, derzufolge in Rechtssachen nach Art der andern Städte verfahren werden sollte. Juden durften hier, als in einer bischöflichen Stadt, nicht hausen. In der südpreussischen Zeit wurde der Ort aus einer bischöflichen Stadt königliche Domäne. Am Ausgange des XVIII. Jahrhunderts hatte Kröben zwar 3 Kirchen und 2 öffentliche Gebäude, aber nur 197 Wohnhäuser und 8 Mühlen, seine Bevölkerung betrug 996 Menschen, Polen. Es gab 30 Bierbrauer und 23 Branntweinbrenner, 16 Schuster, 14 Leinweber, 8 Fleischer, 8 Müller, 8 Schneider, 5 Bäcker, 4 Böttcher, 4 Tischler, je 3 Hufschmiede, Stellmacher, Maurer, Zimmerleute, 1 Barbier, 1 Musiker. Ein Arzt lebte hier. Die Kämmerei hatte 170 Thlr. Ueberschuss und 2041 Thlr. Schulden. Die Stadt hielt 2 Nachtwächter. 1816 wohnten hier 965, 1837: 1254, 1843: 1365, 1858: 1588, 1861: 1681 Einwohner. Im Jahre 1848 befand sich Kröben in der Gewalt der aufständischen Polenpartei; als deren Beauftragter schaltete Bloeiszewski, dann Wilkonski, Kommissäre des kröbener Kreises. Es zeigte sich jedoch, dass sie nicht allgemeinen Anhang fanden[4].

Polnisch Krone, p. Koronovo (auch Kornowo, Korone, 1521 Coronow), am linken Ufer der Brahe, zwischen Sandhügeln. Die Erzählung des Ortes Name sei davon entstanden, dass auf diesem Boden Kujawiens Herzog Wladislaus Lokticus im Jahre 1296 die Nachricht seiner in Posen vollzogenen Erwählung zum Herrscher über Polen erhalten habe, scheint des geschichtlichen Hintergrundes zu entbehren und eine aus Namendeutung entsprungene Sage zu sein. Von kreisförmiger Anlage oder anderswie ist die Wahl der Benennung zu erklären. An der Thurmspitze der Klosterkirche hängt unter einer Bischofsmütze eine vergoldete Krone. Wappen der Stadt war auch eine Krone. Zur Unterscheidung von Deutschkrone wurde der Zusatz Polnisch zu Krone ergriffen. Der Ort kam auf unter dem Walten der Cisterzienser, denen der Bischof hier 1181 oder 1182 eine Abtei gründete[1]. Zufolge der Klosterchronik (origo prima monasterii Coronoviensis[2]) wurde das neue Kloster von den Fürsten mit reichen Schenkungen bedacht, unterlag jedoch einer Zerstörung während der Kriege der Deutschritter mit den heidnischen Preussen. Die verscheuchten Mönche verliessen diese Gegend und fassten Fuss unfern Thorn in Zlotoria an der Drewenz. Doch auch ihr dortiges Kloster wurde im Kriege des Hochmeisters Heinrich von Hohenlohe mit Swentopolk (1242) ein Raub der Flammen. Abermals flüchtig kehrten die Mönche zur alten Stelle zurück, und erhielten — um die Mitte des XIII. Jahrhunderts — vom Grafen Nicolaus, fürstlichem Schatzmeister, sein in der Nähe des heutigen Krone gelegenes Gut Bissow[3] sammt andern Gütern

---

Paulo venari per episcopatum et monetam liberam in *Crobya* et villam Fulconis juxta Croba. 2) Inventarium generale omnium redituum et proventuum episcopatus Posnaniensis in Majori Polonia a. d. 1564. 3) Siehe die Urk. unter Buk, Anm. 1. 4) In den zu Gostin weggenommenen Akten der Polen ist Vol. I. f. 46 ein Bericht von Bloeiszewski enthalten, worin es heisst: „die Amtsbauern von Kröben scheinen endlich der nicht nationalen Regierung abwendig gemacht worden zu sein."

Polnisch Krone. 1) Die Annahme von Chlebs (s. oben S. 189) scheint unbegründet. 2) Nach ihr erzählt K. Adler, Aphorismen über die staatlichen Zustände Polens vor der ersten Theilung des Reichs. Berlin 1851. S. 42, 43. Er nennt den Schenkenden nicht Nicolaus, sondern den Schatzmeister Zbrozek. In wieweit die vermuthlich aus später Zeit herrührende Klosterchronik glaubwürdig ist, müssen wir dahingestellt sein lassen. Wenn sie vor 1288 den Sitz des Klosters von Bissow nach Smeysze verlegt sein lässt, so steht dem im Wege, dass nach Urkunden Smexe erst 1292 vom Kloster erworben wurde. Richtig aber ist, dass Swantepolk grosse Verwüstungen anrichtete, vgl. Petri de Dusburg, cronica terrae Prussiae, III. 35. 3) Kasimir erklärt zu Cloba am 25. Juli 1253, dass Nicolaus — villam et fundum, que *Byssoria* vulgariter nuncupatur, cum omnibus pertinenciis suis et cum villis etc. nobis obtulit et coram baronibus nostris resignavit petens, ut monasterium Cysterciensis ordinis ibidem fundare dignaremur, worauf Kasimir dies überträgt fratribus de Bissovia — ad construendum claustrum. Cod. dipl. Pol. I

geschenkt, auf dass sie daselbst ein Kloster anlegten, was denn auch geschah. Nach des Nikolaus Ableben stattete Herzog Kasimir, unter dessen Mitwirkung die Klostergründung erfolgte, 1253 die Leute der Klostergüter mit Befreiungen von den gewöhnlichen Lasten aus und stellte sie unter die Gerichtsbarkeit des Abtes. Seitdem war den unter klösterlichem Schutze lebenden Insassen Gedeihen vergönnt. Herzog Semomisl gewährte sogar 1286 dem Kloster für seine Güter die volle deutsche Freiheit wie sie im neumarkter Rechte liegt. Doch wird Krone weder damals noch in einer Aufzählung der Ortschaften des Klosters vom Jahre 1315 namhaft gemacht. Das Kloster traf neues Unglück. Ein geschlagenes Heer der deutschen Ritter[4] fiel auf seinem Rückzug über das Kloster, plünderte, nahm das Bildniss der Maria, dem das Volk besondere Verehrung erwies, weg, ermordete Mönche, verbrannte Gebäude. Danach fand der Abt für besser (heisst es), den Sitz an eine gesichertere Stelle, nach dem Fischerdorf Sneycze an der Brahe zu verlegen. Zufolge der Klosterchronik wurde 1288 daselbst zuerst eine Kirche gebaut, in der folgenden Zeit das Kloster aufgeführt. Gegen die Richtigkeit dieser Angabe entstehen jedoch Bedenken. Aus einer Urkunde ersehen wir nämlich, dass erst 1292 das Kloster dieses Dorf, das in ihr Snexe heisst, vom Bischof von Wlozlawek gegen Dobrxe eingetauscht hat[5]. Auf dem Grunde der neuen Erwerbung geschahen nun Ansiedlungen. Hier erwuchs der Ort, der später Krone genannt wurde. Die Befreiungen und die Vollmacht des Klosters für seine Besitzungen erneuete Premisl 1315[6]. Zum erstenmale geschieht Koronowos Erwähnung im Jahre 1349[7] als der Ausstellungsort einer Urkunde, wo der Herzog mit seinen Würdenträgern und seinem Gefolge sich aufhielt, jedoch ihre Aechtheit ist, weil der Aussteller 1349 ein Kind war, zu bezweifeln. Zu einer städtischen Anlage auf dem Klostergebiet scheint es noch nicht gekommen zu sein, oder wenn dies der Fall war, so hatte sie kein Gedeihen. Das Kloster erwirkte vielmehr viele Jahrzehnte später, unter seinem Abte Johann, am 18. December 1368 vom König Kasimir einen neuen Freibrief, kraft dessen dem Kloster gegenüber, jenseits der Brahe auf dem Grundstücke des Klosters, welches Smecz hiess, eine Stadt nach dem magdeburger Rechte gegründet werden durfte, die den Namen des Klosters führen sollte. Der Stadtrichter sollte unter dem Klosterabte oder dessen Bevollmächtigtem stehen. Die Stadt durfte über die Brahe eine Brücke schlagen und sollte sicher sein, dass weder ein Brückengeld, noch sonst ein Weggeld auf den zu ihr führenden Strassen erhoben würde. Ihr Wochenmarkt ward auf den Donnerstag angesetzt; die Zufuhr zu ihm sollte gleichfalls unbeschwert bleiben (**Urk. XIX**). Ueber diess alles ertheilte Herzog Kasimir von Stettin und Dobrin am 25. Juni 1371 zu Bromberg eine Bestätigung, in der er namentlich den Bau einer Brücke zwischen Stadt und Kloster erlaubte. Es bestimmte nun der Abt Johann mit Zustimmung des Klosterkonvents am 21. Juni 1370 das Weichbild der jungen Stadt und verlieh ihr 27 Hufen für einen jährlichen Zins von 18 Scoten von jeder Hufe. Der Scot galt 2 Groschen, 18 Scoti waren also gleich 3 Vierdungen oder ¾ Mark, was dreimal höherer Zins war, als wie er in Schlesien üblich. Diess spricht dafür, dass die neue Ordnung alten Unterthanen des Klosters, nicht aber Zuzüglern gegeben wurde. Die nächsten 12 Jahre sollten die Ansiedler steuerfrei bleiben, hernach von jedem Grundstück jährlich 3 Groschen an das Kloster entrichten. Von den Abgaben der Verkaufsbänke und Bäder sollten dem Kloster zwei Drittheile zukommen. Wofern Erz oder Thonlager gefunden werden sollten, behielt das Kloster die Erwerbung des Bodens, wo zu graben sei, gegen ein gleiches Mass Land sich vor. Wenn in Rechtshändeln die Rathmänner sich nicht klar seien, waren sie angewiesen, bei dem bromberger Rathe Belehrung zu suchen. Berufung von Erkenntnissen blieb freigelassen an das Kloster, doch sollte sie nur in grösseren Sachen statthaben (**Urk. XXX**)[8]. Der Gemeinde erbaute der Klosterabt Andreas 1382 eine hölzerne Pfarrkirche, die im Verbande mit dem Kloster stand. Der jedesmalige Abt war Patron und Collator. Der Krieg Polens mit dem Deutschorden am Anfange des XV. Jahrhunderts traf die Stadt während mehrerer Jahre schwer. Sie wurde von den Deutschen geplündert und angezündet, wohl bei dem verwüstenden Einfall des Ordensheeres in der

---

p. 68, woraus erhellt, 1. dass zur Zeit der Schenkung Mönche schon daselbst waren, 2. dass die Klosterchronik irrt, wenn sie die Schenkung als ein Vermächtniss Zbrozek's darstellt. Ihr zufolge ward das Kloster 1253 gebaut. Bissow ist das jetzige Pfarrdorf Byszewo. 4) Adler's Quelle, die origo prima monasterii Coronoviensis nennt die Schlacht bei Zajek, die von Peter von Dusburg nicht genannt wird. Die Bulle Urbans VI. von 1381 nennt den Ort des für den Orden unglücklichen Treffens Lonsk. 5) Haereditatem quae vulgariter *Smexe* nuncupatur cum suo districtu, hoc est cum toto lacu et cum pratis adjacentibus. Bestätigung über die darüber in Swece geführten Verhandlungen von dem pommerschen Herzoge Mistivius. Cod. dipl. Pol. II. 632. 6) Cod. dipl. Pol. II. 198. 7) Ebenda 711. 8) Seite 32 Zeile 22 ist wohl für in secundo zu lesen: inde eundo, Zeile 23 für oppositio: opposito.

zweiten Hälfte des Jahres 1409. Auch die Mönche wurden auseinandergesprengt 1410. Da wurde auch die Stiftungsurkunde weggeschleppt; desshalb erneuerte sie auf Bitten der übriggebliebenen Bürger der Abt Matthias am 21. August 1411 (**Urk. XXXIV**). Uebrigens soll erst 1420 der Abt seinen Sitz wieder in Krone genommen haben[9]. Die Muthmassung liegt nahe, dass nach dieser Heimsuchung, welche vielleicht Koronowo minder hart als das Kloster betroffen hatte, der neue Name für die Stadt gangbar geworden ist. In einer Urkunde von 1471 ist zu lesen „das Kloster Bissow anders genannt Koronowe“[10]. Koronowo heisst fortan die Stadt: die Deutschen übersetzten es in Krone. 1563 war nach der grossen Veränderung im Schriftzuge, welche der Buchdruck zur Folge hatte, den Bürgern ihr Rechtsbrief von 1411 „unleserlich“. Der Abt und Suffraganbischof Adam Mirkowski erneuerte ihn daher, schaffte jedoch die Berufung auf den Rechtsspruch der Bromberger ab: diese sollte an das Kloster gehen. Er gab zugleich der Stadt die Befugniss sich in dem Walde gegenüber dem Kloster Holz zu holen und Vieh zu treiben, sowie frei auf den Klostergütern zu weiden, einen Sumpf und 24 wüstliegende Hufen auf dem neuhöfer Grunde, die sie nur nach dem früheren Satze verzinsen sollten. Einen Ziegelofen[11] durfte die Stadt sich anlegen. Die Wiese Samociazek sollten die Bürger gehalten sein abzumähen und das Heu davon einzuführen. Neben Koronowo war inzwischen noch ein zweites Städtchen vom Kloster gegründet worden, Namens W a l i s z e w s k o oder Waliszewo, dieses vereinigte der Abt nun mit Koronowo (**Urk. CVII**). Sieben Plünderungen war im Laufe der Zeiten das Kloster ausgesetzt. In den 60ger Jahren des XVI. Jahrhunderts gründete das Kloster in der Stadt ein Hospital mit einer Kirche und führte dessen Verwaltung. Die alte Holzkirche verfiel um Ende des XVI. Jahrhunderts; das Kloster sorgte für den Aufbau einer neuen, gemauerten. Die alte Kirche hiess die Corporis Christi, die neue ward dem heiligen Andreas gewidmet. Im Kloster wurde auch unentgeltlicher Unterricht im Lesen, Schreiben, Rechnen, in der polnischen und lateinischen Sprache ertheilt. So erwies das Kloster der Gemeinde vielfache Wohlthaten. Von zwei Königen erhielt in den folgenden Jahrhunderten Krone Freibriefe: von Johann Kasimir am 12. December 1657 über die städtischen Ländereien, und von August III. am 29. August 1750. In der zweiten Hälfte des XVIII. Jahrhunderts wurden die Klostergebäude neu gebaut vom letzten Abte, Anton Johann Lodzia Chrzastowski, welcher am 26. April 1794 starb; nach ihm stand nur ein Prior an der Spitze des Klosters, dessen Konvent dem ernannten Abte, Adalbert Scheinert, Ritter des rothen Adlerordens, die Anerkennung versagte. Die Einwohner genossen mancherlei Vortheile von dem reichen Kloster. Die Viehmastung war ihnen erleichtert. Sie trieben in die Nachbarschaft bis in's Brandenburgische, Pommersche und Sächsische Handel mit Schafen und Schweinen. Die Töpferei kam dann auch in Aufnahme; Töpferwaaren wurden nach Pommern und Preussen verführt. Mehr als 20 Bierbrauereien entstanden am Orte. 1772 wurde Krone preussisch, es war damals ein schlechtgebauter Ort, zählte 1788: 156 Häuser und hatte 895 Einwohner, in der Abtei wohnten 12 Geistliche. Die Einwohnerzahl soll auf 1300 gestiegen sein, jedoch 1816 zählte man nur 933[12]. Von diesen waren 506 Katholiken, 279 Lutheraner, 148 Juden. Im Kloster lebten 14 Geistliche, die nach der Einziehung der Klostergüter zusammen 2536 Thlr. ausgezahlt erhielten. 1819 erfolgte die Aufhebung des Klosters durch den Staat. Die Zellen des Klosters wurden nachmals zu einer Besserungsanstalt für Sträflinge verwendet, die Abtei zu einem Inquisitoriat eingerichtet; später wurde indess das Untersuchungsgericht von Krone weg nach Bromberg verlegt. Die bisherige Klosterschule wurde in das von dem Pfarrer Nicolaus Plaszewski erbaute Pfarrhaus verlegt, und dafür ein neues Pfarrhaus aufgeführt. Die Klosterkirche wurde Parochialkirche und ihr ein Kirchenvermögen ausgesetzt. Neben der katholischen Kirche entstand nun auch eine evangelische an der Brahe. Da diese schlecht und bald baufällig war, so verfügte König Friedrich Wilhelm III. (Potsdam, 20. Okt. 1825) die Ueberweisung der katholischen Stadtpfarrkirche an die evangelische Gemeinde; widerspräche dieser Bestimmung die katholische Gemeinde, so solle sie zwar ihre Stadtkirche behalten, dann aber die vormalige Cisterzienser-Klosterkirche den Evangelischen eingeräumt werden — ein Befehl der Willkür, der sich vom Standpunkt des a l l g e m e i n e n Nutzens wohl rechtfertigen liesse, wofern gleichzeitig den Katholischen eine Entschädigung zugebilligt worden wäre. Die Kirchenschlüssel wurden nun zwar am 6. Dec. 1825 dem

9) Adler S. 13. 10) Monasterii Bissoviensis alias Koronowo in terra Pomerania siti. Cod. dipl. Pol. II. 943, 944. 11) Es ist offenbar im Abdruck der Urkunde S. 166 zu lesen fornacem laterum, und vorher Zeile 6: qui erunt nunc LI (statt: qui erant nostro Lb. 12) Das statistische Jahrbuch gibt 1531 Bewohner an.

evangelischen Kirchenvorstande ausgeliefert, allein zugleich geschahen nachdrückliche Gegenschritte, deren Erfolg im Jahre 1827 die Zurücknahme jenes Kabinetsbefehls war. Aber der katholischen Gemeinde ward nun auch (16. Mai 1828) auferlegt, ihre alte Pfarrkirche aus eigenen Mitteln in baulichem Stande zu unterhalten, und bei der Rückgabe im Wege gütlicher Vermittlung ausgemacht, dass einstweilen die evangelische Gemeinde jene Kirche neben der katholischen benutzen durfte, was denn auch geschah, bis die mit Staatsunterstützung am Markte erbaute Kirche der Evangelischen im Jahre 1831 am Geburtstage des Königs (3. August) eingeweiht werden konnte. Das alte, im Nordwesten der Stadt gelegene Hospital musste 1832 abgetragen werden, es wurde daher ein Grundstück in der Stadt angekauft zur regelmässigen Verpflegung von 8 Hospitaliten. Die Zahl der Wohnhäuser betrug 1816: 296, was, verglichen mit der derzeitigen Einwohnermenge, einen vormaligen Stand grösserer Blüthe muthmassen lässt; 1825: 218, 1837: 220, 1862: 11 öffentliche Gebäude, 51 Geschäftsgebäude, 316 Wohnhäuser, 345 Stallungen und Scheunen. Die Einwohnerzahl stieg, 1825 war sie 1834, 1837: 2233, 1843: 2306, 1858: 2784, 1861: 2926, uneingerechnet die doch der Sachlage nach zugehörigen Bewohner der angrenzenden zum Lande gerechneten Vorstadt. Dem Bekenntniss nach zerfallen die Bewohner in 1451 Katholiken, 985 Evangelische, 479 Israeliten, dem Geschäft nach (die Vorstädter mit einbegriffen) in: 24 Stadt- und Gerichtsbeamte, 3 Geistliche, 7 Lehrer, 3 Aerzte, 1 Thierarzt, 1 Apotheker, 56 Kaufleute, 10 Agenten, 21 Gast- und Schenkwirthe, 3 Branntweinbrenner, 2 Bierbrauer, 2 Essigbereiter, 2 Ziegelbrenner, 3 Besitzer von Wassermühlen, 13 Bäcker, 10 Fleischer, 41 Schuhmacher, 21 Töpfer und Ofensetzer, 21 Schneider, 18 Tischler, 9 Riemer und Sattler, 8 Böttcher, 7 Kürschner und Mützenmacher, 6 Nagelschmiede, 6 Lein- oder Wollenweber, 4 Glaser, 4 Schmiede, 3 Buchbinder, 3 Putzmacher, je 2 Stubenmaler, Färber, Klempner, Kupferschmiede, Maurer, Stellmacher, Seiler, Schlosser, Gerber, 1 Leihbibliothekar, Uhrmacher, Seifensieder, Drechsler, Dachdecker, Zimmermann, Schornsteinfeger, Barbier, Oelmüller, Lohmüller, endlich 70 Ackerbürger. Ackerbau, Handel und Handwerk ist mit wenigen Ausnahmen in den Händen der deutschen Einwohnerschaft. Während der Unruhen von 1846 wurde eine Schützengilde errichtet, welche seitdem fortbesteht. Es gilt die Städteordnung von 1853, welche 1854 eingeführt wurde. An der Spitze der Stadt stehen ein Bürgermeister, ein Kämmerer, 3 Rathsherren und 9 Stadtverordnete. Der Stadthaushalt erforderte 1861: 3235 Thaler. Die Stadt besitzt ein umfängliches Rathhaus, ein Gefängniss und ein Spritzenhaus. Zwei frühere Waldflächen, welche der Stadt gehörten, wurden in neuester Zeit veräussert: Olszewko wurde verkauft, Samociazek gegen ein an der Stadt gelegenes Lustwäldchen Crabina vertauscht. Die Stadt ist gepflastert und hat mehrere Brücken über die Brahe. Am Orte ist ein Kreisgericht. Die evangelische Schule besuchten 1862: 194 Kinder, die katholische 167, die jüdische 87, ausserdem besteht eine Privatschule. Der Aufwand für die evangelische Schule beträgt 1272½ Thaler, für die katholische 663 Thaler, für die jüdische 632 Thaler. Ueberblickt man diese Angaben, so lehrt der Umstand, dass die Einwohnerschaft seit 1816 sich mehr als verdreifacht hat, wie die herrschende Ansicht, Krone sei in Folge der Aufhebung des Klosters heruntergekommen, nicht begründet ist: obschon sicherlich der Wegfall der vielen Vortheile, welche den Bewohnern vom Kloster zu Theil wurden, ein harter Schlag war. Der fiskalische Geist der preussischen Regierung machte einen grellen Abstich. Den Schulunterricht hatte das Kloster den Bekennern jedes Glaubens unentgeltlich ertheilt, nun bemächtigte sich der Staat der Klostergüter und legte der Gemeinde auf, Lehrer zu besolden; erst nach vielen Bitten gewährte er der armen Stadt eine jährliche Beihülfe von 200 Thalern zum Schulwesen. Die Töpfer hatten aus den Besitzungen des Klosters, nach einem Abkommen mit ihm, den Thon um einen Spottpreis gewonnen und billige Herstellung ihrer Waare voraus gehabt; wofür sie vordem einige Groschen bezahlt hatten, dafür mussten sie nunmehr 40 und mehr Thaler an den königlichen Fiskus erlegen. Die Hutung war auf den Klostergründen frei gegeben, viele machten daher mit dem Mästen von Vieh vortheilhafte Geschäfte; jetzt litten die Forstbeamten das Weiden des Viehes nicht mehr. Vordem hatten die Einwohner sich Holz nach ihrem Bedarfe frei geholt: aber die königlichen Förster erkannten die Berechtigung der Stadt nicht mehr an, erschwerten es erst, wehrten es dann gänzlich. An's unentgeltliche Entnehmen des Holzes von je gewöhnt, zehrten die Bürger ihren Stadtwald beinahe auf, bis die Regierung einschritt und die Benutzung der noch übrigen städtischen Waldung auf die Kämmerei allein beschränkte. Brennereien, Töpfereien der Bürger gingen darauf ein, die Viehzucht wurde grossentheils aufgegeben. Endlich wurde die Stadtgemeinde klagbar und wies aus den alten Urkunden das ihr zustehende Recht zu freiem Bezuge von Bau- und Brennholz nach. Der Richter hat auch für diesen Anspruch entschieden, allein der im preussischen Staate so scharf ausgeprägte fiskalische Geist, der im Widerspruche mit dem wahren Staatszwecke sich befindet, dem preussischen Staate sehr viel schadet und sehr wenig nützt, hat auch hier sich gezeigt. Die Behörden haben sich bei der richterlichen Entscheidung nicht beruhigt, sondern vom ersten an den zweiten Richter sich gewendet; so dass der Rechtshandel noch schwebt. Die freie Weide in den ehemaligen Klostergütern musste ebenfalls gerichtlich erstritten werden. Der Werth aller dieser Vortheile ist in der Gegenwart ein viel höherer als in alten Zeiten. Uebrigens ist das vornehmste Bedürfniss der Stadt die Schiffbarmachung der Brahe, auf der jetzt nur Holz geflösst wird, und ihre Verbindung mit dem bromberger Kanale, damit insonderheit Getreide billig verführt werden könne. Dahin es zu bringen ist darum die gegenwärtige Stadtobrigkeit unter ihrem Bürgermeister Böttiche bedacht.

Krotoschin, p. Krotoszyn (1458 Krothoschyn, auf alten Karten auch Krutoschin), wird uns erst spät[1], erst in der Mitte des XVI. Jahrhunderts genannt, als ihm die Stellung von 2 Kriegern (in der Veranlagung von 1458) auferlegt wurde. Im XVI. Jahrhunderte waren die Rozdrazewski Besitzer des Ortes. Einer von diesen Namens Johann hielt sich zu den böhmischen Brüdern und übergab daher diesen die katholische Kirche; jedoch nach einem Jahrzehnt schon war sie den böhmischen Brüdern wieder genommen. Im XVII. Jahrhunderte geschieht eines schönen herrschaftlichen Schlosses mit Gartenanlagen Erwähnung, welches nahe an der Stadt liegt. Der Ort kam zu 8 Jahrmärkten, die lange ansehnlich waren, jedoch im XVIII. Jahrh. unbedeutend wurden. In demselben Jahrhunderte war Krotoschins Gegend während des letzten Schwedenkrieges (1712) Schauplatz von Kämpfen, dann erscheint Ignaz Potocki als Besitzer, der eine Kirche und ein Kloster erbauen liess, die er 1731 den Trinitariermönchen übergab. Die zu Fraustadt am 23. August 1785 gehaltene grosspolnische Dissidentensynode genehmigte für Krotoschin den Bau einer evangelischen Kirche und die Berufung eines Predigers. Der Bau der lutherischen Kirche geschah darauf 1790. Die Stadt hatte ein Hospital, aber es wurde schlecht verwaltet. Die Bürger besassen Braugerechtigkeit, sie wurde ihnen jedoch entzogen und erst in der südpreussischen Zeit (1797) zurückgegeben. Das Geschlecht der Krotowski führt von diesem Ort den Namen. Nach der Theilung Polens kam Krotoschin an den preussischen Minister Goerne, als dieser abgesetzt und eingesperrt wurde, ward Krotoschin zu einem Domänenamt gemacht. Am Ausgange des XVIII. Jahrh. war Krotoschin eine offene Stadt, ohne Graben und Wall, mit 3 Thoren. Auf dem Markte lag das gemauert aufgeführte Rathhaus, Katholiken und Evangelische hatten ihre Kirche, ausserdem war ein Kloster mit 11 Geistlichen vorhanden. Die Zahl der Wohnhäuser betrug 502, von denen ein einziges Ziegeldach hatte. In der südpreussischen Zeit wurden indess noch auf dem zum Domänenamte gehörigen Grunde vor dem kobiliner Thore massive Häuser und auch ein Salzmagazin erbaut. Zur Stadt gehörten 14 Mühlen. Die Kämmerei bezog jährlich 1152 Thlr. Die Stadt hielt 3 Nachtwächter. Die Einwohnerzahl betrug 3427, von denen etwa ein Sechstel Polen, nahezu ein Drittel (1074) Juden waren. In der Stadt lebten 10 Leinwandhändler, 5 Tuchhändler, 3 Eisenhändler, 63 Kürschner (zur Hälfte Juden), 2 Gerber, 56 Schneider (davon 51 Juden), 40 Tuchmacher und Tuchscherer, 40 Schuster, 38 Leinweber, 37 Bäcker, 34 Müller, 18 Fleischer, 15 Branntweinbrenner, 1 Weinhändler, 9 Hufschmiede, 8 Töpfer, 7 Stellmacher, 7 Posamentirer (davon 5 Juden), 4 Böttcher, ferner 1 Honigküchler, 2 Goldschmiede (Juden), 1 Bildhauer (Jude), 3 Buchbinder (Juden), 7 Musiker, 1 Apotheker; einen Bierbrauer gab es nicht. Im XIX. Jahrhundert wurde eine Tabakspfeifenfabrik angelegt. Kürschnerei, Gerberei, Tuchweberei, Cichorien- und Tabaksbereitung blieb im Schwunge oder kam nun in Aufnahme, auch der Wollhandel nahm zu. 1816 betrug die Einwohnerzahl 4227 (n. a. 4406); im Kloster gab es nur noch 3 Mönche. 1837 lebten in Krotoschin 6337, 1843: 6750, 1858: 7688, 1861: 8459 Menschen. Ein Stadt- und Landgericht bekam in preussischer Zeit hier seinen Sitz. Der König gab im Mai d. J. 1819 Krotoschin als „rechtes Erb-Thron-Mann-Lehn“ zur Abfindung für die Posthalterei in Rheinpreussen dem Fürsten Karl Alexander von Thurn und Taxis in Besitz und vereinigte sämmtliche ihm in Posen gegebene Herrschaften (die Städte Adelnau und Sulmerschütz, 48 Dörfer, eine

---

Krotoschin. 1) Ein Dorf Crothoszino, welches im XIV. Jahrhunderte den Cisterziensern zu Lekno gehörte und von diesen 1361 an Shiluth, Erbherrn von Dobnaborz, verkauft wurde (Cod. dipl. Pol. II. 732), lag in districtu Palucensi, ist also das Dorf

Anzahl Vorwerke und Forsten) am 25. Mai 1819 zu einer Standesherrschaft, am 29ten zu einem Fürstenthum Krotoschin. Die neue Herrschaft nahm des Ortes sich an. Die Juden legten eine hebräische Druckerei an, auch eine Buchhandlung entstand, später sogar eine Bücherei. Eine Sparkasse wurde gegründet. Die Stadtschule ward erweitert und die Bürgerschaft begehrte schon 1833 ein Gymnasium; die Regierung fand jedoch, dass es dazu an Mitteln gebreche. Indessen wurde die Stadtschule 1836 zu einer Kreisschule erweitert, ihr das Klostergebäude eingeräumt und sie 1847 zu einer Realschule erhöht. Eine Mädchenschule ward daneben gegründet und endlich 1851 wirklich ein Gymnasium errichtet[2]. Die Städteordnung ward am 29. November 1834 verliehen. Ein Brand, der 1841 (?) die Stadt grossentheils verzehrte, ward überwunden: besser wurde sie aufgebaut. Im Jahre 1848 ahmte der Landrath Bauer, der es mit der Polenpartei hielt, den Königsritt nach. Hoch zu Ross durchritt der schöne Mann die Stadt, die Verbrüderung der Deutschen und Polen verkündend, darauf veranstaltete er auf dem Markte eine Volksversammlung und hielt in ihr eine Rede, des Inhalts, dass eine neue Zeit angebrochen sei. Des zum Zeichen liess er vom Rathhaus den preussischen Adler abnehmen, den polnischen aufstellen. Die Beamten liefen davon, der Bürgermeister, ein guter, einfacher Mann, wusste nichts zu thun. Bauer setzte als neue Behörde einen Ausschuss auf dem Rathhause ein. Polnische Edelleute richteten sich auf ihm ein. Allein den Juden missfiel diese Veränderung. Sie waren es, die einschritten; sie entfernten den polnischen Adler, und ein begüterter Mann aus ihrer Mitte, L. Benas, begab sich auf's Rathhaus und fragte Bauer: „was alles das solle? wozu die Edelleute hier seien, da doch die Stadt ihren eigenen Rath habe?" Bauer antwortete: „„ob er denn nicht wisse, was vorgegangen sei in der Welt?"" Benas jedoch bedeutete ihm mit Nachdruck: er habe auf dem Rathhaus gar nichts zu suchen. Bauer musste das Rathhaus verlassen. Darauf zogen sich die Edelleute in den Gregorschen Saal und tagten dort weiter; sowie es ruchbar wurde, jagten Judenburschen sie auseinander und trieben sie aus der Stadt. Ein polnischer Reiter, der in die Stadt sprengte, wurde vom Pferde gerissen. Die Juden riefen: „wir wollen kein Polenthum, wir sind Preussen!" Nunmehr schloss Krotoschin den Schritten, die Meseritz that, sich an, schickte (den 18. April) Bevollmächtigte nach Posen, um sich mit dem dortigen Hauptausschluss zu benehmen, ordnete eine Absendung nach Berlin ab und verlangte Willisen's Entfernung. — Damals war Jüngling Marian Langiewicz, der hier am 5. August 1827 als der Sohn eines Arztes geboren wurde, wahrscheinlich einer deutschen Familie Lange entsprossen, welcher nachmals der geschickte Anführer und Dictator der Polen in ihrem Erhebungsversuche im Winter 1863 war. — Der Sinn für Geschichte scheint in Krotoschin sehr schwach, da von dieser beträchtlichen Stadt so geringe geschichtliche Nachrichten aufzubringen sind.

Kruschwitz, p. Kruświca, Kruszwica (urk.: 1100 Crusvica, Urk. II. S. 6, 1133 in der Bulle des Papstes Innocentius II. an den magdeburgischen Erzbischof: Cruciwiz. 1185. 1235, 1298 Crusvicia, 1227 Croswic[1], 1233 Cruswitia, 1243 Crusewic[2], 1365 Crusficia, 1422 Kruszwica, 1460 Cruschwieza, 1501 Cruschfyeza und Cruschvycza, auch Crusphicia; in der Chronica Polonorum des sogenannten Martinus Gallus: Cruswicz und Cruszwicz, von Basko: 1268 nobile castrum Cruschviciense, in der Chronica Lechitarum um 1300 Crusbicia[3], Janko um 1380 Cruschvitza, Pufendorf: Krusewitza), eine der ältesten Ortschaften Polens. Hier am Goplosee, an dem sie liegt, spielt ein Theil der polnischen Sagengeschichte. Hier soll Pumpil (Popiel) von den Mäusen verfolgt worden, von hieraus Past ausgegangen sein. In Zeiten allgemeiner Unsicherheit musste ein Platz Werth haben, den ein langer See auf der einen Seite, Sümpfe und Abhänge auf der andern Seite vor feindlichen Ueberfällen beschützten. Bessere Tage, in denen das Aufkommen der Städte von der Lebhaftigkeit des Verkehrs abhing, hoben diesen Werth auf. Gerade die Unzugänglichkeit von Kruschwitz musste endlich seinem Gedeihen schweren Abbruch thun. Frühzeitig stand hier eine Burg. Meszko II. bestellte hier einen Bischof für Kujawien[4], und eine Kathedrale erhob sich. Venantius war 1033 der erste Bischof in Kruschwitz. Bei dem Aufruhr des Sbignev gegen seinen Vater Wladislaus (1093), warf ersterer sich aus Breslau nach Kruschwitz, das „reich an Kriegern" heisst, und wurde von den Bewohnern aufgenommen. Wladislaus führte sogleich aus Schlesien seine Streithaufen heran, der

---

dieses Namens in der Gegend von Schubin. 2) Schönborn's Jahresbericht über das Gymnasium zu Krotoschin von Ostern 1854 bis Ostern 1855.

Kruschwitz. 1) Hasselbach und Kohlgarten cod. Pomeraniae dipl. Greifswald 1862 I. 377. 2) Ebenda S. 700. 3) Stenzel script. rer. Siles I. 12. 4) Bogufal's Chronik (Sommersberg II. 25), während Dlugoss (leipziger Ausgabe von 1711, I. 95) die

Sohn ging ihm mit 7 Scharen der Kruschwitzer entgegen und es kam vor der Stadt am Goplo zu einem äusserst blutigen Treffen, in dem Sbignev unterlag; er floh in die Burg und konnte sie nicht mehr halten. Kruschwitz, „früher so reich an Schätzen und Mannen, wurde fast zu einer Oede gemacht“[5]. Indessen fand 1149 hier eine Zusammenkunft der Markgrafen Albrecht des Bären, Otto I. und anderen Fürsten statt[6]; der Ort muss sich also wieder gehoben haben. Empfindlicher als diese Zerstörung im Kriegsdrang traf Kruschwitz auf die Dauer, dass wegen seiner Abgelegenheit[7] Bischof Onold sich entschloss, den Bischofssitz nach Wlozlawek (Wladislavia) zu verlegen, was 1159 geschah. Starostei blieb es. Bis 1772 sass hier ein Burgstarost. Als Feste hörte Kruschwitz nicht auf wichtig zu bleiben und mag daher noch öfter ein Sammelplatz von Streitern und Stätte von Kämpfen gewesen sein. Im Jahre 1157 führte Kaiser Friedrich Barbarossa das deutsche Heer bis in die Gegend von Kruschwitz, wo der Polenherzog sich vor ihm demüthigte: denn das dabei genannte Crisguwa[8] ist ohne Zweifel Kruschwitz. Im XIII. Jahrhundert wird 1233 in einer herzoglichen Urkunde ein Johannes de Cruswitia genannt[9] und 1238 als castellanus Cruswiciae ein Martinus[10]. Im Jahre 1235 verlieh der kujawische Herzog Kasimir dem Bisthum die Hälfte der Schankstätten in Kruschwitz[11]. Um die Mitte dieses Jahrhunderts wurde an der kruschwitzer Brücke ein Zoll erhoben[12]. 1268 überliess Herzog Semomisl von Kujawien die Burg Kruschwitz dem Herzog Boleslaus[13]. In der Besorgniss, dass die Pommern sich in ihr festsetzen könnten, liess Boleslaus 1271 sie abbrennen. 1332 wurde der Ort von den deutschen Rittern eingenommen. König Kasimir der Grosse befestigte Kruschwitz im Gefühle seiner grösseren Stärke von neuem[14]. Nach Kasimirs Ableben gehörte Kruschwitz kurze Zeit dem Pommerfürsten Kasimir IV. von Dobrin, von 1370 bis 1376. Als letzterer an einer Wunde am 2. Januar 1377 gestorben war, kam es wieder zu Polen. 1382 litt es durch die Züge kämpfender Scharen wiederum ausserordentlich. 1383 nahm es der masowische Palatin Abraham Szocha ein[15] und es ging wohl in seinen Lehnbesitz über. Denn dieser erscheint im Jahre 1391 in einer Urkunde als Grundherr[16]. Um jene Zeit war Kruschwitz zu einem unbedeutenden Orte heruntergekommen, obwohl Stadt geheissen, aus zwei Theilen (oppidum cum suburbio, **Urk. XXXVIII**) bestehend, und auch Burg genannt[17], als im Jahre 1422 König Wladislaus II. Jagel, um ihm Zuwachs an Einwohnern zu verschaffen, es des polnischen Rechtes und der Obergewalt der Reichsbeamten enthob und in's deutsche Recht und zwar in das magdeburgische, wie es Jungleslau genoss, einsetzte. Die Einwohnerschaft bekam also ihr eigenes Gericht; ihr Vogt hatte, wenn er der Vernachlässigung seines Amtes angeklagt wurde, auf des Königs Vorladung vom königlichen Gerichte oder vom Starosten von Kruschwitz nach den magdeburger Bestimmungen Recht zu nehmen. Die Stadt bekam einen zweitägigen Jahrmarkt und einen Wochenmarkt am Sonnabende. Den Beamten wurde befohlen die zu den kruschwitzer Märkten Reisenden unbehelligt zu lassen (**Urk. XXXVIII**). Letztere Bestimmung erneuete Kasimir IV. 1460 und befreiete auch die kruschwitzer Bürger, wenn sie mit Vieh oder Waaren nach Brzest, Radziejow, Jungleslau, Gembitz und andern kujawischen Städten kämen, von den Marktsteuern (**Urk. LVI**). Aber Kruschwitz blieb unbedeutend. 1458 hatte es zum Heere nur 3 Mann zu stellen. „Es hat kaum den Namen eines Ortes behalten“, schrieb Dlugoss in des XV. Jahrhunderts zweiter Hälfte. Um das Jahr 1500 verheerte Kruschwitz obenein eine Feuersbrunst; auf die Bitte der Bürger gewährte ihnen König Johann Albert 1501 Befreiung von allen Abgaben auf 5 Jahre (**Urk. LXXIV**). Im Lehnbesitz des Hauses Opporow befand es sich damals, das in diese Steuerbefreiung sich schicken musste. 1538 bestätigte Sigismund I. die Zollfreiheit der kruschwitzer Händler nach der Urkunde von 1460, und noch später bekräftigten die Könige die Urkunden der Stadt (zuletzt August III. am 7. September 1750); wieviel nutzten jedoch Freibriefe? Was einmal verfallen musste, ist stets schwer zum zweitenmal emporzubringen. Die Stadt bestand aus hölzernen Häusern, ausserhalb der Stadt lag die Peterskirche, ein Steinbau mit einem Kollegium für 24 Domherren und die Burg, welche

---

Stiftung des Bisthums in's Jahr 966 bei Annahme des Christenthums schon ansetzte. 5) Des sogenannten Martinus Gallus chronica Polonorum II. 4, 5. Monumenta Germaniae historica XI. 447. 6) Raumer, Regesta brand. Nr. 1132. S. 193. 7) Propter solitudinem loci: Dlugoss p. 95. 8) Radevic, Fortsetzung des Otto von Freisingen I. 5 (Muratori, Scriptores rerum Italicarum, Mailand 1725, VI. 743). 9) Wzory pisma dawnych y przerysach wystawione i objasnione drukowanem ich wyczytaniem. W. Warszawie 1839. S. 8. 10) Ebenda S. 9. 11) Medietatem Crusviciensium tabernarum, Cod. dipl. Pol. II 593. 12) Hasselbach u. Kosegarten, cod. Pomeraniae dipl. I. 951. 13) Basko (Sommersberg II. 77). 14) Janko, archidiac. gnesn. (Sommersberg II 98). 15) Ders. S. 146. 16) Cod. dipl. Polon. II. 261 17) Urkunde von 1409, in welcher König Wladislaus dem Hospital der Augustinerkreuzherrn in Brest schenkt duarum nostrarum araturarum decimas, quas habemus in villis nostris Cruschwicza videlicet ab una et Lagewniki ab alia parte, castro nostro Cruschwicza adjacentibus. (Mosbach, Wiadomości do Dziejów Polskich. Breslau 1860

gebrannte Mauern von 4 Ellen Dicke hatte[18]. Die Schweden setzten sich daher im zweiten Schwedenkriege fest (1655) und die Bemühung der Polen unter dem Woiwoden Stefan Czarnecki sie wieder herauszuwerfen, gelang nicht, doch zogen sie freiwillig im Juni 1657 ab, zerstörten aber vorher noch das Schloss[19]. Pufendorf hat wenigstens eine Zeichnung dieses, in seiner ersten Anlage vielleicht ältesten Schlosses der Polen erhalten. In Trümmern blieb es liegen. Ein Schutthaufen auf der Halbinsel am Goplo macht jetzt seine Stelle kenntlich. Preussisch wurde Kruschwitz 1772: damals hatte es nur 14 Häuser und 79 arme Einwohner. Dieser ehemalige Hauptort der Polen war nun die kleinste Stadt im ganzen preussischen Staate, Stadt nicht mehr zu nennen! Jenseits des Goplosees stand das Kollegiatstift mit der Kirche und ein Amtshaus nebst den Vorwerksgebäuden der 5 Domherrn, die ihre geringen Pfründen auswärts verzehrten. Die Stiftskirche, aus gehauenem Granit in byzantinischem Geschmack aufgeführt, mit Eisenblech gedeckt, ist sehr alt. 1816 hatte es 25 Feuerstellen und 135 Einwohner, ausserdem waren am Dome 10 Geistliche. Die Einwohnerzahl stieg bis 1837 auf 306, 1843 auf 386, 1858 auf 591, 1861 auf 639. Steinpflaster und unterirdische Mauern erinnern noch an ehemalige grössere Bedeutung von Kruschwitz. Trümmer sind noch vorhanden von dem Schlosse auf der ehemaligen Insel und auch Reste einer Brücke sind zu gewahren, die zu einer andern Insel führen, auf welcher einst ein Lustschloss Kasimir des Grossen lag. Ein merkwürdiges Ueberbleibsel aus dem Alterthum ist der neben den Burgtrümmern abgesondert, hart am Goplo, auf einer Erhöhung stehende Mäusethurm: aus Ziegeln, achteckig, 190 Fuss hoch ohne alle Verzierung grade in die Höhe geführt, mit sehr geringer Räumlichkeit in seinem Innern, ähnlich dem angeblich vom grossen Kasimir herrührenden Thurm zu Oizow in der sogenannten polnischen Schweiz bei Olkusz. Wozu er brauchbar war, ist nicht recht deutlich. Vertheidigungszwecken scheint er nicht gedient zu haben. Man hat daher gemeint, dass er ein Leuchtthurm für die zur Nachtzeit den See Befahrenden gewesen sei. Mag aber auch die Schiffahrt bedeutender gewesen sein ehedem, als die Brahe bei Cziskowke noch durch den jetzigen Bruch bei Schlessin aus Potulice mit der Netze in Verbindung stand, als vielleicht der ganze Netzbruch ein grosses schiffbares Wasser gewesen ist, welches mit dem Goplosee zusammenhing, so war sie doch in keinem Falle sehr gross, und an Warten wohl, aber nicht an Leuchthürme dachte jene frühe Zeit. Eine in der Höhe von 20 Fuss befindliche kleine Oeffnung erregt die Vermuthung, dass aus dem Schlosse, etwa von dessen zweitem Stockwerke, in diesen Thurm zu gelangen war, der am wahrscheinlichsten ein Wachtthurm für den Goplosee sein sollte.

Kschonz, Xions, Xionds, Xiondz, Xionz, Kschions, p. Xiądz, Xiaž, Ksiazek (urk.: 1430 Kezin, 1441 Keynia, 1480 Kezynija)[1], in der Nähe der Warthe, war Mittelpunkt eines Bezirkes[2]. Ein Castellanus wird daselbst 1402 urkundlich genannt[3]. Im XV. Jahrhunderte war es Stadt; 1441 wird es als solche erwähnt, da König Wladislaus sie um 400 Mark dem Albert Slupski zum Lehnbesitz, jedoch unter Vorbehalt seines Aufenthaltsrechtes, verschrieb[4]. Um die Mitte des XV. Jahrhunderts war Erbrichter (advocatus) Simon Czayka. Dessen Sohn Paul verkaufte am 2. März 1480 in der Stadt vor dem Grossstarosten von Grosspolen diese seine ererbte Richterstelle mit allem Zubehör an den Edeln Michael Drogosch, Sohn des verstorbenen Brzostowski von Klein-Tupadla um 100 Mark[5]. Kschonz war mittelbar.

S. 50). 18) Simonis Starovolsci Polonia (in [Conring] Starovolsci tractatus III. Breslau 1733. S. 8 und in Mizler von Kolof, Historiarum Poloniae scriptorum collectio. Warschau 1761. I. 439). Gerardi Mercatoris Atlas sive Cosmographiae meditationes de fabrica mundi et fabricata figura Primum a G. Mercatore inchoatae, deinde a J. Hondio ad finem perductae, jam vero emendatae. Amsterdam 1630. f. 295. 19) Arx educto praesidio disjecta et incensa. Pufendorf, Carol. Gustavus, Nürnberg 1696. S. 264. vgl. 146.

Kschonz. 1) Eine zweite Stadt gleichen Namens (Xiaz, Xiae) liegt 5 Meilen von Krakau. Selbige heisst in Urkunden des XV. Jahrhunderts Xansch (z. B. 1427. Cod. dipl. Pol. II. 440). 2) In terra Majoris Poloniae in districtu Kezinensi. Urkunde von 1430. Cod. dipl. Pol. I. 306. 3) Inventarium diplomatum in arce cracoviensi 1682 confectum. Paris 1862. S. 297. 4) Ebenda S. 300. Zweifelhaft ist, ob das Xancze, welches 1458 zur Stellung von 6 Kriegern veranlagt wurde, Kschions ist; wahrscheinlich wird es indess aus dem Umstande, dass Kschions sonst in dem Verzeichnisse fehlen würde. 5) Petrus de Oppalenycza, vexillifer *Posnaniensis* et Capitaneus *Majoris Poloniae* generalis bezeugt und genehmigt (ratificamus): quomodo ad nostram et aliorum terrae ejusdem nobilium veniens presenciam nobilis Paulus olim nobilis Symonis Czayka advocati *Kezynensis* filius cum venerabili domino Alberto de *Bidgostia* canonico sancti Georgii in castri *Gneznensis* awunculo suo germano et tutore non compulsus, non coactus neque aliquo errore devio seductus, quinymo sanus mente pariter et corpore existens, fretus amicorum suorum salubri consilio, et matura intra se deliberacione prehabita, totam advocaciam suam in opido *Kezynija* in districtu *Kezynensi* situm, sui patrimonii, cum omni jure, dominio et proprietate, quibus solus tenuit, habuit et possedit, nichil juris, dominii sive proprietatis pro se et legittimis successoribus in eadem penitus reservando, cum omnibus agris cultis, incultis, campis, arwis, pascuis, graminibus, allodiis, prediis, curiis, areis, edificiis, structuris, ortis, ortulanis, tabernis, tabernatoribus, macellis, censibus, donacionibus et universis dacionibus, silvis, borris, mericis, indaginibus, nemoribus, rubetis, stagnis, rivis, riwulis, torrentibus, gurgitibus, piscinis, piscatoribus et universis piscaturis, aquis et eorum decursibus, molendinis aquaticis et ventilibus, constructis

Das Lutherthum drang ein, die Lutheraner bauten sich eine Kirche; 1560 fand hier eine Kirchenversammlung der Lutheraner statt. Grundherr war gegen Ende des XVIII. Jahrhunderts Zakrzewszki. Im Jahre 1800 bestand die Stadt aus 96 Wohnhäusern, 10 Mühlen, 1 Vorwerk und 3 öffentlichen Gebäuden, von denen eines die katholische, ein zweites die evangelische Kirche war. Bewohner gab es 707, zum Zehntel Juden. Gewerbtreibend waren 11 Bäcker (darunter 1 Jude), 8 Branntweinbrenner, 7 Müller, 14 Schuhmacher, 13 Leinweber, 7 Schneider (4 davon Juden), 8 Tischler, je 3 Töpfer, Böttcher, Stellmacher, Gerber, je 2 Schlosser und Barbiere, 1 Buchbinder (Jude), Maler, Färber, Uhrmacher, Drechsler, Schneidemüller, Zimmermann, Maurer, Glaser, Nagelschmied, Kürschner, Seiler, Seifensieder, Schornsteinfeger, Gärtner, kein Bierbrauer und kein Fleischer. Die Leinweberei und Gerberei nahm zu in unserm Jahrhundert. Die Juden mehrten sich, und eröffneten eine Synagoge. Kschonz hatte 1817: 775 Einwohner. 1837 bei 106 Häusern 1017 Einwohner. 1843: 1087 Einwohner. Bei dem Aufstande 1848 war Kschonz ein Haltpunkt und Sammelplatz der Polen, obwohl ein Theil der Bewohner schon am 18. April ihr Verlangen nach Einverleibung in den deutschen Bund öffentlich aussprach[6]. Der Bürgermeister wurde festgenommen und in die Stadt hereingezogene Polenhaufen stürzten sich auf die Deutschen und die Juden, plünderten ihre Häuser und trieben viele aus der Stadt. Beinahe täglich kamen in Schrimm flüchtende Kschonzer an. Der evangelische Prediger suchte mit dem grössten Theile seiner Gemeinde im deutschen Haulande der Wartheniederung Zuflucht[7], aber die Polen fielen auch über die Hauländer, nahmen ihre Waffen, plünderten, misshandelten sie. Bald wurde auch die Flucht gehemmt. Die Kschonzer wurden mit Gewalt in die Stadt zurückgetrieben und zur Theilnahme am aufständischen Beginnen angehalten. Der polnische Regierer von Radonski zwang die Geängstigten, eine Erklärung, dass Ruhe und Ordnung nicht gestört seien, zu unterschreiben. Widerspenstige wurden in einen Keller eingesperrt. Dessenungeachtet traten Bewohner von Kschonz am 18. April der Einsprache gegen Willisen's Massregeln und dem Verlangen nach Einverleibung in den deutschen Bund bei[8]. Das polnische Lager bei Kschonz (etwa drittehalbhundert mit Flinten, 800—1000 mit Sensen bewaffnete Männer, 150—300 Reiter und 2 Kanonen) stand unter Oberst Leo von Dombrowski. Bürger der Stadt, die in Schrimm gewesen waren, liess er festnehmen. Die Stadt selbst wurde kunstgerecht verbarrikadirt in dreifacher Reihe, die äusserste Reihe verschloss den Eingang, die innerste die Zugänge zum Markt. Am 27. April verlangte der bei Schrimm stehende preussische Oberst von Brandt die Freilassung der eingesperrten Gebrüder Klutowski und des Schmiedes Weiss, und drohte, wenn die Unordnung fortdauere mit gewaffneter Hand einzuschreiten. Dombrowski schlug ihre Loslassung ab, da sie als Spione vor ein Kriegsgericht gestellt werden müssten[9]. Am Morgen des 29ten wurde der Maschinenbauer Wiesener aus dem Gefängniss hervorgeholt, aber nur um über den Markt gehetzt und niedergeschossen zu werden[10]. Am selben Tage rückte der preussische Oberst vor Kschonz und forderte die Polen auf, die Waffen zu strecken und sich zu zerstreuen. Die Polen antworteten mit Schüssen; sie hatten den Thurm, die Kirchen und die Häuser besetzt, polnische Reiter hatten sich nördlich von der Stadt (östlich von Zakerzewo) aufgestellt, Sensenmänner eilten aus der Nachbarschaft ihnen zu Hülfe, in zwei Haufen, welche von Mittelstädt und Garczynski anführten. Die Preussen warfen die sie angreifenden feindlichen Reiter und trieben die beiden heranziehenden Banden zurück. Die Stadt wurde an mehreren Stellen gestürmt und obschon die ersten Angriffe abgeschlagen wurden, bemeisterten sich ihrer die Preussen nach fast zweistündigem Kampfe. Zuletzt wurden gegen 600 Vertheidiger durch die von verschiedenen Seiten Hereinstürmenden auf den Marktplatz zusammengedrängt und mussten sich ergeben. Unter diesen Gefangenen war auch ein Geistlicher Namens Koszucki

---

et construendis, et eorum emolumentis necnon cum omnibus juribus, pertinenciis, attinenciis, coherenciis, possessionibus prout jura, privilegia ipsius advocacie fundamentalia lacius canunt, et generaliter cum omnibus et singulis proventibus, redditibus et universis obvencionibus quomodolibet ad prefatam advocaciam pertinentibus et spectantibus quocunque nomine, cognomine sive vocabulo nuncupentur, ita late, longe et circum ferentialiter, prout dicta advocacia in suis metis, limitibus ac graniciis est districta et limita, in et pro centum marcis mediorum latorum grossorum monete et numeri polonicalium consueti, quadraginta octo grossos marcam in quamlibet computando, nobili Michael Drogosch, olim Brzostowskii de minori Tupadla vendidit et coram nobis rite et rationabiliter juxta terre consuetudinem imperpetuum resignavit, per ipsum nobilem Michaelem tenendam etc. Aus der Aufzählung der Besitzthümer und Vortheile der Vogtei ist nicht etwa zu folgern, dass diese alle derzeit in Kschonz auch vorhanden gewesen sein. Der Ausfertiger der Urkunde bediente sich nur der in solchen Fällen gangbaren Formel. 6) Deutsches konstitutionelles Blatt für das Grossherzogthum 1848. S. 26 7) Voigts-Rhetz, Aktenmässige Darstellung der Polnischen Insurrektion im Jahre 1848. Posen 1848. S. 30. 31. 8) Deutsches konstitutionelles Blatt für das Grossherzogthum Posen. 1848. Nr. 7 vom 22. April. 9) L. v. J., Die polnische Insurrektion in Posen im Frühjahr 1848. Glogau 1849. S. 85—88 10) Voigts-

im Ornat mit Reithosen, Sporen und Säbel[11]. Der Besitzer von Kschonz, Budziszewski, entfloh während des Gefechts[12]. Die darüber, dass nach der Ergebung der Polen auf dem Markte noch aus den Häusern zwei Preussen todgeschossen wurden, erbitterten Soldaten wurden mit Mühe durch ihre Anführer zurückgehalten von der Niedermetzelung der Gefangenen[13]. Die Preussen hatten 23 Todte und 135 Verwundete; der Verlust der Polen wird auf das Vierfache geschätzt. Das Gefecht währte von ½11 Uhr bis ½3 Uhr. Während desselben gerieth die Stadt in Brand und eine Anzahl Häuser wurden eingeäschert. In den brennenden Häusern kamen viele verwundete Polen um. Das Unglück von 1848 hemmte das Wachsthum der Stadt[14]. Zehn Jahr später stand die Bevölkerung niedriger. Sie betrug 1858: 1082, 1861: 1076 Menschen.

Kurnik (ehedem auch Kornik), an einem See, neben Buin (s. d.) gelegen, wird 1372 genannt, in welcher Zeit ein Nicolaus von Kurnik, Dr. der Rechte, Kanzler von Grosspolen war (**Urk. XXXI**). Um 1371 erbaute der Grundherr Nicolaus Porai das Schloss. Von seiner Familie, die sich nach Kurnik nannte, kam der Ort an die Gorka. Um die Mitte des XV. Jahrhunderts galt er als Stadt: nach der Veranlagung von 1458 hatte er 2 Krieger zu stellen. Ein Gorka, Uriel, welcher Bischof von Posen war, wies der Pfarrkirche 1479 eine Rente von 8 Mark zu[1] und erhob sie zum Range einer Kollegiatkirche; ein späterer Gorka übergab sie den Protestanten, doch wurde sie nachmals der katholischen Geistlichkeit zurückgegeben. 1557 gelangte, nachdem gleichzeitig Mehrere Grundherren gewesen, Stanislaus Gorka in den Alleinbesitz und nahm hier seinen Aufenthalt. Er führte neben der Stadt einen Prachtbau auf in dem Schlosse, geräumig, schöngeschmückt und auch zur Vertheidigung geeignet. Mit seinem Erben gingen die Gorka aus und Kurnik fiel 1592 seinem Schwestersohne Andreas Czarnkowski zu[2], durch dessen Tochter gelangte Kurnik an die Dzialynski, die im Besitze verblieben[3]. In der Mitte der XVIII. Jahrhunderts verwischte Theofila Dzialynska des Schlosses Schönheit durch einen Umbau in französischem Geschmack: in demselben Geschmack ward der stattliche Schlossgarten eingerichtet. Im Schlosse ward eine Bücherei gesammelt, die vornämlich durch die Bemühungen des (am 12. April 1861 verstorbenen) Grafen Titus zur wichtigsten Sammlung für polnische Geschichte geworden ist und grosse Bücherschätze enthält. Am Ablauf des XVIII. Jahrhunderts bestand Kurnik aus der Kirche, 2 öffentlichen Gebäuden, 160 Wohnhäusern, von denen 2 Ziegeldach hatten, 10 Mühlen und war von 1317 Menschen bewohnt, vorwiegend Polen, ein Viertel (336) Juden. Damals gab es in der Stadt 32 Kaufleute, bis auf einen alle Juden, drei davon trieben Tuchhandel. Von Handarbeit lebten 16 Schneider (11 davon Juden), 33 Schuster, 28 Tuchmacher, 21 Leinweber, 8 Kürschner (6 davon Juden), 9 Branntweinbrenner und Schenken, 9 Müller, 6 Stellmacher, 6 Töpfer, 4 Hufschmiede, 3 Bäcker, je 2 Riemer, Glaser (Juden), Zimmerleute, Maurer, 1 Tischler, Schlosser, Nagelschmied, Seiler, Hutmacher, Oelschläger, Goldschmied (Jude). Obgleich nur ein Bierbrauer da war, wird doch der Absatz des Bieres auf 1008 Tonnen im Jahre angegeben[4]. Jährlich wurden 9 Krammärkte gehalten. Am Anfange des XIX. Jahrh. fing man an den Zwischenraum gegen Buin hin zu bebauen. 1816 betrug die Einwohnerzahl 2760, 1837: 2654, 1843: 2714, 1858: 2840, 1861: 3157. Der Stillstand der Bevölkerung in der preussischen Zeit mag sich theils durch die russische Grenzsperre erklären, die dem Verkehr auf der Strasse von Posen nach Kalisch, an welcher Kurnik gelegen ist, Abbruch that, theils durch die Begebenheiten des Jahres 1848. In der preussischen Zeit wurde die katholische Kirche neu gebaut und eine evangelische aufgeführt. Die Städteordnung wurde am 18. Oktober 1835 verliehen. Bei dem Ausbruch der Bewegung 1848 setzte sich die Polenpartei fest, es befahl ein Kaufmann Gorski im polnischen Sinne, errichtete eine Truppe, die in den Sammelplatz geschickt wurde und drohte (24. März) den Deutschen, wenn sie nicht mitgehen wollten, ihren Weibern

Rhetz, S. 36. 37 11) L. v. J., S. 89. 92—96. 12) Voigts-Rhetz, S. 31 13) Ders. S. 18. 14) Dessenungeachtet regte sich in Kschonz 1862 die Polenpartei von neuem und steckte die polnischen Abzeichen auf. Acht Einwohner wurden desshalb 4 Wochen in's Gefängniss gelegt. Ihre Entlassung am 15. December wurde zu Huldigungen ausgebeutet, an denen der Geistliche und die beiden katholischen Lehrer Theil nahmen. Ihnen zu Ehren wurden die Heiligenbilder auf die Strasse gebracht, feierlicher Gottesdienst gehalten und die Häuser der polnischen Bewohner erleuchtet.

Kurnik. 1) Inventarium diplomatum in arce cracoviensi 1682 confectum. Paris 1862. S. 290. 2) In der Theilungsverhandlung über die Erbschaft heisst es: oppidum Kurnik et castrum cum praediis (Urkundenbeilage des I. Bandes von Ed. Raczynski Wspomnienia Wielkopolski 1842. S. XLVII). Unter Castrum war vermuthlich das herrschaftliche Schloss gemeint. 3) Hübner nennt als Besitzer seiner Zeit die Grafen Szoldrski (Historisch-statistisch-topographische Beschreibung von Südpreussen und Neu-Ostpreussen. Leipzig 1798. S. 424, woselbst auch eine Abbildung von Kurnik gegeben ist. 4) Beiträge zur Beschreibung

und Kindern die Köpfe abhauen zu lassen, die vor die Thüren ihrer Häuser geworfen werden sollten. Am 11. April rückte preussisches Kriegsvolk ein. Nach polnischen Angaben hat es arg gehaust, den Schlossgarten zerstört, Heiligenbilder gespiesst, Betten und Geräthe zerschlagen, geplündert, ein paar Bürger verwundet, einen Mann getödtet[6]. Nach dieser Befreiung verlangten Einwohner von Kurnik Aufnahme in den deutschen Bund[7]. Nochmals kam jedoch Kurnik wieder in die Gewalt der Polenpartei. Durchziehende preussische Soldaten wurden entwaffnet[8]. Am 7. Mai rückte Krauthofer mit 100 Sensenmännern ein, verkündigte von neuem die polnische Republik, setzte den Bürgermeister ab und ernannte einen in dessen Amt (den Gorski), doch schon in der folgenden Nacht wich er mit seiner Bande aus Kurnik (nicht ohne dass diese vorher die Stadt geplündert hätte[9]), als preussisches Kriegsvolk nahte.

Kwitschischewo, Kwieschischewo, Kwietziszewo, p. Kwieciszewo, Kwiesiszewo, Kwieczyszewo, hiess vormals Quecisow und war ein den Herzogen gehöriges Dorf. Als (um 1144) die Brüder Boleslaw und Mesko theilen wollten, kamen sie in diesem Dorfe zusammen: es dürfte mithin damals schon ein besserer Ort gewesen sein. Boleslaus trat seinen Besitz an Mesko ab: es erbat sich ihn jedoch Herzogin Salome, um mit ihm sammt den beiden anstossenden Landtheilen Oseycowo und Pustuino dem Kloster Tschemesno ein Geschenk zu machen. Die Herzoge ertheilten sogleich ihrerseits den Bewohnern Quecisows „alle Freiheit" und erklärten sie für befreit von Abgaben und anderen Belastungen[1]. Der Ort gewann danach frühzeitig die bessere Stellung der geistlichen Unterthanen. Wann er die Befreiungen erhielt, die ihn zur Stadt machten, wissen wir nicht. In der Mitte des XV. Jahrhunderts bestand er als kleine Stadt; die Aushebung von 1458 legte ihm die Stellung von 2 Kriegern auf[2]. Er hiess damals Kwyeczyszew. 1573 erhielt er eine Urkunde, welche in das Buch des Grodgerichtes eingetragen wurde. Eine Urkunde des Domkapitels zu Gnesen vom 29. April 1702 anerkannte, dass in ihm das magdeburgische Recht stets gegolten habe. Da die Stadt der Kirche unterstand, wurden keine Juden und keine Ketzer zum Bürgerrechte zugelassen. Erst in preussischer Zeit hatten solche Zugang und siedelten sich zahlreich an. 1788 hatte Kwitschischewo 49 Häuser und 389 Einwohner. Als es zum zweitenmale preussisch wurde, hatte es wenig zugenommen, denn 1816 bestand es aus 59 Wohnhäusern und zählte 401 Bewohner[3], von diesen waren aber schon 115 Lutheraner und 2 Juden. Neben der katholischen Kirche entstand eine evangelische. 1837 hatte der Ort 70 Wohnhäuser und 502 Bewohner, 1843: 633, 1858: 733, 1861: 746 Einwohner.

Labischin, p. Labyszyn (urk. 1362 Labissino und Lambissino, 1375 Labiszyn[1], 1413, 1416, 1484 Labischin[2], 1422 Labyschino, **Urk. II**, 1425 Labischino[3]), an der Netze, gehörte im XIV. Jahrhunderte einem Herrengeschlechte in Brest und es war daselbst ein herrschaftliches Schloss erbaut. Bei einer in der Besitzerfamilie erfolgenden Theilung, welche der König am 29. Januar 1362 bestätigte, bekam der Palatin Albert diesen Ort[4]. Dessen Anhang machte während des innern Krieges 1383 von Labischin aus verheerende Raubzüge. Die Urkunden der Stadt sind durch Feuersbrunst untergegangen, daher weiss man nicht, wann die hier Ansässigen städtische Freiheit erlangt haben, nur soviel erfährt man, dass Labischin als Stadt um die Mitte des XV. Jahrhunderts bereits bestand, denn als solcher wurde ihm 1458 die Stellung von 4 Kriegern auferlegt. Magdeburgisches Recht galt in Labischin; eine Anerkennung darüber erhielt die Stadt in einer 1678 am 11. Juni vom Kastellan von Gembicki (dem damaligen Grundherrn?) ausgestellten Urkunde. Die Reformaten bauten sich hier ein Kloster. Evangelische Tuchweber

---

von Süd- und Neuost-Preussen. Berlin 1803. I. 1. Heft. S. 198. 5) H. W., die neueste polnische Insurrektion. Berlin 1848. S. 32. 6) (Brodowski, Kraszewski, Potworowski) Zur Beurtheilung der polnischen Frage im Grossherzogthum Posen im Jahre 1848. Berlin, S. 17. 58. 7) Deutsches konstitutionelles Blatt des Grossherzogthums 1848. S. 26. 8) L. v. J., Die polnische Insurrektion in Posen im Frühjahr 1848. Glogau 1849. S. 58. 9) Zeitung des Grossherzogthums Posen 1848. Nr. 115.

Kwitschischewo. 1) Im Jahre 1145 am 28. April erzählt Mesco in einer zu Gnesen ausgestellten Urkunde (Cod. dipl. Pol. II. 588. 589) den Hergang um ihn zu bekräftigen: Nos quoque duces Mesco, Boleslaus, Casimirus hominibus in Quecisow degentibus omnem libertatem contulimus eos ab omnibus tributis absolventes videlicet a stroza, a podworowe, a naraz, a powolowe, a castri aedificatione necnon ab expeditione. Nicht recht vereinbar damit ist eine undatirte Urkunde im Kirchenarchiv zu Wloslawek (Cod. dipl. Pol. II. 23) von Conradus dux Lancicie, derzufolge der kujawische Bischof Stephan dem Kloster Strelno auf dessen Bitte, da ihm eine Mühle fehle, in Quetsev eine Mühle schenkte: es müsste denn Quetsew ein anderer Ort als Kwitschischewo sein. Der formelle Mangel dieser Urkunde, der sonst nicht vorkommende Name des angeführten Bischofs und ihr Schlusssatz machen hinsichtlich ihrer Aechtheit bedenklich. 2) Raczynski, cod. dipl. maj. Pol. S. 181. 3) Nach dem 1862 erschienenen statistischen Jahrbuch betrug die Einwohnerzahl nur 330.

Labischin. 1) Cod. dipl. Pol. I. 243. 2) Das. II. 711, und **Urk. XXXXVI, LIV.** 3) Das. II. 406. 4) Das. II. 735

zogen sich später nach Labischin; sie gründeten neben der alten Stadt die Neustadt in regelmässiger Anlage und erhielten von der Grundherrschaft Kirche und Pfarre gestiftet. Die Stadt war offen und lag seit dem neuen Anbau zu beiden Seiten der Netze, die hier ein starkes Gefälle hat. Eine städtische grosse Mühle verursachte den Schiffen viele Behinderung. Das Schloss verfiel und war längst zu Grunde gegangen, als Labischin mit dem Netzdistrikt 1773 preussisch wurde. Damals gehörte die Stadt der gräflich Skorzewskischen Familie, die aber hier nicht weilte. Im Jahre 1788 bestand der Ort aus 151 Häusern und hatte 864 Einwohner. Im Jahre 1794, während des Parteigängerkrieges, rückte Donbrowski mit den Polen am 29. September nach Labischin. Das Häuflein Preussen, welches daselbst stand, 20 Mann, warf einen Theil der Netzbrücke ab und suchte sich im reformirten Kirchhof zu halten, musste sich aber ergeben. Der polnische Feldherr besetzte die kleine Vorstadt und das Kloster auf der rechten Seite der Netze, sowie die Neustadt und auch den Wald. In dieser Stellung wurde er gegen Mitternacht von den Preussen unter Oberst Szekuli angegriffen. Die Preussen stürmten die Anhöhe und beschossen mit Kanonen die Stadt, mussten aber mit Zurücklassung von 83 Todten fliehen; Szekuli selber ward tödlich verwundet[5]. Am Anfange unseres Jahrhunderts schätzte man die Einwohnerzahl 2000. Sie bestand zu einem Drittel aus Juden. 1816 hatte der Ort 1390 Einwohner[6]; von diesen waren 633 Lutheraner, 400 Juden, 354 Katholiken, 3 Reformirte. Im Kloster lebten 3 Priester und 3 Laienbrüder. Die Zahl der Feuerstellen betrug 223. 1837 bestand Labischin aus 200 Häusern, 1 Kloster, 2 katholischen, 1 evangelischen Kirche und der Synagoge, und hatte 2312 Einwohner. Gute Kachelöfen wurden von Labischiner Meistern gemacht. Erst am 24. Februar 1838 wurde die preussische Städteordnung verliehen. Labischin zählte 1843: 2520, 1858: 2293, 1861: 2265 Einwohner.

Lekno, Leckno, am gleichnamigen See, kommt als Dorf schon im XII. Jahrhunderte vor unter dem Namen Lokno, als einem gewissen Zbilud (Poloniae civis nennt er sich) von seinem Vater vererbt. Eine Schenke und ein Markt (Forum cum taberna) war daselbst. Dieser Zbilud stiftete hier 1153 ein Kloster der Cisterzienser[1]. Später wird der Name Lugna, 1233[2], Luckna 1298 und 1309[3], Lekna 1434 und 1470[4], endlich 1458 Lekno[5] geschrieben. Durch die Ausnahmstellung, welche die Klöster erlangten, gewannen ihre Untergebenen, wahrscheinlich auch die Leknoer. Die Kirche in Lekno war geschmackvoller aufgeführt, als sonst Kirchen in Polen gebaut wurden. Der Sage zufolge fügten die Mönche den Bewohnern eine grosse Unbill zu, und die Bewohner nahmen dafür an den Mönchen schwere Rache, worauf die Mönche nach Wongrowitz abgezogen seien. Im XV. Jahrhunderte befand sich der Ort im Besitze eines Grundherrn. Als Stadt bestand er schon 1444, als ihm der Grundherr einen Freibrief über deutsches, magdeburgisches Recht, gleichwie solches in andern Städten gilt, ertheilte, um sein Wachsthum und Gedeihen zu fördern, und deshalb auch Jahrmärkte bestimmte. 1458 war Lekno bereits ein so ansehnlicher Platz, dass er zum Heere 10 Mann zu stellen hatte. König Sigismund III. bestätigte 1598 zu Petrikau die in der erwähnten Urkunde angesetzten Jahrmärkte. Zwei Jahre vorher, 1596, gab die damalige Besitzerin Anna Opalinska einen Freibrief der Brauerzunft. Gegen Ende des vorigen Jahrhunderts gehörte die Stadt dem Jakob von Piadoinski, im XIXten der Freiin von der Recke. Im Jahre 1800 hielt die Stadt 6 Kram- und Viehmärkte, bestand aus 37 Wohnhäusern und hatte 2 katholische Kirchen. Die Bewohner waren (bis auf 6 Juden) Polen. Ihre Zahl betrug 261, Handwerker gab es 12 Schuster, 2 Kürschner, 1 Schneider, 1 Stellmacher. Für die Kirchen war ein Organist am Orte. 1816 bestand die Stadt aus 48 Wohnhäusern und zählte 286 Einwohner[6]. Von diesen waren 20 Juden, 2 Lutheraner. Die Zahl der ansässigen Juden mehrte sich so, dass sie eine Synagoge bilden konnten. 1837 zählte man 55 Häuser und 431 Bewohner, 1843: 588, 1858: 680, 1861: 712 Einwohner.

Lissa, auch Lissen, „polnisch Lissa", p. Leszno, lat. Lesna[1]. Der Sage nach legte um die Zeit,

---

5) Raczynski, cod. dipl. maj. Pol. S. 181. 5) Die Beschreibung des Treffens enthält der: Beytrag zur Geschichte der Pohlnischen Revolution im Jahre 1794. Aus einem pohlnischen Manuscripte. Frankfurt u. Leipzig 1796. S. 13—23. 6) Nach dem 1862 erschienenen Jahrbuch für die amtliche Statistik des preussischen Staats S. 56 aber 1647 Einwohner.

Lekno. 1) Urk. bei Damalewitsch, Series Archiepiscoporum Gnesnensium, Warschau 1649. S. 103 und im Cod. dipl. Pol. II. 4 (wo die Gründe für die Aechtheit dieser angezweifelten Urkunde nachzulesen sind). 2) Cod. dipl. Pol. I. 39. 3) Ebenda II. 144. 186. 4) Ebenda I. 317. II. 540. 5) Raczynski, cod. dipl. maj. Pol. S. 182. 6) Nach dem statistischen Jahrbuch für 1862 aber 320 Einwohner.

Lissa. 1) Arnold, von den Aerzten der Stadt Lissa, war mir zu erlangen unmöglich.

da der Christenglaube eingeführt ward, ein böhmischer Herr, Philippus von Bernstein oder Perszten (d. h. vom Ringe), der 965 die Dombrowka zu Miezislaus geleitete, dieser Gegend, die ihm Miezislaus schenkte, von den vielen Haselnusssträuchen (Lesno), die in ihr wuchsen, den Namen Leszczyna bei und von dieser durch ihn gewählten Bezeichnung des Ortes wieder empfing sein eigenes Geschlecht den Namen Leszczynski. Diese Sage rührt von gelehrter Erfindung her. Ob es richtig ist, dass der Name Leszna auch in Böhmen vorkommt, ist gleichgültig. Lissa war ein schlechtes Dorf[2], als Kaiser Friedrich III. 1473 dessen Herrn Rafael zum Grafen erhob. Die Einwohner waren hussitisch. Böhmen machten sich hier ansässig. 1516, 1517 zogen sich viele böhmische Brüder vor den Bedrückungen in ihrer Heimath weichend hierhin. Sein Grundherr Rafael III. gedachte es zur Stadt zu erheben. Nach Pflug's Angabe soll er bereits 1534 (vigiliis S. Philippi et Jacobi) von König Sigismund August die Befugniss dazu in einer Urkunde erwirkt und im selben Jahre das magdeburger Recht eingeführt, Rath, Gerichte und Zünfte eingesetzt haben, auch das alte Wappen (?), angeblich vorstellend einen schwarzen Auerochsenkopf mit einem Weidenruthenringe durch die Nase, abgeändert haben in einen halben Kopf und ein Beil daneben, zum Zeichen, dass es peinliche Gerichtsbarkeit besitze[3]. Nach anderer Angabe erfolgte die städtische Begründung sowie die Einrichtung von Wochenmärkten und 3 Jahrmärkten erst im Jahre 1547 von Rafael mit königlicher Genehmigung. Er baute den Ort zum Theil, verkaufte die Häuser oder gab sie seinen Dienern. Die Einwanderer waren Deutschredende. In dieser Entstehung von Lissa lag es, dass Lissa ein Sammelplatz der böhmischen Brüder und anderer Unkatholischen wurde. Bald war Lissa ein Hauptort der böhmischen Brüder. Die Reaktion nach dem schmalkaldischen Kriege gereichte ihm zum Vortheil. König Ferdinand vertrieb die böhmischen Brüder aus seinen Landen. 1548 kam ein starker Zuzug von Flüchtenden, gegen 900, aus Böhmen und Mähren auf 120 Wagen. Ein Theil blieb für immer hier. Andere zogen weiter nach Preussen. Zum Andenken daran, dass sie am 26. August vor der Verfolgung im Reiche den schirmenden Boden Polens erreicht und bei Fürstenwalde unter freiem Himmel gelagert, wallten alljährlich an diesem Tage Lissas böhmische Brüder nach Fürstenwalde heraus — und der 26. August ist für alle Umwohner ein stehendes Volksfest geworden. Die neuen Bürger baten den Grafen Rafael Leszczynski 1549 um Gestattung, gleich andern polnischen Städten magdeburger Rechtes einen besonderen Stadtrichter zu haben, und bekamen von ihm einen dahingehenden Freibrief, dass die Herrschaft den Bürgermeister und Rath bestellte, die Gemeinde den Stadtvogt und die Schöffen erwählte. Der Graf legte ein Spital und später (1555) eine Schule an; 1555 wurde auch der erste Prediger, ein Sprottauer Balthasar Eichar, berufen. Die Schule, welche am reisener Thore lag, hielt sich zum böhmischen Bekenntniss und gab den Unterricht in deutscher Sprache[4]; ihr erster Rektor hiess Knobloch, und stammte wahrscheinlich, wie sechs von seinen Nachfolgern im XVI. und XVII. Jahrhunderte, aus Schlesien. Nachmals geschah in Folge eines Vergleichs eine Veränderung in der Bestimmung der Stadtländereien und die Bürger gaben deshalb ihre Urkunde dem Wenzel Leszczynski, dem Sohne des inzwischen verstorbenen Gründers zurück, wofür sie von ihm eine neue am 24. August 1561 empfingen, welche, in deutscher Sprache ausgestellt, denn diese war die Sprache der Eingewanderten, die Geltung des magdeburger Rechtes bekräftigte. Die Stadt hatte einen Salzmarkt, durfte je 2 Bänke für die Bäcker, Fleischer und Schuster anlegen, Wage, Bad, Ziegelei u. s. w. einrichten (**Urk. CXII**). Dieser Freibrief wurde auch 1579 in die franstädter Landgerichtsakten eingetragen (**Urk. CXXXVI**). Da in Lissa viele um ihres Glaubens willen Verfolgte Schutz suchten und fanden, und unter diesen auch Begüterte waren, so blühte es vornämlich während des dreissigjährigen Krieges auf. Die Schlacht am weissen Berge trieb wiederum viele Böhmen hierher. Unter ihnen war der gelehrte Amos Comenius. Nach einigen Jahren zogen auch Schlesier an, da nun auch über Schlesien das schwere Verhängniss kam. Aus Guhrau

---

2) In polnischen Urkunden wird erwähnt ein Rafael de *Leschno*, castellanus *Spicimiriensis* 1489 (Cod. dipl. Pol. III. 461) und als curiae marsalkus et *Lanciciensis* capitaneus 1493 (ib. I. 222) Ein Leszno kommt im Posenschen schon 1065 (**Urk. I**) vor. Ein Ort *Lesno* bestand schon im XIII. Jahrhunderte, zum Dorfe *Dobrow* gehörig und der dortigen Kirche zehntpflichtig. Dieser gehörte dem Cisterzienser Christian, der ihn mit Genehmigung des kujawischen Herzogs Kasimir 1252 den Cisterziensern in Sulejow vermachte (Cod. dipl. Pol. I. 62), bei welcher Gelegenheit der Herzog ihn von den gewöhnlichen Beschwerungen befreite (vgl. ebenda S. 123 u. 133 die Urkunden von 1288 und 1290, wonach Kloster Byssau die Einkünfte von *Lesene* an den gnesener Erzbischof vertauschte). 3) Provinzial-Blätter für das Grossherzogthum Posen 1846. 2. Heft. S. 84. Ed. Pflug, Einiges aus der Geschichte der Stadt Lissa (Leszno). Lissa und Gnesen 1846. 4) Ziegler, Beitrag zur älteren Geschichte des Gymnasiums. Lissaer Gymnasialprogramm zur dreihundertjährigen Jubelfeier der ehemaligen Schule 1855. S. III.

wanderten namentlich eine Menge Lutheraner ein. Graf Rafael erlaubte ihnen (4. November 1633) den Bau einer Kirche, doch mit der Bedingung, dass sie der böhmischen Kirche nicht entgegen seien und der böhmischen Gemeinde als der ersten den Vortritt liessen; „alle evangelischen Bürger sollten gegeneinander wohlgesinnt sein und sich als Genossen im Evangelio Christi lieben, die Pfarrherrn selbsten einander dulden und tragen.“ Verschiedene Bekenntnisse fanden in Lissa freien Raum und dabei gedieh das Handwerk und der Handel. In drei Sprachen, deutsch, tschechisch und polnisch, wurde gepredigt; 4 Kirchen gab es bald, 2 böhmische, 1 lutherische, 1 katholische. In den Rath sollten anfangs nur Reformirte aufgenommen werden, allein der Grundherr setzte bald fest, dass zwischen Reformirten und Lutheranern Gleichheit der Stimmen stattfinden, und im Rath, Gericht sowie allen Ehrenämtern, unter Zunftältesten u. s. w. gleichviele von jeder dieser beiden Religionsparteien sich befinden sollten. Als 1637 eine Stadtordnung festgestellt wurde, welche diese Bestimmung enthielt, zeigen die Unterschriften, dass das Rathskollegium aus einem Reformirten als Bürgermeister, 3 reformirten und 4 lutherischen Rathsherren bestand. Den Lutheranern ward gestattet sich eine eigene Kirche zu erbauen, die gross und geräumig 1635 dastand und zu der bald eine 4klassige Schule kam. Die alte Schule erweiterte schon 1604 Andreas Leszczynski; 1624 (1626?) erhob sie nun Rafael II. zu einem Gymnasium. Er selber war ein gelehrter Mann: da sorgte er denn durch Stiftungen für ein gemauertes Schulgebäude und den Unterhalt der Lehrer und 12 freier Zöglinge. Amos Comenius ward Rektor der Schule. 1633 (nach andern schon 1621) ward auch die (noch jetzt bestehende?) Buchdruckerei errichtet. Allein schon 1628, 1629 sah Lissa mannichfachen Anfechtungen von der katholischen Partei, die damals im Siegeslaufe war, sich ausgesetzt. Die Stadt wehrte sie glücklich ab, stark in der Eintracht, die in ihrer Mitte, die zwischen der Bürgerschaft und dem wohldenkenden Grundherrn blühte. Sie erwirkte von Sigmund III. 1631 einen Freibrief für die emporgekommene Weberei und ihren Leinwandhandel; diesen Freibrief genehmigte auch der Reichstag 1633. Zwei Jahre danach (1635) drohte von Deutschland zum zweitenmale Gefahr, nachdem die Schweden aus Schlesien hatten weichen müssen. Zu Glogau wurde von der wieder siegenden katholischen Partei ein Ueberfall Lissas vorbereitet, um das Ketzernest zu zertreten. Ein paar Tage vor der Ausführung erfuhr man's in Lissa durch Kaiserliche, die aus Glogau fortgelaufen waren, und rüstete sich schnell: da wagten's die frommen Barbaren nicht mehr. Die Stadt wuchs. Der Grundherr baute sich ein schönes Schloss und legte einen Garten an, die Bürgerschaft führte von 1637 bis 1639 ein Rathhaus mit einem Thurme auf, welches als ein prachtvolles bezeichnet wird, das in ganz Grosspolen nicht übertroffen werde. Wir wissen, wie viel der Bau kostete. Das Holz dazu war (doch wohl vom Erbherrn) geschenkt worden, der übrige Aufwand des Baues betrug nur 21000 polnische Gulden zu $^1/_3$ Thlr. — und dennoch hatte das Gebäude weit und breit in Polen nicht seines Gleichen! Die Stadt war mit Wällen und Gräben geschützt, ihre Thore waren befestigt; das posener oder gruner Thor wurde 1652 von Grund aus gemauert. Handel und Gewerbe blühten. Graf Boguslaus Leszczynski, Herr von Lissa seit 1636, ertheilte oder genehmigte 1637 die Stadtordnung, die als eine vorzüglich zweckmässige gerühmt wird. Lissa hiess der Schmuck Grosspolens!

Hätte der Wahn des Eifer-Glaubens nur friedfertige, fleissige Männer in Ruhe geduldet! Die Religionsverfolgung, an der ganz Europa litt, kam auch auf polnischem Boden in Zug und warf Verderben über Lissa. Boguslaus hatte sich aus Ehrgeiz zum Uebertritte in den Schoss der alleinseligmachenden Kirche drängen lassen; ihn verlockte die Würde eines Erbschatzmeisters und Generals von Grosspolen, die man ihm, so lange er Ketzer sei, versagte. Aber er bestätigte noch alle Freiheiten Lissas und drangsalirte seine Unterthanen nicht, bald jedoch wurde er selber drangsalirt. Der Bischof von Posen begehrte nachdrücklich von ihm die Pfarrkirche der böhmischen Brüder als eine alte katholische Stiftung. Der Graf entgegnete: nur 3 oder 4 katholische Bürger gebe es in der Stadt, die eine eigne Kirche dicht bei dem Schlosse besässen, welche sein Grossvater für sie gebaut habe; er wolle die Einkünfte ihres Priesters verdoppeln, jene geforderte Kirch aber hätten seine Vorfahren erweitert und ausgestattet für die böhmischen Brüder. Der Bischof lud darauf 1652 den Grafen vor den Reichstag und hatte auf ihm die Oberhand. Die Pfarrkirche sammt allen ihren Stiftungen, 2 Vorwerken und dem Zehnten von Grune und Striessewitz wurde 1653 den böhmischen Brüdern entrissen und die katholische Geistlichkeit in sie eingeführt. Als das Erkenntniss gefällt war, gab der Graf den böhmischen Brüdern am 16. September 1652 einen neuen Freibrief, zufolge dessen sie eine andere Kirche mit Thürmen und Glocken, Pfarrgebäude, Schulhaus und Hospital erbauen durften, und alle diese Bauten auf ewige Zeiten frei sein sollten von Abgaben an das Schloss, die Stadt und die katholische Kirche. Das neue Gotteshaus (die Johanniskirche) ward alsogleich auf's schleunigste gebaut, stand 1653, wurde 1654 ausgeschmückt. Die böhmischen Brüder waren stark genug diess durchzusetzen, seitdem aber auch erbitterten Gemüthes. Als 1655 der Krieg zwischen Polen und Schweden ausbrach, nahmen sie die Schweden als Schützer in ihren Mauern auf. Amos Comenius der Rektor und Prediger rieth dazu. Auch Graf Boguslaus gab eine Zeitlang die polnische Sache auf. Drei Geschwader schwedischer Reiter lagen in Lissa. Aber 1656 führte Opalinski ein polnisches Heer gegen Lissa. Er rückte von Storchnest her. Den ersten Aufall schlugen am 27. April n. St. Lissas Bürger in Gemeinschaft mit den Schweden ab, jedoch ihr Muth sank, wie grössere Feindesmassen heranrückten. Angst fiel auf sie; eine Menge warf sich, anstatt die Waffen zu führen, in die Flucht; 300 Wagen verliessen schon in der Frühe des 28ten die Stadt. Die Polen forderten die Stadt zur Uebergabe unter der Verheissung der Gnade auf. Man wagte keinen Widerstand mehr. Bei 4000 Einwohner sammt der Stadtobrigkeit zogen darauf mit der schwedischen Besatzung, die sich nach Fraustadt wendete, ab, mehrentheils über die schlesische Grenze. Das Stadtthor wurde noch am nämlichen Tage den Polen geöffnet. Des gegebenen Wortes uneingedenk zerstörten am 29. April n. St. 1656 nun die Polen, an deren Spitze Grzymaltowski stand, Lissa. An den noch vorgefundenen Einwohnern verübten sie in dreitägigem Wüthen alle möglichen Schandthaten und Grausamkeiten; in die neue böhmische Kirche schleppten sie Stroh und zündeten es an: drei Tage braunte die Stadt bis sie mit ihrem Rathhaus und ihren Kirchen in Asche lag. Auch 70 Windmühlen der Umgegend verzehrte Feuer[5]. Mit welchen missgünstigen Augen die Lissaer angesehen wurden, ist zu ersehen aus einem Schreiben des Kriegshauptmanns Franz Barwitz Freiherrn zu Fornemont, welcher sie untreue Leute schilt: „so gar unterschiedlicher Intention sein, indem selbige an Ihrem Unglück selbsten einzig und allein Ursacher, weilen gegen Ihres gnädigsten Königs und Herrn und des Königreichs aufgemannten Adell sie sich armata manu gesetzet und feindselig erwiesen; dannehero zu besorgen, nachdem Sie bereits zu zweyen mahlen Ihre Pflicht vergessen und hintangesetzet, dass sie dergleichen bei ein und anderem, etwa sich ereignenden wiewohlen unverhofften Fall in diesem Ihrer Majestät Erblande — allwo auch hin und wieder ohne das übelintentionirte Gemüther nit ermangeln — dergleichen Dücken in sich halten möchten." Einer Nachricht zufolge hätte sich ein Haufe der geflüchteten Lissaer, angeführt von dem Kaufmann Lucasch, plündernd auf Schwetzkau, Schlichtingsheim und Storchnest geworfen[6]. Von den Fortgezogenen liessen sich viele auswärts, in Züllichau, Krossen und in andern Orten nieder, ein Theil jedoch suchte später die Heimath wieder auf und sammelte bei den Glaubensbrüdern in den andern Landen Mittel, um Kirche und Schule wieder aufzubauen. Doch vergingen zwanzig Jahre und darüber bis sie im Stande waren, einen Kirchenbau zu vollenden, der anfangs gemeinsam den Reformirten und den Lutheranern diente. Der Rathhausthurm stand schon 1660 wieder. Die Stadt erholte sich einigermassen und gedieh durch Gewerbfleiss von neuem zu Wohlhabenheit, wenn sie auch nicht dermassen bedeutend wurde, wie sie gewesen war. Sie bekam nach und nach 4 Kirchen (2 katholische, 1 reformirte, 1 lutherische) und ein (reformirtes) Gymnasium. 1677, 1679 (10. Okt.), 1681 (17. Juni), 1684 (11. 12. Dec.), 1687 (29. Okt.), 1692 (12. Mai) fanden in Lissa evangelische Kirchenkonvente statt[7]. Die Kaufmannschaft in Lissa gab auch einen Beitrag zur Aufbesserung der Schule in Bojanow. Die tschechische Sprache wich allmälig ganz vor der deutschen. Im Jahre 1700 wurde zum letztenmale tschechisch gepredigt. Die Gesinnung hatte in Folge der Schicksale der Stadt eine bestimmte Richtung. Im letzten Schwedenkriege hielt Lissa abermals zu den Schweden, treu seinem durch Karl XII. auf den Thron gehobenen Grundherrn. Durch dessen Krönung kam Lissa zur Benennung einer königlichen Erbstadt. Des Krieges Plage fiel wieder auf die Stadt, die Heimsuchung mit Einquartierungen und Auflagen. In ihrer Widerstandslosigkeit suchten manche Einwohner Zuflucht in Schlesien. Schlimmeres folgte bald. Ein Oberst der Russen, Schultz, der als Knabe in Lissa bei einem Schuster Lehrling gewesen und wegen einer Züch-

5) Amos Comenius hat den Hergang beschrieben in seinem Excidium Lissae 1656. 4., welches mir auch nicht zu Gebote stand. 6) Cellarius, regni Poloniae etc. novissima descriptio, Amsterdam 1659, unter Lissa. 7) Die Beschlüsse desselben in Zappert's handschriftlicher Chronik von Meseritz, S. 402—409, 429—436, 439—451, 454—466.

tigung davon gelaufen war[8], lagerte in der Nähe und brandschatzte die ihm verhasste Stadt am 16. Juli 1707. 500 Soldaten unter Agaref schickte er nach Lissa. Diese plünderten, erschlugen auch viele Einwohner. Die Stadt zahlte, so viel sie vermochte, aber 30000 Speziesthaler konnte sie nicht augenblicklich erlegen. Nachträglich schickte sie noch aufgebrachtes Geld in Schultz' Lager. Während dieser Nothtage fand abermals ein Flüchten in Masse nach Schlesien statt. Am 24. Juli machte Schultz neue Forderungen: die Stadt schickte ihm 1000 Speziesthaler, 900 Dukaten und vielen Wein zu; die Gabe befriedigte ihn nicht. Am 29. Juli fiel er selbst über Lissa her, liess die Einwohnerschaft ausrauben und zum Theil niedermetzeln und (Morgens um 11 Uhr) die Stadt an allen Ecken zugleich mit Pechkränzen anzünden. Seine Russen durchritten die Gassen und warfen Pechkugeln auf die Häuser. Viele Menschen kamen in den Flammen um. Nach 4 Stunden war Lissa ein rauchender Schutthaufen; nur das Georgenspital und einige Häuser standen noch. Der unglückliche Rest der Bewohner, der nichts als das nackte Leben gerettet hatte, suchte sein Heil jenseits der polnischen Grenze. Viele Geflüchtete blieben für immer in Krossen und Züllichau. Der preussische König nahm sich ihrer an. Auch jetzt kehrten wohl die meisten nach einiger Zeit zurück, aber eine Seuche, die Folge der Noth, raffte die Zurückgekehrten massenweise hin. Sie wüthete vom 24. Juli 1709 bis in den Sommer 1710. Den Juden wurde, weil sie in deren Mitte ausbrach, geboten, die Stadt zu verlassen; gegen 8000, heisst es, wohl übertrieben, mussten heraus und schlugen sich Hütten auf den Feldern auf. Allein die Pest blieb. Viele christliche Bürger folgten ihnen und hausten in Hütten bei Strieszewitz. Den öffentlichen Gottesdienst befahl der Rath am 9. Sept. 1709 einzustellen. Aller Verkehr stockte. Ausser den gestorbenen Juden sollen 7000 Christen der Seuche erlegen sein. Unmittelbar darauf, 1712, drohte der Stadt eine neue Brandschatzung und Zerstörung seitens des Fürsten Mentschikof. Des preussischen Königs Verwendung (16. April 1712) verhütete dies neue Unheil[9]. Erst nach dem Frieden erholte sich Lissa. Neuer Zufluss kam aus Deutschland und belebte Handwerk und Handel. Zum Wiederaufbau der Kirche sammelten die Lissaer zum zweitenmale Beiträge in den reformirten Ländern und wurden dabei wirksam gefördert von dem preussischen Oberhofprediger und Direktor der Akademie der Wissenschaften Jablonski, der vordem Prediger und Gymnasialrektor in Lissa gewesen war. Den Wiederaufbau der Kirche, zu der am 3. September 1711 der Grundstein gelegt worden, wollte der Verweser des posener Bisthums, Tarlo, verwehren. So übermüthig war er, dass er (1713) der Gemeinde eine Strafe von 3000 Dukaten, und jedem Handwerker, der am Bau arbeiten würde, eine Strafe von 1000 Thalern ansagte. Die Gemeinde rief, ausser dem Könige August, alle reformirten Fürsten Europas an. Der preussische Gesandte in Warschau legte kräftig seine Fürsprache ein, gleichwohl wurde eine Untersuchung wegen des dem Verbote zuwider ausgeführten Baues verhängt. Nach mehreren vergeblichen Schritten that der König von Preussen dieser Willkür mit der Drohung (27. Okt. 1715) Einhalt, an den Katholiken Rastenburgs Repressalien zu nehmen. Da erst zog der Bischof seinen Einspruch zurück. Am 20—22. Juli 1756 traten in Lissa Reformirte und Lutherische dieser Gegenden zusammen, um durch Zusammenlegen ihrer schwachen Kräfte stärker dazustehen[10]. Die gelehrte Schule, die in den vorigen Jahrhunderten so ausgezeichneten Ruf gehabt hatte, war natürlich heruntergekommen. Seit dem Brande von 1707 wurde der Unterricht in der grössten Stube des Pfarrhauses ertheilt. Gegen Ende des XVIII. Jahrhunderts war das Gymnasialgebäude nur soweit hergestellt, dass es 2 Schulzimmer für die 6 Ordnungen der Schüler hatte, und nur eines war heizbar. Bei Winterkälte wurden alle Schüler zusammen in einer Stube unterrichtet. Der Jahrgehalt des Rektors und der 4 Lehrer betrug 1768 insgesammt 830 Thaler und war 1799 (so verkam alles in den polnischen Zuständen) heruntergesunken auf 770 Thaler. Im letztgenannten Jahre hatte die Anstalt nur noch 42 Zöglinge. Das Schloss wurde vom Grundbesitzer 1720 neu aufgebaut. In demselben Jahre herrschte in der Stadtgemeinde grosse Uneinigkeit, die daher entstand, dass die Tuchmacher aus ihrer Zunft einen Meister stossen wollten, der bei seiner Rückkehr aus der russischen Gefangenschaft seine Frau im Verdacht der Untreue vorfand. Obgleich alle Waaren durch Frachtfuhren herbeigeholt und verschickt werden mussten, trat durch die Regsamkeit der Bewohner ein starker Vertrieb nach auswärts statt. Von Lissa wurde mit Warschau, Thorn, Danzig gehandelt und ein lebhafter Geschäftsverkehr mit Deutschland unterhalten.

8) Pflug, S. 11. 9) Ziegler, S. XXXVIII. 10) Die gefassten Beschlüsse enthält Zappert's handschriftliche meseritzer Chronik.

Eine für die Stadt unheilvolle Veränderung ging vor, indem König Stanislaus Leszczynski aus Polen weichen musste. Da erkaufte 1738 der Reichsgraf Alexander Josef Sulkowski die Grafschaft Lissa sowie die Herrschaft Reisen. Dem Stadtwappen (Ochsenkopf und Beil) wurde damals der Adler des Sulkowskischen Wappens beigefügt, der zwischen beide Bilder eingeführt ward. Der neue Herr ertheilte eine neue Stadtordnung, welche unter anderem eine sonderbare Bestimmung über die Kleidung der Bewohner enthält. Sie sollten sich entweder ganz polnisch oder ganz deutsch kleiden. Derselbe Erbherr gab am 28. April 1752 umfassende deutsche Statuten, welche auch gedruckt worden sind. Ein Haupttheil derselben betrifft die Erbfolge. Von den Ehegatten sollte der überlebende Ehemann die Wahl haben, ob er von dem gemeinschaftlichen Vermögen zwei Drittheile, oder sein in die Ehe gebrachtes Vermögen zurück erhalten wolle, nach Abzug der während der Ehe gemachten Schulden: die Wittwe aber bekam die Wahl zwischen ihrem Eingebrachten, oder einem Drittheile des gemeinschaftlichen Besitzes. Die Sulkowski's bestätigten wohl vorhandene Freibriefe, aber nur für Zahlungen, so musste z. B. die reformirte Kirche für Anerkennung ihrer Urkunden dem Grafen Sulkowski 1762 die Summe von 175 Dukaten erlegen[11]. Sie erhöhten und vermehrten die Auflagen, und indem sie der Stadt die Uebernahme einer Bürgschaft aufnöthigten, stürzten sie dieselbe in schwere Schulden, die Lissa noch 1846 nicht ganz getilgt hatte. Auch manches andere Ungemach brachte die folgende Zeit. Im siebenjährigen Kriege, Ende Februar 1759, rückten Preussen in Lissa ein. Feuersbrünste verheerten die Stadt des Leidens. 1767 braunte die ganze nördliche Seite und der Markt, 986 Vorder-, 710 Hintergebäude nieder. Nur 220 Häuser blieben stehen. Nochmals aufgebaut mit vielseitiger Beihülfe aus Polen und aus Deutschland, und noch nicht zur vorigen Grösse wieder gediehen, obschon man seine Bewohner auf mehr als 10000 schätzte, wurde Lissa wiederum am Nachmittage des 2. Juni 1790 binnen 6 Stunden von Flammen verzehrt. Das neue Rathhaus war erst 2 Jahre vorher fertig geworden; dieses, die lutherische Kirche und 481 Häuser braunten ab. Nur die reformirte Kirche, das Gymnasium und 9 Wohnhäuser blieben stehen[12]. Ueber 60 Menschen verloren bei diesem Brande das Leben. Jetzo zerstreuten sich die verarmten Bewohner in die Umgegend. Sie liessen sich in Posen, Reisen, Bojanowo, Fraustadt, Kalisch, Schmiegel, Warschau, im Petrikauschen, in Schlesien nieder. Die angesehensten Kaufleute verlegten ihre Geschäfte nach Posen. Erst nach einigen Jahren erstand der Ort aus seinen Trümmern. Fürst Anton Sulkowski gewährte am 11. Okt. 1790 einer Absendung der Bürger Befreiung von Steuern bis zum Ablauf des Jahres 1802, sowie die Zusage, in Zukunft über den 1738 und 1762 festgesetzten Auflagen keine neuen den Lissaern anzumuthen. Dem Kaufmann Ziegler, welcher hauptsächlich diese Unterhandlung führte, wurde in Anerkennung seines Eifers die „Erhebung in den Adelstand“ angetragen: der wackere Mann wies sie von sich. 1793 standen wieder 460 Häuser, freilich von Holz und Lehm. Den Stadtrath bildeten der Bürgermeister, der Justiz-Rathmann, der Aktuar, der Stadtschreiber und zwei Assessoren, von diesen waren 3 Lutheraner, 3 Reformirte. Die Handwerker waren durchgehends in Zünfte geordnet. Seit dem Brande minderte sich die Zahl der Bürstenbinder, Nadler und Weissgerber, ganz hatten sich weggewandt die Buchdrucker, Gelbgiesser und Feilhauer. Die 4 Jahrmärkte, welche die Stadt halten durfte, waren unbedeutend geworden. Die Bürger hatten 2 Brauhäuser und 1 Schiesshaus. Am Ausgang des XVIII. Jahrh. bestand Lissa aus 707 Wohnhäusern, von denen freilich nur 17 mit Ziegeln gedeckt waren, 4 öffentlichen Gebäuden, 1 reformirten Gymnasium, 1 lutherischen Schule, 1 reformirten, 1 lutherischen und 1 katholischen Kirche, einer grossen Synagoge und 86 Mühlen, während es früher 99 Mühlen gehabt hatte. Doch war es regelmässig gebaut, der viereckige Markt oder „Kirchenring“ mit der lutherischen Kirche geräumig, in seiner Mitte das Rathhaus; ansehnlich war auch das fürstliche Schloss, am Ende der Stadt, nach Schmiegel zu, 4stöckig gebaut; an ihm der „Schlossplatz“; ein dritter Platz war „der grosse Ring“ in der nach Fraustadt zu liegenden Vorstadt. Die Stadt umgaben Wälle, auf denen Reihen von Weiden und Kastanien angepflanzt waren[13]. Die Bevölkerung betrug 7200 Einwohner, gegen die Hälfte (3082) Juden. Tuchmacher, Tuchscherer und Tuchbereiter gab es 147, Tuchhändler 6, Färber 6, Leinweber und Leinenzeugdrucker 9, Schneider 41, Kürschner 36, Gerber 2, Riemer und Sattler 10, Schuster 27, Leisten-

S. 501—526. 11) Pflug, S. 15, auf dessen Gewähr auch die folgende Angabe ruht. 12) Holsche, Geographie und Statistik von West-, Süd- und Neuost-Preussen. Berlin 1804. II. 275. gibt als den Tag des Brandes den 21. Juni an und sagt, dass 15 Häuser stehen blieben. 13) Eine Abbildung Lissas aus dieser Zeit enthält Hübner's (Sirisa's) Buch: Historisch-statistisch-topographische

schneider 24, 12 Knopfmacher, 10 Hut- und Mützenmacher, 18 Zimmerleute, 16 Tischler, 1 Stuhlmacher. Ferner Branntweinbrenner und Schänker 26, Weinhändler 6, Bierbrauer 10, Stellmacher 5, Fleischer 29, Bäcker 27, Müller 86; 10 Hufschmiede, 2 Büchsenmacher, je 6 Böttcher, Handschuhmacher, Maurer, Seifensieder, Schlosser, Seiler, je 5 Töpfer, Scherenschleifer, Musikanten, 1 Orgelbauer, ferner 5 Goldschmiede, einen Kartenmacher, Bildhauer, Uhrmacher, 3 Pergamentmacher, 1 Buchdrucker, 3 Buchbinder, 2 Honigküchler, 1 Lederhändler, 2 Eisenhändler, 2 Glashändler, 2 Holzhändler, 2 Viehhändler, 69 andere Kaufleute, 6 Gastwirthe. Es gab 3 Aerzte und 4 Apotheker, 11 Nachtwächter waren im Dienste. Die Kämmereieinnahme der Stadt belief sich auf 6300 Thlr.

„In Lissa ist alles deutsch," schreibt 1804 Holschke, „und es herrschen hier überall deutsche Sitten. Die Einwohner, von denen nur wenige begütert sind, haben einen grossen Hang zur Kleiderpracht, zur häuslichen Bequemlichkeit, überhaupt zum Luxus und zum Vergnügen. Die Juden führen einen stillen Lebenswandel, sie treiben aber einen grossen Handel und es gibt viele unter ihnen, die 30—50000 Thlr. Vermögen besitzen." Eine Tabacks- und eine Ciehorienfabrik wurden in der nächstfolgenden Zeit angelegt. 1816 betrug die Einwohnerzahl 7985 (n. a. 8395). Die Tuchmacherei wurde auf 50 Stühlen und 27 Wollspinnmaschinen getrieben. Von Mitte 1818 bis Mitte 1828 wurden 7801 Stück Tuch gefertigt. Aber in Folge der Absperrung Russlands ging Tuchweberei und Handel zurück. Hunderte wurden mit einemmale brodlos. Viele nothleidende Tuchmacher zogen dem Ausharren vor, sich überzusiedeln in's russische Gebiet. Indess kamen Gerber- und Kürschnerarbeiten, Wachsbleichen und Wagenbau in Schwung. Eine Glockengiesserei und eine Buchhandlung fanden eine Stelle. Zeitschriften (auch polnische) erschienen in Lissa. Das Gymnasium ward von der preussischen Regierung neu eingerichtet und am 1. Mai 1821 mit ungefähr 160 Schülern eröffnet, dann demselben 1845 das Sulkowskische Schloss zugewiesen. Eine Bücherei ist auch vorhanden. Am 27. Okt. 1832 wurde die Städteordnung verliehen. Die Stadt hatte 1840: 762 Wohnhäuser und 24 öffentliche Gebäude. Es gab 3 Kirchen, 2 Synagogen, 4 Hospitäler, 1 Waisenhaus, 3 Apotheken. In der Ständeversammlung des posener Landes bekam Lissa einen Platz.

Fest stand Lissa im Sturme des Jahres 1848. Wagten zwar auch hier die Polen von der Erhebungspartei mit ihren Forderungen aufzutreten, so schlug dies doch sogleich gegen sie aus. Szczawinski versuchte als polnischer Kreiskommissar die Gewalt zu ergreifen und kündigte den Beginn der polnischen Herrschaft an. Darüber ergrimmten die Lissaer dermassen, dass sie ihn steinigen wollten. Beamte mussten seiner sich annehmen; Major Bialke schützte ihn vor Misshandlungen und entfernte ihn aus der Stadt[14]. Lissas Einwohner bildeten darauf einen „Verein zur Wahrung deutscher Interessen in der Provinz Posen," der auch nach aussen hin einwirkte[15], und griffen zu den Waffen. Dem Reorganisator Willisen erklärte der Verein am 14. April in einem öffentlichen Flugblatt: „Für uns, Herr General, ist Ihre Sendung überflüssig. Wir haben in dem Bewusstsein unserer wohlgeordneten Verhältnisse alle Anmassungen und Zumuthungen zurückgewiesen und wollen sie auch ferner, wenn es sein muss, mit den Waffen in der Hand zurückweisen." Den deutschen Brüdern in der Provinz rief der Verein am 16. April zu: „wir wollen unter selbstgewählten Führern vereinigt mit bewaffneter Faust jenen polnischen Kriegern gegenübertreten, und wehe, wehe ihnen, wenn sie es wagen, das Schwert zu erheben, irgendwo deutsches Gut zu beschädigen, deutsche Ehre zu kränken, deutsches Leben zu bedrohen. Schon brennen unsere Brüder in der Armee vor Verlangen, sich uns anzuschliessen." Lissa nahm in diesen Wirren eine selbstständige Stellung ein und schloss sich nicht, wie andere Orte, dem Hauptausschusse einer anderen Stadt an. So lange die Ungewissheit über die Zukunft des Landes, so lange das wilde Treiben währte, ging das Verlangen Lissas nach Anschluss an Schlesien. Die Stadt sendete Gesandte nach Berlin, um die Aufnahme in den deutschen Bund und die Verbindung mit Schlesien zu fordern. — 1837 lebten in Lissa 8667 Menschen, 1840: 8719 (worunter 3415 Juden), 1843: 8775, 1858: 10026, 1861: 10192, wovon 960 zur Militärbevölkerung gehörten.

Beschreibung von Südpreussen und Neu-Ostpreussen. Leipzig 1798 zu Seite 458. 14) H. W. Die neueste polnische Insurrection im Grossherzogthum Posen. Berlin 1848. S. 27. W. K. Denkschrift über die neueste polnische Schilderhebung. Bromberg 1848. S. 17. 15) Den Vorstand bildeten aus Schütze, Plate, v. Paris, Klopsch, Franke, Anschütz, Rogge, L. G. Wiener, Simon, Bernhard, (Plesch). Ich besitze sechs Flugblätter dieses Vereins aus dem April und Mai.

Lobsens, p. Lobzenica, Lobženico, Lubyczyniec (Urk. 1458: Lobzenicza, 1520 Lobzebnica)[1] im Lobsonkathale. Auf dem nahen luchower Berge befindet sich eine sogenannte Schwedenschanze. Angeblich wurde hier vor 1141 die Kirche erbaut. Die Barfüsser-Bernhardiner errichteten im nahen Walde ein Kloster, Gurke oder Görke. Behauptet wird, dass in einem kirchlichen Gebäude ein Hauptbalken eine Jahreszahl des XII. Jahrhunderts trage. Das Kloster wurde zu einem Wallfahrtsorte. Einheimische Sage war, von Pommern sei die Gründung des Ortes ausgegangen. Drei Brüder, Pommern, hätten da wo heute der Marktplatz ist, einen Eber erlegt und darauf den Beschluss gefasst, an dieser Stelle zu verbleiben, aber als ledige Männer. Der jüngste Bruder habe sich heimlich davon gemacht und sei nach einiger Zeit mit einer Gattin und Gesinde wiedergekommen. Erzürnt seien die beiden älteren Brüder über ihn mit dem Rufe „Her über den Freier“ (łup zenca) gestürzt und seien ihrerseits im Unwillen abgezogen. Das Gemachte dieser Erzählung springt in die Augen; sie ist theils Namendeutung, theils knüpft sie an das Stadtsigel an, welches einen Eber vorstellt. Eine Burg, umgeben vom Fluss, war hier im Mittelalter. 1458 war Lobsens ein gar kleines Städtchen, denn es wurde ihm nur auferlegt, zum Kriege gegen die Ritter zusammen mit Zempelburg einen Streiter zu stellen[2]. Tuchmacherei kam empor. Die Handelsverbindung mit Danzig förderte das Aufkommen. Die in Lobsens ansässigen Juden besuchten regelmässig den danziger Dominik, die dortige Messe. Im Mass hielten die Bewohner sich an die in Nakel übliche Bestimmung (Urk. LXXXVII). Im XVI. Jahrhundert zogen sich schottische Händler in die Stadt und bauten wahrscheinlich die Neustadt, die man „Kleindanzig“ nannte, eine Bezeichnung, die auch auf die ganze Stadt überging. Eine Strasse hiess die Hundegasse: eine eben sogenannte gibt es in Danzig. Die Namen der danziger und der posener Strasse weisen uns die Verbindungen, in denen die Stadt sich befand; der Name der Goldschmiedestrasse sagt uns, dass es Goldschmiede am Orte gab. Lobsens hatte 3 Marktplätze (Neumarkt, Viehmarkt) und besass einige Ländereien. Eine Münze gab es an der Stelle, die jetzt Minica heisst. Lutheraner und böhmische Brüder zogen sich in die Stadt, erstere erbauten eine Kirche (die zweite Kirche am Orte), letztere errichteten für ihre Kinder eine eigne Schule. In späterer Zeit mögen sich auch ausgewanderte Oesterreicher, Tiroler und Salzburger in Lobsens niedergelassen haben. Ausser dem Proconsul und den Consuln der Stadt wird ein Advocatus und Viceadvocatus genannt. Sie war aber keine unmittelbare Stadt. Ihre Grundherren waren die Grafen Lobzenski, um 1553 ein Graf Johann Ostrog. Durch Verheirathung einer Ostrog mit Krotowski, Kastellan von Kalisch, kam der Besitz an diesen, einen Evangelischen. Nach dem Aussterben seiner Familie 1620 kam Lobsens an die Scencawski und danach an die Grafen Grodzinski oder Grudzinski, die auch evangelisch waren. 1690 gelangte Johann Korzbock Lacki (Lonski) in den Besitz, nach ihm die Radolinski, dann auf kurze Zeit Graf Rydzynski, hernach Graf Lochocki. Als dessen Güter in unserm Jahrhunderte dem Sequester verfielen, erkaufte sie der Rittergutsbesitzer Ebers. — Krotowski stellte im Jahre 1606 der Stadt einen Freibrief aus, Grudzinski bestätigte ihn 1625. Die Grudzinski wie die Lonski bestätigten den Unkatholischen die freie Ausübung ihres Gottesdienstes. Das magdeburger Recht ertheilte oder erneuerte 1650 der Woiwode Grudzinski. Diese und die älteren Urkunden sind durch eine Feuersbrunst im XVIII. Jahrhunderte verloren gegangen. Im Jahre 1655 wurde die Stadt von der schwedischen Ueberziehung betroffen: schlimmer aber noch war der Wiedereinzug der Polen, welche die Stadt plünderten und die Evangelischen und die Juden arg misshandelten. 1692 nahm der Grundherr der Stadt ihre Ländereien und bildete aus ihr das Vorwerk Rattey, so dass sie in der Folge arm war. Im Jahre 1695 zählte der Ort 500 Feuerstellen und seine Einwohner zeichneten sich durch Bereitung von Tüchern und Brauen von Weissbier aus. Beide Erzeugnisse sowie Wolle wurden nach Danzig verführt. Nun aber wurde auch die Glaubensbedrückung nachtheilig. Die Juden erlitten Drangsal[3]. Den Evangelischen wurde die Bedrückung so unleidlich,

---

Lobsens. 1) Hanow's Geschichte der Parochie Lobsens zu erlangen war mir ungeachtet vieler Bemühungen unmöglich. 2) Raczynski, cod. dipl. maj. Pol. 181. 3) Das Seder ha dorot, Karlsruhe 1729, enthält auf dem Schlussblatte folgendes: „im Jahre 5456 [1696] begab sich eine furchtbare Geschichte, die in der Vorrede der Rechtsgutachten des Buches Eben ha schoam [„der Onyxstein“] sich findet, wo es also lautet: „Mein Oheim, der berühmte Rabbi Samuel, war Rabbiner in Lobsens, wo sich ein Angeber, delator, befand, der grossen Zank mit der Gemeinde hatte. Der Rabbiner nahm Partei für sie; hierdurch wurde jener dessen Feind. Er brachte es dahin, dass der Rabbiner gefänglich eingezogen wurde und eine grosse Summe bezahlen musste. Er blieb so lange in einem gefährlichen Gefängniss eingesperrt, bis er sie entrichtet hatte. In Folge dieser Gefangenschaft wurde der Rabbiner in kurzer Zeit sehr schwach. Er sprach, dass der Herr für ihn den Angeber züchtigen werde. Um diese Zeit war die grosse Messe [der Dominik] in Danzig und der Angeber ebendaselbst mit vielen Juden. Am Freitag hatte

dass viele davon zogen. Eine Reihe schwerer Unglücksfälle traf obenein im XVIII. Jahrhunderte die Stadt. Karls XII. Soldaten drangen nach Lobsens. Pestjahre wütheten. Wiederholte Brände (1712, 1731) schädigten die Stadt.

Josef Stefan Radolinski erneuerte 1728 den Evangelischen die Urkunden der Glaubensfreiheit; die Bestallung des von ihnen gewählten Predigers musste von ihm ausgehen (Urk. CLXXIX). Nach der letzten Feuersbrunst ersetzte der Grundherr, Unterkämmerer Radolinski, die Urkunden durch einen neuen in deutscher Sprache „in unserer Residenz Lobsens und Rattay" ausgestellten Freibrief 1731[4], dessen Festsetzungen preussischen Städten während der polnischen Zeit wiederholt als Muster aufgestellt wurden. Bei Ertheilung desselben mussten die Bürger dem Herrn auf's neue Gehorsam schwören. Sein Inhalt ist folgender: 1) jeder neu anziehende Bürger muss 6 bis 24 Gulden Eintrittsgeld zahlen und sich mit einer vollständigen Kriegsrüstung, Muskete und Seitengewehr versehen. Die Flinte muss er auf dem Markte dreimal losschiessen, zum Zeichen, dass er Bürger dieser Stadt geworden und bereit sei, der Republik und der Stadtbehörde stets Dienste zu leisten. 2) Die bisherige jährliche Bürgermeisterwahl hört auf. „Nach dem besseren Beispiel der preussischen Städte" sollen 3 Katholiken und 2 Evangelische als Vögte auf Lebenszeit gewählt werden, jedoch nicht von der gesammten Bürgerschaft, sondern durch 44 tugendhafte von ihr ernannte Wahlherren, von denen 26 Katholiken, 18 Evangelische sind. Den Bürgermeister einzusetzen behielt sich der Gutsherr vor. 3) Der Bürgermeister hat alle 2 Jahr den Wahlmännern Rechnung abzulegen; er ist verpflichtet, vollständige Civil-Standes-Register zu führen und soll die Musiker in Schutz nehmen. Immer führt ein Bürgermeister 2 Jahr den Vorsitz und besorgt die ökonomische Verwaltung, während den Vögten die Rechtspflege überlassen ist. 4) Anlangend das Gericht, so fand bei einem Betrage unter 100 G. keine Berufung statt; in grösseren Sachen ist der Gutsherr die höhere Instanz. Das Stadtgericht besteht aus den Vögten, den Beisitzern, Assessoren oder Geschwornen; an ihm soll auch ein Gelehrter (d. h. Studirter) als Gerichtsschreiber, Pisarz (d. h. Greffier oder Sekretär) angestellt sein. Wenn es sich um Ehre oder Menschenblut handelt, soll mit den Vögten der Magistrat als judicium compositum zusammentreten. Die Rathsherren sollen nur des Morgens und nur nüchtern Recht sprechen, wer von ihnen betrunken zu Gericht sässe, büsst mit 3 Mark Silber und soll verachtet sein[5]. Jede Partei soll sich einen Anwalt oder Procurator wählen können. Auch ein öffentliches An-

---

mein Oheim seiner Mutter Jahrzeit (d. h. Sterbetag der Aeltern, an dem die Juden fasten und beten) und bei dem Morgengebet noch das Kaddisch für sie gebetet: aber zu Mittag starb er und wurde auch gleich am selben Tage Nachmittags beerdigt. Vor seinem Tode aber sagte er, dass er jenem delator niemals verzeihen würde, noch denen, die mit ihm es hielten, weil sie auch einigen Antheil an seinen Leiden hatten. So ist der Rabbiner in Lobsens gestorben mit grosser Reinheit und Heiligkeit, und siehe, am selben Freitag zur Zeit, wo man gewöhnlich zur Synagoge geht, um das Minchagebet zu verrichten, fing jener Mann in Danzig an, bitterlich zu schreien: „Wehe mir, wehe mir, denn der Rabbiner in Lobsens ist gestorben und er fordert mich vor den Thron (Gottes) und von einer Seite steht bei ihm ein Greis, der sein Vater ist, und von der andern Seite seine Mutter." Als die Leute, welche in Danzig waren, das gesehen hatten, so erstaunten sie und waren sehr erschrocken und von Anfang glaubten sie, dass es ein Wahnwitz sei, denn kein Mensch wusste, dass der Rabbiner in Lobsens gestorben war, denn er war nur krank einige Tage. So schrie jener ferner: „o mein Lehrer und mein Herr, ich bitte Dich um Verzeihung und ich will [als Busse] Mitgift allen Töchtern geben." Denn der Rabbiner hatte einige Töchter hinterlassen. So schrie er ferner den Leuten, welche mit ihm zugegen waren, zu, zu beten um Barmherzigkeit, damit der Rabbiner verzeihe. Und als die Leute sahen und hörten sein Jammern und Klagen, so ergriff sie ein Schauer und ein Zittern und sie baten um Verzeihung vom Rabbiner, obgleich sie nichts gesehen oder gehört hatten (keine Erscheinung) und sie fragten jenen: was spricht er denn? Da gab jener die Antwort: „Um unserer Sünden willen, die viel sind, sagte er, sei alles umsonst," und hat der Rabbiner vor ihm den Stock aufgehoben und ihm gewinkt, dass er mit ihm vor Gericht erscheine und ebenso Vater und Mutter rufen ihm zu: „Du Gottloser, du hast mein Kind getödtet." Die Anwesenden aus Lobsens in Danzig schickten einen Boten nach Lobsens: ob es wahr sei, dass der Rabbiner gestorben sei und dass man auf seinem Grabe ihn um Verzeihung bitte. Der Angeber wurde schwer krank und starb. Seine Theilnehmer, die einige Veranlassung waren zu dem Unglück des Rabbiners, wurden hingerafft durch Krankheit und Armuth." Dr. Bisenthal, welchem die Leser die Uebersetzung dieser Stelle verdanken, hat dieselbe Geschichte von seinem Grossvater gehört, der sie von seinem Vater ebenso als einem Augenzeugen vernahm. 4) Er sagt im Eingange: „Da die Republik unserer ruhmwürdigen Krone Polens zu der Zeit, als die königlichen und adligen Städte gegründet wurden, diesen die deutschen magdeburgischen Rechte beigelegt hat, wie sie von dem römischen Kaiser Otto dem Grossen im Jahre 947 gegeben sind, wie dies auch den Städten durch die Reichs-Constitutionen unter Casimir dem Grossen 1346 zugebilligt worden, so will ich alle immunitatis et liberalitatis privilegia in tota observantia wiederherstellen und observiren, dergestalt, dass sie illaesis suis gaudeant juribus, wenn es nur geschehe in Gottesfurcht und Liebe, auf welche benedictio domini et salus habitatoribus in sua civitate folgen, sodann in disciplina justitiae in gegenseitiger Vertraulichkeit und Liebe des Nächsten et quod maximum in dem ihrer Obrigkeit schuldigen Gehorsam erhalten werden, ut nemo recalcitrare audeat ihrem Herrn, dem Ammann oder dessen Stellvertreter, denn ohne diese würden die verliehenen Gesetze so viel bedeuten, wie sechs vor den Wagen gespannte Pferde ohne Peitsche und ohne Fuhrmann, oder wie jener Reiter ohne Zaum, der auf die Frage: quo curris? antwortete: quo vult equus. Denn ubi nullus ordo, sempiternus horror." (Neigebaur's Auszüge. Mit geringen Abweichungen ebenso in Adler's Aphorismen über die staatlichen Zustände Polens vor der ersten Theilung des Reichs. Berlin 1851. S. 37. 38.) 5) Justi sobriique nisi jurisdictionem administra-

klageamt ward angeordnet in der Person eines Syndicus oder **Instigator**, welcher im Weichbild der Stadt über Gesetzesübertretung wachen soll und vor Gericht zu verfolgen berufen ist. Weil er aber dadurch verhasst werden würde, sollte er nicht unter der städtischen Obrigkeit, sondern lediglich unter der Herrschaft stehen und vor ihr belangt werden. Die Sporteltaxe war vorgezeichnet. Eine unter dem Stadtsigel ausgefertigte Vorlage kostete 3 polnische Groschen oder 6 Pfennige, ein Erkenntniss 5 polnische Gulden. Unzucht soll nicht mehr mit Geld, sondern mit Strassenfegen bestraft werden. Bei Rechtshändeln zwischen Christen und Juden soll der Rabbiner und 2 jüdische Richter zugezogen werden, welche in der Synagoge zu vereidigen sind und zu Gericht mit bedecktem Haupte sitzen dürfen, wobei kein Kruzifix aufzustellen ist, da dies coram gente blasphema unschicklich wäre. Bei Stimmengleichheit soll der Stadtschreiber (Pisarz) stimmen und den Ausschlag geben. Die Stadt soll auch 2 Gerichtsboten, Ministeriales regni, unterhalten und 2 Stadtdiener, bedelli civitatis, auch zu ihrer Bequemlichkeit einen Scharfrichter, honesto titulo executor sanctae justitiae genannt und ihn so hoch wie den Baccalaureus (d. h. mit 40 polnischen Gulden) besolden. 5) Zur Obsorge für die Minderjährigen enthielt diese Satzung auch sehr bestimmte Vorschriften; besonders soll auf die Behandlung der Stiefkinder Acht gegeben werden. 6) Zur Wahrnehmung des öffentlichen Unterrichts ward dem Stadtrath aufgegeben, einen Baccalaureus jährlich mit 40 Gulden zu besolden, der bei den Bürgern der Reihe nach Essen erhält, und der Magistrat soll darauf sehen, dass er geachtet werde und ihm kein Unrecht geschehe. 7) Alle 5 Häuser sollten einen Viertelsmeister erhalten, welcher die Aufsicht bei Feuersgefahr führt. 8) Alle Sonntage und Montage soll Wochenmarkt gehalten werden. Drei Stunden lang soll dann eine weisse Fahne auf dem Markte wehen und so lange sie weht, nur der Grundherr Getreide kaufen dürfen. Erst nachher soll es Fremden und Einheimischen freistehen, für sich einzukaufen. Wenn der Adel der Umgegend dieserhalb Lärm erheben und Bürgern Gewalt angethan werden sollte, so würden 12 herrschaftliche Soldaten bereit stehen, die Gewalt abzuwenden, und sollte der Magistrat nach dem thorner Statut verfahren und eine Sturmglocke aufhängen. Wenn mit ihr geläutet wird, werden die 12 herrschaftlichen Soldaten die Ruhestörer aus der Stadt vertreiben. 9) Die 12 Soldaten und ihre Pferde sollten von den Einwohnern und zwar 4 von den Juden, 8 von den Christen der Reihe nach unterhalten werden. Alle Handwerker hatten einen Theil der Ausrüstung zu beschaffen, die Tuchmacher das Tuch zu den Röcken, die Juden die Leinwand zu den Hemden, Knöpfe u. a. Bei Anwesenheit der Gutsherrschaft mussten die Soldaten vor dem Schlosse, sonst vor der Wohnung des Bürgermeisters Schildwach stehen. 10) Die Juden wurden wegen ihrer Furchtsamkeit (ob ignaviam) von den Nachtwachen befreit, mussten aber 5 von den Stadtsoldaten für jede Nacht um 10 gute Groschen miethen. Die Nachtwächter müssten 4 Trompeten von Holz haben, damit man wisse, wo sie sich befinden. 11) Bemerkt wird, dass die Städte mehr die Landtage besuchen sollten. Obwohl sie dabei keine Stimme hätten, so wäre es doch vortheilhaft. Daher müssten die Landtage in Schroda stets durch einen Bürgermeister oder Abgeordneten beschickt werden. 12) Dieses sehr umfängliche Gesetz der Grundherrschaft schliesst mit ihrem Vorbehalt, die Bestimmungen nach Gefallen auszudehnen und einzuschränken, und mit dem Befehl, es jährlich zweimal auf dem Rathhause vorzulesen. Die Aufbewahrung der wichtigsten Stadtpapiere sollte nach dem Willen des Grundherrn in der katholischen Kirche stattfinden.

Die Evangelischen befanden sich 1740 wieder in grosser Noth wegen ihrer Kirchensachen[6]. 1768

---

verint pro judaeis habeantur, ist der Ausdruck. 6) Zwei von Herrn **Adler** mir in Abschrift gütigst mitgetheilte Briefe zeigen dies. I. Den 1. Dec. 1740 schreibt aus Kretkow Therese zu Radolin Radolinski, Landeskämmerin des Landes Fraustadt, an die evangelischen Bürger, dass sie nach Möglichkeit fortfahren wolle, ihrer Kirche einen wahren landesherrlichen Schutz zu gewähren. „Nur insofern bin ich in dem Fortgange dieser Angelegenheit getäuscht worden, indem Ihr selbst daran Schuld traget, indem Ihr so ungeschickte und unthätige Boten entsendet habt, die so lange nicht zurückkehren." „An den geistlichen Herrn Offizialen zu Kamin überschickte ich wieder einen Brief mit dem Ansuchen, er möge euch eine Frist bewilligen und euch die Erlaubniss ertheilen, Gottesdienst, Todesfeier und Taufen abzuhalten," diesen sollten sie nach Kamin schicken und ihren Pfarrer zur Verwendung dafür mitschicken. „Und ihr verzaget nicht in dieser Angelegenheit, denn ich muss es dazu führen, dass alles gut wird." II. Nicolaus Leszczyc zu Radolin Radolinski schreibt den 6. August 1741 aus Kretkow an dieselben strenger: „Ihr bittet viel um Gnade, aber wenn ihr den Befehlen eurer Gebieter nachzukommen nicht versteht, so muss sie euch entzogen werden." Es ist euch eine vollkommene Information gegeben worden, aber ihr habt sie nicht befolgt. „Mein Herr Bruder hat die Gründe beschrieben, die bei Eröffnung der Kirche angegeben werden müssen: wenn ihr das aber nicht vorsichtig ausführt, so mag es ergehen, wie es will. Sollten euch von Seiten des geistlichen Herrn Pfarrers bedeutende Schwierigkeiten gemacht werden, so würden dagegen bei mir Mittel zu finden sein. Seine Drohungen müssen nicht geachtet werden, um so mehr, da das Erkenntniss der geistlichen Herrn zu Kamin schon ausser Wirkung ist. Ich weiss, was ich thue und wie man sich bei solcher Angelegenheit

traf die Stadt eine Feuersbrunst und eine Brandschatzung. Die Konföderirten rückten in Lobsens ein und Rittmeister Russkowski presste den Evangelischen Geld ab. 1769 kam ein zweiter Haufe nach Lobsens und lagerte in der Stadt. Unversehens drangen an einem nebligen Morgen ihre Gegner, die Russen, mit Kanonen in die Stadt ein und befanden sich schon in der Nähe des jetzigen Gerichtsgebäudes, als die Polen ihr Ankommen erst gewahrten. Die Polen sammelten sich auf dem Markte und in der Stadt entspann sich das Gefecht, das mit der Austreibung der Polen endete. Bessere Zeiten kamen erst, als Lobsens 1772 preussisch wurde. König Friedrich II. liess auf Staatskosten eine protestantische Kirche erbauen. Im Jahre 1789 bestand der Ort nur noch aus 195 Häusern und hatte 1319 Bewohner[7]. Unweit von der Stadt lag in einem Wäldchen das Dominikanerkloster Gurki. Die Radolinski verkauften die Herrschaft an den Grafen Rydzinski, der auf dem herrschaftlichen Vorwerk Recktey (Rattey?) neben der Stadt seinen Wohnsitz nahm. Die Stadt erlitt abermals grossen Feuerschaden und war 1793 noch nicht völlig wieder aufgebaut. Einiger Handel wurde in Lobsens getrieben. Als später die Franzosen kamen, rettete der Prior des Klosters die Kostbarkeiten desselben; das silberne Christusbild wurde bei einem Juden unter der Diehle versteckt. Nachmals zerschlug es der Prior und liess es als Silber in alle Welt ausgehen. Am Muttergottesbilde wurden die ächten Perlen herausgebrochen, durch falsche ersetzt und verkauft[8]. Ein Zollamt war nun in Lobsens. Der Handel mit Danzig und Kulm nahm trotzdem in den Kriegszeiten grossen Aufschwung. Als Lobsens wieder preussisch wurde, hatte es 244 Feuerstellen und 1668 Einwohner. Von diesen waren 762 Lutheraner, 508 Juden, 378 Katholiken. Tuchbereitung war auf 40 Stühlen im Betriebe, die Tücher gingen zum Theil nach Kulm. Spitzenklöppeln beschäftigte 160 Menschen, Färberei und Gerberei war auch im Gange; dagegen hatte die Verführung von Weissbier aufgehört. Die Bürgerschaft war deutsch. Unter den Tucharbeitern, Brauern, Bäckern befand sich kein einziger Pole. Kaum aber war Lobsens zum zweitenmal an Preussen gekommen, als es von neuem Unglück betroffen ward. 1819 brannte die grössere Hälfte der Stadt ab. Mit dem Rathhause wurden sämmtliche städtische Papiere zu Asche, unter ihnen auch eine von dem früheren Bürgermeister Kromrey verfasste Stadtbeschreibung. Mit einemmale schnitt ferner die russische Grenzsperre den Abzug der Waaren ab, so dass eine Hauptquelle des Gedeihens versiegte. Der Tuchhandel stockte. Die Einwohnerschaft verarmte. Ein Stadt- und Landgericht wurde in Lobsens eingesetzt. Das Kloster, welches in katholischer Zeit zugleich zu einer Strafanstalt für Geistliche gedient hatte, wurde, indem man die Mönche aussterben liess, aufgehoben. Die Städteordnung ward am 6. Okt. 1837 verliehen. 1848 wurde aus Lobsens die Volksversammlung zu Schneidemühl (9. April) beschickt und an deren Beschlüssen gehalten. Die Einwohnerzahl betrug 1837: 2524, 1843: 2751, 1858: 2723, 1861: 2791.

Lopinno, p. Lopienno, auch Łapienno, an einem See. Den Namen finden wir in einer Urkunde von 1455, unter deren Zeugen unterschrieben ist Byenyassius de Lopyenno[1]. Es gehörte im XVI. Jahrhundert den Zakrzewski. Sigmund I. gab auf Ersuchen des gnesener Erzbischofs Johann de Lasco dem Besitzer Andreas von Zakrzewski, seinem Kammerherrn, zur Belohnung seiner treuen Dienste und namentlich seines Erfolges als Gesandter zu Türken und Heiden (ad paganos) Stadtrecht für den Ort und zwar nach Lipinski im Jahre 1519, nach Neigebaur im Jahre 1529. Er durfte danach auf dem Dorfe Lopienno eine Stadt errichten, damit sein Ort zu besserem Wachsthum und mehrerer Bevölkerung gelange. Alle jetzigen und künftigen Einwohner wurden deshalb aus dem polnischen in das deutsche, sogenannte magdeburgische Recht, welches die andern Städte des Reichs, besonders Gnesen haben, versetzt und alle polnischen Rechte und Gewohnheiten entfernt, welche das deutsche Recht zu verwirren pflegen, auch der Kastellane und anderer Beamten Gerichtsbarkeit beseitigt. Alle Bürger sollen Recht nehmen vor dem eignen Stadtrichter, dieser aber nach deutschem Recht vor der Ortsherrschaft. Im Falle eines allgemeinen Krieges muss die Bürgerschaft ihrem Herrn zwei Pferde im Werthe von 10 Mark als Beihülfe zur Kriegsrüstung oder statt deren einen bewaffneten Reiter stellen oder 10 Mark an Geld erlegen. Neben den Wochenmärkten sollen 2 Jahrmärkte sein, auf denen Vieh und Fleisch wie in andern grossen Städten unter einer Abgabe an den Grundherrn, gleich der in der bischöflichen Stadt Sehnin, frei verkauft werden darf[2],

zu benehmen hat." 7) Holsche, der Netzdistrikt. Königsberg 1793. S. 126 gibt für das Jahr 1788: 196 Häuser, 957 Einwohner (davon 283 Juden) an. 8) Mittheilung des Dr. Bisenthal.

Lopinno. 1) Cod. dipl. Pol. II. 514. 2) Carnes quorumcunque generum, ut puta bovinas, agninas, suinas et ferinas in

von andern Waaren sollen die Marktabgaben denen von Gnesen gleichen. Ausser diesem Stadtbriefe besitzt Lopinno noch eine Urkunde des Königs August vom 9. Sept. 1750 und eine Schenkungsurkunde des späteren Erbherrn von Czarnkowski vom Jahre 1795. Die Latalski waren früher eine Zeitlang Besitzer. 1797 besass es ein Herr Grudzielski, im XIX. Jahrhunderte der Gutsbesitzer Wirth. Die Bewohner waren Polen. Am Anfang des XVIII. Jahrhunderts bestand Lopinno aus 1 öffentlichen Gebäude, 1 katholischen Kirche und 73 Wohnhäusern und hatte 410 Einwohner. Juden lebten hier 24. Es gab 18 Schuster, 7 Kürschner, 4 Töpfer, 2 Hufschmiede, 2 Schneider, 1 Leinweber. Der Ort hatte 9 Kram- und Viehmärkte. 1816 bestand Lopinno gar nur aus 65 Feuerstellen und 361 Bewohnern[3] (32 Juden, 3 Lutheraner darunter). 1837 zählte man 605, 1843: 695, 1858: 757, 1861: 782 Einwohner.

Margonin, am gleichnamigen Flusse und an einem kleinen See. Ein Theodricus de Morgonino kommt 1383 vor[1]. Der Ort war Stadt im XV. Jahrhundert. Nach der Veranlagung von 1458 hatte er 6 Krieger zu stellen[2], war also nicht ganz klein. Herabgekommen erscheint er im XVII. Jahrhunderte, denn sein Grundherr, ein Gembucki, gab 1696 am 20. Juli eine urkundliche Erklärung ab, dass er die Einwohner nicht als gewöhnliche Bauern, sondern als Bürger ansehe. Er gestand ihnen demzufolge die Befugniss zu, Kandidaten zu dem Bürgermeisteramte zu wählen (doch wohl: dem Grundherrn zur Auswahl vorzuschlagen) und sich die geschwornen Rathmänner auszusuchen. Diese sollten aber nüchtern Recht sprechen; wer von ihnen betrunken zu Gericht komme, solle nicht als ein Bürger, sondern als ein Halunke mit 3 Mark bestraft werden. Die richterliche Entscheidung gehe nach Sachsen-Recht, sofern ihnen aber eine Sache zu schwierig sei, sollten sie mit ihren Satzungen zu dem Gutsherrn sich begeben und diesem den Handel vorlegen. Schimpfen Frauen einander, so ist ihre Strafe: einen am Pranger stets an einer Kette hängenden Stein zu nehmen und um das Rathhaus herumzutragen. Wer Fische aus dem herrschaftlichen Teiche stiehlt, büsst als ein ausgemachter Dieb mit dem Leben am Galgen. Berufung von dem Rechtsentscheide der Stadtobrigkeit ging an den Gutsherrn, wer aber des Gutsherrn Urtheil ohne Noth anrufen sollte, der müsse 10 Mark Strafe zahlen. Als der Ort zugleich mit dem Netzlande 1773 preussisch wurde, gehörte er dem Grafen Skorzewski, der in der Nähe, auf Schloss Margoninsdorf sass. Gutsherr war in unserm Jahrhunderte der Bankier Lessing. Die Stadt litt öfter durch Feuersbrunst. Ihre Feldmark enthält 16 Hufen. Die Bewohner trieben ausser dem Ackerbau Tuchweberei, Felbelherstellung, Lohgerberei; einiger Handel wurde von Juden unterhalten. Die Stadt war offen, bestand 1788 aus 211 Häusern und hatte 1257 Einwohner, unter denen 232 Juden sich befanden. Am Anfang unseres Jahrhunderts schätzte man die Einwohnerzahl auf anderthalbtausend, wovon ein Dritttheil Juden gewesen sein sollen. 1816 bestand sie aus 1649 Menschen, ihrem Bekenntnisse nach 701 Lutheraner, 565 Katholiken, 383 Juden. 58 Tuchwebstühle waren im Gange. Die Zahl der Feuerstellen betrug 171. Für jedes Bekenntniss war ein Gebäude zum Gottesdienste eingerichtet. 1837 rechnete man 1765 Einwohner und ungefähr 200 Häuser, 1843: 1969, 1858: 2103, 1861: 2207 Einwohner. Im Jahre 1848 schickte Margonin die Bürger Radtke und Hull mit Vollmacht zur schneidemühler Versammlung am 9. April, hielt sich somit zu Deutschland.

Meseritz, p. Międzyrzecz, Mizdzyrzek (urk.: 1245 Meserecz, 1259 Miedzirzecz und Medzirzec, 1312 Mesericz und Meseriz, 1319 Meseriz, von einem Annalisten Medzirecza, l. Medzirecum, Medereeum, auch Interamna). Aeltere Gelehrte leiteten den Namen von dem vermeinten Gründer Mestwin ab, andere suchten die Deutung „Ort tapfrer Männer", am wahrscheinlichsten trägt es die Benennung von seiner Lage zwischen zwei Flüssen, dem Ober und der Packlitz, von między „mitten", „zwischen" und rzeka „Fluss"; denn in slawischen Ländern wiederholt sich dieser Name im Sinne von Mesopotamien. So hiess in Pommern eine Landschaft zwischen Peene und Tollense Mescrechs, Mizerez, Myseritz[1]. Meseritz ist eine der ältesten Ortschaften dieses Landes. Im Jahre 1005 gab es schon eine Abtei Mezerici[2]. Am 22. Sept. dieses Jahres befand sich daselbst der deutsche König Heinrich II. mit einem deutschen Streiter-

---

mensis ad id consuetis vulgo Socharzki nuncupatas exponendi. 3) Nach dem statistischen Jahrbuch für 1862 hatte Lopinno, als es preussisch wurde, 427 Einwohner.

Margonin. 1) Janko, archidiac. gnesn. Chronik (Sommersberg, silesiac. rer. script. II. 140). 2) Raczynski, cod. dipl. maj. Pol. S. 182.

Meseritz. 1) Ein anderes Międzyrzecz liegt auf die Grenze zu an der Strasse von Warschau nach Brest-Litowski. Noch zwei andere Städte gleichen Namens in Polen zählt Zeiller 2. A. S. 151 auf. 2) Thietmar chronicon VI. 20 (Monumenta

heer. Er sorgte dafür, dass dem Kloster keine Unbill widerfuhr. Später vernehmen wir nichts mehr von diesem Kloster. Ob damals bereits eine Burg hier stand, wissen wir nicht, und möchten es bezweifeln; im weiteren Verlaufe des XI. Jahrhunderts war aber eine solche vorhanden. Als ein polnischer Grenzplatz, über den die Strasse von Posen nach Sachsen führte, wurde Meseritz befestigt. Die Flüsse, die unzugänglichen Sümpfe (welche erst vor einigen Jahrhunderten mehr anstrockneten) und die mit Nadelholz bewaldeten Hügelreihen erschwerten den Zugang. Ein Hügel ward aufgeschüttet südlich vom Ober, auf 3 Seiten wurden um diesen Hügel Gräben gezogen, auf ihm das feste Schloss, das castrum Medzirzecense, gebaut (Mezyrtecze nennt es der Verfasser der Chronicae Polonorum, Medireeze nennt es Vincentius Kadlubko um 1220). Pommern und Polen kämpften gegen Ablauf des XI. Jahrhunderts um seinen Besitz. Die Pommern setzten sich vorübergehend in ihm fest. Der Polenherzog Boleslaw griff es darauf mit solcher Macht und Heftigkeit an, dass die Bewohner nach wenigen Tagen sich ergaben[3]. Durch die Theilung unter den Piasten im Jahre 1162 fiel Meseritz dem glogauer Herzoge Konrad zu; einige Menschenalter stand Meseritz nun in näherem Bezuge zu der schlesischen Entwicklung. Die Polenherzoge brachten es zwar wieder an sich, 1245 sass daselbst ein polnischer Starost[4], allein als der schlesische Herzog Boleslaus der Kahle im Jahre 1247 gegen sie zu Felde zog, entschlossen sie sich gutwillig, ihm Schloss Meseritz zurückzustellen[5]. Dann fiel es bei der Theilung von 1252 zu Glogau. Herzog Konrad ward sein Herr[6]. Dass es um 1200 im Besitz pommerscher Herzoge sich befunden habe, ist erst zu beweisen: geglaubt wurde es allerdings nachmals und ein pommerscher Herzog Mestwin als Gründer bezeichnet. Wir bezweifeln diess[7]. — In der Nähe, in Gostekove, erbauten die Cisterzienser das Kloster Paradisus sanctae Mariae. Ostwärts von der Burg war damals bereits eine städtische Niederlassung entstanden mit einem eignen Richter. Deutsche in Meseritz werden zufällig um diese Zeit erwähnt, als mitgetheilt wird, dass der posener Bischof Bogufal, der Chronist, ihnen 1248 und 1249 die Zehnten erliess. „Die Deutschen von Meseritz", heissen sie da[8]. In diesem Orte, der 1259 civitas, also Stadt genannt wird, war eine Kirche, die des heiligen Adalbert, vielleicht der Ueberrest des Klosters. Zwischen ihrem Lektor und der Bürgerschaft brach über die Stadtkapelle ein Zwist aus, den ein gütliches Abkommen beilegte, welches Herzog Boleslaus 1259 genehmigte (Urk. VII); vielleicht jener schlesische Boleslaus der Kahle, welcher von 1243 bis 1278 herrschte. Die Fassung seiner Urkunde leidet an mancher Unklarheit. Dass die Meseritzer sich schon im Genuss deutschen Rechtes befunden hätten, lässt sich aus ihr nicht folgern. Das Schloss war Starostensitz und im Jahre 1269 gab es einen Grafen Benjamin als Castellanus in

---

Germaniae historica III. 813). 3) Des sogenannten Martinus Gallus chronicae Polonorum II. 14 (Mon. Germ. hist. XI. 449). Er nennt die Bewohner oppidanos. Eos qui fuerunt in castro, sagte dagegen die ihm nachschreibende Chronica principum Poloniae (Stenzel scriptores rerum Silesiacarum I. 67); diese nennt den Ort Mazerice. Die Lesarten schwanken in beiden Werken. Vincentius Kadlubko sagt: sed Medireeze et alias eorum urbes evincit. Der von Ludwig Giesebrecht (Wendische Geschichten. Berlin 1843, II. 165) erhobene Einwand: weil des Boleslaus' Feldzug super Pomeraniam gerichtet gewesen, könne Mezyrtecze nicht Meseritz bedeuten, ist haltlos. Die Gegend befand sich ebendamals in der Gewalt der Pommern. Dlugoss I. 330 setzt die Einnahme in's Jahr 1095. 4) Raczynski, cod. dipl. maj. Pol. S. 28. 5) Ante congressum belli facta compositione amicabili tria castra *Santhok* et *Mycdzszeg* et *Cwanszin* sibi (dem schlesischen Herzoge) gratuite pro bono pacis contulerunt. Bogufal's chronicon Poloniae (Sommersberg, scriptores rerum Silesiacarum II. 62); liest man statt c ein e, statt des unmöglichen n aber ir, so ist Meseritz an dieser Stelle genannt. 6) Worbs' neues Archiv für die Geschichte Schlesiens und der Lausitz. Glogau 1804. I. 22. 7) Die angebliche Stiftungsurkunde von 1206 ist abgedruckt in der Bestätigungsurkunde von 1556. N. CVIIII. Beide Urkunden halte ich trotz der Bestätigung von 1507 (Urk. LXXXII) für Unterschiebungen. Da indess Gaebel, über die Gründung und Verfassung der Stadt Meseritz, Programm der dortigen Realschule 1840, sie seiner Darstellung zu Grunde legt, sei für diejenigen, welche die Art der Abfassung noch nicht von ihrer Unächtheit überzeugt, bemerkt: 1) dass wir in einer nicht anfechtbaren Urkunde von 1485 (LXXI) die Verleihung des magdeburger Rechtes an Meseritz besitzen, und dass sie auf früheres Vorhandensein desselben nicht hinweist; 2) dass die Mestwinsche Urkunde der Stadt 190 Hufen Landes antheilt: die Stadt besass jedoch nur 54 gemeine Hufen. Gewöhnlich war damals die Berechnung nach flämischen; solcher besass Meseritz 13½; 3) dass die Urschrift fehlt, wohl aber eine Nachricht vorhanden ist über eine späte Erwerbung der Abschrift von auswärts. In Meseritz fasste nämlich ein Lutheraner 1767 oder bald nachher (angeblich Pastor Zappert 1773) eine Chronik von Meseritz ab und benutzte zu ihr die Aufzeichnungen des in den ersten Jahren des XVII. Jahrhunderts in Meseritz regierenden Bürgermeisters Martin Spiller. Diese Chronik hat über das XVII. Jahrhundert umständliche Nachrichten, auch einige aus dem XVIten. Sie nun gibt über den Erwerb Folgendes an: „1645 hat Hr. Elias Hoffmann von Warschau nach Meseritz geschrieben und berichtet, dass einer von Adel da wäre, welcher 40 Städte-Privilegia habe, darunter auch die Stadt Meseritz und Schwerin wären. Hierauf sind nach Warschau abgefertigt worden Herr George Dermachawius; sie (?) traffen diesen Herrn aber nicht in Warschau an, sondern in einem Kloster hinter Dantzig, von welchen sie beyder Städte Fundation erhalten, als auch die Confirmation der Stadt Meseritz unter Sigismundo I gegeben. Dafür ihm die Meseritzer zum Recompens 300 fl., die Schweriner aber nur 200 fl. gegeben." Die Mestwinsche Urkunde sowohl als die Bestätigung Sigismunds, von der ja auch die Urschrift fehlt, ist also wohl das betrügerische Machwerk eines Beutelschneiders. 8) Annalen vor dem sogenannten archidiaconus gnesnensis: eodem anno (1248) episcopus posnaniensis Boguphalus Theutunicis de Medzyrzecz indulsit decimam infra duos annos, scilicet de eodem anno et sequenti

Miedzirzecz[9]. **Zu dieser Zeit scheint polnische Herrschaft wieder eingetreten zu sein.** Ebendamals hatte der brandenburger Markgraf Otto V. einen Festungsbau nahe der polnischen Grenze in Zilenzig vorgenommen. Gleichsam als Trutz gegen diesen Waffenplatz liess Boleslaus von Kalisch schleunigst die Burg Meseritz besser mit Gräben und Umpfählungen versehen. Darüber erfasste einen andern brandenburgischen Markgrafen, Otto IV., Argwohn; er meinte sich gegen Polen sicher stellen zu müssen. Noch ehe die Werke vollendet waren, lag er plötzlich mit seinen Reisigen vor Meseritz, doch konnte er das Schloss nicht bezwingen; bevor er sich desselben hatte bemächtigen können war auch Boleslaus zum Entsatz zur Stelle und trieb ihn zurück. Das Städtchen war noch offen: bei ihrem Abzuge plünderten es die Brandenburger und legten es in Asche[10]. Nicht lange nachher scheinen jedoch die Brandenburger Meseritz wirklich eingenommen zu haben, vielleicht im Kriege des Jahres 1291 oder in der Zeit, in welcher über das Land die gloganer Herzoge und die Polenfürsten stritten: wenigstens ist aus Urkunden der brandenburger Markgrafen Johann und Woldemar von 1306 und 1319 zu schliessen, dass sie sich im Besitze befanden. Im erstgenannten Jahre verkaufte Johann um 2000 Mark Burg, Stadt und Starostei an Arnold von Uchtenhagen, behielt sich aber in den nächsten 8 Jahren den Rückkauf vor[11]. In einem Vergleiche der schlesischen Herzoge Heinrich und Prymke von Glogau mit ihrem Oheim Markgraf Waldemar von Brandenburg im Jahre 1319 erklären sie die Grenzen: „biz an die Burgwere zu Meseriz, als iz unsez Ohmen Eldern vore haben gehat“[12]. Die brandenburger Markgrafen vermochten nicht die Herrschaft über diese Gegend dauernd zu behaupten. Polen nahm sie zurück, vielleicht in den Zeiten der Schwächung Brandenburgs unmittelbar nach dem Ausgange des dortigen askanischen Fürstenhauses. — Die Stadt war nach der Einäscherung wieder aufgebaut worden und Kasimir der Grosse führte wieder einen Schlossbau aus. In den Anfang des XIV. Jahrhunderts fällt auch der Bau der Schlosskirche. Aus dem XIV. Jahrhundert ist ausser diesen Kunden nur noch eine Nachricht übrig, dass Königin Hedwig 1385 Schloss und Stadt dem posener Bischofe Dobrogost verpfändete[13]. Wann sie aus dieser Pfandschaft herauskam, wissen wir nicht, doch geschah es. 1425 huldigte die Bürgerschaft in einer schriftlichen Urkunde, die zu Kosten ausgestellt wurde, dem König Wladislaus (**Urk. CCXX**). Mit dem Kloster Paradis wurde die Stadt in langwierige Streitigkeiten über die Klosterbauern verwickelt, bis ihnen ein Entscheid Kasimirs IV. zu Posen ein Ende machte. Derselbe König verpfändete 1466 Stadt und Burg dem Peter von Schamotuli[14]. Im nächsten Jahre folgte diesem Andreas von Schamotuli, dem der König 1474 und

(Sommersberg II. 81). 9) Cod. dipl. Polon. II. 619. 10) Basko in seiner Fortsetzung der Chronik Bogufal's erzählt: circa festum s. Michaelis Boleslaus pyus dux Polonie munivit civitatem suam Myedzirzeca de blancis (mit Planken). Et priusquam fuisset circumdata fossatis Otto[nis] marchionis predicti filius ex improviso veniens ipsam expugnavit. Et castrum expugnare non valens ipsam exussit et preda civitatis magnifice ditatus ad propria rediit letabundus. (Sommersberg, scriptores rerum. Silesiacarum II. 77.) Vgl. C. Fr. Pauli, allgemeine preussische Staats-Geschichte. Halle 1760, I. 310. 11) 1306 am Tage der M. Johann s. Paul verschrieb zu Everswold Johannes, brandenburgensis et Lusaciae Marchio — nostro fideli militi domino Arnoldo de Uchtenhagen — castrum et civitatem *Meseritz* cum omnibus suis pertinentiis — cum omni castellania et jure castrensi quod vulgariter dicitur **Borchvere** et universis bonis sicut predictae castellaniae antiquitus adherebant et cum omni jure et utilitate (et omni jure) patronatus ac cum omnimoda pheudalitate seu jure conferendi tam bona temporalia tamque spiritualia, quod in vulgo **Leenwere** dicitur, cum judiciis supremis et ymis et omnibus precariis et servitiis quocumque nomine censeantur, cum omni jure et comodo et honore prout nobis, dum dicta bona nostra essent, competebant debito et consueto phendi tjtulo possidenda, excepta tamen civitate *Czweryn* cum his quatuor villis *Mornowe*, *Ochos*, *Nynn*, *Desna* cum distinctionibus et pertinentiis singularum. Proinde idem Arnoldus nobis dedit duo millia marcarum argenti et ponderis brandenburgensis in pecunia numerata, de quibus ipsum et suos veros heredes solutos et quitos in presentibus omnimodo nuntiamus. Eorundem tamen castri *Meseritz* et civitatem villarum et suorum attinentium competit nobis reemendi libera potestas, ita, si praedicto domino Arnoldo de Uchtenhagen aut suis veris heredibus ipso non exstante praedicti summam argenti a data praesentium ulterius per octo annos inantea continuo computandos restituerimus, extunc praedicta, scilicet castrum, civitas, omnes villae his adjacentes cum suis pertinentiis ad nos devolventur omnimodo velut prius. Si vero, quod absit, hujusmodi summae pecuniam in praehabito termino non persolverimus praedicti Arnoldus et sui haeredes effectu presentis privilegii dictorum bonorum omnium manebunt perpetui et legitimi possessores. Praeterea quidquid saepe dicti Arnoldus et sui heredes in edificiis seu structuris ad dicti castri conservationem exposuerint, totum eis cum majori summa scilicet cum duobus millibus marcarum dictis reddemus, cum ipsum castrum reemere voluerimus ab eisdem dummodo hoc rationabiliter ostendere potuerint et probare. Diess bestätigt und billigt zugleich Markgraf Voldemar (Wspomnienia wielkopolski to jest wojewodztu poznanskiego, kaliskiego i gnieznieńskiego przez Edwarda Hr. Raczynski. Posen 1842. I. p. XXIII). 12) Gercken, codex diplomaticus Brandenburgensis. Salzwedel 1769. I. p. 267. 13) Inventarium privilegiorum in archivo regni in arce Cracoviensi confectum 1682. Paris 1862. S. 278. 14) I. Casimirus rex Petro de Szamotuly in fortalitio et oppido *Międzyrzec* centum marcas inscribit, datum *Thorunize* feria quarta ante festum S. Lamperti a 1466 (Inventarium S. 287, da in diesem Jahre sowohl der 17. November als der 16. April auf einen Mittwoch fiel, muss der 14. April zum Ausgang genommen werden und ist sonach die Urkunde vom 9. April). II. 7. oder 8. Mai 1466: Idem trecentos florenos hungaricales in auro Petro de Szamotuly castellano *Posnaniensi* in *Międzyrzec* et villis inscribit. Datum *Cracoviae* die translationis S. Stanislai a. 1466 (Inventarium S. 288). III. 21. Oktbr. 1466: Kazimirus dei gratia rex *Polonie*, magnus dux *Lithuanie*, *Russie*, *Prussie*que dominus et heres etc. significamus tenore presentium universis, quomodo attentis fidelibus obsequiis generosi

1476 noch grössere Geldsummen auf Meseritz verschrieb[15]. Im Jahre 1474 nahm das Heer des Ungarkönigs Mathias Corvinus die Burg mit der Stadt ein; dabei mag die Stadt Plünderung und grossen Schaden erfahren haben[16]. Der im selben Jahre noch abgeschlossene Friede gab Meseritz an Polen zurück. Im 11ten Jahr danach 1485 ertheilte König Kasimir der Stadt magdeburger Recht und Freiheit und bestimmte den Schoss auf 20 Mark prager Groschen (Urk. LXXI). Bisher hatte die Stadt schon, und sie wurde darin bestätigt: Wage, Bad und Verkaufsbuden, die Fleischer zahlten vom Schragen oder Ramen zum Aufhängen der Waare jährlich 3 Groschen an die Stadt. Als Brückenzoll erhob die Stadt vom Pferde 2 Pfennige. Ihre Bürger durften im Fluss und in den Seeen Strzeleczkye („Schützensee", dem eine Stunde abgelegenen Glemboch) und dem See Linye fischen[17]. Eine Meile um die Stadt durfte weder Markt gehalten, noch fremdes Bier ausgeschenkt werden. Auch hatte die Stadt schon Jahrmärkte, von denen aber das Schloss eine Steuer bezog. Diese Urkunde bestätigte hernach König Sigismund 1513 (Urk. LXXXIV). Aus der Pfandinhaberschaft der Schamotuly löste König Johann Albert Meseritz 1493 los[18]. Die Stadt befand sich nunmehr im Aufblühen und überwand die Verwüstung, welche sie 1519 betraf durch die deutschen Hülfsvölker, die der Hochmeister heranzog[19]. Geführt von Sigismund Schönberg nahmen diese nach zweitägiger Belagerung das Schloss ein, verliessen es aber bald um weiter zu rücken. Den Bürgern nach den erlittenen Verlusten aufzuhelfen, erliess der König 1520 auf mehrere Jahre die Abgaben (Urk. LXXXX).

Tuchmackerei war das Hauptgeschäft. Gern hätten die hiesigen Tuchmacher einen Alleinhandel mit Tuch sich zugeeignet. Zu ihrer Begünstigung liess der Starost auf den Jahrmärkten von Meseritz und denen des nahen Schwerin die schwiebuser Tuchverkäufer ihre Tücher nicht ellenweis ausschneiden, namentlich nicht das graue oder weissschimmernde. Das war nicht Rechtens. König Johann Albert befahl desshalb in Posen am 21. November 1493 seinem meseritzer Hauptmann Stanislaus Imbyer von Obyezerze, darauf zu achten, dass den Schwiebusern auf den meseritzer und schweriner Jahrmärkten nicht verwehrt werde, graues sowohl als andersfarbiges Tuch ellenweise zu verkaufen, ihre Waaren gleich andern Händlern abzusetzen, Wolle und Anderes einzukaufen[20]. Die Schwiebuser mögen dazumal die einzigen gewesen sein, welche den meseritzer Tuchhändlern den Alleinverkauf streitig machten: kein

---

Johannis Swydwa de Schamotuli curien*(sis) nostri fidelis dilecti, quibus majestati nostre in conquisitione opidi *Hoynicze* meruit et continue meretur, horumque intuitu ipsum ad servicia nostra promptiorem reddere cupientes, pro ipso ducentas marcas pecuniarum numeri et monete communis, quadraginta et octo grossos in quamlibet marcam computando, apud magnificum Petrum de Schamotuli castellanum *Posnaniensem* et capitaneum *Majoris Polonie* generalem intervenimus et intercessimus intervenimusque et intercedimus presentium per tenorem. Quas quidem ducentas marcas praefato Petro de Schamotuli in et super castro et opido nostris *Myedzyrzecz* inscribimus et villis ad ea pertinentibus demonstramus, per ipsum aut suos successores legittimos cum omnibus earundem censibus proventibus et obventionibus universis tenendum habendum pacificeque et quiete possidendum tamdiu, quousque dicte ducente marce cum aliis summis pecuniarum in eijsdem bonis inscriptis et introductis sibi aut suis legitimis successoribus fuerint persolute totaliter et ex integro, quibus exolutis hujus castri et opidi *Myedzyrzecz* possessio ad nos revertetur pleno jure et redibit. Harum quibus sigillum nostrum praesentibus est subappensum. Datum in *Thorun* feria tertia post festum sancti Luce evangeliste proxima anno domini millesimo quadringentesimo sexagesimo sexto. Relatio venerabilis Alberti de Ziehlin r. p. vicecancellarii. (Wzory pism dawnych w przerysach y wystawione S. 67. Bei * steht im Faksimile curien, was curiensis im Sinn von curialis bedeutet; Stronczyński las curionis.) IV. 22. December 1466: Idem agnoscit se debere eidem Petro de Szamotuly ducentos florenos hungaricales eosdemque super castro et oppido *Międzyrzec* et *Skwirzyna* inscribit. Datum in *Kozienice* feria secunda ante festum nativitatis domini anno 1466. (Inventarium S. 287.) 15) I. 1474 28. November: Casimirus rex Andreae de Szamotuly sexingentos florenos inscribit in oppido *Międzyrzec* villisque eo pertinentibus. Datum in campo ad *Swinawans* feria secunda ante festum S. Andreae a 1474. (Inventarium S. 289.) II. 1476: Idem Andreae de Szamotuly quingentos florenos hungaricales inscribit in castro et oppido *Miedzyrzecensi*. Datum *Petricoviae* a. 1476. (Inventarium S. 290.) III. 1476 2. September: Idem Andreae de Szamotuly castellano *Miedzyrzecensi* summam centum marcarum in castro et civitate *Miedzyrzec* inscribit. Datum *Petricoviae* feria secunda post festum S. Aegidii a 1476. (Ebenda.) 16) Die Angabe, die Stadt sei 1474 niedergebrannt worden, ist irrig, denn Eschenloer (Geschichten der Stadt Breslau, herausgegeben von Kunisch, Breslau 1828. II. 309. 309) erwähnt diess nicht nur nicht, sondern erzählt: die Ungarn unter Graf Stefan von Zapolien „zogen auf Meseritz, dasselbe, Schloss und Stadt, gewonnen sie überhaupt und funden das voller Notturft, machten das also feste in wenig Tagen, das sie Jar und Tag niemand daraus hätte mögen gewinnen. Hir branten die Hungern in Polen bis an die Posana . . . Ueber 50000 Gulden gaben die Bauern Abgedinge alhir in Polen nur vor den Brand in vir Wochen, da die vir Wochen ausgingen, da ward es alles verbrannt, ausgenommen uf eine Meile oder zwo umb das Schloss Meseritz lieszen sie die Dorfer stehen, umb Speise und Arbeit willen im Schlosse." Obgleich damals Meseritz eingenommen wurde, versichert doch hundert Jahre später der Pole Stryikowski in seiner Beschreibung Polens: Meseritz sei nur durch Hunger zu bezwingen. 17) Das Fischen, Zabronyamy, welches erlaubt wurde, geschah so, dass zwei Fischer mit den verschiedenen Enden eines kleinen Netzes in's Wasser hineingingen, bis sie an entgegengesetzten Stellen angelangt, das Netz zusammenzogen, um sich des Fanges zu bemächtigen. 18) Andreas de Szamotuly castellanus *Calisiensis* recognoscit sibi a rege Joanne Alberto esse satisfactum ratione summarum in oppido *Miedzyrzec* sibi inscriptarum ceditque de eisdem bonis eidem regi. Datum *Posnaniae* a. 1493. (Inventarium S. 291.) 19) Urk. LXXXXI S. 88 oben, vgl. dazu Cromer, p. 580, u. Baczko's Geschichte Preussens, Königsberg 1795. IV. 82—83. 20) Raczynski, cod. dipl. maj. Pol. p. 191 f.

anderer naher Ort bot wohl Tuch auf den meseritzer Märkten dar. Ueber jene königliche ihnen ungünstige Entscheidung wussten indess die meseritzer Tuchweber hinwegzukommen. Sie behaupteten im zweiten Jahrzehnt danach vor dem Könige, im Besitze eines königlichen Freibriefes gewesen zu sein, der ihnen durch eine Feuersbrunst verloren gegangen sei, und erlangten 1513 wirklich von Sigismund I. ein Verbot gegen Auswärtige in Meseritz und Schwerin, bei Strafe von 10 Mark an die Burg und von 1 Stein Wachs an die meseritzer Tuchmacher, graues Tuch ellenweise unter dem Preise von 3 polnischen Groschen zu verkaufen, sowie zu Markt gebrachte Wolle, welche in kleinerem Gewichte als zu ungefähr 1½ Stein käuflich sei, zum Nachtheil der Meseritzer einzukaufen (Urk. LXXXIII). Dieses Verbot hielt für Meseritz und Schwerin König Sigismund III. 1616 aufrecht und zwar so, dass es überhaupt als eine Verwehrung jedes Verkaufes von Tuch in Meseritz und Schwerin seitens auswärtiger Tuchmacher erschien (Urk. CXXXVII). In gleichem Masse bestätigte es Wladislaus IV. 1633 (Urk. CXXXVIII). Die Tuchmachergesellen erlangten für sich eine Urkunde 1557; die ganze Zunft erhielt ihre Satzungen 1577 von König Stefan bekräftigt. Die Schuhmacherinnung, welche 20 Bänke hatte, erlangte von König Sigismund III. am 11. Okt. 1592 eine Urkunde. 1596 bildete sich aus den Ackerbürgern, wohl hauptsächlich in der Absicht, den Lohn der Schnitter und Drescher gemeinsam zu ihrem Vortheil festzustellen, eine Ackergilde. Diese traf gewisse Bestimmungen über das Schafehalten. Die Fleischer erhielten vom Rath ihre Satzungen 1598; sie hatten 7 Fleischbänke und zahlten von jeder an die Stadt jährlich 1 G. 16 Gr. poln. Den Bäckern gab dann 1613 Sigismund III. eine Urkunde, bestätigte im selben Jahre die Satzungen der Ackergilde und bestimmte hinsichtlich des Bierbrauens, dass jedem Brauherrn zustehe alle 3 Wochen zu brauen und dass dafür zu Johanni 30 Tymfe abzuführen seien. Wer das Braurecht erwerben wollte, musste, war er eines Brauherrn Sohn oder Tochter 20 G., war er diess nicht 120 G. einzahlen. Vordem lag jedem Brauenden ob, jedesmal 6 Scheffel Getreide vom Schlosse zu kaufen, die er übermässig bezahlen musste; hiervon sprach der König die Brauenden los. Die Kürschner erhielten 1637 von Wladislaus eine Urkunde. Den Bäckern ging ihr Brief verloren, sie erbaten deshalb 1680 von König Johann III. einen neuen. Die Stadt gründete auf ihre Kosten eine Apotheke (officina apothecaria seu pharmacopolium), ihr Apotheker hatte daher den Alleinhandel mit Gewürzen, musste sich jedoch darein ergeben, dass ihm der Rath seine Waare abschätzte, was auf Grund seines Einkaufspreises geschah, den er gehalten war eidlich anzugeben. Aus Frankfurt an der Oder bezog er seine Vorräthe mehrentheils. In Pestzeit war er verpflichtet die Stadt nicht zu verlassen. Auf diese Bedingungen ertheilte ihm Sigismund III. 1613 einen Freibrief, den auch Wladislaus IV. 1633 bestätigte (Urk. CXXXXIIII). Die Wochenmärkte der Stadt fielen ungelegen, nämlich am Montage, gleichzeitig mit den Wochenmärkten benachbarter Städte; auf Bitte der Meseritzer verlegte sie deswegen König Sigismund I. 1520 auf den Sonnabend (Urk. LXXXXI). Nicht ganz damit überein stimmt eine andere Urkunde desselben Königs von 1539, wonach die Wochenmärkte am Montag stattfinden sollen und zwei Jahrmärkte gehalten werden dürfen (Urk. CII). 1565 wurden weitere und bessere Bestimmungen über die Jahrmärkte erlassen. Eine Anordnung Wladislaus' IV. setzte 1639 einen Jahrmarkt auf den 21. November an (Urk. CLIIII). Da die Stadt an den grossen Strassen von Warschau nach Leipzig und Berlin gelegen war, so zog sie von der Verkehrsbewegung mannichfache Vortheile. Ihr Tuch ging tief nach Russland hinein.

Wider die Juden, die sich in der Stadt ansässig gemacht hatten und Handelsgeschäfte betrieben, erwirkte der Altansässigen Neid ein Ausschliessungsverbot des Königs. Die Juden von Meseritz hatten bisher jährlich dem Könige 10 Mark für die Duldung gezahlt; diese Zahlung auf sich zu nehmen erbot sich die Bürgerschaft und darauf trug Sigismund (1520) kein Bedenken den Juden den Aufenthalt in Meseritz zu verbieten (Urk. LXXXXII). In späterer Zeit gewannen jedoch die Juden die Unterstützung des Starosten und schlichen sich (wie man damals sich ausdrückte) ein; 1564 gab es wieder 18 Häuser der Juden, von denen jedes an das Schloss 30 Groschen und 2 Pfund Pfeffer entrichtete; ausserdem zahlte der Jude für eine Verkaufsstätte 15 Gr. und 1 Pfund Pfeffer, alle Juden zusammen lieferten ferner alljährlich 1 Stein Olivenöl und ½ Pfund Safran dem Starosten. Auf eine neue Beschwerde bestätigte zwar König Sigismund III. 1607 das gegen sie gerichtete Verbot; indessen wichen die Juden nicht; es gelang ihnen später 1633 von Wladislaus IV. einen entgegengesetzt lautenden Freibrief zu erwirken. Dass die Juden auch Tuch anfertigten, wollten die Tuchmacher durchaus nicht leiden; sie brachen 1636 in ihre

Häuser in der Ziegengasse ein und raubten ihnen ihr Arbeitsgeräth. Die Juden handelten auch zu des Apothekers Verdruss mit Gewürzen und auf seine Beschwerde verbot ihnen Wladislaus IV. 1637 den Verkauf von Apothekerwaaren. Da die Stadt die Juden nicht los wurde, verglich sie sich endlich in demselben Jahre mit ihnen dahin, dass sie versprachen, Tuch weder anzufertigen noch ellenweise auszuschneiden, nicht auf der Strasse Vieh zu schlachten, durch ihre Aeltesten jedes Jahr an die Stadt 4 Mark Geld und 6 Loth Pfeffer zu erlegen, auch falls sie ein neues Haus ankauften, wenn es in der hohen Gasse gelegen 2 Mark, wenn in der Ziegengasse 1½ Mark zu zahlen, falls aber ein Jude dem andern sein Haus verkaufe, diess dem Rathe anzuzeigen, damit der Besitzwechsel Schuldnern angesagt werden könne. Im XVIII. Jahrhundert betrug die Steuer der Synagoge an den Starosten 600 Tymfe und ausserdem für die freie Wahl ihrer Aeltesten 120 G.

Wenn die Meseritzer in ihrer 1520 an den König gemachten Eingabe gegen die Juden auf die Rechtgläubigkeit Gewicht gelegt hatten, so wurde in der Reformationszeit offenbar, dass ihr Sinn der römischen Kirche doch nicht besonders anhänglich war, denn 1545 berief die Stadt den in Schwiebus predigenden Martin Vechner, welcher seine Studien in Wittenberg gemacht hatte, als evangelischen Prediger[21], übergab ihm die Pfarrkirche und liess die katholische Propstei eingehen[22]. Flüchtlinge aus Böhmen kamen 1548 nach Meseritz. Auch „Arianer" (Socinianer) liessen sich hier nieder. Gegen diese tobten die lutherischen Prediger weidlich. Protestantische Schulen entstanden. Die Armenbrüderschaft (Fraternitas pauperum), welche im Mittelalter bestand, wurde als die Stadt der Reformation folgte, aufgehoben. Sie mit ihren Einnahmen ging in die Innung der Brauer oder der Schützen (braxatorum seu jaculatorum) über.

Verschiedene Edelleute, welche auf dem Stadtgrunde Aecker besassen, entzogen sich den städtischen Lasten. Die Stadt beschwerte sich darüber bei dem Könige und brachte 1513 einen Erlass aus, dass Edelleute, welche die Abgaben nicht mittragen wollten, ihre Grundstücke verkaufen müssten (**Urk. LXXXV**). Schotten durften zufolge einer 1556 von Sigismund August gegebenen Urkunde zum Bürgerrecht nicht zugelassen werden. 1603 bestimmte Sigismund III., dass kein Edelmann in der Stadt aufgenommen zu werden brauche, wenn er nicht den Bürgereid ablege. Wer Bürger werden wollte, hatte durch Zeugnisse seine eheliche Abkunft und Ausbildung vor dem Rathe darzuthun, den Eid zu leisten und einen Vierdung zu zahlen. Die meisten Bürgernamen waren deutsch, z. B. Eichberger, Schlägel, Scholtz, Rau, Hildebrandt, Hoffmann, Lange, Hellmann u. s. w.[23] Es gab 1564 drei Mühlen. Von dem Suburbium (der Vorstadt) bezog die Stadt von Alters her Einkünfte; sie liess sich diess Verhältniss von Kasimir und weiterhin noch in den Jahren 1563, 1579, 1633 von den Königen bestätigen; 1571 erhielt die Stadt von König Sigismund August den (gegenwärtig versumpften) grasigen See, Linie genannt, und den Morast jenseits des Obers geschenkt (**Urk. CXVIIII**). Aus eben diesem Jahre hat die Stadt ein königliches Privilegium über das Stadtgut Sorge. 1577 erhielt Meseritz, wie es scheint gegen das Gebahren des Starosten, von König Stefan die Erlaubniss, am Walde eine Anlage und Anbau zu machen; der König schärfte seinem Starosten ein, die Bürger daran nicht zu hindern (**Urk. CXXIII**). Sigismund gab darüber Bestätigungen 1603 und 1613 (**Urk. CXXXVIII, CXXXXI**), ebenso Wladislaus 1633 (**Urk. CXXXXV** und **CXXXXVIII**). 1585 erhöhte die Stadt mit Genehmigung des Königs Stefan (Warschau, 14. Februar ertheilt) den Brückenzoll von 2 Pfennigen für jedes Pferd auf einen halben Groschen für die nächsten 12 Jahre, um besser den Aufwand für den Bau von Dämmen und Brücken zu erschwingen. 1638 genehmigte der Reichstag die Einverleibung eines Grundstückes in das Stadtgebiet (**Urk. CLIII**).

An der Spitze der Stadt standen 1 Bürgermeister und 6 Rathsherren. Eine Urkunde Stefans vom 31. Januar 1581 bestimmte, dass alljährlich am Tage vor Johanni die Bürgerschaft dem Starosten 4 Männer zum Bürgermeisteramt und 10 zu Rathsherrnstellen vorschlagen solle, aus denen dieser am nächsten Sonn-

21) Knispel, Geschichte der Stadt Schwiebus, S. 121. 124. Ein Verzeichniss der meseritzer lutherischen Prediger gibt Ch. Besold, memoria praesepis Christi (Frankfurt a. O. 1666) in der Vorrede. 22) Der Propst bezog jährlich von der Stadt: 480 fl. jurium stolae, 4800 fl. Arende (die Stadt nahm nicht soviel von der Pacht der Güter ein), 35¼ Scheffel Roggen, 29¼ Sch. Hafer, 12 Fuder Holz, 60 Pfd. Wachs, an Frohnleichnam 1 Viertel und eine Tonne Bier. Ferner bekam er von den Fleischern 8 Tymfe, von den Schustern 5 T., von den Tuchmachern 20 T., aus der Färberei für die Erlaubniss an Feiertagen zu färben 50 T., manchmal endlich für die Nachsicht in der Erntezeit an Feiertagen arbeiten zu dürfen eine Tonne Bier. 23) Gäbel's Programm,

tage den Rath zu bilden habe. Gleichzeitig erlaubte der König den Bau eines Rathhauses aus Ziegeln[24], in dem Getränk[25] und Salz verkauft würden, jedoch ohne Beeinträchtigung der Einkünfte der königlichen Burg. Endlich erklärte er, dass die Stadt die Wage, die Tuchschererei, sowie die Verkaufsstätten der Handwerker[26] nützen, und wenn jemand eine Erbschaft aus ihr nach Deutschland fortschaffe, von je 60 Groschen 3 erhalten solle, wie auch in deutschen Städten üblich sei. Die Erbauung eines gemauerten Rathhauses fällt somit in die 80ger Jahre des XVI. Jahrhunderts. Zu seiner Unterhaltung wurde die Abgabe der Apotheke bestimmt. Sonst waren alle Häuser nur von Holz[27]. Wälle und Mauern umgaben die Stadt. Bei der jährlichen Erneuerung des Rathes blieb es nicht; sei es dass der unaufhörliche Wechsel ein schädliches Schwanken in der Verwaltung mit sich brachte und der kurz regierende Rath ohne Geschäftskenntniss und Ansehn war, sei es dass der aristokratisirende Zug der Zeit überwuchtete: 1595 wurde angeordnet, dass die Mitglieder der Obrigkeit lebenslänglich das Amt führen sollten. Die Bürgerschaft hatte am Johannistage dem Starosten 24 vorzuschlagen, aus denen er 8 als Rath ernannte; der Starost bestallte seitdem auch an jedem Johannistage 2 aus dem Rath zu Bürgermeistern auf je ein halbes Jahr. Für jede eintretende Lücke sollte die Bürgerschaft 4 Gewählte dem Starosten vorschlagen[28]. Dass in dieser Aenderung allein noch kein Heil lag, dafür ist Beweis, dass im XVII. Jahrhundert die Gemeinde den Rath wegen schlechter Geschäftsführung bei dem Könige verklagte; 1668 schärfte der König den Rathsherren ein, fleissiger ihres Amtes zu warten und nicht auszubleiben von den Sitzungen. Neben dem Rathe gab es 8 Schöppen und 8 Geschworne. Die geschwornen Aeltesten vertraten die Bürgerschaft und der Rath verhandelte mit ihnen über gemeine Stadtsachen. Dem Starosten stand natürlich keine Gerichtsbarkeit zu, doch wussten die Juden von der sie bedrückenden Gerichtsbarkeit der Stadt loszukommen und sich unter den Starosten zu stellen. Die Vogtei lag am Ende der Vorstadt gegen die packlitzer Brücke zu und war Freigut, mit der Verpflichtung, in Kriegszeiten einen Gerüsteten zu stellen. Diese Vogtei

---

S. 22. 24) Praetorium ex cocto latere. 25) In hoc praetorio illiusque celarils vina omnis generis, mulsae item seu medonis potus atque crematum omnesque adeo in genere liquores libere propinare. 26) Gazas circa praetorium vulgo **Budkl**. 27) (Gerhard Mercator's Atlas sive cosmographiese meditationes in der von Hond besorgten Ausgabe, die in Amsterdam 1630 aufgelegt wurde. 28) Die **N. CXXXV** nur registrirte Urkunde theilen wir ihrer Wichtigkeit wegen im vollen Wortlaut mit: Nos Sigismundus dei gratia rex Poloniae significamus praesentibus litteris omnibus quorum interest universis et singulis, concessum fuisse a serenissimo rege Stephano antecessore nostro civibus oppidi nostri *Miedzirzecz Majoris Poloniae* et eligendorum et creandorum quotannis minorum magistratuum, utpote magistri civium quem proconsulem vocant et consulum facultatem peculiare diplomate in eam rem dato. Ostensum huic oppido quod in finibus *Marchiae* et *Silesiae* situm est ob idque multos *Germaniae* gentis homines plerumque temporario magistratui refrectarios habuit, esse valde incommodum, simulque supplicatum, ut quo commodius necessitatibus oppidi prospectum esse posset, rationem et praerogativam hanc eligendorum magistri civium et consulum vigore privilegii alias ab rege Stephano concessi annatim fieri solitam, in alium ordinem redigeremus, id est ex annua in advitalitiam commutaremus. Quod cum illustris ac magnificus Johannes de Zamoscie supremus regni cancellarius et generalis exercituum, *Belsensisque*, *Marienburgensis*, *Derpatensis*, *Knisniensis* ac loci illius capitaneus non incommodum esse judicaret ac pro jure capitanei in eam rem consentiret suamque apud nos hoc nomine intercessionem pro civibus interponeret, nos benigne huic intercessioni ac precibus civium annuentes, prospectum esse cupientes in omnibus ejusdem civitatis rationibus, ita ordinavimus atque hisce litteris nostris statuimus et ordinamus perpetuo observandum: et inprimis quod ad magistratum attinet, octo in illo oppido idoneae personae eligantur, ex quibus duo civium magistri seu proconsules sint, illis vero adjungantur sex alii viri, quos consules vocari usus obtinuit. Eorum autem eligendorum ratio talis fiat, ut inprimis a plebe universa sive communitate pro die festo Sancti Johannis baptistae futuro viginti quatuor viri idonei ad obeundum munus proconsulum et consulum communibus civium suffragiis eligantur, atque omnes isti intra spatium unius septimanae post electionem factam capitaneo nostro pro tempore existenti vel ejus vicecapitaneo seu locumtenenti debebunt praesentari, qui quidem capitaneus sive locumtenens proximo die dominico vel festo aliquo solenniore post factam sibi praesentationem, missa peracta descendet ad praetorium ac primum quidem ex 24 illis viris duos, qui illi magis idonei esse videbuntur, ad munus proconsulum designabit, civilibus sive oppidanis praeficiet ita, ut alter eorum priore semestri, alter vero posteriori officium magistri civium sive proconsulis administret et obeat, sex vero alii per capitaneum sive ejus locumtenentem, qui vicissim magis idonei sibi esse videbuntur, eligentur et consulum munus illis demandabitur, ita vero electi octo isti viri quoad vixerint magistratum sibi demandatum juramento uti in usu habetur praestito administrabunt. Ex eorum autem numero et corpore, hoc est ex octo istis viris, annuis singulis una post divi Johannis festum septimana, magistri civium seu proconsules a capitaneo seu vicecapitaneis eligentur, aliquo porro ex istis viris coelo morte ex hac vita sublata plebs universa seu communitas oppidi illius in demortui locum quatuor personas muneri huic obeundo idoneas eligent, quas capitaneo nostro vel locumtenenti ejus praesentabunt, ex quorum numero unum in locum demortui capitaneus noster vel ejus locumtenens eliget et sufficiet. Quam quidem ordinationem perpetui seu advitalitii magistratus ex eo praescriptam (est) modo et ratione eligendi perpetuam esse volumus, ab omnibus observari debere neque infringi ac violari a quoquam posse decernimus, salvo tamen nostro et capitanei nostri jure et superioritate. Quod ex omnibus et singulis quorum interest, praesertim vero capitaneis et vicecapitaneis *Miedzyrzecensibus* ad notitiam deducimus committentes et mandantes ut praescriptam eligendi magistratus in oppido Miedzyrzecz normam observent et manuteneant et ad effectum et executionem deducant illaesam, inviolatam perpetuis temporibus esse patiantur. In quorum omnium fidem et evidentius testimonium praesentes manu nostra subscripsimus et sigillo regio consignari jussimus. Datum *Cracoviae* die XV. Martii anno 1595. Diese Urkunde bestätigte König Wladislaus IV. Krakau 15. Februar 1633. — Ausserdem theilen wir noch aus dem Inventar den Auszug einer Urkunde von 1545 mit: Advocatus et scabini civitatis *Miedzyrzecensis* recognoscunt Margaretham viduam olim Pauli Burneydster concivis sui vendidisse hortum ante portam civitatis qui vocatur molendinatorum pro duodecim marcis easque ipsi solutas esse.

brachte 1638 die Stadt an sich. Einspruch vom Urtheil der Schöffen ging an den Rath, der Recht über Leben und Tod hatte, und vom Erkenntniss des Raths an den König. Verklagte Rathsherren mussten sich vor den Schöffen stellen. Der Bürgermeister bezog etwa 100 G. im XVII. und XVIII. Jahrhundert und bekam von Geldeinnahmen auf jeden Gulden 1 Schilling. Raths- und Gerichtsmitglieder genossen eine Ermässigung der Landessteuer. Zwar war es ihnen 1639 gelungen, bei dem Könige einen Brief auszubringen, welcher sie von diesen gänzlich befreite; weil sie ihn jedoch bis 1649 nicht bei dem Landgerichte hatten eintragen lassen, ward er vom Hofe null und nichtig erklärt. Die Stadteinnahme von der Wage betrug 40 G. An das Schloss war zu entrichten am Martinstage von jeder Hufe 1 Dukaten, von jedem Bierschenken 20 Tymfe. Die Bäcker zahlten ihm zusammen 20 G., die Fleischer, die vordem Unschlitt hatten darbringen müssen, statt dessen 10 G. 80 T., die Tuchmacher von jeder Walkmühle 50 T., jeder Weissgerber 8 G., die Fischer zu Martini 120 T. und zu Johanni ebensoviel, die Schäfer 6 T. Im Jahre 1564 betrug der Schoss, den die Christen an den Starosten abführten, 40 ungarische Goldgulden. Ausserdem erhob das Schloss die Judensteuer, die Gebühr der Mühlen und Zoll von den Fuhrleuten. Schäfer mussten, wenn sie aus der Stadt fortzogen, 12 Tympfe an das Schloss zahlen.

Ein Theil der Bürger war in der Schützengilde. Diese bestand seit langem, besass 2 Winkel Acker und hatte einen alten Freibrief. Indess „durch böse Leute" ging er ihr verloren. Sie erwirkte sich 1638 durch den Starosten und den König eine neue Urkunde. Eines Schützen Sohn zahlte für die Aufnahme in die Brüderschaft 7 G., ein Fremder, der Schützenbruder werden wollte, musste 11 G. erlegen. Der König im Schiessen bekam 100 Thaler und durfte in seinem Jahre schossfrei brauen. —

Meseritz war ein hervorragender Ort dieses Landes, auch im Jahre 1574 der Platz des Reichstages.

Sigismund III. leitete die Unterdrückung der Protestanten ein. Am 3. Juni 1603 erschien der posener Domherr Miezlecki mit einem königlichen Briefe vor dem Rathe, die Herausgabe der Stadtkirche sammt ihren Einkünften fordernd. Der Rath schlug diess ab. Am 23. Juni kam der Domherr zum andernmale; da er wieder nichts ausrichtete, rief er den König an. Die Stadt redete darauf ein: zur Ausbesserung der gänzlich verfallenen Kirche habe sie 6000 G. aufgewendet, die sie vorerst zurück erhalten müsse. Ein Schreiben des Königs an die Stadt noch in demselben Jahre war aber dermassen drohend, dass der Rath ohne weiteres die Kirche mit den zu ihr gehörigen Aeckern, Wiesen und Gefällen am 23. März 1604 der katholischen Geistlichkeit überlieferte. Vergeblich war eine Absendung an den Reichstag 1605. An Kirchen fehlte es den wenigen Katholiken keineswegs; sie hatten in der Vorstadt die Hospitalkirche zum h. Nicolaus und ein Kirchlein vor dem Oberthore. Erstere wurde 1609 in besseren Stand gesetzt. Die evangelische Gemeinde hielt seitdem ihren Gottesdienst im Rathhause. Doch auch das suchten die Seligmacher zu verhindern. Eines Sonntags kam Miezlecki sammt dem Starosteiverwalter Zaprowski und dessen Heiducken und liess während des Gottesdienstes die Thüre des Rathhauses sperren. Zaprowski hieb mit seinem Degen dem entgegentretenden Bürgermeister über die Hand. Als das geschehen war, trieben die erzürnten Bürger die Störer aus der Stadt. Aber nun langte ein königliches Verbot an, auf dem Rathhause Gottesdienst zu halten. Die Gemeinde beschloss (1609) sich in Eile eine neue Kirche zu bauen. Wohl suchten die Katholischen den Bau zu wehren und schossen sogar auf die Zimmerleute, jedoch die Evangelischen, die so viel stärker waren, griffen ihrerseits auch zu den Waffen. Die neue Kirche war indess zu klein. Die Tuchmacher bauten sich desshalb an ihr einen eignen Chor an und erlaubten, um die Kosten zu erschwingen, andern Bürgern sich bei ihnen einzukaufen, die Stelle mit jährlich 12 Gr. berechnend. Andere Gewerke folgten dem gegebenen Beispiel. Dergestalt wurde die Kirche ringsum mit Chören besetzt, 1649 erfolgte ihre Erweiterung nach einer Seite, 1652 wurden Glocken für sie angeschafft, aber dass sie gebraucht würden, wollte der katholische Propst nicht zulassen! 1642 wurde von den Evangelischen ein Schulgebäude erbaut. Sie lebten unter hartem Drucke, mussten die katholischen Feiertage beobachten und jedes Vierteljahr dem Propste Zahlungen machen. Um 1650 langten viele Auswanderer aus Schlesien an, vorzugsweise Tuchmacher, alle evangelisch. Doch ihrer Niederlassung in der Stadt trat der Propst Nachowicz entgegen; darum zogen sie ab nach Lissa und Fraustadt. Einen vorübergehenden Umschwung brachte die Ankunft schwedischer Dragoner 1655. Diese plünderten die Propstei und liessen in der Stadtkirche wieder lutherisch predigen. Aber sie blieben nicht und als die Polen, die eben Lissa eingeäschert hatten, Meseritz nahten (1656), warfen sich die lutherischen Prediger und sehr viele Bürger in Flucht, zogen nach Krossen, Züllichau, Schwiebus, Liebenau; viele von diesen kehrten niemals nach Meseritz zurück[29]. 1660 erschienen zwei Jesuiten in der Stadt und der Bischof von Posen, Adalbert III. Tholibowski, hiess den Propst, Domherrn Piatowski, ihnen die Stadtkirche einzuräumen; 1661 erlangten die Patres societatis Jesu die königliche Bestätigung und am 10. Februar 1662 erfolgte ihre förmliche Einsetzung. Das hölzerne Kirchlein vor dem Oberthore wurde 1661 durch eine stattlichere Kirche, die Johanniskirche genannt, von Johann Mielunski ersetzt.

Das XVII. Jahrhundert war für Meseritz, wie für viele Städte des posener Landes, ein unglückliches. Zuerst schadeten Streitigkeiten mit dem Starosten und mit dem benachbarten blesener Abte. Der Starost Georg von Ostrorog begehrte das stätische Vorwerk Neue Sorge und behauptete 1619 vor dem Könige: die Stadt habe Aecker vom Schlosse an sich gezogen. Der König verfügte eine neue Ausmessung aller Stadtäcker und alles Land, das über 13½ Hufe gefunden würde, sollte dem Starostenschlosse zugetheilt werden. Die Stadt that Einspruch; sie wies nach, dass sie zur Zeit der Ausstellung der Königsurkunde von 1577 im Besitze der „Neuen Sorge" gewesen. Darauf entschied denn der König zu ihren Gunsten, 1635. Dagegen war die Stadt nicht im Stande ihre in ihr gelegene Wassermühle zu erhalten. Der Starost eignete sie sich an und zwang dann die Bürger in ihr mahlen und schroten zu lassen. Auch der Abt von Blesen zankte über die Grenze; 1642 gelangte man darüber zu einem Ausgleich. Plötzlich nahm der Abt (1647) die der Stadt gehörige Heide zum graasiger See weg. Er wolle die Besitzurkunde der Stadt sehen, sagte er. Rathsherrn reisten zu ihm, dieselbe ihm vorzulegen. Der Abt übte fromme List, berauschte sie und stahl ihnen dann die Urkunde[30]. Nun war vor Gericht nichts mehr zu erweisen; in Meseritz blieb das Sprüchwort: „die Herren haben die Heide vertrunken." Sodann bewegten innere Wirren. Der schlechten Verwaltung seitens des Rathes und des Streites der Tuchmacher sowie des Apothekers mit den Juden ward schon gedacht. Bisher hatten die Tuchmacher ihre Tuche zum Färben nach Lissa und Stettin geschickt; 1641 legten daher 5 Kaufleute gemeinschaftlich mit Erlaubniss des Raths eine Stadtfärberei an; dass sie dabei sichtlich gewannen, erregte Neid; man bestritt der Gesellschaft den Betrieb und die Tuchmacherinnung dachte nunmehr daran, sich selber eine Färberei zu gründen und obschon die Gesellschaft sich 1649 ein königliches Privilegium verschaffte, erlaubte der Rath den Tuchmachern die Anlage einer zweiten Färberei und wollte sogar jene erste nicht mehr dulden. Einen langen Streit schloss 1652 ein Vergleich, der den Fortbestand beider Färbereien ausmachte. Die Stadt erhob von ihnen Einnahmen, die jährlich 30 Thlr. und im XVIII. Jahrhundert (obschon nach dem grossen Brande von 1666 die Stadtfärberei nicht wieder eingerichtet wurde) 100 Thlr. betrugen. Endlich brachte dieses Jahrhundert eine Reihefolge von Unglücksfällen. Schon 1574 war am 21. September die ganze hohe Gasse abgebrannt. Im Jahre 1600 wüthete eine Pest, die an 1100 Menschen weggerafft haben soll. 1606 verwandelte ein Brand fast die ganze Stadt in Asche; Rathhaus und Kirche blieben von den Flammen verschont. 1607 erlagen wieder ein halbes Tausend Menschen einer Seuche. Da wanderten viele aus der Stadt. Hernach belästigten Durchzüge und Einlagerungen von Soldaten (1613, 1614, 1621, 1627 mannsfeldisches Kriegsvolk, 1629, 1630, 1635), 1630 starben wieder an der Pest 700 Menschen, 1638 wüthete sie gleichfalls. 1655 kamen Schweden in die Stadt und brandschatzten sie, 1656 war abermals ein Pestjahr, von 1657 bis 1660 lag jedes Jahr polnisches Kriegsvolk in der Stadt, ebenso 1662, 1665, 1666. Durch einen betrunkenen Oberst der eingelagerten Towarzen, der in Heu ein brennendes Holzscheit warf, kam am 9. April 1666 ein Feuer aus, das, von starkem Winde angefacht, binnen ein paar Stunden die ganze innere Stadt bis auf 24 Häuser wegbrannte. Auch die evangelische Kirche sammt dem Pfarr- und Schulhaus ging in Flammen auf. Die hartbetroffene evangelische Gemeinde hielt sich dazu, bevor gegen sie eingeschritten würde, eine neue Kirche herzustellen. Der Adel lieferte Holz, die Kaufmannschaft übernahm Sammlungen, in Thorn, Danzig, Leipzig, auch vom Kurfürsten von Sachsen ward beigesteuert und noch im nämlichen Jahre konnte der Neubau beginnen. Die Zünfte verstanden sich zu einer jährlichen Zahlung für ihre Chöre. Die Tuchmacher verpflichteten sich zu 8 G., die Kürschner wie die Schuster zu 4 G., die Schneider wie die Bäcker zu 3 G. Die Evange-

29) Die handschriftliche Chronik von Meseritz des Pastor Zappert, im Besitze der Stadt Meseritz. S. 240. 293. 30) So nach

lischen waren opferwillig und unerwartet wurden sie grimmige Feinde los. Die Jesuiten sahen sich nämlich auf einmal wieder beseitigt, als der neue Bischof Stefan II. Wierzbowski seine Hand von ihnen abzog und das unter seinem Vorgänger Geschehene für nichtig erklärte. Obgleich sie es auf einen Rechtsgang ankommen liessen, mussten sie aus Meseritz weichen. — Ein neues Rathhaus, zu dessen Aufführung auf Bitte der Stadt die Kronzinsgelder angewiesen wurden, ward 1670 gebaut; in ihm wurden die Apotheke, die Wollwage, Brot- und Fleischbänke angelegt, der Rathhausthurm enthielt 3 Gefängnisse (die Mache, Nachtigal und Hölle benannt), und trug Uhr und Glocke. — 1669, 1670, 1676 ward die Stadt abermals mit Einquartierungen heimgesucht, 1674 am 25. November befuhr sie ein neuer Brand, der die vordem stehengebliebenen 24 Häuser zusammt 13 Häusern der Vorstadt wegzehrte; auch 1677 gingen am 12. März 12 Häuser in Flammen auf. Erst nach solchen Schlägen wurde (1689) ein Spritzenhaus an das Rathhaus angebaut und eine grosse Spritze um 500 Thaler in Breslau angekauft. Auch wurde in diesem Jahrhundert neben dem katholischen Hospital, welches der Propst überwachte, ein evangelisches für 7 Personen gestiftet und der Verwaltung des Stadtraths zugewiesen. Die innern Streite gingen nicht aus. Jetzt waren in der Tuchmacherzunft Gesellen und Meister zerfallen. Erstere mochten 1684 den Meister Kahle sich nicht als Beisitzer aufdringen lassen, bemächtigten sich am 26. Mai der Lade und zogen ab nach Zilenzig, an Zahl 60; vier Zurückgebliebene folgten ihnen nach. In Zilenzig verweilten sie einen Monat bis die Meister nachgaben und sogar die dortige Zehrung auf sich nahmen. Der Starost belegte nach diesen Auftritten die Stadt mit Soldaten. Ein böser Handel entspann sich wieder mit dem blesener Abte Przemislaus Walecki. 1696 erstach nämlich ein Tuchmacher aus Blesen einen Gesellen in Meseritz, worauf ihn der Rath festnahm. Hierin erblickte der Abt einen Uebergriff und liess meseritzer Bürgern, die den schweriner Markt besuchten, durch Dragoner auf der Heide hinter Poppe auflauren, sie nach Altenhoff schleppen und in einen Stall einsperren. Zwar nahm der Starost der Stadt sich an und das Gericht sprach auch eine Strafe gegen den Abt aus, aber die Stadt musste trotz alledem, um ihre Bürger freizubekommen, ihm den Mörder ausliefern[31]. Um eben diese Zeit betrieben die Jesuiten nach dem Ableben des ihnen abgeneigten Bischofs von neuem ihre Einbürgerung in der Stadt. Hinter die Frau des Starosten Opalinski[32] sich steckend liessen sie durch einen vorgeschobenen Katholiken ein verschuldetes Haus in der Mitte der Stadt kaufen und bezogen es 1696. Der Rath verweigerte darauf die gerichtliche Verschreibung und legte in das Haus, in welchem die Patres schon wohnten, Stadtwache. Der Starost vermittelte mehr im Sinne der Jesuiten und brachte am 17. Juli 1697 einen Vergleich zu wege, wonach die Jesuiten zwar jenes Haus herausgaben, dagegen der Rath ihnen einen Bauplatz in der Nähe des Schlosses anwies, auf dem sie ein Kollegium aufführten.

Im folgenden Jahre begannen wieder die Leiden der Kriegszüge. Von 1698 bis 1718 hatte die Stadt fast jedes Jahr Soldatenlast zu tragen und es machte nicht viel Unterschied, ob Freund oder Feind. Polen, Sachsen, Schweden, Russen kamen. Ein jeglicher Soldat fast nahm sich wie ein Herr über die Bürger. Die Fahne, die 1699 in der Stadt lag, kostete ihr 90,245 G., die von 1702: 10,000 Speziesthaler. Bürgermeister Spiller schreibt von der damaligen Einquartirung: „es waren nicht Menschen, sondern rechte Teufel. Die Leute mussten Ringe, goldne Ketten, Geldstücke, Perlen u. a. geben. Das Geld wurde in Fässern nach Sachsen geführt.“ Im nämlichen Jahre wurde die Stadt zum zweitenmale von sächsischen Kriegsmännern um 600 Thlr. gebracht. 1705 war Karl XII. in Meseritz. 1708 kam im April Pieplowski mit 105 Mann, sperrte die Thore, stellte Wachen aus und verlangte 12000 Speziesthaler. Gegen so kleine Haufen war die Stadt wehrlos! Die Einwohner flohen oder versteckten sich. Die Stadt bot 5000 Tymfe, das dünkte dem Pieplowski zu wenig. Er liess nach Geld nachsuchen und plündern und ergriff eine Anzahl Einwohner. Der Krieg hatte in seinem Gefolge Seuchen; 1710 wütheten sie so, dass in diesem einen Jahre 1054 Christen und ungefähr 1700 Juden an ihnen starben. Wer konnte, verliess den Ort. Zwischen 1716 und 1720 waren die Lutheraner wiederum einer Gewaltthat ausgesetzt. Sie hatten sich auf ihrem Kirchhofe ein Häuschen zu Leichenpredigten aufgeführt. Da schickte der Bischof

---

Zappert's handschriftlicher Chronik von Meseritz. S. 200. 31) Im Jahre 1669 hinterliess Mathäus Hoffmann der Stadt sein an die Vorstadt stossendes Gut und seine Büchersammlung. Jedoch das Erbe wurde ihr streitig gemacht und sie erlegte dafür 2000 Thaler. Die Bücherei ging bei einem Brande zu Grunde; das Gut wurde 1725 an den Bürgermeister Kintzel verkauft.
32) Zappert's meseritzer Chronik S. 179—190, 308—332.

Christof Szembek einige hundert Bauern von seinen Gütern, die es in einer halben Stunde zerstörten und das Holz, aus dem es gebaut gewesen war, in kleine Stücke zerhieben[33]. Kaum hatte Meseritz sich einigermassen erholt, als in der Nacht vom 23. zum 24. Juni 1731 eine Feuersbrunst 223 Häuser, Rathhaus, Stadtthurm, evangelische Kirche, Pfarr- und Schulhaus wegnahm. Dem Bürger, bei welchem das Feuer herausgekommen war, wurde, weil ihm Verwahrlosung Schuld gegeben werden konnte, sein Besitz von der Stadt genommen. Die evangelische Gemeinde machte sich unverzüglich an den Neubau einer Kirche, sammelte Beisteuern und dang als Baumeister den Ulmer Georg Krebel. Vom Suffraganbischof wurden aber auch sogleich Verbote des Kirchenbaues (30. Juni, 23. Juli, 13. August 1731) erlassen. Die Stadt ordnete deshalb ihren Bürgermeister an den König nach Dresden ab. Der Landesherr musste ihn zwar nach Warschau weisen, weil ausserhalb Polens keine Freibriefe ausgestellt werden durften, schenkte aber 100 Thlr. und ertheilte nachträglich von Warschau die Erlaubniss zum Bau. Aber da legte sich der Starost Stanislaus Vincenz Zablonowski dazwischen, mit dem Vorgeben: ein solches Privilegium vermöge der König nicht ohne die Genehmigung der Senatoren zu geben. Indessen stand die Stadt noch nicht unter seiner Gerichtsbarkeit. Sie beschleunigte den Bau. Am 17. Okt. 1731 war der Grundstein gelegt worden, am 10. Mai 1732 ward sie fertig. An diesem Tage berief der Kommissar des Starosten 4 Abgeordnete der Stadt auf's Schloss; als sie dort seinem Befehle nicht gehorchen wollten, sperrte er sie in ein Gemach ohne Stühle, liess 3 von ihnen am andern Morgen, während in der Stadt Gottesdienst abgehalten wurde, auf die Erde werfen und mit Knütteln aushauen. In der Nacht machte er auch einen Versuch, in der Stadt sich der Person des Oberpfarrers, der am nächsten Tage predigen sollte, zu bemächtigen. Mit grosser Besonnenheit hielt der Rath, der die thorner Tragödie von 1721 in frischem Angedenken hatte, die schäumende Bürgerschaft im Zaume, und er vermochte es, obschon des Starosten Leute noch einen Rathsdiener erschlugen. Der Bürgermeister reiste (mit Extrapost über Breslau) nach Warschau. Beschwerde zu führen. Recht gab es aber nicht mehr in Polen. Der Streit spann sich fort, bis ihn endlich der Rath fallen liess: hatte doch der Herr Starost die Ernennung der Bürgermeister in seinen Händen! Ein neues Rathhaus wurde von 1743 bis 1751 gebaut, für dasselbe eine Uhr in Posen, Glocken in Sorau angekauft.

An Unglücksfällen bleibt die Chronik von Meseritz reichhaltig. Der Ober hatte öfter (z. B. 1691, 1738) durch Ueberschwemmungen Schaden angerichtet, 1749 musste eine neue Oberbrücke gebaut werden. Am 28. Febr. 1734 riss ein wüthender Sturm, der in der Umgegend viele tausend Bäume entwurzelte, Thurm und Gemäuer, die vom Brande von 1731 noch standen, um. 1735 erpresste wieder polnische Einlagerung Gelder und ängstigte die Bürgerschaft. 1744 kamen Heidemaken in die Stadt, von November 1758 bis 1761 lagerten öfter in ihr Russen und kosteten der Stadt viel, 1759 machten die Preussen einen Besuch. Dazu störte noch den Erwerb ein Aufstand der Tuchmacher 1755; es zogen 36 Gesellen aus nach Birnbaum; die Meister mussten sie in Güte zurückholen. Die Gehässigkeit gegen die Juden blieb trotz aller Noth die alte. Um 1768 schrieb der Chronist: „Nunmehr wird sich niemand mehr unterstehen, und wenn es eine wüste Stelle wäre, solche einem Juden zu verkaufen.“ Und dennoch war die Stadt herabgekommen! Nur um den dritten Theil ging noch ihre Mauer, die alte Feste lag ganz in Trümmern; um das neue Schloss war noch Wall und Graben. Die Stadtobrigkeit bildeten in der letzten Zeit der polnischen Herrschaft der Polizeibürgermeister, 2 Rathsmitglieder und ein Justizkommissarius. Sie hielt einen Stadtwachtmeister, 3 Stadtdiener und 1 Scharfrichter.

In preussischer Zeit ging die bisher unmittelbare Stadt in den Besitz des Marki Lucchesini (nach Hübner in den des Fürsten Jablonowski) über. Am Ende des XVIII. Jahrhunderts hatte Meseritz 2 katholische und 1 evangelische Kirche, 1 Piaristenkloster, 2 Hospitäler, 5 andere öffentliche Gebäude, 1 Mühle und 399 Häuser, von denen nur 8 Ziegelbedachung hatten. Die Stadt war gepflastert. Der Einwohnerstand war 3406, davon 563 Juden, die Zahl der Katholiken betrug über drittehalbhundert. Branntweinbrenner, Weinhändler und Schänken gab es 34 (darunter kein Jude), Bierbrauer 11, Kaufleute 17 (6 davon Juden), Tuchmacher, Tuchbereiter, Tuchscherer und Walkmüller zusammen 137, Schuhmacher 20, Schneider 19 (10 davon Juden), Fleischer 17, Bäcker 12, Kürschner 10, Tischler 6,

---

33) Sirisa (d. h. Hübner) Histor.-statist.-topograph. Beschreibung von Süd-Preussen und Neu-Ostpreussen. Leipzig 1798. S. 130.

Huf- und Waffenschmiede 5, auch 1 Drechsler, Goldschmied, Uhrmacher, 6 Buchbinder (5 davon Juden), 70 andere Handwerker, 1 Apotheker, 2 Aerzte, 4 Chirurgen, 1 Baumeister. Geschlossene Zünfte bildeten nur die Bäcker, Schuster und Fleischer. Im Jahre wurden 6 Kram- und Viehmärkte gehalten. Montags und Freitags war Wochenmarkt. Die Stadt besass einen Ziegelofen. Ihre Kämmereieinnahme belief sich auf 3868 Thaler, aber die Stadt war auch mit 17931 Thaler Schulden belastet. In der ersten Zeit des XIX. Jahrhunderts stockte ihre Entwicklung; 1816 bewohnten sie 3480 Menschen. Nach Wiederkehr der preussischen Herrschaft schritt sie vorwärts, obschon sie 1827 abermals einer grossen Feuersbrunst ausgesetzt war, in der auch das Rathhaus unterging. Ein Stadt- und Landgericht bekam hier seinen Sitz. Eine Buchdruckerei und eine Buchhandlung fand Raum, ja es bildete sich unter den Einwohnern ein wissenschaftlicher Verein. Kloster Paradis ward zu einem Seminar katholischer Schullehrer umgewandelt. Am 7. Mai 1833 wurde eine höhere Bürgerschule eröffnet. Am 23. Nov. 1833 wurde die Städteordnung verliehen. Zur Ständeversammlung war Meseritz berechtigt, einen Vertreter zu senden. Unter den Handwerkern thaten sich die Kupferschmiede hervor. Die Stadt bestand 1837 aus 398 Wohnhäusern, 3 Kirchen, dem ehemaligen Jesuitenkloster und dem Schulgebäude und zählte 4598 Bewohner, von denen 1155 Juden waren. Die Einwohnerzahl betrug 1843: 4663, 1858: 4818, 1861: 4910. In der Bewegung des Jahres 1848 trat Meseritz entschieden deutsch auf und Versuche, die Katholischen gegen die Protestanten aufzureizen, hatten geringen Erfolg. Ein „deutsches Comité" bildete sich und drang der Reorganisation gegenüber auf Abtrennung vom Grossherzogthum Posen und Einverleibung in die Mark. Die dahin zielende Bittschrift wurde „Mann für Mann" unterzeichnet, die Dorfbewohner, sogar die Polen, drängten sich zum Beitritt, auch die Städte Tirschtigel, Brätz und Schwerin schlossen sich an. Zugleich waffnete man sich, um die Erklärungen, wenn es sein müsste, durch das Schwert aufrecht zu erhalten[34]. Am 11. April wurde auch gegen den Reorganisator Willisen erklärt und gleichzeitig öffentlich kundgegeben: dass man die Regierung in Posen als unter dem Einflusse einer feindlichen Faktion stehend ansehe und ihr, wenn sie das meseritzer Deutschthum gefährde, länger nicht Folge leisten könne[35]. Ohne abzuwarten stellte Meseritz selbst sich unter die Regierung in Frankfurt a. O., ordnete am 17. April den Gymnasialdirektor Kerst nach Frankfurt a. M. zum Funfziger-Ausschuss ab und forderte die Städte Fraustadt, Lissa, Bomst, Karge, Rawitsch, Birnbaum, Schwerin, Krotoschin, Neutomischel, Bojanowo, Sarne, Punitz, Schlichtingsheim und Wollstein auf, sich mit ihm zu einem „Centralausschuss für den Westgürtel" zu verständigen[36]. Lissa versagte den Beitritt, der Ausschuss kam aber am 26. April wirklich zu Stande. So kräftig trat Meseritz auf, als es sein Deutschthum zu wahren galt.

Miastezko, siehe Städtchen.

Mielschin, Mieltschin, p. Mielżyn, Mielczyn. Eine im Kirchenarchive befindliche Urkunde von 1521 erwähnt den Ort bereits als Stadt. Im Mai 1656 litt der Ort vom Durchzug des schwedischen Heeres. Im XVIII. Jahrhunderte gehörte er den Trampczynski's, die hier ihr herrschaftliches Schloss hatten. König August III. ertheilt Mielschin am 2. Febr. 1761 einen Freibrief betreff seiner Jahrmärkte. Der Gutsherr stellte am 20. Jan. 1764 eine Urkunde aus, derzufolge die Stadt sich an das deutsche magdeburgische Recht zu halten hatte. Im XIX. Jahrhunderte gehörte sie den Gutowski's. Im Jahre 1800 bestand sie aus 42 Wohnhäusern, 1 Kirche und 2 öffentlichen Gebäuden und hatte 289 Bewohner, Polen. 31 Juden befanden sich unter den Einwohnern. Gewerbtreibend waren 10 Branntweinbrenner, 5 Stellmacher, 3 Zimmerleute, 3 Schneider (diese waren Juden), 2 Tuchmacher, 6 andere Handwerker. Die Stadt hielt einen Nachtwächter. 1816 hatte sie 39 Feuerstellen und 321 Bewohner (n. a. nur 267), ihrem

---

34) Berlinische Nachrichten von Staats- und gelehrten Sachen (Spener'sche Zeitung) 1848 Nr. 82 vom 5. April. 35) „Sie wollen uns trennen, für immer trennen von unserm grossen Vaterlande Deutschland? Sie wollen uns um unsere höchste Hoffnung bringen, Theil zu nehmen an der grossen Zukunft unseres Gesammtvaterlandes? Sie wollen uns einem Volke unterwerfen, dessen Sprache, dessen Sitten uns fremd sind, das laut erklärt hat, an Deutschlands Zukunft sich nicht betheiligen zu wollen? Herr General, wir halten es für unsere heiligste Pflicht, Ihnen offen und unumwunden zu erklären, dass wir auch nicht eine Stunde das hohe Gut entbehren wollen, Preussen, welches in Deutschland aufgegangen ist, und seinem erhabenen Königshause anzugehören, uns als Deutsche zu fühlen, von deutschen Behörden regiert, als Soldaten von Deutschen kommandirt zu werden, keiner andern Fahne zu folgen als einer deutschen, mit deutschen Brüdern im Bunde für eine rein deutsche Sache, dass wir keinen Augenblick das höchste Gut entbehren wollen, im Rathe der Volksvertreter zu Berlin und in der höchsten Reichsversammlung zu Frankfurt a. M. mitzurathen, mit deutschen Brüdern freie deutsche Männer zu sein," erklärten die Meseritzer Willisen.
36) Deutsches konstitutionelles Blatt für das Grossherzogthum Posen. 1848. Nr. 7 und 17.

Bekenntnisse nach 249 Katholiken, 51 Lutheraner, 21 Juden, 1837: 50 Wohnhäuser und 417 Einwohner, 1843: 448, 1858: 431, 1861: 473. Bäck (die Provinz oder das Grossherzogthum Posen, 1847) gibt an, Mielschen sei ohne Kirche. 1848 befand sich der Ort in der Gewalt der Polen.

Mieschkow, p. Miezków, Mieszkowo, unweit der Lubinska. Nachrichten über diese Stadt fehlen uns. Wir wissen nur, dass die Franziskaner hier ein Kloster hatten. Grundherr war, als der Ort preussisch ward, Graf Stubski. Im Jahre 1800 bestand Mieschkow aus dem Kloster, einer katholischen Kirche, 97 Wohnhäusern, von denen 2 massiv waren, 8 Mühlen, 1 Vorwerk und hatte 746 Einwohner. Darunter waren 124 Juden. Im Kloster lebten 10 Geistliche. Gewerbtreibend waren 5 Kaufleute, 10 Bäcker, 9 Fleischer, 8 Tuchmacher, 4 Wollkämmer (Juden), 8 Leinweber, 7 Schneider (4 Juden), 8 Schuster, 4 Töpfer, 4 Böttcher, 4 Musiker (1 davon Jude), 3 Weinhändler, 3 Kürschner, 3 Tischler, je 2 Schmiede, Schlosser, Seiler, Barbiere, Gastwirthe, 1 Buchbinder (Jude), Ziegelbrenner, Branntweinbrenner, Färber, Mützenmacher (Jude), Riemer, Nagelschmied, Stellmacher, Maurer, Strumpfwirker; kein Bierbrauer. 9 Jahrmärkte wurden gehalten. Der Ort hatte einen Nachtwächter. Die nächstfolgenden Jahre waren ihm ungünstig; er hatte 1816 nur 715 Einwohner (n. a. 641), 1837 nur 707 Einwohner bei 86 Wohnhäusern, 1843 nur 699, 1858 nur 575, 1861: 607 — gehört also zu den herabgekommenen.

Mietschisko, Mieschisko, Mieszisko, p. Mieszcisko, Mieczyskow, Mićsisko, an der Welna, war ein unmittelbarer Ort und erhielt im Jahre 1474 von dem zu Petrikau weilenden Könige Kasimir den Freibrief als Stadt. Zu seinem besseren Wachsthum wurde er aus dem polnischen in das deutsche Recht befördert und zwar unter Abschaffung aller Rechte und Gewohnheiten, welche das deutsche Recht zu hindern und zu verwirren pflegen, in das magdeburgische, gleichwie es in andern Städten Polens bestand, und befreit von der Gerichtsbarkeit der Kastellane und anderen Beamten. Ihr eigner Richter (Advocatus) sollte über die Bürger nach den magdeburger Bestimmungen Recht sprechen. Der Ort blieb allezeit klein. Gegen Ende des XVIII. Jahrhunderts war er dem Starosten von Raczynski verliehen, hatte (1797) 2 katholische Kirchen, 1 Rathhaus, 1 Zollhaus, 27 Feuerstellen und 228 Einwohner, Polen. Im Jahre 1816 bestand die Stadt aus 47 Wohnhäusern und einer katholischen Kirche und zählte 349 (n. a. 324) Einwohner, dem Bekenntnisse nach 293 Katholiken, 53 Juden, 3 Lutheraner. 1837: 50 Häuser, 595 Bewohner, 1843: 593 Einwohner, 1858: 867, 1861: 866. Bei den Unruhen 1848 rotteten sich auch in Mietschisko die Polen zusammen. Am 9. April kam ein Dragonertrupp und ritt durch die Stadt, wobei es zum Schiessen von beiden Theilen kam und mehrere Verwundungen erfolgten[1].

Miloslaw, p. Miłosław (1383 Miloslaus, 1458 Miloslawy), an einem Bache, eine Stunde von der Warthe. Westlich grenzt an die Stadt das Dorf Winnagora, wo Weinbau stattfand. Dorfschaften in der Nähe gehörten dem posener Bischof. Die erste Erwähnung finden wir 1383, in welchem Jahre es dem Anscheine nach schon Stadt war[1]; gewiss war es Stadt im XV. Jahrhundert. Nach der Veranschlagung von 1458 hatte Miloslaw zum Kriege gegen den deutschen Orden 4 Mann zu stellen[2]. Im Jahr 1487 oder kurz vorher tauschte Adalbert Gorski Miloslaw ein gegen Jarotschin und erhielt vom Könige die Erhebung eines Zolls in Miloslaw genehmigt[3]. Die Stadt hatte nun einen Grundherrn über sich. Dieser erbaute ein schönes Schloss. Miloslaw brachte es zu 12 Kram- und Viehmärkten im Jahre, ohne sich gleichwohl sonderlich zu heben. Das Lutherthum fand Boden und im Jahr 1607 hielten hier die Lutheraner eine Kirchenversammlung. Die Evangelischen gelangten in den Besitz der Kirche, doch wurde sie ihnen wieder genommen. Miloslaw gehörte gegen Ende des XVIII. Jahrhunderts dem Grafen Mielżinski, der sich des Ortes annahm, bestand im Jahr 1800 aus 135 Wohnhäusern, von denen 2 Ziegeldach hatten, 5 Mühlen, der katholischen Kirche und 2 öffentlichen Gebäuden und war gepflastert. Vermuthlich war es nicht lange vorher durch einen Brand verwüstet worden, da es 42 Bauplätze damals enthielt. Die Stadt hielt 2 Nachtwächter. Die Einwohnerzahl betrug 959, von denen 131 Juden, die

---

Mietschisko. 1) W. K. Denkschrift über die neueste Schilderhebung im Grossherzogthum Posen, Bromberg 1848, S. 22 gibt die deutsche Erzählung, nach der die Reiter mit Schüssen aus den Häusern begrüsst wurden. Die Schrift: Zur Beurtheilung der polnischen Frage im Grossherzogthum Posen im Jahre 1848, Berlin, S. 57, enthält die polnische Erzählung, derzufolge die Reiter zuerst gegen die auf dem Kirchplatz versammelte Menge Feuer gaben.

Miloslaw. 1) Der Capitaneus Polonie — fecit proclamari ut omnes terrigenae ad quasdam villas episcopi posnaniensis circa *Miloslaum* convenirent, steht in der Chronik des gnesener Archidiakonen Janko (Sommersberg, siles. rer. script. II. 149). 2) Raczynski, cod. dipl. maj. Pol. S. 181. 3) Vergleiche die zweite Urkunde in der Anmerkung zu Jarotschin von 1487. S. 325.

grössere Hälfte der übrigen waren Deutsche. Gewerbtreibend lebten: 1 Viehhändler, 3 Eisenhändler, 1 Tuchhändler, 22 Tuchmacher und Tuchscherer, 5 Leinweber, 15 Schneider (8 davon Juden), 5 Fleischer (4 Juden), 5 Stellmacher, 4 Tischler, je 2 Müller, Böttcher, Kürschner, Sattler, Schlosser, 1 Drechsler, Walkmüller, Färber, Schmied, Riemer, Seiler, Töpfer, Glaser, Gastwirth, kein Branntweinbrenner und kein Bierbrauer. Die Einwohnerschaft galt als wohlhabend. Die Tücher, welche hier gefertigt wurden und Abnehmer in Breslau fanden, hatten 1800 einen Werth von 27240 Thlrn.; Leinwand, Hüte, Leder und Wagen waren auch Verkaufsartikel der Miloslawer für Märkte. Tuchmacherei nahm zu und wurde 1816 auf 45 Stühlen betrieben. Als sie späterhin in Folge der russischen Grenzsperre verfiel, kam Gerberei in Aufnahme. 1816 zählte Miloslaw 1127 Einwohner, 1837: 1585 Einwohner und 140 Häuser, 1843: 1696, 1858: 1628, 1861: 1589 Einwohner. Bei dem Polenaufstande 1848 kam Miloslaw in die Gewalt der Polen. Am 22. März wurden die preussischen Adler abgerissen, sämmtliche Akten verbrannt und die Wiederherstellung des Polenreiches ausgerufen; auf den Bürgermeister, der flüchtig werden musste, wurde geschossen, der Distriktskommissarius wurde abgesetzt, dem Gensd'armes des Ortes seine Waffen genommen, in beider Wohnungen alles zertrümmert; darauf ging es an die Beraubung der Judenhäuser. Die Tochter des Rabbiners, die sich der Schändung erwehren wollte, ward ermordet. Miloslaw diente als ein Sammelplatz der Polen; am 10. April lagerten daselbst 500 Bewaffnete, bei denen Mieroslawski sich einstellte. Seine Haufen schwollen auf 5—6000 Streiter an, er hatte 4 Geschütze. Preussische Landwehrleute, die sich in Schrimm stellen sollten, wurden, als sie am 21. April nach Miloslaw kamen, zurückgehalten. Hierauf rückte am 30. April Generalmajor von Blumen mit 2350 preussischen Soldaten und 4 Geschützen[4] gegen Miloslaw an; eine Fahne Fussvolk und eine Schwadron Uhlanen schickte er nördlich von Wreschen her gegen Miloslaw, mit der Hauptmacht zog er auf der Strasse über Winnagora, welches die Polen ohne Kampf räumten, bis auf anderthalbtausend Schritt vor der Stadt vorwärts. Hier fand eine kurze Unterredung Blumen's mit Mieroslawski statt, welcher der Kampf folgte. Um $10\frac{1}{2}$ Uhr begann das preussische Geschütz zu spielen. Vor dem Kirchhof war eine Feldschanze aufgeworfen worden, aus der heraus die polnischen Dreipfünder antworteten. An 3 Stellen schritt darauf das preussische Fussvolk zum Angriff auf die Stadt, drang unter Widerstand bis zum Park des Schlosses und zum Schlosse selbst vor, wo das Gefecht am mörderischesten wurde. Nachdem die Preussen hier die Oberhand behielten, gaben die Polen den Kirchhof auf und zogen sich aus der Stadt in den südlich an der Strasse nach Neustadt gelegenen Wald. Um 1 Uhr griff Blumen diesen Wald an, vor demselben wurden aber die angreifenden preussischen Kürassiere von den polnischen Lanzenreitern über den Haufen geworfen; die ganze preussische Aufstellung gerieth bald vor den aus dem Walde nachdringenden polnischen Schützen in's Weichen. Im Vorwerk Bugay waren noch Polen, dasselbe wurde nun zwar wiederholt aber vergebens gestürmt. Unterdessen hatte Mieroslawski von Pleschen und von Tschemeschno her Verstärkungen erhalten, die ihm Bialorskorski und von Gondki zuführten, und schritt seinerseits zum Angriff auf die Stadt, aus der er die Preussen nach drittehalb Stunden Kampf herausschlug. Sie flohen in Unordnung und sammelten sich erst 600 Schritte westlich hinter Miloslaw. Ihr Verlust betrug nach Blumen's Bericht 45 Gefallene und 158 Verwundete, 257 wurden vermisst.

Mixstadt, p. Mixtat, hiess ehedem als Dorf Komorowo oder Komorow[1] und gehörte dem Geschlechte Zaremba. Am 30. Nov. (in festo S. Andreae apostoli) 1366 verkaufte der Grundherr Janko Zaremba die Vogtei (advocatiam) dem Peter Knoth (dicto Knoth) mit den gewöhnlichen Gerechtsamen. Seitdem also wird es zur Stadt erhoben sein; denn später finden wir es im Genusse des magdeburgischen Rechtes, Sigmund I. bestätigte es 1528 (in einem privilegium innovationis), bestätigte auch 1546 die Urkunde von 1366, stellte ferner Wochenmärkte fest und gestattete 1552 die Vereinigung der Vogtei sammt allem ihren Zubehör mit der Stadt. Um die Mitte des XVI. Jahrhunderts also hatte die Bürgerschaft die Vogtei an sich gebracht. Im Jahre 1590 erlaubte der König Sigmund III. der Stadt 4 Jahrmärkte

4) So laut Angabe von Voigts-Rhetz in seiner Antwort an Willisen S. 11, der wir den Vorzug vor dem amtlichen Berichte geben, dessen anderweite Ungenauigkeit L. v. J., die polnische Insurrektion in Posen im Frühjahr 1848, Glogau 1849, S. 91, zugibt. Die Verlustangabe von Blumen (daselbst S. 105, 106), in welcher die Namen der Anführer genannt sind, mag wohl richtiger sein als die spätere, wonach im Ganzen nur 59 gefallen und verwundet worden sein sollen. Nach polnischen Angaben fochten im Ganzen nur gegen 3000 Polen, die Verstärkungen mit einbegriffen.

Mixstadt. 1) Erwähnt in Urkunden von 1252, 1288, 1290. Cod. dipl. Pol. I. 64, 124, 134.

zu halten. Ihr Aufkommen gibt sich auch darin kund, dass sie im Jahre 1619 ein Hospital gründete. Die Stadt hatte Unmittelbarkeit. Im Jahre 1816 zählte sie 873 Einwohner, 1837: 1292, 1843: 1376, 1858: 1309, 1861: 1365.

Mogilno (urk. 1065, 1306, auch Mogilna[1], vielleicht auch Mogila[2], 1100 Mogilno[3], 1385 Mogylno[4]). Das Wort Mogilla, Mogela. Mogila bedeutet einen hervorragenden, aufgeschütteten Grabhügel, z. B. ein Hünengrab[5]. Vielleicht waren solche an dieser Stelle, vielleicht diese Stätte in den Vorstellungen der Heiden geweiht. Wählte man doch vorzugsweise solche Orte zur Anlegung christlicher Heiligthümer in den Zeiten der Bekehrungen. Aus Kloster Tinietz kamen Benediktiner hierher gezogen und erlangten von vielen Herren Schenkungen für ihre Johanniskirche. Sie bestand schon lange, als Boleslaus II. im Jahr 1065 — in der ältesten von allen vorhandenen polnischen Urkunden[6] — ihren Besitz bestätigte und mehrte (**Urk. I**), was auch nachher im Jahre 1100 Herzog Mesko bekräftigte (**Urk. II**). In dem Kriege der beiden Wladislaus wurde das Kloster im Jahre 1230 überfallen, geplündert und verwüstet. Eine Ansiedlung scheint im Jahre 1306 neben oder um das Kloster bestanden zu haben, denn Mogilnos Bewohner wurden in einen Waffenstillstand mit eingeschlossen[7]. Gegen das Jahr 1385 hatten Mannen des Herzogs Semowit von Masowien sich des Klosters bemächtigt. Der Herzog versprach am 12. Dec. 1385 die Rückgabe desselben an die polnische Königin Hedwig und verhiess, es nöthigenfalls mit Gewalt diesen zu entreissen[8]. Es geschah erst im Jahre 1398, dass König Wladislaus II. Jagiello dem Kloster gestattete, um ihm aufzuhelfen, aus dem Dorfe Mogilno, am Kloster, eine Stadt nach deutschem magdeburgischen Recht zu machen, die der Gewalt und Gerichtsbarkeit seiner Beamten enthoben sein sollte. Als Vogt galt der Abt mit dem Konvente, er konnte aber einen Vertreter an seine Stelle setzen. Nachlässige Rechts-

---

Mogilno. 1) Urk. I. und Cod. dipl. Pol. I. 173. 2) „Abbas Mogiliensis" in zwei Urkunden des Jahres 1290. Cod. dipl. Pol. II. 116 und 117. 3) Urk. II. Cod. dipl. Pol. II. 871, woselbst der Zusatz alias Seppy keinen Ortsnamen bedeutet, sondern sepne ist, was zufolge einer Urk. Kasimirs vom 29. März 1457 eine contributio sex grossorum in mediis grossis. 4) Cod. dipl. Pol. II. 767. 5) In cumulum satis magnum, qui slavice vocatur **Mogela**. Urk. von 1174 in Lisch, mecklenburgische Urkunden. Schwerin 1837. I. 9. 6) Sollte selbst diese Urkunde unächt sein, etwa angefertigt nach der Verwüstung des Klosters im Jahre 1230, um dessen Besitzstand sicher zu stellen aus den Erinnerungen oder einem geretteten Traditionen-Register, so würde sie doch für den Besitz des Klosters und die in ihm herrschende Ueberlieferung zeugen. Doch ist nicht einzusehen, wozu die Klosterbrüder des XIII. Jahrhunderts nöthig gehabt haben sollten, noch Namen der ihnen im XI. Jahrhundert gegebenen Leibeigenen aufzuführen. Servi adscriptitii hiessen in Polen solche glebae adscripti, die, auf fremdem Gute geboren, erst auf dies Grundstück gebracht oder gekommen waren (Beweise in Maciejowski's Slawischer Rechtsgeschichte, deutsche Ausgabe von Buss und Nawrocki. Stuttgart und Leipzig 1835. I. 138, 139). Der Anstoss, welchen ein ausgezeichneter Gelehrter an diesem Ausdrucke genommen hat, ist daher ebenso ungegründet, wie der von dem Vorkommen eines princeps militiae hergeleitete. Denn wenige Jahrzehnte später kommt bei dem sogenannten Martinus Gallus auch vor: magister militiae im Sinne von Palatin. Helcel (Starodawne prawa polskiego pomniki I. S. CVI) behauptet, Dlugoss, der einen Auszug der Urkunde gibt, habe eine falsche Zeitbestimmung gemacht; die Urkunde rühre her von Boleslaus Kraushaar aus dem Jahre 1165. „Dlugoss las einen Namen aus jener Zeit, die wie gewöhnlich den Akt bezeugen. Als er dann später erzählt, dass, nach dem Tode Boleslaw des Kühnen in der Verbannung, dessen Sohn und seine Begleiter nach Polen zurückkehrten, schien es ihm zu gering, nur das mitzutheilen, was schon andere vor ihm erzählt haben. Er sah sich daher nach den Namen der Begleiter um, die mit zurückkehrten, und griff ohne Bedenken zu der ganzen Reihe von Namen, welche sich an der Mogilnaer Urk. als Zeugen befinden. Indem er auf diese Weise nur eine Fiktion sich zu erlauben meinte, die nicht über dem Bereich der Möglichkeit liegt, spricht er von Personen, die 100 Jahr später gelebt haben." Dlugoss ist durch den Abdruck von dem Vorwurf der Entstellung hier befreit. Allerdings bietet sich in den Zeugennamen einiges Auffällige. In der von Mesko 1145 ausgestellten Urkunde (Cod. dipl. Pol. II. 590) kommen vor unter 18 Zeugen Alexander plocensis episcopus, Joannes et Pejanus cancellarii, Zbiluth, Degno, in der mogilnoer Urkunde von 1065 unter 6 Zeugen Alexander plocensis episcopus, Joannes cancellarius, in der mogilnoer Urkunde von 1100 unter 5 Zeugen Degno, comes, Sbilutus comes, so dass allerdings einiges Zusammentreffen auffällig ist. Allein man darf nicht vergessen, dass dieselben Namen verschiedenen Personen gegeben wurden und dass man sich überhaupt innerhalb eines engen Kreises gangbarer Namen hielt. Eine kritische Feststellung der Folge der Bischöfe von Plozk und der Aebte von Mogilno würde vielleicht einen Anhalt zur Beurtheilung gewähren. Zu Gunsten der Aechtheit spricht die Art der Urkunde von 1065; sie ist der von 1105 für Kloster Tinietz (Cod. dipl. Pol. III. 108—110 in einer Bestätigung von 1275) sehr ähnlich. Ebenso wie in der mogilnoer und tinietzer Urkunde enthalten ferner die 1136 und die 1155 ausgefertigten Bestätigungen älterer Urkunden für die Besitzthümer der Bisthümer Gnesen und Breslau die Namen einzelner Höriger, welche der Kirche übergeben waren. Das war in späteren Urkunden, die einem Fälscher doch zum Vorbild gedient hätten, nicht mehr üblich. Die mogilnoer enthält, was ebenfalls für ihre Aechtheit spricht, noch nichts von Befreiungen, keine Ausnahmsstellung in Ansehung der Lasten und Rechte, wie sonst fast alle Urkunden für geistliche Stiftungen im XII. und XIII. Jahrhundert — Ein anderer befreundeter Gelehrter macht mich aufmerksam, dass wenn in der 1. Urkunde dimidiam richtig stehe, ms als Mark (wie auch Dlugoss annimmt) verstanden werden müsse, zumal mansus in Urkunden nicht abgekürzt werde. Eher möchte ich indess an fehlerhafte Schreibung jenes Wortes glauben, als einen Geldreichthum voraussetzen, bei welchem von einem Theile eines Dorfes 10 Mark hätten gezahlt werden können. Die Urkunde nennt erst Orte, welche ganz geschenkt wurden, dann solche, in denen (in Lacin etc.) ein Theil geschenkt ward. In den Bemerkungen über die Urkunde p. IV schlich sich übrigens bei meiner damaligen Abwesenheit vom Druckorte ein störender Fehler ein, den ich zu berichtigen bitte: es muss nämlich in der 14. Zeile der Anmerkung statt nomine „senioris" (was ja nicht in der Urkunde steht) auctoritate senioris heissen. — Erwähnt sei noch, dass eine aus den Büchern entstandene Sage Mogilno als den Grabhügel der fabelhaften Vanda bezeichnete (Stanislai Sarnicii descriptio veteris et novae Poloniae 1585 in: Mizler von Kolof Historiarum Poloniae collectio magna. Warschau 1761. I. 257). 7) Cod. dipl. Pol. I. 173. 8) Ebenda. II. 767.

pflege zu bestrafen, gemäss den Bestimmungen des magdeburger Rechtes, behielt sich der König vor. Die Stadt sollte gleiche Freiheiten wie andere Städte seines Reichs geniessen. Am Sonnabend durfte sie ihren Wochenmarkt halten (**Urk. XXXI**). Diesen Freibrief bestätigten Sigismund I. 1548 (**Urk. CV**), Johann II. Kasimir 1665 (**Urk. CLXII**) und August II. am 21. Juli 1732. Johann Kasimir gewährte auch zugleich mit der Bestätigung des alten Freibriefes zwei Jahrmärkte. Mogilno galt als unmittelbare Stadt, blieb jedoch klein. Im Mai 1656 zog das schwedische Heer über Mogilno. 1772 wurde es preussisch und 1788 wurde es angegeben auf 78 Häuser und 597 Einwohner. Die unruhigen Zeitläufte der beiden ersten Jahrzehnte unseres Jahrhunderts mögen ihm nachtheilig gewesen sein, denn im Jahre 1816 bestand Mogilno nur aus 67 Feuerstellen, 2 katholischen Kirchen und 1 Hospital und hatte 586 Bewohner[9]. Von diesen waren 179 Lutheraner, 33 Juden, im Kloster befanden sich 17 Benediktiner. Nachmals wurde das Kloster aufgehoben und eine evangelische Kirche erbaut. 1837 hatte es 1363, 1843: 1503, 1858: 1418, 1861: 1479 Einwohner. Im Jahr 1848 versuchten die Polen auch Mogilnos sich zu bemächtigen; über den Text „Noch ist Polen nicht verloren" predigten die katholischen Geistlichen, allein die deutsche Bewegung hatte sehr bald die Oberhand. Am 4. Mai rückte Mieroslawski mit seinem Heere in Mogilno ein, verliess es aber am 6. Mai. Am selben Tage erreichte noch Wedell mit den preussischen Truppen diese Stadt.

Moschin, p. Moszyn, Mošina, Moszin (Urk. 1429 Mosina, Mossina, 1458 Moszyna) an der Mosinke unweit der Warthe, fast gegenüber Rogalin mit dem Schlosse der Raczynski, war am Anfang des XIV. Jahrhunderts Stadt und gehörte dem Palatin von Posen, Nikolaus. Dieser übergab den Ort 1303 dem Schulzen H e i n r i c h, damit er die Stadt nach deutschem Rechte einrichte[1]. 1358 kommt als Erbherr ein Nikolaus vor (comes et haeres)[2]. Wahrscheinlich ist der Ort auch das Moschna, welches einem Peter gehörte, dem König Wladislaw am 10. August 1392 zur Belohnung die Scholtisei in dem königlichen Dorfe Gross-Swidnik mit der Befugniss, dasselbe nach neumarkter Recht anzulegen, verlieh[3]. Unmittelbar darauf erscheint aber die Stadt als freie, denn Königin Hedwig verschrieb sie am 25. Mai 1397 zu Gnesen dem Moseiko von Staszow und zwar rücklösbar mit 60 Mark[4]. Nachdem sie wahrscheinlich Przedpelko von Stanszow (wohl von der Familie des Vorhinerwähnten) für Darlehen schon inne hatte, verschrieb sie seinem Erben Peter von Bnin 1429 König Wladislaus auf Lebenszeit (d. h. ertheilte ihm das jus advitalitium) und gab ihm darauf die Forderung von 321 Mark und weiter 1432 von 400 Mark[5], sowie 1439 von neuen 100 Mark[6]. Das Besitz- und Rechtsverhältniss ist unklar, denn 1445 zeigt König Wladislaus sich bereit, Moschin an Ulrich von Drezno oder Ost zu vertauschen[7]. 1458 ward die Stadt zur Stellung von 4 Kriegern veranschlagt[8]. Indessen hielten wohl die Herren von Bnin, die Gorka's, ihre Hand auf Moschin. Denn 1450 verschrieb König Kasimir den 3 Bnin's die Stadt mit 5 Dörfern um 700 Florenen, 1457 um 200 Mark dem Mathias von Bnin, der nun schon Moszynski heisst[9], 1461 wurden weitere 100 Mark dazu gefügt. 1465 verschreibt dann der König dem Peter von Bnin noch 100 Mark auf die Stadt[10]. Dem Hieronymus Moszynski von Bnin verhiess 1518 König Sigismund ihn bis an sein Lebensende im Lehnbesitz von Moschin zu belassen[11] und fügte weiter dazu die Erlaubniss, die Vogtei in der Stadt zu erwerben[12]. 1557 übernahm bei der Besitztheilung des Gorka'schen Hauses Graf Stanislaus die Stadt[13]. Indessen wurde Moschin später wiederum frei. Es kam zu 11 Jahrmärkten. Die Einwohner waren keine Deutschen. Moschin bestand im Jahre 1800 aus 89 Wohnhäusern, 3 Mühlen, 2 Kirchen und hatte 554 Einwohner (unter ihnen 25 Juden). Gewerbtreibend waren 4 Kaufleute, 22 Leinweber, 20 Schuster, 10 Schneider (6 davon Juden), 8 Stellmacher, 3 Schlosser, 4 Kürschner, 9 Müller, 14 Bäcker, 17 Branntweinbrenner (3 Juden), 3 Weinschenker (1 Jude), 1 Bierbrauer, 2 Fleischer, 2 Töpfer, 3 Barbiere, 1 Böttcher, Färber, Glaser, Schmied, Zimmermann, Gerber,

9) Nach dem 1862 erschienenen statistischem Jahrbuch betrug die Einwohnerzahl 705.

Moschin. 1) Urkunde im Kopialbuch Rejestr terminat. 2) Inventarium diplomatum in arce Cracoviensi 1682 confectum. Paris 1862. S. 278. 3) Cod. dipl. Pol. I. 261. 4) Inventarium diplomatum S. 278. 5) Ebenda S. 281. 6) Cod. dipl. Pol. I. 322. 7) In der Urkunde von 1445 erklärt der König, was er ihm für das castrum Drezno geben will. Darunter ist: item oppidum Moszina cum villis ad ipsum spectantibus et pertinentiis quibuscunque sibi dare debemus parimodo (Wspomnienia Wielkopolski przez Edwarda Hr. Raczyńskiego. Posen 1842. 1. S. XXV.) 8) Raczynski, cod. dipl. maj. Pol. S. 181. 9) Inventarium S. 285. 286. 10) In et super oppido Mosina. Ebenda S. 287, vgl. 288 von 1466. 11) Ebenda S. 293. 12) Ebenda S. 295. So verstehe ich: advocatiam ibidem eximendi dat facultatem. 13) Item oppidum *Mosina* cum villis possessionatis et desertis ad id oppidum spectantibus, heisst es in der Theilungsurkunde von 1557 (Ed. Raczyński, Wspomnienia Wielkopolski. Posen 1842. I. Urkundenbeilage

ein Organist. Die Stadt hielt einen Nachtwächter. Töpferei kam später in Aufnahme. 1816 hatte Moschin 731 Einwohner, 1837: 967 bei 120 Wohnhäusern und 1 katholischen Kirche, 1843: 1037, 1858: 1180, 1861: 1260 Einwohner. Im Jahr 1848 war auch Moschin ein Schauplatz der Polenbewegung, doch forderten auch Bewohner von Moschin am 18. April die Verbindung mit Deutschland. Der Probst Szymanski behauptete in einer am 25. April stattgehabten Verhandlung, der evangelische Prediger habe unter falschem Vorgeben die Unterschrift erschlichen[14]. Die Scharen der Polen standen daselbst Anfang Mai, befehligt von Wilczynski und Maciejowski, bei Rogalin. Am 8. und 11. Mai fanden hier Gefechte statt, worauf die preussischen Soldaten das Schloss plünderten und beschädigten.

Mrotschen, Mrotzen, auch Rotschen ausgesprochen, p. Mrotzyu, Mrocz, Mroczen, Morsza (Urk.: 1288 Mroscha, 1393 Mrocza[1]), unfern der Rakitka, war bis 1393 ein Dorf. Es gab den Zehnten an den gnesener Erzbischof, bis 1288 bestimmt ward, dass es an die bissauer Cisterzienser zehntete[2]. Gegen Ende des XIV. Jahrhunderts gehörte es dem Arnold von Witdon. Zum Lohn für seine Dienste versetzte es am 17. August 1393 König Wladislaw II. in das magdeburgische Stadtrecht mit allen Freiheiten und Gerechtsamen, die Zempelburg besass. Die Einwohner sollten ihre eignen Richter haben, ihre Richter vor dem Arnold oder seinen Erben zu Recht stehen und, falls diese die Gerechtigkeit nicht pflegten, vor dem Könige oder seinem Gerichte nach magdeburger Bestimmungen beurtheilt werden. Sie bekamen zugleich Marktrecht am Mittwoch (Urk. XXVIII). Am Anfang des XVI. Jahrhunderts war Grundherr Nikolaus Potulicki. Ihm bestätigte König Sigismund I. am 31. März 1523 die frühere Urkunde (Urk. LXXXVI). Am Ende des XVI. Jahrhunderts war Grundherr der Woiwode von Pommerellen Christof Kostka von Stemberk. Die Stadt musste an Rechten geschmälert worden sein, denn dieser erklärte am 23. August 1582, dass ihm die Einwohner 4 Frohntage zu leisten hätten, und stellte es als Gnade hin, dass er sie von übrigen Leistungen frei mache. Seine Urkunde gibt den Umfang des Weichbildes an, erwähnt ein Schloss (arx) am Ort, bedingt von gewissen Abgaben und von denen für Benutzung des Umlandes 1/3 der Herrschaft aus, lässt den Budenzins der Bäcker der Stadt und bestimmt, dass alljährlich im März, am Dienstag nach dem Sonntag Reminiscere, die Rathswahl und Rechnungsablage des abgehenden Rathes geschehe (Urk. CXXX und CLIX). Grundherrn waren im XVII. Jahrhundert die Potocki's. Nicolaus Potocki gab 1651 der Stadt einen Freibrief. Sein Nachfolger in der Herrschaft, ein Dziaÿnski, bestätigte diesen 1667. Eine Urkunde empfing die Stadt auch vom Grafen Kaspar Dzialynski und seiner Gemahlin, einer gebornen Zbojewska. Als die Stadt 1772 mit dem Netzeland an Preussen kam, gehörte sie dem Grafen Malachowski. Hernach erlangte sie der Minister von Görne, nach dessen Sturz sie wie seine Güter eingezogen wurde. Seit dieser Zeit hatte Mrotschen keinen Grundherren mehr. In den 80ger Jahren des vorigen Jahrhunderts brannte Mrotschen fast ganz ab und wurde neu, aber ebenfalls schlecht aufgebaut. 1788 hatte die Stadt 65 Häuser und 655 Bewohner, 1816 bestand sie aus 87 Feuerstellen und zählte 748 (n. a. 839) Einwohner, davon waren 346 Katholiken, 238 Lutheraner, 164 Juden. 1837 zählte sie 808 Einwohner, 130 Häuser, katholische und evangelische Kirche und Synagoge, 1843: 1231, 1858: 1377, 1861: 1529 Einwohner.

Nakel, Nackel, p. Naklo, Nakiel (Urk.: Nakel und castrum naclense, 1312: Nakil, in der Chronicae Polonorum IIII: Nakyel, in der Chronica principum Poloniae 1384: Nackel). Allzugewagte Vermuthungen sehen in ihm das Askaukalis der ersten christlichen Jahrhunderte. Im XI. Jahrhunderte war Nakel eine zwischen schützenden Sümpfen gelegene Burg der pommerschen Fürsten, die von ihr aus öfter zerstörende Einbrüche in Polen machten; seine Bewohner waren noch Heiden. Der Polenherzog Wladislaw I. Hermann suchte sie aus Nakel zu vertreiben und legte sich, wahrscheinlich im Jahre 1091 oder 1092, mit einem zahlreichen, durch Zuzug aus Böhmen verstärkten Heere davor, rüstete auch Belagerungsmaschinen, wurde jedoch durch Ausfälle der Insassen und durch Mangel an Unterhalt mit grossen Verlusten zum Abzug genöthigt[1]. Boleslaw I. Schiefmaul griff 1109 Nakel von neuem mit starker Macht an, schlug die

DXLII). 14) Deutsches konstitutionelles Blatt für das Grossherzogthum Posen 1848. Nr. 7. S. 26. Beweisende Beilagen zu dem Promemoria gegen den projectirten Anschluss des Grossherzogthums Posen an Deutschland S. 13.

Mrotschen. 1) Das in einer Urkunde von 1349 als dem König zugehörig angeführte Dorf Mroczimo ist vielleicht Mruczyn. 2) Cod. dipl. Pol. I. 124.

Nakel. 1) Der sogenannte Martinus Gallus II. 2. 3. (Monumenta Germaniae historica XI. 445), Chronica principum Poloniae (Stenzel, scriptores rerum silesiacarum I. 64. 65), Sagen knüpften sich daran. Der sogenannte Martinus Gallus und Vincentius Kadlubek (krakauer Ausgabe 1862. S. 74) erzählen, dass, als Boleslaus Nakel umzingelt habe ohne die Fasten der Quadra-

zum Entsatze anrückenden Pommern in einer Schlacht am 10. August 1109 und erlangte darauf von den nunmehr am Widerstande verzweifelnden Naklern die Uebergabe[2]. Zugleich mit der polnischen Herrschaft mussten sie das Christenthum annehmen. Der Sieger setzte in die Burg den ihm verwandten Pommer Svantopelk. Sich verlassend auf Nakels mühsame Zugänglichkeit — denn schwer liessen sich Belagerungsmaschinen durch das umgebende Sumpfland heranbringen — fiel Svantopelk von seinem Oberherrn ab. Boleslaw musste ihn mit zwei neuen Feldzügen, 1111 und 1112 bezwingen[3]. Hundert Jahre danach machte sich wieder ein Pommerfürst gleichen Namens, Swantopolk, zum Herrn von Nakel. Er vermochte aber nicht, sich in ihm zu behaupten, denn 1225 gebot hier wieder der Pole Wlodislaw, Odo's Sohn, der sich angelegen sein liess, Deutsche in diese Gegend zu ziehen[4]. Nakel war nun der Mittelpunkt einer Starostei. Ein Theil derselben wurde durch Herzog Wladislaw Loskonogi dem gnesener Erzbischofe zinspflichtig gemacht. Um 1250 benutzte Swantopolk von Pommern die Wirren in Polen und bemächtigte sich von neuem Nakels. Die kujawischen Herzoge entrissen es ihm aber mit Hülfe der deutschen Ritter schon 1253[5]. Den Pommern gelüstete fort und fort nach der Wiedererlangung. In der Nacht des 27. Sept. 1255 drang durch Verrätherei der pommersche Fürst Mszczyng in die Feste. Aber auch den Polen dünkte ihre Behauptung von grösster Wichtigkeit. Premisl, der sie inne gehabt hatte, sammelte sofort ein Heer und 4 andere polnische Herzöge schickten ihm Hülfe. Da man wusste, wie schwer einnehmbar die Feste war, so bauten die Belagerer westlich von Nakel eine zweite Burg, um von ihr aus die alte zu sperren. Sie war, wie alle polnischen Burgen, von Holz. Zwischen den beiderseitigen Besatzungen wurde nun häufig gekämpft. Die pommerschen Herzöge strengten ebenfalls ihre Kräfte zur Behauptung an. Mszczyng's Vater, Swanthopelk, trachtete vor allem nach Zerstörung der neuen Gegenburg. Er rückte 1256 vor sie, mühte sich zuerst, Holz in den umgebenden Graben werfend, sie in Brand zu stecken, und liess, als dies misslungen war, stürmen. Der Kampf schwankte, aber die Pommern wurden zuletzt zurückgeschlagen. Später legte er Hinterhalt: dadurch glückte es ihm, einen Theil der feindlichen Besatzung niederzumachen; ihr Rest hielt indess immer noch die neue Burg. Da entschlossen sich die pommerschen Herzöge, auf Unterhandlungen einzugehen, die der Ordensritter Poppo vermittelte, und überlieferten gegen eine ausbedungene Zahlung von 500 Mark die alte Burg Nakel am 25. Juli 1256 dem Premisl[6].

Ausser der Burg muss im XIII. Jahrhundert schon eine grössere Ansammlung von Menschen an diesem Orte gewesen sein, denn Nakel heisst in der Urkunde von 1299 nicht villa, sondern civitas. In dem genannten Jahre schenkte Herzog Wladislaus Lokietek seinem Getreuen Peter von Dusden 100 Hufen um Nakel, damit er sie nach magdeburger Recht austhue. Peter von Dusden durfte Fleisch-, Brod- und Schuhbänke anlegen, in der Netze fischen, erhielt den anstossenden Wald, die siebente Hufe und den dritten Gemüsegarten von allen, die er vor der Stadt anlegen würde, steuerfrei und auch ein Dritttheil vom Einkommen des Gerichts. Die Einwohner durften Holz aus der Waldung nehmen und genossen die ersten 14 Jahre Steuerfreiheit (Urk. XII). Nakel war freie Stadt und gedieh in den ersten Jahrzehnten des XIV. Jahrhunderts zur Wohlhabenheit. Sie war befestigt[7]. Als 1296 der glogauer Herzog Heinrich II. den Anspruch auf Polen bekam, erstreckte sich sein Recht natürlich auch auf Nakel,

---

gesimalzeit zu beachten, zur Nachtzeit die Polen durch allerlei täuschende Blendwerke, gleich als stünde der Feind ihnen gegenüber, getäuscht worden seien. 2) Der sogenannte Martinus Gallus sagt III. 1.: quoddam namque castrum nomine *Nakel* in confinio *Poloniae* ac *Pomoraniae* paludibus et opere firmum constat, ad quod capiendum dux belliger (Bolezlavus) cum exercitu suo sedens, armis et machinis laborabat. Cumque oppidani non posse tantae multitudini resistere se vidissent et cum tamen a suis auxilium principibus exspectassent, inducias quaesierunt diemque certum indiderunt, infra quem, si sui eos non juvarent, in potestatem hostium et oppidum et se darent. Induciae quidem eos assultandi conceduntur sed apparatus tamen expugnandi minime differuntur. Interim oppidanorum nuntii Pomoranorum exercitum convenerunt eisque pactionem suorum factam cum hostibus retulerunt. Ein pommersches Entsatzheer kommt darauf herbei, non in die statuto sed in sancti Laurentii sacrosancto. Nach Erzählung der für die Polen siegreichen Schlacht fährt er fort: oppidani vero videntes se totam spem amisisse nec auxilium aliunde vel a quolibet exspectare, civitatem vita donata reddiderunt. Vgl. Bogufal's chronicon Poloniae (Sommersberg, Silesiacarum rerum scriptores II. 34). Was Vincentius Kadlubek (S. 117) erzählt: die urbani hätten den Boleslaus während der ihnen gewährten Treuga (des Waffenstillstandes) treulos überfallen, ist hiernach Entstellung. 3) Die Chronicae Polonorum, der sogenannte Martinus Gallus, III. 26, Chronica principum Poloniae S. 90—92. Vgl. Barthold, Geschichte von Rügen und Pommern. Hamburg 1839. I. 456—459 und hinsichtlich der Zeitbestimmung Ludwig Giesebrecht, Wendische Geschichten, Berlin 1843. II. 168. 4) Im Oktober 1225 gibt Wlodislaus Odo's Sohn den Cisterziensern in Lubens: desertum quoddam juxta Nakel. (Zwei Urkunden in Mosbach, Wiadomosci do Dziejow Polskich z Archivum Provincyi Szlaskiej. Breslau 1860. S. 6 u. 7.) Basko S. 67 f. Ausserdem Bogufal, chronicon Poloniae (Sommersberg, Silesiac. rer. script. II. 60). 5) Bogufal S. 61. 6) Basko, Fortsetzung Bogufal's S. 67 f. Posener Annalen in: Sommersberg II. 86 (wo die Jahrzahl 1240 ein Druckfehler ist) und 87. 7) Lites et res gestae inter Polonos ordinemque cruciferorum. Posen 1855. I. 302. Die Stadt war plancata.

allein bei der Erbtheilung von 1312 befand es sich nicht in seinem Besitz. Die Erben gedachten wohl, es mit Gewalt zu erlangen[8], vermochten aber nicht einmal, sich in dem Besitze dessen zu behaupten, was sie inne hatten. In der Folge war nicht mehr der Pommer, sondern der Orden der Deutschen Ritter in Preussen der Feind, dessen Anfällen Nakel ausgesetzt war. Am 18. Juni 1325 fand in Nakel eine Zusammenkunft der polnischen und pommerschen Fürsten statt, um das Verhalten gegen sie zu berathen; Starost von Nakel war dazumal (1327) Zbilut[9]. Doch der Hochmeister, Werner von Orseln, war den Polen überlegen; im Frühjahr 1329 überzogen seine Heerhaufen das Grenzland, unversehens umlagerten und erstürmten sie die Burg Nakel. Ihre ganze Besatzung fiel unter dem feindlichen Schwerte, dann ward sie von den Siegern ausgeplündert und mit Feuer zerstört[10]. Die Umgegend unterlag weit und breit ihrem Verwüsten. Auch 1331 überzogen die Ritter Nakel. Nach einiger Zeit erhob Nakel sich dennoch wieder. Seine Lage war auch zu wichtig, als dass man es im Verfall gelassen hätte. König Kasimir bauete wiederum ein festes Schloss mit Mauern und Wällen, um zu des Reiches Schirm einen wehrhaften Grenzplatz zu haben[11]. Geldmangel trieb aber im Jahre 1358 den König dazu, für Darleihung von 500 Mark prager Groschen das Schloss sammt seinem Umlande (castrum Nakel cum suo districtu) dem Erzbischofe Jaroslav von Gnesen zu verpfänden[12]. 1370 finden wir indess wieder einen Starosten von Nakel, Namens Nikolaus, erwähnt[13], und einige Jahrzehnte später pommersche Hoheit. 1393 stand die Burg unter dem pommerschen Herzog Varcislaus dem Jüngeren von Stettin. Dieser erklärte zu Krakau in diesem Jahre in einer Urkunde: König Wladislaus habe ihm Nakiel aus Gutwilligkeit überlassen[14]. Auch blieb es in der Folge bei Polen. Nachher fehlen lange Nachrichten. Doch bestand eine Stadt Nakel mit einer Vorstadt (suburbium) unter magdeburger Recht, hatte einen Jahrmarkt und Wochenmärkte (am Donnerstag), besass eine Tuchschererei und eine Badestube, Wiesen und Waldung, Fischerei und Bierzwang im Umkreis einer Meile. Nakels Mass galt sogar in den benachbarten Städten. 1409 bestand Nakel eine harte Belagerung des Ordensheeres[15]. 1425 huldigte die Stadt dem Wladislaus (**Urk. CCXVII**). Sie gewann von mehreren Königen Freiheiten. Aber sie war dennoch unbedeutend, denn bei der Veranlagung von 1458 wurde ihr nur die Stellung von 4 Kriegern zugemuthet. Das Land Nakel gab der König zu Lehen, denn 1520 hatte es eine Lehnbesitzerin Petrunella von Oporow und war eine königliche Zollstätte. Später war in Nakel auch ein Grodgericht. Bei einem Brande der Stadt um 1515 gingen seine Urkunden unter. Die Bürger riefen den König Sigismund I. an, und dieser beauftragte einen seiner Würdenträger, sie über den Umfang ihrer Rechte eidlich zu vernehmen. Doch der kam vor andern Geschäften nicht zum Vollzuge seines Auftrags. Da gingen die Bürger zum zweitenmal König Sigismund an, und zwar um einen neuen Freibrief. Weil sie nun ihre Gerechtsamkeit unter Eideserbieten angaben und die Grossen der Umgegend ihre Angabe auch bestätigten, so stellte der König ihnen Anfang des Jahres 1520 eine neue Urkunde aus, in der er die an ihn zu entrichtende Steuer jedes Fleischers auf 1 Vierdung und die von jeder Schuhmacherbank auf 16 Groschen bestimmte (**Urk. LXXXVII**). Seinen Freibrief bestätigten die Könige Johann III. 1683 (**Urk. CLXX**), August II. 1720 (**Urk. CLXXV** und **CLXXXIV**), August III. 1758 (**Urk. CLXXXXI**), Stanislaus II. August 1766 (**Urk. CIIC**). August II. vermehrte auch die Zahl der Jahrmärkte. Sein Freibrief wurde auch 1747 den Gerichtsakten einverleibt (**Urk. CXXXIII**). Trotzdem hatte Nakels Bürgerschaft sich in dieser Zeit gegen Uebergriffe und Anmassungen, namentlich des Starosten, zu wehren, der sogar die alten Lasten des polnischen Unrechts den Naklern aufbürdete, wie solches die Bestätigung von 1720 darthut und verbietet. Die Kraft des Ortes war sehr geschwächt durch die Drangsale der Schwedenkriege, die Burg verfiel und seine Lage verbesserte sich erst, nachdem es 1772 preussisch geworden war. Von hier, von der Netze aus, die bei Nakel schiffbar wird, wurde der

---

8) Urkunde in Sommersberg I. 869. 9) Cod. dipl. Pol. I. 869. 10) Villam, castrum et ecclesiam cremaverunt. Aussage des Presbyter Dobislaus in den Lites. — Captis omnibus et occisis — in cinerem converterunt. In hoc castro fuit capitaneus quidam Henricus nomine miles, qui indifferenter clericos et laicos, religiosos et seculares et quoscunque pretereuntes spoliavit et crudeliter molestavit. Hic captus fuit a fratribus et cum quererent ab eo, cur tot et tanta mala perpetrasset, respondit: quia mihi nullus prohibuit et defendit. Ecce quomodo impunitas scelerum intencionem tribuit delinquendi. Petri de Dusburg cronica terre Prussiae supplem. 13 (Hirsch, Töppen, Strehlke, scriptores rerum Prussicarum. Leipzig 1861. I. 217). Die krakauer Annalen (Sommersberg I. 80) geben an: 1323. VII. Idus Julii (d. h. 9. Juli) crematur castrum Nakel. Das bezieht sich wohl auf die Zerstörung von 1329. Der Chronist in Lengnich's Kadlubek S. 102 nennt das Jahr 1330, Caro, Geschichte Polens S. 158 d. J. 1331. 11) Janko, archidiac. gnesn. (Sommersberg II. 98). 12) Raczynski cod. dipl. maj. pol p. 113. 13) Cod. dipl. Pol. I. 236. 14) Dogiel, Codex diplomaticus I. 570. 15) Chronik in Lengnich's Ausgabe des Vincentius Kadlubko etc. Danzig 1794. S. 110.

Kanal zur Brahe gezogen, welcher die Verbindung zwischen Oder und Weichsel herstellt. In Folge davon hob sich Nakel sehr. An der Stadt wurde eine Kaserne für Husaren gebaut, die hier eingelagert wurden. 1788 hatte Nakel schon 194 Häuser und 768 Bewohner, und als es 1806 von Preussen wieder abkam, war seine Bevölkerung auf mehr als das Doppelte gestiegen. Ebenso gereicht ihm die in neuester Zeit (1850) erfolgte Anlage einer Eisenbahn, die, Nakel berührend, von Berlin nach Danzig führt, zum Vortheile. In den ersten Jahren unsers Jahrhunderts hatte Nakel anderthalbtausend Bewohner; 1816 wird die Einwohnerzahl gar nur auf 1273 angegeben, von denen 554 katholisch, 371 lutherisch, 289 israelitisch waren. Jedes der christlichen Bekenntnisse hatte eine eigene Kirche. Der Ort zählte damals 210 Feuerstellen, war ziemlich gut gebaut und gepflastert. Vom alten Schlosse sind noch Spuren auf dem rechten Ufer der Netze vorhanden, auf dem linken Ufer sind Reste bedeutender Erdwälle in der Nähe von Smogulec bei Samszieko, die, obgleich sie „das alte Schloss" genannt werden, Ueberbleibsel der polnischen Gegenbefestigung sein sollen. Die Hügel um die Stadt halten Manche für die Gräber der in der grossen Schlacht zwischen den Pommern und Polen Gefallenen. 1837 zählte Nakel 2320, 1843: 2740, 1858: 4300, 1861: 4487 Einwohner; in letzter Ziffer sind 182 zum Soldatenstande gehörige Bewohner mit einbegriffen. Die Verleihung der Städteordnung geschah am 24. Sept. 1835.

Neubrück, p. Nowymost, Wratislawa, an der Warthe, über die hier eine Brücke gebaut ist, adliche Stadt. Wann Neubrück Stadtrecht erlangte, wissen wir nicht. Es kam zu 6 Jahrmärkten. Eine katholische Kirche war hier, aber die Gemeinde wurde lutherisch und errichtete ein Bethaus, in dem der Schulmeister Betstunden abhielt und der Pfarrer von Wronke predigte. Die Stadt besass kein Ackerland. Grundherr war, als der Ort preussisch wurde, Graf Lukas Bninski. Der Ort bestand am Ausgang des vorigen Jahrhunderts aus 81 Wohnhäusern, 3 Mühlen, und hatte 597 Einwohner, 134 davon Juden. Gewerbtreibend waren 1 Kaufmann, 20 Tuchmacher, 3 Leinweber, 7 Fleischer, 3 Müller, 1 Bäcker, 5 Schuster, 3 Tischler, je 2 Glaser (1 Jude), Zimmerleute, Nagelschmiede, Schlosser, Riemer, Gerber, Schneider, Stellmacher, Hutmacher, 1 Uhrmacher, Walkmüller, Ziegelbrenner, Büchsenschäfter, Handschuhmacher, Kupferschmied, Zinngiesser, Seifensieder, Posamentirer, Böttcher, Töpfer, Sattler, Kürschner, Maurer, Seiler, Färber, Barbier, Weinhändler, Gastwirth; kein Branntweinbrenner, kein Bierbrauer war daselbst. In der Nähe liegt, in einer Waldung auf dem rechten Ufer der Warthe, die Glashütte Alexandrowo. Die Stadt hielt einen Nachtwächter. Die Zeit des warschauer Herzogthums war ihr schädlich. 1816 zählte sie nur noch 314 Einwohner, doch waren noch 19 Tuchwebstühle im Gange. Der Tuchabsatz ging nach Polen und Russland. Nach anderer Angabe (in dem 1862 erschienenen statistischen Jahrbuch) betrug die Bevölkerung 1816: 451 Menschen. 1837 hatte Neubrück 646 Einwohner, 90 Häuser, 1 evangelische und 1 katholische Kirche, 1843: 670, 1858: 697, 1861: 748 Bewohner.

Neustadt bei Pinne, p. Lwowek, wc Lwowka, Klein-Lemberg (urk. 1458 Lwow), im Kreise Buk, gehörte früher den Ostrorog, später den Bninski, gegen Ende des XVIII. Jahrhunderts dem Lonski. Das Schloss der Grundherren lag in der Vorstadt. Im XV. Jahrhundert war es schon ansehnliche Stadt; denn es hatte 1458 gegen den Orden 12 Mann zu stellen[1]. Als das Lutherthum eindrang, bauten sich die Lutheraner auf einer Anhöhe vor der Stadt eine steinerne Kirche. Im XVI. Jahrhundert hatten seine Bierbrauereien Ruf und Absatz, später kamen sie so herunter, dass es im Jahre 1800 nur noch 2 Brauer hier gab. Seine 9 Getreide- und Viehmärkte wurden ziemlich zahlreich besucht. Am Ausgange des XVIII. Jahrhunderts war die Stadt gut gepflastert, mit einem Graben umzogen, hatte 3 katholische und 1 evangelische Kirche, 2 öffentliche Gebäude, 9 Mühlen und 257 Wohnhäuser, von denen 3 Ziegeldach hatten; es wohnten hier 1681 Menschen, zum grössten Theil Polen; 443 waren Juden. Unter den Gewerbtreibenden waren 50 Schuhmacher, 38 Schneider (27 davon Juden), 15 Kürschner (10 davon Juden), 12 Fleischer, 9 Müller, 9 Leinweber, 8 Böttcher, 8 Branntweinbrenner, 6 Tuchmacher, 6 Tischler, 6 Bäcker, 5 Stellmacher, 4 Posamentirer (Juden), 4 Töpfer, 4 Hufschmiede, 2 Seiler, ein Maurer, Schlosser, Glaser, Gerber, Riemer, Sattler, Färber, Kupferschmied, Seifensieder, Strumpfwirker, Handschuhmacher; ausserdem ein Apotheker, Honigküchler, Goldschmied, Bildhauer, 4 Gastwirthe, 3 Musikanten, 11 Kaufleute. Die Kämmereieinnahme betrug 450 Thaler. Die Stadt hielt 3 Nachtwächter. Im Jahre 1816 lebten hier

---

Neustadt bei Pinne. 1) Raczynski, cod. dipl. maj. Pol. S. 181.

1480 (n. a. 1021), 1837: 2344, 1843: 2648, 1858: 2427, 1861: 2507 Einwohner. 1848 bildete die Bürgerschaft einen Verein zum Schutze des Deutschthums.

Neustadt an der Wartha, p. Nowe miasto, Rzika, im Kreise Pleschen. Wenn es derselbe Ort sein sollte, der als Nowemiasto 1458 in der Veranlagung der Städte zu einem Heere aufführt wird, so war er damals nicht unbedeutend, denn dieser hatte 10 Mann zu stellen, doch ist diess kaum glaublich. Seine Viehmärkte, deren es 5 hatte, waren ziemlich gross und Gerberei wurde lange stark getrieben, nahm aber später wieder ab. Die Stadt gehörte Ende des XVIII. Jahrhunderts dem Grabski, hatte 1800 ausser dem Edelhof eine katholische Kirche, 2 öffentliche Gebäude, 98 Wohnhäuser, 2 Mühlen und war bewohnt von 588 Menschen; 186 davon Juden, die andern Polen. Gewerbtreibend waren 24 Schneider (Juden), 12 Schuster, 14 Fleischer, 6 Wollkämmer, 5 Kürschner, 4 Müller, 4 Töpfer, 3 Branntweinbrenner, 3 Böttcher, 3 Mützenmacher (Juden), 2 Bäcker (Juden), 2 Leinweber, 2 Fischer, 2 Pottaschbrenner (Juden), 1 Glaser (Jude), Pantoffelmacher, Schmied, Tischler, Stellmacher, 4 Gastwirthe, 5 Kaufleute. Federposen und Papier waren nach Holsche Handelsartikel, doch lebten die Einwohner kümmerlich, und hauptsächlich vom Ackerbau. 1816 hatte der Ort 689 (n. a. 630) Einwohner. In preussischer Zeit wurde eine Papiermühle angelegt. 1837 zählte dieses Neustadt 1143, 1843: 1250, 1858 nur 1236, 1861: 1355 Einwohner.

Neutomischel, p. Nowy Tomysl, die jüngste Stadt dieses Landes, erst zwischen 1780 und 1790 von seinem Grundherrn, einem Grafen Szoldrski, mitten in Hauländern angelegt. Deutsche Lutheraner zogen an und der Graf wirkte für sie Stadtrecht und 8 Jahrmärkte aus. Wiewohl Katholik, unterstützte er die Gemeinde bei dem Bau einer Kirche, die einen Thurm bekam und der Mittelpunkt der Stadt ward. Aecker besassen die Bürger nicht: sie sahen sich also ganz auf Handwerke angewiesen. Juden wohnten hier nicht. Am Ausgange des vorigen Jahrhunderts bestand Neutomischel aus 60 Wohnhäusern, von denen ein einziges Ziegelbedachung hatte, 6 Mühlen und der Kirche. 430 Menschen bewohnten es. Eine Apotheke war am Ort. Gewerbtreibend waren 5 Kaufleute, 10 Schuster, 6 Müller, 5 Fleischer, 5 Bäcker, 5 Tuchmacher, 5 Schneider, 4 Töpfer, 3 Hufschmiede, 2 Tischler, 1 Goldschmied, Hutmacher, Kürschner, Gerber, Gürtler, Sattler, Färber, Maurer, Seiler, Böttcher, Barbier, Organist, Gastwirth. Einen Bierbrauer und Branntweinbrenner gab es nicht. Die Kämmereieinnahme betrug 279 Thaler. Die Stadt hielt einen Nachtwächter. Wollenweberei nahm zu, später kam auch Gerberei in Zug. Ringsum wird von deutschen Bauern Hopfenbau getrieben, den ein Jude in dieser Gegend einführte. Die Häuserzahl betrug 1837: 70. 1816 zählte man 441 (n. a. 597) Einwohner, 1837: 748, 1843: 796, 1858: 1141, 1861: 1188 Einwohner.

Obersitzko, Oborschitzko, p. Obrzycko (auf einer Karte des XVII. Jahrhunderts Obrische), auf einer Anhöhe an der Warthe, wo in dieselbe das Mühlenflüsschen Schamatulsk fällt, war um 1100 schon eine Ansiedlung[1]. Im Jahre 1280 war ein Graf Vlost als Kastellan von Obritsko genannt (**Urk. CCV**). Gegen Ablauf des XIV. Jahrhunderts war es wahrscheinlich bereits ein Städtchen: es wird seiner in den inneren Kämpfen 1383 (mit dem Namen Obrzissko) gedacht[2]. Nach der Veranlagung von 1458 hatte es nur einen Gewaffneten zum Kriege zu stellen[3]; war also noch sehr klein. Seine Kirche soll im XV. Jahrhunderte, angeblich nach dem Muster der römischen Peterskirche gebaut worden sein. 1444 war des Königs Mundschenk Peter Herr von Obrzycko (**Urk. CCXXV**); später war es ein Erbgut der Radziwil. Christof Radziwil wirkte bei König Wladislaus III. zu Warschau in der Reichsversammlung am 24. März 1638 für den Ort das magdeburgische Stadtrecht und die Abschaffung der polnischen Gesetze und Gebräuche aus. Zur Beurtheilung von Verbrechen aller Art sollte die Bürgerschaft jedes Jahr am Drei-

---

Obersitzko. 1) Im September 1842 wurde 40 Schritt vom letzten südlichen Hause beim Vertiefen eines Grabens an einer Stelle, wo zwei Feldwege zusammenliefen, eine thönerne Urne aufgefunden, welche sowohl Stücke von Schmuck morgenländischer Arbeit als über 500 Münzen enthielt. Unter letztern waren zwei römische von Antoninus Pius und Theodosius, byzantinische und deutsche, deren Prägungszeit, soweit sie sich bestimmen liess, in den Verlauf des X. Jahrhunderts fiel, englische, französische, italienische aus dessen zweiter Hälfte, persische von den Sasaniden und Ispehbeds von Taberistan, eine hindustanische, eine mittelasiatische (alttürkische) und Kalifengeld, welches bis 970 reicht. Diese verschiedenen, vom Nillande, den Gegenden am Oxus, Kaspisee, Indus, der Tiber, Rhone u. s. w. auf eine Stelle zusammengebrachten Münzen verrathen eine Verknüpfung von Verbindungen, die nach ganz entgegengesetzten Richtungen in ausserordentlicher Weite führten. Der Inhalt dieser Urne ist sorgfältig beschrieben von Julius Friedländer, der Fund in Obrzycko, Berlin 1844. 2) Janko, archidiac. gnesn. (Sommersberg, Silesiacarum rer. script. II. 141. 3) Raczynski cod. dipl. maj. Pol. S. 181.

königsfeste 8 Ausgewählte dem Erbherrn nennen, aus denen dieser einen Proconsul und 5 Consules ernennt. Ganz nach seinem Ermessen bestimmte er jedes Jahr den Advocatus. Die zu gründenden Zünfte wurden auf gleiche Stufe mit denen in andern Städten gestellt, ein Wochenmarkt am Donnerstage und 4 Jahrmärkte bewilligt. Die Ansiedler sollten 8 Jahre Freiheit von Abgaben und Zöllen geniessen. Alles diess bewilligte der König aber nur unter beständigem Vorbehalt der Rechte der katholischen Kirche. Allein diese Verleihung schien geringe Wirkung zu üben, desshalb entschloss sich nach dem Tode des Christof Radziwil dessen Sohn Janusz den 17. Mai 1643 auf Grund gepflogener Verhandlungen mit Johann Schlichting (s. Schlichtingsheim), behufs der Heranziehung von Unterthanen und Handwerkern freie und öffentliche Ausübung des lutherischen und helvetischen Bekenntnisses zu gewähren, sowie Freiheit von allen Lasten, Diensten und Abgaben bis 1657, auch freien Hieb zu Brennholz, freien Fischfang, Bierbrauerei und Bierschank, und ausserdem den Bau einer Brücke zu gestatten, doch so, dass sie die Schifffahrt auf der Wartha nicht beeinträchtige, und versprach alle ihre für Bequemlichkeit und Sicherheit getroffenen Anordnungen zu genehmigen. Weber und Tuchmacher sollen die vornehmsten Anzügler gewesen sein. Von den Radziwil's kam der Besitz an die Raczynski's. Bis 1734 hielt sich die lutherische Gemeinde zur Kirche in Pietrowo, dann baute sie sich eine eigne Kirche und berief zu ihrem Prediger den Dagobert Leonhart. Am 15. Juni 1739 legte eine Feuersbrunst einen Theil der Stadt nieder, mit ihm wurde die kaum gebaute Kirche zu Asche. Nun hatte die evangelische Gemeinde einen harten Kampf zu bestehen, um den Neubau durchzuführen. Die Katholischen suchten ihr den Kirchenplatz wegzunehmen. In grösster Schleunigkeit mussten sie den Bau zu Ende führen. 1746 wurde ihr dennoch die Kirche eine lange Zeit gesperrt; erst 1775 erhielt sie auf dem warschauer Reichstage die Genehmigung, einen hölzernen Thurm an ihr aufzuführen. Mittlerweile musste sie vielen Bedrückungen widerstehen. Ihr schwacher Erbherr setzte einmal im Spiel ihre (ihm gar nicht gehörige) Kirche auf eine Karte und verlor. Daraus leiteten die katholischen Eiferer Rechte an sie ab. Die Stadt kam zu 10 Jahrmärkten. Am Ausgange des vorigen Jahrhunderts bestand sie aus 164 Wohnhäusern, von denen 3 Ziegeldach hatten, 2 Mühlen, dem Rathhaus, der evangelischen und der katholischen Kirche, der Synagoge. Einwohner hatte die Stadt 1523, von denen 476 Juden waren. Eine Apotheke war am Orte. Gewerbtreibend lebten 21 Kaufleute, 92 Tuchmacher, Tuchbereiter- und Tuchscherer, die für mehr als 50,000 Thaler jährlich Tücher fertigten, 7 Splettreisser, 18 Leinweber, 48 Schuhmacher, 20 Schneider (12 davon Juden), 12 Kürschner (5 davon Juden), 10 Branntweinbrenner, 1 Bierbrauer, 3 Weinhändler, 4 Gastwirthe, 13 Fleischer, 2 Bäcker, 2 Müller, 1 Fischer, 5 Tischler, je 3 Knopfmacher (Juden), Hutmacher, Stellmacher, Musiker, je 2 Böttcher, Schlosser, Sattler, 1 Kupferschmied, Färber, Riemer, Gerber, Maurer, Schornsteinfeger, Barbier. Die Kämmereieinnahme betrug 370 Thaler. Die Stadt hielt 2 Nachtwächter, 1816 wurde Tuchmacherei auf 60, Leinwandweberei auf 29 Stühlen betrieben und Einwohner wurden 1824 (n. a. 1781) gezählt. Die russische Grenzsperre schadete ausserordentlich. Viele Tuchmacher wanderten nun nach Polen aus; indess nahm die Töpferei zu. 1837 waren nur 1700 Einwohner da; die Zahl der Wohnhäuser betrug 202. 1843 trugen die Juden ihre baufällige Synagoge ab und bauten eine neue, über die sie untereinander in langjährigen Zwist geriethen. 1848 hielt Obersitzko sich an den deutschen Ausschuss der Hauptstadt. 1843 gab es 1769 Einwohner, im Jahre 1858: 1539, 1861: 1739 (nämlich 851 Protestanten, 309 Katholiken, 573 Juden).

Obornik, Obernik, p. Obornicki, an der Warthe (urk 1422 Oborniki, XXXVII), trägt seinen Namen entweder von obora (Viehstall, Viehstand), oder von o (nahe, bei) und bor (Wald). Es scheint ein alter Ort. 1312, als es unter dem glogauer Herzoge stand, war es Mittelpunkt eines Kreises[1], 1385 erscheint es als Starostenschloss. Im Februar 1383 lagerte sich in ihm bei den innern Kämpfen Domarat's Heer[2]. Zehn Jahr darauf, 1393 wird ein Edler Skora de Gay Gregorius Obornyczski genannt, unter dessen Herrschaft wahrscheinlich die Stadt sich befand[3]. Im XV. Jahrhunderte gehörte Obornik zu den bedeutendsten Städten dieser Gegenden, denn es hatte 1458 funfzehn Krieger zu stellen[4]; auch besass es magdeburger Recht, wie es Posen genoss, und hatte in Posen seinen Oberhof. Doch ward es in Abhängig-

---

Obornik. 1) Sommersberg, silesiacarum rerum scriptores I. 869. 2) Janko, archidiac. gnesn. (Sommersberg II. 142): oppidum Obornikin. Wahrscheinlich ist auch S. 153 auf Obornik zu beziehen Obernykus, wo eine Kirche des heiligen Adalbert war, und der Janussius, advocatus de Obernykus. 3) Cod. dipl. Pol. II. 797. 4) Raczynski, cod. dipl. maj. Pol. S. 181.

keit vergeben. Um 1480 hatten ihren Lehnbesitz die Gebrüder Andreas und Alexander de Gaji. Diese nöthigten die Einwohner ihr Bier aus der herrschaftlichen, schlechten Brauerei zu holen und führten neue Abgaben von Fleisch und Honig ein. Um diese Zeit brannte Obernik ab und verlor im Brande auch seine Urkunden. Von seinem Freibrief blieb indess eine Abschrift erhalten, auf Grund deren König Kasimir 1485 der Stadt rechtliche Stellung bestätigte. Er gewährte auch noch eine Reihe neuer Vortheile, damit sie sich von ihrem Unglück rascher erhole. Die Einwohner durften in der Wartha fischen, ihren Holzbedarf aus der königlichen Waldung entnehmen und hatten 4 Märkte gestattet. Der Vogt bezog danach von den Bänken der Fleischer, Bäcker, Tuchmacher und Kaufleute je 1 Denar, die Stadt 5, ebenso bekam er von der Grundsteuer ein Sechstel. Die Einkünfte vom Bade wurden zwischen der Stadt und dem Vogte gleich getheilt. Da die Erhaltung der Brücke über die Wartha der Stadt oblag, so war für den Fall ihrer Beschädigung ein Zoll von den Schiffen zu nehmen ihr erlaubt. Auch verbot der König, auf die Klage der Bürger, ihren Lehnsherrn die eingeführte Beschwerung mit dem Bierzwange und den neuen Steuern (**Urk. LXX**). Wann die Zwischenherrlichkeit des Lehnbesitzers aufhörte, wissen wir nicht. Franziskaner machten sich in Obornik ansässig. Die Stadt erhob sich wieder, hatte Mauern und war geschützt durch eine an ihr befindliche Burg. Im ersten Schwedenkriege ward letztere zerstört, 1656 plünderten die Schweden die Stadt und zündeten einige Häuser an. In südpreussischer Zeit wurde sie dem General Wengorzewski in Pacht gegeben! Am Ausgang des vorigen Jahrhunderts hatte Obornik achtehalb Hundert Einwohner, von denen ein Drittheil Juden waren. Auf diese geringe Bevölkerung gab es 14 Branntweinbrenner und 32 Schuhmacher. — Gewerbtreibend waren ausserdem 18 Schneider (15 davon Juden), 14 Tischler, 13 Bäcker (1 Jude), 6 Böttcher, 6 Stellmacher, 5 Leinweber, 4 Tuchmacher, 4 Kürschner, 3 Töpfer, je 2 Mützenmacher (Juden), Leistenschneider, Huf- und Waffenschmiede, Zimmerleute, ein Splettreisser, Fleischer, Drechsler, Maurer, Schlosser, Glaser, ferner 5 Musiker, 3 Barbiere (1 Jude), 3 Kaufleute (2 Juden). Die Stadt hatte ein Kloster (mit 8 Geistlichen), 3 katholische Kirchen und 1 evangelische, 1 öffentliches Gebäude, 1 Mühle und 86 Wohnhäuser, ein Hospital. 1816 zählte Obornik 800 (n. a. 1003) Bewohner, im Jahre 1837: 1499, 1843: 1685, 1858: 1796, 1861: 2007 Einwohner. In den Stürmen von 1848 schlug sich Obornik auf deutsche Seite. Die Erklärung, welche die Einwohner erliessen, sagte: „Wir wollen nicht der Willkür der Polen preisgegeben sein. Wir sind fast ebenso stark wie die Polen, wir wollen und haben ein Recht dazu, dass wir unter preussischem Schutz bleiben.“ Obornik nahm Theil an der Versammlung zu Schneidemühl (9. April). Am 3. Mai kam ein Polenhaufe nach Obornik und machte den Versuch, die Deutschen zu entwaffnen und die Behörden abzusetzen. Der Landrath Reichmeister trat dem entgegen und das Eintreffen einer Abtheilung preussischer Soldaten machte diesem Vorhaben ein Ende.

Opaleniz, Opalenitze, Opalnitz, Oplinitz, p. Opalenica (von opal, Brennstoff, Heizung), zwischen Wäldern gelegen, trägt angeblich seinen Namen davon, dass hier Herr Andreas von Bnin, der posener Bischof, die in Bentschen (s. d.) abgefangenen Hussiten verbrannte. Das Schloss soll erbaut haben im XIV. Jahrhunderte Tyczy-Bar; ein tiefer Graben umgibt es ringsum. Sein Sohn liess 1401 die Kirche aufführen. Gründer der Stadt soll jener Bischof Andreas gewesen sein, dessen Geschlecht die Grundherrschaft hatte. Von seinem Brudersohn Peter von Bnin an trug die Familie den Namen der Opalinski. Stadt war es in der Mitte des XV. Jahrhunderts, doch klein. Der Name wird in einer Urkunde von 1456 geschrieben Opalenieza[1] und 1480 Oppalenycza in einer Urkunde, welche Peter, posener Bannerträger und Hauptmann von Grosspolen, ausstellte[2]. Da sich später Arianer (d. h. Socinianer) in ihr festsetzten, und nicht bekehren mochten, soll ein Grundherr, um sie fortzuscheuchen, den ganzen Ort angezündet haben. Juden fanden hier auch keine Duldung. Im XVII. Jahrhundert wurde zum Ersatz der abgebrannten Kirchen ein neuer Kirchenbau gemacht. Opaleniz blieb in Gutsherrlichkeit, kam von den verschuldeten Opalinskischen Erben an den Domherrn Niemojewski und bestand im Jahre 1800 aus der Kirche, 2 öffentlichen Gebäuden, 5 Mühlen, 143 Häusern und hatte 789 Bewohner. In früheren Zeiten soll es 80 Tuchwerkstätten gehabt haben; damals war unter den Gewerbtreibenden kein einziger Tuchmacher mehr. Es gab als solche nur 9 Schneider, 5 Schuster, 4 Müller, 2 Musikanten, 2 Hufschmiede, 1 Gastwirth, 1 Fleischer,

---

Opaleniz. 1) Raczynski cod. dipl. maj. Pol. S. 181. 2) Cod. dipl. Pol. I. 341.

1 Böttcher. Die allermeisten Einwohner waren also Bauern. Die Kämmereieinnahme belief sich auf 146 Thaler. 1816 bewohnten Opalenitze 828 (n. a. 795), 1837: 1246, 1843: 1332, 1858: 1222, 1861: 1342 Menschen.

Ostrowe, Ostrovo, p. Ostrow, am Flüsschen Olabok. Der Name Ostrow kommt öfter in Urkunden vor, schon in der Bulle des Innocentius vom Jahre 1130, als Starostensitz 1235 u. s. w.: da es indess viele Orte desselben Namens gab, tragen wir Bedenken, die vorhandenen Anführungen Ostrowos grade auf diese Stadt zu beziehen, auch die Urkunde Kasimirs von 1175, in welcher er die Salzzufuhr aus Wielitzka und Bochnia nach Srzodka, Chwalissowo und Ostrow, sowie von deren Bewohnern, und den Salzverkauf auf ihren Märkten gestattet (Urk. CCXXX), gilt von einer Stadt der posener Kathedrale, einer Nebenstadt Posens; das Ostrowe bei Adelnau wird 1801 eine adliche Stadt genannt und befand sich zuletzt im Besitze der Fürsten Radziwil. Jenes Ostrow war 1458 bereits Stadt und hatte gegen die Ritter 2 Krieger zu stellen. Dieses zu Sieradz gerechnete Ostrow bei Adelnau erhielt angeblich erst 1564 das städtische Anlegungsrecht; als Grundherren dessen werden früher genannt Nikolaus von Oschonice, der 1442 die zweite Kirche, die der Maria und des Stanislaus, gründete, nachdem kurz vorher 1434 der kalischer Domherr Georg von Ostrowo schon die Kirche des Andreas und der Dorothea gegründet hatte. Im XVI. Jahrhunderte gehörte dieses Ostrow den Chielzeski, 1685 kam es an die Leszynski. In dem Schwedenkriege Karls XII., am Anfange des vorigen Jahrhunderts, wurde die Stadt gänzlich zerstört; sie sank wieder zu einem Dorfe herab und erlangte erst nach einiger Zeit die Wiedereinsetzung in ihre alten Rechte. Im Jahre 1800 hatte Ostrowe 327 Wohnhäuser, von denen 5 fest gebaut waren, 15 Mühlen, 1 katholische und 1 evangelische Kirche und 2719 Bewohner, unter denen 356 Juden waren. Die Kämmereieinnahme betrug 11550 Thr., ihre Ausgabe 9189 Thr. Die Stadt hielt 2 Nachtwächter. Sie hatte 5 Musiker, 1 Apotheker, 3 Gastwirthe, 87 Tuchmacher und Tuchscherer, 20 Tuchhändler, 46 Schneider (31 davon Juden), 49 Schuster, 30 Kürschner (8 darunter Juden), 24 Fleischer, 15 Müller, 12 Leinweber, 8 Böttcher, 8 Stellmacher, 7 Tischler, 7 Töpfer, 6 Bäcker, 6 Hufschmiede, 5 Barbiere, 14 Branntweinschänker, 3 Färber, 1 Posamentirer (Jude), 1 Honigküchler, 2 Glaser, 2 Maurer, 2 Zimmerleute, 2 Schlosser, 2 Kupferschmiede, 2 Riemer, 2 Seiler, 1 Drechsler, 1 Nagelschmied, 1 Sattler, 1 Seifensieder, 3 Viehhändler. 1816 zählte Ostrowe 3290 (n. a. 3531) Einwohner; 150 Tuchwebstühle waren im Gange. Es wurde Sitz eines Stadt- und Landgerichts, des Kreislazarethes und Steueramtes. Die Stadt bekam eine evangelische Kirche zu der katholischen. Die Städteordnung wurde ihr am 3. Juni 1835 verliehen. Am 19. April 1845 wurde ein katholisches Gymnasium eröffnet, für welches ein Bau ausgeführt wurde. Der Unterricht ward anfänglich in polnischer Sprache ertheilt, 1850 mussten aber für die vielen deutschen Schüler deutsche Klassen eingerichtet werden. 1837 hatte Ostrowe 355 Häuser und 4820 Bewohner, 1843: 4797, 1858: 6061, 1861: 7220 Einwohner (davon 189 Militairbevölkerung). Nach polnischen Angaben betrug im Mai 1848 die Einwohnerzahl 5685, von denen 1221 nur polnisch, 958 nur deutsch, die übrigen beide Sprachen redeten[1]. Bei Beginn der Bewegung 1848 riss der Bürger Kokocinski den preussischen Adler ab, wofür er nach dem Einrücken der preussischen Truppen am 7. Juni mit Peitschenhieben gestraft wurde. Auch andere Einwohner sollen an diesem Tage Stockschläge auf offenem Markt erhalten haben[2].

Pakosch, auch Pakostz, Pakoschtsch, p. Pakość, Pakosez (urk.: 1330 Pacosc[1], 1362 Paczosez, 1432 Pakosez, 1458 Pakost, [1460] 1553 Pakosth; Basco 1260: Pacoszsz, Janko 1383: Pacosez), lat. Pacostia, in reizender Umgegend. Im Jahre 1259 erbaute hier Herzog Kasimir von Kujawien[2] eine kleine Feste, welche den Umwohnern als Zufluchtsstätte gegen die räuberischen Einfälle der Pommern und nachmals der Ordensritter diente. Bei dem Kriege des Ordens mit Polen in den Jahren 1331, 1332, 1333 war die Burg Pakosch die einzige in Kujawien, welche den Angriffen der Ritter glücklich widerstand. 1332 vertheidigte sie der Palatin Albert Koszczelecz. Im Jahre 1325 wird ein Erbherr von Pakosch

---

Ostrowe. 1) Beweisende Beilagen zu dem Promemoria gegen den projectirten Anschluss des Grossherzogthums Posen an Deutschland. S. 15. 2) (Brodowski, Kraszewski, Potworowski) Zur Beurtheilung der polnischen Frage im Grossherzogthum Posen im Jahre 1848. S. 63.

Pakosch. 1) Cod. dipl. Pol. II. 245. 2) Eodem vero anno Kazimirus dux predictus cum adjutorio ducis Swanthopelconis proditoris edificavit castrum in dominio Boleslai ducis Polonie et in prejudicium ejusdem. Basco's Fortsetzung von

Namens Bogumil genannt (**Urk. XVIII**). Später überliess die Hoheit über diese Gegend Kasimir seinem Enkel Kasimir und Kasimir begnadigte nicht nur im Jahre 1356 am 26. März den Erbherrn des Ortes Albert im allgemeinen mit dem Rechte, Festen und Städte zu gründen und in seinen Städten und Dörfern Gericht zu halten[3], sondern befugte ihn und seinen Bruder und Mitbesitzer Hektor am 9. Februar 1359 noch besonders, auf ihrem Gute Pakosch eine Stadt nach deutschem Rechte, wie es Jungenleslau geniesse, unter gänzlicher Beseitigung aller polnischen Rechte und Lasten und mit Befreiung von der Amtsgewalt polnischer Würdenträger zu begründen. Ihr Vogt sollte von diesen beiden Besitzern und ihren Erben auf Anklagen gegen ihn Recht nehmen. Die Stadt durfte Montags einen Wochenmarkt halten (**Urk. XXVI**). Bei einer Theilung zwischen den gedachten Brüdern, die im Jahre 1362 vorgenommen wurde, fiel Pakosch dem Hektor zu[4], der damals Untermundschenk (subpincerna), später aber Richter von Kujawien[5] war; Albert und Hektor heissen Brester (Brestenses). Während des innern Krieges 1383 war Pakosch wie Labissin, welches Albert hatte, ein Sitz von Banden, die von da aus Raubzüge unternahmen[6]. Im Jahre 1458 wurde bestimmt, dass die Stadt zum Kriege gegen die Ordensritter 6 bewaffnete Fussgänger zu stellen habe. Sie muss aber nachmals sehr heruntergekommen sein. 1460 wird als Erbherr Simon de Pakosth genannt[7]. Janusch Latalski, Andreas Krotowski und Peter Swiątkowski waren zusammen im Jahre 1540 die gemeinschaftlichen Grundherren, als Sigmund I. den erwähnten Freibrief der Stadt bestätigte mit dem Zusatze, dass sie immer zum jungenleslauer Kreise gehören solle. Später kam die Grundherrschaft an die Działyński. Auf den Trümmern des alten Schlosses wurde ein Reformatenkloster im Jahre 1631 gestiftet, an dem eine lateinische Schule, welche die Reformaten hielten, und eine Bücherei entstand. Der Adel des Landes schickte nun den Nachwuchs zu den Mönchen in die Lehre und es sollen bisweilen über 100 junge Edelleute hier im Unterricht gewesen sein. Im Mai 1656 betraf Pakosch ein Durchzug der Schweden. Einer von den Działynskis, der schwärmerische Sigismund, wollte aus seiner Stadt ein Neu-Jerusalem machen, baute nach seiner Heimkehr aus Palästina um 1660 an verschiedenen Stellen um die Stadt eine Calvaria von 25 Kapellen und verschaffte dazu Ablass. Dadurch machte er Pakosch zu einem Wallfahrtsorte. Tausende, die nichts Besseres zu thun verstanden, strömten, oft aus entlegenen Gegenden, zu Anfang des Maies hierher auf einige Tage, um ihre Andacht zu verrichten. Manchmal kamen da 6—8000 Wallfahrer zusammen, die nicht wenig verbrauchten. Juden wurden aber nicht geduldet! Derselbe Sigismund Koscielec-Działynski ertheilte den Ortseinwohnern zum zweitenmale Stadtrecht, am 20. Februar 1671, dasjenige Recht, welches die Lateiner jus municipale polonianum nennen, das polnische Stadtrecht oder das Recht, welches die Städte Polens geniessen, nämlich das Magdeburgische. Demgemäss sollte der Bürger nur von dem städtischen Gerichte Recht nehmen, doch die Berufung an den Spruch des Grundherrn ihnen frei stehen. Ausländer durften nur dann sich niederlassen, wenn sie katholischen Glaubens seien. Der Sohn Sigismunds bestätigte diese Urkunde mit dem Bemerken, dass die Freiheit der Bürger der Grund ihres Wohlstands sowie des Wachsthums des Staates sei. Noch einmal wurden die Rechte dieser Stadt vom Grundherrn am 26. August 1785 bestätigt. Im Jahre 1772 wurde Pakosch preussisch. Die Dzialynski verkauften die Herrschaft an den Herrn von Gerhard, der gegen Ende des vorigen Jahrhunderts zu Ribetwitz, einem Vorwerke auf einer Anhöhe neben der Stadt wohnte. 1788 bestand Pakosch aus 64 Häusern und 498 Einwohner. Aus der Klosterschule wurde 1792 ein vollständiges Gymnasium gemacht. Die Stadt litt viel durch Feuer. Bei der zweiten preussischen Besitzergreifung (1816) bestand sie nur noch aus 13 Feuerstellen und hatte 312 (n. a. 572) Bewohner, von denen blos 6 Lutheraner waren; im Kloster lebten damals 5 Priester und 3 Laienbrüder. Ein Herr von Wolanski war im XIX. Jahrhunderte Besitzer. Das Gymnasium ward 1826 aufgelöst. Pakosch war bewohnt 1837 von 792, 1843 von 957, 1858 von 1118, 1861 von 1202 Menschen.

Pinne, p. Pniewy, an einem See, auf der Strasse von Posen nach Berlin. Der Name kommt wahrscheinlich vom Worte pień (Baumstamm), pniowy (Stamm); also der Ort, wo Baumstümpfe sind. Es wird erwähnt in einem päpstlichen Schreiben 1325[1]. Im XV. Jahrhunderte war es Stadt und schon ziem-

Bogufal (Sommersberg, siles. rer. script. II. 72. 3) Chronik in Lengnich's Ausgabe des Vincentius Kadlubek. Danzig 1784. S. 104. 4) Cod. dipl. Pol. II. 720. 5) Ebenda II. 735. 6) Janko, archidiac. gnesn. (Sommersberg II. 140. 6) Ebenda II. 141. 7) Cod. dipl. II. 527.

Pinne. 1) Theiner, monumenta Poloniae historica. Rom 1862. II. S. 306.

lich emporgekommen, da es 1458 sechs Krieger zu stellen hatte[2]. Pinne war mittelbare Stadt, gehörte als es preussisch wurde dem Grafen Mielezinski und bestand am Ausgange des vorigen Jahrhunderts aus 129 Wohnhäusern, von denen nur 2 massiv waren, 3 Mühlen, 3 öffentlichen Gebäuden, sowie einer katholischen und einer evangelischen Kirche; 42 Baustellen, die es damals hatte, lassen schliessen, dass es kurz vorher von einem grossen Brandschaden betroffen worden war. Einwohner zählte man 789, darunter 219 Juden, die übrigen Polen. Gewerbtreibend waren 20 Schuster, 9 Töpfer, 5 Schneider, 6 Bäcker (1 Jude), 6 Branntweinbrenner, 4 Gastwirthe, je 3 Müller, Hufschmiede, Kürschner, Tischler, Maurer, Zimmerleute, je 2 Fleischer, Musiker, Barbiere (Juden), 1 Maler, Knopfmacher, Böttcher, Seiler, Stellmacher, Leinweber, Tuchmacher, kein Bierbrauer. Der Ackerbau wurde lässig betrieben. Es gab jährlich 8 Kram- und Viehmärkte. Die Stadt hielt einen Nachtwächter. 1816 betrug die Einwohnerzahl 1046, 1837: 1850, die in 150 Häusern wohnten, 1843: 2071 Einwohner, 1858: 2314, 1861: 2402. Die Bevölkerung verdreifachte sich also in unserm Jahrhunderte. Im Jahre 1848 rechnete man unter den Bewohnern 1255 Deutsche und 814 Polen. Die Stadt begehrte damals auf Betrieb des Rabiners Caro Aufnahme in den deutschen Bund und Einverleibung in den birnbaumer Kreis[3]. Nach dem Einrücken der blauen Dragoner von Soldin im Mai liess der Major von Schenkendorf mehrere Polen, darunter den Besitzer von Ottorowo, auf offenem Markte prügeln.

Pleschen, p. Pleszewo, Pleszew, am Bache Ner. In einer Urkunde von 1275 wird ein Graf Mathias von Pleszow[1], in einer andern von 1385 ein Imram von Plessow genannt[2]: ob dieser Ort aber einerlei ist mit Pleschen, sei dahin gestellt, obschon es wahrscheinlich ist; in einer andern von 1403 kommt ein Baccalaureus in artibus Nikolaus Peter von Pleszewo[3], in einer 1434 ausgestellten ein kalischer Richter Nicolaus von Pleschow[4], in einer Urkunde von 1459 ein kaiserlicher Notar und gnesener Geistlicher Paul Jakob von Pleszchowo[5] vor. Das Bestehen dieses Ortes im Mittelalter ist also ausser Zweifel. Wann er Stadtrecht erlangte, wissen wir nicht. Ist es, wie wohl anzunehmen ist, das Pleschow, dem 1458 die Stellung von 12 Kriegern auferlegt ward[6], so müsste es im XV. Jahrhunderte schon eine bedeutende Stadt gewesen sein. Sie stand unter einem Grundherrn. Im XVII. Jahrhundert gewann sie durch die Niederlassung deutscher Protestanten, denen die Heimath verleidet worden war. Der Grundherr Peter Sziminuta lud sie am 6. September 1637 (vgl. Kobilin) unter Gewährung deutschen Rechtes ein. In der Umgegend mangelte Holz[7]. Oeftere Brände trafen die Stadt schwer. Juden hausten hier nicht. Pleschen kam zu 7 Jahrmärkten, die auch stark besucht wurden. Am Ende des XVIII. Jahrhunderts bestand Pleschen aus 227 mit Holz und Schindeln gedeckten Wohnhäusern, 2 Mühlen, 3 Kirchen (2 katholischen, 1 evangelischen) und einem andern öffentlichen Gebäude; es hatte 1568 Bewohner. Eine Apotheke war am Orte. Gewerbtreibend waren 51 Schuster, 15 Tuchmacher, 10 Kürschner, 8 Leinweber, 8 Töpfer, 15 Fleischer, 4 Bäcker, 1 Bierbrauer, 7 Stellmacher, 7 Schneider, je 4 Böttcher, Tischler, Schmiede, 3 Barbiere, je 2 Kalkbrenner, Glaser, Seiler, 1 Bildhauer, Maler, Kupferschmied, Nagelschmied, Schlosser, Seifensieder, Riemer, Musikus; ein Branntweinbrenner war nicht vorhanden. 1816 wurden 2130 Einwohner (u. a. 2446) gezählt. Ein Stadt- und Landgericht und die Kreisschule kam in preussischer Zeit hierher, sowie eine Salzfaktorei, eine Pottaschsiederei und Tabaksfabrik, auch zogen sich nun Juden hin und errichteten eine Synagoge. 1837 zählte man 4392 Bewohner und 365 Häuser, 1843: 4927, 1858: 5144, 1861: 6182 Einwohner. Im Jahre 1848 war Pleschen seit dem 21. März ein Hauptsitz der polnischen Erhebung und am 22ten wurden die Abzeichen der preussischen Herrschaft abgerissen und die in der Stadt liegenden Soldaten verliessen sie[8]. Manche Einwohner ergriffen die Flucht. Bei Pleschen entstand nun ein Polenlager, in dem am 10. April (nach Willisen's Angabe) anderthalbtausend Bewaffnete

---

2) Raczynski, cod. dipl. maj. Pol. p. 181. 3) Deutsches konstitutionelles Blatt für das Grossherzogthum vom 28. April 1848. Nr. 11. Das Dorf Pinne zählte 1848: 377 polnische, 155 deutsche Bewohner.

Pleschen. 1) Praemislaus dux Nicolao venatori *Posnaniensi Kostene* haereditatem adjudicat nullumque jus ad eadem bona comitem Mathiam de *Pleszow* habere declarans. Datum in *Sarotowie* 1275, sagt das 1682 angefertigte Verzeichniss der Reichsurkunden in Krakau und zwar auf das posener Palatinat die Urkunde beziehend. Wenn die Herausgeber (S. 448) Kostene für Kosten halten, so irren sie wohl. 2) Cod. dipl. Pol. III. 337. 3) Ebenda II. 355. 4) Ebenda I. 317. 5) Ebenda II. 516. 6) Raczynski, cod. dipl. maj. Pol. S. 182. 7) Nach Flatt, Topographie des Herzogthums Warschau. Die Beiträge zur Beschreibung von Süd- und Neuost-Preussen I. 221 geben aber an: eine Klafter Holz kostet im nächsten Walde 12 Gr. 8) Unverständlich ist die Erzählung L. v. J.'s (die polnische Insurrektion in Posen im Frühjahr 1848. Glogau 1849. S. 22 f.) „das Militär verliess die Stadt und bivouaquirte ausserhalb der Stadt, kehrte aber am 23. März wieder in die Stadt zurück, was indessen die

sich befanden. In der Stadt wurden Barrikaden aufgeworfen. Bialorskorski befehligte hier die Polen. Aber am 15. Mai besetzten preussische Truppen Pleschen wieder und führten den Bürgermeister Kant in sein Amt zurück[9].

Pogorschell, Pogorzel, Pogorzellen, p. Pogorzele, Pogorzela, war im XV. Jahrhunderte Stadt; 1458 hatte es, der Veranlagung gemäss, 4 Krieger zu stellen[1]. Evangelische bildeten hier später eine Gemeinde und hatten eine Kirche, aber diese wurde ihnen nachmals weggenommen. Jahrmärkte scheint dieser Ort nicht gehabt zu haben. Pogorschell war eine mittelbare Stadt, die um 1790 dem Nikolaus von Taczanowski, am Ausgange des vorigen Jahrhunderts vier Herren gehörte. Sie bestand damals aus 122 Wohnhäusern, von denen 2 massiv gebaut waren, 6 Mühlen, 4 Vorwerken, der katholischen Kirche und hatte 826 Bewohner, von denen nur 6 Juden, drei Viertheile Polen waren. Gewerbtreibend lebten hier: 8 Schuhmacher, 6 Branntweinbrenner, 1 Bierbrauer, 9 Müller, 5 Leinweber und 1 Leinenzeugdrucker, 5 Schneider, 5 Stellmacher, 4 Böttcher, 3 Zimmerleute, 3 Hufschmiede, 3 Barbiere, je 2 Gastwirthe, Oelschläger, Tischler, 1 Gärtner, 1 Maurer, 1 Riemer, 1 Schlosser, 1 Musiker. Die Zahl der Häuser betrug 1837 anderthalbhundert. 1816 zählte Pogorschell 710 (n. a. 825) Einw., 1837: 1216, 1843: 1435, 1858: 1247, 1861: 1318 Einwohner.

Polnisch-Krone, siehe Krone.

Posen, p. Poznań (lat. [urk.: 1232] Posnania[1], auch [schon im bischöflichen Sigel vor 1234] Poznania[2], im XI. Jahrhundert Posnanis[3], im XIIten Poznan[4], Poztnan[5], Posznan[6], im XIIIten Posenau[7], im XVIIten auch wohl Posna[8] und Posenauia[9], Poosen[10]), nach Einiger Meinung von pozny „spät"[10*] also benannt, ist eine alte Ansiedlung am östlichen Ufer der Warthe, bei der Einmündung der Prosna und Cybina. Der Hügel, auf dem gegenwärtig die kleine Johanniskirche sich erhebt, war der Platz für Opfer und Leichenverbrennungen, wie aus der um das Jahr 1700 daselbst gemachten Auffindung von Aschenurnen hervorgeht. Ausser den Flüssen gewährten an dieser Stelle des Warthethales Sümpfe den Ansiedlern Schutz. Auf dem Hügel zwischen beiden Flüssen entstand frühzeitig eine feste Burg. Als der Polenherzog Mesko Christ wurde, verfügte Kaiser Otto I. 968, dass Posen ein Bischofssitz sei. Der posener Sprengel stand zuerst unter dem magdeburger Erzbischof und umfasste eine Zeitlang ganz Polen, bis im Jahre 1000 Kaiser Otto III. in Gnesen einen Erzbischof bestellte. Später löste sich auch die Verbindung der posener Geistlichkeit mit Magdeburg, indem sie 1122 vom Papste unter Gnesens Oberhut

---

einmal angefangene Bewegung keineswegs hemmte." 9) Die deutschen und die polnischen Erzählungen gehen auseinander. Während die deutschen Berichte darin übereinstimmen, dass die obrigkeitlichen Personen abgesetzt, die Bürger aber angehalten worden seien, auf dem Markte den Eid für Polen zu leisten, dass darauf Aushebungen der Waffenfähigen für die Polenlager erfolgt seien, während die mit H. W. bezeichnete Schrift über die „polnische Insurrektion", für deren Wahrheit Gerichtsdirektor Geszler in der preussischen Ständeversammlung einstand, namentlich angibt, der Bürgermeister Kant habe auf die Drohung, man werde ihn hängen, aus Pleschen flüchten müssen — stellen die polnischen Erzähler dies alles in Abrede, es sei kein Beamter abgesetzt, keinem Deutschen Zwang angethan worden; nur Freiwillige seien in's Polenlager gekommen und nur Deputirte seitens des polnischen Comités dem Distriktskommissarius beigeordnet worden. Hinsichtlich des Bürgermeisters Kant geben die von Lisiecki herrührenden Beiträge zur factischen Widerlegung der mit H. W. bezeichneten Flugschrift S. 6, 7 an: es seien gegen denselben zahlreiche Denunciationen bei der Regierung eingelaufen, in deren Folge vom Gericht in Pleschen am 15. August 1847 wegen vorsätzlicher Verletzung seiner Amtspflichten und Bestechung gegen ihn Untersuchung eingeleitet worden, hierauf habe die Stadtverordnetenversammlung nach einstimmigem Beschlusse seine Entfernung vom Amte bei der Regierung verlangt, diese habe jedoch den Kant ruhig und ungestört in dessen Ausübung gelassen. Nach dem Ausbruch der Bewegung hätten die Stadtverordneten einstimmig bei dem Landrathe beantragt: da Kant's Verbleiben im Amte für die Ruhe gefahrbringend sei, für seine „momentane Suspension" zu sorgen. Hierauf habe Kant Pleschen verlassen und ein Deutscher, Kaufmann Werner, habe die Bürgermeisterei zur allgemeinen Zufriedenheit seitdem versehen. Als einige Wochen später, eines Abends Kant sich in Pleschen blicken liess, umringte ihn das Volk und Lisiecki selbst musste sich dazwischen werfen, um ihn zu retten und vermochte ihn, Pleschen wieder zu verlassen.

Pogorschell. 1) Raczynski cod. dipl. maj. Pol. 182.

Posen. 1) Cod. dipl. Pol. I. 37. — Posonia ist nicht nachweislich und nicht richtig. Posonium, Posania, Possen war der Name Pressburgs. 2) Raczynski cod. dipl. maj. Pol. 3) Thietmar chronicon VI. 20. Urk. von 1220, cod. dipl. Pol. I. 22. 4) Der sogenannte Martinus Gallus I. 8 u. 19. Urk. 1267. Cod. dipl. Pol. I. 90. 5) 1133 Bulle Innocentius II. Hasselbach, Kosegarten und Medem cod. Pomeraniae dipl. I. 26. 6) 1245 Raczynski cod. dipl. maj. Pol. S. 28. 7) 1260. Ebenda S. 56. 8) Auf der Karte in Hond's Ausgabe von Gerhard Mercator's Atlas 1632; deutsche Uebersetzung der Urkunde von 1390. Raczynski cod. dipl. maj. Pol. S. 133. 9) Mart. Beer, geographiae veteris et novae enchiridion. Nürnberg 1665. S. 122. 10) Karte in der nürnberger Ausgabe von Pufendorf's Werk de rebus a Carolo Gustavo gestis 1696. 10*) Diess ist Bielski's Muthmassung. Andere leiten den Namen mit noch geringerer Wahrscheinlichkeit von posnač „erkennen" ab. Der am Beginn des XIV. Jahrhunderts schreibende Verfasser der chronica Lechitarum (in Stenzel's Scriptores rerum Silesiacarum, II. 9) sagt: *Poznani* qui locus ideo sic dictus, quia ibi recognovit ipse (Herzog Mesko) se imperii feudalem. Alias sic dicitur et legi in alia cronica (einer leider verlorenen) quod *Polonia* in *Poznania* primo fidem recepit, unde dicitur *Poznan* quasi se recognoscens fidelem. Neuere beziehen diese Benennung (Poznanie) gar auf die Wiederbegegnung der lange getrennten Brüder Tschech und Lech an dieser Stätte.

gestellt ward. Um den Dom, der gebaut wurde, erhoben sich im Halbkreis die Wohnungen der hier Ansässigen. Im alten Schlosse verweilten öfter die polnischen Fürsten; viele von ihnen wurden im Dom bestattet[11], so war es natürlich, dass hier, an der Margarethenkirche, eine Stadt der herzoglichen Leute entstand, die Szrodka (Schrutka). Posen war damals schon ein Hauptort Polens[12] und heisst auch um diese Zeit Stadt. Wenige Jahre nach Ottos friedlichem Durchzug rückte feindselig ein deutsches Heer unter seinem Nachfolger Heinrich II. bis einen halben Tagemarsch vor Posen 1005: da beugte sich ihm der Polenherzog[13]. Der Einnahme entging Posen einige Zeit später nicht, als der Böhmenherzog Bretislaus das polnische Land überzog. Dieser zerstörte 1039 Posen[14]. Dann ist langes Schweigen. Wiederhergestellt und besser befestigt — es heisst später Burg (castrum) — hielt Posen bei dem Zwiste der polnischen Herzoge im Jahre 1142 eine Belagerung von dem krakauer Fürsten Wladislaus II. aus. Der gleichzeitige Angriff eines Entsatzheeres und ein Ausfall aus Posen nöthigten die Belagerer zum Abzug[15].

Nächst dem herzoglichen Eingreifen kamen in dieser Zeit die Anstösse für die Bevölkerung von der Geistlichkeit. So geschah es auf den Rath des Bischofs Radwan, dass Herzog Mesko am 6. Mai 1170 ein Spital in Posen stiftete, mit 9 Dörfern ausstattete und den Johannitern übergab; vom Bisthum wurden demselben Zehnten in gewissen Orten zugewiesen[16]; an der Michaelkirche in der Vorstadt Schrutka entstand es. Diese Wohlthat war um so grösser, da 1174 eine fürchterliche Pest die Einwohner heimsuchte; 1205 war wiederum ein Pestjahr. Im XIII. Jahrhunderte herrschte in Posen Wladislaus Odo's Sohn. Zwieträchtig mit ihm bemächtigte sich Wladislaus Laskonogi Herzog von Gnesen 1227 Posens; nach kurzer Frist setzte sich jedoch der posener Herzog wieder in Posens Besitz[17]. Darauf gab er 1232 dem posener Kapitel für die Leute seiner Besitzungen Befreiung von den gewöhnlichen Lasten und dem Gerichte der Polen[18]: einem Theile der Bewohner Posens kam diess zu Gute. Auch war es vortheilhaft, dass eine grosse Handelsstrasse, der Weg von Preussen nach Guben, d. h. nach der Lausitz, über Posen führte. Die Fürsten liessen daher auch hier einen Zoll erheben[19]. Die Predigermönche in Posen erwirkten indess von Wladislaus Odo's Sohn (mithin vor 1237 oder spätestens in diesem Jahre) zur Ehre der heiligen Jungfrau in der Marienwoche für alle Händler zollfreies Reisen nach Posen und erhielten diese Begünstigung von späteren Herrschern bestätigt (Urk. IV)[20]. Die Dominikaner hatte der Bischof im Jahre 1231 herangezogen und ihnen auf der Schrutka die Margarethenkirche eingeräumt. Auch zogen sich bereits Deutsche in die Schrutka. Dem Heraustreten aus den alten Landesverhältnissen war jedenfalls nach dem Sturze des Wladislaus die wenn auch kurze Herrschaft des schlesischen Herzogs Heinrich günstig, welche 1233 begann. Allein die polnischen Grossen nahmen schweren Anstoss an der bevorzugten Stellung der Kirchenleute und als der Einfluss Schlesiens durch den Tatareneinfall gebrochen war, erpressten sie 1244 vom Bischof Bogufal einen Verzicht auf jenen vor 12 Jahren ausgestellten Freibrief. Doch setzte der Bischof schon im folgenden Jahre seine Erneuerung von den Herzogen Premisl und

---

11) Bogufal's chronicon Poloniae (Sommersberg scriptores rerum Silesiacarum II. 59. 12) Sagen die chronicae Polonorum, die man dem Martinus Gallus beilegt, I. 8: Boleslaus habe gehabt von Posen 5300 Gerüstete (1300 loricati milites, 5000 clipeatorum), so muss dies vom ganzen Bezirke verstanden werden, obschon nachfolgt: de aliis vero civitatibus et castellis, denn sonst müsste man eine ausserordentlich hohe Bevölkerung der Stadt annehmen und müsste sich verwundern, dass das flache Land ihm gar keine Mannen gestellt haben sollte. 13) Thietmar i. J. 1005, VI. 20: Interim per fidos intercessores regis gratiam Bolizlavus peciit et exaudiri mox promeruit. Tagino archiepiscopus cum aliis familiaribus regis ad civitatem predictam (Posen) a Bolizlavo rogatus venit et cum juramentis ac emendacionibus condignis firma pacis foedera apud eundem pepigit, wonach die Darstellung von Lukaszewicz (obraz historyczno-statystyczny miasta Posnania. Posen 1838. Bd. II.), derzufolge der Kaiser schmachvoll den Rückzug antreten musste, zu berichtigen ist. 14) Chronicae Polonorum I. 19: eo tempore Bohemi *Gneznen* et *Posnan* destruxerunt. Palacky übergeht in seiner Geschichte von Böhmen die Einnahme Posens; Lukaszewicz verlegt sie in's Jahr 1038. 15) Bogufal nennt das Jahr 1142. Dlugosz und Cromer setzten den Hergang in das Jahr 1145 oder 1146, Narnszewicz setzt nach des Vincentius von Prag zeitgenössischen Briefen bei Durand und Martene ihn in's Jahr 1147 oder 1148. Letzteres Jahr zieht Bandtke vor. 16) Lukaszewicz I. 264. 265 und Dlugoss. 17) Bogufal S. 57. 18) Absolvens omnes hereditates ecclesiae predicte, quas pro tunc episcopus et capitulum Poznaniense possidebant ac imposterum justo modo acquirere possent et incolas eorundem ab omnibus angariis, parangariis, a strossa, a poradle, a przewodis, podwodis, a sepi, a stanl, ab expedicione et ab omni jurisdictione palatinorum, castellanorum et omnium judicum et subjudicum, ita quod coram nullum eorundem homines seu ecclesie citati comparere seu respondere teneantur, sed tamen coram suis dominis episcopo, prelatis et canonicis debeant respondere (ausser) propter tres causas, propter quas homines ecclesie dominis eorum presentibus per ducalem judicem judicari debebant, nec tunc poenas pecuniales, si ad ipsas condempnarentur, judex ducalis tollere debeat, sed ecclesiasticus, cujus homo fuerit, ipse tollat. Der eine Fall ist der des Landesverrathes. Bogufal S. 59. 19) Voigt, cod. dipl. Prussicus. Königsberg 1836. I. Nr. 55. 20) Der Abdruck derselben Urkunde bei Lukaszewicz I. 297 hat folgende Abweichungen: Z. 2 hinter Odonis noch et domine Hedewygis ducisse Polonie de consensu nostro, ferner Boleslai; richtig Z. 3 virgini wie Z. 8

Boleslaus durch[21]. Auf dem östlichen Wartheufer, der alten Anlage gegenüber, war bereits eine Ansiedlung erfolgt und ein Scholtz Heinrich war der Vorsteher. Auf dieser Seite des Flusses war die Martinskirche und die Adalbertskirche erbaut und waren Deutsche unter geistlicher Gerichtsbarkeit ansässig. Zwistigkeiten zwischen ihnen und den Polen scheinen vorgekommen zu sein (Urk. III, gegen Ende). Im Jahre 1244 zogen die Dominikaner von der Schrutka auf diese Flussseite herüber. Premisl setzte auf dem alten Wohnplatze die Feste in stärkeren Stand und trug Sorge für die Stadt, die neben Burg und Dom erwachsen war[22].

Bald aber sollte der Schwerpunkt auf das gegenüberliegende Ufer fallen, wozu ein Bürger von Guben — wahrscheinlich eine Person mit dem nachherigen Anleger Thomas — den Anstoss gab. Im Jahre 1252 fasste nämlich auf seinen Antrieb Premisl den Entschluss, dort eine Stadt zu begründen, und liess sich Grund und Boden von der Martinskirche und der Adalbertskirche abtreten[23]. Bischof Bogufal von Posen, der Chronist, unterstützte auch mit dem posener Kapitel die Gründung einer Stadt. So ward denn zu Anfang des Jahres 1253 (Bogufal starb schon den 9. Februar) dem Thomas Erlaubniss und Auftrag ertheilt, auf der westlichen Wartheseite nach magdeburgischem Recht städtische Einrichtung zu treffen und es geschah die Uebersiedelung einer Anzahl Bürger aus der Domseite nach der Gegend der Martinskirche. Der Nachzug Vieler aus der Schrutka erfolgte[24]. Thomas mochte Deutsche herbeirufen. Herzog Premisl befahl die Befestigung der neuen Anlage mit Graben und Planken. Acht Jahre lang sollte ganz freier Zu- und Abzug, ebenso lange den Ansässigen Steuerfreiheit gewährt sein; in der Folge lastete dann auf jedem Gehöft, Laden und Garten ein Zins von $1/2$ Schott Silber (d. h. etwa $1/8$ Mark). Den Bürgern stand die Nutzung der Warthe eine Meile auf- und abwärts zu, sie durften jährlich einen Jahrmarkt halten. Der Herzog versprach auch ihnen ein Kaufhaus zu erbauen. Ausserdem ward den Bürgern zugelassen eine Kirche aufzuführen, d. h. der Bischof liess sie aus dem Pfarrzwang der jenseits des Flusses gelegenen Kathedrale. Zur Beschützung der Stadt versprach der Herzog 4 Wächter und 2 Geschützmeister zu unterhalten. Jährlich sollten 3 gerichtliche Tagfahrten gehalten werden; der Vogt hatte den dritten Theil der Strafgelder und Gebühren zu beziehen. Der Herzog gewährte ferner Holz in seiner Waldung zum Bau und anderem Bedarf und verlieh die Dörfer Aratorum (Ratty), Pietrowo (Potrowa), Segran (jetzt Zegerze), Starolaka (Starolenka), Nenkow, Spirkow, zwei Wirbice (Ober- und Unter-Wilda), Isitsch (Jerzitz), Panzlaw, Nestachow, Pancow, Sidlow, die beiden Dörfer der Weinbauer mit Ausnahme der Weinberge (Winiary, wo jetzt das Kernwerk), Bogucc (Bogusch), Onolfsdorf (entweder Kuhndorf oder die jetzige Wilde). Die vom Vogt in ihnen angesetzten Deutschen hatten von der Hufe $1/2$ Mark Silbers zu zinsen; der Vogt erhielt die 5te Hufe für sich abgabenfrei (Urk. III)[25]. Also gab es nun zwei nahe bei einanderliegende Gemeinheiten gleichen Namens, die alte unter bischöflicher Gerichtsbarkeit, die neue mit eigenem Stadtrecht. Premisl erbaute, wie es scheint, auf dieser Flussseite ein neues Schloss. Der Stadt bestätigte er alsbald (1254) die Befreiung der herbeireisenden Händler (Urk. IV)[26]. Unter den Zuzüglern, welche sich

datum, Z. 9 nonis, ferner Reymboldo. Z. 10 Poznanyensi. 21) Bogufal S. 62. 22) Reedificarit castrum et civitatem Poznaniensem circa ecclesiam majorem (also auf der Domseite). Basko, Fortsetzer der Bogufalschen Chronik, S. 63. 23) De fundo — in quo civitatem ponere disposuimus et locare. 24) Eodem anno (1253) illustris princeps Przemisl ad instanciam cujusdam civis de *Gubin* (ohne Zweifel der Thomas der Urk. III, die aus dem nämlichen Jahre ist) movit cives suos de civitate, quae sita erat in arena, que vocatur Sarothca circa ecclesiam sanctae Margarethae, et transtulit eos ex alia parte Warthae prope ecclesiam sancti Martini, ubi fuerat alia civitas primitus (d. h. damals erst; das Plusquamperfectum hat im Mittelalter nicht seinen eigentlichen Sinn) locata, quam idem dux fecit de blancis et fossatis firmis muniri, et est munita ad mandatum suum (Posener Annalen vor dem sogenannten Archidiaconus Gnesnensis bei Sommersberg II. 85). 25) Der Abdruck der Urkunde folgt Kretzschmer's Schrift: die Gründungsurkunde der Stadt Posen vom Jahre 1253. Posen 1853. Der ältere Abdruck bei Lukaszewicz (1838) hat 2 Sätze, welche in jener vermisst werden. S. 7, Z. 14 hinter possidendum, vor villas: eo excepto quod in eodem districtu unum molendinum ad nostrum beneplacitum per nos constructum hereditarie possideamus, und S. 839 hinter solidos (solvat) et solvet; si vero major questio orta fuerit condemnatus triginta solidos solvat. Ausserdem bietet der Abdruck bei Lukaszewicz folgende Abweichungen in den Namen: Bogufal, Peotrowo, Starolaka, Virbicze, Vzisa, Panczlaw, Panccow, statt Posnan: Poznan, ferner hat er besser S. 7, Z. 13 statt molendinum: molendinis, Z. 15 statt est: vest, was videlicet zu lesen ist, Z. 17 satt semandis: seminandis; S. 8, Z 5 statt potestate: potestatis, Z. 14 statt civitatis: civitati, Z. 16 concessimus et de concensu sepedicti, Z. 18 statt intra: infra, Z. 22 statt teneatur: tenentur. — Kretzschmer schliesst S. 22 aus dem Umstande, dass im Stadtwappen die Apostel Paulus und Petrus zu sehen sind, es möge der 29. Juni der Gründungstag gewesen sein, allein die Urkunde wurde noch bei Bischof Bogufal's II. Lebzeiten ausgestellt und dieser starb in Schulitz am 9. Februar 1253; vgl. die Fortsetzung seiner Chronik von Basko, S. 65. Ueber den Hergang sagt derselbe S. 66: Premisl — cives de *Szrodka* prope ecclesiam majorem ad predium ecclesie ultra Wartham ad instanciam cujusdam civis de *Enbyn* transtulit, ubi jam primitus per dictum ducem civitas erat locata. Der Bürger von Enbyn ist wahrscheinlich Thomas, allein Enbyn ist jedenfalls verschrieben, für Guben. Der Wortlaut Basko's stimmt merkwürdig überein mit den Anm. 24. angeführten Annalen. 26) Der Abdruck ist nach Raczynski (1840) gegeben,

als Bürger in Posen niederliessen, befanden sich Schlesier. Eine erhaltene Urkunde von 1267 setzt uns in Kenntniss, dass ein Mann aus Neumarkt unter ihnen war. Dieser und sein Neffe kauften nämlich in jenem Jahre um 60 Mark das Gut Sytkowo in der Umgegend, welches bei dieser Gelegenheit unter das posener deutsche Gericht gestellt ward[27]. Ein anderer Bürger, welcher 1284 ein nahes Gut Gortschin als Vogt zur Besiedelung unter posener Recht erwarb, war von Tonch[28]. Ein Jahrzehnt nach der Erwerbung des Stadtrechtes begannen die Bürger sich eine eigne Kirche zu bauen, die sie der Maria Magdalena weihten. Die Errichtung geschah auf den Namen des Domkapitels und ausgemacht wurde, dass weder sonntägliche Umgänge noch Schule an ihr gehalten werden sollten, sondern alle Geistliche[29] der Kathedrale und ihrer Schule sich anschliessen sollten. Gleich darauf (1264) gründete Bischof Bogufal III. ausserhalb der Stadt ein Spital für Gebrechliche auf den Namen des heiligen Stefanus[30]. Die Schrutka wies Premisl II. 1288 dem Bischofe Johann zu mit ausdrücklicher Gestattung jedwedes Handwerksbetriebes, doch mit der Beschränkung, dass daselbst weder Tuch im kleinen ausgeschnitten, noch Markt gehalten werde (**Urk. CCV**)[31]. Der Markt sollte auf das neue Posen beschränkt bleiben. Die Fischer, welche einen eigenen Platz an der Warthe bewohnten, erhielten schon 1267 eine Urkunde, kraft deren sie gegen eine jährliche Lieferung an das Schloss überall in der Warthe und deren Armen frei fischen durften. Sie standen unter der städtischen Gerichtsbarkeit, suchten aber nachmals sich ihr zu entziehen.

Die neue Stadt magdeburger Rechtes, die zum Unterschiede von dem bischöflichen Posen jenseits der Warthe auch deutsch Posen genannt wurde, im XVI. Jahrhunderte sogar noch mitunter so hiess[32], hatte an ihrer Spitze 5 Rathsherren (**Urk. CCIV** u. **XXIII**) und gedieh so, dass sie der Kern wurde und schlechtweg als Posen galt. Ihre Entwicklung steht im Vordergrunde. 1298 gab ihr Herzog Wladislaus noch ausdrücklich die Befugniss, Uebelthätern an's Leben zu gehen und verhiess Unterstützung, wenn sie darüber angefeindet würde (**Urk. CCVII**). Neben ihrem Rathhause stellte sie eine Rolandssäule auf, zum Anzeichen, dass sie den Blutbann habe. Anfangs waren ihre Einnahmen kärglich. Um ihr aufzuhelfen, verstand sich Herzog Premisl II. 1280 dazu, das von seinem Vater gebaute Kammerhaus, worin die Verkaufshallen sich befanden, ihr gegen eine Geldsumme, unter Vorbehalt zweier Bänke für Kaufleute, abzutreten (**Urk. CCIV**). Da es vorkam, dass Bürger Felder erwarben, ohne sie selbst zu bestellen und solche wahrscheinlich mitunter wüst liegen blieben, so gebot Premisl im Jahre 1292 dem Schulzen Peter von Ysich (Jersitz) keinen Bürger von Posen im Dorfe aufzunehmen, wenn dieser nicht in Person mit seinem ganzen Hausstande auf immer in das Dorf einziehe[33]. Im Frühjahr 1296 versammelten sich die polnischen Herren in Posen zur Fürstenwahl. Sie erhoben am 23. April den Wladislaus; ebenfalls in Posen setzten sie ihn im Jahre 1300 ab. Dieser Herzog Wladislaus machte von der übernommenen Verpflichtung, 6 Soldaten in der Stadt zu halten, 1299 sich und seine Nachfolger los, indem er dafür der Stadt seinen Antheil an dem Gute Gortschin zuwies, dessen Schulz seit 1284 ein posener Bürger war (**Urk. CCVIII**). Der anwachsenden Bürgerschaft gestand nun 1303 Bischof Andreas, der früheren Beschränkung entgegen, zu, an der Magdalenenkirche eine Schule anzulegen[34]. Der Rektor dieser Bürgerschule wurde vom Stadtrathe gewählt, während seine Bestätigung dem Propste der Kirche zukam. Man hielt darauf, dass ein Doktor die Schule erhielt. Bei dem Streiten um den Thron im XIV. Jahrhundert stellten sich die posener Bürger auf die Seite des schlesischen Herzogs Heinrich; ein angesehener Deutscher, Przemko, öffnete seinem Heere das Stadtthor. Dieses aber fiel mit seiner Schwere auf die Geistlichkeit, plünderte die Prälatenhäuser, besetzte die Kathedrale. Die posener Geistlichkeit schloss sich hierauf enger an Heinrichs Gegner Wladislaus an. Bei der Theilung unter Heinrichs Erben (1312) fiel Posen den Brüdern Heinrich, Johann und Przemko zu; sie vermochten aber nicht es gegen Wladislaus zu behaupten und als dieser die

---

Lukaszewicz 1838. I. 297. hat Z. 2 hinter Odonis noch: et domine Hedewygis ducisse Polonye de consensu nostro, et domini Bolezlai etc.; statt Remboldo hat er Reymboldo, statt datur: datum, statt nonas: nonis. 27) Cod. dipl. Pol. I. 90. 28) Ebenda I. 115 oder Tonch. **Urk. CCIV**. 29) Omnes viri ecclesiastici tam civitatis quam suburbani. Basko S. 74. 30) Hospitale infirmorum. Ders. S. 75. 31) Diese Urkunde widerlegt den Fortsetzer von Bogufal's Chronik, nach dessen Angabe 1153 Premisl I. tauschweise die Schrutka dem Bischofe abgetreten habe. Auffällig ist allerdings ein so starker Irrthum bei einem Zeitgenossen, der in Posen Kustos war. Die Ausdrücke der Urkunde (Premisl sagt: jure quo ipsam possedimus et tenuimus) lassen aber keinen Zweifel. 32) Czwalina's Provinzialblätter für das Grossherzogthum Posen 1846. VII. S. 38. 39. 33) Raczynski cod. dipl. maj. Pol. S. 83. 34) Scholam etiam habeant et scholae rectorem, qui scholae rector per episcopum et capitulum institui debet sicque instituius Donatum et Catonem pueros docebit, quibus perlectis licitum erit pueris ad scholam majorem cathedralem vel alibi frequentare.

Schlesier herausgetrieben hatte[35], strafte er die posener Bürger mit einer Bestimmung, welche sie von Stellen im Domkapitel und überhaupt von polnischen Kirchenpfründen ausschloss.

Das Kapitel regierte immer noch im bischöflichen Theil; Bischof Johann III. gab 1327 dem Glaser Thiczko eine Glashütte[36] an der Zibina, damit dieser das für die Kirchenfenster nöthige Glas herstelle. Die Johanniterritter gründeten auch (in diesem oder schon im vorangegangenen Jahrhunderte) eine eigne Stadt, die Johannisstadt, die sich vom Johannisspital bis hinter die in der Richtung nach Warschau gelegene Johanniskirche zog, indem sie den Ansiedlern magdeburger Recht verschafften. Diese bestellten sich ihre eigene Obrigkeit und konnten vom Ausspruch ihres Gerichts Berufung an den Ritterorden einlegen. Dem Wladislaus wurde indess der Besitz des Landes durch Johann von Böhmen streitig gemacht. Derselbe rückte im Oktober 1331 vor Posen. Nachdem er es 6 Tage belagert, am Widerstande der Bürger und Krieger aber gescheitert war, vermittelte eine Absendung des Wladislaus Waffenstillstand und Johann zog wieder ab[37]. Im Jahre 1343 wurde Stadt Posen zugezogen zu einem Abkommen Polens mit dem Orden in Preussen. König Kasimir, der 1335 zum erstenmal nach Posen kam und in dieser Stadt mit Johann von Böhmen 1337 einen Vertrag abschloss, auch in Posen 1341 seine Hochzeit, sowie 1343 die seiner Tochter Elisabeth feierte, that viel zur Befestigung Posens. Er umgab die hölzerne Verpalissadirung der Stadt mit Mauern, Basteien und Gräben, und stellte das inzwischen verfallene Schloss in guten Vertheidungsstand. Nach einer Angabe, deren Belege wir nicht kennen[38], bestellte er in Posen 1358 ein Obergericht aus den Rathsherren der Städte Posen, Gnesen, Kosten, Kletzk, Pudewitz, Kalisch und Peisern. Aus reiner Willkür aber nahm derselbe König der Stadt die Güter Jersitsch und Winari weg (Urk. CCXII). Die Tuchmacher in der Stadt waren in dieser Zeit zwistig worden und in Misshelligkeit mit den fremden Händlern; sie brachten ihre Streitigkeiten 1344 vor den Rath, der dahin entschied, dass nur sie allein berechtigt seien, Wolle im Kleinen anzukaufen und ihre Gewebe in 3 Stücke getheilt zu verkaufen (Urk. XXIII). Grossen Nachtheil verursachte das Wüthen von Seuchen in den Jahren 1312, 1347, 1349, 1359 und dann wieder 1412. In der Stadt hatte die Geistlichkeit grosse Bedeutung. Predigermönche waren in ihr heimisch. Den Nonnen von Owinsk räumte die Stadt ein Gebäude neben dem Kloster der Predigermönche ein und bedang sich dafür alljährlich 60 Latten zum Brückenbau aus. Auch Juden zogen sich bei dem steigenden Verkehre nach Posen, bildeten eine besondere Gemeinde für sich und nahmen ein ganzes Viertel ein. An dessen Ende, dem Dominikanerkloster gegenüber, beabsichtigten sie ihre Synagoge einzurichten. Die Mönche wollten diesen Gräuel durchaus nicht dulden. Die Juden gewannen aber den Schutz des Woiwoden und bauten nun 1367 ihren Tempel. Da hetzten in christlicher Frömmigkeit die Mönche — Bruder Johann Ryczywol voran — das Volk auf, dass es über die Synagoge herfiel, sie niederriss, unter den Juden ein Blutbad anrichtete[39]. Minder gewissenhaft waren die Nonnen in Ansehung ihrer an die Stadt zu entrichtenden Leistung; denn sie lieferten kein Holz. Endlich wurde die Stadt nach langem Säumen klagbar, allein die Geistlichkeit wusste Rath: die betreffende Urkunde war nicht mit allen Förmlichkeiten ausgestellt worden, nicht mit mehreren Sigeln versehen; also verlor die Stadt (1372) und sollte die Nonnen hausen lassen unbeschwert von allen Steuern (Urk. XXXI). Nach Kasimirs Tode erwirkte die Stadt 1372 von der Königin Elisabeth die schon von Kasimir verheissene Rückgabe der beiden entzogenen Landgüter (Urk. CCXII) und von König Ludwig das Vorrecht, dass ihre Händler im ganzen polnischen Bereiche von Abgaben und Zöllen für ihre Waaren nicht getroffen werden sollten (Urk. XXXII). Wladislaus Jagello bekräftigte 1390 die Zollfreiheit der zu Wasser oder Land nach Posen ziehenden Kaufleute, nur behielt er sich eine in Posen zu erhebende nicht hohe Steuer von Getreide, Butter, Fett, Unschlitt, Reis, Feigen, Mandeln, Wein, Baumöl, Seefisch, Holz, Pech, Theer, Asche, Metallen, Schwefel, Alaun, Leimwachs, Gewand, Hosen, Mützen und einigen andern Waaren vor[40]; die

---

Urkunde bei Lukaszewicz II. 11. 35) Im Jahre 1323 befand sich Wladislaus bereits im Besitze von Posen. Cod. dipl. Pol. I. 188. 36) Vitrorum molendinum. Raczynski, cod. dipl. maj. Pol. S. 102. Lukaszewicz II. 1. 37) So Palacky, Geschichte von Böhmen 2. Bandes 2. Abtheilung S. 190. Anders Dlugoss im IX. Buche, leipziger Ausgabe I. 1022. Der Annalist in Lengnich's Kadlubek-Ausgabe S. 101 sagt: circa festum beati Michaelis archangeli cum manu forti venit *Poznaniam* rex *Bohemie* Johannes et oppugnavit eam cum machinis et fossoribus, sed militibus et civibus fortiter repugnantibus 700 homines de suis perdens et plures de fossoribus amittens, machinas derelinquens confusus cum magna tristitia Wratislaviam repedavit, sustinens damnum XX millium marcarum. 38) Lipinski, Starożytna Polska. Warschau 1843. I. 61. 39) Phylacterium Berlin 1801, daraus Jost im Register zu seiner Geschichte der Juden S. 139. Da der König die Juden zu schützen nicht im Stande war, ordneten sie einige aus ihrer Mitte nach Rom ab, die auch 1370 einen schützenden Erlass des Papstes heimbrachten. 40) Raczynski, cod. dipl. maj. Pol. S. 131 ff.

Stadt aber begnadete er 1394 mit der sogenannten Niederlage, d. h. einem Zwangsrechte, demzufolge alle über Posen reisende Händler ohne Unterschied in dieser Stadt drei Tage lang ihre Waaren zum Verkaufe feil bieten mussten (Urk. XXVIII). Alle Kaufleute, welche die durch Posen führende Handelsstrasse zogen, mussten demnach in Posen mehrere Tage verweilen. Die Handelsverbindungen der Posener reichten nach Hamburg und zu den Hanseaten. Posen nahm mehrmals an allgemeinen Staatsbeschlüssen Antheil; zu solcher Bedeutung war es emporgekommen. In den Jahren 1380 bis 1386 schlug das wilde Fehden der polnischen Grossen auch nach Posen hinein. Domarat, der Hauptmann von Grosspolen, hielt die Burg mit deutschen Hülfstruppen besetzt und widerstrebte der Erhebung der Königstochter Maria zur Königin, welcher viele Grossen des Landes huldigten. Ungeachtet der Haltung des Domarat gelobten die Bürger im Januar 1383 der Maria Treue[41] und nöthigten Domarat die Stadt zu verlassen. Ihr Parteigänger Swidwa, Kastellan von Nakel, drang auch noch in diesem Jahre in die Stadt und belagerte Domarat im posener Schloss[42]; geraume Zeit war die Burg in anderer Gewalt als die Stadt. Swidwa bediente sich bei seinen Belagerungen von Festen einer Kriegsmaschine der Bürger[43], die ihm beistanden. Swidwa richtete in einer mehrwöchentlichen Belagerung gegen die Burg nichts aus. Es war eine üble Zeit, voller Wirren und Verwilderung.

Während so übler öffentlicher Zustände gedieh die vermeintliche Frömmigkeit und der Unfug, der mit dem „Glauben" getrieben wurde, stand in Blüthe. Johann Ryczywol war der Mann des Tages. Wunder begaben sich. Und wie die Frommen in ihrem Wahne der Lüge Altäre bauten, so folterten sie den Rabbiner und 13 Aelteste der Judenschaft und liessen sie zu Gottes Ehre zusammen mit Hunden langsam zu Tode braten — weil sie an Hostien sich vergangen haben sollten, 1399; da flüchteten die Juden aus Posen. König Wladislaw aber gründete 1399 an der Stelle, wo man eine verschleppte Hostie aufgefunden haben wollte, den beschuhten Karmelitern das Kloster des Frohnleichnams und schenkte ihnen die königliche Mühle. Diese Kirche zog lange als ein wunderthätiger Ort gläubige Wallfahrer an. Die Geistlichkeit forderte den Aberglauben.

Im folgendem Jahre, 1400, gab derselbe König dem posener Rathe die Vollmacht roth zu sigeln, d. h. in verbindlicher Weise zur Zeugenschaft vorzuladen (Urk. CCXIII) und zehn Jahr später, 1410, die Befugniss Kleingeld zu münzen (Urk. CCXVI). Ueber das Erbrecht gab es Streit. Die hinterlassene fahrende Habe und den Hausrath einer Frau wollten ihre Seitenverwandten, wenn keine Töchter erben konnten, ihren Söhnen entziehen. Deshalb wurde 1416 vom Könige die Erklärung ausgewirkt, dass in Ermanglung von Töchtern auch die Söhne und nur sie die Mutter beerbten (Urk. XXXVI). Für die Aussätzigen war das heilige Kreuzspital vor der Stadt und zwar vor der breslauer Pforte unter der Leitung der Stadt errichtet; für dieses machte 1420 die Wittwe Gertrud Pesthel eine ansehnliche Stiftung[44]. Die Stadt war schon so wohlhabend, dass sie 1433 dem König in Tuch und Kriegsgeräth Vorschüsse machen konnte (Urk. CCXIV). Zu den Stadtgütern gehörte auch Bonin (urkundlich 1414) und Luban (urkundlich 1452). Das Stadtwappen zeigte ein dreithürmiges Thor, die Apostel Peter und Paul neben beiden Seitenthürmen und im Thor unter dem mittelsten höheren Thurm 2 gekreuzte Schlüssel oder auch den weissen Adler.

Die Juden wollten wieder in die Stadt: indess die angebliche oder wirkliche Hostienschändung wirkte noch und sie mussten sich schwere und schimpfliche Bedingungen gefallen lassen, unter denen der König ihnen die Ansässigkeit 1434 gewährte, nämlich einmal eine Jahressteuer von 800 Tymfen und eine Busse bei dem Frohnleichnamsgang; zu selbigen mussten sich jedesmal 3 Juden mit schwarzen Messern einstellen und sich eine Tafel nachtragen lassen, auf welcher die alberne Hostiengeschichte stand.

In Posen wählte der Adel 1434 den König des Landes wiederum unter grosser Parteiung. Dieser König, Wladislaus III., bekräftigte die Zollfreiheit der in Polen herumreisenden Kaufleute Posens durch eine neue Urkunde (LX) im Jahre 1443. Im folgenden Jahre bestimmte er auch zu Gunsten der posener Kaufmannschaft, dass der Handelsweg auf Danzig über Nakel und Tuchel, der auf Warschau über Slupce,

41) Consules et tota communitas civitatis Poznan. — Pisdri (Peisern) am Sonntag Circumdedit 1383. Lukaszewicz I. 115. Vergleiche die Darstellung dieser Kämpfe in Caro's Geschichte von Polen. 42) Swidwa — civitatem Poznaniensem ingressus stubam magnam ligneam sub castro Poznaniensi scala apposita per fenestram intrans, custodiam armatorum hominum in ea deputavit, ne de castro exiens quisquam civitatensibus molestiam inferret. Janko Czarnkowski, archidiacon. gnesnens. (Sommersberg II. 140, vergl. 143). 43) Ders. S. 153. 44) Capella leprosorum extra muros civitatis ante valvam Vratislaviensem sub voce

Kleczew, Klodawa und Lowitsch gerichtet sein solle, und dass die Posener frei nach Danzig und Warschau Geschäfte treiben könnten, dass ferner die fremden Händler während ihres Aufenthaltes ihre Waare nicht im Einzelnen und Kleinen, sondern nur im Ganzen und Grossen verkaufen durften. Der Vorschrift nach konnten sie auf einmal nur abgeben Tuch im Stück, Pelzwerk und Felle tausendweis, Sammt in 10 Ellen, Mandeln zu 5 Stein, Pfeffer und Rosinen zu 14 Stein, Safran zu 4 Pfund. In Posen war, wie erwähnt, eine königliche Zollstätte, auch sollte nach seiner 1441 gegebenen Bestimmung der Preis der Waaren abgeschätzt werden, nachdem die punitzer Zollstätte des Bartosch von Sokolowo einen entsprechenden Betrag zu erheben befugt wurde[45].

Eingreifend und gestaltend waltete Bischof Andreas III. von Bnin (1438—1479); auf eigne Kosten baute er 1440 die Kollegiatkirche der Maria: das bedeutendste aber, was er that, ist sein Einwirken auf das Zusammenwachsen der beiden Städte, der Bischofsstadt und Deutschposens. Es trennte sie ein bedeutender Abstand. Ein von den Häusern am Dom bis zur Warthebrücke führender Damm, auf welchem der Verkehr zwischen den beiden Städten sich bewegte, der „Domdamm" (Kapitulna grobla), war schon mit Erlaubniss des Wladislaus Jagello besiedelt worden. Eine lange mehrfach gekrümmte Strasse entstand auf diesem Damme. Jetzt wurde (am 18. August 1444) deren Bewohnern städtische Ordnung und magdeburger Recht gegeben. Sie mochten jedwede Waare verkaufen. Die höhere Gerichtsbehörde für sie sollte das Domkapitel sein, dieses jedoch auch nach deutschem Rechte erkennen. Der Name des neuen Ortes sollte Kapitulna grobla lauten (Urk. CCXXV), er wich jedoch vor dem Namen Chwaliszewo oder Wallischei. Diese neue Stadt hatte also auch einen eignen Rath und eigenes Gericht. Andreas baute für sie 1453 die Barbarakirche. Die Wallischeier führten ein gemauertes Rathhaus auf. In demselben Jahr 1444 wurde ausserhalb der Stadtmauern Deutsch-Posens ein Kloster der Bernhardiner angelegt. In Deutsch-Posen kam 1447 am 3. August in der Judengasse ein Feuer aus, welches sich über einen grossen Theil der Stadt verbreitete und namentlich die Gerbergasse verbrannte. Während des Brandes befand sich König Kasimir IV. in Posen anwesend; sein Gefolge erfasste die schöne Gelegenheit und stürzte sich während der Feuersnoth und Verwirrung plündernd in die Häuser. Ausser diesem Unglück betrafen Posen auch in diesem Jahrhundert verheerende Seuchen mehrmals: 1412, 1432, 1450, 1451, 1466 bis 1468, 1480, 1495 bis 1497. Gewissermassen zur Schadloshaltung für jene Einäscherung erlaubte der König (1447) auf der Wiese von der Pforte der Wodnastrasse bis zum Stadtgut Rataje hier Handwerker unter Posens Recht anzusetzen, die 14 Jahre lang von königlichen Abgaben verschont bleiben sollten (Urk. CCXXVI). Diese Vorstadt hiess dann der Graben, Ostrowek, welche von der Zibinabrücke bis zum Dom und der Schrutka liegt, hatte seit 1450 eigne Obrigkeit und magdeburger Recht. Als 1450 derselbe König abermals nach Posen kam, verliessen vor ihm, eingedenk der früheren Vorkommenheiten, die reicheren Bürger mit ihrer Habe die Stadt und zogen sich einstweilen in nahe Orte. Des Königs Gefolge zündete in seiner Zügellosigkeit die Stadt an mehreren Stellen an. Indess war die zurückgebliebene Bürgerschaft auf Frevel gefasst, trat ihm mit Nachdruck entgegen und wurde schnell des Brandes Herr. Am 7. April 1456 brannte aber die Wallischei ab. Behufs ihres Wiederaufbaues befreiete das Domkapitel die Bewohner auf 7 Jahre von allen Lasten. Deutsch-Posen schenkte 1456 den Bernhardinern ein steuerfreies Grundstück an der Warthe. Im selben Jahre entstand ein Hospital mit einer Kapelle der heiligen Gertrud für die Stadtschule; im folgenden (1457) wies der Rath dem Bademeister in Ostrowek Geld an, damit er in Zukunft die Schulkinder wöchentlich einmal baden lasse[46]. 1459 machte das Auftreten eines Mannes in Posen Aufsehen, der sich den bei Warna gefallenen König Wladislaus nannte. Der Woiwode Lukas Gorka wollte ihn hinrichten lassen; die Grossen legten sich dazwischen: er wurde auf dem nächsten Reichstage der Königin Mutter Sofie vorgeführt; sie erkannte ihn nicht an. Man hielt ihn für einen gewissen Rychlik. Darauf ward er vor dem posener Rathshaus — eine Papierkrone auf dem Kopfe — mit Ruthen gehauen und hernach in einen Kerker geworfen. Die Festungswerke wurden in diesem Jahrhunderte der Stadt zugewiesen, damit sie aus eignen Mitteln ihre Instandhaltung trüge: bis dahin galten sie demnach als königlich; waren sie doch auch von Premisl angelegt.

---

sanctae crucis. Lukaszewicz I. 265. 268. 45) Raczynski, cod. dipl. maj. Pol. S. 137. 46) Das Domkapitel unterstützte ebenfalls die Schüler seiner Anstalt. 1467 machte es aus: scholaribus ecclesiae cathedralis assignetur mensura farinae pro qualibet septi-

Die **Satzungen** der Stadt wurden im Jahre 1462 niedergeschrieben (Urk. CCXXVIII). Nach ihnen sollte der Rath das, was im Patronat der Stadt war, womöglich an Stadtkinder vergeben, niemand, der ein Erbe in der Stadt besitzt, auswärts leben; wollte dies ein solcher, so musste er sein Grundstück verkaufen. Unangefochtener Besitzstand während Jahr und Tag sicherte den Besitz für alle Zeit. Stadtämter konnte kein Gewählter ablehnen. Ueber die Stadtmauer durfte keiner steigen, thut es jemand, soll ihm der Kopf abgehauen werden. Niemand, ausser den Geschwornen, sollte längere Messer tragen, mit Waffen zur Kneipe oder zum Feuer kommen. Gewisse Spiele waren verboten. Abends musste jeder mit Licht ausgehen. Wer ausbrechendes Feuer gewahrt und nicht vor dem Zusammenlauf anzeigt, verfiel in 3 Mark Strafe. In der Stadt sollte man keine gemästeten Schweine herumlaufen lassen. Jeder Hausbesitzer durfte einmal wöchentlich brauen, und zwar 18 Mass Gerste; Montags, am Markttage aber, sollte kein Brauen stattfinden. Das Baugesetz war das von Breslau, d. h. von der Brandmauer musste der Nachbar die halben Kosten übernehmen. Die Frau wurde in Ermangelung von Kindern nicht von ihrem Ehemann, sondern von ihrer Schwester beerbt. Wenn ein Edelmann oder Knete sich an jemandem vergewaltigt, sollen die Nachbarn Lärm machen und beispringen. Wer die Rathsherrn vor besetzter Gerichtsbank schmäht, büsst mit 10 Mark oder ist aus der Stadt verwiesen. Wer einen Stadtdiener bei seinem Auftrage beschimpft, büsst mit 1 Mark. Wer eine offenbar ungerechte Anklage vor Gericht anbringt, verwirkt 1 Mark. Wer Falsches beschwört oder etwas gegen das Recht versichert, geht nicht nur des Bürgerrechtes verlustig, sondern soll mit 6 kleinen Münzen in der Hand aus der Stadt gejagt werden. Letztwillige Erklärungen sind nicht vor der Geistlichkeit, sondern vor dem Rath oder dem Gericht zu machen, bei 100 Mark Strafe. Niemand soll an das Schloss oder den Hof die Klage bringen, dass ihm in der Stadt kein Recht werde. Verlobt sich ein Mädchen ohne der Ihrigen Beistimmung, so verwirkt sie ihr Erbtheil. Mädchenverführern, Mädchenräubern und Nothzüchtern geht es an den Hals, oder sie werden „auf 100 Jahre und einen Tag" von der Stadt ausgeschlossen. Diener und Mägde sollen nicht auf Wochen, sondern auf ein ganzes oder ein halbes Jahr gedungen werden; gehen sie vorher von ihrer Herrschaft weg, so sind sie auf Jahr und Tag aus der Stadt zu verweisen oder müssen 1 Mark zahlen. Ein Bürger durfte keinen Exkommunizirten bergen, auch keinen Fremden, der seinen früheren Wirth noch nicht bezahlt hatte, über Nacht aufnehmen. Bäcker sollten auch kleines Brod backen, Scharfrichter keinen Ochsenhandel treiben. Eine Strafe von 2 Groschen ward in dieser Ordnung der Einsperrung auf 24 Stunden gleichgestellt. — Wie übrigens die Obrigkeit keineswegs allzeit kräftig die Bewohner im Zaume hielt, zeigte sich, als das Dominikanerkloster (1468) abbrannte. Da hiess es, die Juden hätten es angezündet; das Volk stürzte sich auf sie, ermordete ihrer viele. Ob dieser Schandthat wurde die Stadt mit einer Strafe von 2000 Dukaten getroffen. Deutsch-Posen war für viele städtische Anlagen in diesen Gegenden Vorbild und in Folge dessen oft auch deren Oberhof, für Exin z. B. 1262 (Urk. CCI), für Obornik 1485 (Urk. LXX).

Für die fremden **Händler** erliess auf Posens und Gnesens Wunsch König Kasimir 1459 eine neue Ordnung über die geringste Menge, in der ihnen Verkauf ihrer Waare gestattet sei[47], damit der Absatz im Einzelnen den Kaufleuten des Ortes verbleibe. Als in Lublin man die posener Kaufleute zollpflichtig machen wollte, hielt der König auf die Beschwerde Posens 1462 die früher ertheilte Zollfreiheit aufrecht (Urk. LXVII). Bewohnern der Schrutka, Wallischei und Ostrows gestattete derselbe König 1475, Salz aus seinen gallizischen Bergwerken an jedem Montage zu kaufen (Urk. CCXXX). Dagegen war es schwerlich von Vortheil für den Verkehr, dass der König seine Zollstätten in Posen und Kosten weggegeben hatte. Die Schamotuli besassen sie; zwar löste er sie einmal um 4300 ungarische Goldgulden ein, vergab sie aber sogleich wieder seinem Bruder Sigismund 1495[48]. Indess breitete sich Posens Handel immer mehr aus; soll es doch zur Hansa gehört haben[49]. 1470 ward die kaufmännische Börse errichtet. Die Posener verführten Ochsen, Rindshäute, Borsten, Fett, Wachs, Bauholz, Potasche, grobes Tuch, sie reisten im XVI. Jahrhunderte nach Leipzig zu den Messen, nach Breslau und nach Nürnberg; nach Osten ging ihr Handel in's Masowische und Lithauische, nach Russland und selbst weiter hinaus, wie nach der Erlaubniss

---

mana pro labore et cantu in ecclesia. Lukaszewicz II. 9. 47) Raczynski, cod. dipl. maj. Pol. S. 183. 48) (Strończynski) Wzory pism dawnych w przerysach wystawione p. 78. Raczynski, cod. dipl. maj. Pol. p. 269. 49) Flatt, Topographie des Herzogthums

zu schliessen ist, die König Sigismund im Jahre 1518 dem Kaufmanne Johann Krippe gewährte, 80 Centner Waare zollfrei in die Türkei auszuführen[50]. Schottische Kaufleute schlugen ihren Wohnsitz in Posen auf. Im Jahre 1605 gab es deren 12. Wein und Seide wurde auf dem Seewege aus Frankreich bezogen. Den Preis des Weines zu bestimmen war, zufolge des Erlasses von König Alexander 1504, Sache des Rathes (Urk. LXXXI). Trotz des Aufschwunges klagten die Posener, ihre Stadt komme herunter und veröde, weil so viele Kaufleute nicht den vorgeschriebenen Strassenzug gingen, sondern Posen beiseit liessen und so der dortigen Niederlage sich entzögen. Auch wurde ihren eignen Händlern hie und da in Polen Zoll auferlegt. Gegen beides brachte der Bürgermeister Helt 1521 und 1523 Erinnerungen des früher Angeordneten bei König Sigismund I. aus (Urk. LXXXXIII und LXXXXIIII). Im XVI. Jahrhunderte gab es in Deutsch-Posen 2 Gilden der Kaufleute, von denen die Genossen der einen blos mit Wollenwaaren Geschäfte trieben. Nur Innungsmitgliedern war gestattet, als Mäkler oder Faktoren den fremden Händlern zu dienen. Die deutschen „Koffleute" erbauten 1503 einem deutschen Prediger in Posen eine Wohnung. Eine dritte Kaufmannsinnung bestand in der Wallischei. Die Wallischei ward im Jahre 1499 hart betroffen, indem abermals ein Theil durch eine Feuersbrunst unterging.

Auch die Geistlichkeit breitete sich mehr und mehr aus. Bischof Andreas von Bnin stiftete nach dem Brande von 1470 Kollegien neben der Maria-Magdalenen- und neben der Nikolaikirche; 1473 schaffte seine Freigebigkeit den Bernhardinern eine Kirche, 1480 wurde die Annen-Pfarrkirche aufgeführt. Wie Vortheile, so kamen auch Nachtheile von der Klerisei der deutschen Stadt. Die vor dem Wronker Thore liegende Adalbertsvorstadt (S. Woyciecha, Ostrow), die für so alt, ja für älter als Deutsch-Posen galt, entzog der dortige Probst der städtischen Gerichtsbarkeit; er brachte einen Königsbrief im Jahre 1510 aus, welcher der Stadt bei 1000 Mark Busse verbot, auf sie ihr Gericht zu erstrecken. Diese Adalbertsvorstadt hatte besonderen Rath, hielt sich auch an magdeburger Recht. Ferner bestritt der Probst der Heiligengeist-Kirche der Stadt den Besitz von Kuhndorf; hierüber fiel aber der königliche Endentscheid (1555) zu Gunsten der Stadt. 1518 legte Bischof Johann VII. Lubranski die Stanislauskirche an. Von Bedeutung war die Errichtung einer höheren Schule durch denselben Bischof im Jahre 1519. Der Bischof liess ein Gebäude für sie bauen und stattete sie mit den stawiszyner Gütern bei Kalisch aus. Der König legte 1520 der krakauer Universität auf, sie mit Lehrern aus ihrer Mitte zu besetzen. Das Athenaeum Lubranskianum sollte gleichsam ein Ableger Krakaus werden. Seine ersten Rektoren, Thomas Bedermann von Posen, dann Gregor von Samter, hernach der von Leipzig berufene Christof Hegendorff brachten die Anstalt in guten Ruf; von weit und breit erfolgte Zulauf, die Kathedralschule ward verdunkelt. 1521 richtete derselbe Bischof und sein Vikar Dr. Johann von Charbowo mit grossem Aufwand das verfallene Spital der Gertrud neu auf, liess es mauern, benannte es das Stanislaushospital und überwies es so wieder der Obhut des Stadtrathes, der einen Priester und ein oder zwei Bürger, wo möglich aus den Familien der Stifter, zu Verwaltern (provisores) bestellen sollte, wobei er einschärfte, dass die Schüler der Magdalenenschule dem alten Brauche gemäss an den Hauptfesten Messe und Vesper in ihm singen sollten[51]. 1531 wurde noch die Valentinskirche mit einem Hospital gegründet. Der Kircheneifer war gross. In den Städten des Doms war er so arg, dass über den Vortritt bei dem Frohnleichnamsumgange die Bewohner der Schrutka und die der Wallischei im Jahre 1507 sich stritten und schlugen und viel Blut deshalb vergossen.

Von Schicksalsschlägen im XVI. Jahrhundert ist viel zu berichten. Vierzehn Jahre von hunderten waren Pestjahre: 1505, 1514, 1515, 1520, 1542, 1543, 1552, 1553, 1568, 1578, 1585, 1586, 1588, 1599. War das Sterben gross, so flüchteten viele Bewohner aus Posen fort nach Thorn, Danzig, Breslau und in andere Orte. 1515 sollen 10000, 1542: 5100, 1543: 2723[52], 1552: einige tausend, 1585: gegen 3000, 1599:

Warschau. Deutsche Uebersetzung. Leipzig 1810. S. 154. 50) Als im Jahr 1535 sechs zusammenreisende posener Handelsherren von Nürnberg zurückkamen, führten sie Sammt, feine Tuche und Hüte mit sich. Ein schlesischer Wegelagerer beraubte sie; sie berechneten ihren Schaden folgendermassen: 2 Ballen Tuch aus Mecheln 684 Gulden, 7 Ballen Tuch aus Zwickau 60 G., 1 Ballen Rasch 400 G., 1 Stück karmoisin Sammt 158 G., 1 Stück Goldbrokat Sammt 168 G., 4 Stück venetianischen Sammt 350 G., 2000 nürnberger Kappen 20 G., 200 polnische Kappen 16 G. Mathias Striykowski gibt in seiner polnisch abgefassten Beschreibung Polens an: Posen habe 3 grosse Jahrmärkte, am Beginn der Quadragesima einen 4wöchentlichen, vom Johannistage an einen 5wöchentlichen und eben so von Michaeli einen 5wöchentlichen: also fast den vierten Theil des Jahres Jahrmarkt! 51) Lukaszewicz I. 273. 52) Nach den Kirchenakten. Lukaszewicz.

5000 Menschen den Seuchen erlegen sein. Die Warthe richtete Unheil an durch häufige und manchmal recht grosse Ueberschwemmungen, so 1501 und 1502, in welchem Jahre sie die Brücken wegriss und bis zu den Stadtthoren schwoll; 1515 überschwemmte sie die Fischerei, die Gerberstrasse und das Bernhardinerkloster. 1551 war ihre Ergiessung so mächtig, dass bis auf die Martins- und Adalbertskirche alle Kirchen mit Wasser einige Ellen hoch gefüllt waren, dass man zum Rathhause mit Kähnen fuhr und dabei unter dem Thore die Schwibbogen mit den Händen greifen konnte; 1578 trat die Warthe auf beiden Seiten gewaltig über ihre Ufer und überschwemmte selbst den hochgelegenen Dom, 1585 überfluthete das Wasser den grossen Markt 6 Fuss hoch und stand fast 3 Wochen. 1586 bedeckte es ebenfalls den Markt; man fuhr auf ihm mit Kähnen. 11 Ueberschwemmungsjahre sind in diesem Jahrhunderte verzeichnet. Feuersbrunst wüthete in 55 Jahren zehnmal. 1536 brach am 6. Mai im Judenviertel ein Feuer aus, welches 175 Häuser in der Stadt, unter ihnen mehr als 70 gemauerte, das Rathhaus mit seinem Thurm, auf dem eine Uhr war, das Tuchscherhaus, die Katharinenkirche und das Kloster auf der wronker Gasse, die städtischen Pferdeställe, das Wronkerthor mit seinem Anbau, die Bogdankamühle, das königliche Schloss mit allen Gebäuden, das Bad am Schlosse, die Martinsvorstadt mit den städtischen Ziegeleien vernichtete; 1569 verzehrte am 27. April ein Brand die ganze Wallischei, 126 in 4 Reihen gebaute Häuser, und auf dem Graben 55 Häuser, auf Piaski 74 Häuser, dann noch die Brauerei am Karmeliterkloster. 1577 brannte am 29. Mai die ganze Vorstadt Ostrowek ab. Am. 11. Juni 1590 entstand wieder auf der Judenstrasse Feuer, welches, weil die Juden aus Furcht, von den Posenern beraubt zu werden, ihre Häuser verrammelten, schwach bekämpft, 75 Häuser der Judengasse und des anstossenden christlichen Viertels in Asche legte.

Der häufigen Mahnungen an Feuersgefahr wegen baute man innerhalb der Stadt fast nur gemauerte Häuser, die mit Dachsteinen gedeckt wurden[53]. Das Rathhaus in der Mitte des Marktes war zum Theil abgebrannt. Zur Erhaltung des noch stehenden, beschädigten Theiles wurden eiserne Klammern angelegt; nach Verlauf einiger Zeit konnte dies nicht mehr zulänglich erscheinen. Die Stadt schloss deshalb über den Neubau des hinteren Rathhauses 1550 einen Vertrag mit dem italienischen Baumeister Johann Baptista aus Quadro, nahm ihn später, 1552, als Baumeister in Dienst und gestattete ihm auch 1566 die Anlegung eines öffentlichen Bades auf Stadtgrund, wozu er bereits des Königs Erlaubniss hatte[54]. Viele Edelleute besassen in der Stadt Häuser und manche Grosse hielten auf Prachtbauten. Die Gorka's liessen 1448 einen Pallast aus behauenen Steinen aufführen[55]. Er war reich ausgeschmückt, mit Blech gedeckt und hatte auf seinem Dache einen Fischbehälter. 1593 kaufte ihn die Stadt an sich. Deutsch-Posen war regelmässig um den Marktplatz angelegt, von dessen Ecken die Hauptstrassen ausliefen, und in seinem Haupttheile schon gepflastert. 1549 standen unter der städtischen Gerichtsbarkeit 1136 Gebäude. In diesem Jahre mahnte der König (8. April) die Stadt an das Instandhalten ihrer Befestigungen, gewährte ihr aber auch, um sie bei der Herstellung zu unterstützen, die Bogdankamühle auf 10 Jahre. Die Basteien und Thürme waren zu Wohnungen benutzt worden; der König gebot, alle diese Bewohner derselben, ohne Rücksicht auf die Person, aus ihnen auszuweisen. Schoss zahlten im Jahre 1567 innerhalb der Stadtmauern 1080 Familien; ihn entrichteten nicht 70 adliche oder geistliche Häuser, Kopfgeld (**pogłowne**) zahlten im Jahre 1590 von den Bewohnern 3371; in den Häusern der Edelleute, der Geistlichen und der Juden war man von dieser Steuer ausgenommen; auch einige Strassen der Vorstädte entrichteten sie nicht. In ihren Befugnissen sah Deutsch-Posen sich bereits manchen Beeinträchtigungen ausgesetzt.

---

53) Preise einiger Häuser erfahren wir um diese Zeit: 1549 kauft ein Bierbrauer ein Haus auf der Wasserstrasse für 2800 Mark; 1574 M. Schramm ein Haus auf der breiten Strasse für 4000 Gulden, 1575 ein Kaufmann Taut ein Haus am Markte für 5000 Gulden. Da der Rath das Bauwesen unter sich hatte, und namentlich Brandmauern für die betheiligten Nachbarn werthen musste, so bestimmte er am Mittwoch vor dem Johannistage 1565 darüber Folgendes (Lukaszewicz I. 40): postenque his temporibus omnium rerum ad aedificia pertinentium precia elevata esse dinoscuntur, consulere itaque reipublicae volentes aedificia cocto latere extructa de mutuo assensu in eum modum taxavimus, nimirum mille laterum pro florenis tribus, fornax coementi pro florenis octo, virga vera muri ex integris duobus cum media lateribus extructa pro florenis nonaginta octo omnibus expensis jam in eam summam deductis et computatis taxari debet: si vero paries duorum vel unius cum media tantummodo laterum fuerit constructus extunc dominus advocatus cum scabinis justum precium defalcabit. 54) Der König gab ihm: libertatem extruendi balneum publicum ad lavandum hominibus omnibus patens in suburbio civitatis extra portam Wladislaviensem in platea pileatorum in area ipsius propria ex una parte fluvii *Warthae* ex altera parte domus providi Mathiae Stawski civis posnaniensis sita. Lukaszewicz II. 88. 55) Curia seu domus lapidea, Ed. Raczynski, Wspomnienia Wielkopolski. Posen 1842. I. p. XXXIX. XLV. Es ist die jetzige Luisenschule. Ausserdem gehörten den Gorka's auch die piscatores hereditarii extra muros Posnaniae in platea piscatorum mo-

In Wymykowo war auf städtischem Grunde ein Dorf emporgewachsen, Brauerei und Ziegelei, Höfe der Herren Gorka, Latalski, Potulicki, Szamotulski; letztere hatten sich in Besitz eines Theiles gebracht. Um Streitigkeiten zu beenden, gab die Stadt 1560 dem Johann Swidwa Szamotulski Geld, damit er im Wege eines Kaufes sein Anrecht auf Wymykowo aufgebe, indess verweigerte doch der übrige Theil des Ortes die Anerkennung der städtischen Gerichtsbarkeit fort und fort, und beständig gab es hierüber Rechtshändel. Auf der rechten Wartheseite war das Stadtdorf Rataje in den Pfandbesitz der Gorka gekommen; Stanislaus Gorka, der Woiwode, begründete nun 1562 auf diesem städtischen Boden ein neues Städtchen, das er Stanislawow hiess, erwirkte für dasselbe magdeburger Recht, 1 Wochenmarkt, 2 Jahrmärkte und mehrjährige Steuerfreiheit. Deutsch-Posen erhob sich gegen das neue, seinem Gedeihen schädliche Recht Stanislawows, erwies 1570 sein Eigenthum an dessen Grund und Boden, erlangte auch damit 1571 des Königs günstige Entscheidung. Aber zum Vollzuge konnte sie nicht gebracht werden, und nach Verfluss geraumer Zeit, am 20. Mai 1593, erwirkte Gorka sogar eine Bestätigung der Gründungsurkunde von Stanislawow. Erst nach seinem Tode, 1599, drang Deutsch-Posen durch und brachte es zum Vollzuge der früheren Entscheidung. Stanislawow wurde zur Vorstadt gemacht und hiess danach Lacina, später „Städtchen" oder Vorstadt St. Roch; sein Rath ward aufgehoben, die Einwohner mussten ausser den königlichen Lasten die städtischen tragen und jedes Haus in ihm jährlich zur Heuerndte 2 Arbeiter stellen.

Nach dem Reichsbeschluss von Petrikau, 16. Febr. 1528, wurde in Posen eine königliche Münze errichtet[56], die grosses und kleines Geld schlug. Von ihrem Rechte, klein Geld zu prägen, hatte die Stadt seit langem keinen Gebrauch gemacht. Am Anfang des folgenden Jahrhunderts gedachte sie es wieder aufzunehmen und erhielt auch von Sigmund III. 1602 die Bestätigung nicht nur, sondern auch die Erweiterung ihres Münzrechtes (**Urk. CXXVIII**)[57]. Zu den Einnahmen der Stadt gehörte ein „Deichselgeld", welches sie von beladenen Wagen und Pferden, die nach Posen hereinkamen, erhob. Die Freibriefe über den Handel wurden von den Königen ebenfalls bekräftigt; da indess die posener Kaufleute bei ihren Reisen in Polen mancher Unbill von den Grossen unterlagen, so setzte Sigismund August 1555 eine Strafe von 1000 Mark auf das widergebürliche Festhalten der posener Händler[58]. 1577 im Februar liess König Stefan Batori einen Befehl verkünden, alle in Posen vorfindlichen Waaren und Besitzgegenstände von Bewohnern Danzigs hinwegzunehmen. Posens Handel war so beträchtlich, dass z. B. 1607 vom 11. bis 28. April 165 ankommende mit Rauchwaaren beladene Kibitken gezählt wurden. Eine Schützengilde bestand und hatte ihre Urkunde in deutscher Sprache ausgestellt. Den alten Brief wünschten 1537 die Schützen erneuert zu sehen und brachten ihn vor den Rath, der ihn nunmehr in lateinischer Sprache ausfertigte[59], und später (1554) vor den König, der, um zur Uebung im Schiessen

---

nentes. Vgl. das Testament des Gorka von 1557. Ebenda S. XLI. 56) Monety dawnej Polski jakotež prowincyj i miast przez J. Zagorskiego wydane przez E. b. Rastawieckiego. Warschau 1845. S. 112 u. 133. Dazu Urkunde vom 9. Jan. 1590 in: Lukaszewicz II. 81. 57) Posener Geld, Denare und Trzecisk von 1370—1382, 1603—1630, ist abgebildet von Zagorski, Tafel XXIV, Nr. 327—331, vgl. dazu S. 38, 39. 58) Sigismundus Augustus dei gratia rex *Poloniae*, magnus dux *Lithuaniae*, *Russiae*, *Prussiae*, *Mazoviae* item dominus et haeres magnifico Janussio de Kosczielecz palatino *Syradiensi* et *Majoris Poloniae* generali *Naklensique* capitaneo syncere nobis dilecto, in absentia ejus vicecapitaneo *Posnaniensi* gratiam nostram regiam. Magnifice, syncere nobis dilecte, questum est nobis nomine mercatorum et civium *Posnaniensium*, qualiter dum in regno nostro mercaturam exercent, hinc inde cum rebus suis proficiscentes solent a nonnullis subditis frivole in locis ad id non competentibus et villis cum rebus suis lacessi, arestari et detineri cum ipsorum injuria et damno non mediocri. Quorum justiciae et tranquillitati prout tenemur consulendo vadium nostrum mille marcarum adversus insolentes hujusmodi arestatores subditorum nostrorum interjecimus et imposuimus interjacimusque et imponimus praesentibus, quod tuae s. inotecimus mandantes, quatenus inducto primum in librum castrense praedicto vadio nostro tandem illud in civitatibus et oppidis universis capitaneatus sui publicari faciat, ne quispiam subditorum nostrorum praedictos mercatores et cives Posnanienses cum rebus eorum more mercaturae hinc inde cursitantes et equitantes audeat in oppidis aut villis seu locis aliquibus ad id non competentibus arestare, lacessere et detinere, sed si quis aliquid de eis injuriae praetenderit, illam jure et non hujusmodi aresto convincat et experiatur, praeterea qui vadio nostro attento arrestaverint illos aut lacesserint, sic ut praemissum est ad solutionem vadii auctoritate sua et nostra compellat et irremisibiliter exigat, quo mediante praefati cives nostri pacificam et liberam habeant negociorum actionem in regno nostro et facultatem, et pro gratia nostra aliter non factura. Datum *Piotrcoviae* dominica Trinitatis in conventione generali, anno domini MDLV, regni nostri VII. Ad mandatum sacrae majestatis regiae proprium. 59) (**Urk. CI.**) Das Schicksal hat indess wundersam gespielt. Zwar nicht mehr in der deutschen Urschrift, aber auch nicht in der lateinischen Uebersetzung, welche die deutsche Abfassung verdrängen sollte, sondern in einer jüngeren deutschen Rückübersetzung haben wir diese Urkunde. Sie lautet: Wir Peter Culdnar, Proconsul, Heincze Buchwald, Stenzel Borsnowski, Walkier (Walther?) Stube, Targe Markel, Nikel Lindner, Hans Kisten und Caspar Fawke, Räthe der Stadt *Posen*, thun hierdurch kund und zu wissen, da die ansehnlichen Schützen mit ihrer Gilde in unserer Stadt und mit unserer Bewilligung folgende Statuten beschlossen und gemacht und zu erkennen gegeben, sie gänzlich und in der That bei den untenbezeichneten Strafen beachten zu wollen, ingleichen, wenn die Zeit des Vogelschiessens gekommen, alle Mitglieder in jedem Hause oder Orte das Gildebier getrunken haben, sollen sie zusammenkommen und ein Fähnchen aus dem Fenster zu hängen erlauben und im Zuge an den Ort, wo der Vogel geschossen

anzufeuern, demjenigen Schützen, welcher mit Pfeil oder Bleikugel den Vogel abgeschossen hatte, als dem Schützenkönig für das laufende Jahr Befreiung von den königlichen Steuern bewilligte (Urk. CVIII). Die Schiesszeit währte jedes Jahr 8 Tage; die Schützenbrüder zogen mit Gepränge auf den Schiessplatz hinaus und trugen während der Schiesszeit gleich Edelleuten eine Feder auf den Hut gesteckt. Posen ward auch ein Platz für seltenere Geschäfte. Ein Papiermacher war ansässig. Ihm und seinen Nachfolgern gab am 18. Oktober 1549 der Rath die ausschliessliche Berechtigung zum Verfertigen von Spielkarten und Einkaufen von Lumpen, wofür er an jedem Martinstage ein Ries besten Papieres an die Rathskanzlei abzuliefern hatte[60]. Eines Buchdruckers Petrus Sextilis wird 1558 gedacht, doch wäre nach anderer Angabe die erste Druckerei in Posen erst 1577 vorhanden. Als Uhrmacher nahm die Stadt 1575 ihren Bürger Erhard Schtal auf 10 Jahre an[61]. Apotheken gab es, seitdem auch die Jesuiten eine errichtet hatten, nicht weniger als 6. Als merkwürdig ist noch hervorzuheben, dass auf den Märkten ein Lotto, „Glück" genannt, gehalten wurde, dass aber im Jahre 1593 der König dies Glückspiel untersagte[62].

Bedurfte der Rath Deutsch-Posens glänzendes Auftreten, so fehlt ihm ein grosses Gefolge nicht. Als am 14. März 1537 der neue Bischof von Posen Johannes einzog, kam ihm der Rath mit 400 neu bekleideten Soldaten entgegen. Obschon die häufige Anwesenheit von Königen, Grosswürdenträgern

---

werden soll, ausziehen. Und zu allererst soll der Proconsul unserer Stadt, wenn er gegenwärtig ist, schiessen, dann die Aeltesten, welche bestellt sind, und Einer soll sich unter die Schützenstange hinstellen, um zu sehen, wo die von Armbrüsten geschossenen Pfeile niedergefallen sind, und Acht, welche abgeordnet sind, sollen die Pfeile zusammenlesen und ausser den dazu Abgeordneten kein Anderer bei Strafe von 3 Groschen, und keines von den Mitgliedern darf einen breitern Pfeil haben, als unter den Mitgliedern ausgemacht worden ist. Imgleichen wird, wer den Pfeil eines Andern annimmt oder aufhebt oder unbrauchbar macht, einer Strafe von 3 Grochen verfallen. Imgleichen, wenn einer den Vogel herabschiesst, so sollen die Herren Consules der Gilde eine Armbrust geben, dem Herabschiesser oder dem Könige zum Besten und ein paar Strümpfe aus dem Bürgergelde. Und der Herabwerfer oder König soll frei sein von den königlichen Abgaben, welche Schoss heissen, und vom Wachdienst und allen Bürgerlasten ein ganzes Jahr lang. Die Gilde soll dem Könige oder Herabwerfer ein paar Cirotecarum (Handschuhe?) geben. Ebenso soll der König frei sein von jedem Beitrage oder zu leistender Bewirthung, ausser dass er ein Fass Bier geben soll, das am ersten Tage nach Trinitatis ausgetrunken werden soll am Orte Czelstath. Desgleichen wenn die Aeltesten mit ihren Tischgenossen (Commensales) die Herren Stadträthe mit einem Gastmahle oder sonstiger Bewirthung aufnehmen, so soll der König, wenn er will, nach seinem Vermögen eben diese Aeltesten in der Ausrichtung unterstützen. Ebenso soll keiner zum Vogelschiessen zugelassen werden, ohne vorher unter die Bürger und Schützen aufgenommen zu sein, mit Ausnahme von Sohnen der Bürger, welche zur Gilde gehört haben, denen die Theilnahme am Schiessen freisteht. Ingleichen, welcher mit den Gildebrüdern und dem Könige auf den Platz des Vogelschiessens ausgezogen und nach dem Vogel geschossen hat, darf von den Gildebrüdern sich nicht entfernen, bevor der Vogel heruntergeschossen ist, dann sollen sie im Zuge in der Stadt umziehen, bei Strafe von einem Fass Bier. Imgleichen, wenn der Aelteste der Gilde einen Stellvertreter wünscht, soll der, welcher den Gefallen nicht thut, eine Strafe von 3 Groschen erleiden. Ebenso soll derjenige, welcher unter die Mitglieder aufgenommen werden will, 12 Groschen an den Gildeschatz zahlen. Ebenso wer ein Mitglied im Bade umgeworfen, oder sich unanständig aufführt, oder einer den Andern bespritzt, beschmutzt, oder in's Frauenbad gegangen, soll er seine Strafe nicht (?) erfahren. Ingleichen wer bei dem Mahl zu Pfingsten einmal an einem Tisch gesessen, soll daselbst die ganze Woche hindurch sitzen: wenn er sich an einen andern Platz setzt, soll er eine Strafe von 3 Groschen zahlen. Ingleichen wenn ein Aeltester oder Tischgenosse vom Tische aufsteht, soll keiner seinen Platz nehmen, bei gleicher Strafe. Imgleichen, wenn einer sich an den Tisch setzt und ihm dort sein Platz nicht angewiesen ist, der soll eine Strafe von 3 Groschen leiden. Ebenso soll kein Mitglied seinen eignen Bruder oder Insassen und keinen Auswärtigen zum Gildebier mitbringen bei Strafe von 3 Groschen. Ebenso soll der König nach dem Pfingstfeste, wenn er den Schiessplatz, genannt Czelstath, betreten, sein Fass Bier, wie es ausgemacht ist, der Gilde geben, auch einen Ehrenkranz, mit Gold und Seide verziert, mitbringen, bei Strafe von einem Fass Bier, und überdies soll er ein silbernes Kleinod der Gilde schenken von 1 Scot Silber. Ingleichen soll jedes Mitglied, wenn die Aufforderung ergeht, zur Leichenbegleitung eines verstorbenen Mitgliedes und zum Absingen des Requiem für den Verstorbenen sich dabei einfinden bei Strafe eines halben Groschen. Ingleichen wer von den Gildebrüdern sich in Worten und in der That nicht ehrenhaft benimmt auf dem Schiessplatze, Czelstath genannt, oder wenn das Bier getrunken wird, soll er ohne Entschuldigung 3 Groschen baar bezahlen. Ebenso soll der, welcher einen Ast von einem Baum abgebrochen auf dem sogenannten Czelstathplatze, 3 Groschen zahlen, von einem Blatte aber des Baumes einen halben Groschen oder soll Bürge stellen, dass er die Strafe bezahlen wird. Ingleichen wer von den Gildebrüdern mit einem Spiess, Schwert, Messer oder was sonst für Waffe auf die Zielstatt oder wo das gemeine Bier getrunken wird, kommt, soll zur Strafe 3 Groschen zahlen. Desgleichen wer einen Kranz von der Zielstatt nach Hause mitnimmt, der soll am nächsten Schiesstage einen andern mitbringen bei Strafe von 3 Groschen. Desgleichen soll keiner von den Gildebrüdern den Kranz (in eruba ferei), ausser wer ihn beim Schiessen gewonnen, tragen, bei Strafe von 3 Groschen. 60) Nos Consules civitatis *Posnaniae* significamus tenore praesentium universis et singulis quibus expedit, quia nos unanimi assensu innitentes consuetudini in aliis et civitatibus observatae famato Michaeli Eldsuer civi nostro, magistro ac operario papiri, damus et concedimus eam libertatem, ut nemo civium et incolarum ac advenarum vendere audeat cartas lusorias in civitate nostra posnaniensi tantummodo eas, quae ex papiro ejusdem Michaelis civis nostri factae essent, non pluresque in civitate nostra Poznaniensi habere volumus pictores seu factores chartarum lusoriarum, quam quot ipse Michael habere voluerit et ipse constituerit, tempore vero nundinarum posnaniensium liberam relinquimus facultatem omnibus et singulis tam civibus quam advenis vendere chartas lusorias pro uniuscujusque arbitrio et voluntate. Deinde etiam ea libertate volumus eundem Michaelen ejusque successores uti, ut nullus pannos lineos seu tellam attritam et veterem, de qua papirus parari solet in et extra civitatem nostram villisque ac pagis jurisdicioni nostrae adjacentibus praeter eum ipsum Michaelem coemere et in alia loca efferre vel etiam in suos usus convertere audeat. 61) Lukaszewicz II. 35. 69. 62) Da Sigmund III. gehört: solere quosdam sortes fortunam vulgo nominatam in civitate *Posnaniensi* sub tempus nundinarum exponere, qua homines spe lucri illecti pecuniis passim emunguntur ac fraudantur magno dispendio rerum suarum, so verbietet er dies tam in civitate quam extra civitatem nostram posnan. in locis tam jurisdictionis quam aliis. (Lukaszewicz I. 130.)

und Gesandten den Einwohnern manches zuführte (wie namentlich in Verhandlungen der Krone Polen mit dem Deutschorden 1510. 1513, zwischen Siebenbürgen und Haus Habsburg 1530), so waren doch überaus schädlich dem bürgerlichen Wohlstand die vielen Gewaltthätigkeiten, zu denen die Edelleute sich durch ihren Uebermuth verleiten liessen. Räuberische Ueberfälle geschahen öfter. 1532 überfiel sogar den Dom und die Wohnungen der Domherrn ein solcher adlicher Räuber, Chojenski. Mehr noch als diesen fürchtete man sich auf dem Dom vor Berka, dem Anführer einer grossen Bande (1533). Die Domherrn hielten bei Tag und Nacht starke Wachen zu ihrem Schutz. 1549 überfielen die Herren Lagiewnicki und Skrzetuski den Generaloffizial in seiner Wohnung, hieben ihm die Hand ab und sagten dem Bischof und ganzen Kapitel Krieg an. Deutsch-Posen war durch seine Mauern besser geschützt, doch geschah seinem Verkehr im Lande vielfach Abbruch. Wo seine Gerichtsbarkeit galt, hielt es streng auf Vollzug der Strafen. Jedes Jahr wurde mehreren Menschen das Leben von Gerichtswegen genommen; in dem einen Jahre 1474 10 Menschen hingerichtet! Schon auf leichtem Diebstahl stand Köpfen; wer viel gestohlen hatte, ward gehängt. Kindermord wurde mit lebendig Begraben und Pfählen, Schändung mit Viertheilen, Feueranlegen, Kirchenraub und Geldfälschung mit lebendig Verbrennen bestraft! Die Verwilderung der Sitten verrieth sich auch in der aufgeregt gehässigen Stimmung, welche man in diesem Zeitalter als Frömmigkeit bezeichnete. Zunächst erhebt sich eine schwere Anklage aus der Behandlung der Juden. 1523 suchte die Stadt ihren Erwerb zu verkümmern, indem sie ihnen den Kleinhandel verbot und an Wochenmärkten die Beschränkung auflegte, erst nach den Christen einzukaufen und auch dann nur im Grossen bei Strafe von 1 Schock Groschen. Den in der Judengasse 1536 ausgebrochenen Brand benutzte der Rath Deutsch-Posens, um den König und alle einflussreichen Männer durch eindringliche Briefe gegen die Juden zu bewegen; er setzte einen Befehl König Sigismunds I. durch, dass die Juden aus der Stadt heraus — ihr Viertel lag zwischen dem wronker und dem wallischeier Thore — auf die Fischerei übersiedeln sollten. Zu ihrem Glück fanden die Juden den Schutz des Generals von Grosspolen, Lukas Gorka, der diesen Befehl hätte ausführen sollen; statt sie auszutreiben, drohte er dem posener Rathe 10000 Mark Strafe an, wofern er die Juden weiter belästige. Der Rath ruhte nicht, brachte 1544 und 1549 neue Verordnungen König Sigismunds gegen die Juden aus; im ersten Befehle gebot der König, dass alle fremden Juden aus Posen binnen 3 Monaten fort müssten und dass einheimische Juden keine neuen Häuser mehr erwerben dürften, im zweiten trug er gar dem posener Rathe auf, alle Judenhäuser über eine bestimmte Zahl hinaus wegzunehmen, zu verkaufen und vom Erlös ihm die Hälfte zu schicken, die andere Hälfte für die Stadt zu behalten. Zur Ausführung kam diess wohl schwerlich, da wir hören, dass die Juden 1550 ihre Synagoge erweitert haben. 1577 am ersten Sonntag nach Frohnleichnam (Umgang, Gebete und Ansprachen hatten vermuthlich die Gemüther frisch erhitzt) stürzte der Pöbel sich auf die Synagoge, die Waarenlager und Häuser der Juden, raubte und zerstörte und verwundete sogar mehrere Juden tödlich. Als die Judenschaft vor dem Grodgerichte klagte, wurde sie, nach langem Rechtsstreit, von König Stefan Batori mit ihrem Anspruch auf Schadenersatz abgewiesen, weil der Stadtrath beschwor, dass er unschuldig sei an diesem Auflauf. Im Jahre 1588 schlossen die Juden ein Abkommen mit dem Rath, demzufolge sie 83 Häuser und 4 Plätze behalten und einen Spaziergang zwischen den Mauern hinter dem Dominikanerkloster frei haben, jedoch bei Strafe von 200 Dukaten kein neues Haus in der Stadt erwerben sollten; fremde Juden durften keine Häuser in Posen kaufen oder pachten. Nach dem Brande von 1590 am 11. Juni, der die Judenstrasse verzehrte, flohen sie in Angst aus der Stadt. Nach und nach stellten sie sich wieder ein, nachdem sie in Schwersenz mit dem Woiwoden Stanislaus Gorka am 24. Juni (dem Johannistag) Satzungen verabredet hatten und gewiss waren, von ihm beschützt zu werden. Diesen Bestimmungen zufolge entrichteten sie dem Woiwoden jährlich am Bartholomäustage 100 Gulden und 10 Pfund Safran und Zimmt. Die 100 Gulden verwandelten sich im Verfolge der Zeit in 100 Dukaten, und reiche Geschenke an den Woiwoden und seine Diener mussten daneben gehen.

Obgleich Posen ein Hauptsitz der Geistlichkeit war, fand die evangelische Lehre frühzeitig Eingang. Schon 1522 bekannten sich der Dominikaner Samuel und der Prediger an der Maria-Magdalenenkirche Johann Seklucyan zu den Ansichten Luther's. Auch der Rektor des Athenäums Hegendorff, ein Zeuge der leipziger Disputation Luther's mit Eck, ward ihrer verdächtig. Deshalb setzte das Domkapitel ihn ab, jedoch die mächtigen Gorka's und andere Edelleute, die im Abfall von der alten Kirche waren, stellten ihm Bewaffnete und führten ihn am 19. Oktober 1535 mit Gewalt in die Anstalt zurück. Indess blieb er nur kurze Zeit in Posen. Nachdem in Privathäusern heimlich evangelischer Gottesdienst gehalten worden war[63], neigte sich auch der an der Maria-Magdalenenkirche angestellte Prediger Albert den neuen Lehren zu. Daraus entstand (1546) grosse Aufregung; im folgenden Jahre kamen protestantische Flüchtlinge aus Böhmen, und wenn sie auch weiter fortziehen mussten, so liessen sie doch heimliche Anhänger zurück, die um 1553 Gottesdienst und Schule hielten. Schon 1550 kam der Aelteste der böhmischen Brüder Mathias Sionsky heimlich nach Posen und predigte Nachts, wobei die Fenster mit Kissen verstopft wurden, damit das Singen und Beten auf der Strasse nicht gehört werde. Der Bischof gedachte einige ketzerische Bürger von Posen verbrennen zu lassen: Lukas Gorka, Jakob Ostrorog und andere Edelleute retteten sie. Eine Gemeinde böhmischer Brüder that sich endlich offen auf und Jakob Ostrorog räumte ihr 1555 in seinen Gebäuden in der Adalbertsvorstadt Platz zum Gottesdienste, der in deutscher und in polnischer Sprache gehalten wurde, ein. Kirche, Schule, Spital und Amtsgebäude entstanden hier allmählich. 1556 erschien aber auch der päpstliche Nuntius Lippoman in Posen, um die Geistlichkeit zur Wachsamkeit gegen die Ketzerei anzutreiben. Die Geistlichkeit hielt 1561 eine Zusammenkunft in der Kathedrale und berieth über die Mittel, dem Abfall von der Kirche, der immer bedrohlicher wurde, vorzubeugen. Um eben diese Zeit, 1563, schlossen sich die Lutheraner zusammen. Im Pallaste des Gorka hielten sie ihre erste Versammlung. 1564 gewährte der König den Gebäuden der böhmischen Brüder in der Adalbertsvorstadt Steuerfreiheit. Im Jahre 1567 hielten die Lutheraner des posener Landes vom 28. Januar an ihre erste Synode in der Stadt. Die Gorka, Ostrorog, Leszczynski, Tomicki u. a. Grosse erschienen dabei. In diesem Jahre eröffnete die lutherische Gemeinde vier Schulen im Hause ihres Aeltesten, des Kaufmanns Zacharias Rydt, und berief aus Deutschland einen Lehrer. Kirche und Schule ward dann auf dem tscherwowner Hügel in der Vorstadt eingerichtet. Dem Befehle des Königs, die lutherische Schule zu schliessen (1568), ward, dem Anscheine nach, nicht gehorcht. 1570 fand am 18. November die Synode der böhmischen Brüder statt in der Adalbertsvorstadt. 1572 berathschlagten sie und die Lutheraner in einer gemeinschaftlichen Versammlung über die Anlage von Schulen u. a. Seitdem hielten sie öfter (z. B. 1582) in Posen berathende Zusammenkünfte.

Von jetzt an wurde der Gegendruck stärker. Jesuiten waren, wie überall, der alten Kirche Vorfechter. 1570 predigten zuerst in Posen die beiden Jesuiten Warszewicki und Waga. 1571 führte der Bischof den Orden förmlich ein. Bischof Adam Konarski verwendete sich für die Jesuiten und der Rath von Deutsch-Posen trat ihnen die Stanislauskirche ab, verhiess ihnen Wohnungen[64], überliess ihnen 1572 noch die Bürgerschule. Am 25. Juni 1573 eröffnete der Orden sein Kollegium in Posen unter grossen Feierlichkeiten, zu denen der hohe Adel eingeladen ward. Die veränderte Stellung zeigte sich noch in diesem Jahre als Lukas Gorka starb. Das Kapitel widersetzte sich seiner Beisetzung in der Familiengruft der Kathedrale. Des Verstorbenen Brüder wollten sie erzwingen; das Kapitel schickte sich an Gewalt entgegenzusetzen. Am Kampfe stand es. Doch die Gorka's gaben nach und führten die Leiche nach Kurnik ab. 1578 liess der Bischof auf dem posener Markt eine von Niemojewski wider die Jesuiten gerichtete Schrift verbrennen. Das Jesuitenkollegium ward nun der Mittelpunkt des inneren Lebens. Das lubranskische Athenäum befand sich schon im Verfalle. Bereits 1561 hatte der gnesener Erzbischof an das Kapitel eine Mahnung gerichtet, das Athenäum Lubranskianum in besseren Stand zu setzen[65], jetzt, unter dem Einfluss der Jesuiten, kümmerte sich der Bischof nicht weiter um dasselbe. Es sank,

63) Lauterbach, das fraustädtische Zion. S. 59. 60. 64) Posen 1570 30. Dec. erklären Proconsul et consules von Posen, da der posener Bischof in der Stadt ein Collegium societatis Jesu errichten wolle und sie davon in Kenntniss gesetzt habe und da visum est uberiorem fructum illos allaturos fore, si intra moenia civitatis nostrae habitare et munia sua exercere possint, so erlaubt der Rath dies, ut templum divi Stanislai in civitate consistens una cum sacello s. Gertrudis eidem templo propinquo ac hospitalia duo ibi contigua cum omnibus et singulis ipsorum templi sacelli et hospitalium aedificiis, structuris, habitaculis conjunctim sive disjunctim consistentibus jam nunc et in perpetuum per eos habendi, verpflichtet sich und die Nachfolger ad acquirendas assignandasque et realiter dandas iis ipsis sacerdotibus secundum conditionem eorum aptas mansiones prope templum parochiale etiam impensis praetorii, si opus fuerit, fabricandas; gestiftete Obliegenheiten der zu übergebenden Kirche soll der Bischof auf die Pfarrkirche zur h. Magdalene hinüberlegen unter Bewahrung des Patronates der Stadt. Quos quidem fundos per nos concessos, si, quod deus avertat, casu quocunque ab collegio societatis Jesu desertari contingat, in eo casu sanam et illesam eosdem repetendi et ipsa desertione facta sine omni juris prepitu apprehendendi ac pleno quo in praesenti jure possidendi nobis et posteris ac successoribus nostris reservamus potestatem. (Lukaszewicz II. 150). 65) Lukaszewicz II. 14.

selbst seine Gebäude verfielen. Den Jesuiten aber erbaute die Stadt 1580 ein neues Schulgebäude (propagandae pietatis causa). Sie strebten aufwärts, legten eine Bücherei, Sternwarte, Apotheke, Druckerei an. Ihren Drucker (Joh. Wolrab) verschrieben sie aus der Lausitz. Gedachten sie doch ihr Kollegium zur Universität zu erheben! Vom Könige erhielten sie 1611 die Rechte der krakauer Universität für die filosofische und theologische Fakultät zugesprochen[66]. Doch dieses Bestreben scheiterte am Gewichte der krakauer Universität, die eine Hochschule in Posen nicht duldete. Die ältere grosse Lehranstalt, die Konarskische, hob sich wieder, nachdem die petrikauer Synode im Jahre 1607 den Bischof aufgefordert hatte (synodaliter), sie in besseren Stand zu bringen; der Suffraganbischof Johann von Rozdrażewski machte ihr 1612 ansehnliche Schenkungen und gab ihr neue Einrichtungen. Die krakauer Universität half nach, indem sie 2 Lehrer schickte. Sie bekam 5 höhere Ordnungen, unter denen auch eine für das Recht, die Kaisergesetze (institutiones imperiales) und die Urkundenlehre war. Ihren Zöglingen wurde untersagt mit Waffen zur Schule zu kommen[67]. Inmittelst hatten die Jesuiten blinde glaubenswüthige Stimmung erregt. Ihre mit Gehässigkeit getränkten Zöglinge fielen über Andersdenkende, Protestanten und Juden her. Nur ein Glaube sollte sein. Ihr Treiben verursachte nun öfter Unruhen; 1603 verwüsteten sie in einem nächtlichen Ueberfall die lutherische Kirche, 1605 wurde an dieser Feuer angelegt; zeitig genug löschten die Lutherischen den Brand. 1614 geschah am 6. Juni ein wüthender Anfall auf beide Ketzerkirchen. Die protestantische Gemeinde wusste sich nicht anders zu helfen, als dass sie in Warschau sich über die Gewaltthaten beschwerte, die verübt wurden — ohne Wirkung. Eine 1615 herauskommende Schrift behauptete: Evangelische hätten überhaupt kein Recht in der Stadt zu wohnen. 1616 am 12. Juli zerstörten bewaffnete Jesuitenschüler zusammen mit dem Pöbel, von den Patres Societatis Jesu geleitet, mit offener Gewalt die Kirche und Schule der Lutheraner und darauf am 3. August die Gebäude der evangelischen Brüder. Beide Kirchen wurden zu Schutthaufen gemacht; den Platz der Brüder nahmen und erhielten die Karmeliter-Barfüsser. Seitdem gab's keinen ketzerischen Gottesdienst mehr in Posen. Wer nicht zur alleinseligmachenden Kirche sich bekannte, war Misshandlungen ausgesetzt. Die reicheren Protestanten verliessen nach und nach Posen; viele zogen nach Lissa. Alle Bemühungen der beschädigten Gemeinden, die Herausgabe ihres mit offener Gewalt, durch Raub weggenommenen Eigenthumes durchzusetzen, blieben erfolglos. Wladislaus IV. erklärte endlich 1640 sie förmlich desselben verlustig und bestätigte die Karmeliter im Besitz. Nachdem die Ketzer danieder waren, begann die Judenhatz. Mehr als 2300 Juden lebten damals in Posen. Nichts fruchtete König Sigmund's III. Verwendung und Bitte für sie bei der posener Stadtobrigkeit (22. August 1619). Der katholische Druck hatte in alle wichtigen Stellungen Eiferer geschoben. Eine Gesandschaft der Stadt stellte dem Könige vor: die jüdische Heuschrecke, das giftige Ungeziefer und schmutzige Gewürm der Juden reisse allen Verdienst an sich und sei betrügerisch in seinem Schacher; ihre Unreinlichkeit sei die Ursache der Pesten, ihre hölzernen Häuser seien die Ursache der häufigen Brände. Die Stadt beklagte sich auch über die Edelleute, die den Juden Behausung und Schutz gewährten. Ihrem Verlangen gemäss verbot ein königlicher Bescheid den Juden das Wohnen in den Vorstädten. Das Jahr darauf, 1620, entdeckten die frommen Leute den Tisch in der Judenstrasse, auf dem Durchstechung von Hostien geschehen sein sollte: der Bischof und alle seine Prälaten trugen ihn feierlich in die Karmeliterkirche. Kein Jude konnte sich mehrere Tage hindurch zeigen, so gross war die Aufregung. Oefter kam es seitdem bei geringen Anlässen zu Verfolgungen der Juden: bald begaben sich Gewalthaten Einzelner (1636, 1667, 1675), bald Aufläufe von Haufen, die über Juden herfielen, sie schlugen, ihre Kramladen und Häuser beraubten (1627, 1639, 1659, 1662, 1663, 1687, 1695); 1662, während die Juden ein in ihrer Gasse ausgebrochenes Feuer löschten, verwüstete der Pöbel ihre Synagoge. Gewöhnlich waren Jesuitenschüler die Anstifter. Mussten Juden durch den unter dem Dom stehenden Theil, die Wallischei und Schrutka, gehen, so fielen die Schüler des Lubranskianums mit Steinen und Stöcken sie an. Aller schreiende Unfug ging straflos

66) Collegium in Academiam et Universitatem erigimus jure, privilegio et praerogativa, quibus caeterae academiae et universitates praesertim vero academia Cracoviensis gaudent, donamus, concedimus et conferimus in omnibus his scientiis nimirum: theologia, metaphisica, phisica, mathematica et logica (jurisprudenciam et medicinam professionem excepto), baccalaurei, magistri, doctores secundum normam et instituta aliarum academiarum creari, promoveri et insigniri possent. Posen, den 28. Okt. 1811. (Aus dem warschauer Archiv, Lipinski I. 65.) 67) Diese Gesetze sind abgedruckt in dem von Jabczynski herausgegebenen theologischen

aus. Um unbehelligten Durchgang durch den Domtheil zu haben, bequemten sich endlich die Juden ihn zu erkaufen, indem sie dafür dem Rektor des Lubranskianums eine Steuer (Kazubal) jährlich entrichteten! Wohl erlangten die Juden von König Johann Kasimir 1659 einen Befehl an's Grodgericht, den Rath und den Stadtkommandanten, die Juden zu schützen: aber dass er keine Folge fand, lehren die Vorgänge. 1689 brachten sie endlich von Johann III. einen nachdrücklichen Erlass aus, der einschärfend, dass die Judenschaft unter des Woiwoden Gerichtsbarkeit stehe, dem Rath der Stadt, falls er Juden einsperre oder misshandle, eine Strafe von 10,000 Mark Silbers androhte. Aller Bedrückungen und Beschränkungen ungeachtet breiteten die Juden sich aus, mietheten Gewölbe, kauften Häuser, und am Anfange des XVIII. Jahrhunderts sagte man: vielleicht ein Drittheil von Posen sei jüdisch.

Den Uebermuth des Pfaffengesindels mussten auch die katholischen Bürger empfinden. Wie Vorgänge in den Jahren 1611, 1624 darthun, mussten Aeltern sich gefallen lassen, dass wider ihren Willen ihre Töchter im Kloster behalten wurden. Bürger wurden geschlagen von zügellosen Jesuitenschülern (1639, 1667). 1660 kam es zu einer blutigen Rauferei, weil die Bürger beim Löschen eines Feuers von den Jesuitenschülern gehindert wurden. 1675 gab es ebenfalls zwischen Bürgern und Scholaren Kampf in der Stadt; so frech waren die Jesuitenschüler, dass einer von ihnen zum Bürgermeister sagte: „Du wirst schon anders Gerechtigkeit sprechen, wenn du erst deine Prügel auf dem Misthaufen bekommen haben wirst.“ Die Stadtobrigkeit zeigt sich durchgehends eingeschüchtert. Der Jesuitendirektor gebot in der Stadt. — Der Dom selbst benachtheiligte die Stadt, indem er 1633 durch Einreissen von Dämmen das Wasser von der städtischen Mühle ab, der Dommühle zuführte.

Die geistlichen Anstalten nahmen ungemein zu, erst Spitäler, dann Klöster. 1518 wurde aus Vermächtnissen das Margarethenhospital für posener Bürger gegründet, 1588 schenkte Johann von Schirakowo dem Rathe 800 p. Mark für Arme im heiligen Geistspittel, für das Kreuzspital, Valentinsspital, für das Haus zur Heilung der von der gallischen Krankheit Angesteckten und für das Barbarahospital in der Wallischei, ausserdem zur Aussteuer einer ehrbaren in Posen geborenen und verwaisten Jungfrau. Wir ersehen hieraus, wie viele Spitäler es gab; 1608 stiftete die Wittwe Anna de Witoslaw Splawska ihr gemauertes Haus für alte Wittwen. 1599 wurde unter des Bischofs Obhut eine „Brüderschaft des Erbarmens“ gegründet, die u. a. eine Leihanstalt auf Pfänder eröffnete. Den Gorkaschen Pallast trat die Stadt den aus Kulm übersiedelnden Benediktinerinnen 1607 ab. Das Kloster der Benediktiner ward 1609, das der Karmeliterbarfüsser 1618, das der Franziskaner 1639, das der Reformaten auf der Sawade am 12. November 1658 angelegt. 1678 wurden Nonnen in das Karmeliterkloster eingeführt. Wunderthätige Kreuze kamen zu Tage und wurden gefeiert. Kirchliche Umgänge geschahen häufiger denn zuvor. Daneben ward das katholische Schulwesen weiter ausgebildet. Der Orden der Dreieinigkeit legte 1639 eine Schule an, deren Vorsteher der Probst von St. Martin war. Die Bischöfe nahmen sich jetzt wieder des Lubranskianums an, bei dem 7—8 Lehrer angestellt waren. Die Geldmittel der Kathedralschule, die zu einer Anstalt für kleine Kinder herabgesunken war, wurden ihm 1632 zugewiesen. Bischof Andreas III. Szoldrski stiftete an ihm einen Konvikt (1644, 1650). Bischof Stefan II. Wierzbowski beschenkte es reich, unter ihm wurde (wenn nicht früher) ein geistliches Seminar mit der Anstalt verbunden. Bücherei und Druckerei hing auch mit ihr zusammen. Sie besorgte eigne Schulbücher für ihren Unterricht. Das Domkapitel suchte in der Schrotka, Wallischei, Piotrowo, Sawade, Ostrowek einen Zwang auszuüben, dass die Kinder lediglich in diese Anstalt geschickt würden. Zwischen den Lubranskianern und den Jesuitenschülern, die an Zahl jene übertrafen, gab es häufige Reibungen, die seit 1663 in grosse Schlägereien ausarteten. Das Domkapitel nahm indess der unter seiner Obhut stehenden Anstalt sich an. Die Jesuiten ihrerseits errichteten an der ihrigen eine Ritterakademie (collegium nobilium 1656) und nahmen den früher gescheiterten Anlauf zu einer Universität wieder auf; 1678 brachten sie eine neue Gewährung dieses Wunsches von König Johann III. aus[68]; abermals hintertrieb die Erfüllung die krakauer Universität. Die ausgestellte Urkunde ward vernichtet. Schon vorher, 1651, bauten die Jesuiten ihre Kirche im italienischen Style und Schmucke. Prächtige Säulen trugen das Gewölbe und die kupferne Bedachung, im Innern ward sie

---

Archiv, Posen 1836, im 2. Hefte. 68) Man beruft sich für diese Angaben auf die Epistolae familiarium ab A. Zaluscio. I. 710.

mit Verzierungen überladen. Am Anfange des XVIII. Jahrhunderts bauten die Jesuiten sich ein neues stattliches Kollegienhaus daneben.

Wie diese ganze Wendung dem städtischen Gedeihen und dem Deutschthum überaus schädlich war, bedarf keiner Bemerkung. Das letztere ging stark zurück; die Polonisirung nahm überhand, die deutsche Sprache gerieth in Abnahme. Lukaszewicz hat versucht nach dem Klange der Personennamen das Volksthum festzustellen. Dies ist ein trügliches Kennzeichen, weil es deutsche Art ist, den Namen nach der herrschenden Sprache umzumodeln, und weil nachweisbar grade in Polen viele deutsche Familien ihren Namen auf polnische Weise schrieben. Viele Deutsche erschienen hiernach als Polen. Indess ist es immerhin nicht ohne allen Werth das Ergebniss der Lukaszewitschen Zählung zu kennen, wenn man es auch nicht für richtig halten kann. Er fand im Jahre 1550 ungefähr 200 deutsche Namen unter den Bürgern, 1634 nur noch — 31! Der erste Eintrag in die Akten des städtischen Kriminalamtes in polnischer Sprache ist vom Jahre 1543. Bis dahin waren sie lateinisch und deutsch geführt. Es wuchs im XVI. und XVII. Jahrhunderte das Polenthum in Posen. 1633 brachen Händel zwischen den deutschen Schustern und den polnischen Schustern aus — im Hintergrunde wirkte da wieder der katholische Glaubenseifer des polnischen Theiles.

Die Räthe der Posen bildenden Gemeinden waren schwach, weil die daneben stehenden Mächte das städtische Ansehn drückten. Deutsch-Posens Rath bestand aus 2 Bürgermeistern, 6 Rathsherren und 24 Beisitzern. Sie amtirten je ein Jahr und hatten nach dessen Ablauf bei ihrem Rücktritte Rechnung abzulegen. Als im Jahre 1653 der Pest wegen so sehr Viele Posen verlassen hatten, konnten sich auf dem offenen Felde, auf dem man sich zum Amtswechsel versammelte, nur Wenige vom alten und vom neuen Rathe zusammenfinden und da die Geschäfte in Verwirrung gerathen waren, machte die Rechnungsablage Schwierigkeit. Daraus entstand so heftiger Streit, dass es beinahe zu einem Kampfe gekommen wäre. 1658 gab zwar König Kasimir den Protestanten, die noch in Posen lebten, die Erklärung, dass auch Dissidenten Zunftälteste werden und in städtische Aemter eintreten könnten — nur geschah es niemals, weil es die Jesuiten nicht zuliessen.

Die Stadt galt im polnischen Lande als die schönste nach Krakau[69]. Deutsch-Posen war der Kern geblieben; alles übrige Ansatz und Anhang. Seine eigentliche innere Stadt war nicht gross, aber die Vorstädte und abgetrennten Gemeinheiten, die doch mit ihr in einem und demselben Verkehrsleben sich bewegten, waren ansehnlich, die Strassen breit, Ring und Rathhaus schön; viele Häuser gemauert und geräumig, einzelne von Stein. Im befestigten Schlosse war der Aufenthalt des Generals von Grosspolen und der Platz des unter seiner Leitung thätigen Grodgerichtes. Die Befestigungswerke kosteten der Stadt viel; für sie ward der Ertrag der Getränksteuer verwendet, alsdann 1621 bestimmt, dass zu ihrer Erhaltung jeder aus Posen in eine andere Stadt übersiedelnde Bewohner den vierten Theil seines beweglichen und unbeweglichen Vermögens an die Stadt abgeben und einen Eid darüber ablegen müsse. Sigismund III. wies zu demselben Zwecke allen in Posen der Krone zufallenden Nachlass der Stadt zu. Oefter liessen die Könige die Befestigungen besichtigen und Johann Kasimir gebot 1659, alle Bauten im Graben und an den Mauern wegzureissen. Als Besatzung wurden von der Stadt 1663 ausser den Aufführern 60 Stadtsoldaten gehalten, die zugleich als Polizeier und als Steuereintreiber dienten; 1694 hielt die Stadt nur noch 35 Gemeine. Am Anfange des XVIII. Jahrhunderts waren die Vertheidigungsanstalten dermassen schlecht, dass Karl dem Zwölften die Aeusserung nachgesagt wurde, seine Schweden sollten beim Angriff auf Posen nicht schiessen, weil es keinen Schuss Pulver werth sei.

Wymykowo wurde im XVII. Jahrhunderte zu einer Vorstadt. Einen bedeutenden Theil desselben kauften in der ersten Hälfte dieses Jahrhunderts die Benediktinerinnen und verschafften ihm das magdeburger Recht. Den andern Theil Wymykowos mitsammt der Ziegelei kaufte Deutsch-Posen 1677 der Elisabeth Latalski ab um 1700 Gulden und schlug ihn zur Martinsvorstadt. Ueber die Grenzen der Gerichtsbarkeit war zwischen dem königlichen Gericht und der Stadt Streit; in eben diesem Jahre bestimmte

69) A. Cellarius regni Poloniae magnique ducatus Lithuaniae omniumque regionum juri polonico subjectorum novissima descriptio, Amsterdam 1659, S. 206: — ut post *Cracoviam* ipsi pulchritudinis et magnitudinis primas deferre nemo dubitet. Ebenso M. Zeiller, Newe Beschreibung von Polen, Ulm 1642. Uebrigens berufen sich Zeiller und Cellarius für Näheres auf Georg Braunius theatrum urbium P. VI. und Caspar Ens, deliciae p. 293. In Hond's Ausgabe von Gerardi Mercatoris Atlas sive Cosmographiae meditationes de fabrica mundi et fabricati figura, Amsterdam 1630, heisst es: *Posnania* ad *Vartam* et *Prosnam* fluvia inter colles condita, muri duplici, aedes habet lateritias amplas et multas, suburbia vasta ad *Vartae* ulteriorem ripam, stagno

sie König Johann III. Das Domkapitel hatte — vielleicht schon im XVI. Jahrhundert — eine neue Anlage auf dem Wege nach Schwersenz gemacht und ihr magdeburger Recht zugewendet: Piotrowo.

Stark genug war Posen nicht, ungeachtet seiner Grösse, während der Parteiungen in Polen ungebürliche Anmuthungen von sich zu halten. Rechte Bürgerkraft lebte offenbar nicht mehr in der Gemeinde. Ueber die Stadt und in der Stadt herrschte der Adel. Häufig kamen die Edelleute von den Gütern in die Stadt und hielten sich lange in ihr, wo es so manche Belustigung gab, auf. Sie trafen sich in Posen namentlich in der Karnevals- und in der Versurzeit, d. h. um Weihnachten und Johanni. Da liessen sie viel Geld aufgehen. Einzelne Edelleute nahmen sich jedoch nicht selten grobe Ungebür in der Stadt heraus und kamen meistens ungestraft davon. So drang 1618 eine von Gorzenski angeführte Bande Adlicher in das Schiesshaus und hieb auf die Bürger ein, die sie dort antraf. Der unruhige öffentliche Stand schadete gar sehr. Im August 1612 wurde die Stadt beschatzt von den Haufen Sapieha's. Im Januar 1613 kamen andere Schareu unter Cieklinski und schrieben Geldzahlungen aus. Einige Edelleute dieser Partei stürmten bewaffnet in den Rathhaussaal, jagten den Rath auseinander und schossen auf die sich ansammelnden Bürger. Endlich ergrimmten diese und schlugen 4 adliche Uebelthäter tod. Da erhoben ihre Familien Anklage gegen die Stadt, was einen langen Rechtsgang nach sich zog, bis schliesslich der König die Stadt von Bestrafung und Entschädigung lossprach. 1626 war Posen den Räubereien der aus Preussen kommenden, durchziehenden Heerhaufen der Krone ausgesetzt. 1650 lagerte sich ein Regiment in der Wallischei und bedrückte nicht nur deren Bewohner, sondern forderte auch von Posen starke Zahlungen. Als sie nichts erhielten, belagerten sie die Stadt eine ganze Woche. Es waren eigene Leute, die es so trieben, Polen! 1655 kamen Feinde, die Schweden. Am 20. Juli forderten zwei polnische Grosse, Opalenski und Grudzinski im Namen der Schweden die Uebergabe, indem sie versicherten, der ganze Adel sei mit den Schweden. Die Schweden wurden hereingelassen und feierlich von der Stadtobrigkeit am 21. Juli empfangen[70]. Drei Tage hielt das schwedische Heer bei Posen Rast; bei seinem Abzuge liess es eine Besatzung zurück. Ausser der Verpflegung der Eingerückten musste geliefert werden in's Lager täglich 15 Ochsen, 100 Schafe, 3000 Brote, 130 Tonnen Bier. Der Stadt wurden alle Geschütze weggenommen und die Herausgabe ihrer Urkunden anbefohlen. Hierin aber ward nicht Gehorsam geleistet. Am übelsten erging es der Klerisei, da die katholischen Einwohner Anschläge wider die Schweden machten[71]. Während die Schweden sich im Rathhaus und anderswo Betsäle einrichteten, schlossen und plünderten sie beinahe sämmtliche katholische Kirchen, trieben die Jesuiten bis auf 3, die Bernhardiner und die andern Geistlichen aus der Stadt. Nur zwei Mönche durften in jedem Kloster bleiben. Die Schweden brannten die Vorstädte nieder und verbesserten die Befestigung. Als nach Ostern 1656 die Schweden abzogen, kamen 2000 Brandenburger unter Dörflinger, hausten noch ärger, zerstörten oder verbrannten 14 Kirchen und 5 Klöster. Gegen Johanni rückten die Polen vor Posen, beschossen einige Wochen die Stadt, bis die Brandenburger gegen freien Abzug sie übergaben. Bei diesen Wirren wurde von den Polen selbst die grosse Brücke zerstört: die Brücke, welche von Holz später neu gebaut wurde, hat eine Länge von 160 Fuss. Von 1658 bis 1666 war Posen von Kronsoldaten besetzt. 1663 versuchte Żyromski mit polnischen Konföderirten Posen zu überrumpeln: die Bürger waren aber auf der Hut und leisteten Widerstand. Aber die freche Ausgelassenheit der Edelleute in ihren Mauern vermochten sie nicht zu bändigen; 1692 machte vor dem Bartholomäustage ein Haufe zügelloser Edelleute einen förmlichen Aufstand, erbrach das verrammelte Rathhausthor, warf sich auf Kassen und Archive, verwundete und ermordete mehrere Rathsmitglieder. Die Obrigkeit einer so grossen Stadt hatte

---

ingenti paludibusque circumdata; nundinas etiam binas quotannis admodum celebres. 70) .. quo et mox Wittenbergius — a magistratu magnifice exceptus. Pufendorf, de rebus a Carolo Gustavo gestis. Nürnberg 1696 p. 65. Er nennt die Vorausgeschickten Radziejovius et Marderfeldius. Andere Nachrichten nennen den Befehlshaber der in Posen eingerückten Schweden Dudelstädt. 71) Pufendorf erzählt (Ebenda S. 148): Missus fuerat in eam urbem a rege Claudius Rodlambius sedandis provincialium animis, qui a nonnullis nostratium male habiti in *Silesiam* profugerant. Quorum magna pars ad lares suos rediit, postquam iste injuriam passis satisfieri curasset, qui et denuo fidem suam Carolo Gustavo obstringebant. Ac post, cum de rege *Jaroslaviam* versus iter ingresso tam atrocia spargerentur, in Silesia a malevolis consilia cudebantur Rodlambio et suecico Posnaniae praesidio opprimendo. Quae insidiae detectae fuerunt per filium civis ejus urbis romanis sacris addicti, cujus patri Rodlambius justitiam adversus injurias militum administraverat. Qui istis Wratislaviae intellectis nefas sibi judicabat, hunc de exitio, quod struebatur, non monere. Unde cum Rodlambius inquisitione facta, quod res erat, comperisset, ac per pestilentiam praesidium ad 200 capita imminutum esset, singulari dexteritate suspectos oppidanorum, simul 74 robustos monachos urbe emisit, binis tantum per singula monasteria relictis.

geringes Ansehn! Die Besetzung des Rathes selber wurde endlich der Bürgerschaft beschränkt und an die Stelle jährlicher Neuwahl lebenslängliche Amtsdauer eingeführt (vor 1720, vgl. **Urk. CLXXV**).

Minder verheerend als im vorigen Jahrhundert waren in diesem XVIIten die Unglücksfälle. Zwar verbreiteten sich Seuchen in den Jahren 1600, 1604, 1607, 1624, 1625, 1629 bis 1632, 1637, 1653, 1661, 1677, allein nur wenige waren in gleichem Masse verheerend wie früher; besonders schlimm waren nur die von 1625, welche 6000 Menschen hingerafft haben soll, und die von 1653. Auch Austritte der Wartha, wenn gleich häufig, waren nicht so verderblich; am stärksten waren die in den Jahren 1674, 1675, 1693, 1694, 1698, in denen sie Brücken wegriss; 1698 stand das Wasser in den Osterfeiertagen auf dem Markte bis zur höchsten Stufe des Prangers und in der Kathedrale bis zur höchsten Stufe am Hochaltar. Brand verzehrte 1622 die Domkirche, 1637 die Schrutka (deren Bewohner für den Wiederaufbau vierjährige Abgabenfreiheit erhielten), 1661: 28 Häuser der Lacina (Städtchen). Am 23. Mai 1673 brannte das Bernhardinerkloster mit seiner vor kurzem erst aufgebauten Kirche ab. 1675 schlug am 9. August ein Blitzstrahl in's Rathhaus; am 10ten brannte darauf sein Thurm aus — für ein Jahrhundert geringe Brandschäden im Vergleich mit älteren Zeiten. — Eine Abbildung Posens aus dieser Zeit gibt die 1696 in Nürnberg erschienene Ausgabe von Pufendorf's Werke: de rebus a Carolo Gustavo Sueciae rege gestis zu Seite 65.

Das XVIII. Jahrhundert brachte schweres Unheil. Im Oktober 1702 befand sich Leszczynski in Posen, als die Sachsen ihn aufheben wollten; er aber schlug sie in einem Gefechte, bei dem 60 Sachsen fielen, aus der Stadt heraus. Nicht lange darauf griffen die Bürger gegen das Unfug verübende Kaminskische Geschwader zu den Waffen und zersprengten es. Aber 1703 am 7. September rückten die Schweden vor Posen, setzten über die Warthe und stürmten von der Seite des Bernhardinerklosters, in der Gegend des Gerber- und Breslauer Thores. Da ergab sich die Stadt. Oberst Liliehök befehligte nun in ihr; er liess an den Vertheidigungswerken arbeiten und die Vorstädte zerstören. Schwere Zahlungen an die Schweden wurden Posen auferlegt, im Jahr 1703: 145376 p. Gulden, 1704: 211482 p. Gulden; so ging es fort bis 1709. Viele Bürger zogen da vor, anstatt in Posen zu weilen, nach Glogau, Breslau und in andere Städte sich zu wenden. 1704 schlug General Maierfeld mit einem Häuflein Schweden dicht bei Posen 3000 Sachsen unter Schulenburg, die ihn überfallen hatten. In den letzten Septembertagen dieses Jahres rückte ein polnisch-sächsisch-russisches Heer von 34000 Mann vor Posen, welches von 6000 Schweden tapfer vertheidigt wurde. Die Brücken nach der Wallischei und dem Graben, sowie die halbe Wallischei wurden von den Schweden verbrannt; 9715 Kanonenkugeln wurden auf Posen geschossen; am 19. Oktober war schon Bresche. Liliehök aber hielt die Festung noch bis zum 3. November, an welchem Tage ihm Entsatz ward, da vor dem nahenden Karl XII. das Belagerungsheer floh. Damals und auch im September 1707 kam Karl XII. nach Posen. Erst auf die Nachricht von der pultawaer Schlacht zogen am 15. August 1709 die Schweden aus Posen nach Stettin ab. Während ihrer Anwesenheit sogar hatte (so arg war die religiöse Verbissenheit) die katholische Stadtobrigkeit den Evangelischen die Gleichberechtigung verweigert. Der schwedische Befehlshaber liess 1708 erst den Bürgermeister, dann den ganzen Stadtrath einsperren, weil sie der Aufnahme evangelischer Bürger in den Stadtrath sich hartnäckig widersetzten. In den Schwedenkriegen ging die Vorstadt St. Johann — auf der Domseite von der Johanniskirche gegen Schwersenz zu — ganz ein. 1709 kam zu den Kriegsdrangsalen das Wüthen der Pest, der 9000 Menschen erlegen sein sollen. Schlimmer als die Schweden verfuhren hierauf die Polen, 2 Reitergeschwader, die bei Jesytz im September 1710 lagerten; sie trieben es so arg mit Forderungen und Vergewaltigungen, dass die Einwohner endlich Sturm läuteten, sich den Soldaten bei'm Katharinenkloster entgegenstellten und sie aus der Stadt verjagten. Im Jahre 1711 rückte sächsisches Fussvolk unter General Seidlitz ein. Die Befestigungen liess König August in diesem und dem folgenden Jahre verbessern. Alle diese Kriegsstürme hatten Posen hart getroffen. Die meisten Vorstädte waren niedergebrannt, in der Stadt selber lagen 300 Häuser verfallen oder verlassen; die Sorge für Reinlichkeit und Ordnung hörte fast ganz auf. Frist zur Erholung war nicht gegeben, denn die innern Kriege trafen nun Posen. 1715 kam es zu Unruhen, weil der Adel die sächsischen Regimenter aus dem Lande treiben wollte, die König August II. in Polen zu halten gedachte. Am 25. Juli 1716 erstürmte der Marschall der tarnogroder Konföderation Skorzewski Posen. Seine Leute drangen mit geringem Verlust am Wronkerthore ein, hieben von der sächsischen Besatzung hundert Mann nieder und auch mehrere Bürger. Am übelsten erging es den Juden; 50 von diesen wurden umgebracht, mehrere Hundert verwundet. Die (in der Schwedenzeit aufgebaute?) protestantische Kirche wurde bei dieser Gelegenheit zerstört; ihr Holzwerk verbrannte der Scharfrichter. Die Konföderirten blieben zehn Tage in Posen, plünderten und beschatzten die Stadt und liessen während ihrer Anwesenheit durch die Einwohner die Befestigungen zerstören, so dass Posen seitdem ein offner Ort war. Was sie an Waffen und Kriegsgeräth fanden, schleppten sie mit sich fort. Späterhin lag wieder sächsische Besatzung in Posen, die aber auch die Bürger drückte; 1718 kam es zu einem Auflauf, bei dem die Soldaten viele Einwohner verwundeten und im Rathhause Schaden anrichteten. — Mit den Juden gab es Streitigkeiten und auch mit der Geistlichkeit. Im Besitze der Juden waren (1714) 109 Häuser. 1699 muthete die Pfaffheit den Juden an, zur Kirchenfeier des Jubiläums einer angeblich von den Juden verübten kirchenschänderischen Unthat ihre Aeltesten zu stellen, auf dass diese in Ketten mit Messern in der Hand am Umgange Theil nähmen. Die Juden weigerten sich; es kam zum Rechtsstreit, der sich hinspann und 1723 oder 1724 mit einem Abkommen endete, wonach die Judenschaft jedes Jahr an die Karmeliter 2 Stein Olivenöl, 2 Stein Wachs, 2 Stein Talg, 1 Stein Schiesspulver(!) liefern musste. Erst 1774 erwirkten die Juden dieses Vergleiches Aufhebung. — 1717 forderte der Rath Rauchfanggeld von den Judenhäusern; sie zahlten nicht, widersetzten sich den Stadtsoldaten, die darauf aus den von Christen abgemietheten Gewölben die Juden herauswerfen wollten: durch eine ganze Woche fanden Zusammenläufe gegen die Juden statt, die vielen Misshandlungen ausgesetzt waren; als daher am 16. März desselben Jahres ein Feuer in der Judengasse ausbrach, war ihr erstes sich die Eingänge zu verrammeln, um die Christen nicht heranzulassen. Darüber verbrannte ein grosser Theil ihrer Strasse. Der Druck gegen sie ging fort. Im Jahre 1749 verbot ihnen König Johann Christen als Dienstboten zu halten und aus ihrer Strasse sich zu entfernen. Soweit ging der Wahnsinn, der für Frömmigkeit angesehen wurde, dass der König sogar den jüdischen Aerzten untersagte, Christen Beistand zu leisten. Aber auch die Bürger mussten manches von den geistlichen Herren hinnehmen. Mit der Geistlichkeit hatte die Stadt 1736 Händel wegen eines Faschinendammes in der Warthe. Die Domherrn zogen in der Nacht des 1. Juli mit bewaffneten Wallischeiern aus, um ihn zu zerstören. In der Stadt hatte man's zeitig erfahren und die Zünfte rückten zum Schutze des Dammes heran. Beide Theile schossen aufeinander, trafen freilich in der Dunkelheit nicht. Ein paar Tage danach riss eine der grössten Ueberschwemmungen diesen Damm des Streites zusammt 8 Brücken weg. An einem Hause des Marktes (dem Gumprechtschen) gibt ein Zeichen an, wie hoch das Wasser damals gestanden hat. Zu den ausserordentlichen Unglücksfällen gehören auch die Beschädigungen, die ein Unwetter am 18. Juni 1725 verursachte: der Thurm der Magdalenenkirche, des Rathhauses, die beiden Domthürme stürzten um, das Gewölbe der Dominikanerkirche brach zusammen — gehört ferner jene Ueberschwemmung von 1736, welche den Unterbau vieler Häuser sehr beschädigte.

Posen war unter den schädlichen Einflüssen der Geistlichkeit und des verwildernden Polakenthums dermassen herabgekommen, dass es 1732 ein Städtchen von nur 3—4000 Menschen war, während es 1567 gegen 30,000 Einwohner gezählt haben soll. Wenn auch den posener Bürgern freistand, adliche Güter in Polen zu kaufen[72], so werden wohl wenige von diesem Vorrecht haben Gebrauch machen können. 1741 betrug die Zahl der unter dem Stadtgericht stehenden Häuser 585; Gebäude der Edelleute und der Juden konnten dabei nicht mitgerechnet werden. Der Rathhausthurm wurde nach dem Unglück von 1725 in seiner gegenwärtigen Gestalt hergerichtet. Die Bernhardinerkirche mit zwei schlanken Thürmen ward gebaut und 1750 vollendet. Ein neues Hospital zu Sankt Nikolaus begründete 1756 der Domherr Simon Wosiński. Der Bischof baute sich 1732 neben dem Dome einen Pallast, der Kupferbedachung bekam. Die Domkirche, die schon 1622 einem Brande ausgesetzt gewesen war, wurde 1772 abermals von Feuersbrunst betroffen, in Folge deren einige Thürme derselben einstürzten. Sie wurde 1775 wieder hergestellt. Der russisch-preussische Krieg wälzte sich auch nach Posen. Die Russen richteten sich in Posen ein und wählten es zu einem Platz für ihre Aufspeicherung. Ein russischer Oberst Rönne liess sogar einen Theil der Vorstädte abbrennen. Eine Schule, welche der Bürger Rajewicz Mrugas an der Schrutka 1705 gegründet hatte, ging auch durch die Russen unter. Am 28. Februar 1759 rückten Preussen

72) Ostrowski, Civilrecht der Pohlnischen Nation. Deutsche Uebersetzung, Leipzig 1802. I. 25.

durch das breslauer Thor ein, forschten bei den Judenältesten nach den russischen Speichern und zerstörten, was sie nicht fortnehmen konnten. Am 4. März zogen sie ab; am 24. Mai langte der russische Marschall Fermor mit seinen Heerhaufen an; 80,000 Mann nahmen den Zug gegen Glogau über Posen. Anfangs Juli standen Russen wieder in Posen; am 7. Juli früh 2 Uhr rückten sie ab. 1761 langten wieder am 13. Juni unter Buturlin 70,000 Russen in Posen an, das ihnen bis zum 26ten als Sammelplatz diente. Im Janur 1762 stand Fürst Wolkonski mit seiner Abtheilung bei Posen. 1764 traf die Stadt eine grosse Feuersbrunst, die namentlich die Judengasse verzehrte. 1771 wurde von den Konföderirten die Brücke über die Warthe abgebrannt, welche die Vorstadt St. Roch mit Posen verband. Seitdem waren beide getrennt und nur auf weitem Umweg konnten ihre Bewohner zu einander gelangen. Beinahe nur leidend war das Verhalten Posens. Dass es auf Reichstagen erscheinen und an Königswahlen Theil nehmen durfte, hatte ihm wenig oder nichts gefrommt.

Die Stadt war sehr danieder. Kraft eines Gesetzes von 1764 wurde der Rath ermächtigt, die leerstehenden Häuser und wüsten Bauplätze Meistbietenden unter der Bedingung zuzuschlagen, dass sie dieselben binnen 3 Jahren herstellten oder bebauten. Man rechnete 1777 ohne Geistliche und Beamte 4655 Bewohner; einige Vorstädte waren dabei nicht mitveranschlagt. In der Stadt waren die Häuser wohl gebaut, aus Ziegeln. Das Schloss auf dem Hügel, in welchem das Grodgericht sass, war in solchem Zustande, dass man sich nicht getraute im Winter zu heizen. Die Schreiber sassen manchmal mit dem Schreibzeug unter'm Arm, um die Dinte flüssig zu erhalten. Nach der Aufnahme von 1779 gab es etwa 850 Häuser. Die dreimaligen Jahrmärkte, die eine Ausdehnung von 4—5 Wochen hatten[73], wurden noch stark besucht. Mit den Juden traf der Rath 1779 ein Abkommen, welches das Verbot Christen ärztlich zu behandeln aufnahm, fremden jüdischen Hausirern die Stadt untersagte, den einheimischen auferlegte, in ihren Häusern die Nacht zuzubringen, und an Sonn- und Festtagen zu hausiren ihnen bei Verlust ihrer Waare verbot. Jährlich mussten sie 2000 Gulden und zwar in wöchentlichen Abzahlungen an die Stadt entrichten. Für Wiederherstellung Posens war eine besondere Behörde der guten Ordnung thätig und die Stadt hob sich auch etwas; 1787 zählte man schon wieder 1211 Gebäude. Im Unterrichtswesen ging durch die Erziehungsbehörde eine Veränderung vor 1779. Die jesuitische Lehranstalt durfte nach der Aufhebung des Jesuitenordens (1773) noch bis 1780 fortbestehen. In diesem Jahre wurde sie sowohl als das Lubranskianum aufgehoben, dafür eine Woiwodschaftsschule im Mariengymnasium und ein geistliches Seminar eingerichtet. Das Gymnasium wurde aber mehr von jungen Adlichen der Umgegend als von den Bürgerssöhnen besucht. Der Unterricht der Kinder gerieth in völlige Verwahrlosung. Die Judenschaft sorgte dagegen fort und fort für den ersten Unterricht ihrer Jugend[74]. Reformirter Gottesdienst ward wieder seit 1780 gehalten. Die evangelische Gemeinde legte 1783 auf der Wartheinsel eine Schule für sich an; ebenda baute sie sich auch die Kreuzkirche, welche 1786 vollendet war[75]. Auf der Insel war sie vor boshaften Anschlägen einigermassen sicher. 1780 brannte, vom Blitz getroffen, die Marien-Magdalenenkirche aus; ihr hoher Thurm musste 1802 abgetragen werden. Der Kirchhof wurde nun zur Verkaufsstätte bestimmt, der jetzige „Neumarkt". Als Hauptpfarrkirche wurde fortan die prächtige Jesuitenkirche benutzt. Die Sternwarte der Jesuiten (der astronomische Thurm) war verfallen, musste 1785 eingerissen werden. Die Bücherei, welche die Jesuiten gesammelt hatten, wurde zum Theil zerstreut. Die Werkzeuge zur Himmelsbeobachtung kamen nach der Aufhebung des Ordens an die krakauer Universität. Auch das fysikalische Kabinet und die Naturaliensammlung wurde aus dem Jesuitenkollegium weggebracht.

Als Posen zu Preussen kam — am 12. Februar 1793 rückten die Preussen ein, am 7. Mai liessen sie sich huldigen — war es bewohnt von 7437 Katholiken, 3021 Juden, 1918 Lutheranern, 115 Kalvinisten, 47 Griechischgläubigen. Die preussische Regierung nahm der Stadt als der ersten des Landes sich an.

---

73) Lukaszewicz I. 307. 74) Die preussische Regierung veranlasste 1799 eine Aufnahme. Danach besuchten das 7klassige Gymnasium 119 Schüler. In der Adalbertsparochie gingen 30 Kinder in eine Schule (von 200 Kindern), in der Magdalenenparochie 14. Für die Sawade und Schrutka bestand eine Schule mit 7 Schülern, von denen 4 fremde waren; in der Wallischeier und der Johannisparochie gab es keine Schulen; mithin bekamen nur 47 katholische Kinder in katholischen Schulen Elementarunterricht; 48 katholische Schüler gingen indess noch in die Schule der evangelischen Gemeinde. Eine griechische Schule hatte 9 Zöglinge; in den beiden protestantischen Schulen, der reformirten und der lutherischen, wurden 194 Kinder unterrichtet. Die Juden hielten 14 Lehrer und stellten 125 Schüler. 75) Nachrichten über die Gründung der evangelischen Kreuzkirche zu Posen

Behörden, die Kriegs- und Domänenkammer oder Regierung, die Steuerdirektion und das Oberlandesgericht, auch ein Regiment Fussvolk wurden in sie gelegt. Die Ueberreste der Befestigungen wurden nun geschleift. Aus dieser Zeit schreibt sich vermuthlich das Zusammenfallen der vielen verschiedenen Städte in eine einzige[76]. Aus der südpreussischen Zeit haben wir mehrere umständliche Beschreibungen der Stadt, deren Hauptangaben wir zusammenstellen. Holsche ist der Ansicht, dass die Stadt einen weit grössern Umfang in älteren Zeiten als dermalen gehabt haben müsse, „auch ist es wahrscheinlich," sagt er[77], „dass sie an einem andern Ort gelegen und durch Ueberschwemmung verwüstet worden, die Warthe aber eine andere Richtung genommen hat, denn man findet noch Spuren von sehr langen Strassen, welche jetzt ausser den Mauern der Stadt 5 bis 6 Fuss unter Schutt versunken liegen und in grader Linie angelegt sind." Es war eben kleiner geworden! „Seit der preussischen Besitznehmung," schreibt Herzberg[78], „hat sich diese Stadt durch viele schöne grosse Anlagen und neue Gebäude so sehr zu ihrem Vortheil verändert, dass Reisende, die vormals hier gewesen sind, sie jetzt kaum mehr kennen": diess wäre in so wenigen Jahren wahrhaft ausserordentlich! Die Thore, welche die verschiedenen Theile ehedem sonderten, waren 1798 schon zum Theil niedergerissen. Damals rechnete man[79]: I. Posen 390 Privatgebäude, 4738 Bewohner (darunter 1359 Lutheraner, 631 Juden, 99 Reformirte, 46 Griechen); II. Judenstadt 195 Häuser, 2355 B. III. Vorstadt Sankt Martin 205 H. 2344 B. IV. Vorstadt Sankt Adalbert 70 Häuser. 640 B. V. Vorstadt Ostrowek 29 H. 225 B. VI. Vorstadt Piotrowa 20 H. 126 B. VII. Wallischei 110 H. 1052 B. VIII. Vorstadt Sawade, eine Strasse, IX. Schrutka 51 H., beide zusammen 329 B., X. Dom 304 B. XI. Die abgetrennte Vorstadt St. Roch; ausserdem lebten in den Klöstern 425 Menschen. Schrutka, Sawade, Wallischei hatten besondere Rathhäuser und waren geistlich. An der Domseite machten Strohhütten den Anfang. Die Sawade (Zawada) bestand aus armseligen Hütten. Die Altstadt hatte massive Gebäude, alle Strassen derselben waren gepflastert, aber schlecht. Die Häuser am Markt waren Giebelhäuser. Hübner nennt sie „sehr schön." Holsche hingegen sagt: „sie dienen nicht zur Zierde der Stadt, zumal da die eine Seite des Marktes mit Härings-, Stockfisch-, Käse- und Bratwurstkrämern besetzt ist, welche ihre Waare unter vorspringenden Buden ausstellen und die Luft dergestalt verunreinigen, dass man des üblen Geruchs wegen vor Ekel nicht vorbeigehen kann." In jeder Ecke des Marktes war ein Springbrunnen sammt einem Wasserbehälter. Das Rathhaus der eigentlichen Stadt hatte den höchsten Thurm. Die obere Hälfte desselben war nach Hübner (1798) „erst vor einigen Jahren auf dem gothischen Rumpf aufgeführt;" vor dem Rathhaus stand die steinerne Schandsäule, nahe dem Rathhaus das Wachhaus mit einem Säulengange, wohl erst in preussischer Zeit gebaut. Die Stadt hatte 4 Thore und 3 Pforten. Die Katholiken besassen vierunddreissig Kirchen, am ausgeschmücktesten war die Jesuitenkirche; prächtig war auch das Jesuitenkollegium, in welches der preussische Minister und die königliche Kammer einzog. Mönchsklöster gab es für Bernhardiner, Barfüsser-Karmeliter, Franziskaner-Minoriten, Franziskaner-Reformaten, Dominikaner; Nonnenklöster der aus dem Mons chelmensis bei Thorn übersiedelten Benediktinerinnen, der Kathariner, Franziskanerinnen, Dominikanerinnen, Augustinerinnen und Karmeliterinnen. Auch gab es Philippiner in Posen. Die Reformirten hielten Gottesdienst in der Stadtwage. Die Griechisch-katholischen hatten ein Bethaus, haben jetzt einen Betsaal. Der Stadtrath bestand aus Polizeidirektor, Justizdirektor, Syndikus, Kämmerer, Stadtschreiber, 2 Assessoren. Der Stadt gehörten[80] 13 Dörfer (Golenczewo, Zegerze, Ober- und Unter-Gartschin, Ober- und Unter-Rathay, Winari, Bonin, Schilling, Ober- und Unter-Wilde, Dembize, Lubon, Lagewnicki, Ilszyca, Zergiz, die Vorwerke Podolanie und Sitkowo, 2 Ziegelöfen, 8 Wind-, 5 Wasser-Mühlen. Auch erhob die Stadt einen Brücken- und Pflaster-Zoll. Die Kämmerei, die etwa 20,000 Thaler einnahm, war mit einer Schuld von über 160,000 Thalern belastet. Nach Schleifung der Befestigungswerke wurde am breslauer Thore eine neue Strasse gebaut und den Bauenden 45% Hülfsgelder bis zum Betrage von 6000 Thalern bewilligt. Die neue in die Höhe steigende Strasse bekam den Namen der Berg — und weiterhin der Wilhelmstrasse; in letzterer ward, nach

---

und der damit verbundenen Schule und Armen-Anstalt. Posen 1836. 76) Wenigstens werden nicht mehr getrennte Städte erwähnt. Was neben dem alten Deutsch-Posen steht, erscheint als Vorstadt. 77) Holsche, Geographie und Statistik von West-Süd- und Neuost-Preussen. Berlin 1804. II. 309. 78) Fr. Herzberg, Süd-Preussen und Neu-Ost-Preussen. Berlin 1798. S. 196. 79) (Hübner) Sirisa, Histor.-statist.-topographische Beschreibung von Südpreussen und Neu-Ostpreussen. Leipzig 1798. S. 383, 385; daselbst ist auch eine alte Abbildung Posens. 80) Verzeichniss der der Stadt Posen gehörigen Grundstücke, Mühlen, Wiesen, Ziegeleien, Gebäude siehe in den Provinzialblättern von Posen 1845. VII. 82—93. — Ausser den schon gedachten

dem Muster der Linden in Berlin, eine Pappel- und Kastanienreihe angepflanzt. An ihr war ein mit Bäumen besetzter Platz, an dem um 1804 ein Schauspielhaus erbaut wurde. Sie endigte mit dem Paradeplatz, der an das Karmeliterkloster stiess. Die Wilhelmsstrasse brachte das mit schönen Gartenanlagen ausgestattete Kuhndorf in Verbindung mit der Stadt: dieses ward nun auch als Vorstadt angesehen und war die schönste. Die Wilhelmsstrasse durchschnitt ein anderer Neubau, die Friedrichsstrasse. An dieser wurde im verschütteten ehemaligen Stadtgraben die Frohnfeste gebaut und der Berg, auf dem das Schloss lag, terrassirt. Beleuchtung der Stadt am Abende führten die Preussen ein. Für die Nacht hielt die Stadt 12 Wächter. Der Adel und die Geschäftswelt der Umgegend pflegte am Johannistage sich in Posen einzufinden, um seine Geldgeschäfte abzumachen. Es war die Zeit der „posener Kontrakte." Am Ablauf des XVIII. Jahrhunderts (1800) bestand Posen aus 1309 Wohnhäusern, von denen 629 nur mit Stroh oder Schindeln gedeckt waren, 16 öffentlichen Gebäuden, ausser den 29 Kirchen, dem Domkapitel, den 3 Kollegienstiftern, 9 Klöstern. 18 Mühlen gehörten zur Stadt, deren Kämmerei-Einnahme wie -Ausgabe 13 bis 14000 Thaler betrug; die Stadt war mit 51500 Thaler verschuldet. An manchen Häusern waren Gärten angelegt. Bewohner gab es 15253; von diesen waren 2748 Juden. In den Klöstern lebten 258 Mönche und 118 Nonnen. Gewerbtreibend waren 71 Kaufleute (15 davon Juden), 8 Weinhändler, 12 Mehlhändler, 6 Aerzte, 4 Apotheker, 2 Buchdrucker, 10 Buchbinder (2 davon Juden), 12 Maler, 2 Bildhauer, 1 Orgelbauer, 25 Musiker, 7 Uhrmacher, 7 Goldschmiede, 1 Glockengiesser, 4 Büchsenschäfter, 2 Schwertfeger, 1 Brunnenmacher, 4 Ziegelbrenner, 1 Schneidemüller, 9 Gastwirthe, 1 Zuckerbäcker, 2 Honigküchler, 5 Kaffeewirthe, 22 Branntweinbrenner und Schänker (3 Juden), 25 Bierbrauer; ferner 31 Bäcker, 44 Fleischer, 6 Müller, 6 Grützmacher, 109 Schuster (2 Juden), 93 Schneider (47 Juden), 1 Leistenschneider, 19 Leinweber, 50 Kürschner (46 Juden), 10 Handschuhmacher (3 Juden), 6 Hutmacher, 19 Posamentirer (10 Juden), 7 Seiler, 2 Tapezirer (Juden), 4 Färber, 21 Tischler, 15 Böttcher, 13 Stellmacher, 3 Drechsler, 20 Töpfer, 1 Korbmacher, 8 Glaser, 10 Zimmerleute, 2 Steinmetzen, 5 Maurer, 4 Schornsteinfeger, 15 Schlosser (2 davon Juden), 1 Messerschmied, 1 Feilenhauer, 1 Scheerenschleifer, 13 Hufschmiede, 4 Nagelschmiede, 9 Nadler (4 Juden), 4 Zinngiesser, 12 Sattler (4 Juden), 4 Gürtler, 4 Gerber, 11 Riemer, 8 Seifensieder (1 Jude), 2 Kammmacher, 8 Perrückenmacher, 4 Oelschläger, 1 Wachsbleicher, 9 Barbiere, 19 Fuhrleute, 21 Gärtner, 9 Schiffer. — Seit Herbst 1794 erschien in Posen eine deutsche Zeitung unter dem Titel der Südpreussischen (in der Deckerschen Druckerei), deren erster Leiter der nachmals berühmte Nassauer Friedrich Schöll war. Das Schulwesen befand sich auch nach der letzten Umgestaltung noch in schlechtem Zustande[81]; ihm aufzuhelfen war die Regierung nachdrücklich bemüht, sie berief neue, bessere, deutsche Lehrer an das Gymnasium und eröffnete die neugeschaffene Lehranstalt feierlich Ostern 1804. Ein katholisches Schullehrerseminar (welchem das Reformatenkloster zufiel) trat in demselben Jahr (1804) in Wirksamkeit, auch eine Hebammenlehranstalt wurde eingerichtet. Die reformirte Gemeinde suchte ihre alten Ansprüche hervor. Auf ihrem Grund und Boden stand das Karmeliterkloster. Als dieses 1801 aufgehoben ward, nahm die Regierung das Grundstück für die Besatzung, Lazareth und Exercierplatz (wovon der Name „Kanonenplatz" aufkam) und erwies sich gegen den Einspruch der Gemeinde ungerecht[82]. Erst auf vieles Bitten wurde den Reformirten die für die Soldaten bestimmte Josefinerkirche zum Mitgebrauch angewiesen. Im Jahre 1803 am 13. April traf die Stadt ein grosser Brand, bei dem das Judenviertel mit Synagoge und Spital der Juden und ein Theil der Altstadt mit dem Kloster der Dominikanerinnen abbrannte. Seitdem wurde die geräumige Neustadt und die lange, breite Gerberstrasse gebaut.

Die preussischen Bemühungen zur Hebung unterbrach bald Krieg. 1807 rückten die Franzosen ein. Es folgte die Zeit des warschauer Herzogthums. Da wurde die Wilhelmsstrasse, welche zum Spaziergange diente, „Napoleonsstrasse" umgetauft, der reformirten Gemeinde die Benutzung der Josefinerkirche wieder entzogen, auf dem Gymnasium der Unterricht in deutscher Sprache durch die neue Erziehungsbehörde verbannt. Da grade die geschicktesten Lehrer ausser Stande waren, in polnischer Sprache zu unterrichten, erlaubte man ihnen, um ihren Abgang zu verhüten, den Gebrauch des

Stadtdörfern gehörte Posen noch Birkenbusch und das auf ihrem Boden von ihr angelegte Dembietz. 81) Czwalina's Provinzialblätter für das Grossherzogthum Posen 1846. I. S. 40 ff. 82) Geschichte der jetzigen evangelischen Petri-, früher evangelisch-reformirten Unitätsgemeinde zu Posen nach Urkunden. Provinzialblätter für das Grossherzogthum Posen 1846. 4. Heft. S. 191—207

Lateinischen! Präfektur und Tribunal bekamen Sitz in Posen. Die Schulden der Stadt stiegen aber. Flatt gab ihre Einnahmen auf 20000, ihre Schulden auf 160000 Thlr. an. Der Zoll in Posen warf nach ihm jährlich 600 Thlr. ab. Gemäss der neuen Einrichtung nach französischem Zuschnitt wurde (10. Febr. 1809)[83] die Stadtverfassung geändert und die Gemeinde gänzlich vom Präfekten des Departements und vom Unterpräfekten abhängig gemacht. Dem „Munizipalrath" stand nicht mehr beschliessende Befugniss zu, er hatte nur seine Anträge und Vorschläge bei dem Kreisrathe einzubringen. Regierend in der Stadt und verantwortlich war der Bürgermeister, der den Titel „Munizipalpräsident" erhielt. Er war nicht mehr, nach deutscher Einrichtung, Vorsitzer des Rathes, sondern im Grunde das Organ des Präfekten. Der Minister stellte ihm 3 Beisitzer und 3 Polizeiintendanten als Gehülfen zur Seite; der Munizipalpräsident war indess nicht an sie gebunden. Die Zeit des warschauer Herzogthums war trübselig und kurz. Am 14. Febr. 1813 ritten Kosaken in Posen ein.

Als Posen wieder an Preussen gekommen war, zählte es (1816) 2175 Feuerstellen und hatte 18211 Insassen. Der Grosshandel war unbedeutend geworden; höchstens mit Holz, Getreide, Tüchern und Leinwand wurde er geführt, dagegen war der Verkehr auf den jährlichen Messen noch belebt. Im Juni und Oktober fanden vielbesuchte Wollmärkte statt. Tuchweberei wurde auf 102 Stühlen betrieben, 59 Lederarbeiter, 30 Tabackspinner gab es, während diese Erwerbszweige i. J. 1800 noch nicht geblüht hatten. 24 Kirchen wurden gezählt, 5 Mönchs- und 4 Nonnenklöster mit 81 Mönchen und 50 Nonnen. Ausser der Regierung bekam hier das Oberpräsidium und das Oberappellationsgericht der ganzen Provinz den Aufenthalt. Die Regierung bezog das Jesuitenkollegium, der Gerichtshof das alte Schloss. Seit dem Juli 1828 wurde Posen mit einem Aufwand von einigen 30 Millionen Thalern zu einer starken Festung gemacht. Major von Prittwitz ordnete mit grosser Einsicht die Befestigungsbauten an. Die das Warthethal beherrschenden Anhöhen wurden geschützt, etwas unterhalb der Stadt ward eine gemauerte Brücke auf 12 Bogen über den Fluss gelegt und mit einem Brückenkopf gewahrt; an der Zibina ward eine Festungsschleusse gemauert. Eine andere Hauptsorge betraf das Unterrichtswesen. Niedere Schulen wurden nunmehr bald durch die Regierung eingerichtet, vom Gymnasium, das polnisch belassen wurde, eine dreiklassige Bürgerschule abgezweigt, dann am 30. Sept. 1834 das Gymnasium aufgehoben und ersetzt durch 2 Gymnasien, das katholische, polnische Mariengymnasium und das deutsche, evangelische Friedrich-Wilhelmsgymnasium, obgleich die Bürgerschaft nur ein Gymnasien für beide Bekenntnisse und statt des zweiten eine Realschule begehrte. Mit dem Mariengymnasium wurde ein Alumnat für 40 Schüler verbunden. Dieses katholisch-polnische Gymnasium wurde zeitweilig der Heerd von Umtrieben und deshalb 1846 eine Weile geschlossen; 4 Lehrer wurden bei der Wiedereröffnung beseitigt. So wirksam waren die Bemühungen, dass die Zahl der im Unterricht der Schulen Befindlichen im Jahre 1844 voll 4400 betrug (Elementarschulen 3547, gegen 2191 Kinder im Jahre 1839; Gewerbschule 50, Gymnasien 803). Die Aufhebung mehrerer Klöster gereichte der Gesammtheit zum Vortheil. 1821 wurde aus dem ehemaligen Kloster der Franziskanerinnen ein Krankenhaus der aus Warschau kommenden barmherzigen Schwestern. Die reformirte Gemeinde, welche 1813 einen Platz zu einem Betsaal erworben hatte, erhielt endlich 1824 als Schadloshaltung für den früher an ihr begangenen Raub das vormalige Kloster der Karmeliterinnen-Nonnen; doch wurde es erst 1838 übergeben; es stellte sich da heraus, dass dessen Kirche zu klein war, deshalb unternahm diese Gemeinde seit 1838 den Bau einer Kirche für sich. 1832 schenkte der Staat das Franziskanerkloster der Stadt; es kam in dasselbe eine Waisenanstalt, Spital, Irrenstuben, Arbeitshaus. 1836 wies der Staat das Klostergebäude der Benediktinerinnen ihr gleichfalls zu. Es hatte der Stadt einstmals gehört; sie richtete es nun zu einer höheren Schule für Mädchen, der Luisenschule, ein. In's Dominikanerkloster kam die Garnisonsschule. Die ständische Taubstummen- und Blindenanstalt wurde 1831 nach Posen gelegt und mit dem Seminar für katholische Lehrer verbunden; die ständische Irrenanstalt kam in das nahe Owinsk. Seit 1823 wurde auf Betrieb der Fürstin Luise Radziwill das Krankenhaus der barmherzigen Schwestern errichtet. 1840 wurde eine Gärtnerlehranstalt begründet. Eine Gewerbeschule, eine höhere Mädchenschule, eine Bildungsanstalt für Erzieherinnen, eine Hebammenschule, eine Blindenanstalt entstanden nach und nach. Das Priesterseminar erweiterte sich. Die Städteordnung wurde erst

83) Gesetzsammlung des vormaligen Herzogthums Warschau, Nr. VIII, S 212, aus dem Polnischen übersetzt von Laube. Posen

am 4. Jan. 1832 verliehen. In den Landständen bekam Posen 2 Sitze. Aus der Bürgerschaft ging nun selber vieles hervor in freiwilligen Vereinigungen für edle Zwecke. Vereine entstanden zur Fürsorge für Waisen, für entlassene Sträflinge, für arme Wöchnerinnen, für Nothleidende, für die Hinterbliebenen der von der Cholera Dahingerafften, zur wissenschaftlichen Ausbildung junger Männer, zur Verschönerung der Stadt (1843), es entstanden die Sparkasse, dann (1838, 1844) Kleinkinderbewahreien, der Mässigkeitsverein, der Rettungsverein bei Feuer, der Beerdigungsverein (1845); ein Verein zur Verbesserung der Thierzucht, eine naturhistorische Gesellschaft wurde gegründet, mehrere Lesekreise, eine Singakademie, ein philharmonischer, ein Kunstverein u. a. gebildet, ein israelitisches Waisenhaus eingerichtet, der Handelssaal eröffnet (den 5. Nov. 1845), ein Turnplatz (i. J. 1846) hergestellt. Von besonderem Werthe war das Geschenk des Grafen Eduard Raczynski. Er wies der Stadt seine 20000 Bände zählende Bücherei mit den zu ihrer Bewahrung und Mehrung erforderlichen Mitteln zu. Das Gebäude, am Wilhelmsplatz, in welchem sie sich befindet, ist eine Nachahmung des pariser Louvre. — Czerski's Anwesenheit in Posen am 29. Juli 1844 verursachte einen Auflauf. Soldaten mussten ihn vor dem Pöbel schützen. Dennoch bildete sich eine deutsch-katholische Gemeinde und erlangte für ihre Andachten das ehemalige Franziskanerkloster. In welchem Grade die Stadt aufblühte, weisen einzelne Ziffern aus. 1816 betrug die Einnahme der städtischen Kämmereikasse: 22349 Thlr., 1846 aber 69238; 1822 verausgabte sie für die Armenpflege 2250 Thlr., 1846 aber 8000. Steuerpflichtige Handwerker gab es 1822: 213, welche 1278 Thlr. jährlich zahlten, 1846 aber 525, die 3138 Thlr. entrichteten. Der gesammte Handelsstand steuerte 1822: 2626 Thlr., aber 1846 fast das fünffache: 12012. Die Einwohnerzahl betrug 1837: 32456[84], 1843: 35763 ohne die Soldaten. In Posen arbeiteten 1845: 314 wechselfähige Kaufleute, von denen 219 Juden waren, und 1060 Händler (2. Klasse mit 6 Thlr. Steuersatz), Bäcker 102, Fleischer 96, Müller 19, Brauer 10, Schiffer und Fuhrleute 252, ausser diesen 1355 Gewerbtreibende. Von letzteren waren die Brunnenmacher, Dachdecker, Instrumentenmacher, Glaser, Korbmacher, Kammmacher, Bürstenbinder, Gerber, Messerschmiede, Zirkelschmiede, Nagelschmiede, Nadler, Zinngiesser, Steinsetzer ausschliesslich Deutsche, die Kürschner, Posamentirer und Mützenmacher ausschliesslich Juden[85]. Unter den Betriebszweigen hob sich die Bereitung von Wachs, Seife, Zucker, Taback, Kupfergeräthen. Die Druckereien und Buchhandlungen nahmen zu; 1847 gab es 3 Druckereien, 8 Buchhandlungen. Einen Stadtplan lieferten Delius und Nowack.

Posen ward in der preussischen Zeit der Hauptort des polnischen Schriftthums. Ausser einer Zeitung erschienen kirchliche und Mode-Blätter sowie Ueberschauen neuer Schriften in polnischer Sprache. Es regte sich aber auch das Polenthum mit dem Anspruch auf Selbstständigkeit und Herrschaft. Seit 1815 traf die Regierung Vorsichtsmassregeln gegen Unternehmungen, welche auf Wiederherstellung des alten Polenreiches hinzielten. In der That wurde 1846 der Anschlag gemacht, die Festung während eines Balles, den der General von Colomb am 17. Febr. gab, zu überrumpeln. Die Edelleute vereinigten sich in grösserer Zahl, auf 600, in Posen. Allein die Behörden kamen zuvor. Haussuchungen, Verhaftungen geschahen durch die ganze Stadt[86]. Im Jahre 1848 schien aber die deutsche Herrschaft auseinander zu fahren. Der Oberpräsident war im Begriff, das Land zu verlassen. Ein königlicher Kommissar betrieb eine polnische Umgestaltung. Die Entscheidung für das Land hing daran, wer Posen besitze. Da brachte der Mecklenburger Freiherr Kolbe von Schreeb zuerst die deutsche Kraft zum Selbstbewusstsein. Einmal in Bewegung, rührten sich die Deutschen nachhaltig, bewaffneten sich, hielten Versammlungen. Die Hergänge dieser Bewegung sind umständlich Seite 237—259 bereits erzählt. Hier sei daher nur bemerkt, dass damals Posen ohne den Soldatenstand 42000 Bewohner enthielt, von denen 18000 Polen waren, die vorwiegend die niedere, unbemittelte und ungebildete Bevölkerung ausmachten. Die Stadtverordnetenversammlung gab damals an, dass Posen 1191 Grundstücke im Werth von 8,619,300 Thalern enthalte, von denen 408 im Werth von 1,685,000 Thalern in polnischen Händen waren, 1050 Bürger zähle, von denen 330 Polen seien, dass unter 430 zu Stadtverordneten Wählbaren 115 Polen sich befanden; es gab 2133 Handwerker, von denen 691 Polen waren; 76 verschiedene Gewerbe wurden betrieben und 32 derselben waren von Polen gar nicht vertreten[87]. Polnischerseits wurde eingehalten, dass fremde Ankömm-

1846. I. 175. 84) Nach Stanislaus Plater géographie de l'Est de l'Europe, Breslau 1825, hatte Posen unter 25000 Einwohnern ein Fünftheil Juden. 85) Genaues Verzeichniss: Provinzialblätter für Posen 1846. VIII. 106—108. 86) Julius, die jüngste Polen-Verschwörung und der Polenprozess. Hamburg 1848, S. 14 ff., vgl. oben S. 237. 87) Adresse der Stadtverordneten-

linge (Löw, Neumann, Seger, von Dazur) an der Spitze der Deutschen ständen, dass an der Regierung, der Post, dem Steueramte, der Generalkommission, der Polizei und den Gerichten 558 Beamte angestellt seien[88]. Am 17. April verlangte vom Könige „das deutsche National-Comité", dass mittelst Urwahlen erkorne Volksvertreter durch Abstimmung darüber entscheiden sollten, ob der unter deutscher Verwaltung bleibende Theil der Provinz dem deutschen Bunde beizutreten habe oder nicht, und erklärte „fest entschlossen zu sein unbedingt bei diesem Vorschlage zu beharren." Am 18. April forderten die deutschen Bewohner „den sofortigen Ausspruch, dass Stadt und Kreis Posen unauflöslich mit Deutschland vereinigt werde"[89]. Am 11. Mai wurde der zustimmende Beschluss der Bundesversammlung durch festlichen Umzug gefeiert. Damals stand eine deutsche Bürgerwehr von 1750 Männern und ausserdem eine Freischar bewaffnet da unter Befehl des Assessor Herzberg. General von Pfuel besichtigte sie am 21. Mai und war überrascht von der „durchaus glänzenden Parade." „Posen, redete er die Führer an, ist jetzt deutsch, und dass Sie alle sich dessen bewusst sind, lehrt der heutige Tag." General von Colomb sprach dabei die Voraussetzung aus, dass die Bürgerwehr neben den deutschen auch die preussischen Farben führen werde[90]. Das vom deutschen Ausschusse betriebene Vorhaben, den Provinzialverband Posens aufzulösen, schreckte aber mit dem Gespenste der Verarmung sehr viele Ansässige. In Erwägung, dass die Einwohner „grösstentheils von den hier concentrirten Behörden leben," legten am 27. Mai die Stadtverordneten eine entschiedene Verwahrung gegen die vom deutschen Ausschusse beantragte Verbindung der deutschen Theile Polens mit den angrenzenden Provinzen ein, und baten das Ministerium „jeder politischen Reformmodalität, die den theilweisen Ruin der Stadt zur Folge haben müsste," die Zustimmung zu versagen[91]. Dieselbe Stadtverordnetenversammlung (deren Vorsitz H. Maier führte) verlangte aber doch vom Parlamente am 2. Juni mit dem Wahlspruche „Posen in Preussen und Preussen mit Deutschland für immer!" die Aufnahme in Deutschland. Im damaligen Eifer betrieb man auch die Schliessung des katholisch-polnischen Mariengymnasiums. Der Wiederausschluss Posens aus dem deutschen Bunde erfolgte ohne vorgängige Befragung Posens auf den von Preussen am 20. Sept. 1851 gestellten Antrag durch die Bundesversammlung am 3. Okt. 1851.

Dem Bewegungsjahre folgte der Druck einer schlimmen Reaktionszeit, in welcher das Polenthum von neuem Vorsprung erhielt. Der Bazar blieb der Mittelpunkt polnischer Bestrebungen. Die Jesuiten bemächtigten sich jetzt der Vaterlandsliebe der Polen. Das Kloster der Schwestern des heiligen Herzens erzog die vornehmen jungen Polinnen in diesem sowohl patriotischem als jesuitischem Geiste. Die kirchliche Richtung des Polenthums vertrat die polnische Zeitung des Grossherzogthums Posen, die freisinnige Richtung desselben der gleichfalls in Posen herauskommende Dziennik. Am 5. Mai 1859 errichteten in Posen die Polen dem Adam Mickiewicz ein Denkmal, dessen Dichtungen böse, gehässige Worte gegen die Preussen und die Deutschen enthalten. Dass der Erzbischof den 7000 deutschen Katholiken deutschen Gottesdienst bewilligte, wurde ihm schwer verübelt. Die Gegensätze des Volksthums schärften sich. Das Jahr 1861 brachte Schaustellungen, welche die polnischen Massen erregen sollten, am 12. Sept. ein Kirchenfest, welches als ein polnisches unter grossem Zulauf der vornehmen Gesellschaft begangen wurde[92]. Wallfahrten nach und von Tschenstochau wurden gleichfalls zu Kundgebungen des Polenthums zugestutzt. Darauf brach 1862 in der Schützengilde ein Zerwürfniss aus, indem ein Theil derselben die Annahme von deutsch abgefassten Rathserlassen verweigerte. Die Thätigkeit für des alten Polenreiches Wiederherstellung kam in vollen Zug, das heisst, man ging neuer Zerrüttung entgegen. Dass die Kämpfe im russischen Polen, welche 1863 ausbrachen, die Kräfte ablenken und schwächen würden, liess sich nicht vorhersehen; geboten war also die freie Entwicklung der in sich ruhenden deutschen Stärke. Statt dessen bevormundete die Regierung mehr als je, band die selbstständigen deutschen Kräfte nach Möglichkeit und setzte viel daran, einen Geist zur Herrschaft zu bringen, der jedem wahrhaft Gebildeten und dem ganzen Zuge der Zeit zuwider ist. Dunkelmänner thaten sich als Wortführer auf, besassen den Einfluss und

---

Versammlung an die deutsche Nationalversammlung, Beilage V zum Protokoll der 14. Sitzung des Parlaments vom 8. Juni 1848. 88) Beweisende Beilagen zu dem Promemoria gegen den projectirten Anschluss des Grossherzogthums Posen an Deutschland. S. 37. 89) Die Eingabe ist abgedruckt von Hepke, die polnische Erhebung und die deutsche Gegenbewegung in Posen im Frühjahr 1848. Berlin und Posen 1848. S. 80, 81. 90) Zeitung für das Grossherzogthum Posen 1848. Nr. 118. 91) Zeitung für das Grossherzogthum Posen 30. Mai 1848. Nr. 124 Beilage. 92) Allgemeine Zeitung. Augsburg 1861. Nr. 259. S. 4212.

schienen wirklich zu glauben, sie vermöchten auf lange Zeit hinaus sich festzusetzen. — 1853 oder 1854 gründete die Stadt eine Realschule, die keine konfessionelle Anstalt sein, sondern der gesammten Bürgerschaft nützlich werden sollte. In gleicher Absicht schenkte zur Erbauung ihres Schulhauses Hr. Berger 50,000 Thlr. Die der Aufklärung und Humanität feindselige Rotte war auf Einmengung in die Angelegenheiten dieser Realschule bedacht und brachte durch ihren Einfluss zuwege, dass mit Verletzung der Landesverfassung unter Beschönigung durch handgreiflich sofistische Gründe die Anstellung des Dr. Jutroschinski als eines Juden von der Staatsregierung nicht zugelassen wurde, wogegen die Stadtbehörden wiederholt die Landesvertretung anriefen. Solches Gebahren thut überall, wo es Raum findet, dem Deutschthum Abbruch. Die Stadtverordnetenwahlen Ende 1862 wiesen aus, dass die ganze Bürgerschaft freisinnig und dem alten Systeme abhold ist. — Die polnische warschauer Zeitung schrieb 1862 aus Posen: „Das polnische Publikum wendet seit länger als einem Jahrzehnt seine ganze Kundschaft nach Möglichkeit nur den Kaufleuten, Gewerbsmeistern und Handwerkern seiner eigenen Nationalität zu, um das fremde Element nicht zu bereichern. Unglücklicherweise ist jene Möglichkeit noch sehr unvollständig und beschränkt, weil es viele der alltäglichsten, unumgänglichsten Lebensbedürfnisse gibt, für deren Befriedigung keine polnischen Handwerker und Gewerksleute vorhanden sind. Man findet in der Stadt Posen auch keinen einzigen polnischen Namen, keinen einzigen Polen unter den Gerbern, Schleifern, Kammmachern, Kürschnern, Mechanikern, Möbelhändlern, Mützenmachern, Nadlern, Posamentirern, Seilern, Tuchmachern und Uhrmachern; nur 1 Seifensieder, 1 Handschuhmacher, 1 Glaser, 1 Färber und 1 Gelbgiesser polnischer Nationalität ist zu finden — von solchen Gewerbsanstalten, welche für die Befriedigung des Bedarfs und Geschmacks des reicheren und anspruchsvolleren Publikums arbeiten, wie z. B. von fotographischen Anstalten, Spiegel- und Pianofabriken und Niederlagen und Galanteriewaarenhandlungen zu geschweigen.“ So ungleich waren die Vermögensverhältnisse, dass Einkommensteuer nur 89 Polen, hingegen 537 Deutsche und Juden zahlten. Posen hatte 1858: 47543 Bewohner, mitinbegriffen 6290 Soldaten; im December 1861: 51253 Einwohner, mitinbegriffen vom Soldatenstande 7353 (n. a. 7263) Köpfe. Nach der amtlichen Bevölkerungsaufnahme waren 34580 Deutsche, 16673 Polen. Zufolge der Angaben der Familienhäupter waren beider Landessprachen mächtig 22390, blos des Deutschen 21108, blos des Polnischen 7755. Die Stadt hat gegenwärtig 24 katholische, 3 evangelische Kirchen, 1 griechisches Bethaus, 2 Synagogen. Sie ist seit langem der Sitz des Erzbischofs.

Powidz, p. Powice, Powiedz (Janko 1383: Powicz) an einem See. Im Jahre 1243 gab Boleslaus, Herzog von Grosspolen, in Gnesen dem Balduin (probo viro) einen Freibrief über 50 Hufen auf dem Gute Powidz, um daselbst eine Stadt anzulegen, deren Vogt er sein sollte. Das deutsche Recht wurde eingeführt und auf 18 Jahre von allen Zahlungen Befreiung gewährt. Nach Verlauf dieses Zeitraums sollten entrichtet werden von jeder Hufe 4 Scheffel Weizen und ebensoviel Roggen und Hafer, auch (po wiardunku) 1 Denar gewöhnlicher Münze. Damals also schon entstand diese Stadt und zwar als freie. Nachfolgende Könige bestätigten diesen Rechtsbrief. Kasimir III. verkaufte 1365 um 2 Mark in seinem in der Nähe von Powidz liegenden Walde Stawki 20 Hufen dem Martin von Pijotrowitsche, damit er sie als Schulze nach deutschem Rechte austhue, und zwar sollte neumarkter Recht gelten. Die Bewohner wurden von der Gewalt der polnischen Beamten ausgenommen und durften im See fischen. Der Schulze bezog das Drittel der Gerichtsgefälle (**Urk. XXVIII**). Nach diesem Freibrief entstand das Dorf Zielaukowo, welches die Stadt nachmals an sich brachte. In dem Kriege Polens mit dem Orden wurde die Stadt von den deutschen Rittern 1454 überfallen. Bei dieser Heimsuchung verbrannten ihre Urkunden. Die Bewohner wurden beraubt und als Gefangene fortgeschleppt. Auf preussischem Boden zerbrachen sie beherzt ihre Bande und enteilten. Das Kriegsvolk der Ritter holte sie ein; sie setzten sich zur Wehr, kämpften verzweifelt, erschlugen ein paar hundert wohlbewaffnete Feinde und erreichten glücklich Powidz. In Anerkennung solcher Tapferkeit erneuerte König Kasimir IV. am 9. August 1464 ihre Befreiung von polnischen Rechten und Lasten und schenkte der Stadt zu ihrer Aufhülfe sein Tafelgut Wielatkowo, gab auch die Befugniss, im powidzer See zu fischen (**Urk. XXVII**)[1]. Die Stadt besass also die Fischerei. Ein Forst

Powidz. 1) Von Dr. Caro werde ich aufmerksam gemacht, dass die betreffende Urkunde S. 28 nicht 1364, sondern 1464 ausgestellt sein muss, weil 1) sie zu Thorn gegeben wurde, wo Kasimir III. 1364 bestimmt nicht und vielleicht niemals gewesen ist, 2) weil 1364 Friede mit dem Orden war, hingegen auf 1464 die Bezugnahme auf Feindseligkeit mit dem Orden passt, 3) weil

gehörte ihr auch. Die Zahl der ihr zustehenden Kram- und Viehmärkte stieg auf 8, aber Powidz war und blieb Ackerstadt. In späterer Zeit wurde den Juden die Niederlassung in Powidz verboten. Auch wohnte wirklich zu Ende des vorigen Jahrhunderts nur eine jüdische Familie daselbst. Im September 1794 während des Parteigängerkrieges stand General Niemojewski in Powidz. Die Stadt gehörte (1797) dem Starosten Gajewski und bestand am Ende des XVIII. Jahrhunderts aus 2 öffentlichen Gebäuden, 1 Kirche, 108 Wohnhäusern, 7 Mühlen; sie hatte noch 20 wüste Baustellen, wohl von einem Brande, und zählte 602 Bewohner, Polen. Gewerbtreibend waren 9 Tuchmacher, 6 Stellmacher, 5 Schuster, 4 Zimmerleute, 3 Splettreisser, 3 Fleischer, 1 Drechsler, 8 andere Handwerker, 1 Glashändler. Die Kämmereieinnahme betrug 321 Thlr. 1816 hatte die Stadt 128 Feuerstellen und 630 Einwohner (darunter 30 Lutheraner, 22 Juden), u. a. 690, 1837: 1061, 1843: 1169, 1858: 1216, 1861: 1223.

Priment, p. Przemiąt (Przemęt, Przyment, Przementh, Przemanth, Przemauth [?], Przemec, Priement, Prement. Urk. 1242: Premut), am gleichnamigen See in kostener Kreise, war im XIII. Jahrhunderte ein Schloss und ein Starostensitz. Die schlesischen Herzoge befanden sich in seinem Besitze; 1241, bei dem Aufstand und Abfall der Polen, wurde dem schlesischen Boleslaus Burg Priment entrissen[1]. Damals gab es daselbst schon ein Cisterzienserkloster[2]. Eine Stadt entstand, an der eine Vorstadt erwuchs. Die Stadt war unmittelbar, bis der König sie verpfändete. Im Jahre 1408 schenkte sie der König Wladislaus zur Einlösung von dem Pfaudinhaber dem Kloster[3]. Die Geistlichen duldeten nun keinen Juden am Orte. Priment blieb klein, denn es hatte 1458 nur 2 Krieger zu stellen. Es kam zu 3 Jahrmärkten.

---

die Titulatur: magnus dux Lithuaniae, Russiae Prussiaeque dominus et haeres, nie von Kasimir III., wohl aber von Kasimir IV. angewendet wurde. Nun haben zwar die späteren Abschreiber Titulaturen nach ihrer sonst gewohnten Weise manchmal gestellt und, wenn sie ihnen unleserlich waren, gedeutet, wie denn z. B. in der Urschrift von N. XXV S. 27 Cracoviae statt Lithuaniae und Cujaviae statt Livoniae gestanden haben muss, allein die beigebrachten Gründe sind durchschlagend und der Irrthum des Abschreibers ist zu erklären aus der Gleichnamigkeit beider Könige und dem Zusammentreffen der Jahre innerhalb des Jahrhunderts 1364 und 1464. Ich habe abdrucken lassen, wie ich es überkam.

Priment. 1) Bogufal's Chronik (Sommersberg II. 61, wo es castrum Przemanth heisst), Annalen vor dem sogenannten Archidiaconus Gnesnensis. (Ebenda II. 92.) 2) 1242 Raczynski, cod. dipl. maj. Pol. S. 21. 3) Das posener Präsidialarchiv enthält folgende Urkunden über Priment: a) 3. Juli 1408 König Wladislaus schenkt in Cosczan dem Kloster Welen seine Stadt, Przemauth sammt Vorstadt und mehreren Dörfern vom Pfandinhaber einzulösen. b) 2. Juni 1410 Papst Johann XXIII. bestätigt in Bologna die vorige Urkunde. c) 9. Dec. 1411 Proconsul und Schöppen bescheinigen einen vollzogenen Verkauf. d) 6. Jan. 1422 der Vogt von Przemauth, Bürgermeister und Rath, sowie der Notar der Stadt erklären sich über einen Verkauf. e) 27. Sept. 1467 Kaufvertrag vor Abt, Bürgermeister und Schöppen. — Im meseritzer Archive befindet sich nachfolgende Kloster Priment betreffende Urkunde aus dem Jahre 1567: Sigismundus Augustus dei gratia rex *Poloniae* magnus dux *Lithwaniae*, *Russiae*, *Prussiae*, *Masoviae*, *Samogitiaeque* etc. dominus et haeres, significamus hisce literis nostris quorum interest universis et singulis, oblatas esse coram nobis nomine nobilis Joannis Herstopski literas papyreas ex actis castrensibus *Posnaniensibus* emanatas sigillo generosi Jacobi Ostorog *Maioris Poloniae* generalis capitanei nostri communitas, manu vero generosi Joachimi Bukowieczki surrogati castrensis *Posnaniensis* subscriptas, inscriptionem seu obligationem ac in spem et titulum justae reemptionis, alias **na widerkaw**, resignationem villarum et haereditatum Abbatialium seu conventus monasteri *Premethensis* ordinis Cisterciensis videlicet *Radomirz* cum praedio *Guzdzina*, *Gorsko* et *Starkowo* in districtu *Castensi* sitarum, per venerabilem et religiosos Joannem Wegorzewski abbatem *Premethensem*, Mathiam priorem et Albertum provisorem suis et totius conventus dicti monasterii *Premethensis* nominibus, ni summa duorum millium florenorum per triginta grossos computatorum monetae et numeri regni nostri, praedicto nobili Joanui Herstopski vigore consensus desuper a nobis habiti factam et recognitam, in se continentes. Excepta piscatura in lacubus praefatorum bonorum, qua licet pro necessitate sua dictus Herstopski retibus parvis uti poterit, majoribus tamen **Klepamy** dictis, incipiendo ante faestum sancti Michaelis quatuor septimanis usque ad dominicam carnisprivii abstinebit, sed eam ipsam interim pro praedicto Abbate sagena alias **niewodem** piscaturo reservabit, exceptis etiam lacu et pratis in haereditate Mochii existentibus unum *Grizawki* et alterum *Trzetrzewnicza* nuncupatis pro ipso abbate et conventu reservatis, ea quoque condicione specificata, quod ipse Joannes Herstopski et ipsius successores non poterint per eundem abbatem vel successores illius conventumque praefatum de eisdem bonis eximi nisi in sex annis a data praesentis inscriptionis immediate se sequentibus computando et sic consequenter de sexennio in sexennium usque ad praefatae summae plenariam persolutionem dictorum bonorum exemptio procedere debebit. Alias prout inscriptio praefata tuitione sufficienti sub vadio similis summae duorum millium florenorum monetae et numeri regni nostri firmata, de actu et data in castro *Posnaniensi* sabbato ante faestum beatae Mariae virginis proximo anni Domini millesimi quingentesimi sexagesimi sexti proxime praeteriti praemissa latius in suo tenore disponit et testatur. Supplicatumque nobis est ex parte praefati nobilis Joannis Herstopski ut hanc ipsam obligationem seu resignationem bonorum suprascriptorum reemptionalem ratam habere eandemque uti omnium ecclesiarum et monasteriorum supremus tutor, fundator et patronus confirmare dignaremur. Nos itaque petitionis hujusmodi uti justae dignam rationem habentes attendentesque eam ipsam bonorum obligationem, de consensu nostro spetiali propter reipublicae arduam necessitatem literis praefati consensus nostri latius descriptam esse factam, easdem obligationis resignationisque literas approbandas, ratificandas et confirmandas duximus, uti quidem auctoritate nostra regia in omnibus ipsarum punctis, clausulis, articulis et condicionibus, totoque earum tenore, prout in se continentur, perindeque ac si praesentibus de verbo ad verbum ingrossatae et inscriptae fuissent, approbamus, ratificamus et confirmamus hisce literis nostris, decernentes inscriptionem et obligationem, resignationem, vel ipsam pro parte dicti nobilis Joannis Herstopski factam et omnia ejus contenta robur debitae firmitatis obtinere debere. In cujus rei fidem ac firmius testimonium sigillum nostrum praesentibus est appensum. Datum *Petricoviae* in comiciis regni nostri generalibus, feria sexta in crastino faesti ascensionis Domini nostri Jesu Christi in caelum, anno nativitatis ejusdem millesimo quingentesimo sexagesimo septimo, regni vero nostri anno trigesimo octavo. Valentinus Dembyenski R. P. Cancl. statuit. Relatio magnifici Valentini Dembienski de Dembianii, regni Poloniae Cancellarii etc.

Nahe dem Schlusse des XVIII. Jahrhunderts wurde Priment am 1. Juni 1797 auch des Stadtrangs verlustig und zum Marktflecken erklärt, bald darauf der Abtei die Grundherrlichkeit entzogen und vom Könige der Ort dem preussischen Feldmarschall Grafen Keyserlingk überlassen. Am Ausgange des vorigen Jahrhunderts bestand Priment ausser dem Kloster (mit 20 Insassen) und der Kirche aus 38 Gebäuden, von denen eines das Gemeindehaus war, und zählte 252 Einwohner; konnte also füglich nur als Dorf betrachtet werden. Die Kämmerei hatte einen jährlichen Ueberschuss von etwa 20 Thalern. Einen Nachtwächter hielt der Ort. Einen Organisten und 5 andere Musiker, 3 Branntweinbrenner, -Schänker und Gastwirthe und 20 Handwerker gab es dazumal in Priment. Unter letzteren wird ein Ziegelbrenner aufgeführt: die Wohnhäuser waren aber alle mit Stroh und Schindeln gedeckt. Sein jetziger Name ist Primensdorf.

Pudewitz, p. Pobiedziska, Pobiedzisko, Powiedzisk (Urk.: 1254 Pobedysche **Urk. IV**, 1278 Pobodis[1], 1312 Pobedist[2], 1458 Pobyedziska[3]), als Stadt schon vor 1258 angelegt. In diesem Jahre verkaufte schon Herzog Premisl die dasige Vogtei. Pudewitz war im Genuss des magdeburgischen Rechtes und unmittelbar dem Landesherrn untergeben. Seit 1296 hatte es zum Herrn den glogauer Herzog Heinrich II. In der Theilung unter dessen Söhnen 1312 ward es dem Bolko und Konrad zugewiesen: sehr bald entriss es diesen jedoch der Polenkönig. Um 1331 war die Stadt selbst unbefestigt, indess neben ihr lag eine Burg; in ihr war eine Kirche und eine Schule (schola parvorum)[4]. Damals nahmen die Ordensritter Pudewitz ein und brannten es ab; nichts blieb von ihm stehen als das Schulhaus. Später wieder aufgebaut, hob es sich zu einiger Bedeutung. 1425 huldigte die Stadt dem Wladislaus (**Urk.** S. 149). Auf ansehnlichen Umfang der Stadt lässt schliessen, dass ihr 1458 die Stellung von 15 Kriegern auferlegt ward. Indessen verlor sie ihre Unmittelbarkeit. Wladislaus verpfändete sie zuerst an Dobrogost Kolinsky, dann erlaubte er 1433 dem Albert von Tuliszow, sie von diesem um 20 Mark einzulösen; es geschah und 1434 verschrieb er dazu noch 50 Mark auf Pudewitz[5]. Von diesem ging sie 1442 sammt allen zugehörigen Dörfern und Einnahmen in den lebenslänglichen Pfandbesitz[6] des Lukas von Gorka über; dieser zahlte dem König Kasimir Gelder; 1444 kamen dazu neue 500 Mark Schulden. 1471 kam es darauf zum förmlichen Verkauf der Stadt an die Gorka's. Obgleich sich Kasimir bis zum nächsten Jakobstage den Rückkauf um 4636 ungarische Gulden[7] vorbehielt, konnte er doch nicht zahlen und sie blieb den Gorka's. Zwischen 1492 und 1497 gab aber seines gleichnamigen Enkels Vormund Uriel, Bischof von Posen, Lukas' Sohn, Pobiedziska an die Krone zurück. Später focht jedoch Lukas von Gorka (der Enkel) diese Handlung seines Vormundes als eine unbefugte an und bewies sein Recht auf Pobiedziska, verzichtete indess durch einen Vergleich gegen Schadloshaltung auf seine Wiedereinsetzung in den Besitz von Pobiedziska[8]. Mittlerweile verpfändete 1499 König Johann Albert die Stadt oder ihren Ertrag schon wieder, und zwar um 1800 ungarische Gulden dem Rafael von Leschno[9]. Doch wurde sie nachher abermals unmittelbar. 1511 verpfändete sie Sigismund von neuem um 200 ungarische und 2020 gewöhnliche Gulden an Lukas von Gorka[10]. Indessen verlor die Stadt ihre Urkunden und ging König Sigismund I. um Ausstellung neuer Urkunden an. Der König liess durch seinen Hauptmann von Grosspolen den Umfang ihrer alten Rechte erheben und stellte ihr darauf am 24. Mai 1513 einen dieselben erneuernden Freibrief aus. Danach fielen der Stadt die Einnahmen von den Bänken der Fleischer, Schuster und Bäcker, von den Buden auf dem Markte, vom Bade, von den nahen Waldungen zu, und ihre Bewohner waren von Zöllen und Marktgeldern 7 Meilen um die Stadt befreit, mussten jedoch für die Wiesen jährlich 3 Tage Dienst leisten und waren Reitpferde zur Weiterbeförderung von Beamten zu stellen verpflichtet. Die Stadt hatte ihren Wochenmarkt am Dinstag und hielt einen Jahrmarkt (**Urk. LXXXVI**). Diese Urkunde bestätigten die Könige Sigismund II. August 1561 (**Urk. CXIII**) und Stefan 1576 (**Urk. CXXII**), Sigismund III. 13. April 1598. Pobiedziska war Starostei. Der Protestantismus drang ein, jedoch erst nach langen Bemühungen durfte die lutherische Gemeinde sich eine Kirche bauen, in

---

Pudewitz. 1) Cod. dipl. Pol. I. 99. 2) Sommersberg, Scriptores rerum Silesiacarum I. 869. 3) Raczynski, cod. dipl. maj. Pol. S. 182. 4) Urbs non est planeata, sed. castrum. Aussage in den Lites et res gestae inter Polonos ordinemque. Herausgegeben vom Grafen Dzialinski. Posen 1855. 1. 305, 306. 5) Inventarium diplomatum in arce cracoviensi. Paris 1862. S. 299. 6) (Jus advitalicium) ebenda S. 300. 7) Ebenda S. 302. 8) Urk. von 1513. Raczynski S. 202 ff. Vgl. Filehne, Kosten und Wronke. 9) Urk. von 1500. Cod. dipl. Pol. II. 968. 10) Inventarium S. 303.

welcher der Pastor von Schwersenz Gottesdienst hielt. Die Stadt kam nach und nach zu 9 Kram- und Viehmärkten. Zur Quart zahlte 1775 Pudewitz 1875 p. Gulden. Als die Stadt preussisch wurde, gehörte sie dem Starosten von Niegolewski. Am Ausgang des XVIII. Jahrhunderts bestand Pudewitz aus 2 öffentlichen Gebäuden, 3 katholischen Kirchen, 1 evangelischen Kirche, 144 Wohnhäusern, 4 Mühlen und hatte 796 Einwohner, worunter 84 Juden waren. Gewerbtreibend gab es 34 Schuster, 7 Schlächter, 7 Brauer, 6 Branntweinbrenner und Schänker, 1 Weinhändler, 6 Leinweber, 5 Schneider, 4 Kürschner, 3 Stellmacher, 3 Tuchmacher, 3 Hufschmiede, 9 andere Handwerker, 4 Musiker. Die Kämmereieinnahme betrug 30 Thlr. 1816 betrug ihre Einwohnerzahl 1153, im Jahre 1816: 1517, 1843: 1519, 1858: 1735, 1861: 1802.

Punitz, Puniz, p. Poniec, Ponicez, Ponic, Ponice, Punice (Urk. 1312: Ponecz, 1458: Ponyecz. Chronisten des XIV. Jahrhunderts: Ponez, Ponitz, Janko: Ponecz), einst an einem See, von dem die Sandhügel des Dorfes Schmilowo geblieben sind, durch den der Bach Samnitza floss, nahe der schlesischen Grenze auf der alten Handelsstrasse, die von Posen über Schrimm nach Schlesien führte. Ein Schloss und eine Zollstätte der Fürsten war daselbst. Am Anfange des XII. Jahrhunderts wird des Ortes gedacht[1]. Von 1298 an stand er unter schlesischen Herzögen und war der Mittelpunkt eines Kreises[2]. Im Jahre nach deren Theilung 1313 soll die Stiftungsurkunde der Stadt von ihrem Herrscher Herzog Heinrich ausgestellt worden sein: sie konnte in neuerer Zeit nicht wieder aufgefunden werden, aber man hat stets dafür gehalten, dass deutsches Recht gelte. Die Stadt blieb nur kurze Zeit bei ihrem Stifter, bewahrte indess unter den polnischen Königen ihre Stellung. Im Jahre 1366 erwarb die Stadt das Dorf Schmilowo. Herzog Konrad von Oels suchte sich während der Zerwürfnisse in Polen 1383 in ihren Besitz zu bringen. Tomislaus Wischota lag in der Burg; mit ihm einigte sich Konrad; er gewann sie ohne Kampf, aber besetzte sie nicht mit muthigen Mannen. Als bald darauf der Hauptmann von Polen, Domarat, Punitz nahte, zündete die Besatzung die Burg an und entwich[3]. Die Stadt ging dabei wohl auch in Flammen auf. Domarat suchte die Burg sogleich herzustellen; die Stadt soll erst 1392 wieder aufgebaut worden sein. Sie erscheint später im Besitze eines Grundherrn. In den letzten Jahrzehnten dieses Jahrhunderts änderte sich auch der Handelszug. Wladislaus II. gebot deshalb 1398, dass die polnischen Bürger sowie Händler die alte Strasse nicht verlassen sollten, sondern über Punitz reisen und daselbst von jedem Pferde einen halben Groschen, Ausländer jedoch einen Groschen erlegen (**Urk. XXXX**). Dieses Verbot, auf anderem Wege zu reisen, erneuerte bei angedrohter Wegnahme der Waaren Wladislaus III. 1441 und schenkte zugleich dem Grundherren Bartosch von Sokolowo den festgesetzten Zoll[4]. Auf die Bitte des Grundherrn Ambrosius Pampowski gab König Alexander 1504 dazu seine Bestätigung (**Urk. LXXIX**). Auch König Stefan bekräftigte dies 1578. Den Strassenzwang suchte man fortwährend aufrecht zu erhalten, 1601 wurden die ihn betreffenden früheren Urkunden in die Akten des posener Landgerichtes eingetragen und von König Sigismund genehmigt, ebenso von Wladislaus IV. 1633. Jenem Ambrosius Pampowski erlaubte König Alexander 1564 auch die Einführung wöchentlicher Pferdemärkte. Im Besitz des Ortes befand sich im XVI. Jahrhunderte die Familie Ostoi, die sich nach ihm Poniecki nannte. Ein Ostoi, Mathias Chelmski, bekannte sich im Jahre 1571 zu den böhmischen Brüdern und räumte diesen, die also auch in Punitz Platz und Anhang gefunden hatten, die Pfarrkirche ein. 1578 war Grundherrin Katharina von Marszewo, Wittwe des Stanislaus Rydzynski; 1601 Anna Rydzynska de Wierzbno, Gemahlin des Andreas Raszkowski von Gorka. Die Raszkowski's hielten sich wieder zu den Katholiken. Juden durften in Punitz nicht wohnen. Später gehörte es den Unruh's. Die blühende Stadt kam herunter durch die Pest, welche nach lange anhaltendem Regen 1606 ausbrach und ein volles Jahr wüthete. Ganze Strassen starben aus. Der Theil, welcher nachmals der Wall hiess und zum Viehmarkte diente, war vor der Pestzeit eine von Tucharbeitern bewohnte Gasse. Nachdem während der Pest der reformirte Prediger Kornelius Valentinus nach Waschke geflüchtet war, bemächtigten sich die Katholiken der reformirten Kirche; der Grundherr wies sie ihnen zu. Manche Schlesier nahmen hier in der Zeit des 30jährigen Krieges dennoch ihren bleibenden Aufenthalt. Der Besitzer von Waschke, Zawadski, baute in seinem Gute den Reformirten eine

Punitz. 1) Chronica Lechitarum (Stenzel, Scriptores rerum Silesiacarum I. 13). 2) Sommersberg, Scriptores rerum silesiacarum I. 869. 3) Janko, archidiac. gnesn. (Sommersberg II. 149. 150). 4) Raczynski p. 137.

Kirche. Im Schwedenkriege, am Anfange des XVIII. Jahrhunderts, war die Umgegend zu wiederholtenmalen der Schauplatz von Gefechten. Nach den Kriegsgräueln wütheten Seuchen in Punitz, wie in Grätz und Kosten. Die Stadt baute sich ein Brauhaus und kam zu 9 Jahrmärkten. Besitzer war gegen Ende des vorigen Jahrhunderts Graf Mielzynski. In unserm Jahrhunderte gehörte es der Gräfin Mycielska(?). Am Anfang des XIX. Jahrhunderts war Punitz eine Stadt von 258 Wohnhäusern, 2 öffentlichen Gebäuden, 3 katholischen mit vielen Aeckern ausgestatteten Kirchen, von denen eine sehr stattlich ist, und 31 Mühlen, sowie 1469 christlichen Bewohnern (theils Polen, theils Deutschen, zum Viertheil Katholiken, die Mehrzahl Reformirte und Lutheraner), von denen 47 Brauer, 31 Müller, 23 Schuster, 18 Leinweber, 16 Fleischer, 10 Stellmacher, 9 Mehlhändler, 9 Schneider, 7 Böttcher, 6 Bäcker, 5 Tischler, 5 Hufschmiede, je 4 Branntweinbrenner, Bäcker, Töpfer, Tuchmacher, je 3 Oelschläger, Seiler, Schlosser, Barbiere, je 2 Gastwirthe, 1 Weinhändler, Ziegelbrenner, Schornsteinfeger, Maurer, Glaser, Seifensieder, Nagelschmied, Musiker, Maler waren. Ein Doctor der Heilkunde wohnte in Punitz. Die Stadt hielt 2 Nachtwächter und bezog eine Kämmereieinnahme von 1097 Thlrn., aber deren Ausgabe belief sich eben so hoch; die Stadt war mit 2697 Thlrn. Schulden belastet. Im Jahre 1816 gab es daselbst 1350 (also weniger), im Jahre 1837: 1680, 1843: 1717, 1858: 1943, 1861: 1958 Einwohner. Die Städteordnung wurde am 13. Febr. 1836 verliehen. Im Bewegungsjahre 1848 ergriff Punitz gegen die polnische Reorganisation Partei, beschickte im April die in Rawitsch gehaltene Versammlung der Deutschen und betheiligte sich an der Bildung des Centralausschusses für den Westgürtel in Meseritz.

Radolin unweit der Netze. Das älteste Vorkommen dieses Namens ist in einer Urkunde von 1390, in welcher ein Dr. Petrus de Radolina genannt wird. Radolin gehörte zur Herrschaft Behle (Biala), deren Besitzer die Poniatowski waren[1]. Im XVIII. Jahrhundert waren Grundherren die in Behle wohnenden Radolinski, die ihren Namen wahrscheinlich von dem in der koniner Gegend gelegenen Dorfe Radolino führten. August III. ertheilte am 13. Jan. 1759 dem Grafen Radolinski einen Freibrief zur Gründung einer Stadt, Namens Radolin, und dieser Grundherr stellte am 2 Sept. 1764 der Stadt eine Urkunde aus, kraft deren ihre Einwohner sich alljährlich ihre Obrigkeit wählen durften. Die deutsche Stadtverfassung trat damit ein, obwohl über die Rechtsverhältnisse jene gutsherrliche Erklärung nichts festsetzte. Tuchweber evangelischen Bekenntnisses liessen sich in Radolin nieder. Die Gemeinde war nach Schönlanke eingepfarrt. 1772 kamen die Preussen nach Radolin als Herren. 1788 hatte der Ort 46 Häuser und 467 Bewohner, am Anfange des XIX. Jahrhunderts schätzte man seine Einwohnerzahl (vielleicht wie gewöhnlich zu hoch) auf 900. Besitzer ward Hr. Livonius auf Behle. 1816 zählte man 601 Bewohner, von diesen waren 506 Lutheraner, 92 Katholiken, 3 Juden. 58 Tuchwebstühle befanden sich im Gange, auch der Viehstand war nicht unbeträchtlich. 1837 bewohnten den Ort 651 Menschen in 85 Häusern. Ein evangelisches Bethaus war vorhanden. 1843 zählte man 721 Einwohner. Im Sturmjahre 1848 erklärte sich auch Radolin gegen die polnische Reorganisation, wollte deutsch regiert sein. 1855 bestand die Stadt aus 81 Feuerstellen und hatte 703 Bewohner (575 Evangelische, 117 Katholische, 11 Juden). Bei der Stadt war eine Walkmühle und eine Kalkbrennerei mit 13 Betreibenden (Evangelische)[2]. Radolin wurde aus dem Range einer Stadt gesetzt und bei der Zählung 1858 (welche 728 Einwohner ergab) als Dorf angesehen.

Rakwitz, Raekwitz, polnisch Freistadt, p. Rakóniewice, Rakonowice, auf einer Anhöhe. Ein Lucco von Racwicz kommt in einer Urkunde 1339 (XXII) vor; ein Lustko Rakwicz 1404 (XXXXII). Bei dem Dorfe Rakonewice gründete diesen Ort der Grundherr Christof Grzymultowski auf magdeburger Recht für evangelische Deutsche. Die lateinische Urkunde hierüber ist von König Johann Kasimir am 24. Febr. 1662 ausgestattet worden. Alle polnischen Rechte, welche das magdeburgische Recht in Verwirrung bringen könnten, wurden abgethan und zu seiner Aufrechthaltung sollte eine Ortsobrigkeit gewählt werden. Auf Verletzung dieses Freibriefes wurde eine Busse von 1000 ungarischen Dukaten gesetzt, ein Vorbehalt jedoch für die Rechte sowohl des Königs als der katholischen Kirche gemacht. Der Stifter verlieh der Stadt auch ein Wappen, da die anderen Städte besondere Wappen zu führen pflegten. Das-

---

Radolin. 1) Holsche, der Netzdistrikt Königsberg 1793. S. 127. 2) Verzeichniss sämmtlicher Ortschaften des Regierungs-Bezirks Bromberg. Bromberg 1860. S. 34.

selbe bestand in einem Baumstamm im blauen Schilde, durch den von oben herab schräg nach der Linken ein Schwert geht. Nach dem Willen des Stifters sollte die neue Stadt den Namen Freystadt führen, allein dieser Name hat den alten Dorfnamen nicht verdrängt, obwohl er vorkommt. Daraus dürfte zu entnehmen sein, dass nur geringer deutscher Zuzug kam und der Ort mehr aus dem schon vorhandenen Dorfe herauswuchs. Indessen war doch 1797 nur der vierte Theil der Bewohner polnisch. Von dem Grzymultowski ging der Besitz an Matthias Radomicki über, der 1696 den Gründungsbrief bestätigte. 1708 brannte die grössere Hälfte der Stadt ab. Die Einwohner erbauten ausser dem Rathhause eine lutherische Kirche, ein Spritzenhaus, Brauhaus, Schiesshaus. Die lutherische Kirche wurde ihnen jedoch von der katholischen Geistlichkeit wieder weggenommen. Die Stadt erhielt 9 Jahrmärkte; ihre Getreidemärkte waren nicht unerheblich. Besitzerin war gegen Ende des vorigen Jahrhunderts die verwittwete Kastellanin von Zakrzewski. Am Ausgange desselben bestand die Stadt aus 176 Wohnhäusern, 21 Mühlen, 6 öffentlichen Gebäuden (darunter 1 katholische und 1 evangelische Kirche) und war von 1118 Menschen bewohnt, von denen 105 Juden waren. Die Stadteinnahme betrug in einem Jahre 613 Thlr. Gewerbtreibend waren 37 Schuster, 20 Müller, 20 Mehlhändler, 12 Tuchmacher, 11 Huf- und Waffenschmiede, 10 Brauer, 10 Kürschner (einer davon Jude), 8 Schneider, 8 Lederhändler, 8 Bäcker, 7 Fleischer, 6 Stellmacher, 5 Töpfer, 4 Böttcher, 4 Lohgerber, 4 Branntweinbrenner, 3 Tischler, 3 Leinweber, 2 Gastwirthe, 3 Eisenhändler, 2 Mechanici, 1 Weinhändler, Glashändler, Steinhändler, Seifensieder, Pfefferkuchenbäcker und 16 andere Handwerker. In neuerer Zeit trieben die Rakwitzer Handel mit Blutegeln und fertigten Kaffeemühlen an. 1816 zählte man 1203 (n. a. 1285), 1837: 1676, 1843: 1716, 1858: 1947, 1861: 2042 Einwohner. 1837: 190 Häuser. In unserem Jahrhunderte gehörte die Stadt den Czarnecki's.

Raschkow, p. Raczków, Raszkowo am Olabok, mittelbare Stadt, gehörte im XVII. Jahrhunderte dem Peter Sziminuta, der am 6. Sept. 1637 Deutsche zur Niederlassung in ihr mit dem Zugeständniss deutscher Freiheit einlud (vgl. Kobilin), worauf auch geflüchtete Protestanten hier ihren Aufenthalt nahmen. Der Ort kam zu jährlich 7 Kram- und Viehmärkten, die nicht ganz unbedeutend waren. Am Ausgang des vorigen Jahrhunderts bestand Raschkow aus 118 Wohnhäusern, 6 Mühlen, 2 Kirchen, hatte 23 Bauplätze, wohl in Folge von Bränden, und zählte 692 Bewohner, unter denen nur 13 Juden waren. Gewerbtreibend waren 17 Branntweinbrenner, 7 Bierbrauer, 5 Müller, 3 Bäcker, 2 Fleischer, 18 Schuster, 9 Stellmacher, 5 Töpfer, 5 Schneider, 4 Leinweber, 3 Böttcher, 3 Kürschner, 2 Tischler, 1 Tuchmacher, Oelschläger, Riemer, Schlosser, Schmied, Zimmermann, Barbier, Musikus. Die Stadt machte eine Kämmereieinnahme von 194 Thlrn., hielt 2 Nachtwächter. 1816 zählte sie 830 Einwohner. Gerberei wurde in preussischer Zeit stark betrieben. 1837 hatte Raschkow 130 Häuser, 1 katholische Kirche und 1605 Einwohner, 1843: 1571, 1848: 1638 (und zwar 1146 nur polnisch, 10 nur deutsch Redende, während 482 beider Sprachen mächtig waren), 1858: 1212, 1861: 1381 Einwohner. Im März und April des Jahres 1848 walteten die Polen in Raschkow. Am Frühmorgen des 26. April in der 4. Morgenstunde erschienen preussische Truppen, vom Oberstleutnant von Bonin geführt, vor Raschkow, von Ostrowo her. Als sie auf Gewehrschussweite vor den Eingängen anhielten, wurde von den Polen auf sie Feuer gegeben. Nach einstündigem Kampfe nahmen die Soldaten die Stadt ein und verfolgten die auf der pleschener Strasse fliehenden Aufständischen.

Rawitsch, p. Rawicz, die Gegend, in der es liegt, kam 1342 von Schlesien ab. Seine Entstehung verdankt es der Trübsal des dreissigjährigen Krieges. Aus Deutschland flüchtige Protestanten, denen Adam Adalbert Prusimski (Przyjemski) Graf zum Görchen in seinem Dorfe Sierakowo 1632 Unterkommen gewährte, legten es an. König Wladislaus IV. soll ihm am 24. März 1638 einen von vielen polnischen Grossen unterschriebenen Berechtigungsbrief zu einer Stadtgründung ertheilt haben[1]. Der Grundherr rühmte sich dem Beispiele seiner Vorfahren nachzufolgen, die Krakau, russisch Lemberg und Posen erbaut hätten, und wählte seinen alten Familiennamen für den Ort. Da er die Zuneigung der freien deutschen Nation wohl verspüret — sagt er in seiner Urkunde vom 20. April 1639 — so gewähre er den Einwohnern das magdeburger Recht, spreche alle, die hier wohnen wollten, frei von Diensten und Robotten. Die Einwohner sollen gleichmässige Freiheit mit den grössten Städten Deutschlands geniessen,

---

Rawitsch. 1) Sirisa (d. h. Hübner), Historisch-statistisch-topographische Beschreibung von Südpreussen und Neu-Ost-

welche sich des magdeburgischen Rechtes bedienen. Er will alljährlich aus 8 vorgeschlagenen Bürgern den Bürgermeister und 5 Rathsherrn ernennen. Auf 12 Jahre befreite er die Stadt von öffentlichen Abgaben, auf immer von Zöllen, gestattete alle Handwerke zu betreiben und Wochenmärkte, sowie auch 4 Jahrmärkte zu halten. Wer Leinen, Hanf und Salz ausführen wolle, solle vorher, bei Verlust seiner Waare, die Stadt nicht meiden. Zum Sigel gab er der Stadt das Zeichen einer auf einem Throne sitzenden Jungfrau im gelben Felde. Die Stelle, auf der Rawitsch sich erhob, hat auf zwei Seiten Sandberge und soll der alte Boden eines Seees sein: man weist auch darauf hin, dass bei dem nahen Sierakowo morastiger Wiesengrund ist. Auf die Sandberge wurden Windmühlen gesetzt. Die ursprüngliche Anlage wird wohl ebenso gewesen sein, wie die spätere nach dem Brande: ein Viereck; in der Mitte des Marktes das Rathhaus, vom Markte auslaufend 4 grade Hauptstrassen nach den Thoren. Der Gründer Adam war eifriger Protestant und stiftete 1639 die evangelische Kirche; sie wurde am Sonntag Rogate durch Vincenz Stephani eingeweiht und diente auch den Lutheranern des nahen Görchen, deren Kirche eingezogen worden war. Die Katholiken waren zum Dorfe Laszyn eingepfarrt. Eine katholische Kirche in Rawitsch machte ein späterer Grundherr Johann Opalinski 1673 zu einer Reformatenkirche, so dass die Franziskaner hier eine Niederlassung gewannen. Der Schutz, den Adam gewährte, zog manchen vermögenden und gewerbfleissigen Schlesier nach Rawitsch. Die einige Jahre nach der Gründung festgestellte Satzung der Stadt[2] nahm an, dass wenn Eheleute ein Jahr lang zusammengelebt hatten, Gütergemeinschaft eingetreten sei, und bestimmte, dass nach dem Ableben des Mannes die Frau ein Drittel der gesammten Habe, nach dem Ableben der Frau der Mann zwei Drittel erbe, das Uebrige den Kindern gehöre. Die Handwerker richteten sich in Zünften ein und Tuchmacherei kam in Aufnahme, obschon das Tuch zum Walken eine Tagereise weit nach Luschwitz gebracht werden musste. Die rawitscher Tuchmacher nahmen 1640 Fraustadts Zunftordnung an (**Urk. CLXXII**) und holten, als sie 1695 mit den Leinwebern in Zwist geriethen, für ihre Willkür die grundherrliche Anerkennung ein. Rawitscher Tuch ging über Polen, nach Schlesien und Böhmen, in's russische Gebiet bis tief nach Asien. Der Grundherr suchte jedoch von dem blühenden Gewerb übermässigen Gewinn zu ziehen, indem er die Tuchmacher nöthigte, ihm seine Wolle für allzuhohe Preise abzukaufen. Er veräusserte auch nach und nach die ursprünglich zur Gemeindehutung bestimmten Fluren. Eine Druckerei wurde nach einer Angabe schon im XVII. Jahrhundert in Rawitsch angelegt. Die Stadt ward mit Graben und Mauern umgeben und ordentlich gepflastert, der Wall durch eine Weidenanpflanzung zu einem Spatziergang gemacht. Sie hatte Mittwochs und Sonnabends Wochenmärkte und jährlich 4 Krammärkte, von denen der erste auch Viehmarkt war. Aus der Hand der Katharina Opalinska kam Rawitsch an Leszczynski. Am 14. November 1704 kam Karl XII. König von Schweden nach Rawitsch und verweilte längere Zeit[3]: aber der von ihm geführte Krieg war Rawitsch verderbenbringend. Ein Parteigänger Oberst Schultz, Befehlshaber der Moskowiter, legte am 18. Juli 1707 die Stadt in Asche, auch das herrschaftliche Schloss wurde geplündert und angezündet. Die Stadt wurde bald darauf neu aufgebaut. 1710 und 1711 wütheten Seuchen, denen 1835 Einwohner erlagen. Dem Wiederaufbau einer lutherischen Kirche wurden grosse Hindernisse entgegengestellt: das dazu bereite Holz blieb 6 Jahre liegen, bis sie überwunden waren und die Ausführung 1724 und 1725 erfolgen konnte. Eine Vorstadt erwuchs. Die Stadt baute ausser dem gemauerten Rathhaus mit der Wage und dem Spritzenbehältniss ein Stadtmagazin von Holz und erwarb sich eine Malzmühle, einen Ziegelofen sowie 8 Vorwerke. Die Branntweinbrennerei ward von der Stadt in Pacht ausgethan. Bier durften die Bürger brauen. Im siebenjährigen Kriege litt Rawitsch durch die Russen sehr, schon 1757; 1761 legten sie hier ihre Speicher an. Im September 1761 versuchten die Preussen diese wegzunehmen, aber ihr Unternehmen misslang. Eine höhere Bürgerschule ward errichtet und eine Druckerei 1759 angelegt. 1768 zündeten die Konföderirten die Stadt an und sie brannte grossentheils ab. Während des Parteigängerkrieges zur Erhaltung Polens rückten am 25. August 1794 Polen ein, aber Preussen folgten ihnen und ehe diese am 26. August einzogen, wichen die Polen aus Rawitsch. Als der Ort zu Preussen kam, war Graf Johann Nepomuk Mycielski (nach Büsching das Haus Sapieha) Besitzer; die Stadtobrigkeit bildeten

preussen, Leipzig 1798. I. 484. Nach seiner Angabe gehört die Stadt ehedem dem Hause Sapieha. 2) Sie sollen abgedruckt sein im Jahrgang 1846 des Neuigkeitsboten für Rawitsch und Krotoschin. 3) Adlerfeld, hist. mil. de Charles XII., I. 399.

damals ein Polizeibürgermeister und 2 Rathmänner, ein Justizbürgermeister und 1 Justizrathmann. Die Stadt hielt 1 Rathsdiener, 2 Stadtwachtmeister, 3 Thorwächter, die den Dammzoll einnahmen und 4 Stadtdiener oder Nachtwächter. Am Ausgange des vorigen Jahrhunderts bestand Rawitsch aus 8 öffentlichen Gebäuden, 2 Kirchen, 1 Kloster mit 21 geistlichen Männern, 873 Wohnhäusern, von denen 33 Ziegeldach hatten, und 74 Mühlen. Die Strassen waren gepflastert. Bewohnt war Rawitsch von 7136 Menschen, von denen 948 Juden, weniger als ein Zehntheil Katholiken, die anderen Lutheraner waren. Gewerbtreibend waren 355 Tuchmacher, die für 194,600 Thlr. Waare, die grösstentheils nach Russland ging, verkauften, 250 Wollkämmer, 32 Leinweber und Leinenzeugdrucker, 3 Färber, 3 Strumpfstricker und -wirker, 40 Schneider, 3 Perrückenmacher, 25 Kürschner, 4 Gerber, 51 Schuster und Leistenschneider, 10 Sattler und Riemer, 6 Handschuhmacher, 6 Hutmacher, 14 Knopfmacher, 9 Stellmacher, 9 Böttcher, 8 Tischler, 16 Zimmerleute, 4 Drechsler, 7 Seiler, 7 Hufschmiede, 2 Kupferschmiede, 1 Klempner, 1 Nadler, 1 Zinngiesser, 1 Siebmacher, 2 Nagelschmiede, 4 Schlosser, 1 Gürtler, 3 Kammmacher, 2 Korbmacher, 4 Töpfer, 2 Glaser, 4 Seifensieder, 1 Schieferdecker, 1 Ziegelbrenner, 1 Oelschläger, 1 Wachsbleicher, 2 Stärkemacher; ferner 80 Müller, 33 Bäcker, 39 Fleischer, 11 Brauer, 1 Grützmacher, 2 Honigküchler, 3 Goldschmiede, 5 Gastwirthe, 2 Uhrmacher, 1 Mechanikus, 1 Buchdrucker, 3 Buchbinder, 10 Musiker, 63 Händler (davon 9 mit Tuch, 30 mit Vieh, 2 mit Wein), 3 Aerzte, 2 Apotheker. Am Anfange unseres Jahrhunderts ward sie abermals von einer grossen Feuersbrunst betroffen[4]. Die lutherische Kirche baute Langhans schön auf. Auch das neuerbaute Rathhaus wird gelobt. Im Jahre 1816 gab es nur 320 Tuchmachermeister, welche auf dritthalbhundert Stühlen Tücher verfertigten, die Leinweberei hielt 30 Stühle im Betriebe. Die Einwohnerzahl betrug 7456 (1200 Juden). Ein Landgericht bekam seinen Sitz in Rawitsch. Bereits am 17. Juli 1832 ward Rawitsch die Städteordnung verliehen. Zur Ständeversammlung erhielt die Stadt das Recht der Vertretung. Rawitsch gehörte damals noch den Grafen Mycielski, aber diese fielen in Unvermögen ihre Schuldenlast zu tragen; ein langer Rechtsgang erfolgte, den endlich der Direktor des Landgerichts zu Fraustadt Neigebaur 1836 zu Ende brachte und zwar in solcher Weise, dass Rawitsch unmittelbare Stadt wurde. Sie ernannte ihn dafür zum Ehrenbürger. Aus dem Kloster ward ein Straf- und Arbeitshaus gemacht; eine Kreisschule, die zur Bürgerschule ward, eine Vorbereitungsanstalt für Seminaristen, ein Waisenhaus, ein Spital wurden eingerichtet. Die Präparandenanstalt ward 1837 oder 1838 wieder aufgehoben. Die Stadtwälle wurden in den vierziger Jahren abgetragen und in Spatziergänge umgewandelt. Tuchmacherei blieb in starkem Betriebe, Kürschner und Kupferschmiede lieferten gute Waaren. Eine Tabaksfabrik kam auch empor. Im Jahre 1837 betrug die Bevölkerung 8316 Menschen, 1843: 9315, 1858: 10062, 1861: 10408 (davon 652 Militärbevölkerung). Im Jahre 1848 nahm Rawitsch eine entschiedene Stellung ein. Die Stadt hatte freie Hand, da in ihr Soldaten lagen. Zwar erschienen Leiter der Polen, Oberst von Budziszewski, von Wilczynski, Koczorowski, Jankowski u. a., versuchten die Landleute in Bewegung zu setzen, verlangten, dass Major Bosse die Stadt übergebe, und drohten mit einem Angriff: allein sie stiessen auf festen Widerstand. Stadtrath und Stadtverordnete beschwerten sich am 27. März über dies Gebahren bei dem Polenausschuss in Kröben und sprachen mit der Bürgerschaft am 28. März in einer Eingabe an den König ihren Wunsch aus, deutsch zu bleiben. Indem sie anerkannten, dass auch die Polen begründete Ansprüche an das Land hätten, gestanden sie sowohl die Unausführbarkeit einer Vereinigung des ganzen Grossherzogthums mit dem deutschen Bunde als die Gerechtigkeit einer polnischen Umgestaltung zu: für sich selbst jedoch begehrten sie von dieser letzteren nicht betroffen, sondern vielmehr mit den Grenzstädten Schlesien einverleibt zu werden. Rawitsch war im April dieses Jahres ein Mittelpunkt für die Städte Bojanowe, Görchen, Jutroschin, Punitz, Sarne, die mit ihm sich feierlich gegen jede Veränderung im polnischen Sinne verwahrten.

Reisen, Reiszen, p. Rydzyna, Rydszna. Die böhmischen Grafen Wirbna legten es an, bauten Schloss und Kirche und hiessen nach dem Orte die Rydzynski. Die Stiftungsurkunde der Stadt ist verbrannt, doch enthält das Stadtsigel die Jahreszahl 1422 und deutsches Recht galt. Da es 1458 schon eine

---

Lundblad, Gesch. Karls XII., I. 326 f. 4) „Zwei Drittheile von Rawitsch brannten nieder und doch wurden in den ersten 4 Wochen darnach, als kein Mensch wusste, ob und welche Unterstützung ihr durch des Königs Gnade zu Theil werden würde, die Bauplätze dreifach theurer bezahlt, als ihr Preis vor 10 Jahren war." Struensee, Blicke auf Südpreussen vor und nach dem Jahre 1793. Posen 1802, S. 102. vgl. 108. Danach scheint die Angabe, dass Rawitsch im Jahre 1803 abgebrannt sei, ein Irrthum.

Stadt war, welche 4 Gewaffnete stellen musste[1], so ist es glaublich, dass sie damals bereits ein Menschenalter bestand. Die Einwohner waren mehrentheils Deutsche. 1507 gestattete Sigmund I. den Gebrüdern Peter und Nicolaus Rydzynski in ihrer Stadt die Freiheit eines Jahrmarkts und regelmässiger Wochenmärkte. 1551 erneute Sigmund II. August auf die Bitte der Gebrüder Rydzynski in einer Urkunde die Geltung des deutschen Rechtes von Magdeburg und die Befreiung von der Gewalt der königlichen Beamten, weil damals schon die alte Urkunde darüber verbrannt war, und bestimmte (oder liess bestehen) die Wochenmärkte am Donnerstage und 2 Jahrmärkte; den Besitzern kam eine Marktgebür zu (**Urk. CVII**). Nochmals erklärte auf Ansuchen des Lukas Rydzynski König Stefan Batory am 20. Februar 1578 in einer noch vorhandenen Urkunde das polnische Recht und die polnischen Gewohnheiten für abgeschafft und das deutsche für geltend, um sie zu besserem Wohlstande zu bringen, und entband sie wiederum von aller Gerichtsbarkeit der Woiwoden und Kastellane, indem er ihrem Stadtrichter, ihren Schöffen und Geschwornen Vollmacht gab, in bürgerlichen und peinlichen Rechtssachen zu erkennen. Im dreissigjährigen Kriege zogen verfolgte Evangelische aus Schlesien nach Reisen. 1665 bestätigte Franz Johann Kasimir die städtischen Freibriefe. Damals war Reisen schon durch Kauf, nachdem es an die Czerwinski gekommen, dann lange Zeit Sitz der Familie Zitzwitz (Ciswic) gewesen war, an die Leszczynski übergegangen. Die Leszczynski's bauten ein neues schönes Schloss, dessen Anlage ihren Namensbuchstaben L darstellte, auf einer Insel nahe am Walde, durch dessen Oeffnung der Blick auf Lissa fiel, doch wurde es während des Schwedenkrieges im Juli 1707 von dem Bundesgenossen Augusts niedergebrannt. Agaref, ein Unterbefehlshaber des russischen Obersten Schultz, dieses Verderbers der posenschen Städte, verwandelte das Städtlein in Asche. Dem König gefiel aber die schöne Lage und er wollte hier für sich ein Schloss haben, wenn er aus Sachsen nach Polen käme. So ward wieder ein Schloss gebaut und der König hielt sich öfter in Reisen auf; 1714 fand auch hier die Friedensverhandlung statt. Als die Leszczynski's aus Polen weichen mussten, verkauften sie die Herrschaft Reisen 1738 an Josef Sulkowski, dessen Familie im Besitze geblieben ist. Das Schloss brannte ab; er baute es neu und stattlicher, als man in Polen pflegte, auf mit 2 Thürmen, umzog es mit Gräben, legte einen Ziergarten daran und führte in der Nähe noch mehrere Gebäude auf, welche eine ganze Strasse nach Lissa zu bildeten. Am 16. März 1750 gab er der Stadt Satzungen, die in polnischer Sprache abgefasst waren, bald danach führte er sein allgemeines Statut vom 18. April 1752 auch in Reisen ein. Während des siebenjährigen Krieges erschienen gegen Ende des Frühjahrs 1759 Preussen in Reisen, bemächtigten sich der Person des Fürsten Sulkowski, nahmen seine Hausgarden gefangen und führten ihn nach Glogau als „Repressalie" dafür, dass früher die Russen den Fürsten von Hatzfeld mit sich abgeführt hatten. — Die Stadt hob sich. Die Handwerker schlossen Innungen. Die Stadt durfte anfangs Bier und Branntwein bereiten, später wurde ihr die Branntweinbrennerei entzogen. Zum Bierbrauen wurden 1 Malzmühle und 2 Brauhäuser gebaut; der Bierabsatz betrug 1692: 2088 Tonnen, zu je 50 Töpfen. Das Stadtfeld hielt 10 Hufen Acker und 100 Morgen Wiesen, anfangs auch eine Viehweide. Nachmals nahm die Herrschaft diese an sich und wies den Wald zur Gemeinhutung an. Um die Stadt entstanden 24 Windmühlen. Die Stadt kam zu 8 Jahrmärkten, von denen zwei grössere (der eine von einer Dauer von 30 Tagen, der andere von 23 Tagen) waren. Indessen blieben sie ohne Bedeutung, obgleich Fürst August Sulkowski sich bemühte, sie emporzubringen. Neben der Stadt erwuchs eine Vorstadt. Die Bürger bauten ausser dem Rathhaus ein Spritzenhaus. Aus der Hinterlassenschaft von Bürgern, welche keine Erben hatten, wurde ein katholisches Hospital gegründet; neben diesem entstand ein zweites für 7 Personen. Die Lutheraner, welche mehr als doppelt so stark wie die Katholiken waren, unterstützte August Sulkowski zum Aufbau einer gemauerten Kirche in der Vorstadt. Fürst August Sulkowski schmückte sein Schloss in französischem Geschmacke (auch eine Schaubühne und eine Gemäldegallerie war darin)[2], pflegte den Garten, gründete 1774 (nach anderer Angabe 1772) eine Kirche, Piaristenkollegium und Schule, und verwandelte 1775, mit Genehmigung des Reichstags, seine reisener Güter in ein Majorat. Als die Stadt an Preussen kam, bildeten ihren Rath der Bürgermeister, der Justiziarius, der Stadtschreiber, der Kämmerer und 2 Assessoren. 1796 beabsichtigte die

---

Reisen. 1) Raczynski, cod. dipl. maj. Pol. p. 181. 2) (Kausch) Nachrichten über Polen. Salzburg 1793. I. 115 ff. beschreibt dasselbe.

Regierung den Ober mit der Oder zu verbinden und die Einwohner gründeten darauf grosse Hoffnungen, allein die eingeleitete Unternehmung gerieth in Stocken. Am Ausgange des XVIII. Jahrhunderts hatte Reisen 195 Wohnhäuser (2 massive darunter), 1 katholische, 1 evangelische Kirche, 1 Hospital, 6 andere öffentliche Gebäude, 24 Mühlen und war bewohnt von 1615 Menschen, unter denen 171 Juden waren. Gewerbtreibend befanden sich hier 20 Schuster, 12 Leinweber, 6 Tuchmacher, 9 Schneider, 24 Müller, 5 Branntweinbrenner und Schänker, 3 Brauer, 5 Musikanten, 4 Kaufleute, 3 Kürschner, 3 Zimmerleute, je 2 Böttcher, Stellmacher, Hufschmiede, Seifensieder, Barbiere, Fuhrleute, 1 Handschuhmacher, Knopfmacher (Jude), Stärkemacher, Lohgerber, Maurer, Schornsteinfeger, Glaser, Nagelschmied, Schlosser, Seiler, Töpfer, Korbmacher, Oelschläger, Kaffeewirth, Honigküchler, Bildhauer. Die Kämmereieinnahme betrug 5194 Thlr., ihre Ausgabe 4609 Thlr. Die Stadt hielt einen Nachtwächter. Leinweberei nahm zu, denn im Jahre 1816 gab es für sie 40 gehende Stühle; übrigens sank die Einwohnerzahl Reisens und kam auch nachher nicht in Aufnahme. Sie betrug 1816 nur 1290. Die Piaristenschule ging 1820 ein. Eine katholische und eine protestantische Kirche war im Orte, am Schlosse war ein Thiergarten. 1837 hatte Reisen: 1329 Einwohner, 2 Kirchen, 9 andere öffentliche Gebäude, 173 Wohnhäuser. 1843: 1377, 1858: 1516, 1861: 1493 Einwohner. Die Städteordnung wurde erst am 17. November 1838 verliehen.

Ritschenwalde, p. Ryczywół, Rydschywol, kommt als Stadt zuerst 1458 vor in dem Verzeichniss, welches die gegen den deutschen Orden zu stellende Mannschaft angibt[1]. Es hatte zwei gerüstete Fussgänger damals zu stellen, war mithin klein. Ritschenwalde war mittelbare Stadt, gehörte gegen Ende des vorigen Jahrhunderts dem von Chmilewski. Ohngeachtet es 8 Jahrmärkte bekam, hob es sich nicht. Es bestand am Ausgang des vorigen Jahrhunderts aus 69 Wohnhäusern, 2 Mühlen, 2 Vorwerken, 1 Kirche, 1 anderem öffentlichen Gebäude und zählte 551 Einwohner, Polen. 123 Einwohner waren Juden. Gewerbtreibend waren 8 Branntweinbrenner (2 davon Juden), 1 Bierbrauer, 2 Müller, 14 Tuchmacher, 12 Schuster, 10 Schneider (zur Hälfte Juden), je 2 Gastwirthe, Hufschmiede, Kürschner (einer ein Jude), Töpfer, Zimmerleute, Musiker, 1 Gärtner, Posamentirer, Barbier; die Stadt hielt einen Nachtwächter. 1816 hatte Ritschenwalde 567, 1837: 875 Einwohner in 86 Häusern, 1843: 993, 1858: 1031, 1861: 1119.

Rogasen, Rogosen, p. Rogoźno (Urk.: 1312 Rogozno, 1372 Rogoszno), an einem See gegründet[1], erhielt seinen Namen vermuthlich von Rogoz „Binsen". Schon im XIII. Jahrhundert bestand es und empfing von Premisl II. Stadtrecht[2]. In Rogasen hielt sich Premisl II. 1295 auf, als der Brandenburger Otto IV. den mörderischen Ueberfall gegen ihn ausführte. Dann stand es unter dem glogauer Herzoge und war der Hauptort eines Kreises: als solcher wird es 1312 genannt[3]. Nicht lange nachher ward es wieder polnisch und Starostensitz. Eine Burg war hier — wenigstens kommt in unseren Nachrichten später, 1520[4], eine solche vor — auch eine Zollstätte ward hier errichtet, und ein Pleban d. h. Pfarrer von Rogosno begegnet uns in einer Urkunde von 1372[5]. Um 1380 wurde Rogasen von einem Interdikt des Erzbischofs betroffen, weil in seiner Gegend geistliches Gut geraubt worden war[6]. Rogasen war übrigens freie Stadt. Die Urkunde seines Rechtes ging bei einem Brande unter. Zum zweitenmale ertheilte es desshalb Wladislaus II. 1422 in Gemässheit der magdeburger Satzungen, gleichwie die übrigen polnischen Städte solche genossen, und wies dem Ort ausserdem mannichfache Vortheile zu (**Urk. LXXXVII**), auch bestätigte derselbe König 1425 die Gerechtsame der Vogtei dem Vogte Dobrogost[7]. Spätere Könige erneuerten und bekräftigten gleichfalls diese Stadtrechtsverleihung (**Urk. LXXXVIII, CXVIII, CXXIIII, CLV**, ferner geschah es von Sigismund III. Krakau 5. Dec. 1595, Johann III. Krakau 25. Febr. 1676, August II. Posen 30. Januar 1716 und zuletzt von Stanislaus August Warschau 31. August 1766[8]). König Stefan setzte indess 1581 seiner Bestätigung hinzu: inwieweit der Inhalt in Uebung und dem gemeinen Rechte nicht entgegen sei, und Wladislaus IV. fügte 1641 den Vorbehalt seiner Königsrechte und der Gerechtsame des Staates sowie der katholischen Kirche bei. Um die Mitte des XV. Jahrhunderts gehörte es schon zu den

---

Ritschenwalde. 1) Raczynski, cod. dipl. maj. Pol. S. 181.

Rogasen. 1) Der in einer Urkunde von 1323 (Cod. dipl. Pol. II. 680) vorkommende See Rogosna bezeichnet wohl nicht den See bei Rogasen. 2) Inventarium diplomatum in arce Cracoviensi. Paris 1862. S. 280. 3) Sommersberg, script. rer. silesiac. I. 869. 4) Inventarium S. 170. 5) Cod. dipl. Pol. I. 238 (Sommersb. II. 124). 6) Janko Czarnkowski, archidiac. gnesn. (Sommersb. II. 124). 7) Inventarium S. 280. 8) Die letztgenannten 3 Urkunden besitzt das Stadtarchiv von Rogasen in polnischer Sprache.

grösseren Orten dieses Landes, denn es wurde ihm 1458 die Stellung von 15 Mann auferlegt[9]. Vorübergehend traf auch Rogasen das Schicksal vom Könige in Lehnbesitz ausgegeben zu werden. Im Jahre 1445 befand die Stadt sich so unter Ulrich Ost und der damalige König zeigte sich sogar zu ihrer völligen Abtretung bereit[10]. Doch kam es dazu nicht. 1457 verschrieb Kasimir dem Andreas von Kretkow 300 Mark auf die Stadt[11]; derselbe König erneuerte übrigens die Zollstätte in Rogasen 1492 und schärfte den Kaufleuten ein, sie nicht zu umgehen[12]. 1512 stellte König Sigismund dem Nikolaus von Kretkow eine Urkunde aus, derzufolge diesem die Stadt mit allen Dörfern und Vogteien um 5900 Mark und 1500 Dukaten verschrieben war[13]. Dem Sohne desselben verschrieb sie Sigismund von neuem 1521 um 2200 ungarische Gulden[14]. Von den Kretkow's ging der bedingungsweise Besitz an die Gebrüder Czelkow über. Indessen gelang dem König die Auslösung der Burg und Stadt mit 10500 ungarischen Gulden, die ihm seine Gemahlin Bona vorstreckte, der er dafür beide 1530 verschrieb[15]. Gleichwohl kam die Rückgabe nicht sofort zum Vollzuge, denn noch 1531 begegnen wir dem Lehnbesiter (tenutarius) von Rogasen[16]. Bona bezog nun während ihres Lebens die Einnahmen von Rogasen und den umliegenden Ortschaften. Um jene Zeit war übrigens Rogasen von einem schweren Brande heimgesucht worden; in Berücksichtigung dieses Unglücks gewährte Sigismund der Einwohnerschaft 1530 einen fünfjährigen Steuernachlass. Nachdem er noch 1523 die 3 Jahrmärkte und ihre Zeiten (nach Rogate, Vitus und Martini) bestätigt hatte, genehmigte er 1535 (4. Juli in Wilna) die Verlegung des Wochenmarkts vom Sonntage auf den Sonnabend (Urk. CCXXXIV). Seine Nachfolger gewährten der Stadt noch mehr Jahrmarktszeiten: Sigismund August 1556 eine vierte (nämlich am Egidiustage) und berechtigte die Stadt zugleich ihren Brückenzoll zu erhöhen, damit sie die Brücke zu unterhalten besser im Stande sei; Sigismund III. gab (1592, 15. April zu Krakau) einen Jahrmarkt (nämlich für den Tag der Aussendung der Apostel) und befugte zur Erhebung von Jahrmarktstandgeld, Wladislaus IV. gestattete 1641 (23. Aug. zu Warschau) noch zwei Märkte (nach Epifanias und Lätare) und endlich erlaubte Johann Sigismund III. 1676 (25. Febr. in Krakau) noch einen (am Sonntag nach Quasimodogeniti). Den Bürgerbestand anlangend hatte Rogasen im Jahre 1564: 13 Bierbrauer, welche als Staatssteuer 18 Groschen entrichteten, 16 Fleischer, welche für ihre Buden am Martinstage 2¼ Zentner Talg abführten und von jedem Schöpse, Kalbe oder Schweine 4 Denare, von einem Stück anderen Schlachtviehes 16 Denare zahlten, 6 Fischer, von denen jeder 24 Gr. gab, 16 Schuster, die von ihrem Handwerk jeder 6 Gr., 8 Töpfer, welche jeder 12 Gr., 9 Rademacher, welche jeder 1 Gulden 18 Groschen zahlten. Die Zünfte erhielten Bestätigungen ihrer Gesetze: die Schuhmacher 1589 vom rogasener Starosten Michael Sokolowski (und zwar ist der im Stadtarchive befindliche Brief in polnischer Sprache abgefasst), die Brauer von König Sigismund (Warschau, 5. November 1645[17]), die Schneider 1648 von dem Starosten Andreas de Grudno Grudzinski (das Stadtarchiv besitzt den Brief in lateinischer und in polnischer Sprache). Die in Rogasen gültigen Rechte der Handwerker wurden 1641 der Stadt Budzin zugebilligt (vgl. S. 287). Unter den Urkunden des Stadtarchives befindet sich auch eine sowohl in lateinischer als in polnischer Sprache ausgestellte von 1590, in welcher Proconsul und Consules von Rogasen dem Martin Stosarzowicz die Erlaubniss ertheilen, sich an der Marktecke ein steinernes Haus zu erbauen. Ueber die Wahl der Rathsherrn und des Bürgermeisters gab König Sigismund 1600 (17. Febr. zu Warschau) eine Verordnung. Am 20. Juli 1655 und am 25. April 1656 zogen die Schweden durch Rogasen. Im XVII. Jahrhundert erlitt die Stadt grosse Verluste durch Feuersbrunst. In Betracht der Schwächung der Stadt setzte die königliche Kommission 1684 die Abgaben Rogasens auf 200 Fl. herab. Auch im XVIII. Jahrhundert betrafen sie grosse Brände. Desshalb befreite König August II. (Reisen, 7. September 1714) die Einwohnerschaft auf 4 Jahre von Steuern und Lasten. In diesem Jahrhundert erhielten Zunftbriefe die Müller (von August II., Warschau 28. Februar 1726, bestätigt von Stanislaus August, Warschau 13. April 1777) und die Schmiede (von dem Starosten Anton Szoldrski,

9) Raczynski, cod. dipl. maj. Pol. 181. 10) In einer Urkunde von 1445, in welcher Wladislaus angibt, dass er dem Ulrich von Ost für Abtretung seiner Burg *Drezno* zuweisen wolle: oppidum etiam *Rogozno* cum omnibus ejus villis et pertinenciis prout ipsum hactenus tenuit, reddere volumus (Wspomnienia Wielkopolski przez Edwarda Hr. Raczyńskiego. Posen 1842. I. S. XXV. 11) Inventarium S. 285. 12) Ebenda S. 291. 13) Ebenda S. 292. 14) Ebenda S. 295. 15) Ebenda S. 170. Nach einer Abschrift im rogasener Stadtarchive betrug die Auslösungssumme 10900 Fl. und 1500 ung. G. 16) Inventarium S. 295. 17) Im Stadtarchive befindet sich noch das von 1755 bis 1768 in polnischer Sprache geführte Protokollbuch der Brauer.

Tirschtigel 5. September 1766). Der zuletzt angeführte Zunftbrief ward polnisch und deutsch ausgestellt. Einen Jahrmarkt veränderte Stanislaus August (Warschau, 13. Oktober 1767), indem er die Freibriefe seiner Vorgänger über die Jahrmärkte bestätigte; er sollte auf einen Sonntag fallen. Um die Mitte des Jahrhunderts legte der Starost Wladislaus Szoldrski die Neustadt Rogasen an, ertheilte ihr am 24. Juli 1750 einen Gerechtigkeitsbrief und erlangte bestätigende Urkunden von König August III. (Warschau, 22. August 1750) und von König Stanislaus August (Warschau, 21. April 1766). Die Neustadt oder Neurogasen wurde von deutschen Tuchwebern angelegt, die ihre besondere Ortsobrigkeit hatten und Lutheraner waren, während in Altrogasen Katholiken und Polen sassen. Sie hatte ein eignes Rathhaus, Kirche und Schule, und Wollwage. Am Ausgange des XVIII. Jahrhunderts betrug in Rogasen die Anzahl der Bierbrauer 27, die der Branntweinbrenner und Schänker 26, der Fleischer 4, der Schuhmacher 51, der Töpfer 9, der Stellmacher 11, der Tuchmacher und Tuchscheerer 118, der Mützenmacher 10, der Leinweber 8, der Kürschner 9, der Schneider 61, der Böttcher 9, der Kaufleute 70; ferner arbeiteten 6 Bäcker, 5 Huf- und Waffenschmiede, 5 Musiker, 4 Barbiere, je 3 Zimmerer, Drechsler, Riemer, 2 Färber, 1 Splettreisser, Handschuhmacher, Hutmacher, Lohgerber, Müller, Seifensieder, Schornsteinfeger, Schlosser, Seiler, Steinsetzer, Gastwirth. Der Vergleich mit dem Stande von 1564 lehrt, dass Rogasen sich gehoben hatte, nur die Zahl der Fleischer war beträchtlich verringert. In ihm wohnten 3160 Menschen (1404 männlichen, 1756 weiblichen Geschlechts), nahezu ein Drittel Juden. Von den Juden waren 67 Händler, 56 Schneider, 9 Mützenmacher, 5 Posamentirer, 4 Bäcker, 4 Glaser und Glasschneider, 3 Barbiere, 3 Musikanten, 1 Buchbinder. Die Stadt hatte 3 Kirchen, 4 öffentliche Gebäude, 1 Mühle, 317 Wohnhäuser, unter denen nur 13 Ziegeldach hatten. 1816 hatte Rogasen 3775 Bewohner (darunter 78 Kaufleute und 490 Handwerker). Gerberei kam in Aufnahme. Die Städteordnung ward am 12. December 1835 verliehen. Die Ortsbestimmung setzte fest, dass unter den Stadtverordneten nur 3 Juden sein dürften. Obgleich diese Beschränkung selbstverständlich durch die Bestimmungen der preussischen Verfassungsurkunde aufgehoben war, suchten die reaktionären Geister sie gleichwohl in Kraft zu halten und als bei den Wahlen Ende 1861 die Zahl 3 für die Juden überschritten, wurden Einwände wider die Gültigkeit dieser Wahl erhoben. Ein Landgericht bekam seinen Sitz in Rogasen. Im Jahre 1848 zählte man in der Stadt 3209 Deutsche. Diese errichteten einen Bürgerausschuss und eine Bürgerwehr, welche die deutschen Farben anlegte, und beschickten die schneidemühler Versammlung am 9. April durch drei Vertreter (Wackermann, Rudtke, Stüsselsberg). 1837 wohnten 4400 Menschen in Rogasen, 1843: 4755, 1858: 4520, 1861: 5009.

Rogowo, zwischen kleinen Seeen, besitzt weder Urkunden noch Nachrichten aus alten Zeiten. Das in Urkunden des XV. Jahrhunderts vorkommende Rogow liegt im opotschnoer Lande. Man glaubt, dass Rogowo im XVII. Jahrhunderte Stadt geworden sei; es gehörte in unserem Jahrhunderte den von Korrytowski, die ein als schön gerühmtes Schloss hier haben. Eine katholische Kirche und eine Synagoge bestanden. 8 Kram- und Viehmärkte wurden jährlich gehalten. Die Einwohner waren zum freien Holzlesen berechtigt. Die Stadt zählte 1800 nur 34 schlechte Wohnhäuser und hatte 266 Einwohner, zur Hälfte Polen, zur Hälfte (138) Juden. Es arbeiteten 4 Kürschner, 4 Schuster, 2 Schmiede, 2 Stellmacher, 2 Tischler, 1 Zimmermann, auch 1 Organist war am Platze. 1804 litt die Stadt durch einen grossen Brand. 1816 wurden gezählt 23 Feuerstellen und 210 Einwohner, von denen 128 Juden, 82 Katholiken waren, 1837: 40 Wohnhäuser und 436 Einwohner, 1843: 471 Einwohner, 1858: 419, 1861: 423. Im Jahre 1848 sammelte sich ein polnisches Heer von etwa 4000 Bewaffneten in und bei Rogowo, wo die preussischen Adler im März abgerissen worden waren, zog aber bald nach Tschemeschno. Noch im Jahre 1849 kam es während des Jahrmarkts (am 26. Februar) zu Thätlichkeiten zwischen Polen und wurden die Gensdarmen aus der Stadt vertrieben.

Rohrbruch, p. Rynarzewo, Rinarzewo, Rynarcewo, Rynaczewo, am Einfluss der Gansawka in die Netze. Im Jahre 1299 am 11. November gab Herzog Wladislaw seinem Getreuen Grafen Heinrich für seine Dienste einen Freibrief mit der Vollmacht, auf seinem Erbe Rinarzewo eine Stadt nach neumarkter Rechte anzulegen, und übertrug ihm die königlichen Befugnisse daselbst, als namentlich Zollerhebung und peinliches Gericht (**Urk. XIII**, wo in der 4 Zeile, zwischen noster und Henricus, das Wort comes fehlt; es sollte stehen noster comes Henricus). 1458 wurde die Stadt zur Stellung von 2 Kriegern veranschlagt[1]; sie war also noch sehr klein. 1471 wird ein Edler Przeczslaus Slowak de Rinarzow urkundlich erwähnt[2]. In den neueren Jahrhunderten gehörte der Ort zur Herrschaft Labischin. Das städtische Archiv enthält erst eine Urkunde vom 30. Juli 1691, worin Gembocki von Labischin die bisherigen Rechtsverhältnisse der von seinen Vorbesitzern auf magdeburgisches Recht gegründeten Stadt bestätigt. Einige Tuchmacher setzten sich in Rohrbruch an. Besitzer war, als der Ort mit dem Netzdistrikt preussisch wurde und in unserm Jahrhunderte Graf Skorzewski. Die Stadt war offen, bestand 1788 aus 62 Häusern und hatte 439 Einwohner; in der Zeit des warschauer Herzogthums schätzte man die Einwohnerzahl auf ein halbes Tausend. 1816 hatte Rohrbruch 68 Feuerstellen und 512 Bewohner (nämlich 322 Lutheraner, 176 Katholiken, 12 Juden), 1837: 90 Häuser, 1 katholische Kirche und 798 Bewohner, 1843: katholische und evangelische Kirche, 803 Einwohner, 1858: 1031, 1861: 761 Bewohner. 1848 befand sich Rohrbruch in der Gewalt der Polen. Bei dem Gottesdienst wurde damals die Wiederherstellung des Polenreiches kundgethan und allgemeine Brüderschaft gelobt.

Rothenburg, p. Rostarzewo, Rostauerzewo, zwischen Raknitz und Wollstein gelegen, von jenem eine halbe Stunde, von diesem eine Stunde entfernt, ward um 1750 erbaut. Es gehörte damals dem Grafen Koczorowski. Der Ort durfte 7 Jahrmärkte halten und bekam Anzug von Deutschen. Er bestand am Ausgange des vorigen Jahrhunderts aus 89 Wohnhäusern, 7 Mühlen, 2 Kirchen und einem andern öffentlichen Gebäude und zählte 470 Bewohner. 72 von diesen waren Juden. Gewerbtreibend waren 14 Branntweinbrenner, 7 Müller, 2 Mehlhändler, 2 Bäcker, 2 Fleischer, 1 Gastwirth, 8 Schneider, 3 Tuchmacher, 3 Schuhmacher, 3 Tischler, 2 Stellmacher, 1 Kürschner, Oelschläger, Schlosser, Töpfer, Musikus; kein Bierbrauer. Die Kämmereieinnahme trug 62 Thaler aus. Die Stadt hielt einen Nachtwächter. Tuchmacherei nahm zu und fand Absatz in Meseritz und Karge. 1816 lebten hier 553 Menschen (n. a. 585), 1837: 688; die Zunahme der Bevölkerung kam auf die Juden. Die Stadt bestand aus 100 Häusern, hatte eine evangelische Kirche und Synagoge; auf ihren Märkten fand starker Pferdehandel statt. 1837: 784 Einwohner, 1858: 879, 1861: 850.

Saborowo, p. Zaborowo, eine Stunde von Lissa[1], wahrscheinlich ehemals in Waldgegend gelegen, denn za bora bedeutet „hinter dem Walde", entstand in Folge der Religionsbedrückungen in Deutschland durch deutsche Flüchtlinge und Auswanderer. In der letzten Zeit des dreissigjährigen Krieges gründete nämlich diese Stadt Albert Gajewski auf Blociszewo im fraustädter Kreise, und es gab ihr König Wladislaus IV. zu Wilna am 20. März 1644 den lateinischen Freibrief über das für sie gültige, alle polnischen Rechte und Gewohnheiten ausschliessende magdeburgische Recht. Die Bürger sollten vor keinem Grod- oder anderen Gerichte über sich urtheilen lassen, sondern lediglich von ihrer Ortsobrigkeit; Berufung von deren Ausspruch an den Grundherrn stand ihnen frei. In dieser Urkunde wurden auch die Innungen und Märkte bestimmt. Die Stadt durfte das Sigel ihres Erbherrn Gajewski führen, das Wappen Ostia genannt: im rothen Felde ein Schwert zwischen zwei Monden. Das Bekenntniss der meisten Einwohner war, wie in allen um diese Zeit gegründeten Städten, das evangelische; Saborowo hatte daher eine evangelische Kirche. Dörfer im Umkeis einiger Meilen hielten sich zu dieser Kirche; geraume Zeit waren an ihr 3 Geistliche thätig. Das Gericht und der Stadtrath wurde nach dem Grundbuch 1652 eingesetzt. Da die eigne Gerichtsbarkeit auch zu Todesurteln befugte, so wurde (davon wissen noch die städtischen Nachrichten) 1664 ein Galgen erbaut und 1686 neu aufgerichtet, auch 1682 eine Staupsäule aufgestellt. Lissa verdunkelte bei seiner Nähe den neuen Ort Saborowo, auch traf ihn Unheil. Im Juli 1707 lagerte hier der Verwüster Schultz mit seinen Russen, im Jahre 1709 raffte die Pest 800 Einwohner dahin. 1733 soll hier ein Gefecht vorgefallen sein. Unter den Handwerkern nahmen Tuchmacher die erste Stellung ein; sie errichteten auch 1779 eine Schützengilde, die bis 1792 Schützenfeste hielt und Bestand hatte. Juden hausten hier nicht. Von den Gajewski's kam die Stadt an Boguslaus Leszczynski und weiter im XVIII. Jahrhundert in den Besitz der Sulkowski, die in ihm bis zur neuesten Zeit blieben. Am 28. April 1752 wurden die von dem Fürsten Alexander Josef Sulkowski seinen Städten gegebenen Satzungen auch hier eingeführt. Am Ausgang des XVIII. Jahrhunderts bestand Saborowo aus 161 Wohn-

Rohrbruch. 1) Raczynski, cod. dipl. maj. Pol. S. 181. 2) Cod. dipl. Pol. II. 942.

Saborowo. 1) Nicht dasselbe Zaborovo, welches Graf Bronisius im Jahre 1236 dem bei Meseritz gelegenen Kloster Paradis schenkte (Raczynski, cod. dipl. Maj. Pol. S. 16 u. 47).

häusern, von denen 2 Ziegelbedachung hatten, 7 Mühlen, 4 öffentlichen Gebäuden und hatte 929 Bewohner. Die Kämmereieinnahme betrug 546 Thaler. Die Stadt hielt 3 Nachtwächter. Der Hauptbetrieb bestand in Tuchweberei; es gab 96 Tuchmacher und 3 Tuchscherer. Ausserdem arbeiteten 10 Schuster, 7 Müller, 7 Bierbrauer, 4 Branntweinbrenner, 4 Fleischer, 3 Tischler, 2 Schneider, 2 Bäcker, 1 Zimmermann, 1 Barbier, 1 Gastwirth. Holsche lobt 1804 die Einwohner von Saborowo als „fleissige Menschen". 1816 wurden 914 Einwohner gezählt, damals gingen 77 Tuchwebstühle; von Mitte 1818 bis Mitte 1828 wurden hier 27081 Stücke Tuch gefertigt, aber dies Gewerbe sank in der Folge. 1837 hatte Saborowo 750 Einwohner und 150 Häuser, 1843: 829, 1858: 805, 1861: 826 Einwohner.

Samotschin, Samoschin, p. Szamocyn, Samoszin, Zamoczin, Samocin, Zamoscyn, vielleicht um 1300 Samoczanscho oder Samoczansco. Ein Ort dieses letzten Namens war durch Heirath an einen gewissen Jesko gekommen, welcher ihn sammt 2 Seeen am 4. Oktober 1311 um 70 Mark Denare dem Kloster Byssau verkaufte[1]. Als Klostergut trat er in die Befreiungen von polnischen Lasten ein und kam auch am 6. April 1315 ganz unter die Gerichtsbarkeit der geistlichen Herren. Die Erwähnung der 3 Seeen erregt indess doch Bedenken, ob Samotschin am Netzbruch damit gemeint ist, oder ob vielleicht die Lage einer untergegangenen Ortschaft im kulmer Lande bezeichnet ist. Auch war Samotschin später keine geistliche Stadt. Das städtische Archiv gibt keinen Aufschluss. Im XVII. Jahrhunderte waren die Unruh's Grundherren. Die Stadt hatte in den letzten Jahrhunderten Urkunden von ihren Besitzern, den Bentkowski's und Raczynski's bekommen, aber am 26. Mai 1711 hob der Grundherr dieselben auf und erklärte sie für nichtig, indem er zugleich hinsichtlich der Bauten und Abgaben Bestimmungen traf. Tuchbereitung fand in Samotschin statt. 1773 wurde die Stadt preussisch. 1788 hatte sie 66 Häuser und 738 Einwohner. Damals gehörte der Ort noch den Raczynski's, im XIX. Jahrhundert war sein Besitzer Bankier Lessing. Samotschin wurde an dessen Anfange auf 1100 Bewohner geschätzt, 1816 hatte es 1121, nämlich 827 Lutheraner, 196 Katholiken und 98 Juden. Sie wohnten in 175 Feuerstellen. Es gingen 90 Tuchwebstühle. 2 Kirchen und 1 Synagoge sind vorhanden. 1837 wurden 1814, 1843: 1935, 1858: 2173, 1861: 2136 Einwohner gezählt. Im Jahre 1848 gaben am 7. April 300 Bürger dem Pfarrer Schmidt, dem Seligsohn und Richter Vollmacht zur Versammlung in Schneidemühl.

Samter, p. Szamotuły (Urkunden von 1298 Szamotuli, 1434 Schamotuli[1], ebenso 1458; 1493 Schamothuli[2], 1501 Schamothuly; 1696 Samatulno[3] geschrieben), befand sich im Besitz der Herren von Ostrorog. Im XIII. Jahrhunderte wird es als Haus der Szamatulski erwähnt; in der letzten Zeit des XIV. Jahrhunderts hiess sein Besitzer Swidwa. Eine Kirche war daselbst 1298[4]. Bei dem inneren Kriege 1383 war es bereits Stadt. Am 15. Februar wurde in der Nähe Domarat geschlagen, aber am Ende des nämlichen Jahres wurde Samter von Domarat eingenommen, ausgeplündert und ausgebrannt[5]. Wiedererbaut war es im XV. Jahrh. eine ansehnliche Stadt und wurde 1458 zur Stellung von 12 Kriegern veranschlagt[6]. Eine Kollegiatkirche wurde 1458 gestiftet. Durch Verheirathung der Katharina Szamatulska mit Lukas Gorka kam an diesen die eine Hälfte. Er baute ein Schloss 1518 und gründete ein Kollegiatstift. Als nach der mühlberger Schlacht Ferdinand sein blutiges Verfolgungswerk betrieb, flüchteten böhmische Brüder nach Samter und fanden Aufnahme von Andreas Gorka 1548. Aber schon im folgenden Jahre gebot ihnen der polnische König wieder abzuziehen. Gorka gewährte ihnen indess unter der Hand seinen Schutz und so blieben viele zurück. Lauterbach erzählt[7], dass um diese Zeit in der Kirche der römische und evangelische Geistliche abwechselnd Gottesdienst gehalten hätten. Lukas Gorka legte eine Druckerei an, die von 1551 an einige dissidentische Bücher veröffentlichte, ja als 1569 der katholische Plebanus gestorben war, gab er im Einverständniss mit seinem Nebenbesitzer Andreas Szamatulski, der sich zu den böhmischen Brüdern hielt, das Stift an die Lutheraner. Als aber nicht lange nachher die Ortshälfte der Gorka's von diesen an die katholischen Gostyński überging, musste 1573 der am Leben bedrohte lutherische Geistliche entweichen und ging die Druckerei ein. Gostyński beabsich-

---

Samotschin. 1) Cod. dipl. Polon. I. 181. 2) Ebenda II. 198.

Samter. 1) Codex dipl. Polon. I. 316. Das Inventarium diplomatum quaecumque in archivo regni in arce cravoviensi continentur nennt schon in einer Urkunde von 1405 einen Dobrogost von Szamotuly; da es jedoch, 1682 angefertigt, die neueren Schreibweisen aufnahm, so ist auf die Angabe für die Namensform keinesfalls zu bauen. 2) Codex dipl. Pol. I. 203. 3) Ebenda I. 357. 4) Raczynski, cod. dipl. maj. Pol. S. 88. 5) Janko Czarnkowski, archidiacon. gnesn. (Sommersberg II. 140. 141. 151). 6) Raczynski S. 181. 7) Lauterbach, Fraustädtisches Zion 1709. S. 92.

tigte auch das Stift den Katholiken zurückzugeben: allein der Szamatulski liess diess nicht zu, sondern räumte es fort und fort den böhmischen Brüdern ein und gestattete auf des Gostynski heftiges Andrängen nur, dass auch die Katholiken die Mitbenutzung der Kirche bekämen. Im letzten Jahrzehnt dieses Jahrhunderts eigneten sich jedoch die Katholischen die Kirche allein an und trieben die böhmischen Brüder aus ihr heraus. Eine Zeitlang konnten letztere noch in einer kleinen Vorstadtkirche, zum heiligen Geist, ihre Andacht verrichten, aber gegen 1620 wurde ihnen auch diese entzogen. Die Stadt hatte damals über 300 Tuchmacher, auch mehrere schottische Handelsherren waren in ihr im XVII. Jahrhunderte ansässig; es wurde jedoch der Religionsdruck so stark, dass die meisten Protestanten Samter verliessen. In diese Zeit fällt wohl auch die Errichtung eines Klosters der Franziskaner. Erst im XVIII. Jahrhunderte trat ein milderes Regiment ein. Lutheraner errichteten ein Bethaus, in dem erst der wronker, dann der obersitzker Pfarrer predigte. Die Gutsherrschaft kam an die Kostka und von der verwittweten Ludovika Kostka durch neuen Ehebund an Johann Korzbok Lonski (Laski). Am Ende des XVIII. Jahrhunderts gehörte sie dem Grafen Mycielski. Die Stadt brachte es zu 12 Kram- und Viehmärkten, hatte jedoch am Ablauf des vorigen Jahrhunderts noch keine tausend Einwohner (979), zur Hälfte Deutsche, ein Drittel (326) Juden, der Rest Polen. Gewerbtreibend waren 34 Schneider (31 davon Juden), 21 Schuster, 19 Fleischer, 19 Branntweinbrenner, Schänker und Weinhändler, 16 Brauer, 11 Leinweber, 2 Tuchmacher, 9 Töpfer, 9 Kürschner, 6 Tischler, 4 Huf- und Waffenschmiede, 3 Müller, 3 Bäcker, 3 Posamentirer, 3 Glaser, 2 Stellmacher, 2 Böttcher, 1 Drechsler, Riemer, Sattler, Seiler, Zimmermann und 5 Barbiere, 1 Kaufmann, 1 Weinhändler. Ein Arzt befand sich in Samter. Die Stadt bestand aus 1 katholischen Kirche, dem Reformatenkloster (mit 11 Mönchen und 6 Laienbrüdern), dem evangelischen Bethaus, dem Rathhaus, 3 Mühlen und 135 Wohngebäuden, von denen 2 Ziegeldach hatten. Die Kämmereieinnahme belief sich auf 2579 Thaler. Im Jahre 1816 betrug die Einwohnerzahl 1209 (n. a. 1355), im Jahre 1837: 2383, 1843: 2572, 1858: 3136, 1861: 3864 (davon dem Soldatenstande zugerechnet 497). Ein Stadt- und Landgericht bekam hier seinen Sitz. Die Städteordnung wurde am 24. September 1835 verliehen. Um 1846 bildete sich in Samter ein archäologischer Verein. Bei der Bewegung des Jahres 1848 erklärte sich Samter für die deutsche Sache, wobei Rechtsanwalt Ahlemann sehr thätig war. Die Bewohner bildeten einen Ausschuss und eine Bürgerwehr, richteten (im April) eine Bittschrift an den König, sie nicht von dem gemeinsamen Vaterlande zu verstossen, und setzten sich mit dem deutschen Ausschuss Posens in Verbindung.

Sandberg, p. Piaski, wörtlich übersetzt Piaseczna gora, eine der jüngsten Städte, wurde von ihrem Besitzer Karl Leszcyc von Pierzchno Koszutski[1] auf der Feldmark des Dorfes Strzelce gestiftet, indem er ihr vom Könige Polens am 15. Januar 1773 einen Freibrief auswirkte. Der Erbherr und Stifter gab für die Stadtgemeinde Bauplätze und neuen Ankömmlingen Baustellen. Die Ordnungen der Stadt setzte er am 6. Mai 1775 in polnischer Sprache fest (Urk. CC). Sie gewähren ein Bild der damaligen Verfassung abhängiger Städte. In Rechtsfragen wird noch das magdeburger Recht zu Grunde gelegt. Das letzte Erkenntniss steht dem Erbherrn zu. Juden befanden sich unter der Gerichtsbarkeit des Schlosses. Die Obrigkeit bilden lebenslängliche Beamte, die sich ergänzen, doch so, dass sie bei Erledigungen zwei vorschlagen, aus denen der Erbherr wählt. Ein Commissarius übt dessen Befugnisse. Wer aus der Stadt fortziehen will, muss den zehnten Theil des Erlöses von seinem Grundstücke an den Erbherrn abliefern. Die Ansiedler waren Deutsche. Der Gründer gedachte, obgleich selbst Katholik, durch Erbauung einer lutherischen Kirche dem Orte aufzuhelfen, brachte es auch zu 8 Jahrmärkten, allein der Anzug bestand vornämlich aus Juden. Am 6. Juli 1782 genehmigte die Satzungen der neue Besitzer Cölestin Sokolnicki. In unserm Jahrhunderte gehörte der Ort einer Zakrzewska, gebornen Mielęcka. Sandberg bestand am Anfang desselben aus 59 Wohnhäusern, 5 Mühlen, 1 lutherischen Kirche und hatte 383 Bewohner, von denen 117 Israeliten waren. 21 Branntweinbrenner und 17 Brauer (sämmtlich Christen) gab es in dem kleinen Ort, ausserdem 5 Müller, 5 Schneider, 5 Schuster, 5 Leinweber, 4 Fleischer, 3 Stellmacher, 1 Orgelbauer, 1 Maler, 13 andere Handwerker. Die Kämmereieinnahme betrug 249 Thlr. 1816 zählte

---

Sandberg. 1) Kosautsky in der Ueberschrift S. 134 ist Druckfehler.

man nur 321 Einwohner, 1837 aber 528, 1845: 589, 1858: 579, 1861: 592. Eine katholische Kirche ward in neuerer Zeit gebaut.

Santomischel, p. Zaniemyšl, Zantomisl, Santomyšl, Stadt unter einem Grundherrn. Im XIV. Jahrhunderte, 1331, lagerte hier Wladislaw mit einem Heere gegen den Deutschorden. Weitere Nachrichten gehen uns ab, wir ersehen nur, dass das evangelische Bekenntniss Eingang fand und dass der Ort zu 6 Jahrmärkten kam. Besitzer waren in neuerer Zeit die Poninski, nach ihnen, in den letzten Jahrzehnten des vorigen Jahrhunderts, Thaddäus von Jarnczewski. Die Bewohner waren Deutsche. Santomischel bestand am Ausgange des vorigen Jahrhunderts aus 78 Wohnhäusern, 13 Mühlen und 3 öffentlichen Gebäuden, von denen eines die katholische, ein zweites die evangelische Kirche war, und war von 803 Menschen bewohnt. Unter diesen befanden sich 191 Juden. Gewerbtreibend waren 4 Tischler, 4 Schuster, 2 Schneider, 2 Schmiede, 2 Töpfer, 1 Bierbrauer, 1 Musikus, nur 1 (?) Müller. Die Bewohner legten sich mehr als auf Handwerke auf Schweinemastung, später kam auch Branntweinbrennerei stark in Zug, während im Jahre 1800 kein Branntweinbrenner aufgeführt wird. 1810 wurden 1180 Einwohner, zufolge anderer Angabe jedoch nur 893 gezählt, 1837 lebten hier 1410 Einwohner und es standen 155 Häuser. Nachdem dieser Ort in den ersten Jahrzehnten der preussischen Zeit zugenommen hatte, blieb er stehen, denn 1843 zählte er 1409 Einwohner, bald gerieth er in Rückgang, denn 1858 wurden nur 1375, 1861 nur 1292 Bewohner gezählt. Am Abend des 9. Mai 1848 kamen bewaffnete Polen in die Stadt, erpressten von den deutschen Bewohnern gegen 1000 Thaler, plünderten von 9 Uhr Abends bis zum andern Morgen um 6 Uhr ihre Häuser und zertrümmerten Geräthe und Glassachen[1].

Sarne, p. Sarnowo, Sarnowa, Sarnów[1] (Urk.: 1248 Zarnowo, 1262 Sarnov, 1455 Zarnow, 1458 Sarnowa) gehörte im XIII. Jahrhunderte dem Kloster Trebnitz. Herzog Premisl gewährte 1248 den Einwohnern auf Verwendung des Konvents von Trebnitz und namentlich auf Vorbitte der Aebtissin Gertrud und seiner Nichte Agnes Befreiung von den Lasten sowie unbeschwertes Reisen in seinem Gebiete[2]. Um diese Zeit erwuchs der Ort zur Stadt, denn als solche wird er 1262 bezeichnet, als Herzog Boleslaw nach seiner Mutter Kunigunde Wunsch die Bürger sowie die Bewohner der anstossenden Dörfer auf 10 Jahre von den gemeinen Lasten und Beschwerungen lossprach (Urk. CCII). Dem Gedeihen des Ortes musste zu Gute kommen, dass die Strasse aus Polen nach Breslau über ihn führte[3]. Da Sarne nach der Veranlagung von 1458 vier Krieger zu stellen hatte[4], gehörte es indess damals immer noch zu den kleineren Städten dieses Landes. Wie es vom Kloster Trebnitz abkam, wissen wir nicht. Am Anfange des XV. Jahrhunderts hatte Sarne einen Grundherrn über sich in Levy Dunin. Dieser ertheilte am Martini-Tage (11. Nov.) 1407 den Einwohnern magdeburger Recht und hob alle polnischen Rechte und Gewohnheiten und überhaupt alles auf, was gegen das magdeburger Recht lief. Er bestimmte sonach, dass alle gerichtlichen Angelegenheiten und die Bestrafung der Verbrechen vor den Bürgermeister und die Aeltesten der Stadt kämen und dass diese auf Grund magdeburger Satzungen selbst die Todesstrafe verhängen könnten. Hundert Jahr später war Besitzer Gregor Obornicki Skora de Gay. Dieser erhielt von Sigismund in Brzest 1516 wieder einen Freibrief[5], der wiederum auf deutsches Recht, Wochenmärkte und 2 Jahrmärkte für Sarne gestellt war. Einen dritten Jahrmarkt wirkte vom Könige 1539 der damalige Besitzer Mieszkowski aus. Nachmals erlangte die Stadt noch 6 weitere Märkte. Flüchtige Protestanten fanden Aufnahme und Schutz und bauten sich eine Kirche. In der letzten Zeit des XVIII. Jahrhunderts gehörte Sarne der Gräfin Rogalinska, im XIXten dem von Gajewski. Als die Stadt preussisch wurde, bildeten die Stadtobrigkeit der Bürgermeister, 5 Rathmänner und der Stadtsekretär; sie bestand am Aus-

---

Santomischel. 1) Zeitung des Grossherzogthums Posen 1848. Nr. 113, 118.

Sarne. 1) Eine Feste (castellum) Sarnow wird in der Bulle des Papstes Innocentius vom Jahre 1136 genannt, allein diese scheint, nach den daneben angeführten Orten zu schliessen, das Zarnów im opotschnoer Lande zu sein, auf welches gleichfalls das Sarnowe in Lestko's Urkunde von 1221 und wahrscheinlich auch Sarnow Urk. I von 1065 zu beziehen ist. Ein Sarnowo lag auch im krossener Lande nach den von Büsching herausgegebenen Urkunden des Kloster Leubus (S. 121, 122, 149, 160, 163). 2) Rogatu Gertrudis et Agnetis sed et totius conventus loci ejusdem vos de cetero ab omni servicio, quod a nobis actenus exigebatur, reddimus absolutos, per terram nostre dominacionis liberum vobis concedentes transitum, precavere tamen vos volentes, ne in ipso transitu alicui aliquam injuriam per aliquod spolium inferatis (Mosbach, Wiadomości do Dziejów Polskich. Breslau 1862. S. 18). Die Verbindung des Klosters Trebnitz mit so entlegenen Strichen ergab sich aus den früher entwickelten Verhältnissen. Owinsk bei Posen war ein Tochterkloster von Trebnitz. 3) Raczynski, cod. dipl. maj. Pol. S. 175. 4) Ebenda S. 181. Urk. aus der Mitte des XV. Jahrhunderts 5) Balinski und Lipinski, Starożytna Polska 1843. I. 110, 111.

gang des XVIII. Jahrhunderts aus 1 katholischen und 1 evangelischen Kirche, dem Rathhaus, 21 Mühlen, 191 Wohnhäusern und war von 1285 Einwohnern, unter denen nur 88 Juden sich befanden und ein Theil polnisch war, bewohnt. Gewerbtreibend waren 108 Viehhändler, 1 Eisenhändler, 1 Kaufmann, 85 Leinweber (die etwa für 4000 Thlr. Leinwand fertigten), 21 Müller, 20 Schuster, 17 Fleischer, 16 Wollkämmer, 11 Tuchmacher, 9 Schneider, 3 Tischler, je 2 Bäcker, Brauer, Schmiede, Mützenmacher (Juden), Seiler, Stellmacher, Zimmerleute, Bötticher, Glaser, Kürschner, Lohgerber, Riemer, Schlosser, Siebmacher, Töpfer, Schornsteinfeger, 8 Barbiere (1 davon Jude), 16 Fuhrleute, 3 Musiker, 2 Apotheker. Die Kämmerei vereinnahmte und verausgabte 125 Thlr. 1816 wohnten in Sarne 1340 Einwohner, 1837: 1550, 1843: 1590, 1858: 1676, 1861: 1714. Am 28. März 1835 ward die Städteordnung verliehen. Im Jahre 1848 schlossen Bürger von Sarne sich (am 28. 29. März) dem Verlangen von Rawitsch an, mit Schlesien verbunden zu werden. Die Stadt betheiligte sich an der den 26. April in Meseritz erfolgenden Bildung eines Centralausschusses für den Westgürtel.

Scharfenort, p. Ostrorog (d. h. scharfe Ecke). Hier oder in der Nähe war ein Schloss, welches im XIV. Jahrh. den Ostrorog gehörte. 1383, als die Feste eine Belagerung auszuhalten hatte, scheint noch keine Stadt vorhanden[1]. Mitte des XV. Jahrhunderts bestand aber die Stadt; sie ward 1458 zur Stellung von 4 Kriegern veranschlagt[2]. Die Herren von Ostrorog geboten im XV. Jahrhundert. Die Reformation verbreitete sich auch in diese Stadt und anfänglich zeigten sich die Religionsparteien so verträglich, dass in derselben Kirche der Pfarrherr Messe hielt und ein Evangelischer, Felix Cruciger, predigte. Ein Ostrorog Jacob schloss sich an die böhmischen Brüder und nahm zu deren Gunsten den Katholiken ihre Kirche weg. Sein Sohn Johann machte 1569 ansehnliche Stiftungen für die böhmischen Brüder. Zweimal wurde die Stadt angezündet; das zweitemal, 1595, brannte sie ganz nieder. Die Ostrorog halfen aber auf: nach jedem Brande erhob sich die Kirche schöner. Scharfenort wurde zu einem Vorort der böhmischen Brüder Grosspolens; hier war ihr Archiv, ihr geistliches Seminar, ihre Bücherei und eine weit berühmte Schule. Dieses Aufblühen wurde geknickt, nachdem 1632 der Zweig der Ostrorog, welcher das Städtchen besass, abgestorben war, als der ihm nachfolgende sich wenig um Scharfenort kümmerte. Die Kirche wurde nunmehr mit Gewalt den böhmischen Brüdern entrissen; sie hielten darauf Gottesdienst im Schlosse; Schule, Seminar und Synode verfielen indess, und die böhmische Brüdergemeinde kam noch mehr herunter, als der Ort 1660 durch Verkauf unter einen katholischen Grundherrn, Christof Grafen Radziwill, kam. Später kauften ihn die Kwilecki an. Im Schloss wurde nun eine Brauerei eingerichtet. 13 Jahrmärkte, zu denen die Stadt berechtigt wurde, halfen ihr nicht auf. Juden durften hier nicht hausen. Am Ausgang des XVIII. Jahrhunderts wohnten hier 442 Menschen, und die Stadt bestand aus 80 Wohnhäusern, 3 Mühlen und 1 katholischen Kirche. Es lagen in ihr noch 24 Baustellen unbebaut. Die Stadt hielt einen Nachtwächter. Gewerbtreibend waren 12 Schuster, 6 Schneider, 3 Müller, 3 Kürschner, 3 Stellmacher, 2 Leinweber, 2 Bäcker, 2 Bötticher, 2 Töpfer, 1 Schmied, 1 Gerber, 1 Barbier, 4 Gastwirthe. 1816 gab es nur 358 Einwohner (n. a. 450), 1837: 631, 1843: 687, 1858: 828, 1861: 872.

Scherkowo, Zirkau, p. Żerkowo, Zerkow, unweit der Lutinia. Um 1258 war es ein Dorf im Besitze des Janko, der es mit Freiheiten von manchen Lasten besass (Urk. von 1258. S. 327 Anm.). Wann es Stadt wurde, wissen wir nicht. Es befand sich auch in späterer Zeit unter einem Grundherrn, der hier ein Schloss hatte. Als es zu Preussen kam, besass es Graf Domszkin (Tomski?). Jährlich durfte es 10 Krammärkte abhalten. Am Ende des vorigen Jahrhunderts bestand Scherkowo aus 95 Wohnhäusern, 1 katholischen Kirche, 1 andern öffentlichen Gebäude und hatte, vermuthlich in Folge eines Brandes, 71 Bauplätze. Die Stadt war noch ungepflastert, hielt auch keinen Nachtwächter. Zu ihr gehörten 5 Mühlen. Bewohnt war sie von 701 Menschen. Unter diesen befanden sich 111 Juden, die übrigen waren Polen. Gewerbtreibend waren 1 Lederhändler, 1 Viehhändler, 1 anderer Kaufmann, 11 Branntweinbrenner (3 davon Juden), 10 Bäcker, 8 Müller, 3 Fleischer, 2 Gastwirthe, 13 Schuster, 12 Schneider (11 Juden), 6 Wollkämmer, 10 Töpfer, 5 Böttcher, 5 Stellmacher, 3 Tischler, 3 Hufschmiede, 2 Kürschner, 1 Pergamentmacher (Jude), Mützenmacher, Schlosser, Barbier, Musikus, kein Bierbrauer. 1816 zählte man 714 Einwohner, 1837:

Scharfenort. 1) Janko Czarnkowski, archid. gnesn. (Sommersberg, siles. rer. script. II. 142): ad quoddam fortalicium Derskonis Grochole castellani *Santhocensis* nomine *Ostrorog*. Vgl. Caro S. 144. 2) Raczynski, cod. dipl. maj. Pol. S. 181.

120 Häuser und 1367 Einwohner, 1843: 1542, 1858: 1600, 1861: 1557 Einwohner. Als Scherkowo zum zweitenmal preussisch wurde, gab es ausser dem Bürgermeister, der kein deutsch verstand, nur einen Hausbesitzer, der lesen konnte. Langten Briefe von Wreschen her an, so wurden sie zu diesem letzteren gebracht, der sie feierlich auf offener Strasse vorlas. Eine polnische Schule wurde hernach eingerichtet, in der auch deutsches Lesen gelehrt wurde. Es gab ausser der Fibel kein deutsches Buch in der Stadt! Dennoch gingen aus ihr Gelehrte wie der leipziger Professor Dr. Fürst, der erste Kenner der hebräischen Sprache in der Gegenwart, und wie Dr. Grätz, der glänzende Geschichtschreiber der Juden hervor. Die deutsche Sprache wurde rasch ergriffen; die polnische Schule hatte keinen Bestand, eine bessere deutsche entstand, ja sogar eine Leihbibliothek. Polnisch erhielt sich beim Edelmann im Schloss. Von Töpferei ernährten sich in preussischer Zeit viele Einwohner, den Haupterwerb aber machte das Einschwärzen von Waaren über die russische Grenze nach Kalisch aus, wo ebenfalls Schwärzerei im Schwunge war. Scherkowo war lange ein Schmugglernest. In der ersten preussischen Zeit fand häufiger Wechsel des Bürgermeisters statt. Schritt ein solcher als ehrlicher Mann ein, so fehlte ihm am Orte jeder Halt, man legte ihm alles in den Weg, stellte ihm Fallen, biss ihn weg; auch bei der Regierung fand ein solcher nicht die nöthige Unterstützung. Blos derjenige, welcher sich bestechen liess und dem Paschen zusah, wurde von der Einwohnerschaft geduldet. Nur langsam wurde dies besser. Im Jahre 1848 hatten die Polen hier eine Weile die Oberhand. Sie nahmen die auf der Post befindlichen Gelder und Briefe weg. Bürgermeister und Distriktskommissarius wurden abgesetzt. In der Nähe der Stadt hatten die Polen Mitte April ein grosses Lager[1]. Im Jahre 1861 betraf die Stadt ein grosser Brand. 1862 am 30. Juli um 4 Uhr Nachmittags entlud sich über ihr eine Wasserhose, die 30 Häuser zertrümmerte und 11 stark beschädigte; dieselbe Wasserhose verwandelte das ganze angrenzende Dorf Raszewo bis auf einen einzigen massiven Speicher in einen Trümmerhaufen.

Schernik, Ziernik, p. Zerniki an der Welna, hat keine alten Urkunden[1]. 1312 kommt in einer Urkunde ein Dominikus de Zerniky vor[2], es bestand also damals. Im XV. Jahrhundert war es Stadt (Zyrniki); es hatte 1458 vier Krieger zu stellen[3]. Gegen Ende des XVIII. Jahrhunderts gehörte es dem Jakob Koskomski, im XIX. Jahrhunderte einem Herrn von Osten. Im Jahre 1800 bestand es aus 33 Wohnhäusern und 1 katholischen Kirche und war von 200 Polen und 4 Juden bewohnt. Jeder Bürger durfte aus der Waldung wöchentlich eine zweispännige Fuhre Holz holen gegen eine jährliche Abgabe von 3 berliner Scheffeln Gerste. An Handwerkern gab es nur 3 Schuster, 1 Stellmacher und 1 Böttcher. 1817 zählte es 27 Wohnhäuser und 166 Einwohner. Von diesen waren 137 Katholiken, 29 Lutheraner, 1837: 40 Wohnhäuser und 264 Einwohner, 1843: 296 Einwohner. Besitzer war Vincent von Sobierajski. Bei solcher Kleinheit wurde Schernik zum Dorf herabgesetzt. Auch muss es schädlichen Einflüssen ausgesetzt gewesen sein, denn seine Bewohnerzahl nahm stark ab; 1855 bestand es nur noch aus 4 Feuerstellen und hatte 59 Einwohner[4].

Schiedlitz, siehe Seite 233.

Schildberg, p. Ostrzeszow, Ostrzezow, Ostzeszow, Ostrzetzo (Urk.: 1384 Schiltberg, 1386 Ostrzeschow oder Schiltberg und Osthreschov, **Urk. XXXIV**; 1496 Ostrzeszow). Dieser, der schlesischen Grenze nahe gelegene Ort wurde frühzeitig zum Baue einer Burg und zu einem Starostensitz bestimmt. König Kasimir verstärkte seine Befestigung bedeutend. Frühzeitig ward Schildberg auch Stadt, und zwar in unmittelbarer Abhängigkeit vom Herrscher des Landes. Des Orts Beziehungen verknüpften ihn mit Schlesien. Als Herzog Wladislaus von Oppeln in Polen die Regierung führte und von König Ludwig die Landschaft Wehlun erhielt, traten die Bürger von Schildberg in den Bund der Städte Oppeln, Oberglogau, Falkenberg, Wielun, Zülz, Strelitz, Neustadt, Steinau, Bresnitz, dem sich noch 11 andere Städte anschlossen, um gegenseitig sich zu helfen gegen Diebe, Räuber, Mordbrenner, Nothzüchter, Wegelagerer und andere Uebelthäter; wer solche aufnehme, die den Hals verwirkt hätten, der sollte selbst seinen Hals

---

Scherkowo. 1) Denkschrift über die Ereignisse im Grossherzogthum Posen. (Aus den Akten des Ministeriums des Innern.) S. 5 und 54.

Schernik. 1) Im dobriner Land gab es ein Zürnijki, Zirniecki, welches in Urkunden der Jahre 1349, 1424, 1430 und 1493 vorkommt. 2) Raczynski, cod. dipl. maj. Pol. S. 108. 3) Ebenda S. 181. 4) Verzeichniss sämmtlicher Ortschaften des Regierungs-Bezirks Bromberg 1860. S. 176.

verwirkt haben, und wäre es ein Ritter oder Rittermässiger, dem Herzoge zur Bestrafung ausgeliefert werden. Auch in Schuldsachen wollten die verbündeten Städte einander zum Rechte verhelfen. Herzog Wladislaus bestätigte dieses Bündniss 1384[1] und übertrug 1386 der Stadt Schildberg die Gerichtsbarkeit sammt ihren Einkünften, blos von dem Gewinn aus peinlichen Fällen behielt er sich zwei Drittheile vor, die sie ihm zu entrichten gehalten war. Ausserdem bevorrechtete er die Stadt zum ausschliesslichen Verkauf des Salzes in ihrem Bezirke und wies ihr die Einkünfte von den Fleischbänken, sowie von den Aeckern in Bertholdisdorf zu. Dagegen sollte die Stadt alles in allem jährlich 23 Mark an ihn und seine Nachfolger abführen, auch wenn er in die Stadt komme, ihm von jeder Hufe einen Wagen Holz liefern (**Urk. XXXIV**). Ein Burggraf hatte damals hier seinen Sitz und eine Burg scheint neben der Stadt vorhanden gewesen zu sein[2]. Im Jahre 1396 kam Schildberg wieder zu Polen, doch verblieb die Pfarrkirche im breslauer Sprengel. Wladislaus II. Jagiello bekräftigte der Stadt im Jahre 1402 das erlangte Vorrecht, dass die umliegenden Dörfer ihren Salzbedarf nur in der Stadt kaufen durften, bestätigte auch ihre Bezüge von der Gerichtsbarkeit, und ertheilte ihr ausserdem 1416 zwei Jahrmärkte von der Dauer einer Woche. Ein günstiger Umstand für ihr Emporkommen war ihre Lage an der grossen Handelsstrasse zwischen Preussen und Schlesien. Wer auf ihr seinen Weg nach Kalisch zu nehmen hatte, musste über Schildberg, wie diess auch König Sigismund August 1496 ausdrücklich feststellte[3]. Während sieben Menschenaltern erfahren wir dann nichts von dieser Stadt. Im XVII. Jahrhundert traf der zweite Schwedenkrieg Schildberg hart. Die Schweden verwüsteten die Stadt und brannten die Feste nieder. Auf dem Reichstage von 1658 verhandelte man darauf über die Nothwendigkeit, dieses Grenzschloss in günstiger Zeit wieder aufzurichten, und es ward beschlossen, Beauftragte (Revisoren) den Zustand der Trümmer in Augenschein nehmen zu lassen, die dann einen schriftlichen Bericht dem nächsten Reichstage einreichen sollten. Gleichwohl kam es zur Wiederherstellung der Befestigung nicht; übrig ist vom alten Schlosse noch ein achteckiger Thurm. Die Einwohner ernährten sich vom Ackerbau. Ein Bernhardinerkloster entstand in der Stadt neben der Pfarrkirche. Juden wurden nicht geduldet. Am Schlusse des XVIII. Jahrhunderts lebten indess doch 12 Juden hier neben 1010 Christen. Im Kloster waren 8 Geistliche. Die Stadt hatte 2 Kirchen, 1 öffentliches Gebäude und 156 Wohnhäuser, die sämmtlich mit Stroh und Schindeln gedeckt waren. 20 verlassene Bauplätze lassen auf einen vorangegangenen Brand schliessen. Einen Nachwächter hielt die Stadt nicht. An Gewerbtreibenden befanden sich in ihr nur 3 Branntweinbrenner, 1 Weinhändler, 1 Bierbrauer, 1 Gastwirth, 3 Schneider, 3 Schuster, 1 Fleischer, Müller, Stärkemacher, Maurer, Tischler, Stellmacher, Schmied, Töpfer, Barbier, Musiker, Mützenmacher; der letztere ein Jude. Später kam Gerberei in Aufnahme. Im Jahre 1816 war die Einwohnerzahl auf 1497 (n. a. auf 1525) gestiegen, die der Mönche auf 6 gesunken, 1837 wohnten hier 2091, 1843: 2100, 1858: 2289, 1861: 2332 Menschen. Eine evangelische Kirche besteht. Die Städteordnung wurde am 5. Januar 1839 verliehen.

Schlichtingsheim, p. Szlychtyngowo, Schlintingowo, entstand erst in den letzten Jahren des dreissigjährigen Krieges. Johann Georg von Schlichting, Oberlandrichter des fraustädter Kreises, hatte sich während der Religionsbedrückungen in Schlesien für die Herstellung des Rechtszustandes bei dem Kaiser in Wien verwendet. Als er nichts ausrichtete, suchte er den heimatlosen Flüchtigen eine Stätte zu bereiten und stiftete dazu auf seinem, hart an der schlesischen Grenze, an der Strasse von Fraustadt nach Glogau, nur anderthalb Meilen von Glogau gelegenen Gute Gurschen eine Stadt, der er nach sich den Namen Schlichtingsheim beilegte. Den erforderlichen Freibrief ertheilte König Wladislaus IV. zu Krakau am 22. Juli 1644 und der Stifter stellte seinerseits am 11. Juli 1645 eine Urkunde in deutscher Sprache aus, kraft welcher er die Ordnung der fürstlich sulkowskischen Stadt Lissa einführt. Die Urkunde nennt ihre Bewohner freie deutsche Leute. Die Anlage war unverkennbar für auswandernde Schlesier berechnet, und die lutherische Kirche, die gebaut wurde, diente zugleich mit für die Schlesier des Grenzstriches. Die Bürger führten ein Brauhaus, ein Spritzenhaus, ein Wachthaus auf und kamen zu 4 Jahrmärkten. Die Pest am Anfange des XVIII. Jahrhunderts verödete den Ort. Der hohe Grenz-

---

Schildberg. 1) Tschoppe und Stenzel, Urkundensammlung zur Geschichte der Städte in Schlesien und der Oberlausitz. Hamburg 1832. S. 243. Anm. 2) Castra cum opidis Ostrzessow, Boleslawecz etc. schreibt 1383 Janko Czarnkowski, archidiac. gnesn. (Sommersberg II. 144). 3) Raczynski, cod. dipl. maj. Pol. S. 193.

zoll, den Friedrich der Grosse einführte, schädigte in der zweiten Hälfte dieses Jahrhunderts seinen ganz nach Schlesien gerichteten Verkehr. Schlichtingsheim wurde darum ein Hauptplatz des Schmuggelhandels, bis es 1792 unter das preussische Scepter kam. Während der Kriege von 1807 bis 1815 schadete ihm die Nähe der Festung Glogau. Fast immer lag damals in dieser Gegend Kriegsvolk. Durch Verheirathung einer Freiin von Schlichting kam die Stadt im XIX. Jahrhundert an einen Herrn Cannabeus. Bei Ablauf des vorigen Jahrhunderts bestand sie aus 136 Wohnhäusern, 21 Mühlen, 7 öffentlichen Gebäuden, hatte 773 Einwohner (unter denen 134 Juden waren), besass eine Rossmühle und bezog als Kämmereieinnahme 250 Thlr. Sie hielt 2 Nachtwächter. Gewerbtreibend waren 113 Brauer, 16 Branntweinbrenner, 10 Bäcker, 21 Müller, 21 Mehlhändler, 1 Tuchhändler, 4 andere Kaufleute, 6 Tuchmacher, 5 Wollspinner, 5 Fleischer, je 2 Böttcher, Leinweber, Kürschner, Zimmerleute, Schlosser, Barbiere, 1 Drechsler, Färber, Maurer, Sattler, Seiler, Gastwirth. Ein Organist und ein Arzt lebten im Orte. 1816 hatte Schlichtingsheim 810 (oder 836) Einwohner, 1837: 952 Einw., 9 öffentliche Gebäude und 136 Wohnhäuser (nach anderer Angabe 157 oder gar 230 Häuser), 1843: 987, 1858: 1079, 1861: 1102 Bewohner.

Schmiegel, Smiegel, p. Szmigiel, Szmygiel, Smigiel, lat. Smigla (urk.: 1438 Smigel), sechs Stunden von Fraustadt. Schon in heidnischen Zeiten war diese Gegend bevölkert; man fand heidnische Begräbnissstätten, unter der Stadt sowie auf schmieglischem Grunde gegen Proschwitz und Altboyn zu und hat da Töpfe und Urnen in grosser Menge, auch Ringe und eiserne Messer ausgegraben[1]. Auf einer Anhöhe, neben der eine reine helle Quelle sprudelt, entstand das Dorf. Zur Stadt soll es Ramziel gemacht haben; doch wann? wusste man schon vor mehr als hundert Jahren nicht zu sagen, man meinte nur: es sei wohl vor 1400 geschehen; jedenfalls war Schmiegel 1458 Stadt, in welchem Jahre es 7 Krieger gegen den Ritterorden stellen musste[2], und damals bereits unter dieses Landes Städten von mittlerem Umfange. Die Urkunden sind bei dem Brande von 1814 untergegangen. Das Wappen der Stadt zeigt eine Kirche zwischen zwei Eichen. Der Lage wegen war sprüchwörtlich in Polen „Schmiegel liegt auf dem Hügel.“ Das Quellwasser wurde durch Röhren auf die Höhe vor die Häuser geleitet. Beschwerlich musste es durch 2 Eimer geschöpft und gegossen werden, bis in dem ersten Drittel des vorigen Jahrhunderts eine geeignete Plumpe angelegt wurde. Der Güte dieses Wassers schrieb man die Güte des hier gebraueten Bieres zu. Eine starke Art desselben, Kutz benannt, wurde auch auswärts viel getrunken, bis das grätzer Bier vor ihm den Vorzug erhielt. Kostens zeitweiliges Verfallen gereichte zum Nutzen Schmiegels. Im XIV. und XV. Jahrhundert war der Ort Eigenthum des Vincentius von Kempa aus dem Geschlecht Lodzia, welches von seinem Besitzthum Bnin den Namen Bninski annahm. Andreas von Bnin, der Bischof, mauerte hier eine Kirche auf, die er dem h. Veit widmete. In ihrer Festigkeit überdauerte sie die Holzhäuser und blieb, als das älteste Gebäude Schmiegels. Bei der Nähe der deutschen Grenze fand die Reformation Eingang. Um das Jahr 1560 waren hier schon lutherische Predigten im Zuge, die in einem hölzernen Kirchlein gehalten wurden, welches seine Stelle da hatte, wo nachmals der Kirchhof der Evanlischen war. Zu diesem Gottesdienst kamen an hohen Festtagen viele Posener nach Schmiegel gefahren[3]. Bald setzten sich auch Socinianer hier fest, so dass drei christliche Glaubensbekenntnisse in diesem kleinen Orte die Einwohner theilten. Der Gutsherr Stanislaus Cikowski war selbst Socinianer. 1583 oder 1584 verkaufte er den Ort an den gelehrten Ungar Andreas Dudytsch Sbardellati von Horebowitz (Horehowicy), den vormaligen Bischof von Fünfkirchen, der ein Haupt der Socinianer geworden war und nun Schmiegel zu einem ihrer vornehmsten Sitze machte. Dieser baute um 1584 eine socinianische Kirche und ein Schulhaus und stattete beide aus. Jene stand am Marktplatze, dem auf die kostner Gasse zu Gehenden zur Rechten. Der Kirchhof der Socinianer lag vor dem kostner Thore, dem der Lutheraner gegenüber und hatte in sich den Teich zum Taufen. Der socinianische Landadel hielt sich zu dieser Kirche und Schmiegel war solchergestalt, bis es (um und nach 1600) von Rakau verdunkelt wurde, ein Hauptplatz der Dreieinigkeitsläugner, also dass Streitschriftsteller jener Zeit die Antitrinitarier mitunter schlechtweg „Schmieg-

Schmiegel. 1) Beschrieben von Jacob von Mellen (Mellenii), historia urnae sepulchralis sarmaticae. Jena 1679. vgl. auch G. Rzaczynski, historia naturalis curiosa regni Poloniae. S. 14. 2) Raczynski, cod. dipl. maj. Pol. S. 181. 3) Keller. Pastor in Schmiegel, in seiner „Schmiegelschen Kirchengeschichte“, die freilich nur in wenigen Blättern abgefasst war. Auch einer seiner Nachfolger, Fiedler aus Zittau, hat in lateinischer Sprache die Schicksale des evangelischen Zions zu Schmiegel in den ersten Jahrzehnten des XVIII. Jahrhunderts aufgezeichnet. Beide Arbeiten blieben ungedruckt. Sie wurden benutzt von

listen" benannten[4]. 1610 fand in Schmiegel eine Synode der Dissidenten statt. Nach des Dudytsch Tode 1589 vererbte der Besitz von Schmiegel an Elias Arciszewski, der gleichfalls Socinianer war. Doch unvermögend den Besitz zu behaupten, verkaufte er seinen grössten Theil an den Katholiken Wenzel Rozdrazewski, einen Theil (1608) an seinen Verwandten Paul Arciszewski und behielt blos den grünen Berg mit dem darauf befindlichen Schlosse, Wassermühle und Garten. Schmiegel unterstand somit drei Herren! Einer von diesen Antheilen, wahrscheinlich der des Paul, ging bald (vor 1611) an Kaspar Jaruzel Brzezinski über, der gleichfalls Socinianer war und ein Erbrecht an Dudytsch's Nachlass zu haben behauptete. Zwischen seinem Hause und den Arciszewski's war Streit. Der katholische Grundherr Rozdrazewski erlaubte den Lutheranern, deren Kirchlein eine böse Hand in Brand gesteckt hatte, die Erbauung einer eigenen Kirche an dem Markte 1595. Während des Baues, ein Jahrlang, öffnete er ihnen sogar die Veitskirche zu ihrem Gottesdienste, denn sie schienen in ihrem Unmuth Willens, Schmiegel gänzlich zu verlassen[5]. Im Jahre 1618 betraf die Stadt eine grosse Feuersbrunst, bei welcher, wie es scheint, auch die socinianische Kirche in Flammen aufging. Rozdrazewski zeigte sich den Socinianern besonders feindselig; aber auch die Lutheraner mussten während des Religionskrieges die Ungunst der Zeiten empfinden. Seit 1627 wurden sie gleichfalls bedrückt. In demselben Jahre ward die Stadt obenein von einem grossen Brande wiederum heimgesucht. Die Evangelischen verzogen sich nun. Das war aber der Gutsherrschaft keineswegs genehm. Sie verhiess also den Evangelischen ungehinderte Glaubensübung, Freiheit und Schutz und liess im Mai 1629 von der Kanzel die vertriebenen evangelischen Schlesier einladen, sich in Schmiegel ansässig zu machen, ihnen alles Gute in Aussicht stellend[6]. Es zogen sich darauf wirklich viele Schlesier hierher[7]. Die Gutsherrschaft hielt Wort. Die Lutheraner richteten sich nunmehr eine eigne Schule ein, in der anfangs Unstudirte — ein Musikus, ein Kürschner — unterrichteten. 1634 erlitt die Stadt den dritten grossen Brand. Kurz darauf, um 1637, wurde die socinianische Schule geschlossen, dagegen bald nachher die lutherische verbessert, indem die Gemeinde 1644 zur Anstellung eines Kandidaten des Predigtamtes als Schulherrn gelangte. Das kleine Kirchlein am Markte[8] wurde in demselben Jahre abgetragen und durch ein besseres ersetzt, 1670 kam es auch zum Abbruch des alten Schulhauses und Aufbau eines neuen, wobei allerdings manche Hemmungen von katholischer Seite zu überwinden waren. Als im Jahr 1658 die Unterdrückung der Socinianer in Polen beschlossen und ihnen das Land zu räumen geboten wurde, gaben die zwei Arciszewski, die noch einen Antheil von Schmiegel besassen, den sie als Socinianer nicht behalten durften, an den Rozdrazewski, der die Stadt schon fast ganz inne hatte, diesen ihren Antheil ab gegen seine eidliche Zusage, ihnen nachträglich den Kaufpreis zu übermachen. Doch wurden sie getäuscht. Rozdrazewski zahlte die Kaufsumme nicht, beantwortete keine Mahnung. In seinem Zorn lauerte der betrogene Elias Arciszewski der Jüngere, General in holländischen Diensten, dem Eidvergessenen auf und liess ihn umbringen[9]. Später gehörte Schmiegel den Grafen Leszczynski auf Lissa, welche der Einwohnerschaft mehrere Urkunden ausstellten, wie z. B. 1696 der Bäckerzunft. In die 2. Hälfte der XVII. Jahrhunderts fällt das Auffinden der Heidengräber gegen Proschwitz zu, welches die Vorstellung erweckte, dort lägen unter der Erde Schätze verborgen. Ein Schwarzkünstler, Jonsäi, kam nach Schmiegel und beredete den Grundherrn Preslavi Grafen von der Lissa, die ganze Gegend der Fundorte durchwühlen zu lassen. Nachdem sich herausgestellt hatte, dass keine Schätze zu entdecken seien, liess der Grundherr einen Jeden frei graben. Seitdem arbeiteten viele eifrig mit der Wünschelruthe. Die alten Begräbnisse wurden zerstört; der einzige Fund von Belang war der einer alten römischen Goldmünze. 1719 wurde eine halbe Stunde von dem ersten heidnischen Begräbnissplatze ein zweiter entdeckt, später wurden auch unter einem Hause der Stadt Urnen gefunden. —

Adelt. 4) Smiglotianer hiessen dagegen am Anfange des XVII. Jahrhunderts in Oxford die Anhänger des die Filosofie der Scotisten bekämpfenden Martinus Smigletius. Dieser Martin, welcher von 1562 bis 1618 lebte, 1581 in Rom in den Jesuitenorden eintrat und seit 1605 in Wilna und Kalisch lehrte, war nach Ruarius (Epistolarum Centuria II. 17) aus Schmiegel gebürtig. Andere (und nach ihnen Jöcher) geben als seinen Geburtsort Lemberg an. Martin Ruarius hat in Schmiegel im Jahre 1613 sich aufgehalten und lernte diesen Jesuiten selbst in Kalisch kennen. Seine Angabe verdient also den Vorzug. 5) Martin Adelt, Pastor in Schmiegel, historia de arianismo olim Smiglam infestante, Oder Historische Nachricht von des ehmaligen Schmieglischen Arianismi Anfang und Ende. Nebst einer Kirchen-Historie bis auf gegenwärtige Zeit der Stadt Schmiegel in Gross-Pohlen. Danzig 1741. S. 11. Das Büchlein enthält auch eine kleine Ansicht von Schmiegel. 6) Ders. S. 60. 7) Ders. S. 72. 8) Der lutherische Prediger bezog 1610: von der Kirche wöchentlich 1 Fl., hatte 4mal im Jahre und ausserdem an den beweglichen Festtagen „Schüsselstände" und bekam von der Trauung und der Taufe 9 Groschen, von Begräbnissen Vermöglicher auch 9 Groschen, von dem eines Dienstboten 3 Gr., von dem eines Kindes eines Armen 9 Pölchen. 9) Adelt S. 30. 31.

Im Jahre 1708 ward die Kirche der Lutheraner erweitert, obschon diess katholischerseits zu hindern gesucht und durch Drohungen wirklich dem Bau vom 14. März bis 12. Juni Einhalt gethan wurde. Dann nahmen die Lutheraner den Bau wieder auf und am 10. August war der Ausbau beendet. Kaum war diese Erweiterung nothwendig. Denn gleich darauf raffte die in Folge des Schwedenkrieges ausbrechende Pest, welche vom 7. Juli 1709 an bis Ausgang 1710 wüthete, gegen 2000 Einwohner weg; fast zwei Dritttheile der Lutheraner starben dahin. Die Bürger zerstreueten sich grossentheils und sammelten sich erst 1711 wieder, doch war seit dieser Seuche Schmiegel geschwächt. Die Schule, die inmittelst eingegangen war, wurde Mitte 1711 wieder eröffnet, darauf 1718 versucht, die „sündlichen Sonntagsmärkte“ abzuschaffen und als Ersatz für sie Frühpredigten einzuführen, welche der Schuldirektor hielt, der dafür den Inhalt des Klingelbeutels empfing. Doch die Märkte kamen wieder auf und die Frühandachten gingen ein. Von den Leszczynski's gelangte die Stadt in den Besitz der Sulkowski's; am 6. August 1738 kam der neue Herr Alexander Josef zuerst nach Schmiegel. Mit dem 18. April 1752 wurden für die Stadt die fürstlich Sulkowskischen Satzungen eingeführt. Um diese Zeit waren die deutschen Bewohner den polnischen noch „an der Anzahl weit überlegen“[10]. Die Tuchbereitung war eine Zeitlang bedeutend, behauptete sich aber nicht auf ihrer Höhe. Die Stadt hielt 6 Jahrmärkte. Gegen 1790 wurde die lutherirche Gemeinde durch Zerwürfnisse über den Kirchenvorstand zerrüttet. Eine Partei setzte die Kirchenvorsteher ab und bestellte neue. Es kam dahin, dass von Warschau eine Untersuchung dieses Streites (1791) erfolgte. Damals war Grundherr Graf Chlapowski geworden. Im XIX. Jahrhunderte gehörte Schmiegel der Herzogin von Sagan Acerenza di Pignatelli. Am Ausgang des XVIIIten bestand Schmiegel aus 3 katholischen Kirchen und 1 evangelischen, 6 öffentlichen Gebäuden, 50 Mühlen und 343 Wohnhäusern, doch hatte nur eines von letzteren Ziegelbedachung. Die Stadt hatte 2 Thore. Die Einwohnerzahl betrug 2125. Davon waren 235 Juden. Gewerbtreibend gab es 28 Branntweinbrenner, Weinhändler, Schänker, 1 Bierbrauer, 3 Gastwirthe, 67 Tuchmacher, 1 Leinenzeugdrucker, 2 Färber, 48 Leinweber, 53 Müller, 33 Schuster, 16 Töpfer, 15 Schneider, 13 Kürschner, 12 Fleischer, ebensoviele Bäcker, 7 Bötteher, 5 Stellmacher, ebensoviele Tischler und Hufschmiede, 4 Riemer, 4 Barbiere, 3 Mützenmacher, 3 Seifensieder, 3 Seiler, 2 Walkmüller, 2 Oelschläger, 2 Zimmerleute, 2 Gerber, 2 Handschuhmacher, 2 Knopfmacher, 2 Posamentirer, 2 Strohhutmacher, 2 Korbmacher, 1 Hutmacher, Perrückenmacher, Steinsetzer, Glaser, Maurer, Schlosser, Kupferschmied, Nadler, Sattler, Honigküchler, Schornsteinfeger; ferner 2 Fuhrleute, 1 Goldschmied, 1 Büchsenmacher, 1 Pottaschbrenner, 1 Ziegelbrenner, 1 Maler, 2 Musiker. Es machten hier Geschäfte 6 Tuchhändler, 4 Lederhändler, 3 Eisenhändler, 2 Glashändler, 4 Mehlhändler, 14 andere Kaufleute. Ein Apotheker war am Ort. Die Kämmereicinnahme belief sich auf 3094 Thaler. Die Stadt hatte 5105 Thaler Schulden, sie hielt 2 Nachtwächter und 1 Scharfrichter. Im Jahre 1807 brannten 32 Häuser und die Pfarre ab, im Jahre 1812 traf die Stadt eine noch grössere Feuersbrunst. Im Jahre 1816 war die Einwohnerzahl daher auf 2017 (n. a. 2065) Einwohner gesunken, doch gingen noch 46 Leinwebstühle und 37 Tuchwebstühle waren im Betriebe; später betrug die Zahl der Gebäude drittehalb Hundert. Zwei Jahrzehnte danach (1837) war die Einwohnerzahl auf 2654 gestiegen, welche 370 Häuser bewohnten, 1 katholische, 1 evangelische Kirche und 1 Synagoge hatten; auch gab es ein Waisenhaus in Schmiegel. 1843 war die Einwohnerzahl auf 2884, 1858: auf 3155, 1861: auf 3242 gewachsen, immer aber scheint sie noch unter ihrem Stande vor der Pestzeit sich zu befinden. Die Verleihung der Städteordnung erfolgte am 20. April 1835. 1848 fielen auch in Schmiegel Raufereien zwischen Polen und Deutschen vor[11].

Schneidemühl, Schneidemühle, p. Piła (Pyla), an der von hier schiffbaren Küdde und mehreren Teichen. Das Archiv der Stadt ist bei dem Brande von 1834 untergegangen; sie besitzt keine Urkunden mehr. Der Ort war im Besitze der Opalinski, bis 1480 Mathias Opalinski ihn dem Könige Kasimir IV. überliess. Sigismund I. gab ihm am 4. März 1513 das bürgerliche Recht der übrigen Städte und namentlich Posens als Ausgleich für die beständige Gefahr, der er seitens der Grenznachbarn kürzlich ausgesetzt gewesen war und zur Beförderung des Wohlstandes der Einwohner, auf dass sie ungestört und ungehindert von Bedrückungen das Ihrige brauchten und nutzten. Die Bürger traten damit aus dem polnischen Recht in

10) Adelt, S. 1, im Jahr 1741. 11) (Metzig.) Nachschrift zu dem offenen Briefe an den Herrn Abgeordneten Nerreter S. 15: „in diesem Sommer hatten in Schmiegel die jüdischen Schänker ihre Läden geschlossen.“

das magdeburger, wurden frei von der Macht der Kastellane und Beamten, von Heerbann und Beschwerungen, mochten Gewerbe treiben welcher Art immer; sie hatten sich nicht zu stellen in Rechtssachen, auch wenn sie von jenen wirklich vorgeladen würden, noch Geldstrafen an selbe zu zahlen, sie durften und sollten vor ihrem eigenen Stadtrichter in kleinen und grossen Sachen Recht nehmen, ihr Stadtrichter aber hatte auf Vorladung unter königlichem Sigel vor dem Kron-Grosskanzleigericht sich richten zu lassen, jedoch auch nur nach deutschem Rechte. Bald darauf verlor auch Schneidemühl die Unmittelbarkeit. Hieronymus von Bnin gelangte durch Geld in den Lehnbesitz und 1518 ertheilte ihm König Sigismund eine Urkunde, ihn bis an sein Lebensende im Besitz zu lassen[1]. 1525 gestattete ihn der König die Vogtei in der Stadt von dem Inhaber Martin zu erwerben[2]. Die Stadt blieb im Besitz der Grafen Gorka[3]. Stanislaus Gorka erkannte[4] 1561 an, dass sie auf dem Stadtgrunde Fischereien anzulegen berechtigt sei. Die Städter behielten auch in der Folge auf dem Plöttsee freien Fischfang. Man zählte 1563: 114 feldbesitzende Bürger und 153 Häuser, 5 Mühlen und 2 Hämmer. Die Gesammtabgabe der Stadt wurde damals auf 500 Gulden veranschlagt. Der Bürger zahlte an allgemeiner Steuer 6 Groschen, das Haus 6 Gr. 12 Denare. Es gab damals 10 Fischer, welche von der Fischerei in der Küdde jeder 15 Gr., 2 Fleischer, welche 2 Stein Unschlitt, 6 Stellmacher, welche Eichborke aus dem Busch sich holen durften und von denen jeder 36 Gr., 15 Bienenzüchter (?Büttenhauer?), welche 14 Tonnen Honig, jegliche zu 8 Gulden Werth, 18 Töpfer, welche jedes Vierteljahr 20 Thongefässe an den Hof zu entrichten gehalten waren, 13 Schuster u. s. w. Der an der Stadtgrenze neben den sogenannten polnischen Ländereien gelegene „Holländergrund" weist in seinem Namen vielleicht auf ausländische Ansiedler hin. Der Wochenmarkt fand am Donnerstage statt; diese Zeit war aber aus Rücksichten auf die Umgegend den Schneidemühlern ungelegen; desshalb erwirkten sie von König Stefan, als er am 3. September 1576 ihre beiden Freibriefe bestätigte, die Verlegung desselben auf den Montag. Bestätigungen ihrer Freibriefe erlangte die Stadt ausser von diesem Könige von Sigismund III., Warschau 25. Mai 1593, von Wladislaus IV., Warschau 21. April 1633, Johann Kasimir, Warschau 8. Juli 1650, Stanislaus August, Warschau den 26. Nov. 1716.

Am Anfange des XVII. Jahrhunderts war Schneidemühl wieder unmittelbar und wurde, nachdem König Johann Sigismund III. die Habsburgerin Konstantia 1605 geheirathet hatte, dieser unterwürfig, indem ihr die Starostei Usch als Brautschatz angewiesen wurde. Nicht lange nachher erlitt der Ort wiederholt Brandschaden. Um 1619 wurde darauf die katholische Kirche erbaut, der auch (am 29. Februar 1619) die Hälfte aller zum Vogtamte gehörigen Ländereien zugewiesen ward. Sie stand indess nicht lange, denn durch ein Feuer, das, um 1626, im Hause des Juden Joachim ausbrach, brannte Schneidemühl gänzlich ab, so dass eine neue Vermessung und Bestimmung der Baustellen nothwendig wurde; dazu sendete die Königin ihren Sekretär als Bevollmächtigten[5]. Bei dieser Gelegenheit wurde den Juden,

Schneidemühl. 1) Inventarium diplomatum in arce cracoviensi. Paris 1862. S. 293. 2) Ebenda S. 295. 3) 1557 als die Gorka's theilten, bekam Stanislaus Gorka: Item oppidum *Pila* similiter cum villis possessionatis et desertis ad id oppidum *Pila* spectantibus (Theilungsverhandlung in der Urkundenbeilage von Ed. Raczynski's Wspomnienia Wielkopolski. Posen 1842. I. S. XLII. 4) Auf Ansuchen des Rathes und der Gemeinde, zu erlauben die Anlage und Nutzung einer immer brauchbaren Fischerei auf ihren eigenen Stadtgründen, vornämlich auf der Ebene und den Brüchen zwischen den Stadtäckern gegen Bruch Bucowe, nebst einem aus dem Kesselsee entspringenden, auch aus dem genannten Bruche sich sammelnden Wasser, und ihnen nicht hinderlich zu sein in den Seeen Ploritze und Plaor mit kleinen Netzen, Haken und Angeln zu fischen, über welche Berechtigung sie mir (erklärt Stanislaus Gorka) ein Verzeichniss aus einer Urkunde, die ihnen durch Feuersbrunst verzehrt worden, vorgezeigt, auch sehr glaubwürdige, vereidete Männer vorgestellt, wonach mit Gewissheit anzunehmen, dass vorgedachte Gründe ihnen zugehören, wie sie denn auch in ruhigem Besitze immer gewesen sind — desshalb gestattet er ihnen nach eigener Besichtigung des Grundes und Bodens die Anlegung einer Fischerei. 5) In dem Berichte des beauftragten Samuel Tarjowski heisst es: Zum Markt ist ein Viereck abgemessen, die Seiten gegen Auf- und Niedergang der Sonne $21^2/_3$ Ruthen (zu 8 Ellen) lang, ungerechnet die Gassen, die gegen Mittag und Mitternacht $24^1/_2$ Ruthen. Die zu Gebäuden ausgemessenen Plätze enthalten in der Breite 18 Ellen, in die Länge 14 Ruthen. Die Länge auf der Mitternachtsseite musste wegen des Mühlenteichs anders ausfallen. An den Strassen beiderseits zur Mitte des Markts sollen die Gasthöfe liegen (jeder zu 20 Ellen). Alle Häuser am Markte müssen auf einerlei Weise gebaut werden, sowohl nach ihrer Höhe als ihren Verhältnissen, die Schornsteine müssen feuerfest über das Dach aufgemauert werden. Mitten auf dem Markte ist der Platz zum Rathhause abgezeichnet, 24 Ellen lang und 20 Ellen breit. Im Rathhause soll eine Stube sein, 10 Ellen lang und 12 Ellen an der Flur, zur Wage, und so breit gebaut, dass die Waaren gut können aus- und eingebracht werden. Rings um das Rathhaus soll ein Geländer mit Deckung gebaut werden, so dass darunter Verkäufer mit ihren Waaren trocken stehen können. Zur Uhr soll in der Mitte des Dachs ein Thurm aufgeführt werden. Die Strassen laufen von den Ecken des Marktes und quer über den Markt in einer Breite von 14 Ellen, die neustädtische aber von 24 Ellen. Die Häuser an ihnen erhielten 12 Ellen Breite, 15—18 Ellen Tiefe. Um die Kirchen sollten keine Schankhäuser aufgeführt werden. An der grossen Brücke wurden freie Plätze gelassen, damit etwa in Feuersnoth ein jeder mit seinen Sachen auf die Brücke sich retten könne. Die Plätze in der Nähe der Kirche (die auch niedergebrannt war) mussten die bisherigen Besitzer der Kirche überlassen. Hinter der Kirchstrasse blieben 15 □ Ruthen frei, um Christen und Juden zu trennen. Nahe dem Wasser

die bis dahin unter den Christen gewohnt hatten, ein besonderer Platz angewiesen und zwar in der gegen Usch zu gelegenen Vorstadt, und ihnen zugleich vorgeschrieben, sie in 3 Reihen zu bauen, ihre Synagoge nicht höher als die übrigen Häuser aufzuführen, ihr Viertel und ihre Stadt mit einem Graben einzuschliessen. Innerhalb der christlichen Stadt durften sie nicht wohnen, noch sich ankaufen. Den Christen ward auch verboten, ihnen Grundstücke zu verkaufen oder zu verpfänden. Weiter ausbreiten sollten die Juden sich nicht, bei Verlust ihres Ortes. Auch die Wiesen an der Küddow, wo sie gesessen, wurden ihnen genommen und der Stadt zur Nutzung gegeben. Christliches Gesinde sollten sie nicht halten. In der Judenstadt durfte weder Markt stattfinden, noch Bier gebraut oder Branntwein gebrannt werden; auch Bier und Branntwein einzuführen ward ihnen verboten. Handel sollte überhaupt nur auf dem Markte unter Aufsicht des Raths betrieben werden. Die bevorzugte Stelle war der Markt, der Kernpunkt deutscher Städte. Am Markte sollten eigentlich nur Katholiken wohnen, ebenso nur Katholische in den zu ihm hinführenden Gassen. Ehe der Markt von allen Seiten ausgebaut sei, sollte kein Bürger irgendwo anders zu bauen anfangen. So ward damals angeordnet. Gegen die Mitte des Juli 1655 führte Konrad Marderfeld einen schwedischen Heerhaufen gegen Schneidemühl; die polnischen Truppen, welche hier das Durchbrechen von Feinden abwehren sollten, warfen sich vor ihm in die Flucht. Unter Johann III. Kasimir erlangte die Stadt eine königliche, in Wilanowo den 22. Juni 1688 ausgestellte Urkunde, derzufolge ihr das freie Holzen in der Zelginewschen Haide und Waldung zustand und zwar sowohl zum Brennen als zum Bauen von Gebäuden und Ausbessern von Zäunen und Brücken, Wegen und Stegen, jedoch keine Befugniss, Holz aus diesem Walde zu verkaufen. Auch hatte sie darin Hutung. In der ersten Hälfte des XVII. Jahrhunderts bekamen die Brauer eine Ordnung, welche am 6. November 1697 erneut wurde; 1660 am 7. Oktober und weiterhin am 19. December 1701 erhielten die Tuchmacher Freibriefe. Auch die Juden erwirkten sich am 20. Oktober 1670 eine königliche Urkunde: die Absicht sie auszutreiben war also gescheitert. Das Wappen der Stadt war ein im Lauf begriffener Hirsch von natürlicher Farbe (braun) im rothen Felde. Die Schwedenkriege trafen die Stadt schwer. In ihrer Nähe kämpften die Heere.

Der Ort brannte abermals ab. Seuchen rafften im zweiten Jahrzehnt des XVIII. Jahrhunderts viele Einwohner hin. Sogar der Landbau verfiel. Die Steuern konnten nicht mehr getragen werden. Am 24. Febr. 1720 bezeugten daher in Krone vor dem Gerichte Namens der Stadt zwei Bürger (Johann Glowczyk und Christof Knowka), dass von den städtischen Aeckern 750 Morgen mit Sand überschwemmt und mit Strauchwerk bewachsen seien, dass von diesen mithin keine Abgaben entrichtet werden könnten. Der Starost wehrte den Bürgern die Holzung in den Zelginewschen Wäldern. Endlich entschloss sich die Stadt den Rechtsgang darüber zu versuchen, aber wie beschwerlich und langwierig war dieser! Ehe er zu Ende führte, traf sie zu Warschau den 11. Januar 1759 ein Abkommen mit dem Starosten, wonach die Schneidemühler wieder Holz holen durften, aber nur Dienstags und Sonnabends und nur da, wo die Haidewärter es anwiesen. Den Schein dazu musste der Bürger an Martini mit 9 Tymfen für den zweispännigen Wagen und der Hälfte für den einspännigen lösen und bei sich führen. Es sollte sich auch keiner unterstehen, an einem Tage zweimal nach Holz zu fahren. Für gutes Bauholz wurden bestimmte Preise ausgemacht. König Stanislaus August genehmigte und bekräftigte am 18. November 1766 dieses Abkommen. — Im November 1758 zog das Russenheer über Schneidemühl.

Die Stadt hob sich erst wieder nachdem sie 1772 von den Preussen besetzt worden war. Friedrich der Grosse veranlasste den Bau der Friedrichsstrasse und räumte die auf seine Kosten aufgebauten Häuser Ansiedlern unentgeltlich ein. Es sammelte sich nun auch eine evangelische Gemeinde, die ein Bethaus anlegte und in den letzten Jahrzehnten des vorigen Jahrhunderts sich einen Prediger berief. In den ersten preussischen Jahren war Schneidemühl der Sitz eines Landvogteigerichtes, an dessen Stelle dann eine Kreisjustizkommission trat. Husaren wurden in die Stadt eingelagert. 1788 hatte sie 1611 Einwohner und 281 Häuser, war regelmässig und ziemlich gut gebaut. Der grosse Marktplatz war mit Bäumen besetzt. 1806 hatte der Ort 2519 Einwohner, aber die Kriegswirren und Heereszüge, deren Strasse durch ihn ging, brachten ihn wieder herunter. Im November 1806 kamen die Franzosen, erst

sollten die Handwerker wohnen, die mit Feuer umgehen, als Schmiede und Schlosser. Die Plätze wurden an die Bürger vertheilt. Die Stadtobrigkeit wurde angewiesen, jedem, der dabei zu kurz kam, von dem nicht zur Vermessung gekommenen Raum Schadlos-

unter Marschall Augereau, dann unter Lannes, nach Schneidemühl, dann folgten öftere Durchzüge. 1816 hatte Schneidemühl 336 Feuerstellen und 1992 Bewohner. Von diesen waren 866 Katholiken, 722 Protestanten, 408 Juden. 1817 wurde die Stadt zum Sitz eines Landgerichts gemacht. Ein Eisenhammer entstand in der Nähe. Die evangelische Gemeinde beschloss den Bau einer Kirche, allein die von katholischen Einflüssen geleitete Ortsbehörde wollte ihn an der dazu gewählten Stelle (dem Platz, wo jetzt das Rathhaus steht) nicht zulassen, bis ein Befehl des Königs im Sinne der Gemeinde entschied, die nun 1823 und 1824 ihre Kirche baute und vom Könige die Glocken für sie geschenkt erhielt. Ein schweres Unglück suchte abermals die Stadt am 7. Juli 1834 heim, sie brannte grossentheils ab, 200 Häuser wurden zu Asche. Neu und schöner aufgebaut, wobei die Strassen zum Theil eine andere Richtung bekamen, als sie vormals hatten, zählte sie 1837 viertehalbhundert Häuser, 2 katholische, 1 evangelische Kirche. In diesem Jahr bewohnten sie 3385 Einwohner. Unter ihnen waren etwa 600 Juden, die hier eine Synagoge hatten. Schneidemühl zählte 1843 schon 4111 Bewohner, hob sich also rasch, trotz des Brandunglückes. Die Städteordnung war ein Jahr nach dem Brande am 15. August 1835 verliehen. Im Jahre 1844 fiel der Priester Czerski hier von der römisch-katholischen Kirche ab, bildete eine besondere „christlich-apostolisch-katholische“ Gemeinde, brachte auch so viele Beiträge zusammen, dass für sie eine Kirche auf dem alten Markte gebaut werden konnte. Es gab diess Anlass zu vielen Wirren in der Stadt. Im Bewegungsjahre 1848 fand in Schneidemühl am 9. April die Versammlung der Westhälfte des Netzlandes statt, um der Polonisirung entgegenzutreten. Das dem Ministerium am 14. April abgerungene Zugeständniss wurde mit Umzug und Beleuchtung gefeiert, gegen Willisen am 18. April eine nachdrückliche Erklärung von 236 Einwohnern erlassen. Sie forderten, dass Willisen vor ein Kriegsgericht gestellt und dass von einem gemeinsamen Mittelpunkt eine allgemeine Bürgerwehr unter allen Deutschen der Provinz errichtet werde, „damit der Bürger nicht mehr verrathen werden kann.“ In der Stadt hatte sich schnell ein Ausschuss zur Wahrung der Rechte der Deutschen und eine Bürgerwehr von 250 Mann, die an der Mütze die preussische Kokarde und das schwarzrothgoldne Band trug, gebildet. Obschon 170—180 Soldaten in Schneidemühl lagen, mussten die Bewohner fortwährend vor einem Ueberfall auf der Hut sein, da bekannt wurde, dass Graf Bninski mit 2000 Polen einen Handstreich gegen die Stadt vorhabe. In allen Dorfschaften der Umgegend wurde zu den Waffen gegriffen, um ihm nöthigenfalls entgegenzutreten. Die Gefahr verzog sich indess[6]. Der Vikar Pestrich bewegte mit Hülfe der katholischen Schullehrer die Katholiken Schneidemühls zu einer Erklärung von „250 deutschen Bürgern“ (am 1. Juni) gegen das deutsche Nationalcomité in Posen, der beizutreten „alle wahrhaften Deutschen, denen deutsche Freiheit mehr ist als ein leerer Wortschwall“, aufgerufen wurden[7]. Sie rief geharnischte Gegenerklärungen hervor, namentlich wurde die Unterzeichnung „im Namen von 250 deutschen Bürgern“ eine offenbare Lüge genannt. Die Einwohnerzahl Schneidemühls betrug 1858: 6758, 1861: 6890, wovon 792 zum Soldatenstande gehörten.

---

haltung zu gewähren. 6) „Mit banger Furcht haben wir namentlich den Osterfeiertagen entgegengesehen (vgl. oben S. 250). Seit einigen Tagen schon trieben sich eine Menge polnische Emissäre in unserer Stadt umher. Am Sonnabend wurde einer in Stenbowo (?Sinbowo?), 2 Meilen von hier, mit einer Menge Adressen an alle polnischen Edelleute aufgegriffen, in denen sie aufgefordert wurden, alles zur Erhaltung des Netzdistriktes aufzubieten. An demselben Tage hatten sich 4 Polen hier sehen lassen, welche Zeichnungen der mitten auf dem Markte liegenden und zur Beherrschung des ganzen Marktes trefflich geeigneten evangelischen Kirche aufgenommen hatten, sowie vom Zeughause, der Landschaft und mehreren andern öffentlichen Gebäuden. — Am Sonnabend Nachmittag fand eine Musterung unserer ganzen Schutzmacht in der Nähe von Schneidemühl statt. Man hat uns leider fast alles Militär weggezogen und nur 100 Mann Landwehr und 70—80 Mann Linie gelassen. Die Bürgerbewaffnung ist, nachdem sich bei entstehender Gefahr mehrere zurückgezogen hatten, 250 Mann stark; davon sind 130 mit Musketen vom Zeughaus, 30 Mann, zu denen ich und mein Zug gehören, mit Büchsen und Doppelgewehren als Scharfschützen, und 90 Mann mit Piken und grade gebogenen Sensen und Heugabeln bewaffnet.“ Am Ostersonntag war nun alles auf, überall Wachen, weil man den Anfall Bninski's gewärtigte, der „einer der wüthendsten Polen aus dem wirsitzer Kreise, aus welchem ihn vor ungefähr 3 Wochen seine eignen Bauern vertrieben haben,“ genannt wird. „Schon um 3 Uhr kamen nach und nach unsere reitenden Patrouillen zurück und wir athmeten bei der Nachricht auf, dass alle deutschen Dörfer in der Umgegend unter Waffen standen. — Um 5 Uhr begann die gefährlichste Zeit, nämlich die Ostermesse in der katholischen Kirche, zu welcher Tausende von Polen und Katholiken nach der Stadt kommen. Um 5 Uhr erscholl der erste ... Schuss (?) von dem katholischen Thurm und nun begann das Gewühl auf den Strassen. Wie ein grosser Ameisenschwarm zogen die Katholiken aus der Umgegend ein, so dass wir mit unsern Patrouillen Noth hatten, durch sie durchzukommen. Eine halbe Stunde wussten wir nicht woran wir waren, ob nicht etwa die eindringende Menge unsere Feinde seien, sich bei der katholischen Kirche sammeln und angreifen würde. Gott sei Dank, es ist alles glücklich vorübergegangen.“ Bericht eines Schneidemühlers vom 25. April 1848. 7) Vom deutschen Comité sei ein Netz gewoben (hiess es), in welchem „die widerliche Spinne der Reaktion ihr ekelhaftes Gewebe angelegt und dasselbe immer mehr ausbreitet und befestigt. Es ist notorisch (wurde gesagt) wie alle einflussreichen Personen und Behörden Posens die willfährigen Werkzeuge dieses Comités sind, welches die öffentliche Meinung terrorisirt und in schmählichen Banden hält.“

Schnin, p. Żnin (1136 Znein[1], 1284 Zneyna, 1422 Znijena[2], 1458 Snyeyna, Janko Czarnkowski 1371: Sneyna), einer der ältesten Orte. Er wurde dem Erzbischofe von Gnesen gegeben, gelangte damit zu bevorzugter Stellung und bekam frühzeitig eine Pfarrkirche. Im Jahre 1284, als Herzog Premisl der Zweite dem Erzbischof gestattete[3], hier münzen zu lassen, heisst er bereits seine Stadt. Man kennt indess keine schniner Münzen. An der Aechtheit dieser Urkunde zweifelt Lipinski[4], weil unter den Zeugen Bosco senator Calissiensis steht und es dazumal noch keine Senatoren gab. Allein „senator" ist wahrscheinlich von Raczynski oder seinen Gehülfen bei ihrer Herausgabe falsch gelesen worden und muss „venator" heissen, denn einen solchen gleichen Namens kann ich nachweisen in einer Urkunde vom 15. August 1288[5], welche unter den Zeugen aufführt: comes Bosco venator Calissiensis. Auch ein zweiter Zeuge der angefochtenen Urkunde, comes Vitus pincerna Gnesnensis, erscheint wieder unter den Zeugen einer Urkunde vom 5. September 1288[6]. Und zu welchem Behufe hätte die Urkunde von 1284 erdichtet werden sollen? Demgemäss halten wir das Vorhandensein Schnins als Stadt im Jahre 1284 für erwiesen. Sie hatte Antheil an den mannichfachen Befreiungen, welche des Erzbischofs Unterthanen genossen. Zwischen zwei Seen gelegen, hatte sie den Vortheil der Fischerei. Im Jahre 1331 wurde sie von den Ordensrittern geplündert und angezündet, doch wieder aufgebaut. Erzbischof Jaroslaus liess viel in ihr bauen[7]. In den innern Kämpfen unter Ludwig von Ungarn litt Schnin sehr. Eines am 21. Juni 1383 anrückenden Heerhaufens konnte sich die Stadt nur durch schwere Geldleistungen erwehren. Domarat setzte aber gleich darauf durch, dass sie ihm vom Erzbischof eingeräumt wurde. Am 6. September 1383 rückte ein Heer vor Schnin, verwüstete alles ringsum und bemächtigte sich der Stadt. Von ihr aus unternahm es Kriegszüge. Indess setzte sich der Erzbischof durch eine schnelle List, indem er plötzlich in Schnin erschien, wieder in den Besitz. 1424 erhielt (nach Adler[9]) die Stadt einen Freibrief, demzufolge die Ernennung des Bürgermeisters vom Starosten abhing. Im Jahre 1442 stellte der Stadt König Ladislaus zu Lenczitsch eine Urkunde aus, durch welche er die Bürger von der Abgabe Targowe befreite. 1447 erlitt Schnin eine starke Feuersbrunst. 1458 wurde es zur Stellung von 15 Kriegern, mithin als grösserer Ort veranschlagt. Am 9. December 1579 ertheilte ihr der gnesener Erzbischof Jakob IV. Wolanski einen Freibrief, einen anderen ertheilte 1607 der Kardinal Erzbischof Bernhard Maciejowski. Seitdem waren die Abgaben geordnet, damit die bischöflichen Amtleute nicht mehr forderten, als recht war; was früher vorgekommen war. Auch sollte hinfort keiner ein Grundstück erwerben, der nicht den Nachweis seiner ehelichen Geburt führe und mit Eidesleistung an die Stadt das Bürgerrecht gewinne. Das auf älteren Freibriefen beruhende Recht der Stadt, sich selbst die Obrigkeit zu setzen, ward bestätigt, jedoch war dasselbe ein beschränktes, denn die Bürger hatten nur nach ihrem Sinne vorzuschlagen, aber der Starost oder Richter zu Schnin bestätigte aus den Vorgeschlagenen einen Bürgermeister und zwei Rathsherren. Der Bürgermeister war durch diese Urkunde gehalten, alljährlich den Stadtältesten Rechnung abzulegen. Ausserdem erhielt die Stadt noch Freibriefe von König Johann III. am 30. December 1688 und vom Kardinal Erzbischof Michael Radziejowski am 4. Januar 1689. Der Schwedenkrieg traf 1656 den Ort empfindlich. Ein Dominikanerkloster bestand in der Stadt. Die Einwohner waren sämmtlich katholisch. Sie waren ziemlich wohlhabend, ihre Aecker fruchtbar, die Fischerei in den Seen ergiebig, aber Holzmangel wurde sehr empfunden. In Schnin wurde Johann Sniadecki 1756 geboren, der sich als Mathematiker hervorthat, Mathematik und Sternkunde in Krakau und Wilna lehrte und 1830 starb. 1773 wurde Schnin preussisch. 1788 zählte Schnin 120 Häuser und 705 Bewohner; im Kloster lebten 10 Dominikaner. Im Jahre 1816 bestand Schnin aus 161 Feuerstellen und 931 (u. a. 1126) Bewohner. Im Kloster waren 5 Mönche. In neuerer Zeit wurde auch eine Kirche für die Evangelischen gebaut. Die Einwohnerzahl betrug 1837: 1548, 1843: 1685, 1858: 1867, 1861: 1922. Im Jahre 1848 war auch Schnin der Schauplatz von Ausschreitungen. Nach dem Abzuge der in der Stadt liegenden Soldaten wurde an einem Sonntage das Landvolk unter dem Vorwande in die Stadt gerufen, es sei die Kirche und der Geistliche bedroht und

Schnin. 1) Raczynski S. 1. 2) Cod. dipl. Pol. II. 826. 3) In Zneyna civitate sua. Raczynski S. 74. 4) Starożytna Polska I. p. 194 Anm. 5) Cod. dipl. Pol. I. 126, vgl. die zwei Urkunden von 1298 ebenda S. 157 u. 160, wo ein Rosco venator Calissiensis genannt und wohl Bosco zu lesen ist. 6) Ebenda I. 131. 7) Wenn Janko Czarnkowski archidiac. gnesn. (Sommersberg. Silesiac. rer. script. II. 116) von Jaroslaus (1341—1376) berichtet: Zweynam plantavit, so ist wohl Zneynam zu lesen. Angesetzt wurde der Ort nicht erst, allein in Folge der Zerstörung kann er eine Zeitlang gänzlich darnieder gewesen sein, so dass gleichsam eine Neugründung erfolgte. 8) Janko S. 147. 150. 151. vgl. Caro, Geschichte Polens S. 456. 457. 9) C. Adler, Apho-

müsse geschützt werden. Nun wurde — am 9. April — die Obrigkeit ausser Kraft gesetzt, der preussische Adler von den Bürgern Tokarski, Rogalinski, Jaskulski herabgerissen, gegen die Deutschen und die Juden gewüthet; 14 Häuser wurden ausgeplündert und theilweise zerstört, ein Jude ermordet, mehrere verwundet[10]. Bewaffnete Polenhaufen lagerten hierauf eine Zeitlang bei Schnin und verschanzten ihr Lager. Im Mai rückte der preussische Heerführer von Hirschfeld ein und liess (17. Mai) die 3 Abreisser der preussischen Adler mit 25 Peitschenhieben züchtigen[11]. Im Jahre 1861 widersetzte sich der Hospitalvorstand einem der Regierung zur Ordnung der Hospitalverhältnisse geschickten Beauftragten, denn sie seien Polen und die Regierung habe ihnen nichts zu befehlen.

Schokken, p. Skoki, als Stadt erwähnt 1458 (Skoky), in welchem Jahre es 3 Krieger gegen den deutschen Orden zu stellen hatte[1]. Schokkens Stifter soll Naglowic geheissen haben. Es war im XVI. Jahrhundert Eigenthum der Latalski, im XVIIten der Rejy, kam dann, um oder nach 1670 an die Unruh und gehörte im XVIII. Jahrhunderte den Skoraszewski's. Die Latalski waren Dissidenten und übergaben zwischen 1560 und 1570 die Pfarrkirche den böhmischen Brüdern. Unter ihrem Schutze siedelten sich viele Protestanten an. Die Zahl der Einwohner soll daher in der ersten Hälfte des XVI. Jahrhunderts auf 6000 gestiegen sein. Die böhmischen Brüder hielten eine Schule. Der Ort bekam am 12. Januar 1632 eine Urkunde, welche die an die Grundherrschaft zu leistenden Abgaben festsetzte. Im Jahre 1645 wurde die Kirche den Katholiken zurückgegeben, jedenfalls gegen den Willen der Einwohner, denn diese schlugen sich bald darauf im Schwedenkriege auf die Seite der Schweden, wofür sie hernach von den Polen mit schwerer Schatzung bestraft wurden. Im Jahre 1656 führte das Abbrennen Lissas einen Theil der von dort ausziehenden Deutschen nach Schokken. Der letzte Rej erwirkte noch 1668 einen königlichen Freibrief für die böhmischen Brüder. Sein Nachfolger im Besitze, Christof Unruh, war Lutheraner und nahm sich der Nichtkatholiken an. Wahrscheinlich war er es, welcher das zu seiner Sommerwohnung gebaute Haus, „den Pallast", den Protestanten zur Kirche übergab. Die Reformirten sollten auch in ihr Gottesdienst halten dürfen. Einst aber wollte ein reformirter Prediger die Lutheraner mit Schlägen aus der Kirche treiben, darauf wies sie der Grundherr ganz aus dieser Kirche und überliess ihnen, sich das Brauhaus zu einem Bethause einzurichten. Mehrere schottische Handelsherren hatten hier ihren Sitz. Der Ort brachte es zu 5 Jahrmärkten. Im Jahre 1710 raffte eine Seuche die Hälfte der Einwohner hin. 1795 brannte der Ort ab. Grundherr war um diese Zeit Graf Swinarski. Am Ausgange des XVIII. Jahrhunderts lebten hier 519 Christen von verschiedenen Bekenntnissen, vorwiegend Lutheraner, zum Theil Polen, und 338 Juden. Es gab 32 Tuchmacher, 14 Leinweber, 30 Schuhmacher, 6 Tischler, 3 Schneider, 3 Töpfer, je 2 Böttcher, Kürschner, Maurer, Riemer, Seiler, 1 Drechsler, Schlosser, Schönfärber, Musikus, 2 Weinhändler, 1 Gastwirth. Ein Nachtwächter und ein Scharfrichter war im Orte. Die kleine Stadt hatte sowohl ein katholisches als ein lutherisches, sowie ein reformirtes Gotteshaus und einen Judentempel. Ausser dem Rathhause zählte sie 85 Wohngebände, worunter nur 2 mit Ziegeln gedeckt waren. Die Kämmereieinnahme betrug im Jahre 70 Thaler. 1816 hatte die Stadt 906 Einwohner und 113 Feuerstellen. 1843 betrug die Einwohnerzahl 1227. 1858: 1189, 1861: 1225. 1848 wurde auch in Schokken die Herstellung des Polenreiches verkündigt.

Schönlanke, p. Trzcianka, Treionka, Trzelanka. Das Dorf Trzcianka[1] hatte schon in frühen Zeiten einen Jahrmarkt, ja erhielt von König Michael, Warschau den 31. Juli 1671, noch mehrere Jahrmärkte dazu bewilligt, ohngeachtet es nur noch Dorf (villa) war. Auf seinem Grunde errichteten erst sechs Jahrzehnte später seine Besitzer Niszycki und Szembeek eine Stadt gleichen Namens, der ein vom Könige August II. zu Warschau ausgestellter Freibrief 1731 das deutsche magdeburgische Recht unter Abstellung aller dasselbe störenden polnischen Landrechte ertheilte. Sie ward damit der Gerichtsbarkeit der Woiwoden und Kronbeamten ausdrücklich entzogen und alle Rechtshändel in ihr wurden fortan von dem Advocatus der Stadt nach den deutschen Bestimmungen entschieden. Grössere Streitsachen musste der-

---

rismen über die staatlichen Zustände Polens vor der ersten Theilung des Reichs. Berlin 1851. S. 33. 10) W. K., Denkschrift über die neueste polnische Schilderhebung. Bromberg 1848. S. 21. 22. 29. H. W., Die neueste Polnische Insurrection. Berlin 1848. S. 24. 11) (Brodowski, Kraszewski, Potworowski.) Zur Beurtheilung der polnischen Frage im Jahre 1848. S. 63.

Schokken. 1) Raczynski, cod. dipl. maj. Pol. S. 181.

Schönlanke. 1) Unter den Zeugen einer 1364 ausgestellten Urkunde kommt vor Prandotha de Threzyana.

selbe unter Zuziehung von Schöffen erledigen. Ansprüche gegen den Advokaten waren vor der Gutsherrschaft anzubringen, die über sie gleichfalls nach deutschem Rechte richtete. Der Stiftungsbrief ertheilte der Stadt auch ein Wappen. Das frühe Aufkommen der deutschen Benennung dieser Stadt spricht für eine starke deutsche Ansiedlung. Die Stadt nahm sehr rasch durch den Zuzug Evangelischer zu. Aber ihr Name Trzcianka war der deutschen Zunge nicht, wie manche andere Benennungen, geläufig, ward also in deutschem Munde stark umgemodelt. Tuchmacherei wurde hier eifrig und erfolgreich betrieben, mehr fast als irgendwo sonst in Polen. Jüdische Händler vermittelten die Heranschaffung von Wolle, Tuchfärber setzten sich gleichfalls an. Um 1790 wurden jährlich 13—14000 Stück Tücher im Werthe je von 12—15 Thalern gefertigt; 1816 gingen 200 Webstühle. Die Einwohner waren daher ziemlich wohlhabend und ihre Stadt besser als manche andere gebaut, am Anfange unseres Jahrhunderts sogar gepflastert. 1772 zogen die Preussen ein. Als Besitzer gibt Holsche an: erst die Poniatowski's, dann die Lassozki's, dann einen Swinarski, der um 1790 die Herrschaft an den König von Preussen verkaufte, welcher sie als Privat- (Chatoul-) Gut behielt und von Schloppe aus verwalten liess. 1788 hatte der Ort 242 Häuser und 1964 Bewohner (darunter 253 Juden), 1806 zählte er 3623 Einwohner. In der warschauer Zeit litt er. 1816 betrug die Bevölkerung nur 2789, n. a. 2977 (1579 Lutheraner, 610 Katholiken, 600 Juden), die in 310 Häusern wohnten, und 1 evangelische Kirche hatten und später auch eine katholische bekamen. Die Tuchweberei sank in der preussischen Zeit mit dem Absatze bedeutend, indess kam ein Stadt- und Landgericht, eine Oberförsterei, ein Rentamt für die Staatsgüter u. a. hierher. Die Verleihung der Städteordnung erfolgte am 12. November 1836. Es stieg die Einwohnerzahl eine Zeitlang, kam aber dann zum Stehen. Sie betrug 1837: 3745, 1843: 3715, 1858: 3724, 1861: 3781. Im Jahre 1848 erklärten sich auch Schönlankes Bewohner gegen die polnische Reorganisation und nahmen an der Schneidemühler Versammlung (9. April) durch 8 Bevollmächtigte Theil und beschickten auch die Versammlung in Posen am 22. April.

Schrimm, p. Szrem, Szrim, Srem (Urk.: 1136 Zrem[1], 1231 Scrimno[2], 1212 Serem[3], 1252, 1274 und 1293 Srem[4], 1305 Sreme[5], 1312 Szrem[6], 1456 Strzem und Srzema (**Urk. LXV**), sonst auch Seiym[7], im XVI. Jahrhundert Stryjkowski: Sremsk, im XVIIIten Hübner: Striemen?), auf einer Insel in der Warthe gelegen. Hier, wo obenein Sümpfe eine Deckung boten, war in alter Zeit eine Feste, die den Mittelpunkt eines den Namen Zrem führenden Landes bildete. Als Herzog Heinrich der Bärtige von Breslau zu dem Besitze Grosspolens gelangte, liess der Polenherzog Wlodislaus, der vor ihm weichen musste, die Befestigungen zerstören, damit sein Gegner sich nicht in ihnen festsetzte. Heinrich baute 1232 mit vielem Aufwand neue Bollwerke und bestellte zum Vertheidiger seinen Neffen Borzivoi. Die Polen drangen jedoch bald darauf heimlich hinein und erschlugen diesen[9]. Ihr Herzog Boleslaus behauptete sich in Schrimm[10]. Die Feste wurde der Sitz eines Kastellans und war öfter Stätte des königlichen Gerichtes über wichtigere Sachen[11]. Die Bewohner der daran entstandenen Ortschaft waren zu Leistungen für die Burg verpflichtet. Herzog Wlodislaus Odo's Sohn schenkte in der ersten Hälfte des XIII. Jahrhunderts die Ortschaft den Benediktinern von Lubin und die Bewohner gewannen in Folge davon (1242) die Erledigung von den mannichfachen Beschwerungen, die den polnischen Landmann fast erdrückten, gleichwie Kosten und Kriewen (siehe diese). Wann Schrimm Stadtrecht empfing, ist nicht zu ersehen. Im Jahre 1296 kam Schrimm zusammen mit einem Theile Polens unter die Herrschaft des glogauer Herzogs Heinrich III. und wurde bei der Theilung zwischen seinen Erben, 1312, den drei Brüdern, Heinrich, Johann

---

Schrimm. 1) Raczynski, cod. dipl. maj. Pol. S. 4. 2) Prope Scrimno, Jabczynski, rys historyczny miasta Dolska i jego okolic. Posen 1857. S. 44. 3) Raczynski S. 21; gedruckt ist Serem, was mir Fehler für Screm scheint. 4) Mosbach, Wiadomości do Dziejów Polskich. Breslau 1860. S. 20. Cod. dipl. Pol. I 149. Hier **Urk. X.** 5) Cod. dipl. Pol. I. 172. 6) Sommersberg, scriptores rerum silesiacarum I. 869. 7) Chronica principum Poloniae in Stenzel's scriptores rerum silesiacarum I. 105. 8) Ein naher Hügel gehörte schon zu einer Ansiedlung in der heidnischen Zeit, denn in ihm wurden Urnenfunde gemacht. Martin Zeiller sagt in seiner „Newen Beschreibung desz Königreichs Polen", Ulm 1642, 2. A. 1652 S. 188 von Sremo: „bey welchem nahend in einem Hügel von sich selbsten Häfen, grosse Krüg und andere Geschirr wachsen, welche, so man sie aussgräbt, weich seyn, aber am Lufft hart werden, wie Salomon Neugebaur lib. I. historiae rerum Polonicarum p. 8 berichtet." 9) Bogufal (Chronik, bei Sommersberg I. 59) sagt von Heinrich: castraque Bnin et Srem reedificavit ac expensis et hominibus munivit decenter. Die Chronica Polonorum (in Stenzels Sammlung I. 27) sagt von ihm abweichend: constructo castro in Srem ultra Wartam super litus, allein da sichtlich ihr Verfasser den Bogufal zu Grunde legte, so ist aus seinen Worten nicht etwa auf einen damals zuerst geschehenen Aufbau dieser Feste zu schliessen. 10) Bogufal p. 61. 11) Z. B. 1366 Raczynski, cod. dipl. maj. Pol. S. 127.

und Prenko mit zugewiesen[12]; doch behaupteten diese sich nur kurze Zeit im Besitze. Der Polenherzog Wladislaus brachte es wiederum an Polen. Dem Aufkommen des Ortes war förderlich seine Lage an der Handelsstrasse aus dem nördlichen Polen nach Breslau. Die Landesherren machten ihn daher zu einer Verzollungsstätte. Aber freilich umgingen die Händler auch öfter Schrimm. Desshalb liess der König im Jahre 1398 ein Verbot ausgehen, auf einem andern Wege nach Schlesien Waare auszuführen, als dem über Schrimm nach Punitz führenden (Urk. XL). Durch Schrimm ging auch noch im folgenden Jahrhundert die erlaubte Handelsstrasse aus Polen nach Breslau[13]. Gegen Ende des XIV. Jahrhunderts überliess Königin Hedwig den Besitz von Schrimm dem Kastellan von Nakel Vincenz von Granow. Nach ihrem Tode setzte sich ihr Gemahl König Wladislaw II. Jagiello wieder in den Besitz von Schrimm, wogegen Vincentius von Granow behauptete, es auf seine Lebenszeit empfangen zu haben. Er klagte vor den krakauer Richtern, allein deren Urtheilsspruch fiel 1406 gegen seinen Anspruch[14]. Der König befreiete nun im Jahr 1409 Schrimms Bewohner von der Vorspannpflichtigkeit und ähnlichen Frohnden und bedang sich nur aus, dass falls der König oder die Königin durch Schrimm kämen, die Stadt sie mit 3 oder 4 Wagen bis zum nächsten Nachtlager fahre. Um diese Zeit hatte die Gemeinde an ihrer Spitze einen Bürgermeister, 5 geschworne Rathsherren, 7 Schöffen und Zunftmeister von den Innungen der Schlächter, Wollspinner, Schuhmacher, Bäcker und Schmiede, wie erhellt aus der Huldigungsurkunde der Stadt für den unmündigen König Wladislaus im Jahre 1425 (Urk. LV). Die Mühle an der Wartha in der Altstadt gab König Wladislaus 1433 einem schrimmer Bürger auf ewige Zeiten[15]. Später gerieth die Stadt in Pfandschaft unter Vincenz von Szamotuly. Wladislaus hielt hernach nicht viel auf ihren Besitz, denn 1442 erlaubte er einem tapfern Kriegsmanne, Michael von Lassothki, Schrimm mit Zubehör von dem Pfandinhaber einzulösen, und verschrieb es ihm zu einem höheren Betrage[16], beschwerte diesen auch noch im nämlichen Jahre mit weiteren 200 Mark[17], vor deren Rückzahlung die Stadt nicht wieder an die Krone zurückkommen solle; 1445 zeigte sich Wladislaus bereit sie sammt Rogasen und Moschin und einer baren Summe für Abtretung der Burg Drezno an deren bisherigen Besitzer Ulrich von Ost herzugeben[18]. Dennoch befand Schrimm in der Folge sich in der Hand des Lasothki oder Lasocki, denn eben diesem verschrieb 1455 König Kasimir nochmals 200 Mark und 1457: 300 Mark, dann wieder 1460: 100 Mark, 1461: 500 Mark, 1462: 100 Mark auf die Stadt[19]. Nach Michaels Ableben ward Erbe dieses Lehnbesitzes der gnesener Domherr Johann Lasocki. Dieser veräusserte mit königlicher Erlaubniss 1489 den Besitz um 3200 ungarische Gulden an Peter und Nicolaus Tomicki[20].

Die Stadt gedieh. Im Jahre 1458 gehörte sie zu den bedeutendsten Orten Grosspolens, denn sie hatte zum Kriege 20 Gerüstete zu stellen[21]. Ihr steigender Wohlstand zeigte sich auch im Ankauf des Dorfes Zbrudzewa, für welche Erwerbung sie 1413 die königliche Bestätigung erwirkte. Ausser diesem brachte die Stadt noch zwei andere Dörfer an sich. Die Tuchmacher suchten auch hier sich ausschliesslich des Tuchgeschäftes zu bemächtigen. Sie klagten dem Könige Kasimir IV., dass sie nicht aufkommen könnten, weil die Händler auswärtige Waare zu ihrem Schaden verkauften, und erhielten von ihm 1456 ein Gebot, dass ausser den Märkten kein fremdes Tuch, es sei denn dass es höher im Preise stehe oder in der Art anders sei, in Schrimm vertrieben werden dürfe, namentlich kein billigeres und kein graues, bei Verlust solcher Waare zu Gunsten des Stadtsäckels, mit dem Zusatz, dass falls der Stadtrath dieses Vorrecht der einheimischen Tuchmacher nicht aufrechthalte, der königliche Lehnsherr ihn selber in Strafe nehmen solle (Urk. LXV). Indessen war der Verkauf fremden Tuches nicht zu verhindern und wurde als Recht an den gewöhnlichen Wochenmärkten beansprucht. Die Tuchmacherzunft erwirkte also von König Sigismund II. August 1562 ein erneuetes Verbot, welches den freien Tuchhandel ausdrücklich auf die

12) Urkunde bei Sommersberg I. 869. 13) Raczynski, cod. dipl. maj. Pol. p. 175. 14) Cod. dipl. Pol. I. 278. 15) Vladislaw rex molendinum in antiqua civitati *Szrem* in fluvio *Warta* dat perpetuis temporibus Bartholomaeo Basz civi *Szremensi*. Datum in *Opatow majori* a. 1433. Inventarium diplomatum in arce cracoviensi 1682 confectum. Paris 1862. S. 282. 16) Vladislaus III. rex dat facultatem Michaeli Lasocki eximendi oppidum *Szrem* de manibus Vincentii de Szamotuly castellani *Miedzyrzecensis* et ratione servitiorum in *Hungaria* per ipsum praestitorum, addit eidem ad priores summas in eodem oppido inscriptas marcas quadringentas ac praeterea ducentas decem marcas ac quadringentos florenos hungaricales in iisdem bonis assecurat. Datum *Budae*, feria tertia infra octavas b. v. Mariae anno 1442. Ebenda S. 283. 17) Cod. dipl. Pol. I. 326. 18) Der König will, wenn er in den Besitz von Drezno getreten, geben: primo et principaliter oppidum *Srzem* cum villis, molendinis, theloneis et obvencionibus universis juribusque et dominiis singulis, nihil etiam pro nobis reservando. (Wspomnienia Wielkopolski przez Edw. Hr. Raczynskiego. Posen 1842. I. S. XXV.) 19) Inventarium diplomatum, S. 285. 286. 287. 20) Ebenda S. 291. 21) Ra-

Jahrmärkte beschränkte (Urk. CXV). Da man aus dem Posenschen das Vieh auf deutsche Märkte trieb, um es dort zu verkaufen, so wurde (gegen 1524) versucht, diesen Handel in Polen selbst stattfinden zu lassen und Schrimm bekam dazu 4 jährliche Ochsenmärkte[22]. Die Stadt wurde wieder, wir wissen nicht wann, unmittelbar. Kasimir IV. und Johann Albert erlaubten ihr die Ueberbrückung der Wartha und gestatteten ihr dafür einen Brückenzoll zu erheben. Sie baute Dämme und 3 Brücken gegen Posen hin, 3 andere gegen Dolzig hin und erhob von jedem Pferde 4 Denare. Als Sigismund I. befahl, dass alle königlichen Briefe über Zölle ihm auf der Reichsversammlung in Petrikau vorgewiesen werden sollten, erschienen auch die Schrimmer vor ihm mit den Urkunden der beiden vorgedachten Herrscher und klagten bei dieser Gelegenheit, dass ihnen der Unterhalt der Brücken und Dämme schwere Unkosten verursache und baten desshalb um eine neue und genaue Bestimmung des zu erhebenden Zollgeldes. Den Stand liess der König durch Beauftragte untersuchen, welche die Angaben der Schrimmer richtig fanden; nach ihrem Berichte erhöhte der König 1539 den Zoll auf 6 Denare von jedem Pferde (Urk. CIII). Im Jahre 1564 zahlte die Stadt jährlich an den König 48 Gulden und stellte in Kriegszeit einen 4spännigen Wagen mit 2 Trabanten allein, sowie zusammen mit Schroda noch einen 2spännigen. Die Zahl seiner Jahrmärkte stieg nach und nach auf 11. Mönche und Nonnen hatten in Schrimm festen Fuss gefasst; mehrere Kirchen wurden erbaut. Das Schloss wurde durch einen Brand zerstört, sein Platz diente später den Juden zum Kirchhof. Merkwürdig ist, dass im XVI. Jahrhundert einer Büchersammlung in dieser Stadt Erwähnung geschieht. Während des Parteigängerkrieges von 1794 bemächtigte sich erst der Polenführer Nimojewski der hier aufgehäuften preussischen Kriegsvorräthe, dann nahm ein preussischer Heerhaufe unter dem Generalmajor Schwerin bei Schrimm eine Stellung. Sonst wissen wir aus dem XVII. und XVIII. Jahrhunderte nichts zu berichten: aber dass es in diesen Zeiten von seiner Höhe herabsank, zeigt sein Stand am Ausgang des XVIII. Jahrhunderts, an welchem es nur 1453 Einwohner hatte, von denen 293 Juden waren, die übrigen Polen. Die Stadt umfasste 5 Kirchen und 2 Klöster mit 14 Franziskaner-Minoriten und 14 Klarisserinnen, 2 öffentliche Gebäude, 218 Wohnhäuser, worunter 3 ziegelbedachte waren. 1 Weinhändler, 49 Branntweinbrenner und Schänker gab es und nur 3 Bierbauer, ausserdem 2 Gastwirthe, 42 Schneider (bis auf 1 alle Juden), 24 Fleischer, 21 Leinweber, 21 Schuster, 1 Leistenschneider, 8 Hufschmiede und Waffenverfertiger, 6 Müller, je 3 Stellmacher, Tischler, Töpfer, Kürschner (1 davon Jude), je 2 Bäcker, Riemer, Schlosser, 1 Böttcher, Glaser, Zimmermann, Schornsteinfeger, Büchsenschäfter, Mützenmacher (Jude), Oelschläger, Ziegelbrenner, Gärtner, Buchbinder (Jude). Tuchmacher waren hier gar nicht mehr, an Kaufleuten: 1 Tuch-, 1 Glas-, 1 Eisenhändler. — Die Stadt hielt 2 Nachtwächter. 1816 war die Zahl der Mönche auf 6, die der Nonnen auf 10 gesunken, aber die der Einwohner auf 1695 (nach anderen Angaben gar auf 1874) gestiegen. Die Kachelöfen von Schrimm kamen zu gutem Ruf. 1837 betrug die Einwohnerzahl 3131, 1843: 3555, 1858: 4396, 1861: 5307 (darunter zum Soldatenstand gerechnet 609). Ein Stadt- und Landgericht ward hierher gelegt. Jesuiten machten sich ansässig[23]. Die Verleihung der Städteordnung geschah am 20. April 1835. 1848 fielen in Schrimm am 3. April Unordnungen vor, weil die Polen die preussischen Abzeichen durch die polnischen ersetzen wollten. Am 11. April gab es abermals Auflauf, aber diesesmal in entgegengesetzter Richtung, indem die Erbitterung über die Abkunft von Jaroslawiec sich in Verhöhnung der polnischen Farben und polnischer Parteileute Luft machte. Die Sturmglocke ertönte, 2 polnische Bürger wurden von den Soldaten schwer verwundet. Das herzuströmende polnische Landvolk musste (laut polnischen Versicherungen) vom Ortspfarrer beschwichtigt werden. Die Deutschen bildeten einen Bürgerschuss und forderten hierauf am 18. April Einverleibung in den deutschen Bund, indem sie Willisen's Anordnungen widersprachen. Aus dem nahen Ksehonz kamen täglich ausgeplünderte, flüchtige Bürger nach Schrimm, welches preussisches Kriegsvolk unter dem Obersten von Brand besetzte.

Schroda, Schrodda, p. Szroda, Srzoda, Sroda (Urk.: 1261 Sroda, 1696 Sroda), ein alter Ort, dessen bereits 1231 Erwähnung geschieht. Daselbst bestand ein Schloss als Mittelpunkt des schrodder Landes (terrae Serodie)[1]. Die Bewohner wurden von Kriegszügen oft und schwer heimgesucht. So plünderten und verbrannten den Ort die Deutschordensritter bei ihrem Verwüstungszuge im Jahre 1331;

---

czynski S. 181. 22) Ebenda, cod. dipl. Maj. Pol. S. 222. 23) Denkwürdigkeiten des Domherrn Grafen W. Leipzig 1864. S. 142.

Schroda. 1) Chronica Lechitarum (Stenzel, scriptores rerum silesiac. I. 27.

nur die Kirche verschonten die Ritter, weil sie der Patronin des Ordens geweiht war. Wladislaus Jagiello gab Schroda magdeburger Recht: es war eine freie Stadt; spätere Könige vermehrten die städtischen Freiheiten und Schroda blühte unter den Jagellonen auf: doch waren Juden vom Wohnsitz ausgeschlossen. Das Dorf Zielniki gehörte den Bürgern. Sie mussten es zwar verpfänden, waren aber doch 1402 im Stande, die zur Wiedereinlösung erforderlichen 800 Mark aufzubringen (Urk. CCXIV). Die Pfarrkirche wurde im XIV. Jahrhundert erbaut, im XVten durch die Bemühungen des gnesener Archidiakonen Nikolaus von Kyki zur Kollegiatkirche erhoben und mit Thürmen (1423) ausgestattet. Zufolge andern Angaben wurde die Kollegiatkirche 1457 gestiftet. 1425 huldigte die Stadt dem Wladislaus (Urk. CCXXI). Schroda war um die Mitte des XV. Jahrhunderts ein bedeutender Platz, denn die Veranlagung von 1458 legte ihm auf soviele Krieger zu stellen wie Gnesen und Fraustadt, nämlich 20[2]. Im selben Jahrhunderte gründete 1479 Johann Bischof von Chelm ein Dominikanerkloster. Die Landtags- und Adelsversammlungen der posener und kalischer Woiwodschaften, die Wahlen und Berichtabstattungen der Landboten fanden hier bei der Pfarrkirche statt. Seit 1631 war Schroda der Sitz der regelmässigen Staatsversammlungen von Grosspolen am Montag nach dem Mathaeustage. Die Stadtbewohner hatten davon vorübergehenden Gewinn, doch kam am 25. Juli 1655 das schwedische Heer nach Schroda und im Jahre 1703 plünderten und zerstörten die Schweden die Stadt. Auch thaten öftere Feuersbrünste grossen Schaden. Die Stadt erwarb ausser Zielniki das Dorf Ruszkowo und erlangte 12 Jahrmärkte. Als sie an Preussen kam, waren die Bewohner Polen und die Stadt frei. Sie kam aber unter der preussischen Krone in die Herrschaft eines Dombrowski. Am Ausgange des XVIII. Jahrhunderts hatte sie 1 Kollegiatstift, 6 Kirchen, 1 Kloster (mit 6 Dominikanern), 2 öffentliche Gebäude, 9 Mühlen, 226 schlechte Wohnhäuser und 1217 Einwohner. Juden hatten doch Eingang gefunden, denn es gab deren 103. Später nahm ihre Anzahl sehr zu. Gewerbtreibend waren 32 Branntweinbrenner und Schänker, 40 Schuster, 16 Schneider (12 davon Juden), 10 Kürschner, 8 Müller, 8 Bäcker, 7 Leinweber, 1 Leinenzeugdrucker, 3 Böttcher, 3 Stellmacher, 3 Hufschmiede, 2 Töpfer, 2 Mützenmacher (1 davon Jude), 2 Honigküchler, 2 Oelschläger, 2 Barbiere, 1 Glaser (Jude), Maurer, Schlosser, Schornsteinfeger, Fleischer, 4 Musikanten, 2 Gastwirthe, 2 Eisenhändler. Die Kämmereieinnahme betrug 963 Thaler, ihre Ausgabe 997 Thaler. Die Stadt hielt 2 Nachtwächter. Im Jahre 1816 hatte Schroda 1914 (n. a. 1295) Einwohner, 1837: 2067, 1843: 2379, 1858: 2821, 1861: 2896 Einwohner. Ein Stadt- und Landgericht bekam hier seinen Sitz. Schroda war im Jahre 1848 ein Hauptsitz des polnischen Aufstandes. Dieser war hier sogleich Meister; in der Stadt und in den umliegenden Dorfschaften wurden schnell 5000 Sensenmänner[3] aufgestellt und einer Abtheilung preussischer Soldaten, welche noch im März die heruntergeworfenen preussischen Adler wieder aufrichten sollte, der Einlass in die Stadt verwehrt. Bei Schroda war ein Polenlager, in dem am 10. April 1000 gutbewaffnete Streiter versammelt waren, die mehrere Böller hatten; hierhin zog die polnische Legion aus Posen. Noch im April zogen die Polen ab und preussische Truppen rückten ein.

Schubin, p. Szubin, an der Gonsawka. Ein Szubino kommt 1065 (Urk. I) als ein Ort der mogilnoer Kirche vor. 1376 wird ein Edler Sandivogius de Schubino genannt[1], in Urkunden kommt vor 1404 der Palatin von Kalisch Sandzivog de Schubyno[2]. Das städtische Archiv ist ohne Nachrichten über die älteren Verhältnisse; vermuthlich bestand der Ort 1376 bereits als Stadt. Im XV. Jahrhundert war es jedenfalls Stadt[3]. Die Veranlagung von 1458 legte ihm indess nur die Stellung von 2 Kriegern auf; es war also noch sehr klein. Im XVII. Jahrhunderte gehörte der Ort den Opalinski's und 1645 stellte ihm ein Opalinski eine Urkunde aus: auch diese ist nicht mehr vorhanden; man meinte irrig, dass sie der Stiftungsbrief der Stadt gewesen sei. Im XVIII. Jahrhunderte gehörte sie den Grafen Mycielski, die hier ein Schloss hatten, und ein Mycielski stellte ihr eine Urkunde am 22. August 1750 aus, in der er unter Bezugnahme auf jene frühere Gerechtsame, Abgaben und Holzung der Bürger festsetzte. Um diese Zeit sorgte der Besitzer eifrig für den Schlossgarten und die Anlegung von Baumreihen, nachher zog die Grundherrschaft aber fort nach Rawitsch, worauf Schloss und Garten verfiel. In der Stadt lebten einige Tuchmacher und einige jüdische Händler. Sie war offen und bestand 1788 aus 142 Häusern. Damals

2) Raczynski, cod. dipl. maj. Pol. S. 181. 3) Nach Willisen's Angabe nur 1000.

Schubin. 1) Janko Czarnkowski archidiac. gnesn. (Sommersberg. Siles. rer. script. II. 110). 2) Codex dipl. Polon. II. 365. 3) Raczynski, Cod. dipl. maj. Pol. I. 181.

gab es 852 Einwohner, darunter nur 28 Juden, während in der Zeit des warschauer Herzogthums angegeben wird, dass die grössere Hälfte der Einwohner Juden seien. Im XIX. Jahrhunderte gehörte Schubin einem Hrn. Kihn. 1816 zählte es 1300 (n. a. nur 1060) Bewohner und zwar 668 Katholiken, 315 Lutheraner, 317 Juden, und hatte 170 Feuerstellen. 1837: 2164 Einwohner und 200 Häuser, 1 katholische, 1 evangelische Kirche, 1 Synagoge. Ein Stadt- und Landgericht bekam hier seinen Sitz. 1840 im Mai brannte die ganze Altstadt mitsammt der katholischen Kirche nieder. Dennoch zählte sie 1843: 2648 Einwohner, 1858: 3097, 1861: 3302. Im Jahre 1848 wurde zwar die Staatsordnung einen Augenblick umgestürzt, allein die Einwohner stellten sie alsbald selbst her und vertrieben die Führer der Polen. Die Schubiner bildeten eine Bürgerwehr und einen Ausschuss und schickten Abgesandte nach Berlin, um der Polonisirung entgegenzutreten, und machten mit den anderen Städten, zuerst des schubiner Kreises, dann des Netzlandes gemeinsame Sache. Eine in Schubin am 29. März vollzogene Eingabe mit 2375 Unterschriften an das Ministerium[4] zeigte den festen Entschluss an, mit allen Kräften sich der drohenden Gefahr zu widersetzen, wieder unter die Herrschaft der Polen zu kommen. „Wir wollen bei Deutschland bleiben." Sie riefen Fürsten und Stände und alle Brüder auf, so weit die deutsche Zunge reicht, sie aufzunehmen und nicht zu dulden, dass sie dem deutschen Namen entfremdet würden. Einen Monat später versammelte der Propst Komasinski zufolge einer Anordnung des Erzbischofs seine Pfarrkinder im Pfarrhaus, legte ihnen die Frage vor: ob sie zum deutschen Bunde gehören oder die verheissene Reorganisation in Anspruch nehmen wollten, worauf diese der Einverleibung in den Bund widersprachen, und sich dahin erklärten, dass sie die gegenwärtigen Regierung sich nicht zu entziehen gedächten, die Reorganisation annähmen, aber auch von den Beamten in ihrer Ruhe nicht gestört zu werden verlangten. Allein die Deutschen standen fest. Auch als die berliner Stände Posen als eine polnische Provinz betrachtet wissen wollten, legten sie am 3. November eine Verwahrung ein und riefen den preussischen Volksvertretern zu: „Wenn die Beschlüsse des allgemeinen deutschen Parlaments keine Anerkennung finden sollten in den einzelnen deutschen Staaten, dann ist es Zeit, die Thüren der Paulskirche zu schliessen und die grosse Idee der deutschen Einheit ist ein eitler Traum gewesen."

Schulitz, p. Solec, Szulič, Szulice, Sulec (Urk.: 1241 Solecz, 1402 Solitz, 1457 Solyecz[1]), an der Weichsel, war in der ersten Hälfte des XIII. Jahrhunderts ein unmittelbar im Besitze der Fürsten befindlicher, schon nicht ganz kleiner Ort, da wir aus demselben eine herzogliche Urkunde haben, welche die Lage eines andern Ortes durch die Bezugnahme auf Schulitz (Solecz) bestimmt[2]; es heisst 1325 bereits Stadt. Sie stand unter der bromberger Feste[3]. In jenem Jahre (1325) gab Herzog Premisl die erbliche Advokatur über die Stadt, ein Grundstück in ihr, Platz zu Mühle und Bad, Befugniss zu Eisengräberei, 6 Hufen Land, Antheil an den Zinsen und Gefällen dem Thomasius und ertheilte der Einwohnerschaft magdeburgisches Recht und zehnjährige Steuerfreiheit, nach deren Verlauf jede Stadtmühle eine halbe Mark, jede Hufe eine Viertelmark Zins zahlen sollte, ferner Waldung und Jagd auf eine Meile weit, das Recht der Hutung und der Fischerei auf eine Meile sammt allen in dieser Strecke liegenden Flussinselchen. Das Fährgeld blieb, wie es gewesen war, herzoglich. Die in Bänken feilbietenden Handwerker hatten jährlich ein Loth (d. h. ein sechzehntel Mark) Denare zu steuern. Thomasius hatte darauf zu achten, dass richtiges Mass gebraucht würde und die Bestrafung derjenigen zu veranlassen, die falsches Mass brauchten. Innerhalb der Bannmeile hatte der Advocatus zwar das Gericht selbst über Mörder, jedoch mit der Beschränkung, dass wenn ein königlicher Reisiger oder Ritter (miles) betheiligt war, neben und mit dem Stadtvogte der herzogliche Landrichter erkannte. Der Advocatus selbst stand in kleinen Sachen vor einem aus dem Landrichter und 2 schulitzer Rathsherren gebildeten Gerichte zu Recht, in peinlichen vor dem fürstlichen Gerichte, war jedoch nur nach den magdeburgischen Bestimmungen zu beurtheilen. Rechtsbelehrung sollte in Wlozlawek, und falls der dasige Rath auch auf der Rechtsfrage sich nicht verstehe, in Kulm oder Thorn gesucht werden. Der fürstliche Landrichter sollte nur bei den drei grossen Gerichtstagen im Jahre sich bei dem Advocaten einlagern (**Urk. XVIII**). Bald nach ihrer Anlage wurde die Stadt schwer heimgesucht von dem Zuge der deutschen Ritter im Jahre 1332. Diese nahmen sie ein. König

---

4) Abgedruckt in den Berlinischen Nachrichten von Staats- und gelehrten Sachen 1848. Nr. 90. Beilage.

Schulitz. 1) Cod. dipl. Pol. II. 913. 914. 2) Raczynski, cod. dipl. maj. Pol. S. 27. 3) Urkunde von 1441, Cod. dipl. Pol. II. 870, für ein anderes Solec im Sandomirschen erhielt der Vogt Johann von Opatow 1394 den königlichen Freibrief, Inventarium

Kasimir liess darauf Befestigungen anlegen, gründete auch daselbst ein Hospital[4]. Wahrscheinlich ging bei jener Einnahme und Zerstörung die Urschrift der Stiftungsurkunde unter. Wie letztere nun vorliegt, hat sie einen für jenes Zeitalter befremdlichen Zusatz: wenn Thomasius auf städtischem Grunde einen Polen wegen einer an's Leben gehenden Uebelthat ergreife, so dürfe die Strafe nur mit Vorwissen und Gutheissen des Königs oder seines stellvertretenden Capitaneus vollstreckt werden. Diese Beschränkung möchte für ein Nachtrag aus der Zeit der ersten Bestätigung zu halten sein, welche König Sigismund I. zu Petrikau 1538 ertheilte. Die Stadt, eine freie, liess sich diese Urkunde bestätigen im XVI. Jahrhundert noch von den Königen Stefan und Sigismund III., im XVIIten von Wladislaw IV., Johann Kasimir, Michael[5] und Johann III., endlich 1702 von August II. Auf der Weichsel trieb die Stadt starken Handel nordwärts. In den letzten Jahrzehnten des XIV., sowie in den ersten Jahrzehnten des XV. Jahrhunderts hielten danziger Kaufleute in Schulitz Geschäftsstuben. Um den im Handel wetteifernden preussischen Städten Vorschub zu thun, legte der Komthur der deutschen Ritter zu Schwetz den Schulitzern Hindernisse in den Weg. Desshalb verwendete sich 1402 König Wladislaw Jagiello für sie bei dem Hochmeister und dieser gab auch ohne Bedenken die Erlaubniss, dass sie ungehindert in's Ordensland kommen dürften[6]. In Schulitz hielten noch später, viele Jahre hindurch, danziger Holzhändler eine Geschäftsstätte, um über die in Polen gemachten Holzkäufe abzurechnen. Ob es der Stadt zum Nutzen gereichte, dass König Wladislaw am 16. April 1424 dem Bischof von Wlozlawek ein Grundstück vor Schulitz, an der Weichsel nahe bei Fordon, mit der Erlaubniss schenkte, auf ihm Häuser und Speicher anzulegen, oder ob ihr Verkehr darunter litt, wissen wir nicht. Am 23. Mai 1441 gab derselbe König die Stadt mit anderen Ortschaften dem Nikolaus von Stiborze zum Lehnbesitze[7]. Sie kam danach unter Nikolaus von Scharley und weiterhin an Andreas und an Johann von Kosczyelecz (vgl. Guifkow). Doch kam Schulitz aus der Mittelbarkeit wieder heraus. Um die Mitte des XV. Jahrhunderts war es ein kleines Oertchen. Die Veranlagung von 1458 legte ihm nur einen Mann zum Heere zu stellen auf. Es blieb unbedeutend, obschon ein Starost in ihm seinen Sitz bis 1772 hatte, in welchem Jahre es preussisch wurde. Schulitz bestand 1788 aus 36 Häusern, einer katholischen Kirche und zählte 316 Bewohner. In der Nähe wurden sogenannte Holländer angesetzt[8]. Zur Zeit der letzten preussischen Besitznahme hatte Schulitz viertehalbhundert Einwohner und 69 Feuerstellen. 1837 hatte es nur 53 Häuser und 509 Bewohner, 1843: 642, 1858: 653, 1861: 711 Einwohner. Im Jahre 1848 befand sich Schulitz eine Zeitlang in der Gewalt polnischer Parteiführer.

Schwerin, p. Skwierzyna[1] (Urk.: 1306 Czweryn, 1312 Skwerin und Skwierzim, 1458 Skwirzyna, 1466 Skwirzina, 1493 Szkwyrzyna, auf neueren Karten Schweren, Squirin), nahe am Einfall des Obers in die Warthe, über welche hier eine Brücke geschlagen wurde. Die Angabe, dass schon 1208 der Pommerherzog Swantopolk Schwerin zur Stadt erhoben habe, lassen wir dahingestellt[2]. Am Ablauf des XIII. Jahrhunderts zur Zeit Königs Premisl aber war es Stadt; 1306 heisst es auch Stadt (Urk. bei Meseritz. Anm. 11). In dieser Zeit war es von Polen und zwar vor 1300 an die glogauer Herzoge, vor 1319 an die brandenburger Markgrafen gekommen, vor 1345 war es wieder polnisch geworden. Im XIV. Jahrhunderte ward hier ein Zoll von den aus dem Westen kommenden Händlern erhoben[4]. Der Handelszug von Brandenburg, Pommern und der Nordseeküste nach Polen führte über Schwerin. Die Stadt stand unmittelbar unter dem Könige von Polen, unter der Hut seines Starosten zu Meseritz. Im Jahre 1425 huldigte sie dem Könige Wladislaus in einer Urkunde (oben S. 149). Im Jahre 1442 steckte sie der Woiwode Robinsky in Brand: die ganze Stadt ward eingeäschert. Aufgebaut erholte sie sich und 1458 wurde ihr die

---

diplomatum in arce cracoviensi, p. 237. 4) Janko Czarnkowski, archidiac. gnesn. (Sommersberg, Silesiac. rer. script. II. 97. 98). 5) In Michaels Bestätigung heisst es: productas esse coram nobis literas pergameneas manu serenissimi antecessoris nostri, et generosi Alberti Radzidowski secretarii regni subscriptas, propter hostilitatem et calamitatem temporum laceratas, sine sigillo, continentes in se confirmationem privilegiorum etc. 6) Johannes Voigt, Geschichte Preussens. VI. 314. 7) Cod. dipl. Pol. II. 870. 874. 8) Büsching's Erdbeschreibung. 8. Aufl. Berlin 1788. II. 107.

Schwerin. 1) Mecklenburgisch Schwerin, welches bereits 1018 als wendische Burg vorkommt, hiess Zvarin und (1150) Zverin, was Thiergarten oder Lustwald bedeuten soll. 2) Vgl. Meseritz, Anm. 6. 3) Raczynski, cod. dipl. maj. Pol. S. 95, Urkunde von 1312 mit Grenzbestimmungen des Dorfes Popove, zwischen Popove und Draheim ist die Grenze ad arborem finalem stantem juxta fundum versus *Draheheim*, ab hac arbore usque ad fontem *Studenicz* directe inter *Skwierzim* et *Popove*, sicut ipse dominus Prymysel rex *Poloniae* distinxit cum praedictis civibus de Skwerin, de *Studenicz* directe versus orientem usque ad stagnum *Saben* etc. 4) Raczynski, S. 132.

Stellung von 6 Kriegern auferlegt[5]. Allein sie verlor eine Zeitlang die Unmittelbarkeit. 1466 verschrieb sie König Kasimir gegen eine Schuld dem Peter von Schamotuly[6]. Späterhin soll sie in den Besitz der Gorka's übergegangen sein. Dann ward sie wieder freie Stadt. Neben Branntweinbrennerei und Bierbrauerei war ihr Hauptbetrieb Gerberei und besonders Tuchweberei. Als von Schwerins Jahrmärkten die Tuchhändler aus Schwiebus ausgeschlossen und ihnen insonderheit der ellenweise Ausschnitt von grauem Tuch gewehrt wurde, führten die Schwiebuser vor König Johann Albert Beschwerde und dieser entschied 1493 zu ihren Gunsten und gebot dem Starosten darauf zu achten, dass die Schwiebuser auf den schweriner Jahrmärkten freien Verkauf hätten[7], aber 1513 brachten die Meseritzer dennoch von König Sigismund unter Berufung auf eine ältere, angeblich verbrannte Urkunde ein für Schwerin gültiges Verbot aus, wonach ein fremder Händler graues Tuch nicht billiger als 3 Groschen die Elle verkaufen sollte und auch Beschränkungen im Wolleinkauf unterlag (**Urk. LXXXIII**). 1616 ward das gegen fremde Tuchhändler gerichtete Verbot der Stadtobrigkeit von neuem eingeschärft (**Urk. CXXXVII**). Den Inhalt einer 1556 der Stadt ertheilten Urkunde kennen wir nicht. Die Leistungen Schwerins, welche an den Starosten zu Meseritz an jedem Martinitage abzuführen waren, betrugen von den Häusern 20 Dukaten Schoss, von jeder Hufe 1 Dukaten, die Tuchmacher steuerten für die Walkmühle 50 Tynfe, die Fischer 116 T., die Bierbrauer 20 T. und für das Malzmahlen von jedem Gebräu 5 T., jeder Bäcker 20 T. Die Judenschaft zahlte zu Ostern 373 T. und ausserdem für die Erlaubniss, frei ihre Aeltesten zu wählen, 60 Gulden. Die katholische Kirche stand unter dem Propste zu Meseritz; als der Protestantismus in Schwerin eindrang und überhand nahm, wurde sie um oder bald nach der Mitte des XVI. Jahrhunderts evangelisch, nach eingetretener Reaktion musste sie am 6. November 1604 den Katholischen, in deren Auftrag Domherr Miezlecki nach Schwerin gekommen war, wieder ausgeliefert werden: eine dagegen unternommene Absendung der Schweriner gemeinsam mit den Meseritzern an den Reichstag in Warschau 1605 führte keine Aenderung herbei[8]. Darauf wurde 1619 das Band mit der meseritzer Kirche gelöst und die schweriner, wie in evangelischer Zeit, von ihr abgetrennt. Die Katholiken erweiterten ihre Schule dahin, dass auch die Anfangsgründe des Lateinischen in ihr gelernt werden konnten. Mit dem Abte des nahen Blesen gerieth die Stadt in schlimme Händel: dieser trachtete nämlich nach Aeckern die zu Schwerin gehörten. Bald liess er das von Schwerinern auf ihnen gemähte Getreide in der Nacht wegführen, bald kam er ihnen mit dem Erndten zuvor. Schlägereien folgten und ein Rechtsstreit entspann sich, der von 1619 bis 1629 währte und der Stadt schweres Geld kostete, weil sie die zur Untersuchung abgeordneten Beauftragten aushalten musste[9]. Grossen Schaden that dann 1629 der Abzug des mannsfeld'schen Kriegsvolkes aus Schlesien, das seinen Weg über Schwerin nahm. 1630 wütheten darin Seuchen, die über 900 Einwohner hingerafft haben sollen. Weiterhin litt Schwerin durch Kriegszüge 1657, 1658, 1666, 1670 und 1711. Auch mit Meseritz gerieth Schwerin in Streit. Die dortigen Schuster wollten den schweriner Schustern das Erscheinen auf den meseritzer Märkten wehren. Verhandlungen zwischen den beiderseitigen Stadtobrigkeiten führten zu nichts, und endlich verklagte das schweriner Gewerk 1673 den meseritzer Stadtrath in Warschau. Als noch der Rechtshandel schwebte, schritten die meseritzer Schuhmacher zu Gewaltthätigkeiten und nahmen während des Jahrmarktes in Meseritz den Schwerinern ihre ausgelegten Schuhe weg, was natürlich nicht ohne Schlägerei ablief. Die königliche Entscheidung fiel zu Gunsten Schwerins. Die weggenommene Waare musste ersetzt werden und jeder meseritzer Schuhmacher mit 10 Thaler Strafgeld büssen. Die alten meseritzer Meister grollten darüber lange, mochten den schweriner Markt nicht beziehen und gedachten neue Händel anzufangen; indess die jüngeren meseritzer Meister waren verständiger, widerstanden ihnen und kamen auch nach Schwerin[10]. Am 21. Sept. 1678 brannte die ganze Stadt mit Kirchen, Schule und Brücke ab. Bei dem Neubau sorgte man für ein Spritzenhaus. Die Stadt kam zu 7 Jahrmärkten. Da die Einwohnerschaft evangelisch war, so traf sie vor der ersten Theilung Polens die Wuth der katholischen Fanatiker. Nachdem die Konföderirten in die Stadt eingezogen waren, knüpften sie 8 Dissidenten am Brunnen auf, marterten den Bürgermeister Berend, zogen ihm dann durch das Kinn einen Strick und hängten ihn mit diesem an einen Baum, damit er langsam sterbe[11]. Am Ausgange des XVIII. Jahr-

5) Ebenda S. 181. 6) Inventarium diplomatum in arce cracoviensi. Paris 1862. S. 287. 7) Raczynski, cod. dipl. maj. Pol. S. 191. 8) Zappert's handschriftliche Chronik von Meseritz, S. 94. 101. 9) Ders. S. 199. 10) Ders. S. 216—219. 11) Berliner Kalender für 1839. S. 89.

hunderts bestand die Stadt aus 319 Wohnhäusern, unter denen 23 Ziegeldach hatten, 1 Mühle, 3 Vorwerken und 8 öffentlichen Gebäuden, von denen eines die katholische Kirche, ein anderes die evangelische Kirche war, und zählte 2655 Bewohner. Darunter befanden sich 738 Juden, die eine Synagoge hatten und namhaften Handel trieben. Drei Apotheken waren vorhanden. Gewerbtreibend waren 23 Kaufleute, 19 Tuchmacher, 44 Bierbrauer, 9 Bäcker, 1 Müller, 6 Fleischer, 20 Fischer, 1 Gastwirth, 3 Weinhändler, 26 Schuster, 16 Schneider, 13 Kürschner, 8 Tischler, 6 Böttcher, 5 Hufschmiede, 5 Stellmacher, 3 Maurer, 3 Fuhrleute, je 2 Hutmacher, Handschuhmacher. Schlosser, Gerber, Barbiere, 1 Büchsenmacher, Kammmacher, Knopfmacher (Jude), Färber, Seifensieder, Glaser, Seiler, Schornsteinfeger, Musikus, kein Branntweinbrenner. Die Kämmereieinnahme betrug 3151 Thaler, sie hatte aber auch an 2000 Thaler Schulden. Die Stadt hielt 3 Nachtwächter. Ihre Bürger bekamen freies Bau- und Brennholz; 1816 wurden gezählt 3339 Einwohner (n. a. 3500), 1837: 5123 Einwohner, unter denen 1543 Juden waren, und 360 (nach andern 412) Häuser. In der Nähe waren Kalkbrennereien. 1843: 5678, 1858: 6142, 1861: 6265 Einw.. In preussischer Zeit wurde ein Stadt- und Landgericht nach Schwerin gelegt und am 31. Oktober 1834 die Städteordnung verliehen. Während der Bewegung von 1848 bildete sich in Schwerin ein deutscher Bürgerausschuss und die Bürgerschaft trat den von Meseritz zur Wahrung des Deutschthums unternommenen Schritten bei.

Schwersenz, Schwersens, p. Swarzędz, Swierzendz, Szwarzene mit Grzymałowo, zwei Stunden von Posen, war ein Dorf, welches im XVI. Jahrhunderte den Gorka's gehörte. Nach dem Tode des Andreas Gorka überkam dasselbe 1592 dessen Schwiegersohn Peter Czarnkowski, später im XVII. Jahrhunderte gehörte es den Grudzinski's (den Herrn a Grodno). Diese beschirmten Protestanten, welche sich hier ansässig machten. Als den Evangelischen der Stadt Posen ihre Kirche entrissen wurde (vgl. S. 405), fanden sie ihre Zuflucht bei dem Herrn des nahen Schwersenz. Dieser gestattete ihnen in seinem Schlosse ihren Gottesdienst abzuhalten. Sie kamen zu ihm in Menge, verlegten hierher ihre evangelische Pfarre und vereinigten sich mit der schon vorhandenen Gemeinde. Zum Kirchenbau und zum Kirchhof wies auch der Grundherr den Boden an, wie er denn auch für ein Schulgebäude sorgte und den Protestanten aus Stadt Posen Gebäude mit voller Freiheit verkaufte oder schenkte. Er berief auch einen Pfarrer aus Deutschland. Als die von den Jesuiten betriebenen Verfolgungen im ganzen posener Lande im Zunehmen waren, reichte der Schutz, den an dieser Stätte Karl (nach andern Sigismund) Grudzinski, Woiwode von Kalisch, gewährte, hin zu dem Aufkommen einer städtischen Anlage. Die Verfolgungen der Glaubenswüthriche erstreckten sich allerdings auch nach dieser Zufluchtsstätte, aber man begegnete ihnen. Der erste Pfarrherr, Magister Heidenreich, erlitt ein gewaltsames Ende. Seitdem begleiteten stets 12 Bürger in Waffen ihren Geistlichen, wann er ausserhalb der Stadt eine geistliche Handlung zu verrichten hatte. Schwersenz war unter den angegebenen Umständen eine grosse Kirchfahrt. In den ersten Zeiten des XVII. Jahrhunderts soll der Besitzer, jener Karl (oder Sigismund) neben Schwersenz, wo sein Schloss lag, Grzymalow als Stadt erbaut haben. Die Urkunde des Stadtrechtes ist aber erst am 23. August 1683[1] ausgestellt und zwar auf dem kurniker Schloss, und nicht vom Könige sondern blos von einem Grudzinski. Sie verhiess: der Grundherr solle und wolle die Bürger niedern und hohen Standes, keinen ausgeschlossen, bei der evangelischen Lehre der unveränderten augsburgischen Konfession, deren Kirchenordnung und Ceremonien, sowie Priester und Kirchendiener schützen und erhalten und nach Möglichkeit wider alle Feindseligkeiten und andere Auflegungen, wie sie mögen von den päpstlich römischen Geistlichen erfunden werden, wider allerlei Protensionsgelder, Anlauf und öffentliche Gewalt vertheidigen. Die Grundherren hiessen sich nun die Grzymalczyki: allein es war nicht der neue Platz, sondern der neben ihm befindliche alte Ort mit dem Schlosse, welcher anzog und überwog. Von diesem ging der Name auf die Stadt über. Sie kam zu 9 Kram- und Viehmärkten und hatte eine evangelische und eine katholische Kirche. Bei der Religionsfreiheit, an der man hier hielt, ward auch den Juden die Aufnahme nicht versagt. Im XVIII. Jahrhunderte gestalteten sich die Verhältnisse ungünstiger. Zuerst trafen Kriegsdrangsale die Stadt. 1704 ward sie von dem Parteigänger Szmigelski geplündert, kaum hatte sie von diesem Schaden sich erholt, so nahmen 1707 die Russen sie arg mit. Uebler noch war der Uebergang

Schwersenz. 1) Provinzialblätter des Grossherzogthums Posen 1846. Augustheft S. 97.

der Erbherrschaft durch Kauf an Adam **Kożmiński** (im ersten Drittel des Jahrhunderts), der Katholik, anderer Gesinnung als die Grudzinski, die Protestanten mit vielen Anforderungen bedrückte. Sie mussten sich sogar bequemen, im Frohnleichnamsumgange mitzuziehen. In der zweiten Hälfte des Jahrhunderts brachen Zwistigkeiten zwischen den einheimischen und den posener Evangelischen aus, die nach vielem Streiten damit endeten, dass beide sich (im Jahre 1780) trennten und die posener Protestanten wieder eine besondere Gemeinde bildeten. Um diese Zeit kaufte die Grundherrschaft ein Kaufmann aus Posen Namens Klug, verkaufte sie aber bald wieder an die Bojanovski's. Am Ausgang des XVIII. Jahrhunderts lebten hier 2130 Einwohner, und zwar bildete die jüdische Gemeinde die Mehrzahl (1277): diese war reich, im Besitze von 15000 Thalern Gemeindevermögen. Die Stadt hingegen war mit 2000 Thalern Schulden behaftet. Das Rathhaus, welches die Bürger zu bauen angefangen hatten, war nicht zum Ausbau gelangt. Der Ort bestand aus 2 Kirchen, 2 andern öffentlichen Gebäuden, 6 Mühlen und 356 Wohnhäusern, von denen 2 Ziegeldach hatten und hatte noch 10 Bauplätze (in Folge von Brandschaden?). Tuchmacher, -scherer und -bereiter gab es 73, Leinweber 36, Schneider 86 (nur 1 darunter Christ), Schuster und Leistenschneider 39, Kürschner 25 (nur 2 Christen), Bäcker 9, Knopfmacher 8, Müller, Fleischer 6, Töpfer, Tischler je 5, Brauer 26, Branntweinbrenner und Schänker 16, ausserdem Zimmerleute, Böttcher, Schlosser, Gerber, Hutmacher, Hufschmiede, Tabakspinner 3, Gürtler (von denen der eine Jude war), Seiler 2, je 1 Bleicher, Färber, Drechsler, Klempner, Kesselflicker, Nadler, Nagelschmied, Sattler, Stellmacher, Steinsetzer, Strumpfwirker, ferner 6 Barbiere (5 davon Juden), 7 Musikanten (Juden), 3 Posamentirer (2 Juden), 2 Glaser (Juden), 2 Gastwirthe, 1 Pfefferküchler, 1 Ziegelbrenner, 1 Buchbinder (Jude), 1 Apotheker, 37 verschiedene Kaufleute (darunter 7 Christen) und 1 Arzt. Die Kämmereieinnahme betrug 860 Thaler, ihre Ausgabe 801 Thaler. Die Gemeinde hielt 2 Nachtwächter. Die Stadt befand sich im Sinken. 1816 wurden nur 1600 Einw. (?), nach andern 2041 angegeben; es waren damals 40 Tuchmacher thätig und 40 Leinwebstühle waren im Gange. Seitdem hob sich Schwersenz wieder. 1836 geschah der Neubau der Kirche. 1837 stand die Einwohnerzahl wieder 2923, 1843: 3013, 1858: 2772, 1861: 3083.

Schwezkau, Schwetzkau, Schwezke, Schwützkau, p. Święciechowa, Święciechowo, Sviencechova, Swienczechow[1]. Städtische Urkunden sind nicht vorhanden. Wenn solche sich bis auf die neueren Zeiten erhalten haben sollten, so sind sie in dem grossen Brande, der die Stadt im Jahre 1780 betraf, verloren gegangen. Der Ort gehörte der Abtei Lubin und war um die Mitte des XV. Jahrh. Stadt, dann erhielt er von König Kasimir 1469 zwei Jahrmärkte (**Urk. CCXXIX**). Eine katholische Kirche bestand jedenfalls hier 1639[2]. Sie war ein Wallfahrtsort; daher der Name „Heiligenstadt." Leinweberei wurde betrieben, auch kam die Stadt noch zu zwei Jahrmärkten, doch musste die Nähe Lissas, welches nur etwas über eine Stunde von ihm abliegt, dem Emporkommen Abbruch thun. Die Bürger hatten ein Brauhaus und schafften eine Spritze an, für die sie ein Spritzenhaus bauten. Da geistliche Herrn die Grundbesitzer waren, fanden Juden keine Aufnahme. 1795 wurde die Stadt unmittelbar, aber alsbald am 14. Januar 1797 dem Geheimen Kabinetsrath v. Beyer in Berlin überlassen. Schwetzkau bestand i. J. 1800 aus 218 Wohnhäusern, 20 Mühlen, 2 Kirchen, 3 öffentlichen Gebäuden. Die Einwohnerzahl betrug 1264. Gewerbtreibend waren 31 Leinweber, 20 Müller, 15 Schuster, 12 Fleischer, 7 Bierbrauer, 5 Branntweinbrenner, 4 Schneider, 3 Tischler, 3 Oelschläger, 1 Tuchmacher, Handschuhmacher, Hufschmied, Stellmacher, Maurer, Kürschner, Gastwirth, Organist. Die Stadt war mit 14122 Thalern Schulden belastet; sie hielt 2 Nachtwächter und 1 Scharfrichter. Ihre Kämmerei hatte 2587 Thaler Einnahme, 2291 Thaler Ausgabe. Die Leinweberei (namentlich Drillichfertigung) hob sich in den nächstfolgenden Jahren so, dass 1810 hier 126 Leinweberstühle im Gange waren. Im Jahre 1816 hatte die Stadt 1153 (n. a. 1306) Einwohner, 1837: 1578 Einwohner, 9 öffentliche Gebäude, worunter die katholische Kirche, und 217 Privathäuser. 1843 zählte sie: 1514, i. J. 1858: 1458, 1861: 1517 Einwohner.

Sduni, Zduni, p. Zduny[1] dicht an der schlesischen Grenze, war in der ersten Hälfte des XIII. Jahr-

---

Schwezkau. 1) Svescecov in der Urkunde Lesko's von 1221. Svecchov in einer Urkunde des krakauer Konrads von 1242 ist Święciechow im opatschnoer Bereich; sehr zweifelhaft ist auch, ob Schwetzkau einerlei ist mit der Stadt Swanczechow, welche 1458 zur Stellung von 10 Kriegern veranschlagt wurde, mithin zu den bedeutenderen Orten gehörte. 2) Lauterbach das fraustädtische Zion.

Sduni. 1) Ein Zdunow, welches neben Chomunowo lag, kommt in einer für den Bischof von Wlozlawek 1252 ausgestellten Urkunde vor.

hunderts ein herzogliches Dorf und hiess Sdunkow. Im Jahre 1261 gab es Herzog Boleslaw dem dasigen Schulzen Lambrecht, eine Stadt nach neumarkter Recht anzulegen, und schenkte dazu die beiden Dörfer Cescowo und Sdodcowo (Urk. CCLI). Indessen kam es wohl nicht zur wirklichen Errichtung, denn 1267 schenkte Sduni derselbe Herzog mit noch einem andern Dorfe Zdatkovo gegen Abtretung von Murinow dem breslauer Bischofe zugleich mit Befreiung von den polnischen Lasten und der Erlaubniss, eine Stadt zu errichten und einen freien Markt zu halten — wenn anders das in dieser Urkunde (CCLI) genannte Zdunki einerlei ist mit Zduni und die Urkunde selber ächt ist. In einer Urkunde von 1458 heisst der Ort Sduny; auf älteren deutschen Karten wird er Sduni geschrieben. Er blieb unbedeutend, obschon er Stadtrecht besass. Bei der Aushebung von Mannschaft gegen den deutschen Orden 1458 stellte er nur 2 Krieger. Das erlangte Recht war im Zeitenlauf verkürzt und vergessen, die Gemeinde polnisch geworden. Um 1600 war Sduni ein Ort von ungefähr 100 Häusern mit einem kleinen Rathhaus und einer katholischen Kirche, von Polen bewohnt. Grundherrn waren die Sienuta.

Erst im XVII. Jahrhunderte nahm Sduni Aufschwung, als der Religionskrieg Deutsche aus ihrer Heimath verscheuchte. Zuerst kamen 8 Bürger aus schlesisch Reichenbach, (der Schneider Schwenke, die Züchner Lädler, Legner, Tauchmann, 2 Endler und die Bäcker Nikisch und Preusz) erhielten von dem Vormund des damaligen Grundherrn, des Peter von Sienuta, einem Zaporowski am 21. November 1635 eine schriftliche Versicherung freier Glaubensübung und gaben hierauf ihm am 28 Januar 1636 eine Erklärung über diejenigen Punkte, betreff deren sie eine Urkunde als Bedingung ihres Bleibens sowie weitern Nachzuges von Anderen verlangten. Zaporowski musste auf den Erbherrn selbst sie verweisen, und dieser stellte auch am 7. September 1637 einen Freibrief aus, der ausser verschiedenen Bestimmungen in Religionssachen sich an den kobilinschen Freibrief anschloss. Die Reichenbacher, die ihren Ort Deutsch-Sduni benannten, wählten zu ihrem ersten Bürgermeister den Preusz, der ihnen den Rath gegegeben, nach Polen sich zu wenden, und erhielten auch wirklich aus Schlesien Zuzug. Zuerst hielten sie sich zum Gottesdienst in Kobilin, dann, 1637, kauften sie zusammen mit Krotoschinern ein Haus und wandelten es in eine Kirche um, die „Kasten Noä" getauft ward, und beriefen sich einen Prediger, den Böhm aus Reichenbach, der die Kirche am 9. Mai 1637 einweihte. Der Zuzug, der bis 1640 stark war, bestand vorzugsweise aus Tuchbereitern. Tuchmacherei und Leinweberei kam empor. Die neue Stadt wurde gut gebaut. Aber die Zeiten des Glaubenszwanges waren auch für Polen eingetreten, 1644 erging schon ein Tribunaldekret an den Erbherrn, welches ihm verbot, Dissidenten zu dulden. Doch gab er ihm keine Folge. — Das alte Sduni hatte wahrscheinlich neben seinem Namen noch den seiner Herrschaft angenommen und hiess jetzt Sienutowo, denn das alte Sduni verschwindet und statt dessen tritt Sienutowo auf, das freilich von Grund neu gebaut heisst; dieser Ausdruck lässt sich indessen frei deuten. Die Ankömmlinge waren evangelisch; in Sienutowo aber war schon eine katholische Gemeinde und ein Pleban. In diesem Sienutowo, welches der Grundherr nicht mit Deutsch-Sduni verband, hatten sich ebenfalls deutsche Lutheraner ansässig gemacht. Die sienutower Protestanten mochten sich jedoch nicht der deutsch-sdunier Kirchengemeinde anschliessen, erlangten die Hülfe des Grundherrn zum Bau einer eigenen Kirche, 1642, und beriefen 1645 den Wohlauer Friedrich Opitz zu ihrem Prediger. Aus diesem Sienutowo wollte der Erbherr eine zweite Stadt machen und er erhielt auch für dasselbe von König Wladislaus IV. am 26. Mai 1647 Stadtrecht. Daneben erwirkte er aber auch von ihm in demselben Jahre die Bestätigung des Sdunier Freibriefes und stellte am 1. März 1648 zu Szchomil Sduni einen zweiten aus. 1652 schickte der Grundherr einen Herrn von Jazkolski mit Vollmachten nach Sduni um Anordnungen zu treffen und erliess den Grundzins. Ausgemacht wurde, dass ein grösseres Haus 6 Gulden, ein mittleres 2 G., ein kleines 1 G. jährlich zahlen, der Stadtrath aber dieses Geld zur Verschönerung der Stadt, namentlich zu ihrer Pflasterung verwenden solle. Sein Sohn Christof Alexander bestätigte am 29. Februar 1657 des Vaters Verleihungen an Sduni, auch bekräftigten sie nachfolgende Könige (Johann Kasimir 22. Januar 1665, Michael 20. Oktober 1669, Johann 29. Februar 1676).

Indessen sahen die katholischen Kircheneiferer keineswegs geduldig zu. Der katholische Pfarrer von Sienutowo Suchorki war ein thätiger Ankläger des Erbherrn. Schon nach 1644 hatte der lutherische Prediger sich mehrmals verbergen müssen, nunmehr 1670 kam ein Beschluss des petrikauer Tribunals, dass beide evangelische Kirchen niedergerissen, beide Prediger enthauptet werden sollten. Vorstellungen und Bitten dagegen waren fruchtlos, doch als es zum Vollzuge kommen sollte, war die Bürgerschaft kräftig genug, Gewalt entgegen zu setzen. Unter ihrem Bürgermeister Johann Brasche umgab sie in Waffen die Kirche. Indessen war sie allein zu schwach. Am 19. Mai 1672 erschien Burggraf Jakob Wengierski mit Soldaten und Geistlichen und liess die eine Kirche, (wohl die Sienutowoer) niederreissen. Viele Bürger mussten da flüchtig werden. Nun suchte der Pleban seinen Pfarrzwang über Sduni auszudehnen; nach vergeblichem Widerstreiten machten sich die Sdunier 1680 durch einen Vergleich los, wonach sie ihm jährlich 300 Gulden zahlen mussten. Die jutroschiner, krotoschiner und ostrower Lutheraner, die keine Kirche hatten, hielten sich zum Gottesdienst in Sduni, dessen Kirche daher zu eng ward. Sie ward 1690 erweitert; da erhob der Pleban von neuem Klage. Diese legte der Primas, als er 1693 nach Sduni kam, dahin bei, dass die Stadt in Zukunft 400 Gulden dem Pleban entrichte. In Sduni bildete sich eine Schützengesellschaft, die 1667 Bestätigung ihrer Satzung von König Kasimir auswirkte. Einen Brückenzoll erhielt Sduni am 5. November 1672 von König Michael zu Lublin gewährt. Inzwischen war Baptist Leszczynski Grundherr geworden. Dieser liess 1684 den Stand beider Städte untersuchen und veranlasste die Erbauung von Rathhäusern. Am 27. Juni 1703 brach im Hause des Bürgermeister Schipke eine Feuersbrunst aus, welche beide Städte zum grössern Theile niederbrannte. Dann litt die Stadt im Schwedenkriege. Oberst Schultz, der Städteverwüster, zog im Juli 1707 mit Russen ein. 1710 wüthete darauf die Pest, 1724 führten Streitigkeiten zu einem Auflauf, wegen dessen die Bürgerschaft schwer bestraft wurde. 1738 wurden die Sulkowski Grundherrn. 1740 wurde die baufällig gewordene Kirche wieder in Stand gesetzt; gleich erhob wieder der Pleban Klage und drang durch, ja 1748 wurde den Lutheranern das Begraben verboten: der Streithandel ward wieder durch einen Vergleich beigelegt, wonach die Stadt dem Pleban jährlich 2000 Gulden zahlte. Am 18. April 1752 wurden die Sulkowskischen Statuten als Stadtsatzung eingeführt. In den Unruhen von 1768 bis 1772 litt die Stadt sehr. 1789 brannte wieder fast die ganze Stadt mit der Kirche ab; allein unter der preussischen Herrschaft konnte die Kirche ohne Hinderung von Steinen aufgeführt werden. Von so viel Unglücksfällen betroffen, kam die Stadt sehr herunter und gerieth in Schulden. Ein Hospital war früher gegründet worden, aber jetzt ohne Mittel. Sienutowo hatte sich niemals so wie Sduni empor gebracht, das dreimal grösser war: so wurde nun Sienutowo oder Sienutowa nur als Sdunis Vorstadt angesehen; sein Rathhaus — man nannte es das polnische — stand wüste und verfiel; es musste endlich abgetragen werden. Gleichwohl bestanden beide Orte noch in der Zeit des warschauer Herzogthums als getrennte Städte[2]. Sie hatten zusammen 7 Jahrmärkte, von denen 2 drei bis vier Wochen währten, und einen Wochenmarkt. Ihre eigenen Waaren setzten sie theilweise in Breslau ab, ihre Geschäfte gingen aber auch nach Russland. Die Bürger besassen Rodeland und Wiesen, Sduni hatte auch einen Ziegelofen. In südpreussischer Zeit wurde ein massives Militärlazareth gebaut. Am Ausgange des XVIII. Jahrh. hatte der Ort 7 öffentliche Gebäude, 2 Hospitäler, 1 evangelische und 1 katholische Kirche, 539 Wohnhäuser (7 davon mit Ziegelbedachung), 11 Mühlen und 3768 Einwohner (worunter 156 Juden). Wollspinner, Wollkämmer und Wollkratzer gab es 164, Tuchmacher und Tuchbereiter 113, die 53078 Stücke Tuch im Werth von 60000 Thaler fertigten, Leinweber 49, die für nahe 15000 Thaler Leinwand herstellten, Schuhmacher 54, Leistenschneider 24, Fleischer 24, Branntweinbrenner und Schänker 19, Weinhändler 5, Gastwirthe 2, Brauer 4, Bäcker 17, Müller 41, Stärkemacher 10, Stellmacher 8, Böttcher 8, Hufschmiede 8, Korduanmacher 6, Schlosser 5, Seiler 5, Färber 5, Tischler 4, Riemer 4, je 3: Drechsler, Handschuhmacher, Hutmacher, Knopfmacher, Sattler, Töpfer, Glaser, Zimmerleute, je 2 Hechelmacher, Kürschner, Gerber, Nadler, Seifensieder, Maurer, Steinsetzer, Honigküchler, Goldschmiede, 1 Schornsteinfeger, Ziegelbrenner, Glasschneider, Kammmacher, Strohhutmacher, Zinngiesser, Kupferschmied, Nagelschmied, Mützenmacher, Posamentirer, Perrückenmacher, Uhrmacher, Orgelbauer, dazu: 1 Buchbinder, 1 Maler, 5 Musiker, 5 Barbiere, 2 Fuhrleute, 1 Gärtner, 13 Viehhändler, 8 Eisenhändler, 25 andere Kaufleute, 1 Apotheker, 1 Arzt. Alle Gewerbtreibende waren Christen. Die Stadt hielt 5 Nachtwächter und 1 Scharfrichter. Sie hatte 21707 Thaler Schulden, ihre Kämmerei nahm ein 8475 Thaler, verausgabte 7225 Thaler. Noch über hundert Baustellen lagen wüst. Im Jahr 1816 gingen 130 Tuch- und 60 Leinwebstühle. Später nahm diese Thätigkeit ab, dafür kam

2) Topographie des Herzogthums Warschau. Nach dem Polnischen des Herrn Flatt. Leipzig 1810 S. 171.

Gerberei und Tabaksbereitung auf. Eine höhere Bürgerschule ward gegründet, die Städteordnung am 5. August 1833 verliehen. Die Einwohnerzahl betrug 1816: 3466 (worunter ein paar hundert Juden) n. a. 3351, 1837: 3111, 1843: 3256, 1858: 3326, 1861: 3472, (davon 181 vom Soldatenstand). Sduni ist also rückwärts gegangen.

Städtchen, Miastezko, Miastetschko, p. Miasteczko, Mjasteczko, unweit der Netze in bergiger Gegend hat keine alten Urkunden. Dieser kleine offene Ort gehörte zur Herrschaft Brostowo. Sein Besitzer war in den letzten Jahrzehnten des vorigen Jahrhunderts ein Herr Arndt, in unserm Jahrhundert ein Herr Rosenau. Im Jahre 1772 besetzten es die Preussen. Im Jahre 1788 bestand es aus 46 Häusern und 1 Kirche und hatte 302 Einwohner. 1816 zählte man 47 Feuerstellen und 367 Einwohner; von diesen waren 202 lutherisch, 165 katholisch. 1837 hatte Städtchen etwa 60 Häuser und 575 Einwohner, 1843: 702 Einwohner, und sowohl eine katholische als eine evangelische Kirche. 1858: 991, 1861: 1025 Einwohner. Jetzt ist es ein Halteplatz an der Eisenbahn.

Stenschewo, Steuzewo, Steszewo, p. Stęszewo, Stenczewo, an einem See. Die Strasse von Posen nach Glogau führt durch Stenschewo. In Ermangelung genauer Ortsverzeichnisse müssen wir dahingestellt sein lassen, ob unter einem dem Anschein nach im Bezirke Posen gelegenen Dorfe Stanschow, dessen eine Urkunde von 1429 als Eigenthum eines Mostiez und dann seines Sohnes Przethpelko gedenkt[1], dieser Ort zu verstehen ist. Nach Bäck[2] geschieht Stenschewos als Stadt schon i. J. 1370 Erwähnung. Wahrscheinlich ist es die 1458 zur Stellung von 6 ausgerüsteten Kriegern veranschlagte Stadt Stanschow[3]. Sie war Eigenthum eines Grundherrn, brachte es zu 7 jährlichen Krammärkten. Die Bürger bauten sich ein gemeinsames Brauhaus. Im Jahre 1759 zogen Ende Februar die Preussen hindurch, wichen aber schon Anfang März wieder vor den Russen. 1761 fand hier ein Gefecht statt. Als die Stadt preussisch wurde, gehörte sie dem Fürsten Jablonowski; 1799 ging sie in den Privatsitz des Hauses Oranien über. Damals (1800) bestand Stenschewo aus 119 Wohnhäusern, 2 katholischen Kirchen, 2 andern öffentlichen Gebäuden und war von 606 Menschen bewohnt. Von diesen waren 25 Israeliten. An Handwerkern gab es 18 Stellmacher, 17 Kürschner, 17 Schuster, 12 Leinweber, 11 Schlosser (einer davon Jude), 4 Schmiede, 3 Müller, 2 Böttcher, 1 Töpfer, 2 Barbiere. Es gab ferner 1 Musikus, 1 Gastwirth, 15 Branntweinbrenner und Schänker. Die Stadt hielt einen Nachtwächter. Ihre Kämmerei bezog zwar 197 Thaler i. J., hatte jedoch 186 Thlr. Ausgaben. Wollenweberei kam nachmals auf. Im Jahre 1816 hatte der Ort 685 Einwohner (nach anderer Angabe 756), 1837: 1089 Bewohner und 130 Wohnhäuser, 1843: 1260 und 1858: 1404 Einwohner, 1861: 1451. Im Jahre 1848 verkündete hier Herr Rymarkiewicz die Wiederherstellung Polens und sorgte für die Bewaffnung der polnischen Bewohner. Dem Siege Mieroslawski's folgte am 2. Mai der Einzug von Polenhaufen, die Absetzung der Behörden, die Plünderung der Juden. Der Leinweber Domachowski führte diese Rotte. Bald darauf rückte aber eine Abtheilung preussischer Soldaten mit 2 Geschützen in Stenschewo ein ohne auf Widerstand zu stossen, durchsuchte die Häuser und nahm den Polen, bei denen durchgehends Waffen gefunden wurden, diese weg.

Storchnest, p. Osieczno, Osieczna, zwischen zwei grossen Teichen und Hügeln gelegen. Auf der Anhöhe erhob sich eine Burg, die einst ein Raubschloss gewesen sein soll und manche Stürme bestand. Sie wurde zuletzt mit schwerem Geschütz in Trümmer geschossen — aber wann? Am Fusse der Burg erwuchs die Ansiedlung. Den Namen Osieczno soll der Ort im XIII. Jahrhundert erhalten haben, als er nach einem Ueberfalle entsetzt worden war: das Osiczna, welches 1458 zehn Bewaffnete zu stellen hatte, wagen wir nicht auf ihn zu beziehen. Die Stadturkunden sind bei dem Brande 1793 untergegangen. Wir vermögen daher nur anzugeben, dass dieser Ort um die Mitte des XVI. Jahrh. Stadtrecht besass. Sein Aufkommen erfolgte durch Einwanderung deutscher Protestanten. Die Evangelischen bekamen eine Kirche. Osieczno gehörte den Gorka's[1], dann im XVII. Jahrhundert den Przyemski's. Im XVII. Jahrhundert bildete sich eine Schützengilde, der die Grundherrschaft gewisse Rechte einräumte und König

Stenschewo. 1) Cod. dipl. Pol. I. 304. 2) Bäck, die Provinz oder das Grossherzogthum Posen 1847 S. 81. 3) Raczynski, cod. dipl. maj. Pol. S. 181.

Storchnest. 1) In der Theilung unter den Gorka's i. J. 1557 bekam Andreas Gorka: itidem oppidum *Osieczna* integrum similiter cum villis possessionatis et desertis ad illud pertinentibus, nullis exceptis (Ed Raczynski, Wspomnienia Wielkopolski: Posen 1842 I. Urkundenbeilage S. XXXIX). Nach dessen Tode kam die Stadt in Folge einer 1593 statt gehabten Theilung an seinen Neffen Andreas. (Ebenda S. XLV).

Johann III. am 20. August 1685 eine Urkunde ausstellte. Adam Przyemski gründete 1622 den Franziskanern ein Kloster. Ihre erste Kirche, ein Holzbau, war aber nach hundert Jahren bereits baufällig und musste 1723 abgetragen werden; bis 1742 ward dann eine stattliche Kirche und ein neues Kloster aufgeführt. Den Lutheranern wurde ihre Kirche 1656 zerstört. Später erbauten sie zum Ersatz ein kleines Kirchlein, vermochten aber erst nach langen Bemühungen 1792 die Berufung eines eigenen Predigers sich zu erwirken. Als Lissa im Sommer 1707 ausgebrannt wurde, flüchtete ein Theil seiner Bewohner hierher und diese sollen, weil grade ein paar Störche auf der Kirche nisteten, den Namen Storchnest aufgebracht haben. Ein reges Leben erwachte. Es gab um diese Zeit in der Stadt 2 Apotheker, 8, ja 9 Kupferschmiede, Wagenbauer, Goldarbeiter; das Kriegsleiden von 1716 ward bald verwunden. Allein dieses Blühen hatte keinen Bestand. Während des siebenjährigen Krieges wurde Storchnest 1761 von den Preussen besetzt; beim Anrücken der Russen unter Buturlin räumten sie zwar den Ort, die Russen zündeten ihn aber dennoch an. Verderblicher noch war das am 8. Mai 1793 im Judenviertel ausbrechende Feuer, welches fast die ganze Stadt verzehrte. Nach diesem Unglück zerstreuten sich viele Bewohner; nur schlecht wurde die Stadt wieder aufgebaut. Die Stadt kam zu 5 Jahrmärkten. Die Bürger bauten sich ein Brauhaus. Im letzten Jahrzehnt des vorigen Jahrhunderts war ihr Besitz übergegangen an die Grafen Skoroszewski. In unserm Jahrhunderte gehörte sie einem von Paschke. Am Ausgang des vorigen bestand sie ausser dem Kloster aus 1 katholischen und 1 evangelischen Kirche, 1 öffentlichen Gebäude, 10 Mühlen, 149 Häusern und zählte 1045 Einwohner, $^1/_5$ Juden (203). Im Kloster befanden sich 15 Mönche. Gewerbtreibend gab es damals 6 Branntweinbrenner, Weinhändler und Schänker, 24 Leinweber, 14 Schuster, 9 Müller, 9 Brauer, 8 Fleischer, 6 Schneider (3 darunter Juden), 5 Bäcker, 4 Tischler, 4 Hufschmiede, je 2 Böttcher und Barbiere, 1 Töpfer, Glaser, Zimmermann, Kupferschmied, Schlosser, Stellmacher, Kürschner (Jude), Schornsteinfeger, Seiler, Oelschläger, Musikus, Fischer, Gastwirth, Glashändler. Die Stadt hatte 22 noch wüste Bauplätze und 1741 Thaler Schulden, sie besass 2 Vorwerke, aber wenn auch ihre Kämmerei 666 Thaler einnahm, so betrug doch deren Ausgabe 705 Thlr.; sie hielt 2 Nachtwächter und hatte 1 Scharfrichter. Im Jahre 1816 war die Einwohnerzahl auf 940 gesunken, 1837 hatte sie sich wieder auf 1248 gehoben, die in 160 (nach anderer Angabe in) 172 Häusern wohnten, und 13 öffentliche Gebäude besassen. Die Einwohnerzahl belief sich 1843: auf 1379, 1858: 1488, 1861: 1542. Nach Aufhebung der Franziskaner in Preussen wurde aus ihrem Klostergebäude eine Zuchtanstalt für katholische Geistliche (ein Domus demeritorum) gemacht.

Strelno, Strschelno, p. Strzelno, Strzelne, (Urk.: 1221 Strelina[1], 1238[2] und 1308 Strelna[3]) soll Peter Dunin gegründet und im Jahr 1133 der Prämonstratenserorden zu seinem Ordenssitze eingenommen haben. Kurze Zeit darauf geschieht auch eines daselbst befindlichen Klosters Erwähnung[4]. Im Anfange des XII. Jahrhunderts gehörte das Dorf Strelno einem Herrn Janus (Bruder des Grafen Trajanus) der es sammt allen seinen Nutzungen dem Kloster in Tschemesno schenkte: was wir aus der Urkunde ersehen, in welcher Herzog Mesco i. J. 1148 alle bisherigen Schenkungen an dieses Kloster bestätigte[5]. Anzug von Ansiedlern aus der Ferne scheint nicht erfolgt zu sein; die Unterthanen des Klosters erlangten allmälig nach dem Vorbild der deutschen Niederlassungen eine günstigere Lage. 1332 wurde Strelno von dem Heere des deutschen Ordens vorübergehend eingenommen. Im XV. Jahrhunderte, 1436, hiess die Ortschaft schon Stadt und die Einwohner, die eine Gemeinde (communitas) ausmachten, Städter. (**Urk. LVIIII**). Sie hatten über sich einen Bürgermeister (Protoconsul) und 5 Rathsherrn (consules), aber freilich kamen diese nach dem Gutdünken des Abtes zum Amt. Magdeburgisch Recht galt, doch hatten die Einwohner noch ausser dem Kirchenzehnten und einer (Personen-?) Steuer von 16 Groschen dem Kloster Dienste zu leisten, den Taubenzins mit je 4 Denaren am Martinstage zu entrichten und im Falle eines königlichen Hoflagers eine beträchtliche Lieferung und Zahlung zu machen. Im Jahre 1436 wollte aber die Gemeinde der Frohnden ledig werden und der Rath ging den Abt um deren Ablösung an. Das Kloster willigte ein; also wurde ausgemacht, dass die Frohnden wegfielen, wogegen hinfort die Strelner ausser dem

Strelno. 1) Hasselbach und Kosegarten, Cod. Pomeraniae dipl. I. 346. 2) Ebenda I. 570. 3) Cod. dipl. Pol. II. 183, ebenso Strelna 1390, daselbst II. 151, und 1315 daselbst II. 203 sowie II. 204, und 1320, daselbst II. 217, sowie 218, 220. 4) Cod. dipl. Pol II. 23. 5) Cod. dipl. Pol. II. 589 Darin heisst der Ort Strzelno, jedoch ist die Urkunde nur nach einer späteren Abschrift bekannt.

Zehnten, der ausserordentlichen Hoflagersteuer und dem Taubenzins an das Kloster jährlich zu Martini entrichten, 1 Mark für jede Hufe und für jede Verkaufsstätte 1 Vierdung; Handwerker ebenfalls 1 Vierdung, Fleischhauer 2 Stein Unschlitt, ackerlose Gärtner 3 Groschen, Ackerbauer 2 Groschen entrichten sollten; ferner mussten die Ackerbauer noch als Grundsteuer von der Hufe 2 Groschen tragen. Wer wüstes Land aubaute, hatte 3 Groschen zu zahlen, ein Salzverkäufer hatte von jedem Wagen 1 Mass abzugeben und seine Waare am Orte zu lassen, wenn der Abt oder sein Beamter nicht Erlaubniss gab zur Wegführung des Salzes. Das Kloster behielt sich noch vor, dass an Markttagen die Bürger Lebensmittel erst dann kaufen durften, wenn es seinen Bedarf eingehandelt hätte, und dass die Gärtner auf seinen Aeckern um den gewöhnlichen Lohn arbeiten sollten. In derselben Urkunde, welche diese neuen Bestimmungen enthielt, wurden zugleich die anderweiten Verhältnisse der Stadt ausgesprochen. Wir ersehen, dass die nahen Wiesen und Waldungen des Klosters den Bürgern zur Hutung ihres Viehes offen waren, dass die Gärtner von Czegelka der Stadt von jedem Garten 3 Groschen entrichteten und im Jahre einen vom Rath bestimmten Tag bei einer Busse von 4 Groschen für sie arbeiten mussten. In der Stadt hatte das Kloster aber das Bad, das Getränk. Gericht über die Bürger hielt der Vogt; vermochte er die Vollstreckung nicht herbeizuführen, so hatte der Rath einzutreten. Streit oder Auflehnung gegen das Kloster sollte vor das königliche Gericht gezogen werden. Was endlich noch von Belang war: die Besetzung des Rathes behielt der Abt sich immer noch vor (Urk. LIX). Strelno besass also nicht voll die städtische Freiheit. Zum Kriege stellte Strelno 1458 nach dem von Reichswegen gemachten Anschlage 8 gerüstete Fussgänger. Die Stadt gewann jedenfalls vom Reichthum des Klosters, das im Zunehmen war, weil in dasselbe Polen aus den vornehmsten Familien des Landes eintraten. Um 1600 soll manchmal die Anzahl der Mönche einige hundert betragen haben. Dennoch blieb Strelno Ackerstadt. Die Schwedenkriege thaten auch diesem Kloster und Orte Abbruch. Sigismund I. hatte im Jahre 1546 die vor 110 Jahren ausgestellte Urkunde bestätigt und Abschrift war in der Reichsmetryka genommen. Als aber i. J. 1761 ein Brandunglück die Stadt verwüstete und auch ihre Urkunden verloren gingen, wusste man nicht, dass sie aus Warschau herzustellen waren. Der Probst und das Nonnenkloster stellten vielmehr am 1. Oktober 1764 eine neue Urkunde aus. In dieser wurden die Wahl des Bürgermeisers und Voigtes, die Zehnten und Erndtedienste der Bürger bestimmt. Vom Spruche des städtischen Gerichtes war die Berufung an das Schlossgericht gestattet. Um Streitigkeiten mit Mächtigeren nicht aufkommen zu lassen, war den Bürgern verboten Grundstücke an einen Edelmann zu verpachten oder zu verpfänden. Im J. 1772 wurde Strelno preussisch. Die Stadt war ziemlich gut gebaut, auch gepflastert, hatte zwei katholische Kirchen, zählte i. J. 1788: 136 Häuser und war von 835 Menschen bewohnt. Lutheraner setzten sich nun unter der preussischen Herrschaft auch an. Im J. 1816 hatte sie 157 Feuerstellen und 1183 Bewohner[6], unter diesen 340 Lutheraner, die auch eine Kirche errichteten, und 74 Juden; Nonnen im Norbertinerkloster gab es noch 20, die der Staat aussterben liess. Die Einwohnerzahl betrug 1837: 1881, 1843: 2343, 1858: 2813, 1861: 3188. Spitzenklöppelei wurde in unserm Jahrhunderte hier schwunghaft betrieben. Die Städteordnung wurde am 24. Februar 1838 verliehen. Im Jahre 1848 wurden auch in Strelno die preussischen Adler herabgerissen und mit Füssen getreten, polnische Fahnen an Thüren und Kirchen aufgesteckt, und eine von Branntwein angeregte Schar liess das: „es lebe Polen!" erschallen. Die Kassen wurden versigelt oder in Beschlag genommen, den Beamten fernere Verbreitung von Erlassen der Behörden unter Drohungen verboten! Kaufleuten ihr Sensenvorrath weggenommen[7]. Indessen griffen die Bürger zu den Waffen und vertrieben den polnischen Befehlshaber[8]; sie baten darauf um preussische Schutzmannschaft; 50 preussische Soldaten rückten bald darauf nach Strelno, die durch weitere 60 aus Mogilno verstärkt wurden. Als aber am 22. April ein Soldat eine polnische Kokarde abriss, ergrimmten die Polen und die Sturmglocke wurde gezogen, obschon der Anführer der Soldaten dessen Bestrafung verhiess. Die benachbarten Edelleute kamen sogleich mit Haufen von Sensenmännern herbei; in der Nacht mussten die Soldaten aus der Stadt weichen; sie setzten sich in dem hinter der Stadt gelegenen Amtshaus, das sie verrammelten. Darauf begann in der Stadt die Plünderung der von Deutschen und von Juden bewohnten Häuser, wobei 2 deutsche

6) Nach der abweichenden Angabe in dem 1862 erschienenen statistischen Jahrbuch wohnten damals nur 988 Menschen in Strelno.
7) W. K. Denkschrift über die neueste polnische Schilderhebung. Bromberg 1848 S. 6. 12. 8) Ders. S. 9.

Tischler, Neumann und Hempel, ermordet wurden. Am folgenden Tage erschienen 500 Mann Fussvolk und 100 Husaren aus Mogilno, die Strelno wieder einnahmen, wobei 30 Polen fielen und 20—25 Wunden erhielten[9]. Nach polnischen Versicherungen wurde darauf von den wüthenden Soldaten die Kirche beraubt. — In der auf 1848 folgenden Zeit der Unterdrückung und des Rückschritts entzog die herrschende Partei den im Bürgerrechte befindlichen Juden durch das neue Ortsstatut der Befugniss, zur Stadtverordnetenversammlung zu wählen. Als die Rückwärtsler vom Staatsruder fort mussten, beschwerte sich die jüdische Gemeinde, und wie sich gebührte, erklärte das neue Ministerium (19. August 1859) die an sich ungültige Bestimmung dieses Statutes für aufgehoben. Die finstere Schar beruhigte sich nicht. Nochmals musste der Minister (am 4. Februar 1861) erklären, dass es bei der Entscheidung verbleibe. Da am 17. Mai die Juden von dieser Herstellung des Rechtszustandes noch nicht in Kenntniss gesetzt waren, so wendeten sie sich an das Abgeordnetenhaus, in dem dann die Sachlage zur Oeffentlichkeit gebracht ward.

Sulmirschütz, p. Sulmierżyce, Szulmierzyce (1524: Szulimirzyce, dann Sulimierzyce), freie Stadt. Um 1524 befand sich hier eine königliche Zollstätte; damals hatte es wohl bereits Stadtrecht. Im Jahre 1551 wurde hier geboren der Dichter Sebastian Fabian Klonowitsch („Acernus Sulmiricensis") der 1608 im Hospitale zu Lublin starb. Die Waldung in der Nähe gehörte der Stadt, so dass die Einwohner ihren Holzbedarf frei entnehmen konnten. Der Ort hatte am Ausgange des XVIII. Jahrhunders 1 öffentliches Gebäude, 2 Kirchen, 219 Wohnhäuser, 9 Mühlen und 1311 Einwohner (worunter nur 9 Juden); vielleicht war Juden der Aufenthalt vor der preussischen Herrschaft verwehrt. Gewerbtreibend waren 14 Schuster, 8 Müller, 7 Schneider, 4 Tischler, 4 Lohgerber, 1 Brauer, (kein Branntweinbrenner), 3 Töpfer, 2 Oelschläger, 2 Schmiede, 2 Stellmacher, 2 Zimmerleute, 1 Drechsler, 1 Musiker. Ackerbau und Viehzucht überwogen. Der kleine Ort hatte 2 Nachtwächter. Die Kämmerei nahm ein 833 Thaler., gab aus 405 Thlr. In neuerer Zeit entstanden noch bedeutende Oelschlägereien. Es geschieht aber nur nach einer (katholischen) Kirche Erwähnung. Durch des Königs Abfindungsvertrag vom 1. Mai 1819 mit dem Fürsten von Thurn und Taxis ging Sulmerschütz aus Unmittelbarkeit in des letzteren Besitz über als ein rechtes Erb-Thron-Mann-Lehen. 1816 lebten hier 1550 (u. a. 1689), 1837: 2305, 1843: 2357, 1858: 2455, 1861: 2544 Menschen. Im Jahre 1848 gab der Landrath an, dass von 2512 Bewohnern der Stadt 2167 nur polnisch, 67 nur deutsch, 182 beide Sprachen redeten.

Tirschtiegel, Tirschtigl, Tierschtiegel, Tirschtigel, p. Trzjel, Treiel, Trziel, Trzel, am Ober, über den eine Brücke führt, (Urk.: 1319 Torstetel, 1458 Trzezel) wird zuerst erwähnt am Anfange des XIV. Jahrhunderts als ein Ort der glogauer Herzoge, genannt Torstetel. Heinrich trat ihn an den brandenburger Markgrafen ab[1]: da aber gleich darauf dessen Haus erlosch, blieb der Ort nicht bei Brandenburg. Die Polen setzten sich in seinen Besitz und der Name wurde polonisirt. Im XV. Jahrh. war Tirschtigel nur eine kleine Stadt. Es stellte 1458 nur 2 Bewaffnete zum Heere[2]. Die Stadt hatte einen Grundherrn. Sie gehörte den Opalinski's, den Unruh's, den Mielzinski's und in unserm Jahrhunderte dem Fürsten Reuss. Die alte Stadt lag auf der rechten Seite des Flusses. Ihre Bewohner waren Polen katholischen Bekenntnisses. Gegenüber jenseits des Flusses legten deutsche Lutheraner einen neuen Ort an, die Neustadt. Diese wurde besser gebaut, bekam 2 Plätze, nämlich ausser dem Markte einen Platz an der Kirche, welche die Gemeinde zwar aus Holz baute, aber mit einem Glockenthurm versah. Die neuen Ansiedler waren grossentheils Tuchmacher. Die Neustadt wurde grösser als die Altstadt war. Hier waren also auch an einem Orte 2 Städte neben einander mit besonderen Obrigkeiten. Die Altstadt kam zu 5, die Neustadt zu 4 Jahrmärkten. 1656 wurde der Ort von den Schweden ausgeplündert. Am Ausgange des vorigen Jahrhunderts hatte Tirschtiegel 262 Wohnhäuser, 1 katholische, 1 evangelische Kirche, ein anderes öffentliches Gebäude und war von 1711 Menschen bewohnt. Unter diesen befanden sich 253 Juden, die eine Synagoge hatten. Eine Apotheke war am Ort. Gewerbtreibend lebten 11 Kaufleute, 71 Wollspinner, 16 Wollkratzer, 58 Tuchmacher, 1 Walkmüller, 22 Schuster, 16 Schwertfeger, 33 Branntweinbrenner (2 darunter Juden), 2 Bierbrauer, 1 Weinhändler, 2 Gastwirthe, 4 Bäcker, 2 Müller, 5 Fleischer, 8 Fischer, 10 Tischler, 6 Schneidemüller, 6 Schneider, 4 Musiker, 4 Barbiere, 3 Formenschneider, je 2 Böttcher,

9) Zeitung für das Grossherzogthum Posen 1848 n. 99.

Tirschtiegel. 1) Gercken, codex dipl. Brandenburgensis, Salzwedel 1769 I. 276. 2) Raczynski cod. dipl. maj. Pol. S. 181.

Töpfer, Hufschmiede, Kürschner, 1 Buchbinder, Goldschmidt (Jude), Posamentirer (Jude), Büchsenschäfter, Färber, Glaser, Maurer, Zimmermann, Schlosser, Gerber, Hutmacher, Riemer, Sattler, Oelschläger. Den Werth der Tuchbereitung schätzte man auf 30,000 Thaler; der Tuchabsatz ging nach Meseritz. Auch Tabacksbereitung kam auf. Neutirschtiegel war noch 1815 eine besondere Mediatstadt. Wann die Verschmelzung beider Stadträthe erfolgte, wissen wir nicht. Im Jahre 1816 wurden gezählt 1871 Einwohner, 50 gehende Tuchwebstühle, 1837: 2272 Einwohner, 264 Häuser, 1858: 2462, 1861: 2476 Einwohner. In der Nähe war eine Papiermühle, eine Glashütte und ein Kupferhammer. In der Bewegung 1848 schloss sich Tirschtiegel am 1. und 2. April den Schritten an, die Meseritz that.

Tscharnikau, Scharnikau, Scharnikow, Zarnikau, p. Czarnków, Czarnkowo[1] (in den Chronicis Polonorum: Carnkov und Charnkov, Urk.: 1218 Scherneccow[2] 1289 Scharnkow[3], im XVII. Jahrh. auch Czarnecou) auf der Südseite der Netze, war in alter Zeit eine Feste der Pommern und gehörte um 1100 einem Herrn Gnevomir. Eine Ansiedlung war schon an der Burg entstanden. Boleslaus III. brachte den Ort zu Polen. Er griff die Feste und die Stadt mit grossen Belagerungsgeräth an; die Insassen ergaben sich bald und Gnevomir unterwarf sich[4]. Die Einnahme und die Christianisirung, die sich daran knüpfte, wird in's Jahr 1107 oder 1108 gesetzt. Der Polenfürst musste indess durch fernere Kämpfe die Gegend in Unterwürfigkeit halten, denn Gnevomir wurde untreu, während Boleslaus in Böhmen Krieg führte. Die Folge dieses Abfalls war, das Gnevomir seine Herrschaft verlor und der Ort ein unmittelbarer wurde. 1218 geschieht eines Kastellans in ihm Erwähnung. Aber Tscharnikau blieb nicht fürstlich. Angeblich schenkte Miezislaus diesen Ort 1192 dem Nicolaus (Dziersikrai) Herrn auf Schloppe; es dürfte jedoch die auf diese Schenkung lautende, Sigismund August 1552 vorgelegte und von demselben bestätigte Urkunde eine Fälschung sein (vgl. oben S. 6). Jener Nikolaus erhielt auch angeblich von Miezislaus einen (nicht mehr vorhandenen) Freibrief zu städtischem Recht für den Ort, kraft dessen derselbe der Gerichtsbarkeit der fürstlichen Diener und den Auflagen entrückt wurde. Wann Tscharnikau Stadtrecht erlangte, wissen wir freilich nicht. Der Grundherr bekam das peinliche Gericht. Seine Familie nannte sich später Czarnkowski, auch (1339) Czarnkowski de Czarnkow. Diese Czarnkowski's bauten sich hier ein Schloss. König Wladislaus Lokietek wünschte bei der Nähe der Grenze hier einen besseren Vertheidigungsstand herzustellen und tauschte desshalb den Ort von Sandivog Czarnkowski 1325 gegen Rogasen ein, nahm jedoch 1343 im Juni Rogasen zurück und gab dafür Tscharnikau wieder her[5]. Es blieb nun demselben Geschlecht bis zu seinem Erlöschen mit Wladislaus Czarnkowski 1727. 1364 wird noch der Feste, des Castrum Czarkow, gedacht[6]. Sendzivog der Kastellan von Nakel führte Deutsche, Feinde Polens, in die Feste, doch bemächtigten sich ihrer die Polen wieder. Für die Stadt erwirkte Sandivog Czarnkowski 1565 von König Sigismund August die Freiheit zu Jahrmärkten, für welche dieser Grenzplatz sich vorzugsweise eignete. Freibriefe erhielt die Stadt am 1. März 1677 von Andreas Gembicki und am 23. Nov. 1701 von Graf Adam Maramarski. Die der Bürgerschaft zustehende Wahl ihres Bürgermeisters und Stadtrichters erkannte letzterer an, die vorhandenen Zünfte bestätigte er und bestimmte, das keiner, der nicht frei geboren sei, sich in der Stadt niederlasse, wie auch dass Juden nur das Schlächtergewerbe ergreifen dürften. Zu den 7 üblichen Jahrmärkten fügte er einen achten, doch sollte niemand auf der Getreideschranne, bevor der herrschaftliche Schreiber den Preis festgestellt habe, Getreide verkaufen. Einige Tuchhändler siedelten sich an. Häufige Brände hielten aber das Emporkommen des Ortes auf. Im J. 1727 wurde Stadt und Umgegend von Stanislaus Poniatowski erkauft, von dessen Hause kam sie an den von Serinowski, der sie in den letzten Jahrzehnten des XVIII. Jahrhunderts noch besass und auf einem Vorwerk neben der Stadt wohnte; im XIX. Jahrhundert gehörte sie dem von Swiniarski. 1768 brannte der Ort bis auf eine Vorstadt ab[7], auch 1776 brannte Tscharnikau fast ganz ab. Das Eintreten der preussischen Herrschaft 1773 gereichte der Stadt so lange zum Schaden[8], als das posener Land zerrissen blieb; denn das in ihr eingesetzte Grenzzollamt und die Aczise thaten dem Verkehr, welcher bis dahin nach demjenigen Theile vorzugsweise gerichtet war, der bis

Tscharnikau. 1) Ein Dorf Czarnkow in Grosspolen wird im XIV. Jahrh. und neben Kosten in einer Schuldverschreibung des Königs an Lukas von Gorka erwähnt Inventarium diplomatum in arce Cracoviensi. Paris 1862 S. 283. 2) Mosbach, wiadomości do Dziejów Polskich. Breslau 1860 S. 19. 3) Cod. dipl. Pol. I. 133. 4) Chronicae Polonorum (der sogenannte Martinus Gallus) II. 41, dazu 47. Der Ort heisst castellum und oppidum, die Einwohner Charnel. 5) Cod. dipl. Pol. II. 713. 6) Ebenda 742. 7) Büsching's Erdbeschreibung S. A. Berlin 1788 II. 105. 8) Holsche, der Netzdistrikt. Königsberg 1793 S. 130.

zur letzten Theilung polnisch blieb, vielen Abbruch. 1788 bestand Tscharnikau aus 267 Häusern und 1231 Bewohnern. 1816 hatte es mehrere Kirchen, 307 Feuerstellen und 1995 Bewohner[9], von denen 868 Lutheraner, 657 Katholiken, 470 Juden waren. Hauptnahrung war damals nächst Ackerbau Spitzenklöppelei, womit sich 105 Menschen beschäftigten, Tuchweberei, auch Zwirndrehen. Der Handel war nicht unbedeutend; auf den Märkten wurden viele Geschäfte mit Pferden und Schlachtvieh gemacht. Am 31. März 1837 ward die Städteordnung verliehen. Im Jahre 1848 rissen die Polen zuerst die Gewalt an sich, nahmen die Kassen weg, liessen die polnische Fahne vom Kirchthurm wehen. Allein die Einwohner duldeten dies nicht; sie bewaffneten sich, trieben den polnischen Kreiskommissar mit seinen Scharen aus der Stadt heraus und nahmen die polnische Fahne ab. Mittlerweile hatte auch der vertriebene Landrath einige hundert deutsche Bauern gesammelt und bewehrt und zog mit ihnen gegen die Stadt; er fand in ihr die Ordnung schon wieder hergestellt[10]. Die Deutschen Tscharnikaus errichteten einen Ausschuss und eine Bürgerwehr[11], schlossen sich dem Auftreten der Bromberger an, machten deren Vorschläge und Anträge zu den ihren. Am 9. April fand in Tscharnikau selbst eine Volksversammlung des Kreises statt neben den beiden allgemeinen Versammlungen zu Bromberg und Schneidemühl (s. Seite 246). Die in ihr Gewählten[12], bildeten das deutsche Comite. Sie entwickelten grosse Thätigkeit und Nachdruck. Am 10. April erklärten sie, von polnischer Reorganisation könne keine Rede mehr sein, weil ihre Bedingung nicht erfüllt worden sei; denn der polnische Adel mit seinem Anhange habe eine revolutionäre Regierung der bestehenden gegenübergestellt. „Mit perfiden Empörern unterhandelt man nicht." „Der Anblick der jüngst erlebten Scenen, der polnischen Frechheit und Perfidie von der einen, der Schlaffheit und Treulosigkeit des Beamtenthums von der andern Seite haben in uns das entschiedene Gefühl hervorgerufen, der Provinz Posen nicht mehr angehören zu wollen." „Wir wissen, was wir wollen, wir wollen nur Vernünftiges und werden diesen unsern Willen, der zugleich ein vollkommen loyaler ist, mit kräftiger Hand aufrecht zu erhalten wissen." So gross war die Entrüstung, dass der Landrath Junker am 19. April Beauftragte der deutschen Gemeinden, welche bewaffnet nach Posen ziehen wollten, um dem dortigen Unwesen ein Ende zu machen, zurückhalten musste, und das er am 20. Willisen anzeigte, seine Herkunft nach Tscharnikau sei zu unterlassen, weil er „seine Person vor einer Volksjustiz der deutschen Bevölkerung nicht schützen könne." Am 21. April erliess „das deutsche Comité" eine Kundmachung, die begann: „Der General Willisen ist ein Verräther!" und schloss: „zu Boden mit den Verräthern und Ruhestörern." Die Einwohnerzahl Tscharnikaus betrug 1837: 3121, im Jahre 1843: 3500, 1858: 3962, 1861: 4120.

Tschemesno, Trschemesno, Trzemeschno, Tschemeschno, Tremesno, p. **Trzemeszno**, Trzemiesno, Trzemeszyn (Urk.: 1145 Chermesno [claustrum Chermesense und Cheremesense[1]], 1318 Tremesna, 1441 Trzemeschno[2], Janko Czarnkowski um 1380 Trzemeszna). Die Stadt erwuchs zwischen 2 Seen an dem Augustinerkloster, welches nach der Sage Herzog Mesko sogleich bei der Einführung des Christenthumes stiftete, mithin in den sechziger Jahren des X. Jahrhunderts. Eine Urkunde darüber hat sich nicht auffinden lassen: der älteste Zeitpunkt urkundlichen Nachweises ist das Jahr 1145, in welchem am 28. April zu Gnesen Herzog Mesco das Monasterium Chermesense regularium canonicorum, welches sein Vater Boleslaus neu erhoben hatte (ab ipso instauratum)[3] in seinen besonderen Schutz nimmt und die von den

---

9) Nach dem 1862 erschienenen Jahrbuch, 2176. 10) W. K. Denkschrift über die neueste polnische Schilderhebung. Bromberg 1848 S. 9. Vgl. den Bericht aus Kodscheseu in der berliner Haude- und Speuerschen Zeitung vom 1. April 1848. 11) „Bei uns exercirt der deutsche Landsturm. Alle gehen mit Schleppsabeln und andern Waffen auf der Strasse. Die Schulen sind geschlossen, weil die Lehrer alle exerciren und patrouilliren. Hätten wir nicht alles aufgeboten, um die Deutschen im Zaum zu halten, so würde es den polnischen Edelleuten hier schon ebenso traurig, wie vor nicht langer Zeit in Gallizien ergangen sein. Die Israeliten exerciren im deutschen Landsturm und werden sich sämmtlich bei der Petition an den Landtag für das Deutsch- und Preussenthum des Netzdistriktes betheiligen." Schreiben aus Tscharnikau vom 29. März 1848. Berlinische Nachrichten von Staats- und gelehrten Sachen 1848 Nr. 80 Beilage. 12) Rittergutsbesitzer Kärger, Kreisphysikus Gislut, Kaufmann Heymann, Prediger Floter, Gutsbesitzer Mittelstad. Das Comite bevollmächtigte am 26. April mich wie Dr. Fürst und Dr. Köhne zur Vertretung in Frankfurt.

Tschemesno. 1) Cod. dipl. Pol. II. 588 und 598. 2) Ebend II. 871, doch 1443 und 1513 daneben noch Tremeschnense monasterium, ebenda II. 193 und 392. 3) Cod. dipl. Pol. II 587—590. Daselbst 588: *Chermesno* cum hominibus et omnibus suis utilitatibus, videlicet cum venationibus indaginum ac pedicarum, cum lacubus, cum mellificiis, cum tabernis et hac libertate, quod nulli ad praesentiam nostram vel castellani vel palatini vel alterius nostri judicis citati teneantur respondere nisi prius nostro sigillo speciali fuerint provocati, nostrosque venatores seu canes nusquam pascere cogentur. Homicidium si perpetratum fuerit inter homines ecclesiae, tota causa praeposito spectabit; si vero liber occiderit hominem ecclesiae caput pro capite reddet aut poenae quae **Powodetwo** dicitur, subjacebit; si autem liberum occiderit homo ecclesiae, actor Powodetwo, praepositus vero pecu-

polnischen Herzogen und Mannen (donationes ducum ac militum Poloniae) der Adalbertkirche gemachten Schenkungen bestätigt. So erscheint im Besitze der Kirche der Ort Chermesno mit seinen Insassen. Die Bewohner waren schon befreit von der Obliegenheit, die herzöglichen Jäger und Hunde zu ernähren, standen auch nur, wenn der Herzog besonders mit seinem Sigel eine Vorladung ergehen liess, unter seiner oder seiner Beamten Gerichtsbarkeit. Die Kirche übte die Rechtspflege. Tschemesno war aber noch Dorf. Im Jahre 1318 bezeichnet ein dortiger Abt eine ausgestellte Urkunde „bei Tremesna“[4]; die Ortschaft hatte also schon eine gewisse Selbstständigkeit neben dem Kloster. Wann sie zu Stadtrecht kam, wissen wir nicht. Aus einer Urkunde, welche König Wladislaus II. 1388 zu Gonsawa ausstellte, geht auch hervor, dass damals bereits das Kloster in der Stadt bestand. Doch scheint diese immer noch, und noch lange dem Kloster angehört zu haben. Als nämlich Wladislaus im Jahre 1443 und Kasimir im Jahre 1457 fünf Städte und die Einkünfte von den Klöstern Trzemeszna und Mogilno verpfändeten, wird die Stadt nicht angeführt; Mogilno allerdings auch nicht[5]. Stadt aber war sie sicher 1458 und nicht ganz unbedeutend, da sie nach der in diesem Jahre geschehenen Veranlagung zur Aufbringung einer Streitmacht 10 Krieger zu stellen hatte[6], was auf längeres Bestehen schliessen lässt. Die vorhandenen Stadtbücher fangen erst mit dem Jahre 1600 an; damals aber erscheint das deutsche Recht in ihr als längst gültig. Juden durften hier nicht hausen, was auch für die lange Herrschaft der Geistlichkeit spricht. Die Einwohner konnten für ihren Bedarf Holz frei entnehmen. Im Schwedenkriege schlugen in der Nähe der Stadt am 23. August 1656 die „schwedischen Löwen“[7] das polnische Heer und die Stadt erlitt am 24. August 1656 ihren Ueberfall. Willkürlich war das Gebahren des übermüthigen Abtes von Strelno, Johann Gottlieb Grzembski, um 1680. Der Schusterinnung nahm er ihren königlichen Freibrief und zerriss ihn in Stücke[8]. Abt Michael Kosmowski (nach andern Adam Koschcieszo) führte im Jahre 1773 an der Stelle der alten Kirche eine neue auf und gründete aus den Einnahmen der Abtei eine Schule und ein Konvikt für 12 adliche Zöglinge, sowie ein Spital. Am 4. Mai 1776 wurde diese Anstalt eröffnet. Seit alter Zeit war auch eine Klosterbibliothek angesammelt worden, welche erhalten wurde. Während des Parteigängerkrieges im September 1794 rückten die Polen unter Madalinski nach Tschemesno. Am Ausgang des vorigen Jahrhunderts waren im Kloster 10 Geistliche. Die Stadt bestand damals ausser dem Kloster und der Kirche aus 3 öffentlichen Gebäuden, 153 Wohnhäusern (wovon 11 mit Ziegeldach), 2 Mühlen und hatte 769 Einwohner, ein Theil Polen; eine einzige jüdische Familie lebte in Tschemesno. Gewerbtreibend waren nur 36 Schuhmacher und Leistenschneider, 20 Töpfer, 12 Schneider, 6 Kürschner, 1 Musikant, sonst keine Handwerker. Einen Nachtwächter gab es. Die Kämmereieinnahme betrug 76 Thaler. Um diese Zeit wurde die Herrlichkeit des Klosters aufgehoben und die Stadt zu einer königlichen gemacht. Die Schule blühte auf. Nach dem Tode ihres Stifters (1804) ging die Verwaltung der für ihren Bestand ausgesetzten Güter an den Stadtrath über; die warschauer Regierung erklärte sie zu einer Kreisschule. In dem ersten Jahrzehnt des XIX. Jahrhunderts zogen mehr Juden und Lutheraner an, und die Tuchmacherei kam in Betrieb, so dass im Jahre 1816 40 Stühle im Gange waren. Damals betrug die Zahl der Feuerstellen 122, die der Einwohner 1488, n. a. 1520 (unter ihnen 46 Juden, 29 Lutheraner). Die preussische Regierung erhob die Schule, der sie zuerst den Namen Chorschule beilegte, im Jahre 1832 zu einem Progymnasium, dann 1839 zu einem Gymnasium, und setzte in Tschemesno ein Land- und Stadtgericht ein. Ein Alumnat zur Schulung katholischer Priester daselbst ist für 30 junge Männer eingerichtet. Die Städteordnung wurde am 5. December 1835 verliehen. Im Jahre 1848 waren anfangs die Polen Meister der Stadt. Bei Tschemesno sammelten sich ihre Haufen und anderthalbtausend bewaffnete Polen standen daselbst am 9. April und ihr befehligender Kommissar entbot nach Tschemesno alle Gemeinden des mogilnoer Kreises, „um im Namen Gottes Rache zu üben für die Beraubung der Kirchen, das Schmähen der Geistlichkeit und alle Verbrechen der zügellosen preussischen Bande.“ Die Stadt ward verbarrikadirt. Am 10. April rückten preussische Truppen, geführt durch den Oberst von

---

niam in eo accipiet. 4) Actum et datum apud *Tremesnam.* Cod. dipl. Pol. II. 213. 5) Cod. dipl. Pol. II. 493 und 914. 6) Raczynski, cod. dipl. maj. Pol. S. 181. 7) So nennt eine gleichzeitige polnische Klosterchronik die Schweden. Berliner Kalender für 1839. S. 24. 8) Ex oppido *Tremesno* sutoriae artis civibus privilegium seren. regis arripuit illudque in partes laceravit, de quibus omnibus protestationes obloquuntur — verum processus juris longus est. Bericht über das Treiben dieses Abtes, der manchmal wohlbezecht mit einem Schwarm von Musikanten durch Tschemesno, Gnesen und andere Orte zog, der in Strelno Bauern

Herrmann, von Mogilno her zum Sturm an: bereits griffen sie an, die Polen empfingen sie mit Schüssen, die Soldaten drangen schon in die Stadt, als ein Eilbote Willisen's Halt befahl. Sowie die Soldaten sich zurückgezogen hatten, wendete sich die Wuth der Polen gegen wehrlose Einwohner. Der 60jährige Kaufmann Hirsch Strelitz, der Kaufmann Kutnowski, Porbenski und Pflaum wurden hingeschlachtet, mehrere Einwohner schwer verletzt oder gemisshandelt, 30 Juden und Deutsche eingesperrt, viele Häuser der Deutschen und Juden ausgeplündert[9]. Im vorangegangenen Kampfe um die Mittagsstunde waren (nach preussischen Angaben) 17 Soldaten und gegen 30 Polen verwundet worden, 1 Soldat und 16 Polen gefallen. Man bemerkte einen Geistlichen, der mit erhobenem Krucifix den kämpfenden Polen voranschritt und die Zurückweichenden anhielt. Am 2. Mai kam Mieroslawski mit seinem Heere nach Tschemesno, zog am 4ten ab nach Mogilno, am 6. Mai rückten die Preussen unter Wedell ein, am 7ten brachen sie nach Witkowo auf. — Das Gymnasium scheint den Erwartungen nicht völlig entsprochen und unter seinen Zöglingen der Ueberspannung des polnischen Geistes Vorschub geleistet zu haben; während der Bewegungen von 1863 wurde es desshalb geschlossen, ja auf seine Aufhebung von Manchen gedrungen. Tschemesno zählte 1837: 2167, 1843: 3182, 1858: 2462, 1861: 3964 Bewohner.

Tschempin, Schempin, p. Czempin, Czempyn, Stadt schon 1458 (Czampin[1]), doch damals klein. Es hatte in diesem Jahre zum Heere nur 3 Krieger zu stellen[1]. Tschempin gehörte den Gorka's, dann den Szoldrski's, die am Anfange des XVII. Jahrh. sich hier ein Schloss bauten, hernach den Grabia's. Ein Grabia verlieh den Einwohnern magdeburger Recht und behielt sich dabei die Bestrafung schwerer Verbrechen und des Ungehorsams, sowie das Obergericht selbst vor. An ihn sollte die Berufung von Erkenntnissen gehen. Er bestimmte auch einen Platz zur Richtstätte. 1797 war Grundherr Felix Szoldrzki. Am Ausgange des XVIII. Jahrh. hatte der Ort, ausser der Kirche und einem öffentlichen Gebäude, 10 Mühlen, 114 Wohnhäuser mit 773 Bewohnern. Unter diesen waren 149 Juden. Die meisten Bewohner waren Polen. Es gab 20 Branntweinbrenner, Weinhändler und Schänker, 22 Leinweber (1816 waren 30 Stühle im Betriebe), 20 Schuster, 11 Bäcker, 10 Schneider, 9 Müller, 8 Stellmacher, 4 Kürschner. 4 (jüdische) Händler. 1816 hatte Tschempin 917, 1837: 1175, 1843: 1351, 1858: 1722, 1861: 1823 Bewohner; die Zahl seiner Wohnhäuser betrug 1837: 119. In unserem Jahrhunderte gehörte der Ort dem posener Bürger Nieczkowski.

Tschernijewo, Tschernigew, Tscherniejewo, Schernijewe, p. Czerniejewo, Czernejewo, Czernijewo, Černiejow. Die Kirche des Ortes soll gegen Ende des XI. Jahrhunderts Herzog Wladislaus Hermann erbaut haben. Wenn es eins ist mit dem Czyrniewo, welches 1458 zur Stellung von 4 Kriegern veranschlagt wurde[1], so war es im XV. Jahrhunderte bereits Stadt. Im XVI. Jahrhunderte (1521) wird es bestimmt als Stadt genannt[2], war aber noch sehr unbedeutend, denn 1557 heisst es „Stadt oder Dorf"[3]. Die Gorka's waren damals ihre Besitzer. König Stefan ertheilte dem Orte das Recht zu Jahrmärkten in einer Urkunde vom 30. März 1581, welche sich im Stadtarchive vorfindet. Das deutsche Recht war in Tschernijewo in Gültigkeit. Der Protestantismus drang ein und die Lutheraner bauten sich eine Kirche. Die Stadt brachte es zu 12 Jahrmärkten — und blieb dennoch klein. Eine Zeitlang war Gerberei in regem Betriebe. 1735 wurde in Tschernijewo Onufry Kopczynski geboren, der in den Orden der Piaren trat, sich als polnischer Grammatiker auszeichnete und namhafte Verdienste um das Schulwesen in Polen erwarb. Er starb 1817. Gegen Ende des XVIII. Jahrhunderts gehörte die Stadt dem Grafen Lipski, durch Heirat einer Lipska kam sie im XIX. Jahrhundert an einen Skorzewski. Bankier Klug legte hier

tödlich verwundete, bei Mosbach, Wiadomości do Dziejów Polskich. Breslau 1860, S. 374. 9) Die Polen behaupteten zur Entschuldigung der verübten Gräul bald: es sei während des Gefechtes aus den Häusern auf sie geschossen worden, bald: die Juden hätten ihre Verwundeten in die Häuser gelockt und grausam ermordet. Beides klingt unwahrscheinlich. Die berliner Haude- und Spenersche Zeitung gibt an: am 3ten Tage Nachmittags 1 Uhr rückte wieder preussisches Militär ein und befreite die Gefangenen, die bis dahin keine Nahrung bekommen hatten, aber öfter von den Polenführern durch Fusstritte, Säbelhiebe u. s. w. misshandelt worden waren. Unter den Gefangenen befanden sich der Kämmerer Schwanke, der Gerichtsassessor Dandelewski, ein Deutscher und mehrere Frauen. Der vom polnischen Comité bestellte Bürgermeister fragte den die Truppen befehligenden Major: „wer ihm das Recht gegeben, die Gefangenen zu befreien, da ihm als dem bestellten Bürgermeister dazu allein das Recht zustände?" Der Major bedrohte ihn darauf mit Verhaftung, that ihm aber nichts.

Tschempin. 1) Raczynski, cod. dipl. maj. Pol. S. 181.

Tschernijewo. 1) Raczynski, cod. dipl. maj. Pol. S. 181. 2) Als oppidum aufgeführt im liber beneficiorum des Domkapitels zu Gnesen vom Erzbischof Lasco. 3) Bona oppidi seu villae *Czerniejewo* similiter cum villis possessionatis et desertis ad eadem bona Czerniejewo spectantibus erhielt nämlich 1557 Stanislaus Gorka bei der Theilung des Besitzstandes der Gorka's.

eine Lederfabrik an, da sein Haus aber stürzte, ging sie wieder ein. Am Ausgang des XVIII. Jahrhunderts bestand der Ort aus 3 Kirchen, 1 öffentlichem Gebäude, 98 Wohnhäusern und 6 Mühlen und war bewohnt von 787 Menschen, von denen 147 Juden, die Hälfte Polen waren. Gewerbtreibend waren 30 Tuchmacher und Tuchscherer, 21 Schuster, 4 Tischler, 3 Stellmacher, 3 Züchner, 2 Schneider, 2 Maurer, 2 Schmiede, 2 Schlosser, 2 Riemer, 2 Seiler, 1 Drechsler, Zimmermann, Bäcker, Fleischer, Klempner, Nagelschmied, Gerber, Töpfer, Mützenmacher, Barbier, 2 Musiker, 2 Gastwirthe, 2 Kaufleute. Brauer und Branntweinbrenner gab es hier nicht. Die Stadt hielt 1 Nachtwächter. Ihre Kämmerei nahm ein 50, verausgabte 18 Thaler. 1816 gab es nur 85 Feuerstellen bei 870 Bewohnern (440 Katholiken, 212 Lutheranern, 216 Juden). 1837 lebten hier: 1188, 1843: 1297, 1858: 1213, 1861: 1302 Bewohner. Im Jahr 1848 ergriffen die Polen die Zügel in Tschernijewo und verrammelten die Eingänge. General von Hirschfeld schoss sie Mitte April mit Geschützkugeln zusammen und besetzte die Stadt.

Unruhstadt, Karge, p. Kargowo, Kargowa, Unrugowo, am faulen Ober, nahe der schlesisch-brandenburgischen Grenze, daher ein Ort, wo in den Leidenszeiten des grossen Religionskrieges in ihrem Glauben bedrängte Deutsche die nächste Zuflucht fanden. Christof von Unruh, dem seine Frau, eine Promnitz, eine Tonne Goldes als Mitgift eingebracht, kaufte um 1600 diese ganze Gegend. Nach seinem Namen nannten die sich hier niederlassenden Protestanten die neu angelegte Stadt, die neben dem bestehenden, am Flüsschen erwachsenen Dorfe Karge angelegt wurde und zwar als regelmässiges Viereck, mit breiten gepflasterten Strassen. Die Stadt stand unter diesem Grundherrn, der vor der Stadt und dem Dorfe sein Schloss hatte. 1635 fiel hier ein Treffen vor, sonst wurde die Gegend weniger von Kriegsdrangsalen betroffen. Als Preussen 1793 des Landes sich bemächtigte, widerstand hier ein polnischer Befehlshaber und wurde nach einem Gefechte mit seiner Mannschaft gefangen. Im Jahre wurden damals 5 Kram- und Viehmärkte in Unruhstadt gehalten, zu denen weither Heerden Rindvieh und Schweine getrieben wurden; gewöhnlich wurden 30—40000 Schweine verkauft. Das hier angefertigte Tuch (dessen Werth jährlich gegen 30000 Thaler geschätzt ward) wurde auf die Messen Mitteldeutschlands, nach Leipzig, Naumburg, Braunschweig geführt. Für die Protestanten des nahen Chwalin ward in der Kirche alle 14 Tage in polnischer Sprache Gottesdienst gehalten. Am Ende des vorigen Jahrhunderts bestand die Stadt aus 259 Wohnhäusern, 36 Mühlen, 1 evangelischen Kirche, 1 andern öffentlichen Gebäude und war von 1518 Menschen bewohnt. Unter diesen befanden sich 323 Juden, die eine Synagoge hielten. Ein Arzt und eine Apotheke war vorhanden. Gewerbtreibend lebten hier 15 Kaufleute, 67 Tuchmacher, 105 Bierbrauer, 30 Branntweinbrenner (nur 1 davon Jude), 4 Weinhändler, 2 Gastwirthe, 37 Müller, 17 Bäcker, 14 Fleischer, 24 Schuster, 6 Tischler, 5 Leinweber, je 4 Seiler, Böttcher, Kürschner, Barbiere, je 3 Hufschmiede, Stellmacher, Zimmerleute, Töpfer, Musiker, je 2 Knopfmacher (einer davon Jude), Handschuhmacher, Gerber, Maurer, Schlosser, 1 Hutmacher, Kupferschmied, Klempner, Gürtler, Nadler, Glaser, Strumpfwirker, Steinhändler, Färber, Schornsteinfeger, Fuhrmann. Mastung von Schweinen war ein Hauptbetrieb. Die Kämmerei nahm ein 546 Thaler. Die Stadt hielt 4 Nachtwächter. 1816 waren im Gange 100 Tuchmacherstühle und 58 Wollspinnmaschinen. Die Einwohnerzahl betrug damals 1950 (n. a. 2010), 1837: 1903. Die Anzahl der Häuser belief sich auf 281; die Grenzsperre that wohl der Tuchmacherei Abbruch. Karge brannte in neuerer Zeit ab. Jetzt ist eine Ackerbauschule eingerichtet. Während 1848 das Loos des Landes in Frage stand, bildeten die Bewohner einen deutschen Bürgerausschuss und eine Schützengarde, welche 300 Mann stark war. Der Ort schloss sich den Bestrebungen des deutschen Ausschusses in Posen an. 1843 hatte der Ort 1950 Einwohner (also ebensoviel als 1816!), 1858: 1922, 1861: 2171 (davon zum Soldatenstande 366 gehörig).

Usch, Uscht, Ustz, Uschtsch, Uschz, p. Uść, Ujscie, Uyscie, Uszcz, Usz, Uscz, d. h. „Einmündung“ (Urk.: 1225[1], 1289[2], 1396[3], Usce, 1256 Uste[4], 1299 Uscezie[5], 1312 Uszck[6], Uzck [Uzck?], 1337 Uszczie[7], Bogufal um 1250 Uszcze), an der Netze, wo die Küdde in sie fällt, war schon in alter Zeit ein Ort. Ein Schloss der polnischen Herzoge war hier und soll schon im XI. Jahrh. gestanden haben; es lag auf der Anhöhe, die jetzt noch der Schlossberg heisst. Neben ihm entstand eine kleine Ansiedlung. Im Jahr 1108

Usch. 1) Ex scripto domini W(lodizlai) ducis de Usce, in Mosbach, Wiadomości do Dziejów Polskich. Breslau 1860. S. 8. 2) Cod. dipl. Polon. I. 133. 3) Ebenda I. 265. 4) Raczynski, cod. dipl. maj. Pol. S. 47. 5) Cod. dipl. Pol. II. 636. 6) Sommersberg, scriptores rerum silesiacarum, I. 869. 7) Cod. dipl. Pol. II. 668.

belagerten die Pommern Usch und gewannen es[8] durch die Verrätherei Gnevomir's[9], doch bezwang es der polnische Herzog Boleslaus wieder. Nachher war es ein Starostensitz. Bei den Zwisten der polnischen Herzoge eroberte Wladislaus Odo's Sohn mit Hülfe der Pommern die Burg am 9. Okt. 1223[10]; sein Oheim Wladislaus Mesko's Sohn legte sich mit der Macht Grosspolens davor, um es wieder einzunehmen, allein durch einen glücklichen Ausfall befreite Odo's Sohn am 15. Juli die Feste von den Belagerern. Von 1296 an stand der Ort mehrere Jahrzehnte unter den schlesischen Herzogen. 1376 wird ein Friedrich von Wedel Herr Uszeze genannt[11]. Stadtgerechtsame und magdeburger Recht gleich den übrigen königlichen Städten und namentlich gleich Posen bekamen die Einwohner von König Wladislaus II. im Jahre 1413. Sie brauchten sich daher vor keinem königlichen Beamten mehr zu stellen. Alle Strafsachen innerhalb der Stadt hatte ihr Vogt zu richten, dieser selbst, im Falle er verklagt wurde, auf schriftliche Vorladung unter königlichem Sigel vor dem Kanzleigerichte sich einzufinden und nach deutschem Gesetze den Rechtsausspruch über sich zu nehmen. Die Wiesen im Netzbruch, die den Bürgern gehörten, waren eine ergiebige Nahrungsquelle. Usch war freie Stadt. Aber wie viele andere Städte wurde es vom Könige in Pfandbesitz weggegeben und zwar an Peter Kordebok. 1130 gewährte König Wladislaus dem Martin von Slawsko die Stadt von jenem auszulösen und seinerseits in ihren Besitz zu treten[12]. Später, 1469, war Stanislaus Wantrobka Pfandinhaber[13]. 1489 erwarb einen Theil der Vogtei der posener Palatin Mathias von Bnin[14], ein Gorka; vielleicht bekam er ganz Usch inne, denn im XVI. Jahrhunderte besass es Hieronymus von Bnin, ein Gorka, und diesem sagte 1518 König Sigismund zu, ihn bis an sein Lebensende im Besitze von Usch zu lassen[15]. Er erlangte auch vom Könige die Erlaubniss, von den Kindern des Erbvogtes Mathias Krzywoda die Vogtei ganz an sich zu bringen[16], so dass also die Vogtei bei den Gorka's war. Diese waren noch nach der Mitte des XVI. Jahrhunderts[17] und wohl bis zu ihrem Erlöschen Herren von Usch. Nachher sass wieder ein Starost in Usch. Im Jahre 1564 bestand die Stadt aus 70 Häusern, von denen jedes 6 Groschen 12 Denare Staatsabgabe entrichtete. Es gab 14 Fischer, die jährlich zusammen 23 Gulden 2 Groschen Zins zahlten, 1 Stellmacher, der 1 Gulden 6 Groschen zahlte, 1 Töpfer, der vierteljährlich 20 Töpfe an den Hof lieferte. Im Jahre 1655, im Juli, lagerte vor Usch ein polnisches Heer von 15000 Mann, um den Schweden den Uebergang über die Netze zu wehren. Am 14. Juli war der schwedische Heerführer die vor der Netze haltenden Haufen anzugreifen im Begriff und bereitete sich vor, den Uebergang zu erzwingen, aber der Adel Grosspolens, der sich hier versammelt hatte, unterwarf sich ohne Schwertstreich dem schwedischen Könige Karl Gustav. Die 1696 in Nürnberg erschienene Ausgabe von Pufendorf's de rebus a Carolo Gustavo Sueciae rege gestis commentariorum libri septem gibt (zu Seite 64) eine Abbildung des Gefechtes, welche zugleich eine Abbildung der Stadt „Oustzie" zeigt. Später lagerte bei Usch ein grosses schwedisches Heer. 1773 wurde es zum erstenmale preussisch. Es war damals eine schlecht gebaute Stadt, das alte Schloss war verschwunden. 1788 hatte Usch 112 Häuser und 693 Einwohner, 1816 nur 110 Feuerstellen und 615 (n. a. 755) Einwohner (477 Katholiken, 79 Lutheraner, 59 Juden), 1837: 1387 Einwohner, 1843: 1715, 1858: 2043, 1861: 2269 Einw. In neuerer Zeit entstand eine Glashütte und Glasstampfe. Im Jahre 1848 schickten 300 Bewohner, den

8) Einen Ort Uszt gab es im XII. Jahrhundert auch in Pommern. Hasselbach, Kosegarten u. Medem, cod. Pomeraniae dipl. I. 112. 9) Die Chronicae Polonorum des sogenannten Martinus Gallus II. 47 (Monumenta Germaniae XI. 462.) 10) Bogufali chronica bei Sommersberg, scriptores rerum Silesiacarum II. 57, und der Annalist in Lengnich's Kadlubekausgabe S. 91. 11) Janko Czarnkowski, archidiac. Gnesn. (Sommersberg II. 110). 12) Vladislaus rex Martino de Slawsko castellano *Posnaniensi* oppidum *Ujscie* in *majori Polonia* et districtu *Posnaniensi* jacens cum villis *Hataje*, *Chrostow*, *Szeligow*, *Polanino*, *Nowa wies* et *Smielowo* eximendi de manibus Petri Cordebok succamerarii *Posnaniensis* quingentis marcis dat facultatem, salvis stationibus regalibus. Datum *Lanciciae* die S. Petri ad vincula a. 1130. Inventarium diplomatum in arce Cracoviensi. Paris 1862. S. 281. 13) Casimirus rex Stanislao Watróbka de Strzelce castellano *Sandecensi* centum marcas in oppido *Ujscie* et villis eo spectantibus inscribit. Datum *Leopoli* feria secunda post dominicam Invocavit anno 1469. Ebenda S. 289. 14) Nicolaus de Kutno palatinus *Lanciciensis* majoris Polonae capitaneus testatur Annam, nobilis olim Michaelis advocati relictam consortem de jure suo sibi respectu dotis in advocatia *Usciensi* serviendo cessisse et illud resignasse in personam Mathiae de Bnin, palatini *Posnaniensis*. Datum feria IV post Invocavit a. 1489. Ebenda S. 291. 15) Sigismundus rex promittit Hieronymum Moszynski de Bnin in tenutis oppidorum *Ujscie*, *Pila* et *Mosina* ad extrema vitae ipsius tempora se conservaturum neque illum per se nec per quemquam exempturum. Datum *Cracoviae* feria tertia post dominicam Judica anno 1518. Ebenda S. 293, woselbst noch eine zweite Urkunde gleichen Inhalts verzeichnet ist. 16) Sigismundus rex dat consensum super exemtionem advocatiae in oppido *Ujscie* Hieronymo Moszynski de Bnin de manibus Joannis et Annae liberorum providi olim Mathiae Krzywda. Datum *Cracoviae* feria sexta ante festum s. Urbani a. 1519. Inventarium diplomatum S. 294. 17) In der Theilungsurkunde von 1557 fällt dem Stanislaus zu: Item *Uscie* oppidum etiam cum villis possessionatis et desertis ad id oppidum pertinentibus (Ed. Raczynski, Wspomnienia Wielkopolski. Posen 1842. I. Urkundenbeilage. S. XLII).

Bürgermeister, den Kämmerer und 20 andere Gemeindemitglieder zur Versammlung in Schneidemühl (9. April).

Wielichowo, Williehowo, Welichowo, Wilichowo, p. Wielichowo, am Ober, lat. Vieliehovo (Urk.: 1350 Wielichova, 1429 Wielichowo, 1458 Wyeluchow). Dieser Ort gehörte dem posener Bischof, seine Einwohner befanden sich also von manchen polnischen Lasten befreit. 1350 verhiess auch der König die Einwohner mit keinen Anforderungen zu belasten, so lange dies ebenfalls der Bischof unterlasse[1]. Des Ortes Einkünfte waren zur Bestreitung der bischöflichen Tafel angewiesen. Der Bischof, der zuerst seine Förderung sich angelegen sein liess, soll ihm den Namen Czotkowice beigelegt haben: einen Namen, der sich nicht behauptete. Bischof Stanislaus (1427—1438) aus dem Hause Ciolek wollte bald nach seiner Erhebung ihn emporbringen und erwirkte 1429 von König Wladislaw die Verleihung städtischen Rechtes nach magdeburger Art, wie Posen und Kosten es hatten. Der König gab der neuen Stadt die Befugniss einen Jahrmarkt und Wochenmärkte an jedem Dienstag zu halten (**Urk. LVIII**). Indessen kam die neue Stadt nicht rasch empor. Juden fanden als in einem bischöflichen Orte keine Aufnahme. Die Stadt hatte eine Vorstadt (suburbium), zu der 21 Hufen gehörten. Der Schultz besass 2 Hufen. Die Einkünfte des Bischofs von Wielichow waren 1561 folgende: Bürger zinsten 2 Hähne und mussten in Gärten arbeiten und auf der Wiese Blonie bei Einsammlung des Heues helfen; die Vorstädter zahlten jährlich für jede Hufe 1 Markt 8 Groschen, 1 Viertel Hafer, 2 Hühner, 15 Eier und ausserdem 12 Groschen als Entschädigung für Frohnden. Die Töpfer gaben von jedem Ofen 8 Töpfe. Von einer Wassermühle kamen jährlich ungefähr 25 Mark dem Bischofe ein. — Am 14. Januar 1797 gab König Friedrich Wilhelm II. die Stadt dem Geheimen Kabinetsrath von Beyer[2]. Im XIX. Jahrhunderte ist die Stadt in den Privatbesitz des preussischen Generalmajor von Zastrow, später in den des Grafen Michael Mielzynski übergegangen. Im Jahre 1860 bestand sie aus 105 Wohnhäusern, von denen nur eines massiv gebaut war, 3 Mühlen, 3 Kirchen, 1 öffentlichen Gebäude und hatte 538 Bewohner, Polen. Gewerbtreibend waren 28 Branntweinbrenner, 12 Fischer, 6 Fleischer, 6 Schuster, 4 Schneider, 4 Töpfer, 3 Müller, 3 Hufschmiede, 1 Leinweber, Stellmacher, Zimmermann, Maurer, 2 Gastwirthe. Die Stadt hatte 1 Organisten und hielt einen Nachtwächter. Ihre Verwaltung war aber so unordentlich, dass sie nicht nur Schulden hatte, sondern während 7 Jahren bei der Kämmerei keine Rechnung geführt worden war. Die Stadt zählte 1837: 106, 1840: 122 Wohnhäuser, sie hatte 1816: 538 Einwohner, 1837: 952, 1843: 1118, 1858: 1431, 1861: 1441 Einwohner. Im März 1848 wurde auch in Wielichowo das Ende der preussischen Herrschaft (für einige Wochen) verkündigt.

Willatowo, p. Wilatowo (Urk.: 1458 Wyelatowo), zwischen zwei kleinen Seeen, hat keine urkundlichen Nachrichten, gehört indess zu den am frühesten — als Dorf — nachweisbaren Orten. Sein Name lautete in der ersten Hälfte des XII. Jahrhunderts Welatow. Es gehörte dem Kloster Tschemesno zu, seine Bewohner genossen mithin die Vortheile, welche die Untergebenen der Geistlichkeit vor dem anderen Landvolke voraus hatten. Als der Polenherzog Meseo am 28. April 1145 den Besitzstand des genannten Klosters bestätigte, führt er unter diesem auf: Welatow lacus totus cum villa et tribus sortibus videlicet Siedlicowo, Robakowo et Mislakowo[1], von diesen drei Antheilen oder Vorwerken in der Nähe des Dorfes am See sind vielleicht zwei noch erkennbar in Siedluchno und Myslatkowo. Hernach langes Dunkel. Dem Kloster verblieb Willatowo, wie wir annehmen dürfen. Im XIV. Jahrhundert war es vielleicht Stadt[2]; aber in der Mitte des XV. Jahrhunderts noch ein kleiner Ort. Es hatte 1458 zwei Krieger zu stellen. 1788 wird Willatowo angegeben zu 21 Häusern mit 389 Bewohnern. 1816 bestand es aus 65 Feuerstellen und hatte 343 (u. a. 368) Einwohner, alle, bis auf 4, welche Lutheraner waren, katholisch, 1837 bestand es aus 80 Häusern, 1 katholischen Kirche und hatte 468 Bewohner, 1843 hatte es 510, 1858: 534, 1861: 588 Einwohner. Im Jahr 1848 wurden auch in diesem Ort polnische Behörden eingesetzt, die freilich bald weichen mussten.

Wielichowo. 1) S. d. Urk. unter Buk, Anm. 1. 2) Diese Angabe stimmt nicht überein mit der andern, dass Wilichow ein Zastrow bekam. Beide Angaben macht Held's schwarzes Register.

Willatowo. 1) Cod. dipl. Pol. II 588. 2) Bidgostia, Welatowo civitates et castra fuerunt sibi (dem Herzog Kasimir) per dominum (Ludwig) regem Ungarie in dominium assignata. Janko Czarnkowski. archidiac. gnesn. (So Sommersberg's Abdruck II. 102. Dr. Caro bemerkt aber, dass 3 Handschriften des Janko (Vatic. Petersb. Sieniaw.) *Falutaw* statt Welatow, und richtiger, nennen; d. h. Flatan).

Wirsitz, p. Wyerzysk, Wyrzyska, an der Lobsenka, zwischen Anhöhen. Wann es Stadtrecht erhielt, wissen wir nicht. Als Wirsitz 1773 preussisch wurde, gehörte es dem Grafen Werbno Rydzinski. Dieser verkaufte es an König Friedrich den Grossen, welcher ein Domänenamt aus der Ortschaft machte. Sie galt seitdem als freie Stadt. Friedrich liess auch den Evangelischen eine Kirche bauen. 1788 bestand Wirsitz aus 31 zerstreut liegenden Häusern und hatte 180 Bewohner. Die Stadt befindet sich nicht im Besitz alter Urkunden. Am Anfange unseres Jahrhunderts soll es fünftehalbhundert Einwohner gehabt haben. 1816 bestand es aus 43 Feuerstellen und hatte 435 Bewohner, von denen 218 Lutheraner, 173 Katholiken, 48 Juden waren, nach anderen Angaben hätte es damals nur 402 Bewohner gehabt. 1837 hatte es 70 Wohnhäuser, katholische Kirche und evangelisches Bethaus, 808 Einwohner, 1843: 892, 1858: 999, 1861: 1049 Einwohner.

Wissegrod (Wissegrode, Vissegrot, Visegroth, Wisegrad, Wisegard, Wyszogrod, bei Peter von Dusburg: Wischerot, bei Jeroschin: Wischgrod), d. h. Hochburg, von wyzszy: „höher", alte Burg an dem westlichen Weichselufer gelegen[1], war Mittelpunkt eines Kreises und zur Deckung des Landes gegen Norden bestimmt. Genannt wird Wissegrod als Burg in einer Urkunde von 1145[2]. Damals waren Besitzer Graf Janus und seine Frau. Die Pommern trachteten sehr nach dem Besitze dieser Burg; im Jahre 1232 hatten sie ihn erlangt[3], später, 1243, entrissen dem Swantopolk von Pommern die polnischen Herzoge mit dem Beistand der deutschen Ordensritter die Burg[4] und 1247 besass sie Herzog Kasimir von Kujawien[5]. Swantopolk von Pommern versprach 1248 diesem, ihn im Besitze Wissegrods zu lassen; 1252 befand sich daselbst eine Zollstätte[6]. 1284 war sie aber wieder in der Hand der Pommern; jedoch 1286 gab sie der pommersche Herzog Mestwin in Folge eines Tausches an Premisl von Polen. Häufig geschahen in der Folge von hieraus Einfälle in das Ordensland und ihre Besatzung störte die Weichselschiffahrt empfindlich. Im Kriege von 1329 führte der Landkomthur von Kulm, Otto von Luterberg, deshalb im Sommer das Ordensheer vor diese Burg, stiess zwar auf tapfern, langen Widerstand, erstürmte sie aber doch am 25. Juli, machte alle Vertheidiger nieder und liess die Feste ausbrennen und zerstören[7].

Wissegrod. 1) Ueber seine Lage vergleiche oben die 3. Anmerkung zu S. 48. Der mit der Oertlichkeit genau bekannte Dr. Caro theilt Nachfolgendes mit: „Ueber die Lage dieser Burg ist man lange Zeit in Zweifel gewesen (Naruszewicz, Barthold, Roepell, Voigt, der irrthümlich sie an der Mündung der Bzura angibt), bis in den Urkunden Muczk. u. Rzysz. II. p. 709 u. 830 ganz zuverlässige Angaben auf Fordon führten. Indess lag die Burg selbst nicht dort, wo heute die Stadt Fordon sich befindet, was schon die erwähnten Urkunden andeuten; ebensowenig ist es das heutige Deutsch-Fordon, wie die Annotatoren zur angeführten Stelle glauben lassen, sondern die zwischen Fordon und Deutsch-Fordon liegende sogenannte „Schwedenschanze". Selten ist uns von einer polnischen Burg so viel erhalten geblieben, als grade von dieser so vielgesuchten. Die Lage ist eine ihrem Zweck äusserst entsprechende. Das Weichselufer, auf welchem sie erbaut war, ist dort über 60 Fuss hoch und fällt so steil in die Flut ab, dass die obere Kante des Burgwalles in der Luft zu schweben scheint. Man kann noch ganz deutlich den Grundriss der ganzen Feste erkennen. Durch einen tiefen tranchéenartigen, kreisrunden Graben ist sie von der umliegenden Fläche abgetrennt; in diesem erhebt sich wie der Mantel eines abgestumpften Kegels der grosse Burgwall, der, an den obern Rändern mit gradlinig abgekanteten, nach innen abfallenden Wällen versehen, eine Art von Krater bildet, in welchem zahlreiche und regellos durcheinander liegende kleine Hügel die Stätte bedecken, wo dereinst die Bauten der Burgfeste gestanden. An der steilen Wand nach der Weichsel zu bröckelt sich alljährlich mehr der Sand ab und deckt immer von neuem Menschengerippe und Knochen, sowie zerbrochene Waffenreste aller Art auf. Von der Wallkante aus beherrscht der Blick auf eine weite Strecke aufwärts und abwärts die Weichsel, die Brahe mit der daran stossenden Kempe (das mit Faschinen belegte winkelförmige Stück Land zwischen dem Haupt- und Nebenfluss) und das Flachland nach Norden hin bis an die Hügel von Ritzenkrug. Der Boden um die Burg herum ist sandig, öde und unfruchtbar, kaum dass verkümmerte Kiefern und Fichten hier ein dürftiges Dasein fristen, und ein brandig-schwarzes Moos den Sand festhält. Auf der Flussseite hingegen ist Leben und Bewegung. Um die Strombahn des Flusses bei einer Wendung desselben zu richten, sind etwa 2000 Schritt abwärts von der Burg von dem flacher gewordenen Ufer aus, zungenförmige Faschinen in die Stromfluth hineingebaut, die mit gewaltigen Steinblöcken belastet sind. Auch diese müssen sehr alt sein, denn es heftete sich an sie die Sage, welche sie Ueberreste einer von den bösen Geistern auf Befehl Twardowski's (des polnischen Faust) erbauten Brücke sein lässt. Von den Spitzen dieser drei Faschinenzungen lässt sich der Strom leicht bis zum gegenüberliegenden Ufer beherrschen, so dass kein Fahrzeug leicht hindurchschlüpfen konnte. Dass hier ein Zollamt gewesen, bezeugt schon die Urkunde in Voigt, Cod. dipl. Pr. I. p 84: Item in Wyssegrod thelonijum solvit transiens in pomeranyam. Das alte Zollgebände selbst stand auf der Anhöhe, auf welcher sich jetzt der Marktplatz der Stadt Fordon befindet. Das dortige Gebäude, welches den Namen „der alten Direktion" führt, kennzeichnet noch den Ort, an welchem sich die Lagerräume des alten Zollamts befanden. Die sogenannte „neue Direktion", die neuerdings von der preussischen Regierung in ein Correktionshaus umgewandelt worden ist, hat mit dem alten Thelonium nichts zu schaffen; es ist ein Zollgebände aus dem Anfang des vorigen Jahrhunderts." — Die chronicae Polonorum (der sogenannte Martinus Gallus) sagen III. 26 von Wysegrad: — ubi vero ventum est ad fluvium, qui junctus Wislae flumini, castellum illud in angelo situm fluviorum. 2) Cod. dipl. Pol. II. 590 3) Hasselbach, Kosegarten u. Medem, cod. Pomeraniae dipl. I. 447 enthält eine von Svatopolk ausgestellte Urkunde. 4) Annalen vor dem sogenannten Archidiaconus gnesnensis. Sommersberg II. 92. 5) Ebenda, Cod. Pomer. I. 769. Voigt, cod. dipl. Prussicus I. Nr. 71. 6) Voigt ebenda I. Nr. 90. 7) *Wischerot* — in quo habitabant viri scelerati, famosi in malitia sua, qui pretereuntes homines facto navigio in *Wisela* spoliabant rebus suis eosque captivaverunt aut occiderunt et nullus poterat eos evadere sine damno et hoc continuaverunt multis annis in grave prejudicium fratrum et suorum. Et post multas impugnaciones tandem intraverunt potenter et percusserunt peccatores in ira sua et viros iniquos cum indignacione sua et captis omnibus et occisis castrum cum indignacione

Sie wurde nicht wieder aufgebaut, sondern lag lange als wüster Steinhaufen. Ein Dorf gleiches Namens gab es indess noch am Anfange des XV. Jahrhunderts. Dieses wurde 1424 der jungen Stadt Fordon geschenkt (**Urk. L**). Die Trümmer der Umwallung in der Nähe von Alt-Fordon nannte in neuerer Zeit das Volk „Schwedenschanzen" — in Erinnerung daran, dass hier am 27. Januar 1656 Karl X. mit dem schwedischen Heere sein Lager aufschlug.

Wissek, p. Wysoka, Wyssek, war eine freie Stadt. Der Zeitpunkt seines städtischen Anfangs ist unbekannt: doch war es 1520 Stadt (**Urk. XXVII. S. 84**). Bei dem nachmaligen Vorkommen des Ortes Wysoka bleiben wir im ungewissen, ob in den Nennungen dieser Ort oder nicht vielmehr ein gleichnamiges Dorf in der Kwidziner und in anderer Gegend gemeint wurde[1], so dass ein früherer Nachweis unsicher ist. Die Einwohner nehmen an, dass die erste Ansiedlung auf der Anhöhe des Windmühlenberges (an dessen Fusse die Stadt jetzt steht) geschehen sei und der Name Wysoka „Hoch" dies bezeugte. Die Gründung eines Klosters der Augustiner an dem Berge soll bewogen haben, sich in dessen Nähe überzusiedeln. Die geistliche Obhut während seiner Anfänge scheint darin verbürgt, dass noch dermalen von allen Grundstücken „Messkorn" an den Priester abgeführt werden muss. In neueren Zeiten hatte es magdeburger Recht und besass darüber Urkunden, welche es indess durch eine Feuersbrunst verlor. Am 17. April 1722 stellte deshalb die Grundherrin Apolinara von Tuczynska geborne von Smogolicka eine die vorhandene sächsische Rechtseinrichtung schützende neue Urkunde (**CLXVII**) der Stadt aus. Ihr zufolge ging Berufung von der Entscheidung der städtischen Obrigkeit an die Grundherrschaft. Die Herrin schärfte dem Bürgermeister ein, darauf zu achten, dass die Jugend unterrichtet werde. Die neue Urkunde bestimmte, dass alle Sonntage Bürgermeister und Stadtrichter zusammt ihren Amtsgenossen die Frühmesse mit der Gemeinde absingen sollten. Die sonntägliche Frühmesse hiess danach „die Messe der Litteratoren." Die Einwohner durften Bier brauen und Branntwein brennen, doch ruhten auf ihnen mancherlei Arbeitslasten für die Herrschaft. 1772 wurde Wissek preussisch und kam dann in den Besitz des Ministers von Görne; nach der Einziehung seiner Güter war es erst Domänenamt, wurde aber nachmals wieder weggegeben. In unserm Jahrhundert war ein Herr Wiese Besitzer. 1788 hatte der Ort 63 Häuser und 346 Einwohner, am Anfang des Jahrhunderts angeblich 500 Einwohner, doch zählte man 1816 nur 208, nämlich 121 Katholiken, 82 Lutheraner, 5 Juden, 1816 bestand der Ort aus 63 Feuerstellen. Die Stadt nahm in preussischer Zeit zu, hatte 1837: 755 Einwohner, 80 Häuser, 1 katholische Kirche und 1 evangelisches Bethaus; 1843 wird dagegen ihre Bewohnerzahl nur auf 250 Einwohner angegeben. Sollte in diesen letzten Angaben kein Fehler liegen, so müsste binnen 6 Jahren eine starke Veränderung den Ort betroffen haben. 1846 brannte die Stadt fast gänzlich ab. 1850 bestand die Stadt aus 103 Häusern, welche zusammen bei der Provinzialfeuerversicherungsgesellschaft um 50750 Thlr. versichert waren, und hatte 1055 Bewohner, (504 Katholiken, 423 Evangelische, 128 Juden). Den Stadtrath bildeten der Bürgermeister und 2 unbesoldete Beisitzer; er hielt einen Stadtdiener, der zugleich die Geschäfte eines Briefboten und Nachtwächters versieht, wofür er ein Gehalt von 28 Thlrn. bezog. 3 Schulen, jede mit 1 Lehrer, nach dem Bekenntnisse getrennt, bestanden; die Zahl der Schüler betrug 248. Gewerbtreibend waren: 4 Kaufleute, 9 Gastwirthe nud Schänker, 3 Bäcker, 2 Fleischer, 16 Schneider, 12 Tischler, 9 Schuster, 7 Töpfer, 4 Schmiede, 4 Stellmacher, 3 Schlosser, 2 Glaser, 2 Tuchmacher, 1 Nagelschmied, Böttcher, Horndrechsler, Seiler, Sattler, Posamentirer; Viele Handwerker verdangen sich im Sommer in der Umgegend auf Tagelohn. Die Zahl der Ackerbürger betrug 31. Der zwanzigste Theil der städtischen Ausgaben kam auf die

---

penitus cremaverunt. Petri de Dusburg, cronica terre Prussiae, supplem. 12. Nach Nikolaus von Jeroschin Kronike von Pruzinlant v. 27105—27215 gelang die Einnahme am 4. Tage des Sturmes am 29. Mai oder am 14. September. Wigand gibt den 25. Juli an. Der Annalist in Lengnich's Ausgabe des Kadlubek S. 102 setzt die Zerstörung in's Jahr 1330 und sagt: multis nobilibus ibidem occisis, sed non sine magno detrimento suorum (der Kreuzritter) nam pro quolibet capite nostrorum bene de ipsis VIII. vel IX. ceciderunt.

Wissek. 1) Ein Vissoka war ein Gut des wladislawer Bischofs und befand sich sonach im Mitgenusse der den geistlichen Unterthanen zustehenden Berechtigungen. Am 16. August 1301 gab der Bischof es an die Cisterzienser in Oliva, die es im XIV. Jahrhundert besassen (Cod. dipl. Pol. II. 719). Am 12. Juni 1351 gab ferner König Kasimir in Krakau dem Nikolaus und Tilusius die Vollmacht villam in (einem andern) *Visoke* in fluvio *Sidinez* nach magdeburger Recht anzulegen (Cod. dipl. Polon. I. 203) und am 11. März 1366 schenkte er zu Gnesen seinen Rittern, Jakob, Walter und Hennig de Gumersberg ein *Vyssoka* cum villis seu prediis usque ad locum ubi fluwius *Chuda* appellatur in vulgari *Valny* (Col. dipl. Pol. I. 233). Die südlich von Lublin gelegene Stadt Wysokie wurde durch Johann Hinka 1494 gegründet. (Inventarium diplomatum in arce cracoviensi S. 360).

Armenpflege. Die Summe der Staatssteuern belief sich (Grundzins 1200 Thaler, Klassensteuer 555½, Gewerbe- 180, Grundsteuer 78⅔) auf 2010⅙ Thaler. 1858 betrug die Einwohnerzahl 1174, 1861: 1151.

Witkowo wurde als Stadt errichtet am 15. Juli 1740 durch Jakob von Koscielce auf Dzialin. Fürst Sulkowski ertheilte zu Lissa 1772 eine Bestätigung. Der Freibrief gibt Bestimmungen über Brauerei und Brennerei sowie über Jahrmärkte und enthält eine Ermahnung zur Verträglichkeit zwischen Polen und Deutschen. Bei Gezänk unter ihnen soll Geldstrafe an Hof und Kirche entrichtet werden. Die „Galgenfreiheit" soll die Stadt von 7 umliegenden Städten erkauft haben[1]. Schwaben liessen sich in Witkowo nieder, Männer lutherischen Bekenntnisses, welche sich eine Kirche erbauten. Die vorhandenen Polen hatten auch eine Pfarrkirche. Die Juden hausten in einem gesonderten Viertel. Die Stadt brachte es zu 12 Kram- und Jahrmärkten. Als sie preussisch wurde, war Graf Wallowicz Grundherr. Im September 1794 kamen die polnischen Parteigänger nach Witkowo. Am Ende des vorigen Jahrhunderts bestand die Stadt aus 172 Wohnhäusern, 2 Mühlen, 2 katholischen, 1 evangelischen Kirche, und hatte 1221 Bewohner, von denen 426 Juden waren. Gewerbtreibend waren (und zwar blos Christen), 43 Schuhmacher, 7 Tuchmacher, je 3 Schneider, Züchner, Seiler, Tischler, Zimmerleute, Stellmacher, je 2 Gastwirthe, Bäcker, Böttcher, Hufschmiede, Schlosser, Tuchscheerer, und 1 Buchbinder, Barbier, Schornsteinfeger, Färber, Drechsler, Riemer und Organist. Die Polen hatten ihr eigenes, die Deutschen auch ihr besonderes Wirthshaus. In unserer Zeit kam die Leinweberei in Aufnahme. Flatt gibt nicht lange danach, in der ersten Zeit unseres Jahrhunderts, 1600 Einwohner an. 1816 war ihre Zahl auf 1739 gestiegen, von denen 762 Juden, 658 Katholiken, 319 Lutheraner waren, die Zahl der Feuerstellen betrug trotzdem nur 177. Eine Synagoge war in Witkowo, die eine katholische Kirche aber kam in Wegfall. 1837 wurden 1947, 1843: 2145, 1858: 1575, 1861: 1546 Einwohner gezählt.

Wollstein, p. Wolsztyn, (Urk. 1158: Wolschyn) erlangte im Mittelalter magdeburgisches Recht, wann wissen wir nicht mehr; unmittelbar war es nicht. 1458 wurde es zur Stellung von 4 Kriegern veranschlagt. Nach einem schweren Brande erkannte 1469 sein Grundherr Andreas aus Sepno (Szepyenskiy) urkundlich an, dass magdeburgisches Recht bisher gegolten habe und in der neu aufgebauten Stadt ferner gelten solle. Weitere Brände trafen die Stadt 1518, 1611, 1634. Die zum evangelischen Bekenntnisse sich haltende Besitzerin Anna von Mięhiska erbaute den zahlreichen evangelischen Einwohnern eine Kirche dicht vor dem Thore in der Vorstadt. Bei den Unruhen von 1656 wurde indess diese Kirche zerstört und die protestantische Einwohnerschaft in die Flucht gejagt. Sie rettete sich nach Deutschland. Der Erbherr Peter von Powodowski mühte sich sie zurückziehen, verhiess ungehinderte Glaubensausübung und gab den Handwerkern Schutz ihres Gewerbes. Seit 1658 zogen daher viele wieder in das verlassene Wollstein zurück. Auch neue Ansiedler kamen. Die Erbherrn Lukas von Gorayski, mehr noch der Starost Niegolewski suchten solche heranzuziehen. Letzterer gewährte i. J. 1700 Ankömmlingen 4jährige Abgabenfreiheit. Die Zahl der Evangelischen ward daher beträchtlich. Eine Seuche, die Pest, die im August 1709 wüthete, schwächte aber die Stadt; sie soll 1400 Menschen weggerafft haben; auch eine Feuersbrunst brachte sie abermals herab, denn sie ward am 27. August 1728 grösstentheils eingeäschert. Im Jahre 1728 erkaufte Franz v. Gajewski die Herrschaft Wollstein, bei dessen Nachkommen sie bis in die neueste Zeit blieb. Die Bürger bauten sich ein Brauhaus. Die Stadt kam zu 11 Kram- und Viehmärkten. Am Ausgange des vorigen Jahrhunderts bestand sie aus 3 Kirchen, 4 öffentlichen Gebäuden, 11 Mühlen, 105 Wohnhäusern, worunter ein massives war, und war bewohnt von 1554 Menschen, von denen 561 Juden, ein Viertel Polen waren. Gewerbtreibend lebten hier 21 Kaufleute, 11 Mehlhändler, 11 Müller, 9 Bäcker, 6 Fleischer, 22 Branntweinbrenner, Weinhändler und Schänker, 31 Brauer, 60 Schuster, 20 Schneider, 16 Tuchmacher, 12 Kürschner, 6 Mützenmacher, 2 Hutmacher, 4 Handschuhmacher, 5 Leinweber, 1 Tischler, 1 Stellmacher, je 2 Böttcher, Töpfer, Glaser, Hutmacher, Korduanmacher, Knopfmacher (Jude), Büchsenmacher, 1 Zimmermann, Hufschmied, Färber, Maurer, Sattler, Seifensieder, Seiler, Schlosser, Steinsetzer, Schornsteinfeger, Honigkûchler, Posamentirer (Jude), ferner 2 Musiker, 3 Gastwirthe und 4 Buchbinder (Juden). Die Stadt hielt 2 Nachtwächter. Ihre Kämmereieinnahme betrug 310 Thaler., jedoch deren Ausgabe 325 Thaler.

Witkowo. (Hübner) Sirisa. Historisch-statistisch-topographische Beschreibung von Südpreussen und Neu-Ostpreussen. Leipzig 1798 I. 527.

Tuchmacherei und Wollspinnerei hoben sich, 1816 waren 17 Tuchmacherstühle und 12 Wollspinnmaschinen im Gange. Eine Feuersbrunst verzehrte am 19. Septbr. 1810 das Rathhaus, die evangelischen Kirchen und Schulgebäude, die Synagoge und 163 Wohngebäude, beschädigte auch die katholische Kirche. Nur langsam erfolgte der Aufbau. Die Einwohnerzahl betrug 1816: 1661 (n. a. 1804). Ein Stadt- und Landgericht bekam in Wollstein Sitz. Seit 1830 erst vollzog sich die Wiederherstellung. Von 1830 bis 1835 wurden die evangelischen Kirchen und Schulgebäude, 1835 das Rathhaus mit Zuschuss aus Staatsmitteln gebaut, 1839—1842 wurde die Synagoge erbaut. 1837 wurde ein Waisenhaus für evangelische Mädchen (Marienstiftung), welches gegenwärtig 14 Zöglinge zählt, 1839 (und zwar von der um 1860 verstorbenen Engländerin Mary Pearce) ein Krankenhaus zum Samariter, 1849 ein katholisches Waisenhaus, welches gegenwärtig 43 Zöglinge zählt, 1854 (durch den Apotheker Theodor Knechtel) eine Blindenunterrichtsanstalt, 1860 ein evangelisches Waisenhaus für Knaben, welches gegenwärtig 10 Zöglinge hat, gegründet. Ausserdem besteht noch ein evangelisches und ein katholisches Hospital. Die Kunststrasse von Stenschewo nach Züllichau führt über Wollstein. Im Jahre 1848 kam es hier zu Raufereien zwischen den Polen und Deutschen und der Verkehr lag im Sommer so danieder, dass die jüdischen Schänken ihre Geschäfte schlossen: ein Vorfechter der Polenpartei hebt dies hervor, weil Wollstein als deutscher Ort galt. Die Bevölkerung betrug 1837: 2592, 1843: 2618, 1858: 2807, 1861: 2932 und erreicht jetzt 3000.

Wōngrōwītz, Wongrowiec, p. **Wągrōwīēc**, Wągrowiec, (Wągrowyecz) am Welnafluss. Hier wurde 1145 ein Kloster der Cisterzienser gestiftet, die von Lekno herkamen. Unter dem Schutze der Geistlichen gedieh die Ansiedlung; die Abtei selbst kam zu Reichthum. Im Jahre 1396 gab der Abt Tilemann den Ansiedlern Stadtrecht und der Ort hob sich auch, denn als 1458 den Städten zugeschrieben wurde, wieviel Mannschaft sie zu einem Heere gegen den Ritterorden stellen sollten, musste Wongrowitz 10 Krieger ausrüsten[1]. Hundert Jahr später, 1498, ertheilte Abt Johannes eine neue Feststellung der Rechte. Sein Freibrief überlässt der Bürgerschaft eigne Satzungen zu beschliessen, und bewegt sich übrigens in der Bestimmung der nach Schlägerei und andern Verletzungen der Ordnung zu entrichtenden Geldstrafen. Diese Urkunde wurde bestätigt von Stefan Batori. Ausserdem erhielt die Stadt Urkunden von König August II. am 28. December 1724 und von Stanislaus II. August 7. Juli 1766. Am Anfange des XVII. Jahrh. bestand sie aus 305 Häusern, es waren in ihr 10 Innungen mit 150 Handwerksmeistern und 7 Kaufleuten. Aber der Lauf des XVII. Jahrhunderts that auch ihr Abbruch. Am Ende desselben bestand sie kaum noch aus 115 Häusern. Im XVIII. Jahrhunderte blieb sie in ihren Verhältnissen, obschon sie es zu 11 Jahrmärkten gebracht hatte, stehen. Denn an seinem Anfange hatte sie ausser der Kirche, dem Kloster, einem öffentlichen Gebäude und 1 Mühle nur 113 Wohnhäuser, von denen blos 2 Ziegeldach hatten. Wüste Baustellen gab es, wohl in Folge eines Brandes, 25. Die Einwohnerzahl betrug damals 670, unter denen 30 Juden, die andern Polen waren, im Kloster lebten 28 Geistliche. Gewerbtreibend waren 25 Schuster, 18 Branntweinbrenner, 8 Brauer, 8 Kürschner, 6 Tuchmacher, 5 Schneider, 5 Stellmacher, 4 Töpfer, 3 Seiler, 2 Fleischer, 2 Tischler, 2 Hufschmiede, 2 Barbiere, 1 Schlosser, 1 Musiker, 1 Gastwirth, 1 Apotheker. Einen Nachtwächter hatte die Stadt. Ihre Kämmereieinnahme betrug 164 Thlr., doch war sie mit 7—800 Thaler Schulden belastet. Um diese Zeit verlor die Abtei den Besitz, indem die Stadt zu einer königlichen Domäne gemacht wurde. 1816 hatte sie 136 Feuerstellen und 875 Einwohner (167 Juden, 80 Lutheraner) (n. a. 981). Seitdem blühte sie auf. Ein Stadt- und Landgericht bekam hier seine Stelle, eine evangelische Kirche wurde gebaut, die Städteordnung am 3. März 1839 verliehen. Die Märkte belebten sich, der Verkehr nahm zu. Das Gerberhandwerk kam in Aufnahme. Wongrowitz zählte 1837: 2048, 1843: 2647, 1858: 3176, 1861: 3366 Einwohner.

Wreschen, p. Wrzesnia, Wreśnia, Wrzesno. Wenn dieser Ort die Stadt Wrzeszna sein sollte, welche 1458 zur Stellung von 15 Kriegern veranschlagt wurde, so war er im XV. Jahrhunderte schon ein bedeutender Platz mit Stadtrecht, und dies ist wahrscheinlich, da in dem 1496 Kalisch verliehenen Stapelrecht hinsichtlich der Waaren der Handelszug der preussischen Kaufleute nach Schlesien angegeben wird als über Gnesen, Wrzesnia und Peisern führend. Die Lage an einer grossen Strasse musste dem Aufkommen förderlich sein. Das lutherische Bekenntniss drang in der Folge ein und die Lutheraner

---

Wongrowitz. 1) Raczynski cod. dipl. maj. Pol. S. 182.

bauten sich eine Kirche. Im April 1656 traf der Schwedenkrieg Wreschen. Im XVIII. Jahrhunderte gehörte die Stadt dem Grafen Poninski, im XIX. Jahrhundert den Potocki. Im September 1794 kam der polnische Parteiführer General Lipski in die Stadt. Am Ausgange des XVIII. Jahrhunderts bestand Wreschen aus 2 öffentlichen Gebäuden, 2 katholischen, 1 evangelischen Kirche, 214 Wohnhäusern (einem einzigen mit Ziegeldach) und 7 Mühlen; seiner Bewohner zählte man 1276 von denen 550 Juden waren, die übrigen zum Theil Polen. Gewerbtreibend waren 24 Schuhmacher, 2 Leistenschneider, 12 Kürschner, 10 Schlächter, 6 Schneider, 4 Stellmacher, 2 Hutmacher, 1 Böttcher, Riemer, Seiler, Töpfer, 3 Leinweber, 3 Tischler, 2 Musiker, 3 Gastwirthe, 1 Tabacksfabrikant. Hauptbetrieb war Ackerbau. Der Ort hatte 7 Kram- und Viehmärkte. Die Kämmerei hatte 122 Thaler Einnahme, 255 Thaler Ausgabe. 1816 war die Einwohnerzahl auf 2319 gestiegen, 1837 betrug sie 3232, 1843: 3391, 1858: 3189, 1861: 3347. Der zweiten katholischen Kirche wird nicht mehr gedacht. Eine Kreisschule wurde hier angelegt, ein Stadt- und Landgericht eingesetzt. Gerberei kam hier in Aufnahme. Im Jahre 1848 waren die Polen Meister in Wreschen seit dem 22. März, an welchem sie hier die Wiederherstellung des Polenreiches verkündigten, die Beamten absetzten und neue bestellten. Sie machten Wreschen zu einem Sammelplatz ihrer bewaffneten Haufen, deren Stärke Willisen (gewiss eher zu niedrig als zu hoch) auf drittehalbtausend angibt. Zufolge der mit Willisen getroffenen Uebereinkunft zogen sie von Herrn Garczinski geführt am Morgen des 15. Aprils um 9 Uhr ab: doch in der vorangehenden Nacht, bevor sie Wreschen verliessen, verübten sie noch an den Juden Gräuelthaten, brachen in ihre Synagoge, rissen die Thora in Stücken und verübten in ihr Unfug. Sie vergriffen sich aber auch an Juden selbst, schossen den Schuster Abramczyk todt, stachen einem andern Juden das Auge aus, einem dritten schnitten sie das Ohr ab und zerhackten ihm die Finger. Drei in ihren Betten überfallenen Mädchen schlitzten sie den Leib auf, schnitten sie die Brüste ab, woran eine von diesen Unglücklichen noch am selben Tage starb. Die Anführer wehrten mit Lebensgefahr weiteren Freveln[1]. Am wirksamsten that Einhalt, dass ein Hr. S . . . rief „die Preussen sind da!" worauf die Uebelthäter davon liefen. Die polnischen Truppen gingen nach Neustadt ab. Am selben Tage noch rückte preussische Landwehr und ein Geschwader Ulanen ein. Von den Soldaten wurden nun mehrere polnische Bürger übel behandelt. Am 2. Mai führte Mieroslawski das polnische Heer nach Gnesen und weiter dem von Gnesen heranziehenden General von Hirschfeld entgegen. Hirschfeld hatte etwa 1800 Mann mit 4 Geschützen unter seinem Befehl und nahm eine vortheilhafte Aufstellung bei Sokolowo. Da griff Mieroslawski ihn an. Sokolowo ging in Flammen auf. Die Preussen steckten einen Schafstall, den die Polen besetzt hatten, nachdem die Eingänge verrammelt waren, in Brand und bestrichen den Angriffsweg im Engpass mit Kartätschen. Schon klagten die Bauern über die Vorsicht der aus Verstecken schiessenden Edelleute; jetzt wollten diese beweisen, dass Muth ihnen nicht fehle. Dreihundert Edelleute gingen im Schritt auf die Geschütze los. Die Mehrzahl fiel, aber die Preussen mussten weichen, wurden aus einer Stellung nach der andern geworfen und zogen sich nach Gnesen zurück, während Mieroslawski bei Gulczewo lagerte. Den Polen kostete dieser Sieg 6—700 Gefallene und ebensoviel Verwundete, die nach Wreschen gebracht und dort verpflegt wurden, so dass die ganze Stadt einem Lazareth glich.

Wronke, p. Wronki, an der Warthe, wird zuerst genannt in zwei Urkunden Premisl's II. 1279 und 1280, in welchen derselbe den Dominikanern ein Grundstück in der Stadt Wronki (in civitate Wronecensi[1] und in Wronki heisst es in ihnen) zum Aufbau eines Klosters sowie Einnahmen und Berechtigungen schenkte. Eine Kirche in Wronki[2] wird in einer Urkunde d. J. 1298 erwähnt. Allem Ermessen nach ist der Ort auch das Wronit, welches in einer Urkunde aus der kurzen Zeit der Herrschaft schlesischer Fürsten

---

1) Willisen, Akten und Bemerkungen über meine Sendung nach dem Grossherzogthum Posen. Kiel 1850 S. 62. Wenn Willisen aber S. 64 sagt: „Das erhobene Angst- und Zetergeschrei der Wreschener Juden setzte in jenen Tagen die ganze Welt in Flammen und doch ist nachher durch die unverdächtigsten Zeugen ermittelt worden, dass kein Mensch bei dem Aufstand umgekommen ist," so scheint Willissen sich ganz auf polnische Versicherungen verlassen zu haben. Die Namen der drei unglücklichen Mädchen werden genannt. Die beiden Mädchen, denen die Brüste abgeschnitten und alle Habe geraubt worden war, bettelten nachher im Lande, das eine wurde vom Rabiner Caro in Pinne nach Berlin geschickt. Die Polen erzählten, in Wreschen hätten nur noch 20 Scharfschützen und 200 Sensenmänner gestanden, diese seien vom Militär auf 2 Seiten angegriffen worden, mitten im Kampfe habe das Militär Gegenbefehl erhalten und das Gefecht abgebrochen, darauf hätten die Juden die Verwundeten in die Häuser gelockt und dort furchtbar getödtet — was sicherlich unwahr ist.

Wronke. 1) Raczynski cod. dipl. maj. Pol. p. 68. 69. 2) Ebenda p. 88.

1312 als Mittelpunkt eines Kreises vorkommt: leicht möglich, dass der Gelehrte, welcher jene Urkunde las und in Druck gab, die Endsylbe unrichtig wieder gab. Die Mönche zogen deutsche Ansiedler nach Wronke und verhalfen ihm muthmasslich zu deutschem Stadtrecht. 1383 wird Wronki erwähnt als Stadt. Domarat nahm es in diesem Jahre ein und that ihm schweren Schaden[4]. Dass es in der Mitte des XV. Jahrhunderts kein ganz kleiner Ort war, erhellt daraus, dass es 1458 zehn Mann stellen musste. Um 1521 war eine königliche Zollstätte daselbst. Um 1500 behaupteten die Gorka's einen Erbanspruch auf Wronke zu haben, erhielten es auch vom König Alexander um 1505 als Lehnbesitz und darauf vom König Sigismund 1515 als Erbbesitz (vgl. das Nähere unter Filehne und Pudewitz). Im Anfang des XVI. Jahrhunderts konnten die Dominikaner sich nicht mehr erhalten, ohngeachtet Wladislaus Jagiello ihr Kloster neu aufgebaut und ihnen im Umkreis einer Meile den halben Fischfang in der Warthe zugetheilt hatte. Sie zogen 1618 weg, indem sie übersiedelten in ihr Kloster zu Posen. Später wurden indess abermals Klosterbrüder desselben Ordens in Wronke eingesetzt. Die Bürger bauten sich ein Schützenhaus. Die Stadt erwarb das Vorwerk Nietrzeba und kam zu 11 Jahrmärkten. Wronke gehörte im XVIII. Jahrhunderte den Koźmiński's, im XIXten den Grafen Dzieduszycki. 1768 brannte der Ort am 1. April grossentheils ab, Kloster, Pfarrkirche, auch der Glockenthurm, sämmtliche Judenhäuser, sehr viele Häuser von Christen gingen in Flammen auf[5]. Am Ende des XVIII. Jahrhunderts war es von 1368 Menschen bewohnt, zum Theil Polen, ein Viertel (382) Juden. Es gab damals 42 Schuster, 35 Tuchmacher und Walkmüller, 22 Schneider (17 davon waren Juden), 20 Kürschner (5 davon Juden), 11 Töpfer, 16 Fleischer, 7 Bäcker, 5 Müller (Juden), 16 Branntweinbrenner und Schänker (unter ihnen kein Jude), 3 Weinhändler (Juden), 2 Gastwirthe, 4 Kaufleute (Christen), 3 Böttcher, 3 Tischler, je 2 Knopfmacher, Leinweber, Glaser, Seiler, Schlosser, Hufschmiede, Oelschläger, Musiker, 1 Barbier, Hutmacher, Kupferschmied, Leinenzeugdrucker (Jude), Seifensieder, Stellmacher, Zimmermann, Ziegelbrenner, Schneidemüller, Walkmüller, auch 1 Bildhauer. Eine Apotheke war am Ort. Die Stadt hatte einen Nachtwächter und einen Scharfrichter, ihre Kämmerei nahm 58 Thaler ein, verausgabte 26. Die Stadt bestand aus dem Kloster und 2 katholischen Kirchen, 1 evangelischen Bethaus, 4 öffentlichen Gebäuden, 7 Mühlen, 237 Wohnhäusern, von denen nur 6 Ziegeldach hatten. Es gab noch 43 wüste Baustellen. Die Einwohnerzahl betrug im Jahre 1816: 1817 (n. a. 1708) Menschen, 1837: 2252, 1845: 2384, 1858: 2413, 1861: 2511. Die Städteordnung ward am 6. März 1838 verliehen. Im Jahre 1848 schwebte die Einwohnerschaft in grosser Sorge, weil die Polen anderthalb Stunden von der Stadt bei Dobrojewo ein Lager aufgeschlagen hatten, sie bildeten daher in der zweiten Aprilwoche die „vereinigte, deutsche Schutzbrigade“, in welche 200 Bürger, 400 Eisenbahnarbeiter und Beamte und 300 Bauern umliegender deutscher Dörfer eintraten. Abzeichen war schwarz, roth, gold. Waffen wurden auswärts angekauft. An der Spitze stand der bei dem Eisenbahnbau beschäftigte Baumeister E. Bürkner. Als „Volksordner“ leitete Lamprecht. Ein Bürgerausschuss (diese beiden, Bombelon, Mertens, Schlicht, Geidner, Gronewald, Seidel, Brendel, Rose, Degener) handelte für die deutsche Sache. Wronke setzte sich damals mit andern Städten in Verbindung, schickte wiederholt (14. 21. April) Abgesandte nach Posen und nahm eine sehr entschiedene Stellung gegen den Polonisirungsversuch ein. Am 2. Mai wurde auf dem Markte die Fahnenweihe der Bürgerwehr und ein „deutsches Bundesfest“ gefeiert[6]. — Die Stadt gewann durch den Bau der an ihr vorüberführenden Eisenbahn. In der Nähe der Stadt, an der Warthe, wurden Braunkohlenlager entdeckt.

Xionz siehe Ksehonz.

Zaborowo, Zduni, Zerkowo, Zernik, siehe Saborowo, Sduni, Scherkowo, Schernik.

Zidowo, Schidowo, p. Żydowo, würde einer der ältesten Orte sein, wofern den Auslegungen der Alterthumsforscher beizupflichten wäre, die oben S. 180 abgewiesen wurden. Unserm sichern Wissen nach ist Zidowo vielmehr eine der jüngsten Städte. Der Name bezeichnet es als „Judenstadt“, denn żyd bedeutet Jude. Es bestand als Dorf im XIII. Jahrhundert[1] und zwar seit 1258 befreit von einigen polnischen

---

3) Sommersberg, Scriptores rerum Silesiacarum I. 869. 4) Domaratus-veniens cum Pomoranis, Cassubitis et Saxonibus primo Wronky opidum et villas plurimas in circuitu ejusdem oppidi devastavit. Janko Czarnkowski, archidiac. gnesn. (Sommersberg, siles. rer. script. II. 141). 5) Leipziger Zeitung 1768 vom 19. April. II. Stück XVI. Woche. 6) Umständlicher Bericht darüber im Deutschen konstitutionellen Blatt für das Grossherzogthum 1848. Nr. 34.

Sidowo. 1) Zu bemerken ist noch das Vorkommen einiger Herren von Zidowo in zwei im XIII. Jahrhundert zu Krakau ausgestellten Urkunden: nämlich 1205 des Vitus de *Zydowo* Spytkonis filius und 1287 des miles Georgius de *Zydowo* judex

Lasten; damals war es im Besitz des Janko. Im XVI. Jahrhundert besassen die Fluren um den Ort die Gorka's[2]. Als Stadt gründete den Ort König August III. kraft einer am 27. November 1762 ausgestellten Urkunde auf magdeburgisches Recht, wie solches in andern königlichen Städten besteht. Die Einwohner waren Lutheraner, hatten aber keine Kirche. Gegen Ende des XVIII. Jahrh. besass die Stadt der von Bielsko, im XIXten die Chelmicki's, dann die Szoldrski's. Im Jahre 1800 bestand der Ort aus 1 öffentlichen Gebäude und 35 Wohnhäusern mit 1 Mühle und wurde von 267 Menschen bewohnt, von denen 76 Juden, ein Theil Polen waren. Es gab, doch blos unter den Christen, 4 Kaufleute, 1 Gastwirth, 15 Tuchmacher, 1 Mützenmacher, 9 Schlächter, 2 Bäcker, 2 Schuster, 1 Schneider, 1 Stellmacher, 1 Müller. 1816 war der Ort herunter auf 27 Feuerstellen und 213 (n. a. 236) Bewohner. Von diesen waren 112 Lutheraner, 91 Katholiken, 10 Israeliten. Im Jahre 1837 hatte sich die Einwohnerschaft auf 358 gehoben, 1843 stand sie wieder niedriger: 322, 1858: 376, 1861: 375 — somit ist Zidowo wohl die kleinste Stadt unter den Städten des preussischen Staates!

Zirke, Zirkow, p. Sieraków[1], Sirako, Czirke (Urk.: 1458 Sierakow, 1521 Szyrakow), an der Warthe, über die hier eine Brücke ist, war in der ersten Hälfte des XV. Jahrhunderts Stadt[1]. 1458 hatte es 6 Gerüstete zum Heere zu stellen. Um und vor 1524 war hier eine königliche Zollstätte. Im XVI. Jahrhunderte war die Stadt im Besitz der Gorka's[2], später gehörte sie den Opalinski's, gegen Ende des vorigen Jahrhunderts dem Lukas Bninski. Hier war ein Kloster der Bernhardiner, welches auch eine lateinische Schule hielt. Das Lutherthum drang ein und eine lutherische Kirche ward erbaut. Ende 1768 verübten die Konföderirten unter Malczowski arge Gräuel, hieben aus Muthwillen die auf den Gassen umherlaufenden Kinder in Stücke. Die Stadt brachte es zu 8 Jahrmärkten und legte eine Ziegelei an. Die Stadt durfte Bier brauen, aber auch von der Herrschaft wurde ein Krug gehalten. Sie bestand am Ende des vorigen Jahrhunderts aus 139 Wohnhäusern, von denen 2 Ziegeldach hatten, einige jenseits der Warthe lagen, dem Kloster, 5 öffentlichen Gebäuden, unter denen 2 katholische Kirchen und die evangelische war. Es gab in der Stadt 21 Bauplätze, vermuthlich, weil kurz vorher ein Brand Häuser eingeäschert hatte. Bewohnt war die Stadt von 1206 Menschen. Unter diesen befanden sich 252 Juden. Im Kloster hausten 21 Geistliche. Eine Apotheke war vorhanden. Gewerbtreibend lebten hier 11 Kaufleute, 10 Fleischer, 3 Fischer, 4 Bäcker, 1 Wildprethändler, 12 Kürschner (5 davon Juden), 11 Tuchmacher, 18 Schneider (6 davon Juden), 21 Schuster, 6 Tischler, 6 Hufschmiede, 4 Böttcher, 4 Töpfer, 4 Musiker (2 davon Juden), 3 Schlosser, 3 Stellmacher, 3 Barbiere, je 2 Leinweber, Zimmerleute, Maurer, Seifensieder, 1 Kalkbrenner, Perrückenmacher, Uhrmacher (Jude), Handschuhmacher, Knopfmacher, Nadler, Färber, Maler, Schornsteinfeger; kein Branntweinbrenner und kein Bierbrauer wird erwähnt. Eine Salzniederlage war in der Stadt. Die Tuchmacher arbeiteten viel für die Händler in Meseritz und Birnbaum. Leinweberei und Gerberei fand in preussischer Zeit Eingang. Die Stadt hatte einen Nachtwächter. 1816 wurden 1236 (n. a. 1264) Einwohner gezählt, 1837: 1908, 1843: 2154, 1858: 2333 Einwohner, 1837 hatte Zirke 110, 1840: 189 Häuser. Im Kloster, welches nachmals aufgehoben wurde, ist die Pfarrkirche. Ein Hülfsseminar für zukünftige Schulmeister bestand eine Zeitlang, wurde aber 1836 oder 1837 aufgehoben. Auf einem Vorwerke neben der Stadt wurde ein Landgestüt des Staates eingerichtet. Bäck gibt 1847 an: „die Stadt gehört der General-Wittwenkasse." Sollten Städte in Preussen noch Besitzer haben?! Im Jahre 1848, als das Landesgeschick in Frage stand, bildeten Zirke's Bewohner einen Bürgerausschuss, dem die Wahrung des Deutschthums oblag. 1861 hatte Zirke 2514 Einwohner und bei den Wahlen zur Landesvertretung zeigte sich, dass die Stadt 38 jüdische, 216 deutsche, 150 polnische Urwähler enthielt.

---

curiae (Inventarium diplomatum in arce cracoviensi S. 193. 194), ferner 1258 eines Janko (Urk. zur Anm. zu Jarotschin, S. 325). 2) In der 1557 stattfindenden Theilung des Besitzes der Gorka's kam an Lukas von Gorka auch: bona villae *Zydowo* cum omnibus etiam villis ad id *Zydowo* spectantibus (Ed. Raczynski, Wspomnienia wielkopolski. Posen 1842. I. Urkundenheft S. XXXIIX).

Zirke. 1) Das in Mesko's Urkunde für Kloster Tschemesno 1145 vorkommende Siracowo ist wahrscheinlich ein Dorf in der Gegend von Jungenleslau. 2) Bei der Besitztheilung 1557 kam an Lukas von Gorka: oppidum integrum *Sierakowo* cum omnibus et singulis villis possessionatis et desertis ad hoc idem oppidum pertinentibus (Ed. Raczynski, Wspomnienia Wielkopolski. Posen 1842. I. Urkundenbeilage S. XXXIIX).